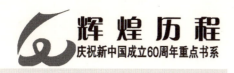

辉煌历程
庆祝新中国成立60周年重点书系

拼搏历程 辉煌成就
——新中国体育60年

【项目卷】　　　　　　　国家体育总局 编

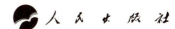
人民出版社

项 目 卷

目 录

冰雪征程 60 载 ………………………………………… 赵英刚　1

勇夺奥运第一金 ………………………………………… 高志丹　21
　　——新中国射击运动的发展历程

新中国射箭 60 年追梦历程 ………………………… 高志丹　41

再接再厉　再铸辉煌 ………………………………… 蔡家东　58
　　——新中国击剑运动发展回顾

艰难前行　跨越发展　喜迎辉煌　共书未来 ………… 韦　迪　78
　　——风雨水上 60 年

新中国成立 60 年举重项目的发展与回顾 …………… 马文广　102

披肝沥胆创佳绩　出新求变谱华章 ………………… 宋兆年　125
　　——回顾中国柔道项目发展历程

梅花香自苦寒来　披荆斩棘创辉煌 ………………… 周进强　143
　　——中国女子摔跤项目发展历程与辉煌成就

中国的"拳击巨龙"开始腾飞 ……………………… 常建平　162

守道待时 …………………………………………… 常建平　183
　　——中国跆拳道运动的发展历程

基础大项风雨路 …………………………………… 杜兆才 202
　　——中国田径发展60年盘点

60年奋进　60年荣耀 …………………………… 李　桦 227
　　——新中国游泳运动事业的发展与成就

筑造力与美的金牌之师 …………………………… 罗超毅 244

十年磨剑锋刃满 …………………………………… 赵郁馨 258
　　——中国蹦床运动的发展历程

地毯上的芭蕾 …………………………………… 陆善真 270
　　——新中国艺术体操运动的发展历程

千年巨树果满枝 …………………………………… 黄玉斌 275
　　——中国技巧运动60载辉煌路

守望梦想　创造辉煌 …………………………… 雷　军 289
　　——我国曲棍球运动60年

新中国篮球运动发展历程 ………………………… 信兰成 302

女排精神的创立、继承与发扬 ………………… 徐　利 323

技术创新：中国乒乓球运动发展的不竭动力 ……… 刘凤岩 344

光辉岁月 …………………………………………… 刘凤岩 367
　　——新中国羽毛球运动发展历程

漫漫长路苦求索　厚积薄发攀高峰 ……………… 孙晋芳 391
　　——新中国网球发展历程回顾

新中国台球运动的发展历程和趋势展望 ………… 张小宁 409

我国无线电测向运动发展的回顾与展望 ………… 张西岭 426

新中国60年跳伞运动的辉煌历程 ………………… 张西岭 443

新中国航空航海模型发展的光辉历程 …………… 丁　鹏 449

风雨沧桑　拼搏砥砺60载　科学发展　再谱棋牌

新篇章 …………………………………………… 刘思明 454
　　——棋牌运动60年发展回顾与展望

中华民族的文化瑰宝 ………………………………… 高小军 469

    ——新中国武术运动发展60年回顾与展望

风雨兼程路　成就新起点 ………………………………… 冀运希 486

    ——健身气功项目发展的回顾与思考

向着光辉的顶点不断攀登 ………………………………… 李致新 502

    ——新中国登山运动的发展历程

艰辛的道路　辉煌的历程 ………………………………… 严建昌 522

    ——中国汽车摩托车运动的回顾与展望

冰雪征程 60 载

国家体育总局冬季运动管理中心主任　赵英刚

冬季运动受环境所限，在我国开展的省份主要分布在东北三省等地。1949 年新中国诞生后，党和政府各级组织对各项体育运动都给予了关怀，滑冰和滑雪运动也得到了倡导。1950 年 11 月 18 日，全国体育总会发出《关于开展冬季体育运动的指示》，各地方省市积极响应，冰雪运动的普及与竞赛应运而生。

60 年间，我国的冰雪运动发展壮大，成绩不断提升，当然，其间也遇到了挫折、失利与磨难，从事中国冬季项目的人们没有任何怨言，大家利用有限的资源，无限地提升自我！终于在冬奥会上奏响凯歌：2002 年盐湖城冬奥会上，中国短道速滑选手杨扬拿到两枚金牌，实现中国军团在冬奥会上金牌"零"的突破！2006 年都灵冬奥会上，韩晓鹏拿到男子自由式滑雪空中技巧金牌，实现了中国雪上项目和男子项目的冬奥会首金突破！五星红旗在冬奥会上的升起，谱写的光辉篇章，标志着中国冬季体育运动进入了一个崭新的阶段。

回顾历史，梳理过去的一点一滴，可以让我们更清醒地认清自己的成功与不足，总结经验和教训。同时，也会让我们更好地展望未来，为明天创造新的辉煌奠定基础。值此建国 60 周年之际，回顾冬季运动的发展历程，希望从中得到新的启示。

一、60 载奋斗历程

（一）建国初期冰雪热（1949—1966 年）

　　建国初期，随着党和政府对于体育的重视，1951 年，全国体育总会和团中央发出指示，要求有条件的地区积极开展滑冰、滑雪项目。于是，我国北方的一些城市如哈尔滨、齐齐哈尔、长春、吉林、沈阳、北京、天津等地，都修建扩建了冰雪运动场地，为广大群众特别是青年提供滑冰、滑雪运动场所。黑龙江省、吉林省、辽宁省、新疆自治区、内蒙古自治区、河北省等地的冰雪运动开展得较为活跃。全国各地掀起了一股体育热潮。

1. 全国冰上大会掀起冰雪热

　　1953 年 2 月在哈尔滨召开的第 1 届全国冰上运动大会，是我国冬季运动史上一座划时代的里程碑。为了召开这次冰雪盛会，哈尔滨动员了各行各业的力量，在哈尔滨市 8 区修建了一座有 400 米标准速滑跑道的冰场，中间设冰球场、花样滑冰比赛场地。全部采用热水浇注，冰面甚为平整。韵味十足的北国风光以及中央大街的"小欧洲"遗风，加上白俄侨民的司机，给参会者、各地运动员带来了别样情趣和新鲜感。这次大会的举行，也让全国掀起了一股冰上运动热。

　　1955 年全国冰上大会仍在哈尔滨举行，比赛最大的亮点是当时世界水平最好的苏联速滑队来访，并在运动会上进行了表演赛。在技术、竞赛等各方面对中国运动员进行了帮助，使中国速滑运动正式跟国际惯例接轨。苏联滑冰队教练弗拉索夫详尽地介绍了速滑比赛的规则，扭转了以前我国在速滑项目上的混乱。

　　以后又在 1956 年、1957 年、1960 年、1973 年、1974 年举行过全国冰上运动会，随着形势发展，这一名称的运动会未再召开。

2. 速滑 5 年 363 次破纪录

1956 年 4 月，国家体委公布了竞赛制度、运动员和裁判员等级制度，促使中国冬季项目运动开始朝着系统化的方向快速发展。从 1954 年到 1959 年，我国运动员共打破 363 次全国速滑纪录。

1959 年是全运年，中华人民共和国第一届运动会（包括冬运会和夏运会）均在这一年召开。尽管当时我国的冬季运动远不如夏季运动成就辉煌，但从事冬季项目的优秀运动员代表也和其他优秀选手一样，应邀出席了国庆 10 周年的盛大宴会。代表冬季项目享受这一殊荣的，是当时速度滑冰男子全能冠军王金玉和女子全能冠军孙洪霞。

3. 走出国门看到差距

随着我国滑冰运动的日益普及和发展，走出国门参加国际滑冰比赛的条件逐渐成熟。1956 年，中国冬季运动协会成立，同年，中国加入国际滑冰联盟。1957 年初，中国滑冰运动员首次参加世界速度滑冰锦标赛，不过成绩并不突出，最好的名次是许明淑在女子 1000 米上获得的第 18 名，其他中国选手在各项比赛中大多垫底。

1958 年，中国男女速滑队第 2 次参加世锦赛，17 岁的杨云香表现了良好的速滑才能，取得了 500 米项目上第 18 名、1500 米第 16 名、3000 米第 16 名和全能总分第 15 名的成绩。男运动员也有一定进步，杨菊成在 500 米项目上名列第 19 位。

4. 滑向世界的"冰上闪电"

1959 年世锦赛上，杨菊成在 500 米项目摘得第 2，成为我国第一个在世锦赛上摘得奖牌的选手。国家滑冰联盟副主席、速滑委员会主席哈尔沃逊前来祝贺，中国驻挪威大使王幼平和使馆人员来到运动员休息室进行慰问。大使馆还为每位运动员购置了一双世界最好的滑冰鞋——奥斯陆"马齐逊牌"，以示奖励。随后，王金玉又在 5000 米项目和 10000 米项目上分列第 12 名和第 5 名，他还获得了全能第 9 名。

应该说，20 世纪 50 年代末至 60 年代初，中国速滑运动像一道快速的"冰上闪电"，高速启动奋力滑向世界，且巾帼不让须眉，男女比翼双飞。1961 年世界女子速滑锦标赛上，刘凤荣取得全能第 4 名、500 米和 1000 米第 7 名、1500 米第 6 名和 3000 米第 9 名。1962 年第 56 届世界男子速滑锦标赛上，中国男队包揽了 500 米项目前三名，1500 米、5000 米和 10000 米三项第 1 名均为王金玉夺得，全能冠军也是王金玉；1962 年世界女子速滑锦标赛上，中国女选手也有不错的表现，刘凤荣 500 米项目第 6、1000 米项目第 8、1500 米项目第 5、3000 米项目第 4，全能总分第 4。

5. 罗致焕成第一个世界速滑冠军

1963 年男女世界速滑锦标赛合并在一起举行，王淑媛获得 1000 米项目第 2 名，成为中国女子速滑史上第一位世界亚军。王淑媛的成功极大地鼓舞了不甘落后的中国小伙子们，罗致焕在 1500 米项目上创造了世锦赛最新纪录并摘得金牌，成为我国第一个世界速滑冠军！

6. 冰球运动登上世界舞台

1953 年首届全国冰上运动会举行时，国内已经出现了 5 支冰球队。随后，全国掀起了冰球运动热潮，1954 年哈尔滨市仅职工冰球队就从 2 个发展到了 20 多个，一年后学校冰球队更是超过 100 个。1955 年第 2 届全国冰上运动会召开时，参赛队伍已增至 9 支。

从 1955 年起，每年都举行一次全国性冰球比赛（1961 年困难时期停赛），直至 1966 年中断。1957 年开始实行分级比赛，分成年组、少年组；1958 年成年组又分为甲、乙两级分别进行。

新中国的冰球运动，是较早登上国际比赛大舞台的。1956 年 3 月，我国首次派出冰球队参加在波兰华沙、扎润佩恩两地举行的第 11 届世界大学生冬季运动会。不过由于技术差距较大，在对战波兰、罗马尼亚、苏联和捷克斯洛伐克四场比赛中全部告负。

随后，中国冰球采取了走出去、请进来的方式，于当年年底请来捷克斯洛伐克的维特科维茨"班尼克"冰球队访问。日本国家冰球队也于 1957 年在北京客场进行了 5 场比赛。随后，中国青年冰球队开始出访苏联和波兰，成绩有所进步。

1957 年 7 月，国际冰联代表大会正式通过决议，接纳中国为该联合会会员。这也为中国冰球与世界冰球信息的沟通，为中国冰球走向世界、参加世界锦标赛准备了条件。

1959 年，中国青年冰球队再次访问苏联，赢得了 2 胜 1 负的成绩。1960 年到 1962 年由于"大跃进"浮夸风和自然灾害等原因造成三年经济困难时期，这一时期全国冰球活动较少，除 1960 年全国冰上运动会的冰球比赛外，还进行了全国乙级队联赛，1961 年则根本没有竞赛活动。1962 年只举行了 1 次全国甲级联赛，随后，国内联赛逐渐恢复，我国冰球水平也在逐步提高，1966 年初来访我国的波兰国家冰球队在黑龙江省访问时，先后被哈尔滨市队、齐齐哈尔市队、黑龙江省队战胜，最后一场，波兰队以国家冰球队阵容同我国国家队比赛战平。波兰队当时是世界锦标赛 B 组队，我国冰球队取得这样的成绩，称得上是大获全胜。

7. 花样滑冰应运而生

同速度滑冰和冰球运动一样，新中国的建立也给花样滑冰运动开辟了广阔的天地。1953 年全国首届冰上运动会上，共有来自 5 个单位的 23 名运动员参加了花样滑冰比赛，当时的比赛只进行男、女单人滑比赛，技术水平比较低，选手们只能完成一周跳、旋转、燕式平衡等简单动作。当时花样滑冰运动员的服装也未达到要求，既妨碍动作也不美观。

1956 年，国家体委派哈尔滨的田继陈和刘敏随中国冰球队出国，观摩世界大学生冬季运动会比赛，并随冰球队一起访问了波兰、捷克斯洛伐克、民主德国，参观并学习了花样滑冰比赛规定图形和自由滑动作极其国际流派、滑法。1957 年全国冰上运动会在齐齐哈尔市比赛时，花样滑冰的技术难度已经有了显著提高，当时规定的图形难度已达到国际比赛的规定标准，动作也有了 1 周半跳、后内 2 周跳、燕式旋转、弓身转等。

1959 年，捷克斯洛伐克花样滑冰队前来黑龙江省进行访问，并在全国冬季运动会上做了表演。让我国观众首次观看了具有国际水准的花样滑冰表演。

8. 林海雪原里走出的滑雪运动

滑雪活动则是从人迹罕见的林海雪原里开始的，作为一项军事体育运动，滑雪早在抗日战争时期就被部队用来进行滑雪训练。新中国成立后，吉林省的北山举行了滑雪表演大会，参加表演的有 100 多名运动员，比赛虽不正规，但却是新中国成立后的第 1 次滑雪比赛。比赛项目有急降下长距离滑行、回转滑行、跳台滑雪。随后，吉林市组建了有 14 名运动员的滑雪队。1955 年，黑龙江省体委在玉泉雪场举行了滑雪教练员培训班，并在全省开展滑雪运动，1955 年哈尔滨也成立了业余滑雪队。1956 年，吉林省在通化举办了吉林、通化、长春三城市滑雪比赛，还举行了有哈尔滨滑雪队参加的跨地区滑雪邀请赛。

1957 年在吉林省通化市举行了首届全国滑雪运动会，参加比赛的共有 8 个单位的 165 名运动员。

1961 年社会主义国家第 1 届友军运动会在波兰兰扎柯盘举行滑雪比赛。中国人民解放军滑雪队参加了比赛，其间，波兰人也帮助解放军滑雪队进行训练，给中国滑雪运动员很大启发。

（二）寒流难耐冰雪梦（1966—1976 年）

1966 年，"文化大革命"开始了，中国的打击运动和国内其他事业一样，也在逐步上升阶段横遭破坏。1966 年 5 月开始，一切正常的训练、比赛工作全部停止，有成就的体育工作领导者被打成了"走资本主义道路当权派"。曾被国家派出留学或者参赛的教练员、运动员被戴上"资产阶级反动路线黑干将"、"修正主义苗子"、"特务嫌疑分子"等帽子，或被停止工作靠边站，或被批判斗争，或被下放劳动。作为正规军的各级冬季运动队伍全面瘫痪。

1. 基层坚持留存星星火

不过，冬季运动工作者并没有沉沦，他们或个人或呼亲唤友加入到滑冰的群众当中去，当起了义务辅导员。

孙显墀是新中国成立初期第一批被派往苏联留学的，在斯大林中央体育学院毕业后回国在哈尔滨体育学院任教两年，后担任黑龙江速滑队教练，王金玉和罗致焕都是他培养出来的优秀运动员。"文革"期间，孙显墀被打成"反动学术权威",1970 年,孙显墀获释后随妻子和孩子被下放到黑龙江省滨县光恩公社光恩大队样子山插队落户,当了农民。县里搞速滑的体育干部、教师和他成了好朋友,大家经常在一起切磋技艺。而"文革"前的黑龙江省体委副主任被结合到省革委会体育组任第二把手的万思源,也想到了孙显墀,让他写书。他不但修订了《初学速度滑冰》,还写出了《我国速滑运动 20 年的基本经验》论文。

下放期间,孙显墀还在基层普及速滑项目,为滑冰爱好者讲解滑冰要领。直到 1972 年 10 月调回黑龙江省体育科研所,当时已经没有优秀的运动员可以训练,必须从基层抓起。

北京体育学院也有这样的典型,称之为"教学小分队"、黑龙江省革命委员会体育组借鉴这些经验在全省范围搞了个业余体校速滑教练员培训班。

正是有这样的一批人,才使"文化大革命"末期第 1 次全国冰上运动会具有一定规模。1973 年全国冰上运动会在吉林省吉林市举行,共有16 个队伍的 780 名选手参赛。

2. 首都体育馆建成

"文革"期间,中国冬季项目还发生了一件大事,那就是中国第一个室内滑冰馆——首都体育馆于 1968 年竣工了。这项工程和当时的北京火车站到苹果园的地铁一样,都是工程浩大、从构想到设计到建成都跨越了不同的年代。

追溯首都体育馆的构思,还要回到 1959 年春节,北京冰上运动队在全国运动会上表现不错,就想在什刹海滑冰场举行一次汇报表演,共和国副总理、国家体委第一任主任贺龙元帅前来观看,在表演之后接见运动员时了解到,我国冬季运动发展不上去的很大原因是没有室内滑冰馆,贺老总当时就表示要盖室内滑冰馆。很快,中央作出决定,在北京兴建一座规模在万人以上的室内滑冰馆,周恩来总理亲自为这座体育馆审定方案并命名,于是首都体育馆在 1966 年始建,1968 年 3 月落成,同年 10 月 4 日正式使用。

　　1968 年竣工后，中国有了自己的人工制冰冰场，可还是买不起进口的扫冰车，为场馆进行制冷设计的清华大学的李光京等人，又开始钻研用旧吉普车改扫冰车，居然研究出一台，用了好多年。冰球队、花样滑冰队、速滑队的运动员都来了，大家都想来首都体育馆"尝尝鲜"，有些外国冰球队主动要求来首都体育馆比赛，1973 年加拿大雷鸟冰球队来访。中国也从此恢复了冰上运动的出访比赛。那一阶段的出访任务主要是考察、学习、研究怎样赶上国外，弥补失去的时光和缩短差距。

（三）冰雪运动走向新时代（1979—2002 年）

　　"文革"结束后，中国冰雪运动得到了快速发展，尤其是近些年来，开展项目越来越多，成绩越来越好。

　　1. 男子冰球晋级 B 组

　　"团结起来，振兴中华！"这是 20 世纪 80 年代中国很流行的一句口号，这句话最早出现在 1981 年中国冰球队在首都体育馆进军 B 组世界锦标赛的赛场上。当时刚刚晋级世界冰球锦标赛 C 组的中国男队敢打敢拼，7 战 6 胜获得亚军，同冠军奥地利队一起晋级 B 组，进入世界前 16 名的行列。一时之间，男子冰球在中国掀起热潮，冰球的小伙子也成为当年最流行的偶像级人物。

　　2. 花样滑冰进入"三周跳"时代

　　同冰球运动一样，花样滑冰在"文革"后恢复较早，起点较高，但由于在西方开展广泛，欣赏性强，对运动员的音乐、舞蹈、形体等方面要求很高，中国的花样滑冰发展极为艰难，尤其在音乐、舞蹈方面。

　　1978 年的全国花样滑冰比赛上，孙义、王昌源成功跳出了后内接环 3 周跳和后外接环 3 周跳，实现了技术上的突破。1979 年的全国花样滑冰比赛上，男子自由滑冠军王志利第 1 次成功地完成了后外点冰 3 周跳和后内 3 周跳的动作。

　　1984 年，傅彩姝在第 16 届内贝尔霍恩杯国际花样滑冰赛上获得单人滑比赛第 4 名。张述滨和许兆晓获得第 7 和第 8；1984 年，许兆晓在匈牙利布达佩斯获得了男子单人滑冠军，成为我国第一位国际花样滑冰冠军。1985 年，张述滨在世界大学生冬季运动会上摘得男单冠军，这也是我国选手第一次在综合性世界大赛中摘得金牌。

3. 滑雪运动冲出亚洲、走向世界

我国北方的雪原都是大陆性气候，没有西北欧的北大西洋暖流和日本北部的黑潮暖流带来的暖湿空气，严寒给中国滑雪者带来的是严酷，中国的滑雪运动也一直在艰苦地探索着。

1957 年，吉林省通化市滑雪场上举行了新中国成立以来第 1 次滑雪竞赛大会。但随后的发展却很缓慢，直到 1986 年第 1 届冬季亚运会上，我国越野滑雪女选手艰难地从日本队手中抢来 1 枚金牌，日本队包揽其余 12 枚金牌，这是中国人第一次在洲际比赛中摘得金牌。

截至 1987 年，我国的雪场情况条件（包括雪道、索道、雪上运输、雪上机械等），加起来抵不上日本或者奥地利一个中型雪场的几十分之一。

即便如此，中国滑雪界也从未悲观和松懈过，请进来、走出去，引入国外的先进技术和科学训练方法。1987 年，中国首次举办跳台滑雪比赛，尤其是得知日本选手曾在这一项目上获得过冬奥会冠军后，跳台滑雪一度成为中国滑雪队的一个突破点。要培养优秀的冰雪运动员，就需要有好的训练基地。1990 年，黑龙江的亚布力滑雪训练基地和吉林长白山冰雪运动基地建成，中国滑雪运动开始蓬勃发展起来。

我国从 1987 年开始引进新兴的冬奥会项目，黑龙江省松花江市、前卫体协、沈阳体育学院先后组建了自由式滑雪空中技巧队，并开始了系统的训练。依托沈阳体育学院竞技体校亦读亦训、科技保障的优势，发扬艰苦奋斗、团结合作的精神，进步迅速。1990 年沈阳体育学院利用室外游泳池因陋就简搭建了第一个简易的夏训跳台，1995 年建设了实用的正规夏训跳台，之后训练水平快速提高。1996 年第 3 届亚洲冬季运动会上，我国运动员欧晓涛、郭丹双双获得男女冠军。郭丹在 1998 年第一个取得该项目的世界冠军，在 1998 年日本长野冬奥会上徐囡囡获得银牌，实现

了我国在冬奥会雪上项目奖牌的突破。用了十年的时间，将一个项目从引进到站到领奖台，实现了我国滑雪运动冲出亚洲、走向世界的梦想。

4. 短道速滑轻骑腾飞

就在速度滑冰、冰球和花样滑冰发展之际，一个新兴的冰上项目——短道速滑在中国悄然兴起，闯进世界冰坛先进行列。

李金艳在 1987 年第 6 届全国冬运会短道速滑比赛中一鸣惊人，独得 3 枚金牌。3 次打破全国纪录，并在 3000 米比赛中超过世界纪录。

1988 年加拿大卡尔加里第 15 届冬季奥运会上，不满 20 岁的中国姑娘李琰在表演项目女子短道速滑 1000 米、1500 米和 500 米比赛中，夺得 1 枚金牌、2 枚铜牌，并创造了两项新世界纪录。

1989 年 3 月，21 岁的吉林省速滑运动员郭洪茹先在第 14 届世界大学生运动会上连夺 3 枚金牌。一个月后又在英国伯明翰世界短道速滑锦标赛上夺得 3000 米金牌、1000 米和全能铜牌，这是我国冰上运动员继 1963 年罗致焕之后夺得的第一个正式比赛的世界冠军，也是我国短道速滑的第一个世界冠军。

1992 年法国阿尔贝维尔冬奥会上，李琰贡献了一枚短道速滑 500 米银牌。

5. 从"王秀丽时代"到"乔波精神"

20 世纪 90 年代的早春给中国滑冰界送来了新的礼物：王秀丽在冬季项目的基础大项——速度滑冰世界锦标赛上获得了中国第 1 块女子世界冠军金牌，在欧美人一向引以为荣的传统项目上打入了一个楔子。

1991 年 2 月，叶乔波在挪威世锦赛上站在了女子 500 米决赛的最高领奖台上，从此国际冰坛升起了一颗耀眼的巨星。中国女子速滑运动接连经历了王秀丽时代和叶乔波时代。

1992 年，叶乔波在瑞典斯德哥尔摩的世界速滑短距离锦标赛上获得全能冠军，这个金牌的价值并不亚于冬奥会上的单项金牌。

同年，法国阿尔贝维尔第 16 届冬季奥运会召开，叶乔波在 500 米比赛中摘得银牌，为中国赢得了首枚冬奥会奖牌！由于在冬奥会和世界短距离速滑锦标赛上实现的双重突破，叶乔波受到了最崇高的荣誉，1991 年 5 月 30 日，中央军委主席江泽民签署命令，授予叶乔波"体坛尖兵"荣誉称号。这是迄今为止中国运动员所获得的最高政治荣誉，不仅是叶乔波的光荣，也是中国冰雪界全体运动员、教练员和工作人员的光荣！

随后，叶乔波继续风光冰坛，从 1992 年 11 月到 1993 年的整个赛季，她转战欧洲、美洲和亚洲，先后参加速度滑冰世界杯系列赛、世界女子锦标赛和世界短距离锦标赛，在一系列的大赛中包揽女子 500 米项目的全部冠军，还得了世界杯总决赛女子 500 米冠军，蝉联女子短距离全能冠军，成为名副其实的女子"500 米王"。

1994 年冬奥会，带伤上阵的叶乔波在女子速滑 1000 米比赛中获得第 3 名。表面上看，叶乔波由两枚银牌到仅得一铜，好像走了下坡路，但实际上，人们在得知她的伤势从理论上讲是根本不能比赛的情况后，才重新认识了这枚用生命铸成的奥运铜牌的价值，正是从这一天起，中国冰雪界经过几十年艰苦奋斗而终于磨炼出的一种精神，通过叶乔波的拼搏得以释放、升华。可以说，"乔波精神"正是中国冰雪界不甘落后，顽强进取，自强不息，勇攀高峰的精神写照和浓缩。赛后，当叶乔波在德国对受伤的左腿膝关节进行了一次大手术，坐着轮椅回到北京首都机场时的一幕，震撼了所有中国人！从这个意义上说，中国冰雪在此时已经取得了一种突破！

期间，男子选手也并非全无亮点，1993 年在挪威世界男子锦标赛上，宋臣摘得 500 米金牌，成为罗致焕之后第二个男子速滑世界冠军。

薛瑞红与我国著名速滑选手王秀丽、叶乔波同为 20 世纪 90 年代冰坛风云人物。1994 年 1 月在加拿大的卡尔加里，一举打破短距离全能世界纪录，成为新中国女子速滑世界纪录第一人。

6. "冰蝴蝶"陈露崭露头角

1992 年，陈露在美国奥克兰市举行的世界化样滑冰锦标赛上摘得铜牌，成为花样滑冰项目在世界大赛中第一个问津奖牌的中国人。当年 11 月，陈露又在韩国举行的第 2 届亚洲杯花样滑冰比赛中问鼎金牌。

1995 年，陈露在英国伯明翰世锦赛上摘得金牌，中国的"冰上皇后"成为世界"冰上皇后"。

7. 男女冰球齐头并进

20 世纪 90 年代初，女子冰球兴起，1990 年在加拿大举行了首届世界锦标赛，应该说，就女子冰球的起步和发展而言，中国开展的时间并不算晚。中国女冰队于 1983 年建队，进步神速，在国际上占据一席之地。

中国男子冰球队此时也发出了奋争的怒吼，丹麦哥本哈根世界冰球 C 组锦标赛中，他们获得亚军再次晋级 B 组。

8. 短道速滑金花绽放

1995 年，中国冰雪界发生了一件大事：花样滑冰队、短道速滑队、速度滑冰队三支国家队正式宣告成立。将三个项目中的优秀运动员集中起来，脱离地方，连关系都随着调入冬季运动中心。

这是我国冰雪项目历史发展阶段的"革命性"举措。由于我国的冰雪运动大部分运动员都集中在吉林和黑龙江两省，教练或者运动员的关系如果留在地方，对于项目整体的发展会有一定的制约作用。三支国家队的成立，对于中国冰雪项目的发展起到了很大的推动作用，这种模式也是迄今为止唯一的一次。

1995 年世锦赛上，王春露拿下 500 米、1000 米和接力三枚金牌，标志着新一代金花开始绽放，随后随着杨扬、杨阳、孙丹丹等队员的加入，中国短道速滑四朵金花形成强劲的势头，在国际赛场席卷夺金，被誉为"火焰四重奏"，男队李佳军、冯凯、安玉龙、袁野组成的队伍也在国际赛场争金夺银。1999 年世锦赛上，中国短道速滑队达到了一个高峰，女子包揽了全部金牌。

9. 善于总结　学贯中西

1988 年 6 月，邓小平同志在会见 20 世纪 90 年代中国与世界会议的国际代表时说："我们搞建设有 39 年，有成功的经验，也有失败的教训。但是光凭自己的经验和教训还解决不了问题，中国要谋求发展，摆脱贫穷和落后，就必须开放，开放不仅是发展国际间的交往，而且要吸收国际的经验。"这段话对冬季项目的发展同样具有重要的指导意义。冬季项目自新中国成立以来，真正全面登上国际舞台是从 20 世纪 80 年代普拉西德湖冬奥会开始的，这个阶段历经 16、17、18 届奥运会，金牌与我们屡屡失之交臂，但也出现新兴项目的突破崛起，我们自身的发展有不少成功的经验和失败的教训。学习国际上的经验和国内夏季项目的成功经验至关重要，善于总结，把总结经验的重点放在总结自己的经验教训上，形成对自身项目规律和特点的深刻认识。

（四）扩宽思路多点开花（2002—2009 年）

几代人辛苦的奋斗，终于让中国的冬季军团尝到了收获的喜悦。2002 年盐湖城冬奥会上，中国短道速滑队员杨扬先后拿到 500 米和 1000 米两枚金牌，为中国冬奥会实现金牌"零"的突破！杨扬在盐湖城冬奥会上这一"零的突破"是中国冰雪界几代人共同努力的结果，在中国冰雪运动史上具有划时代的意义。

1. 短道速滑继续优势

在四朵金花相继退役之后，中国短道速滑队也经历了新老交替的转折期。2006 年都灵冬奥会，王濛在女子 500 米上获得一金，不过在其他项目上已不具备夺金实力。

随后，中国短道速滑队迎来了主教练李琰。这位昔日的世界冠军以教练的身份重新回队，有了斯洛伐克和美国执教的经验，李琰带来了扎实而新鲜的训练思路，队伍焕发活力。随着周洋、刘秋宏等一批新人的成长，队伍重新走回了世界前列，在 2008—2009 赛季迸发出了不小的能量。

2. 自由式滑雪形成人才厚度

自 2002 年之后，中国冬季军团正在逐步扭转短道速滑一枝独秀的状态，在自由式滑雪空中技巧、花样滑冰双人滑、速度滑冰短距离、女子冰壶、单板滑雪 U 形场地等项目上均有亮点产生，世界冠军成绩屡屡呈现。

2005 年李妮娜摘得世锦赛金牌，她与队友郭心心和 1998 年获取冬奥会银牌的徐囡囡共同参加了都灵冬奥会，大家对中国自由式滑雪在都灵冬奥会上冲金充满期待，最终李妮娜收获了一枚银牌。男选手韩晓鹏在决赛中一鸣惊人，战胜了众多强手，为中国代表团摘取了可贵的一枚金牌，被媒体誉为"黑马王子"。韩晓鹏取得冬奥会的金牌，意义十分重大，不仅实现了我国在冬奥会雪上项目金牌"零"的突破，而且也实现了我国男子选手在冬奥会金牌"零"的突破！这一成绩的取得对我国冬季运动的发展，尤其是对我国雪上运动的发展产生了巨大的鼓舞作用。

近年来，在李妮娜、韩晓鹏、郭心心保持状态的同时又涌现了一批新人。队伍整体从难度上和稳定性上形成了一个厚度入才库。

3. 花样滑冰三对双人滑选手令人瞩目

陈露退役后，中国的花样滑冰又涌现出世界级组合申雪/赵宏博、庞清/佟健和张丹/张昊。自1999年世锦赛摘得亚军后，申雪/赵宏博在国际上证明了中国双人滑的实力，此后三度在世锦赛上折桂，两度拿到冬奥会铜牌。张丹/张昊拿到了都灵冬奥会银牌。庞清/佟健和张丹/张昊也都在世界大赛、世锦赛中收获金牌，组成了一股强势的团体实力。

4. 速滑改进技术触底反弹

速度滑冰一度出现了滑坡，在1998和2002年两届冬奥会上的最好成绩为第13位，究其原因，主要是中国未能跟上世界速滑项目的发展脚步，在器材革命中未能及时调整跟上，也因此耽误了近十年的时间，直到2005年王曼丽的横空出世，拿到了世界杯总积分冠军后，才标志着中国速度滑冰短距离项目重新回到国际先进行列。

2006年都灵冬奥会，王曼丽和任慧分别拿到了第二名和第三名，尽管未能摘得金牌，但这一成绩已经创造了中国速度滑冰队在该项目上的最佳战绩。近几年，中国速度滑冰采用了"走出去、请进来"的模式，派遣王北星等队员远赴加拿大训练，同时于2008年聘请速滑强国荷兰籍外教加盟，从很大程度上促进了项目发展。2008—2009赛季，王北星拿到世界短距离锦标赛全能金牌，而于凤桐则拿到了世界杯男子500米总积分第一，都是近些年来不可多得的好成绩。

5. 女子冰壶6年走向世界冠军

就在十几年前，"冰壶"对中国人来说还只是一个无法生出任何想象的陌生词汇。1995年，在世界冰壶联合会的大力推动下，由日本出人、加拿大出技术在中国举办了第一届冰壶培训班。2000年，中国第一支冰壶队在哈尔滨市艰难成立，2003年，第一支国字号队伍诞生，同年，中国加入世界冰壶联合会。短短6年时间内，中国冰壶人走完了其他国家需要十几年甚至几十年才能走完的路。2006年中国女队获得世锦赛第5名，2008年世锦赛上中国姑娘获得亚军，2009年世锦赛摘得金牌。进步神速，令人刮目相看。

6. 单板滑雪走向世界

单板滑雪U形场地在我国开展只有5年时间，2003年进入冬奥会正式比赛项目后，中国也随之建队开设该项目，并于2003年组建国家队，2006年便拿到了参赛资格。其中尤以小将刘佳宇表现稳定，在国际赛场崭露锋芒，2008—2009赛季，刘佳宇不仅4次获得世界杯分站赛冠军，还问鼎了世锦赛冠军。

尽管2010年温哥华冬奥会的战役还没有打响，但中国冬季军团已经有了更多的底气，在争金点和运动员的实力上看，已经完全超过了以往任何一届。

二、60年发展经验

从新中国成立初期全国掀起冰雪热潮，到优秀运动人才不断涌现；从江河湖泊的天然冰场、自然雪山到人工制冷的室内滑冰馆、先进轨道设施的人型雪场；从参加世界大赛上无名到勇夺世界冠军、奥运金牌，这是几代冰雪人历经60年奋斗、拼搏的结果，这其中有的是苦与乐、荣与辱，更有许多经验值得总结。

（一）党和国家的关怀

纵观中国冬季运动的发展历程，党中央、国务院的关怀无时不在，国家体育总局和地方省市体育局领导的关注和重视，为冬季体育运动的发展指明了方向，对运动队伍的建设和场馆建设给予了全面支持，更是为项目的发展插上了腾飞的双翼。

中国冬季项目起步阶段，国务院副总理、国家体委主任贺龙元帅一直关注项目的点滴发展。1959年在哈尔滨（冰上项目）和吉林市（雪上项目）举行的冬季运动大会期间，贺龙元帅到会并接见了黑龙江、吉林两省体委领导，指示他们利用各自的优势重点发展冰雪运动项目。贺老总还建议吉林省在长白山搞一个高山冰雪训练、比赛基地。

1963年罗致焕为中国冬季军团夺得首枚世界冠军返回祖国后，贺老总在北京有名的四川饭店，接见并宴请了中国速滑代表队全体人员。

改革开放后，冬季项目也受到了诸多领导人的关注，江泽民同志于1995年为叶乔波颁发"体坛尖兵"的荣誉称号，这是迄今为止中国体育界最大的荣誉。

改革开放使得冬季项目真正有发展的机会，能与世界接轨，与国际共同发展，弘扬奥林匹克精神，推动冰雪运动向更高水平迈进。

遵照党的政治路线，结合运动队的实际情况，冬季项目运动队开展了强有力的思想政治工作、爱国主义教育，激励运动员的思想觉悟和爱国情操，发扬刻苦训练、顽强拼搏的精神，显示运动才能，展现国人风采。正是有了这样的思想和工作基础，才有了冰雪健儿的乔波精神、短道金花绽放、张丹/张昊都灵感动世界的一幕，使目标和宏愿得以实现。

北京奥运会后，胡锦涛总书记提出"推动竞技体育内部各门类均衡发展，不断增强我国竞技体育的综合实力和国际竞争力"。冬季项目是奥运争光战略中的重要组成部分，实现从体育大国向体育强国迈进的重要标志之一就是冬、夏两季体育事业的协调发展，逐步缩小冬、夏之间的差距。进一步加快冬季项目的发展，抓住机遇、时不我待、趁势发展，这是时代的要求，也是冬季项目迎来发展的又一良好契机。

（二）良好的群众基础

受地域条件所限，以往冬季运动只能在东北三省开展，尤其是新中国成立初期。近些年来，受全球变暖等因素影响，冬季项目的群众活动开展正由建国之初的热度到冷清再到理性，进入到一条正常的发展轨迹。

新中国成立初期的群众性滑冰滑雪运动广泛开展，据当时北方几个省市的不完全统计，1952 年参加滑冰运动的人有一万多，1954 年增加到 16 万，1956 年增加到 30 万人，1957 年增加至 55 万，而 1958 年则增加至 100 万之多。当时，在我国北方，无论是学校还是工厂，城市或者农村，一到冬季，滑冰、滑雪就成为人们锻炼身体的主要活动。不少工厂、学校都选择适当空地浇水结冰，为职工、学生修建冰场，还购置大量的冰鞋供大家使用，比如哈尔滨 1954 年就有 24 个冰场是工厂自己修建的。据 1954 年吉林、黑龙江、辽宁等省不完全统计，总共修建 341 个大小不同类型的滑冰场，到 1956 年又增至 575 个冰场。

20 世纪 50 年代，除每年举行全国性的冰上运动会外，还分别举行全国性职工、全国学生和少年冰上运动会。各地还成立大批青少年业余冰上运动体育学校，培养着大批青少年运动员。1954 年至 1958 年冬季，北京什刹海冰场几乎每周日都进行速滑、花样滑冰和冰球比赛。

"文革"期间，在各级队伍全面瘫痪之际，1966 年及其以后的几个冬天，我国北方的一切城市、乡村的河湖冰面上却出现了大白天就人满为患的场景，这和当时人们没有工作可做、又不愿在单位互斗的心情有关。滑冰成为各行各业群众在那个时代排除郁闷心情的方式之一。

改革开放后，很多工厂忙于生产，没有太多时间开展群众性冬季活动，再加上全球变暖的天气因素，东北三省的结冰期明显减少。再加上实行计划生育政策，很多家庭只有一个孩子，安全呵护意识过强，稍有危险便退避三舍。中国冬季运动的群体性活动一度进入低谷。

近年，冰雪强省黑龙江省紧抓地区特点，发挥冰雪特色，开展群众全民冰雪体育健身，百万青少年上冰雪、冰雪体育长廊建设等具有特色的全民健身活动成为群众体育的品牌性活动。为冰雪运动发展、普及奠定了很好的群众基础。

20世纪90年代至今，室内滑冰馆、滑雪场，如雨后春笋般在除了东北三省外的北京、上海、河北、山东、江苏、浙江、广东、内蒙古等地相继建成，这也是冰雪运动发展的物质基础。群众滑冰、滑雪活动不断丰富，重新注入血液，焕发了活力。

（三）举国体制的保障以及"北冰南展西扩"的实施

在都灵冬奥会的总结会议上，国家体育总局刘鹏局长指出，应继续深化举国体制，实施和推进"北冰南展西扩"。

众所周知，举国体制是我国竞技体育的发展基础，也是多年来我国竞技体育取得辉煌成就的基本经验。从我国冬季项目的现实情况看来，冬季项目开展地域少，项目基础和人才资源绝大部分集中在黑龙江、吉林两省，解放军和东北的部分体育院校。但是冬季项目的基础投入却很大，黑龙江、吉林两省又同属经济欠发达地区，并且同时还要发展夏季项目，因此要全面承担起我国冬季项目事业的发展，面临着诸多困难。但就在这样的艰苦条件下，黑龙江、吉林两省，解放军和东北的部分体育院校如沈阳体育学院、哈尔滨体育学院、吉林体育学院等仍坚持开展冰雪项目，为国家源源不断地输送人才，保证人才的衔接和更新，为近些年来冬季项目的提高与发展做出了不可磨灭的贡献。

随着我国经济建设发展，人民群众对冰雪运动愈加渴望。南方省市已经具备开展冰雪运动的条件。2005年第10届全国运动会之后，北京以及一些南方省市、西部省市也开始组建队伍。在项目布局、人才有序交流、政策扶持、对口支援等方面，搭建合作平台。以东北地区、黑龙江、吉林、辽宁和解放军为重点，扩展到新疆、江苏、山东等省区。雪上项目，由于受气候、山形、地质、场地因素影响大，依托现有基地，突出重点，逐步扩大规模，提升标准，提高水平，逐步推进冬季项目与夏季项目协调发展。

（四）"请进来""送出去"

目前冬季军团的几个热点队伍当中，除花样滑冰外，其余几个项目都普遍存在一种现象：聘请外教。

速度滑冰的赛吉、自由式滑雪的达斯汀、女子冰壶的丹尼尔等等，这些教练员都是为了提高队伍水平，尽快和国际接轨而聘请来的。

此外，一些冬季项目的队伍在训练中大胆走出国门，和世界劲旅交手切磋。自由式滑雪的水池训练就是在加拿大完成的，而速度滑冰和短道速滑的早期上冰一般都会选择在欧洲或者美国；女子冰壶每一年差不多有 6 个月的时间都在加拿大训练，和俱乐部球员交流。

在此期间，中国一直坚持举办国际赛事，给国内选手增加与高手之间交手的机会。1996 年和 2007 年，哈尔滨和长春分别举办了亚洲冬季运动会，2009 年，哈尔滨第一次承办世界大学生冬季运动会，场馆设施与办赛能力得到认可。1993 年和 2005 年，北京两度承办短道速滑世锦赛，在国际上影响非常之大。而短道速滑、花样滑冰、速度滑冰、自由式滑雪等世界杯的举办，早已经成为我国每年一度的传统赛事。通过承办赛事，既让群众更加了解冬季运动，又培养锻炼了一批懂业务、善组织、会管理的出色的管理组织者。

（五）重视后备人才培养

为了 2012 年青冬奥会、2014 年冬奥会和冬季竞技体育的可持续发展奠定人才基础，冬季项目重视抓后备人才的培养，一线队伍与二级队伍的衔接，在重点项目、优势项目中建立国家青年集训队，对国家队备战奥运会队伍进行补充。同时，着眼中长期备战奥运会的人才储备，调动开展冬季项目省市、区县的积极性，使后备人才布局更加科学合理。建立冬季项目人才培养和布局体系，以省级体校为重点，地市业余体校和青少年俱乐部为依托，县、区体育传统校、县级发展冬季项目的"县品工程"为基础，并与教育部门密切结合，形成具有吸引力的冬季项目后备人才基地；国家在政策、器材、资金及开展活动方面也给予了必要支持。同时开展适合不同层次的竞赛工作，完善训练大纲，使青少年培养符合生理心理特点，更有针对性，实效性。

三、面向未来再创辉煌

风风雨雨间，中国的冬季运动就这么走过了 60 载春秋。60 年的时间非常长，足可以让一个人从婴儿变成花甲。60 年的时间又非常短暂，在人类历史发展的长河中瞬息即逝。60 年对于一个项目的起步、发展、辉煌而言并不算长，尤其对于基础薄弱，只靠几个省市以及解放军、个别院校、体校支撑着的中国冬季运动。

从无到有，从弱到强，从点到面，尽管一路艰辛，但中国冬季军团仍在 60 年间走过了一条坚实的发展之路。随着社会的进步、经济的发展，祖国日益的繁荣昌盛，党和政府对体育事业的高度重视，在举国体制下，冬季运动竞技水平呈现越来越好的态势；在人民日益增长的生活水平下，冬季运动在群众体育健身中发挥着越来越重大的作用；在高科技、高速度发展的当今社会，冬季运动的科研力量、基础设施越来越强大。凭借着不懈的努力与执著的追求，中国冬季体育事业蒸蒸日上，冰雪体育人只有坚持创新、科学发展、克服困难、创造条件、迎难而上，中国的冬季体育事业才会描绘出更加绚烂夺目的图画，在中国体育史上创造更大的辉煌！

勇夺奥运第一金

——新中国射击运动的发展历程

国家体育总局射击射箭运动管理中心主任　高志丹

射击项目是我国一类重点项目。

我国 1952 年开展全民皆兵所需要的普及射击活动，1956 年开始举办全国性射击比赛。在 57 年的发展历程中，中国射击共获得奥运会金牌 19枚，获得亚运会金牌 178 枚，培养世界冠军 172 名，打破世界纪录近 200项次。

新中国射击运动蓬勃发展的 57 年，浓缩了新中国体育运动发展的光辉历程，取得了举世瞩目的辉煌成就。

一、新中国射击运动的起步和发展

新中国射击运动的发展大体经历了起步、发展、恢复、崛起和辉煌等几个阶段。20 世纪 50、60 年代是射击运动普及和初步发展阶段，"文革"期间射击运动受到冲击，一度停止开展，"文革"后期开始恢复，改革开放后逐步崛起，20 世纪 90 年代以后中国射击开始走向辉煌。

（一）射击运动的起步和发展

新中国成立前，我国虽然有过十分活跃的直接服务于军事和战争目的的射击活动和以生产劳动为目的的狩猎活动，上海地区在 20 世纪初也一度出现过"万国赛枪会"、"手枪打靶会"等赛枪活动，但是将射击作为一项群众性的体育活动，有组织、有计划地在全国范围内普遍开展，是在新中国成立以后。

1952 年 6 月 24 日，新中国射击运动的第一个军事体育组织——中央国防体育俱乐部在北京成立，标志着作为军事体育项目的射击进入了一个新的历史时期，射击项目正式纳入了体育运动范畴，为开创和发展中国现代射击运动奠定了基础。

1953 年中央国防体育俱乐部在北京天坛东侧新建了我国第一座运动射击场——天坛靶场，这是我国国家队最初的训练基地。1954 年 3 月，我国正式加入国际射击联合会。1955 年，为迎接"社会主义国家国际射击友谊赛"，在北京西郊新建了北京射击场。1955 年 3 月 5 日，国家射击队正式组建。当年 11 月，"社会主义国家国际射击友谊赛"在北京射击场举行，这是我国射击运动员第一次参加大型国际比赛，也是我国第一次举办国际体育比赛，党和国家领导人朱德、周恩来、贺龙、陈毅、李济深、陈叔通以及党、政、军高级官员和各参赛国大使、武官出席开幕式并观看了比赛。我国运动员李素萍在 3×20 项目中以 184 环的成绩获得立射个人冠军。这是我国射击运动史上第一个国际比赛冠军。

为了检查和推动全国射击运动的开展，1956 年 8 月在北京射击场举行了首次全国射击比赛，这是我国射击运动史上第一次组织全国性比赛。

1956 年 10 月 23 日，中国射击协会成立。1956 年 11 月 1 日，中国人民国防体育协会成立（1958 年 11 月中央决定国防体协并入国家体委）。

在射击运动发展初期，国防体协适时作出了建立运动员、裁判员等级制度的决定。1956 年 10 月，经国家体委批准，周恩来总理亲自颁奖授予射击运动员张鈜等 7 人运动健将称号和证章。1957 年，国防体协正式发布了《射击运动员等级标准暂行条例》，对运动员等级、标准、批准权限等做了明确规定，将运动员等级分为运动健将、一级、二级、三级共四个级别。

1959 年 4 月，在全军第二届运动会及等级运动员考核和个人冠军赛上，张鈜以 567 环打破苏联运动员 566 环手枪慢射世界纪录，成为我国第一个打破世界纪录的射击运动员。

1959 年 9 月，第一届全运会射击比赛在北京射击场举行，来自全国 29 个省区市的 1120 名运动员参加了比赛。

在发布《射击运动员等级标准暂行条例》的基础上，为推动普及活动的开展，1958 年 1 月国防体协发布了《射击项目普通射手达标标准》，同年 12 月又发布了经过修订的《普通射手达标标准》。标准规定必须完成普通射手训练大纲所规定的训练科目，及格者发普通射手证书。为了推行普通射手训练大纲，实行普通射手训练标准，还制定了对业余教练员的训练提纲和达标标准。

为了适应国际交往的形势和参加国际射击比赛需要，1957 年 11 月，中国国防体协向贺龙副总理提出报告，请求组建集训队，准备迎接世界射击锦标赛。1958 年第一届全运会前，经过在全国和军队系统选拔审核，国防体协集训队伍正式成立。全队由原国家队员 22 人、各地选拔运动员 182 人、为广州军区代训运动员 20 人，共计 224 人组成。这是我国射击运动史上人数最多、规模最大的一次集训。1958 年由于政治原因，我国退出了国际射联组织，没有参加在莫斯科举行的第 37 届世界射击锦标赛。国家集训队部分男运动员代表中国人民解放军参加了同年 8 月举行的第一届社会主义国家友军运动会。至 1959 年年底，全国大部分省市在全运会参赛队伍的基础上，组建了射击优秀运动队，并大多坚持了长年的系统训练。

射击运动的发展逐步造就和形成了一批懂业务、公正执法的射击裁判员队伍。1957 年国防体协制定了《射击裁判等级条例》，并于 1958 年开始试行。1958 年国家体委发布了《全国裁判员等级制度条例》。同年批准了我国首批射击国家级裁判 6 名。

1957 年，我国射击队第一次出国比赛，参加在罗马尼亚布加勒斯特举行的第四届国际射击冠军赛，获得团体总分第二名。

随着群众性射击活动的普及和开展，射击教材资料的编写发行工作也迅速发展起来。为配合射击运动发展的需要，国防体协从 1956 年就开始组织力量编写和出版发行各类介绍射击活动知识的书籍和射击训练教材。期间发行了《普通射手、三级射手及业余教练员训练提纲》、《普通射手训练教材》、《普通射手学习课本》、《三级裁判员训练提纲》、《射击竞赛规则》、《掌握精确射击》、兵器挂图、《神枪手》等共计约 20 万册（套），翻译出版了 12 种苏联体育及射击教材，印发了《猎枪射击比赛规则》等五种资料。1959 年，国防体协主持编写了《简易射击学理》、《跑鹿射击》、《手枪速射》、《大、小口径步枪射击》、《手枪慢射》、《军用步枪射击》、《手枪慢射加速射》、《飞碟》等一批普及和训练教材。以上教材的发行为我国射击运动在实践的基础上不断提高、在理论和实践的结合上不断发展、推动射击运动水平迅速提高发挥了积极作用。

1959 年，为提前完成第二个五年计划指标，迎接建国 10 周年，在北京射击场举行了第一届全运会射击比赛。经过 14 天的激烈争夺，涌现出了一批优秀运动员，破一项世界纪录，平一项世界纪录，16 项 149 人次打破全国纪录。

新中国成立初期，在党中央、中央军委、团中央和全总的领导和关怀下，在"抗美援朝、保家卫国"政治形势的推动下，我国在十分艰苦和简陋的条件下，经过短短两三年时间，取得了在大城市开展射击活动的初步经验，培养和训练了一批骨干队伍。从 20 世纪 50 年代开始直到"文革"发生，全国各省市参加射击普及活动的人数达 3700 万人，培养教练1.2 万人，有 173 人达到运动健将标准，49 万人获得等级运动员称号。

随着群众性射击活动的广泛开展，各地相应进行了射击场的建设，基层单位增建了一批简易射击场。据不完全统计，1956 年全国简易射击场有 230 多个，1957 年增加到近 500 个。据国防体协正式统计，1958 年全国有简易射击场 936 个，各地射击俱乐部发展到 107 个。各种业余训练广泛开展，培养了大批业余运动员和专业人员。当时 14 个省市统计培养了 32 万名业余射击积极分子。20 省市已经拥有业余教练员 3.2 万多人，等级裁判 4 万人，射击活动普及到 19 个省市的 690 多个市县。为迎接第一届全运会，1958 年资料统计全国有近 700 个市县开展了射击活动，除了全国性比赛和训练外，组织各类大小比赛 1300 多次。（上述统计数字在"大跃进"年代受浮夸风影响可能会有不实之处）。

（二）调整巩固时期的射击运动

从 1958 年开始，由于在经济工作中指导思想上的"左"倾错误和严重的自然灾害，给我国国民经济造成了长达 3 年的严重困难局面。为了解决这些问题，1960 年党中央决定对国民经济实行"调整、巩固、充实、提高"的方针。国家体委为了贯彻这个方针，陆续对射击普及活动的开展作了一些调整，采取了缩短战线、突出重点的措施，决定自 1960 年起国防体育不再增加优秀队伍人数，省市俱乐部可保留少数教练员、运动员从事普及活动。在这种形势下，全国多数射击队相继停办，保留下来的运动员从事劳动生产、狩猎活动，训练活动中断。这一情况一直延续到 1963 年。

随着国民经济形势的逐步好转，各省市区队伍相继恢复训练，逐渐走向正规。在这段时间内，国家体委在组建国家集训队的同时，基本上坚持每年安排一次全国性比赛。这一措施对于保留技术骨干和为以后射击运动的恢复、发展创造了有利条件。

1960 年，国家体委明确提出："陆上运动以普及为主，紧密结合民兵训练，广泛开展射击、无线电、摩托车等群众性活动。其中以射击、无线电工程为重点，并且在普及的基础上抓紧优秀运动员训练，迅速提高运动技术水平，以指导普及活动，保证在国际比赛中取得优胜。射击在城市以开展小口径步枪、手枪为主，并在青少年中开展气枪活动。在农村结合民兵训练，广泛开展军用步枪射击活动。"为了突出重点，1961 年国家体委制定了射击项目重点布局规划。

为了补充国家集训队后备力量，迅速提高射击运动水平，1964 年 7 月，国家集训队又从 13 个省区市选调 41 名运动员组建了国家集训队二队，经过近两年的系统训练，集训二队的部分优秀运动员转入了国家集训队。

射击运动的普遍开展，亟须提高各级俱乐部骨干的组织能力和领导水平，提高业余教练员的教学水平和枪械维修力量。为了解决这个矛盾，国家体委于 1960 年在北京射击场举办了全国首届修械训练班，25 个省市的 29 名技工参加了学习。这是我国射击运动史上仅有的一次专门维修枪械的技术训练班。1960 年 3 月国家体委在北京召开了全国射击专业会议，31 名省市俱乐部主任参加，1964 年 3 月又在北京工人体育场召开了全国射击训练工作会议，全国 28 个省区市和解放军的国防体育干部和射击教练员共 89 人参加了会议。会议对训练计划的制订、运动量的安排、基本技术训练、教练员工作、训练和比赛中如何做好思想政治工作等问题进行了专题讨论和研究，总结了开展射击运动的主要经验。1966 年 5 月国家体委召开了全国射击普及工作会议，26 个省市和解放军、全国总工会的 79 人参加，9 个单位介绍了经验。这次会议上少数代表提出"群众性射击运动不应是为提高服务，而应是为人民战争服务"的观点，"左"的思想影响开始出现。

1963、1964 年，在普及活动广泛开展的基础上，国家体委连续举办了两期全国青少年通讯赛。1964 年，全国总工会分别组织了城市职工射击比赛和全国职工射击通讯赛等比赛，对普及活动的开展起到了积极的作用。1962 至 1964 年间，国家体委连续举办了三次全国射击冠军赛，1965、1966 年又先后组织了省市邀请赛和分项赛，对运动技术的普及提高起到了积极作用。

随着国民经济形势的好转，各地射击专业队普遍恢复了较系统的训练，新手不断涌现，并被充实到优秀运动员队伍中。我国以跑鹿项目为主的一些射击项目成绩已经达到或接近当时的世界先进水平，比赛中打破了一大批全国纪录和部分世界纪录，涌现了一批优秀的射击人才。

1963 年印度尼西亚新兴力量运动会的召开，标志着中国射击走出了社会主义阵营的圈子，是中国射击走向亚洲、走向世界的一个良好开端。

自 1955 年全面开展以来，由于党和国家的大力支持，人民群众的积极参加，广大射击工作者的努力以及参加国内外竞赛活动的锻炼，我国射击群众性普及活动广泛开展，专业队伍竞技水平提高较快。第一届全运会后，我国射击成绩与当年世界射击冠军相比，卧射与跪射均在世界前六名。

（三）起步和发展时期的教练员、裁判员、管理干部队伍建设

1955 年的国际射击友谊赛，向我国介绍了国际射击规程、竞赛规则和开展射击运动的经验，我国射击运动开始走向系统化和正规化。

在此之前，我国射击运动的训练和竞赛主要以军用枪为主，按照军队系统编制的教令和教范进行训练和组织竞赛活动。由于当时尚缺乏系统的竞赛规程和严格规则，为了迅速在全国范围内推广射击运动项目，使各省市国防体协和射击俱乐部的领导、教练员和运动员熟悉国际射联的项目要求、专用枪的使用和操作技术要领以及训练方法，中央国防体育俱乐部、国防体协在 1956—1959 年间先后举办了 11 期各种类型的射击运动训练班，为全国培养和训练了一大批开展射击运动的专业骨干，为中国射击运动的发展发挥了积极作用。在此期间，国防体协还以待培或共同培养的方式与团中央共同培养射击业余辅导员和教练员近 400 人，极大地支持了全国射击训练工作的开展。

裁判员队伍建设方面：1956 年举办了全国第一期射击裁判员训练班，培训学员 49 人，主要介绍和推广国际射联关于专用枪的竞赛规则，为各省市培养初、中级裁判员。1958 年举办了全国第二期射击裁判员训练班，培训学员 60 人。1959 年，我国第一部《射击竞赛规则》正式审定出版，并在第一届全运会上使用。

1956 年至 1959 年间，国防体协也十分重视从事射击运动的管理干部

的培养，先后组织了三期干部培训班，共培养省区市射击运动管理干部
118 人次。全国各省市也相继举办了 8 期骨干训练班。这一时期射击运动
逐渐由大中城市发展到中小城镇以及工厂、学校、机关团体。各地射击运
动俱乐部的数量截至 1959 年增加到 130 个。

二、射击运动的恢复和崛起

（一）射击运动的恢复

20 世纪 70 年代开始，随着国际形势的发展以及我国在联合国恢复合
法席位，体育运动作为外事活动和国际交往的桥梁和载体的作用愈发明
显。1973 年经国务院批准，射击运动正式恢复开展。同年 5 月，国家射
击集训队重新组建，开始了恢复性训练。与此同时，参加国际比赛逐年增
加。1973 年 10 月，全国射击邀请赛在北京射击场举行。这是射击项目中
断六年后的首次比赛，中共中央副主席李德生出席开幕式。

为了深入研究射击运动恢复后的工作，迅速提高运动水平和竞技实
力，1973 年 10 月，国家体委召开了全国射击教练员座谈会，主要征求射
击三年规划的意见。1975 年，为了充分发挥地区特点，保证将财力、物
力、人力相对集中在具备条件的特长项目的训练上，加快提高成绩，国家
体委重新修订了全国各省市射击项目的重点布局计划，再次公布了全国射
击项目的重点布局。对这些重点项目布局单位，国家体委提供了一定的保
证条件。1981 年 6 月，国家体委从参加奥运会需要出发，再次调整了全
国射击重点项目重点布局。

1977 年 3 月至 4 月，在北京射击场举办了全国普及教练员训练班，
会上研究修改了《射击普及活动教材试用本》，修订了《枪弹管理办法和
安全规则》，并拟定了《对开展射击普及活动的几点意见》。1980 年在北
京射击场举办了全国射击教练员训练班，主旨是为迅速提高我国射击运动

技术水平，攀登世界射击技术高峰，以适应"冲出亚洲、走向世界"新形势的需要，培养一批掌握一定体育基础理论和专项理论知识、具有较高教学能力的又红又专的教练员，至此，专业教练人才的培养进入了一个新的时期。

随着射击运动在全国的广泛开展，对不同层次射击人才的培养训练越来越受到重视。为了提高我国射击运动水平，加速培养后备人才，国家体委军体局（原陆上运动司）经过长时间调查了解，草拟了《国家体委军体局关于加强射击业余训练的几点意见》于 1981 年 8 月正式下发各省区市体委贯彻执行。《意见》对业余训练的组织形式、业余竞赛的类别及组织方式、教练员的培养以及管理等方面提出了明确的规范意见。

为了推动射击运动的发展，从 1973 年开始逐步恢复了各项全国性竞赛制度，通过这些比赛，锻炼提高运动员的技术水平，进一步促进了运动队伍建设。经过多年的实践摸索，自 1977 年以来，在全国逐渐形成并已基本定型的业余射击训练组织形式有这样几种：业余体育学校、体育中学、军体校射击重点班和各种业余训练班组。1981 年以来，全国性业余体校（或军体校射击班等）射击竞赛一般每年举办一次。

（二）中国射击运动的崛起

进入 20 世纪 80 年代，国际射击运动已经达到相当高的水平。参加奥运会已经成为世界各射击强国的战略目标。随着国内政治经济的发展，中国射击运动又迎来了蓬勃发展的春天。

1979 年 11 月 26 日，国际射联恢复了我国的合法席位，这是我国射击队走向世界的重要标志，我国射击运动也开始了向竞技射击方向的战略调整，射击项目的目标转向奥运会、亚运会和世界锦标赛等三大赛事。

1980 年，射击项目被列为全国 18 个重点奥运项目之一。根据参加奥运会的条件要求，自 1980 年开始，全国射击比赛基本形成制度。

自 1973 年射击运动恢复以来至 1980 年期间，在党和国家的重视和大力支持下，经过广大射击工作者、教练员、运动员的努力，我国射击运动取得了明显进步，在技术训练工作和比赛竞技活动方面都有明显提高。

1. 称雄亚洲射坛

1973 年至 1980 年间，我国射击运动在中断六年并遭到严重破坏的情况下得到迅速恢复，缩小了与国际射击运动水平的差距。

1973 年亚洲运动联合会在泰国曼谷召开执委会，确认中华全国体育总会为联合会员。1974 年 9 月第 7 届亚运会上，中国选手苏之渤以 551 环获手枪慢射冠军，成为我国第一个亚运会冠军。在本届亚运会上，中国射击队获四枚金牌，名列第三，打破四项亚洲纪录，显示出了中国射击运动项目在亚洲的竞争实力。1975 年，中国首次组团参加第三届亚洲射击锦标赛，以 13 枚金牌、10 枚银牌、6 枚铜牌的优异成绩获团体总分第一名。1978 年第八届亚运会上，中国射击队取得 8 枚金牌，跃居金牌榜首位，实现了射击项目的突破，从此在亚洲射坛占据了领先地位。1980 年 1 月，中国射击队参加第四届亚洲射击锦标赛，以 22 金、13 银、8 铜的优异成绩再获团体总分第一名。1982 年 11 月第 9 届亚运会上，中国射击队以 8 金、7 银、4 铜的优异成绩蝉联射击金牌榜首位。1986 年 9 月中国射击队再次出征第十届亚运会，以 15 金、10 银、9 铜的战绩再次蝉联亚运会射击金牌榜首位。

2. 挺进世界射击主战场，实现奥运金牌"零"的突破

20 世纪 80 年代是我国射击运动迅速发展的时期，是走向世界的开端。20 世纪 70 年代射击运动的恢复和发展，已经在亚洲形成了较强的竞争实力，我国射击一些主要项目已经超过了亚洲射击强国日本、韩国和朝鲜，为实现冲出亚洲、走向世界奠定了基础。

20 世纪 80 年代，我国在改革开放、加快四化建设方针的指引下，呈现了一派欣欣向荣的大好形势。射击运动进入 20 世纪 80 年代也得到了迅速发展。在亚洲有一定竞争实力的基础上，中国射击队适时制定了以参加奥运会比赛为目标的奥运战略，积极参加欧美射击强国参加的各类国际大赛，进一步锻炼了队伍，积累了经验，提高了竞技能力。这一时期，随着我国改革开放政策的实施，国内形成了较好的发展环境，经济上的发展也

为射击运动走向世界提供了坚强的保证。各省市体委加强了对专业队和青少年业余训练的组织领导，新手不断涌现，运动水平不断提高，为我国射击运动的迅速发展创造了良好的条件。

围绕奥运战略，我国进一步健全了对运动员的选拔和竞赛制度，优秀运动队数量有所增加，不但全国成人赛形成制度，青少年业余比赛和城市之间的竞赛也比较活跃，使射击运动更加普及，形成了坚实的基础。据不完全统计，1981 年至 1987 年间国家射击队共参加了 40 余次国际比赛。这些比赛为国家队争取到了比较多的国际大赛锻炼机会，既锻炼了队伍，积累了经验，也为参加奥运会比赛做了准备。

这一时期国内和国际比赛增多，后备力量得到重视，国内规则改为国际规则。为了准备参加在莫斯科举行的第 22 届奥运会射击项目的比赛，国家射击队重新组建并进行了集中训练，获得了很好的训练效果。1981 年 10 月参加在阿根廷举行的第 42 届世界移动靶、飞碟锦标赛，中国女子飞碟运动员巫兰英、冯梅梅、邵伟萍组成的团体队以 383 中的成绩夺得中国射击史上第一个世界冠军。1982 年 10 月的第 43 届世界射击锦标赛是我国第一次参加世界射击锦标赛，中国女子飞碟运动员冯梅梅、邵伟萍、巫兰英以 436 中的优异成绩打破了 417 中的团体世界纪录，获得冠军。在这期间女子飞碟最为突出，她们自 1981 年先在世界锦标赛上夺得冠军，以后连续六年在几次重大国际比赛中获得冠军，破两项世界纪录，实现了连续六届世界锦标赛中获得女子双向飞碟"六连冠"的光辉战绩。

1981 年，为准备参加第 23 届奥运会，国家射击队在原基础上经过调整充实组成了奥运会射击集训队，集训期间参加了第 9 届亚运会、第 46 届世锦赛和美国洛杉矶奥运会射击场落成比赛，进一步丰富比赛经验，为参加奥运会做好了准备。

1984 年 7 月，中国射击队首次参加在美国洛杉矶举行的第 23 届奥运会。奥运会射击项目于 7 月 29 日开赛，第一个项目是手枪慢射，中国选手许海峰以 566 环的成绩夺得本届奥运会首枚金牌，这是中国自 1932 年首次参加奥运会以来 52 年间的首枚金牌，实现了中国奥运金牌"零"的突破,揭开了中华民族体育运动自立于世界民族之林的新篇章。国际奥委会主席萨马兰奇亲自为许海峰颁奖,并表示祝贺。国际各大报纸纷纷报道,国内所有报纸都以重要位置、醒目标题报道了这一喜讯。本届奥运会上,中国射击队共夺得 3 枚金牌,射击选手吴小璇成为中国奥运金牌史上首位女奥运冠军。

这一时期,我国一些项目在与世界强手的角逐中,已经接近或达到世界先进水平。第 23 届奥运会的成功,进一步证明我国射击运动在走向世界的过程中跨出了重要一步。在取得进步和成绩的同时,同样也显示出我国射击运动成绩与世界先进水平仍有差距。第 23 届奥运会的成功是在没有苏联和东欧射击强国参加的情况下取得的。从当时我国的射击发展状况看,部分项目的成绩提高不快,高水平尖子队员人数少,技术不巩固,比赛发挥能力不强,在大型国际比赛中缺乏经验,表现比较脆弱,这些问题在第 24 届汉城奥运会以及一些重要国际大赛中表现比较突出。特别是1985 年开始国际射联关于射击竞赛规则的调整,对我国射击运动的训练和竞赛体制、训练方法和手段、训练科研等各个方面影响都十分明显。1988 年汉城奥运会上,中国射击仅获得 1 银 1 铜,未能完成金牌任务,一方面受国际射击规则变化影响较大,另一方面也真实反映了中国射击与世界水平之间的差距。

(三) 射击竞赛体制的发展和完善

竞赛是推动运动技术水平迅速发展的重要机制。"文革"前,我国射击项目竞赛的基本形式是全国赛和全国分区赛。20 世纪 80 年代后,围绕国内练兵、一致对外的方针,大体形成了较为完善的射击竞赛体系,主要由全国性赛事和地方性、行业性赛事组成。全国性的射击赛事大体有:全国冠军赛、锦标赛、达标赛、全国青少年比赛、全国分区赛、分项赛;全运会、破纪录赛、全国青少年运动会、全国城运会、全国农民运动会、全国重点布局项目调赛等,个别还举办过全国大行政区赛、全国大学生气枪比赛、健将邀请赛等。地方性和行业性赛事大体有:计划单列市之间的

"七星杯"赛、协作区赛、飞碟项目各省市联合举办的"巨龙杯赛"、山西河南陕西联合举办的"三省七市"比赛、各省区市组织的省级比赛、一级行业举办的如全军射击比赛、全国公安系统射击比赛、全国职工比赛等等。

第23届奥运会前后，随着"奥运战略"的提出，射击项目竞赛制度围绕这一战略转变进行了一系列的竞赛改革。其中有代表性的是1987年前后射击项目根据国家体委关于竞赛体制改革的精神，结合自身开展特点，开始对全国射击竞赛实行分级管理、分级比赛的制度，强化了竞赛的组织管理制度。至此，全国比赛明确分三级进行。每年5月至6月间进行全国锦标赛的达标赛，各项目在达标中选出的前24名个人、全体前6名参加9月份举行的全国锦标赛。锦标赛中选出的各项目前15名（部分项目选前12名）参加次年4月份举行的全国射击冠军赛，形成了竞赛规模由大到小、参加人数由多到少、技术水平由低到高的逐级选拔的金字塔形竞赛格局。

（四）射击科研工作不断发展

我国射击运动开展初期，主要继承和发扬了人民解放军艰苦奋斗、勤学苦练的光荣传统，"苦练"成了20世纪五六十年代训练的主要特征。随着射击技术的发展和竞技水平的不断提高，特别是科学技术在体育发展中的应用，射击项目的科研工作逐步引起重视。在苦练的基础上逐步提高技术训练的科学性，发展体育科研成为发展射击科研工作的指导思想。

1962年的全国射击冠军赛上，国家体委聘请了有关研究人员和大会医务人员，对134名参赛运动员的生理机能进行了生理、生化指标的测试，这是射击科研的初次尝试。

随着国际射击运动水平的迅速发展，对科学训练的要求也更加迫切。为适应这一要求，1975年4月15日，国家体委在《关于组建国家射击集训队的决定》中，对运动员的教学工作要求"加强调查研究，不断改进训练方法，提高训练的科学水平"。北京射击场为贯彻这一精神，设立了资料组，主要搜集国内外的射击科技情报进行整理研究，向国家射击队提供有关信息和经验，同时编辑出版了内部业务期刊《射击参考资料》。1978 年，射击资料组改为射击训练调研组，逐渐充实了部分有教学研究能力的人员，配合国家射击集训队开展调研工作。1978 年开始，《射击参考资料》作为内部刊物向全国射击界发行。1985 年，《射击参考资料》改为《射击射箭参考资料》，每年发行量保持在 2000 份左右，成为当时唯一的、全国性的射击运动专业读物，受到射击界广大运动员、教练员的普遍欢迎。1990 年，《射击射箭参考资料》改版为《中国射击射箭》杂志，成为我国射击射箭运动正式发行的学术刊物。1986 年，《射击裁判法研究》出版。1999 年，《射击运动信息》编辑发行，主要反映射击运动的改革法规、国际信息、比赛情况、协会动态等，在全国射击界内部发行。2001 年 3 月，中国射击射箭网开通。自 1995 年以来，射击运动的科研工作发展迅速，科研工作与训练实际结合更加紧密，运用科学的手段和方法解决了诸多训练中存在的实际问题，起到了科学指导的作用，为射击运动的发展提供了科学和技术支持，多年来形成的科研和理论实践成果，也多次获得国家体委、国家体育总局科技进步奖、奥运攻关和科技服务等奖项。

（五）射击裁判队伍不断发展壮大

1955 年，为迎接中国举办的国际射击友谊赛，中国人民国防体育俱乐部决定 3 月 5 日成立射击集训队，队员 171 名（主要来自解放军），8 月中旬决定从集训队中抽调 18 名队员（后增至 21 名）组成裁判集训队伍。射击裁判队伍的初建得到了苏联支援陆海空军协会的帮助。1955 年 8 月，我国射击协会派出江海、张文华、李敦厚 3 人赴苏联参观全苏射击比赛。这是中国射击裁判第一次看到大型射击比赛。同年 9 月，国防体育俱乐部正式举办了第一期射击裁判员训练班，10 月中旬，训练班全体参加全军射击检阅大会实习，这是中国射击裁判队伍首次实施大型射击比赛裁判工作。同年顺利完成了国际友谊射击比赛的执裁任务。

1956 年 8 月，国家体协俱乐部为准备当年 10 月举行的第一次全国比赛，举办了第二期裁判员训练班，培训学员 61 人。1958 年 6 月为准备第一届全运会，又举办了第三期裁判员训练班，培训学员 82 人。1959 年，我国第一部《射击竞赛规则》正式出版，这是我国吸收国际射击竞赛规则、苏联射击竞赛规则的特点，结合中国具体情况，总结几年来组织竞赛的经验，出版的第一个国内射击竞赛规则。受"文革"影响，射击裁判训练班在"文革"期间停办。1979 年恢复举办了第四期全国射击裁判员训练班，培训学员 44 人，训练班结束后，先后有 30 名学员被批准为国家级裁判员。1982 年举办了第五期全国射击裁判员训练班，培训学员 31 名，培训班结束后，先后有 15 名学员被批准为国家级裁判员。1986 年举办了第六期全国射击裁判员训练班，培训学员 71 名，培训结束后，先后有 27 名学员被批准为国家级裁判员。这一时期，我国外派学习并被批准为国际级裁判员人数不断增多。

1980 年 12 月，中国射击协会在北京召开会议，首次成立了裁判委员会。1981 年裁判员委员会第二次会议上，通过了《射击裁判委员会工作条例》。1985 年召开的裁判委员会临时会议上，通过了《射击裁判员五年发展规划（1986—1990 年）》。1986 年 4 月，《射击竞赛裁判法》正式出版。

经过上述一系列工作的开展，我国射击裁判员队伍进一步壮大，执裁水平不断提高。这一时期，全国各省区市也结合地区射击运动开展实际和发展需要，陆续组织了各类裁判训练班，极大地补充了裁判员队伍。截至 1987 年，我国拥有射击国际裁判员 28 人，国家级裁判员 90 人，等级裁判员 2.8 万人，裁判员队伍的质量也有了明显提高。特别是 1980 年全国裁判委员会成立后，各方面工作走向正轨，裁判队伍建设稳步推进。

三、超越辉煌，进入中国射击
全面发展新时代

20 世纪 90 年代以来，中国射击运动继续蓬勃发展，取得了一系列辉煌的成绩，进入了一个崭新的发展时期。射击项目在第 23 届奥运会上实现我国奥运史上金牌"零"的突破以来，24 年间不断取得新的突破，进入新世纪后，继续保持在亚洲的领先地位，并跨入世界射击强国行列。

自 1975 年以来，中国队参加的亚洲射击锦标赛上，至今连年获得亚洲总分第一和奖牌第一。截至 2004 年第 10 届亚洲射击锦标赛，中国队共获得 180 枚金牌、104 枚银牌、82 枚铜牌，合计奖牌 366 枚。在亚洲最高体育盛会——亚运会上，中国射击队取得了丰硕的成果，自 1974 年首次参加亚运会以来，中国射击共获得亚运会金牌 149 枚，银牌 90 枚、铜牌 61 枚，合计奖牌 300 枚，并自 1978 年起连续 8 次蝉联亚运会射击金牌榜首位。

在射击项目最高单项赛事——世界射击锦标赛上，我国 1982 年首获第一个世界锦标赛冠军，至今已经获得该项赛事的金牌 42 枚，银牌 39 枚，铜牌 32 枚。在 1998 年第 47 届世锦赛上，我国以 12 金 10 银 4 铜的优异成绩获得金牌奖牌总分第一名，国际射联向中国颁发了国际射联最高荣誉奖——世界射击优胜杯奖，中国成为第一个获得该奖项的亚洲国家。

自 1990 年以来，中国射击队共获得世界杯总决赛金牌 52 枚，期间自 2000 年起连续五年位列金牌榜首位。自 1987 年李对红获得第一个世界杯冠军赛以来，截至 2008 年，我国共获得世界杯冠军 200 个。飞碟项目自 1981 年以来，共获得飞碟世界锦标赛冠军 20 多个。在 1992 年巴塞罗那奥运会上，中国飞碟射击女运动员张山以 200 靶全中的优异成绩，夺得新中国第一枚飞碟射击奥运金牌。2000、2001 年陶璐娜获得世界最佳女子射击运动员称号（世界射击小姐），这是我国首次获此殊荣。

在 1994 年年底国际射联颁布的世界纪录中，只有 2 项属于中国人，2003 年国际射联再次颁布射击项目世界纪录中，中国队获得的世界纪录已经达到 31 人、22 项。

国内射击竞赛活动蓬勃发展，射击运动开展的基础更加雄厚。1995 年至 2004 年间，国内组织全运会、城运会等全国射击比赛 126 场次，主办和参加国际赛事 96 场次。2005—2008 年间组织全国性射击赛事达到

91 场。

射击运动开展更加普及，全国除海南、西藏外的各省区市和解放军都已广泛开展，已经形成了以国家队为龙头，以省区市专业队为中坚力量，以重点业余体校为基础和后备军，以中小学和基层业余体校为辐射范围的三级训练体系和网络，充分体现了组织一条龙的训练基本思想。目前，射击项目全国优秀运动队 30 余个，参加全国比赛的注册运动员人数达到 5000 余人，二、三线运动员达到 8000 余人。全国优秀运动队的教练员达到 400 多人，二、三线教练员达到 900 余人，开展业余训练的单位达到 330 个，确定的重点业余体校 20 多所，确定的训练基地和后备人才基地近 10 个。

裁判员队伍不断壮大，执裁水平持续提高。截至 2009 年 6 月，全国注册裁判员人数达到 203 人，其中国际 A 级 5 人，国际 B 级 39 人，国家一级 76 人，国家级 82 人。中国射击协会的个人会员达到 6000 余人，团体会员 30 多个。

20 世纪 90 年代以来，射击项目注重提高教练员、裁判员的综合素质和执教、执裁水平，先后举办了各类教练员岗位培训 12 期，培训教练员近 600 人次，举办各类裁判员培训班近十期，培训裁判员 150 多人次。

射击项目的科研工作稳步发展，科研服务和科技攻关水平不断提高，1995 年以来，科研成果共获得体育总局和部委级成果奖项十多项，极大地促进了射击项目训练水平的提高。

赛制改革方面，进入 90 年代后，对全国赛制进行了一系列改革调整，全面与国际接轨，全运会席位赛改为系列赛，实行各赛站积分制，并在城运会上增加项目，在全运会上增设金牌数，激励地方开展射击运动的积极性，不断夯实项目发展的基础。全国训练水平大幅度提高，1995—2008年间审批的射击运动健将达到 300 多名，国际健将 40 多名。

1992 年，我国射击队出征第 25 届奥运会，取得 2 金 2 银，1996 年第 26 届奥运会上，我国射击队取得 2 金 2 银 1 铜，2000 年第 27 届奥运会上，我国射击队夺得 3 金 2 银 3 铜，2004 年第 28 届奥运会上，我国射击队取得 4 金 2 银 3 铜，实现射击金牌数的重大突破。2008 年北京奥运会上，我国射击队取得 5 金 2 银 1 铜的优异成绩，再次谱写了中国射击运动的辉煌。自 1984 年以来，中国射击先后两次取得奥运会开赛的首金，三次夺得中国体育代表团的首金，共计夺得奥运冠军 19 个，培养奥运会冠军 16 名，为新中国体育事业的发展做出了积极贡献。

四、新中国射击运动发展的基本经验

新中国射击运动 57 年的发展历程中，全国射击界始终坚持为国争光的理念，坚持争创一流的标准，坚持刻苦训练的精神，坚持精益求精的态度，坚持把理想、信念作为项目发展的核心，取得了辉煌的成就。特别是自 1984 年以来的 24 年间共为祖国夺取了 19 枚奥运会金牌。自亚特兰大奥运会开始，射击项目夺取的奥运会金牌总数逐届递增，折射出射击运动各方面工作的不断进步和提高，成为射击项目发展的历史和工作的缩影。在射击运动坚持走中国特色发展道路的历程中，实现了中国参加奥运会首金的历史性突破，更实现了在 2008 年奥运会上一次夺取 5 枚金牌的重大成绩突破，凝结了几个方面的基本经验：

（一）祖国荣誉高于一切的理念成为项目发展的动力源泉

射击项目 57 年的发展历程，就是不断铸造为国争光精神之魂的历程。坚持祖国荣誉高于一切，坚持永远争创一流成为了射击项目发展不竭的精神动力，提供着强大的精神支持。为了实现为国争光的理想，几代射击工作者长年承受着艰苦训练和争金夺银的双重考验，用心血、智慧、精神与意志顽强拼搏，勇创一流，承载着光荣的使命，推动着项目不断向前发展。许多教练员长期在国家队、省市专业队和业余训练工作一线，为项目的发展呕心沥血。国家队的教练员更是放弃与家人团聚的机会，全部身心投入到国家队的训练备战中,克服着常人难以想象的困难,为项目的发展付出了极大的心血。许多国家队运动员忍受着长期漫长的训练煎熬,克服着远离家人的思念,放弃安定舒适的生活,全力投入训练备战中,自加压力,奋勇拼搏,跨越了一道道难关,实现一步步突破,推动着项目不断前进。

(二) 举国体制的巨大优势为项目发展提供着坚强保证

射击项目的持续发展,最根本的一条就是始终坚持了举国体制。这种集中力量办大事的体制具有巨大优势,与项目的竞技发展目标相适应,对奥运战略给予了最有力的支撑和保障。项目发展过程中,集中了全国有限的人力、物力、财力,最大限度地调动各方面的积极性,有效配置全国的资源,上下形成了合力。在各省的竞技项目布局中,地方各级政府给予了重点扶持和高度关注。这种保障和布局为项目可持续发展提供了重要的体制保证。项目发展过程中,优异成绩的递进提高使全国各省区市对发展射击项目更加充满信心,投入不断增大,布局面逐步扩展,三级训练体系和网络得到了较大发展和完善,形成了地方和国家队的良性发展格局。项目发展过程中,全国射击界团结一心,扎实工作,确保了举国体制优势的充分发挥,形成了强大的组织合力。

(三) 优异的竞技成绩为项目发展提供着强大动力

射击项目多年来的持续发展,很重要的一条就是实现了竞技成绩的提升和高水平。始终坚持高标准的目标,始终在成绩面前不满足,在创造优异成绩上坚持不懈成为项目不断发展的内在动力。1984 年奥运会上射击项目夺得中国首金,引起了社会的广泛关注,也为项目的发展拓展了巨大空间。此后的 25 年里,射击项目在全国各省区市的发展更加迅速,国际大赛的竞技成绩呈现了递进式的增长态势。项目的优势不断扩大,项目布局不断优化,训练的基础不断增强,高水平运动员不断涌现,对项目规律的认识和把握水平不断提升,项目的国际大赛竞争力逐步增强,形成了项目的集团优势，保持了良好的发展态势。北京奥运会上，中国射击更以一届奥运会获得5枚金牌的纪录书写了国际射击史上的神话。这些优异成绩的取得，不断为项目的发展提供着强大动力。

（四）项目规律的探索研究为项目的发展提供着科学支持

射击运动的发展史，也是对射击项目规律不断认识、不断升华，对训练科学不断研究、不断完善的过程。57年来，几代射击工作者和科研人员不断研究项目的发展和制胜规律，采用先进的科学技术和手段，推进训练实践和科学研究的有效结合，对技术规范和技术标准深入研究，对项目的特点、规律的认识更加深刻，一批先进的训练理念、训练思想和训练方法也逐渐总结提炼出来，为项目发展提供了可靠的理论支撑和科学指导。激光测试仪、心理监测等先进科学技术在训练和科研中也得到广泛应用，进一步提升了科研攻关的水平。一批针对性强的训练、竞赛攻关课题不断取得新的成果，为把握项目规律，提升理论认识，指导训练竞赛实践起到了积极的作用。

新中国射击运动的兴起和发展，是新中国体育事业蓬勃发展的一个真实写照，更是坚持走中国特色社会主义道路的典型实践。射击运动57年发展历程中形成的基本经验，归结为一条最根本的经验，就是始终坚持走中国特色的项目发展道路，始终坚持走立足国情、符合自身特点、适合自身发展实际的特色道路。57年的发展中取得的巨大成就，集中展现了中国特色社会主义制度的巨大优势和强大生命力，集中展现了新中国体育事业坚持独立自主、坚持改革开放、坚持走中国特色社会主义道路取得的伟大成就。伴随着新中国体育事业的不断发展，新中国射击运动必将在新的历史起点上，实现新的科学发展，再创中国射击新的辉煌。

新中国射箭 60 年追梦历程

国家体育总局射击射箭运动管理中心主任　高志丹

2008 年 8 月 14 日，山东姑娘张娟娟在北京奥林匹克公园射箭场稳稳射出最后一箭，射中了中国几代射箭运动员为之奋斗了 24 年的奥运会金牌，实现了中国射箭界的夙愿，写下了中国射箭运动史上最光辉的篇章。

"一个人战胜了一支韩国国家队"，从四分之一决赛到半决赛再到决赛，张娟娟接连挑落三位韩国高手，踩着宿敌的肩膀登上了奥运会最高领奖台。这场看似孤胆英雄式的胜利，背后凝结着中国射箭几代人数十年的心血，他们用失败的教训和成功的经验为张娟娟铺就了这条通往竞技体育最高峰的道路。

永不放弃，永争第一，铸就了新中国射箭人坚强的灵魂。

一、建国初期，白手起家

新中国自 1951 年起着手建立各项体育制度。1953 年 11 月，在天津举办了全国民族形式体育表演竞赛大会，设有射箭步射项目，参加比赛的有来自 4 个单位的 5 名运动员。这是解放后，我国第一次举行中国式射箭比赛。

1955 年，在北京体院张文广教授的倡议下，在该院武术专业课程中，开设了射箭项目的选修课，同时开设了射箭项目的业余训练，由张文广教授兼任教练。

1956 年 7 月，在北京先农坛体育场举行了我国首届全国射箭表演赛，参赛的 37 名运动员来自五个民族，年龄最长的 71 岁，最小的 16 岁。竞赛规则根据 1956 年由国家体委制定的"中国步射暂行规则"执行。项目设有男子 20 米、30 米、40 米射准；女子 20 米、30 米射准。每个距离各射 10 支箭，每支箭时间规定为 30 秒。当时，运动员使用的多为高 1.60 米左右、弹力不同的弓，1 米左右的中国箭。

五十年代初、中期，中国射箭技术都是采用中国传统的射法。当时使用的弓大多为竹木或由兽角、木料和肠线层板合制作成。箭头由铁、铜等材料制成。

由国家体委组织的全国射箭锦标赛于 1957 年 6 月在北京体育馆举行，比赛规模大有扩展，有 12 支代表队、47 名运动员。比赛取得优异成绩，对促进中国射箭运动的发展起到了积极作用。

1957 年 7 月，北京大学林启武教授在随中国青年体育代表团参加在莫斯科召开的第三届国际青年友谊运动会期间，观摩了在那里举行的一场国际射箭比赛，做了详细的现场观察及采访国际箭联秘书长的谈话记录，对比赛的场地、器材、规则、技术等都做了详细记载，为后来我国制定适应国际的规则奠定了一定的基础，也为将国际现代射箭运动引入中国做出了贡献。

在 1958 年 4 月国家体委主办的我国第一期国际射箭技术讲座上，林启武教授介绍了国际射箭运动开展的状况、国际射箭运动的场地和设备、国际射箭比赛的办法、国际弓箭的特点、国际射箭的基本技术要领等。这是我国射箭史上第一次将国际射箭运动介绍到中国的讲座，为我国从 1959 年开始采用国际射箭规则奠定了基础。

1958 年 6 月"中华人民共和国体育运动竞赛制度（草案）"的颁发促进了各地射箭运动的开展。为了迎接新中国第一届全国运动会的召开，青海、内蒙古、山东、上海、四川、福建等地以及解放军的射箭队相继成立。9 月，内蒙古射箭队一行 9 人，代表中国第一次出访蒙古人民共和国进行友谊赛。

二、走向国际，开阔视野

早在第一次世界大战之前，英法两国的箭手已屡次在勒图盖举行比赛，这是国际射箭比赛之始。1900 年第二届现代奥林匹克运动会上，就设有射箭项目。在第三、第四和第七届奥运会上也都有射箭比赛，但始终没有统一的比赛规则，参赛的国家也很少。自第七届奥运会后，射箭项目被取消，直至 1972 年在慕尼黑举行的第 20 届奥运会才被重新列为正式比赛项目，并采用国际射箭联合会制定的室外射准比赛规则。男、女团体比赛自 1988 年奥运会起被列为正式比赛项目。

国际射箭联合会是 1931 年由英国人发起而组织成立的。当年在波兰举行了第一届世界射箭锦标赛，比赛项目有 30 米、40 米、50 米射准赛，每一射程射 24 支箭，按总成绩排定名次。世界射箭锦标赛自 1959 年起由每年一次改为每两年一届，除二战期间中断之外，至 2009 年 9 月已经举行了 45 届。

世界射箭锦标赛历史上，比赛项目数次更易。自 1957 年第 18 届世锦赛起，实行国际箭联单、双轮制，即男子 90 米、70 米，女子 70 米、60 米，靶环直径 122 厘米；男、女 50 米、30 米，靶环直径 80 厘米。1985 年 10 月国际箭联通过了自 1986 年起实行淘汰赛的比赛提案，规定：国际箭联淘汰赛和原有的单、双轮三种比赛办法均可在正式比赛时使用，但世界锦标赛和奥运会射箭比赛，只采用淘汰赛方法。1987 年在澳大利亚举行的第 34 届世界锦标赛已开始采用淘汰赛，1988 年第 24 届奥运会也开始采用淘汰赛。1992 年第 25 届奥运会上，又正式采用了国际箭联奥林匹克轮（OR）比赛的方法。

除室外射准比赛之外，国际射箭联合会规定的正式比赛项目还包括野外射箭比赛、地靶射箭比赛、射远射箭比赛、室内射箭比赛。但只有室外射准比赛是奥运会正式比赛项目，近数十年来，这个项目的成绩也代表了一个国家或地区射箭运动的水平。

在20世纪最初的30年里，射准射箭已成为欧洲流行的业余比赛项目。自50年代起，美国箭手的水平在全世界名列前茅，尤其是男选手实力很强，至今仍处于世界前列。60年代末期，原苏联射箭运动以惊人的速度崛起，尤以女箭手为代表。韩国虽然开展较晚，但自1976年开始参加世界大赛以来，女子成绩极为突出，独霸奥运赛场，男子项目也紧随其后，韩国箭手堪称当今世界箭坛最强大的一股力量。

三、刻苦训练，崭露头角

1958—1959年，不少省市区和解放军等成立了射箭集训队，但建队初期各地的物质条件都很差，不少队是白手起家，有的改造古代用弓，而且多采用队员兼教练的办法应对教练缺乏的困难，但是短短几个月的集训之后，各队的水平仍然有了大幅提高。

50年代末期，由于国际射箭比赛方法的引进，以及瑞典进口钢弓、钢箭的使用，中国的射箭技术有了相应的改进和发展。1959年5月在北京官园体育场举行的第一届全国射箭锦标赛采用了1959年国家体委审订的射箭规则，这是我国首次采用国际比赛规则。参加的共有20个单位，222名运动员。虽然我国射箭运动员使用国际弓箭练习时间很短，但从这次比赛成绩看，绝大多数运动员已基本掌握了国际弓箭的性能和技术，也取得了一定的成绩。从此，中国射箭运动走上了与国际射箭接轨的行列，踏上了向世界水平进军的曲折里程。

当年 5 月—6 月，波兰射箭队访华并与中国选手进行友谊赛，不仅对我国运动员给予技术指导，而且帮助我们加深了对国际规则的理解。他们的领队还指出，中国运动员技术不错，但器械陈旧制约了水平的提高。

1959 年第一届全国运动会射箭比赛共有 14 个单位的 135 名运动员参赛，采用国际射准射箭规则。在 8 天的比赛中，全部刷新了 5 月全国锦标赛及中波友谊赛所创造的全国各项最好成绩，单是刷新各项双轮全能最好成绩的，就有 55 人 174 次。男子双轮全能冠军徐开才的成绩，相当于当年第 20 届世界锦标赛 82 名运动员的第 55 位；女子双轮全能冠军赵素霞的成绩，相当于世锦赛 34 名运动员的第 25 名。这就是我国开展国际射箭运动起步时期的基数。第一届全运会的召开，促进了射箭运动在全国各地的开展，为今后的发展打下了坚实基础。

1960—1962 年，在国民经济困难时期，射箭运动贯彻党中央的方针，在缩短战线、保证重点的措施中，有些省、市射箭队进行了调整，同时减少了竞赛，保证了训练，提高了质量，使我国射箭运动在困难时期仍有突破。到 1960 年，虽然开展国际现代射箭运动仅一年之久，但成绩已经有了飞跃式的进步。据统计，1960 年里，先后有 14 人共 140 次打破男女 20 项 1959 年全国最高纪录。徐开才创造的单轮 90 米 221 环的成绩，比 1959 年的纪录高了 66 环，他的单轮 30 米成绩已达 319 环，与世界纪录仅差 10 环，双轮全能成绩也相当于第 20 届世界锦标赛第 10 名的成绩。女箭手赵素霞的双轮全能成绩，也相当于该届世锦赛第 10 名成绩。这一切都为新中国第一个射箭世界纪录的诞生打下了基础。

1961 年 6 月 3 日，在上海春季射箭比赛中，19 岁的上海体院学生赵素霞，以 270 环的成绩超过了由瑞典选手约翰逊创造的女子单轮 50 米 261 环的世界纪录。由此，中国诞生了第一个射箭项目的世界纪录，使我国女子射箭运动开始向世界先进行列迈进。仅 4 个月之后，解放军选手王锡华在女子双轮 50 米比赛中，以 508 环打破了由美国选手迈恩哈特在 1957 年世界锦标赛上创造的 495 环的世界纪录；在双轮 30 米比赛中以 624 环打破了莫斯勒在 1959 年世锦赛上创造的 614 环的纪录。

男女 20 个项目的全国纪录,在这一年里,已有 14 个被刷新,尤其是女子 10 个项目的全国纪录全部被打破。1962 年,男子 10 个项目的全国纪录又被刷新了 9 项。仅仅开展三四年的我国现代射箭运动,已迈进了世界水平的行列。其中女子项目实力相对较强,截至 1962 年,已有 5 人过了 2000 环大关,单项成绩也达到或接近世界水平。

自第一个世界纪录诞生之后,中国射箭运动进入了飞跃发展时期,直至"文革"开始。

1963 年 10 月 10 日,国家体委公布了新制定的包括射箭在内的 12 个项目的运动员等级标准,从此射箭运动在中国开始有了等级运动员标准。一系列政策措施,促使中国射箭成绩有了显著提高,仅在 1963 年,男女 20 个项目的全国纪录就有 18 项被改写。徐开才一人创造 8 项全国纪录,并打破 2 项世界纪录,成为我国第一个创造世界纪录的男子射箭运动员。尤其值得一提的是,截至 1965 年,来自解放军队的李淑兰一人先后 17 次打破世界纪录(含团体),是迄今为止我国体育史上打破世界纪录最多的运动员之一。

2009 年 8 月 29 日李淑兰荣获《国珍杯共和国 60 年体坛影响力评选》体坛名将奖。这说明祖国和人民没有忘记老一代射箭运动员,是祖国和人民对这个射箭群体的最高奖赏。

这一时期,中国运动员开始走出国门,自 1962 年年初访蒙古国进行友谊赛之后,又参加了 1963 年在印尼雅加达举行的第一届新兴力量运动会射箭比赛,这是中国运动员第一次在国际比赛中亮相。在与当时的世界强队苏联、美国和欧洲各队的较量中,中国箭手赢得女子团体等 4 枚金牌。李淑兰还在天气条件十分困难、破纪录一度无望的情况下,打破女子双轮 30 米世界纪录,完成了在这届运动会上的特殊使命。

1964 年 2 月 3 日,中华全国体育总会第四届委员会第一次常务委员会正式通过"中国射箭协会"成立,并产生了第一届协会成员名单。1965 年,各省市运动队积极贯彻全国体育训练工作会议精神,特别是"三从一大"的训练原则,使训练工作大有进步,使我国射箭运动水平出现了普遍提高，新生力量大量涌现。这在 1965 年的第二届全运会上得到了体现。

从 1959 年第一届全运会开始的短短六年里，我国射箭运动以飞跃式的速度，跨入了世界先进的行列。截至第二届全运会，我国已有 7 名运动员 27 次打破 12 项世界纪录。在那届全运会上，李淑兰与队友王锡华、石桂珍一起打破了女子单、双轮团体世界纪录。1966 年，在金边举行的第一届亚洲新兴力量运动会上，李淑兰获女子个人全能冠军，还和队友合作获女团冠军。

1966 年 6 月，"文革"前的最后一场全国比赛在青海西宁举行，李淑兰以 283 环的成绩打破了捷克运动员台普托娃保持的 70 米单轮世界纪录。这是她最后一次打破世界纪录。

四、第一次站上奥运领奖台

"文革"期间，我国射箭运动几乎处于停顿状态，队伍被解散，比赛活动全部停止。直到 1972 年根据周总理的批示，才开始恢复活动，并批准由北京体育学院成立射箭集训队。各省市区的射箭运动也陆续恢复起来。

然而，错失的这六年恰恰是世界射箭运动飞速发展的六年。从训练理论、训练方法、手段到弓箭器材，都发生了很大的变革。这一切对中国射箭人来说，无疑是个很大的挑战，他们不得不开始第二次更加艰苦的创业。

1974 年 2 月 19 日，上海队 17 岁的王文娟以 342 环的成绩打破了由波兰选手劳佐维茨保持的女子单轮 30 米世界纪录，创造了自"文革"以来，射箭运动恢复后的第一个世界纪录。

当年 8 月，朝鲜射箭代表队来华访问，重启了中国射箭的对外交流。

在友谊赛之后，"文革"前的 12 个女子项目全国纪录全部被刷新。更重要的是，在与朝鲜队接触中，中国队了解到国外已经使用带有弹簧片的弓比赛，而且国外运动员使用的稳定器，也比我们自制的要先进得多。从此，中国射箭队开始注意引进先进器材，以更快提高中国射箭运动的水平。

从 1972 年到 1979 年，中国射箭运动水平稳步恢复、提升，对外交往也逐渐增多。仅 1978 年，就先后有法国队、日本队访华；中国队出访罗马尼亚，并参加了在泰国曼谷举行的第八届亚运会射箭比赛，获得男子团体第二名和女子团体第四名。截至 1979 年年底，我国共有 13 名射箭运动员 42 次打破 13 项世界纪录。

在 1978 年第八届亚运会期间，成立了亚洲射箭联合会，我国是发起国之一，并成为会员，王亦洲当选亚洲射箭联合会副主席。

从七十年代开始，射箭器材在国际上有了较大变化，由整张弓改成了弓把和弓片分体的组合弓，而且安装了成套的稳定器、瞄准器、信号片等。器材的进步促进了世界射箭运动成绩的迅速提高，也对技术动作提出了更高的要求。中国队当时训练的主要任务是对技术动作进行规范化训练，主要依据的是苏联、美国、日本优秀箭手的技术动作。

到 1980 年，我国射箭运动成绩有了大幅提高，发展取得显著成效。当年中国选手创造的成绩，与在莫斯科召开的第 22 届奥运会射箭比赛相比，男子有 4 人超过奥运冠军，女子有 8 人超过奥运季军。当年 9 月，自50 年代初起一直位列世界一流强队之列的美国射箭队访华并与中国选手进行友谊赛。为学习美国队的先进技术，国家体委曾组织了调研小组，专门学习。

1981 年 6 月，国际射联联合会在意大利召开会议，决定恢复中国射箭协会在该联合会的合法席位。同年，中国射箭运动员首次参加了在意大利举行的第 31 届世界射箭锦标赛。因多年没有参加国际大型比赛，尤其近两年来中国女队几乎是原地踏步，但仍然获得女子团体第三名，付红获女子个人第四名，她和孟繁爱还获得双轮 70 米、60 米两个单项第一名。

男队则未能表现出应有水平，仅列团体第 15 名，个人名次都在 50 名以外。这次比赛暴露出中国队近距离训练水平差等问题，但是也让我们看到了世界箭坛的先进技术，增强了赶超世界水平的勇气和信心。

然而，1982 年，中国射箭运动成绩陷入停滞，在我国第一次举办的大型国际射箭邀请赛、第一届亚大区射箭锦标赛和第九届亚运会射箭比赛等三项国际赛事中没有获得一项冠军。此时韩国射箭却异军突起，包揽了亚大区射箭锦标赛和亚运会射箭比赛男女团体的全部 4 项冠军，开启了国际箭坛的"韩流"时代。中国队在两大赛事中分别获得男女团体亚军和男女团体第三名。在与亚洲高手的较量中，中国选手暴露出训练和比赛中作风不够顽强、关键时刻手软，以及自身控制和适应能力较差的问题，队伍后备力量的缺乏也显露出来。

随着体育运动国际性和竞争性越来越强，中国射箭也深刻认识到必须通过国际交流来促进中国射箭运动水平的提高。在 1983 年，我国射箭运动员除参加第 32 届世界射箭锦标赛和亚洲杯赛之外，还出访了意大利、联邦德国、瑞典、朝鲜等多个国家，尽管在国际比赛中成绩并不突出，但学习世界先进技术，还是对我国射箭运动水平的提高起到了积极作用。以世锦赛为例，除美国和韩国不断刷新世界纪录之外，原本与我们水平相当甚至落后的队伍也有显著进步。我们发现，中国射箭的技术已经落后了，对世界先进技术缺乏系统的研究；训练要求也不够严格，且缺乏心理训练。要想尽快缩短差距，必须大胆改革。

1984 年，在经历了痛苦的摸索、完成了新老交替之后，中国射箭随着整个新中国体育事业的发展，迎来了又一个里程碑。

当年 1 月，第二届亚大区射箭锦标赛在新西兰举行。第一次出国参赛的新秀李玲娟崭露头角，用中国制造的弓，击败了 1983 年世锦赛冠军、韩国选手金珍浩，为中国队夺得女子 50 米、60 米和全能冠军。中国男女队分获团体第二、第二名，韩国队包揽团体冠军。

4 月，世界箭坛劲旅苏联队应邀首次访华，被邀请的运动员都是欧洲和世界级名将，其中包括两位世界纪录保持者。经历了换代阵痛之后的中国射箭队在中苏友谊赛中打出了较高水平，尤其是刚刚从事射箭运动仅两年的李玲娟，一人打破 5 项个人全国纪录，并与队友一起打破 2 项团体全国纪录。她的单轮 60 米 335 环，与世界纪录仅差 1 环，还以 1301 环的成绩突破了单轮全能 1300 环大关，成为我国第一位突破此大关的运动员。另外，比赛中还有 6 名选手个人双轮成绩超过 2500 环，这说明中国女队后备力量基本得到充实，男队水平也有所提高，一批年轻选手已大步赶上。不过，和苏联队相比，中国队差距仍然很大，苏联包揽了友谊赛全部冠军，中国选手获 6 项亚军，张政和李玲娟分获男女个人第三名。他们的男女团体成绩分别高出中国队 115 环和 139 环。

在美国洛杉矶召开的第 23 届奥运会，是中国箭手第一次站上奥运会的大舞台。在有 34 个国家和地区、109 名运动员参加的这场比赛中，中国射箭队打出了水平，尤其是女队，取得了近年来在国际重大比赛中的最好成绩。四川姑娘李玲娟以 2559 环的成绩摘得女子个人银牌，成为第一个登上奥运领奖台的中国箭手，同时开启了中国射箭追逐奥运至高荣誉的新旅程。

李玲娟在这次比赛中还超过女子双轮全能、70 米、60 米、50 米、30 米的奥运会纪录。另一名中国选手吴亚南名列女子个人第八，也超过了两项奥运会纪录。

这次比赛，中国射箭近两年来成绩停滞不前的状况有所改善，与世界高水平的差距有所缩小，证明只有解放思想、破除保守观念、大胆改革，才能有所进步。在奥运会后的总结中，中国队认为，世界射箭运动已进入 2600 环以上的时代，每一支箭都会直接影响到运动员的名次，因此需要每位运动员拥有完善的技术，以严肃认真的态度冷静对待，必须有勇敢顽强的战斗作风和拼搏精神。与之对应的，训练中要高标准、严要求、科学化，才能适应国际发展的趋势。这些都成为中国射箭发展的宝贵财富。

五、改革开放，平添动力

1985 年，国家体委将射箭列为全国 17 个重点项目之一，并进一步提高了射箭运动员技术等级标准。第一部射箭运动教材的编写工作也正式铺开，旨在为训练、教学提供必要的理论基础。

1985 年第 33 届世界锦标赛，参赛的中国队除一名老队员外，其他都是近年来涌现的新手，有的还是第一次出国比赛的少年运动员，结果女队获团体第五，男队名列第 10，马湘君名列女子个人第 10，是进入前 10 名的唯一一名中国运动员。

马湘君在 1986 年的全国冠军赛中，以 1325 环的成绩，平了苏联选手阿尔然尼科娃创造的女子单轮全能世界纪录，338 环的成绩平了单轮 60 米世界纪录。当年的第 10 届亚运会上，马湘君领衔中国女队获得团体第二，个人还赢得双轮 70 米第一名和全能第四名。中国男队成绩也有进步，获得亚运会团体第三名，个人最好名次也排到了第五，且 4 名选手成绩较为接近。

1987 年 3 月，中国射箭实现了又一个历史性突破。3 月在澳大利亚举行的第 34 届世界射箭锦标赛是第一次开始采用国际箭联 1985 年通过的新规则——淘汰赛，这一赛制比原来的单、双轮比赛办法更具竞争性和趣味性，也增添了比赛的不确定性。

中国队在这届比赛中取得了较好成绩，获得 5 枚奖牌，成为本届比赛获奖牌最多的队伍。马湘君荣获女子个人金牌，这是中国队自 1981 年参加世界锦标赛开始获得的第一个世界冠军头衔。另外，姚雅文获得女子个人第三名，男队获团体第三名，女队名列第五。除女子团体外，其他各项成绩都是中国队在历届世界锦标赛中的最好名次。这是中国在世界锦标赛上的一次历史性突破。

当年，中国还首次拥有了射箭项目的国际裁判员。国际箭联裁判委员会主席罗沃应邀于 4 月来中国为裁判员训练班讲学，在此期间，他对中国申请国际级裁判员的裁判进行了考试，通过了郭蓓、许增武、龚宇元三名国际级裁判员和三名地区级裁判员。

六、披荆斩棘，重获新生

从 1988 年开始，中国射箭运动跌入了长达四年的低谷，无论是奥运会、世锦赛还是亚运会，中国射箭经历了一个又一个失败，直到 1992 年巴塞罗那奥运会才重新崛起。

1988 年伊始，在印度举行的第五届亚洲杯射箭赛上，中国队就遭遇了困境，比赛成绩之高，是中国队未能预料到的。在这次比赛中韩国运动员表现突出，除包揽男、女团体冠军外，在男女四个单项的前三名中，除女子 30 米第三名和男子 50 米第三名之外，其余全部被韩国选手获得。金水宁还以 330 环的成绩打破了女子单轮 70 米世界纪录。中国队表现平平，只获得女子团体第二，与印尼、中国台北队竞争都显得十分吃力，与韩国的差距更是越拉越大。这一战，已经说明中国射箭跌入低谷。5 月进行的苏联"春箭"杯射箭比赛更是一场强队悉数到场的高水平比赛，中国女队仅名列团体第七，与世界劲旅的差距非常明显。

9 月的汉城（现首尔）奥运会，中国队惨败而归：男、女队分列团体第 19 和第九。个人赛中只有马湘君坚持到了半决赛阶段。这是中国队自参加国际大赛以来的最差成绩。相比之下，世界水平又有提高。尤其是女子项目，本届个人冠军金水宁双轮 2683 环的成绩比前一届奥运会冠军成绩高出 115 环，女子射箭水平已经进入一个新的平台。

奥运会之后，中国射箭队总结认为，要改变局面迎头赶上，必须统一训练指导思想，加强队伍管理，进一步确立技术风格，从基层业余训练抓起、统一规范要求，在训练方法、手段上勇于探索、大胆改革创新，加强科研工作和对教练员的培训，要下决心进行多年的、系统的、严格而艰苦的训练。

从 1989 年到 1991 年，中国射箭在亚洲锦标赛、世界锦标赛、亚运会等重大比赛中仍然没有太大起色，只在亚洲锦标赛中获得过男、女团体第三名。与此同时，对手仍然在不断刷新世界纪录，中国队不仅与韩国、苏联、美国队的差距很大，还逐渐被中国台北、日本、朝鲜等队赶超。

到巴塞罗那奥运会的 1992 年，中国射箭队才开始从低谷中走出来，重新站回世界高水平队伍行列。经历了四年的艰难摸索，到 1992 年，中国射箭的成绩普遍提高，有 11 人 26 次成绩在 1300 环以上。山东队男选手孙伟在 9 月 8 日的一次个人淘汰赛中以 114 环打破世界纪录，成为继1963 年徐开才之后第二位打破男子世界纪录的中国射箭运动员。该项纪录于 1992 年 11 月被国际箭联批准。

7 月底 8 月初的巴塞罗那奥运会射箭比赛强手云集，比赛开始使用国际箭联出台的奥林匹克淘汰赛制，令比赛偶然性更大。由马湘君、王红、王晓竹组成的中国女队在预赛中以 3910 环打破了她们 5 月创造的 3909 环的全国纪录。在半决赛中她们和实力强大的独联体队打成 224 环的平局，在 1 分钟 3 支箭的加赛中，中国队以 3 箭皆中 10 环的完美表现战胜对手，赢得了极高赞誉。大会射箭裁判委员会评论说："中国女队 3 人连中 3 个10 环，这是非常了不起的，在射箭史上也是从来没有过的。"在决赛中她们终因实力不济以 228 环比 236 环负于韩国队，获得银牌。中国射箭继1984 年奥运会之后再次获得奥运奖牌，也是团体项目第一次登上奥运领奖台。个人赛中，王晓竹还淘汰了韩国名将李仁敬，打破了韩国女队在近几年世界大赛中独霸前三名、不可战胜的局面，最终获得个人第四。

不过，在当年中期国际箭联公布的世界男、女百名选手中，韩国有59 人，而中国只有 3 名女选手和一名男选手入围，最高的王晓竹排在女子第五，也是唯一进入前 10 名的中国选手。

奥运会的银牌极大鼓舞了中国射箭运动员。在 1993 年的世界锦标赛上女队夺得团体银牌，男选手巴永善获得个人第七，是中国男选手在世界大赛中首次进入前八名。1994年广岛亚运会上，中国女队又幸运地赢得团体金牌。1996年的亚洲锦标赛上，中国射箭队又获两金两银，总分列亚洲之首。

1996年亚特兰大奥运会，赛制有了重大改变，多年采用的单双轮赛制已改为单一距离70米，即72支箭排名赛和18支箭淘汰赛以及12支箭决赛制，并采用电子记分当场公布成绩。这次比赛中，何影仅在最后决赛中不敌韩国选手，继1984年奥运会的李玲娟之后再度为中国摘得女子个人银牌。

这些突破性的表现不仅令中国射箭界志气大涨，也证明了从1993年到1996年的奥运周期内，中国射箭运动水平有了长足的进步。在这期间仅全国纪录就刷新了73项次，尤其突出的是在1995年以前，亚洲的射箭纪录表上，从没有中国运动员的姓名，但是1996年2月在曼谷举行的亚洲锦标赛上，中国女队员王晓竹一举创造了三项亚洲纪录，从而打破了韩国垄断全部女子射箭亚洲纪录的局面。相应的，自1992年到1996年，中国射箭选手共创超世界纪录13次，其中国际箭联承认并公布了8次世界纪录。

七、几代夙愿，奥运圆梦

在1992年和1996年奥运会上，不管是中国女团的银牌还是何影的女子个人银牌，最后都是败给了韩国选手。韩国箭客自八十年代崛起后几乎称霸国际箭坛，尤其是女选手，堪称独霸天下。而中国射箭也是女选手实力相对较强，是中国射箭冲击世界大赛好成绩的主力军。但无论是在低谷还是巅峰，她们在与韩国选手的较量中获胜的次数屈指可数。自1996年开始，"破韩"逐渐成为中国射箭，尤其是女选手的主要任务。经过一次又一次失败，终于在 2008 年的北京打破了韩国女选手一统天下的局面，赢得了中国射箭史上最重要、最扬眉吐气的一场胜利。

从 1997 年亚洲锦标赛到 1998 年曼谷亚运会到 1999 年世界锦标赛，中国女队全部获得亚军，在亚锦赛和亚运会上还分别获得女子个人第二名和第三名。然而，到 2000 年悉尼奥运会时，中国队不但没能向韩国女队发起挑战，还遭遇了惨痛的"滑铁卢"，最好成绩仅是女子团体第六名，战绩仅略好于 1988 年奥运会。

不过，这一惨痛失利并没有把中国射箭拉入又一个低谷。在 2001 年 9 月的第 41 届世界锦标赛上，中国队实现了新的突破，由何影、张娟娟、杨建平组成的中国女队赢得团体金牌，这是中国射箭第一个团体世界冠军。男队也获得团体铜牌，新秀张娟娟名列女子个人第八。这是中国射箭队自 1987 年之后在世锦赛上获得的最好战绩。

2001 年 12 月的亚洲锦标赛上，年仅 20 岁的张娟娟更突破中国选手多年逢韩不胜的历史，摘得个人金牌。另外，中国队还获得男子团体银牌、女子团体铜牌和女子个人铜牌。

然而，在 2002 年的亚运会和 2003 年的世锦赛上，中国队成绩平平，亚运会只获得女子团体铜牌，世锦赛更是跌到女团第六名。经过一年的调整，由何影、林桑、张娟娟三员大将组成的中国女队在雅典奥运会上又一次向韩国女队发起挑战，这一次，她们几乎把韩国选手逼上绝境。

第一届现代奥运会的举办地见证了这场经典的巅峰对决。中国姑娘率先完成比赛，在韩国队还剩最后一支箭的情况下以 240 环比 231 环握有 9 环优势，这意味着韩国选手必须射中 10 环才能确保卫冕。结果最后出场的韩国头号选手朴成贤正中 10 环，帮助韩国女队以 1 环的优势成就五连冠。这场悲壮的失利之后，中国女队被无奈地冠以"千年老二"的称号。

由于 2008 年奥运会在北京举行，中国射箭尤其希望能在家门口创造历史，实现奥运金牌零的突破。

但是在巨大的期望之下，中国射箭却没能取得相应的成绩，在 2006 年和 2007 年的世锦赛、亚锦赛、亚运会等国际大赛上屡遭败绩，作为奥运冲金重点项目的女子团体，只在一次世界杯赛中获得过冠军，2005 年和 2007 年的世锦赛上都只获得第七名，女子个人也只在世界杯和世界杯总决赛上赢得过冠军。男子方面，在 2006 年 4 月世界杯第一站比赛中，以 229 环打破 225 环的男子团体淘汰赛世界纪录并获得亚军，实现较大突破，但成绩不稳定，在国际比赛也是偶尔才能获得奖牌。

这一现象引起了国家体育总局领导的高度重视，也遭到了有关方面的多次批评。在艰难的条件下，中国射箭队在 2008 年冬训前开展了广泛的谈心和整顿队风活动，及时召开全国备战领导小组会，深挖问题，发挥集体力量想办法，定措施，强化了冬训的业务研究、队伍管理和训练改革工作。在 6 月法国世界杯后，抓住队伍有所进步的希望之火，又进行了赛前强化工作。

奥运会前一个月，射击射箭运动管理中心领导和全国有关射箭中心主任在炎炎烈日下直接站在运动员身后督促训练，现场指导、讲评、鼓劲，推动和促进了队伍良好竞技状态的形成；并且尽可能模拟实战环境，制造高压氛围；同时，采取了超常规的奖励办法，赛前考核定出了超高的考核标准。

2008 年 8 月 10 日，女队在团体淘汰赛中再一次与韩国队战到了最后，但在决赛中以 215 环比 224 环告负，中国女队与韩国女队的差距似乎比四年前更大了。这一结果几乎宣告了中国射箭奥运争金的失败。11 日的男子团体淘汰赛反而令人振奋。中国队一路过关，直到半决赛才以仅 3 环之差不敌韩国队，最终战胜乌克兰队获得铜牌，这是中国男子射箭的第一枚奥运会奖牌。

经过两天的淘汰赛，8 月 14 日，作为中国女队领军人物的张娟娟在四分之一决赛中碰到了第一个韩国对手、排名第三的朱贤贞，以 106 环比 101 环战胜对手；半决赛，她遭遇第二名韩国选手、排名第二的尹玉姬，以 115 环比 109 环再胜。最终决战，张娟娟的对手是韩国头号选手、在雅典奥运会上最后一箭战胜中国队的朴成贤。这次，张娟娟最后一箭顶住压力命中 9 环，以 110 环比 109 环，同样的 1 环优势赢得女子个人金牌，不仅报了雅典的一箭之仇，更实现了中国射箭二十四年的奥运金牌之梦，打破了韩国女子射箭二十四年的奥运金牌垄断。一金一银一铜的战绩也开创了中国射箭新的历史。

张娟娟在决赛中使用的弓由国际箭联赠送给瑞士洛桑的奥林匹克博物馆，成为珍贵的历史文物，这是中国人的骄傲，是中国射箭的骄傲。

这一胜利给中国射箭队带来了从训练到备战到临场的宝贵的成功经验，但是并不能掩盖中国射箭仍然存在的不足。在实力上中国队与韩国队仍有明显差距，对手也在不断增加，不仅是韩国，欧、美一些国家的成绩提升也很快。另外，我们的基础训练还有待加强和提高，后备力量和基础还比较薄弱。这些都是制约中国射箭持续发展的因素。

2009 年 8 月 9 日，在北京奥运会一周年之后，中国箭手又获突破。男选手陈文圆在世界杯上海站比赛中力克韩国选手赢得男子个人冠军，这是中国男选手获得的第一个世界杯个人冠军。

六十年的中国射箭，在一次次跌倒爬起的曲折历程中积累了大量财富，以这些财富为基石，中国射箭将秉持永远争第一的精神，迎接新的挑战。

再接再厉 再铸辉煌

——新中国击剑运动发展回顾

国家体育总局自行车击剑运动管理中心主任 蔡家东

2009 年新中国迎来 60 华诞，我国击剑运动发展也走过了 53 个春秋。从 1956 年在北京举行击剑表演赛开始，到 1973 年成立中国击剑协会，击剑运动在中国形成了完整有序的竞赛管理体系和青少年发展体系；从 1984 年洛杉矶奥运会上中国首次获取击剑金牌（女子花剑个人），再到 24 年后，北京奥运会上夺取男子佩剑个人冠军，中国击剑运动正在不断攀登历史新高峰。刺破青天锷未残，击中金牌人更谦。53 年来，中国击剑运动是如何迈出坚实有力的步伐，把一个"西洋玩意儿"变成了广受人民喜爱的项目并取得奥运辉煌成绩的呢？

一、1956 年之前：启蒙和初始阶段

从 20 世纪 40 年代击剑第一人贾玉端将击剑引入中国，到 50 年代初李俊生、李志雄、王恩珠等人开始培育中国击剑种子，再到 1956 年有了首次击剑表演赛。短短 20 年时间，击剑运动在中国完成了项目的初期培育。

　　1938 年，中国青年贾玉瑞抱着学习先进文化和了解世界流行体育项目的愿望东渡日本，师从法国人学习击剑；1944 年，贾玉瑞毕业回国，在北京大学任教，利用课余时间在北京基督教青年会带领学生们练习击剑，开始了我国最早的击剑活动。1950 年，贾玉瑞调到北京师范大学体育系任教，再度在师大体育系学生中开展击剑运动教育，当时条件简陋，没有器材，只能徒手或持木棍练习。1953 年 11 月，天津举行第一届全国民族形式体育表演及竞赛大会，贾玉瑞带领王守纲、黄国琪、兴连立、倪珍珠作为特邀代表参加了表演。这次表演使观众了解了国际流行的现代击剑运动，从此，现代击剑运动的面纱被中国人揭开，贾玉瑞也成为我国现代击剑运动的先行者。

　　1955 年，北京体院开设了击剑选修课和专修课，以苏联莫斯科 1954 年版教科书为基本教材，形成了新中国击剑运动最早的理论基础。在这里学习过的两批学员经过为期一年的系统学习，毕业后就像一粒粒种子，在祖国四面八方的土地上，让击剑运动生根、开花、结果，逐渐在我国较大面积上开展起来。在以后的历次全国比赛中，他们也曾分别代表各自所在省市组队参赛。这些学员中，多年从事击剑运动，成为新中国击剑发展中流砥柱的就有李俊生、李志雄、王恩珠、余平、金玉琇、赵克瑛、陈伟雄等。

　　1956 年 12 月 2 日，被认为是新中国击剑运动开始的一天来到了。全国拳击、击剑、技巧运动表演赛在北京首次举行，7 个单位 25 名运动员参赛。当时的表演项目有男子轻剑（现为花剑）、花式剑（现为佩剑），而女子还只有轻剑。

　　初试击剑竞赛，当时国内对国际击剑规则却不了解，大会裁判组根据当时我国击剑活动的情况制订了暂行规程与规则。尽管这一比赛有着浓厚的"时代特色"，但它毕竟迈出新中国开展现代击剑运动的第一步。一年之后的 1957 年 11 月，在天津举行的击剑、技巧运动锦标赛就已经有 10 个单位 72 名运动员参赛，比前一年明显增多了。

二、1958—1973 年：中国现代
击剑运动在坎坷中前行

和 1958 年到 1973 年的中国发展历史相似，中国现代击剑运动也走过了曲折的道路。但是，她终归还是向前发展着，而且势头越来越强。

1958 年，中共中央批转国家体委党组关于体育运动 10 年发展规划的报告时指出："体育运动的方针是适应广大劳动人民对增强体质的要求，……大力开展群众性的体育活动，在体育运动广泛开展的基础上提高技术水平，不断创造新纪录……"这一批示成为新中国各项体育运动开展的指导方针，击剑项目也毫无例外地以此为指南。

1. 教练员、裁判员培训和竞赛水平的提高

要推动击剑运动的发展，首先得培养骨干力量，即培养出一批具有击剑基本技术和理论知识的教练员和能够掌握竞赛规则、尺度的裁判员。第一期全国击剑教练员训练班和第一个全国裁判员学习班于 1958 年举办。此后，教练员班的学员赵玉昌回到家乡广西组织了广西壮族自治区击剑训练班，近 30 人参加学习，其中大多是体育教师、中学生。王守纲、李俊生、黄占鳌、陈建伟、余平（女）等 5 人也于 1959 年成为首批国家级击剑裁判。他们成为最早系统学习击剑理论、在中国推广击剑的重要先行者。

教练员和裁判员理论水平和实际工作能力的提高，是我国现代击剑运动发展的关键。自此，我国现代击剑的训练和比赛开始显现从低水平向高水平发展的可喜势头。

1958 年 25 城市击剑技巧锦标赛在沈阳举行，包括男子轻剑、花剑、重剑、枪剑、女子轻剑 5 项，设立团体赛和个人赛，参加比赛的有北京、天津、上海等 20 个城市的 194 名运动员（其中女运动员 77 名），和 50 年

后现在的全国比赛规模差距并不算大。这次比赛和1957年的17城市锦标赛相比，参加单位和人数增加了一倍，说明击剑运动在大、中城市具有了一定的群众基础，而且裁判员的工作能力和水平不断提高，运动员比赛场次增多，促进了技术交流，丰富了临场比赛经验。

在1959年第一届全国运动会前，全军体育运动会首次将击剑列为比赛项目。同年也举行了首次全国体育院校的击剑、举重比赛。1959年的第一届全运会上，击剑被列为表演赛项目，但实质上和正式比赛没有明显差别，一切都是按正式比赛规则进行。此时已能看出，我国击剑技术有较大的提高，大批新生力量涌现出来。从技术来看，运动员手上能力和脚下速度比以前更快，灵活性也有很大提高。

2. 南京集训和现代击剑运动发展规划的制订

三年自然灾害期间，体育比赛活动停止了，基层队伍也相继解散。在全国击剑队伍萎缩、萧条的情况下，江苏省体委主任沈战堤留下了江苏队的沈昌杰、沈麟和由湖北队转入江苏队的文国刚、李兆雄、郭毅能和陈素沁。这些人成为后来击剑运动再度崛起的种子，为保存火种做出了贡献的江苏，也奠定了日后击剑强省的基础。

1963—1964年，国家体委先后正式下发了"关于进一步开展击剑运动的通知"，运动司做出了"关于开展击剑运动情况和意见的报告"，它吹响了我国在新时期发展现代击剑运动的号角，具有推动我国群众性击剑运动发展和进一步迈向世界先进行列的历史作用。从此，各级体委积极组织集训队伍，广泛开展群众性击剑运动，注意青少年队伍的普及。这一切，为中国击剑运动的发展带来了可喜的新形势。

1964年，国家体委责成江苏省体委和南京市体委负责从7省市中抽调24名男运动员和6名女运动员、2名教练员进行长期集训。5月中旬，也就是集训队成立一个月后，先后在南京、上海两地迎来了到访的苏联国家青年队。中国队员在和苏联运动员的比赛中毫不畏惧，打出了水平。这是中国选手第一次和外国队正式交锋，显示出中国选手的一定实力，同时也发现国际击剑水平并非高不可攀。

受此振奋，在上海举行8省市比赛之后的领队、教练员、运动员、裁判员座谈会上，研究了今后击剑运动发展规划。座谈会对我国击剑运动的开展提出了几方面有价值的意见，其中包括：开展群众性击剑运动，重点放在有条件的学校（中学、大学）和工厂，加强业余训练；适当建立专业队；每年举行全国比赛；努力提高击剑器材质量，争取第二届全运会全部使用国产电动器材等。就击剑竞技水平，座谈会提出争取在第2届、第3届新兴力量运动会上进入前3名，达到世界先进水平。这些措施，很快就付诸实施，也收到了效果：

1965年9月，第2届全运会击剑比赛在北京举行。虽然参赛运动员非常年轻，但技术水平有了很大提高，运动员们的速度加快了，连续进攻能力也加强了。

1966年11月，在柬埔寨举行的第一届亚洲新兴力量运动会击剑比赛中，我国选手获得了花剑冠军、轻剑第3名、重剑第5名的佳绩。中国击剑队首次出国参加国际比赛，就取得了可喜成绩。

在群众性击剑运动方面，北京师范大学、北京体院、北京石油学院、清华大学等院校的击剑队从50年代创立后，一直是击剑运动开展比较活跃的单位。到70年代中期，北京钢铁学院、北京大学、北京医学院、北京工业大学、北京农机学院、武汉体院、陕西师范大学、西安交通大学、西安体育学院、西北工业大学等，也先后建立了击剑队（组）进行业余训练。清华队员还创办了队刊《剑与火》，用散文、诗歌的形式谈思想写体会，明是非，抒己见，使队刊成为队里生活的记录和思想提高的阵地。

不仅大学，中学也有了击剑队。陕西省1963年4月建立了第一支中学生击剑队。

上海虹口体育场60年代诞生了一支日后在全国颇有影响的击剑队——虹口击剑队。这支击剑队自建立至1966年，共培养出学生352名，如今已发展成为虹口剑校。

20世纪50—70年代的群众性击剑活动，在宣传这个对我国人民还显得的陌生的项目方面，起了不可估量的作用。这一时期的群众性击剑活动，使我国击剑事业在 20 世纪 70 年代末至 80 年代冲出亚洲，自立于世界剑坛打下了深厚基础。

不过，正当中国击剑运动开始发展的时候，"文化大革命"开始了。击剑被冠以"西洋玩意儿"、"不适合我国人民特点"等罪名打入冷宫，遭到空前的破坏。1966—1972 年间，一切击剑活动停止了，没有训练和竞赛，昔日龙腾虎跃的赛场也空寂起来。

三、1974—1978 年：中国击剑运动冲出亚洲

1. 加入国际击剑运动大家庭

1973 年，中华人民共和国击剑协会成立，它是中华全国体育总会领导下的全国业余群众性体育组织，会址设在北京。

1973 年 12 月 5 日，中国击剑协会秘书长鲁阳致函亚洲击剑联合会主席阿尔马赛，正式提出了加入亚洲击剑联合会的书面申请。

1974 年 5 月 16—17 日在摩纳哥蒙特卡洛举行的国际剑联第 55 届代表大会上，中华人民共和国击剑协会加入国际剑联的申请以压倒性的票数予以通过。

自此，在亚洲剑联和国际剑联，中国击剑协会都有了合法地位，正式进入了国际击剑大家庭。

1974 年 9 月，中国击剑队一行 18 人前往德黑兰参加第 7 届亚运会击剑比赛，这是解放以来我国击剑健儿首次参加亚洲地区大型运动会。我国运动员参加了全部 4 个剑种的 8 项比赛，最后获佩剑、重剑团体第 3 名、男子花剑团体第 4 名，沈昌杰、陈静析分获佩剑、花剑个人第 5 名。

1974 年 7 月，中国击剑队参加了在法国举行的第 31 届世界击剑锦标赛，这是中国击剑队首次在世锦赛亮相。陈静析、庄杏娣分别进入了男、女花剑的第三轮，个别场次还战胜了苏联、联邦德国、英国、瑞士等国的

名将，博得了国际剑坛人士的好评。我国击剑运动和各国进行技术交流的大门从此打开。

2. 国际剑坛升起第一面五星红旗

加入国际剑联和在第 7 届亚运会上取得的成绩，鼓舞了中国击剑界的士气，他们开始为冲出亚洲厉兵秣马，训练和竞赛出现了前所未有的热潮。

1975 年 7 月，中国击剑队一行 20 人参加了在布达佩斯举行的世界锦标赛。在女子花剑比赛中，方玉洁以 4∶2 战胜了 1973 年世界女子花剑个人冠军苏联的维尼科诺娃。男子花剑团体赛中国队进入了第 9 至 14 名之间。我国的陶金汉和陈静析还考取了国际击剑 B 级裁判。尽管成绩还不错，男女花剑也显示了未来率先突破的潜力，但比赛同样暴露出一些明显弱点：技战术训练欠火候，基本功不扎实，战术单一，缺乏国际比赛经验。这说明我国击剑运动水平与先进国家之间还有相当大差距。

两年之后的 1977 年，为了促进和加强后备力量培养，我国首次派出年轻选手参加世界青年锦标赛。在 1978 年 3 月的马德里第 29 届世界青年锦标赛中，栾菊杰首次为中国升起了五星红旗，向世人展示出欧洲人垄断世界剑坛的局面被打破了。

比赛中，不到 20 岁的栾菊杰被一柄钢剑折断后的锋茬刺穿左臂肱二头肌，内侧的伤口刺开了花，鲜血向下流淌。她不顾自己受伤，坚持比赛，最后以 5 战 3 胜 2 负的成绩获得了第 2 名。颁奖仪式上，在热烈的掌声和欢呼声中，鲜艳的五星红旗冉冉升起，这不仅是栾菊杰、是中国的骄傲，也是亚洲的光荣。

由于她的顽强拼搏，在比赛期间，法国报纸发表了一系列文章，高度评价第 29 届世界青年击剑锦标赛中国击剑和栾菊杰。后来，扬眉剑出鞘的栾菊杰成为全国体育战线学习的榜样，她的事业心、她的雄心壮志、她在训练比赛中"一不怕苦，二不怕死"的精神，鼓舞了改革开放后的我国体育健儿和全国人民。

3. 第 8 届亚运会上的胜利

在迎接第 8 届亚运会的日子里，中国击剑界达成了抓好定期集训、在学习国际先进技术的同时坚持走自己的路的共识。

从 1977 年 11 月至 1978 年 12 月，中国击剑队进行了迎战第 8 届亚运会的集训。在此期间，花剑学习了欧洲具有代表性的法国派打法；佩剑学习了意大利的紧逼进攻又结合我国运动员速度快、步伐灵活的特点，加强了紧逼中的节奏变化；重剑吸取了西德甩剑刺、控制和反控制的技术，以及瑞典偷袭手臂真假进攻的技术，并根据我国运动员的特点，加强了手脚反攻击能力，偷袭配合冲刺进攻，以及提高连续交锋的能力。这次集训，是中国击剑发展史上较为周密的一次赛前准备，为中国击剑技术水平的提高，总结出不少极其宝贵的经验。

在本届亚运会上，21 岁的王锐基在佩剑个人决赛中，以 5∶2 战胜了上届冠军，为中国击剑夺得了第一块亚运会金牌。在中国队获得的 4 枚金牌中，另外 3 枚来自栾菊杰的女子花剑个人赛、女子花剑团体赛和男子重剑团体赛。此外，女子花剑个人赛、男子花剑个人赛和团体赛以及男子佩剑团体赛，还为中国增添了 4 枚银牌。

短短 10 天里，曼谷国际学校礼堂的比赛大厅 4 次奏响义勇军进行曲，8 面五星红旗升起。中国击剑队以压倒日本和南朝鲜的总成绩，成为亚洲剑坛的新霸主，而这支队伍的平均年龄只有 21 岁。

四、1979—1984 年：中国现代击剑运动奋飞

在中国击剑首夺 1984 年洛杉矶奥运会金牌前，全国击剑运动的竞赛管理体制、青少年培养机制、发挥竞赛杠杆的引导作用，都在一步步走向健全和完善。如：全国各省市青少年业余体校中设置了击剑班，少年组、青年组和成年组竞赛分级举行；竞赛形式多样化，国内外比赛的参赛大门

敞开得更大，利用特殊规则、办法促进青少年和女子水平的提高。同时，中国击剑竞赛规则也从制定临时比赛规则到制定《击剑竞赛规则》，再到使用国际剑联比赛规则，逐步与国际接轨，缩小了中国与世界的差距。种种举措，使得击剑运动在中国开展得更加规范，有章可循，有"法"可依，避免了闭门造车、原地打转走弯路。

1984 年第 23 届奥运会，中国奠定世界击剑强国之一地位的时刻终于到来了。在久别国际体育大家庭之后重返奥运赛场，不仅标志着新中国体育全面登上国际舞台，也为渴望攀上历史新高峰的中国击剑运动提供了等待已久的良机。

尽管有部分西方国家抵制本届奥运会，但有很多东欧国家是击剑传统强国，击剑赛场的争夺非常激烈。中国队女子花剑选手栾菊杰孤军闯入前 8 名后，在四分之一决赛中迎战世界亚军、联邦德国的比肖夫。比赛中，栾菊杰不断变化攻防节奏，最终以 8∶4 战胜对方挺进半决赛。在半决赛中，她碰到的对手是世界一号种子乌兹甘努。栾一改往日大弓步进攻，采用小跨步接半冲刺进攻，以 8∶0 的绝对优势取得决赛资格。

决战时刻，栾菊杰碰到的是剑术老道、经验丰富的两次世界冠军、联邦德国老将汉尼斯。在与汉尼斯往日的交锋中，栾菊杰负多胜少。但在奥运决战交手 1∶1 平后，栾菊杰出人意料地摆出了古怪的持剑姿势，剑尖一会朝下，一会置于身后，甚至剑柄朝前，配合身体姿势的前后变化，攻防虚虚实实，令人捉摸不透。汉尼斯赛前准备的战术完全被打乱了，她陷入了无所适从的迷茫中。当闪亮的红灯宣告这场历史性比赛以栾菊杰 8∶3 获胜而终结时，击剑这项从 1896 年就被列为奥运会项目的古老运动，由发源地的欧洲人称霸了 88 年的局面终止了，而击剑史的这一页是由中国姑娘栾菊杰用她的剑尖翻开的。

在中国体育发展的历史性突破中，栾菊杰为中国赢得了第 8 块奥运金牌。人们还不该忘记的是，栾菊杰同样也是亚洲人的骄傲，因为她是第一位获"西洋剑"冠军的亚洲人。

五、1985—1999 年：中国击剑运动稳步前进

1. 国家队组建

组建国家队是我国击剑教练员和运动员在多年的训练和竞赛实践中感受到的迫切需要，是我国击剑事业发展的必然要求。在历次国际比赛的调研报告中，都曾有教练员提出过组建国家队长期集训的问题，国内其他项目也给击剑项目提供了这方面的经验。1984 年 9 月，国家体委批准成立了第一支有正式编制的国家击剑队。

1985 年 12 月 17 日，为了组织 1986 年亚运会击剑队集训，在国家击剑队的基础上，扩大了一些名额强化训练，并成立了集训队领导小组，集训地点先是设在北京首都体育馆，1986 年 3 月 5 日行迁至老山摩托运动学校。自此，国家击剑队有了自己的训练基地，改变了过去东奔西跑到处寻找训练场地的状况，稳定优越的环境为中国击剑冲出亚洲，走向世界创造了条件。

在中国击剑队初建阶段，各剑种的负责教练（主教练）变动较大。王秀雄、王伟、王福云、张晓石、钟瑞明先后担任过男子花剑国家队负责教练（主教练）；文国刚、任大新、张东明先后担任过女子花剑国家队的负责教练（主教练），文国刚在李秋城之后兼任中国击剑队总教练；王锐基、沈昌杰、闵新生、陈静析、张双喜先后担任过男子佩剑主教练；李秋城、佟伟、庞进、赵立中先后担任男子重剑国家队负责教练（主教练）。

1989 年初成立女子重剑国家集训队，2000 年后正式成立女子重剑国家队，李俊生、赵志中、郭毅能、宗祥庆、姚勇、王恒满先后担任女子重剑队的负责教练（主教练）。

1999 年初，国家击剑队组织女子佩剑队集训，由江苏籍教练张培田负责；2000 年初正式组建女子佩剑国家队，张培田、茅祎勋选手担任该

项目的主教练。

2. 迈向新高度

1989年10月8—13日，首届亚洲击剑锦标赛在北京举行。中国队经过酣战，夺得了女子花剑个人、团体第1名、佩剑个人第1名，男子重剑和花剑团体第1，与南朝鲜各拿5块金牌，中国队还夺得3银4铜。这表明亚洲剑坛开始了割据相争的时代。

1990年7月18日中国击剑队参加了在法国里昂举行的世界击剑锦标赛，中国女子花剑队首次进入世界团体赛前3名，女子重剑获团体赛第6名。

1990年9月24日，第11届亚洲运动会击剑比赛在北京光彩体育馆进行。中国击剑队在领队肖天的率领下，同亚洲14个国家和地区的127名击剑好手进行了激烈、紧张的争夺战，为祖国夺得了7块金牌、3块银牌、3块铜牌，他们为中国击剑史写下了光辉的一页。在这届亚运会上中国花剑创造了三项历史纪录：第一个是一直与中国选手无缘的男子花剑个人金牌被我国选手叶冲获得；第二个是女子花剑团体继第10届亚运会和首届亚洲锦标赛后，连续三年夺冠；第三个是男子花剑队第一次获得团体赛冠军。此外，男子佩剑队以9：4战胜亚洲锦标赛冠军南朝鲜队夺得团体冠军。另外男女重剑队分别夺得团体赛冠军。女子选手翟秀敏夺得女子重剑个人赛冠军。男子选手汪志明夺得男子个人佩剑冠军。

中国击剑队在第11届亚运会中取得胜利的原因是多方面的。这一项目日益受到群众的支持以及党和国家的重视，击剑界在运动技术上不断进步，同时这也是狠抓运动队管理、在训练中坚持贯彻"三从一大"的成果。

中国击剑运动虽然迈向了新的高度，但距世界先进水平仍有差距，正如国际剑联主席罗朗·布代尔所言："中国击剑队虽然取得了很大进步，特别是在女子花剑方面，但目前还没有达到栾菊杰当年所达到的水平。亚洲运动员在速度、头脑反应方面还可以，但是在技术深度、精度和灵活运用方面，与欧洲选手相比还有较大差距"。

3. 持续进步

①击剑运动管理体制改革

中国击剑协会建立初，办公地址是在北京崇文区国家体育馆路。到了1997年，击剑运动纳入国家体委自行车摩托车运动管理中心进行归口管理，后来该中心更名为国家体委自行车摩托击剑运动管理中心。中国击剑协会办公地点搬到了石景山区老山，和国家击剑队在一起，这样，无论是队伍管理、项目管理，都比以前更加方便。

②理论水平提升

1992年至1995年，举办了三届击剑高级教练员岗位培训班，80名教练员参加了理论和实践的培训，40万字的《击剑理论与方法》也出版问世。1994年和1996年，先后出版了《击剑教学训练大纲》和其姐妹篇《击剑》。这三本近80万字的击剑理论与方法凝聚了中国击剑几代人的心血，填补了我国长期无统一理论教材的空白。

③新人不断涌现

栾菊杰在奥运会上的胜利鼓舞了其他年轻击剑运动员。在此后的一些重大国际比赛中，中国选手连创佳绩，涌现出一批批新击剑运动员，如驰骋于80年代末90年代初的叶冲、王会凤、肖爱华、鄂洁、梁军、郑兆康和蒋叶非。叶冲不仅在第40届世界青年锦标赛上夺得男子花剑个人赛冠军还夺得第11届亚运会男花个人赛冠军，随后与90年代中出现的小将王海滨、董兆致组成男花三剑客拼杀于悉尼和雅典两届奥运会，为我国男子花剑团体夺得两枚银牌。1992年在巴塞罗那奥运会女子花剑比赛中，王会凤以快捷的出手，过关斩将，闯入决赛，与意大利运动员特里利尼争夺冠军，最后获得女子花剑个人赛银牌。而肖爱华则从80年代至今一直活跃于女子花剑剑坛。1995年以后，又涌现出新的击剑选手，如王海滨、董兆致、赵刚、杨绍琦、吴汉雄、赵春生、谭雪、李娜。王海滨、董兆致、赵刚运动员退役后来还担任了国家队教练，将自己的战场经验传授与年轻人。而谭雪、李娜则逐渐上升为剑坛新星。

尽管自1984年栾菊杰获奥运会女子花剑冠军后，中国击剑队在1985

年至 1999 年间再也没有获得奥运金牌，但中国击剑队的整体实力是在逐步增长的，尤以男子花剑更为突出；佩剑和重剑也因为新鲜血液的流入出现了起色；女子花剑方面，王会凤、肖爱华驰骋疆场，也带动了年轻选手逐步前进。

六、2000—2008：中国击剑运动再攀高峰

21 世纪经历了三次奥运会，6 次世界锦标赛。这一时期，中国击剑队整体水平提高，多个项目创造了历史，实现了突破：女子佩剑运动员谭雪于 2002 年世锦赛为中国击剑队夺得了第一个世锦赛个人冠军；2006 年世锦赛，男子重剑运动员王磊又为中国击剑队夺得了第一枚男子项目世锦赛个人金牌，李娜、仲伟萍、张莉、骆小娟组成的中国女子重剑队也夺得了中国击剑历史上的第一个团体冠军。2008 年奥运会，仲满夺得了男子佩剑个人赛金牌。这一切进步的背后离不开举国体制的保障，离不开国家体育总局的领导，离不开各相关省市的大力支持，离不开中国击剑协会发挥的实体作用，更是全体教练员和运动员刻苦训练的结果。

1. 奥运会的荣耀与苦涩

2000 年悉尼奥运会和 2004 年雅典奥运会不仅给已经成为世界击剑运动强国之一的中国带来了荣耀，也传授了深刻的教训。

悉尼奥运会上，中国击剑队男花队员叶冲、董兆致、王海滨获男子花剑团体赛亚军，与冠军仅差 1 剑；女重队员杨劭琦、李娜、梁琴获女子重剑团体赛季军；另外，赵刚进入男子重剑个人赛前 8 名，肖爱华获得女子花剑个人第 5 名，女花团体进入花剑团体赛前 8 名。这是中国击剑队继 1984 年栾菊杰获得冠军后的好成绩。

雅典奥运会，志在冲金的男子花剑团体是中国队的重中之重，老三剑客叶冲、董兆致、王海滨再度联手，外加新锐吴汉雄出战雅典。在比赛

中，因为裁判的判罚有争议，中国最终以 3 剑之差痛失金牌。但出乎意料的是，年轻选手王磊却在男子重剑这个长期以来的弱项上夺得了一枚含金量很高的银牌。王磊的出现，不仅使人们对男子重剑个人项目充满期望，而且为中国男子重剑团体水平的上升奠定了基础。同样是小将参赛，谭雪获得女子佩剑亚军，陈峰、黄耀江、周汉明、王敬之首次出现在奥运赛场就获得男子佩剑团体赛第 7 名。这些年轻剑手通过比赛打出了信心，也使中国队足以成为 2008 年北京奥运会上潜力巨大的队伍。

在为取得佳绩高兴的同时，人们也不得不深思：两届奥运会，中国队都在个别项目上有望冲金，却总是与金牌擦肩而过，究竟是什么原因制约了中国击剑把这层薄薄的窗户纸刺破？

技术不错，临场战术应变不够；练得很好，实战发挥一般；传统思维发达，训练中求新求变缺乏；比赛场作风不算硬朗……这些尖锐的言辞几乎每次大赛结束后都被再说一遍，它反映了中国击剑迈不过去的这道门槛是那样顽固地阻碍着我们从"第二台阶"攀上珠峰之顶。

这道门槛是什么？仔细追究，发现它之所以能横亘在那里，是需要先答对这个问题：击剑比赛的核心要素是什么？是打造出精湛的基本技术，在饱满的体能支撑下，通过武器使出招招有杀伤力、让对手无以应对的战术来克敌制胜；在跟对手旗鼓相当、相持不下时，能够毫不松懈，用勇气与智慧、用信念和毅力拼争到底。也就是说，要彻底弄清项目比赛规律、获胜规律，甚至项目内在的文化底蕴，在平时的训练中把它融合进去，体现出来。

悉尼奥运会结束后，我中心科研组根据赛时碰到的症结进行了科学分析，提高训练质量。在 2001—2004 年备战雅典奥运会期间进行了大量的跟踪与监测工作，及时为教练员提供生理、生化指标和相关测试数据，使教练员有针对性地对运动员的训练进行安排和调整，从而提高了训练质量。比如说，针对男花组重点队员吴汉雄、王海滨、董兆致和叶冲进行了为期 1 个半月的训练监测，根据检测结果向教练提出建议，参与到教练员每周训练计划的制订中去。像叶冲属于易疲劳，恢复慢型，因此建议适当减少其训练量，增加训练强度，延长恢复时间。

另外在训练中还强化主动意识。从个别课程入手，改变以往的带课方式，让队员在个别课中主动采取行动，而不是等教练员的信号再做出反应。同时要求队员不论在防守或抢攻方面均不能被对手意图所左右，要体现"以我为主、我行我素"，在节奏变化上掌握主动。

雅典奥运会上与金牌的失之交臂让中心和教练员明白，要获金牌不仅仅是训练质量提高和主动进攻意识的加强，还需要调整好运动员的心理状态。因此在平时训练中，教练员经常有目的的提出条件，让运动员假设对手进行表象训练，培养运动员良好的心理定向，梳理自信心，提高训练和比赛中的注意时间，加强自我心理暗示。另外还聘请有关心理专家讲课。

2. 刺破青天，重登最高领奖台

雅典奥运会后，击剑项目即投入到北京奥运会的备战中，在对国际剑坛分析并结合自身实际情况的基础上，中国击剑队首先解放思想，于2004年底组建的新一届国家队中，大批年轻人加入进来担负起了备战2008年奥运会的任务，其中70%的运动员没有参加奥运会的经历。

培养堪当重任的新人其实是一个长期的过程，这一招不能不说冒着风险。但中国击剑协会和击剑队又进一步，2006年初对国家队教练班子进行了调整，国家击剑队继续采用队委会领导下的主教练负责制，为适应新的发展形势需要，对国家队主教练进行了调整，包括部分剑种主教练年轻化，2005年王海滨（1973年生）接替过鹰担任男子花剑主教练，肖剑（1974年生）接替赵立中担任男子重剑主教练，赵刚（1971年生）接替王恒满担任女子重剑主教练，2006年亚运会后王钰（1972年生）接替张东明担任女子花剑主教练。

2006年4月，好似雪上加霜一般，国际剑联执委会会议又将男子花剑团体和女子重剑团体两个中国队的强项排除在北京奥运会大门之外。尽管我国击剑的夺金亮点被取消，但中国击剑协会和击剑队也顺应变化，立即改变策略，决定加大潜优项目佩剑的备战力度，同年8月聘请了曾带出多名奥运冠军的法国著名教练鲍埃尔担任佩剑组总教练，这是中国击剑史上第 1 次引进外教长期执教国家队。

班子的变化给年轻的中国击剑队带来了新的生机。也许年轻教练的训练经验不足，但他们鼓励年轻队员树立信心，传授了大量临战应变经验。鲍埃尔则无愧于世界级教练称号，他有长远眼光，不仅抓技术基本功，更把战术运用分解为多种情况，训练选手如何制定策略，并在调整选手保持良好的身体状态和心态方面也有独到之处。他对于击剑、对于生活的一些态度也影响了不少中国选手。

继 2006 年和 2007 年世锦赛取得不错成绩后，第 29 届奥运会 2008 年 8 月在首都北京举行。在自己国家参加奥运会占据了天时、地理、人和等因素，这让人们对奥运会上击剑再次突破充满了期待。事实上，中国击剑队没有辜负中国人民的期望。8 月 12 日，中国击剑选手仲满夺得男子佩剑个人赛冠军。这枚金牌来之不易，自 1984 年栾菊杰获得女子花剑个人金牌后已历时 24 年之久。这一天，全中国沸腾了，世界剑坛震惊了，因为，这是非欧洲国家第一次在佩剑项目上夺得金牌。在接下来的比赛日里，中国击剑选手谭雪、包盈盈、黄海洋、倪红夺得女子佩剑团体赛季军；王磊、黎国介、尹练池、董国涛获得男子重剑团体赛第 4；朱俊获得男花个人赛第 4，雷声第 8；李娜获得女子重剑个人赛第 4。

3. 优异成绩背后的努力

回顾这 8 年历程可以看到，中国击剑水平在不断前进中：男子花剑稳中上升，连续两次在 2000 年、2004 年奥运会上获得亚军；女子重剑队在比赛中找到了自己的位置；男子佩剑有了突出进步；男子重剑也在摸索中前进。在未来，我们会看到一个战斗力十足、剑术全面的队伍在 2012 年伦敦奥运会上冲金。

每项成绩的背后，是教练员、运动员和协会的大量付出。这些付出，包含了忘我奉献、系统安排、科学训练、人才培养、强力保障等多方面心血和汗水。

①提早做计划，赛后做总结

2000 年悉尼奥运会一结束，中国击剑协会立即在第一时间召开了全国击剑工作会议。在总结奥运会比赛、前一个奥运会训练周期的基础上，提出了《2001—2008 年中国击剑运动发展规划》，并对发展规划、训练指导思想、九运会击剑项目若干管理办法以及国家队今后的建设和后备人才培养等问题进行了认真细致的讨论并提出了很多很好的建设性意见。在 2001 年全国击剑会议上，中国击剑队进一步确认了"积极主动、以我为主；全面发展、特长突出，强化体能、作风顽强"的训练指导思想。这一思想的形成是我国击剑管理者、教练员、运动员及科研人员对项目规律再认识、再研究、再提升的结果，并始终贯穿于备战奥运会的过程中。同时，这一训练指导思想对我国青少年击剑运动员的培养起到了引领性作用。

2001 年 11 月，国家击剑队、各剑种教练员对雅典奥运会备战周期的情况进行了深入总结。

2004 年雅典奥运会结束后，协会和国家队一方面对雅典的成与败进行了总结，另一方面又对备战北京奥运提出了计划和新周期工作思路。新周期工作思路强调突破创新，在巩固优势项目的前提下带动整体实力提升。

2008 年奥运会结束后，中国击剑协会立即又着手制订《2009—2012 年中国击剑运动发展规划》，国家队也要求教练员提前三年做出工作计划，让每个教练有长远目标，有整体有序的安排，对每个阶段的任务、标准做到心中有数，指导自己的队伍不断取得进步。

②重视教练员的培训

教练员是运动训练的一个主体。竞技体育之争，本质是人才之争。一个高水平的教练可以带一批人，一批高水平的教练可以把这个项目带起来，这也是中国竞技体育多年来的实践所证明的。

中国击剑协会从成立之初就举行了多次培训和考核。一方面进行内部定期业务学习，各剑种进行交流，另一方面也聘请外部项目教练和国外优秀教练多次来讲学。这些业务培训，及时有力地促进了教练员水平的不断提高，这也是最近 10 年来，中国击剑多次在世锦赛、世青赛上屡获奖牌的原因。

③对青少年后备人才的重视

青少年后备人才培养问题是竞技体育持续发展、并能在较长时间保持世界领先地位的基础。虽然国家击剑队目前没有组建青年队，但是在国家队中有一定比例的青年运动员存在，而且他们中的佼佼者也有机会参加世界高水平高级别比赛。这一举措对青年选手及时接班起到了良好的作用。

④保持积极的对外交往

雅典奥运会后，中国击剑协会做了深刻反思，确定在抓好训练、提高实力的同时，要进一步扩大对外交往。4 年来，协会加深了与国际剑联及各会员协会的友好往来，特别是扩大了与世界击剑先进国家的交流，使我们的教练员、运动员进一步开阔视野，也使我国击剑整体水平得到了明显提高。

近年来，我国已有 31 名裁判员考取国际级裁判，3 人晋升为国际 A 级裁判，部分人进入到奥运会、世锦赛、世青赛的技术委员会工作。每年出国执裁亚锦赛、世界杯、世锦赛、奥运会等各种国际大赛约 20 人次。与国际裁判界交往的不断扩大，不仅有利于提高中国裁判整体水平，更深刻地领会竞赛规则，更好地使中国击剑与国际接轨，也加深了友谊，树立了我国在国际击剑界的良好形象。

2006 年新落成的击剑馆被国际剑联指定为亚洲击剑培训中心，在此基础上，协会充分发挥亚培中心的功能和职责，举办了多次训练营、国际裁判员考试等活动，每年邀请高水平教练来华辅导与授课，邀请国外队伍来华共同训练，大力度地请进来走出去。四年中，协会增加了参加国际比赛的次数，同时还调动地方积极性，为地方队提供与国际高水平运动队交流的外事活动机会。这些活动，使击剑项目的影响越来越大，社会效益、经济效益前所未有，整体工作迈上了新水平。

在亚洲剑联、国际剑联等国际组织的工作方面，中国击剑协会积极参与，利用我们在国际组织中的任职扩大自己的影响，同时做好中国击剑与国际组织的沟通交流工作，为中国击剑、亚洲击剑积极谋取更多权益。

1988 年汉城奥运会后，中国击剑协会副主席屠铭德当选为亚剑联主席，并且连任至 1996 年。现在，国家体育总局自行车击剑中心主任蔡家东出任亚剑联执行委员会副主席，中心副主任王伟在技术委员会任职，中国击剑协会秘书长季道明在裁判委员会任职，协会副秘书长袁向阳在宣传与推广委员会任职。这些任职保证了中国击剑协会在亚洲击剑界有着较多的话语权。

2007 年 11 月 23 日—25 日，国际剑联执委会及年度代表大会在西班牙马德里举行。会上，国际剑联授予我总局副局长、中国击剑协会主席肖天为国际剑联终身荣誉委员称号，以表彰他多年来对击剑运动在亚洲和中国的普及提高所做出的卓越贡献。这是中国人首次获此殊荣，也充分证明了中国击剑在国际剑坛上的影响。

继 2004 年当选为国际击剑联合会执委会委员后，2008 年，王伟获得连任，并于 2009 年又当选为国际剑联副主席。这是中国人首次在国际击剑联合会中担任这样高级别的职务。王伟的当选说明了中国成功举办奥运会在全球的影响非常大，而且近十年来中国击剑运动的整体实力提升，包括在 24 年之后又拿到奥运击剑金牌，在国际剑联产生了非常大的影响。国际剑联核心权力圈子中有了中国人的身影，有利于中国击剑更好地与国际剑联沟通；有利于中国击剑在国际剑坛上更进一步；有利于为亚洲击剑争取更多的权益。

⑤科技力量

科学技术是第一生产力，训练水平和运动成绩的提高更是离不开科技力量的支持。

在上海体育学院的协助下，中国击剑协会研发了"多媒体视频技战术分析系统"，通过比赛录像视频剪辑的方式，集中对运动员的实战过程进行个案分析，让运动员教练员结合训练进行对比，更加清楚地了解问题所在，更加直观全面地指导训练，受到了全队上下的一致好评。

此外，中心科研组在备战奥运会期间对国内主要队员和国外主要对手100 余人进行了跟踪统计与监测工作，及时提供了大量的专项数据，对比赛的分析评估、对训练质量的监控、对赛练关系的解决，都起到了不同的作用。保证了参赛训练的科学性、可控性，避免了凭感觉、印象进行的定性。另外，生理生化组在备战期间及赛前赛后，及时对运动员进行监控测试，为教练员对训练和比赛的调控提供了可靠依据。

七、击剑运动未来的展望和寄语

从 1944 年贾玉端在中国开展击剑运动到 2008 年中国击剑项目在北京奥运会上获得男子佩剑个人赛冠军以来，中国击剑运动已走过了 64 年历史。这期间经历过三年严重自然灾害和"文革"时期的两起两落；1978年改革开放后，伴随着 1993 年的体制改革和后来的持续稳定发展，中国击剑运动在某种程度上反映的也是新中国成立以来走过的 60 年曲折路程。

抚今追昔，为了巩固已有成果，进一步发展中国击剑运动，协会为击剑运动做出了新的规划。针对 2012 年奥运会，男女佩剑个人及团体、男子花剑和女子重剑个人及团体为 2012 年奥运会冲击金牌的重点项目，男子重剑和女子花剑力求获得新突破。展望伦敦奥运会，中国击剑大有希望乘北京奥运会东风，取得更多发展。

历史终归是过去，一切都已归零，中国击剑人没有自满，我们将以求真务实、敢于创新的作风和精神再接再厉，再铸辉煌。

艰难前行　跨越发展
喜迎辉煌　共书未来

——风雨水上 60 年

国家体育总局水上中心运动管理中心主任　韦迪

一、艰难起步

远古时期，我们的祖先就发明了独木舟。明朝初期，郑和下西洋，开创了航海史上的奇迹，中国水上事业的发展源远流长。然而，新中国成立后，中国的水上事业由于资金、场地等限制，开展较晚，而且道路极其坎坷。

1952 年，中国首次制造出自己的皮划艇。皮划艇运动发展始于 1954 年，有 89 名北京学生首次用专业的器材进行皮划艇练习，在当年的北京市水上运动会上，设立了男子 1000 米和女子 500 米皮艇比赛。此后由于三年自然灾害与文革，这个白手起家的项目一直到 20 世纪 70 年代中期还是一副凋敝的景象，直至 1972 年才得以恢复。1974 年中国加入国际划艇联合会。1975 年皮划艇被列为第三届全运会正式项目，同年中国亮相贝尔格莱德世锦赛，可惜每个项目的最后一名基本上都被中国人占据。

1979 年，中国终于把罗马尼亚专家请到了自己的讲台上，并且开始向各个欧洲国家"取经"。中国皮划艇开始步入发展阶段。

1991年8月，巴黎皮划艇世锦赛上，中国女子四人皮艇获得第三名，取得"历史性的突破"。不过，1分39秒3，与前两年的世界最好成绩相比，还是慢了近7秒——在比拼速度的项目中，这简直就是一个难以逾越的"天堑"。1996年奥运会上，中国女子四人皮艇拿到第四名，但是离世界先进水平仍然很远。

赛艇的发展经历和皮划艇类似，赛艇运动于1913年传入中国。1954年，哈尔滨市首先开展了群众性的赛艇运动。1956年11月，在杭州西湖举行了赛艇表演，上海、哈尔滨、大连和杭州派人参加，当时一共只有两个比赛项目。1957年秋在武汉举行了只有这四个市参加的赛艇锦标赛。1959年，赛艇列入了第一届全国运动会的比赛项目，有19个省、自治区、直辖市和中国人民解放军派队参赛。1966年在亚洲新兴力量运动会上，中国赛艇队包揽了赛艇三个项目（单人、双人、四人）的冠军。1973年，中国加入了国际赛艇联合会。从1975年起，中国派队参加世界锦标赛。但直到20世纪80年代，赛艇才开始在中国竞技体育的舞台上扮演重要角色。1988年奥运会上。中国赛艇队获得一块银牌、一块铜牌和一个第五名，这个成绩震惊了世界，因为从来没有一个亚洲国家曾经打破过欧美选手在这个项目上的垄断。尽管还不能像乒乓球等项目有压倒性的优势，但从这时开始，中国赛艇在世界上有了话语权。

帆船帆板的发展历史也从20世纪50年代开始。当时，舢板荡桨和驶帆等航海运动在群众中广泛开展。其中，舢板、驶帆运动所用的竞赛方法、规则和操作原理都与帆船运动大体相同，仅船只和帆的形状有区别。随着航海多项运动的开展，1954年，中国正式在青岛开展帆船运动。1958年，上海、武汉、广州、青岛、哈尔滨等城市在武汉东湖举行帆船表演赛。60年代初，沿海各城市相继建立了航海俱乐部，成为发展这项运动的据点。10年动乱期间，帆船运动一度被终止，直到1976年才逐步得以恢复。1978年，国家体委在原有舢板和帆船运动的基础上进一步开展了帆船运动，于当年举办了帆船训练班。

1980 年，全国帆船锦标赛第一次举行，设立了"芬兰人"和"飞行荷兰人"两个级别。1983 年，帆船项目第一次被列入第 5 届全国运动会。之后，全国性的帆船运动每年都会举行，且级别逐渐增多。从这段时间开始，我国帆船运动加强了国际交往，请外国帆船专家、运动员来访和讲学，同时组建了国家集训队，选派人员赴国外学习。

我国开展帆板项目较迟，但发展很快。1979 年，由国家体委青岛航海运动学校试制成功第一条帆板，在第四届全运会摩托艇赛开幕式作了成功表演，获得各方认可。之后，全国 20 多个省市体协先后成立了专业帆板运动队和几十个基层业余训练点。1981 年 8 月，我国首次帆板竞赛在青岛举行。1982 年，我国帆板运动员首次在第 9 届亚洲运动会上亮相，当时排名第四。

另一个奥运项目皮划艇激流回旋开展则要晚得多，直到 20 世纪 90 年代末，中国才开始开展这项运动，不过发展势头很迅猛，1999 年，我国首次组队出征西班牙世界锦标赛就引起世人的瞩目。2000 年、2001 年中国激流回旋队经历几站世界杯比赛的洗礼，取得了长足的进步，个别项目已跻身世界中游水平，且增长势头看好。最为可喜的是在 2000 年首届亚洲锦标赛上，中国队囊括了四项冠军。在 2008 奥运周期，激流回旋队最好成绩已经拿到世界杯亚军。

较早开展的水上项目还有蹼泳。新中国成立初期，负责体育工作的贺龙元帅就观看过蹼泳的表演，随后决定引进蹼泳这个项目。当时引进蹼泳，不仅仅是把它作为一个体育项目，还有军事战备的目的——20 世纪中叶的蹼泳，可以闪躲敌人雷达侦察。后来，这种"密探行动"才逐渐演变成光天化日的国际运动。各种形式的潜水游乐、潜水竞赛活动相继出现。我国从 1959 年正式开展潜水运动，属于新中国发展较早的运动项目之一。1961 年，中国人民潜水俱乐部在湛江成立，也就是今天的湛江潜水运动学校。1964 年首届潜水比赛在湛江举行，比赛项目有：蹼泳、屏气潜泳、水下射击、水下作业、水下定向等。

1978 年中国开始开展蹼泳项目，经过"走出去，请进来"的密切交往和坚持"以水下短距离为突破口"的工作方针，不到 5 年时间，中国运动员邱亚帝在福州举行的全国蹼泳锦标赛上打破男子 50 米屏气潜泳世界纪录，开辟了中国运动员在蹼泳项目上打破世界纪录的先河。时任世界潜联主席皮埃尔·贝罗先生欣闻此消息后给中国潜水协会发来贺电，称"中国是一支不可估量的世界蹼泳生力军"。

中国于 1986 年首次组队参加世界蹼泳锦标赛，夺得 2 枚金牌，一举打破了前苏联在世界上的垄断局面，截至 2009 年 7 月 31 日，我国共组队参加了 11 届世界锦标赛和 5 届世界运动会，共夺得 130 枚世界蹼泳锦标赛金牌；共参加了 5 届世界运动会，共夺得 19 枚世界运动会金牌，保持着 10 项世界纪录。据不完全统计，中国运动员累计打破世界纪录 180 多次。多年来一直保持着中国蹼泳在世界上的领先地位。

另外两项不为大多数人所知的开展较早的运动是摩托艇运动和滑水运动，摩托艇是在 20 世纪 50 年代逐渐兴起的运动项目。我国的第一支摩托艇集训队于 1956 年 3 月由海军舰队和海军院校选调的一批官兵组成，该集训队于 1956 年和 1957 年两次参加了国际比赛。1956 年 11 月以集训队和当年 10 月组建了女子摩托艇队为基础，正是成立了国家摩托艇队。国家摩托艇队同时配合 8 个重点省市单位组建并开始了摩托艇运动。1956 年 7 月我国摩托艇队一行 7 人参加了在波兰吉日茨克市尼克琴湖举行的第一届国际水上运动会，中国队在长距离项目比赛中取得了团体冠军。

1958 年 8 月在武汉市东湖举行了中国首届摩托艇比赛，自此摩托艇运动在中国蓬勃的开展起来。在 1959 年的第 1 届全国运动会上摩托艇项目作为表现项目进入了全运会。1979 年摩托艇项目被列入第 4 届全国运动会正是比赛项目，直至第 6 届全运会后摩托艇运动退出了全国运动会舞台。1993 年在各界领导的重视和关心以及摩托艇界的共同努力下成功地举办了 1993 年中国摩托艇超级明星对抗赛，此比赛扩大了摩托艇项目的宣传，为中国摩托艇运动今后的生存和发展提供了有益的借鉴。

中国滑水运动始于 20 世纪 50 年代初期，正式在全国广泛开展是在 70 年代中期。滑水活动需要拖船动力的牵引，早期的滑水活动归属于中国摩托艇运动协会而开展，其业务管理属中国人民国防体协管。和蹼泳等项目一样，当初开展滑水运动也是有战备的需要。

　　1955年3月，在国家体委青岛航海运动学校举办了第一次全国航海干部训练班。在训练班上，学员们自己动手，根据苏联杂志资料上介绍的滑水板制作的数据，在木工师傅的帮助下，自制了中国第一块滑水板。这是一种适用于摩托艇牵引，上面可以站人，浮于水面的一种滑水板。在中国早期的滑水运动中，有滑水板滑水和水橇滑水之分。1957年8月，中国人民航海俱乐部机艺教科员、印度尼西亚华侨蔡其杰，从香港带回一副滑水橇，这是滑水水橇第一次在中国大陆出现。

　　经历了"文革"10年动乱的停滞，改革开放后滑水运动开始蓬勃发展。为了迎接加拿大滑水队来华讲学、辅导和表演，国家体委委托青岛航海运动学校在湖北省体委的大力支持和协助下，于1982年8月在武汉市东湖组织了由全国滑水竞赛个项目的冠亚军运动员15人组成的全国滑水短期集训队。这是第一次将全国最优秀的运动员组织在一起，统一进行教学、训练和完成表演任务。1984年1月16日至3月31日，国家体委委托青岛航海运动运动学校和湛江潜水运动学校在广东省湛江市湖光岩，共同承担了国家滑水集训队的组织和训练工作，开始了向世界滑水高峰攀登的历程。自80年代起，滑水正式成为原国家体委的正式比赛项目。1986年中国滑水协会正式成立，同年加入国际滑水联盟。从1986年起，中国正式参加国际性滑水比赛，并在世界锦标赛中两次获得女子花样项目前8名，并获得多个亚洲冠军称号。

　　我国漂流活动在20世纪80年代开始发展，第一阶段是以1986年"长江漂流"、1987年"黄河漂流"为代表的启蒙阶段，在当时的历史条件下，以"一寸不落"、"全程漂流"为代表的民族主义、爱国主义精神成为涵盖一切的主旋律，尽管很多壮举令人惊叹不已，但是由于对项目理解不成熟，保护措施不到位，此后的12年，这样的漂流再没有举行过。直到1998年才重新恢复大规模的漂流活动。

　　极限运动在我国发展较晚，20世纪90年代通过电视媒体、杂志及表演活动进入中国。1996 年 6 月，X Games 第一个国际性的极限表演在上海举行，包括特技单车、直排滑轮和滑板等项目，从此以后，极限才真正发展起来。

可以看出，我国水上运动都是 20 世纪 50 年代初开展，但是真正的发展都在改革开放之后，而绝大部分项目真正出成绩就要等到进入新世纪之后了。在体能为主、需要昂贵器材做辅助的水上项目上，国力的强盛是水上项目发展的根本动力。

二、全面突破

中国水上运动从 2004 年开始有了真正意义的爆发。在 2004 年雅典奥运会，中国皮划艇静水项目获得金牌。2008 年北京奥运会，赛艇、皮划艇静水、帆船帆板三个项目各取一金，真正实现了中国水上运动的飞跃。

（一）静水第一金　撕开欧美人的口子

2000 年奥运会，皮划艇静水项目相当尴尬，因为中国队甚至没能获得参加奥运会的资格。如果说这样一支队伍能在 2004 年奥运会上夺金，所有的人都认为是天方夜谭。

就连为中国队拿到金牌的孟关良回想起当时的情况，都觉得不可思议。落选悉尼奥运会后，他对前途完全失去信心，甚至想到了退役。然而，就在此后的四年，中国皮划艇队采取"超常规思维、跨越式发展"的思路，终于创造了奇迹。

来回顾一下中国皮划艇的突破轨迹。2001 年底国家皮划艇队重组，面对长期在国际大赛遭受重创的运动员和教练员，水上中心鲜明地提出了"超常规思维、跨越式发展"的要求，中国皮划艇队据此提出了要在两年零八个月的时间里实现奥运冲金的奋斗目标。如何实现这一按竞技体育一般规律看来不可能实现的目标，皮划艇队开始了他们的奋斗历程。

首先狠抓运动员和教练员的素质教育，启动优秀运动员教育计划，与北京体育大学、湖南师范大学等高校合作，输送运动员攻读研究生班和本科学历教育。对教练员，提出了借脑计划。国家队陆续请过几十位专家、教授驻队指导训练。他们的到来，给队伍带来了很多新方法、新观念，然后教练们再根据专家的想法，重新修改自己的训练计划。

在训练方法上，由于皮划艇项目包含的科技含量很大，处理好艇、水和人之间的关系是提高运动成绩的重要因素。和欧美选手相比，中国运动员在体能方面显然没有任何优势可言，但对于"技术活"却颇有心得。因此，中国队在科学训练和技术革新上下工夫，在两年多的时间里先后进行三次技术改革，提高每一桨的效果。同时还充分借鉴、移植和消化国内外优势项目的经验，比如田径队关于启动速度的概念、游泳队的专项知觉和入水技术、射击队的程序化参赛和竞赛结构的优化以及乒乓球队的技术创新与严格管理。

2002 年，是皮划艇大规模利用"外脑"的开始，这个"外脑"是北京体育大学。当时，北京体育大学研究生院先后有 20 余名博士和硕士研究生参与到国家皮划艇队的奥运攻关行列，国家皮划艇队也选派部分教练、队员进入北体大研究生院进修，双方开始了"亲密接触"。这次尝试收到了明显的效果：2002 年中国皮划艇队刷新一项世界最好成绩，夺得12 个世界杯冠军和 8 枚亚运会金牌。

2003 年，北体大第一个研究生工作流动站来到了千岛湖，皮划艇队的领队、毕业于北京体育大学的运动训练学博士刘爱杰、北体大研究生院2001 级博士生袁守龙、曹景伟以及生物力学博士仇毅、运动心理学博士许高航组成了中国皮划艇队的"博士军团"，另辅有 8 名硕士。就是在这个高智商的"外脑"协助下，皮划艇队在 2 年零 8 个月的时间内，从没有获得奥运会参赛资格到为中国水上军团实现奥运会金牌"零"的突破，创造了一个奇迹。

合理使用外教也是中国队此次雅典突破的一个重要因素。2002 年，马克教练加盟皮划艇队。他名气不大，但是适应中国国情，适合中国队。他的一个创意之举直接铸成了皮划艇队的辉煌。马克发现，孟关良和杨文军两个人单兵作战的实力都很强，虽然他们单兵作战很难在世界上进入前三名，但是搭配起来有可能取得更好的效果。在马克的建议下，中国队决定放弃单人项目，由两人配合主攻双人项目。实力相近、技术互补的两位选手可谓"强强联合"，配合时间不长就取得了骄人战绩，拿到奥运会入场券，成为中国队冲击雅典奥运会金牌的排头兵。

2004 年 8 月 28 日，这是我们水上人要铭记一生的日子，在那一天，孟关良和杨文军以 1 分 40 秒 278 的成绩拿到男子双人划艇 500 米的金牌，实现了中国水上项目奥运金牌零的突破。这也是 119 项目为数不多的男子项目奥运金牌，价值可以与刘翔的奥运会金牌媲美。

（二）北京取三金 全面突破

如果说雅典的突破只是中国水上人在欧美强国对水上的铁桶统治中凿开了一个口子，那么北京奥运周期的整体突破则是中国水上整体的崛起，意味着中国水上人已经在世界水上界占据了属于自己的位置。

北京奥运周期最值得纪念的突破是赛艇的突破。中国赛艇是中国水上项目中命运最跌宕起伏、最坎坷的。1988 年，中国赛艇就拿到了奥运会银牌，在当时震惊了欧美。1996 年，中国赛艇再次在亚特兰大奥运会上夺银，离金牌只差一小步。金牌一次次和我们近在咫尺，却始终无法接近，反而是之前并没有拿过奥运会奖牌的皮划艇率先实现了突破。

2005 年，新的奥运周期开始，中国赛艇借鉴了以往的经验和皮划艇突破的经验，开始了四年艰难的旅程。

首先是抛弃过去的惯性思维，大胆创新。因为赛艇突破早，反而早早被自己一些固有观念束缚住。这个周期在训练结构上、训练手段上、训练监控上都有很大创新。首先，中国赛艇队在队伍管理架构上就有所创新，在外教伊格尔介入后，队伍分成单桨组和双桨组，分别由伊格尔和周琦年担任总教练，新的架构是对技术的有效整合，成为中国赛艇实现突破的关键之一。其次，中国赛艇队采用了国际赛艇界不常采用的高原训练，赛艇队独创 8 到 10 周的高原训练，以及在我国北部进行夏训，利用中国队所特有的优势。可以说，我国赛艇的身体训练在世界上处于领先水平。这种训练不单单指普通的力量等方面的身体素质训练，还包括怎样让训练效果保持平稳的上升趋势，特别是临近大赛之前。很多队伍都感觉奥运前练不动了，进入疲劳期，但我们却能够保持上升的势头。

对团队精神的锻造也是这个周期赛艇能够突破的内在因素之一，由于悉尼和雅典两届奥运会，志在必得的中国赛艇没有取得什么好成绩，打击了中国赛艇人的士气。为此，中国队在队伍管理上加强了人性管理，通过向在雅典夺冠的中国皮划艇队学习逐渐提升士气。虽然中国赛艇雅典奥运会成绩不佳，但原来的教练班子并没有大的调整，"应该说 90% 多都是那时候的教练，只是在这个过程中向皮划艇学习，让外教介入进来"，这无疑保持了队伍的完整性和延续性。正是由于有这样一个团队，中国队员的责任感也在不断加强。

正是这样的大胆创新，中国赛艇队在本周期一步一个脚印，走了下来。

2006 年世锦赛，三金一银。2007 年世锦赛，一枚金牌。中国赛艇开始崛起。中国赛艇在沉寂多年之后，终于向世界宣告：中国赛艇从此进入世界第一集团。

奥运会上，中国赛艇依然经历了挫折，决赛首日，最有夺冠希望的女子双人双桨折戟，但是队伍没有灰心丧气，而是总结经验，精心准备。第二天，张杨杨、金紫薇、唐宾、奚爱华四位姑娘在女子四人双桨项目上为中国队拿到了期盼已久的奥运会金牌。

比这更重要的是，中国赛艇在这个周期奥运会的 14 个项目中取得了11 个参赛资格，仅次于欧美发达国家。这说明了中国赛艇的整体崛起。

和赛艇一样有了重大突破的是帆船帆板项目。1992 年，张晓冬就在奥运会上夺得帆板银牌。2004 年，殷剑再次拿到一块奥运银牌。帆船帆板和赛艇不同，它的偶然性极强，稍有疏忽就可能前功尽弃。而由于帆船帆板器材昂贵，中国队在 2004 年之前甚至没有把所有的帆船帆板奥运会项目开展齐。这样一个底子偏薄，比赛容易出现意外的项目要怎样实现突破呢？

2004 年年末，刚刚在奥运会上为中国队贡献一枚银牌的米斯特拉级帆板和刚刚取得突破的欧洲级帆船在国际帆联的例行会议上被请出奥运会，取而代之的是尼尔板和激光雷迪尔级帆船。这两种板型和船型我们从来没有接触过。

表面上看，吃亏的不仅仅是中国，因为所有练米氏板的选手和国家都要改项目，但是辩证地看，中国的形势并不乐观。很大程度上，替代米氏板的尼尔板我们能否比好，还要看老天爷的脸色。因为我们的选手普遍体能好，摇帆能力强，但是遇上大风，中国人身材较小，重心低，控帆就比较费劲。最重要的是：关于尼尔板的资料，国内一片空白，没有一个人碰过这种器材，甚至都没有见过。所有这一切，都给中国帆船帆板队设置了障碍，等待他们去解决。

由于全运会项目早已确定为米氏板，无法更改，就先对尼尔板进行研究，2005 年初，帆船帆板队在武汉进行水槽实验，获得了尼尔板和米氏板的比较数据。而 9 月初在日照国际帆船帆板精英赛上，中国队一个连全运会都没有参加过的新人与新西兰参加过奥运会的对手进行了比赛，心里多少有了些底。为了能够用最短的时间摸出新板型的规律，全运会后的集训，帆船帆板队大幅度扩大规模，帆板队的教练达到了 6 名。队员选拔上除了原来练米氏板的队员，还将翻波板的 3 名女队员召入队中，因为翻波板和尼尔板板型比较相近。同时，中国队请到生产尼尔板的厂家过来讲解板的特性。

重点项目解决了，然而在本土举办奥运会，我们却不能参加所有级别的比赛，也是一件令人沮丧的事。然而，国家队资源有限，资金也有限，之前没有开展的几个项目大都是多人帆船，比较昂贵。2005 年，水上中心积极发动全国各种帆船帆板力量协助国家队搞好四个没有开展的帆船项目。最终，承建英凌级帆船队的是青岛市政府，承建 49 人帆船队的是青岛海洋大学，承建托纳多帆船队的是海南省，承建星级帆船队的是海外华人。大学、省市、企业共同努力，让中国帆船帆板不再有缺项的遗憾。而这也为中国帆船帆板事业今后的发展提供了一个方向。最终，承建英凌级帆船队的青岛市政府收到的回报最大，这支成立三年的船队在奥运会上进入前八名。在承建船队的几年中，每个承建单位都付出了巨大的努力，他们尽力将队员送出国参赛、训练，找外国顾问帮助指导。最终提升的是整个中国帆船帆板的凝聚力和整体水平。

2006 年可谓中国帆船的突破年。之前我们在世界比赛中拿好成绩，基本上都是帆板项目，而帆船项目却一直没有太好的成绩出现。2006年，徐莉佳在世锦赛上获得激光雷迪尔级金牌，成为中国帆船突破第一人。同年 5 月，陈秋斌在世界杯尼尔级帆板比赛中获得金牌，宣告中国队已经基本上掌握了这种板型。中国帆船帆板的北京奥运之路终于曙光初现。

2006 年，在冬训中，中国帆船帆板队又将 80 年代就已经开始开展的一种训练方法"调赛"应用到了极致，并将其正规化。帆船帆板项目的一大特点就是需要队员有大量的比赛经验做支撑，然而以中国队的经费和条件，不可能频繁去国外比赛。于是，利用冬训大部分省队都在海南集训的特点，帆船帆板队发动了调赛，邀请所有一起训练的省队参加比赛，比赛有小规模跑几轮的，也有相当正式甚至邀请裁判的。同时通过比赛检验训练效果、发现问题。大合练和比赛每周都有，这样的比赛提高了队员的实际操作能力，也解决了中国运动员比赛过少的问题。同时，国家队把地方队教练都请到队里，观摩体能、水上等训练课，互帮互助。国家队请到的外教和外籍顾问则会成为所有队伍共同的顾问，因为他们的课可以随时来听，这样还提升了中国帆船帆板的整体厚度。可以说从 80 年代起，这种依靠举国体制，依靠各省市共同努力提高国家队整体帆船帆板水平的方法已经进入了正规化渠道。

2007 年世锦赛，中国看似成绩平平，但实际上队员对板型的适应，对新板型的操控能力都在增加。2008 年 8 月 19 日，徐莉佳率先在激光雷迪尔项目中获得铜牌，20 日，殷剑获得女子尼尔级金牌。中国帆船帆板队在船、板项目上实现了全面的突破。

（三）皮划艇　延续辉煌

皮划艇有个规律，同一位选手不可能卫冕奥运会金牌，然而，孟关良和杨文军把这个规律打破了。2004 年奥运会，他们拿到了男子 500 米双人划艇金牌。2008 年，他们再次在这个项目上拿到金牌。但是回顾后一个奥运周期所走的路，却比之前要艰难许多。

2004 年雅典奥运会之后，孟关良杨文军暂时"分手"了，他们最后一次携手参加比赛是 2005 年世界杯，随后的十运会备战，两人各为其主，没想到这一分，却是将近三年多的时间。

马克也走了，这位功勋教练有着自己的想法，他离开了中国皮划艇队。一位更加出名的教头——德国皮划艇队总教练约瑟夫进驻国家队，却迟迟没能找到中国队的契合点。中国皮划艇一度让人忧心忡忡。应该说，约瑟夫做出了很大的努力，他极力把自己在德国的成功经验带给队伍，他取消了高原训练，以滑雪训练取而代之，然而效果却始终平平。

10 运会后，连年征战身心疲惫的孟关良已经无心继续恋战，他迫切需要休息，水上中心也批准了这个休息申请。虽然没有选择退役，但是休息一年之后大孟能再打出什么样的成绩无人能知，所以，当时两个人只能分开。

可以说，同意孟关良休息这个决定是英明的，虽然这一年的休息让孟关良体重涨了不少，能力也似乎下降了，但是，他身上从小时起一直困扰他的伤病却在这一年中慢慢恢复。看上去耽误小一年的时间，实际上换来的却是一名运动员的新生。

杨文军经过一年艰苦的训练，技术水平却有了很大长进。他连续在 2006 年和 2007 年世锦赛上获得季军，而且和冠军的差距越来越小，这样的进步让杨文军打单人艇的愿望格外迫切，孟关良和杨文军似乎越走越远。

2006 年，中国皮划艇几乎有些"触底"，见不到一个确切的争金点，队伍的进步也不明显，中国皮划艇在痛苦的瓶颈期挣扎。

然而，2007 年世锦赛，中国皮划艇终于坚定了信心。孟关良和宫拥军这条组建时间不长的艇拿到了奥运会资格，这让大家意识到，双人划艇依然是最好的争金点，于是，孟杨重新配对的提议再次摆上桌面。但是问题也同时来了，孟关良和宫拥军配合不到一个月就有这样的成绩，如果继续练下去，是不是成绩会更好，甚至超过当年的孟杨组合，到底是孟杨，还是宫孟，难以决断。

当时，宫拥军为了这条艇付出了很多，他用两个月的时间忘记自己曾经是个领桨手，重新练习了跟桨。虽然配对后还存在航向掌握不好、合力没有发挥到最大等问题，但两人在训练中曾划出过 1 分 40 秒左右的世界顶尖成绩。在宫拥军看来，有问题不要紧，只要说出来，就有改正的机会。孟关良认为，他们有可以看得到的提升空间，所需要的只是磨合的时间。

而此时杨文军还有一个想法，单人艇、双人艇兼顾，他坚信自己有这个能力，这是一个运动员宝贵的自信，但是客观分析，这肯定会影响到运动员的发挥。

进入到最后一个冬训期，皮划艇队终于有了最终决定，让孟杨再度联手。此时离奥运会，只剩下不到 7 个月的时间。然而这 7 个月，和上次的 7 个月不同，上一次他们是"黑马"，而现在他们的一举一动都有人关注。但是他们都比上一次成熟，为了国家利益，他们责无旁贷。于是，孟关良几乎苛刻地要求自己的训练，杨文军完全放弃自己的单人艇梦想。最令人高兴的是，马克也回来了，走过许多国家，马克意识到，只有中国最适合他，他也最适合中国。功勋教练的回归大大提升了队伍士气。为了保证这个划艇组安心训练，马克带领整个组脱离大部队，独自封闭训练，取得了相当好的效果，2008 年 5 月份的世界杯，他们复出后第一次参加亚洲资格赛，冠军稳稳到手，成绩也相当不错，奥运金牌就在眼前闪耀。

也许上天要特意给皮划艇队多一些磨难，这个时候，又出现了问题。在离奥运会只有一个多月的时间里，中国皮划艇队总教练约瑟夫提出辞职。尽管约瑟夫不是主管划艇，但是中国皮划艇队整体受影响是毋庸置疑的。此时，孙尔杰教练临危受命，以最短的时间接管队伍，平稳过渡并且提升队伍士气。

离比赛前还有几天的时间，孟关良的腰受了伤。这次受伤对中国队的打击是致命的，然而，这位老将最终咬牙带伤出战，硬是拼下了金牌。还要感谢马克，因为孟关良的伤，马克出奇制胜，制定了一个完美的战术，让孟杨先以较快的速度拉开其他对手。最终战术奏效，在半程过后，孟关良和杨文军完全打乱了对手节奏，半程过后，他们立刻按照要求放松，不顾对手的苦苦追赶，冲刺阶段，已经通过放松积攒了能量的他们奋力冲刺，终于，金牌属于中国。

2004 年，孟关良和杨文军配合仅 7 个月就拿到奥运金牌；2008 年，他们再次通过 7 个月的配合卫冕冠军。中国皮划艇和"7"有缘。

（四）中国水上军团的整体突破

除了闪光的金牌和银牌，中国水上军团在近年来还取得了项目的整体突破，项目普及度和项目在国际上的影响力有了大幅度的提高。中国队拿到的不仅是奥运会上 3 枚闪光的金牌，更是整个水上军团实力的提升。代表着 119 项目中发展最晚的水上事业有了长足的进步。

皮划艇项目，陈忠云和张志武在北京奥运会男子双人划艇 1000 米名列第 5，已经快 40 岁的陈忠云为中国水上运动员延长运动寿命的课题提供了最好的范例；而小将李强则在男子单人划艇 500 米获得第 6 名的不错成绩，也说明中国皮划艇后继有人；男子四人皮艇 1000 米名列第七，这也是男子皮艇历史上的最好成绩，这条艇从上届的没有奥运参赛资格到本届具备了冲前六的能力，进步之快令人兴奋。此外，老将钟红燕在女子单人皮艇 500 米也取得了第 5 名，男子双人皮艇 1000 米名列第 8 名。女子四人皮艇 500 米名列第 9 名。这在过去几乎不可想象，尤其是男子皮艇，这一向是欧美人独霸的项目，因为对体能的高要求让亚洲人很难取得突破，但是中国运动员却在北京奥运周期的几次世界杯上都进入前8名甚至前3名，震惊了欧美皮划艇界。

赛艇更是令人惊喜。2006年世锦赛中国队夺得3金1银，2007年世界杯赛中国队在参加的两站比赛中夺得7枚金牌，世锦赛又拿到一枚金牌和两枚铜牌。国际赛艇联合会甚至称，2007赛季为赛艇运动的中国年。赛艇专业网站row2k对世锦赛进行预测的文章标题就是《中国队值得关注》。奥运会赛艇比赛共设14个项目，中国队最终获得11个资格，这已经是中国赛艇队在历届奥运会中获得资格最多的，这个数量完全可以和世界赛艇强国媲美。

赛艇项目还创造了一个世界奇迹，就是"奥运舵手选拔计划"，这项活动2005年开始策划，2006年开始实施，2008年上半年尘埃落定，最终代表中国队出战奥运会的男子八单舵手张德常就是通过比赛选拔出来的，另一位选拔出来的平民舵手郝彤途则参加了残奥会比赛。舵手选拔计划为中国赛艇的普及和发展立下了汗马功劳。

首先，"奥运舵手选拔计划"留下很多独特的舵手培训方法，本次选拔活动对选手们进行了以下几个方面的培训，包括理论方面的赛艇基本构造、基本理论，实践方面的体能、器材调试、水上训练、桨手体验，还有锻炼意志品质和反应能力的"铁人三项"和脑筋急转弯式的智力训练，可谓全方位培训。虽然时间很短，但是这却是中国赛艇界首次进行专业的舵手培训，选手们手里都有一本薄薄的小册子，这也是中国第一本关于舵手训练的专业书籍。

过去，舵手基本上都是"自学成才"，他们大多根据自己前辈的传授或者在和桨手的长期磨合中摸索出比赛经验，但是从没有系统地上升到理论层面去消化理解。如水上训练中最专业的划船，过去的舵手均没有系统练习过，虽然舵手在比赛中不需要划船，但是亲自划过，感性认识更强，也有利于舵手指挥比赛。另外，意志品质训练也是前所未有的，舵手不需要好的体能，也不需要过硬的身体素质，但是他们在比赛中遇到困难时却需要有比桨手更加勇敢的态度和敏锐的反应力，需要面对任务不偷懒的精神和坚韧不拔的信念。

其次，赛艇运动的影响力有了空前的提高。这次活动，对赛艇运动的推广是不可估量的。每周主流媒体的大量报道，各种深入社区、校园的宣传，都让赛艇这个项目和篮球、足球一样出现在人们的日常生活中，如果将来有一天赛艇运动像乒乓球运动一样在中国老百姓中普及，这次活动应该重重地记上一笔。国际奥委会主席罗格对这项活动的评价是："留给奥林匹克的宝贵遗产。"

帆船帆板项目借奥运东风，也有了很好的普及，并迅速占领高端休闲市场，一大批实力雄厚的企业家喜欢上了帆船、游艇，同时又有很多普通百姓通过奥运会了解了帆船项目。青岛奥帆赛出现了一票难求的情况。与此同时，中国帆船帆板的人才也在增加，尤其是帆板项目，有了一批水平较高的后备队伍，中国帆船帆板的软件、硬件都有了很大提升。

不能忘记的是激流项目，这支 2000 年奥运会后才成立的队伍先是在 2004 年雅典奥运会上拿到两个参赛资格，随后又在北京奥运会周期一步一个脚印努力前行。2006 年世界杯，中国队获得一个第 7 名和一个第 8 名，这是中国激流队第一次在世界比赛中进入前 8 名。2007 年的澳大利亚青年节，世界各激流强国尽遣高手出征，中国队获得女子单人皮艇和男子双人划艇金牌，男子单人划艇项目则获得银牌。这是中国激流队的又一次重大进步。2007 年世界杯，男子双划获得铜牌；2007 年好运北京测试赛，中国队获得女子皮艇铜牌；2008 年世界杯，男子双划获得银牌，而男子单划取得第六名，也实现突破，连相对落后的男子皮艇也取得历史最好成绩 23 名，女子皮艇获得一个第 2 名和一个第 6 名。

尽管在奥运会上中国激流皮划艇没能实现突破，但是他们的点滴进步同样引起了世界关注，国际划联主席曾亲自致信中国队，对中国队的进步表示赞赏和肯定。因为在这个长期被欧美人统治的项目里，出现亚洲人的身影实在太过难能可贵。

三、水上人的苦乐年华

水上人自己给自己总结了几个特点：远离城市、远离亲人、远离家乡。这三个远离可以说以最好的方式概括出水上的苦，为了中国水军能够在奥运会上有突破，为了这个体能项目能够突破欧美人的包围圈，中国水上人一直在孤寂和清贫中坚守、奉献。

浙江千岛湖，山清水秀，景色迷人，每年吸引着数以万计的游客流连在这湖光山色之中。对于中国赛艇队、中国皮划艇队的运动员们来说，千岛湖是一个既熟悉又陌生的地方。说熟悉，那是因为每年他们都会有 4 个月甚至更长的时间待在千岛湖的训练基地；说陌生，那是因为千岛湖对于他们来说只是意味着训练、训练，周而复始的训练。

冬天，窗外的雪花已经变成了细雨，力量房内，国家赛艇队的训练还在进行中。测功仪"哗哗"的声音有节奏地响着，不时穿插着教练大声提醒队员注意动作的声音。这是上午训练的最后一项内容，50 分钟测功仪，赛艇训练中最枯燥的项目，却是运动员的基本功。湖面上，是中国皮划艇队在训练，尽管侧风刮起的水珠和雪花一起落下，冷气袭人，冬季的千岛湖，气温零下七八度，在这样的条件下进行水上训练，刺骨的寒风如刀割一般侵入皮肤。如果再遇上意外落水，那就是透彻心肺的冰冷了。但是队员们却练到汗湿衣衫。浙江杭州淳安县的淡竹乡，离最近的小县城也要半个多小时，而且方式只有打车一种。这里有天然的"优势"，不需要森严的铁门，也不需要严阵以待的保安，依然罕有人迹。国家赛艇队和皮划艇队就是在这样半封闭的环境下，默默地、日复一日地进行着奥运会的备战。

不仅是训练，让队员们习惯的还有枯燥的生活，远离城镇的基地一入夜就陷入黑暗和宁静之中。冬季的千岛湖天黑得早，队员们吃过饭，也会摸黑走到熟悉的湖边坐坐。没有什么夜生活，晚上的休息对于他们来说也只是短短的两三个小时而已，做治疗、看新闻、打电话，要么就是听听音乐、看看书，上网与亲朋好友聊聊天，这几乎就是赛艇队员们的全部选择。晚上9点半，这个在城市里许多人才刚刚开始夜生活的时间，却是赛艇队的熄灯时间。队员们都很自觉地关灯、关电脑，早早上床休息。而对于有家有业的教练员和工作人员来说，他们的奉献还包括家人的默默付出，多少人没能见到孩子出生的那一刻，多少人不能在老母病榻前尽孝……

同样记载了中国水上人的地方还有东山帆船帆板基地、海林赛艇基地、红枫湖激流回旋基地、米易激流基地……他们甚至把自己的训练放到了怒江湍急的水流中，只是因为激流队想体验自然水流的感觉。他们没有在条件良好的训练局住宿的运气，暖气、电视对他们来说是奢侈品。

苦乐年华，苦的是自己，托出的却是中国水上事业的蓬勃发展。

四、中国水上运动的后奥运时代

中国水上运动发展起步较晚，这和中国国情是有一定关系的。改革开放以来，尤其是进入21世纪以来，随着人民亲水意识的增强和生活水平的提高，对休闲娱乐的要求日益增加，对纯天然、绿色的娱乐休闲活动要求的增加促进了近几年中国水上运动的蓬勃发展。而国家体育总局提出的119工程，更是让竞技水上运动得到空前的重视，有了更大的发展空间。

北京奥运会之后，水上运动在知名度和普及度上有了提高。4个奥运项目都面临着很好的前景。不过从项目长远发展来看，项目的群众性普及和非奥项目的发展同样至关重要。

4个奥运项目可以借奥运东风进行更好的普及，从2000年悉尼奥运会之后，中国体育界就已经意识到了拥有14块金牌的奥运会赛艇项目是一块很富饶的宝藏，已经实行了扩充专业人才，聘请外教，出国参赛的方式来提高水平，在一些省队当中也出现了外教的身影，这都促进了中国赛艇选手的水平向国际级靠拢。除了国家投入外，中国赛艇历史性夺金同样会在社会范围内增加影响力，从而吸引到好的苗子从事这项运动，根据统计，在雅典奥运会前中国的赛艇选手只有380人左右，而在北京奥运会开始时注册人数已经达到了1200人，这一数字虽然不算多但是向上的趋势是很明显的，在这种情况下中国赛艇人才涌现应当是顺理成章的事情，而以人为本的体育项目则有望发展迅猛。

帆船项目的"帆船进校园"活动更是深入人心。青岛市自从搞这个活动以来，发动社会各界捐献船只等器材，现在，青岛市几乎人人爱帆船、人人懂帆船，有很多孩子投入业余帆船训练，出现一股"帆船热"。"过去很多家长担心孩子太早进专业队少学好多文化课，对发展不利，所以很多项目都不能正常开展。现在有了这个活动，可以把帆船放到中小学和大学去，学习训练两不误，中国海岸线很长，很多地区的学校都可以搞起来，不必像过去一样非要搞专业队了。"2008年的帆船帆板年会上，很多人发出这样的感慨。

除了奥运项目，非奥运项目更是在奥运会之后有了很大发展。作为一支老牌金牌之军，蹼泳现在仍然面临着资金匮乏，受关注度不高的问题。然而中国蹼泳队却一直保持着世界前列的水平，每年都在世界大赛上获得金牌和世界纪录，是中国非奥运队伍中为数不多的"金牌之师"。前几年，广东省的一个做法给了中国蹼泳界提示，广东省把蹼泳和田径一样，算作中小学生特长，如果在市级比赛拿到成绩，可以加分。目前在广东省推行开之后，对普及蹼泳和培养后备人才非常有利，但是何时将能这个政策推广到全国，现在还是个未知数。希望相关的政策能尽早出台。从近期来看，韩国、日本、越南都已经把蹼泳列为重点发展的体育项目，加大资金和科技力量投入，成绩飞速提升，中国蹼泳界再次面临严峻考验。

随着改革开放的深入，富起来的中国人开始对水上休闲项目有了浓厚的兴趣，潜水运动成为白领们最爱的时尚运动之一，而相对容易推广的双脚蹼蹼泳也开始在一些俱乐部推广，如果喜欢蹼泳、喜欢潜水的人越来越多，对中国蹼泳来说，应该也是一个好的消息，一个好的机遇。

滑水也成为近年来中国人喜爱的休闲娱乐项目之一，尤其是易于推广的尾波滑水，一般爱好者一个星期之内就可以达到入门水平。目前在中国开展的项目有老三项即：花样、回旋、跳跃，另外还有尾波、赤脚以及观赏性最高的艺术滑水等项目。滑水既可以使人感受高速滑行带来的刺激，又能使人体会翻、转、跳、跃带来的快乐，让人充分享受夏日蓝天碧水的温情以及体育运动带给人的无穷乐趣。

中国滑水运动员在国际竞技赛场上不断取得好的成绩，在亚洲遥遥领先，更令国人骄傲的是陈莉莉在 2004 年世界杯新加坡站夺得女子尾波冠军，实现了滑水项目在世界大赛中金牌零的突破，2005 年德国举行的世界运动会上获得了女子滑水尾波板的世界冠军，这是中国滑水运动员在世运会上获得的第一个冠军。

国内举办的国际滑水比赛也越来越多，影响力越来越大，其中包括滑水世界锦标赛，滑水世界杯，中美滑水明星对抗赛等，国际大型赛事的举办加之各种媒体的跟进报到，使得这项运动越来越深入人心，参与的人群也在不断的扩大。

摩托艇是一项精彩刺激的运动，经历过 20 世纪 50 年代末和 80 年代两次大发展，随着国家宏观政策调控和奥运战略的实施，又很快地从全运会中分离出来，进入市场运作，由此运动竞技水平与国际相比存在较大的差距。在 20 世纪 80 年代项目大发展中，涌现出一批摩托艇优秀运动员，至今仍拼搏在赛场上。2005 年 O—125 级摩托艇世界锦标赛，史海文、徐文松和刘伟分别获得第一、二名和第四名的好成绩，彭林武、史海文包揽 O—350 级摩托艇国际精英赛冠亚军，我国选手还包揽了 OSY—400 级摩托艇国际精英赛的前 5 名，在国际精英赛上我立式水上摩托选手获得竞速赛前 4 名。

近几年来由协会组织的摩托艇赛事活动几十次，在天津、辽宁、上海、江苏、浙江、安徽、江西、山东、河南、广东、四川、陕西等省市都留下了摩托艇项目的印迹，而世界 F1 摩托艇锦标赛落户中国，为中国摩托艇运动开创了一个崭新的局面，同时也为中国摩托艇项目的其他赛事奠定了良好的基础。中国 F1 摩托艇公开赛，OA 级、OB 级和 OSY—400 级等级别摩托艇巡回赛，立式和卧式水上摩托表演赛以及国际摩托艇邀请赛等也应运而生，与此同时已有的全国摩托艇锦标赛、全国摩托艇冠军赛和全国摩托艇精英赛也将得到极大的丰富。F1 摩托艇品牌赛事的创立和发展，将极大地带动了我国摩托艇行业的发展和进步。

20 世纪 90 年代中，经过努力申办了世界 F1 摩托艇锦标赛，并在杭州西湖成功举办，这为我国摩托艇项目开创了一个承办世界顶级赛事的新局面，在随后的两年时间里分别在无锡和厦门得以继续承办，此项赛事无论在国内国际影响很大，意义深远。中断 6 年后的 2004 年，经过再次努力，世界 F1 摩托艇锦标赛重返中国，在上海成功举办，从此以后这项赛事进入了一个新的发展时期，并逐步成为一个品牌赛事家喻户晓。2006 年 10 月在四川崇州，2007 年 10 月分别在陕西西安和广东深圳成功举办世界 F1 摩托艇锦标赛，面向全世界 100 多个国家或地区直播，中央电视台5 频道及国内近 20 家电视台直播或转播，收看人数十几个亿，平面和网络等各大媒体给予了大量的宣传报道，这在中国体育赛事中是少有的。

而同一年在同一个国家举行两站 F1 比赛，在世界摩托艇界也算是罕见的。

除了最高级别的 F1 摩托艇赛事，2006 年，重庆市还举办了 F2 赛事，和 F1 赛事一起构成中国高端摩托艇市场。另外，F1 摩托艇校园行，F1摩托艇少年训练营等活动，则把高端赛事和摩托艇普及紧密联合起来，共同构成了目前中国摩托艇推广普及的大计划。

极限运动是青少年喜闻乐见的运动。从中国有了自己的湖州极限大赛以来，极限也以极快的速度在中国发展壮大着，并且由车霖夺得了亚洲冠军，实现了为国争光的目标。目前，喜爱时尚，喜爱刺激的少年已经越来越喜欢这项运动，管理上也更加正规。国内极限运动发展初期，街头成为滑板、极限单车、直排轮滑的天然练习场地，即便在今天，仍旧有很多极限爱好者聚集在城市广场或公园等场所。以滑板、特技单车、直排轮滑等项目为主题的极限公园是极限运动场地的代表，目前国内已经有十数个规模大小不一的极限公园场地。1999 年首届全国极限运动大赛在湖州举办，比赛场地以户外滑板公园为主，并设立了标准攀岩岩壁。2001 年，中国首家室内极限运动场极浪运动工场在上海同济大学建成，可以进行滑板、直排轮滑、特技单车、攀岩等项目的比赛和训练。随后，各种极限场地迅速出现。20 世纪 90 年代后期，原先各领域的业余爱好者开始以选手身份出现在赛场上。一些老的滑板和障碍单车选手获得赞助，成为职业或半职业的极限选手。目前各极限项目的新选手不断涌现，滑板、直排轮滑、极限单车、攀岩、滑雪板等项目也有运动员代表国家队参加国际赛事。随着极限运动整体的发展以及国际赛事不断进入中国，国内极限选手开始逐步专业化和职业化。

漂流运动在 20 世纪 90 年代末期也进入了新的发展时期，1998 年雅鲁藏布江漂流、珠江漂流、中国女子长江源科考漂流探险为代表的成熟阶段，这时，中国的漂流探险界已能够理性、平和地对待漂流，"珍惜生命"、"还漂流以本来面目"标志着我国的漂流探险者已走向成熟。

近四五年，漂流运动已经成为最受群众喜爱的水上项目之一，它是现代经济条件下文化与商业相结合的产物，代表着我国漂流探险事业未来发展的方向。首先，走出国门，走向世界，与国际间的漂流探险事业和漂流探险文化进行全面交流与合作，是我国漂流探险事业未来发展的必然趋势，我国已经承办了多次国际漂流大赛，并筹备成立中国漂流队以参加世界大赛，其次，有价值的漂流探险活动作为大众关注的特殊事件，必将在眼球经济或注意力经济的商业运作中扮演重要角色，企业、媒体、漂流活动之间的结合、商业的介入也为我国实施更大规模、更大范围、更高要求的漂流探险活动提供了物质基础。

同样值得一提的是大帆船。1997 年才起步的大帆船在国内的迅猛发展令人吃惊。1999 年中国人拥有了自己的第一艘帆船"中国 1 号"。2003

年，全部由国人担当水手的"中国 1 号"在当年完成了环绕海南岛的航行。从拥有第一艘船，到中国水手驾驶中国帆船赢得国际比赛名次，中国只用了 4 年。

2005 年，"中国之队"宣告成立并参加了和世界杯足球赛齐名的美洲杯帆船赛，这是中国大帆船进入世界的标志，也代表中国帆船真正和世界接轨。2006 年，全部由国人担任水手的中国帆船蜂鸟号，在菲律宾苏梅岛国际帆船赛中取得了第 3 名的成绩。2009 年 1 月 1 日，中国第一部关于大帆船和游艇的法规《游艇安全管理规定》正式生效，这标志着中国大帆船已经进入蓬勃发展的时期。从萌芽到立法仅用十余年的时间，可见中国大帆船市场的飞速发展和巨大潜力。

2007 年，世界顶级帆船赛事沃尔沃帆船赛走进中国，首次在中国设站，成为帆船史上又一次值得铭记的事件。2007 年，中国自己的大帆船赛中国杯赛拉开帷幕，成为每年一次的固定赛事，作为首个由中国人创办的大帆船国际赛事、中国杯帆船赛承接了中国 600 年航海辉煌史，开拓了中国海洋文化新的里程碑。2009 年，中国船员郭川加入绿蛟龙船队参加沃尔沃帆船赛，成为全程比完沃尔沃帆船赛的中国第一人。2009 年 8 月，海峡两岸帆船赛是海峡两岸首次联合大帆船比赛。

水上项目的整体发展和进步，促进了水上大家庭的融合。2005 年，水上中心提出"大水上战略"，将皮划艇、赛艇和帆船帆板几个奥运项目定期组织到一起，旨在增强交流，增进了解。2007 年 9 月份，摩托艇和滑水的裁判组织联席会，旨在扩大这两个项目的影响力。而 2007 年 8 月末在日照举办的水运会则是"大水上战略"的一次重要体现，这次史无前例的水运会将所有奥运、非奥项目串联在一起，形成了独特的风景。这是对水上宣传的一次尝试，在宣传上起到了很好的效果。目前，水上中心正酝酿一个水上大联盟，它一旦成立，不仅使水上运动更加深入人心，而且会形成以水上为纽带的大规模产业发展。比如漂流节、极限盛会等，整个活动最长可以达到两个月，其中不仅包含各种水上项目，还有旅游、饮食、土特产展销、时尚活动等多个活动。这些串接在一起，才是更大意义上的"大水上嘉年华",也才是大水上的真正含义。

　　中国水上事业起步晚,发展之路也坎坷不平,但是相信随着中国国力的提高,绿色、自然的水上运动一定能够有更好的发展前景,"大水上嘉年华"一定将会成为现实,成为中国人生活中必不可少的一部分。

新中国成立 60 年举重
项目的发展与回顾

国家体育总局举重摔跤柔道运动管理中心主任　马文广

举重在我国有悠久的历史，特别是中华人民共和国成立后，我国举重水平不断提高，进入了世界先进行列。到 2008 年 12 月 31 日止，我国健儿先后 71 次打破男子世界纪录，70 次打破青年男子世界纪录，537 次打破女子世界纪录，263 次打破青年女子世界纪录，合计 941 次打破各层次世界纪录，占世界各国创造世界纪录总数（4325 次）的 22%；此外，我国成年男子举重运动员获世界举重锦标赛奖牌 218 枚（84 金 67 银 69 铜）；成年女子举重运动员获世界举重锦标赛奖牌 423 枚（314 金 85 银 24 铜），获金牌数占国际举重联合会颁发女子世界锦标赛金牌总数 507 枚的61.9%。特别是中国男女举重队在奥运会上先后荣获 24 枚金牌、11 枚银牌、8 枚铜牌，为中国体育事业创造了光辉业绩，为世界举重运动的发展作出了杰出贡献。

一、历史回顾

回顾新中国举重运动所走过的 60 年风雨历程，可以明显地分为 8 个阶段，总体上是不断前进的，但道路却是曲折的。

第一阶段：1949—1959 年单项突破

新中国成立以后，党和人民政府出于对人民健康的关心，除了大力抓好经济建设以外，同时也立即在全国范围内广泛开展各种形式的体育活动。在此形势下，群众性的举重活动在工厂、农村、部队和学校得到了广泛的开展。在普及的基础上，还先后搞了三次全国性的举重比赛。1952年8月在北京举行了第1届全军运动会举重比赛，推动了举重运动在部队中的开展，并于1953年成立了解放军举重队。1953年11月在天津举行了全国民族形式体育表演及竞赛大会，杠铃举重及石担石锁同时登台，这又进一步推动了举重活动在民间的开展。1955年3月在北京举行了全国举重测验赛，后来成为新中国第一代著名举重运动员的那些佼佼者，几乎全部参加了这次比赛。赛后正式组建了中央体育学院竞技指导科举重队（国家举重队的前身）。从此，中国优秀举重运动员就开始走上了正规系统的训练道路。1955年5月，中国青年举重队去苏联莫斯科访问学习，在苏联教练员普斯特沃依特和奥西波夫两位专家的悉心指导下，中国运动员虚心学习，刻苦训练，取得了巨大进步，较好地掌握了标准的推举、抓举、挺举技术。1956年6月7日，陈镜开在上海举行的中苏举重友谊赛中，用下蹲式提铃技术以133公斤成绩打破了由美国运动员温奇保持的132.5公斤的最轻量级挺举世界纪录，从而成为我国体育史上第一个打破世界纪录的运动员。

中国运动员是忠于奥林匹克精神的，年轻的中国举重选手也十分渴望能到奥运赛场上去展露风采，为国争光。为了参加1956年11月在澳大利亚墨尔本举行的第16届夏季奥运会，1956年10月13日，在北京举行了举重选拔赛，赛后在广州二沙头体育之岛进行了紧张的赛前集训。但是，由于当时国际奥委会及一些国际单项协会中的某些领导人搞"两个中国"的阴谋，中国奥委会提出严正抗议并宣布，在问题未解决之前，中国将不参加第16届奥运会。就在奥运会比赛前后，陈镜开在1956年11月11日和 29 日的两次表演赛中，接连以 135 和 135.5 公斤的成绩两度刷新他自己创造的最轻量级挺举世界纪录。大大鼓舞了广大运动员勇攀世界高峰的信心和勇气。紧接着在随后的三年中，陈镜开、黄强辉、赵庆奎 3 人又先后 8 次以下蹲式提铃技术打破了 56、60、67.5 和 82.5 公斤级 4 个级别的挺举世界纪录，同时也有力地带动了其他运动员和中国举重整体水平的迅速提高。中国举重以 11 次打破挺举世界纪录的辉煌成绩，跃上了发展的第一个高峰。此时我国总体水平约处在世界第 3 位，但推举和抓举成绩距离世界水平尚有一段不小的差距，从而呈现出明显的单项突破的特征。

第二阶段：1960—1962 年调整充实

在第一阶段我们虽然取得了很大成绩，但毕竟开展现代竞技举重的时间还很短，还缺少经验，缺少理性的思考，缺乏雄厚的基础，缺少医务监督，也缺少科学研究做后盾。在连续几年的顽强拼搏大干快上以后，我们第一代的优秀运动员出现了较为严重的运动损伤，影响了正常系统的训练，从而使运动成绩停步不前；而年轻的新手还没有成长起来，出现了青黄不接的现象；再加上国家处于国民经济暂时困难时期，物资严重缺乏，营养水平下降。所以，形势迫使我们进行较大幅度的调整。全国举重队伍明显缩小了，各种竞赛大幅度压缩了，受伤的则被迫全停或半停训练，整体水平在世界上下降到第 10 位左右。

但是，中国举重健儿没有消极悲观灰心丧气，而是认真贯彻党和国家制定的"调整、巩固、充实、提高"的八字方针，认真地总结正反两方面的宝贵经验，克服思想方法上的主观片面性，树立了实事求是的科学态度，端正了训练的指导思想；那时虽然缩小了规模，但却保存了主力和精华，将宝贵的人力、物力、财力用在了刀刃上；在医治运动性伤病的过程中，发展了中国的运动医学，建立了自己的医务监督体系；通过总结训练经验，初步建立了具有中国特点的举重教学训练理论。可以这样说，通过这三年的调整，我们的队伍更加精干了，而这三年主要是充实了我们的头脑，提高了我们的科研和理论水平，这就为以后更好地提高打下了坚实的基础，做了良好的准备。

第三阶段：1963—1966 年全面提高

随着国民经济形势的好转，以及调整充实阶段的结束，从 1963 年开始，中国的举重运动重新活跃起来了，群众性举重活动得到了恢复，比赛显著增加，新手不断涌现并逐渐崭露头角，新老队员的成绩均稳步地提高。

1964 年是中国举重运动成绩全面回升、新手快速成长的一年。5 月 18 日，陈镜开宝刀不老，在上海举行的全国锦标赛中又以 151.5 公斤成绩再次打破了 60 公斤级挺举世界纪录，至此他已第 9 次打破举重世界纪录。为了表彰他的卓越贡献，国家体委再次授予了他"体育运动荣誉奖章"。10 月 19 日，在广东省第 3 届运动会举重比赛中，来自东莞县石龙镇的陈镜开的同乡、22 岁的叶浩波以 108.5 公斤的成绩打破了 56 公斤级抓举世界纪录，这预示着新中国第二代的优秀举重运动员已经开始登上了历史舞台。这一年共有 24 人 51 次打破 22 项全国举重纪录，而第一次踏入全国纪录创造者行列的就有 13 人之多，新疆选手钱玉凯一年内先后 9 次打破 82.5 和 90 公斤级的 6 项全国纪录，充分展示了新手快速成长的特征。

在 1964 年全面回升、新手快速成长的基础上，迎来了 1965—1966 年的第二次腾飞。首先，1965 年 2 月 27 日，23 岁的陈满林在北京以 118 公斤的成绩打破了 56 公斤级推举世界纪录，成为中国打破推举世界纪录的第一人。接着 5 月 22 日叶浩波在他的家乡东莞又以 109 公斤的成绩再次打破 56 公斤级抓举世界纪录。一天以后，辽宁选手刘殿武在中罗友谊赛中，又以 149 公斤的成绩打破了 75 公斤级推举世界纪录。在 9 月 12 日的第 2 届全运会举重比赛的第一天，叶浩波先后以 113 和 115 公斤两次打破 56 公斤级抓举世界纪录。第二天，大器晚成的 26 岁的肖明祥，在经过了多年训练和 7 次冲击世界纪录未果的磨炼后，终于以 153 公斤的成绩首破 60 公斤级挺举世界纪录，实现了他多年来打破世界纪录的愿望。就这样，中国举重以 4 名新人 6 破 4 项推、抓、挺举世界纪录度过了 1965 年。

1966 年中国举重成绩更加突飞猛进。3 月 12 日，在北京举行的全国八单位举重比赛次轻量级角逐中，陈满林首先在推举比赛中以 128.5 公斤的成绩打破了 60 公斤级推举世界纪录，接着肖明祥以干净利落的动作成功地抓起了 124 公斤，打破了抓举世界纪录，最后湖北新秀季发元又以 153.5 公斤的成绩打破了该级挺举世界纪录。三名新秀在同一次比赛中把同一个级别的推、抓、挺举世界纪录全部纳入囊中。这三月的和煦春风，预示着全年将取得巨大的丰收。但是，当时国际举联的某些人在中国的会员资格和运动员参赛等问题上却仍然坚持"两个中国"的顽固立场，为了维护自己的正当权益，增进与各国运动员之间的友谊，中国于 1966 年 5 月在北京举行了新兴力量举重邀请赛。当 5 月 22 日下午 3 时许，60 公斤级比赛进入尾声时，肖明祥又以 155 公斤的漂亮一举，打破了挺举世界纪录，同时他还以 397.5 公斤平了日本著名选手三宅义信保持的总成绩世界纪录。但他仍不满足，接着又在第四次试举时再次以 157.5 公斤打破了挺举世界纪录。当晚 8 时许，轻量级比赛再传捷报，23 岁的邓国银又以 145.5 公斤打破了 67.5 公斤级推举世界纪录。在随后的 82.5 公斤级比赛中，24 岁的钱玉凯虽然曾 3 次冲击抓举和总成绩世界纪录未获成功，但是，这次比赛中邓国银和钱玉凯二人的总成绩仅比世界纪录少 7.5 公斤，均已达到了世界先进水平。到了这一年的 11 月 26 日，当第 1 届亚洲新兴力量运动会举重比赛在柬埔寨首都金边举行时，陈满林又以 118.5 公斤的成绩打破了 56 公斤级推举世界纪录。次日，肖明祥则再以 158 公斤的成绩打破他自己保持的 60 公斤级挺举世界纪录。

从 1963—1966 年的短短 4 年中，共有 8 人 18 次打破 4 个级别 7 项举重世界纪录。其中有 3 人 5 次打破推举世界纪录，3 人 6 次打破抓举世界纪录，3 人 7 次打破挺举世界纪录。另有一项总成绩平世界纪录。以肖明祥、陈满林、叶浩波、季发元、邓国银、刘殿武、钱玉凯等为代表的新中国第二代优秀举重运动员，以他们推、抓、挺举和总成绩全面提高的辉煌业绩，掀起了中国举重发展史上的第二个高潮，从而使我们的总体实力再次达到了世界第三的水平。

第四阶段：1967—1972 年困惑彷徨

尽管中国举重在 1966 年取得 8 破世界纪录的辉煌成就，尽管中国举重队在当年 11 月的亚洲新兴力量运动会上取得了突出成绩，但回国以后却受到了大字报的无理批判，严重挫伤了广大教练员、运动员的积极性。由于众所周知的"文化大革命"的影响，到 1966 年底，优秀运动员的训练已经基本停止，队伍被解散，比赛被取消，全国举重活动基本上处于暂停开展的状态，中国举重运动进入了 6 年的困惑彷徨阶段，与此同时，国际举重运动却有了巨大的发展，1969 年新增加了两个体重级别，1972 年底决定取消推举比赛，经过 1968 年和 1972 年的两届奥运会，世界举重运动水平又获得了巨大的提高，尤其是随着保加利亚队的崛起，训练方法也有了重大的创新。这一退一进，终于使中国举重运动水平一下子跌入了低谷，降到了历史的最低点。

第五阶段：1973—1984 年恢复追赶

在 6 年困惑彷徨阶段中，虽然从总体上说中国举重活动处于暂停开展的状态，但是，美好的事物是扼杀不了的，这时候部分队员仍然在自发地坚持训练，还有一些教练员、运动员则深入到工厂、农村、学校等基层单位进行表演和辅导，并征求广大群众对开展举重运动的意见和要求。到了 1971 年和 1972 年，有些举重教练员、运动员、爱好者和体育工作者，则陆续写信给国家体委或国务院，反映群众的意见和呼声，并要求在全国迅速恢复和开展举重运动。党和政府倾听群众的呼声，批准在全国 17 个省、市重新设立举重集训队，并于 1973 年开始恢复了停止 6 年的举重竞赛。3 月 17—24 日，在广西南宁举行了恢复后的第一次全国举重测验赛，并按国际最新规则精神取消推举，只进行抓举和挺举两个动作比赛，赛后组建了国家集训队。

1974 年是中国举重重返国际举坛的重要一年。随着 1971 年 10 月第

26 届联合国大会以压倒多数通过恢复中华人民共和国在联合国的合法席位以后，国际体育界的许多人士也纷纷提出应当恢复中华人民共和国在各国际体育组织中的合法席位。1974 年 9 月 20 日，在菲律宾马尼拉举行的国际举联代表大会上终于通过决议：恢复中国举重协会为国际举联正式会员，同时撤销国际举联对台湾举重组织的承认。

1975 年 4 月 13—20 日，国际举联秘书长斯泰特和教练员美国前世界冠军科诺、英国科尔应邀访问我国，并在北京举办了国际举重教练员、裁判员训练班，讲解了举重技术、教学训练方法和国际竞赛规则，送来了不少新的信息。通过考核，还批准了我国第一批国际级举重裁判员。与此同时，重视抓青少年运动员的训练和竞赛，以加速对年轻选手的培养。

随着十年动乱的结束，中国举重运动终于迎来了发展的又一个春天。经过老一辈的传、帮、带，一批年轻的选手已经逐渐成长起来。1977 年陈伟强、刘航远两名新秀共 8 次打破 52 和 56 公斤两个级别的 5 项世界青年纪录，14 人 36 次打破 14 项全国纪录。5 月 3—6 日在巴格达举行的第 8 届亚洲举重锦标赛上，中国队获得了团体总分第 1 名。随后在 9 月 16—25 日，于联邦德国斯图加特举行的第 51 届世界举重锦标赛上，在 10 个级别的比赛中，中国队以 80 分名列团体第 8 名。事实表明经过 5 年的顽强努力，中国举重已追上了一段路程，缩小了与世界先进水平的差距。

1978 年，陈伟强和吴数德先后打破 56 公斤级挺举和 52 公斤级抓举的世界青年纪录，同时还有 25 人 33 次打破 18 项全国纪录；年轻运动员的成绩继续稳步增长。

1979 年 6 月 7 日，在中国第一个世界纪录诞生 23 周年的日子里，陈伟强在他叔叔陈镜开创造第一个世界纪录的同一个地方同一个体育馆里——上海卢湾体育馆，又在同一个项目上，以 151. 5 公斤成绩打破了 56 公斤级挺举世界纪录。赛后他深情地说："这次打破世界纪录，仅仅是我作为一名成年运动员的开始，我还要继续努力，为祖国体育事业作出新贡献。"其实这也是中国举重在沉寂了 12 年以后，又一次踏入打破成年世界纪录行列的开始。11 月 3 日，在希腊萨洛尼卡举行的第 53 届世界举重锦标赛上，吴数德成功地抓起了 110 公斤，战胜了被称为"常胜将军"的第 21 届奥运会冠军、苏联选手阿·沃罗宁，成为第一个登上世界冠军领奖台的中国举重运动员。第二天陈伟强再次以 153 公斤打破了 56 公斤级挺举世界纪录。在这一年中，吴数德和张跃鑫还 6 次打破 52 公斤级的 3 项世界青年纪录。并有 23 人 94 次打破 25 项全国纪录。与上一年相比，1979 年的 10 个级别举重全国纪录共提高了 152 公斤，而同一时期内，世界纪录共提高了 73 公斤。

1980 年 4 月 5 日，21 岁的吴数德在南宁以 112 公斤打破了 52 公斤级抓举世界纪录，成为中国运动员进入 20 世纪 80 年代以后创造的第一个世界纪录。为了促进国际交往，进一步学习别人的先进经验，提高我国举重运动水平，10 月 12—17 日，在上海举行了"上海国际举重友好邀请赛"。14 个国家的 66 名运动员参加了比赛。国际举联主席肖德尔和秘书长阿让应邀来访观看比赛。

从 1981 年起，开始每年举办一次全国业余体育学校举重比赛，这是加强后备力量培养的重要措施。1981 年 8 月 16 日，在日本名古屋举行的第 13 届亚洲举重锦标赛上，吴数德又以 126.5 公斤打破 56 公斤级抓举世界纪录。中国队也以 321 分荣获团体冠军，这标志着中国举重运动水平已全面跃居亚洲领先地位。

1982 年 9 月 18—26 日，在南斯拉夫卢布尔雅那举行的第 56 届世界举重锦标赛上，中国队以 102 分获得了团体第 6 名。在 11 月 19 日—12 月 4 日于印度新德里举行的第 9 届亚洲运动会上，中国举重队以 4 金 2 银 3 铜排奖牌第一名。这两次大赛的结果，反映了我国总体水平有了新的进步。

1983 年 8 月 30 日—9 月 7 日，在上海举行的第 5 届全国运动会上，吴数德再次以 128 公斤的成绩打破 56 公斤级抓举世界纪录。20 岁的赖润明也以 125.5 公斤打破了该项世界青年纪录。10 月 22—31 日，在莫斯科举行的第 57 届世界举重锦标赛中，中国队仅获 1 枚铜牌，团体以 91 分获第 9 名。在这两次比赛中，再次暴露了中国队轻级别成绩较重级别水平低、抓举强挺举弱和成功率较低的问题。

　　为了迅速提高亚洲和中国举重运动水平，亚洲举重联合会于 1983 年 11 月 24 日—12 月 2 日，在广州举办了亚洲举重教练员训练班。保加利亚教练员斯帕索夫进行了讲学，介绍了保加利亚及东欧诸国的成功经验。1984 年 2—4 月，中国举协又聘请 1972 年慕尼黑奥运会 75 公斤级冠军、前世界纪录创造者、保加利亚教练员约·毕科夫到成都指导全国青年举重集训队的训练，并进行讲学。同年 2 月 5—20 日，应苏联邀请，以陈冠湖为教练的中国举重队一行 9 人又到埃里温同苏联举重队进行了 16 天的共同训练。

　　1984 年 7 月 28 日—8 月 12 日在美国洛杉矶举行的第 23 届奥运会，是新中国运动员等待了 35 年以后才第一次参加的奥运会比赛，中国举重运动员充分发挥了顽强拼搏的精神，曾国强、吴数德、陈伟强、姚景远分别战胜了各自对手，夺得了 52、56、60、67.5 公斤级的 4 枚金牌。在与第 23 届奥运会同时计算成绩的第 58 届世界举重锦标赛中，中国选手共获 10 枚金牌、6 枚银牌和 2 枚铜牌，以 228 分获团体亚军。第三代举重健儿在洛杉矶奥运会上的胜利，极大地鼓舞了中国举重健儿为国争光的雄心壮志，也预示着中国举重运动必将重新展翅高飞。

第六阶段：1985—1995 年攀登高峰

　　1985 年 4 月 15—20 日，中国首次在杭州承办了第 17 届亚洲举重锦标赛，并以总分 271 分和金牌 10 枚、奖牌 24 枚获团体第一名。从 1985 年开始，国际举联采取了一系列严厉的反兴奋剂措施。这对处于不平等条件下苦苦追赶的中国举重队无疑是一大喜讯。历史机遇再次摆在了中国举重健儿的面前。1987 年，中国男子举重有了长足进步。全年有 2 人 5 次打破世界纪录，1 人 1 次超世界纪录，2 人获两项世界冠军。特别是何灼强一年之内 4 破 1 超世界纪录，还以 265 公斤创造了中国举重史上第一个总成绩世界纪录。

　　1984 年，山东省开展女子举重以后，中国姑娘就以巨大的热情、无比的勇气投入了刻苦的训练。1986 年在山东泰安举行第二届浪潮杯全国女子举重邀请赛，有 29 个队的 198 名运动员参加，结果有 34 人 93 次超 23 项世界最好成绩。1987 年在长春第一次举办全国女子举重锦标赛。

在 1987 年于美国举行的首届女子举重世界锦标赛上，蔡军、陈爱珍、黄晓瑜、严章群、崔爱红、曾星玲、高丽娟、李红玲、韩长美 9 名中国姑娘共夺得 8 个级别的 22 枚金牌，创造了 21 项世界纪录，夺得团体总分第一名，终于第一次登上女子举重世界冠军的宝座。

1988 年中国男子举重在攀登中又达到了新的高度。9 月 18—29 日，第 24 届奥运会举重比赛在汉城举行。中国队夺得 1 枚银牌、4 枚铜牌，位居奖牌数第二。这届比赛中，赛前有加拿大和瑞典 5 名选手因服用禁药而被取消参赛资格，赛中又有保加利亚、匈牙利和西班牙 5 名选手因服用兴奋剂而被罚，爆发了世界举重史上最大的兴奋剂丑闻。

1989 年 10 月 28 日在葡萄牙洛雷斯市举行了第 10 届世界杯举重决赛，刘寿斌战胜著名选手保加利亚的伊万诺夫和"举重神童"土耳其的苏莱曼诺尔古，登上了世界举坛精英的宝座。这是中国人第一次获得这种殊荣。

在 1990 年 9 月 23—25 日于北京举行的第 11 届亚运会女子举重比赛中，中国女队包揽了全部 9 枚金牌。在男子比赛中，中国队获 3 金 3 银 2 铜共 8 枚奖牌。女子举重首次被列为洲级综合运动会的正式比赛项目，为争取进入奥运殿堂迈出了重要的一步。

1991 年是中国男子举重取得重大历史性突破的一年。为了克服中国举重轻重级别不平衡、抓挺项目不平衡、总成绩水平不高、成功率较低等问题，更好地备战奥运会，中国举协于 4 月 18—29 日，在福州相继召开了教练委员会会议、科研委员会会议和全国举重奥运战略研讨会，共同出谋划策，以促进成绩的提高。

为了更好地促进中国举重运动的发展，采取了一系列加强基础建设的措施，1992 年 1 月 1 日重新颁布实施经过修订后的《男子举重运动员技术等级标准》，同时首次颁布实施《女子举重运动员技术等级标准（暂行）》。为了提高教练员的水平，第一期全国举重高级教练员岗位培训班于1991年11月26日—1992年1月29日分别在北京体育学院和上海体育学院同时举行。11月12—14日在无锡举行了全国举重训练工作会议，并举行了首届全国举重科学论文报告会。

7月26日—8月4日，第25届奥运会举重比赛在西班牙巴塞罗那隆重举行。林启升、刘寿斌分别夺得52和56公斤级银牌，罗建明、何英强则分别夺得56和60公斤级铜牌。在国际举联严厉的反兴奋剂措施治理下，以及受到苏联和东欧各国政治动荡的影响，10个级别冠军的总成绩比4年前的第24届奥运会共下降了135公斤，每级平均下降了13.5公斤，无1人冲击世界纪录，也未发现1例服用兴奋剂事件。遗憾的是中国却未能把握住机遇，比赛结果与金牌无缘。

11月16日，在西班牙特内里费岛举行的国际举联代表大会上决定：从1993年1月1日起采用新的体重级别，并重新确定举重世界纪录。1月1日，国家体委根据国际举联制定的新级别颁布实施了新的男子和女子举重运动员技术等级标准。2月26日—3月5日在福州举办了全国举重裁判员学习班，结合新的规则精神，系统地学习举重竞赛规则和裁判法。

1994年10月3—10日，第12届亚运会举重比赛在日本广岛举行。9名中国姑娘包揽了9枚女子金牌，并且39次打破20项世界纪录。男子经顽强拼搏，也夺得了4金5银1铜，取得了金牌、奖牌、总分三项第一。

1995年11月17—26日，第9届女子和第67届男子世界举重锦标赛暨1996年亚特兰大奥运会男子资格赛在广州二沙岛举行。68个队、497名男女运动员、419名各国官员和330名中外记者济济一堂，预示着这届比赛的空前规模和极端重要性。中国女队9名选手在7个级别比赛中，夺得16枚金牌、8枚银牌和1枚铜牌，以381分第8次荣获团体冠军。中国男队实力确实比俄、希、土等队还是要略逊一筹。但是，他们在充分准备的基础上，勇于拼搏，10名选手以从未有过的68.9%的高成功率，共获5金5银6铜，以359分荣获团体第一名，首次登上世界举坛男子团体冠军的宝座，实现了男女共举辉煌同时问鼎的目标。

第七阶段：1996—2002年再铸辉煌

1996年7月20—30日，第26届奥运会举重比赛在亚特兰大的国际会议中心比赛馆隆重举行。唐灵生以超水平发挥"额外"地夺得了59公斤级金牌，并以307.5公斤打破总成绩世界纪录，占旭刚先后以162.5公斤、195公斤和357.5公斤的成绩一举打破3项世界纪录，干净利落地夺得了70公斤级的金牌。中国举重健儿以2金1银1铜、2人4破4项世界纪录的光辉业绩再铸奥运辉煌。

经过国际举重界长期的努力，在国际奥委会的大力支持下，1996年国际奥委会终于作出决定，将女子举重作为夏季奥运会的正式比赛项目，纳入2000年的悉尼奥运会。为此，国际举联也将体重级别重新划分为男子8级、女子7级，以1997年作为过渡期，从1998年开始实行。

1996年中国举重协会在欢庆成立40周年的日子里，于9月24—25日在山东威海召开了第5届代表大会，进行了换届选举。10月28—30日在宜昌召开了全国男子举重训练工作会议，系统总结了备战1996年亚特兰大奥运会的基本经验，并且部署了备战2000年悉尼奥运会的工作。

1997年10月13—23日，第8届全运会举重比赛在上海闸北体育馆举行。女子共有74人327次超9个级别全部27项世界和亚洲纪录。男子也有兰世章、乐茂盛、石智勇、占旭刚、崔文华5人6次超4个级别的6项世界纪录。取得了空前的大面积丰收。

1998年是国际举联实行新的体重级别的第一年。自1996年奥运会以后，各举重强国为了适应这一变更进行了充分的准备，亚特兰大的30位奖牌得主就有2/3未参加1997年的世界锦标赛，他们埋头调整级别，进行刻苦训练，成绩有了大幅度提高。而我国1997年正逢全运会年，主力队员从1995年准备世界锦标赛开始，经过1996年奥运会、1997年全运会和世锦赛，两年多的训练和竞赛，没有得到很好的调整，也出现了一些伤病，对级别的变更也准备不足，再加上1997年世锦赛双获团体冠军以后，对自己的实力估计偏高，训练有所放松，最终在1998年的世界锦标赛中，男女两队又一次双双遭受挫折。

1998 年的挫折是一副清醒剂。12 月 22—23 日在北京召开了全国男子举重训练工作研讨会，重新摆正自己的位置，一切从零开始，立足拼赶，进一步加紧备战世纪之交的奥运会。

2000 年女子举重进入奥运会，杨霞顺利首夺女子 53 公斤级的金牌，同时 1 平 5 破 3 项世界纪录；陈晓敏带伤拼得女子 63 公斤级的金牌，同时 2 破世界纪录；林伟宁夺得女子 69 公斤级的金牌；丁美媛夺得了女子 75 公斤以上级金牌，同时 5 破 3 项世界纪录；占旭刚夺得了男子 77 公斤级的金牌。中国举重在悉尼获得 5 金 1 银 1 铜、3 人 12 次破 8 项世界纪录。

第八阶段：2003—2008 年势不可挡

2003 年 2 月亚洲举重联合会换届选举大会在菲律宾马尼拉举行，马文广当选为亚举联副主席，王艳当选副秘书长；中国举重协会换届大会于 9 月在秦皇岛举行，马文广任主席，董生辉任秘书长。

2004 年第 28 届奥运会举重比赛 8 月 14 日—23 日在雅典举行，中国男队石智勇、张国政分别获得 62 公斤级、69 公斤级冠军；中国女队陈艳青、刘春红、唐功红分别获得 58、69、75 公斤以上级金牌。中国队获 5 金 3 银。

2005 年国际举重联合会换届选举大会于 3 月在土耳其伊斯坦布尔举行，马文广当选为国际举重联合会副主席。王艳当选为科研委员会委员。

2006 年钱光鉴调入举重部，任中国举重协会秘书长；王艳、梁纯副秘书长。

2007 年举重联合会换届选举大会于 2 月在澳门举行，马文广当选为亚举联第一副主席，王艳当选为副秘书长，杨斌胜当选科研委员会委员，刘长江当选医务委员会委员。7 月 1 日举行隆重的国家举重馆开馆仪式，国家体育总局党组副书记、副局长胡家燕出席并作重要讲话。

2008 年 7 月 23 日胡锦涛总书记慰问中国举重队，作出了"让全国人民放心"的重要指示。8 月 9 日陈燮霞夺得中国体育代表团首金。11 日胡锦涛总书记专门给中国举重队打电话表示祝贺和慰问。15 日中国举重队 85 公斤级陆永圆满收官，代表中国向世界充分展示了"中国力量势不可挡"。

2008 年 8 月 9—15 日北京奥运会举重比赛，中国举重队在 9 个级别的竞争中一举夺得 8 枚金牌 1 枚银牌，取得了辉煌的成绩：9 日陈燮霞以抓举 95 公斤、挺举 117 公斤、总成绩 212 公斤获女子 48 公斤级金牌，并分别打破挺举和总成绩两项奥运会纪录；10 日龙清泉以抓举 132 公斤、挺举 160 公斤、总成绩 292 公斤获得男子 56 公斤级金牌，并分别打破世界青年男子抓举和总成绩纪录；11 日陈艳青以抓举 106 公斤、挺举 138 公斤、总成绩 244 公斤获得 58 公斤级金牌并打破挺举和总成绩两项奥运会纪录；当天晚上张湘祥以抓举 143 公斤、挺举 176 公斤、总成绩 319 公斤获得男子 62 公斤级金牌；12 日廖辉以抓举 158 公斤、挺举 190 公斤、总成绩 348 公斤获得 69 公斤级金牌；13 日刘春红以抓举 128 公斤、挺举 158 公斤、总成绩 286 公斤获得金牌，6 举 5 破世界纪录，并分别打破了抓举、挺举和总成绩三项世界纪录；晚上李宏利以抓举 168 公斤、挺举 198 公斤、总成绩 366 公斤获得男子 77 公斤级银牌；15 日曹磊以抓举 128 公斤、挺举 154 公斤、总成绩 282 公斤获得女子 75 公斤级金牌并打破抓举奥运会纪录；当天晚上陆永以抓举 180 公斤、挺举 214 公斤、总成绩 394 公斤获得男子 85 公斤级金牌。女子举重队包揽了参赛的 4 个级别金牌，陈燮霞获得中国体育代表团首金，刘春红 6 举 5 破世界纪录；男子举重队获得 5 个参赛级别的 4 枚金牌，1 枚银牌，并实现了大级别的历史性突破，向全世界充分展示了"中国力量势不可挡"。

2009 年 4 月 1 日在西班牙马德里国际举重联合会选举大会上，马文广以 68 比 59 的票数险胜法国举协主席保加里蒂斯，当选国际举联秘书长，开创亚洲先例。标志着亚洲人已正式进入国际举重联合会的高层领导机构，从而享有了较高的话语权。

2009 年 7 月 17 日马文广再度当选中国举重协会主席，钱光鉴任秘书长，王艳、李浩、王琴任副秘书长。

二、成功经验

奥运会的成功举办和中国体育的优异成绩，是共和国奋斗进取、繁荣强盛光辉历程的真实写照，是中国改革开放和现代化建设巨大成就的集中展示，是符合中国国情、具有中国特色的体育发展道路的成功实践。中国举重队也是正确贯彻落实马文广主任在奥运争光计划整体部署时指出的"2005 年是基础年，2006 年是积累年，2007 年是强化年，2008 年就是突破年"整体规划的有力见证。我们真切地认识到：

（一）党中央、国务院的亲切关怀和总局的坚强领导是取得优异运动成绩的精神动力和力量源泉

2008 年 7 月 23 日，是一个永远难以忘怀的日子，胡锦涛总书记、习近平副主席带领各级领导亲临举重馆看望举重队全体将士，叮嘱运动员注意身体不要受伤，科学训练，科学恢复。总书记对大家说："举重队多次为国争光，希望同志们保持这样一个优良的传统，相信大家在奥运会上一定能再创佳绩"。总书记问刘春红："你准备好了吗？"刘春红说："请总书记放心，我们准备好了。"总书记说："要让全国人民放心。"特别是 8 月 11 日，当中国举重队获得 4 枚金牌后，总书记又亲自给举重队打电话"祝贺：中国举重队在奥运会的比赛中取得优异成绩，你们为国家、为民族争了光，全国人民感谢你们！希望你们在比赛中继续努力、顽强拼搏、赛出风格、赛出水平、再创佳绩！"这更加坚定了中国举重队赢得比赛的信心和决心：一定要把不可能变为可能，全线出击，每战必赢，有祖国和人民做我们的坚强后盾，我们会战无不胜。

总局刘鹏局长对举重队倍加关怀和重视，曾 7 次到举重馆现场办公，

详细了解情况，掌握第一手资料。举重队备战奥运会关键性的最后一个冬训期间，刘鹏局长以及总局各位领导亲临举重馆，驻队调研了解情况，亲身参与举重训练、比赛及科研保障方面的研讨。尤其是在 7 月 11 日距离奥运会举重比赛仅有 28 天的时候，国家举重队 48 公斤级重点运动员陈燮霞在奥运场馆演练中不幸左大腿内侧拉伤。总局刘鹏局长听到消息后非常重视，在中国体育代表团成立之际，当天下午专程到国家举重队看望陈燮霞，刘鹏局长就"永不放弃"与中国举重队进行了交流。刘局长要求我们要以最好的训练方式、最好的医疗方式和最好的恢复方式，不惜任何力量和代价确保恢复。中国举重队立即成立以刘鹏局长任组长、马文广主任任副组长以及总教练马文辉、医务科研人员、北医三院等权威人士组成的公关小组。最终在刘局长"精神、意志、作风是最大实力"正确方针的指导，马主任亲自指挥下，经过中国举重队全体人员的合成作战、奋勇拼搏，陈燮霞以 6 次试举全部成功，为中国体育代表团获得首金。充分体现了竞技体育的变不可能为可能的最高境界。党中央、国务院的亲切关怀、总局的坚强领导，是中国举重队取得辉煌成绩、实现历史跨越的根本保证和强大动力。

（二）抓住北京奥运会这一重大历史契机，激发强烈的机遇意识和责任意识

回顾北京奥运会的备战历程，我们一个突出的感受就是，备战是一个庞大、复杂的系统工程和立体工程，是一个不断解决出现的各种问题、克服重重困难的过程，是一个从不自觉到自觉、从感性到理性、从实践到理论再到实践的过程，是一个人才不断涌现和工作水平不断提升的发展过程。可以说，备战工作牵头万绪，但思想认识问题则是带有根本性的问题，精神状态决定了我们备战工作的质量和效益。在备战最紧张、最关键的时候，中心部分运动员、教练员和干部曾因思想上的困扰和工作上的压力，对中心的训练指标和成绩目标产生疑虑。为此，我们及时在中心内部和各个国家队展开了"解放思想，解放金牌"的学习和讨论，我们通过

专家讲课、演讲比赛等形式，让所有的国家队运动员和教练员都认识到，北京奥运会是中华民族的百年期盼，是一代又一代体育工作者为之奋斗的梦想，是我们身处一线的体育工作者一生可能仅有的一次机会，我们可以在自己的祖国展示我们的力量和实力，为国争光，既是我们的光荣，也是我们义不容辞的责任。而且北京奥运会拥有天时地利人和的环境和条件，有领导的关怀和全国人民的支持，我们必须抓住机遇，迎难而上，优势项目和优势级别必须保持扩大优势，落后项目必须有所突破，中心给各运动员队下达的任务不但不能减少，还要根据训练的进展不断提高。为了激励大家的斗志，我们明确提出，竞技体育就是把不可能变为可能，面对北京奥运会，一切皆有可能，就看你是否有为国争光的责任感和荣誉感，是否敢于抓住机遇，是否敢于解放思想，是否敢于突破创新。机会面前人人平等，谁成绩好、谁状态好谁有可能代表国家参加奥运会，否则就没有可能；通过这样一段时期的工作，各支国家队的面貌普遍焕然一新，不但精神振奋，而且训练效果大大提高，即使遇到一些问题也能顺利解决。比如女子举重队为了加大训练量，曾经一天四练，刚开始几周，几个重点运动员连续出现不适应，我们尽管心中忐忑，但在和教练员沟通后，认为还可以顶一周，结果训练指标不但恢复正常，而且成绩有较大提高，尤为可喜的是队伍也因此出现了比学赶帮超的热潮。

（三）统一思想，坚定信念，明确目标

通过强有力的思想动员激发广大运动员、教练员和体育工作者为国争光的强烈信念，并将其转化为拼搏奋斗、刻苦训练的实际行动。备战之初就提出了"树立大举重，再为国争光"的目标，要求中国举重队开展"解放思想、解放观念、解放金牌"大讨论，在成绩面前再找差距，在训练上再想办法，在突破上再找出路，明确提出了"21 个训练问题"，16 项金牌工程，9 大系统建设，备战奥运会 23 个对策等，对举重进行了多方面的创新和发展，在新形势下自觉贯彻"两严方针"，始终坚持"三从一大"，进行新一轮科学训练，实现进一步超越，誓死完成总局交给我们

的奥运任务。

（四）创新备战体系，完善备战措施

在备战开始，刘鹏局长就明确提出，"细节决定成败"，并要求备战工作要做到"组织落实、计划落实、责任落实、保障落实"。按照这样一个要求，举摔柔中心明确提出，要狠抓"四个落实"，实行模式管理，我们要求各运动队必须建立起各自的管理模式、训练模式、参赛模式、准备活动模式、整体恢复模式、医务科研模式、思想政治工作模式和后勤保障模式，整个备战工作要系统思考、整体设计、统筹安排、量化管理。我们把所有备战涉及的人和事进行了梳理，根据以往备战的经验教训对可能出现的问题进行了排查，把这些因素按照系统工程和管理学的要求，分门别类地进行了部署和安排，确保每项工作都有人做、都能按时做并做到反馈，确保所有的问题都能及时高效地得到解决。为了检验各队执行模式管理的效果，我们采取每周一总结，一月一评估的工作制度，通过持续的检查、总结、改进、提高，不断调整工作计划，落实工作责任，重点是把握重点运动员的状态和训练计划执行情况。有了模式管理，我们基本上避免了工作的随意性，形成了一系列行之有效的规章制度和工作方法，提高了工作效率，也为今后的备战工作提供了完善有效的经验材料。

（五）狠抓科学训练这一备战参赛的核心

认真深入探索项目规律，更新训练理念，创新训练方法，科学把握训练节奏，增强训练的针对性和有效性。北京奥运会备战周期的一大特点，就是总局一开始就强调各个项目要充分认识和把握项目的训练规律，要求我们从规律的层面去认识项目、认识规律、认识比赛、认识奥运会，为此总局不但多次召开会议，请优势项目的教练和运动员介绍经验，总局领导自己也带头讲课，这些都给我们以极大的启示。在备战过程中，我们着重在如何认识竞技体育的本质特征、如何贯彻落实"三从一大"的训练原则和"两严方针"、如何抓住训练创新的突破口进行了研究和探讨并进一步统一了思想，取得了明显成效：

第一，随着人类社会的发展和社会进步，竞技体育与现代经济、政治、文化的结合更加紧密，竞技体育的目标日益趋向多元化，奥运会和各类国际大赛的竞争更加残酷和激烈。但从本质上看，竞技体育就是向人体生理极限能力与心理极限压力的探索，体育场上的竞争是人的生理与心理综合能力和素质的竞争。过去 82.5 公斤级的举重世界纪录是 177.5 公斤，现在 77 公斤级的世界纪录达到 210 公斤。50 年代国家举重队每周 6 次训练课，目前每周训练课增加到 12 次，有时甚至达到 16 次。因此，无论社会如何发展，条件如何变化，训练方法手段和科技成果如何创新，最终都要通过作用于人的身体和心理起作用，需要通过运动员自身在体育场上表现出来。这就再一次提醒我们，搞竞技体育，抓运动训练，练是基础，大运动量的、长年累月的、超出常人的刻苦训练是必不可少的。这是符合客观规律的必然要求，是运动训练"质"的规定性，没有这一条件，就不可能在国际体坛和别人竞争。为了提升训练实力，我们把四年的备战周期划分为四个阶段，即基础年、积累年、强化年和突破年，每年都有不同的训练指导思想和措施。

第二，坚定不移地贯彻"三从一大训练原则"和"两严方针"。我们认为，"三从一大"是有中国特色的训练理论，是几十年来中国竞技体育不断进步的法宝。尽管有些人对"三从一大"有这样那样不同的认识，但从竞技体育的本质特征来说，如果一个运动员、一支队伍要想超越别人，不坚持"三从一大"则是不可能成功的。同时，我们也总结了新形势下运动训练的规律，即：科学技术的作用日益突出，必须实行"科训医一体化"；训练与比赛日益趋向一致，必须加强训练的实战性，但又不能简单地以赛代练或以练代赛；国际竞技水平日益提高，特别是奥运会突破难度加大，必须敢于挑战极限又不能出现大的伤病；此外还有处理好集体智慧和个人努力的关系、管理和教育的关系等等。

第三，针对举重项目特点，我们明确提出要抓住三个突破口，即把训练内容、形式和方法的创新作为突破口；把专项力量作为突破口；把科技含金量的提高作为突破口，我们为此采取了一系列措施，坚持不懈地在各个国家队实施，取得了实际效果。

（六）高度重视运动队思想政治工作

回顾中国举重走过的历程，无不深受到党和祖国的关怀，人民和社会的支持，中国举重队和全国举重界共同奋斗，谱写了一首首铿锵有声的时代战歌，为国争光，为民争气。

中国举重队一成立就高举"人民养育、祖国培养"的大旗，始终坚持"我为人民争光，我为祖国拼搏"的宗旨，始终用自己的实际行动——"刻苦训练，顽强拼搏，勇于争先，为国争光"来回报祖国和人民。

在奥运会备战期间，国家各级领导的关怀对中国举重队产生了巨大的影响。2008 年 7 月 23 日，胡锦涛总书记、习近平副主席带领各级领导亲临举重馆看望举重队全体将士，尤其比赛期间总书记又亲自给中国举重队打电话表示祝贺并给予指示。国家体育总局刘鹏局长多次到举重队现场办公，给中国举重队作了"我怕谁"的动员报告，并针对陈燮霞的伤病情况提出了"精神、作风、意志是最大实力"的精辟论述，全队上下备受鼓舞，士气高涨。

金牌属于祖国，光荣属于人民，添金！添金！再添金！中国举重队始终把国家利益人民利益放在首位，每次奥运会、亚运会一结束，就要组织下基层，到农村、工厂、学校、部队来汇报表演，让大家了解举重，了解冠军的拼搏过程。

（七）高度重视公正选拔

举重不断创造成绩为国争光，与每次赛前的科学选拔有很大关系。中国举重队选拔工作按照公开、公平、公正的原则制定选拔方案，严格遵照中国举重协会领导小组会议制定的六条选拔原则进行选拔（选拔原则：国家利益最大化、举重项目发展最大化、竞技实力最大化、对手信息最大化、思想共识最大化、反兴奋剂效果最大化）；按照"历史成绩、比赛成

绩和近期训练水平"的要求进行科学排名，按照最高水平的运动员参加
最高水平的比赛和确保金牌的原则谁好谁上。在具体工作中采取一月一评
估，两月一排名，三月一会议（即备战领导小组会）和月月队内观察全
国通报等办法，保证选拔工作的科学性、合理性和人性化。

（八）高度重视反兴奋剂工作

我们始终把反兴奋剂工作作为备战参赛工作中极端重要的一环，作为
必须完成的政治任务，作为为国争光的重要内容，按照"保险保险再保
险"的要求，确定了万无一失的工作目标。我们不断完善反兴奋剂政策
法规，加强反兴奋剂教育监督和检查工作，加大对兴奋剂违规事件的处罚
力度。管理中心与地方体育局、国家举重队领队、教练员、运动员、科
研、队医等分层次签署了《反兴奋剂责任书》，组织参赛运动员、教练员
进行了反兴奋剂宣誓活动。系统、扎实、有力的反兴奋剂工作取得了显著
成效，中国举重队实现了干干净净参赛的目标，受到了国际体育界的高度
赞誉。

（九）坚持和完善举国体制，充分发挥举国体制的凝聚力和战斗力

我们坚持以国家利益为核心，中心和全国各省区市体育部门集中有
限资源，统筹社会力量，不断改革创新，完善训练和竞赛管理体系，形
成了符合国情、独具特色、富有实效的发展模式和管理体制，表现出强
大的凝聚力、动员力、协调力和战斗力。全国举重界上下同心，和衷共
济，体现出举国体制的巨大优越性，成为奥运会备战参赛工作的强大
保障。

（十）组织严谨的竞赛组织工作

举重竞赛团队在北京奥组委的统一领导下，国际举联及中国举重协会
的指导下，在北航场馆团队各业务口的积极支持与配合下，在全体工作人

员的辛勤工作、精心组织下，在志愿者的灿烂微笑、甘心付出、热情服务下，圆满完成了奥运会举重比赛竞赛组织的各项任务，受到了国际举重界的高度赞誉，为我国举办大型赛事积累了极为宝贵的经验和财富。

（十一）参与国际体育组织管理

马文广当选国家举联秘书长这一要职，对于扩大我国的影响、维护我合法权益起着十分重要的作用。不仅彰显了我国强大的综合国力和积极参与国际事务的能力，而且拓展了我国在国际体育领域的地位和作用，扩大了我国在国际体育活动中的发言权和影响力。我国在国际体育舞台的信誉和威望越来越高，影响和作用越来越大。

总之，新中国成立以来，中国举重积极参与国际举重事务，共举行了 1990 年亚运会、1995 年世锦赛、亚锦赛、奥运会等举重大型活动近 30 次，派队参加国际大赛近 200 次，21 人取得 24 个奥运冠军，近 200 人获得 400 多个世界冠军，近 600 次打破世界纪录，目前女子举重居世界领先，男子举重也保持多项世界纪录，培养了近百名高水平教练员和 100 多个国际级裁判员，近 10 年中国派出 30 多名举重专家和教练支持其他国家和地区的举重发展。目前中国拥有国家级举重基地 5 所，省级基地 39 所，后备人才基地 110 所，目前中国从事举重训练的人有十万人，27 个国家和地区有中国的举重教练。

通过参赛和组织比赛我国逐步摸索出一套举重竞赛和训练规律，对世界、亚洲及奥运会举重比赛有一套较为科学的程序，对竞赛和裁判员管理有一套较为健全的制度。特别是科研水平的提高和创新，大大加强了举重的科学训练水平。

我们有丰厚的举重资源，目前，全国拥有 60 多支省、区、市运动队，近千名教练，近百名队医和科研人员，数百名管理和后勤保障人员，8 个大专院校培训举重师资，及高质量的训练基地、优秀的教练、人批的优秀运动员以及后备人才、广泛的群众基础，无论是硬件还是软件，中国举重都拥有着最高的水平，而这也是中国举重强有力的后盾。

　　中国举重在努力训练的同时也"走出国门"，中国举重同国际举联、亚举联、欧洲、非洲、拉丁美洲、大洋洲以及亚洲的交往日益广泛，积极参与国际间的交流并且扩大中国举重在世界上的影响。

披肝沥胆创佳绩　出新求变谱华章

——回顾中国柔道项目发展历程

国家体育总局举重摔跤柔道运动管理中心副主任　宋兆年

2009 年是全党和全国人民隆重庆祝中华人民共和国成立 60 周年的一年。60 年中华大地沧桑巨变，31 年改革开放波澜壮阔。伟大祖国经济发展、政治昌盛、人民富裕、民族振兴。党中央领导集体正团结和带领全党全国各族人民，承前启后、继往开来，接力推进改革开放伟大事业，谱写着中华民族自强不息、顽强奋进的壮丽篇章。

2009 年也是柔道运动自原国家体委于 1979 年正式批准在中国开展以来，伴随着中国改革开发的步伐，走过了整整 30 个年头的一年。在党和政府的关怀下，中国柔道运动从无到有、从小到大、从弱到强，至今已取得 8 个奥运会冠军、15 个世界锦标赛个人冠军，1 个世界团体锦标赛冠军（11 人）。

中国柔道队参加历届奥运会比赛成绩表

时间	地点	第一名	第二名	第三名	第五名
1988.10	韩国汉城	李忠云（48）（表演赛）	刘桂珠（−56）高凤莲（+72）		
1992.7	西班牙巴塞罗那	庄晓岩（+72）		李忠云（−57）张迪（−66）	

续表

时间	地点	第一名	第二名	第三名	第五名
1996.7.20 —26	美国 亚特兰大	孙福明（+72）		王显波（-66）	刘闯（-66） 刘胜刚（+95）
2000.9.15 —26	澳大利亚 悉尼	袁华（+78） 唐琳（-78）	李淑芳（-63）	刘玉香（-57）	沈君（-57） 赵顺欣（-48）
2004.8.14 —20	希腊 雅典	冼东妹（-52）	刘霞（-78）	高峰（-48） 秦东亚（-70） 孙福明（+78）	
2008.8.9 —15	中国 北京	冼东妹（-52） 杨秀丽（-78） 佟文（+78）		许岩（-57）	

　　这些成绩的取得，靠的是党和国家的培养和全国人民的支持；靠的是我们社会主义国家所具有的举国体制优势；靠的是改革开放31年来国民经济快速发展、综合国力大幅度增强而给我们体育事业所提供的强有力的保障；靠的是国家体育总局党组的正确领导，总局各厅、司、局兄弟单位和全国各级体育部门的大力支持；同时也是自柔道运动在我国开展30年来，几代领导、运动员、教练员、裁判员和工作人员承前启后、继往开来、接力推进、团结努力，用智慧和汗水换来的丰硕成果。个中经验，值得总结。

一、大力加强思想政治工作
弘扬伟大的中华体育精神

　　"为国争光、无私奉献、科学求实、遵纪守法、团结协作、顽强拼搏"的中华体育精神是我国社会主义精神文明的重要组成部分，是中华民族的宝贵精神财富，展示了中国人民自强不息、奋发进取的精神风貌，体现了中华民族自立于世界民族之林的信心和力量。中华民族体育精神凝聚着体育战线几代人共同辛勤培植的心血，是体育战线为社会主义精神文明建设做出的应有贡献。中华体育精神所体现的胸怀祖国、放眼世界的爱国主义精神；自强不息、奋发向上的革命英雄主义；精益求精、爱岗敬业的崇高职业道德；不断进取、为国争光的高度政治责任感；科学求实、严谨认真的工作态度；服从裁判、尊重对手、文明比赛、遵纪守法的道德规范，正是今天我们完成运动成绩和精神文化双丰收所必需的强大思想基础。为培养出一支百折不挠、勇往直前、能打硬仗能打大仗的铁军，我们始终把强大的思想政治工作，贯彻于项目管理工作的全过程。

中国柔道队是一支在艰苦环境中磨练、成长起来的队伍。国家女子柔道集训队在20世纪80年代初刚刚组建时，一缺训练场馆，二缺训练器材，三缺科研设备，四缺康复设施，五缺医务人员，六缺教练师资，七缺社会认同（在当时那个年代，有人嘲讽女子柔道是老娘们打架，有失大雅），八缺企业赞助，九缺活动经费。一句话，可以说一穷二白，一无所有。但中国女子柔道队这些可爱的姑娘们，不缺的就是胸怀祖国、为国争光的雄心；吃苦耐劳，艰苦奋斗的精神；奋发向上、百折不挠的斗志；团结友爱、爱队如家的品德；牺牲自我、顾全大局的胸怀。在20世纪80年代，中国柔道队高凤莲获得了世界女子柔道第一个世锦赛三连冠。除了突出的运动成绩外，高凤莲在训练和比赛表现出的不畏艰险、克服困难、不讲条件、刻苦训练、顽强拼搏的精神被当时的国家体委副主任刘吉同志誉为"凤莲精神"。1982年在原西城区体校组建第1支国家集训队时，20多个人挤在一间大教室里，住上下床。全队40多个人只有10多套柔道服，在训练中谁练谁穿，来回倒换。1985年在空军俱乐部集训时，由于训练用的篮球馆楼顶高，空间大，冬天供暖满足不了需要，馆内温度一般都在0—5度之间，队员的脚上都被冻得裂开了大口子。1989年，当高凤莲获得世界上女子柔道第一个三连冠后，在备战1990年北京亚运会时，还是住在国家体委训练局招待所的地下室里。备战1992年巴塞罗那奥运会、1996年亚特兰大奥运会，国家柔道队还是居无定所，四处游击，先后转场光彩体育馆、北京顺义县体委、通县体委、天津西青区体委等单位。直至 1998 年搬进国家奥体中心，还是住在筹建 1990 年北京亚运会奥体中心时建筑工人住过的简易楼里。时任国家体育总局局长的袁伟民看望女柔队员时都觉得于心不忍，建议女柔队员搬家易地训练。这样的艰苦环境反而培养了运动员团结拼搏、坚韧不拔的敬业奉献精神，造就了一批能打大仗、打硬仗的特别能吃苦的队伍。

30 年过去了，历史翻开了新的篇章，我国现在进入全面建设小康社会、加快推进社会主义现代化建设的新的发展阶段。国家柔道队的训练条件和后勤保障都有了很大提高。队伍规模也有了很大扩展。2007 年底，随着奥体中心训练场馆和奥体运动员公寓的竣工和启用，国家柔道队使用上了包括场馆、住宿、餐饮、科研、医务、疲劳恢复等在内的世界一流的设施和设备。住的是四星级标准的宾馆，柔道训练馆长 76 米，宽 38 米，面积达 2888 平方米，高大、宽敞、明亮。吃的饭菜品种繁多，色香味俱全，令人眼花缭乱，垂涎欲滴。运动员身体机能、体能测试仪器和各种康复医疗设备多种多样，功能先进。但我们时刻以古人"生于忧患，死于安乐"、"威武不屈，贫贱不移，富贵不淫"的警句警示队伍，警惕和防止骄傲情绪、不求进取的情绪、贪图享受情绪的滋长。同时，社会在进步，艰苦奋斗精神的内涵也在不断的延伸和丰富。尽管训练条件和生活条件得到了日益改善，但中国柔道队以优良传统激励、教育年轻运动员刻苦训练，出现了新时代的许多感人事迹，如冼东妹、孙福明以 30 岁的高龄，屡次推迟婚期，带着一身伤病，在 2004 年雅典奥运会上为祖国赢得了 1 枚金牌、1 枚铜牌；2008 年北京奥运会上，已身为人母的冼东妹和小将杨秀丽、佟文以顽强的毅力，在科学训练、全面实施科研检测的条件下，克服了控降体重和高强度训练之间的困难和矛盾，为祖国赢得了宝贵的 3 枚金牌。至今她们仍然为了祖国的荣誉驰骋沙场、浴血奋战。艰苦奋斗不再仅仅是勤俭朴素的生活作风，而是更奋发向上、一往无前的精神状态，不畏艰难、百折不挠的坚强意志，自强不息、开拓进取的思想品质，脚踏实地、锲而不舍的坚韧毅力，兢兢业业、踏踏实实、无私奉献的工作态度。

思想政治工作是我国体育战线的优良传统，是我们长期坚持、行之有效的工作方法。为适应备战 2008 年北京奥运会新形势、新任务的要求，总局 2006 年出台了《进一步加强和改进国家队思想政治工作的意见》，在运动队广泛开展"备战 2008 年奥运会思想信念系列教育活动"。国家柔道队按照总局的统一部署，经常采用不同的方法和形式结合女子柔道队的成长历史，以"为国争光"为切入点，对全体队员进行"爱国主义"、"集体主义"、"革命英雄主义"的教育。树立以"八荣八耻"为主要内容的社会主义荣辱观，牢记中华体育精神，树立祖国培养意识，不断激发备战北京奥运会的内在动力。尤其对尖子队员、重点队员不骄、不惯、不吹、不捧、不哄，而是对她们更加严格要求、严格管理。要求她们身先士卒、率先垂范，从而发挥重点队员的模范带头作用、骨干作用，以老带新，以新促老，努力把国家柔道队建设成为一支思想过硬，作风顽强，纪律严明，团结友爱，能打大仗、硬仗、恶仗的体育队伍。大力开展的思想政治工作和励志教育所产生的积极作用，激励柔道健儿奋发上进、勇攀高峰。

二、实践科学发展观　努力探索项目规律

（一）积极探索，重新认识"三从一大"训练原则的科学内涵

"三从一大"训练原则，是我国体育战线的几代领导人、教练员、运动员和工作人员经过几十年的成功与失败的艰辛探索，总结出来的带有普遍性的科学规律，对各个项目都具有重大的现实指导意义。尤其像我们柔道、摔跤这样的体能、力量、技术型项目，更离不开"三从一大"的训练原则。中国柔道队的教练员结合柔道项目特点也进行了深入探索，总结和制定出了适合柔道项目特点的高强度、高质量、高难度、高频率的小周期、快节奏的训练模式、方法和手段，极大地提高了无氧训练能力，为参加奥运会这样高对抗的比赛积累了雄厚的基础和实力。"三从一大、训练

原则，结合项目、不断探索，刻苦训练、精神难得，不讲方法、难免偏颇，主要矛盾、强化突破，从严从难、关键环节，不抓重点、难有效果，区别对待、才有风格"。这正是我们在备战北京奥运会工作中总结出来的体会和收获。冼东妹、杨秀丽、佟文在比赛中所表现出的充沛的体力、连续的进攻、灵活而多变的掌控能力正是我们不断研究、探索和执行"三从一大"训练原则的成果。

（二）开拓创新、破除陈旧观念，发挥复合型训练团队作用

现在的竞技比赛，比的不仅仅是体能和技术，在一定意义上讲，也可以说比的是科学水平。现代的训练是多学科的综合运用，是最前沿的科学技术的运用。现代训练学的发展，也要求我们，必须由个体执教向相关学科的团体组合转变。个体的、封闭式的训练已远远不能适应现代竞技体育的发展，而需要组成训、科、医一体化的复合型训练团队，依靠集体的智慧来解决当前训练中存在的主要问题，才是正确的有效的途径。柔道项目作为一项以综合体能为基础、专项技术为主导、多项智能为平台的格斗类竞技项目，从体能的训练、机能的形成、心理的调控与战术思维的培养等，都蕴含着极大的科学成分，是一项对科学依赖程度很高的运动项目。尤其是在培养奥运会冠军运动员的过程中，更离不开科学的支持，而上述工作的完成，必须依靠训、科、医一体化的训练模式和运行机制，必须依靠复合型训练团队的集体智慧和力量。我们必须要加强教练员、运动员和科研人员、医务人员之间的协同配合，联合攻关的工作力度，集中优势力量，解决训练工作中遇到的各种难题。

在多年的训练工作中，我们总结并开创了分组竞争、分级别竞争、责任到人的竞争体制，调动了广大运动员、教练员的积极性，也注意克服"小作坊"或"个体户"式的训练。同时，建立了训、科、医一体化的复合型训练团队的体制，队委会领导下的分工负责制的运行机制，集中教练员、科研人员、医务人员的共同智慧，发扬团体精神和作用，成立教练员、科研人员、医务人员一体的课题攻关组。

刘鹏局长对备战北京奥运会工作提出了"四个落实"即：组织落实、责任落实、计划落实、保障落实的要求。柔道项目成立了中心领导负责制的队委会，队委会下设教练、科研、医务、信息、宣传、后勤、评估等小组。在队委会统一领导下，各组各司其职，通力协作。国家柔道队建立和健全了各项责任制，职责清晰，层层到人。教练员、医务人员、科研人员都签订了责任书。从思想政治工作、科研、医务、后勤、防伤防病、疲劳恢复等方面，全方位为备战工作提供保障。在队委会领导下，科研组、教练组和医务组的大力支持配合下，完成了《运动性心理疲劳发生的主要影响因素》、《运动性心理疲劳多维检测评价方法》、《运动性心理疲劳综合调控方法》、《柔道项目首场比赛抑制现象发生机制与原因》、《柔道项目首场比赛抑制现象解决方法》、《中外运动员心理能力与专项智能训练的发展动向》、《柔道运动员常见比赛心理问题》、《柔道专项智能概念及在专项综合竞技能力中的作用》、《柔道运动员心理能力在专项综合竞技能力系统中的作用》等 17 项科研成果。充分发挥了复合型训练团队的作用，提高了备战工作水平。

（三）因人而异，形成全队有风格、个人有特点

现代柔道的前身是柔术，柔术又来源于中国武术，中国民族摔跤也是博大精深的中国武术中的重要一项。1979 年中国开展柔道运动之初，向日本学习现代柔道，但在学习发展过程中，由于当时的教练员和运动员都是从中国式摔跤运动转行而来，所以受中国式摔跤技法和风格影响很大。尤其自 1982 年中国开展女子柔道运动以来，中国女子柔道队在多年的探索中，逐渐形成了自己的特点和风格——"散手摔"的风格，并显示出其强大的威力。我们在学习日本现代柔道技术的基础上，融合进中国式摔跤技法，在学习的基础上创新发展，而不是完全走日本柔道的老路，跟在他们后面爬行，从而形成了自己队伍的鲜明特点和风格，教练员根据柔道运动的特点和中国摔跤的优势，根据每个人的身体形态和特点，设计了适合的技术套路，收到了明显效果。在开展女子柔道仅仅三年多的时间，就

取得了世锦赛冠军的优异成绩。

　　但是，在全队有风格的要求上，也并不是一刀切，搞形式主义，而是要求个人还要有特点。例如：两届奥运会冠军得主冼东妹是从国际式摔跤转行练柔道，她的技术就具有明显的国际式摔跤的特点，擅长搂抱摔和寝技。教练员就没有强迫她改变原有的特点而改练"散手摔"。而是因势利导，把她原有的国际式摔跤的搂抱摔特长和跪撑摔的意识和柔道联络技、寝技技术相结合，形成了独特的风格和技法，并取得了巨大成功。这种"古为今用，洋为中用"的因材施教、因人而异、区别对待的教学和训练原则是中国女柔获得成功的经验之一。

（四）突出重点，强化个人得意技配套技术和投寝连络技

　　当今柔道运动已发展到："以攻为主、快速连贯、投寝结合、攻防兼备、体能充沛、战术多变"的阶段，单一的技术很难发挥出应有的作用。现代柔道比赛节奏快、频率高，要在不断的快速移动中，在不间断的连续进攻中，连续不断地破坏对手的身体重心和平衡，从而寻找战机、出奇制胜。这就要求运动员要具备前后配套、左右配套、真真实实、虚虚假假、声东击西、欲擒故纵的连络技术。在柔道训练中，我们的教练员和运动员改变了过去只重视单一"得意技"而不重视配套"得意技"、只重视投技而不重视寝技的不足，加强了投技和寝技联接的连络技训练，使中国队的投技优势有了更大的进展，薄弱的寝技技术有了明显的提高，增加了综合比赛的实力，在北京奥运会上取得了成功。

（五）勇猛凶狠，提高技术，一追到底

　　中国柔道界在30年的发展过程中，经过多年的训练和研究，吸取了很多中国式摔跤技法，提出了"散、快、连、准、狠、能"6字方针，收到了很好的效果。散——就是坚持散手摔的风格；快——就是要快速移动、快速进攻，进攻频率高，进攻节奏快；连——就是要投技技术配套连贯、投技寝技衔接连贯，寝技技术转换连贯，其实，也体现了一个"变"

字；准——就是要抓手准、寻找战机准、技术动作使得准；狠——就是要勇猛、凶狠，技术动作完整，一追到底；能——就是要有强大的专项体能做基础，包括专项力量、专项速度、专项耐力等综合比赛能力。训练中我们在继续发扬"凶、狠、快、变、追"的基础上，提出的"散、快、连、准、狠、能"制胜6字要诀，其中"准"和"狠"就是针对柔道运动的技术特点和我国柔道运动员在训练中存在的问题而提出来的。在训练中教练员着重强化运动员技术动作的准确性、连续性和完整性的训练，注意培养运动员自信自强、破釜沉舟、勇猛凶狠、一追到底的意志品质和风格，提高了训练水平和技术水平。

（六）融会贯通，加强技术、战术、心理相互融合的训练水平

现代柔道比赛是力量、体能、技术、战术、心理等全方位的高度结合。柔道运动的特点是：力量、体能是基础，技术是关键，良好的心理素质和顽强的意志品质是发挥运动员体能和技术的平台，总局段世杰副局长在听取奥运项目运动管理中心训练工作汇报时形象地指出："看一个运动员有没有实力，不但要看技术，也要看心理、精神、斗志和作风。我们既要抓技术、体能硬实力，也要重视抓精神、心理、作风等软实力。"我们要培养一个高水平运动员，需要多年系统的训练和全方位的训练，绝不能单打一，或者各个要素相互独立、脱节。

在训练工作中，国家队教练员改变了过去老的训练观念和习惯，改变了过去将训练全过程和训练内容机械地、人为地分割开来，互不衔接、互不组合的现象。十分注意在训练中把体能训练、技术训练、战术训练和心理训练融为一体。在进行体能训练、技术训练中，要求运动员既要有战术意识，也要有意念训练，还要有意志品质的磨练和勇猛顽强的训练作风和比赛作风的训练。改变了过去力量训练课，往往就是单一的杠铃练习的训练安排。在杠铃练习后，再增加一些其他的专项力量训练和专项技术练习，把一般力量练习和专项力量练习紧密结合起来，把专项力量和专项技术结合起来。我们改变了过去的准备活动：都是队列式的做团体操，或千

篇一律做打人的形式，而让我们的队员在活动开韧带和关节以后，就自己安排准备活动内容，并要求他们和自己的"得意技"技术的训练紧密结合起来，缩短准备活动的时间，提高准备活动的强度，核心训练内容重心前移，主项训练时间加长，从而提高了训练质量和效果。

（七）以专项力量为突破口，为专项技术的提高打下坚实的基础

柔道、摔跤都是以力量为基础、技术为核心的对抗项目，力量和技术相互依存、相互作用。没有强大的力量做基础，再好的技术也不可能发挥出应有的作用和威力，所以摔跤运动中才有一句俗话叫做"一力降十会"。

举重摔跤柔道运动管理中心主任马文广同志在制定中心各项目训练指导思想时，就明确提出了以专项力量、训练理念、技术创新为突破口，提高运动成绩的要求。确实抓住了重点，切中了要害。柔道项目只有紧密结合自身的特点，运用不同的方法和手段，进行强化训练，才能达到突破的要求。

柔道是两个人身体直接接触、对抗、较量的运动项目，你动、对方也在动，是两个活物之间的对抗和攻防，所以，柔道不仅要求运动员要有力量，更要求运动员要有"活劲"、"巧劲"，要能在两人对抗中克服活的阻力，即我们常说的"跤劲"。

另外，柔道运动的技术特点，也决定了运动员的躯干是中枢环节，对运动员的腰、腹力量有着特殊的要求。在双方对抗时，任何一个上肢或下肢的发力和技术，都离不开腰、腹力量的协调配合。

所以，我们专项力量练习和专项技术练习一样，也有着很深的科学道理和严格要求。我们教练员和运动员必须要潜心钻研、改革创新，设计和创造出适合本项目要求和特点、能强化和提高专项力量的训练方法、手段以及专项力量训练器材，从而提高我们的训练水平和运动成绩。

在奥运备战中，国家柔道队，制作了"专项布带托盘拉力器"。根据

训练任务和目的的不同：托盘重量可大可小，布带长度可长可短。拉托盘的速度可快可慢，从而增强柔道运动员所必备的握力、拉力、臂力、速度、耐力和双腿底盘的稳定性。为提高和改进技术打下了坚实基础。另外还将国际式摔跤的专项器材"布人"和"布口袋"引入到柔道专项力量训练中，用来提高运动员的腰、腹的专项力量，收到了非常好的成效。

（八）改变陈旧的教学训练模式，加强运动员智能开发

我们常说：柔道运动员绝非"四肢发达、头脑简单"，而是要具备科学家和数学家的头脑。对于优秀运动员来讲，运动智能训练应与体能训练和技战术训练占有同等重要的地位。运动员的智能训练应包括：技战术感觉和意识、技术解读能力；对项目特点和项目规律的认识和把握能力；技术的自我分析、诊断、设计、创新能力；比赛过程中对出现的瞬间变化进行快速准确的综合分析、判断、决策的应对能力。目前对运动员智能训练重视和开发不够，是制约和阻碍我们很多项目训练水平和综合竞技能力提高的一个共性的瓶颈问题。在日常训练中，我们注重把"灌输式"、"填鸭式"的教学模式转变为"启发式"、"双向互动式"的教学；变"保姆型"教练为"导师型"教练，经常组织和安排"官教兵"、"兵教兵"甚至"兵教官"的教学训练内容，在队内的"教学比赛"中有计划地让运动员也转换为教练角色，从而锻炼运动员的组织能力和指挥能力；有计划地安排运动员讲评一堂训练课或一场比赛，让运动员解答在训练中出现的各种问题，提高他们的总结能力和分析能力，取得了非常好的效果。队内还经常组织各类形式的知识讲座，丰富运动员运动学、训练学、营养学、心理学和生理生化的知识，拓展他们的知识面，提高文化素质、思维能力和分析能力，通过各种方式开发运动员的智能。

（九）真实发挥男帮女练积极作用，促进女子训练男性化

采用男陪女练的方法，是各个项目提高女子运动成绩的一个行之有效的办法。在80年代初，我国刚刚开展女子柔道时，原训练竞赛四司副司

长郭仲恭同志、摔柔处处长何国香同志就力排众议、顶住了社会上封建思想的干扰，在国家女子柔道队进行了男陪女的训练，郭仲恭同志曾经是我国乒乓球界资深的著名运动员、教练员。对中国乒乓球队，男帮女所起的重要作用有着深刻的体会，他把国家乒乓球队的成功经验、移植、借鉴到国家女子柔道队的训练中，对女子柔道在短短的几年内就冲出亚洲、走向世界，夺得世锦赛冠军和奥运会冠军起了重要的作用。在备战北京奥运会的训练工作中，我们深刻体会到男陪女练的正确的提法应该是：男帮女练。我们充分利用男子运动员的体能优势、力量优势、技术优势，在共同训练中给女运动员增加训练的难度和强度，从而达到了提高女子运动员训练水平的目的。另外，从更深的层面上讲，我们提倡：女子训练男性化，即用对男子运动员训练的同等要求，来严格要求女子运动员的训练，从而达到强化训练效果，提高运动训练水平的目的。

（十）辩证处理好进攻与防守的关系，提高抗摔抗倒能力

柔道运动是以摔倒对手、制服对手为目的的双人较量的对抗性项目，在比赛中，保存自己才是战胜对手的前提，在柔道比赛和训练中，运动员必须具有一定的抗摔能力，抗倒能力和防守能力，进而在此基础上转换成反攻能力，这是我们必须重视的课题。抗摔能力、抗倒能力、防守和反攻能力也和进攻能力一样，必须通过有目的、有针对性地训练才能培养、磨练出来。因此，我们在备战训练中把防守练习和防守反攻练习，作为了我们的一项重要训练内容，加以贯彻和实施。加强高强度、高难度、高质量的实战对抗，也是我们提高抗倒能力、抗摔能力、防守反攻能力的重要手段和方法。我们国家队训练，有举国体制的优势，集中了全国优秀的教练员和不同水平、不同实力、不同技术特点和风格的运动员。女子柔道还选派了不同特点、不同技术的男子陪练队员，完全具备了满足不同要求的高水平对抗的需求，尤其为我们重点队员尽快提高训练水平，提供了难得的机遇和环境。

在北京奥运会女子柔道比赛中，中国运动员共进行了 26 场比赛，胜

20 场，其中 14 场是以"一本"胜。在比赛中，我们的运动员共赢了 27 个投技分，共输了 10 个投技分。冼东妹是赢 7 个投技分，输 1 个投技分；佟文赢 3 个投技分，输 1 个投技分；而杨秀丽赢 9 个投技分，1 个投技分都没输。充分说明通过训练，我们大大提高了对抗能力。

（十一）加强对手信息的收集研究，有的放矢地制定应对对策

兵法说："知己知彼，百战不殆"。要做到知己知彼，就要充分重视信息情报的收集、整理和研究工作。在此基础上，加强针对自己和对手的针对性训练和技战术准备，使我们的运动员在比赛中能充分扬长避短，出奇制胜。在多年的训练工作中，我们加大了信息搜集的力度。不但搜集了近几年的国际大赛全部影像资料。还在训练课中对重点队员进行技术录像，课后进行回放，加以技术分析。为赛前的科学训练提供了重要科技保障，提高了针对性训练的质量和效果。在北京奥运会比赛中收到了很好的成效。

（十二）把运动员体重控制纳入科学规范的管理中

柔道运动是运动员按体重分级别进行的竞技项目，除奥运会以外，世界锦标赛、世界杯、亚运会、亚锦赛还设有无差别级，即运动员不分体重大小，均可同台竞技。在现代柔道运动的发源地日本，最推崇无差别级的比赛，他们认为无差别级比赛能展现运动员以小胜大、以柔克刚的精湛技艺，体现柔道运动的精髓和精神。

在 1984 年全国女子柔道锦标赛中，辽宁 56 公斤级的运动员李春荣，曾在无差别级的比赛中战胜体重 130 公斤的柔道名将高凤莲而夺魁。日本 71 公斤级著名选手古贺也曾摘取过全日本柔道比赛的无差别级的桂冠。他们精湛的柔道技艺令人叹为观止。但奥运会没有设立无差别级，这对于大级别上人才济济的中国女子柔道队来讲，无疑是个巨大的损失。既然柔道是运动员按不同体重级别进行的比赛，运动员科学选择体重级别和控制体重无疑对运动员的技术水平、比赛成绩以及身体健康都有着重要的作

用。中国柔道队在这方面，既有成功的经验，也有失败的教训。雅典奥运会，刘霞在6个月内科学降重18公斤，从原来的96公斤级降至78公斤级参加了2004年5月在哈萨克斯坦举行的亚锦赛，夺得该级别亚军，争夺到了进军雅典奥运会的入场券，并在8月份举办的雅典奥运会上获得了该级别的银牌，这是科学降控体重的成功典范。而获得1991年世界锦标赛72公斤级金牌的冷春慧，因降10多公斤体重，参加1992年巴塞罗那奥运会66公斤级比赛而名落孙山；曾获2000年悉尼奥运会52公斤级铜牌的刘玉香，在参加2003年世锦赛暨雅典奥运会选拔赛时，因短期内降重近10公斤引起体力不支而惨遭淘汰，则是我们在降控体重方面的惨痛教训。

科学、合理的降控体重，使运动员在级别比赛中占有一定的身体形态和力量、实力的优势，对运动员取得比赛的胜利，无疑是会起到一定的积极作用。在备战工作中，队委会和教练组把重点队员降控体重工作纳入到训练计划之中，进行严格而科学的管理。采取：①科学设定降控体重目标。②平时适度控制（小级别3公斤，大级别5公斤）与赛前严格控制相结合。③降控体重计划与赛前训练计划有机结合。④措施手段综合化、执行控制严格化、监控评定科学化等措施。⑤加强对运动员的身体形态、体脂比例、血色素、血睾酮、血尿素等指标监测。加强对运动员免疫指标、身体机能、健康状态进行综合监控。⑥辅以膳食干预、营养补给干预、心理学手段干预、管理手段干预等方法。⑦逐步降重，逐步适应，既要保证运动员正常合理的进食，摄取必要的营养成分，又要保证必需的训练内容和强度等等措施，从而保证了运动员能以最佳的精神状态、身体状态、竞技状态去参加比赛，争取好成绩。

（十三）多年规划分段实施提高训练计划的系统性科学性

刘鹏局长在2005年2月3日召开的全国体育局长会议上就提出了"继承和创新相结合，以'四个落实'来规划好各个年度备战工作"的要求。四个落实中第二个落实就是计划落实，要求对"2008年的备战目标，围绕目标在新的备战周期中每个年度、每个小周期要做什么，都要有完整的规划和框架"。国家柔道队按照总局的统一部署和要求。在训练中不但制定了周密细致的多年计划、年度计划、阶段计划、月计划、周计划，还狠抓了更具体、更细致、更量化的课教案。2008 年北京奥运会前还制定了"本土作战方案"、"程序化参赛方案"、"倒计时训练计划"等。对扭转"摸石头"过河的盲目性训练，起到了关键作用。对提高科学训练、系统训练起到了重要作用。

三、狠抓五支队伍建设　促进
柔道项目可持续发展

崔大林副局长在 2004 年《中国摔跤协会会议》讲话中指出："要增强人才意识，抓好五支队伍，即：训练管理人员队伍、教练员队伍、科研人员队伍、裁判员队伍和运动员队伍。"

现代竞技体育的竞争，就是人才的竞争，我们必须要树立"以人为本"的思想，提高各方面人才的全面素质和工作水平，才能使柔道项目可持续的健康发展。在五支队伍中，运动员队伍是主体。其他各类人员和各项系统的建设，都要紧紧围绕运动员队伍、围绕重点队员，协调运转。

1. 管理人员队伍

举摔柔中心的干部，负责柔道国家队各项工作的直接组织、领导及监督的责任，担负着艰巨而光荣的任务。我们必须要增强紧迫感、危机感，迎难而上，积极投身到备战 2012 年伦敦奥运会的训练和各项工作中去。要做好运动队伍管理工作和备战奥运会的各项工作，要提高全面的执政能力。要端正党风、改进学风、转变作风。树立全心全意为运动队员服务的服务意识。要做到刘鹏局长提出的："眼睛向下看，围着项目转"。想队伍之所想、急队伍之所急。发扬雷厉风行的工作作风，提高立竿见影的工作效率。

2. 科研人员队伍

现代竞技体育的竞争，也是各国科技水平的竞争。在备战 2008 年北京奥运会的周期中，选调了一批高水平的科研医务人员充实到了国家队。初步建立了分工合理、责任明确、运作规范的"训、科、医"一体化的科学化训练保障体制。在圆满完成北京奥运会任务中，作出了积极贡献。在备战伦敦奥运会工作中，我们要进一步总结经验、发扬成绩、完善机制、提高效率。进一步建立和完善"训、科、医"一体化的科学训练保障系统，进一步明确和细化教练员、科研人员、医务人员分工合作的岗位责任制。建立责任到人，职责清楚，责、权、力清晰的运行机制。进一步充分发挥科研、医务对训练工作的保驾护航作用，把全面提高科学意识和水平落到实处。

3. 教练员队伍

提高柔道运动的训练水平和技术水平，教练员是关键。没有具备奥运会水平的教练员，就不会培养出具有奥运会水平的运动员。我们必须要大力加强教练员队伍建设，采取多种形式加强对教练员的培训，努力提高教练的思想觉悟和业务水平。在国家队的组建中，面对伦敦奥运会的新形势、新任务、新变化、新要求，要敢于打破常规，优化教练员组织结构，择优选拔和组建老、中、青三结合的教练班子，大胆起用一批爱岗敬业、有开拓创新精神、业务精、有朝气、有激情的年轻教练员充实到国家队教练班子中。我们的教练员在训练理念、观念、方法、手段上，决不能"穿新鞋走老路"、"换汤不换药"。另外，我们还采取请进来、走出去的形式，聘请境外高水平教练员来国家队授课，在我们宏观管理和要求下执教。尽早为备战 2012 年伦敦奥运会，给运动员打下规范、细腻、扎实的技术基础，提高训练水平。同时，也借聘请外教的机会，培养一批年轻教练员。选择适当时机选拔一批有潜力、有前途的年轻教练员、运动员到国外，进行较长时间的培训。尽快提高教练员的教学训练水平与运动员的技术水平和实力。

4. 裁判员队伍

伴随着中国柔道运动的蓬勃发展和运动技术水平不断提高的进程，举摔柔中心和中国柔道协会多年来也十分重视裁判员队伍的组织建设和思想建设。自 1985 年审批了第一批 22 名柔道国家级裁判员以来，至 2009 年，一共审批了 373 名国家级裁判员。自 1985 年中国首次派出裁判员参加国际级考试，并有 2 名被批准为国际 B 级裁判员以来，至 2009 年，已有 39 名裁判员被国际柔联批准为国际裁判，其中已有 9 名国际 A 级裁判。至今全国已有 38 个单位有国家级裁判员，有 21 个单位有国际级裁判。多年来，在国家体育总局和全国各级体育系统的关心和支持下，柔道裁判员队伍狠抓思想作风建设，长期坚持不懈地进行职业道德教育，端正行业不正之风。同时经常举办各种培训班，不断提高裁判员的业务水平。多年来，柔道裁判员队伍为完成国际、国内的竞赛任务，促进中国柔道运动技术水平的发展和提高。做出了积极贡献，柔道裁判队伍的爱岗敬业、遵纪守法、公正执法的良好职业道德和精神风貌，得到了国家体育总局和全国各级体育系统及全国广大运动队的认可和好评。

下一备战周期我们将进一步加强裁判员队伍建设，努力提高裁判员思想和业务水平，进一步完善和健全系统规范的培训制度、考试制度和晋级制度，壮大裁判队伍。争取在 2012 年以前再培养出一批国际裁判，对既有柔道专项技术和知识，又精通外语的年轻裁判员要破格使用和培养。多给裁判员创造到国际大赛执裁的机会，加强和国际裁判队伍的交流与友谊，提高业务水平，力争有国级 A 级裁判员，被国际柔联选为伦敦奥运会裁判。

5. 运动员队伍

运动员队伍是五支队伍中的主体，是冲锋陷阵的尖兵。我们备战系统全部人员实际上都在紧紧围绕着运动队在工作、在服务。提高对运动队的管理水平和运动员的运动技术水平，是我们一切工作的出发点和归宿。我们的最终目的，就是要把我们的柔道队培养成为思想红、作风硬、技术精、特别能吃苦、特别能战斗、胸怀祖国、勇攀高峰的高水平竞技队伍。

四、把握世界柔道发展新趋势
再创伦敦奥运新辉煌

现代柔道产生 100 多年来，在实践中虽然早已制定出了一套完善、成熟的竞赛规则和裁判法，但也会随着技术的发展和变化不断地修改和完善，也必然会在当前各奥运会竞技项目之间的激烈竞争中，体现"更高、更快、更强"的必然发展趋势。尤其在当今科学技术飞速发展，新闻传媒日益普及，各竞技体育项目为了争夺媒体观众，获取生存的空间，都在不断地频繁修改着各自的竞赛规则。以使竞争朝着更精彩、更刺激、更紧张、更激烈的方向发展。柔道竞赛规则，在体重级别、比赛服装、得分标准、处罚规定、竞赛制度上都曾有过较大的修改和改变。尤其近年来的变化，都是为了使柔道运动体现"更高、更快、更强"的奥林匹克精神，对运动员在比赛中的消极行为进行严格限制，对勇猛顽强、积极进攻的比赛作风给予鼓励。从而促进柔道技术水平的提高和发展。对竞赛规则的变化，我们的教练员、运动员必须要认真学习和研究，理解领悟其实质，掌握运动技术的发展趋势，才能更好地指导我们的训练工作。

沧海横流方显英雄本色。回顾中国柔道项目三十年的经验历程只是新中国体育的一个缩影。尽管我们的工作还有弱点、不足和缺憾，但是有一点是不争的事实：改革开放使中国柔道项目迎来了绚丽的春天，举国体制给中国柔道项目提供了良好的发展机遇。中国柔道项目再创辉煌的路正长，路也更加精彩！

梅花香自苦寒来　披荆斩棘创辉煌

——中国女子摔跤项目发展历程与辉煌成就

国家体育总局举重摔跤柔道运动管理中心副主任　周进强

一、发展历程

2009 年是我们伟大祖国的 60 华诞。伴随着新中国的成立和崛起，中国体育历经了 60 载的峥嵘岁月。历经了种种艰辛和困难、历数了一条条不平凡的发展之路的中国体育，今日所取得的辉煌成就不仅使世界为之动容，也令国人深感自豪。作为摔跤人能够有幸搭载这艘飞速前进的巨轮，能够在行驶的路途中留下自己的足迹，能够为中国体育的发展贡献自身的力量，能够在奥运赛场披金摘银，升起国旗、奏响国歌，完成历史赋予的使命，是作为每一位摔跤人的骄傲。中国女子摔跤的发展之路波折而艰难，其发展历程经历了从无到有、从有到强、从强到衰、从衰到弱、从弱再起的一个演变，其过程凝聚了几代摔跤人的汗水、血水与泪水，也凝聚了几代摔跤人的智慧与结晶。以往的失败与成功，已经为我们积累了宝贵的经验与财富，是指引我们不断战胜自我，追求卓越的原动力，是追求"更快、更高、更强"的奥林匹克精神，不断挑战自我的实质体现。女子摔跤从立项就注定了她的不平凡，也铸就了新中国摔跤史上的辉煌，回顾与总结我国女子摔跤发展历程以及所取得的成就，对于我国继续深入开展女子摔跤项目的可持续性发展，具有现实的指导意义和深远的战略意义。

（一）女子摔跤运动创始

随着奥运会在全球范围内的影响不断扩大，以及体育运动本身所体现的公平、公正、顽强、拼搏的特征，女子体育运动在这一领域不断的扩大和发展。过去被视为女子运动禁区的许多项目，相继得以开展，女子摔跤便是其中之一。1984 年国际业余摔跤联合会（FILA）承认了女子摔跤运动，但女子摔跤只设立自由式一项，其规则几乎和男子自由式摔跤一样，只是比赛服装与男子稍有区别。1989 年 8 月，在瑞士举办了第 1 届世界女子摔跤锦标赛。从那以后，女子摔跤每年都举行一届世界锦标赛。

中国开展女子摔跤运动始于 1987 年 3 月。作为一个新兴项目，当时的国家体委布局了 10 个试点，女子摔跤运动从此在国内得以开展。1988 年 11 月，在四川成都举办了首届全国邀请赛。1989—1991 年，每年都举行一次全国锦标赛。在 20 世纪 90 年代初期，我国女子摔跤运动蓬勃发展，涌现出一大批竞技水平很高、意志品质非常优秀的运动员，她们在世界大赛中屡获佳绩，是当时世界女子跤坛的一支劲旅。但是，由于女子摔跤项目不是奥运会、亚运会、全运会的比赛项目，1992 年之后国内很多原本开展得不错的一些队伍，相继被省、市地方体委解散，很多优秀的运动员不得不改项或退役，刚刚起步并具有良好发展势头的女子摔跤项目逐渐步入困境，在随后的发展中，全国只有北京体育大学保留了唯一的火种，以北京体育大学学生运动员为主的队员相继也参加了 1993—1997 年的世锦赛，虽然也取得了不俗的战绩，但也是举步维艰。

1997 年第 8 届全运会之后，国内一些比较有远见的省、市开展女子摔跤项目，但此时，我们已经与世界强国拉开了距离。中国女子摔跤项目的发展跌入了低谷。1998 年，我国才正式恢复了女子摔跤运动，这得益于当时的国际业余摔跤联合会（FILA）不懈的努力。为了能使女子摔跤进入奥运会，他们做了大量的工作，2001 年 11 月国际摔联的年会决定将女子摔跤列入奥运会。2002 年女子摔跤成为亚运会正式比赛项目，随后，国际摔联对男子项目进行了调整，缩减男子摔跤的级别，将古典式、自由式摔跤各 10 个级别，压缩成各 8 个，后来又各自减少一个级别，使得古典式与自由式各成为 7 个级别，这才使得女子摔跤进入了奥运大家庭。但是，女子摔跤世界锦标赛设有 7 个级别，奥运会只设立了 4 个级别，2004 年女子摔跤正式进入希腊雅典奥运会，这促进了我国女子摔跤运动的开展。

（二）中国女子摔跤辉煌的历史

1991 年，北京体育大学学生运动员组队参加了第 3 届世界女子摔跤锦标赛，并取得了优异成绩，在国外刮起了强劲的"中国风"。我国派出的 4 名运动员不畏强手，战绩骄人，其中，钟秀娥取得 44 公斤的金牌、张霞获得 53 公斤金牌、刘东风获得 75 公斤的金牌、潘艳萍获得 47 公斤银牌，钟秀娥还获得了此次大赛的"敢斗奖"。1992 年 9 月，我国又派出了潘艳萍、钟秀娥、王朝丽、刘东风、孔燕等 5 名选手组成的中国女子摔跤队，参加了在法国维勒班举行的第四届世界女子摔跤锦标赛。此次比赛共有 22 个国家和地区的 110 多名运动员参加，各国选手竞争激烈，我国选手不负众望，分别取得了 44 公斤、47 公斤、65 公斤、75 公斤的 4 枚金牌和 61 公斤的铜牌，潘艳萍还被大会评为"最佳运动员"。在本届世界锦标赛上，中国作为"金牌大户"震动了世界跤坛。1993 年 8 月，我国再次派出运动员出征在挪威举行的第五届世界女子摔跤锦标赛，并分别取得 47 公斤、65 公斤、75 公斤的 3 枚金牌，再掀"中国风"。我国女子摔跤队的突破，不仅为祖国争得了荣誉，而且摸清了各国的实力水平，明确了努力方向，并检验了我国女子摔跤技术水平。1991—1993 年中国女选手所获得的成绩表明，我国的女子摔跤运动当时在世界处于领先地位。

（三）中国女子摔跤运动的再次崛起

从 1998 年开始，我国女子摔跤运动又重新焕发生机，从十几个省的零星开展，到 2002 年全国各省市队伍的全面爆发，参赛队伍和人数逐年翻番。随着 2002 年亚运会和 2004 年奥运会把女子摔跤列为正式比赛项目，女子摔跤也理所当然地成为了第 10 届全运会正式比赛项目，这极大地刺激了各地方体育局开展女子摔跤运动的积极性。女子摔跤作为奥运会金牌一个新的增长点，为中国摔跤事业的发展提供了新的契机。

由于历史的原因，我国男子摔跤一直与国际高水平有着相当大的差距，而男子摔跤项目也一直是一个落后项目，主要原因是男子项目国际化的程度非常高，我们的发展是摸着石头过河，没有经验，又缺乏创新，一开始只能学习和模仿别人，这中间走过许多弯路，对于项目发展特点和规律缺乏一个统一性的认识，虽然，一些小级别和个别运动员有所进步和突破，但一直没能够在奥运会上获得金牌，这也一直成为摔跤界的一大憾事。而女子摔跤的出现，就是在这样的一种发展背景下孕育而生的，承载了几代摔跤人的梦想和愿望，所以说，女子摔跤从诞生就处于高起点、高期望、高难度的境地，女子摔跤运动的重新恢复和上马，就是奔着奥运会金牌的，这一点是很多其他新兴项目无法承载的，为了实现奥运会金牌的突破，管理部门积极筹措、潜心调研、统一规划、全面部署，出台了一系列倾向性的政策，如：放宽女子参赛选手的年龄限制，重点级别每个单位可同时报三人参赛等一系列的举措，为我国女子摔跤的重新崛起，扬帆远航、指明了前进的道路和方向，为我国女子摔跤的发展，提供了强有力的后盾与保障，至此，中国女子摔跤的发展从荆棘中艰难走出，踏上了一条追寻理想与实现愿望的辉煌之路。

二、雅典篇：卧薪尝胆　从零开始
　　　　　艰难创业　寻求突破

（一）女子摔跤国际形势的演变

由于项目的发展停滞了多年，一切都要从零开始，从 1991—1996 年女子世锦赛的情况分析，我国在 1991—1993 年是项目发展的顶峰期，取得了非常优异的成绩，这期间整体实力发展较好的国家是美国、中国、加拿大、法国、瑞典、俄罗斯、挪威等，而这期间女子摔跤的级别有 9 个之多，分别是 44 公斤、47 公斤、50 公斤、53 公斤、57 公斤、61 公斤、65 公斤、70 公斤、75 公斤。1997 年之后"国际摔联"将级别做了重新调整，调整之后的级别为 6 个，分别是 46 公斤、51 公斤、56 公斤、62 公斤、68 公斤、75 公斤。1997 年之后国际上的形势发生了非常大的变化，传统的欧洲老牌劲旅法国、德国、挪威、美洲的美国和加拿大水平均有所下滑，而亚洲的日本已经悄然崛起，逐步占领了世界女子跤坛的制高点，成为世界女子跤坛的霸主。2001 年，国际摔联为了女子摔跤能够进入奥运会，再次将女子摔跤的级别进行整合，将级别扩大为 7 个，这 7 个级别是 48 公斤、51 公斤、55 公斤、59 公斤、63 公斤、67 公斤、72 公斤，其中 48 公斤、55 公斤、63 公斤、72 公斤是奥运会正式比赛项目。在女子摔跤相继成为亚运会和奥运会正式级别赛项目后，1998—2004 年世界各大赛半数以上的金牌都被日本获得，其他国家犹如大梦初醒，开始着手女子摔跤项目的发展。

（二）战略决策

1. 以亚运突破促奥运备战的战略部署

2001 年女子摔跤被列为 2002 年釜山亚运会的正式比赛项目，2004 年被列为雅典奥运会正式比赛项目，这引起我们高度重视，在中心的会议上，确定开展女子摔跤项目是发展的趋势，是一个新的突破口，一定要在全国范围内大力推广，全面开展，利用我国基层人才的优势，尽快选拔优秀苗子，组建国家队，备战 2004 年雅典奥运会。中心对全国女子摔跤发展现状做了细致的调研，组织了一系列的比赛，选拔优秀的教练员人才和运动员，建立健全备战人员与人才队伍建设，2001 年底正式组建了国家女子摔跤集训队，确定了以 2002 年釜山亚运会女子摔跤金牌为突破口，带动女子摔跤水平整体的良性发展，全面着手备战 2004 年奥运会的战略方针。

2. 亚运会突破的级别与人选

亚运会一共有四个级别，而当时的日本队完全有可能、有实力独占全部金牌，为了不出现一个新兴项目完全被一个国家垄断的局面，亚摔联规定，一个国家只能报三个级别参赛，这样，我国代表队如何排兵布阵就是一个非常重要的问题，经过对亚洲女子摔跤形势与状况的分析，对1998—2001年全国比赛的考察和研究，以及对以往优秀女摔选手潜力的挖掘，一个名字浮现在备战人员的视野中：1991—1997年，曾5次获得世锦赛冠军，被国际摔联评为"21世纪十佳运动员"——时任广东队教练员的钟秀娥，以她以往的战绩、当时的身体情况，非常有可能在48公斤级这个级别有所突破。管理中心以及她所在单位广东省体育局的领导，都开始做她的思想工作，希望她以国家、项目发展的大局为重，能够再次出征釜山亚运会，钟秀娥克服重重困难，通过一系列艰辛的恢复和训练，终于再一次走向赛场，确保了女子摔跤项目在釜山亚运会夺金。实践证明，将该级别列为第一突破口实属英明之举，因为，该级别有实力夺金的只有中日两队，而日本队又对钟秀娥心有余悸，一是因为她以往的战绩给了对手非常大的压力；二是因为日本队该级别队员的实力与她相比并不占优势，因此，日本队放弃了48公斤级别的竞争，确保了我国在该级别上夺金的稳定性。其他三个级别55公斤、63公斤、72公斤上，我国也与日本形成竞争的态势，鉴于对双方情况的分析，我们主动放弃了72公斤级的竞争，报了48公斤、55公斤、63公斤三个级别，对外，我们是一块金牌的任务；对内，是想要打破日本队的垄断，夺取更多金牌。从唯物主义的角度出发，日本队整体实力的确要高出我们很多，但是，广大教练员和运动员同心协力、努力拼搏，下定决心不能输给日本队，经过了一年多的苦心潜练，终于在釜山亚运会上获得了突破，继钟秀娥48公斤级夺得金牌之后，来自山东的许海燕在63公斤级的比赛中，战胜日本选手获得了第二枚金牌，在女子摔跤金牌的争夺战上，与日本队平分秋色，使得赛前日本队誓要夺取三枚金牌的愿望破灭，挫败了日本队的锐气，极大地鼓舞了当时的中国女子摔跤团队，也极大地鼓舞了全国摔跤界。女子摔跤在亚运会的突破，为后来雅典奥运会的备战奠定了良好的精神与物质上的基础，是中国年轻的女子摔跤运动项目第一次向世人展示"力量、美丽、智慧"三者完美的结合，对之后的女子摔跤项目开展与发展具有深远的影响和意义。

3. 突破雅典

（1）国际形势

亚运会之后，各国纷纷将备战的重心转移到雅典奥运会上，世界各国女子摔跤老牌劲旅都视雅典奥运会为美味"蛋糕"，虎视眈眈。而现实的形势却不容乐观，在新的级别调整之后，日本队真正显示了其强大的实力，2002—2003年世锦赛的成绩就是最充分的证明，其想要独占世界女子摔跤的霸气一览无余。

表1　2002年世界锦标赛奥运级别前3名

级别	金牌	银牌	铜牌
48公斤	德国	俄罗斯	瑞典
55公斤	日本	美国	瑞典
63公斤	日本	瑞典	挪威
72公斤	日本	中国	波兰

通过表1可以看出，一共四个奥运级别，日本以3枚金牌的绝对优势独占鳌头，其次是欧美传统老牌强队，我国选手只在72公斤级获得一枚银牌，63公斤级获得第四名，从成绩看我们与对手仍有很大差距，此时距离雅典奥运会还有两年的时间，我们夺金的点仍未显现，形势非常严峻。

表2　2003年世界锦标赛奥运级别前3名

级别	金牌	银牌	铜牌
48公斤	乌克兰	美国	中国
55公斤	日本	美国	俄罗斯
63公斤	日本	美国	加拿大
72公斤	日本	美国	中国

通过表 2 可以看出，2003 年（美国）世锦赛上女子摔跤世界格局已悄然变化，日本仍然以同样的 3 枚金牌，蝉联了 55 公斤、63 公斤、72 公斤三个级别的冠军，显示出其强大的整体实力，而美国队则异军突起，紧跟日本队获得了 4 枚银牌，美国队一是实力的确较强；二是有东道主的优势，所以，获得了 4 个级别的亚军，而其他传统欧洲老牌强队则被挤出了前三名，唯独俄罗斯为欧洲挽回一些颜面，在 55 公斤级获得了一枚铜牌，而中国队在此次比赛中 48 公斤级、72 公斤级获得了两枚铜牌，55 公斤级获得第 4 名，而 63 公斤遭到淘汰，本次世锦赛也是奥运会的资格赛，获得前 8 名的选手可直接拿到雅典奥运会的入场券，这样我们就获得了 3 枚入场券，63 公斤级在后来的资格赛中也拿到了入场券，这样中国队就以满额的资格参加雅典奥运会，中国队 2003 年世锦赛名次虽然并不理想，但是，整体实力已经取得了明显进步，为 2004 年雅典的冲刺做好了铺垫。

（2）备战举措

2003 年初，在国家重竞技管理中心工作会议上，对女子摔跤项目工作发展做了重要指示：1. 重竞技管理中心领导班子亲自指导项目的规划和发展；2. 在全国范围内加大了对女子摔跤的投入与关注；3. 加快了对国家队教练员队伍的建设，扩大集训队伍的编制；4. 从人力、物力、财力等后勤保障工作全力支持到位；5. 引进科研人员全面监控队伍的训练；6. 抽调全国各省市优秀选手到国家队进行备战。

这一系列政策的出台，使得备战工作得以有条、有理、有效、有序的展开，国家女子摔跤集训队从 2002 年 11 月正式成立，为了备战冬训为 2004 年雅典做铺垫，国家队内部分一组和二组，主要目的是引进内部竞争机制，促进国家队训练水平的提高。2003 年的冬训从 2002 年 11 月至 2003 年 4 月，国家队在北京军体工队进行了为期半年的集结，完成冬训的既定目标，并对参加 2003 年全国锦标赛的优秀运动员进一步进行了细致的选拔，组成新的国家集训队，并在 2003 年的 5—7 月在江西南昌进行封闭式训练，在摄氏 38 度左右的高温下，运动员们耐着酷暑，坚持训练，突破了体能的极限，经受了严峻的考验，如期完成了训练计划和目标，并在7月中旬开进革命根据地井冈山进行了爱国主义精神励志教育的活动，活动的主题是学习革命先辈"坚定信念、艰苦奋斗、开拓创新、敢于胜利"的四大精神，结合自身与先辈们相比，我们今天的生活来之不易，作为国家队的一分子，如何克服重重困难，为国争光，这次爱国主义的教育对于这些女摔姑娘从精神上是一次洗礼，从思想上是一次震动，坚定了世上无难事、只要肯登峰的信念，树立了为国争光的决心，备战队伍上下团结一心，众志成城，打响了国家女子摔跤队征战雅典的第一炮。

2003年世锦赛结束后，国家女子摔跤队为了解决世锦赛出现的问题，确立突破的重点，于2003年11月5日至2004年3月12日辗转天津郊区的一个训练基地，基地的各种设施非常完善，为冬训做好了扎实的后勤保障工作，此次封闭性训练的主要目的就是要突破体能。在对2003年世锦赛的情况进行细致的分析后，我们发现我国运动员专项技能和意识与日本存在一定的差距，因为日本队员的训练年限与经验都比我们占有优势，我们要突破就一定要选择重点，经过领导与国家队教练组共同商议和探讨，确立了以突破体能为先导，强化技战术意识和运用能力为主导的训练指导思想和目标，以及四个级别全面推进、两头重点突破的战略决策，对女子摔跤突破的重心和重点，指明了前进的方向。

（3）最后冲刺

2004年夏训是备战的关键环节，经过周密安排与精心设计，国家队制定了以拉练加转训的新备战训练模式，目的是磨练队员意志，增强抗疲劳能力、机动作战能力和调整恢复能力，使队员从精神与身体上不断地得到刺激，提高队员身体的耐受性和应激性，将队伍摔打成一支"召之即来、来之能战、战之能胜"威武之师。从3月14日至29日到云南红河高原训练，2004年4月1日至4日参加全国锦标赛暨选拔赛，2004年4月10日至6月15日到安徽石关基地封闭集训，6月24日至7月15日到武汉关山训练基地，随后返回北京进行最后赛前冲刺性的训练。在安徽大别山深处的关山基地历经了一天四练的大强度、大运动量的训练，在武汉顶着近40度的桑拿高温天气进行训练，摔跤馆里垫子上的汗水，从准备活动到结束就一直没有干过，女摔姑娘一路走来，历经艰辛、克服了种种困难，渐渐逼近了雅典，是历史选择了她们，她们也亟待创造历史。

（4）经典时刻

在经历了一切磨炼之后，中国女子摔跤第一次站在了奥运的舞台上，但是，比赛是现实和残酷的，在经历了前两天的鏖战，我国选手在 48 公斤、63 公斤两级别相继淘汰，55 公斤级也失去争夺奖牌的机会，只剩下 72 公斤这个级别了，72 公斤级上我们最大的对手是连续五次获得世锦赛冠军的滨口京子，形势对我们非常不利，夺金希望渺茫。

竞技体育是残酷的，在这个战场上不断上演着成王败寇、新老交替、改朝换代、推陈出新的剧目，此时此刻中国女子摔跤已经没有退路，夺金的重任落在了 19 岁女孩王旭的肩上，在准备了这么长的时间，所有的人对金牌望眼欲穿之时，8 月 23 日小组赛王旭连赢两场获得了出线权，而 8 月 24 日的半决赛的对手日本选手滨口京子，是王旭夺金路上最大的障碍，从准备活动的后场，滨口京子就像是想从心理上来压制王旭，故意大声用日语念比赛的口诀，王旭没有理会她的战术，依旧按照教练的布置，做好准备活动之后就闭目养神，把精力和心态调整到最佳，在上场之前王旭和他的教练说了这样一句话："许老师，我不会让你白来雅典的。"言语之中充满了自信和霸气，比赛从第一局开始就非常激烈，王旭一直采用积极主动的进攻来控制比赛的节奏，不到 1 分钟连续得了 3 分，随后在思想上有些放松，被对方也连续得了 3 分。上半局两人打平。第二局王旭得到了一个跪撑滚桥的机会，只此一搏，她咬牙用尽最后一点力气，得到 2 分，最后以 6:3 取得了这场关键性比赛的胜利，扫清了夺冠路上最大的障碍，王旭的胜利让在场的四百多名日本观众不能接受，他们不相信"铁塔"会输，日本观众失声痛哭，甚至引发了一些小骚乱，但是，事实就是如此，我们不仅胜了，而且还胜得非常漂亮，王旭的获胜，再次验证和上演了一场哀兵必胜、以弱胜强的经典案例。赛后，国际摔联主席马丁说："王旭不仅摔倒了滨口京子，还摔哭了四百多名日本观众。"决赛的对手是俄罗斯选手，许奎元教练赛前叮嘱王旭：能选拔参加奥运会的都是精兵强将，况且俄罗斯队员还是几次欧洲冠军，虽然对手实力较弱，但我们不能丝毫的放松，我们要把她当最强的对手去对待。最后，王旭不负众望，一鼓作气以较大的优势战胜了对手，获得了我国摔跤史上第一枚奥运金牌。几代摔跤人的心愿和努力，在那一刻得以慰藉……在雅典的摔跤比赛馆里，冉冉升起了五星红旗，奏响了义勇军进行曲，全场的中国人沸腾了，流下喜悦的泪水，为这来之不易的金牌雀跃欢呼。让我们一同铭记那经典的一刻，经典的一幕——2004 年 8 月 23 日，雅典奥运会、摔跤、金牌、王旭……

雅典的突破，得益于国家体育总局的战略部署，得益于举国体制，得益于全国摔跤界的共同努力，摔跤获得金牌是一次重大突破，从此甩掉了落后项目的帽子，但是，我们要正视自己，因为我们的底子还很薄，底气也不足，从仓促上马到获得冠军，这里有我们成功的经验，也有失败的教训，为了奥运金牌我们忽视了基础训练的重要性，拔苗助长对项目长远的发展来讲是一种损失，但是，摸着石头过河总会付出一些代价，认识到不足与差距，就找到了解决问题的钥匙，女子摔跤雅典奥运的成功突破，对摔跤项目的可持续发展具有深远的影响和意义。

三、北京篇：解放思想　敢于创新
　　　　与时俱进　续写辉煌

（一）项目管理中心机构的改革与变更

1997 年底，当时的国家体委成立了重竞技管理中心，负责举重、摔跤、柔道、拳击、跆拳道 5 个项目，在 2000 年悉尼奥运会上获得了 8 枚金牌。在 2004 年雅典奥运会上，重竞技中心 5 个项目获得 9 枚金牌，是获得金牌最多的项目中心。2005 年，国家体育总局为了备战北京奥运会，将重竞技中心拆分为举摔柔中心和拳跆中心，并提出举摔柔中心 3 个项目要在北京奥运会上至少获得和雅典齐平的 7 枚金牌，这样的任务给了新成立的举摔柔中心巨大的压力。中心的领导沉着迎战，认真听取了各方面的汇报，全面分析了当前形势，提出了北京奥运会要确保 7 枚金牌、力争 9 枚金牌的内部任务指标，这其中就包括了女子摔跤 1 枚金牌的任务，女摔在雅典奥运会的成功突破，使总局领导对摔跤项目给予新的期望，因为雅典奥运会上很多优势项目能够获得的金牌已经饱和，只能从潜优势项目中去挖掘金牌新的增长点，女子摔跤雅典获首金，尽管队伍综合实力还有差距，但争金的希望还是很大的，女子摔跤能否在北京再次证明自己，再次创造佳绩，关乎中心金牌总数能否完成预期的任务，也关乎摔跤项目进一步的发展。

2005 年调整之后的中心正式改名为"举重摔跤柔道运动管理中心"，新中心的成立对于项目的管理具有了更强的科学性和针对性，管理工作进一步优化和强化，为女子摔跤在北京奥运会上的再创辉煌奠定了坚实的基础。

（二）规则变化影响女摔世界格局

雅典奥运会之后国际摔联为了使摔跤项目更加具有观赏性，更好地体现"更快、更高、更强"的奥林匹克精神，对现行规则进行了重大的改革，新规则对运动员的综合能力要求更高，规则的变化使得项目国际化程度逐年提高，各参赛国家重视程度和政府的投入与支持日趋加强，竞赛中的各种情况趋于复杂尖锐，也使世界女摔的格局产生了变化。通过对 2005 年世界锦标赛 7 个级别前三名比赛结果的综合分析，日本以 4 金 1 银 1 铜占据世界女跤的霸主之位，中国以 2 金 2 银 1 铜紧随其后，但与日本的整体实力相比差距较大，而乌克兰、美国、俄罗斯、德国、加拿大、法国、保加利亚、白俄罗斯、蒙古等一些新兴国家已经悄然崛起，这些国家可能没有整体上的优势，但在某一级别中，某些选手还是具有相当强的竞争力，并且这些国家男子摔跤的水平都很高，具备开展与赶超我们的环境和空间。总体来看，优势国家继续保持强劲的发展势头，新的竞争对手不断出现和扩大，参赛的国家更多、队伍规模更大、参赛的水平更高、竞争更加激烈和残酷，同时，新规则的实施，直接影响我们所具备的优势和打法，并且导致较多的不利因素，我国女摔新一轮的发展面临"前有虎后有狼、群雄并起"的严峻挑战。

（二）新周期备战初期的策略与举措

2005 年全国各地都在备战全运会，第 10 届全运会结束之后，国家女子摔跤集训队于 10 月底在北京军区体工队成立，经历全运会的洗礼，中国女子摔跤补充了一批生力军，在新形势、新规则、新机遇、新挑战、新问题接踵而来之时，新的举重摔跤柔道运动管理中心对备战北京奥运的形势进行了重新评估，对女子摔跤备战 2008 年奥运会采取了新的举措。2006 年冬训期间，中心提出"解放思想、解放观念、解放金牌"的大讨论，全体国家队教练员与运动员就 21 个训练问题和 16 项金牌工程，逐一进行讨论和辩论，大家畅所欲言，集思广益，团结一心，群策群力，每个教练、队员、科研、医务人员都要发言，都要写出自己的心得与体会，目的是为了激励大家的斗志，要把不可能变为可能。面对北京奥运会，一切皆有可能，是否有为国争光的责任感和荣誉感，是否敢于抓住机遇，是否敢于解放思想，是否敢于突破创新。在机会面前人人平等，谁成绩好、谁状态好，谁就有可能代表国家参加奥运会，通过这样一段时期的工作，国家队从冬训伊始，面貌就焕然一新，不但人人精神振奋，而且训练效果大大提高，即使遇到一些困难和问题也能顺利解决，吹响了备战 2008 奥运会的号角，打响了征战 2008 北京奥运的第一役。

（三）创新思维贯穿于备战全过程

1. 新规则引发新思维新观念的创新

面对摔跤不断变化的国际形势和规则，摔跤的竞争越来越激烈，难度越来越大，取得金牌谈何容易，因此在具体实践中出现了许多新变化和新课题。要通过解放思想、更新观念来重新认识训练理念和摔跤项目本质及规律，通过科学训练和比赛拼搏来重新掌握摔跤项目的制胜因素，通过反思项目管理和队伍建设来建立完善科学的管理制度，通过项目系统建设来锻造摔跤项目的团队精神，通过提高认识问题、分析问题和解决问题的能力来营造摔跤项目和谐发展，提高为国争光的意识。

通过深入学习和探讨 21 个训练问题，教练员们深刻认识到，创新是教练员的核心素质，是运动训练的规律，过时的训练方法就是无效训练，保守训练就是没有提高的训练，教练员的思维方式与方法对训练决策的正确性、全面性、科学性、先进性等方面起着至关重要的作用。根据中心领导训练创新的指示，全体教练组在训练中，带着问题去训练，带着问题去思考，带着问题去研究，在新规则、新形势、新探索、新机遇下，要想有新发展，就必须要创新，真正领悟创新之精髓，最终确立"以苦练为基础，以实战为核心，以速度为灵魂，以创新为动力"的训练指导思想，制定了以突破专项体能为核心，以强化绝招技术为前提，以提高心理素质为主导，全面协调发展综合能力的实际创新内容，为国家队的训练创新及备战奠定了理论基础，指明了前进的方向。

2. 北京奥运周期备战历程

(1) 2006 年的备战

2006 年是备战过程的积累年，是备战周期关键的一年，广州世锦赛和多哈亚运会，有两次大赛在考验着新周期备战的中国女摔，2006 年的备战工作主要是围绕这两次大赛。2006 年世锦赛在我国广州举行，是我国第一次举办世界摔跤最高级别的单项赛事，而多哈亚运会是综合性大赛，是奥运会之前的"中考"，我们对参加两次比赛的中心目的很明确：一是考察队伍、寻找差距；二是收集信息、积累经验；三是初步形成参赛模式；四是对两次大赛综合评估、制定对策和方针。为了考察北京奥运会重点突破的级别和人选，两次大赛分别派出了不同的选手参赛，多方考察备战的主力人选，为后期备战做好准备工作。

2006 年，中日之间相互交手的次数很多，我们都没有占到优势，日本队已经是我们夺取金牌最大的障碍。为了激发队员爱国主义精神以及在训练中更具有针对性，打破日本队不可战胜的神话，2006 年 7 月 26 日，在世锦赛和亚运会参赛之前，国家女子摔跤队全体备战人员一行六十多人，参观了坐落在卢沟桥畔宛平城内的中国人民抗日战争纪念馆，目的就是让队员们要铭记历史，不忘前耻，要敢于争先、绝不言败，要从精神上藐视对手，战略上重视对手，要从实际出发想方设法战胜对手。从当时的实力比较，我们的确与日本队整体有差距，而在某一单项上，一些其他国家具有很强的实力，从 2006 年世锦赛前 3 名就能够看出这种形势。

表3　2006 年世界锦标赛各级别前 3 名

级别	金牌	银牌	铜牌
48 公斤	日本	中国	波兰　意大利
51 公斤	日本	加拿大	美国　俄罗斯
55 公斤	日本	白俄罗斯	加拿大　瑞典
59 公斤	日本	中国	乌克兰　印度
63 公斤	日本	中国	俄罗斯　委内瑞拉
67 公斤	中国	加拿大	日本　德国
72 公斤	保加利亚	日本	美国　俄罗斯

本次比赛日本队以 5 金 1 银 1 铜的绝对优势获得了团体第一名，中国队以 1 金 3 银获得团体第二名，加拿大以 2 银 1 铜位列团体第三名，日本队在四个奥运级别中获得 3 金 1 银，而中国队只获得 2 枚银牌，而 72 公斤被保加利亚获得，这说明欧洲一些国家已经开始在单项级别上赶超我们。

2006 年 12 月 11 日，世锦赛后 3 个月我们又迎来了多哈亚运会。这期间几乎没有任何休息和调整，因为亚运会是最主要的比赛，也是 2008 年奥运会之前的最后一次综合性运动会，对于我们备战 2008 年奥运会是一次综合实力的大检阅，也是一次"中考"，考试成绩的优劣直接关系 2008 的"大考"。世界女子跤坛龙虎之争当属中日，在亚洲当然也是中日的天下，所以，备战的主要对手还是日本，通过世锦赛，我们细致地分析了对手，了解到对手一些最新的情况，备战亚运的训练工作就是围绕日本进行的，通过全面、系统、针对性的强化和模拟，最大限度地整合资源，深入研究资料和信息，确定金牌突破点。本次比赛允许参赛国家满额参赛，不再限制名额，而我国也派出了一支新老相间的队伍参赛，其中48公斤级黎笑娟是第一次参加国际大赛，55公斤级苏丽慧参加过两次世锦赛，63公斤级许海燕是上届亚运会该级别冠军，72公斤级王旭是2004年奥运会冠军。从她们的参赛经验来看，王旭和许海燕都经历过综合性大赛的磨练，并取得过好成绩，亚运会内部参赛目标是两枚金牌。最终，在本届亚运会上，日本队获得了48公斤、55公斤、63公斤三个级别的金牌，我国选手王旭在72公斤级战胜了日本老对手滨口京子获得金牌，这也是她时隔两年肩伤恢复后第一次参加国际性大赛，王旭用行动再次证明了她的实力。

2006年世锦赛和亚运会检验了我国女摔的整体实力，体现了优势，发现了差距，同时，也暴露了不少问题。在自信心方面，我们在场上显得缺乏士气、霸气和傲气。技战术方面，在占优势的情况下我们不能扩大战果，反而从优势转被动；劣势的情况下又缺乏有效的制胜手段，"以我为主、以攻为主、以快为主"的训练主导思想，未能通过比赛而展现，对于比赛中遇到的困难准备不足，不善打攻坚战，稍差耐心，没有苦战、鏖战、耗战的思想准备，特别是对日本，就想一口把对手"咬死"，从心理上也并不是怕日本，而是求胜心切，摆正不了自己的位置，缺乏胶着战、持久战、耐心战的心理准备，反而让对手抓住了机会。

2006年的世锦赛和亚运会中国女摔的表现，为备战北京奥运会敲响了警钟，我们因此对女摔世界发展形势有了新的评估和认识。

（2）2007年的备战

2007年备战的重心是世锦赛，世锦赛也是2008年奥运会的资格赛，在阿塞拜疆的巴库举行。共有来自54个国家（或地区）的198名女子运动员参赛，获得团体前8名的国家分别是日本（52分）、哈萨克斯坦（39分）、乌克兰（39分）、中国（36分）、美国（32分）、加拿大（31分）、俄罗斯（31分）和法国（26分）；共有16个国家分享了本次比赛的32个奥运席位（表4）。我国女子自由式摔跤参加了所有7个级别的比赛，获得1金、1银、1铜、1个第5、和1个第8，4个奥运会级别48公斤级第3名、63公斤级第8名、72公斤第5名，3张奥运会入场券，55公斤级则意外遭到淘汰，没有获得资格，后来，在2008年亚锦赛拿到了奥运会的参赛资格。

表4　各国奥运级别成绩排名及获得奥运会资格情况

国家	级别				资格总数
	48公斤	55公斤	63公斤	72公斤	
阿塞拜疆	第7名	第8名	第7名		3
白俄罗斯		第5名			1
保加利亚				第1名	1
加拿大	第5名				1
中国	第3名		第8名	第5名	3
哥伦比亚		第7名			1
西班牙				第5名	1
法国			第5名		1
日本	第1名	第1名	第1名		3
哈萨克斯坦		第3名	第2名	第3名	3
波兰			第3名		1
俄罗斯		第3名		第3名	2
瑞典	第8名	第2名		第7名	3
乌克兰	第2名	第5名	第5名	第8名	4
美国	第5名		第3名	第2名	3
委内瑞拉	第3名				1

本次比赛的特点之一是日本队仍显示了出强大的整体实力，在48公斤、55公斤、63公斤这三个级别取得冠军；特点之二是众多年轻的队伍和年轻的选手脱颖而出。哈萨克斯坦、乌克兰、阿塞拜疆等独联体国家异军突起，传统欧洲队伍上升势头也很猛，委内瑞拉、哥伦比亚这样小的国家都有运动员获得奥运会资格。众多20岁以下的年轻选手战胜强手，取得了奥运会资格。而中国队本次世界锦标赛退居哈萨克斯坦、乌克兰之

后，位居团体总分第4，奥运之战令人堪忧。

国家体育总局崔大林副局长观看了本次世锦赛，在世锦赛结束的当天晚上就组织全体人员进行总结，对本次比赛发表意见，并对各级管理层和运动队提出要求和指示：国家队教练组要认真总结本次比赛，为什么本次比赛的结果和预案出入较大，要从3个方面去思考：1. 对项目的认识方面；2. 从训练方面；3. 参赛的精神面貌方面。另外，从备战的角度出发，举摔柔中心要认真进行反思和总结，要从宏观管理上进行总结，面对2008年摔跤界的严峻形势，没有突破的措施和办法，不可能得到金牌，成绩是建立在扎扎实实的训练和总结基础上的，下一步怎么办？希望全体备战人员能够认真总结、全情投入、激情备战。

崔副局长的指示对女摔后来的备战工作起到非常重要的作用，从举摔柔中心、摔跤部，到国家队都对世锦赛做了细致的总结与分析，并出台了解决问题的倒计时方案。现在看来2007年世锦赛对于备战北京奥运是一种警示和惊醒，为2008年的备战工作提供了明确的思路和方向。

（3）2008年的备战

2007年底国家队进驻了奥体中心，摔跤项目历史上第一次有了自己正式的训练基地，良好的居住环境和训练设施为备战提供了强有力的保障，也体现了国家体育总局对摔跤项目的重视，同时，也是对全体摔跤项目备战人员的鞭策和信任。

2008年的训练备战工作是在总结上一年工作的基础上展开的，经过共同讨论与分析，确立了坚决贯彻"两严"方针和"三从一大"的训练原则，以苦练为基础，以实战为核心，以速度为灵魂，以创新为动力，突出重点，注重实战，努力提高尖子运动员技战术、专项素质、心理素质，全面突破整体竞技能力的工作思路和方向。对项目制胜规律"快、连、猛、绝、狠、变、控"7字进行重新认识与定位，坚决执行"以我为主、以快为主、以攻为主"的进攻风格和打法，制定了以强化专项体能，深化绝招技术、挖掘自身潜力、真实模拟比赛为具体突破重点，为2008突破年的整体备战工作奠定了基础，指明了方向。

（4）再次夺金，续写辉煌

2008 年 8 月 17 日北京农业大学体育馆，北京奥运会女子摔跤比赛进行得如火如荼，此前，在 16 日的比赛中，55 公斤级选手许莉已经为我国争得一枚银牌，而 17 日比赛的重头戏是 72 公斤级冠亚军争夺战，也是女子摔跤最后一枚金牌，是我们夺金最后的希望，我国选手王娇对保加利亚选手兹拉特娃，这是一场颇具悬念的比赛。半决赛面对浜口京子，王娇以 5∶0 战胜对手进入决赛，决赛中的对手兹拉特娃是 2006、2007 年连续两届世锦赛冠军，2006—2008 年欧锦赛冠军，堪称当今女子 72 公斤级第一人。但王娇只用了 1 分 59 秒的时间就打破了这个神话，以双肩着地的绝对优势提前结束了比赛，酣畅淋漓地获得了 72 公斤级的冠军，这块金牌的获得使得整个农大体育馆都沸腾了，比赛现场和看台上的观众顿时成为欢庆的海洋。这块金牌太不容易了，时隔 4 年，中国又一次在奥运会女子摔跤 72 公斤级上夺得冠军，延续这个辉煌的是 20 岁的新秀王娇！

中国女摔再次用行动捍卫了尊严，用成绩证明了实力，作为潜优势项目，摔跤项目北京奥运备战周期的压力要大于雅典，因为，雅典是冲"金"，北京是保"金"，两块金牌，两种感受，"保"比"冲"难度要大得多，北京奥运周期备战的历程，为将来伦敦奥运备战工作积累了丰富的经验，金牌背后包含着全体备战人员的艰辛付出，也再次证明摔跤绝不是一个人的项目，"个人项目、集体智慧、团队作战"的备战理念是摔跤项目能够续写辉煌的保障。但是，在成功的背后我们要保持清醒，从整体实力来讲，中国队仍无法与日本队抗争。纵观此次比赛，日本队获得了 2 金 1 银 1 铜，与雅典奥运会完全一致，中国队比雅典多增加了 1 枚银牌。再看世锦赛成绩，日本参加奥运会的 4 名主力基本上都保持着世锦赛 5 连冠以上的纪录，而中国队的四名选手中尚未具备如此实力。我们需要提高的地方还很多，我们现在还不是强队，而是正在成长的年轻队伍，年轻的中国女摔姑娘们"任重而道远"。但是，我们相信历经了两届奥运的洗礼，女摔姑娘们将会以更加饱满的热情，更加顽强的精神，以全新的姿态继续开拓和书写中国女子摔跤灿烂辉煌的明天。

中国的"拳击巨龙"开始腾飞

国家体育总局拳击跆拳道运动管理中心主任　常建平

对中国拳击和奥运会来说，2008 年 8 月 24 日无疑是一个伟大的历史时刻，4 名中国拳手在北京奥运会最后一天的收官表演中，一下子掠走了两金一银一铜，超过了俄罗斯、古巴和美国等世界拳击强国，在拳击金牌榜上傲视群雄，实现了中国拳击重大的历史性突破，震惊了世界。同时，也结束了自 1984 年以来，中国运动员在历届奥运会尾声的金牌争夺战中，只能充当看客的"尴尬"局面。

一、拳击被西方人标榜为"真正的体育"

拳击被称为是"勇敢者的运动"，是人类在征服世界的同时，展示自己的伟大、崇高、勇敢和力量的最好体现；它也是人类向自身的懦弱和极限进行挑战的同时，与战胜自我的最完美结合。特别是拳手在拳台上经过浴血奋战将对手击倒时所迸发出的那种强大震撼力，绝不是其他体育项目所能相比的。

历史学家根据古埃及的绘画判定，拳击早在 6000 多年前的古埃及就已经出现，后经地中海的克里特传到古希腊的。公元前 520 年，希腊提拉岛上的一幅巨型壁画曾生动描绘了一场拳击比赛的情景。可以说，这是人类戴拳击手套比赛的最早记载。

因此，从拳击问世的那天起，就注定了它将是一项备受欢迎和具有长久生命力的体育项目，早在公元前688年，拳击在第23届古代奥运会上即被首次列为比赛项目，可见其源远流长的历史和影响力。

现代拳击运动诞生于18世纪初的英国，1719年，一位名叫菲格的英国著名拳击家和击剑高手在伦敦创办了一所格斗学校，教授剑术和拳击。1743年，英国另一位拳击家布劳顿建立了世界上第一个拳击俱乐部并制定了最早的拳击比赛规则并不断完善，将带有野蛮色彩的原始拳击格斗，逐渐变成了一项体现人类智慧、勇敢和向体能意志挑战的颇受欢迎的体育项目。

拳击最早流入中国是在19世纪末，以上海为中心举办过许多拳击比赛，主要是外国的海员、外国侨民和应邀的一些外国职业拳手，而参加比赛的中国人多为华侨。当时叫"西洋拳"以区别于中国的武术。

然而，回顾中国的拳击历史就不难发现，它是从坎坷的荆棘中一步步走过来的。由于拳击是典型的西方舶来品，被西方人标榜为"真正的体育"的强势项目，因此，拳击似乎命中注定了在中国的命运多舛，中国的拳击人在半个多世纪的风风雨雨中经受了不少磨难和痛苦。

例如，20世纪二三十年代，中国现代拳击的发祥地上海也曾有不少拳技高超的拳手，如林氏三兄弟，也有像陈汉强这样德技兼优、旅居海外称霸澳大利亚的拳击家，但由于当时的中国政府无能，国力匮乏，无视体育，致使中国的拳击水平落后，中国拳手的命运也很悲惨。1936年，4名中国拳手王润兰、靳贵第、靳桂和李梦华在军阀商震的资助下参加了德国柏林奥运会。尽管赛前他们聘请了澳大利亚冠军丁格尔进行辅导，但因疏于系统训练其结果可想而知，4名中国拳手第一回合都被击倒不起，惨败而归。1948年，旧中国举行的第7届全运会上，拳击虽然被列为比赛项目，但只有7个级别，运动员寥寥。

中华人民共和国建立后，国家给予体育高度的重视，其中包括拳击，以上海为中心的中国拳击运动得以发展，先后举行了抗美援朝义赛和赴港对抗赛，在中国拳击历史上具有深远的意义。从 1951 年至 1959 年，中国的拳击运动进入了第一个兴旺期，被列入了全国民族形式体育表演大会和第一届全运会的比赛项目，涌现了像周士彬、张立德、王守忻、陈新华和王国钧等一批技术精湛、风格各异的优秀拳手，呈现了良好的上升势头。当时，"南拳王"周士彬、"北拳王"张立德曾名噪一时。

但由于缺乏经验以及对拳击规则和内涵不够了解，国内比赛中先后出现了几例拳手伤亡事故，加之过去人们对拳击缺少真正的了解，有不少负面报道。因此，拳击被拒之于 1959 年第 1 届全运会大门之外，拳击项目随后也被国家取消。中国的拳击运动进入了低潮。

二、中国拳击整整落后欧美拳击强国 30 年

从 1959 年拳击运动被取消，到 1986 年中国的拳击运动得以恢复，本来就落后的中国拳击在技术和训练方法上，与欧美拳击强国的差距拉大近 30 年。这期间，我们对国外先进的技术和训练方法理念毫无所知，对世界拳击的格局、信息和规则知之甚少，甚至连一些简单的拳击器材都没有，被抛弃在国际业余拳击协会之外，其窘境可想而知。

1979 年和 1985 年，当世界重量级拳王穆罕默德·阿里以美国体育大使的身份两次到中国，游说中国参加第 23 届美国洛杉矶奥运会并建议中国应开展拳击运动时，得到了邓小平同志的高度赞扬和肯定。只要是"人民喜欢的体育运动在中国一定会开展的……"邓小平说，"拳击运动也可以成为增加中美两国人民的了解和友谊的渠道。欢迎你再次到中国，为我们带些徒弟。"这为中国拳击运动的恢复开展，提供了绝好的契机。

1986 年，韩国充分利用举办汉城亚运会的机会一举囊括了男子拳击全部 12 枚金牌，其金牌总数险些超过中国，由此震惊了中国体育界领导

人，人们更清醒地认识到，拳击作为奥运会和亚运会金牌大户，其影响力及对各国金牌和奖牌总数的重要性。因此，中国恢复拳击已经到了刻不容缓的地步，特别是1988年韩国还将在汉城举办奥运会。

然而，我们与世界拳击运动毕竟"隔绝"了近30年，对拳击的认识、理念、训练方法手段和技战术运用等都相当落后，基本上还是沿袭20世纪50年代的落后方法。因此，当1986年中国拳击运动重新恢复后，不要说与欧美拳击强国对抗，就连在亚洲我们也远不如泰国、蒙古、菲律宾、韩国、朝鲜、伊朗和印度等。在拳台上，我们的拳手虽然英勇无畏，但就像一个刚掌握最基本招式的小孩儿去挑战身怀绝技的武林高手一样，被打得狼狈之极，甚至连一两个回合都顶不下来。

应该说，中国拳击恢复后的10年历程异常艰难，特别是对中国的拳击人来说，那段历史无疑是悲壮而屈辱的。重新组成的第一批国家拳击队在教练王国钧、王寿忻、杨金亮等人的带领下，集中在北京崇文体校训练，条件之艰苦难以形容。但与经费短缺、训练居住条件很差相比，中国运动员在比赛中肉体上遭受对手"随心所欲"重拳的打击和痛苦，以及精神和心理上承受的恐惧和压力，更是常人难以想象的。

前中国国家队主教练李青生回忆说，中国拳击从1986年恢复之初的确经历了许多艰辛，当时我们运动员的水平很低，被朝鲜选手打得乌眼青。1987年武汉国际邀请赛，我们的重量级拳手被俄罗斯人一拳打倒在地。我国拳手被外国拳手一次次击倒及教练掷白毛巾认输的"惨不忍睹"镜头，激起了现场观众的愤怒，观众席上不时响起"打死他（指外国拳手)！"的呐喊声，以激励中国运动员奋勇拼搏。

当年60公斤级的全国冠军杨晓强感慨道："那时真承受不住韩国拳手的重拳。"而现中国国家青年拳击队教练组组长、前＋91公斤级全国冠军赵德岭则直言不讳地说，那时75公斤级以上的国内运动员出国比赛基本上都在第一、二个回合内被对手击倒就结束了，因此，比赛的前一天晚上他都紧张得睡不好，头脑中总是想象第2天比赛中可能出现的被对手击倒画面，心里的确发憷。

事实上，当时的中国拳击水平与世界水平相比，只能算是个"中学生"，谁都可以欺负你。因此，每逢外国运动员比赛前抽签抽到中国运动员时便高兴不已，因为他们可以轻松获胜。其实，那时连我们自己也底气不足。

例如，1988 年汉城奥运会，恢复不到两年的年轻中国拳击队派出了 51 公斤级的王维平和 57 公斤级的刘栋。当时的思想很明确，锻炼队伍，汲取经验，了解对手，为 1990 年北京亚运会做准备，根本没想到中国队还有可能胜一场。因此，提前预订了 9 月 24 日的回程机票，因为拳击比赛第一轮 9 月 22 日结束，谁也不会想到中国拳手有可能进入下一轮。当时甚至有人说，中国拳手一上台不被马上击倒就不错了。

谁知，刘栋却给人们带来了意外的惊喜，他先后击败了印度和加蓬拳手，在争夺进入前 4 名时输给了摩洛哥对手，最终获得第 5 名。这是中国拳手首次进入奥运会前 8 名，像一针强心剂，给刚刚恢复不久的中国拳击运动以极大鼓舞。

1990 年，中国拳击人经过 3 年多的刻苦努力，充分利用天时地利人和的有利条件，终于在北京亚运会上取得了历史性的突破，12 名拳手参赛，夺得 1 金 5 银 1 铜，在拳击奖牌榜上名列第 2。其中，白崇光为中国夺得了历史上的第一枚金牌，极大鼓舞了中国拳击界的士气，标志着中国拳击开始在亚洲崭露头角。

三、中国拳击冲出亚洲之路依然崎岖

中国拳击虽然在北京亚运会上取得了突破，但与世界甚至是亚洲相比依然有不小的差距，首要目标依旧是冲出亚洲，摘掉落后项目的帽子。例如，在 1989 年北京举行的第 14 届亚洲拳击锦标赛上，中国队的杨晓强、陈昆、王亚维和白崇光分别获得了 60 公斤、67 公斤、81 公斤和 91 公斤级 4 枚银牌,董逸燕获 +91 公斤级银牌;在 1994 年日本广岛亚运会上,中国拳手只获得 3 枚奖牌,分别为 71 公斤级的潘峰(银牌)、75 公斤级陈涛和 91 公斤级江涛(均为铜牌)。

1997 年,中国拳击队在韩国的第二届东亚运动会上取得了 5 银 6 铜的不错成绩,但依然与冠军无缘。1998 年,中国 48 公斤级拳手在第 13 届曼谷亚运会上本想实现突破问鼎金牌,但决赛中与泰国拳手相遇以 1 比 14 的悬殊比分落败,只得接受 1 银的结局。

1999 年,中国拳手阿不都热合曼在乌兹别克斯坦的亚洲拳击锦标赛暨奥运会预选赛上夺得 75 公斤级冠军,实现了中国拳手在亚锦赛上金牌零的突破,并获 2000 年悉尼奥运会比赛资格。

2002 年,中国拳手在马来西亚第 21 届亚洲拳击锦标赛上获得 75 公斤级冠军、51 公斤级亚军、57 公斤级和 +91 公斤级季军。同年 10 月,中国拳手在第 14 届韩国釜山亚运会上本应该有所突破。没想到,曾是苏联拳击重点地区并具有世界水平的哈萨克斯坦和乌兹别克斯坦等中亚五国的参加,使本来就面临亚洲诸强严峻挑战的中国拳击更是雪上加霜,再次受挫,仅获得 51 公斤级、57 公斤级和 +91 公斤三枚铜牌及 75 公斤级第 5 名。在时隔北京亚运会白崇光首次夺冠后的 12 年中,中国拳击仍然无法在 3 届亚运会上染指有 11 个级别的拳击金牌,不能不说是一件非常令人遗憾的事,中国拳击落后的帽子还是没有摘掉。

1999 年,以"抓住机遇、解放思想、改革创新,为尽快提高我国拳击运动技术水平而努力奋斗"为主题的首届全国拳击会议在上海举行。会议分析了我国拳击运动的现状,确定了以"调动一切积极因素,尽快提高我国拳击运动技术水平"为今后工作的主要任务;分析了拳击运动社会化、市场化、产业化进程中的有关问题;就影响中国拳击运动发展的工作和问题进行了讨论,达成了共识。

会议确定的具体目标任务:力争 2000 年奥运会上实现奖牌零的突破;力争 5—8 年内拳击运动技术水平有较大的提高,夺取世界三大赛事和力争下届奥运会上实现金牌零的突破;力争 3—5 年内建立与完善训练竞赛体制，初步形成拳击项目社会化、市场化、产业化的框架。

　　然而，在 2000 年悉尼奥运会上，3 位出征的中国拳手首轮即遭淘汰，给一直希望有新突破的中国拳击又泼了一瓢冷水，"力争 2000 年奥运会上实现奖牌零的突破"的目标和任务没有完成，中国拳击依然徘徊在世界二三流水平。因此，有人在评价中国拳击时曾开玩笑地说："花了不少钱，挨了一顿揍。"这或许就是当时中国拳击水平的真实写照。

　　当时，中国拳手虽然敢打敢拼，但技术含量并不高，不仅与身材高大、身体素质好、重拳凶狠和技术全面的欧美拳手有较大差距，而且在速度和灵活性方面，也逊色于亚洲的泰国、菲律宾、朝鲜和韩国，没有形成适合中国运动员特色的风格打法。

　　由于我们与世界拳坛"隔绝"了近 30 年，无论是训练方法和训练理念都落后于国外先进国家。因此，在很长一段时间内，中国拳击在到底应该走什么路的问题上处于徘徊和彷徨之中。例如，在 1994 年以前中国拳击恢复初期，当时中国拳击的战术思想和口号是："狠、拼、重、快"。即凶狠、拼搏、重拳、快速。这一方面反映出重新回归国际拳击大家庭的中国拳击在寻找适合中国拳击的制胜规律上还缺乏理论依据和实践经验，处于初级探索阶段；另一方面，重新恢复的中国拳击，在与国外强手对决时明显处于劣势挨打的背景下，的确需要通过激励运动员敢于拼搏、不怕挨打的大无畏精神，激发出运动员最大的心理和肉体上抗打击的潜能，并最终通过"以凶制凶、以重拳对重拳"等拳击最基本的理论和招法，与外国拳手抗衡。

　　毫无疑问，这一批又一批的中国拳击勇士们，最终成为中国拳击在北京奥运会上创造辉煌、取得历史历史性重大突破的突击队和敢死队，他们用自己的血肉之躯和大无畏的勇气及拼搏精神，铺垫了一条中国拳击胜利打开奥运会金牌大门、让全世界刮目的基石，他们和老一代教练也是英雄，值得钦佩。

　　为了尽快提高中国的拳击水平，无论是国家队还是各省市队，都采取了派出去、请进来的办法，先后邀请外国教练来华执教。如国家拳击集训队先后聘请了朝鲜、原苏联和古巴拳击教练各两名。而四川队请了日籍教练，吉林队请了朝鲜教练，内蒙古队请了蒙古教练，黑龙江、河北、北京、天津、浙江、新疆、江西等省市自治区的拳击队先后聘请了原苏联和俄罗斯的教练。

应该说，这些外国专家对帮助重新恢复的中国拳击水平起到了不小的作用。但拳击是一项体现不同国家文化、拳手不同体质和对拳击制胜规律不同认识的对抗项目，因此其拳击风格打法差异很大。

例如，现代拳击运动诞生于英国，因此身体素质好、体能充沛的欧洲拳手讲究对抗拼实力，攻防平衡，以俄罗斯为主要代表；世界拳击强国古巴则根据自身的特点融合了欧美的拳击风格，形成了自己进攻速度快，移动灵活，打吊结合，注重防守反击的打法，傲视群雄。

但中国人在应该走什么路、形成什么样的风格问题上，始终没有很好解决，尽管偶尔我们也能在一些比赛中取得较好成绩。因此，直到2002年韩国釜山亚运会上，我们依然与金牌无缘，只拿到了三枚铜牌，显然与我们这个13亿人口的大国和亚洲体育强国的身份极不相符。

四、中国拳击之路"快、全、连、变、准"

国外的先进训练方法、理念和手段固然应该学习借鉴，但如何结合中国拳手的身体特点，找到一条适合中国拳手特点的打法，最终形成自己的技术风格，扬长避短，已经成为中国拳击冲出亚洲、走向世界急需突破的瓶颈。

经过多年的努力、失败、反思、再努力、再失败和再反思之后，中国拳击界逐渐找到了适合中国自己的拳击风格之路。从2001年开始，我作为国家体育总局重竞技中心党委书记，主抓拳击项目，通过对多年训练的总结，结合国内外拳击技术风格打法以及不同国家对拳击制胜规律不同理解的深度研究和大量对比，于2003年初提出了"快、全、连、变、准"的中国拳击制胜因素。即出拳、移动及攻防转换快速，技战术全面，招法连贯，攻防变化多样和出拳准确等。

应该说，这"五字方针"浓缩了拳击项目的本质和制胜特点，成为训练的指导思想，并通过实践逐渐被包括中国拳击队总教练张传良等中国拳击界认可和深化。尤其令人高兴的是，邹世明在2003年世界锦标赛获得银牌，其技术风格和特点有力地证明了"五字方针"的正确性。

此后，张传良根据多年训练经验在"五字方针"基础上提出了"控"的概念，即运动员在比赛中对距离、时机、技术、战术、体能、节奏、力量和心理等的把握与控制。应该说，"控"是对"五字方针"的丰富和完善。与此同时，我又研究总结了奥运冠军的成功经验和特征，提出了"技术全面、特长突出、体能出众、心理过硬、作风顽强"的冠军模型，在此基础上，张传良进行了深化研究，提出了"冠军模型系统"。实践证明，这"六字方针"及"冠军模型系统"成为中国拳击向世界拳击顶峰冲击的理论依据和指导思想，在项目本质特点认知及如何看待科学训练等关系中国拳击能否走一条正确路线的问题上，逐渐达成统一，并有力地推动了训练水平的提高。张传良认为，对拳击这个对抗性强的项目本质认识正确与否，关系到能否准确把控训练的整体思路和手段，即科学训练，其核心是提高拳手的实战能力。另外他还提出，在训练中应该根据项目特点科学地看待"三从一大"科学训练原则。就拳击项目而言我们需要的是：

从严从难从实战高强度的训练，从严从难从技术高质量的训练，从严从难从战术高智商的训练。

根据上述要求，张传良提出了完整的拳击训练的指导思想：

一、以技术、战术为生命。要训练运动员具有全面技术，没有技术再大的运动量、再好的体能和心态都是无用的，没有技术谈不上战术的运用。合理的战术运用可以把握比赛的命运。拳击的战术是为技术全面的胜者准备的，技术单调的败者没有战术可言。

二、以速度为灵魂。速度是竞技体育的核心。中国拳击只有在"快"

字上下工夫才能与世界强国抗衡，才能取得比赛的胜利。

三、以距离、时间差为突破口。谁场上距离控制得好，谁就能控制场上的主动权。时间差把握得好就能改变正常的拳击规律。慢可以打快，轻可以打重、短可以打长、矮可以打高。

四、以心理、意志品质为保障。心理素质差的队员不能很好地完成比赛，训练中，心情好坏决定训练课的质量，意志品质好的队员能打硬仗。

五、以体能为载体。体能训练是技术训练的载体，是专项和目标行为的基础，因此拳击的体能训练应紧紧围绕比赛场上 8 分钟的需要来进行训练。

六、以控制来把握。

七、以创新求发展。中国拳击走向世界必须走自己的创新之路，要有自己独特的风格和特点，才能在比赛中取得胜利。

八、以赢得比赛为目的。

应该说，这些对尽快提高中国拳击水平、摆脱落后帽子和赶超欧美拳击强国具有很强指导意义的精辟理论，是经过了中国拳击界几代人屡遭挫折、屡次失败后总结出来的，也是一批又一批的中国拳手用自己的血肉之躯饱受外国拳手重拳之后换来的，非常珍贵。他们向一直垄断世界拳坛的欧美拳击强国传递了一个强烈的信息，中国拳击人不惧怕失败，也不畏惧强手，他们将以中国人特有的智慧和适合中国的拳击理论、风格及打法挑战世界，最终在世界拳坛占有属于中国人的一席之地。

五、拳击项目 2008 年奥运争光计划实施出台

回顾中国拳击历史不难发现，中国拳击从落后到真正有较大突破是从 2003 年世锦赛、2004 年雅典奥运会邹世明先后获得亚军和季军开始的，他让世界真正认识并感受到，中国"拳击的巨龙"已经从沉睡中苏醒并

开始崛起。

2003 年，邹世明在泰国曼谷拳击世锦赛半决赛中击败古巴的世界冠军并最终获得亚军后，成为爆炸性的新闻。时任国际拳联主席乔杜里在执委会上惊喜地说："中国人把古巴人打败了！"可见这在当时引起的震动和影响之大，就像古巴的乒乓球选手把中国的乒乓球运动员打败了一样，令人难以置信。

这两次较大突破的意义在于，中国拳击界已经逐渐发现并找到了适合中国拳击发展制胜规律以及项目本质，特别是在 2005 年四川绵阳世界拳击锦标赛上，邹世明成为打破欧美人对世界拳坛近百年的垄断、奋勇夺冠的第一人，因此更加坚定了中国拳击要走自己路的信念，为中国拳击最终在 2008 年北京奥运会上取得历史性重大突破奠定了基础。

另外，2005 年 9 月，国家体育总局成立了拳击跆拳道运动管理中心，加强了对拳击的管理力度。我们以科学发展观为指导，大胆开拓思路，解放思想，对 2008 年拳击项目奥运争光计划进行科学统筹管理和系统设计创造了很重要的条件。

2004 年初中国拳击协会进行了换届选举，我当选为新的中国拳击协会主席。会议讨论并通过了《拳击项目 2008 年奥运争光计划实施方案》。应该说，这是指导中国拳击在北京奥运会上取得重大突破的纲领性文件，对充分利用举国体制，举全国之力，将中国拳击界各路精英和人士统一到北京奥运会实现中国拳击金牌零的突破，向祖国 60 年华诞献礼这个大主题之下，发挥了重要作用。

该方案的主导思想是，抓住 2008 年奥运会在中国举行的千载难逢的历史机遇，调动全国拳击界各方面的积极性，发挥举国体制的优势，运用科学的管理方法，严格执行"三从一大"的训练原则和"两严"方针，采用走出去、请进来的方法，保证重点，兼顾一般，全面提高中国拳击水平，力争实现奥运会金牌零的突破。

为了切实有效落实并完成拳击项目 2008 年奥运争光计划，我中心于 2006 年 6 月在北京召开了一个非常重要的全国备战动员大会，出席会议的有来自全国各省市体育局长及主管拳击工作的中心主任，以及解放军和前卫体协的领导，我代表中心作主报告。我在报告中详细分析了2008年北京奥运会中国拳击面临机遇的有利条件和将面临挑战的严峻形势，提出了备战"三步走"战略，即以圆满完成三大战役（亚运会、世锦赛、奥运会）为阶段目标，检验和推动备战工作。将2006年多哈亚运会、2007年美国芝加哥世锦赛和2008年北京奥运会作为中国拳击3年3个突破的目标，并强调亚运会是"小考"，世锦赛是"中考"，奥运会才是"大考"，在2008年奥运备战周期的3年内，所有的训练、比赛及管理工作，全部围绕北京奥运会这个重中之重的大主题来进行。

应该说，这个报告和制定的"三步走"战略是在进行了充分论证分析和广泛讨论后推出的，将两年前的《拳击项目2008年奥运争光计划实施方案》更加细化具体，具有很强的可操作性。它使我们既正视差距，看到面临的重重困难，同时又看到希望和目标，给了中国拳击界和各省市体育局领导很大的信心，极大激发了他们为北京奥运会实现中国拳击金牌零的突破的斗志，是中国拳击界一次立志彻底摆脱落后帽子，冲击世界巅峰的团结大会，具有里程碑的意义。

为了充分发挥举国体制的优势，提高胜算，降低风险，不折不扣地贯彻落实总局领导及各司局的有关备战指示和要求，切实做到"眼睛向上看，围着队伍转，中心省市一起干"。我中心于2006年4月便率先与重点运动员所在地安徽、新疆、广东和解放军、河南等签订冲击北京奥运会拳击金牌及反兴奋剂责任书，最大限度地调动了他们的积极性。这在当时各个项目中心里，还是第一个。

另外，拳跆中心根据拳击项目单兵作战的特点，对那些愿意并有条件承担奥运冲击奖牌任务和运动员水平优秀的省市积极扶植，充分调动其积极性，在地方设立国家队训练组。这既化解了训练上的矛盾，又理顺了关系，在体制上进行改革，同时确保了国家队中央组重点队员的训练。

实践证明，这一举措有力地推动了运动技术水平的提高，有效地降低了失败的风险，是中国拳击在北京奥运会上实现历史性重大突破的一个重要因素。

六、加大科学训练和管理力度

事实上，中国拳击经过多年探索逐渐找到了一条适合中国拳击发展和制胜规律之后，如何在科学训练和科学管理上更上一个层次，影响到中国拳击整体水平能否尽快提高，能否在北京奥运会上令人信服地实现金牌零的突破的关键。

因此，从2006年开始，我们拳跆中心便提出了中国拳击要始终坚持"以科学为向导、以苦练为基础、以创新为源泉"的宗旨，在国家队训练中树立"科教兴拳"的意识，不断加大科技投入，积极探索拳击训练的科学化和管理科学化的路子。为此，在备战北京奥运会期间，我们拳跆中心把训练作为备战工作的重中之重，训练工作中我们又把提高实战能力作为核心要务。可以说我们的所有工作都是围绕提高训练质量、训练水平展开的，着重抓了三件事：

第一，在管理体制上，加强了复合型备战团队建设。从备战工作初期，即2005年冬训开始，我们按照优势互补原则，抽调全国最优秀的教练员和运动员、科研、医务、管理等方面的人才，分别组建了拳跆道项目2008年北京奥运会备战团队，由崔富国副主任和赵磊副主任兼任队委会主任。他们认真负责，经常蹲在队上做工作，为取得优异成绩做出重要贡献。

两个项目均实行队委会领导下的级别主教练负责制，很好地调动和发挥了每一个教练员的积极性、创造性。

第二，在训练导向上，我们紧紧抓住制胜规律和冠军模型的研究和探索，提高了训练方向的正确性和训练方法的准确性。

第三，在提高训练的实效性上，我们要求结合拳击、跆拳道项目的特点，用量化的办法落实"三从一大"科学训练原则。运用板块理论、菜单式方法解决具体问题，使训练和管理工作更加有效，实践证明效果很好。

第四，在管理方法上，我们注重统筹兼顾，如"四个一体化"，即内事外事一体化、竞赛训练科医一体化、中央地方一体化、中心国家队一体化。

另外，任命了奥运课题负责人为国家集训队副总教练，使奥运会科技攻关与服务工作更加扎实有效。项目科研工作以拳击运动员长期体重控制和训练生物学监控两个方面为主，兼顾情报信息、运动性伤病会诊和训练器材研制等项工作；及时获得国外奥运会参赛拳手名单，为有的放矢地备战奥运会尽可能多地提供情报信息等。

在备战北京奥运会训练周期内，拳跆中心和中国拳击队也加大了科技含量。2006年7月，中国国家拳击队根据3月下旬至4月上旬在意大利、阿塞拜疆和芬兰进行为期一个月拉练训练中暴露出的问题，及时进行分析总结。针对运动员体能问题并结合12月的多哈亚运会备战，到内蒙古武川亚高原训练了3周。这是中国拳击队首次到海拔1600米的亚高原进行训练，摸索高原训练经验，为2008年奥运会寻找新的突破口。

训练期间，拳跆中心和国家队聘请了以国家体育总局科技司副司长张天百率领的多学科专家组进行了一次科技保障服务大行动，专家组成员都是国内外从事运动营养学、运动损伤的预防和康复、高原训练、运动损伤的诊断与治疗以及美国拳击训练等方面有影响的专家，具有多年与各种运动队打交道的历史，经验丰富，理论和学术水平很高。因此，他们深入到运动队观看训练，与教练、运动员和随队医生及科研教练进行交流和沟通，提出了许多有针对性的建议，找出了一些长期困扰重点运动员的伤病问题，切切实实地帮助他们解决了一些难题，特别是一些观念性的难题，因此受到了欢迎和重视。

拳击虽然是中国代表团争金夺银的潜优势项目，但我们并没有忽视科学备战奥运会的重要性。我们深知，备战奥运会绝不是技战术层面上的训练问题，还涉及运动营养、防止运动损伤/体能康复和运动机能负荷监控与恢复等多学科问题，教练员对此必须有更深刻和清醒的认识，积极配合。特别是普遍存在的导致非战斗性减员的"杀手"——伤病，更需要专家的帮助。此次多学科专家下队讲学，是中国拳击队提高备战 2008 年奥运会科技含量的第一步。

另外，拳跆中心还提出在提高体育技能硬实力的同时，还要提高运动员的软实力，即心理素质、技战术意识、文化素质、自身修养和对比赛的认知能力等。这些在整个备战过程中一直把握得很好。

值得一提的是，在备战工作中我们对拳击的管理和运行机制进行了改革，采用了主教练负责制，教练员人数多，责权清晰，对运动员训练考虑和抓得细。同时，采取对教练员责权利的竞争机制以及集中与分散结合的训练方式，充分调动了各省市的积极性。新疆则聘请了哈萨克斯坦的专家，这些上届奥运会都没有。从现在看，效果相当不错。

奥运会备战中真正体现出科技保障保驾的作用，中国国家拳击队在多哈亚运会、美国芝加哥世锦赛和北京奥运会三大战役中，均以充沛的体能、良好的竞技状态和饱满的精神风貌参战，没有出现一例运动员因伤病减员影响比赛发挥的问题，最终圆满地完成了任务，实现了 3 年 3 大步，年年有突破的奇迹。

七、中国拳击开始腾飞了

应该说，中国拳击的腾飞是从 2006 年多哈亚运会开始的，这是中国拳击历经 20 年挫折后，逐渐找到了一条适合中国特色的正确发展之路，即制胜规律、项目本质特点、冠军模型的认知及如何看待科学训练等关系上，更符合中国的拳击特色并得到了证明。

多哈亚运会的"小考"，中国队勇夺两金三铜，实现了自 1990 年北京亚运会后，中国拳击历史性的突破。其中，48公斤级的邹世明和60公斤级的胡青获金牌，51公斤级的杨波、69公斤级的哈那提和75公斤级的张建艇分获铜牌。

大家普遍认为，此次亚运会"小考"突破的意义很大。一是极大增强了中国拳击界在2008年北京奥运会上实现金牌零的突破的信心；二是证明了拳跆中心过去几年的工作思路以及教练员采用的训练方法是正确和对头的，充分体现了举国体制以及中心在加大科研上取得了成效。

中国国家拳击队总教练张传良认为，这次成绩实际上是我们对拳击制胜规律的认识与把握的一次验证，即快、全、连、变、准、控等。因为在中国拳击到底走什么路的问题上，中心领导在过去几年中给我们指明了方向，使教练组在认识上得到了统一，在训练方法上更适合中国运动员，对本届比赛起到了很好的指导和帮助作用。我们知道，如今的中国队已经具备了争金夺银的实力，关键是看拳手如何能在比赛中打出平时训练的水平和风格，扬长补短。应该说，这次比赛对我们是一次鼓舞，也是对我们备战2008年奥运会提出了更高的要求，我们将会认真总结。

中国拳击的第2次腾飞和突破是在2007年美国芝加哥世锦赛上。

中国队首次以11个级别的选手全员参加海外的世锦赛，最终世界冠军邹世明以绝对的优势首次卫冕成功，李洋（北京57公斤级）、哈那提（新疆69公斤级）、尼加提玉山（新疆91公斤级）和张志磊（河南＋91公斤级）还分别获得了铜牌，创造了7人晋级北京奥运会的人数最多纪录，显示了中国军团的整体实力。

其中，卫冕的邹世明还获得了最佳运动员技术风格奖，说明了邹世明的技术风格打法得到了世界认可。

此次中国拳击代表团团长、国家体育总局副局长崔大林在评价中国拳击运动员的表现时，用了"一颗大星，四颗小星恰好是一面中国五星红旗，非常圆满"米形容。

崔大林副局长认为，此次世锦赛在具有拳击传统且水平很高的美国举行，赛场上五次升起五星红旗，奏响国歌，是最值得骄傲的。因为拳击是对抗性最强的体育项目，过去中国队参加世锦赛第一轮便所剩无几了。而这次11人参赛，10人通过；第2轮9人告捷进入16强，第3轮中国队仍有7人胜出打入8强；第4轮5人获得奖牌，7人获得奥运会入场券，反映出中国拳击整体水平的提高，加上邹世明的成功卫冕，这是中国拳击的历史性突破。

究其原因有以下几点：第一，这几年拳跆管理中心在备战奥运会工作上非常认真，抓得实。具体体现为，中国队教练对业余拳击制胜规律的认识和把握上有提高，加强了这方面的研究，形成了中国自己的技战术风格打法；第二，训练上针对性有提高，即从实战出发，解决了体能不足，提高了实战能力；第三，赛前准备认真，计划周密，预案详细，例如领先后的战术等，临场指挥应变能力强，运动员能够充分发挥出水平；第四，运动员自信心明显增强，基本上做到了以我为主，以长克短。另外，运动员表现出良好的精神状态，这是充分发挥水平的一个良好和重要的保障，体现出团队精神；第五，举国体制。这次奥运备战周期，充分发挥了举国体制，调动了各省市为2008年北京奥运会做贡献的积极性，拳跆管理中做得有成效。

崔大林最后强调，现在距北京奥运会还不到280天了，如何抓住机会在奥运会上取得好成绩是我们需要认真总结和解决的问题。这次世锦赛毕竟不是奥运会，只是为奥运会上中国拳击取得好成绩奠定了基础，因此我们对中国拳击寄予希望。

2008年8月24日，中国这条"拳击巨龙"终于在北京奥运会上腾飞了！

在最后一天比赛中，48公斤级的邹世明和81公斤级的张小平分别夺得两枚金牌，+91公斤级的张志磊和69公斤级的哈那提分获银牌和铜牌，在拳击金牌榜上傲视群雄，超过了俄罗斯、古巴和美国等世界拳击强国，完全是凭自己的本事和拼搏精神打出来的，表现出中国男人的勇气和霸气，实现了中国拳击重大的历史性突破，震惊了世界，成为中国体育代表团最圆满的收官之作。

相比之下，世界拳击强国古巴队虽然有 8 人进入半决赛，但只拿到了 4 银 4 铜，创下了自 1968 年奥运会以来的首次"零金牌"纪录。美国队只带回了一枚铜牌。难怪美国的媒体纷纷用"美国拳击被 KO"和"美国拳击被读秒出局"来形容，这与 1976 年美国拳击"梦之队"在蒙特利尔奥运会上勇夺 5 金以及包括阿里、福尔曼、弗雷泽在内的世界重量级拳王称霸奥运会形成了巨大的反差。

八、历史是这样创造的！

从 2007 年美国芝加哥世锦赛的 1 金 4 铜，到 2008 年北京奥运会上的 2 金 1 银 1 铜，中国拳击实现了一个历史性的大飞跃，一举摘掉了拳击落后的帽子，在世界拳击之巅占领了自己的一席之地，让全世界赞叹！

这个已载入中国和世界拳击史册的历史，是几代中国拳击人共同奋斗的结果，是充分利用中国的举国体制，靠技术、拼搏和智慧创造的。

这种智慧既体现在经过多年探索和实践，我们已经找到了一条适合中国拳击的发展之路和制胜规律，也体现在 2008 年整个奥运备战周期中，拳跆中心领导以科学发展观为指导，大胆开拓思路，解放思想，运筹帷幄，进行科学统筹管理和系统设计。特别是对奥运会竞争的残酷性和不可预测性上，中心领导始终保持清醒和深刻的认识，备战工作扎实细致、寻找问题并有所突破创新，多次受到总局领导的好评，从而使中国拳击从落后实现飞跃。

我在 2008 年初的全国体育局长工作会议上所做的《降低风险、提高胜算、不辱使命》的主题发言，受到了与会者和总局领导的好评。因为降低风险、提高胜算这个命题本身，就是奥运备战全过程不断寻找、发现问题和解决问题的细化过程，是对各种风险不断变化转变的动态分析、评估和解决的过程，是对竞技体育以往成功失败众多案例总结归纳过程，是对奥运会竞争残酷性和激烈性的一种清醒认识，对北京奥运会中国体育代表团备战最后阶段的冲刺工作，具有典型的指导意义。

必须指出的是，中国拳击取得的一个个重大历史性突破，也得益于拳跆中心领导提出的"韬光养晦、和平崛起"国际拳坛外交策略以及中国人在国际拳联担任重要职务，在国际拳联具有更多的语话权和影响力。

2006 年 11 月，我以绝对多数票当选国际拳联副主席及亚洲拳击联盟主席后，先后有多名中国人在国际拳联和亚洲拳联任职。如张传良任国际拳联教练委员会委员，李青生任裁判委员会委员，岳岩任技术委员会委员，梁园任女子委员会委员，王家波任亚拳联教练委员委员等。

其中，李青生在北京奥运会和 2007 年亚洲锦标赛上两次被评为最佳裁判，王家波也在雅典奥运会上荣膺最佳裁判，说明了中国裁判具有很高的执法水平。

另外，中文成为亚洲拳击联盟的官方语言之一，这在国际单项体育组织中还是第一个，显示出中国人在国际拳坛的影响力和作用。

中国拳击在世界舞台上的一次次精彩表演和奥运会上的崛起，早已引起世界的高度关注。因为在身体对抗如拳击、柔道、摔跤和跆拳道等交手项目上，此前的中国男运动员从未在世锦赛和奥运会上染指过金牌（除邹世明）。特别是拳击一直是被西方人标榜为"真正的体育"，是欧美人长期称霸和垄断的项目，要想在奥运会这个含金量最高的大蛋糕上切下一块属于中国人的，无疑像是从欧美人身上割一块肉一样，让他们痛苦不堪。

显然，这个重大的历史性突破意义远大，金银铜牌成色很高，其价值和影响堪与田径和游泳项目相媲美，成为本届奥运会中国体育代表团新的金牌增长点。

为此，世界媒体和拳击界纷纷给予很高的评价。

例如，中国拳手在芝加哥世锦赛上的出色表现，引起了参加世界拳击组织（WBO）年会的许多嘉宾的高度关注。德国著名的 SPOTLIGHT 拳击推广公司总裁波兹瓦曾兴奋地对中国记者说："简直是神奇，中国有那么多拳手进入了半决赛,每天都有他们获胜的消息。"

美国拳击协会委员会副主席科尔在谈到中国拳击时也坚信,中国一定会涌现职业的世界冠军,因为中国在其他体育项目上已经证明了这一点。

美国第 4 大职业拳击推广公司旗帜公司总裁佩鲁洛也对中国拳手的成绩激动不已,希望他们中能够诞生中国第一个职业拳击世界冠军,并愿意为此做出努力。

美国《芝加哥论坛报》驻北京分社社长欧逸文先生更是一直关注中国拳击的发展和进步,全程报道了中国队在芝加哥世锦赛和北京奥运会的精彩表现。他在美国主流杂志《纽约人》撰写的长篇通讯,更是将近几年中国拳击的辉煌成绩与中国改革开放以来,在国际政治、经济、外交等多领域的强势地位相比较,来说明中国的这条"东方巨龙"的和平崛起。

而在北京奥运会前和期间,巴西最大的《叶报》(folhasp)记者埃多拉多和美国《纽约时报》驻北京分社记者胡克分别采访《中国体育报》拳击专栏记者杜文杰,希望能够了解到更多中国拳击近几年成绩突飞猛进的原因。特别是胡克告诉记者,他本人对拳击并不了解,但编辑部要求他一定要写一篇关于中国拳击的文章,因此他采访了国内许多拳击界人士。

而在邹世明夺冠之后,美联社、路透社等多家西方媒体也纷纷用《邹世明为中国赢得历史上第一枚奥运会金牌》的标题进行报道,美国ESPN 专栏作家更是用《邹世明证明拳击在中国有个家》来形容这位奥运会和世锦赛双料冠军在中国有很大的影响。由此不难看出,拳击的影响力之大。

中国拳击健儿在北京奥运会上的精彩表演,也让通过电视观看的中国人备感骄傲和自豪,从中央电视台奥运会几个转播比赛的频道所有收视率排名,也足以说明拳击项目在整个奥运会上的影响力。

例如,据央视奥运会收视率调查显示,自开幕至 8 月 24 日闭幕,全国有 11.25 亿观众至少收看过一次央视的奥运转播,占全国电视总人口的91.92% 。观众总收视规模达 124 亿人次。

其中,中央电视台收视率最高的 5 档奥运相关节目为:CCTV 1《第

29 届奥林匹克运动会开幕式》收视率为 40.54%，收视份额达 83.62%；CCTV 1《第 29 届奥林匹克运动会闭幕式》（12.57%）；《第 29 届奥运会拳击比赛 91 公斤以上级决赛》（2.15%）；《2008 年第 29 届奥运会男篮决赛》（2%）；《2008 年第 29 届奥运会拳击比赛 48 公斤级决赛》（1.9%）。

另外，CCTV 1 收视率前 5 的节目分别为：《第 29 届奥林匹克运动会闭幕式》（12.7%）、《天气预报》（6.4%）、《新闻联播》（4.78%）、《新闻 30 分》（2.27%）、《奥运会拳击比赛 91 公斤级决赛》（2.15%）

CCTV 2 收视率前 5 的节目分别为：《2008 年第 29 届奥运会艺术体操集体全能决赛》（1.01%）、《2008 年第 29 届奥运会闭幕式》（0.83%）、《2008 年第 29 届奥运会男篮铜牌赛》（0.7%）、《2008 年第 29 届奥运会男子马拉松决赛》（0.52%）、《2008 年第 29 届奥运会跆拳道女子 49 公斤级决赛》（0.44%）。

CCTV 5 收视率前 5 的节目分别为：《乒乓球女子单打决赛》（5.9%）、《CCTV5 奥运演播室》（5.71%）、《2008 年第 29 届奥运会乒乓球女子单打铜牌赛》（4.03%）、《拳击男子 48 公斤级半决赛》（1.96%）、《2008 年第 29 届奥运会拳击男子 69 公斤级半决赛》（1.87%）

展望 4 年后的伦敦奥运会，中国拳击还将面临更大的挑战，因为我们已经由暗（实力）到明，由小（年龄）到大，由无（金牌）到有，由主（场）到客，由原来的有利条件变成了不利条件，难度很大。尽管如此，中国拳击界将以百分之百的努力去冲击金牌，特别是女子拳击成为 2012 年伦敦奥运会比赛项目并有 3 枚金牌后，我们力争"三分天下取其一"，夺取金牌，为国争光。

守道待时

——中国跆拳道运动的发展历程

国家体育总局拳击跆拳道运动管理中心主任　常建平

中国跆拳道运动在不到 15 年的发展历程中融汇了无数个精彩的瞬间，创造了一个又一个令人激动的时刻。和很多历史悠久的国家和地区不一样，它有着典型的中国特色，今天很高兴能和大家一起回顾中国大陆跆拳道的发展历程。

事实上，中国大陆民间其实很早就已经有跆拳道的练习，但是因为没有正式官方的身份，所以根据以前的国家规定：没有正式立项的运动项目是不能代表国家参加世界锦标赛的。不过，后来是得到了时任国家体委主任伍绍祖同志的大力支持，中国才有了官方背景的跆拳道发展。有了官方的身份，跆拳道才有了强有力的组织保障。

在中国跆拳道运动发展的这 15 年中，从无到有，从小到大，自始至终得到各级领导、各省市、社会各界朋友们和国际友人的支持和厚爱。原中国跆协主席魏纪中先生在很短的时间内，奠定了中国跆协在国际组织中的地位，经常采取"手谕"的方式，指导中国队的训练工作；徐寅生副主任经常看望国家队训练，并提出要创新；"守道待时"的精神至今仍然是鼓励中国跆拳道队的精神动力；郭仲恭先生对项目的发展、推动、提高做出了巨大贡献。包括李仲佑、金圣根、崔文顺等在内的一大批国际友人，在推动运动项目上所表现出的国际主义精神，激励着我们努力工作。

一、引进跆拳道

从原国家体育运动委员会（以下简称国家体委）1992 年派出调研小组赴日本调研开始（当时中韩两国还未建交），拉开了中国开展跆拳道运动发展的序幕。从此开始，国家体育部门对跆拳道运动的开展给予了支持和高度关注。早在 1984 年，由国务院经济技术发展研究中心组织拟定了《2000 年的中国》战略研究报告，其中由国家体委负责研究出台的战略报告中，已经提到了来自朝鲜半岛的跆拳道项目，有可能成为未来的奥林匹克运动项目。1988 年汉城奥运会期间，来自美国的一位韩裔美籍友好人士金圣根先生，在中国奥委会和世界跆拳道联盟之间，搭建了沟通的渠道，开始了跆拳道运动的国际联络工作。

跆拳道项目管理部门的级别发展不断提升，组织和管理工作对国内由国家体委（后改为国家体育总局）负责，对外以中国跆拳道协会的名义开展工作，实际上是两块牌子一套人马。

1994 年至 1997 年底，由国家体委训练竞赛一司摔跤柔道处负责组织和管理工作；

1997 年底至 2005 年，组织和管理的业务工作归新成立的国家体育总局重竞技运动管理中心负责；

2005 年至今，由新成立的国家体育总局拳击跆拳道运动管理中心负责。

1995 年 7 月中国跆拳道协会正式成立，2004 年 7 月得到国家民政部正式批准。

中国跆拳道协会的第一任主席是时任国家体委委员（副部长级待遇）、国际奥委会项目委员会委员、中国奥委会秘书长的魏纪中先生，秘书长和副秘书长分别由训练竞赛一司副司长郭仲恭、摔跤柔道处副处长赵磊担任。第二任主席由现任国家体育总局副局长的崔大林担任，国家体育总局拳击跆拳道运动管理中心主任常建平先生任副主席，秘书长是中心副主任赵磊。

中国跆拳道在发展初期还有很多传奇故事。之前说到的金圣根牧师，他是自告奋勇地在汉城奥运会期间找到了中国奥委会的有关负责人，表达了愿意在中国推广跆拳道的愿望。之后，他又通过在中国的亲戚——原中国煤矿文工团的舞蹈演员崔文顺女士（出生于朝鲜，朝鲜族，曾获"人民演员"的称号），找到了原国家体委球类司司长夏朗，转达了世跆联想在中国发展跆拳道的愿望。夏朗马上向当时的国家体委主任李梦华同志作了汇报，李梦华把当时在国际司担任领导的魏纪中找来商议。

魏纪中是中国体育外交方面的专家型领导。在当时中韩没有建交的情况下，要决定国家正式开展这项运动确实不大现实。魏纪中建议是否可以在体育院校当中尝试发展，这样既可以抓住机会，也不会产生其他问题。李梦华主任认为这一方案可行。于是，把尝试性开展跆拳道运动的工作，交给了当时由杨福禄担任院长的北京体育学院。

金圣根返回汉城后，会同李仲佑选派一流的教练员到中国执教。考虑到中韩尚未建交的现实，把散布在世界各地的跆拳道教练员逐一过筛子，最后选定了在美国夏威夷开馆的韩裔美国人李大成。

李大成当时30岁出头，毕业于美国夏威夷大学，曾经连续10次获得全美跆拳道轻量级冠军，因此被载入吉尼斯纪录。1989年5月，留着一头长发，带着美国夏威夷的热浪，李大成来到北京开始为期两周的跆拳道执教活动。

中国的学生们都期待着来者是一个高大威猛的跆拳道大师，没想到来了一个小个子，心里都不服气。第一堂课他们就真刀真枪地比试了一番。李大成的真人实打一下子就征服了所有在场的人。

二、跆拳道办赛

（一）第一届世锦赛

参赛，一个发展的高起点。

1995 年 5 月，由原国家体委训练竞赛一司在北体大主办了全国跆拳道冠军赛。比赛经费全部由美籍韩裔金圣根先生资助。时任北京体育大学外事处处长的李志勇前后张罗。原北体大校长金季春也出面领导协调赛事组织工作。由于当年 12 月在菲律宾马尼拉将举行跆拳道世锦赛，因此，这次冠军赛也有选拔的意义。

比赛期间，郭司长特意请到了原国家体委伍绍祖主任观赛，并专门就中国队参加当年世锦赛的事宜向伍主任作了口头汇报。由于当时跆拳道项目还没有成为正式开展项目，按照工作程序不可能组队参加世锦赛。而伍主任听完汇报后当即决定，同意中国队参赛，经费自筹。

在项目发展初期就能出征世锦赛，等于创造了很高的发展起点，也使当时跆拳道项目所确定的"高起点、高水平、高速度"的发展方针有了实质性内容。

（二）筹措经费飞向菲律宾

有了领导的参赛命令，接下来的就是具体的参赛组织工作特别是经费和出访手续问题。9 月底开始筹备中国队参加世锦赛的组织工作。经过全面协商，代表团团长由孙大光担任，领队则是孙景宜，赵磊负责管理，翻译是刘文彬（曾担任北京奥组委体育部副部长），教练员是杨镇芳（韩国人）、陈立人、张海滨和黄京胜，运动员分别是女子丁朝霞、黄鹤、孙晓玲、沈萌芽，男子马伯乐、门凤伟、陈赞銮。包括国际旅费、食宿费、报名费等在内的中国队的所有参赛经费，再一次全部由金圣根先生负担。

1995 年 11 月初，所有参赛队员集中在北体大武术馆集训，主要由杨镇芳教练负责训练工作。在武术馆 2 楼的教研室，我代表项目管理部门给全队召开了第一次会议。队员们反映说，没有统一的队服。当时国家队出访都去体委的装备中心借服装，由于跆拳道项目不是正式开展项目，不能享受此待遇，只好自己想办法解决队服。那时，要买到一套合适的运动服还真是很困难，只好再次求助于金圣根牧师。一周后他在韩国买了十几套韩国造的 PROSPECT（前景）牌运动服邮寄给我。运动服质量不错，但没有中国字样。赵磊和陈立人跑到木樨园的"浙江村"找到一个绣字的裁缝，花了一个晚上的时间，绣上"中国"两个汉字，算是有了中国队的队服。

（三）组队初期的"财神爷"

金圣根先生早年是一名跆拳道高手，在一次交通事故中失去一只胳膊，后来移居美国旧金山，成为一名牧师。1988 年汉城奥运会期间，金先生曾和中国奥委会官员接触，准备向我国介绍推广跆拳道运动。但是鉴于金先生的牧师身份，我方没有做出积极的回应。金先生和当时的世界跆拳道联盟副总裁、竞技跆拳道的鼻祖李仲佑先生是好朋友。1995 年，金先生再次出资，李仲佑先生选拔韩国人杨镇芳来到北体大执教一年，组成第一支中国跆拳道国家队，并出征了在菲律宾马尼拉举办的世锦赛。

从 1989 年至 1999 年，为了中国跆拳道的发展，金先生每年差不多都要来访中国两次。有时他会约李仲佑先生一起，并请崔文顺女士担任翻译。金先生每次来都下榻于北京长城饭店，经费自负。李仲佑先生往返汉城和北京的旅费（头等舱）也由金圣根先生负担。

1995 年中国队参加世锦赛前后，金先生有一个计划，就是出资为中国队在北京建立一个训练馆。赵磊陪金先生曾经一起到北京丰台、望京（当时还是一片良田）、北体、通县等地选址；金先生有　次甚至还把在日本银座开饭店的亲戚也约到北京，作为出资的一方。当时还曾邀请时任国家体委副主任的徐寅生同志，和金先生一起到北京丰台一个地方看地，并且和相关者草签了协议。然而，由于种种原因，特别是土地审批等政策性原因，训练馆最终没有建成。金先生每次看望国家队，都要给队员们留下膳食费，并给予鼓励。

（四）变数只是世锦赛的开始

距离出发还有 1 天，代表团翻译刘文彬给赵磊打电话说签证还没有下来，可能有问题。赵磊马上去了刘文斌的办公室，请他和菲律宾组委会取得联系，设法让组委会通知菲律宾驻华使馆帮助。当时已经下午 6 点多了，菲方组委会那边不是忙音就是不接电话。经过近 40 多分钟的不断拨号，终于找到了组委会的一位工作人员，他答应尽快和使馆联系。第二天上午，中国队的签证拿到了。

队伍抵达马尼拉的当晚，赵磊、刘文彬和杨镇芳去组委会注册，遇到了新的问题，中国队的队员没有段位证，组委会不接受报名。杨镇芳找了李仲佑，算是给中国开了绿灯。晚上，三人去了金圣根先生下榻的酒店。一见面金先生就满面笑容，他说，你们看我的身份卡，上面的单位是中国队。我很高兴啊！金先生的身份卡上国家和职务一栏中，写着中国跆拳道队顾问的头衔。金先生和他的夫人请我们在饭店咖啡厅坐下来，仔细询问我们还需要什么帮助，有什么困难？之后，他拿出一个信封交给我，并说这是中国队的食宿费，请查验。

比赛开始后，金先生坐在中国队的区域为我们加油。遗憾的是我们当时的水平太差，除了马伯乐在第一轮赢了一位印度选手，其余全部在第一轮被击败。金圣根先生说，中国队此次参与比取胜更重要，只要中国队这次能够来参加，就是一个良好的开端。

（五）由外场经历带来的财富

世锦赛期间，从延边来的黄京胜教练的钱包在体育馆外面被偷了，由于报警及时，警察很快包围了体育馆丢失钱包的区域，并由刘文彬陪同去当地警察局问话。黄的钱包居然被警察在小河沟中找到了，分文未丢。刘文彬后来开玩笑说，当了多年的翻译，进警察局还是第一次。

世锦赛上，香港裁判黄伟沛和中国队在体育馆外面合影留念，未曾想到这张照片后来在香港跆协引起轩然大波。世锦赛结束以后，他给香港的一本知名杂志写了一篇文章，大意是说中国大陆要全面开展跆拳道运动了，如果需要，他本人可以出力。

（六）失利意味着重整待发

马尼拉世锦赛结束后，在华执教一年的杨镇芳教练要返回美国和家人团聚。在马尼拉机场，很多队员眼泪汪汪，和杨教练依依不舍。此前的一天晚上，金先生、李仲佑先生找到赵磊，鼓励他不要泄气；杨教练和赵磊彻夜长谈，他们的建议后来被采纳，成为中国跆拳道发展的推动力之一，也算是中国队首次参加世锦赛的另一种"财富"吧。

参加菲律宾世锦赛的中国队回到北京后就解散了。由于当时女子柔道国家队在天津西青体育局集训，为了管理方便，郭司长决定把新一期的国家跆拳道集训队也放在西青。场地没有训练垫子，郭司长找到一司摔柔处处长宋兆年，请他支持一套旧的柔道垫子。宋处长很快答复说，他已经落实了一套从德国进口的旧的柔道垫，在顺义体委，让赵磊设法把它运到天津。

1995 年 12 月 26 日，赵磊预订了搬家公司的车，和来自武警队的教练贾伟涛、陈立人教练，开着贾伟涛新买的挂着武警牌照的北京 212 吉普，到顺义自己装车，之后一路杀到天津，在西青体育馆西侧的走廊里铺上了垫子。不久，伍绍祖主任来天津看望女柔，之前他的秘书杨建中给赵磊打电话，说伍主任专门为新组建的中国跆拳道队准备了一句话：守道待时。此句话源于白居易的一首诗，大意是将士平日应刻苦训练，等待时机，报效国家。伍主任在天津看望中国跆拳道队时，特意用毛笔书写了这 4 个字，后来又亲笔写了出处和解释。

三、跆拳道人

（一）他们这些人

中国跆拳道的起步，有很多人要感谢，其中不得不提两位已故的跆拳道功臣——萧矿泉和韩国平。

萧矿泉是香港跆拳道协会会长、香港光荣行老板。从1995年相识开始，在私底下我们都按照香港人的称呼，叫他阿泉哥。最后一次见到他是2006年10月，赵磊去澳门和亚洲空手道协会秘书长龚智仁先生商谈在中国开展空手道运动。阿泉哥知道后特意从香港赶到澳门。他和龚先生是发小儿，从小一起长大，关系不一般。那时，我才得知他已经身患癌症，正在化疗。他说，他正在香港盖一座20层的宾馆，很快竣工，到时候请中国队来住。阿泉哥和他的九弟萧矿辉先生，在与龚先生的谈判过程中起到重要作用，无意之间，阿泉哥又当了一把中国空手道运动的"推手"，成为先驱者。

（二）阿泉哥和跆拳道

阿泉哥真正意义上的"推手"和先驱作用，要算对中国跆拳道运动所作的贡献。

1995年，我们在菲律宾马尼拉举办的跆拳道世锦赛中相识。此后，他一直对中国跆拳道运动的发展给予了极大的关注和支持。

1996年，在浙江金华举办中国跆拳道协会成立以后的首届全国锦标赛。阿泉哥从香港把比赛的专用护具包括头盔等运到广州，再从广州托香港参赛队队员每人一包，带到金华赛区。

1996年底，中国队参加在澳大利亚墨尔本举行的亚洲锦标赛。阿泉哥从香港为中国队定制了二十几套带有中国字样的阿迪达斯运动服。自己坐飞机从香港飞到赛区，把服装交给中国队，之后又自己安排住宿。那一次亚锦赛，中国队的门凤伟获得 1 枚铜牌，五星红旗第一次在国际跆拳道比赛中升起。

悉尼奥运会后，在上海嘉定举办的全国跆拳道冠军赛期间，阿泉哥奖励获得金牌的陈中和她的教练陈立人每人一条金龙；阿泉哥还是城市金杯跆拳道比赛的创始人。这个比赛是专门为中国队特意设计的，每年在香港举办。

2000 年悉尼奥运会前，陈中、贺璐敏在香港亚锦赛获得了金牌，阿泉哥把队伍集体带到西贡去吃海鲜，盛情邀请中国队乘坐他的豪华游艇出海游览。

阿泉哥在香港制作了一批中国跆协的徽章。原国家体委训练竞赛一司的同事赵玉馨看到中国跆协的徽章做得很好，就拿来一个国际技巧联合会的徽章，让我问阿泉哥能不能制作。我开始没觉得那是件多么麻烦的事情。然而，那枚徽章制作工艺相当复杂，上面有很多金丝银丝缠绕。过了 3 个月，阿泉哥把成品送到北京，成品和样品完全一样。这件事过了很多年，赵玉馨要付钱，赵磊问阿泉哥多少钱，他说不客气，就算对中国体育的贡献。后来，九弟告诉赵磊，为了做这个徽章，可忙坏了哥哥，他几乎问遍了全世界，总算在英国找到了一家公司做。原来这个公司就是制作样品的那家，因为价格太贵，国际技联委托中国技巧协会在中国找便宜的厂家，但是中国国内根本做不了。没想到又找回到那家公司。只不过，这次制作的经费是由阿泉哥出。我问九弟，到底一个多少钱，他开始不肯说，后来才知道，一个差不多要近千英镑。

（三）一代枭雄策马还乡

1995 年底，北京体育大学校门口的一个小餐厅，陈立人、韩国平和赵磊一起吃饭。当谈到正在为举办首届全国跆拳道锦标赛无经费而发愁时，国平说，他愿意负责全部经费，并给刚刚成立的中国跆拳道协会捐资人民币 10 万。当时对这位刚刚认识的大汉并未抱太大的希望，他在说那句话时，并没有显得慷慨激昂，而是语气平和，将近几十万的承办赛事的费用对他来说似乎不成问题。饭后一周，财务司果然收到一笔10万元的来自深圳署名韩国平的捐赠。于是，中国跆协成立后所举办的首届全国跆拳道锦标赛，落户在浙江金华。那次比赛的组织工作获得了巨大成功。刚刚被立人选到北体学习跆拳道的陈中，那时并无经费参赛，韩国平出资，让陈中以浙江队队员的身份参加了这次比赛。

后来听说，金华比赛，韩国平除了寻找的一部分社会赞助经费外，大部分经费来自于他卖掉的自己在千岛湖经营的出租车队，还有他组织自己的学生把赞助商给的物品变卖成经费。金华比赛结束不久，他个人投资30万，把金华火车站改装成训练馆，成立浙江省跆拳道专业队，我给他介绍了韩国体育大学毕业的跆拳道世界冠军徐胜教到金华执教3个月，工资全部由他付给。在当时全国几乎没有人知道跆拳道运动是个什么运动，没有专业运动队的情况下，这一举动，无异于一声惊雷，起到了带头作用。此后，浙江队涌现了十次蝉联全国跆拳道锦标赛冠军的王浩，代表中国征战悉尼奥运会的朱峰，以及在国际比赛中多次夺取冠军的张碧玉等优秀运动员，国平一手缔造的浙江队从1996年开始至2006年的十年间，共夺取了60多个全国冠军，也成为全国实力最强队之一。浙江省在十年间，一共承办了包括全国锦标赛、冠军赛、对抗赛和外事活动等在内共20余次，中国跆拳道运动的发展过程中，平均每一年有两次重大比赛和活动在浙江举行，每次比赛和活动，国平都是具体的牵头人。

其实还有很多个关于他们感人的故事，说几天几夜都讲不完。正是因为有这样一批人在幕后支撑着中国跆拳道，所以才有了现在的一切。

四、跆拳道与奥运会

（一）五味杂陈的五环比赛

2000年悉尼奥运会跆拳道首次作为正式比赛项目登场。中国队夺金的希望就落在陈中和贺璐敏两个河南女孩身上。

身为亚锦赛冠军和当年世界杯冠军的贺璐敏率先出战。不料，出师不利，在大好形势下却被对手翻盘。但贺璐敏没有因此沮丧。当晚，陈立人主教练特意把贺璐敏叫出来想嘱咐她几句。这场比赛后，没让别人看到自己掉过一滴眼泪的姑娘轻声回答他说："陈指导，您放心，我知道自己该怎么做。"回到房间，她怕自己睡不着觉打扰陈中休息，竟然悄悄地拿着笔记本，躲进卫生间里整整坐了一宿。第二天一早，当陈中醒来时，贺璐敏已经为她做好了一切参赛的准备。

陈中信心十足地出场，第一场6比0大胜东道主选手，第二场6比3胜英国，第三场对墨西哥，第四场对委内瑞拉，都是大比分获胜。闯进了决赛，稳保银牌，陈中和他的教练陈立人相视一笑——他们第一次奥运之行的任务算是完成了，可以松一口气了。

郭仲恭此时却意味深长地对这两位师徒说："此时不搏待何时？世界上最蠢的人就是吃后悔药的人，机遇当前，就看你们抓不抓得住。"郭领队的话将他们从喜悦中敲醒。

当时作为奥运裁判的赵磊深知比赛中裁判是多么重要，他找到负责裁判工作的世界跆拳道联盟副主席李仲佑，恳切地对这位曾经帮助中国跆拳道起步的老人说："请您相信，我们的陈中肯定是有实力拿这块金牌的！请您千万千万为这场比赛派上水平最高、最公正的裁判。"

那绝对是一场精彩的巅峰对决，前几个回合打得俄罗斯选手几乎没有还手之力，甚至还打了对手一次KO，到最后，陈中以8比3的绝对优势获胜，为中国夺得了第一枚跆拳道奥运会金牌。

（二）2000年悉尼奥运会

为了备战悉尼奥运会，国家队迁入天津郊区的一个废弃机场训练。在那里远离城市喧嚣，只有玉米地和羊群为伴，是个绝好的封闭训练场所。在那里，国家队的训练手段与初期那种一味苦练、屠宰式的方式有了很大的改变。队员们每天早上跑八九千米，400米、500米的冲刺也要练上十几个，再加上两个半天的高强度训练，从训练强度上有了保证。

悉尼奥运会，我们派出的是陈中和另外一个在国际赛场上露面不多的北京小将——罗微。罗微在悉尼最惊险的一战是第一轮居然遇上了韩国的天才少女黄敬善。没想到这个初生牛犊不怕虎的姑娘，竟然最终还是把抽到的死签给打活了。

接下去几轮比赛，每次上场前，作为奥运裁判的赵磊都要走过去不经意地和她侃几句，有的时候用激将法，有的时候点拨她一下千万不能轻敌。话不用说太多，点到就够了。

最终罗微和东道主选手的决赛中，比分交错上升，罗微出乎我们意料地拿下了这枚金牌。

第二天，陈中的比赛。作为上一届的冠军，她早就是别人研究的重点对象，要卫冕难度很大。那时，她的旧伤其实也很严重，可是她还是顶住了压力，成功地拿到了个人历史上的第二枚奥运金牌。

（三）2008 年北京奥运会

北京奥运会跆拳道比赛对于中国来说承担的身份更多。除了原先最简单、最直接的参与者之外，我们还被赋予了更多的角色，我们的任务不仅仅是夺金牌了。

北京奥运会的跆拳道比赛对于中国跆拳道运动和世界跆拳道的发展至关重要，短短四天的比赛中既有很多精彩的场面，涌现出了很多新星，也出现了很多事件，当然，这些事件有好有坏，但是如果能够加以引导，坏事也能够变成好事。

北京奥运会对于跆拳道运动的意义非常关键，原因之一就是明年国际奥委会将通过投票决定跆拳道等项目是否能够继续保留在赛会内，从当时的形势上看，前景并不明朗。赛前，作为世跆联主席赵正源的特别助理，赵磊在苏州召开了为期一天的世跆联技术工作会议，会议的议题只有一个——如何办好北京奥运会的跆拳道比赛。

一些人此前对于金牌的期望值有所落空，对金牌最为饥渴的欧洲仍然空手而归，美洲则拿到了两枚金牌，余下 6 枚尽归亚洲，而韩国则成为最大赢家，包揽了全部金牌的半数。韩国再次验证了它在跆拳道界的王者地位，包括墨西哥，它的两枚金牌也并非凭空得来，要知道，这个国家的跆拳道运动已经开展了 30 多年，技术实力和大赛经验相当丰富。

（四）陈中的事情

北京奥运会，有两位名将都在三连冠的梦想征途上折戟，一个是美国的史蒂文·洛佩兹，另一个，就是我们的女子选手陈中。但要强调的是，尽管他们各自没能完成三连冠的伟业，但仍然无碍他们是跆拳道历史上最出色的选手。洛佩兹家族此番虽然没能拿到金牌，但是他们兄妹三人战术素养仍然相当高，特别是步伐进退方法独特有效，并保持了高度的一致，给人留下了深刻的印象。

陈中的失利，首先要承认的是，她自己在关键时刻犯下了低级错误，这也反映了我们的团队在备战工作上的不足之处，也是对运动员、教练员教育不够的结果。关于规则的争论，实际上《跆拳道比赛规则》当中并没有说比赛结果不得更改，之所以大家有这个印象，是因为在奥运会历史上并没有先例而已。这次的改判是有其特定条件的：

1. 陈中，包括她的英国对手萨芬，二人在世界跆拳道界都是成名已久的老将，这场比赛无论是从知名度还是受关注度上来说都不是其他场次能够相提并论的。

2. 从裁判员的角度看，现实情况是萨芬的那一腿必须上分，没有任何争议可言。但应该理解当时场次的那位主裁判，这个瞬间距离比赛结束只有 1 秒钟，而且发生的地点是在边线处，这个时候，由于双方都有一次警告，裁判员的注意力完全集中在双方是否可能出线以及计时器上面。所以当这一腿出现的时候，四个边裁两个判有两个判无，而作为具有一票决定权的主裁判由于没能注意到击打的瞬间，所以作出没有上分的决定是非常正常的。

此后发生的事情是在现场和电视上都看不到的。本场比赛结束后，英国队提出了申诉，裁委会表示维持原判——世跆联找到赵磊，商议有没有改判的可能，赵磊和拳跆中心主任常建平主任紧急研究后决定支持世跆联的工作，同意改判。之后将情况汇报到了代表团团部，向刘鹏、崔大林两位局长汇报了情况，得到了总局领导的高度赞赏和强力支持，最终我方做出决定——此时世跆联秘书长梁振锡刚好来找我方，听取最后的决定，在听说我方同意改判后，梁振锡非常感动地说："中国会因此加分"。对于这件事情，英国队的目的是寻求事实真相，我们的目的同样也是寻求事实真相；他们寻求事实真相的方式是申诉，我们寻求事实真相的方式，则是接受改判的结果。

（五）中国跆拳道迈出的第一大步，依托的是竞技跆拳道

创业之初，经国家体育领导部门的批准，组织者在国际友人的帮助支持下，"不等、不靠、不要"，艰苦创业，在资金短缺、队员训练时间短、国际组织没有接纳等不利的情况下，以"快"为核心理念，本着"快速进入、积极参与"的原则，创造和抓住一切机会，迅速打开了跆拳道发展的局面。1995 年 11 月的菲律宾，中国跆拳道以闪电般速度组织参加了男子第 12 届、女子第 5 届世锦赛。在两年后的 1997 年香港世锦赛上取得一个第三、一个第二的好成绩。1999 年的加拿大埃德蒙顿，由王朔取得中国历史上第一枚世锦赛金牌。在 2000 年奥运会上，开展跆拳道仅仅 4 年多的中国取得女子 + 67kg 级金牌，许多跆拳道资深人士对中国跆拳道的发展速度表示惊讶。中国跆拳道的发展对跆拳道不能"速成"的传统观念形成了强有力的冲击。

1995 年开始举办全国跆拳道锦标赛，1996 年开始，每年均举办全国锦标赛和冠军赛，跆拳道项目自 2001 年开始列入了全国运动会，大力推动了跆拳道在中国的发展。各省市将跆拳道列为省市运动会的正式项目，项目的设立更体现了对跆拳道的重视，大大促进了跆拳道在基层的开展。

1995 年 11 月中国跆协加入了世界跆拳道联盟和亚洲跆拳道联盟，从此开始积极参与国际跆拳道比赛和活动。中国竞技跆拳道经过十几年的发

展，初步建立了科学的训练、竞赛、管理和组织体系，取得了可喜的成绩。

五、大众跆拳道

（一）大众跆拳道发展轨迹

　　大众跆拳道主要是指以健身、防身、学习礼仪、磨炼精神为目的的跆拳道活动。主要以道馆的组织形式存在。20 世纪 80 年代后期，中国民间首先开展了跆拳道项目，比如延边大学、北京体育大学、云南的昆明、广东的广州和深圳等院校和地市。

　　随着人们对跆拳道项目认识的逐渐加深，社会对跆拳道需求的不断增加，自发的跆拳道培训在民间从无到有、从小到大，如雨后春笋般掀起跆拳道热潮。20 世纪 90 年代后期北京、广东、上海、云南等地先后兴起跆拳道热。北京的大众跆拳道现象十分典型，北京人好像商量好了似的，几乎在同一时间都去练习跆拳道，当时只要挂上跆拳道培训的牌子，学生就会踏破门槛，致使北京跆拳道馆在短时间内由几十家猛增到上百家。跆拳道教练成为抢手货。经营道馆生意的许多人几乎"一夜暴富"。

　　在 2000 年第一次成为奥运会正式项目的跆拳道比赛中，陈中获得的宝贵金牌，对大众跆拳道的开展起到很大的鼓舞、宣传和推动作用；同时期热播的有关电影《跆拳道》、电视剧《玉观音》等对跆拳道的描写展示，以及报纸杂志等对跆拳道连篇累牍的介绍，对跆拳道项目在社会上的普及和发展起到了很好的宣传作用，扩大和加深了人们对跆拳道项目的了解。在上海、福州、广州等地，中华台北跆拳道师傅开馆授课的身影处处可见，是仅次于韩国教练的、中国大陆第二大跆拳道教学力量。尽管现在全国各地都有大量道馆，但还不能满足人们的需要，中国跆拳道还有很大的发展潜力。欢迎中华台北跆拳道大师们到大陆开馆，帮助我们共同推动跆拳道的发展。

随着 2006 年第一届世界品势锦标赛的举行，我们组建了品势国家队，并参加了两届世锦赛，取得了一个第三名的好成绩。2006 年开始举办全国跆拳道大众赛，到目前为止已经举办了 7 届，规模与日俱增，平均每届都能有 1500 多名运动员参加，比赛设有品势、竞技、特技、跆拳操、击破等项目，极大地推动了跆拳道的普及和发展。部分省市在 2000 年初就举办了跆拳道俱乐部的比赛以及晋升级位和段位考试，2005 年北京市跆协杯比赛人数超过 1000 人，2008 年广东省和浙江省跆拳道大众比赛参赛人数都接近 2000 人。

在中国跆拳道协会的正确领导下，跆拳道运动正在蓬勃发展之中，目前中国跆拳道人口已达 150 多万人。

（二）发展现状·我们的差距

跆拳道进入奥运会正式比赛项目行列三届以来，我们每次都有金牌入账，每次都有新的突破，8 年来共拿到了 4 枚金牌，在总排行榜上位居前列。因此我们国内很多人认定：我们是当之无愧的跆拳道强国了，保持目前的水平就足够了，甚至已经不需要向别人学习什么了。对于这个在北京奥运会后呼声越来越高、国内近乎盲目乐观的说法，作为中国跆拳道运动的负责人，我认为很有必要专门撰文，来谈一谈我的观点。

观念：承认差距。首届奥运跆拳道赛事，年轻的女子大级别选手陈中在悉尼为中国跆拳道夺得了首枚奥运金牌，实现了零的突破；4 年后的雅典，我们又创造了派出两名选手全部夺金的佳话；在今年的北京，我们实现了两个突破——女子小级别的冠军和男子在奖牌上的追求。三届下来可谓一次一大步，更充分体现了举国体制的巨大能量。

但这些辉煌的成绩，也掩盖了我们跆拳道运动发展较晚、基础打得不牢的事实。万丈高楼平地起，随着世界跆拳道运动的发展，我们的国家队要想再进一步，先天不足的事实是必须要承认的，这个阻碍我们提高水平的桎梏是必须要打破的。

举个现成的例子：大家都知道在比赛中得分率最高的横踢技术，这也是跆拳道爱好者们练习"七腿一拳"中最熟悉的一个腿法。但在国际大赛中，就这个得分率最高的腿法而言，中国队员和外国队员的差距十分明显，很多时候明明是我们时机把握得很好，速度也占据了上风，出腿都先打到了对方，但发不上力，护具也打不响，白白浪费了无数得分良机。

为什么？我们曾请来韩国国家队金牌教练文元载进行培训，他一语中的：中国运动员很少有在出横踢的时候支撑脚完全转动180度，使得自己在发力点上无法将身体的分量传到腿上，击打效果极差。

有人问：在竞技跆拳道中，难道我们还要像参加品势比赛那样一板一眼地把每个动作做标准么？难道不应该结合自身的特点制定更加灵活的技战术么？

实际上，这样的问题恰恰暴露了我们很多人在观念中对于体育运动规律的忽视：只有把基本技术练到炉火纯青，才有可能在高一层的难度上入门快、提高快，才能逐渐找到该项技术的本质规律，从而结合自身的条件和特点找到最适合、最有效乃至最有创造力的运用手段，没有基础的技术运用，只能是一种投机行为。

在韩体大的跆拳道专业，入学的条件是极为苛刻的，一个运动员，只有获得过5次以上全国冠军，才有资格参加入学考试，包括那些奥运冠军比如"天才少女"黄敬善、男子无差别级新科奥运冠军车东旻，进入韩体大后还要按照条例，规规矩矩地苦练整整3个月的基本腿法。

韩国队能够在北京奥运会上拿下全部8枚金牌的半壁江山，这绝非偶然，要知道，我们可能只有一个陈中、一个吴静钰、一个罗微，但是在韩国的各体育大学、职业俱乐部里，类似黄敬善、车东旻这样的选手不下于几十乃至上百人。很多技术细节的水平，我们全国拉出来可能只有几十个选手能够掌握和运用，但在韩国，这个数字则能达到上千！

什么是差距？这就是差距的体现！在我看来，中国跆拳道的整体水平莫说世界前列，就是那些在本届奥运会上没能拿到金牌的某些国家和地区，比如美国、西班牙、法国、中国台北等，其水平都在我们之上。所以，盲目乐观是绝对要不得的。

北京奥运会结束了，未来我们将有一个并不算长的准备周期，在这段时间内，厉兵秣马、韬光养晦是我们的工作思路，找寻差距、缩小差距是我们的工作重点。为此，借着奥运的热潮尚未完全退去，我们趁热打铁，借全国专业教练员培训班的机会，动用私人关系，把金牌教练文元载教授从韩国生生"拽"过来了四天，让我们的100多位教练员实实在在地学了个酣畅淋漓。

六、展望——我们的未来

如何总结继承备战三届奥运会的成功经验，在伦敦奥运会上再创新的辉煌，将成为协会发展的新机遇、新挑战。

北京奥运会中，全民族的体育热情已经有目共睹，广州亚运会作为北京奥运会后中国再一次承办的国际大型综合性运动会，必将成为每个项目的新的发展机遇，如何抓住这次机遇，是协会未来工作的核心之一。

虽然中国也深受全球经济危机的影响，但是国家总的经济发展趋势良好。在拉动内需的政策背景下，人民生活水平的持续、快速提高是可以预见的，随之而来的是人民群众对物质和精神生活的需求进一步增强。这就意味着在未来很长一段时间内，以跆拳道项目为代表之一的全民健身还将有很大的拓展空间。

随着团体和个人会员规模的不断扩大，由协会统一推进的相关赛事、培训、表演、级位和段位考试、服装器材、电子商务、会员消费网络等跆拳道相关产业将得到逐步发展。协会规模的扩大，以及本项目在奥运会上持续的良好表现，必将吸引更多的有识之士投入到协会的建设和发展中来，跆拳道项目也必将得到社会各界更多的关注和支持。

伴随着政府新一轮机构改革的不断深化，"小政府，大社会"成为大势所趋，更多的政府职能将向社团组织转移，协会实体化发展的总体趋势将走强。

随着协会新闻委员会工作的不断深入和加强以及协会在市场推广和项目普及上所做的大量工作，新闻媒体对项目的关注度将进一步提高。

从跆拳道在中国的成长轨迹中可以看出，跆拳道在中国正式开展短短的十多年时间内，就取得了4枚奥运会金牌。在竞技体育领域，如此高效率成长的项目为数不多。中国竞技跆拳道项目发展的特点可以概括为：领导有方、措施得力、起步迅速、方向准确、训练得法、成效显著。

尽管中国竞技跆拳道在短短的时间内连续取得了令人兴奋的成绩，但总体上还存在许多需要完善之处。我们对已经积累的经验，需要进行认真的总结提炼，上升为理论，使之更好地发挥指导实践功效，逐渐形成并完善中国跆拳道竞赛训练及管理体系。比如：我们的教练队伍水平参差不齐，需要进一步加强学习，提高整体业务素质；跆拳道运动员梯队建设应该加强，减少急功近利行为，使训练更加系统；男、女跆拳道发展齐头并进等。只有不断地在成功中找差距，在成绩中找不足，才能有更大的作为，才能保证中国跆拳道运动长盛不衰。

基础大项风雨路

——中国田径发展 60 年盘点

国家体育总局田径运动管理中心主任　杜兆才

2008 年 8 月，10 万座席的"鸟巢"场场爆满。一道道赏心悦目的视觉盛宴在流动，一项项不可思议的挑战人类极限的世界纪录在爆发，场面无与伦比，令人震撼。

——北京奥运会印象

一个人若未置身田径场，就无法理解奥运会的精髓，也无法领略现代竞技体育的魅力。

——体育格言

打开世界体育史，唯有田径能享有在奥运会闭幕式前主会场颁奖的特例与荣誉。

——田径现象

田径是世界公认最需实力，最具影响力的竞技体育基础大项，田径强弱是一个国家竞技体育实力的重要标志。体育强国必然是田径强国。

田径被称为体育运动之母、之本、之源，被称为竞技体育主旋律。

——田径定义

作为新中国最先运作的基础体育项目，作为新中国体育最早在世界上产生影响的田径运动，盘点其 60 年风云，可谓亮点不断，但整体实力仍未能跻身世界强国之林。这就是中国田径的现实定位。

这些，都给了我们田径人巨大的鞭策与鼓舞，又赋予我们重大的责任与光荣的使命。

一、不懈努力　尚需奋进

（一）废墟上起步

新中国成立以前，我国田径运动基础极为薄弱，运动水平与体育强国有着天壤之别。当时的全国纪录水平极为低下，除少量相当于现在的一级运动员水平（最高水平如男子百米刘长春手计时 10 秒 7）外，大多只相当于 20 世纪 50 年代的二三级运动员水平，并且许多项目尚未开展。可以说中华人民共和国的田径运动实际上是从废墟上起步。为配合政府恢复生产、发展经济的中心工作，中华人民共和国建立初期的田径活动主要在学校、部队与部分工厂中开展。经过努力，各地还举办了一些运动会，整体水平有所恢复。1952 年 6 月，毛泽东同志题词"发展体育运动，增强人民体质"，为新中国体育工作奠定了重要思想基础和指导方针。1952 年 11 月，国务院决定成立国家体育运动委员会，之后，中国的田径事业和田径活动向着有领导、有组织、有计划的方向深入展开。

1953—1965 年，社会主义革命和社会主义建设不断掀起高潮。党和政府多次强调田径是各项运动的基础，大力提倡和宣传田径运动，国家体委制定、实施了以田径项目为主的"劳卫制"以及田径运动员、教练员、裁判员的等级制度和田径训练竞赛等一系列的制度与条例。田径运动开始在全国范围广泛展开，优秀运动员队伍不断成长壮大，运动技术水平蒸蒸日上。

1957 年 11 月 17 日，在从苏联留学归来的黄健教练的执教下，20 岁的郑凤荣，在北京以 1 米 77 的优异成绩刷新美国麦克丹尼尔保持的 1 米 76 的女子跳高世界纪录，揭开了中国人创造田径世界纪录的新一页。新中国成立仅仅 8 年，我国年轻的田径运动员就在这一影响很大的项目上创造了世界纪录，引起了国际社会的广泛关注，外国评论说："郑凤荣是宣布中国体育运动春天降临的一只燕子"。

1965 年 10 月 24 日，27 岁的陈家全，在重庆以 10 秒整的优异成绩，平了联邦德国哈里保持的男子百米世界纪录（手计时）。

虽然由于历史的原因，在那一段黄金岁月中，我国田径运动员几乎没有机会在国际大赛中亮相，但在一些国际友谊比赛中，部分项目也取得了不凡成绩。就在 1965 年，我国共有 18 人 11 项（男子 100 米、110 米栏、跳高、三级跳远、马拉松，女子 100 米、80 米栏、跳高、跳远、铅球、铁饼）进入世界年度前 10 名（其中陈家全男 100 米 10 秒、崔麟男 110 米栏 13 秒 5、倪志钦男跳高 2 米 25，均为当年世界排名第一，女跳高选手旋晓梅与吴浮山分别以 1.81 米与 1.80 米列年度排名第二与第三），不仅在世界田坛占据了一席之地，引起国际田坛与体育界的关注，也极大地振奋了国人。田径界同时还输送大量人才到其他竞技体育项目，为中国体育的全面复兴作出了贡献。

（二）结束动乱，田径复兴

1966—1976 年期间的 10 年动乱，给全国人民带来深重的灾难，也严重摧残了正蒸蒸日上的中国田径。

在以周恩来为首的老一辈无产阶级革命家的关怀下，田径人始终未放弃自己的理想与努力，他们用各种方式在坚持、抗争，埋下了顽强的种子。其中最突出的代表是男子跳高运动员倪志钦，他于 1966 年 11 月在柬埔寨金边举行的第一届亚洲新兴力量运动会上，征服 2 米 27，距世界纪录仅差 1 厘米。崇高的目标与强大的信念，使他同教练员黄健与队友一起，在极端困难的条件下咬牙坚持，顽强拼搏，终于在 1970 年 11 月 8 日，在长沙以 2 米 29 的成绩，打破了苏联运动员布鲁梅尔保持 7 年之久的男子跳高世界纪录。

1973 年，邓小平同志恢复工作后，提出"全面整顿"纲领，召开全国体育工作会议，决定在 1975 年举行第 3 届全国运动会。全国运动会在那个时代是体育界的最大盛典，田径在全运会中又是主项。全国田径界深受鼓舞，田径运动展现生机，在困难条件下得到了可观的恢复和发展。1974 年 9 月，新中国第一次派代表团参加在伊朗德黑兰举行的第 7 届亚运会，中国田径队取得 5 金 10 银 6 铜，有 9 人 2 队打破 12 项亚运会纪录，总成绩仅次于日本而居次席。在 1975 年的第 3 届全运会上，田径比赛水平已基本恢复，大部比赛成绩已达到或接近 1965 年中国田径第一个高峰期的第 2 届全运会的水平。

1976 年 10 月粉碎"四人帮"，尤其 1978 年 12 月党的十一届三中全会的胜利召开，党的工作重点转移到社会主义现代化建设上来，体育战线拨乱反正，得到迅猛发展，田径人急起直追，田径水平全面回升。1982 年 12 月在印度举行的第 8 届亚运会上，中国田径队取得 12 枚金牌，首次全面超越日本，从此稳坐亚洲第一座席，开始步入"冲出亚洲，走向世界"的伟大长征。

（三）中央精神指明方向

改革开放以后，党中央对新时期的体育工作及时指明了方向。

1984 年 10 月 5 日，中共中央发出了《关于进一步发展体育运动的通知》。通知提出要大力加强田径等我国较为薄弱的环节，强调：田径是各项运动的基础，是影响力巨大的基础项目。这个历史性文件的出台，给中国田径界注入强大动力，促进了中国田径运动的跨越式发展。1984 年 11 月 9 日，国家体委发出了贯彻执行这一中共中央通知精神的通知，强调田径金牌多，影响大，我国要进入世界体育强国行列，必须首先把田径水平搞上去。要充分发动全社会的力量，采取多种有效措施和途径，使我国的田径水平有一个飞跃。

在中央政策的指引下，在全国人民的支持下，田协一步一个脚印，通过多年的努力，逐步建立健全完善了各种制度，出台了一系列具有重大战略意义的政策和措施，收到了良好效果。

从 20 世纪 80 年代初开始，全国田径训练工作会议逐步形成制度，形成规模，有几次还请到了国务院领导参加。全国开始着力加强重点项目的人才基地建设，并将每年公布国家优秀田径选手名单、优秀裁判员、优秀田径工作者名单形成制度。开始实行严格的田径运动员注册管理办法。从 1985 年起定期评选全国田径十佳、全国田径之乡。国家体委还会同国家教委公布了《关于开展课余体育训练，提高学校体育运动技术水平的规划》，有条件的高校纷纷开办高水平田径队。

1988 年 7 月 10 日，国家体委又下发了《加速发展田径运动的决定》，提出"稳住一头，放开一片"的原则，优化资源配置，缩短战线，保证重点。国家体委对集中型国家队实行集中管理、长期集训，其他项目则放在有一定训练能力与训练条件的省区市和体育院校。将有希望发展突破的小项作为突破口，统一部署，让全国重点单位承担。逐步建立和形成了以集中与分散相结合，既发挥社会主义举国体制的优势，又调动多方面积极性，各有重点，各具特色，多强对抗的竞争体制与机制。

为了深化体育改革，转变政府职能，进一步理顺关系，促进我国田径运动项目的发展，1997 年 11 月 20 日国家体育运动委员会（1998 年改名国家体育总局）下文决定组建国家体委田径运动管理中心，原国家田径队成建制划归田径运动管理中心。这是中华人民共和国成立 60 年来田径界的一件具有重要意义的大事。

田径中心为国家体委直属事业单位，是中国田径协会的常设办事机构，在国家体育总局的领导下开展工作，被赋予对田径运动项目全面管理的职能。有关训练竞赛和一般性的日常工作由竞技体育司综合管理和指导，其他有关外事、财务、人事、党务、监察、审计等工作分别由国家体委（体育总局）有关职能部门实行归口管理。田径中心现设：办公室、国家队管理部、竞赛部、训练部、经营开发部等 5 个中层机构及国家田径集训队。

田径中心的主要任务是根据国家的法律法规和体育方针政策，统一组织、指导全国田径运动项目的发展，推动项目的普及和运动技术水平的提高，促进运动项目的社会化、产业化发展。

国家集训队的建制，长期以来曾是我国田径运动水平不断提高的重要保障之一。进入新世纪，田协在部分有条件的项目中组建国家队，开展主教练竞聘工作，将全国最优秀的教练员集中一起，充分发挥举国体制优势，在资金投入、训练场地器材、饮食居住、科研、后勤保障等方面，为其提供全方位的良好管理与服务，使之始终在一种高水平、高层次的环境中运转。对国家集训队的管理也进行了改革，将历史上领队负责制、总教练负责制向新形势下的队委会领导下的分工负责制的方向转变，构建一种既有管理专家和专业领军人物结合的管理班子，又有科技人员和医学专才参与的复合型国家队训练管理团队。并普遍采用零距离管理方式，要求各级管理者做到"三贴近"（即贴近运动队、贴近训练场、贴近教练员和运动员），突出凝聚力。

同时，通过深化竞赛改革，充分利用竞赛杠杆促进训练。田协从调整竞赛工作指导思想、加强赛事安排的针对性、处理好全运会与奥运会的关系等方面着眼，研究和制定了包括实行积分制，推出大奖赛、系列赛、改革全国锦标赛等措施，并从 1996 年起首设全国室内田径锦标赛、国际室内田径邀请赛及全国田径大奖赛。减少项目设定，提高参赛资格，以缩短比赛时间，提高比赛质量和观赏性，提高经费投入的性价比，打造符合我们自身特点的品牌与拳头项目。还最终实现了在全国性田径比赛中全部实行网上报名，整合了资源，提高了工作效率，保证了信息的准确性。

根据邓小平"科技是第一生产力"的科学论断，田协抓紧田径优势项目的训练研究，重点抓好训练观念的转变与更新，落实训练规律的探索与实践。并加大科研力度，提高教练员的科研意识。多次通过全国田径训练工作会议，请有成就的教练员现场讲课交流，定期举行全国田径科学论文报告会，先后出版发行《田径》杂志和《田径指南》、《田径报》、《世界田径》、《田径科技动态》等报刊，为广大教练员、运动员、科研人员、管理人员与相关人员的学习提高与总结交流创造了良好的条件。

2002年7月22日，中共中央、国务院又下发《中共中央、国务院关于进一步加强和改进新时期体育工作的意见》，同年8月22—24日，新中国成立以来第一次由国务院召开的全国体育工作会议在北京举行，中共中央政治局常委、国务院副总理李岚清到会并发言。会议期间，中共中央总书记、国家主席江泽民亲切接见了与会代表并作重要讲话。根据《意见》精神，国家体育总局随即制定发布了《2001—2010年奥运争光计划纲要》，将田径、游泳和水上项目定位于"基础项目"，简称"119工程"（即在近期奥运会上，这三个大项的金牌数为119枚，占全部奥运会金牌数约40%，其中田径47块金牌，约占奥运会全部金牌数的15.6%），给了田径界巨大的鼓舞。

"通知"与"意见"给中国田径的发展指明了方向。

（四）融入国际大家庭

中国历来是国际田联的一员。1932年第10届洛杉矶奥运会，中国体育代表团唯一的运动员就是男子短跑选手刘长春，他出现在洛杉矶跑道上，揭开了中国体育史崭新一页。

新中国成立后，中国田协也与全国体育界一起，积极参与国际体育活动，开展同世界各国、地区之间的友好交往。然而，20世纪50年代到70年代一段时间，受当时世界政治形势的影响，某些国际体育组织中的极少数人企图制造"两个中国"的局面，为维护国家主权，中国田径协会等体育组织与之进行了严正斗争，并于1958年中断了与国际有关组织的交往。

随着国际国内形势的重大变化，1978年10月5日，国际田联在波多黎各圣胡安举行的代表大会上通过决议，恢复中国在国际田联中的合法席位。中国随即加入亚洲田径联合会，李文耀当选亚洲田联副主席，成为中国第一位在国际田径组织上担任领导职务的官员。1979年10月，国际奥委会通过名古屋决议，恢复中华人民共和国在国际奥委会的合法权利后，中国体育开始全面融入国际社会，中国田径也全面登上国际田坛，参加了历届奥运会、世界田径锦标赛、世界杯田径赛、世界大学生运动会、世界青年田径锦标赛、亚运会、亚洲田径锦标赛、亚洲青年田径锦标赛等，成为国际田径界重要的负责任的一员。

中国田协积极参与各级国际组织的管理工作，为中国与国际各级田径组织的合作，为推动世界、亚洲田径运动的发展，作出了积极努力与卓越贡献。20世纪80年代后，对外联络与交流日益频繁，目前，每年开展对外体育活动近百起，达到1200人次。

我国还成功举办了一系列的国际比赛，如1980年起创办了北京国际田径邀请赛、南京国际田径赛等。1981年起创办的北京国际马拉松赛已取得巨大成功，现已成为当今世界10大国际马拉松赛之一。1995年成功举办了国际田联世界杯竞走赛。2006年8月在北京举行的第11届世界青年田径锦标赛，共吸引了182个国家和地区、近3000名运动员、官员以及国际组织官员参加，是田径世青赛历史上规模最大，人数最多的一次盛会。赛会获得圆满成功，得到了国际田联和各会员协会的广泛赞誉。

2007年8月，在日本大阪举行的国际田联理事会上，国际田联为表彰国际田联副主席（任期1999—2007）中国的楼大鹏对世界田径运动作出的突出贡献和多年的辛勤工作，授予他国际田联的最高荣誉——金质荣誉勋章。这也是对中国田径界为推动这项运动在全世界的发展所作出的努力给予的高度肯定。楼大鹏也是第一位获得国际田联荣誉勋章的中国人。

为推动国际田径事业的发展，也为扩大我国在国际体育交往中的影响力，并切实维护自身合法权益，田协审时度势积极开展竞选国际田径组织职务的工作，在国际组织任职人员的数量不断增多，工作范围也越来越广，目前我国人员担任了国际田联理事、亚田联副主席等十几个职务，基本涵盖了国际组织的决策机构理事会以及技术、教练、竞走裁判、老将、医务、新闻电视等关键领域。

为提高重点裁判员在国际比赛中的执法水平，田协还加强了国家级裁判员的培训和考试，并通过积极承办各类国际性比赛，组织观摩重大国际比赛，帮助他们在实践中增长才干，也为出色完成 2008 年北京奥运会田径比赛的组织工作奠定了基础。

（五）发掘社会资源，推动全民健身

奥运争光与全民健身是我国体育战略的两翼，全民健身又是奥运争光计划的基础与归宿。

推行全民健身计划，增强人民体质是国家发展体育运动的根本任务。作为体育基础大项，田径理应在全民健身运动中肩负起重要责任。中国田协从 1983 年开始在全国范围内开展评选田径之乡与田径十佳活动，加强这一基础大项的群众关注度，加大群众参与力度，将群众田径活动逐步推向高潮。

在广泛调研的基础上，田协制定并修订了《全国田径业余锻炼等级标准》，新世纪以来还连续举办全国田径（业余）锻炼系列赛。每年还举办全国老将田径运动会，积极组队参加亚洲和世界老将田径比赛。特别把从 1981 年开始已经连续举办 28 届的北京国际马拉松赛作为宣传全民健身运动的一个重要窗口，通过政府主导，市场运作，增设了赛段，使业余选手的招募数量、赛事服务质量不断提升，为全民健身推波助澜。从 2002 年以来，每年都有 30 多个国家和地区超过 2 万的长跑爱好者报名参加。现在全国还有厦门、上海、大连、杭州、郑州、东营、丹东等多个城市举办规模较大的马拉松比赛，南宁、扬州、拉萨也曾多次举办半程马拉松赛。厦门等地已将马拉松赛事融入了当地的社会生活，提升为当地的一张闪亮名片。

进入新世纪，随着刘翔等一批精英的崛起，社会对田径的关注度大为提高，很多企业开始青睐田径。任何一项事业的发展都离不开社会的支持，田协很重视这一良机，为了保证运动员能够全身心投入训练，同时也维护自身利益，利用机会扩大田径影响，田协制定了总量控制、分级开发的商业开发政策，有效控制了商业活动数量，将运动员价值维持在较高水平。既满足了社会需求，维护了赞助商的利益，又调动了运动员、教练员和地方的积极性，现已初步形成良性循环的局面，并取得了较好的社会、经济双收益。

场馆是发展田径的硬件、平台与载体。随着国家体育事业的发展和社会的进步，其建设速度在不断加快，验收数量也呈几何级数增加。田协及时制定了《中国田径协会田径场地验收管理办法》，进一步改进和完善了场地验收的日常工作程序和分级管理模式，使这项工作步入健康轨道。现已及时高质量完成验收了1200多块场地，保证了全民健身与田径训练的需要。

（六）重拳猛击兴奋剂

打开世界体育版图，田径始终是兴奋剂肆虐的重灾区，中国田径也曾受到很大冲击。兴奋剂问题已成为中国田径可持续发展的一大祸害与最大隐患。

在这一原则问题上，田协始终坚决贯彻执行国务院制定的《反兴奋剂条例》和国家体育总局"严令禁止、严格检查、严肃处理"的"三严"方针，态度鲜明，立场坚定，从反兴奋剂的思想教育、制度建设、监督检查、管理到位和依法惩处五个方面予以认真落实。

1992年7月8日，中国奥委会反兴奋剂委员会在北京成立。之后多次召开了全国性的反兴奋剂大会，强调了兴奋剂的使用违背了体育道德和体育公正、公平竞争的规则，还将对运动员的身体健康产生很大危害。田协均在第一时间传达贯彻大会精神，旨在使全国田径界牢固树立使用兴奋剂是一种不道德的欺骗行为，是一种腐败现象，严重者将破坏国家体育事业，给国家形象抹黑的犯罪行为的观念，强调使用者害国害人害己，并采取一系列有效措施与之作坚决斗争。

近年来，田协先后出台了《中国田径协会反兴奋剂委员会工作条例》、《中国田径协会反兴奋剂实施细则》、《中国田径协会注册运动员兴奋剂违规处罚办法》和《田径项目队伍出国比赛反兴奋剂工作实施细则》等相关文件，基本完善了加强赛风赛纪和反兴奋剂工作的组织领导和管理体系。

按照"荣誉共享，责任共担，分级管理"的原则，田协与各单位均签署了《田径项目反兴奋剂工作责任书》，与每个运动员签署《运动员反兴奋剂承诺书》。并制定实施各年度《田径项目反兴奋剂教育、督促、检查实施计划》，要求各单位结合本地本部门的实际，采取举办反兴奋剂知识培训班、组织反兴奋剂考试，在赛区张贴反兴奋剂宣传画等多种形式，开展反兴奋剂的宣传教育工作。

田协反兴奋剂工作突出重点、严密监控重点对象。近年来建立健全了监管机构，专门成立由竞赛部、办公室、国管部相关人员组成的纪律检查小组，加强对国家集训队反兴奋剂工作的监督检查力度，有针对性地与高危项目的教练员和运动员进行个别谈话，保持警钟长鸣。有效建立重点运动员申报备案制度，加强对国家集训队行踪信息报告的监控，要求各国家集训队和公布的国家队队员在向中国奥委会反兴奋剂委员会报告行踪的同时抄送田径中心竞赛部，确保国家队队员不因行踪报告失误而发生错过兴奋剂检查等违规事件。为加强对国际田联指定上报行踪运动员的行踪信息的监控，田协还专门制定了《关于上报国际田联指定运动员行踪的工作程序》。2007 年和 2008 年两年间，国际田联共指定我国运动员 161 人次（其中 2007 年 53 人次、2008 年 108 人次）上报行踪信息，没有发生一例因行踪报告不及时而造成错过检查的情况。

近年，田协反兴奋剂工作出拳更重、出手更快。在总局 1 号令的基础上，田协根据自身项目的特点，不断加大对兴奋剂违规事件的处罚力度，一经查实，一律从速、从重、从严惩处。运动员如发生兴奋剂阳性或其他严重兴奋剂违规行为，将被直接处以终身禁赛，还将从该运动员注册单位中已经获得全国田径锦标赛资格和获得全运会田径决赛资格的名额中分别扣除 2 个参赛名额，并取消该单位在相应比赛中精神文明奖和体育道德风尚奖评选资格。对同一个单位在一年内有两人次错过兴奋剂检查除依照有关法规严肃处理外，同样给予扣除全国田径锦标赛和全运会参赛名额及取消精神文明奖和体育道德风尚奖评选资格的严厉处罚。

在加强教育与制度建设的基础上，田协不断加大检查力度，2004年前，田径项目年平均兴奋剂检查数为715例，而在2005—2008年的4年内共实施兴奋剂检查7430例，年平均检查数为1857.5例，增加到近2.6倍。

对呈阳性的运动员教练员的处罚毫不手软，其中包括个别优秀运动员、优秀教练员的禁赛多年甚至终身禁赛的严厉处罚，这些处罚被国际田联认可并获得好评。处罚决定同时在全国田径系统通报，在媒体曝光，还直接与各单位参加锦标赛、全运会等权益挂钩。实践证明，"高压线"是遏制在"牌子、位子、票子、房子"的利诱面前，个别"冒险家"铤而走险、以身试法的有力武器，近年，在检查力度不断加大的背景下，阳性案例呈不断下降趋势，如2005—2008年阳性人数总共19例，阳性率为0.17%，其中2008年为0.14%，比同是奥运年的2004年的0.94%有了大幅降低。

通过多年努力，田径界反兴奋剂形势大有好转，并确保了包括北京奥运会在内的所有国内外大赛中国田径军团的清白净身，平安无事，也促进了中国田径的健康发展。

二、展现亮色　追逐辉煌

（一）20世纪80年代男跳高、女竞走领军

改革开放以后，在中央精神的指引下和全国社会经济飞速发展的背景下，我国田径运动全面复苏，少数小项奋勇崛起，很快超越了20世纪70年代以前仅男女跳高、男子短跑个别亮点的格局，而呈前赴后继勇攀高峰的壮观场面。

1981 年 7 月，在罗马尼亚布加勒斯特举行的第 11 届世界大学生运动会上，男子三级跳远运动员邹振先以 17 米 32 获金牌，同年 9 月在意大利罗马举行的第 3 届世界杯田径赛中，他代表亚洲出战，又以 17 米 34 的优异成绩夺取银牌，并刷新亚洲纪录。

20 世纪 80 年代，田坛的风云人物之一是 1963 年出生的上海男子跳高运动员朱建华，他先后于 1983 年 6 月（北京，第 5 届全运会预赛）、1983 年 9 月（上海，第 5 届全运会决赛）与 1984 年 6 月（德国埃伯斯塔特国际邀请赛），3 次打破男子跳高世界纪录，成绩分别是 2.37 米、2.38 米与 2.39 米，在世界田径发展史上铸下了永久的丰碑。朱建华还在芬兰赫尔辛基第 1 届（1983 年）世界田径锦标赛与 1984 年洛杉矶第 23 届奥运会上，都获取了铜牌，实现了这两项世界顶级田径赛事中国（大陆）田径奖牌零的突破。

中国田径崛起的团队是女子竞走。1983 年 9 月，在挪威卑尔根举行的第 11 届世界杯竞走比赛中，由徐永久、阎红、关平、于和平组成的中国女队（教练员王魁、刘盱昶），勇夺世界杯女子 10 公里团体与个人的两项冠军，突破了中国田径运动员在世界正式比赛中金牌零的纪录。

除男子跳高与女子竞走外，中国田径还出现了不少亮点：

1985 年巴黎首届世界室内田径锦标赛，阎红获女子 3000 米竞走银牌；

1987 年罗马第 2 届世界田径锦标赛，阎红获取女子 10 公里竞走铜牌；

1988 年第 24 届奥运会，李梅素获女子铅球铜牌；

1989 年第 2 届世界室内田径锦标赛，黄志红获女子铅球银牌；

1989 年第 5 届世界杯田径赛，黄志红获女子铅球金牌，这是中国运动员首次站上世界三大赛事之一的最高领奖台。在这届比赛中，女子铁饼侯雪梅、女子标枪张丽也各自获取了银牌。

1990 年北京亚运会田径比赛，中国队以 29 金 21 银 11 铜高居榜首。当年，中国田径有 32 人 2 队 17 项的成绩进入世界前 20 名，其中进入前

10 名的有 16 人 10 项。按照世界田径各项前 25 名运动员计分统计，中国女子居世界第 5，中国男子排列世界第 22。

如果说，10 年动乱前的 1965 年前中国田径曾出现了第一个黄金周期的话，那么，到 1990 年，我国田径在体现总体实力的年度排名上已全面恢复在世界的地位，而在世界大赛的影响力方面，则提升到一个全新的层面。

（二）20 世纪 90 年代竞走长跑争先

进入 20 世纪 90 年代，中国田径在冲顶世界的路上阵容更强，力度更大，并实现了在奥运会与世界锦标赛这两项世界田径顶级赛事上金牌零的突破。

1991 年 8 月 24 日到 9 月 1 日在日本东京举行了第 3 届世界田径锦标赛，在达到报名标准的 171 国（地区）1700 多名参赛选手中，中国运动员首次金榜题名：黄志红以 20.83 米获女子铅球冠军，徐德妹以 68.78 米取得女子标枪金牌，另外，女子万米钟焕娣、王秀婷分获银铜牌，另还有一批人进入前 8 名。值得一提的是，李彤以 13 秒 46 获男子 110 米栏第 8 名。这是中国男子运动员首次在世界顶级赛事中进入影响很大的田径短距离直道决赛。这一届世锦赛，我国奖牌榜列第 9 位，总分列第 6 位。创历史新高。

第二年的巴塞罗那奥运会田径比赛，有 157 个国家（地区）的 1826 名运动员参加，中国田径终于圆了奥运金牌梦。陈跃玲以 44 分 32 秒获女子 10 公里竞走金牌，《义勇军进行曲》开天辟地首次奏响奥运会田径场。除陈跃玲外，黄志红（女铅球）、李春秀（女竞走）、曲云霞（女 1500 米）也分获奖牌，升起了五星红旗。在被公认为田径运动中难度很大要求极高的男子跳远项目上，黄庚获第八名。他还创造了 8.38 米的全国纪录。

1993 年是中国田径史上不平凡的 年：8 月 13 日至 22 日在德国斯图加特举行的第 4 届世界田径锦标赛上，中国田径队获得 4 金、2 银、2 铜。这届世锦赛规模为历史之最：共有 184 国（地区）1888 名选手参赛。中国黄志红以 20.57 米蝉联世锦赛女子铅球冠军；刘东、曲云霞、王军霞、分别夺下女子 1500 米、3000 米与 10000 米金牌；另外，钟焕娣获得女子 10000 米亚军、闵春凤获得女子铁饼季军。

不久后（9 月 8 日至 13 日）在北京举行的第 7 届全运会田径赛捷报频传：共有 3 人 5 破 3 项世界纪录，3 项新的世界纪录是：女子 10000 米王军霞 29 分 31 秒 78，女子 3000 米王军霞 8 分 6 秒 11，女子 1500 米曲云霞 3 分 50 秒 46。

在同年举行的世界级比赛中，中国田径选手呈全面突破之势：第 5 届世界杯马拉松赛获得团体与个人冠军（王军霞），第 16 届世界杯竞走赛夺取了个人冠军（女子 10 公里王妍）与团体亚军。

11 月，王军霞被国际田联授予 1993 年世界田径最佳运动员称号，第二年 2 月 1 日又荣获第 14 届欧文斯奖，成为第一位获此殊荣的中国人和亚洲人。

1994 年，老将黄志红在伦敦举行的第 7 届世界杯田径赛中再夺一枚金牌。后又在 1995 年 8 月瑞典哥德堡世锦赛上收取银牌，保住了中国队在本届赛会上唯一的奖牌。

1995 年国家体委正式公布了我国第一部《奥运争光计划纲要》。

这一年，中国田径传统强项的竞走实现了比翼齐飞——

第 17 届竞走世界杯赛于 4 月 29 日到 30 日在北京举行，来自五大洲 39 国 357 名选手参与。我国竞走健儿大放异彩，全面丰收：包揽了 3 个单项冠军，同时夺取 2 个团体金杯。首先进行的女子 10 公里比赛，高红苗以 42 分 44 秒获金牌，她与队友刘宏宇（个人第 3）、谷燕（个人第 4）合作，抱回了阔别 10 年之久的团体金杯——艾思堡恩杯。随后进行的男子 20 公里比赛，黎则文以 1 小时 19 分 44 秒夺冠，中国男子田径世界冠军的零纪录终被突破，黎则文还与队友陈绍果（个人第 6）、卜令堂（个人第 8）一起，取得男子 20 公里团体冠军。最后一项男 50 公里，赵永胜以 3 小时 41 分 20 秒再夺第一。

20 世纪 90 年代，我国在世界田坛较为突出的项目还有当时开展不久的女子三级跳远与女子撑竿跳高。1990 年，李惠荣跳出 14.54 米，被国际田联批准为第一个女子三级跳远世界纪录。女子撑竿跳高的首个世界纪录的荣誉也归中国：1995 年国际田联承认中国运动员孙彩云于 1992 年在南京创造的 4.05 米为该项目第一个世界纪录，之后，我国运动员又多次刷新世界纪录，将其提高到 4.23 米。1996 年 2 月 27 日，孙彩云在天津还创造了 4.28 米的室内世界纪录。1997 年 3 月，中国运动员蔡维艳在巴黎世界室内锦标赛上，以 4.33 米获得季军。

1996 年亚特兰大奥运会上，中国田径队取得了 1 金（王军霞，女子5000 米）2 银（王军霞，女子 10000 米；隋新梅，女子铅球）1 铜（王妍，女子 10 公里竞走）。

由于新老交替与临场发挥等问题，90 年代后期，中国田径在前进路上遭遇波折，1997 年 8 月的雅典世锦赛，中国队首次与奖牌无缘。但竞走雄风犹存，1999 年 5 月 1 日至 2 日在法国小镇梅兹栋举行的第 19 届世界杯竞走赛上，刘宏宇在国际田联新设立的女子 20 公里比赛中，以 1 小时 27 分 32 秒荣获冠军，由刘宏宇、潘海莲、李红、高红苗、王妍组成的中国队获该项目团体冠军。于国辉在男子 20 公里比赛中，以 1 小时 20 分21 秒遗憾得银，与冠军只有 1 秒之差，他还与队友刘云峰、虞朝鸿、戚俊、黎则文一起勇夺男子团体铜牌。这是中国田径在世界级竞走项目中仅次于 1995 年北京世界杯的最佳战绩，也是在国外作战的最佳战绩。同年8 月，在西班牙塞维利亚举行的第 7 届世界田径锦标赛中，刘宏宇、王妍勇夺女子 20 公里竞走金银牌，中国竞走在世界锦标赛金牌榜上终于破零。

2000 年第 27 届悉尼奥运会上，女子竞走比赛的距离首次从 10 公里改为 20 公里，这对运动员的身体、技术条件提出了更高更难的要求。王丽萍在主力队员刘宏宇被罚下场，自己被多名实力强大的对手包围夹击的不利形势下，沉着冷静，把握节奏，顽强拼搏，终以 1 小时 29 分 05 秒的成绩夺冠，捍卫了中国竞走的荣誉。女子竞走也成了中国田径军团迄今在奥运会上夺取过两枚金牌的小项。

（三）新千年：亮点与遗憾

新千年最大的亮点自然是刘翔的崛起。2004年8月27日晚，刘翔以12秒91的优异成绩（平英国杰克逊保持了11年之久的世界纪录，破12秒95奥运会纪录）获雅典奥运会男子110米栏金牌；2006年7月12日，在瑞士洛桑举行的世界黄金大奖赛中，又以12秒88创该项世界新纪录；2007年9月2日，患感冒的他在日本大阪创"第9道奇迹"，以12秒95夺下世界锦标赛金牌，完成"大满贯"伟业。刘翔的飞翔，极大地提升了中华民族的自豪感与荣誉感。

这期间，中国田径界经过艰苦努力，女子长跑保持了荣誉：2004年雅典奥运会上，邢慧娜以教科书般的经典跟跑战术与最后无可匹敌的突围冲刺，以30分24秒36拿下女子万米金牌；2003年巴黎世界田径锦标赛，孙英杰获女子万米铜牌。她还曾创造了女子马拉松2小时19分39秒的好成绩。周春秀也突破了女子马拉松2小时20分大关（2小时19分51秒），同时在世界著名马拉松赛事——2007年伦敦马拉松赛上，以2小时20分38秒获得金牌，在同年日本大阪世锦赛上取得银牌，在北京奥运会上，取得铜牌。

女子投掷作为中国的强项，新世纪仍保持了较整齐的团队实力，传统的铅球、铁饼与新设的女子链球在世界级比赛前8名中都榜上有名。在2002年西班牙马德里世界杯中，顾原获得女子链球金牌。1986年出生的张文秀在2004年雅典奥运会上获第7，2005年赫尔辛基世锦赛上进到第5，尔后在2007年大阪世界锦标赛与2008年北京奥运会上，从强手如林的重围中奋勇杀出，均取铜牌，升起了国旗。

但面临新人不断崛起、技术日益精细的国际竞走形势，自身路子尚未摸索到位，新老交替衔接中存在缝隙的中国竞走，则面临近10年来少有的尴尬——尽管在2004年5月1日到2日，在德国莱比锡的瑙姆堡举行的第21届国际田径世界杯竞走赛中，中国队取得了男女20公里团体两项冠军（男队员韩玉成、刘云峰、徐兴德、朱红军，女队员是姜静、宋红娟、王丽萍和徐爱辉），但其比赛的影响远不及奥运会与世锦赛，而我们的个人成绩又不突出，总体成绩滑到历史低点——在 2001 年到 2009 年 7 月举行的两届奥运会、四届世界锦标赛中，竟未获取一枚奖牌，成绩最好的是雅典奥运会上，虞朝鸿获男子 50 公里竞走第 4 名，北京奥运会上，王浩、刘虹获得男女 20 公里第 4 名。

检验最新成果的北京奥运会，田径只获得两枚铜牌——周春秀的女子马拉松与张文秀的女子链球。张文秀比赛报名成绩名列第 10，并不具备夺金实力，最后以接近自己最佳水平的成绩（74 米 32）勇夺铜牌。但已具备一定冲金实力、在 300 多天前大阪世锦赛上分获第二、四名的女子马拉松选手周春秀与朱晓琳，由于赛前训练方向过多地放在适应耐热耐湿之上，一定程度上影响了能力的积蓄储备，加之赛场形势判断欠准，决心不够，当比赛出现凉爽宜人气候时，未能抢得先机。

最为意外与痛心的是刘翔因伤痛意外爆发被迫退赛，使中国田径失去了冲金的最佳机会，留下了极大遗憾与沉痛教训。偶然中见必然，任何偶然的客观情况都有其必然的主观因缘，许多规律，我们尚未真正认知与把握。对于北京奥运会的结局，我们需要勇敢面对，勇于承担责任。

三、反思过去　直面未来

（一）竞走，雄壮与困惑

中国田径 60 年，竞走是中国体育的一个典范，是中国田径多年来一个真正意义上的传统强项，是一个重量级话题，她创造了太多的中国田径第一，她有过辉煌，后期却也面临难解的困境：

1983 年 9 月，产生中国田径第一个世界冠军；

20 世纪 80 年代起，多次刷新世界纪录；

1995 年第 17 届世界杯田径赛，包揽 3 项个人金牌并夺下 2 个团体冠军；

中国体育史上第一个奥运会田径冠军；

中国奥运史上第一个夺得 2 枚金牌的田径小项；

中国体育史上罕见的两翼齐飞的团队，1995 年、1999 年、2004 年……多次在世界杯中男女携手凯旋！

田径跑跳投全能诸项，在中国，还没有哪个项目，像竞走那样具有如此的集团实力与长远优势。

然而，从 2001 年到 2009 年 7 月，中国竞走却面临多年来少有的尴尬——在世界上影响最大的奥运会（2 届）、世锦赛（4 届）中，却未获取一枚奖牌……

国际田联于 1995 年年底修改了竞走技术定义（要点是腿在支撑阶段始终不能弯曲），决定于亚特兰大奥运会上实施。新的技术标准使擅长小步高频、高重心竞走的中国队员受到新的更大限制。但中国竞走界及时调整战略，与时俱进，主动与世界接轨，走出去请进来，下苦功改进技术，获得世界认可，仅仅沉默三年，就频频亮剑中的，1999 年世锦赛、2000 年奥运会的两枚闪亮的金牌足以佐证。

备战北京奥运，男女 20 公里、男子 50 公里三项竞走是全国田径界非常重视和关注、夺冠呼声与期望值都很高、人力物力财力投入最多的重点冲金项目，参赛队员达 A 标人数众多，还拥有本土作战天时地利人和等诸多有利条件。结果却与预想大相径庭。痛定思痛，通过认真反思，当时在定位冲金目标时，过分看重了本土作战的有利因素，过于自信与乐观，心存侥幸。冲金需要各种条件，我们的参赛队员尚未成熟，能力不足，技术不够完美，导致体力消耗过大，加之比赛经验不够丰富，不能知己知彼，结果自然难以如愿。摔个跟头，买个明白。田径界有信心有决心，一定重振竞走雄风。

（二）刘翔：闪亮与闪失

刘翔的出现，应该是中国田径 60 年的最大亮点；刘翔的成功，也应该是中国田径 60 年的极品级财富。

从事竞技体育，人在遗传因素上是有差异的。作为带障碍短跑的 110米栏，对人体的速度、技术要求都极高，而东方人无论在身高、体型、肌肉类型还是生理功能等方面都与欧美人存在相当差距。因此，人们都习惯了世界级对决中总是道道黑色旋风的场面！

有权威人士说：能进奥运会田径场直道决赛，其影响决不亚于许多项目的金牌。

但是，中国刘翔突破了欧美人在这一项目中的一统天下，创造了令人震惊的奇迹：从 2004 年雅典奥运会到 2007 年大阪世锦赛，他包揽各种国际大赛绝大多数金牌，完成奥运会、世锦赛与国际田联黄金联赛总决赛、世界室内锦标赛大满贯，并 1 破 1 平世界纪录，5 次跑进 12 秒 95，书写了中外体育史上波澜壮阔的史诗。

刘翔 1983 年 7 月 13 日出生在上海，1999 年师从孙海平练跨栏。

刘翔的成功得益于他的适合跨高栏的身材，更得益于孙海平的根植于多年实践的创新思维与训练理念，"速度不完全是在跑道上练出来的"，他们采用了别人未有的髋关节"发动机"与腰腿伸肌的专项肌肉力量训练，以大量专项身体素质练习与以质量为核心的训练安排，最终形成了攻栏积极，栏间节奏快捷流畅，速度、力量与技术得以完美结合的技术风格，并较系统地掌握了赛练结合、赛前准备活动等规律，实现了历史性的腾飞：

2000 年，刘翔第一次出国，世界青年锦标赛第四名。

2001 年，东亚运动会、世界大学生运动会、第九届全运会均为冠军。

2002 年，世界田联大奖赛洛桑站亚军，13 秒 12，破世界青年纪录、亚洲纪录；第 14 届亚锦赛、釜山亚运会金牌。

2003 年，维也纳室内田径锦标赛亚军，创 7 秒 51 亚洲纪录，世界室内田径锦标赛季军，巴黎世界田径锦标赛铜牌（13 秒 23）。

2004 年，布达佩斯世界室内锦标赛 60 米栏亚军，7 秒 43，亚洲新纪录；国际田联大奖赛大阪站冠军，13 秒 06 创亚洲纪录；全国田径大奖赛天津站冠军13秒06，平亚洲纪录；雅典奥运会金牌12秒91（顺风每秒0.3米），破美国约翰逊保持的12秒95的奥运会纪录，平英国杰克逊1993年8月创造的世界纪录（顺风0.5米），领先亚军0.27秒！刘翔拿下了中国人乃至亚洲人在极为令人关注的男子直道决赛的第一枚奥运金牌。赛后，他的对手——亚军特拉梅尔评论说："刘已成为其他运动员的噩梦"，季军加西亚说："中国速度确实厉害"，刘翔自己说："谁说亚洲人不能成为短跑王？亚洲有我，中国有我！"

2005年5月16日，国际体育界权威评选，最崇高的奖项之一劳伦斯年度最佳新人奖归刘翔；

2006年7月12日，国际田联大奖赛洛桑站冠军，"12秒88，刘翔，新世界纪录创造者"已永远以金字镌刻在历史的丰碑上！

刘翔最终能成才，要素有好几条：

他自律自控力极强。生活很规律，按时吃饭，到点作息，烟酒不沾。

他有主见。对事有自己的独立判断。他不太在意别人的评价，更不轻易为他人左右自己。他始终能积极主动参与教学互动。

他悟性高，适应性强，学什么都领悟非常快。

他不畏强手，乐意挑战，"老外也是人，没什么可怕的"……

无论从哪个角度，刘翔的"希腊神话"，堪称中国田径60年最突出与最经典的战例之一：

赛前，他最好成绩仅13秒06，在如林的对手中属于"第二世界"；

赛前，领导与专家最大的希望是他能跑到13秒左右，抓块牌；

但这是奥运会！决赛就一次，十几秒，谁能在特定的时间、地点、环境里力拔头筹，谁就是王中王。

大赛对手之间的PK，既包括身体能力、技术的比拼，更包括精神、心理素质、职业素养等综合实力全方位的较量。世界顶级大赛数年一轮，竞争激烈、兵势无常。只有能在关键时刻发挥水平，把握住转瞬即逝的战机才有可能驾驭战局，甚至以弱胜强。任何一方面品质的欠缺，任何一点闪失，都难以摘取这颗皇冠上的钻石，无法完成奥运会的伟业。

刘翔第二轮上道前，栏王、奥运会纪录保持者阿兰·约翰逊恰恰摔倒在他的第6道上，他未受影响；

半决赛，法国新秀杜库雷成绩超他一大块，他不为所动："跑那么快干什么？我只要确保进决赛就行了！"

决赛进场前夕，刘翔完全进入忘我境界：准备活动整整两个小时，面前的领导熟人一概视而不见，就是与教练孙海平也就说过两句话，中途一句："师父，帮我拿瓶水。"检录完毕进场时一句："师父，请相信我。"进场前，他走道的双腿，有力地让人感觉似乎要将地板蹬穿。

于是，全世界面前出现了这么一个经典的比赛镜头：

2004年8月27日晚，恰似一只追风逐浪的海鸥，转瞬间，他使所有对手只能望其项背，主要对手还被打乱节奏险些摔倒在地，而他，领先第二至少一个大步。

于是，全世界都记住这么一个经典的领奖镜头：

这个一脸青春气的追风少年，身披五星红旗，一步跳上领奖台，站到世界面前……

雅典奥运会后的刘翔，在年轻人心目中简直成为一个新人类的标杆、E时代的偶像人物、城市和现代民族精神活化的范本……

然而，就在刘翔节节胜利，从国家主席胡锦涛手中接过北京奥运主火炬，向国人期盼的百年奥运再创辉煌的崇高目标疾跑时，2008年8月18日，男子110米栏预赛，飞人折翅。

全场愕然！全场震惊！

刘翔尽管创造过"神话"，但创造者本身却是个真实的人，一个有血有肉的人。

他那右脚跟腱末端和滑囊炎的老伤，2003年就已出现，但成因始终未明。上海市和田协都曾分别派了专职医生，对他全程监护治疗。这几年虽曾出现过因疼痛影响训练的情况，但总体控制较好，他一直能坚持正常训练，成绩也未出现大的波动。由于这一受伤部位的特点和限制，各种手段与方法都未能立竿见影，而养伤最需要的时间与休息的配合在奥运会前又无法做到。为了不影响整支队伍士气，赛前我们对这一伤情的披露慎之又慎，圈子极小。但就是这一披露，也只谈及可能对成绩的影响，一点没想过最终上不了道。

对刘翔这种表面看来不甚严重却疼痛难忍的伤情的认识与准备不足，最终导致刘翔退出奥运会比赛，教训深刻，这一沉痛的挫折与失利，反映了我们认知水平还不够实、不够细。

2008年12月，刘翔在美国动了手术，取出了三个豆形钙化物与一个刺状钙化物。现他正以惊人的毅力，一步步迈向康复。

在他何时重返赛场的问题上，田协没有时间表，一切以伤情完全恢复为线，一切尊重科学，顺其自然，决不冒险。

岂止是110米赛道，人生路上，跨越障碍本身也是一种成就，也是一种境界！

刘翔与孙海平都表明决心，力争跑向伦敦奥运会。

（三）而今迈步从头越

时光荏苒，光阴似箭，中国田径风雨兼程、步履匆匆地走过了60年。其间，有成功的典范，亦有失败的教训；有部分丰收的喜悦，也有总体的忧虑；有尚未开掘的富矿的曙光，也有面临错踪复杂道路的困顿。

60年大庆盘点中国田径：纵比，亮点不断，前行轨迹波折向上；横比，亚洲领先世界中游。以2007年、2008年两届世界最高田径赛事为例：2007年大阪世锦赛，1金1银1铜，奖牌榜第11，团体总分51分，名列第7；2008年北京奥运会，2铜，奖牌榜35位，团体总分39分，第13位。

新时代，中国田径面临新挑战！

挑战来自：田径运动正被越来越多的国家重视，得到了世界范围内的普及和发展，世界田坛正呈群雄并起新时代，全方位多层面剧烈竞争成为项目特点。2008年奥运田径比赛，竟有198国（地区）2319名通过达标的运动员来北京参赛，人数超过上届103人，运动员数占参加北京奥运会运动员总人数的近四分之一，创奥运历史之最。

作为第一基础大项，世界各色人种几乎都能从中找到适合自己的项目；作为基础性体能类的项目，田径不少小项对人的各种素质要求较高较全；作为与人类生存的基本技能有着更大关联度的竞技项目，田径运动则更多需要天赋；有的小项技术并不复杂，投入不多，世界"田园"因此人才辈出，遍地开花。

中国田径在亚洲老大地位从1982年第9届亚运会上确立后，无人能够撼动。多年雄踞亚洲老大地位的状况，并未蒙上田径人的眼睛，捆住田径健儿的手脚。田径人深知，在这个历史最古老、辐射面最广的项目中，亚洲在世界尚处弱势。中国冲出亚洲后，就有责任为世界田径发展多做贡献。但亚洲人在体态、体能上并无任何优势，在历届以洲为单位的世界杯比赛中，亚洲每每殿后。在此背景下，中国田径迄今在世界舞台上仍属点上开花。以北京奥运会为例，亚洲只有2个国家升国旗，另一国是日本（一铜），进入前八名获取证书与计分的也才5个国家——中国39分、日本12分、哈萨克斯坦5分、巴林8分、卡塔尔3分。

总结60年风雨路，需要给中国田径准确定位与取向。中国田径如何在为世界田径发展推波助澜，如何在将祖国建成世界体育强国的伟业中多贡献力量，是新形势赋予田协的新使命。

当今世界，任何一个体育强国都不可能在众多田径小项中全面开花。选准突破口，破解难点，发展艰苦类和技术类的项目，将优势与潜优势小项做大做实做优做强，应该是中国田径面对新时代的出路所在。世间人是最宝贵的，我们将发掘人才，把寻找、发现和培养有天赋条件的运动员、教练员，建立人才培养长效机制，作为一项长期的战略工作。在不同的历史阶段和时期，根据人才资源来调整重点布局，配以各种措施，努力改变中国田径的被动之势。科学技术是第一生产力，这条铁律同样适用于竞技体育，适用于田径。在现代竞技体育的竞争中，有科技支持不一定就成功，但无科技支持一定不会成功，所以充分应用现代科技知识和手段武装我们的运动队，是中国田径打翻身仗的必由之路。

新时代，中国田径将承担新历史责任与光荣使命，以科学发展观为统领，前赴后继，披荆斩棘，向着世界田径强国的巅峰继续奋力登攀！

60 年奋进 60 年荣耀

——新中国游泳运动事业的发展与成就

国家体育总局游泳运动管理中心主任 李桦

一

2008 年，即新中国成立 60 周年的前一年，第 29 届奥林匹克运动会在中国北京举办，中华民族实现了百年夙愿。从 59 年前受尽苦难与屈辱的"东亚病夫"到 59 年后有实力举办一届"无与伦比"的奥运会，再到金牌总数第一，这一跨越式巨变，令世界惊异、钦佩和信服。60 年中国体育的成就，以及为了取得这些成就所付出的代价、所进行的探索、所经受的挫折，都将作为奥林匹克精神和人类进步事业的共同财富而载入史册。

60 年来，伴随着共和国不断成熟、壮大的过程，伴随着中国体育铿然前进的步伐，我国游泳事业同样取得了辉煌的成就，从新中国第一次真正意义上参加的 1984 年洛杉矶奥运会算起，短短 25 年中，中国游泳军团在游泳、跳水、男子水球、花样游泳 4 个项目上共获得奥运会金牌 34 枚、世界锦标赛冠军 74 个。60 年的成就举世瞩目，如果算总账，如果把 60 年巨变与前 60 年相比，放在整个奥运会进程和国际背景中进行考察，一切公正的人们都不能无视一个事实：中国游泳方兴未艾，正在大踏步走向世界。

由于我们为之献身并使之发生巨变的地方，不是一个规模很小的国家，也不是条件优越的一片区域，而是一个贫穷落后的大国，因此，在这片国土上发生的变化，其意义非同一般——由于我们为之奋斗的事业基础薄弱，几乎是白纸一张。60 年前的中国，山河破碎，满目疮痍，没有一个像样的游泳池、跳水馆，更谈不上游泳梯队、后备人才、训练体系。因此，今日中国发生的游泳运动事业的变化，其意义非同一般；由于 60 年巨变，是与一个新型的社会制度连在一起，与一个源远流长的民族文化传统和 13 亿人民群众的创造力连在一起，其意义非同一般。事实上，我们党领导亿万人民，历经坎坷、取得成就的过程，也就是中国游泳事业不断前进的过程。

二

直观说明 60 年成就，一个比较有说服力的支点和公众容易接受的事实是竞技游泳在国际舞台上的情况。

从 1896 年第 1 届现代奥运会到 1948 年第 14 届奥运会的 50 多年中，旧中国仅参加过一届即 1936 年在德国举办的第 11 届奥运会的游泳比赛，且预赛中即遭淘汰。赛会结束后，代表团因无路费靠当地华侨资助才得以回国。除这一次，中国游泳几乎与世界隔绝。奥运会游泳金牌、奖牌对当时的旧中国来说，无异是水中月、镜中花，可望而不可及。

具体论证 60 年成就，我们不妨先介绍一下建国前的中国游泳状况：

旧中国自 1910 年至 1948 年共举办了 7 届全国运动会，因为缺乏办赛人才，其中两届还是委托外国人主办的，从第 3 届起，增设了男子游泳比赛项目，从第 5 届即 1933 年起，才有了女子项目。那时的《游泳竞赛规则》及裁判方法，大多套用田径比赛规则和方法，用于游泳显然是既不合理又失公平，运动成绩进入世界排名前 50 位的运动员寥寥无几；那时的游泳设施更是有限和简陋，仅在上海、广东、武汉、天津、香港、青岛等地修建了一些游泳池，谈不上标准，也无法举办国际比赛；至于群众性游泳活动，在民不聊生的旧中国根本不可能。其落后状况可见一斑。而且，重要的不止在其状况，更在落后的认知观念和落后的组织管理领导方式。

一位当时考察中国体育的西方预言家宣称，中国体育落后世界几百年。这里有偏见和歧视，也有一定的依据，中国太贫穷太落后了。按照一般逻辑，按照一般规律，中国体育登上世界舞台恐怕是难上加难的事。

但是，新生的中国没有按一般逻辑一般做法建设国家、发展体育，包括游泳事业，经过 60 年的奋斗，中国游泳事业发生了巨大的变化。

经过几十年发展，目前，我国已经建立了较为完备的训练体系和后备人才队伍，形成了较为合理的队伍结构。中国游泳协会、中国救生协会以及二级专业委员会有 6 个，已完全具备独立举办世界大赛的能力，除主办、承办国际性比赛外，每年举办各类全国性游泳比赛近 30 个（含游泳、跳水、水球和花样游泳）；涌现出许许多多的以"水立方"为标志的具有先进设施、能承办各类国际大赛的游泳池馆；全国有游泳之乡、先进游泳池馆 97 个，每年举办群众性游泳活动近 20 个，参加游泳健身活动者不计其数；协会有 13 人在国际游泳组织中担任职务；游泳教学、训练、技术、选材理论方面的读物有十多种。

这是纵向比较，由此可以看到历史的跨度。一位世界体育专家评价说，中国只用一代人的时间，取得了其他国家用了几个世纪才能取得的成绩。

三

60 年的成就，不是一帆风顺、一蹴而就的，而是一步一步的奋斗，一点一滴地积累起来的。我们用唯物史观的眼光，从各项目的发展情况，进一步论证中国游泳取得的成就。这其中还有个如何对待个别历史阶段的问题。

从游泳项目看：建国初期的情况前面已经说过，50年代，我国就有3人5次刷新男子百米蛙泳世界纪录；60年代有多名运动员的成绩进入世界前20名；1958年至1979年，中国奥委会（即中华全国体育总会）同国际奥委会断绝关系，在国际泳联"会员国运动员不得与非会员国运动员比赛"的"禁令"下，中国游泳参加国际比赛、接受国际大赛锻炼的机会少之又少，第一次拉开了与世界水平的距离；1967到1976年发生的"文化大革命"，严重影响了我国游泳事业的发展，游泳训练几乎停滞不前，而这段时间正是世界各国游泳运动腾飞的时期，我们却错过机遇，把精力消耗在"以阶级斗争为纲"上，进一步拉大了与世界水平的距离；20世纪80年代起，中国游泳人不甘落后，奋起直追，运动水平有了明显进步。1986年，我国运动员首次闯入世界10佳，此后的短短5年间，我国先后有9人、8个接力队、45次被列入世界游泳前10名；90年代，游泳成绩更是突飞猛进，有5名运动员排名世界第一，在女子13个奥运会游泳单项中，我国有5项居世界首位，与美国的5项平分秋色，另3项由其他国家获得。在2008年北京奥运会上，我国共获得1金3银2铜，7人次打破世界纪录，并且在男子项目上首次获得了奥运会奖牌。

诚然，与世界水平相比，我国游泳尤其是男子游泳还有差距。中国游泳曾有过"五朵金花"时期的辉煌，也尝过悉尼奥运会、墨尔本世锦赛的败绩，有过高峰也有过低谷，这里有历史原因有人为干扰，也不乏某些主观因素。但中国游泳的希望不在不走弯路、不犯错误、不受挫折，而是在其对待失误的态度、纠正失误的力度和成效、永不言败的勇气和姿态以及始终追求的更快、更高、更强的奥林匹克精神；中国游泳所取得的成绩不只在其已经达到的高度，而是能够在实践中不断创新，善于总结经验，郑重对待失误，深入研究项目规律，不断开创游泳事业新局面的进取精神。毋庸讳言，上述成绩是我们在减去失误，减去耽误了的时间之后所取得的成就，如果我们的失误少一点、小一点，我们的成就会更大。从这个意义上说，中国游泳前景光明，大有希望！

从跳水项目看：跳水运动在旧中国历届全运会中参加的单位和人数十分有限，仅仅是一个附属于游泳的项目，尤其是女子跳水运动员更少，仅在 1933 和 1935 年两次全国比赛中有为数很少的人参加表演和比赛，且技术水平低下，早期是"入水比远"，以后才有了"花式跳水"，只能做 4 个组别的简单动作，全国几乎没有一本介绍跳水运动的书刊，只是在 1935 年由上海勤奋书局发行了英国人海杰编著的《游泳成功术》，书的内容简介中提到"本书叙述游泳练习之各种方式及跳水术"；新中国成立后，1959 年第 1 届全国运动会上就有 12 个省、市和解放军代表队的 69 名运动员参加，动作难度加大，向前翻腾三周半已经有好几个人能够完成；60 年代、70 年代，我国跳水开始称雄亚洲，在 1978 年第 8 届亚运会上，囊括全部金银牌；改革开放 30 年，中国跳水更以惊人的速度向前发展：1979 年取得第一个世界冠军；1984 年获得第一枚奥运会金牌。

中国跳水队是中国竞技体育的骄傲，是中国体育的"梦之队"。自 1980 年首次参加国际大赛以来至 2009 年 8 月，先后在奥运会、世界锦标赛、世界杯赛中有 431 人次获得"世界冠军"称号，共获得 186 个项次的世界冠军（其中奥运会 27 个、世锦赛 46 个、世界杯 113 个），培养出了 74 位世界冠军运动员（其中奥运会冠军 24 个）。特别是从 1984 年洛杉矶奥运会到 2008 年北京奥运会，中国跳水队连续在 7 届奥运会中夺得 27 枚金牌，占 7 届奥运会跳水项目 40 枚金牌总数的 67.5%，占中国体育代表团 7 届奥运共 163 枚金牌总数的 16.6%，成为我国奥运会代表团中夺取金牌数量最多的一支队伍，为祖国和人民争得了巨大荣誉。

外电评论："中国跳水人才济济，无可匹敌，中国跳水一直引领世界跳水向一个更高端的方向发展，为这项运动的经久不衰做出了贡献。"一位澳大利亚跳水名将坦言，中国跳水运动员总是跳得很好，即使难度很高的动作也不例外，他们赢得金牌实至名归。

从水球项目看：水球早于 19 世纪中期即在英格兰地区流行开来，1900 年成为巴黎奥运会的正式比赛项目。该项目在欧洲一些国家经营了上百年，形成了一些传统强队。中国男子水球起步虽晚，但进步较快，自1974 年至 1990 年在每届亚运会上获得金牌，时隔 16 年后，又在 2006 年多哈亚运会上获得冠军，是亚洲强队，目前尚不具备与欧洲强队抗衡的实力。通过北京奥运会的锻炼，队伍看到了差距，总结了经验，树立了信心，立志在伦敦奥运会上，向更高的目标冲击；中国女子水球队是雅典奥运会后才组建的一支新队伍，在首次参加的北京奥运会上，曾以 10∶7 战胜上届冠军意大利队，创造了女子水球的奇迹，最终获得第 5 名。女子水球队外籍教练预言：中国女水极具潜力，用不了多久将成为真正的世界强队。

从花游项目看：花样游泳 20 世纪 20 年代起源于加拿大、美国等国家，总体历史较短。1982 年国际奥委会决定把花样游泳列为 1984 年奥运会的正式比赛项目后，我国派出考察组赴日本考察学习花样游泳，1983年举办了有 41 名教练员、运动员、教师等参加的全国第一期花样游泳学习班。自开展这一运动以来，经过 20 多年的不懈努力，成绩不断提高，实现了在奥运会上的三级跳：1992 年巴塞罗那奥运会，获得双人项目第 8名，3 名队员的规定动作得分分别排在 53 个参赛队员的第 19、23 和 24位；2004 年雅典奥运会，中国队获得集体第 6 名、双人第 7 名；2008 年北京奥运会，获得集体项目铜牌，同时也实现了中国花游史上奥运会奖牌零的突破。2006 年在多哈亚运会上战胜老牌花游强队日本，双双取得集体、双人金牌。在 2009 年 8 月第 13 届世界游泳锦标赛上，获得 1 银 4铜，跻身于世界强队之列。需要一提的是，欧洲在 20 世纪 30 年代、日本在 20 世纪 50 年代就有了该项目，我国仅用了 20 多年，就接近了世界先进水平。这不能不说是个骄人成绩。

四

从救生项目看：我国救生项目的开展是在上世纪八十年代初，逐渐在一些地方开展，目前已在全国绝大多数省区市开展，许多已经建立了救生组织，其中北京、上海、天津、浙江、广东、福建、湖北和解放军开展得比较好，并建立了相应的救生组织。目前国家已经建立了游泳救生员资格认证、培训教育、竞赛组织等管理体系。

经国家民政部、国家体育总局批准，中国救生协会于 2005 年 1 月 6 日在北京正式成立。2007 年 9 月中国救生协会成为国际救生联合会（ILS）正式会员，并享有最高级别的完全会员资格。

水上救生事业是一项"拯溺救难"的高尚事业，是人道主义精神和精神文明建设的具体体现。随着国家经济的快速发展，全国参加游泳运动的人群逐年增加，因此对游泳救生员的需求越来越大。从 1999 年 11 月年至今中国救生协会先后培训了初级、中级、高级和国家级各类救生员近四万人，已经遍布全国各地，为保障广大游泳者的游泳安全发挥了重要作用。国家明确规定在全国开放的各游泳场所必须配备持证的救生员上岗。

近 10 年，我们先后举办了十次全国救生锦标赛，参赛队由初期的几支队伍发展到如今的几十支运动队伍，泳池和海浪同时进行的国内大型赛事。

国家体育总局游泳运动管理中心根据我国游泳救生事业发展的需要，于 2007 年组建了国家游泳救生集训队，并派队伍到澳大利亚、德国、意大利等游泳救生项目水平先进的国家进行比赛、训练与交流，十分重视对世界先进救生技术的学习，坚持走出去、请进来，近两年国家游泳救生集训队的水平提高显著。2007 年首次参加德国举办的世界救生锦标赛，夺得 2 金 2 银，总分第六的优异成绩；2009 年 7 月 23 日至 26 日，以国家体育总局游泳中心主任李桦为领队、副主任原家玮和军体院副院长陈勇为副领队的中国游泳救生队 22 人，参加了在祖国宝岛台湾高雄举办的 2009 年第八届世界运动会水上救生项目的比赛。在中国体育代表团团部的领导下，国家游泳救生队伍独立作战，中国队展现了良好的精神风貌，经过全体参赛运动员、教练员、工作人员顽强拼搏，取得 4 金、4 银、3 铜的优异成绩，打破 7 项次世界纪录。创造了中国游泳救生队首次征战世运会的优异成绩，实现了中华健儿在祖国宝岛台湾升国旗，奏国歌的愿望，用优异的成绩和精彩的表现，为民族争了气，为祖国争了光。

相信在国家体育总局的领导下，在社会各界的大力支持下，中国游泳救生事业将在保障广大游泳爱好者的游泳安全方面发挥更加重要的作用，中国游泳救生事业也将进入全新的发展阶段。

60 年中，中国游泳人才辈出，新人辈出，冠军辈出，这是 60 年成就的重要内容。事实上，中国游泳事业取得辉煌成就的过程，也是全国游泳工作者，包括新老运动员各方面素质不断提高的过程。

60 年来，中国游泳涌现了 100 多位奥运冠军、世界冠军。他们勤奋、智慧、坚毅、果敢、诚实、执著、团结友爱、胸怀祖国、放眼世界、朝气蓬勃、善于学习、勇于拼搏、刻苦训练、自强不息、永不言败、冬练三九、夏练三伏，克服了他人难以想象的困难，历经了他人难以想象的艰辛。他们的精神面貌集中地反映了新中国 60 年中华民族的风采。他们怀揣赤子之心，用祖国至上的实际行动，使五星红旗在国际赛场上一次次升起、《义勇军进行曲》一次次响起，壮我国威、洗我国耻，显示我巍巍中国之气概！他们的名字是：吴传玉、戚烈云、穆祥雄、莫国雄、林莉、庄泳、杨文意、钱红、乐静宜、罗雪娟、刘子歌、徐益明、钟少珍、李孔政、陈肖霞、周继红、高敏、许艳梅、伏明霞、孙淑伟、熊倪、田亮、肖海亮、李娜、桑雪、郭晶晶、吴敏霞、胡佳、劳丽诗、李婷、彭勃、杨景辉、陈若琳、何冲、王峰、秦凯、火亮、林跃、王鑫。我国游泳运动员还获得过世界体育奖、国际游泳名人堂等殊荣。赢得国际游泳界的尊重，他们是中国游泳的光荣和骄傲，祖国和人民记得他们，共和国不会忘记他们。

中国游泳 60 年的历史是一部可歌可泣的创业史、奋斗史，在发展、推动和振兴新中国游泳事业的进程中，不管是在艰苦创业的年代，还是在抗击别有用心者制造"两个中国"的图谋中；无论是逆境顺境、还是困难坎坷，都有一大批模范人物、先进工作者走在前面。他们中有教师、教练员、裁判员、科研人员、医务人员、管理人员、政工干部、领导干部、理论工作者。不管是在精神品格上，还是在业务能力上，都堪称典范，在不同的岗位上，为新中国游泳事业做出了贡献。他们是中国游泳方阵的代表，在他们的身旁和身后还有成百上千的知名和不知名的先进模范。他们品格坚贞、政治坚定、身先士卒、敬业献身、奋发有为、孜孜以求、勤于钻研、坚持真理、主持正义、眼界开阔、公而忘私、勇于开拓、锐意进取、与时俱进，他们识大体、顾大局，舍小家、为大家，始终忠实于国家和人民的利益。正是有了这样一支队伍，有了这个队伍精神品格的影响，才使新中国游泳事业发生了如此巨大的变化。没有这个队伍，我们就不可能"筚路褴褛、以启山林"、顽强发展；没有这个队伍，我们就不可能正确对待成就和失误，正确总结经验和教训，在顺境和逆境中坚定地大踏步前进；没有这个队伍，我们就不可能在一个不太长的时期内，改写中国游泳的历史，使一些项目登上世界游泳的最高殿堂。

中华民族特别看重风骨气节和精神境界，中华民族艰苦卓绝的历史和源远流长的文化，铸就了各种各样的优秀人物和精神品格，这是中华民族自强不息，不断发展壮大的精神动力。这一宝贵的精神财富和优秀传统，一旦和振兴中华的伟大实践结合在一起，和为国争光的崇高理念结合在一起，就会形成一种新的品格，进入一个新的境界，产生排山倒海的力量，焕发蓬勃的精神和活力，成为中华体育精神和社会主义先进文化的重要组成部分。60 年中国游泳取得的成绩和进步，已经证明了这一点，并且还将进一步证明这一点。

五

60 年中国游泳取得的成就，最根本的是党和国家的正确领导和重视。

以毛泽东同志为核心的第一代党中央领导集体，在百废待兴的建国初期，就号召全国人民具有坚强的体格和勇敢、坚毅、机敏、乐观、集体主义精神等优良品质，愉快地、坚持不懈地去完成建设和保卫祖国的重大任务。制定了许多行之有效的方针政策，鼓励人民群众参加经常性的体育锻炼。中华全国体育总会将体育竞赛工作作为经常性工作，游泳项目被列为"凡有锻炼身体价值和目前条件允许开展的运动项目"之一，在当时国家财力尚不宽裕的情况下，拨出专款，在许多地方修建了游泳池（馆），包括 1951 年投入使用的北京什刹海游泳池。1952 年举行了新中国第一次全国游泳比赛大会，有 2 人 2 队打破了 3 项全国纪录；1953 年批准成立中央体育学院（即现今的北京体育大学），设立了游泳班，游泳项目的教学训练研究有了良好开端；1954 年，中共中央在批转《中央人民政府体育运动委员会党组关于加强人民体育运动的报告》中指出，改善人民的健康状况，增强人民体质，是党的一项重要任务。政策导向有力促进了竞技游泳、群众游泳的开展；在同年举行的全国游泳比赛大会上，刷新了男子 400 米、1500 米自由泳、4×200 米自由泳接力、女子 100 米、400 米自由泳等旧中国保持的全部游泳纪录；1955 年毛泽东主席参观新落成的北京体育馆并观看了游泳等项目运动员的表演，勉励运动员刻苦训练；在 1959 年举行的第 1 次全国运动会上，毛泽东、刘少奇、朱德、周恩来等党和国家领导人出席开幕式；周恩来、贺龙、陈毅、薄一波等领导人多次接见来华访问比赛的中外游泳运动员；1964 年，国家体委、解放军总参、共青团中央联合发出《关于大力开展群众性游泳活动的通知》；同年，毛主席同首都高校学生和解放军战士一起畅游十三陵水库，毛主席对学生和战士说："游泳是同大自然作斗争的一种运动，你们应该到大江大海去锻炼。"1966 年，毛主席以 73 岁高龄再一次畅游长江，他对陪游人员说："长江又宽又深，是游泳的好地方"，"长江水流湍急，可以锻炼身体，可以锻炼意志。"毛主席的号召在全国人民中产生了巨大影响，一个群众性游泳活动迅速在全国掀起，也促进了竞技游泳水平的提高。这个阶段，毛主席"发展体育运动，增强人民体质"的题词，"万里长江横渡，极目楚天舒"的词句，激励了一代又一代体育工作者，也为我国游泳事业的健康、有序、全面发展奠定了良好的思想基础、制度基础和组织基础。

以邓小平同志为核心的第二代党中央领导集体为创立邓小平理论、开创我国改革开放和社会主义现代化建设新局面建立了丰功伟绩，这其中也包括对体育事业、游泳事业所做的贡献。1982 年，邓小平同志在会见国际奥委会主席萨马兰奇，与部分领导谈话时指出："体育是社会主义精神文明的重要方面，要进一步研究，提出方针，制订规划"；1983 年，邓小平为第五届全运会题词："提高水准，为国争光"；1984 年，邓小平同志与部分领导同志谈话时进一步指出："现在看来体育运动搞得好不好，影响太大了，是一个国家经济、文化的表现，它鼓舞了这么多人，吸引了这么多观众、听众，要把体育搞起来。"同年，党中央在总结建国以来特别是改革开放后体育工作基本经验的基础上，发出了《关于进一步发展体育运动的通知》，提出了加快我国体育事业发展的指导思想、主要任务和工作措施，指出要抓好田径、游泳两个薄弱项目。中央领导同志指示："对奥运会金牌数目多和短期内可能搞上去的项目，加强力量组织好集训工作。"为贯彻好《通知》精神和中央领导指示精神，继 1982 年全国游泳训练工作保定会议后，又于 1987 年召开了全国游泳训练工作上海会议，研究了"搞上去"的具体措施，会议的诸多成果为此后的竞技游泳工作产生了积极影响；1990 年，邓小平同志视察英东游泳馆，看望正在备战第 11 届亚运会的中国水球队的全体人员，高兴地连声夸赞中国水球队"练兵忙"，并与水球队合影；1988 年，国家体委发布了《关于加速提高游泳水准的决定》。在实施一系列措施后，我国竞技游泳开始走入"快车道"：在 1988 年 4 月举行的第 3 届亚洲游泳锦标赛上，我国选手夺得 31 个项目中的 24 枚金牌。值得一提的是，在这次比赛中我国运动员打破女子 50 米自由泳的世界纪录，成为 28 年后再破世界纪录的中国游泳选手。国际奥委会主席萨马兰奇、国际泳联秘书长艾伦先后给国家体委领导发来贺电，对我国运动员成为目前保持该项目世界纪录的唯一的一名亚洲人表示祝贺。这一成功对中国游泳具有里程碑意义，加快了我国竞技游泳冲出亚洲，走向世界的步伐。更为可喜的是，在同年 9 月举行的第 24 届奥运会上，中国游泳队夺得 3 枚银牌、1 枚铜牌，有 9 项 10 人（队）次进入决赛，按当时的计算排名方式，中国女队可列世界第三位。与 4 年前洛杉矶奥运会中国队无 1 人进入前 16 名相比，中国游泳成绩实现阶段性跨越，首次获得奥运会奖牌。

以江泽民同志为核心的第三代党中央领导集体带领全党全国各族人民，将改革开放的伟大事业继承、发展并成功推向 21 世纪。中国体育、中国游泳事业在邓小平理论和"三个代表"重要思想指引下，搭上社会主义市场经济的航船，乘风破浪，再次远航。江泽民同志多次为体育工作题词："发展体育运动，振兴中华"；"发展体育运动，为建设有中国特色的社会主义服务"；"全民健身，利国利民，功在当代，利在千秋"。1997 年，他在接见第 8 届全运会群众体育先进代表时指出："为人民服务，为增强人民体质服务，是党和国家对体育工作的基本要求，体育事业是群众的事业，广泛开展群众参与的体育活动，是我们体育工作的重点。同时要努力发展竞技体育，这不仅可以为国争光，还可以为群众体育活动的发展起引导、示范作用，要保持竞技体育与群众体育相互促进，共同提高的局面"。1995 年，国务院发布了《全民健身计划纲要》；1998 年，国家体育总局游泳运动管理中心公布《全民健身游泳锻炼标准》。在此阶段，我国竞技游泳水平得到大幅度提升：1990 年第 11 届亚运会获得金牌 31 枚、银牌 12 枚、铜牌 6 枚。金牌、奖牌数均居各参赛队之首；1991 年第 6 届世界游泳锦标赛一举夺得 4 枚金牌，实现了在大型世界比赛上金牌数零的突破。中国游泳协会名誉主席薄一波在贺电中说："你们的成绩说明，后进只要奋发进取，采取科学态度，经过艰苦努力是可以赶上先进的，你们的经验值得体育界学习"。1992 年第 25 届奥运会取得更加辉煌成绩，共夺得 4 枚金牌，5 枚银牌，得分 60 分。外电评论，中国游泳运动水平已进入世界泳坛 4 强之列，是当今世界游泳运动水平提高最快的国家。在党中央国务院为中国体育代表团举行的庆功会上，江泽民同志与取得冠军的游泳运动员、教练员亲切合影，给全国游泳工作者以极大鼓舞。在此后的1996 年亚特兰大第 26 届奥运会上，中国游泳队取得 1 金 3 银 2 铜的成绩，2000 年第 27 届奥运会上，未获奖牌，陷入低谷。

以胡锦涛同志为总书记的新一届党中央领导集体高举毛泽东思想、邓小平理论和"三个代表"重要思想的伟大旗帜，将我国改革开放和社会主义现代化建设的各项事业进一步推向前进，提出了全面建设小康社会的宏伟目标，创立了科学发展观的重大战略思想，为中国体育再次插上腾飞的翅膀。2002 年，党中央、国务院下发了《关于进一步加强和改进新时期体育工作的意见》，全面、深刻地阐明了体育在社会发展、经济建设中的地位和作用，科学分析了体育工作面临的形势和任务，明确提出了新时期体育事业的指导思想、工作方针和总体要求，以与时俱进的精神，从政策上为体育工作提供了有力的支持，为体育事业的更快发展开辟了广阔的空间和前景。《意见》指出，要"争取在田径、游泳项目中有较明显的突破"。全国游泳界认真贯彻党中央指示，以科学发展观为统领，调整部署，狠抓突破，在第 28 届雅典奥运会上，中国游泳再现曙光，取得 1 金 1 银的较好成绩。

我国获得第 29 届奥运会主办权后，中央领导同志多次指示，筹备和举办 2008 年奥运会，是北京乃至全国的一件大事，要精心组织，周密部署，扎实做好奥运会的竞赛组织筹备工作和参赛运动员的选拔培养工作，充分发挥奥运会的多元功能和带动作用，推动我国经济的快速发展和社会的全面进步；中央政治局集体学习"现代奥林匹克运动和办好北京奥运会"内容，9 名常委领导同志分赴北京、青岛、香港等地，考察奥运筹办情况、场馆建设、保障设施；胡锦涛总书记在一个月内安排了 3 次与奥运有关的活动，考察中他反复强调要"让国际社会满意"，带头在反兴奋剂签名卷上签下自己的名字。并亲切看望了备战奥运的运动员、教练员，他对花样游泳队的队员们说："我们今天是给你们加油打气的！"总书记的勉励给正在备战奥运的中国游泳健儿以极大鼓舞和鞭策。在北京奥运会上，中国游泳军团没有辜负党中央、国务院和全国人民的殷切希望，在所参加的游泳、跳水、水球、花样游泳 4 个项目上，夺得 8 枚金牌、4 枚银牌、6 枚铜牌共 18 枚奖牌。取得了我国参加奥运会以来的最好成绩，为中国体育代表团作出了应有的贡献。男子游泳、花样游泳在奥运大赛上实现了奖牌零的突破。在 2009 年 8 月举行的第 13 届世界游泳锦标赛上，中国游泳代表团在游泳、跳水、花样游泳项目上，共获得 11 金 7 银 11 铜的成绩列世锦赛奖牌榜第 2 位（游泳 4 金 2 银 4 铜，打破 5 项世界纪录；跳水 7 金 4 银 3 铜；花样游泳 1 银 4 铜），获得了游泳中心成立以来参加世锦赛的最好成绩，为伦敦奥运会的备战打下了良好基础。

六

中国游泳事业 60 年成就，得益于社会主义制度，得益于举国体制。中国游泳事业 60 年走过的道路，是新生的社会主义中国从蓬勃发展到历经坎坷焕发生机的一个缩影。

旧中国这样一个贫穷落后的半封建半殖民地的国家，受尽西方资本主义列强的欺辱，几代爱国志士想走西方之路都告失败，要想实现国家富强，民族振兴，发展体育运动，登上世界舞台，只能选择比资本主义更先进更符合人民利益的社会制度；像中国这样一个多民族、多人口、地域广阔的国家，必须有一个理想信仰将人们凝聚起来，将人民的利益和力量集中起来。这个理想和信仰只能是社会主义，而不可能是别的什么主义。如果不是这样，那将一事无成，也不会有今日之国泰民安和蓬勃发展的体育事业。

社会主义是针对资本主义的弊端产生的崭新社会制度。社会主义的最大优越性是，彻底改变了人民群众受剥削受压迫的社会地位，使其成为国家的主人，成为社会主义新生活的参与者和创造者，从而最大限度地解放人民群众的创造力，开辟人民群众创造历史的新时代。新中国成立后，中国人民以前所未有的爱国热情投入建设，各项事业欣欣向荣，60 年间天翻地覆。事实充分证明，在中国，除了社会主义道路，没有任何其他道路能够给十几亿人民带来利益，改变中华民族的前途和命运，包括壮大和繁荣新中国的体育事业和游泳事业。

　　集中力量办大事，集中力量发展生产力，集中力量推进社会各项事业全面发展，是社会主义的巨大优越性之一。中国游泳事业 60 年的成就，便是这一举国体制优越性的集中体现。

　　60 年来，中国游泳事业最大限度地集中了各省区市体育部门的力量和智慧，集中一切有利条件，群策群力，攻克难关，取得了不凡成就。这包括集中智慧确立游泳事业奋斗目标，制订发展规划、方针政策；建立全国性备战领导机构，集中智慧研究打好奥运战役的大计；集中全国各项目的优秀运动员强化训练，增强竞技实力，攀登世界游泳运动高峰；集中科研、医务、心理、恢复等方面的专家开展科技攻关和学术理论研究，多"兵种"、多学科为项目突破服务；集中智慧研究确立竞赛体制、编写训练教程、裁判规则；集中国家、地方力量，联办国家运动队；举全国之力加强项目的战略布局，建立三级训练网络，培养后备力量，培训教练、师资；组织、调动全国基层体育组织，广泛开展全民游泳健身活动，等等。

　　集中力量办大事是社会主义制度的综合效应。因为这种集中与人民群众的共同利益相一致，与中国共产党的执政地位和为人民服务的宗旨相一致，与社会主义国家政治经济制度的结构相一致，与振兴中华的迫切任务相一致，与体育运动的发展规律和内在要求相一致。事实证明，无论过去、现在和将来，中国游泳的发展、壮大、提高和强盛，举国体制都将是最坚强、最可靠、最有力的保证。

七

　　中国游泳事业 60 年成就，是改革开放的丰硕成果之一。

　　改革开放 30 年来，中华大地焕发出强大的活力，整个国家发生了翻天覆地的变化，这些变化不仅体现在经济高速发展，国内生产总值翻番，人民生活水平大幅提高，更大的变化在于人们的社会观念、生活方式都发生了根本改变。开放所坚持的国际化方向，使我们逐步打开国门，跟上世界步伐。中国竞技游泳受益于改革开放，加快了与世界游泳接轨的进程，缩短了与世界水平的差距。

改革开放前的很长一个时期内，我们基本上是在一个相对封闭的环境中训练比赛，与外面的世界接触十分有限。据不完全统计，从新中国成立到 1977 年的 28 年间，游泳和跳水两个项目仅出访（比赛）26 次，平均一年不到一次，且出访的国家大都是水平不高的国家。改革开放 30 多年来，游泳等 4 个项目出访、参赛、训练、考察、培训、执裁以及参加国际泳联事务活动频繁，跨越国界的体育交流已经成为常态，中国游泳协会已与国际泳联、亚泳联以及世界游泳强国的游泳协会建立了良好的友谊和协作交流关系，以一个负责任的大国姿态活跃在国际泳坛。

改革开放 30 多年来特别是近些年来，中国游泳大力实施"走出去，请进来"战略，收到了良好效果：组织有关项目的运动队、运动员赴美国、澳大利亚、日本等游泳发达国家训练、考察；尽可能参加国际泳联主办的高水平世界大赛；花样游泳队引进日本教练，女子水球队引进西班牙教练，外国专家应邀为中国教练讲课。外籍教练的加盟，在帮助中国游泳增加战斗力、取得更好成绩、带来新的理念和管理方法的同时，也为体育促进友谊发展，促进相互交流起到了桥梁纽带作用，让国人看到了世界优秀人才为我所用的极大好处。

奖牌有国籍，体育无国籍。当今世界体坛，不同种族，不同肤色的体育健儿聚集在奥林匹克的五环旗帜下，挑战更快、更高、更强，体现着人类文明的发展趋势。北京奥运会过去一年了，但闭幕式上的一幕至今让我们记忆犹新，当圣火徐徐熄灭时，各国运动员流连忘返，满脸笑容，纷纷向中国、向北京竖起大拇指，那是钦佩，那是赞赏，那是对中国改革开放 30 年壮举和中国体育成就的国际褒奖！

八

　　60 年过去了，60 年巨变归结到一点，是彻底改变了中华民族的命运，也改变了中国游泳事业的命运。而这是在中国共产党的领导下，依靠人民群众自身力量所发生的翻天覆地的变化。我们对中国游泳事业的前途充满信心：世界上没有一个制度像社会主义制度这样，一切为了人民，一切依靠人民，一切以人民的利益为判断是非的标准，以国家意志促进竞技体育、群众体育的发展；没有一个政党像中国共产党这样，以全心全意为人民服务为唯一宗旨，支持体育，重视体育，关心体育，把对一个具体运动项目的要求写进自己的政治主张，把人民群众的健康水平时刻放在心上。在这个意义上，新中国 60 年游泳事业的成就还只能算是一个开头，60 年的历史还只能算是一个序曲，更加辉煌更加值得骄傲的成就还在后面。

　　让我们在胡锦涛总书记"由体育大国向体育强国迈进"的号召下迎接新的 60 年吧，新的 60 年必将是中国体育全面走向世界体育强国的 60 年，是中国游泳事业更加辉煌的 60 年！

筑造力与美的金牌之师

国家体育总局体操运动管理中心主任 罗超毅

竞技体操于 20 世纪 50 年代初传入中国，它以惊险、独特、优美、多样的动作吸引了广大观众。60 年来，竞技体操在我国得到了迅速的发展壮大，深受广大观众尤其是青少年的喜爱。党和国家的关怀，几代教练员、运动员和体操工作者的共同奋斗，我国竞技体操终于先后战胜日欧美等强队，以强大的团队实力、难新稳美的技术标准、健美灵巧的俊杰明星，勇攀世界体操顶峰。我国体操健儿多次获得奥运会、亚运会及世界锦标赛、世界杯的多项团体及单项冠军，特别是在 2008 年北京奥运会上，中国体操队包揽了男、女团体冠军这两枚标志着体操世界整体实力的含金量最高的金牌，共获得 9 金 1 银 4 铜，其中男子 7 金 1 银，女子 2 金 4 铜，为五星红旗增添了无限的辉煌和荣耀。

一、中国体操 60 年奋斗史

（一）从无到有的起步阶段（1953—1979 年）

1. 向苏联体操队学习

从 1953 年 11 月国家体操集训队正式成立，到 1979 年女子体操运动员马燕红取得第一个高低杠世界冠军，中国体操队从无到有，从弱到强，度过了 26 载风雨春秋。

1953 年到 1958 年，是我国现代竞技体操运动蓬勃开展的阶段。在 1953 年 10 月首次举行的全国体操运动大会上，我们邀请了已经处于世界冠军水平的苏联国家体操队共 30 人来华访问表演，这个举措对推动我国体操运动的开展有着重大历史意义。他们不仅带来了先进的体操理论与训练经验，而且还带来了体操的标准器械和《苏联体操运动员等级大纲图解》，为我国体操运动的起步发展提供了训练和比赛的基本准则和样本，让尚在初级阶段的中国体操队在训练上有章可循，受益匪浅。为了找到高水平体操训练的正确手段，1955 年 6 月，我国派体操运动员和教练员去苏联莫斯科斯大林体育学院学习。首次赴苏学习的 9 名男队员和 8 名女队员在学成之后，把经验融入到中国体操的发展过程中，成为新中国体操事业的奠基人。

1955 年 8 月，中国体操队首次参加了在波兰首都华沙举行的第二届国际青年友谊运动会的体操比赛，这也是我国首次参加国际体操比赛。当时中国队还不懂得赛前试场地的重要性，甚至不知道比赛项目的顺序，6 个项目比完，我国全能成绩最好的鲍乃健，排在第 30 名。

在苏联专家的帮助下，中国体操队博采众长，先后从芭蕾舞、中国戏剧等表演形式中汲取营养，随后又引进了自由体操的钢琴伴奏。竞技体操运动从创业之初，便得到了文艺界的大力支持，"向所有的姐妹艺术学习，博采众家之长"，也使得中国体操运动员从小就懂得全面培养、提高良好的艺术素养。

2. 周恩来为首批体操健将授证章

1956 年 8 月，全国第 1 届少年体育运动会体操比赛在青岛举行，共有 27 个单位的 595 名运动员参加比赛，规模之宏大，令人叹为观止。"体操从娃娃抓起"的止金字塔形式的运动员培养梯队，从此就这样形成。

1956 年 10 月 18 日，国家体育运动委员会宣布了我国体操、田径、游泳、举重、射击五项第一批 49 名运动健将的名单，其中体操运动员 12

名，占有相当大的比例。国务院总理周恩来亲自为中国第一批体操健将授予证章。曾经获得全国男子体操个人全能冠军的鲍乃健，他的运动健将证书号码是00001号，这标志着中国体操界乃至中国体育史上的第一个运动健将诞生在体操行列里。这12位体操运动健将的产生，说明当时体操成绩在建国初期的运动队中进步最大，符合健将标准的运动员最多。这些体操优秀人才，为今后50年中国体操运动的飞速发展奠定了坚实的基础，铺筑了宽广的道路。

3. "5年17万"体操在扩军

1958年，中国第一次参加第14届世界体操锦标赛，共有22个国家的196名运动员参赛。中国男队团体总分排在第11位，中国女队排名第7位。国家体委主任李梦华非常重视培养体操后备力量，决定国家体操集训队在1958年年底冬训期间下到省市队，在边训练边宣传的同时，培养基层体操骨干力量，使得体操运动迅速在国内普及发展开来。从现代竞技体操运动传入我国，到首次参加世界体操锦标赛，在短短6年的时间内，我国有成千上万的青少年加入到体操大军之中。从1956年第一批体操健将诞生到1958年，全国通过等级体操运动员的人数增加至179415人，年度通级平均量以惊人的速度递增。在中国体操普及大潮中，中央、省、市、自治区和军队系统先后举办了各种教练员、裁判员训练班，召开了各种训练工作会议，培养了大批教练员、裁判员。在一大批优秀指挥者的率领下，中国体操队伍不断壮大成长。

4. "文革"时期仅存星星之火

1958年，中国正式加入国际体操联合会，经过了两年的努力，中国体操队取得了参加1960年奥运会的资格，并选拔了男、女各10名队员准备参赛。为了抗议当时反华势力在奥运会上蓄意制造的"两个中国"，中国奥林匹克委员会不得不庄严声明，中国代表团不参加此届奥运会。

自从加入国际体操联合会之后，中国体操的国际活动日益增多，在与世界劲旅交流比赛中，中国体操运动员学到了最新的技术，迅速地缩短与世界强队间的距离。

1962 年第 15 届世界体操锦标赛上，我国男、女队双双进入世界前 6 名，并获得了一枚鞍马铜牌，开始逐渐在世界体操界崭露头角。1964 年，因国际政治斗争问题，我国宣布退出国际体联，但和一些友好国家的交往仍在进行。1966 年第 2 届亚洲新兴力量运动会上时，我国男子体操技术无论在难度、编排、质量方面，还是在比赛临场经验上，都已达到或接近了日本和苏联队的水平。

"文化大革命"的 10 年浩劫使得刚刚崛起的中国体操运动，跌入了事业的谷底。1966 年年底，全国体操训练、比赛全部停止，刚刚崛起的体操队事业处于瘫痪状态。体操由为国争光的崇高事业一夜之间变成了封资修的消遣品。但广大的体操工作者不甘心把用血汗赢得的成功断送在难以理解的政治浩劫中，教练员、运动员们在极其困难的条件下仍以各种形式坚持刻苦训练，保留了中国体操的星星之火。

5. 重返国际体联后的穷追猛赶

从 1971 年体操恢复全国比赛到 1978 年年底为止，我国共举办了 14 次全国体操比赛和 5 次全国少年体操比赛。自 1972 年恢复参加国际比赛到 1978 年年底，我国体操健儿共参加了各种国际比赛 44 次，获得冠军 342 个。

在国际体操界友好人士的鼎力支持帮助下，中国终于在 1978 年重返国际体联大家庭，从此之后，中国体操才得以重整旗鼓，出现在世界体操的赛场。从 1978 年开始，我国参加 3 国以上的国际比赛共有 10 次，获得冠军 58 个，其中男子团体冠军 5 次，女子 4 次。

（二）中国体操的腾飞（1979—1988 年）

1. 马燕红获得第一枚高低杠金牌

党的十一届三中全会召开以后，政局稳定，经济快速发展，为我国体操的腾飞准备了先决条件。

1979 年 12 月 2 日至 9 日，中国体操队参加了在美国沃兹堡举行的第 20 届世界体操锦标赛，我国 15 岁的女选手马燕红获得中国体操史上第一枚高低杠金牌，这枚金牌标志着中国体操运动以强者的姿态开始腾飞于世界体坛。

1979 年，是我国体操史上一个重大转折点。从此，全国体操比赛、全国少年体操比赛和全国业余体校体操比赛，年年举行，从未中断。体操技术水平节节攀升，体操新秀茁壮成长。我国参加了亚洲、欧洲、美洲、非洲和大洋洲的双边、多边国际比赛，访问表演活动日益频繁。1982 年又恢复与苏联体操界的来往。从此，中国体操队开始有计划地参加奥运会、世界锦标赛、世界杯赛。

1979 年至 1987 年间，中国体操协会对后备力量的重点培养也采取了切实有效的措施，每年都要举办全国少年体操比赛、全国业余体校体操比赛，从中选拔大批体操新秀进入国家队，其中很多优秀运动员经过高水平的系统强化训练，最终成为奥运会冠军、世界冠军。

1987 年，国家体委审定并通过了我国第一部《体操教学训练大纲》，这部具有纲领性、法则性的文件，使我国体操训练工作有章可循，有所依据。

2. 中国运动员的名字永载史册

1985 年，4 个以中国运动员的名字命名的动作出现在国际体联技术委员会的档案中，他们分别是"鞍马童非"、"自由体操李月久"、"吊环李宁"、"双杠李宁"。以中国运动员命名的体操动作以其划时代的意义向全世界宣布：中国体操从此走上独立、创新、有自己风格，并引领世界潮流的高水平的训练道路。自此以后，由中国运动员创造的难新动作层出不穷，截至 2008 年，以中国运动员命名的动作达到了 33 个，其中男子运动员 12 位 17 个动作；女子运动员 12 位 16 个动作。他们对推动世界体操运动水平的提高和普及，作出了不可磨灭的重要贡献。

3. 首获男团金牌让世界赞美

有了战略性的认真准备，中国体操健儿在国际赛场佳绩层出，创造出各单项的历史首次：

1980 年在加拿大多伦多举行的世界杯体操赛上，黄玉斌获得了吊环冠军，李月久获得了双杠冠军。

1981 年，在苏联举行的第 21 届世界体操锦标赛上，李月久获得自由体操世界冠军，李小平获得鞍马世界冠军。

1982 年，在南斯拉夫举行的世界杯赛上，"体操王子"李宁大放异彩，除全能金牌外，他还拿到了除双杠外 5 个单项的冠军，六枚金牌也使得李宁成为中国体操史上第一个在重大国际比赛中夺得金牌最多的运动员，同时他也创造了历届世界杯体操赛个人获得金牌最高纪录，李宁的名字从此震动了整个国际体操界，国际体坛又升起了一颗明亮的新星。童非的单杠也获得了 10 分，和李宁并列冠军。

1983 年，中国体操男队在世锦赛上一举战胜苏联队，摘得首个男团金牌，再加上童非的自由体操、楼云的双杠冠军，中国体操男队一共获得 3 枚金牌，标志着中国体操队正式进入世界强队行列。

4. 中国队首赴奥运夺五金

1984 年是应该铭刻在中国体育史上的辉煌一页，中国体育界重返奥运大家庭，首次全面参加奥运会比赛。

在美国洛杉矶奥运会上，李宁一人摘得自由体操、鞍马、吊环三枚金牌，楼云拿到跳马冠军，再加上马燕红的高低杠金牌。中国体操队在奥运会赛场上创造奇迹，贡献了五枚金牌。虽然体操世界强队——苏联队因政治因素没有参加比赛，但在日本和欧洲强队面前，中国队获得的这一成绩依然非常令人瞩目，有重大的历史意义。

1985 年至 1988 年间的世锦赛和奥运会赛场，中国队均有金牌入账。

（三）辉煌成绩让世界瞩目（1992—2008 年）

1. 男子团体蝉联世界冠军

进入 20 世纪 90 年代后，伴随着一批优秀的年轻队员相继涌现，中国体操队走向更加辉煌的成熟之路：李敬、李小双、李小鹏、杨威等选手相继获得世界冠军，在很长一段时间内支撑着中国体操队的长盛不衰。

1994 年的世界团体锦标赛上，中国男队首次夺回了时隔 11 年的团体世界冠军称号，随后在 1995 年、1997 年、1999 年、2003 年、2006 年、2007 年的世锦赛上一直保持着骄人的成绩。

2. 陆莉完美 10 分摘金

1992 年巴塞罗那奥运会，来自湖南长沙的陆莉一鸣惊人，在女子高低杠的争夺中，陆莉以一套完美高难的动作技惊四座，6 位裁判全部亮出了最高分 10 分，陆莉以如此完美的表现为中国摘得金牌，同时也创造了世界体操界一大奇迹，以满分夺冠的纪录，至今仍是史无前例的。

3. 李小双亚特兰大全能称王

自体操王子李宁退役之后，来自湖北的李小双脱颖而出。在 90 年代中前期扛起了中国体操队的大旗。1992 年巴塞罗那奥运会上，李小双在队友连续失利的情况下，不负众望，在自由体操决赛中大胆使用"团身后空翻三周"，为中国体操队在巴塞罗那奥运会上夺得了宝贵的体操金牌。

1996 年的亚特兰大，李小双再次出征奥运会。虽然他在男子团体比赛中出现了一些失误，但是在随后对阵涅莫夫的全能争夺中，李小双很快摆脱了团体失利的阴影，勇夺金牌。这也是中国选手首次在奥运会的全能项目上称王。

4. 悉尼王者归来

2000 年悉尼奥运会出发之前，总教练黄玉斌曾发出豪言，要将男子团体的金牌收入囊中。虽然在预赛中，中国队在巨大的心理压力下表现不佳，但进入团体决赛，中国队丢下了思想包袱，轻装上阵，用干净利落的动作征服了现场打分的裁判，再次登上了世界体操的顶峰，宣告王者归来。在本届奥运会上，中国体操男队除了首次摘得团体金牌，还收获了双杠金牌。值得一提的是，站在领奖台上的，都是一批 20 岁出头的年轻选手，杨威、李小鹏、邢傲伟、黄旭……他们一直坚持到了北京奥运会赛场，长期担负着为国争光的重担。

中国体操女队在悉尼也有上佳表现，队长刘璇在女子平衡木的比赛中，以一套完美的动作征服了裁判员和观众，为中国女子平衡木项目没有奥运会冠军的历史画上了句号。

5. 雅典之殇到北京之魂

难能可贵的是，中国体操队是一支具备超强战斗力的队伍，即便在失败的情况下，也能迅速崛起，重新回到巅峰。2004 年雅典奥运会，中国体操队发挥欠佳，仅在鞍马上夺得一枚金牌。一时间遭到了社会各界和媒体的诸多质疑，再加上队伍面临的伤病困扰、阵容不齐等问题，中国体操队陷入暂时的困境。但中国体操队是一支具有优良光荣传统的队伍，困难面前，没有退缩，他们喊出了"卧薪尝胆，从负开始"的口号，以哀兵姿态，及时调整战略，出台了一系列激励老运动员的政策，在挽留老队员杨威、李小鹏、黄旭的同时，着力培养了陈一冰、邹凯等一批年轻新秀，终于打造出了一支极具战斗力的队伍，在 2006 年世锦赛后重新回到历史巅峰，在丹麦狂夺 8 枚金牌，缔造了一个童话般的结局。随后的 2007 年世锦赛，中国体操队继续昂头勇进，几乎在各个项目上都具备了冲金实力。

北京奥运会，中国体操男队上演了从雅典失利到北京辉煌的巅峰之战，杨威、李小鹏、黄旭、肖钦、陈一冰、邹凯六员虎将无一出现失误，以高出亚军日本队 7 分多的绝对实力问鼎桂冠，完美而轻松地站回了最高领奖台，也在北京奥运会上谱写了一曲豪壮的奋进曲，洒下一把感人的英雄泪！令人想不到的是，男团的绝美表演还仅仅是一个序幕，后面的比赛中，中国男子体操队捷报送传，相继在男子全能、自由体操、鞍马、吊环、双杠、单杠等项目上完美折桂；奥运会 8 枚男子体操单项金牌，中国男队收获了其中之 7，成绩如此辉煌，相信在国际体操界也会成为一个前无古人、后无来者的奇迹！

6. 体操小花灿烂绽放

自国家队建队至今 56 个年头，中国体操队一直都是男队实力强于女队，男队整体实力突出，而女队只能期待在个别单项上有所突破。这样的局面一直持续到了 2006 年。在 2006 年的丹麦世锦赛上，中国体操小花横空出世，张楠、程菲、李娅、何宁、庞盼盼、周卓如 6 名中国姑娘在女团决赛上没有出现一人次失误，以完美的表现战胜实力强大的美国队，为中国体操实现了 53 年来在世界大赛中首次夺得女团桂冠的夙愿，她们作为功臣载入了中国体操发展的史册当中。

究其原因，体操小花之所以能够灿烂绽放，和近几年大力发展、勇于改革密不可分。借着备战北京奥运会的契机，中国体操女队坚定信心，首次提出了要在奥运会上团体夺金的目标。为了实现这样的目标，队伍狠抓不足，调动各个教练组的积极性，献计献策，针对不足出台了一系列相关政策，如提高队员的体能，增加比赛机会，制定选拔政策。在平时的训练中则强化了下法要站稳、成功率高于一切等等相关要求，也因此涌现出了一批优秀运动员，程菲便是其中的代表性人物。

2005 年世锦赛，程菲一鸣惊人，不但勇夺跳马冠军，成为中国女子跳马世界冠军第一人，还亮出了以她命名的"程菲跳"动作，填补了中国女队在跳马上从来没有命名动作的空白。她在跳马项目上的提升，也大大提高了女队的整体实力，再辅以经过多次比赛选拔出来的其他优秀选手，中国姑娘最终能够站在 2006 年丹麦世锦赛的女团最高领奖台上，实现几代人的夙愿，并不意外。

随后，中国体操女队整体实力稳步上升。北京奥运会赛场，程菲、何可欣、江钰源、杨伊琳、李珊珊、邓琳琳六朵小花组成的中国体操女队战胜了美国劲旅，登上最高领奖台，继丹麦世锦赛后再度灿烂绽放、创造历史。

二、中国体操 60 年发展经验

（一）党和国家的关怀是中国体操不断进步的伟大精神力量

综观中国竞技体操的发展历程，党和领导人的关怀无时不在。周恩来总理曾亲自为中国第一批体操健将授予证章。1999 年，中国首次在天津承办了体操世锦赛，党和国家领导人非常重视，参加比赛的开幕式和闭幕式。北京奥运会前夕，党和国家领导人亲自来到体操馆考察奥运备战工作，看望运动员、教练员和工作人员，鼓励大家在北京奥运会上争取优异成绩。一代代领导人的关怀，始终伴随着中国体操的发展和成长，成为中国体操在世界体操赛场上争佳绩、扬国威的强大精神力量。

（二）"举国体制"是中国体操发展的坚实基础

北京奥运会上，中国体操队夺得9金，是中国军团获得金牌最多的运动队。从一穷二白，建队初期的"零"走到今天的"全面辉煌"，中国体操队走过了辉煌的六十年，举国体制在其中发挥了重要的作用。

我国的体操项目现行的"举国体制"，有效地调动了国家和地方省市两方面发展体操运动的积极性，"业余体校——专业运动队——国家队"一条龙的人才选拔培养机制保证了优秀后备人才不断脱颖而出。

以备战北京奥运会的这一周期为例，国家体育总局领导高度重视，工作抓得非常早而紧。在总局领导的特别关爱和支持下，体操中心领导班子坚决贯彻落实总局领导的各项指示，率领中国体操队团结奋战，调动了一切积极因素，得到了方方面面的大力支持，通过教练员、运动员的刻苦备战，竞赛中的顽强拼搏，中国体操才能获得最终的成功。4年的备战过程中，各省市体育局对于备战工作更是全力支持，做出了特别贡献。4年间，各省市分别在北京成立保障小组，全方位保障本省市运动员的训练、备战，还根据每个运动员的不同阶段，协助中国体操队对运动员进行耐心细致的思想工作；各省市专门派出医生，协助国家队医务组为重点运动员治疗伤病及进行大运动量后疲劳的恢复工作。

（三）勇于创新是中国体操强大的生命力

竞技体操是一项高层次、高品位、美感极强的运动项目，它是难、力、新、稳、美的高度统一。中国体操界认识到，创新是事物在自身的矛盾统一体中不断扬弃的具体表现，是事物发展的动力。因此，始终将创新作为体操的制胜要素，在训练实践中敢于打破常规、不断突破进取，在国际大赛中不断推出新动作、新连接、新编排，使创新成为夺冠不可缺少的重要因素。马燕红在20世纪70年代创造了高低杠"马燕红回环倒立"和"马燕红下"，并凭借这些高难动作的独创为我国获得了体操史上的第一枚金牌，且连续几年雄居高低杠这一项目的冠军。楼云的"楼云跳"使他在1984年奥运会、1987年世锦赛和1988年奥运会上3次夺得世界冠军。在第37届世界体操锦标上，李小鹏在双杠比赛中创造了"李小鹏空翻"，并勇夺金牌。60年来，一代代中国体操人一直牢牢把握体操发展规律，在继承传统的基础上，锲而不舍地追求创新，载入国际体联史册的以中国运动员命名的33个动作正是中国体操勇于创新的生动而具体的体现。

（四）"学习、掌握、利用新规则"是中国体操发展的灵魂

为了保护运动员，提高观赏性，国际体操联合会在每一个奥运会周期都会对规则进行修改。面对发展中的体操运动，中国体操项目始终坚持"学习新规则、掌握新规则、利用新规则"，对新规则内容进行系统的、发展性的研究，探寻各单项技术发展趋势，为运动员发展难度、创新动作和编排服务。对于中国体操而言，不管规则如何改变，中国队总会走在适应新规则的最前沿。以"10分不封顶"为例，这是国际体联在2004年雅典奥运会之后实施的新规则，遭到了很多体操传统势力的反对。中国体操队认识到，新规则的实施是不可逆转的，我们必须尽快适应。中国体操队经过多次论证和研究，认识到，在新规则当中代表难度的A分是实力的体现，代表完成质量的B分则是取胜的关键。北京奥运会男女团决赛，无论男团还是女团，中国队在A分（难度分）上都高于主要对手日本和美国。在对规则的把握和体操发展的理解方面明显高过对手，这是男女队在2008年奥运会上获得成功的重要因素之一。

（五） 强大的教练员群体及队伍良好的氛围是中国体操的有力保障

如果教练员水平不提高，我们很难相信一支队伍能真正得到提高。若想打造一支优秀的队伍，除了有良好的政策、方针和优秀的运动员外，还必须拥有能点石成金的教练员。毫无疑问，中国体操队便具备了这样的实力。一代又一代优秀教练员为中国体操队持续发展打下了坚实的基础。

中国体操队非常注重加强教练组的业务学习，使教练员在训练过程中不断提高执教能力。体操中心多次为教练员举办业务强化学习，请来资深训练学、体能训练、心理学、力学等学科的专家前来授课，尤其在每个奥运周期的新规则颁布实施之后，体操队都会组织教练员学习、研究新规则，提高教练员对于规则的理解，准确把握训练方向和技术发展方向。

中国体操队分为男、女队教练组，各自再细分为七八个训练小组，将每个有可能入选的运动员落实到每个训练小组。队伍对重点赛事，如世锦赛和奥运会的选拔制定了透明的选拔机制，使全队每位教练员和运动员都感到，只要努力就会有上场的希望，充分调动了大家的积极性。

（六） 依靠科技进步是实现中国体操跨越式发展的动力

中国体操是我国在历届奥运会中均取得金牌的一个项目。始终依靠科技进步来推动项目发展，是中国体操成功的重要因素。北京奥运会周期，中国体操队加大科技投入，完善科技基础建设，组成了一支多学科、高水平的科研队伍，开展系统的科研攻关工作。伤病是影响训练系统性和制约比赛成绩的重要因素，国家队始终坚持将积极预防伤病作为重中之重，开展系统的体能康复训练，针对体操专项的伤病特点，设计全套的准备活动和整理活动。既解决专项训练的力量问题，又预防因专项训练累积的慢性劳损所导致的肌肉损伤。北京奥运会周期，中国体操队在伤病的预防和诊疗上取得了很好的效果，伤病率大大降低，有效地保障了运动员的系统训练。经过多年的摸索，国家体操队逐渐找到了适合体操项目的训练监控方法和工作机制，为教练员科学制订训练计划、合理控制训练负荷提供了重要的辅助，有效地预防了过度训练的发生，确保了运动员以良好的机能状态参加奥运会比赛。针对体操技术的复杂性、动作的惊险性和比赛的多变性，心理工作通过心理检测和咨询、情绪双向调节技能的训练和大赛前的心理准备等方法，增强运动员训练和比赛的心理稳定性和竞技心理能力，为提高训练效果和比赛发挥成功率创造有利的心理条件。多学科综合性的科技工作，为 2008 年北京奥运会体操队勇夺 9 枚金牌，实现跨越式发展提供了有效的科技保障。

三、一切从零开始，再创体操辉煌

60 年来，中国体操在世界 3 大赛中共获得金牌 112 枚，银牌 63 枚，铜牌 67 枚，其中奥运会金牌 22 枚、银牌 15 枚、铜牌 15 枚，保持着历届奥运会上均有金牌的纪录。中国体操诞生了 58 位世界冠军，其中 21 人为奥运冠军，他们为中国体操书写了无比辉煌的历史。

历史已经过去。走下领奖台，一切从零开始！这是中国体操界人士最常说的一句话，也是中国体操队始终坚持的原则。北京奥运会勇夺九金后，中国体操队并没有止步不前，已经开始为伦敦奥运周期积极做准备，男女队分别组织全国集训，从中选拔出一批年轻新秀补充进入国家队，为 2012 年奥运会做积极准备。

60 载风雨兼程，60 载春华秋实。60 年，在人类历史的长河中非常短暂，转瞬即逝，但它却见证了中国体操从无到有、从弱到强的发展历程。60 年间，中国体操队也曾走过弯路，也曾步入低谷，但凭借坚韧不拔的决心和毅力，凭借一批批热爱体操事业的人们的努力与坚持，中国体操队最终从一纸空白走到了今天的辉煌，在北京奥运会上创造了空前辉煌的成绩。回首过去，展望未来，中国体操队不会就此驻足不前，在未来的发展道路上，一定会克服更多的困难，创造更大的辉煌！

十年磨剑锋刃满

——中国蹦床运动的发展历程

国家体育总局体操运动管理中心党委书记　　赵郁馨

　　蹦床在中国是一个新兴体育项目，人们最近几年才逐渐认识它，大多数人还是从公园里小孩玩耍的蹦蹦床开始了解的。但对于西方人来说，蹦床已是一项非常普及的运动项目，深受青少年的喜爱。蹦床素有"空中芭蕾"的美誉，在西方已有50多年的发展历史，1964年即开始举办世界锦标赛，普及于欧洲各国。从2000年悉尼奥运会开始，蹦床成为奥运会比赛项目。因此，蹦床运动也被越来越多的国家所重视。1997年11月12日国家体委正式下发《国家体育运动委员会关于在我国开展蹦床运动的通知》，并决定将蹦床列为2001年第9届全运会的正式比赛项目。1998年1月在成都举办了全国蹦床运动员教练员大集训，这标志着蹦床运动在我国开始正式启动。

　　中国蹦床从1998年设项，十年磨一剑，以惊人的发展速度创造了一个又一个辉煌，为祖国争得了荣誉。特别是包揽北京奥运会全部两枚蹦床金牌，登上了世界蹦床运动的巅峰。

　　回顾过去的10年，中国蹦床从无到有、从小到大、从弱到强，走过了艰辛与辉煌、梦想与现实并存的岁月。10年来，在国家体育总局高度重视下，在全国蹦床界的共同努力和社会各界的帮助下，我国蹦床走过了一段不平凡而又令人欣慰的发展历程，实现了大发展、大跨越，走出了一条具有中国特色的蹦床发展之路。

1998 年 11 月在福州首次举办全国蹦床比赛（全国冠军赛），经过短短 10 个月的发展，来自全国 19 支代表队的 110 多名男女运动员参加了比赛。同年 12 月，我国首次派队参加了在丹麦和法国举行的国际蹦床比赛。1999 年 9 月，我国首次派队参加世界蹦床锦标赛。

1999 年 10 月我国蹦床选手首次参加在南非举行的世界年龄组锦标赛，福建选手黄珊汕在比赛中以超群的难度和高水平的动作质量，赢得了裁判和观众的赞赏，获得 13—14 岁组女子网上个人世界亚军，为我国夺得了世界蹦床大赛的首枚奖牌，在国际蹦床赛场上第一次升起了五星红旗。

两年后的 2001 年 9 月，中国蹦床代表团在丹麦举行的第 15 届世界蹦床年龄组锦标赛中，一举夺得 3 枚金牌、4 枚银牌和一枚铜牌，这是我国蹦床运动员首次在国际大赛上获得金牌。

2002 年 11 月 28 日，国家蹦床队在天津正式成立。随后队员们投入到备战 2004 和 2008 年奥运会的紧张训练之中。

2003 年 10 月在德国举行的第 23 届世界蹦床锦标赛上，中国女队出人预料地夺得团体世界亚军，进步之快令西方强国震惊。而中国男队在本次比赛中获得团体第 5 名。另外，黄珊汕、穆勇峰以预赛第 3 名和第 11 名的身份为中国赢得了参加 2004 年雅典奥运会蹦床比赛的男女各一张入场券。

2004 年 8 月雅典奥运会上，中国蹦床运动员首次参加奥运会蹦床比赛，黄珊汕在比赛中夺得女子网上个人铜牌。这是我国选手在奥运会上获得的第一枚蹦床奖牌，被中央电视台和多家新闻媒体评为 "雅典奥运会中国奥运军团十大突破之一"。中国男选手穆勇峰在雅典奥运会上获得第 10 名。

2005 年 9 月在荷兰第 24 届世界蹦床锦标赛上，中国队再上一层楼，史无前例地夺得男子蹦床团体冠军、女子蹦床团体冠军、男子单跳团体冠军、男子单跳个人世界冠亚军。"4 金 1 银" 令世界蹦床界为之惊呼。进步之快及中国运动员的技术风格和动作表现为各国运动员教练员所赞赏，为世界蹦床界所认同。

2006年8月黄珊汕连续获得瑞士和德国两站世界杯比赛的女子网上个人冠军，这是我国运动员首次获得世界杯女子网上个人金牌。同年12月在多哈举行的第15届亚运会上，蹦床首次被列为正式比赛项目，设男女个人两枚金牌。在本次比赛中，中国运动员包揽了男女网上个人冠亚军。

2007年4月在加拿大魁北克举行的世界杯比赛中，山西小将董栋战胜俄罗斯、乌克兰、日本、法国等世界众多名将和高手，获得男子网上个人冠军，这是我国男子选手第一次获得世界杯比赛的个人金牌。这枚金牌比我国女子第一次获得世界杯比赛金牌晚了8个月。然而，这枚金牌的到来，给了中国蹦床以巨大的信心和动力，标志着我国男子蹦床跻身于世界强手之列，与女子同样具有冲击北京奥运会金牌的实力和可能。

2007年11月在加拿大魁北克举行的第25届世界蹦床锦标赛暨奥运会预选赛上，中国男队以较大的优势战胜俄罗斯、日本和乌克兰等传统强队，蝉联团体世界冠军。中国女队再次以无可争议的技术和难度优势战胜强大的俄罗斯队，蝉联女子团体世界冠军。叶帅经过预赛和个人决赛的激烈争夺，技压群雄，获得男子网上个人世界冠军，这是我国运动员在世锦赛上获得的第一个蹦床世界冠军，另一位中国选手董栋获得亚军。女队的黄珊汕在本次比赛中，也突破性地获得女子个人世界亚军，取得了我国女子个人的最好成绩。本次世锦赛我国还满额获得了北京奥运会4张入场券。这也是继俄罗斯之后，世界上第二个满额获得奥运会入场券的国家，中国队一跃成为世界顶尖强队。

2008年是中国竞技体育的大考之年、决战之年。"北京奥运，誓夺金牌" 8个大字赫然贴在国家蹦床队训练馆的醒目位置。中国蹦床队背水一战已经没有退路。在奥运会前的几个月中，为确保北京奥运会目标的实现，中国蹦床队打破常规，4—7月连续参加日本、比利时、法国、瑞士和西班牙5站的世界杯比赛。虽连续比赛，旅途疲劳，我选手还是以强劲的实力，囊括了上述比赛男子网上个人的全部金牌，女子获得了除法国站以外4站比赛的冠军。特别是在西班牙站世界杯，世界顶尖选手悉数到场，中国队包揽男子和女子冠亚军，增强了在北京奥运会夺金的信心。

8月的北京奥运会，万众瞩目，18日的蹦床赛场，竞争异常激烈。后起之秀何雯娜，在队友我国第一号主力黄珊汕意外失误无缘决赛的巨大压力下，充分展示和发挥了自己技术细腻、姿态优美的技术优势，摘得女子蹦床金牌，成为中国蹦床的首个奥运冠军；19日的男子决战，19岁的陆春龙不负众望，勇于拼搏，将难度值16.2分的一套动作完美地呈现给裁判和观众，又将男子蹦床金牌收入囊中。至此，中国选手包揽了本届奥运会的全部两枚蹦床金牌，董栋获得男子个人的铜牌。2金1铜的战绩是对中国蹦床10年成长历程的最好奖励。

国家体育总局的领导充分肯定中国蹦床的成绩，多次提到，在中国奥运军团中，开展仅10年就包揽了全部金牌的项目，唯有蹦床。

中国蹦床运动的发展速度令人惊叹。自1998年我国开展蹦床运动：

——到1999年南非赛场我国运动员首获年龄组比赛奖牌，五星红旗第一次在国际蹦床赛场上升起，我们用了不到2年时间。

——到2001年首获年龄组比赛3枚金牌，中华人民共和国国歌第一次在国际蹦床赛场上奏响，我们用了3年时间。

——到2003年世界锦标赛女子获得团体世界亚军，进入世界先进水平，用了5年时间。

——到2004年黄珊汕获得雅典奥运会铜牌，用了不到6年时间。

——到2005年世界锦标赛获得男女团体世界冠军，我们用了7年时间。

——到2006年黄珊汕获得世界杯女子网上个人冠军，黄珊汕、阙志城获得亚运会男女个人冠军，用了8年时间。

——到2007年董栋夺得世界杯男子网上个人冠军，叶帅夺得男子网上个人世锦赛冠军，用了9年时间。

——到2008年何雯娜、陆春龙获得北京奥运会金牌，黄珊汕、董栋获得世界杯总决赛男、女子个人世界冠军，我们用了10年时间。

从1998年到2008年9月，用了10年时间，中国运动员就获得了奥运会、世界锦标赛和世界杯总决赛3大赛的世界冠军。创下了前所未有的世界蹦床发展速度的奇迹。

可谓十年磨一剑，十年锋刃满。中国蹦床队取得成绩的时间表，体现了中国速度，创造了中国奇迹。

面对所取得的成绩，回顾中国蹦床10年所走过的艰辛历程，中国蹦床的发展速度"靠"的是什么？感受至深的体会是：

第一，举国体制是我国蹦床运动快速发展的制度保障。举国体制是我国竞技体育的根本制度，是中国特色社会主义在体育事业发展过程中优势的集中体现，是我国蹦床项目得以快速发展并取得优异成绩的根本制度保证。可以说，我国蹦床能用10年时间取得辉煌的成绩直接得益于举国体制。

总局领导、竞体司和各职能部门非常关心和支持蹦床项目的奥运会备战工作，定期询问备战队伍的需求，专门下拨了训练、外事、科研等各项经费，多次亲临训练馆观摩训练，听取汇报，解决问题。在举国体制的号召下，全国蹦床界群策群力，在人力、智力和物力方面为蹦床奥运争光工作提供保障。

竞技体育的发展永无止境，蹦床运动也是如此。要进一步全面提高我国蹦床竞技水平，还要进一步坚持好、利用好、完善好和发展好这一制度。举国体制是我们的优势，也是我们进一步做好训练工作，巩固优势地位的信心所在。

第二，把握项目规律是科学训练的关键。20世纪50年代，许多欧美国家相继成立了蹦床协会。进入60年代以后，蹦床运动开始走上国际化发展道路，并进入到竞技化发展阶段。我国于90年代末才开始将蹦床作为一个竞技项目开展起来，比西方国家晚了近40年。面对时间上的巨大差距，我们要想赶上世界先进水平，就必须有超常规的科学发展思路、发展策略，敢于走前人没有走过的路，大胆创新、勤于探索、勇于实践。

蹦床是以技术、艺术为主导的难美技能类项目，动作技术复杂、训练过程难度大、风险大，对运动员的综合素质要求高、培养周期长是蹦床项目的显著特点。

10 年来的发展实践表明，把握项目规律，打造团结和谐的队伍，坚持公平竞争的管理理念，全国蹦床界协同作战，是推动项目又快又好健康发展的必要条件。在项目起步之时，我们就意识到蹦床有与体操、技巧共性的特点，也有其独特的训练规律、成材规律和发展规律。多年来，中国蹦床始终高度重视对项目规律的研究，组织人员，对不同时期出现的技术问题进行专题研究，以对规律的认识和把握来推动训练的科学化和竞技水平的提高，并注重研究成果的转化和应用。

在研究探索项目规律的同时，注意学习和吸收先进国家的训练经验，并不断加以总结，深化认识，从而在训练的指导思想、训练方向、方法手段的把握上走在了项目发展的前沿，并以此引领和带动训练水平的提高，取得了显著成效。如我们根据对项目规律的把握，在训练过程中，针对规定动作质量不高的问题，在发展的初期阶段，中心领导利用各种场合反复强调"抓动作质量规格、抓基本动作基本技术"的重要性，为我国蹦床项目起好步、开好局指明了方向。随着对项目规律认识的深化，我们又进一步提出了"退一步、进三步"的训练策略。即运动员在发展和提高的过程中，特别是进入到高水平训练阶段以后，更要注意加强基本动作和基本技术训练。通过强化"基础"，突出"质量"来推进竞技水平的跨越式提高。如 2007 年以前，在国际大赛上，我国男女选手的成绩一直不稳定，徘徊在 3—8 名之间。经过分析，主要原因是基本技术不扎实、动作规格质量不够精细，还没有达到国际顶尖水准。因此缺乏竞争力，成绩一直没有大的突破。找准问题以后，在 2006 年冬训中，国家队采取了多种训练方式，重点提高动作规格质量，特别是基本动作和基本技术的巩固和提高。经过一个冬训的强化训练，取得了明显成效，在随后 2007 年的世界重大比赛中，我国运动员的动作质量显著提高，平均得分增加了 2—3 分，接连在比赛中摘金夺银，竞技实力提升到了一个全新的水平。

采取"退一步、进三步"策略，就是我们对项目制胜规律把握的具体体现。10 年来的发展实践使我们深刻地认识到，"质量"是蹦床项目发展的生命线、生存线和生死线。"质量"决定项目的成败。

第三，制定国内特定规则，以一流的技术标准引导项目发展。制定国内比赛特定规则是具有中国特色的推动项目发展的竞赛制度，它高标准、高起点地规范着项目发展方向，引导项目朝着正确的方向发展。10 年的实践证明，特定规则正确地把握了项目的发展趋势和发挥方向，加速推进了我国蹦床运动的发展速度，在形成具有中国独特的"高、轻、飘"的动作技术风格上发挥了重要作用。

自 1998 年以来，先后制定、修改了 5 次国内比赛特定规则。特别是 2001 年以来，进一步加强了对特定规则的研究，加大了对特定规则的执行力度，有效发挥了特定规则的导向作用，推动了蹦床运动的快速发展。10 年来，随着国内特定规则的不断完善，执行力度的加大，我国蹦床运动快速发展。这既是我们体制上的优势、决策的正确，同时，也是我们对项目发展规律不断深化认识的结果。

第四，科学规划、保障有力。自 2000 年蹦床成为奥运会比赛项目以后，受到了越来越多国家的重视，开展的国家日渐增多，项目人口急剧扩大，竞争日趋激烈。根据国际蹦床的竞争格局、发展趋势和所确定的发展目标，在认真分析了我国运动员的技术优势和发展潜力后，制定了《蹦床项目 2004、2008 年奥运增光计划实施方案》。在认真研究分析国际和国内形势后，《方案》提出了以女子项目为突破口，在 2003 年世界锦标赛暨奥运会预选赛上确保女子入围，男子争取入围，奥运会上夺取奖牌的目标。应该说，在当时确定这样的目标，对于一个只有 5 年蹦床发展历史的国家来说，难度极大。但是，我们认为，奥运会预选赛能否入围及雅典比赛成绩如何，至关重要，它决定着我国蹦床今后的发展及国家的支持力度，是难得的机遇。

面对雅典奥运会参赛目标和艰巨任务，2002 年，组建了国家蹦床集训队。面对世界蹦床的竞争格局和发展趋势，有针对性地制定了国家队备战雅典奥运会的集训方案，明确提出了训练的指导思想、集训计划、训练目标和方法手段，科学地规划了国家队的训练方向和方法体系，从而为少走弯路、加速发展起到了重要作用。可以说，没有国家队的组建和国家队6年来的集中训练和艰辛探索，我们就不可能取得北京奥运会的突破性成绩。

在国家队组建和两届奥运会的备战过程中，福建、江苏、山西、天津、湖南、广东等省市在人财物和训练条件的保证等方面给予了大力支持。只要国家队需要，各地方队都会毫不犹豫地给予支持。例如天津体育局、总局训练局和北京体育大学，均在为国家队的发展和建设方面做出了突出贡献，按照国家队的需求，顾全大局，克服困难，腾出最好的训练馆，配置了充足的训练器材，专供国家队使用；为队伍提供了最好的公寓和专用餐厅，提供全方位的训练和生活保障服务。正是因为有了全国一盘棋的体制保证，我们才有了今天这样一个大发展的可喜局面。

第五，不断完善竞赛和选拔制度，促进后备人才脱颖而出。竞赛是竞技体育的重要特征之一，运动训练的成果最终要通过竞赛来检验，都要通过竞赛来体现训练的价值。蹦床几年的发展实践使我们认识到，竞赛的办法是否符合项目的发展规律，是否符合优秀运动员的成长规律，将直接决定着项目的发展速度和人才梯队建设。因此，体操中心有计划地组织有关专家加强了蹦床竞赛方法的研究，围绕竞赛的杠杆作用，加强竞赛制度建设，主要采取了以下措施：

一是参照国际体联的竞赛办法，结合中国实际，举办了具有中国特色的全国蹦床系列赛，使我国的蹦床赛制与国际接轨。

二是国家队建立了定期测验机制。为了锻炼队伍，提高比赛能力，体操中心定期组织裁判员在国家队训练基地进行实战测验，并根据不同时期、不同任务，每次采取不同的测验方法，以全面提高运动员的应战能力。测验后组织裁判员、教练员和运动员进行讲评和总结。实践证明，有计划地组织测验既是竞赛的补充形式，同时也是一种积极的训练方法。

三是建立了后备人才选拔机制。人无远虑，必有近忧，注重加强梯队建设是竞技体育长盛不衰的基本经验。根据蹦床项目竞赛特点和运动员成长规律，保证高水平人才的有序衔接，体操中心在抓一线队伍的同时，注重对二线队伍的选拔和培养，制订了后备人才长远培养规划，在天津成立了国家二线队员集训队，每年集中进行一次后备人才的集训和选拔工作，并及时将优秀选手选入国家队，形成国家队的动态管理。

四是制定了参加奥运会、世界锦标赛等重大比赛的选拔办法，调动了地方和国家队教练员、运动员的积极性。另外，以奥运会、世界锦标赛为目标，调整了全运会竞赛规程，为各运动队创造了公平竞争的比赛环境和氛围。

第六，加强教练员队伍建设，有一支高素质的教练员和专家队伍。教练员和运动员是训练的基本要素，其中教练员在训练过程中发挥着主导作用。运动员优异成绩的取得，教练员发挥着重要的作用。目前在我国一线队伍的教练员中，由体操、技巧转项过来的世界冠军教练、世界冠军运动员有十几位，他们为我国蹦床运动的起步、探索和发展做出了重要贡献。今天我们能取得这样好的成绩是他们——我国的第一代运动员、教练员经过艰苦探索、埋头苦练、流血流汗、勇于实践的结果。可以说，我国蹦床项目是在高起点、高水平上开始起步发展起来的。因此，抓好教练员队伍，不断地提高训练水平、理论水平和综合能力，是继续推进我国蹦床运动向更高水平迈进，取得更大成绩的关键所在。

实践证明，要培养世界一流运动员，首先必须要有一流的教练员。我国蹦床项目快速发展的一个重要原因就是因为我们拥有一支埋头苦练、甘于奉献、勇于实践的高水平教练员队伍，这是项目发展的宝贵财富。

第七，注重在比赛中锻炼队伍，以赛促练，发现新人。运动员训练的目的最终是为了参加比赛，为国争光。只有当运动员把平时的训练水平转化为比赛成果的时候，才有意义和价值。根据蹦床项目的特点，要最大限度地实现这种转化，最直接、最有效的方式就是为运动员多创造比赛机会，在比赛中提高能力，在竞争中发现新人。基于这样一种认识，10 年来，体操中心积极创造条件让运动员，尤其是优秀运动员走出去，经风雨见世面，注重在比赛中锻炼队伍，以赛促练，赛练结合。通过比赛，积累经验，增强实力，加速运动员成长。

练是为了赛，"练赛结合，以赛带练"，坚持贯彻全年全套训练，随时可以参加比赛。奥运会前多参赛，锻炼队伍，提高实战能力；连续安排模拟奥运会的测验，还大胆实践创造了很多新方式和新方法，以提高应对困难的能力，同时缓解运动员大赛心理压力，为运动员在奥运会上发挥水平打下了坚实的基础。

第八，重视科技攻关与科技服务，发挥科研先导作用。竞技体育快速发展，竞争日趋激烈，科技是第一生产力的作用日益显现。我们高度重视科技在训练和备战过程中的作用，制定了《2004、2008 年蹦床项目奥运争光计划》、《奥运争光计划实施方案》和《备战 2004、2008 年奥运会国家队一线队伍集训方案》等指导性文件。在《方案》中突出了科技的作用，加大了对科技攻关、科技服务的投入力度，配备了专职科研人员长期跟队服务，做了大量的科技服务工作，有效地提高了训练的科技含量。

始终重视理论研究和实践的结合，注重理论建设。组织专家编写了《全国蹦床教学训练大纲》，出版了《竞技蹦床》教学训练参考书，为教练员理论水平的提高、指导实践和训练的科学化，发挥了重要作用；十年来定期发行《蹦床与技巧》杂志，该杂志已成为教练员及时了解和掌握世界蹦床动态和技术信息的窗口，教练员进行技术交流的平台和学习的园地。

第九，坚持"三从一大、科学训练"的训练原则。"三从一大、科学训练"是我国竞技体育几十年发展实践所证明的科学理论，是各运动项目遵循的训练原则。我国竞技体育的发展实践已经反复证明，谁坚持了这个原则，谁就遵循了竞技体育的发展规律。

蹦床项目能不能进行大运动量训练？大运动量训练是否违背项目规律？是否会因疲劳引发伤害？这一系列问题一直困扰着教练员，这既是个实践问题，也是一个理论问题。多年来，教练员对于大运动量训练问题一直是小心谨慎，特别是运动员在进入到高水平以后。在训练实践中教练员在训练量的掌握上也是一直比较被动的，基本控制在运动员"自我感觉"的水平上，一直没有大的突破。

2007 年以来，国家队认真总结几年来的训练实践，在科学设计的基础上，大胆实践，勇于探索，突破以往训练量的"禁区"。一年多高强度的训练实践及 2007 年世界锦标赛和 2008 年北京奥运会所取得的成绩表明，只要把握规律，科学安排，蹦床是可以进行大运动量训练的，而且效果显著。这既是蹦床训练实践上的一个飞跃，也是蹦床训练理念的重大突破

第十，积极开展国际交往，重视国际交流。蹦床是个评分性项目，评价标准具有动态性和主观性。因此，能不能创造一个有利的国际比赛环境，及时地了解和掌握项目发展动态、评价标准以及规则的变化趋势，对于我们能否始终站在项目发展前沿、取得优异成绩起着至关重要的作用。因此，多年来，我们在狠抓训练不放松的同时，积极开展国际交往，加强国际交流，建立多边友谊。通过邀请国际体联官员来华讲学、比赛观摩、技术指导、裁判培训等形式，一方面增进了外界对中国的了解，加深了友谊，同时也推动了我国蹦床运动的发展和国际化进程。应该说，10 年来，我国蹦床项目的对外交流工作是积极的、主动的、活跃的，收益是多方面的，效果显著。通过国际交流，培养了一批懂业务、精规则、善交流的项目骨干，为营造良好的国际比赛环境发挥了重要作用。

过去 10 年我们所取得的成绩，是全国蹦床界的同志们共同努力的结果，它集中体现了蹦床人的创新精神和拼搏精神。我们应继续保持和发扬这种精神，以高昂的斗志，坚定的信心，扎实的训练，严格的管理，将我国的蹦床运动推向更高的水平。

从 2000 年悉尼奥运会到 2008 年北京的 3 届奥运会中，目前还没有一个国家的选手蝉联奥运会蹦床比赛的金牌。可见，下届奥运会我们要创造历史，打破神话，再夺金牌，就必须要以超人的智慧，拿出超人的勇气，付出超人的代价，做出百倍的努力。

新的奥运周期，我们面临的对手依然强大。蹦床项目有个显著特点，

运动员的运动寿命长，保持高水平的时间长，一名优秀运动员可以连续参加 4 届奥运会，甚至 5 届，这是对运动员年龄"包容性"很强的项目，这就造成了高水平运动员的"积聚"效应，使得竞争对手不断增多，比赛竞争愈发残酷。

面对 2012 年，要实现伦敦奥运会卫冕目标，打破"没有一个国家连续两届获得奥运会金牌的神话"，中国蹦床队，努力吧……

地毯上的芭蕾

——新中国艺术体操运动的发展历程

国家体育总局体操运动管理中心副主任　陆善真

　　第29届北京奥运会中国艺术体操队的姑娘们以一枚银牌为中国代表团赢得了第一百枚奖牌，在中国奖牌榜上画上了圆满句号。这枚宝贵的银牌，改写了中国乃至亚洲的艺术体操项目的历史。为中国体育事业的荣耀增添了新的光彩。

　　中国姑娘们终于破茧成蝶，以优雅的舞姿、准确的抛接和甜美的微笑为祖国争得了荣誉，圆了几代中国艺体人的梦想。这一骄人业绩是在国家体育总局的正确领导下，在体操中心领导、各相关部门的指导、支持下，全队团结一致、奋勇拼搏的结果，是进行科学化训练的结晶。

　　由此，中国艺术体操将在中国的体育史上留下属于自己的美好篇章。

一、艺术体操的雏形

　　1953年前苏联体操队应邀来中国访问表演，他们不仅带来了现代竞技体操的男子6个项目和女子4个项目，还带来了集体藤圈操、绳操和纱巾操等当今艺术体操的表演节目，让国人第一次看到了体操家族里柔美的

"小妹妹"。

1954 年 10 月北京体育学院（当时称中央体育学院）正式聘请了苏联专家凯里舍娃担任该院的艺术体操教学工作，开设了我国第一个艺术体操班，较系统地把艺术体操这个项目介绍到了中国，为我国开展艺术体操项目培养了骨干力量。

当时，根据国际体操联合会的规定，参加竞技体操比赛的各国必须参加轻器械团体操比赛，所以在 1956 年、1957 年、1958 年的全国体操比赛和全国体育学院体操比赛中，都设有轻器械团体操比赛。这可说是我国艺术体操集体项目比赛的雏形，为以后艺术体操集体项目的开展、崛起奠定了一定的基础。当时的比赛器械由各队任选，可谓五花八门，有纱巾、彩带、绳、球、圈、剑、藤鞭、霸王鞭（莲湘）、绣球、扇子、绸伞等等。音乐伴奏除钢琴外，有的还用二胡或民乐合奏。在服装上除穿各式体操服和带小裙子的体操服外，有的还穿武术服装和绣花边的长袖衣裤、绣花鞋等。由于人们对艺术体操的了解尚处于启蒙阶段，因此轻器械的选择和动作形式都相当的广泛，并带有浓郁的地方色彩和民族特点，甚至脱离了体操的特点，把舞台上的舞蹈艺术搬上了地毯。通过这三次全国性比赛，在动作编排、器械运用方面都有较大发展，更符合体操要求，形势十分喜人。但随着国际体操规则的变化，取消了竞技体操团体比赛中的团体操项目，我国也取消了这个项目。

1958 年，中国正式加入国际体操联合会，经过了两年的努力，中国体操队取得了参加 1960 年奥运会的资格。但是 1964 年，因国际政治斗争问题，我国宣布退出国际体联，但和一些友好国家的交往仍然进行。"文化大革命"的爆发，直接影响了中国体育的发展，突然之间一切都停止。1966 年年底，全国体操训练、比赛全部停止，刚刚崛起的体操事业处于瘫痪状态，艺术体操也不例外。从此，艺术体操在我国中断了 20 年。

二、蹒跚上路

　　"文化大革命"结束后，中国的体操事业重新恢复生机。到 1978 年，我国艺术体操获得了真正的转机。在这一年里，中国恢复了在国际体联的合法席位，从而沟通了国际信息，加强了与会员国之间的联系。同年就邀请了加拿大现代体操访华团和朝鲜民主主义人民共和国艺术体操队来中国访问。接着在这一阶段又相继邀请了西班牙、日本女子体育大学，加拿大、苏联、保加利亚等国家艺术体操队来华表演、比赛和举办学习班，并请了加拿大、保加利亚、苏联等国专家学者来华讲学，使我们开阔了眼界，促进了艺术体操的发展。

　　1979 年我国首次派考察团参观平壤艺术体操国际邀请赛。1979 年的第 4 届全运会上，艺术体操作为表演项目第一次展现在北京工人体育馆。同年 12 月，我国派代表参加了在美国举行的国际艺术体操技术委员会代表会议。此后，国家体委决定先在各体育学院中开展这个项目。

　　1980 年 8 月，举行了第 1 届全国体育学院艺术体操比赛，比赛项目集体是规定的 6 人徒手操和自选的 6 人球操，个人是圈和带的自选动作。

　　1981 年 5 月，第一次举行全国艺术体操选拔赛，选拔国家集训队，准备参加世界锦标赛。比赛项目按国际比赛规定，集体是三球三带，个人是绳、圈、棒和带。同年 10 月，中国艺术体操队首次参加了第 10 届艺术体操世界锦标赛，集体项目获得第 16 名，个人最好名次为第 24 名。

　　1983 年 6 月，我国首届艺术体操锦标赛在邵阳开幕，以后每年均有全国锦标赛。同年 11 月参加了在法国举行的第 11 届世界锦标赛，中国队首次进入集体项目决赛，取得了第 8 名，个人最好名次为第 21 名。

　　在 1987 年第 13 届世界锦标赛上，我国的集体项目成绩显著，获得了 1 枚银牌，2 枚铜牌。国际奥委会主席萨马兰奇曾发贺电，祝贺中国艺术体操取得优异成绩。

1996 年亚特兰大奥运会中将加入艺术体操团体比赛，这引起了 1995 年世界锦标赛上一场激烈的角逐，因为世锦赛成绩将决定奥运会的参赛资格。中国队以 0.075 分的微弱优势打败乌克兰队，并且战胜了老对手希腊和日本队，跻身 8 强获得了参赛资格，成为首次设立的奥运会艺术体操团体项目比赛中唯一一支非欧洲队伍。在亚特兰大，中国队在资格赛中战胜了德国和意大利队后，又以 0.012 分的微弱优势超过了强大的白俄罗斯队，最终进入了前 5 名。

中国艺术体操队在 2004 年雅典奥运会上取得了第六名。

三、北京奥运铸就辉煌一刻

实力、智慧、运气，天时、地利、人和，中国艺术体操队缺一不可。经过严密的计划，严谨的管理和严格的训练，中国艺术体操队终于在第 29 届北京奥林匹克运动会上斩获银牌。可以说，我们步步为营：

（一）集体智慧，锁定目标

我们知道，1981 年 10 月，中国艺术体操队首次参加了艺术体操世界锦标赛等国际大赛以来，历史最好成绩是 1987 年世界锦标赛上集体项目获得全能第三名；奥运会最好成绩为 1996 年亚特兰大集体项目全能第五名。通过教练员和专家们认真分析、反复论证后，将中国艺术体操的突破重点放在集体项目上，目标锁定为夺取奖牌。

（二）优化组合备战队伍

雅典奥运结束后，工作重点转入了备战 2008 年北京奥运会。为确保构建全国最优组合的集体队伍，于 2005 年在天津举行全国性选拔，决定将个人项目最优秀的运动员孙丹和章硕纳入集体项目中，这样可大幅提升队伍的整体实力。为了加强教练队伍的力量，由教练组长夏燕飞和主教练白梅共同担任该组的教练工作，舞蹈教练王连起在为全队各组上舞蹈课的同时，工作重点转移至备战 2008 奥运会集体项目组。队伍整合后，大家以饱满的热情、科学的态度、拼搏的精神投入到备战工作中。

（三）创则兴、保则衰

竞技体育犹如逆水行舟，不进则退。只有不断创新，才能立足于世界舞台。艺术体操评分规则对"独创性动作"加分的设立，充分体现出规则对技术创新的导向作用。

2007 年世界锦标赛和 2008 年奥运会上，中国队共申报了 8 个独创动作，被国际体联批准了 5 个，列各国之首。中国队集体全能两套编排将独创的动作和浓郁的中国特色的音乐完美结合，为取得优异成绩奠定了基础。奥运会上我们两项技术值分别达到 9.5 和 9.7 分，是中国艺术体操在国际比赛上的最高分值。

中国艺术体操之所以能够不断地进步，在奥运会上夺取银牌，最重要的是中国艺术体操团队三十年来不懈奋斗，执著追求。她们在困难中一步步前行，队员们在失败中不断成长。

然而，奥运会的银牌已经成为历史，新的征程就在脚下，我们不会满足于现有的成绩，我们深知中国的艺术体操与世界强队还有一定的差距。这个差距不是短时间可以弥补的，需要我们做出更艰苦的努力。未来艺术体操的发展是身体动作难度和器械动作难度的完美组合，只有难度更大，速度更快，创新更多，才能在世界大赛上立于不败之地。中国艺术体操需要更多的文化艺术土壤，汲取更多的艺术营养，激发艺术体操更深层次的内涵，真正达到神形兼备，内外兼修。总有一天，中国艺术体操会以更加完美的表演赢得世界的赞誉，赢得金灿灿的奖牌。

千年巨树果满枝

——中国技巧运动 60 载辉煌路

国家体育总局体操运动管理中心副主任　黄玉斌

是惊与险的展示，是力与美的组合；是刚与柔的交融，是动与静的编织——这，就是现代技巧运动。展示着音乐与舞蹈的魅力，升华着体操与杂技的技艺；折射着传统与发展的演进，融会着体育与艺术的精华——这，就是现代技巧运动。纵观林林总总的现代竞技体育项目，没有哪一个竞技项目的历史能像技巧项目那样源远流长、那样历史悠久；没有哪一个竞技项目的运动形式能像技巧项目那样腾跃灵动、那样丰富奇特。那令人眼花缭乱的翻腾技巧，那惊险高难的抛接组合，无不使人击节赞叹、拍手叫绝；那奇峰突立的罗汉造型，那精美绝伦的整套编排，无不使人回味无穷、赏心悦目。因此，技巧运动理所当然地成为最受世人喜闻乐见的体育项目之一。

中国技巧运动的历史极为悠久，但真正起步作为竞技体育项目开展训练与竞赛，还是新中国成立以后的事。新中国自成立至今已经走过了六十个年头，中国的技巧运动也如同祖国的其他各项事业一样风雨兼程、朝气蓬勃地走过了六十载辉煌路。

一、源远流长话历史

（一）中国古代技巧

　　中华民族是一个历史悠久、文化灿烂的伟大民族。在漫长的历史发展过程中，我们的祖先以其聪明才智创造了中国古代技巧。据确凿的考证，早在三千多年前的华夏大地上，就已经出现了技巧性的活动。考古学家从新石器时代的岩画中，收集到许多研究技巧运动的珍贵资料。令人惊叹的是，在这些岩画中竟然已经出现了"团身空翻"的形象。至战国、秦、汉的中国封建社会前期，中国的古代技巧运动得到了很大的发展。此时的古代技巧运动会同杂技与舞蹈同台演练，称之为"角抵戏"。至汉代"角抵戏"又发展成为"百戏"。汉武帝为了提高百戏艺人的技艺，还曾开设了专门培养与训练百戏艺人的教坊。后人《教坊记笺订》载："教坊一小儿，筋斗绝伦……"，这不仅证实了百戏中包含有较多的技巧成分，而且还证实了技巧训练必须"从儿童抓起"的理念早在我国千百年前的传统文化中就已经确立了。

　　至隋唐时期，"百戏"又有了长足的发展。隋炀帝在位时曾召集全国百戏艺人多达三万人举行过规模宏大的百戏会演。据《隋书·炀帝纪》载："天下奇技异艺毕集，经月而罢。"至唐代，中国古技巧的发展已经形成了比较完整的体系，有跟斗、柳肩倒立（双人动作）、三童重立（三人动作）、四人重立（四人动作）、五人罗汉（多人动作）以及抛接等技巧动作。

　　宋朝时期，由于乡社组织的增多，杂技与技巧活动遍布于民间，"打筋斗"等技巧动作是其活动的核心内容。由于在唐朝时诞生了"综合性艺术"——戏曲，从而使古代技巧的内容特别是跟斗技巧很快成为戏曲表演中不可缺少的手段。因此，中国的古技巧运动是在与杂技、戏曲的并存中相得益彰地发展着。明清是武戏集大成的发展时期，清王梦生《梨园佳话》载："其人上下绳柱猿揉翻转，身躯如败叶，一胸能胜五人之架叠，一跃可上数丈之高楼"这就是对当时出现在戏曲中的"叠罗汉"、"翻跟斗"技巧的高度评价。

（二）中国近代技巧

鸦片战争，是封建的中国转变为半封建半殖民地中国的转折点，中国社会由此发生了急剧的变化。通过鸦片战争，资本主义列强用坚船利炮轰开了中国的大门。当时执政的官僚们为了维护中国的封建统治秩序，一方面容忍着列强在中国的侵略势力，以便依靠洋人的帮助来镇压人民的革命斗争，另一方面又期望借"西法"而"自强"，这便是历史称之为"洋务运动"的成因。洋务运动在引进欧美文化技术的同时，也引进了欧美的近代体育，包括欧美的近代技巧运动。

北洋军阀统治时期，虽对各类各级学校体育教学中有关体操与技巧的教学内容作了一些规定，但只有"五四"运动和新文化运动才唤起了中国人民新的觉醒。其时，"女学生翻跟斗"以及"学校中以体操代替兵操"等事件的出现，推动了近代技巧运动的发展。

抗日战争全面展开后，一批沿海城市的高等、中等学校相继内迁大后方，从而促进了大后方文化与体育的发展。由于大批中等以上学校的内迁，加之体育系、科的存在，一时间体育比赛不断，并逐渐形成了大型运动会。运动会除田径项目外，还将器械体操与垫上运动列入比赛内容，竞赛中还常常参插"双梯叠罗汉"等技巧表演。在当时竞赛的规定动作中，女子部分已经出现了鱼跃前滚翻、屈体后滚翻等动作，而在男子部分则已经出现了前手翻与前空翻等动作。但是，由于技巧依附与融会于体操，因此并没有能够真正形成独立的体育项目；加之连年战乱与政治腐败，因此我国近代技巧运动的发展是缓慢与低速的。

二、蓬勃兴起形势好

1949 年 10 月，中华人民共和国成立，技巧运动从此发生了巨大的变化。新中国的技巧运动在各地广泛开展的同时，吸取了我国传统技巧与苏联等国的经验，从而使中国技巧快速地完成了由近代技巧运动向现代技巧运动的转换。

1956 年 12 月，在北京首次举办了"全国技巧运动表演赛"，有 13 个单位 84 名运动员参加了表演。项目有男、女单人以及男子双人与混合双人四个项目。1957 年 11 月，在天津又举行了首届"全国技巧运动锦标赛"，采用了我国首版《技巧运动规则》，增加了男子三人项目，并首次计算了团体总分。这两次比赛为我国现代技巧运动的发展奠定了良好基础。为迎接技巧项目首次列入 1959 年第一届全国运动会，江苏于 1957 年 9 月率先成立了技巧运动队，随后上海、辽宁、浙江、安徽、广东、广西等省市相继成立了技巧运动队。1958 年年底，在北京还举办了首次全国技巧教练员训练班。在第一届全运会上，全国 17 个单位的 129 名技巧运动员参加了比赛，比赛项目除原有的男、女单人与男双、混双外，男子三人改为男子四人。

第一届全运会的技巧比赛，不仅有力地推动了我国技巧运动水平的快速提高，促进了技巧项目运动队伍与裁判队伍的建立与发展，同时也为技巧规则与等级大纲的制定以及技巧运动技术书籍的出版与学术研究活动的展开提供了发展契机。技巧运动，从此在我国蓬蓬勃勃地兴起了。

三、艰难困苦挫折路

20世纪60年代初，我国遭受严重的自然灾害，国民经济处于十分困难的时期。根据"一般运动项目少办或不办"的原则，不但取消了1961年度以及随后两年的全国技巧比赛，同时还使得不少省市解散了技巧运动队，我国技巧运动由此走入了第一个低谷期。至1964年，在西安举行了"全国体操暨四单位技巧运动锦标赛"，但参加技巧比赛的仅有上海、江苏、安徽、广东四个省的22名技巧运动员。虽然技巧运动处于十分困难的境地，但在这次比赛中仍然有18名运动员达到了运动健将标准。我国第一批技巧运动健将的出现，标示着我国技巧运动虽处于十分困难的发展境地，但却仍然在顽强地奋斗着、努力地发展着。

1966年5月开始，十年"文化大革命"的空前浩劫使我国的国民经济濒临崩溃的边缘，各项事业的发展不可避免地遭受重创。中国的技巧运动在尚未完全走出第一个低谷期的困境之时，却又遭遇到第二个低谷期。在"文革"十年中，全国技巧比赛被完全停止，群众性的技巧活动也不见了踪影，一些颇具成才希望的少年选手被耽误了运动年华，一些支持和领导过技巧运动的干部也遭受迫害，经过十多年奋斗而发展起来的新中国技巧运动基本上处于瘫痪的状态。由于"文革"极左路线的干扰，在仅存的一点点技巧活动中也必须涂上"左"的颜色，于是技巧的抛接动作变成了"军训越墙"，个人翻腾变成了"冲锋陷阵"，倒地动作要表演成"壮烈牺牲"，而集体造型则不能离开"大海航行靠舵手"的意境。在极左路线的干扰下，迫使技巧项目背离了本项目的运动特点。但是，技巧工作者们仍然凭借着坚定的信念与极人的勇气在艰难的"夹缝"中"求生"。他们尽力维持着有限的训练，尽力保持着自己的专项体能和技术水平；他们坚信为之奋斗的技巧运动总会有一天要还其本来的面目。

中国技巧运动在接连两次的低谷期中遭受严重的挫折与创伤，但勇敢的中国技巧工作者不畏艰难，于绝处求生。艰难困苦并没有压垮中国的技巧工作者，他们在空前的浩劫中反而锤炼出不畏艰难、百折不挠的可贵精神，这种精神成为了日后使中国技巧运动崛起腾飞的精神财富。

四、百折不挠勇崛起

"文革"未毕，坚守技巧阵地的上海、江苏等队便瞄上了 1971 年 6 月在杭州举行的全国体操友谊赛，他们争取到在"体操友谊赛"上附加进行技巧表演的机会，其时上海队的单跳运动员张以鸿、于在青已经能够完成"踺子前空翻两周"与"屈体后空翻两周"的高难动作，男子双人组的运动员也完成了"头上慢起单臂倒立"与"头上单臂侧水平"的高难动作。1972 年，著名的"乒乓外交"迎来了美国总统尼克松访华。我国技巧运动员陈宏群、张以鸿、于在青等与其他项目的运动员一起参加了在北京首都体育馆举行的外事表演。同年在全国体操比赛期间又进行了技巧表演。自"文革"以来技巧运动的沉寂局面，被完全打破了。

1973 年，在昆明举行了全国技巧比赛，这次比赛促进了各省市技巧运动队的恢复。"文革"前的老队江苏、上海、安徽、广东、浙江、湖南、广西、福建等开始重新组建；原来没有技巧队的云南、北京、江西等省市也相继筹建了技巧运动队。1975 年第三届全运会和 1979 年第四届全运会技巧比赛的举行，使我国的技巧运动走上了蓬勃发展的道路。从 1978 年开始，国家体委决定每年举行两次全国技巧比赛。1979 年，恢复并修订了"技巧运动员技术等级标准"，对技巧竞赛规则也作了重大修改。继 1976 年在全国比赛中增加了女子双人项目后，在 1978 年又增加了女子三人项目，使我国技巧比赛的项目完全与国际接轨。与此同时，在评分方法、场地、音乐伴奏等方面也作了与国际规则接轨的修改。1978 年，在南宁市举办了我国第一期"全国技巧裁判员学习班",国家体委还于1979年正式批准了姜龙南等12人为我国首批国家级技巧裁判员。同年,在国家体委有关部门的倡导下,第一期《技巧资料》编印出版。在随后定期出版的刊物中,大量地刊登了各种有关技巧的信息动态、比赛评述、技术分析以及资料译文等文章和报道。我国的技巧运动,已经迎来了崭新的发展时代。

1979年12月,在伦敦召开的国际技巧联合会执委会会议上,一致通过了我国向国际技巧联合会提出的入会申请。从此,具有悠久历史的中国技巧运动登上了世界技巧舞台,这是中国技巧运动发展史中的重大事件。1980年5月,中华全国体育总会第四届二次委员会第二次会议通过决议将原有的"中国体操、技巧协会"分列两个单独的协会,中国技巧协会在杭州成立了,这是中国技巧运动发展史中的又一重大事件。这两件大事极大地鼓舞了全国技巧界人士。

中国技巧运动在世界技坛上崛起的时刻来到了。

五、方兴未艾创辉煌

"乘风破浪会有时"。1980年9月,中国技巧队首次走出国门,参加了在波兰举行的第四届世界技巧锦标赛。首次亮相世界大赛的中国技巧队引起了各国同行的注意。在比赛中,我国女子单跳运动员浙江队的马素萍在全能比赛中获得第三名,五星红旗第一次在世界技坛上高高升起。继而,在女双、混双、女子三人项目的全能和单套决赛中又连连获得铜牌。中国技巧队在这次比赛中共取得了11枚铜牌的好成绩,首战告捷。

1981年9月,以张素央为领队的中国技巧队参加了在瑞士举行的第三届技巧世界杯赛。广东姑娘刘英媚、蔡玉、冯艳芳组成的女子三人队在全能决赛中力克群芳,为祖国赢得了技巧史上第一个世界冠军,在瑞士体育馆内伴随着高高升起的国旗奏响了中华人民共和国国歌。接着，中国技巧队又在男四全能与第一套、女双第二套的决赛中再获金牌。勇夺 4 枚金牌的胜利，标志着中国技巧在世界技坛的崛起。在这次比赛中，如果按团体总分计算，我国仅次于原苏联位居第二，中国技巧的实力已进入世界技坛的强国之列。

"春风得意马蹄疾"。1983 年 10 月，在美国举行的第四届世界杯技巧比赛上，中国技巧队创造了勇夺 10 枚金牌的辉煌。这一成绩占当年我国体育健儿在国际体育大赛中获得金牌总数 39 枚的四分之一。为此，国家体委、全国体总给中国技巧队发了贺电。

中国技巧的崛起，赢得了世界各国的赞誉，同时也提高了中国技巧在国际上的地位。自 1981 年开始，我国陆续派出数批裁判员参加了国际技联举办的裁判学习班，均顺利通过考试，被批准为国际级技巧裁判，不少裁判员还在随后的世界技巧比赛中担任了裁判长的工作。在 1981 年和 1985 年召开的国际技联第三、第四次代表大会上，我国代表被分别选进了执行委员会、技术委员会和裁判委员会，我国代表从此进入了国际技联的三个最高领导机构，在决定国际技巧发展的重大事件上有了发言权。由我国代表提出的举办世界少年比赛、舞蹈动作难度设计、双人动作难度表等方案，都得到各国代表的赞同并获通过。值得一提的是，经我国执委会委员蒋佑祯提议并据理力争，国际技联决定将 1985 年"第五届世界杯技巧比赛"安排在中国北京举行。在此次比赛中，我国运动员共获得了 9 枚金牌。不仅如此，比赛中的各项工作都得到各国代表团和国际技联的高度赞扬。当时的国际技联主席索梯洛夫赞扬说："比赛组织得非常好，无论是大会的竞赛组织和接待，还是场地和设施都是世界一流的，我们大家都不会忘记在北京生活的日日夜夜，不会忘记你们为世界技巧运动所做出的贡献。"此后，我国又于 1991 年成功地举办了世界青年技巧锦标赛，于 1994 年成功地举办了亚洲技巧锦标赛，同年还成功地举办了第八届技巧世锦赛。多次大型国际性比赛在我国成功地举办，反映出中国技巧日益强盛的国际地位。

为了保持中国技巧运动强劲的发展势头，中国技巧界大力发展裁判队伍、扩大科研领域并研究制订了国内比赛的特定规则。与此同时，为了扩大技巧在社会上的影响，中国技巧界还出版了各种有关技巧运动的书籍，其中最为著名的是《中国技巧运动史》，它是由当时协会主席张素央、副主席洪源长以及杨东历时 4 年撰写而成，于 1990 年正式出版，填补了中国技巧运动史料工作中的一项空白。

不断的创新，是中国技巧运动步入辉煌的重要法宝。我国自参加世界比赛以来，一直将"创新"置于重要的地位。1981 年我国男四创出"轿上抛起，跳上成双重站轿"及"双爆下"；1983 年我国男四创出"立柱塌腰背水平支撑"；男子单人胡星刚创出"1080°直体旋"；1985 年男子双人创出"垛子前空翻转体 180°成悬垂"；1986 年女子三人创出"轿抛三周下"、男子单人由冯涛创出"快速后空翻接屈体后空翻三周"；1987 年男四创出"轿抛三周站轿"；1988 年男双创出"地上高举腿支撑脚上背水平、高单臂倒立打滚"等等。最为突出的是由福建运动员宋敏和李仁杰组成的男子双人，他们在教练杜辉雄和陈日金的指导下，练就了"地上双重倒立"和"地上单臂侧水平举高单臂倒立"二个高难动作，这两个"绝招"使他俩于 1988 年首次参赛就击败了强劲的对手而一举夺冠，并连续十年在世界技巧大赛中获得了 14 枚金牌，成为世界上获得金牌最多的技巧运动员。国际技联于 1998 年特此表彰他俩是"20 世纪最为杰出的运动员"。

自参加世界比赛以来，单人项目历来是我国的优势项目，曾独创了不少新颖的高难度动作，多次击败以单人项目著称的原苏联队而获世界冠军。这些成就引起各国的重视，国际技联为此于 1988 年特邀我国资深教练洪源长赴英国为国际技巧高级教练员学习班讲课。

这是中国技巧运动创造了辉煌的年代：中国技巧队于 1993 年、1994年、1998 年在金牌总数上三次领先于俄罗斯技巧队，登上了由中国、俄罗斯、保加利亚三强争雄的领先位置；中国技巧运动员在世界技巧大赛中共为祖国赢得了 131 枚金牌、107 枚银牌、101 枚铜牌，从而使技巧项目成为我国竞技体育的"金牌大户"。国际技联特此于 1983 年和 1998 年两次表彰了我国技巧运动的领导人张素央和教练员洪源长、叶汉忠等人，向他们颁发了奖章和证书，表彰他们为发展国际技巧运动所做出的贡献。

我们为中国技巧的成就欢呼，为中国技巧的辉煌而自豪！

六、大胆改革勇探寻

从 20 世纪 90 年代起，中国技巧面临着新的形势。在国际上，成立了 26 年之久的国际技巧联合会为能尽早进入奥运会，在 1998 年放弃了自己的独立地位主动并入国际体操联合会，同时将原有技巧项目中的男子单人、女子单人划入蹦床竞赛项目，技巧仅保留了男双、女双、混双、女三、男四 5 个竞赛项目。国际技联似乎在走一条"曲线申奥"的路线。在国内，由于突出奥运战略，在 1997 年第八届全运会上取消了技巧项目的比赛，直至第十一届全运会上也没有恢复技巧项目的比赛。面对国际技巧联合会向国际体操联合会的归并，面对技巧竞赛项目的分割，面对中国"奥运战略"的强化，面对技巧项目比赛从全运会比赛项目中的消失，面对技巧竞赛规则的不断修改，中国技巧向何处去？这是技巧界人士必须勇敢面对的问题。

（一）对技巧运动竞技本质的再认识

体育竞赛是竞技体育持续发展的核心动力，是撬动竞技体育深化发展的有力杠杆。技巧，只有赋予其竞技的本质，才能最终形成在国内外重大赛事中频频亮相的独立的竞技体育项目。竞赛对于发展竞技运动的推动功能是不可替代的，对于发展其他事业的推动功能也是不可替代的。正因为如此，原本非竞技性质的社会活动诸如杂技、戏曲、相声、小品、演唱、舞蹈、模特以及各种演讲、烹饪、焊接乃至训养等的社会文化与行业活动也开始频繁地借助于各种"大赛"与"比拼"来激发进一步发展的推动力。因此，无论从技巧运动的发展历史看、从体育运动发展的本质看，还是从当今社会发展的模式看，作为竞技体育的技巧运动，竞技当然是其命脉，参赛当然是其天职。

（二）对技巧运动概念内涵与外延的再认识

技巧运动作为竞技体育项目，必须在既定的竞赛规程与竞赛规则的制约下，以技巧项目的特有方式展开技能、体能、心能、智能与艺能的角逐，这是技巧运动项目概念的内涵。而技巧运动作为特殊的竞技体育项目，又同时搭界与融会着体操、武术、音乐、舞蹈、杂技、戏曲等艺术形式，因而技巧运动的概念又具有极为广泛的外延。这种广泛的外延赋予了技巧运动以极为广阔的操作性与观赏性。当然，从广义的角度来说，任何竞技体育运动项目都具有一定的观赏性，但技巧运动项目的观赏性是与其他项目不同的。因为技巧项目的观赏性是一种既可与紧张激烈的竞技活动紧密相联又可从中分离出来，既可作为竞技体育活动又可作为艺术表演活动，既可作为体育技艺的展示又可与社会意识形态相联系的特殊的观赏性。对这种观赏性的开发，将进一步拓宽技巧运动的发展之路。1998 年，经研究决定在全国比赛中增设"集体项目"的比赛。此项规定一出台，立即引起各运动队的重视。因为集体项目将技巧运动的专项技术内容较好地运用艺术的形式表现出来，将惊险的动作、优美的舞蹈、亮丽的服饰、精美的道具以及和谐的音乐融合在一起，给人以新颖的感受，受到了广大群众的喜爱。2005 年在江西省万年体育馆进行技巧比赛时，甚至出现了一票难求的火爆场面。

（三）时代赋予技巧运动的新概念

面对 21 世纪世界发展的大潮流，面对新时期中国经济深化发展的新局面，面对中国竞技体育发展战略的新布局，技巧运动将如何发展？中国技巧人的回答是："顺应潮流应对形势，立于潮头主动发展"。技巧运动，这是一个目前虽未能列入奥运会比赛的项目，但由于这个项目具有深刻的竞技性内涵与广阔的观赏性外延，因而有可能发展成为既是竞技体育项目同时又是艺术表演新形式的具有多元多向多途发展前景的竞技体育项目，这便是时代赋予技巧运动的新概念。我国技巧运动的领导人对此已有深入的考虑，因此在决定全国比赛中增设"集体项目"比赛的同时，还特别关注目前在国际上逐渐兴起的"啦啦操"，这项运动不限人数，其中又不乏技巧动作，颇受当代民众特别是青少年的喜爱。于是，国家体操运动管理中心派员观摩了全日本"啦啦操"锦标赛。经多次研究，决定于 2005年在全国技巧比赛中设立该项目的表演和比赛，以吸引更多的青少年来参与技巧锻炼。

（四）商品经济时代的我国技巧运动

改革开放，使我国进入了社会主义发展的新时代。社会主义的商品经济，使我国的经济发展面貌发生了巨大的变化。运动队的运作如何适应发展中的商品经济社会，这是摆在我们面前迫切需要解决但又十分艰辛的课题，许多运动项目正在为此付出不懈的努力。技巧运动由于项目的自身特点，是最有条件从计划经济时代向社会主义商品经济时代逐渐过渡的运动项目之一。由于全球信息的零距离交流，由于快节奏、强抒发、重个性、求情趣的新文体形式，诸如街舞、健美操、啦啦操等的出现，这些新形式在被技巧运动所敏感地吸收从而丰富了自身的同时，也大大缩小了技巧运动与广大青少年以及广大民众之间的距离，使技巧运动的社会性大大优于其他体育项目。显然，这为技巧运动开展各种无偿或有偿的社会表演、辅导、培训等活动创造了有利条件，因而技巧运动有条件逐步完善自我造血功能以适应社会主义的商品经济社会发展需要。

（五）传统的继承与技巧的创新

前文我们已经粗略地领略了我国悠久的古技巧历史，这无疑是一笔珍贵的文化遗产。国外近代技巧的引入虽然对我国古技巧从分散的社会活动形式提升发展至教育乃至体育竞技的形式具有积极的意义，但同时也不应忽略近代技巧的引入在某种程度上淡化了对于我国古技巧的整理与继承的工作，这是需要我们的技巧工作者适当补课的。我们感叹于我国古技巧技艺水平所达到的高度与深度，我们要继承传统文化的厚度与纯度，在这个基础上结合当今技坛的各种成果而开拓出中国当代技巧创新的广度与高度。

七、与时俱进展未来

我们不必消极观望并等待原国际技巧联合会"曲线申奥"的效果与结果，我们也不会因为未能进入"奥运争光战略"而松懈自己的拼搏。我们将紧紧抓住竞赛这个竞技运动生存发展的命脉，创造"绝招"，增强实力，弘扬传统，创新表达风格，继在前不久高雄举行的第四届世界运动会上高升国旗高奏国歌之后，将更多地在世界运动会、在国际技巧大赛中争胜夺冠，续创中国技巧的辉煌。

我们不必舍弃技巧运动的多途发展而在技巧的竞赛场上单道固守，我们也不会因顾及技巧运动的多元发展而淡化竞技争胜勇攀高峰的竞技发展命脉。我们将统筹兼顾、顺应时势，既紧紧抓牢技巧运动概念的内涵又巧妙利用技巧运动概念的外延，使技巧运动既不失为激烈角逐的竞技体育项目，同时又可能将此建构成引人入胜的边缘艺术。

我们不必感叹国内外层出不穷的文体新品种、新形式，我们也不会在眼花缭乱的新动向、新理念面前乱了方寸。不管是街舞、劲舞、霹雳舞，还是迪斯科、健美操、啦啦操，古今中外的一切只要与我相关，均将成为我们创新的肥沃土壤。

我们不必感叹非奥项目的表现舞台不如奥运项目广阔，我们也不会担心非奥项目的经费不如奥运项目宽绰。有国家体育总局的大力支持，有体操运动管理中心的直接领导，技巧项目将利用自身得天独厚的多元发展条件，在商品经济社会中自由驰骋，在自我造血中快速发展。

我们不必认为现代技巧是外来的竞技项目而淡薄对于我国传统古技巧的开掘，我们也不会跌入历史的故纸堆而固守传统。先人"洋为中用，古为今用"的教导将使我们开拓出"能上赛场夺冠，能下社会演技"，"能在国家体育发展的总战略中协同发展，又能在自我造血的体系中自如运作"，"能在国际体坛高奏国歌夺冠争胜，又能成为群众喜闻乐见且易于参与的体艺新项"这样的新型竞技体育项目。

六十个春秋，这在历史的长河中只是短暂的一瞬。而中国技巧运动六十载的发展之路，却创造出无数个奇迹。今天，中国技巧又一次面临新的形势、新的挑战和新的选择，只要中国的技巧工作者勇立潮头勇于开拓，必将迎来一个中国技巧全新发展、高速发展的新时期，必将开创出一个圆梦理想、续创辉煌的新天地。

回顾六十年中国技巧的发展之路，我们心潮澎湃，我们豪情满怀。

忆往昔——

60年风雨兼程，60年的艰辛创业路；

60年披荆斩棘，60年的曲折坎坷路；

60年团结奋斗，60年的自我完善路；

60年屡建奇功，60年的辉煌业绩路。

展未来——

机遇与挑战并存，开拓者将奋力进取；

改革与创新同行，奋斗者将忘我求索。

中国技巧运动的未来将无限美好！

中国技巧运动的未来将属于奋力拼搏、与时俱进的中国技巧人！

守望梦想　创造辉煌

——我国曲棍球运动 60 年

国家体育总局手曲棒垒运动管理中心主任　雷军

　　曲棍球是一项拥有 100 多年历史的体育运动，在欧洲风靡一时，但在中国，却曾经鲜为人知，直到 20 世纪 70 年代后期才开始引入。1975 年 10 月 11 日，国家体委派出一行 4 人的曲棍球考察组赴巴基斯坦进行了为期 3 个月的考察和学习。考察组回国后，率先在北京体育学院（现北京体育大学）和当时归属黑龙江省（现属内蒙古）的莫力达瓦达翰尔旗队组建了男子曲棍球队。1980 年内蒙古莫力达瓦旗诞生了我国第一支女子曲棍球队。从此，中国曲棍球运动开始了艰苦创业的历程。

　　截至目前，现代曲棍球在中国开展只有短短 32 年，项目人口仅有 3000 多，注册运动员人数不到 800 人，生存状况十分艰难。但是在举国体制的有力保障和国家体育总局的正确领导下，依靠全体教练员的辛勤付出和全体运动员的不懈努力，中国曲棍球运动在艰难中不断取得进步，实现一个又一个突破。2002 年，中国女曲历史性地在澳门赢得世界冠军杯赛冠军，之后，女曲姑娘们斗志昂扬，经过不懈的努力，终于在 2008 年北京奥运会上，中国女曲历史性地杀入奥运会决赛，把这个陌生项目的魅力和文化内涵淋漓尽致地展现在国人面前，而中国男曲也历史性地获得了第 11 名的成绩，翻开了中国曲棍球史的新篇章。

一、达斡尔族曲棍球的古与今

虽然，曲棍球在中国是一项年轻的竞技体育运动，但在中国古代就已有关于类似曲棍球活动的记载。唐代的步打球（比赛时分两队，队员各持下端弯曲的木棍徒步击球，以击入对方球门多者为胜）就是今天曲棍球的雏形。步打球起源于唐代盛行的马球，唐太宗就是步打球的超级球迷。随后步打球又分化为两种，其中一种类似于马球，参加者也是手持曲棍，击打小球，入门为胜，与今天的场地曲棍球十分相似；还有一种是击球入洞，一般分为团队或单人对抗比赛，场地不限，到了宋代就发展成捶丸，这便是高尔夫中国起源说的由来。到了宋代，步打球又称为步击，是当时宫廷中较为流行的项目。但到清朝，和足球、马球一样，步打球在清政府禁止人民练武的情况下逐渐中断。

宋辽之间，北方的契丹族开始广泛开展步打球运动，与现代的曲棍球更为形似。生活在嫩江两岸素以骁勇善战著称于世的达斡尔族人自古就喜爱曲棍球运动。达斡尔语中称这项运动为贝依阔，每逢年节或喜庆的日子，达斡尔族同胞都要举行贝依阔比赛，其竞赛方法与现代曲棍球十分相似。达斡尔族曲棍球使用的球棍，是用弯曲的小柞树根砍削成的，一般柄长 1 米左右。球用杏树根或毛毡做成，有软球、硬球、火球之分，大小与网球相似。原始的打法无射门之说，双方各划一界线，打过线就算胜利了。在后来的正式比赛中，需在相距 50 米远的场地两端各设营门，球击入营门才算获胜。

中华人民共和国成立后，这种曲棍球运动在达斡尔族聚居地得到进一步发展。1957 年 5 月，为庆祝内蒙古自治区成立 10 周年，莫力达瓦族（当时尚未建立达斡尔族自治旗）曾派出一支曲棍球队到呼和浩特表演，并拍下照片，成为中国现代近似曲棍球运动的第一份珍贵的历史资料。

20 世纪 70 年代中期，现代曲棍球运动在达斡尔地区开展起来，随后被列为正式竞技项目，中小学体育课程也将曲棍球运动列为教学内容。1976 年和 1980 年，莫力达瓦自治旗相继建立了专业男子曲棍球队和女子曲棍球队。近年来，多次获得全国曲棍球比赛冠军，同时也为我国国家队输送了很多优秀的男女运动员，多次代表我国到欧洲和美洲一些国家进行访问比赛。1989 年，当时的国家体委命名莫力达瓦旗为中国的曲棍球之乡。2006 年，国务院又把莫旗的曲棍球运动列入第一批非物质文化遗产名录。达斡尔族人为中国曲棍球运动的发展做出了无可替代的贡献，这种贡献甚至超越了体育的本身。

二、现代曲棍球在我国的发展阶段

（一）试行开展阶段（1975—1979 年）

1975 年第 3 届全运会之后，国家体委应邀派出 4 名教练员（侯正庆、宋邦新、尹玉峰、黄玉良）组成考察组，赴巴基斯坦进行访问和学习现代曲棍球运动。1976 年 4 月，国家体委（76）体球字 17 号文件指示，要求派出考察人员的单位试行开展曲棍球运动。考察组归国后，率先在北京体育大学和当时归属黑龙江省的莫力达瓦达斡尔自治旗组建了业余男子曲棍球队。从此，两个队就建立了每年一来一往互访交流的比赛形式，其目的是宣传曲棍球运动。双方分别在北京市的部分区体育场（工体、宣武、丰台、海淀）和海淀区部分中学（清河、石油、北航、101、122、65 中学）及北京体育大学、清华大学和莫力达瓦达斡尔自治旗及旗所属每个公社（莫力达瓦达斡尔自治旗尼尔基、尼尔基中学、阿尔拉、腾克、博荣还有加格达奇和新林）进行了表演比赛，交流技术、战术，逐步扩大曲棍球运动的影响。1976 年至 1979 年，是曲棍球队伍从无到有的艰难创业过程。这 3 年，是曲棍球发展史上最艰难困苦的 3 年，也是最令人难忘和值得永久记忆的 3 年。当时条件艰苦，没有运动场地，曲棍球教练员和运动员们就自己修棍搭门。他们骑着自行车或是坐着拖拉机到处表演，快乐地享受着这项运动。1978 年是中国曲棍球运动史上关键的一年。这一年，我国组成的第一支男子曲棍球队先后赴巴基斯坦、伊斯兰堡、卡拉奇和拉哈尔等国进行访问。并且，以莫力达瓦达斡尔旗曲棍球队为主体，成立了中国青年曲棍球队，与访华的巴基斯坦青年队在北京、上海、沈阳、哈尔滨等地进行了多场友谊赛。也就是在这一年，国家体委将曲棍球列入竞赛计划，当年秋季在齐齐哈尔举办了第一次全国曲棍球联赛。同年年底，中国男子曲棍球集训队在北京体育大学集训，备战第 8 届亚运会，队员主要来自北京体育大学队、内蒙古队和黑龙江齐齐哈尔队。从 1978 年举办全国曲棍球比赛以来，中国曲棍球运动开始稳步向前发展。1979 年中国男子曲棍球队对西班牙进行了历时一个月的访问。同年，以领队金关锁、教练宋邦新为首的中国男子曲棍球集训队第一次参加国际比赛，在新加坡获得亚洲杯预赛第 3 名的好成绩，并取得了决赛权，轰动了国内曲棍球界。中国曲棍球在国际上特别是在亚洲开始产生影响。

（二）巩固发展阶段（1980—1990 年）

中国的曲棍球运动自开始兴起以来，队伍从无到有、由小到大、由男队到女队，经过刻苦训练，组织集训会战，建立健全了各项竞赛制度，加强国际交往，运动技术水平不断提高，在亚洲和国际上逐渐产生较大影响。

20 世纪 80 年代以来，中国曲棍球不断加强与外界联系，坚持"走出去"与"请进来"并重的原则。1980 年初，巴基斯坦委派里亚兹教练来中国，对中国男子曲棍球集训队进行了历时 3 个月的训练，使中国曲棍球运动有了新的进展。1980 年 8 月 6 日，在比利时布鲁塞尔举行的国际曲棍球联合会代表大会上决定接纳中国曲棍球协会为该联合会的正式会员，同时还决定将台北的曲棍球协会更名为中国台北曲棍球协会。随后，中国曲棍球协会在江西省南昌成立。

1980 年至 1990 年，是中国曲棍球巩固发展的 10 年，曲棍球队伍不断增多，国际交流也随之增加，参加各类型的比赛，多种形式的交流和比赛既增强了队伍的竞技水平，也得到了国际上的认可。1980 年之后，黑龙江男队（哈尔滨体育学院冰球队）、江西男队、江苏男队、内蒙古呼伦贝尔队、火车头队、江西队和宁夏队等也相继成立。莫力达瓦旗成立我国第一支女子曲棍球队。1982 年上半年，中国男子曲棍球队出征第一届亚洲杯决赛获第 3 名。1983 年男子曲棍球率先列入第 5 届全运会的正式比赛项目，参加比赛的有内蒙古队（莫力达瓦达斡尔自治旗男队）、火车头队（北京体育学院）、江西队、宁夏队和黑龙江队。1987 年，女子曲棍球列入第六届全国运动会的正式比赛项目。为备战全国运动会，各省市都研究和调整项目布局，队伍有了较快的发展，男女都达 10 个队，女队最多时还曾达到 13 个队。当时在重庆广阳坝基地，每年冬训时间长达三四个月，各队争先恐后，不怕艰辛，夜以继日地训练。

随着队伍的不断扩大、各项竞赛制度的完善和国际交往的增多，我国的曲棍球运动水平不断提高，国际交流不断加强。1981 年，中国举办第一次青岛国际曲棍球邀请赛，泰国警察曲棍球队和英国天使曲棍球队来访。1982 年，中国男子曲棍球队获第 9 届亚运会第 6 名，同年，中国男子曲棍球队获得第一届曲棍球亚洲杯赛第 3 名。1983 年德国（德意志联邦共和国）曲棍球国家队访问中国，分别在北京、哈尔滨、洛阳、大同和呼和浩特进行了友谊赛。1984 年中国曲棍球协会邀请新西兰曲棍球专家沃尔特和奥斯特勒来华讲学，加强国际交流，学习先进技术。同时，中国曲棍球协会也派出教练到香港、巴基斯坦、荷兰参加各种类型的学习班。1985 年中国男子曲棍球参加亚洲杯，获得第 5 名的成绩。1989 年 3 月，全国曲棍球训练工作会议在广阳坝曲棍球基地召开。1989 年 12 月在印度新德里，中国男子曲棍球队参加第 3 届亚洲杯获得第 5 名。1990 年 6 月中国男子曲棍球队参加北京国际邀请赛，获得第 2 名。1990 年 7 月中国男子曲棍球队参加苏联布列斯特国际邀请赛获得第 2 名。1990 年在北京举行的第 11 届亚运会上，中国女子曲棍球队获第 2 名，中国男子曲棍球队获得第 5 名。1990 年 12 月中国男子曲棍球队参加澳门曲棍球邀请赛获得第 1 名。1990 年中国女子曲棍球队在第 7 届世界杯赛上获第 6 名。

从参赛的情况看，在这 10 年期间，男队稳步发展，曾获亚洲杯预赛、决赛第 3 名，队伍从 3 个队增至 6 个队；女队刚开始只有 3 个队，虽然起步晚，但是发展速度比较快，并于 1990 年在北京举行的第 11 届亚运会上，一举夺得亚军。

（三）逐步提高阶段（1991—2001 年）

20 世纪的最后 10 年，是中国曲棍球稳定发展的 10 年，曲棍球运动有了长足的发展，特别是女子曲棍球运动更有后来者居上之势。

由于基础薄弱，中国女子曲棍球队曾先后在 1992 年和 1996 年两次冲击奥运会未果。1999 年年底，中国曲棍球协会邀请前韩国队主教练金昶伯担任中国女子曲棍球队主教练。功夫不负有心人，在金昶伯的率领下，中国女曲终于闯入了 2000 年悉尼奥运会的决赛圈。在悉尼奥运会上，中国女曲曾先后击败最终获得冠、亚军的荷兰队和德国队，取得了第 5 名的好成绩。

10 年间，培训和比赛次数明显增加。1991 年 3 月在重庆举办了全国曲棍球教练员学习班。1991 年 5 月，我国男子曲棍球队参加在马来西亚吉隆坡举办的第一届亚曲联国家冠军队锦标赛获得第 4 名。1992 年 2 月在重庆举办了全国教练员工作会议。1992 年 5 月中国青年男子曲棍球队参加在马来西亚吉隆坡举办的第一届亚洲青年曲棍球锦标赛获得第 2 名。1992 年 1 月中国男子曲棍球队参加在印度举行的甘地杯赛获得第 5 名。1993 年 11 月中国男子曲棍球队参加在日本广岛举办的第四届亚洲杯赛获得第 7 名。1994 年 10 月中国男子曲棍球队参加在日本广岛举办的第 12 届亚运会获得第 8 名。1996 年 6 月中国青年男子曲棍球队参加在新加坡举办的青年杯赛获得第 7 名。1996 年 9 月中国男子曲棍球队参加在意大利举办的第 9 届男子曲棍球世界杯预赛获得第 9 名。1996 年 10 月 25—28 日在广州召开了全国曲棍球工作会议。1996 年 11—12 月在北京体育大学举办了首届曲棍球全国高级岗位培训班。

（四）提高腾飞阶段（2001 年至今）

进入新世纪以来，通过运动员的艰苦奋斗，通过教练员的积极创新，中国曲棍球界呈现出一片欣欣向荣的景象。

中国男女曲棍球队不断加强与世界的联系，积极参加各种世界性比赛：2003 年 9 月中国男子曲棍球队参加了在马来西亚科伦坡亚洲杯。2004 年 10 月中国国家青年队参加了在印度海德拉巴市举行的亚洲青年比赛；2004 年 10 月中国女子曲棍球队参加了在阿根廷罗萨里奥市举行的冠军杯比赛；2004 年 11 月国家青年女子曲棍球队参加了亚青赛；2004 年 11 月中国女子曲棍球队参加在阿根廷罗萨里奥市冠军杯比赛。另外，一些国际曲棍球赛事也开始落户中国，2006 年 4 月，三星男子曲棍球世界杯预赛也在江苏常州拉开帷幕。

中国女曲在主教练金昶伯的率领下，2002 年我国女子曲棍球队参加了在澳门举办的第 10 届世界冠军杯比赛并夺得冠军。在这一历史性突破的鼓舞下，国家女曲加强训练，提高战术，以力争在奥运会上实现奖牌突破为目标，带动了全国曲棍球运动技术水平不断提高和进步。中国女曲在 2000 年悉尼奥运会取得第五名的佳绩后，在 2002 年亚运会上击败老对手韩国队夺得冠军，并获得雅典奥运会的入场券。在雅典奥运会的赛场上，中国女子曲棍球队不畏强敌，顽强拼搏，最终取得第四名的好成绩。之后，中国女曲又获得了 2005 年第 13 届世界冠军杯第 3、4 届东亚运动会冠军；2006 年第 14 届世界冠军杯亚军、第 15 届亚运会冠军；2007 年世界冠军杯挑战赛冠军、第 15 届世界冠军杯第 4 等一系列好成绩。

如果说雅典奥运会书写了中国曲棍球的辉煌的话，那么北京奥运会翻开了中国曲棍球历史新的一页。2004 年的雅典奥运会，中国女曲其实只差 步就登上了领奖台，但是黑色 分钟最终让姑娘们饮恨。4 年后，中国女曲的姑娘守望梦想，厚积薄发，直指奥运金牌。2008 年北京奥运会，在奥林匹克公园的曲棍球场地，中国女子曲棍球队一步一个脚印朝着创造历史的目标迈进，首战 3:0 击溃西班牙，次战以同样的比分打败南非，第三场小组赛 0:1 不敌实力强大的荷兰，第四场比赛中 6:1 横扫韩国，第五场比赛 2:2 战平澳大利亚，以小组第二的身份晋级半决赛。半决赛中女曲的姑娘们在两度落后的情况下没有自乱阵脚，上演了一幕绝地反击的好戏，逆转比分击败了卫冕冠军德国队，挺进决赛，就此创造了中国曲棍球的历史。决赛中面对实力强大，并且在小组赛中击败自己的荷兰队，中国女曲表现得可圈可点，异常顽强，虽然最终以 0:2 不敌对手获得亚军，但是其顽强拼搏的精神还是获得了国人的尊重。在北京奥运会的赛场，中国女曲以不畏困难的生存精神、持之以恒的坚持精神、团结如一的团队精神、永不言败的拼搏精神诠释了"冰山雪莲精神"；以严格治队的理念、爱队如家的主人翁态度、尊长爱幼的和谐气氛、遵守纪律的自我要求诠释了"严格管理"；以坚决彻底的防守转化为快速积极的进攻诠释了"中国式打法"，这是对中国女子曲棍球队奥运会比赛成绩的肯定，更是对她们精神的褒奖。

中国男子曲棍球队在北京奥运会上的成绩虽然没有女子曲棍球队那么光彩夺目，仅在奥运会上名列第 11 名，但这同样创造了一个历史。因为，他们赢得了历史上第一个奥运会比赛的胜利，也创造了中国男子曲棍球最佳的历史战绩。

三、现代曲棍球的发展经验

（一）举国体制的优势，国家体育总局的正确领导

中国曲棍球项目能在艰难的生存环境中不断取得进步，离不开举国体制的优势，从党中央、国务院的亲切关怀和国家体育总局的正确领导，到全国各地方体育部门和相关政府以及社会各界的重视支持，到全国曲棍球界所有同仁的全力参与和辛勤付出，到国家队教练员、运动员、领队，以

及所有团队人员的艰苦努力和顽强拼搏，有了这些才有了这样的发展和成绩。在男女曲国家队备战参赛的整个过程中，无论是比赛、转训、调整，还是队员思想生活出现问题，以及医疗等保障工作，各相关省、区、市和有关方面都是积极协助，充分体现了举国体制的优越性。

中国曲棍球成绩的取得离不开国家体育总局的正确领导与亲切关怀，曲棍球发展提高每一步，都凝聚着总局领导的亲切关怀以及相关司厅局的指导。中国曲棍球协会每次向总局汇报备战工作，总局的有关领导都及时做出了针对性强、富有成效的指示和要求，对中国曲棍球的发展起到了直接的推动作用。刘鹏局长、段世杰、肖天、崔大林、蔡振华副局长等多次观看男女曲的训练比赛，每次都并亲临队伍一线，看望教练和队员，并针对队伍备战参赛工作中存在的主要问题做出重要指示，充分体现了总局领导的亲切关怀和殷切期望，不断地鼓舞激励队伍。蔡振华副局长更是不计次数下队，直接参与队伍的总结、准备以及经常性观看训练比赛，对备战参赛工作付出了大量的心血。作为领导，他直接参加中心重点项目的备战训练研讨、重大国际比赛总结等，对中心备战参赛工作直接予以领导。同时，他又经常以一个教练员和运动员的身份，深入与教练员、运动员推心置腹地交谈、沟通和交换意见，帮助指导教练员和运动员，被中国女曲姑娘们自豪地称为"中国女曲的一员"。总局备战办领导和相关司局领导，也经常深入中心和队伍一线，及时了解队伍备战的第一手情况，第一时间帮助解决队伍的实际困难。

（二）运动员拼搏奋斗，教练员通力合作

曲棍球作为一个外来项目，其文化差异、参与人口、开展时间、基础条件等诸多因素导致水平差距的客观存在，但是能在短期内取得突破性进展，离不开全体运动员和教练员的辛苦努力。从曲棍球运动在中国开展以来，中国曲棍球队始终在团结和谐的环境中坚持艰苦不懈的训练，始终以"为国争光、奥运夺牌"的崇高目标激励自己努力奋斗。队伍一直坚持开展理想信念教育活动，帮助运动员树立在为国争光的理想和目标，调动运

动员的最大潜能。坚持严格规范的制度和人性化相结合的管理方法，坚持做细致的思想工作，坚持从每堂课做起，从身边的点滴小事做起。注重从素质教育入手，从习惯养成开始，强调一个优秀的队伍，一个优秀的运动员只有具备了优秀的综合素质，才会有优秀的赛场表现。正是这些潜移默化、细致入微的思想政治教育，使队员的整体素质有了很大提升，不仅保证了平常的训练质量，更增添了在比赛中打硬仗恶仗的信心和能力。北京奥运会决赛中，中国女子曲棍球有两场关键球都是在比赛胶着、极其困难的情况下取胜的，从容的心态、拼搏的信念是曲棍球队获胜的法宝。

（三）外籍教练助力，引进先进理念

外籍教练给中国曲棍球带来先进的理念和方法，为中国曲棍球注入了新鲜的血液。中国女曲在韩籍主教练金昶伯的带领下，不断进步。2004年雅典奥运会第4名；2006年多哈亚运会冠军；2008年北京奥运会银牌，实现历史性突破。男曲在韩籍主教练金相烈的率领下，成绩也有所进步。2006年多哈亚运会第2名；2008年北京奥运会第11名。与此同时，相关省区市曲棍球队伍也陆续聘请了一些外籍教练。外教的引进，带来了曲棍球先进的训练理念、训练方法和训练手段，对培养中国曲棍球教练员、运动员以及提高曲棍球技战术水平发挥了重要作用。同时，外教身上所具有的让人敬佩学习的敬业精神和较高的执教水平以及严格管理、严格要求、注重文明礼仪的治队理念，都成为中国曲棍球学习、传承、发展的一笔宝贵财富。协会加强与外教合作，不断进行认真总结和深入探索，按照"充分信任、全力支持、积极沟通、策略引导，弥补不足、有效控制"的基本原则，使外教既能从内心感受到协会的信任和支持，又切身体会到协会的帮助，从而与外教建立了良好的合作关系，创造了一些经验，也保证了队伍成绩的稳步上升和突破。曲棍球外教还得到中国政府和中国奥委会的嘉奖。2003年，女曲主教练金昶伯被国务院外国专家局授予友谊奖；2008年，又因中国女曲的突破，被中国奥委会授予特别贡献奖。

（四）曲棍球界团结奋斗，地方全力支持

中国曲棍球30多年来的发展进步，也得益于全国曲棍球界的团结统一和敬业奉献。从曲棍球引入我国开始，一代又一代曲棍球人凭借着对曲棍球无限的热爱和执著追求，始终传承着一种团结和谐、爱岗敬业、不甘落后、默默奉献的团队氛围和精神，支撑着中国曲棍球的生存，成为中国曲棍球发展的内在动力。北京奥运会备战周期，全国曲棍球界把实现奥运会突破作为己任，思想高度统一，行动高度一致，无论国家队还是地方队或者训练基地，只要奥运会备战需要，都能全力以赴，全身心投入。奥体中心曲棍球场打破常规，及时满足国家队所需训练辅助器材，有些订购不到，还设法制作。各省区市相关管理中心的领导同志也积极参与融入国家队备战参赛工作中。各地方队教练员不分你我，从选派队员、主动做运动员工作、观摩国家队训练比赛、建言献策等诸多方面，积极帮助国家队，充分展示、体现了全国曲棍球界团结协作、全力支持、期待突破的良好内部环境。

（五）培养后备人才，积蓄人才动力

曲棍球项目引进我国时间不是很长，关注和参与人口不多。为此，中国曲棍球项目按照"4—8—12"奥运周期阶段目标，制订了长期的发展规划，积极发展后备人才，为推广曲棍球运动积蓄力量。在认真总结自2003年开始的全国青少年"6人制"曲棍球锦标赛经验的基础上，从2007年开始，为探索后备人才培养新机制，在全国开展创建曲棍球奥林匹克后备人才基地活动，得到各地的热烈响应和积极参与。2007年8月，在北京举行了首批全国10个省、市、自治区的15家后备人才基地挂牌仪式，并于2008年初举办了第一次全国后备人才基地冬令营活动，集中了全国200名后备人才进行了训练交流活动，选拔组建了首个国家女子少年队，进行了短期集训，并组织他们观摩了北京奥运会曲棍球的全程比赛，取得了良好的效果。2008年年底专门组织专家对首批15个后备人才基地

进行首轮评估，结果证明，这些基地建设发展基本是健康有序的。今年年初，举办了第二届后备人才基地冬令营活动，参加人数已经达到 500 多人。这些举措有力地推动和带动了全国后备人才培养工作。截至目前，第二批国家曲棍球奥林匹克后备人才基地申报评估工作已经结束，将有 17 个单位获得命名，使全国曲棍球后备人才基地总数达到 32 个，在训人数 2000 人左右，辐射选才人数超过 5000 人。在总局竞体司的统一要求指导下，首部曲棍球青少年训练大纲编写工作已经完成，即将印发全国各后备人才基地。这不仅弥补了曲棍球青少年训练缺乏教材的空白，也必将会对提高青少年曲棍球训练质量和效果起到积极的推动作用。

（六）积极筹备赛事，借鉴先进经验

中国曲棍球在积极走出去的同时，逐步开始在学习借鉴国际曲棍球赛事经验的基础上，积极完善国内曲棍球各项比赛的组织竞赛工作。围绕着规范办赛，与国际接轨的要求，对全运会以及全国锦标赛、全国冠军杯赛、全国青年锦标赛和全国少年锦标赛等各项赛事，进行不断的规范和标准化完善工作。从正确理解执行规则、不断完善规程、规范曲棍球竞赛组织、加强运动员资格审查、强化赛场管理、健全赛前赛中各种会议制度、拟定突发事件预案等着手，初步总结提出了《曲棍球竞赛工作规范》，规范为竞赛工作，保证了竞赛工作的顺利进行。围绕着遵循项目规律、突出训练实战的要求，提高训练水平，克服困难，从 2007 年起，尝试增加了全国女子曲棍球南北联赛和男子曲棍球挑战赛，使男女一线队伍的比赛场次增加了近一倍。同时，注意发挥协会、命名基地场地等资源优势，积极倡导鼓励省区市之间利用冬训、夏训等各种机会，尽量开展队伍间的比赛交流活动，初步形成了练赛结合的良好局面，受到各省区市曲棍球队伍的欢迎和好评。同时，协会还努力加强与国际曲联和亚曲联的联系合作，积极承担举办国际性曲棍球赛事。2006 年在江苏常州武进举办的男子曲棍球世界杯预选赛，取得了非常明显的效果，受到国际曲联和各参赛国家的一致认可和赞扬。2008 年，协助北京奥组委和国际曲联全力参与北京奥

运会曲棍球的竞赛组织工作并取得巨大成功。

从国家到地方，从体育总局到运动队，从本土教练到外籍教练，从一线运动员的培养到后备力量的积蓄，从参与国际赛事到完善国内机制，所有部门、所有单位、所有人都为中国曲棍球事业的发展倾注了无限的热情和信心。目前，中国女曲世界排名已经从北京奥运会前的第6位上升到第4位的位置，中国男曲从2003年世界排名20位以外上升到目前的第16位。但是，所有的辉煌都已成为过去，所有的成绩都会成为历史，面对全新的挑战，面对全新的未来，中国曲棍球队将迎难而上，再创辉煌，为实现从体育大国向体育强国迈进的目标而不懈努力！

新中国篮球运动发展历程

国家体育总局篮球运动管理中心主任 信兰成

1891 年，美国体育教师詹姆斯·奈·史密斯博士发明了篮球，从此世界体育史上增加了一项深受民众喜爱的体育运动。1895 年，美国人来会里博士将篮球运动传入中国天津市基督教青年会，100 多年来，篮球运动在中国逐渐生根、发芽、开花、结果。

中华人民共和国成立后，篮球运动在中国大地上得到了快速发展。随着国力的增强，中国在世界上的地位进一步提高，中国篮球水平也有了极大的提升，国家男、女篮球队在世界及亚洲的大型比赛中屡创佳绩，并推动了国内各级比赛的发展，更好地为国家队提供了充裕的人员储备，保障了中国篮球在世界大赛上有了更好更稳定的表现。

国家队的良好表现和国内各级赛的健康发展，促进了群众性篮球运动的普及和提高。现在全国篮球人口数多达 3 亿，如火如荼的群众性篮球运动，为全民健身和构建和谐社会做出了积极贡献。

新中国成立初期至 1966 年，篮球运动迅速普及和发展，从初期的被苏联队横扫，到 50 年代末已可和匈牙利等欧洲强队互有胜负。1978 年开始的改革开放，使篮球运动重新焕发了活力，回归国际篮联的中国篮球快速发展和提高。在世界大赛（奥运会、世锦赛）上，女篮分别获得两次亚军和两次季军；男篮则从 1994 年开始 4 次打入前 8 名，现 FIBA 排名第 10 位。在亚洲大赛（亚运会、亚锦赛）上，男篮 17 次参加亚锦赛，14 次获得冠军，9 次参加亚运会，6 次夺得冠军；女篮 17 次参加亚锦赛，9 次获得冠军，9 次参加亚运会，4 次夺得冠军。1994 年开始的社会主义市场经济下的职业化探索，更让中国篮球走上了具有中国特色的发展之路，注册俱乐部至今已有 50 多家。经过全国篮球人的努力，篮球运动现在已成为中国体育职业化改革的领先项目之一，在世界的影响力极度提升，为中国体育事业的发展和壮大做出了贡献。

新中国建立 60 年来，经过几代篮球人的继承、发扬、借鉴、创造，以及艰苦奋斗、顽强拼搏，中国篮球运动终于结出了丰硕的成果。新中国篮球运动的发展大致可以分为三个阶段：第一阶段，1949—1966 年，篮球运动的普及和发展阶段；第二阶段，1972—1994 年，"文革"后期至职业化改革之前的复苏、提高阶段；第三阶段，1995—2009 年，社会主义市场经济下的职业化改革探索阶段。

一、新中国篮球运动的普及和发展阶段

中华人民共和国成立后，随着国民经济的全面恢复和发展，体育成为社会主义建设的一个重要组成部分。在这个阶段特定的社会环境下，我国的体育事业在不断探索、调整、巩固、充实中发展和提高，深受广大人民群众喜爱的篮球运动得到了很好的普及和发展。中央、地方及军队的专业篮球队纷纷成立，不仅进行了国内比赛，而且开始登上了国际篮坛，通过与友好国家的交往和比赛，展现了中国篮球的风貌，增进了与其他国家人民和运动员的友谊。篮球运动管理机构也逐步建立和完善起来，为中国篮球运动的发展提供了体制上的保障。

（一）竞技篮球

1. 新中国篮球登上国际篮坛

党对体育的关心和重视在建国前就已经体现了，1949 年 8 月中下旬，在北京和天津两地选拔大学生运动员组团，参加了在匈牙利布达佩斯举行的第 10 届世界大学生夏季运动会。在 9 个国家参加的男篮比赛中，中国队获得了第 6 名。参加这次运动会，增进了中国人民和世界人民的了解，也为新中国以后的体育交流和其他交往奠定了基础。

新中国成立之后，1950 年 8 月由从京、津、沪三地选拔运动员组成的中国大学生男子篮球队，参加了在捷克斯洛伐克布拉格举行的世界大学生第 2 次代表大会体育比赛的篮球赛，获得第 4 名。第一支高举着中华人民共和国五星红旗的篮球队登上了国际赛场。

随后的几年里，中国篮球队频频在国际篮坛亮相，进行出访活动以及参加国际比赛。

1951 年 8 月，中国再次派出男子篮球队，参加在德国柏林举行的第 11 届世界大学生夏季运动会篮球比赛。经过预赛和决赛两个阶段的比赛，中国队最终排名第 6。

在参加这一系列的国际性比赛之余，中国篮球队还积极地前往友好国家进行访问比赛，以此来增加和友好国家人民的友谊和团结。1950 年 8 月底 9 月初，参加世界大学生代表大会的大学生队在捷克斯洛伐克访问了 5 个城市，打了 5 场比赛，取得 4 胜 1 负的战绩；1950 年 8 月下旬至 9 月中旬，派队前往罗马尼亚进行访问比赛，除了负于罗马尼亚国家队一场之外，其他两场比赛都获得了胜利。

1952 年 8 月，是新中国体育史上一个重要的时间段。以荣高棠为团长，黄中、吴学谦为副团长的中国体育代表团，参加在芬兰赫尔辛基举行的第 15 届奥林匹克运动会。中国篮球队领队康力，教练员牟作云，队员李汉亭、程世春、周宝恩、卢鼎厚、白金申、陈文彬、张光烈、张长禄、王元祺、田福海。这是新中国篮球的第一支奥运代表队。由于政治及其他种种原因，中国队未能在奥运会赛场上亮相，只在芬兰进行了两场友谊赛，随后参加了在罗马尼亚举行的世界大学生联盟大会运动会的篮球赛，获得第 3 名。

中国篮球虽然亮相奥运会受阻，但随后几年里仍然参加了国际青年友谊运动会、世界大学生夏季运动会、新兴力量运动会等大型国际比赛。中国女篮在 1954 年的世界大学生运动会上登上了国际赛场，和男篮一起双双取得了第 5 名的好成绩，并在 1963 年的新兴力量运动会上双双获得了冠军。除国字号球队之外，中国其他级别的篮球队也积极参加各项国际比赛，其中中国前卫队 1960 年获得第 1 届社会主义公安体育男篮比赛冠军，八一男篮夺得友军运动会篮球赛冠军。

中国篮球在此阶段，还多次迎来友好国家篮球队的访问。苏联、波兰、匈牙利、南斯拉夫、捷克斯洛伐克、保加利亚等欧洲国家的男、女篮及青年队先后来中国访问比赛。中国国家队和地方队从早几年的常常每场输很多分，到后来的互有胜负，十分明显地表明了中国篮球的进步和提高，到 20 世纪 50 年代末，已经达到了欧洲较强国家篮球队的运动水平。

新中国篮球队登上国际赛场，并取得显著进步，这与党和国家领导人的重视和关心是分不开的，尤其是贺龙同志，对中国篮球运动的发展倾注了大量心血。1959 年建国 10 周年，党中央还专门安排了一系列国际篮球邀请赛，作为 10 年大庆的主要活动之一，增进了中国同世界各国人民和运动员之间的了解和友谊，交流了技艺。

2. 国内篮球竞赛全面展开

运动竞赛是科学管理篮球运动的主要内容，是促进运动技术水平提高的重要手段。组建优秀篮球队伍，是贯彻我国现代体育在"普及基础上提高，在提高指导下普及"方针的主要措施之一。由于新中国的体育给予篮球运动新的活力，加上苏联篮球队积极、快速和顽强的比赛作风的启迪，国内一些球队顺应了这种大好形势，迅速提高了运动员的身体素质、技术水平和比赛能力。

新中国第 1 次全国性的比赛是 1951 年 5 月在北京举行的全国篮、排球比赛大会。参加篮球比赛的有 6 大行政区以及解放军和全国铁路共 8 个单位的男、女篮球队参赛。男子前 3 名是华东、华北和解放军，女子前 3 名是华东、解放军和中南。这次比赛检阅了我国篮球运动水平和各队的比赛作风，对推动我国篮球运动的普及和提高起到了促进作用。

1953 年 5 月，篮、排、网、羽四项球类运动会在天津举行，解放军男、女队分获男、女篮比赛的冠军。解放军男队以勇猛、顽强、快速的攻防，在比赛中占据了绝对优势，8 场比赛场均净胜 67 分。八一队已开始展现出特别能战斗的铁军风范。

1955 年 10 月 25 日—11 月 10 日，新中国第一届全国篮球联赛在北京举行。14 支男队和 9 支女队参加比赛。通过这次比赛，选拔了优秀运动员组成了国家混合队，为参加第 16 届奥运会做准备。

1957 年的全国篮球联赛改为甲、乙、丙三级升降级的联赛制度，甲级联赛有 12 支球队参加。这次联赛在进攻和防守方面都有了显著提高，尤其是防守技术的提高，使我国篮球运动技术和战术进入了一个新的发展阶段。

1958 年全国联赛各队都在培养和运用高大的中锋队员方面下了功夫。这届联赛参赛队非常多，甲级队，男女各 12 队；乙级队，男 12 队、女 11 队；丙级队：男 102 队、女 90 队，体现了我国篮球运动较为雄厚的后备基础。

1959 年第 1 届全国运动会和 1965 年第 2 届全国运动会，各个级别的球队都可以参加这个全国最高级别赛事的预赛。结果就有身居丙级联赛的球队打进了决赛阶段，也表明当时各级别篮球队的水平之接近，竞争之激烈，赛果之不可预测。全运会聚集了全国各级篮球队的精英，通过比赛，四川队和北京队分获第 1 届全运会男、女篮比赛冠军；北京队和解放军队分获第 2 届全运会男、女篮比赛冠军。

这个时期的中国篮球界斗志昂扬，勤学苦练，表现出了艰苦奋斗、奋发图强的精神，同时还体现了团队合作，共同进步的特点，目的就是为了把我国的篮球运动尽快地提高到新的层面，更快地追赶世界领先水平。

（二）中国篮协成立

1952 年 5 月 7 日，国际篮联致函中华全国体育总会，承诺中华全国体育总会为代表中国篮球界的组织，承认其会员资格。

1956 年 6 月，新中国的篮球协会正式在北京成立，10 月正式对外公布并开始行使职权。领导机构设主席、副主席、秘书和委员，下设技术研究委员会和裁判委员会。董守义任主席，韩复东、王克、牟作云为副主席。

中国篮协自成立之日起，便致力于加强同国际篮联、亚洲篮联的联系和友好合作。但由于当时国际奥委会坚持"两个中国"的错误立场，中华全国体育总会于 1958 年 8 月发表了同国际奥委会断绝关系的声明。中国篮球协会同时正式宣布退出国际篮坛。

中国篮协致力于国内联赛和国家队的组织和建设，在训练竞赛、理论研究、队伍建设等多方面发挥着指导性的作用。举行多级别升降级的联赛，增加了比赛的机会，对调动各方面的积极性起到了良好的作用。1957年，中国篮协在广州举行篮球训练工作会议，确立了"积极、主动、快速、灵活、准确"的指导思想，这对随后几年的中国篮球快速提高，起到了十分重要的作用。

在 1956—1965 年期间，中国篮协共召开了 9 次篮球教练员座谈会和训练工作会议，通过制定符合中国国情的方针政策，有效地促进篮球运动的训练、比赛，加强对篮球队伍、运动员、教练员的管理。

（三）群众篮球运动掀起高潮

新中国成立初期，篮球运动由于拥有较好的群众基础，而且对场地设施的要求不高，尤其受到广大人民群众的喜爱，不仅各级学校积极开展篮球活动，而且很多厂矿、企业、机关、部队和生活条件较好的农村也都建起了篮球场，组织业余篮球队，展开各种篮球竞赛活动。

1952 年，毛泽东主席题词"发展体育运动，增强人民体质"，有力地推动了群众性篮球运动的普及、发展。中央和地方各级专业篮球队成立后，经常下基层表演及指导群众性篮球运动，进一步提高了人们参加篮球运动的兴趣。据统计，截至 1956 年，全国兴建了篮球场 1.6 万多个，篮球架几乎是无处不在，甚至在海拔 5000 多米的高山上都有矿工竖立的篮球架。厂矿、企业、农村、学校、军队纷纷成立业余篮球队，有组织的地方性业余比赛也越来越多，直至 1955 年举行了第 1 届全国工人体育运动大会篮球赛。伴随着行业体协的逐步成立，行业体协举办的篮球赛也越来越多。

由于这个阶段我国还没有形成从少体校到国家队的训练网络，专业篮球队员基本是从基层选拔，其中就有国家男篮优秀中锋原来就是一名码头工人的实例。这表明，在这个阶段群众性篮球运动的普及对竞技篮球运动水平的提高起到了比较明显的基础性作用。

在 60 年代，我国初步建成了以业余体校、运动技术学校或重点业余体校、优秀运动队为基础的三级训练网络，群众性篮球运动对竞技篮球的基础作用有所改变，但是人们对篮球运动的热爱丝毫未减。这时期的场馆建设已开始向标准化、规范化方向发展，1962 年以后开始出现水泥球场、灯光球场。1965 年，群众性篮球运动在全国范围内达到高潮，篮球场地数量达到新高，在一些地方甚至达到了村村有篮球场的水平，出现一大批群众自己命名的篮球城、篮球县和篮球之乡。

二、新中国篮球运动的复苏、提高阶段

1972 年在北京举行的全国五项球类运动会，周恩来等党和国家领导人出席了闭幕式，给中国篮坛以极大的鼓舞，这也标志着因"文革"而处于停滞状态的中国篮球运动开始复苏，篮球训练、竞赛和国际交往活动开始恢复。

1976 年"文革"结束之后，特别是在党的十一届三中全会以来，中国篮球运动得到进一步恢复和发展。中国篮协在亚洲篮联和国际篮联中合法地位的恢复，使间断多年的中国篮球重返国际竞赛舞台，为中国现代篮球运动冲出亚洲、走向世界奠定了坚实的基础。

中国篮球借助党和国家改革开放的东风，向世界展示了篮球大国的强者风范，在亚洲大赛上屡屡登上领奖台，并在世界大赛的颁奖仪式上升起了鲜艳的五星红旗。

（一）竞技篮球

1. 中国篮球运动走向世界

中国篮球从参加 1974 年伊朗德黑兰亚运会开始重返国际大赛，当时男、女队都获得了第 3 名。这个成绩虽然不算理想，但是，第一次参加亚洲最高级别的综合性运动会就登上了领奖台，这表明中国篮球在亚洲已处于先进行列，有着很大的发展前景。

1975 年中国篮球恢复了在亚洲篮联的合法席位。随即男篮就在 1975 年泰国亚锦赛上 9 战全胜获得冠军，实现了赶超韩国、日本、菲律宾等亚洲强队的目标。女篮也在 1976 年香港亚锦赛上 6 战全胜摘得桂冠。第一次参加亚锦赛的中国男、女篮双双夺冠，表明中国篮球在亚洲篮坛已处在领先的位置。

1983 年，第一次参加世界大赛的中国女篮就取得了历史性突破。在巴西圣保罗举行的第九届世界女篮锦标赛上，杨伯镛担任主教练的中国女篮经过顽强拼搏、艰苦奋战，战胜了加拿大等强队进入半决赛，与美国队争夺决赛权。与美国队之战经过加时赛方分出胜负，中国女篮惜败，无缘决赛，最终排在苏联和美国队之后，获得季军。世锦赛第 3 名，是中国篮球运动向世界最高水平挺进中迈出的重要一步，也是中国篮球运动历史上第 次站上世锦赛的领奖台。1984 年在美国洛杉矶举行的第 23 届奥运会上，杨伯镛教练率领中国女篮再次取得第 3 名，这是中国篮球重返国际奥林匹克大家庭后第一次获得奖牌，向世人证明了中国篮球已经进入世界先进行列。中国女篮队员是：宋晓波、修丽娟、陈月芳、郑海霞、邱晨、李晓勤、张惠、丛学娣、张月琴、巴燕、王军和柳青。共青团中央授予中国女篮"全国新长征突击手"称号，全国妇联授予中国女篮全体队员"三八"红旗手称号；中国人民解放军总政治部授予 12 名队员三等军功奖章，国家体委授予 12 名队员"体育运动一级奖章"。

1992 年巴塞罗那奥运会，李亚光担任主教练的中国女篮又一次给国人带来了惊喜，她们在半决赛中战胜了古巴队，第一次闯进冠亚军决赛，最终十分遗憾地输给了独联体队而获亚军。这是中国篮球也是亚洲篮球在奥运会比赛中取得的最佳成绩。1994 年世锦赛，陈道宏担任主教练的中国女篮再获亚军，又一次改写了中国篮球的历史。

中国女篮在世界大赛上成双成对（1983 和 1984 年，1992 和 1994 年）取得好成绩，这绝不是偶然的，是中国篮球人明确目标，及时制定正确的战略、战术方针的结果。第一次是 1981 年在杭州召开的中国篮球训练工作会议之后，当时确立了"女篮先上，男篮跟上"的战略方针。经过两年的努力奋斗，中国女篮率先冲出亚洲走向了世界，为中国篮球，也为亚洲篮球争光添彩。第二次是在 1988 年中国体育军团"兵败"汉城奥运会，以及世锦赛女篮掉落至第 9 名之后，中国篮球进一步加强了思想作风建设，强调严格训练、顽强拼搏的作风，经过几年的卧薪尝胆，再次塑造了辉煌，重新进入世界篮坛的前列。

这阶段的中国男篮在亚洲一直属于王者之师，曾在 1975—1983 年连续 5 届获得亚锦赛冠军，被赞誉为"五冠王"。虽然在 1986 年亚锦赛上仅获得第 3 名，但是在同年于西班牙举行的有 24 支球队参加的第 10 届世锦赛上，钱澄海担任主教练的中国男篮获得了第 9 名，比在洛杉矶奥运会上所获得的第 10 名进了一步，距离前 8 名的强队标志线仅一步之遥，是中国男篮自 1978 年参加世锦赛以来的最佳名次，这是中国男篮在世界大赛上的一次历史性突破。有媒体将中国男篮称颂为"世界篮坛的东方曙光"。中国男篮队员是：宫鲁鸣、黄云龙、沙国利、王非、宋涛、李亚光、孙凤武、王立彬、张勇军、徐晓良、李峰、张斌。

1994 年，真正的突破终于到来了。第 12 届世界男篮锦标赛在加拿大举行，由蒋兴权担任主教练的中国男篮以亚洲冠军的身份参加了比赛。中国男篮在小组赛中连克巴西和西班牙这两支美欧强队，昂首挺进 8 强，在国际篮坛引起轰动，受到世人瞩目。参加这届比赛的中国男篮队员是：吴庆龙、吴乃群、孙军、单涛、阿的江、胡卫东、刘玉栋、巩晓彬、刘大庆、纪敏尚、张劲松、郑武。

强队的标志线就好像一扇厚厚的大门，当你用尽力气推开它，进入到其遮挡住的神秘殿堂之后，下次再到这扇门前时，你就会用积攒得更多的力气来推开它走进去。中国男篮就是这样，在之后的世界大赛中多次闯进 8 强，走进了这个殿堂。

2. 国内篮球竞赛蓬勃开展

党和国家领导人十分关心体育事业，周恩来总理在 1971 年明确肯定新中国前 17 年的体育工作的成绩是主要的，并在 1972 年 4 月 9 日视察广东省体工队时明确指示："要狠抓训练，要严格训练，不训练成绩怎么能上得去呢！"

中国篮球界认真贯彻周总理指示，训练工作重新开始强调"三从一大"的训练原则，竞赛工作也规定了国内比赛为联赛、青年赛和邀请赛。

1972 年 6 月举行的全国五项球类运动会，标志着中国篮球运动在几年停滞后正式开始复苏。

1973 年恢复了全国篮球联赛，比赛制度逐年得到完善。1978 年恢复了等级比赛制度。1980 年将三级等级联赛制度改为甲、乙两级联赛，并开始办起全国篮球锦标赛，这是由于篮球发展的形势和竞赛改革的需要，克服各年龄段比赛衔接不够，增加比赛强度，让更多的球队和运动员参加全国比赛，提高我国篮球竞技水平而做出的改革性的变动。1982 年，国家体委决定将全国甲、乙级联赛改为全国篮球联赛，分两段进行，实行名次大排行。1983 年，全国篮球联赛取消甲、乙级升降级比赛制度，采取每年分区、分段比赛，名次实行大排行。1986 年，全国篮球联赛改为全国甲级队篮球联赛。

从 1980 年开始，每年的全国篮球竞赛有联赛、锦标赛、青年联赛和集训赛等。诸多的改革措施，对中国篮球运动实现历史性的突破，具有深远的意义，也对 1995 年开始的职业化改革具有一定的借鉴作用。

在这个阶段，还进行了第 3 至第 7 共五届全国运动会的篮球比赛。

1975 年第 3 届全运会篮球比赛分为成年组和少年组的比赛，其中少年组的预赛规定身体素质和基本技术测验与比赛同时记分，这为运动队的选材和后备力量建设提供了一定的依据。解放军队和北京队分别获得成年组男、女篮比赛冠军；广东队则包揽了少年组男、女篮比赛的金牌。这是全运会唯一一次按年龄分组别进行的篮球比赛。

1979 年第 4 届全运会参赛各队已能够根据自身的条件形成自己的特点和打法。解放军队和北京队分获男、女篮比赛的冠军。

1983 年第 5 届全运会在上海举行，这是全运会第一次没在北京举行。北京队和解放军队分获男、女篮比赛金牌。

1987 年第 6 届全运会在广州举行。解放军队包揽了男、女篮比赛的冠军。

1993 年第 7 届全运会又回到了北京。解放军队再次包揽了男、女篮比赛的金牌。这个结果表明，集中了全军优秀运动员的军旅篮球已完全占领了国内比赛的最高峰，他们成为中国篮球快速发展和提高的坚实基石。

（二）中国篮协恢复国际篮联和亚洲篮联合法席位

1974 年 7 月 10 日，国际篮联中央局会议通过了重新接纳中国篮球协会为会员、取消台湾会员资格的议案。1975 年 8 月，亚洲篮联执委会同意按照国际篮联的模式接纳中国篮协为亚洲篮联会员。同年 11 月亚洲篮球联合会第八届代表大会一致通过确认中华人民共和国在亚篮联的合法席位的决议。1976 年 8 月蒙特利尔奥运会期间，国际篮联第 10 届代表大会批准了中央局关于恢复中国篮协合法席位的决议，并承认中华人民共和国篮球协会是领导整个中国领土（包括台湾在内）篮球运动的唯一的全国性组织。

新中国篮球队伍重返国际竞赛舞台，是中国人民多年的愿望。经过中国篮协与国际篮球组织长达 15 年的相持，中国篮协在亚洲和世界篮坛的合法席位问题，几经周折，终于得以解决。从此，中国篮球全面而正式地走向了世界。

1979 年 8 月，中国篮协在北京召开工作会议，重点研究中国篮球协会章程。章程有关组织机构如此规定：篮协的最高权力机构为会员代表大会，每四年召开一次。会员代表大会选举产生下届委员会。协会下设男子教练委员会、女子教练委员会、青年教练委员会、科研委员会、竞赛裁判委员会。章程经中华全国体育总会常务委员会批准，于 1980 年 6 月 2 日以"体球字 107 号"文件正式下达。

组织健全后的中国篮协，根据国际篮球发展趋势，按照中国篮球运动规律制定了具有战略性的方针政策，对此后中国篮球运动的发展和提高起到了决定性的作用，并在亚洲和世界大赛上取得了出色的成绩。1981 年在杭州的篮球训练工作会议和 1985 年在沈阳的篮球训练工作会议，就是最实际的体现。

1994 年 3 月，中国篮协推出重大改革措施，对优秀篮球队和俱乐部实行注册、参赛和转会的暂行规定，并首次正式向外籍球员敞开大门。

1994 年 12 月在北京的篮球训练工作会议上，中国篮协公布了 1995 年全国男篮甲级联赛竞赛规程，决定 8 支甲级男篮球队实行主客场制比赛。中国篮协以赛制改革为突破口谋求新的发展，在职业化道路上迈出了第一步。

（三）群众篮球有组织地大规模开展

1972—1973 年初，各地体委系统组织机构逐渐恢复，开始行使管理职能，不少地方根据具体情况恢复、健全了体育总会、分会及篮球协会，不少地、市、县组织了较大规模的篮球比赛。

1978 年全国体育工作会议之后，新中国体育事业全面走向正轨，各类群众性体育活动全面展开，尤其篮球运动得到了广泛开展，人民群众被压抑多年的篮球情结终于爆发出来。这一时期我国经济取得飞速发展，人民群众的体育需求随着生活水平的极大提高而日益增长。国家和社会加强了场馆设施的建设，80 年代初，在全国新建的两万多个体育场地中，灯光篮球场就多达 1.6 万多块。到了 1995 年，全国总共有篮球场 42 万多块，篮球馆 1100 多座，为群众性篮球运动的开展提供了保障。这个阶段的农村篮球比赛逐渐向正规化、制度化方向发展。大到全国农民"丰收杯"篮球赛、农运会篮球赛、省市级农民篮球赛，小到乡镇、村级篮球赛，这些比赛都已形成制度，定期举行。此外还有富裕的农民自办的篮球赛。

城镇的职工篮球运动的形式主要是各种规模的比赛。一些行业系统每年都举办全国性比赛。20 世纪 80 年代末开始举办的大企业篮球赛，在社会上产生了很大的影响。各类职工篮球比赛成为这个时期群众体育的一大特色。

学校篮球一直是群众性篮球运动的一支生力军，建国初期就得到普及和发展。到了这个时期，随着国家队在亚洲及世界大赛上成绩越来越好，学校篮球愈加蓬勃地开展起来，不仅体育课上打篮球，而且各级别的学校篮球比赛也越来越多，许多地方还建立起了地区性的中小学生篮球比赛制度。

大学篮球在建国初期就对中国篮球运动做出了突出的贡献，建国前后的多次出访都是由大学生球员组队的。1985 年大学生篮球联合会成立，尤其是 1990 年大学生篮球协会成立，对高校篮球有了更加规范化的管理和协调，标志着我国高校篮球运动进入了一个新的发展阶段。

三、社会主义市场经济形势下
职业化改革探索阶段

1992 年，邓小平同志视察深圳、珠海、上海等地，发表了重要讲话。

同年，中国共产党第十四次全国代表大会召开，明确提出我国经济体制改革的目标是"建立和完善社会主义市场经济体制"。同年11月中旬，国家体委在广东中山召开了以"学习邓小平南方谈话和中国共产党十四大报告、探讨体育改革"为主题的全国体委主任座谈会。会议要求，这次体育改革不是对原有的体育体制和运行机制进行细枝末节的修改，而是要使它符合市场经济的要求和现代体育发展规律，是对原有体育体制进行根本性的变革，是社会主义体育的自我完善。在这次会议精神的指导下，中国篮球随后开始了轰轰烈烈的改革，在社会主义市场经济的新形势下，积极探索中国特色的篮球发展之路。

在这个阶段，中国篮球在继续向世界高峰攀登的同时，以全国男篮甲级联赛作为突破口，对国内联赛积极进行竞赛体制和机制改革，将全国男篮甲级联赛改成主客场制，作为中国篮球走向市场的第一步。十多年来已经取得了丰硕的成果，并且已经成为中国体育界最具影响力的赛事之一。

中国篮球一直受到党和国家领导人的关注和赞赏。2000年6月，中共中央总书记、国家主席、中央军委主席江泽民以中央军事委员会的名义授予八一男篮"团结拼搏的体坛劲旅"称号，成为八一男篮，乃至中国篮球莫大的荣誉。2008年北京奥运会备战期间，中共中央总书记胡锦涛专门去训练馆看望中国轮椅篮球队；8月3日，中共中央政治局常委、国务院总理温家宝前往五棵松篮球馆，看望正在积极备战奥运会的中国男篮全体人员。期间，温总理和队员们亲切交谈，还饶有兴趣地表演了运球、上篮等动作。姚明代表中国男篮向温总理赠送了签有全体队员名字的篮球。北京奥运会期间，吴邦国、习近平、郭伯雄、刘延东等党和国家的领导人又亲临五棵松篮球馆，观看了中国男篮的比赛。国家领导人特别关注中国篮球，这是中国篮球人的巨大荣誉。

（一）竞技篮球

1. 中国篮球勇攀世界高峰

1995年之后，中国男篮3次获得奥运会第8名成为中国篮球人及全国球迷的骄傲。

1996 年第 26 届奥运会在美国亚特兰大举行。中国男篮主教练是宫鲁鸣，队员是胡卫东、吴庆龙、刘玉栋、单涛、巩晓彬、巴特尔、李晓勇、吴乃群、王治郅、李楠、郑武和孙军。小组赛中，中国男篮首战以 70∶67 战胜安哥拉队，赢得开门红；最后一战，中国男篮遭遇南美劲旅阿根廷队，要想小组出线、闯入前八，必须拿下对手。由于我们准备充分，把对手研究得比较透彻，技、战术打法很有针对性，加之对方在之前的比赛中损兵折将，最终中国男篮以 87∶77 力克对手，昂首挺进前 8 名。这是中国男篮在奥运会历史上首次进入八强。

2004 年雅典奥运会，NBA 名帅、美国人德尔·哈里斯成为中国男篮的主教练，这是中国男篮历史上第一位外籍主教练。姚明在美国 NBA 打了两个赛季之后强势归来，易建联、莫科、杜锋、李楠、张劲松、朱芳雨等新兵老将状态也不错。中国男篮在小组赛中相继负于西班牙、阿根廷和意大利队，战胜新西兰队后，保留了进入前 8 的最后一线希望——小组赛最后一战必须击败前世界冠军塞黑队。中国男篮众志成城顽强拼搏，最终以 67∶66 险胜对手，再次挺进世界 8 强。这是中国男篮历史上第二次进入奥运会前 8 名，而且是在战胜了前世界冠军塞黑队之后取得的，其含金量颇高。

2008 年北京奥运会，主场作战的中国男篮的任务十分明确——进入前 8 名。中国男篮的主教练是立陶宛人尤纳斯，队员有姚明、王治郅、易建联、杜锋、李楠、朱芳雨、王仕鹏、王磊、孙悦、刘炜、陈江华和张庆鹏。小组赛从实力上分析，中国男篮和美国、西班牙和希腊队差距很大，战胜对手几无可能，必须从安哥拉和德国队身上打开缺口。结果，中国男篮实现了预想，先后以 85∶68 和 59∶55 战胜安哥拉和德国队，闯入 8 强。值得一提的是，在小组赛同美国和西班牙队的比赛中，中国男篮表现得一度非常出色，甚至差点战胜西班牙队，使得这届奥运会的冲 8 之旅得到了全国球迷的认可。

和中国男篮在 1996 年达到历史高峰不同，中国女篮在 1996 年开始走下坡路。在 1996 年亚特兰大奥运会上，中国女篮仅获得第 9 名，和上届的亚军相去甚远；2000 年甚至连参赛资格都没有获得。2004 年，处于上升期的中国女篮由于准备不足，在雅典获得第 9 名。2008 年北京奥运会，中国女篮在自己的家门口闯入 4 强，成为一支世界篮坛不可忽视的球队。

北京奥运会上，中国女篮的队员是：苗立杰、陈楠、隋菲菲、陈晓丽、卞兰、张晓妮、张晗兰、邵婷婷、张瑜、张伟、宋晓云和刘丹，主教练是澳大利亚人汤姆·马赫。小组赛中，中国女篮相继战胜了西班牙、新西兰、马里和捷克，而负于美国队，以小组第 2 的身份进入 8 强；1/4 决赛中，中国女篮以 77∶62 力克白俄罗斯，昂首挺进四强；半决赛中，面对实力超群的澳大利亚女篮，中国女篮以 56∶90 大比分告负，无缘决赛；铜牌争夺战中，中国女篮以 81∶94 负于俄罗斯，最终名列第 4。这也是中国女篮在奥运会历史上获得的第三好成绩。

在世界锦标赛上，中国篮球也取得了较为出色的成绩。2006 年男篮世锦赛，中国男篮在有 24 支世界强队参赛的情况下小组出线，进入复赛阶段比赛。在小组赛最后一场同斯洛文尼亚的生死大战中，中国队员王仕鹏最后时刻命中 3 分球，绝杀对手，成为中国篮球历史上最惊艳的表演之一。中国女篮在 2002 年于我国江苏举行的第 14 届世界女篮锦标赛上，获得第 6 名。

1995 年至今，中国篮球在亚洲始终保持着优势地位。其中，中国男篮获得了 5 次亚锦赛冠军和 2 次亚运会冠军，中国女篮获得了 4 次亚锦赛冠军和 2 次亚运会冠军。

2005 年 7 月首届斯坦科维奇杯在北京举行，这是国际篮联举办的由各大洲冠军参加的比赛。中国男篮不畏强手，勇敢拼搏，最终在 6 支球队中排名第 4。朱芳雨还入选了最佳阵容。2005 年至 2009 年 8 月，斯杯在中国已连续举办 5 届。此项高水平赛事连续在中国举行，向世界篮坛展现了中国篮球和篮球在中国的影响力。

2. CBA 和 WCBA 走向市场

根据当时国家体委"深化改革、积极进行竞赛体制和机制改革"的精神，中国篮协决定从1995年起对全国篮球竞赛工作进行重大改革，在1995年将原来赛会制的全国男子篮球甲级联赛改成主客场制，把全国篮球比赛的主要赛事推向市场。

1995年2月5日—4月9日，全国男篮8强主客场比赛在国家体委和中国篮协的主办下，在国际管理集团的合作参与下，分别在北京、天津、沈阳、长春、济南、南京、上海等地举行。整个赛季（以下称为开创季）的比赛为主客场双循环制，共56场比赛。最终，八一队获得冠军，2—8名依次是辽宁、前卫、北京、济南军区、南京军区、吉林和广州军区。

主客场比赛的推出，有力地促进了中国篮球运动的发展：56场比赛场场争夺激烈，各赛区组织工作良好，许多赛区观众爆满……据统计，共有179600人次的观众到赛场看球，收看电视转播的观众更是不计其数。开创季的成功，充分显示了拥有雄厚群众基础和巨大市场潜力的中国篮球具有强大的生命力。

1995年12月10日—1996年4月7日，乘着开创季成功举办的东风，中国篮协又顺势推出了中国篮球历史上第一个正式跨年度的男篮主客场甲级联赛（注：该联赛的正式称呼先后有中国男子篮球甲级联赛、中国男子篮球甲A联赛、CBA和CBA职业联赛，本文为行文方便，统一称为CBA），参赛的球队共有12支，比赛在上海、鞍山、天津、北京、合肥、武汉、青岛、济南、铁岭、南京、杭州和东莞等12个城市举行。经过为期120天、26轮共154场比赛的激烈争夺，八一队最终摘得桂冠，2—12名分别是八一、广东、北京、辽宁、山东、浙江、沈阳军区、济南军区、空军、江苏、南京军区和前卫。这12支队中，部队球队占了半壁江山。4月9—11日，联赛还进行了全明星周末活动。这也是中国篮球史上第一个盛大的球迷节日。

第一个赛季的CBA就像"冬天里的一把火"，迅速成为球迷、媒体以及社会各界关注的焦点，很多赛区出现了观众满员的场次，上座率大都达到了80%以上。在广东东莞，球票炒至500元一张，甚至广州、深圳、中山、佛山等地的球迷都不辞辛苦前往东莞看球。那个赛季，东莞赛区观众共计达 4.5 万人次，门票收入达 138.5 万元……整个赛季，现场观众共有 50 万人次，平均每场 3200 人。

在联赛精彩激烈，观众积极踊跃的同时，中央电视台对其中 52 场比赛进行了现场直播，使更多的球迷收看到了 CBA 的比赛。报纸、杂志、广播等各种媒介也加大了对 CBA 的报道力度。这个赛季联赛第一次有了冠名赞助商（555），第一次推出了参赛队队标，第一次有了外籍球员（浙江中欣队聘请了乌兹别克斯坦外籍球员萨文科夫），第一次举行"好新闻评选"……CBA 的第一步走得既轰轰烈烈，又扎扎实实。

及至 2009 年，CBA 已经走过了 14 年的历程，共举办了 14 届联赛。14 年来，CBA 成果喜人：参赛球队从 12 支变成了 18 支，联赛规模不断扩大；八一、上海、广东相继夺得总冠军，联赛格局不断调整；胡卫东、巩晓彬、孙军、巴特尔、王治郅、姚明、易建联、朱芳雨等明星球员不断涌现，为 CBA 留下了不朽传奇；萨文科夫、威文、艾里克斯、威尔斯、帕克等一个个外员接踵而至，CBA 成为在世界上较为成功的篮球联赛之一；555、希尔顿、摩托罗拉、中国联通、戴梦得、安踏、天梭等品牌相继赞助 CBA，联赛的造血能力逐渐增强，联赛影响力不断提升。CCTV、全国各卫视、ESPN、NBA 等相继开始转播 CBA，到 2008 年，CCTV 5 的平均收视率上升到 0.5，名列 CCTV 5 平均收视榜的前茅；通过与 FIBA、NBA、NCAA 等国际篮球组织的交往，CBA 加强了国际交流，提升了自己在国际上的影响力。

在 CBA 蓬勃发展的同时，中国篮协于 2002 年推出了 WCBA 联赛（中国女篮甲级联赛）。2002—2007 年，WCBA 是年度联赛，八一女篮在 2002—2005 年连续四次获得总冠军，辽宁女篮 2006—2007 年连续两次获得总冠军；2007—2009 年，WCBA 实行跨年度的联赛，八一女篮获得 2007—2008 赛季总冠军，辽宁女篮获得 2008—2009 赛季总冠军。

7 个赛季以来的 WCBA 联赛，诞生了一批耀眼的明星球员，蒋旭、苗波、潘巍、陈楠、苗立杰、隋菲菲、卞兰等都给人们留下了深刻的印象。

1994 年开始的社会主义市场经济下的职业化改革，让中国篮球走上了具有中国特色的发展之路，注册俱乐部至今已有 50 多家，目前仅广东一地，就有多达 7 家篮球俱乐部，已成为中国体育职业化改革的领先项目之一，在世界的影响力极度提升。

3. 一批球星进入世界高水平联赛

在改革大潮中，中国篮坛涌现出一大批耀眼的明星球员，提升了中国篮球在世界的地位。2002 年，姚明以状元秀的身份加盟 NBA 休斯敦火箭队，登陆世界最高水平的篮球殿堂，并成为 NBA 历史上第一个没有美国篮球背景的状元秀。7 个赛季以来，姚明在 NBA 获得了巨大的成功：连续 7 次入选全明星阵容、数次获得 NBA 周最佳球员和月最佳球员、入选 NBA 年度最佳阵容……成为 NBA 史上著名的中锋之一。同时，姚明也获得了丰厚的物质回报，2007 年，据美国《福布斯》杂志报道，姚明年收入达 2.6 亿元人民币。美国前总统克林顿曾专门派人造访了姚明，并在演讲中盛赞姚明是"中国的第八大奇迹"。

在姚明之前，王治郅于 2001 年 3 月登陆 NBA，成为"亚洲第一人"。对此，美国前总统克林顿曾形象地比喻说："王治郅是中国对美国最大的一笔出口"。在王治郅之后和姚明之前，巴特尔也进入了 NBA，并和姚明、王治郅一起被誉为"中国的移动长城"，享誉世界。

自三大中锋之后，中国篮球明星球员没有停止进入 NBA 的步伐。2007 年易建联在 NBA 选秀大会上被雄鹿队在首轮第 6 顺位选中。他是中国篮球历史上第一个亲临 NBA 选秀大会并被选中的球员，也是亚洲篮球历史上第一个亲临 NBA 选秀大会并被选中的亚洲球员。孙悦也于 2008—2009 赛季加盟湖人队，征战 NBA 联赛，并获得总冠军。孙悦是中国篮球历史上第一个加盟 NBA 的后卫球员，也是中国篮球历史上第二个获得 NBA 总冠军的球员（第一个是巴特尔随马刺队获得的）。

在中国男篮队员相继进入世界最高水平的男篮职业联赛——NBA 的同时，中国女篮队员也相继进入了世界最高水平的女篮职业联赛——WN-BA。2005 年，苗立杰和隋菲菲双双加盟萨克拉门托君主队，征战 WNBA 联赛。那个赛季，两人随队获得了总冠军。今年，苗立杰和陈楠又双双赴美，目前，陈楠已经跟随芝加哥君主队开始征战联赛。

（二）社会体育蓬勃发展

CBA 和 WCBA 的蓬勃发展，有力地促进了社会性篮球运动的发展。

1998 年，中国大学生篮球联赛——CUBA 正式创办，时至今日，它已经举办了 11 届，华侨大学男篮和天津财经大学女篮分别获得 6 次冠军和 9 次冠军，堪称最成功的球队。2009 年，修改了相关规则的 CUBA 联赛格局大变，北师大女篮和中国矿大男篮相继折桂。

CUBA 的规模在国内各项体育赛事中屈指可数。每届比赛的预赛，都有来自全国 30 多个省、市、自治区的 700 余支大学生男、女篮球队参加，参赛运动员上万人，比赛场次近 3000 场，现场观众达 147 万，电视观众上亿，被称为是我国高校规模最大，参赛队覆盖面最广，比赛场次最多，文化层次最高的一项赛事。随着比赛水平的不断提高，刘久龙、王晶、刘子秋等一批 CUBA 球员先后登陆 CBA。CUBA 已逐渐成为中国篮球培养后备人才的绿色通道，也成了广大中学生篮球爱好者向往的殿堂。

CBO 也是一项非常广泛的社会性篮球联赛。CBO 是以贺龙元帅名字命名的中国业余篮球公开赛的简称，主要是以普及篮球运动，传播篮球文化，促进全民健身为目的的全国范围的业余篮球比赛活动。它的比赛与活动遍布全国，每届比赛直接参与者达 500 万人次，比赛长达 11 个月之久。另外，CBO 在全国共有 140 多个地市级组委会，是我国目前为止规模最大的群众性体育赛事。2007 年"贺龙杯"中国业余篮球公开赛（CBO），从 1 月至 11 月，历时 10 个月，全国 25 个省份 165 个地市的 3000 多支球队进行了 40000 多场预选赛，其间，还进行了 10 项大型精品活动，工作人员多达数千人，数千万观众到现场观看了比赛，全国数十家媒体刊登了数千篇文章进行了生动翔实的报道，全国 3 亿篮球爱好者通过媒体享受了这一篮球大餐……年幼的 CBO 火爆异常，被称为"全民篮球"、"草根体育"。

全国大学生超级联赛、军队篮球联赛、校园篮球联赛、行业体协篮球比赛、各种三对三斗牛比赛等各种社会性篮球比赛也进行得有声有色。另外还涌现出了 15 个国家级"篮球城市"。如火如荼的群众性篮球运动，为全民健身和构建和谐社会起到了积极的作用。

北京奥运会后，中国体育人肩负着全国人民的期望。中国要从"体育大国"向"体育强国"迈进，对三大球提出了更高的要求。在国家体育总局的正确领导下，中国篮协将总结经验，充分发挥"举国体制"和市场的双优势，注重后备人才的培养，积极探索中国篮球持续健康发展的道路。

（沈思华　马冰峰整理）

女排精神的创立、继承与发扬

国家体育总局排球运动管理中心主任　徐　利

中国女排是中国体育的一面旗帜，她们奋发图强，为国争光的事迹成为中华民族精神的象征，激励着一代又一代年轻人在不同的岗位上贡献青春。女排精神已成为中国体育界的专有名词，它的内涵可用 8 个字概括："团结协作，顽强拼搏"。

中国女排在 20 世纪 80 年代取得了"五连冠"的伟业，21 世纪初重返世界之巅，两夺世界冠军，成为我国集体球类项目的楷模。女排精神正是取得辉煌成绩的保障。

新中国成立 60 年来，我国体育事业飞速发展，奥运会、世界锦标赛、世界杯金牌不断增长，相对而言，足、篮、排三大球夺得金杯唯有女排。由于集体球类项目不仅要求个人能力在对手之上，还必须做到集体协调作战，亚洲与欧美选手在体能上又存在着明显的差异，因此夺冠的难度非常之大。令人欣喜的是中国女排经过不懈的努力，在 20 世纪 80 年代连续取得令人瞩目的两次世界杯赛、两次世界锦标赛和一次奥运会女排赛的冠军，同时诞生了女排精神和"独具中国特色的打法"。21 世纪初，中国女排又勇夺 2003 年世界杯和 2004 年雅典奥运会金牌，继承和发扬了"女排精神"与全面、快速、多变的技战术风格并不断丰富其内涵。

一、前仆后继　不懈努力

女排精神的确立是经过几代人的不懈努力。新中国成立以来，特别是自 1953 年中国排球协会成立始，就致力于在我国大力推广排球运动，不断提高竞技水平。1954 年 1 月 11 日，中国排协成为国际排联正式会员。从此，加强了国际往来，1956 年，中国女排首次参加世界锦标赛，便以 5 胜 6 负的成绩获第 6 名。

1960 年第 1 届全运会后，我国排球运动出现了飞速发展的大好局面。特别是欧洲一统天下的格局被日本女排打破后，刺激了中国排球运动突飞猛进的提高。中国男排发明的"快板球"、"平拉开"不仅在世界排坛小有名气，也丰富了中国女排的技术和战术体系。

在周恩来总理和贺龙副总理等老一代国家领导人的直接关怀下，曾获得 1962 年世界锦标赛和 1964 年奥运会女排冠军的日本女排到我国访问，特别是 1965 年邀请大松博文先生到我国带队训练，"多球训练法"、"倒地救球"、"勾手飘球"等新的理念和技术，给我国排球界很大的启示，坚定了我们执行"三从一大"训练方针的决心。他山之石促进了我国排球运动的新发展、新突破。但是，自 1966 年受"文化大革命"的影响，正处在上升期的我国排球运动，受到了严重的冲击和破坏，国际交往也基本停滞。此后 8 年间，中国排球队没有参加国际重大赛事。

历经磨难的中国排球运动，直到 20 世纪 70 年代初才出现转机。1972 年 4 月 9 日，周恩来总理在广州二沙头训练基地观看排球队训练后作了重要指示。同年 6 月，为纪念毛主席"发展体育运动，增强人民体质"的题词发表 20 周年，在北京举行了全国五项球类运动会。在中断多年的训练后，各省、市、自治区队重新组织和整顿队伍参赛，这是一个强有力的启动信号。当时，我国排球运动整体水平下滑，长期缺乏系统训练，运动员青黄不接，严重后果突出反映到来年的世界锦标赛上。11月，为了贯彻中央提出的足、篮、排球要在3至5年间能达到一般国际水平的要求，国家体委召开的全国三大球训练工作会议，再次吹响了向世界高峰进军的号角，排球界制定了打翻身仗的规划，提出："在技术全面的基础上，以攻为主，积极防守，发展高度，加强配合，实现快、准、狠、活的技术战术指导思想。"决定组织大集训，从青少年入手解决青黄不接的问题。

然而，1974年第7届世界锦标赛中国女排仅获得第14名，这是建国以来参加世锦赛的最低名次。1976年中国邀请日本女排来华访问，那时的中国女排想取胜一局都困难。日本队认为只需派二线队就能战胜中国队，这激发了中国姑娘打翻身仗的紧迫感、责任感和荣誉感。当时，刚刚终止"文化大革命"的10年浩劫，亟盼百端待举，重整山河。

二、目标明确　艰难起步

1975年恢复了全运会，在此基础上，1976年国家体委决定重新组建中国男、女排。当年，年轻教练袁伟民、戴廷斌分别出任中国女排、男排主教练。袁伟民执掌中国女排帅印期间，洞悉世界女排的发展规律和自身存在的症结，精心组织，深入探讨，前瞻性地提出振兴中国女排的规划和手段，亲自带领一批朝气蓬勃的姑娘，投入艰苦而科学的训练。

他们从狠抓作风下手，从每个人、每堂课、每个球做起。一进训练场就要精神饱满，不符合质量、不完成指标不下课。一点一滴地培养互相关心和人人为集体的思想，做到解决问题不过夜。经过几个月的训练，中国队迎战来访的日本日纺队和出访美国，取得了全胜的战绩。

在1977年的第2届世界杯赛中，中国女排获第4名，这是建国以来中国女排在世界大赛中获得的最好成绩。在这次比赛中，中国女排第一次战胜了日本队，打了一个漂亮的翻身仗。

1978 年 2 月，全国排球工作会议在福建漳州召开，徐寅生副主任主持会议。会议讨论和制定了中国排球的 3 年、8 年发展规划；研究今后几年的工作部署，提出尽快夺取世界冠军的奋斗目标。徐寅生指出："要敢于拿世界冠军。我们要有不把排球搞上去死不瞑目的决心。三大球中排球应该打头炮，应该先上。"

在 1978 年 8 月举行的第 8 届世锦赛上，中国女排从上届的第 14 名上升到第 6 名，但仍然在进步中找不足，明确了与世界强队的差距，加紧了攀登的步伐。1979 年访问日本，中国队在先赢两局的情况下，因为主攻手和二传手闹意见，影响了全队的发挥，连输三局，反胜为败。队里花时间专门探讨遇到这样的问题如何对待，不仅当事人受到教育，也提高了全队的认识。在以后的训练中，有意安排更多的以小组为单位的训练项目，出现矛盾及时解决，让每个队员都学会从埋怨到相互鼓励、相互弥补，再到安慰、出主意，一起完成训练和比赛任务。通过一个人补课全队陪练，新队员加练老队员帮助等方法，形成团结协作的风气，增强凝聚力。

1979 年中国女排夺得第 2 届亚洲锦标赛冠军，实现了"冲出亚洲"的夙愿，打开了"走向世界"之门。中国男排在 1981 年第 3 届亚洲锦标赛中，与韩国队争夺冠军的决赛，在先负两局的情况下，连扳 3 局，实现逆转，荣获冠军，并取得第 4 届世界杯赛资格。他们的激昂斗志激发了全民的热情，北京大学的学生上街游行，喊出了："团结起来，振兴中华"的口号，在"文化大革命"后百废待举的大环境下，成为时代的最强音，也为成就女排精神做了铺垫。

1980 年日本女排到中国参加国际邀请赛，中国女排以 3 比 0 战胜了对手，虽然打了漂亮的翻身仗，但为了打造夺取世界冠军的顶尖之师，队里仍然"鸡蛋里找骨头"，认为 3 局比赛都是日本队领先的原因是思想有些松懈。为了强化胜不骄败不馁的作风，赛后中国女排在比赛馆就地加练到深夜 12 点。袁伟民肯定了队员们每局的关键球都打得很好，反败为胜，经受锻炼。但也指出，开局放松是轻敌的表现，补课就是给队员一个强刺激，让他们记住以后不再犯同样的错误。

集体球类项目与单项体育比赛最大的区别就在于必须团结一致，协调作战。中国女排在苦练技术、战术的同时，把增强凝聚力放在了十分重要的地位，在对技术精益求精的同时打造了一支顽强之师、团结之师。

三、精兵良将　特点突出

一支排球队要想取得骄人的成绩，必须具备三个条件，一是有一批训练有素的优秀运动员；二是技术、战术有独到之处；三是团结顽强有强烈的求胜欲望。三者缺一不可。应该说，女排精神也涵盖了这三个方面。

1976 年中国女排重组之初，十分注重研究世界排球运动的发展动向。由于，拦网规则改变的 10 年间，排球比赛的网上争斗日益加剧，促进了运动员大型化的趋势，使排球运动更加趋于高度、力量、速度、技巧的全面发展。原来单一的速度加技巧的亚洲型打法和凭借高度和力量的欧洲型打法都无法称霸世界。因此，中国女排的技术特点定位在博采欧亚众家之长，创立高快兼备、能攻善防、全面发展具有中国特色的技术风格。以此为出发点，选拔了一批技术较全面、身体素质好，作风顽强的高大选手。特别强调既要技术全面，又必须有特点，挑选了身高超过 1 米 80 的周晓兰、陈亚琼等优秀选手的同时，也调入了身高 1 米 74 的主攻张蓉芳，还有后来的 1 米 72 的郑美珠，她们不仅能攻擅守，且"怪"还"活"，最终成为全队的黏合剂、战术核心。

1979 年亚洲锦标赛，中国女排启用年轻的高大选手郎平，就是体现了强攻与快攻并重的"两条腿走路"的策略，采用了高、快结合的战术，符合排球运动发展的趋势，引起了世界排坛的关注。

中国女排在攀登世界高峰的征途上，坚持"三从一人"的训练原则，追求由量变到质变的飞跃，但更注重科学训练，开动脑筋，开拓创新，走出了一条符合自身特点的、具有中国特色的道路。训练中提倡：个人有特长，全队有特点，博采众家之长，走自己的路。20 世纪 80 年代，中国女排创新技术，引进男子拦网技术和移动步伐，抓住了先机。正因为把握了排球运动发展的规律，经过 5 年卧薪尝胆的苦练，1981 年中国女排一举夺冠，其中拦网得分率排在各队之首，涌现了女排中的"屋檐式拦网"和"天安门长城"。21 世纪初，中国女排借助排球改为每球得分制的机会，率先设立专题研究，探索得分规律和关键技术，选调一批有特点的年轻队员，组成高快结合、快变有序的进攻体系和有"铁三角"之称的一传体系，为重登世界最高领奖台打开了通道。

当然，排球队的人员、战术组合举足轻重，必须人尽其才，还要优势互补。中国女排正是在身高力量不及欧美队，灵活反应不如日韩队的条件下，却做到比欧美队快、灵、全面、失误少；比亚洲对手高、强、实力雄厚，形成了有中国特色的独特风格。

四、团结协作　首夺金杯

20 世纪 80 年代中国女排连续 5 次登顶，每一次在人员、技术、战术方面都有所变化，有所突破，有所创新，有所发展，与时俱进，顺应世界排球运动发展的趋势。每次夺冠过程都给人留下难忘的瞬间，每只金牌都盛满女排姑娘辛勤的汗水、泪水和血水。

1980 年，中国女排已臻于成熟，年龄结构、身体状况、技战术水平及求胜欲望都处在最佳时期，成为夺魁呼声最高的队伍之一，但我国政府没有派队参加莫斯科奥运会。

1981 年，在日本举行的第 3 届世界杯女排赛，中国女排全面爆发，以全胜的战绩首次登顶，掷地有声的"我们要一个响当当的世界冠军"给人以震撼。当时，中国女排已形成一套以快速多变为主体，兼备高打强攻的独到风格，发球、拦网各有所长，防守反击进步显著。赛前，中国女排已经把奋斗目标定在："升旗，拿牌，夺冠军！"

参加世界杯赛的 8 支队伍，采用单循环赛制，中国队的 7 场比赛，其中 3 场战得惊心动魄。首役 3 比 0 轻取巴西队，次役对苏联队，第 2 局曾以 0 比 9 落后，原因是接发球得了"传染病"，一传接不好，进攻战术无法实施。袁伟民果断地将经验丰富的老将曹慧英替换上场，她不负众望，接 9 个发球 8 个到位，使中国队的快、变战术得以发挥，由此士气大振，反败为胜。不仅拿下第 2 局，第 3 局竟未让对手得 1 分。全场比赛苏联队仅得 18 分。

中国女排接连以 3 比 0 击败韩国、保加利亚、古巴队后，与劲旅美国女排苦斗 5 局才险胜过关。长达两个多小时的中、美之战，双方有攻有防，有扣有拦，打得异常精彩出色，被誉为世界最高水平的比赛。

11 月 16 日，在大阪体育馆，中国队与日本队进行冠、亚军的决赛。中国队先胜两局后，按当时的计算方法，已稳获世界杯冠军。兴奋至极的姑娘们难掩喜悦之情，注意力稍有分散，被日本队乘隙连扳两局。袁伟民在决胜局前要求运动员一定要取得决胜局的胜利，他说："我们要一个响当当的世界冠军。"受到激励的运动员们在 15 平的艰难时刻，以两个拦网成功锁定胜局。中国女排 7 战皆捷，首次荣膺世界冠军，开创了世界女排的一个新纪元。中国女排"团结协作，顽强拼搏"的精神从此在世界排坛扬名。

参加第 3 届世界杯赛的中国女排团长是陈先。领队是张一沛。教练是袁伟民、邓若曾。运动员有孙晋芳（江苏）、张蓉芳（四川）、郎平（北京）、陈亚琼（福建）、周晓兰（山西）、杨希（八一）、朱玲（四川）、曹慧英（八一）、陈招娣（八一）、周鹿敏（上海）、张洁云（江苏）、梁艳（四川）。这是中国女排首次夺得世界冠军，金杯凝聚了几代人的心血和企盼，历届老女排队员都涌到机场，眼含热泪、手捧鲜花迎接凯旋的年轻的中国姑娘，因为她们完成了几代人为之奋斗的夙愿。

五、顽强拼搏　续写辉煌

1982 年第 9 届世界女排锦标赛，中国女排续写辉煌，取得"二连冠"，让人们记住了中国女排如走钢丝般的经历，在命悬一线的危急时刻，大家齐心协力，奋勇拼争，力挽颓势，连续取得 6 个 3 比 0 的可喜战绩。

1982 年 9 月 12 日至 25 日，第九届世界女排锦标赛在秘鲁举行。中国队首战意大利队，3 局仅让对手得了 8 分。第二场在与美国队的"世纪大战"中，美国队超水平发挥，各项技术都无懈可击。而中国队乱了阵脚，以 6 比 15、9 比 15、11 比 15 惨败。比赛刚一结束，队员们悔恨的眼泪就忍不住地流下来。袁伟民立即叮嘱场上队员："不要哭，哭不是中国人的形象，输球不能输人，要赢得起也输得起。"

输给美国队，中国队夺冠的几率微乎其微，全队连夜召开会议扭转情绪。第二天，中国队以 3 比 0 轻取波多黎各队，小组出线。复赛接连遭遇古巴、匈牙利、苏联、澳大利亚队，中国队每场必须 3 比 0 取胜，一局都不能丢，才可顺利进入半决赛。只要输掉一局，就可能需要看别队的"脸色"，通过计算胜负局甚至胜负分来决定命运。在接连以 3 比 0 战胜古巴和匈牙利队后，中国队遭遇复赛最难打的对手苏联队。赛前，古巴队列队给苏联队献花，希望她们能打掉中国队。中国姑娘不动声色，憋着劲打，以 15 比 6、15 比 3 连拿两局后急于求成，第三局在 7 比 3 领先后被追至 10 比 8、14 比 12 时，袁伟民两次叫停，只是让大家别拉着脸笑一笑，终于顶了下来，取得胜利。接着中国队又以 3 比 0 胜澳大利亚队，这样，四场 3 比 0 助中国女排进入半决赛。

争夺决赛资格的对手是日本女排，中国队如愿 3 比 0 轻松获胜。而另一场半决赛美国队出人意料地以 0 比 3 被东道主秘鲁队斩落马下。美国队无法适应当地观众震耳欲聋的呐喊声，忙中出错，失去决赛资格。中国姑娘汲取美国队的教训，充分准备，与秘鲁队决赛第一局便以 15 比 1 狂胜，接着一鼓作气、速战速决，第 6 个 3 比 0 顺理成章地出现了。

世界锦标赛被称为排球界水平最高的赛事，这是有史以来中国女排首次问鼎世锦赛。中国女排的团长是陈先。领队是张一沛。教练是袁伟民、邓若曾。运动员有孙晋芳（江苏）、张蓉芳（四川）、郎平（北京）、陈亚琼、郑美珠（福建）、周晓兰（山西）、梁艳（四川）、姜英（辽宁）、曹慧英、杨希、陈招娣、杨锡兰（八一）。

六、奥运显威　"零"的突破

1984 年洛杉矶奥运会中国女排再次创造了历史，捧回我国三大球首枚奥运会金牌，实现了奥运会上排球项目"零的突破"。同时，也完成了世界排球比赛的"大满贯"，先后夺得三大赛事的桂冠。

1982 年夺得世锦赛冠军后，袁伟民曾说："拿了两个世界冠军，可以说'走向世界'了，也可以说打了个'翻身仗'。但我认为还不够，因为在世界排坛上最高的荣誉是'三连冠'。所以在秘鲁赛后，我们女排全体同志，每时每刻都在想，怎样实现全国人民的愿望，要夺取'三连冠'，即一定要拿下洛杉矶奥运会的冠军。"

那时，中国女排进行了大幅度的人员调整，5 位功勋老将孙晋芳、曹慧英、陈招娣、杨希、陈亚琼退役，特别是主二传的更换，影响了整体实力。即使如此，谁也没想到会丢掉 1983 年亚锦赛冠军，中国队以 0 比 3 负于日本队，引起世界排坛一片哗然。然而，这更激发了女排姑娘发愤图强，力夺世界排坛最高荣誉："三连冠"的决心。

第 23 届奥运会女排赛于 7 月 28 日至 8 月 11 日在洛杉矶举行。参赛的 8 支队伍先分两组进行预赛。中国队在小组赛中轻取巴西和联邦德国队。第 3 场以 1 比 3 负于美国队，此役，4 局比赛累计总分是 47 比 46，中国队还多得了 1 分。赛后，回到奥运村已是次日凌晨两点多了，全队立即召开会议分析失利原因，主要是没有发挥自己的正常水平，关键球没有把握好机会，大家决心汲取教训，以利再战。

半决赛，中国队以 3 比 0 轻取日本队。中、美两队在决赛中再次相遇，首局中国队曾以 14 比 9 领先，不料因急于求成而欲速则不达，被对方追至 14 平。美国队士气越来越高涨，如果此局拿不下来后患无穷。袁伟民果断换上年轻队员侯玉珠发球，美国队始料不及。其实，在前几场比赛中，袁伟民经常在关键时刻派侯玉珠替补发球，以适应比赛气氛。她发的长距离上手飘球威胁很大，此役也不例外，第一个发球直接落在对方场地内，15 比 14。美国队惊魂未定，侯玉珠第二个球又飘忽不定地飞过去，美国队忙中出错垫了个"当头球"，郎平候个正着，腾身扣死，巧取首局。出奇制胜给全场比赛打下基础，中国队越战越勇，而美国队则情绪波动，节奏被打乱，中国队仅用 49 分钟就轻而易举地拿下后两局，以 3 比 0 完胜美国队，不仅赢得奥运冠军，获得奥运会排球项目"零的突破"，同时实现了全国人民翘首企盼的"三连冠"伟业。

参加洛杉矶奥运会的中国女排领队是张一沛。教练是袁伟民、邓若曾。运动员有张蓉芳、朱玲、梁艳（四川）、郎平、杨晓君（北京）、周晓兰（山西）、杨锡兰、李延军（八一）、姜英（辽宁）、苏惠娟（河北）、侯玉珠、郑美珠（福建）。

七、扬长避短　再夺金杯

运动队的吐故纳新、新老交替是必然规律，也是保持长盛不衰的重要环节。中国女排夺得"三连冠"后，主教练袁伟民出任国家体委副主任，邓若曾继任主教练，运动员也进行了较大幅度的调整。

第 4 届世界杯女排赛于 1985 年 11 月 10 日至 20 日在日本举行。袁伟民以团长的身份随队前往，中国女排首次夺冠的著名运动员只剩郎平和梁艳两人。参赛的 8 支队伍进行单循环赛制。中国女排首战轻取突尼斯队，次役对韩国队，队员们认为怎么打也不会输，虽然如愿取胜但士气不旺。团长袁伟民赛后就给大家敲了警钟，因为与劲旅古巴、苏联队的比赛还在后头。次日，中国队打出了风格和水平，3 比 0 胜巴西队。而苏联队 0 比 3 输给了古巴队。接着，中国队迎战苏联队，首局曾以 11 比 1 遥遥领先，大比分胜出又使运动员出现松懈情绪，很快尝到苦果，被对方追上并以 14 比 13 反超，幸而关键时刻抓住了机会，拿下了首局，并最终以 3 比 1 获胜。

由于中国与古巴队均击败了苏联队，所以中、古交锋被认为是提前进行的冠、亚军决赛。古巴队先声夺人，发动了猛烈的攻势，"誓夺冠军"的雄心彰显，路易斯的超手扣球势不可挡，首局便以 14 比 10 领先。中国队临危不惧，在无"暂停"的情况下沉着应战，敢打敢拼，终于连得 6 分，以 16 比 14 拿下第一局。经过全场四局苦战，中国队以 3 比 1 力克古巴队，闯关成功。通过了与苏、古的两场硬仗，中国队再未遇任何阻力，以 3 比 0 的相同比分战胜秘鲁和日本队，第二次捧起世界杯，实现了"四连冠"。

参加本次比赛的教练员是邓若曾、胡进、江申生。运动员有郎平、杨晓君（北京）、侯玉珠、郑美珠、林国清（福建）、梁艳、巫丹（四川）、姜英（辽宁）、杨锡兰、李延军（八一）、殷勤（江苏）、苏惠娟（河北）。

八、再创历史　五次夺冠

张蓉芳是率中国女排夺取世界冠军的首位女主教练，第 10 届世界女排锦标赛前，古巴女排已显示出势不可挡的上升势头，给中国女排卫冕投下了阴影。为此，袁伟民再次以团长的身份随队出征。

1986 年 9 月 2 日至 13 日，第 10 届世界女排锦标赛在捷克斯洛伐克举行。参赛的 16 支队伍分成 4 个小组进行预赛，中国和苏联、民主德国、突尼斯队分在一组。虽然与两支欧洲强队交战遇到一些困难，但中国女排都信心十足地取得胜利，以小组第一名的身份晋级复赛。接着在复赛中，中国队又分别以 3 比 0 战胜美国、意大利、日本队顺利挺进半决赛。

在半决赛中，中国队遇到上届世锦赛亚军秘鲁队。首局，秘鲁队发挥出色，利用发球抢攻战术保持领先，中国队在 13 分才追平，双方相持到 16 平，中国队凭借快速反击涉险过关，以 18 比 16 艰难地取得第一局的胜利。其后，秘鲁队斗志不旺，无心恋战，以 2 比 15、8 比 15 告负。中国队 6 战皆捷，与同样保持全胜的古巴队在决赛中相遇。

在此前的多项比赛中，古巴队已显示出强大的网上实力，与中国队互有胜负。是役，中国队在主二传杨锡兰的组织下，进攻战术发挥得淋漓尽致，防守反击也打得有声有色，侯玉珠的强攻和梁艳的背快、拦网都表现出相当高的水平。场上队员个个出色，全面开花，顶住了古巴队的强大攻势，以 3 比 1 获胜。中国队以全胜仅负两局的战绩再次夺得世界锦标赛桂冠，成为世界排球史上第一个获得"五连冠"的队伍。

掌握运动规律，做好新老交替，战术因人而异，中国女排连续五次夺得世界冠军，每一次都站在新的起跑线上。除人员调整、组建阵容、技术扎实、战术创新外，继承发扬"女排精神"，使她们无论在顺境还是在逆境中，都团结奋战，永不放弃。

"五连冠"的中国女排谱写了中国体育史上最绚丽和璀璨的一章。"女排精神"恰似一面猎猎旌旗引导方向，她极大地鼓舞一代年轻人振兴中华的意志和豪情，提升了祖国母亲的国际地位。

参加第 10 届世界锦标赛的中国女排领队是张一沛。副领队是杨希。教练员是张蓉芳、郎平、江申生。运动员有杨晓君、刘玮（北京）、郑美珠、侯玉珠（福建）、梁艳、巫丹（四川）、姜英（辽宁）、殷勤（江苏)、杨锡兰、李延军(八一)、苏惠娟(河北)、胡小凤(湖北)。

九、时有起伏　不懈努力

1987 年，中国女排进行了吐故纳新，教练班子首次通过全国范围的竞选和考评产生，由李耀先任主教练，董传强、程蜀琦为教练员。运动员也进行了较大规模的调整。当年，中国女排夺回了亚洲锦标赛的冠军。

虽然，教练员和运动员仍然向着世界高峰不懈攀登，但是，未取得过世界冠军的新队伍却在世界冠军的光环下，在教和练的过程中，出现了这样那样的矛盾。队伍的核心难以确立，女排精神无法落实，战术打法鲜有创新，中国女排在汉城奥运会上获得第 3 名，不仅从此走下"圣坛"，而且进入了一个徘徊期甚至低潮期。

由于成绩不理想，不得不频繁更换教练班子，李耀先、胡进、栗晓峰先后担任中国女排主教练。每个过渡期带来的是不同的难题，但每位教练员和运动员每时每刻都进行着不懈努力，中国女排在世界大赛中也出现过几次冲顶的机会。1990 年在中国举办的第 11 届世界女排锦标赛，胡进率领的中国女排请回著名运动员郎平，当时夺魁呼声很高，比赛中也打出了气势，过关斩将冲进决赛，但功亏一篑，以 2 比 3 惜败俄罗斯女排，与冠军擦肩而过。1991 年世界杯赛，中国女排再次错过登顶机会，因决赛负古巴队而获得第 2 名。5 年间，虽然中国女排一直处在世界第一集团，但几次冲顶未果后，世界大赛成绩一滑再滑，以至于落到 1992 年巴塞罗那奥运会第 7 名和 1994 年世界锦标赛第 8 名。

为了重拾信心，提高队伍的凝聚力，1995 年初，中国排球协会请回了在美国学习的中国女排明星球员郎平，在社会上引起了很大的反响。以至于中央电视台几个栏目都编发了此条新闻，并在收视率极高的《焦点访谈》栏目中，连线美国，电话采访参加中国女排主教练竞选的郎平。

上百名新闻记者聚集在首都国际机场采访郎平回归的盛况，也超出了排球甚至体育的范畴，反映出国民对中国女排的深情与厚望。郎平在全国排球界人士的鼎力支持下，尽快组成教练组和新一届中国女排，经过 16 个月的艰苦努力，在 1996 年亚特兰大奥运会上重返决赛圈，但决赛中不敌古巴女排，取得亚军。郎平因率中国女排再次跻身世界强队之列的突出表现，被国际排联评选为当年的世界最佳女排教练员。1998 年，郎平再次率中国女排夺取世界锦标赛第 2 名和亚运会排球比赛冠军。

1999 年初，郎平因身体原因辞去中国女排主教练的职务，胡进第 2 次入主中国女排，但由于组队时间过短，在 11 月 2 日至 16 日于日本举行的第 8 届世界杯赛上，中国女排仅获第 5 名，这是中国女排在世界杯上的最差成绩，而且第一次需要通过落选赛获取进入 2000 年悉尼奥运会的资格。

2000 年 9 月 15 日至 10 月 1 日，第 27 届奥运会在悉尼举行，中国女排在小组赛中负美国、克罗地亚和巴西队，胜肯尼亚、澳大利亚队，排在小组第 4 位。半决赛负俄罗斯队，进入 5 至 8 名决赛后，胜韩国、德国队，获第 5 名。

十、措施有力　重新起步

2000 年 10 月 25 日，时任国家体育总局局长的中国排球协会主席袁伟民，专程到排球中心，转达了李岚清副总理和全国人民对排球事业的关心和对振兴女排的企盼。他要求全国排球界齐心合力，以只争朝夕的精神，尽快改变现状，要从整体部署上综合治理，拿出解决问题的特殊措施。

悉尼奥运之后，排球中心对悉尼奥运会没有完成任务的问题和原因进行了认真的分析和总结，针对技术水平下降和缺少老女排战无不胜气势和顽强拼搏精神的状况，召开了具有重要历史意义的全国训练工作会议和中国排协代表大会，制定了雅典、北京两个奥运周期的 8 年发展规划，并决定以奥运会为周期聘任主教练。

排球中心在 8 年规划中明确了战略目标和任务，突出了战略重点和方针，提出了一系列战略举措和要求。提出的指导思想是：坚持走中国排球自己的道路，发扬技术全面、特点突出、快速多变的特长，着力加强体能，力求不断创新，力争在网上高度与欧美队缩小差距，在思想作风上发扬老女排顽强拼搏、艰苦奋斗的精神，做到卧薪尝胆，狠抓训练，造就一支能打硬仗的队伍。工作原则是：近期和远期任务相结合，重在近期；攻坚和基础工程一起抓，重在攻坚；向国家队输送更多的高水平人才，使中国排球能在尽可能短的时间内打翻身仗。

强调加强国家队建设，对国家队的训练、比赛及管理增加了监管力度，创新试行队委会管理体制；明确国家队抓一线、带二线，一、二、三线"一条龙"的方针，使国家队的梯队建设得到改善，为队伍的长期、持续发展打下了一定的人才基础；积极探索队伍的建设和训练、比赛规律，坚持中国女排正确的训练指导思想，继承和发扬全面、快速、多变的风格特点；坚定不移地狠抓队伍的思想作风建设，根据市场经济的大环境，组织升旗、宣誓、军训、拓展、扶贫、助学等活动，建立良好队风及和谐氛围。同时，充分发挥举国体制的优势，使队伍在训练时间、人才调动、比赛安排、场地设施、资金投入等方面得到极大的改善和充分的保障。

2001 年，经过反复酝酿和研究，在国家队曾协助过 6 位主教练的陈忠和出任新一届中国女排主教练。他选调了一批年轻队员重新组队，强调继承老女排精神和打法，充分发挥集体作战的能力。就是这样一批名不见经传的新教练和新队员，在当年就打败了俄罗斯、古巴、巴西、美国、日本等世界强队，以全胜战绩夺得世界大冠军杯赛冠军，一鸣惊人。为此，他们打算将 2004 夺冠的奋斗目标提前到 2002 年世界女排锦标赛实现。

由于队伍当时还未具备夺取冠军的绝对实力，在世界锦标赛分组赛成绩十分有利的情况下，中国队主动让球以在半决赛避开意大利、俄罗斯等世界顶级强队，这种做法引起争议，受到舆论谴责，以至于影响到全队的情绪并受到裁判员的严惩，结果，中国女排打进了决赛圈却止步于第 4 名。

成与败的经验教训，使陈忠和与中国女排成长、成熟起来，他们卧薪尝胆，发愤图强，精益求精，蓄势待发。2003 年春天，中国女排在世界女排大奖赛上所向披靡，10 战皆捷，首次夺得大奖赛桂冠，重新树立了中国女排的形象。

十一、所向披靡　再铸辉煌

经过近 3 年的磨难和磨练，中国女排练就了高、快结合的一整套战术和临危不乱、团结一致、顽强拼搏的作风，树立了不夺冠军决不罢休的信心和信念：二传手冯坤的稳重和全面；赵蕊蕊的高快打法和拦网优势；杨昊的平拉开和多变手法；刘亚男和周苏红稳健的一传和跑动快攻等等，特别是她们之间的默契配合已达到了炉火纯青的地步。

2003 年第 9 届世界杯赛于 11 月 1 日至 15 日在日本举行，共有 12 支队伍参赛，采用单循环赛制，中国女排首战对巴西女排。巴西女排自曾率巴西男排夺得奥运会冠军的著名教练罗伯特上任后，充实了一批优秀选手，赛前就表示了"保 3 争冠"的决心，而他们最终也确实以 10 胜 1 负的战绩获得第 2 名。巴西队的首发阵容选派出了 4 名 30 岁以上的老将出战，在技术和心理两个方面都形成强大的威慑力。中国队首局被巴西队"唬"住，进攻连续被拦后自乱节奏，发不中，打不死，拦不住，防不起，甚至在一个两点攻的轮次连丢 10 分，以 14 比 25 的大比分失利。在交换场地进行第二局比赛前，陈忠和没有说任何技术问题，只是笑笑说："你们活动开了吗？"一句幽默的问话，使姑娘们如梦初醒，坚定信心，放手一搏，自第 2 局开始完全进入状态，连扳 3 局旗开得胜。

中国女排度过了首场比赛的拘谨后，便一发而不可收，连胜古巴、多米尼加、土耳其、波兰、韩国、阿根廷、埃及队，没有遇到任何阻力。如果再胜下一个对手美国队，中国队就可进入前3名，第一时间拿到雅典奥运会的入场券。而美国队只有取得这场比赛的胜利，才有夺取冠军的机会，为此，中、美之战双方都志在必得。首局，中国队心态平和，战术得当，以25:20顺利过关；第2局美国队换上左手接应梅特卡尔夫，打乱了节奏，以相同比分扳回一局；第3局两队的争夺进入白热化，双方交替占得主动，在24平后，美国凭借两次强攻得手，以26:24取胜。中国队在十分被动的情况下，陈忠和要求场上队员要耐心自信，以我为主，打出水平，结果高快结合的打法再次显威，中国队连胜两局，保持不败。

接着，中国女排轻取意大利和日本队，以11战全胜的辉煌战绩夺得金杯，17年后重登世界冠军宝座。当时，各国记者大惑不解，为何一批名不见经传的教练员和运动员能横扫千军，一鸣惊人？其奥妙仍然是拥有一批优秀球员；坚持团结协作，顽强拼搏的女排精神和遵循全面、快速、多变的独特打法。同时他们根据不同的形势和排球技术发展的规律，为这三点注入了新的内涵。

参加第9届世界杯赛的中国女排团长是徐利。领队是李全强。教练员是陈忠和、赖亚文。运动员有冯坤（北京）、杨昊、刘亚男、张越红（辽宁）、周苏红（浙江）、陈静（四川）、宋妮娜、赵蕊蕊、王丽娜（八一）、李珊、张萍、张娜（天津）。

十二、赛前折将　惊天逆转

2003年夺冠的中国女排将下一个奋斗目标锁定在2004年雅典奥运会续写辉煌上。出人意料的是在备战训练中，主将赵蕊蕊右小腿突然骨折，那是2004年3月26日，离奥运会开幕只有不到5个月的时间。

　　赵蕊蕊是中国女排快攻体系、拦防体系不可或缺的人物。她严重受伤是对全队信心的重挫。基于她在集体战术中的重要作用，以至于当天全队上下都忍不住哭了，因为主力阵容中缺少了一员大将意味着什么，大家心里都明白。陈忠和不得不忍痛与教练员一起分别做运动员的思想工作，那一天还开了三次全队会，最终将大家的思想统一在"每个人提高一点，来弥补赵蕊蕊不在的缺憾"。陈忠和迅速选中张萍顶上赵蕊蕊的空缺，根据张萍的特点演练新的配套战术。另一方面，采取措施为赵蕊蕊创造最好的医疗条件，力争尽快康复。在雅典奥运会开赛前，赵蕊蕊奇迹般地随队出征了，再次燃起大家心中的希望之火。

　　参加雅典奥运会的人员与 2003 年世界杯相同。团长是徐利。领队是李全强。教练员是陈忠和、赖亚文。运动员有冯坤（北京）、杨昊、刘亚男、张越红（辽宁）、周苏红（浙江）、陈静（四川）、宋妮娜、赵蕊蕊、王丽娜（八一）、李珊、张萍、张娜（天津）。

　　在众人企盼的目光中，久违四个多月的赵蕊蕊，在雅典奥运会首战出场了，没想到中国与美国队打到 1:1，赵蕊蕊的腿伤就复发了。中国女排的第 2 套备用方案即刻启动，小将张萍马上顶了上去。

　　奥运会赛制十分残酷，12 队分两组，获小组前 4 名的队伍通过交叉赛一场定乾坤，胜队进入前 4 名，半决赛也是交叉赛，胜队进入决赛。中国女排在小组赛中仅以 2:3 负于古巴队，但因古巴队也未能保持全胜，中国队仍以小组第一的身份进入复赛。接下来的交叉赛，中国女排连续战胜日本、古巴队，取得与俄罗斯队决赛的机会。

　　最惊心动魄的就是决赛的先输后赢。中国女排曾在小组赛中 3:0 轻取俄罗斯队，没想到决赛中的俄罗斯队超水平发挥，而且前两局双方高比分相持中最后两分都由她们取得。28:30、25:27，中国队连失两局。倘若中国女排中有一人信心动摇，以当时俄罗斯队的状态，中国队逆转的可能性微乎其微。然而，大家团结得像一个人一样，每球必争，即使对方身高两米多的加莫娃超手进攻，前排拦不到，后排也会拼命防起再反击，中国队赢下第 3 局再力拼第 4 局。可这局俄罗斯队竟一次失误也没有，中国队所得的每一分都需凭借主动得分，俄罗斯队以 23∶21 领先时，似乎大局已定，但中国队毫不气馁，每一分都拼力争胜，终于连得 4 分再扳一局。在双方运动员高度兴奋，消耗极大的情况下，进入决赛局，靠整体作战的中国队与靠明星球员强攻的俄罗斯队，出现了明显的差别，中国队像一个握紧的拳头，击碎了俄罗斯队夺冠的梦想，以 15∶12 赢得第 5 局的胜利。

中国女排时隔 20 年再次夺得梦寐以求的奥运会金牌。中国女排实现惊天大逆转的决赛成为再现女排精神的经典战例。

十三、任重道远　勇攀高峰

自 2004 雅典奥运会至 2008 年北京奥运会的 4 年周期里，中国女排面临新老交替和伤病困扰，成绩出现了起伏。

2006 年世界女排锦标赛于 10 月 31 日至 11 月 16 日在日本举行。中国队第一阶段比赛先后胜阿塞拜疆、多米尼加、墨西哥队；负俄罗斯、德国队。第二阶段比赛胜美国、波兰队；负巴西、荷兰队；失去进入前 4 名的机会。在 5 至 8 名决赛中，中国队胜古巴、日本队，获得第 5 名。

仅获第 5 名的重要原因是老队员伤病严重，力不从心，影响了技术的正常发挥。中国女排速下决策，根据老队员状态退役几人，离队治疗几人，在此基础上调入一批条件优秀的年轻队员，加紧训练，努力攻关。

由于中国女排是 2008 年北京奥运会的东道主，因此无权参加 2007 年的世界杯赛。这也给了老队员养伤和新阵容磨合的时间。同时，中国女排将伤病较严重的核心队员冯坤和赵蕊蕊送到美国手术并休养。2008 年 1 月 1 日，中国女排最终确定了参加北京奥运会的名单，排出了新老结合、以老为主的阵容。

2008 年 8 月 8 日至 24 日，第 29 届奥运会在北京举行。中国女排在预赛中胜委内瑞拉、波兰、日本队；以 2∶3 的相同比分负古巴、美国队。四分之一决赛胜俄罗斯队。交叉赛负巴西队，无缘冠、亚军决赛。在与古巴队争夺第3名的决赛中，中国女排克服身体和心理等方面的重重困难，顶住巨大压力，在十分艰难的逆境中，老、新队员齐心协力，忘我拼搏，终于取得了胜利，获得三大球中唯一的一块奖牌（铜牌）。

新中国成立60年来，中国女排以辉煌的业绩和不朽的女排精神成为中国体育的一面旗帜。女排精神是几代巾帼前赴后继、顽强拼搏的结晶。20世纪80年代初中国女排赢得的胜利，大大超出体育的范畴，提振了祖国在世界大家庭中的影响和地位，鼓舞了亿万国民建设家园的雄心壮志。而女排精神的历史意义，已经升华为民族风貌的标志，激励着一代又一代的年轻人矢志进取，报效祖国。女排精神是宝贵的精神财富并已转化为巨大的物质财富，造福祖国和人民。进入21世纪后，中国女排重登世界冠军宝座，正值祖国改革开放，富裕强盛，计划经济向市场经济转轨之时，中国女排顽强拼搏精神和为国争光的雄心大志，再次成为一代年轻人的楷模。特别是雅典奥运会决赛中的绝地反击和惊天逆转，激励各行各业的人们为祖国的繁荣富强添砖加瓦。

回顾60年的历程，中国女排培养出了一批批世界级明星球员，为中国乃至世界排球运动的发展做出了杰出的贡献。全面、快速、多变的打法也不再是中国女排的专利，已成为世界排球运动发展的趋势，被各国排球队所追捧。团结协作、顽强拼搏的女排精神也成为中国女排的标志和传统。

同时，女排精神是与时俱进、不断丰富、向前发展的时代产物。我们要在继承、发扬的基础上，根据飞速发展的形势不断推陈出新。全面、快速、多变的风格和打法，必须坚定不移地坚持与脚踏实地地落实，还要按照历史发展的客观规律和现实的具体条件，不断注入新的内容和理念。

总之，60年来，中国女排不懈努力，风雨兼程，有喜有忧。如今，仍然是"困难与希望同在，挑战与机遇并存"，中国女排有着光荣与巨大的精神财富，就是团结协作、顽强拼搏的女排精神和全面、快速、多变的技、战术风格。历史的经验告诉我们，这是我们的"传家宝"，必须继承和发扬。中国女排曾经有辉煌的历史，耀眼的成绩，永攀高峰是历史赋予的使命。一代新人必须继承老女排的光荣传统，还要结合世界排球运动发展的动向和特点，根据我国运动员的条件，做到有所发展，有所创新，才能适应飞速发展的世界排球运动，引领排球技术和战术的发展潮流，力争创造更加优异的成绩，续写新的辉煌。

技术创新：中国乒乓球
运动发展的不竭动力

国家体育总局乒乓球羽毛球运动管理中心主任　刘凤岩

1959 年 4 月 5 日，在德国多特蒙德的第 25 届世界乒乓球锦标赛上，我国运动员容国团在男子单打决赛中击败匈牙利选手西多，获得了新中国历史上第一个世界冠军。

回首半个世纪，乒乓球运动员是新中国所有领域中最早登上世界之巅的人。50 年里，乒乓球为新中国的体育贡献了 165.5 个世界冠军，在所有体育项目中是最多的，并 5 次夺得世乒赛的所有冠军，三次包揽奥运会的全部金牌，为社会主义精神文明建设、为世界和平和友谊做出了突出贡献。

在举世瞩目、百年期盼的 2008 年北京奥运会上，中国乒乓球队以气贯长虹、锐不可当之势，以高超精湛的球技和优良的体育道德风尚向世人展示了中国乒乓球运动的卓越成就。在本届奥运会上，中国乒乓球队除包揽 4 枚奥运会乒乓球金牌外，还两次同时升起三面五星红旗，创造了世界乒乓球运动和奥运历史上的奇迹。为祖国争了光，为民族争了气，谱写了中国乒乓球运动"第二次创业"的辉煌篇章，使中国乒乓球运动上升到了一个新的高度。

中国乒乓球运动之所以能够取得今天这样的辉煌成就，经验是多方面的，但其中很重要的是，中国乒乓球界长期本着实事求是的态度，与时俱进，不断更新观念，进行技术创新，不断超越自我，超越对手。

一、技术创新的认识论基础

决定一项事业的得失成败很重要的因素是对该项事业内在规律是否有较高程度的科学认识和把握。长期以来，人们最关注中国乒乓球长期保持优势的实践活动。然而，同其他事业一样，在这种成功的实践活动背后，是以对乒乓球竞技运动内在规律的正确认识作为支撑的。如果说偶然的胜利不一定来自对事物本质的深刻把握，那么长时期保持优势的实践活动，就必定同对规律的正确认识密切相关。

在乒乓球比赛中，双方运动员的相互制约，最终是通过击出球的速度、旋转、力量、落点、弧线这五个物理要素来实现的。运动员的技术、战术、运动素质、心理智力能力，最终要以击出球的时间和空间特征表现出来。现代乒乓球运动的发展，从特定含义上讲，就是一个如何提高竞技要素的单个水平及它们之间组合水平的过程。中国乒乓球运动半个世纪的成功实践，证明这一认识是符合客观实际的。

根据乒乓球竞技运动内在所固有的竞技要素，中国乒乓球运动通过长期艰苦的实践和认识，在不同历史时期，根据世界乒乓球运动发展客观水平，从实际出发，以克敌制胜为目的，将竞技因素转换成我们能够在竞技中得分的制胜因素，用以在竞技较量中占据有利位置。

中华人民共和国成立初期的 1953 年，中国乒乓球男队在世界排名甲级第 10 名、女队为乙级第 3 名，属国际乒坛二流球队。对于初登世界乒坛且水平又不高的中国队来说，要想攀上高峰就必须从欧洲和日本的夹缝中闯出一条路。当时的欧洲，主流打法正由削转攻，容国团能搓能拉，再加上发球和传统的左推右攻，既能对付削球又能对付攻球，趟出了一条路，首获世界冠军。日本人发明的弧圈球，还在摇篮之中，虽然旋转强，但中国队在胡炳权、廖文挺、吴小明等陪练的帮助下，用发球抢攻抢占先机，不让对手有机会发力加转。徐寅生打球很聪明，左推右攻加反手攻，正手也不错，线路活。李富荣侧身很厉害，一侧身就要你的命。庄则栋近台两面攻，反手更是一绝，不给日本人喘气的机会，一板接一板，只要对手露出一点漏洞，就被他撕开。王传耀是中近台两面攻，人高马大，发力好。就是这 5 块直板正胶，为中国人夺得了第一个世界男单冠军和男团冠军。加上邱钟惠也用直板正胶赢得了第一个女单冠军，使得直板快攻，成为中国乒乓球技术的立身之本。

但在世界大赛上，完全靠正胶也没有把握，所以要出奇兵。于是，男子有了张燮林，女子有了林慧卿、郑敏之。长胶胶皮，其实日本早就有了，但是在世乒赛的夺牌战中，首先使用的是中国人。长胶创新，带来了新异刺激，虽然在队内比赛中不占便宜，但外国人摸不到窍门，我们就能出奇制胜。这样，从 27 届世乒赛开始，中国队的阵容又多了一项传统——奇兵。

第 31 届世乒赛之前，中国队访欧时，发现欧洲人的弧圈球已经打得飞天飞地，感到中国仅凭传统的"快、准、狠、变"有些打不通了。直板快攻遇到了困难，下一步往哪儿发展？中国乒乓界人士齐聚西苑饭店。

会上，庄则栋等人认为，要保持小老虎风格，快攻不能变，打得了就打，打不了就练，越练越快。徐寅生、李富荣则主张，快攻打不通就加点旋转，打得了就打，打不了就拉。最终，体委领导决定，小老虎风格尽量凌厉、继续发扬，同时对"加转"也允许试验，组织郗恩庭从正胶改反胶，1973 年第 32 届世乒赛，郗恩庭成为中国以直板反胶夺得世界男单冠军第一人。榜样的力量是无穷的。尽管出台了针对直板正胶的保护性规则，在 1977、1978 年两次全国锦标赛中，正胶快攻在前 8 名中所占比重已落后于弧圈和削球，越来越多的青少年选手弃正胶用反胶。到 20 世纪 80 年代初期，更有郭跃华和曹燕华两位直板反胶选手，分别蝉联世乒赛男女单打冠军。

但中国乒乓界也没有因此而冷落正胶快攻。1974 年全国比赛，李振恃崭露头角，他在近台不只有搓，还会稍加摩擦"点"一板，为直板快攻融入了新的进攻手段。20世纪70年代中期，许绍发第一个提出以快带对付弧圈。随后涌现的谢赛克、江嘉良、陈龙灿等人，正手逐渐可以直接打弧圈。横亘在中国直板正胶面前近30年的弧圈关，终算告破。

当直板快攻在加转、制转中顽强前行时，为确保中国队的整体优势，"奇兵"也以长胶为起点，渐成百花齐放之势。先是有70年代两块一面长胶一面反胶的横板，黄亮倒板削球，梁戈亮忽攻忽守，80年代又出现了蔡振华的横板防弧倒板。而横板两面反胶打法，也渐渐在中国这片直板快攻的土壤中落地生根：王会元的两面弧圈，陈新华的削中反攻，施之皓的两面攻……

1981年，中国队包揽了第36届世乒赛的全部冠军，此后连续三届，又囊括男女团体和男女单打冠军。随着攻打弧圈技术和自身"加转"的日渐成熟，中国传统的直板快攻打法迎来了新的巅峰时期。

然而，水满则溢，月满则亏。愈向前行，直板正胶遇到的困难愈大，每一届都如从刀尖上爬过。弧圈关虽过，反手的命门却被对手越盯越紧。1988年，乒乓球第一次进入奥运会，中国男单却榜上无名。1989年世乒赛，中国男队完败于瑞典。徐寅生、李富荣、许绍发，三位直板正胶快攻的前世界冠军，在不同场合表示，直板正胶命运堪忧，传统打法亟须改革。可是，由于中国乒乓球队长期屹立世界最高峰，在内部推行改革绝非易事。

于是，国家体育总局体育科学研究所从北京队调来了队员，利用测转仪，做直板横打的可行性试验。经过数据分析，证明除推挡还是用正面推有利外，其余测试的12项动作，全部是用反面横打更有利。

有了科学支持，我们开始在国家队推行直板横打。刘国梁、冯哲、王飞、李静等六人那时在国家二队，由尹霄带队，练习横打。当时，负责中国乒乓球队科研工作的吴焕群问尹霄，有没有什么困难？尹霄说，这样倒来倒去，感觉来不及，总被顶住。吴焕群想到，推挡、侧身、扑正手，本来就是直板快攻的看家本领，推挡侧身需要换拍面，跟横打换板面一样需要时间。经过测试，发现横打换面的时间比推挡侧身还充裕，关键在于训练需要提前量。练了两三年，1992 年，刘国梁在成都用直板横打战胜瓦尔德内尔，一战成名，直板横打终于在全国上下推行开来。有了刘国梁做样板，马琳、王皓在直板横打的创新路上越走越远，令中国的直板打法重获新生。

与此同时，以陈志斌、马文革为代表的中国横板两面反胶进攻型打法，也借鉴欧洲横板的风格，为中国横板的发展做出了有益的尝试。但中国乒乓球技术安身立命的根本，始终是直板快攻。无论传统的传承多么艰难，中国乒乓球人始终想方设法，用"加转"，用"横打"，甚至用"奇兵"来保驾护航，以维系直板快攻这条主线。毕竟，横板源自欧洲，欧洲人并不惧怕中国的横板，但对直板始终头疼。

1991 年第 41 届世乒赛，中国男队兵败千叶，陷入了最低谷。中国人开始反思，仅靠前三板，是否不再够用了？

其实，这种趋势在 20 世纪 80 年代后期已初现端倪。尽管 1981 年打了翻身仗，并连续三届保持强势，中国队依赖的仍是直板正胶的传统风格。随着欧洲人对旋转与速度的融合，加上接发球摆、撇等小球技术的成熟，中国队想在前三板占据主动的难度越来越大，即使勉强上手也缺少质量。1989 年，中国人的"三板斧"终于被瑞典队突破，相持阶段后劲不足的劣势被对手一览无余。

从 1991 年到 1995 年，中国队暗下功夫，在继续保持前三板技巧性的基础上，开始丰富和完善对弧圈球的认识，在攻防转换上开始起步。中国乒乓球此刻亟须回答的问题是：如果我们没办法在前面先发制人，怎样通过攻防转换来实现相对主动的相持状态，从而达到后发也能制人？

1995 年中国队夺回斯韦思林杯，标志着这种摸索取得了阶段性的成功。特别是王涛和孔令辉，在正手位更熟练地运用了中等力量的快带和反拉，这样可以在对方先上手的时候，实现由防转攻，从而改变了 90 年代初期中国队在前三板和相持中落于下风的不利境地。不过，瓦尔德内尔用他在团体决赛中的两场胜利告诉我们，中国队的攻防转换仍然不够成熟。

天津世乒赛的胜利，让中国队确信了之前努力的方向，同时感到需要更进一步，于是率先提出要在第三、五板和第二、四板的衔接中更强调质量。而在实践中，人们把它演变成一种进攻相持和进攻转换。

可以这么说，1995年之前的5年，中国队着重体现的是，我攻，能攻得下去；我防，我能防住一板。1995年以后，从第二板往第四板过渡的时候，我可以由主动到主动，从第四板到第六板的时候，我也可以从被动到主动。到了2000年以后，中国队追求的思路是一体化优势，就是一定要在实力上和技术能力上强过对方，而不是靠单独一个特长来制服对手，像王励勤、马琳、王皓，包括郝帅、陈玘，都是采取这种比较全面完整的发展道路。

近十几年来，随着乒乓球运动的发展，密切的交流，深入的科研，敌我双方已经无密可言。新的技术一旦推出，马上就会被争相效法，因此在发展运动的创新外，利用对手学习、掌握、磨合的时间，进行再创造，在中国乒乓球队已经达成共识，中国的乒乓人在新的历史时期，雄心、志向、追求也上升到了新的高度，我们立志要把项目做大、做强，强势压倒，不存侥幸！在保持原有优势的同时，我们将注意力转移到以往偏弱的领域中去，我们认识到，上旋球是当代乒乓运动的主要矛盾，而攻防一体化的衔接理念也为今后的发展，提供了切实可行的理论依据。在实践中，我们的近、中、远台均衡发展，我们的正、反手关系均衡发展，我们的攻防系统均衡发展，从而形成了全面强大的体系。我们的实力提高了，能力加强了，我们现在已经不惧旋转，不怕纠缠，甚至在欧洲人最为得意的相持中也能取得优势！我们不仅能以巧取胜，我们还能以力求胜，眼下我们在每一个环节上都不处下风，为制胜增添了稳定的砝码，强大的实力使得对手心口皆服，今天的中国队理直气壮，不躲不藏，而以巧打力，以力打力的完美结合，体现了我们的一元优势和系统领先。北京奥运会的成功说明了中国乒乓运动的创新已经实现了重大的突破，事实完全证明了一元优势和系统领先理论的正确性。无论何种打法，在与各种打法的对抗中，真正能够立足、发展、领先，它一定是先进的、强大的、全面的，它一定是不怕围攻、不惧钻研、不怕推敲、以实力占优的！

　　对竞技运动制胜规律的认识正确与否，很大程度上决定一个国家竞技水平的高低。正确则兴，错误则衰。这种兴衰的辩证关系贯穿在中国乒乓球运动多年来攀登高峰、保持优势的全过程中。正是由于我们对这一规律的及时、系统、正确的认识和适时地做出适应潮流发展的决策，才出现了中国乒乓球运动整体上长期保持优势的局面。

二、技术创新的政策导向

（一）百花齐放

　　"百花齐放，百家争鸣"，本是党和政府为了繁荣艺术和科学而提出的政策，乒乓球界的领导在总结 20 世纪 60 年代的第 26、27 届世界乒乓球锦标赛以中国的传统直拍快攻和中国的传统直拍削球在冲击世界乒坛成功经验之后，在对乒乓球竞技制胜因素进行充分论证的基础上，在对制胜规律中存在的适应与反适应、制约与反制约的实践经验进行透彻的分析之后，为了第 27 届世乒赛以后的正确发展，及时而有效地在乒乓球界落实贯彻党的"百花齐放"的方针，并且根据当时国际、国内乒坛的实际情况，创造性地提出"百花齐放，以我为主，采诸家之长，走自己的路"的技术政策。

　　这项技术政策的益处是，对世界乒乓球界已存在的各种打法，采取开放的方针，不人为地限制某种打法，而是百花齐放。但是，没有重点就没有政策，不是齐头并进，而要以我为主。在以我为主的基础上，又不固步自封，而是采诸家之长来发展自己。当时在乒乓球界有一句口号，叫做"外国有的我们要有；外国没有的我们也要有。"吸纳世界乒坛的精华，包括欧洲乒坛刚刚兴起的横拍由守转攻，以及后来逐渐发展起来的横拍弧圈球结合进攻，由单面拉到正、反手两面拉等等。这项技术政策的落脚点是"走自己的路"，洋为中用。这是一项辩证的、全面的、完整的政策。既要百花齐放，又要以我为主；既要采诸家之长，又要走自己的路。对于这项政策的贯彻，不是采取自然主义的态度，放任自流，而是根据世界乒坛技术发展的趋势，为了落实好"以我为主，走自己的路"而适时地进行宏观调控，使各种先进打法，都有一定比例。几十年来，都是这样做的，它的显著成效，就是中国的主花。如直拍快攻，在历史上建立了奇功。从 1959 年至 1989 年，在男子团体决赛中出场的 42 名主力队员中，直拍快攻占 26 名，占主力队员总数的 61.9%。在女子团体决赛出场的 35 名主力队员中，直拍快攻 19 名，占主力队员总数的 54.2%。显著成效的另一表现，是中国培植的外来名花，也都中国化了，也能登顶夺冠。

这项技术政策抓住了乒乓球竞技的基本矛盾。由五大竞技要素和五大制胜因素的直接对抗中随机组合而成的复杂性和新异性，除这些因素的随机变化外，尚有不同打法和不同工具性能所造成的差异，如长胶削球和攻球造成的速度和旋转，与正胶、反胶、生胶、防弧所造成的各自不同的速度和旋转的差异，不仅在每秒米数和转数上，在反弹的性能、空中运行和落台后的碰撞上均有差异。所有这些球性刺激，会造成对应技术"差之毫厘，失之千里"。这就是为什么会"吃转"，为什么会"球路相克"的原因，这也是训练中特别强调"适应球性"、"细腻手感"、"精确技术"的道理。中国运动员与某些欧洲运动员的显著差别之一是，中国运动员的技术是"精雕细刻练出来的"；欧洲运动员的技术是"自生自灭打出来的"。

要练就广泛的适应能力，必不可少的条件是多打比赛，多与各种不同球性的外国人比赛，类似于欧洲选手那样。但这不经济，且有效度也有限，一次比赛并不能碰上所有的球路。经济而有效的方法是在国内培养和扶持各种打法，"采诸家之长"，集纳世界上各种打法和流派，容纳于中国乒坛小世界中，百花齐放，争奇斗艳。把不能经常出现的世界大赛搬到我们的训练馆来。从广义上讲，这就是世界比赛的"模拟试验"。

在这个"试验"中，一方面为磨练和检验我们各种打法的运动员制造复杂新异刺激的能力，以我为主，塑造各种打法、绝招，克敌制胜；另一方面又培养了适应各种球路，对付各路豪杰十八般武艺的能力。这项技术政策还有很强的实效性。尖子运动员对我们乒乓球优势优在何处的深切感受，浓缩成一句话是：训练对手和训练环境为外国所不及，超前意识和忧患意识为外国所不及。在中国乒坛小世界中，各种打法，包括各种超前的新人新技术，通过激烈对抗和竞争，众多不同打法的运动员先后或同时攀登上世界乒坛的最高峰，是其他国家的运动员难以达到的。而我国选手在乒坛小世界里，能同与外国的主要对手打法相似的运动员一起训练、比赛，因而具备了对付外国选手的适应能力，对他们的技战术不感到陌生。特别是有针对性的陪练，模拟外国强手的模拟训练，更符合从实战需要出发的训练，更能使运动员掌握适应和战胜对手的技战术，更有利于特定技战术迁移到比赛中，并能培养运动员良好的比赛心理。这些带有规律性的认识、理念和政策，具有鲜明的中国特色，几十年来促进中国队取得了巨大成功。

在新的历史形势下，我们对"百花齐放"政策的执行力还需进一步加强。目前横板两面拉打法在我国已成主流，特别是在女线上表现更为突出。由于这种打法省时省力，成绩早现，成熟期短，加上独生子女家长望子成龙心切，觉得其他打法风险大、周期长，不愿在其他打法上投资，因此全国各层次的运动员几乎是清一色的横板两面拉，即便乒羽中心意识到此问题，并在政策上给予一定倾斜，但这种偏激的趋势仍然有增无减，继续恶化，所带来的负面影响是巨大的。它使国家队的打法配备出现偏差，严重地影响了训练的全面性、对抗性；使比赛用人单调，缺乏变化和牵制；使我国长期奉行的百花齐放的方针受到了极大的破坏。长期以来，我国乒乓界本着敌无我有、敌有我精、敌精我变、敌变我新的原则，坚持走自己的路，培养、创新了许多打法，如直板、生胶、正胶、怪板等，并积累了大量丰富的经验体会，历史上优秀运动员也成为了上述打法的顶尖人物，在历次世界大赛和日常训练中都发挥出重要的作用。总结教训，这种不利局面必须尽快得到扭转。同时，加强对直板技术创新的研究，如发球的种类，台内反面侧下旋拉球、正手台内拉球等创新技术要尽快地得到推广，丰富直板打法的技术手段，为发展这种打法提供物质基础。

（二）女子技术男性化

2005年末，在新的国家女队教练组成立伊始，放在我们面前的一个严峻问题是中国女队向何处去？面临两种选择：一如既往，小改小革也能取得好成绩。蔡振华副局长当时即预言，这种选择会使已经初现的"败迹"逐渐膨大；再者就是在几代人开创的伟业基础上，与时俱进，锐意创新，进行技术革命。"女子技术男性化"提出来已有十几年了，只是以往我们在这方面的思想不够解放、工作步子显得不快，进展不明显。回想我们几次失误的教训，都是在整体优势的情况下，技、战术发挥失常而败北。从比赛成绩上感到难以接受，情绪上又显得十分沮丧和无奈。从深层次上来剖析，其中有一条原因就是我们过去一味追求金牌的比重大了，忽视了技、战术的开发。步子不大、办法不多、紧迫性不强，把握发展方向不明，那就难免出现"技术单一、战术单调"的败迹。纵观那个时期我们在技术结构和系统上没有较大优势，主要靠临场状态和其他一些因素来决定胜负。一旦自身出了毛病，就被逼走麦城。新教练班子组建后，首先在认识上达成共识，夺取比赛金牌固然是我们工作的重要目标，但打造整个技术系统上的优势显得更加迫切。"女子技术男性化的细腻性和合理性"是中国女队高起点上谋发展的必由之路，这就是重提"女子技术男性化"的历史背景。

我们客观地剖析了有利条件和不利因素，认为不管现在出现多大危机，我们仍是世界第一流的强队，这是我国几代乒乓球人经过几十年的不懈努力换来的整体优势，是我们事业可持续发展的坚实基石，是我们进行技术转型的根本基础。问题是我们能否抓住备战百年期盼、国人期盼的2008年北京奥运会的契机，通过在技、战术上的创新和转型，拉大与世界强队的差距，续写中国乒乓球队第二次创业，完成党和国家交给我们的历史性任务。答案就是一句话，绝不满足现有的成绩，抓住机遇和挑战，迎难而上，力争突破。观念转变、坚冰打破、冲破束缚，大胆实践。"女子技术男性化"是一个没有真正尝试过的训练大系统，我们就采取了大课题、细分解、可操作、强训练、落实处、争实效、重总结、再深化、成环链的方法。

现代乒乓球竞技运动的实践表明，在各个历史时期领导世界潮流的是男子乒乓球运动。绝大多数的技术变革和技术进步都是由男子发起和推进的，并在经过实践检验后，逐步渗透到乒乓球运动的各个领域，从而全面推进世界乒乓球竞技运动的发展。乒乓球运动的发展水平也大多是以男子的标准进行衡量的。所以，在乒乓球竞技运动中，女子的竞技能力越是接近男子，通常来看，她的技战术水平就越高，这是被乒乓球竞技运动长期实践所证明了的基本准则。简单地说，女子竞技制胜的核心是男子化过程。

"女子技术男性化"包括五个方面的内容，即思维方式男性化、思想作风男性化、竞争意识男性化，技战术男性化、训练方法男性化。

1. 思维方式男性化。从共性上来对比，男子思维积极的多、理性的多、开拓的多、自发的多；而女队则是消极的多、感性的多、封闭的多、他发的多。思维上的欠缺给女队的飞跃发展带来了一定的阻碍。我们通过教练员与运动员的沟通、借助成功男运动员的运动经验交流，逐步改变她们的思维方法与模式。

2. 思想作风男性化。作风是一支球队的生命，中国乒乓球女队始终把过硬的作风建设作为建队、强队的重要工作。具体的就是要发扬老一辈运动员咬牙关、顶疲劳、抗困难、攀高峰、乐于奉献、敢于奉献的崇高精神，敢打大仗、敢打硬仗、敢打恶战。

3. 竞争意识男性化。针对女运动员普遍存在着喜欢打舒服球，能多练、但畏惧竞争的现象，在带队的过程中，营造激烈的竞争氛围来历练运动员的顽强意志，锤炼她们敢斗、善拼、不怕输、不服输、争强好胜、奋发进取的优良作风。再有更深层次的意图，就是完善激励机制和"透明度"，使运动员目标明确、勤学苦练。在一种你追我赶的竞争环境中，培养她们不畏竞争、坚忍不拔、勇于挑战、敢于胜利的优秀品质。

4. 技、战术男性化。根据女子的生理、心理特征和技术特点，要求她们达到男子的力量和速度难度极大。根据项目特点，我们对乒乓球要素进行梳理后确立了定位：中国乒乓球女队可以在主动、落点、节奏和战术意识上加以拓展和提高，这是技术转型的切入点。在技、战术上更加注重可行性和实用性，并在环节上着重细化，逐步把男子技术的精髓引进到女子技术中来。

5. 训练方法男性化。我们深刻地理解到"三从一大"训练原则的最终落脚点是从实战出发。因此，我们着重强调训练质量和比赛的对抗性。没有质量的训练是无益的，没有对抗的比赛是不切合大赛实战的。

（三）竞争至上

竞争既是一种激励机制，又是一种淘汰机制，是一把锋利的双刃剑。正是在竞争的这种获胜成才和失败淘汰的压力下，才迫使运动员不断进取、奋力向前、超越他人，从而最终融汇成中国乒乓球运动与时俱进的巨大洪流。竞争既是勇攀高峰的阶梯，又可能是被淘汰的滑梯。不怕失败，勇于进取，百折不挠，敢为强者，锤炼自己敢于亮剑精神是竞争机制的目的（亮剑最重要的是，就是不畏对手的强大，敢于出剑，敢于胜利，具有这种对待竞争的骨气和勇气）。

1. 对抗竞争：世界大赛中夺取金牌，为国争光

对抗竞争是与我们的对手、世界各国的优秀乒乓球选手在世界大赛中进行对抗竞争，对抗竞争也是所有竞技运动项目的灵魂，没有对抗竞争，竞技体育就没有魅力，竞技体育就会消失殆尽。所以我们要以积极、勇敢的心态面对竞争对手，参与激烈的比赛并取得比赛的胜利。竞技比赛的对抗竞争如同战争，冠军只有一个，我们必须树立顽强的斗志，殊死搏斗，从国家民族的利益出发，完成国家和人民赋予我们的光荣使命。

2. 合作竞争：队内的竞争机制

合作竞争是队内的竞争机制。这种竞争应该表现为以和谐、共赢的方

式进行。但既是竞争，那么就是残酷的，"优胜劣汰，物竞天择"，合作竞争是我们队伍梯队建设的动力机制，通过公平、公开、公正的竞争提升我们整体的竞争能力，促进核心层的形成，在和谐共赢的氛围内进行，保证了我们合作竞争的顺利开展，维系相互信任关系，有利于系统的良性发展。两方面促使我们的核心竞争力得到保证，顺利的运行和检验保证我们核心队伍一定是无坚不摧、攻无不克的威武之师。

3. 超越竞争：超越自我、超越目标

超越竞争表现为自我超越、自我实现。通过超越竞争，养成运动员不畏艰难、敢于迎接挑战的素养，在竞争中发现我们的竞争对象不仅是站在乒乓球台另一端的竞争对手，还包括我们自己。同自己竞争，实现对自己的价值观、人生观的准确认识，才能实现自我长远发展、超越自我、超越目标。

竞争的目的最终是自我实现、自我超越，这与科学发展观的核心相符。竞争同样是乒乓球队进步的动力机制，有研究表明在一个系统中，如果没有竞争机制，系统内部的积极性和创造性最多只能发挥 15%，内耗将大大增加，对一项运动的发展是致命的。回想中国乒乓球队的"直通不莱梅"可谓是中国乒乓运动的机制创新之举，选拔赛使主力队员的竞争力得到检验，是能够奔赴战场的真正战士。

中国乒乓球队通过多种途径和方法去刺激和强化运动员的训练，使她们时常处在一个激烈竞争、和谐相处的良性环境之中。以往女队普遍存在着怕打队内比赛，甚至有把技战术藏着掖着的现象，同时也感觉到自己前后左右都是"对手"，缺乏相互间的信任，增加了自我的无形压力。现在是以团队为重，场上竞争、场下交流，大赛胜利后还主动聚会庆贺和交流，重要的是队里的内耗基本得到了根除。竞争办法小到内部的比赛积分制；一、二队之间、二队与省市队之间的升降级交流比赛；大到在历次世界大赛和奥运会的选拔。在 49 届（单项）选拔赛上，我们拿出近 80% 名额用来竞争。在中央电视台的支持下进行了录播，提升了比赛的激烈程度。因此，赛场上为了一个球，为了一场比赛的胜利而奋勇拼搏的动人场

景屡见不鲜。赛后队员们深有体会地说："犹如经历了一次世界比赛，太刺激人了。"比赛技术发挥和心理素质得到历练，竞争积极性得到提高。中国乒乓球女队参加世锦赛的 12 个人中，10 人是通过公开选拔赛选拔出来的。回顾北京奥运的三位参赛队员来说，张怡宁经过近两年的技术徘徊，靠的是坚韧意志而恢复强劲；王楠 2006 年的状况十分低迷，依靠苦熬千日的自强而绝地反弹；郭跃 2006 年时年纪尚小，有一阶段技术一度下滑，经教练组的帮助再次飙升，她们都是争夺奥运参赛资格过程中的强者，为球队做出了榜样。第 50 届世锦赛（单项）的参赛人员，全部按照严格的选拔程序和方法而产生。这需要教练组的决心和勇气，也体现出教练组具备掌控和预测局面的能力。

中国乒乓球队还将竞争视为打造人的过程，是乒乓人向年龄挑战、向规律挑战、向极限挑战、向自我挑战的一个手段！以马琳为例，他的成功之路极为坎坷，竭尽全力的付出，几次大赛的失利，使他近于崩溃，"身体发胖，年龄老化，打法落后，关键手软"几成定论！许多知情的队友都说："是竞争机制挽救了马琳，激活了马琳，爆发了他骨子里的不服。"我们教练一直认为以马琳的资质与能力，理应是块大赛之材，关键在于让他接受竞争的磨练，把他逼上绝境，就能释放，爆发，反弹！长期的竞争使马琳喘不过气来，他退缩过，动摇过，沮丧过，反复过，但爱球、要球的信念却始终不变！其实成败就是一念之差，就是一捅就破的窗纸。竞争到最后就是要落实到人品、人性上，落实在最后几个关键球的处理上，关键时刻就是拼狠斗勇，就是比心跳，拼胆量，胆大吃胆小！马琳认识到奥运会是勇敢者的游戏，他愿用宝贵的生命去换取奥运单打金牌！马琳 10 年磨剑，就是为了最后的一搏，因此一定要敢于坚持凶狠、敢于坚持进攻、敢于超越自我，唯一的区别就是那几个球的敢与不敢！马琳最后胜在搏杀，用实际行动打破桎梏，实现了夺取 2008 年北京奥运会男单金牌最大心愿。

（四）以赛带练

随着乒乓项目走向市场，要用发展眼光、长远利益来看待它。为了扩大乒乓球项目的影响，除了国内、外正式的锦标赛外，年度中公开赛和各种商业比赛繁多，再加上各种政治、商业活动频繁，系统训练的时间不断减少。仅2008年一年，我们的主力队员的比赛周期长达195天，实际比赛日94个，旅行占到整整27天，我们的实际训练日仅有174天，其中比赛间隙的训练有78天，每年平均要打220场高强度的比赛。这对我们传统的练好了再赛的赛练理念是一个很大的挑战，这也是整个竞技体育发展的普遍规律。过去那种怕赛事过多干扰系统训练的意识不适应时代的发展。在这种情况下，探索新的赛练关系模式是时代对我们的要求。如果我们仅仅满足于现状，不求改善、发展、提高，将是十分危险的，它会使我们现有的优势化为泡影。

根据训练的需要，将全年的比赛赛程进行统筹的规划，针对各项赛事的性质对各层次运动员的比赛安排进行合理的调配取舍，尽量抽出、加大、延长系统训练、封闭训练的时间，以保证队伍水平的提高和大赛任务的完成。实事求是地说，充裕的时间，平静的心态，系统有计划的安排，是能使运动员在封闭训练中明显进步提高的。

努力搞好短周期的板块训练。作为职业运动员必须做好这项工作，放弃就意味着止步不前或急速退步。在超级联赛中，实行国家队教练员跟踪重点队员的作法，随时开展训练工作，将有限的时间真正利用起来。在赛季小周期中，利用训练、比赛、修正、印证的反复过程，有目的、有选择地提高技战术水平和实战能力。总之，通过认真的实践、摸索、总结，以形成赛季提高的板块训练模式具有重大意义。

三、技术创新的实践操作

乒乓球训练总的特点是，基本上天天练。如果进了省市队、国家队，正常训练每天大约5小时左右，全部在室内7×14米的范围，全部用单手作业。作业量一天约 5000 板上下，其中上午约 3000 板左右；下午约 2000 板左右。

训练内容也大体相同：以技战术为主，正手、反手、单线、复线、1/3 台—1/2 台—全台，主练、陪练交替，发接抢计划，计分赛，30—45 分钟的身体训练，多球训练、多球单练，周循环赛，阶段性公开赛等等。但结果却有较大差异，有的优秀，有的平庸。除了队员的天赋、动机等因素外，教练的指导与安排也有显著的作用，如国内的一批名师，培养出了一代又一代的高徒，援外教练中，大多在一个阶段内使受援国队员提高成绩等等。这其中，就有训练安排的问题。

（一）细化技战术

乒乓球的技术是分化得很细腻的精确技术，乒乓球运动员的本体感受器（肌肉、肌腱、韧带、关节）的功能已训练得非同一般人，他们的"手感"、"球感"相当敏感。技术上的、动作上的、工具上的，哪怕是极其微小的变化，他们常常都可分辨得出来。

乒乓球的技术是建立在如此精细的手感、球感基础上的，因而技术训练必须精雕细刻。而按技术、战术及工具性能的不同特点建立起来的各种类型的具体打法，是建立在精细技术的基础之上的。所以打法的训练也要精雕细刻是合乎逻辑的。

有压力和难度的训练所铸成的技战术，才能在极其复杂、惊心动魄的赛场上得以充分发挥，才能赢得胜利。制定科学、针对性强的个人训练计划，不折不扣地实施计划，严格要求、严格训练。我们狠抓核心技术，细抠每一板球的质量，正确处理好奥运大目标和近、中期突破目标的关系，立足当前、抓到实处，敢于发难自我、折腾自我、重塑自我，在技、战术上实现第二次飞跃。因此常规训练有量化指标或记分，保证训练要求达标，练习不到位必须当日补课。阶段性计划有进度，按质、按量、按时间完成，绝不让运动员有轻易过关的想法和做法。针对各种打法、主要对手的主战术，花大力气，盯严、盯死、盯出效果。想方设法多出新招，给运动员制造难处和树立对立面，这种对立面不是上述单纯的技术层面，而是全方位的（包含生活、心态和思维等方面）。

如对直板反胶单面拉的马琳，速度、旋转是其特长，我们加强他的凶狠变化以突出锋芒，强化他的反手横打以丰富打法，这样便可使他上升到较为理想的境界。对王励勤、马龙这种实力型打法，如能更加突出特长，凶中求转，凶中求变，也将成为横板打法的楷模。考虑到优秀运动员是基层的榜样，有着众多的球迷和效法者，因此，他们技术创新工作的成败，意义非同凡响。

王皓的事例最为典型，他是我们打造精品、极品的过程，也是塑造全新打法的大思路、大工程、大手笔！王皓的专项能力在主力中最为突出，如果说马琳、王励勤特长突出，但稍有疲软之处，而王皓则是集速度、力量、旋转于一身，综合起来更具实力，更为先进，他左右开弓，积极主动，大开大合，流畅自然，尤其反手技术凶、快、转，三位一体独步天下。在整合中，我们坚持围绕优势带动全局，提高质量，力求先进的宏观思路，以发展他的优势技术为主线，最大程度地开发他的反手进攻特长，随之正手跟上不拖后腿，我们将他的正手与反手，前台与后台，进攻与相持，防御与转攻，几者之间有机结合，其中强调的是力度和流畅，强化的是上手进攻的杀伤力，进攻相持的紧凑性，防中转攻的进攻性，确保每一系统都有优势。三年下来，王皓确实走在了发展的前列，一旦发挥就劈头盖脸，行云流水，经常打得对手溃不成军，难以招架。

（二）训练从难

"难"就是增加训练难度。我们设置多种难度，创造超比赛、超常规的训练，想方设法去"折腾"运动员。例如：增加球网高度，以此来推动对弧线的制造和控制；队内比赛的中局让分方式以增加比赛难度，使运动员们的心态始终处在落后、追平、领先反复变化和颠簸之中；由教练员做比赛仲裁，加强比赛中的执法力度，甚至故意"误判"来制造紧张气氛，磨练心理承受和抗干扰能力；教练在赛前替运动员"代粘"球拍，加强对突发事件的排除和调节能力；由对方运动员随意要分比作"误判"，锻炼他们在不正常和不公平的比赛中，要用正常心态去力求发挥正常水平的能力。通过反复刺激，增加他们在紧张的状态下，保持坚定的心理和有效战术实施及稳定性。虽然这种"模拟比赛"胜少输多，但我们的"练心态（心理承受能力）、练抠细（技、战术的合理运用）"的意图，帮助运动员在大赛中没有出现惊涛骇浪和翻船。如果平时压力不到位，重大赛事突然增压就会出大问题。

要充分利用队伍的集团优势，将队内比赛当作磨练、竞争的主要阵地，对每次队内比赛我们都极为重视，精心安排。赛前我们要将运动员调整到最佳状态，让他们思想重视、高度兴奋、身心投入，确保比赛在高对抗、高质量下进行。此外在比赛的方法和手段上，我们不断创新、改进，力争使训练接近、难于实战，达到预期的效果。我们抓住比赛的特点、规律、变数大做文章，它包括：主力对非主力的让分，领先与落后，开局、中局和尾局，发球与接球，时而单项演练，时而一体化操作，既提高了兴趣，又保证了质量。

为了使磨练高于实战，难于实战，在世乒赛资格选拔时，我们推出了强亏弱赚，变数、偶然性更大的 6 分赛制，同时要求不做场外指导，培养主力独立作战的能力。为了加大比赛的透明度、对抗性，提高比赛的性质，让运动员心理承受更大的压力，我们把队内选拔赛推上中央台直播，在扩大国球影响的同时，让运动员接受全国球迷的检验。为了加大竞争磨练的力度，我们的选拔最终定格在一场定乾坤的 PK 之战上，它紧张、刺激、充满悬念，运动员比得就是心跳、自控，胜负结果将关系着运动员的前途与发展，经过"生死"战火洗礼的运动员感受深刻，其体会将受用终身！我们奉行国内、队内练兵，一致对外的原则，将对外成绩作为最重要的选拔依据，将不输给外国人当作评定的最终标准，甚至将对外比赛作为队内竞争的重要组成部分。每次对外比赛前，教练组都要针对敌我双方的实力和情况，提出具体的任务指标，以便进行赏优罚劣。

（三）　质量求精

"精"就是精练和精确。对每项技术精益求精，不马虎、不走样。在训练时，运用技术和比赛实时跟踪统计，分析训练质量和比赛的技、战术运用的实效性。经过多年的努力，制作了主要对手技、战术分析的多媒体资料，为我们提高训练的精确性起到了十分积极的作用。针对性不光针对我们的对手，同时也针对着自己技术上的弱点和不足以及战术上有待提高的地方，进行提前训练。我们经常采取那种自我否定的工作态度，积极寻找自身的缺陷和不足加以改进，促进了技、战术不断进步和发展，使对手很难找到对付我们的办法。

训练质量的求"精"也体现在我们训练的方向性上，在适应 11 分制的变革中，我们的训练方向就表现出较强的精确化特征。

自 2000 年开始，在国际乒联推出的三项重大规则改革中，我们感到 11 分赛制对我队的冲击最大。我们可以用四个字来概括我们在雅典奥运会上的感受，那就是压力极大。无论是马琳负于老将瓦尔德内尔，还是王皓决赛中负于柳承敏，痛失金牌，都是压力过大造成的，而这种压力又与 11 分赛制息息相关。这使我们认识到，必须以全新的理念、全新的意识对其再研究、再认识。通过总结、钻研、实践，我们大致把 11 分制竞技特点概括为三大、二快、一精，进而提出我们的训练要求。

1. 三大。一是偶然性大。11 分赛制由于比分减少一半，偶然性将增大一倍以上，它导致了强弱之间的差距缩小，比赛的悬念增加，冷门、奇迹迭出，凶狠、变化、博杀型打法相对得到便宜。二是心理负荷大。由于 11 分赛制球数减少，客观上每个球在比赛进程中所起的作用加大，每分关键、每分必争、每球必争，增加了运动员的心理负荷，使运动员在比赛中的精力消耗远远大于 21 分赛制。三是比分变化大。由于 11 分赛制比分的易起易落，很大程度上影响着运动员技战术的发挥，反败为胜的战局颇多，因此，心态平和，掌握凶稳关系、变化时机对稳定发挥、稳定战局起着重要的作用。

2. 两快。一是启动快。11 分赛制减少了适应、热身的过程，开局至为重要，它要求运动员尽快起动、尽快进入状态，而这种能力是需要通过平时的训练加以解决的。二是转换快。由于 11 分赛制以两球为单位进行发、接球转换，比 21 分赛制以 5 分球为转换单位快得多，打破了旧的习惯，需要树立全新的训练思路与模式。

3. 一精。11 分赛制对技术发挥的稳定性要求提高，比赛心理压力增大，前三板争夺力度加强，没有过硬的技战术作保证，很难在激烈的对抗中立足。所以精练前三板技战术组合，突出技术运用的凶、快、变，精练主要得分手段将对比赛的结果产生重大影响。

2006 年，波尔在大赛中反手反抽加转弧圈的实战表现，令我们心头为之一震，这实际上是以攻对攻先进理念的萌芽与雏形，于是我们提出了发展扩大的可能，首先掌握抽加转的技术，然后再学会抽前冲。我们展望未来，举一反三，感到正手进攻使用最多，已成体系，已近极致，再创新空间不大，而反手技术系统则不尽然，如果把我们的台内拧拉、拧冲，强力进攻，衔接以及新创的反抽弧圈，几者合成，融为一体，组合有序，定将威力倍增，形成领先优势。我们预测世界乒坛一两年内，将围绕着反手攻防体系的完成出现一场革命，从而适时地提出了发展打法："讲理中的不讲理，部分地实现以攻代控，以攻代防，以攻对攻"的先进理念，并掀起了技术革命的群众运动，正因为我们预判准、决策早、下手快、精度高，在新一轮的较量中我们捷足先登，占得先机，而我们的主要对手却又一次地败于不够及时与力度的不足。

四、技术创新的与时俱进

纵观中国乒乓球运动 50 多年在竞技训练方面许许多多的成功经验，必须站在新的历史高度，从把握乒乓项目竞争力的总体规律出发，从高层教练的视角出发，进行新的探索，作出新的抽象和概括。这种探索和概括，所选取的研究对象应是长期反复出现的，应概括出其内在的必然规律。这里所指的规律，是指在乒乓球竞技训练系统中深层结构的比较抽象的东西，是人们在竞技训练实践中不易观察而又必须时时遵循的基本原理，同时又是具体的、形象的、较易观察的教材教法，如正手技术的教材、教法及训练等。

（一）水溶性胶水

北京奥运会后，运动员使用的胶水由原来的挥发性胶水改为水溶性胶水。这直接影响到我们技、战术的使用和发挥。为了使运动员对这一变化有清晰的了解，我们进行了无机胶水对乒乓球速度、旋转及比赛技战术运用情况影响的实验和对照。采用高速摄像机，分别使用无机胶水和有机胶水的球板，在其他条件尽量相同的情况下，对击球技术进行了乒乓球速度和旋转的测试；采取无机胶水和有机胶水比赛的录像技战术对照分析。

1. 与挥发性相比，使用水溶性胶水，大部分技术乒乓球的球速和旋转有所下降。

（1）冲下旋球、拉高吊弧圈球和冲上旋来球时，球速和转速下降明显。

（2）正手削前冲弧圈球，转速下降明显，球速下降不明显。

（3）发下旋球时，球速和转速变化不明显。

2. 与有机时代相比，无机时代比赛的"攻对攻"相持段使用率有所提高，"攻对削"变化不明显。

（1）"攻对攻"比赛时，发球段"发球抢攻"前三板成功率略有下降；接发球段"前三板"成功率变化不明显；相持段使用率有所提高。

（2）"攻对削"比赛时，发球段"前三板"使用率下降明显；接发球段"前三板"使用率变化不明显；相持段使用率略有增加，但变化不明显。

中国乒乓运动历来有不畏挑战、勇于胜利的自信。器材的变化，只是我们在持续发展中的新问题、新挑战和新机遇，变通有术，有变则通。对新规则掌握和运用得好，我们的优势将能得到更大的提升，因此这也是通过技术创新、求得大发展的一个契机。

（二）国际化道路

中国乒乓球运动经过几代人的努力，实现了中国乒乓球运动的健康发展，从 2000 年到 2004 年再到 2008 年，我们出色地完成了奥运争光计划，包揽了几次奥运会金牌。目前，中国乒乓球竞技运动的领先，是一种系统化的领先，无论从技战术、心理、信心、组织、管理到体制都比外国人强。从事乒乓球运动的人比世界其他国家要多，我国的传统三级训练网和目前俱乐部体系的建设强于其他国家的训练体制，更多的社会资源进入到乒乓球项目中来。尽管我们的传统体制是沿袭苏联和东欧的体制，在这样的体制下，我们集中了国家的资源，投入了大量的人力和物力，一批老领导、老教练为发展乒乓球运动做出了重要贡献。在前人留下的宝贵财富基础上，我们后来人进行了大胆的创新。我们可以清楚地看到，今天的训练、管理理念与往昔已非同日而语，国家队的核心价值得到充分体现，在竞争和运动员个性培养上与以往相比发生了质的变化。我们可以面对国际乒联在规则上的各种变革，在极端恶劣的环境下，顶住压力，保持了近年来我们在国际比赛上 90% 以上的胜率，队伍的核心价值得到充分体现，运动员的境界得到提高，运动员的形象得到改变，运动员寿命得以延长，运动员对胜负观的认识提高了，老运动员力争保住自己的位置，新队员勇于超越，形成了人才的良性竞争格局，我们也不太顾虑我们的人才外流，与以往相比，运动员的工作也相对好做了。我们可以自豪地说，我们提升了老一辈乒乓球工作者给我们留下的宝贵经验和财富。

竞争是竞技体育发展的根本，没有竞争，就不会有人们对竞技体育的关注。只有关注，竞技体育才会有商机。日前，中国乒乓球运动的国内市场还是不错的，但如果我们在发展过程中缺少国际化的战略眼光，若干年后，情况可能就不会是这样。由于乒乓球运动的竞争能力下降，竞技过程中缺少看点，百姓的注意力可能就会转移到其他项目上去。对于乒乓球来讲就是整体的衰退。对此，我们必须要有强烈的忧患意识。如果我们还是固守老的思维方式去办现在乒乓球的事，那后果将是非常严重的。

在国际上，以国际乒乓球联合会作为领导的国际乒乓球组织，有愿望把乒乓球运动在世界上做得更大和更强，让世界上更多人了解乒乓球，关注乒乓球，享受乒乓球的快乐，参与乒乓球运动，而要做到这一点，世界乒乓球运动的均衡发展是前提。如果作为乒乓大国和强国的中国，只顾自己不停地包揽比赛的金牌，而忽略世界乒乓球运动的整体发展，这无论对我们自己，还是对乒乓球运动的整体都不是一件好事。世界乒乓球运动的兴衰，直接关系到中国乒乓球运动能否健康持续发展。

中国乒乓球运动国际推广与发展计划是中国乒乓球协会推出的一个旨在利用中国乒乓球运动目前在世界竞技舞台上取得的优势以及良好的群众基础和较好的市场环境，在我们继续取得发展的同时，带动世界乒乓球运动进一步普及与发展。这是一个综合性的计划，将设立专门的组织机构，通过训练、竞赛、市场开发、外事等工作，加强与国际乒联及世界各国协会的合作，以中国乒乓球协会为核心圈，共同发展乒乓球运动，保持乒乓球在世界体育项目中的地位，创造有利于中国乒乓球运动可持续发展的国际环境。

"国球荣光，世界分享"。推广和传播中国乒乓球文化，将中国乒乓的光荣与辉煌传承发扬，将是历史赋予我们的又一重任，这也是中国乒乓人在更高层次上追求的创新与发展。

光辉岁月

——新中国羽毛球运动发展历程

国家体育总局乒乓球羽毛球运动管理中心主任　刘凤岩

现代羽毛球运动发源于英国，1918 年第一次世界大战后传入我国。新中国成立前，我国的羽毛球事业发展缓慢。新中国成立后，在党和国家领导人的关怀与支持下，羽毛球运动很快成为我国重点发展的体育项目之一。半个多世纪以来，我国的羽毛球工作者历尽风雨磨难，但从未放弃过对羽毛球事业的追求。如今，羽毛球已经成为了最受我国人民群众喜爱的体育运动之一，中国国家羽毛球队也稳稳地站在了世界羽毛球强队的前列。

一、从艰难起步到成为无冕之王

1953 年 5 月 2 日，全国篮、排、网、羽四个项目的球类运动大会在天津举行。羽毛球作为表演项目，共有华东、华北、中南、西北和火车头体协五个单位、19 名运动员参加了比赛。这是新中国成立后的第一次全国性羽毛球比赛。

（一）　第一支中国羽毛球集训队成立

1953 年 6 月，印尼华侨组织了体育观光团到国内观光、进行巡回表演。该团的羽毛球队由印尼著名球星王文教、陈福寿、黄世明、苏添瑞等华侨青年组成，他们的表演震惊了国内羽毛球界。

王文教、陈福寿、黄世明三位爱国华侨青年，在回到印尼后继续关注着祖国的体育事业，他们看到了党和政府对体育的重视及对人民群众身体健康的关怀，深受感动。1954 年 5 月，为振兴中国羽毛球事业，他们冲破重重阻力，毅然回国。1954 年 7 月，以王文教、陈福寿、黄世明三位归国华侨为核心的羽毛球班在中央体育学院（现北京体育大学）成立了，这也是首个中国羽毛球集训队。

首批中国羽毛球集训队的训练条件非常艰苦，当时只有一片场地，没有教练，也没有有章可循的训练方法。在这种情况下，他们受其他运动项目训练方法的启发，逐步形成了自己的一套羽毛球训练方法。这支队伍除了努力提高自己的实战水平外，还经常抽出时间下基层辅导。在他们的推动下，福建省于 1956 年 11 月成立了我国第一支省级羽毛球队。随后，上海、广东、天津、湖南、湖北等相继建队。

（二）　全国性比赛带动国内羽毛球运动的开展

为了进一步推动我国羽毛球运动的发展，国家体委决定，从 1956 年起每年举行一次全国性羽毛球比赛。

1956 年 5 月 20 日至 6 月 6 日，第一次全国羽毛球比赛在天津举行。共有北京、天津、上海、沈阳等 11 个城市的 78 名运动员参加了比赛。这些运动员绝大部分是来自印度尼西亚、马来西亚、泰国、新加坡等东南亚国家的归侨青年。此后，在 1957 年和 1958 年又接连举办了两次全国羽毛球比赛。

连续三年的全国比赛极大地带动了国内羽毛球运动的发展，在 1958 年全国羽毛球比赛后，全国共有 21 个省、市、自治区先后建立了羽毛球集训队。当时，各队之间为了互相促进，经常进行互访赛和邀请赛，这种形式极大地促进了我国羽毛球运动整体水平的提高。

为了学习国际上的先进羽毛球技术，促进我国羽毛球运动的发展，早在 20 世纪 50 年代中期，中国羽毛球队便开始了国际往来，通过与印尼等当时的世界强队的交流，中国羽毛球队的水平不断提高。

1957 年，中国羽毛球队参加了第七届世界青年联欢节的羽毛球比赛，这是我国羽毛球队第一次参加较大型的国际比赛。比赛中，中国运动员发挥了应有的水平，陈福寿、王文教获得男单冠亚军，王文教/陈福寿获男双冠军，陈福寿还与前苏联女运动员合作获得混双冠军。

（三）中国羽毛球协会正式成立

为了进一步促进我国羽毛球运动的开展，加速提高运动技术水平，中华全国体育总会决定成立中国羽毛球协会。1958 年 9 月 11 日，中国羽毛球协会成立大会在武汉市正式召开。

正当我国羽毛球运动蓬勃发展之际，迎来了中华人民共和国成立十周年大庆。为了欢庆这个盛大的节日，并检阅建国以来我国体育事业的重大成就，中央决定于 1959 年 9 月在北京举行第一届全国运动会。1959 年 9 月 14 日至 27 日，第一届全国运动会如期举行，共有北京、上海、江苏、浙江、福建等 21 个省、市、自治区的 42 名运动员参加了这次盛会的羽毛球比赛。比赛设有男子单打、女子单打、男子双打、女子双打和混合双打五个项目，福建队以绝对优势夺得了全部项目的冠军。

（四）困难时期，华侨青年撑起一片天

1960 年至 1962 年，我国发生了较为严重的自然灾害，再加上其他方面的原因，国民经济暂时陷入十分困难的境地。当时，国内的体育事业包括羽毛球事业也受到了影响，不少球队被迫解散。在这样困难的情况下，海外华侨出于对祖国的热爱和对祖国羽毛球事业的热情，纷纷送子女回国。

1959 年至 1961 年间,方凯祥、汤仙虎、侯加昌等华侨青年先后从印尼回到祖国,他们带来了国外羽毛球运动的先进技术与新颖打法。其后两年,又有一批归侨青年先后加入福建羽毛球队和国家羽毛球队。这些归侨青年训练刻苦,技艺高超,事业心强,给队伍增加了新鲜血液,他们成为随后几十年里推动我国羽毛球事业发展的中坚力量。

与此同时,各地羽毛球队的教练和运动员不怕困难,锐意进取,发愤图强,在打法和训练上取得了一定的突破。这个时期,福建队和广东队是我国羽坛的两大霸主,他们互相学习,互相促进,在竞争中闯新路,推动了我国羽毛球技术的革新和发展,促使其出现了一个划时代的飞跃。

(五)我国羽毛球进入"无冕之王"时代

由于我国羽毛球工作者的不懈努力,到了 1963 年,我国羽毛球队的技战术水平不但没有大幅度下降,反而取得了一定的进步。1963 年至1965 年间,我国羽毛球队先后打响了四次战役,这四次战役的胜利为其成为"无冕之王"奠定了基础。

1963 年 7 月 11 日至 8 月 12 日,印尼羽毛球队访问我国。他们阵容整齐,实力雄厚,1958 年和 1961 年曾两度夺得汤姆斯杯冠军,是绝对的国际超一流球队。令人意外的是,在北京,印尼队分别与中国队和中国青年队进行了两场比赛,结果全部告负。之后,福建队、广东队、湖北队又先后与印尼队比赛,大获全胜,中国羽毛球选手的出色表现震惊了世界羽坛。1963 年 11 月,第一届新兴力量运动会在印尼首都雅加达举行。我国羽毛球队参加了此次比赛,并夺得女团、男单两项冠军。1964 年,印尼羽毛球队在实现汤姆斯杯三连冠后再次来华访问,他们派出了最强阵容,但是,在与我国羽毛球队的较量中,印尼队接连输球。这一系列比赛表明,我国羽毛球运动的技战术水平已经赶上了世界强队的水平。

此后,我国羽毛球队又出访北欧,与世界劲旅丹麦队、瑞典队共进行了 34 场比赛,以 34 比 0 大获全胜。外电外报称誉我国羽毛球队为"冠军之冠军"和"无冕之王"。回国后,贺龙副总理亲自宴请出访的羽毛球队全体成员，并勉励大家"从零开始，切勿骄傲"。

（六）确立快狠准活的技术风格

1964 年 7 月 16 日至 28 日，第一次全国羽毛球训练工作会议在北京召开。会上明确了我国羽毛球运动"快、狠、准、活"的技术风格，确定了"以我为主，以快为主，以攻为主"的发展方向。

"快、准、狠、活"的具体内容是：快：出手动作快，判断反应快，步法移动快，击球动作快，战术变化快；狠：凶狠果断，落点准确，以杀为主，多点进攻，抓住有利时机，一拍解决问题；准：能在快速凶狠与灵活变化中正确掌握技术，运用自如；活：有勇有智，机动灵活，善于适时地变化打法。

这次全国羽毛球训练工作会议，是我国羽毛球运动发展史上一次十分重要的会议，为此后我国羽毛球事业的突飞猛进打下了坚实的基础。

1966 年，我国进入十年动乱阶段，全国上下各项事业停滞不前，羽毛球也不例外。十年动乱前期，羽毛球界的著名教练员和优秀运动员都被下放到农村，训练无法正常进行，运动员的身体素质和技术水平大幅下降。王文教、陈福寿、杨人燧等在下放期间，虽然身处逆境、前途未卜，但仍然念念不忘国家的羽毛球事业。他们联名上书，恳求党和国家关怀来之不易的羽毛球成果，不能让它毁于旦夕。

二、从百废待兴到名扬世界羽坛

从 1971 年开始，国内的形势逐渐好转。1972 年 1 月，周恩来总理指示国家体委成立羽毛球国家队。随后，我国的国内羽毛球比赛和国际交往趋于正常。

（一）五项球类运动会助羽毛球运动复苏

在周恩来总理的关怀和具体领导下，1972 年 6 月 10 日，全国足球、篮球、排球、乒乓球、羽毛球五项球类运动会在北京举行，这是自 1966 年"文革"后举行的第一次全国性运动会。

全国五项球类运动会的举行，大大推动了各省市羽毛球运动的恢复，下放到农村和干校的羽毛球教练员、运动员先后被调回。到 1973 年，全国已有 21 个省、市及部队相继恢复和新建了羽毛球队。1975 年 9 月 13 日至 25 日，中断了 10 年的全运会在北京重新拉开战幕。参加羽毛球比赛的有 24 个单位的 371 名运动员。

1976 年以后，随着国内形势的彻底好转，我国羽毛球运动也加速发展起来，一批年轻选手迅速成长，成绩水平很快回升。为了进一步加强后备力量的培养，国家体委采取了一系列行之有效的措施，其中关于青少年的训练和比赛已形成了制度。到 1978 年第二次全国羽毛球训练工作会议召开后，全国的业余体校羽毛球班进入了蓬勃发展时期。

通过几年的培养和锻炼，韩爱平、林瑛、吴迪西、郑昱鲤、田秉毅、杨克森、陈瑞珍等一大批优秀的青少年选手开始在国内赛场脱颖而出。1979 年 9 月 12 日至 30 日，第四届全运会在北京举行，这是"文革"后的首次全国性体育盛会。这届全运会羽毛球比赛的规模和参赛人数都是空前的。由此可以看出，羽毛球运动在我国已经有很高的普及率，运动员队伍发展迅速，一些新建不久的省、市羽毛球队水平已有明显提高，这些都为我国羽毛球在 20 世纪 80 年代初的崛起打下了坚实的基础。

（二）与世隔绝的局面被打破

伴随着国内羽毛球运动的复苏，"文革"开始后一度中断的与国外羽毛球界的往来也开始恢复，1971 年底，我国派出侯家昌、汤仙虎二人出访加拿大，打破了我国羽毛球与世隔绝的局面。

在这一系列的国际交往中，我国羽毛球队不仅在一定程度上了解到了当时各国羽毛球队的技战术水平，而且促进了我国与这些国家的外交关系。1974年5月31日，在伊朗德黑兰召开的亚洲羽联代表大会特别会议上，中国羽毛球协会正式成为了亚羽联会员。由此开始，中国羽毛球运动开始进一步走向世界。

1974年，第七届亚洲运动会在伊朗首都德黑兰举行。这是自1966年"文革"以来，我国参加的第一个大规模洲际体育运动会。在这届亚运会上，中国羽毛球队表现神勇，共获得5枚金牌、3枚银牌、2枚铜牌。尤其在男女团体决赛中，中国男女队力克当时的世界最强队印尼队，登上了男女团体冠军的领奖台。

1976年10月21日至11月7日，中国队参加了第四届亚洲羽毛球锦标赛。在这次比赛中，栾劲、陈昌杰、林江利、孙志安和姚喜明等一批新人挑起了中国队的大梁，他们在比赛中的出色表现，让人们看到了中国羽毛球队的希望。

与中国运动员在赛场上不断创造佳绩的同时，中国羽协与亚羽联各会员国之间的交往也日益增多，关系更为密切。1977年3月26日至4月2日，中国羽协受亚洲羽联的委托，在北京举办了亚洲羽毛球教练员训练班。这次训练班是我国羽毛球界举办的第一次国际性体育技术交流活动，它有力地扩大了我国在国际羽坛的影响。

1978年4月15日至25日，第三届亚洲羽毛球邀请赛在北京举行。邀请赛期间，组委会组织了现场技术交流活动和教练员经验交流座谈会。4月22日晚，邓小平同志在人民大会堂亲切接见了参加本届邀请赛的特邀人士、各代表团团长和领队。

（三）第一批世界冠军诞生

尽管加入了亚羽联，但在20世纪70年代，中国羽协在重返国际羽联的过程中却遇到了很大麻烦。长期以来，国际羽联错误地决定接受台湾羽毛球组织为一个国家组织，拒绝修改国际羽联章程中的不合理条款，这在很大程度上严重阻碍了世界羽毛球运动的健康发展，激起了许多国家羽协的不满。

为了争取各协会会员能在发展世界羽毛球运动中获得平等的权利，1977 年 9 月，亚羽联在伦敦举行会议，提出了成立新的世界羽毛球联合会的倡议。1978 年 2 月 25 日，世界羽联筹委会在香港举行了第三次会议，在这次会议上，一个新的世界羽毛球组织——世界羽毛球联合会成立，中国等 20 多个国家和地区的羽毛球协会加入这一新组织。

世界羽联成立后，于 1978 年 11 月 4 日至 7 日在泰国首都曼谷举行了世界羽联第一届羽毛球锦标赛（单项），共有 16 个国家和地区的队伍参赛。中国队整体优势明显，在总共五个单项的比赛中，庾耀东夺得男单冠军，张爱玲夺得女单冠军，侯加昌/庾耀东夺得男双冠军，张爱玲/李方夺得女双冠军，他们也因此成为我国羽毛球界第一批世界冠军。在本次比赛中，泰国总理江萨和中国副总理邓小平出席了闭幕式并为夺冠队员发了奖。

（四）世界羽联与国际羽联合并

进入 20 世纪 80 年代，沐浴着改革开放的春风，我国羽毛球运动迎来了快速发展的大好机遇。

从世界羽联成立后，随着以中国为代表的会员国的羽毛球水平的稳步提升，世界羽联的威望日渐提高。在此期间，世界羽联和国际羽联曾多次坐在一起协商，讨论两大羽毛球组织合并的事宜。1981 年 5 月，国际羽联与世界羽联这两大组织宣告联合，中国羽毛球协会成为该组织的正式会员，中国羽毛球运动员终于赢得逐鹿国际羽坛，争夺世界桂冠的良机。

1981 年 7 月 25 日至 8 月 2 日，中国羽毛球队参加了在美国圣克拉拉举行的首届世界运动会羽毛球比赛，一举夺得男单、女单、男双和女双四项冠军。这是中国羽毛球运动员首次参加的正式的世界性比赛，面对印尼、丹麦、英国、日本等强队，中国选手展现出良好的精神风貌和绝佳的球技，轰动了国际羽坛。

（五）中国队扬威汤尤杯赛

汤姆斯杯赛和尤伯杯赛是代表世界羽坛男女团体最高水平的比赛，在两大羽毛球组织合并前，中国羽毛球队一直无缘参与这两大团体竞争。伴随着两大组织的联合，1982 年 5 月 10 日至 21 日在伦敦举行的第十二届汤姆斯杯赛，中国羽毛球男队首次登场亮相。

在这届汤杯赛中，中国队在最后的决赛中与曾 7 次夺取汤杯的印尼队狭路相逢。当时的汤杯决赛采取九盘制，分两天进行。头一天的四盘比赛，中国队以 1 比 3 落后，此时许多外国通讯社已断言印尼队稳操胜券，而印尼队也忘乎所以，他们的教练和队员纷纷提前在汤杯前拍照。面临困境，首次征战汤杯的中国队毫不畏惧，经过精心的安排，到第二天再战，中国队大发神威。先是栾劲力克全英赛冠军梁海量；接着韩健又击败当时印尼如日中天的"天皇巨星"林水镜；最后上场的陈昌杰勇胜庞戈。中国队绝地反击成功，首次捧起了汤姆斯杯。中国队的这一胜利打破了印尼队在国际羽毛球男团比赛中的垄断局面，连印尼队领队都表示，中国队夺冠当之无愧，这同时也预示着世界羽坛的印尼时代已经结束。

1984 年 5 月 7 日至 18 日，第十届尤伯杯赛在吉隆坡举行，中国女队首次亮相便显示出强大实力，即使在决赛中面对当时的劲旅英格兰也是直落五盘，赢得相当轻松。在中国女队捧起尤伯杯后，国际羽坛惊呼，中国女队在世界羽坛已牢牢站稳脚根，要从中国女队手中夺回尤伯杯谈何容易。

1986 年 4 月 22 日至 5 月 4 日，第十四届汤姆斯杯赛和第十一届尤伯杯赛同时在印尼雅加达展开，在这次比赛中，中国男女队的表现更为抢眼，最终双双捧起汤姆斯杯和尤伯杯。这也是中国羽毛球队第一次将汤尤两杯同时揽于怀中。

此后的 1988 年和 1990 年汤尤杯赛，中国羽毛球队均笑拥双杯，在这两个世界顶级团体大赛中开创了一个中国时代。

（六）群星璀璨，闪亮世界羽坛

在正式登上世界羽坛后，伴随着中国羽毛球队在汤尤杯、世界锦标赛、世界杯赛、亚运会等一系列重大赛事中屡屡夺金，一大批优秀的中国羽毛球选手脱颖而出，闪亮世界羽坛，形成令人夺目的璀璨星河。

在这片群星之中，最为耀眼的是，男子单打先有来自辽宁的韩健、陈昌杰，来自福建的栾劲等等，后有来自江苏的杨阳、赵剑华，来自江西的熊国宝；女子单打先有上海双姝刘霞、张爱玲，后有浙江的李玲蔚、湖北的韩爱平，最后是湖南的唐九红以及广西的黄华；男子双打前有孙志安/姚喜明，后有李永波/田秉毅；女子双打前有林瑛/吴迪西，后有林瑛/关渭贞以及关渭贞/农群华。

这些优秀选手不仅多次在汤尤杯赛上为中国队夺冠立下汗马功劳，而且还是世锦赛等一系列重要比赛的冠军领奖台上的常客。

1987 年在北京举行的第五届世锦赛上，中国队一举夺取了全部五个单项比赛的冠军，创造了世锦赛冠军由一个国家的选手包揽的历史；1990 年在北京举行的亚运会上，中国队又一举夺得除混双以外的总共六项冠军，创造了亚运会历史上前所未有的奇迹。

（七）国内羽坛开始全面发展

在中国羽毛球选手扬威世界羽坛的同时，全国的羽毛球运动也进入到全面发展阶段。

进入 20 世纪 80 年代以来，为了提高教练员、裁判员和科研人员的业务水平，中国羽协组织举办了多种形式的教练员训练班、裁判员培训班和学术报告会，培养了一批羽毛球运动的业务骨干。与此同时，中国羽协高度重视对业余体校教练水平的培养和提高，多次举办业余体校教练员训练班、业余体校教练与专业队教练相结合的训练，组织编写《羽毛球教学训练大纲》及各种教科书，选派年轻教练员到体育院校学习深造，选派部分优秀教练员出国援外等。通过一系列的工作，中国羽毛球运动的各类人才水平提高较快，为我国羽毛球事业的开拓与发展作出了积极贡献。

为了加速后备力量的培养，1982 年 5 月成立了中国青年羽毛球队，采取"分散为主、集中为辅"的形式安排训练。青年队的建立不仅为国家队输送了大批优秀后备人才，而且也带动了各层次后备力量的发展。

三、从走出低谷到重塑辉煌

在经历了 20 世纪 80 年代的辉煌之后，中国羽毛球在 20 世纪 90 年代初期，逐步滑入低谷。在羽毛球项目首次成为正式比赛项目的 1992 年巴塞罗那奥运会上，被寄予厚望的中国队一金未夺。此后，一大批优秀选手纷纷退役，中国队陷入青黄不接的尴尬境地。

1993 年 10 月，中国羽毛球队重新组建，年轻的教练班子带领同样年轻的队员，开始为中国羽毛球走出低谷、重振雄风而奋斗。

（一）巴塞罗那奥运会，一代老将的伤心地

进入 20 世纪 90 年代，李玲蔚、韩爱平、熊国宝等一批老将相继退役，中国羽毛球队的整体实力有所下滑。1992 年在吉隆坡举行的汤姆斯杯赛，中国男队痛失汤杯；1992 年巴塞罗那奥运会无一枚金牌入账。

1992 年巴塞罗那奥运会虽然是中国羽毛球队第二次亮相奥运赛场，在之前的 1988 年汉城奥运会上，羽毛球曾被列为表演项目，李玲蔚、杨阳、李永波/田秉毅等名将曾经在那届奥运会上向世人很好地诠释了羽毛球运动的独特魅力。时隔四年，羽毛球正式进入奥运会，李玲蔚等名将已经挂拍，而赵剑华、李永波、田秉毅等也都过了运动生涯的黄金期。

在这届奥运会上，羽毛球只设了男女单打和男女双打四个项目，中国队派出当时的最强阵容参赛，但最终却未能染指金牌，最好成绩是关渭贞/农群华摘得的女双银牌，之后便是唐九红、黄华并列女单第三，李永波/

田秉毅收获一枚男双铜牌。这样的成绩让当时的中国羽毛球队深受打击，由此也显现出中国羽毛球的整体水平开始滑向低谷。

（二）国家队重组，年轻人挑起大梁

1993年下半年，中国羽毛球队的教练班子进行重组，王文教、陈福寿、侯加昌、陈玉娘等为中国羽毛球运动作出巨大贡献的老一辈教练功成身退，代之而起的是以李永波为首的一批刚过而立之年的年轻教练。

上任伊始，年轻的教练班子就发出了尽快带领中国羽毛球队走出低谷的豪言壮语。新的教练班子启动之后，从抓队伍管理入手，制定了有效的规章制度，此外加紧培养一批年轻有潜力的选手，让中国羽毛球队充满了朝气和活力。在全体教练员和运动员的共同努力之下，中国羽毛球队很快便走上了正轨，并就此开始艰难地爬坡。

1994年5月，汤尤杯赛在印尼雅加达举行。这是中国队新的教练班子和年轻的选手们第一次接受世界大赛的考验。由于年轻和实力有限，中国队在此次汤尤杯赛上双双失利，男队冲杯未果，女队则丢掉了已蝉联五届的尤伯杯。随后在同年底的广岛亚运会上，中国羽毛球队再度遭受重创，在男女团体和五个单项全部七项比赛中，仅获得七块铜牌。这一打击对刚刚走上正轨的中国羽毛球队是沉重的，但在重压之下，中国羽毛球队的教练和队员更加坚定了信念。而经过一年多的磨砺之后，中国羽毛球队终于在1995年迎来了首次重大的胜利。

1995年5月，第四届苏迪曼杯世界羽毛球混合团体赛在瑞士洛桑举行。这是创立于1989年、展现各国整体羽毛球实力的最高级别的赛事，在此前的三届杯赛中，处于鼎盛时期的中国队连续获得三次季军。

在本次比赛中，卧薪尝胆的中国队以高昂的斗志和出色的表现，力压当时拥有王莲香、阿尔比等世界顶尖高手的印尼队，首次捧得苏迪曼杯。这一胜利对这支全新的队伍无疑是莫大的鼓舞，也标志着中国羽毛球队开始走出低谷，重新向世界羽坛的顶峰迈进。

（三） 加强梯队建设，创建国家二队

吸取之前中国羽毛球队出现人才断档的教训，重新组建的中国队教练班子上任后一直在思考如何完善人才梯队建设的问题。根据当时国内羽毛球运动的发展态势，国家队准备组建二队，从全国各省市队选拔一批优秀的年轻选手集中训练，与国家队一队形成衔接。

1995 年底，国家队在北京举行了一次大规模的二队选拔赛，全国各省市的年轻选手大多参与了这次选拔。通过这次选拔赛，一批优秀的年轻队员进入了国家队，这其中便包括了龚智超、吉新鹏等后来在奥运会上夺取金牌的队员。

经过多年的努力，国家二队已成为中国羽毛球人才梯队建设中不可或缺的关键一环，现在几乎所有在国家一队的队员都曾经在二队训练过。

（四） 实现奥运金牌零的突破后，逐步登高

在 1995 年夺取苏迪曼杯后，中国队迅速将目光瞄向 1996 年亚特兰大奥运会，并提出在这届奥运会上实现金牌零的突破的奋斗目标。

为了实现这个目标，中国队首先根据当时队伍的整体实力状况，确定了女双为夺金突破口，而当时年仅 21 岁、同样来自江苏的葛菲/顾俊被列为奥运会夺金的重点选手。在备战奥运会的过程中，国家队紧紧围绕这一重点展开训练，为增强葛菲和顾俊训练的对抗性，不仅安排男选手陪他们训练，而且李永波和田秉毅两位教练也经常亲自上场当陪练。

1996 年亚特兰大奥运会，全队之前付出的努力终于得到最好的回报，女双组合葛菲/顾俊表现出色，赢得了中国羽毛球项目上的首枚奥运金牌。与此同时，董炯获得了男子单打的银牌，秦艺源/唐永淑获得了女双铜牌。这一骄人战绩成为了中国羽毛球重新崛起再塑辉煌的标志。这一系列成绩的取得，也让中国羽毛球队正式成为中国奥运军团中不可或缺的夺金铁军。

1997 年，中国羽毛球队在苏迪曼杯决赛中以五个 2 比 0 击败了韩国

队轻松卫冕，再一次展示了强悍的整体实力。而在这一年的世锦赛上，中国队一举夺取了三项冠军。

1998 年 5 月在香港举行的尤伯杯赛，中国女队在决赛中击败印尼队，夺回了失去两届的尤伯杯，重新确立了女队在世界上的霸主地位；在同时进行的汤姆斯杯赛上，中国男队也在 1992 年丢杯后首次打进汤杯决赛，虽然最终夺杯未果，但已显示出强劲的冲击力。

1998 年年底，第十三届亚运会在泰国曼谷举行，中国羽毛球队一扫四年前仅得七枚铜牌的遗憾，勇夺三项冠军。1999 年 5 月在哥本哈根举行的苏迪曼杯和世锦赛中，中国队实现苏杯三连冠，孙俊和葛菲/顾俊还分别夺得男单和女双冠军。

与此同时，从 1997 年开始，中国羽毛球选手在国际羽联举办的一系列公开赛上经常成为最大赢家，所获得的冠军总数超过任何一支羽毛球强队。这些骄人战绩足以证明，中国羽毛球队已走出低谷，重新登上世界羽坛的最高峰。

（五）乒羽管理中心成立，国内羽坛呈现新气象

在中国羽毛球队再度占据世界羽坛领先地位的同时，国内羽毛球运动也获得了更多的发展空间。1998 年初，国家体育总局乒羽管理中心成立，从专业到业余，再到市场开发等等，形成了一条龙的管理机制，更为有效地推动了国内羽毛球运动的发展。

随着我国市场经济的发展，越来越多的竞技体育项目被推向市场，在乒羽中心的领导下，羽毛球项目也开始进行了一些大胆的尝试。1998 年，中心与摩托罗拉公司合作，正式推出了摩托罗拉中国羽毛球天王挑战赛，众多顶尖高手的登场亮相，中央电视台的现场直播以及专业选手与业余羽毛球爱好者的互动，使得这一新颖的赛事得到了广大群众的喜爱，在这一赛事的带动下，国内的业余羽毛球活动也逐渐升温。

中国羽毛球天王挑战赛共进行了三届，到 2000 年悉尼奥运会前，为了让国家队选手集中精力备战奥运会，这一赛事就此停止。

（六）2000 年悉尼奥运会创造奇迹

经过多年的不懈努力，中国羽毛球终于在 20 世纪 90 年代末重新确立了在世界羽坛的领先地位。与此同时，由于引进了有效的竞争机制，国家队的训练和新老交替工作进行得非常顺利，一批中生代及年轻选手迅速成熟和成长起来。其间，吉新鹏、夏煊泽以及龚智超等年轻选手，已经赶上甚至超越了董炯、孙俊以及叶钊颖等中生代球员，成为队伍中挑大梁的人物，而女双更是形成了多对组合垄断世界的整体优势。这一切为中国羽毛球队进入新世纪后，迎接和创造前所未有的辉煌奠定了良好的基础。

在 2000 年悉尼奥运会上，在总共五个单项的角逐中，中国队共收获了男单、女单、女双和混双四枚金牌，创造了羽毛球正式加入奥运会大家庭以来的一个奇迹。值得一提的是，在女双争夺中，中国队参赛的三对女双最终包揽了金银铜牌，在奥运会的赛场上，留下三面五星红旗同时升起的盛景。

悉尼奥运会后，重组 7 年的中国羽毛球队第一次迎来了大换血的时刻。一批中生代球员到了行将退役的时刻。为了表彰他们为中国羽毛球队走出低谷、重塑辉煌作出的突出贡献，在 2000 年底的全国羽毛球锦标赛上，中国羽毛球队为他们举办了隆重的退役仪式，一批伴随着中国队从低谷中走出的运动员：叶钊颖、董炯、孙俊、葛菲、顾俊、戴韫、刘永、秦艺源等，从总教练李永波手中接过了纪念奖杯，这也标志着一批全新的年轻选手已经接上了他们的班。

有些巧合的是，2000 年世界青年锦标赛在广州举行，中国青年队夺得四项冠军，鲍春来、林丹等小将在比赛中的表现让人眼前一亮，并因此进入到国家队教练的视线。时隔四年之后，他们已成为中国队的中坚力量。

由于过去几年队伍始终重视新老交替的工作，因此 2000 年奥运会后的这次队伍调整，并没有让中国队出现以往青黄不接的现象，一批年轻有为的选手迅速填补了老队员退役后的空缺。在2001年5月举行的第七届苏迪曼杯及世锦赛上，刚刚经历调整的中国队第四次捧起苏迪曼杯，并在世锦赛中勇夺三枚金牌。这一系列战绩的取得，标志着中国队不仅成功地避免了再度陷入低谷的窘境，同时依然稳固地保持着世界羽坛霸主的地位。

（七）在世界羽坛不断改写历史

进入新世纪，世界羽坛风起云涌，在竞争不断加剧的同时，国际羽联也在不断修改比赛规则，力求让羽毛球项目能够在奥运会上站住脚。对于像中国这样的羽毛球强队而言，每一次规则的修改都是一次严峻的挑战，队伍的成绩都会受到一定的冲击。但是，从最初的7分制到现在的21分制，每一次面对规则的变化，中国队都能积极应对，尽最大可能将不利影响减至最低。

2000年悉尼奥运会以后，中国队在世界重大比赛中开始不断改写历史。在2004年印尼雅加达举行的汤尤杯赛上，中国队不仅蝉联尤伯杯，而且在汤杯决赛中力克印尼队，重夺失去12载的汤姆斯杯。在2005年北京举行的苏迪曼杯赛上，中国队夺回在2003年刚刚失去的苏迪曼杯，至此，苏迪曼杯、汤姆斯杯以及尤伯杯这三座代表世界羽毛球团体最高水平的冠军奖杯全部属于中国，中国队也因此创下了由一支球队包揽三杯的历史。直到今天，历经几届比赛，这三座冠军奖杯仍牢牢掌握在中国队手中。与此同时，在2004年雅典奥运会和2008年北京奥运会上，中国队又分别夺得三枚金牌。

（八）加强基础建设，巩固发展根基

为了保证中国羽毛球事业的良性发展，进入新世纪以来，中国羽协进一步加强了基础建设，巩固我国羽毛球事业的发展根基。

在后备人才培养方面，中国羽协予以了高度重视，尤其对培养人才最基层的全国各级业余体校加强了管理。2006年底，通过对全国各所羽毛

球专项学校的调查与评估，中国羽协最终选定 24 所学校成为中国羽协羽毛球学校，在经费、赛事以及教练培训等方面给予大力扶持。

在训练基地的建设方面，中国羽协先后在江西宜春、福建晋江、武汉、福州铜盘、成都等地建立了中国羽协训练基地，这些基地挂牌后，不仅为中国队备战各项大赛提供了良好的集训环境和后勤保障，也带动了当地羽毛球运动的开展。

（九）国内羽毛球市场呈现巨大潜力

在世界羽坛，中国队保持着世界领先地位；在国内，羽毛球运动的普及率与影响力迅速提升，羽毛球市场呈现出巨大的发展潜力。

继中国羽毛球天王挑战赛之后，2000 年末至 2001 年初，中国羽协推出了全国羽毛球俱乐部联赛，这是国内羽毛球赛事进行市场化运作的一次大胆尝试。尽管当时比赛的规模较小，但因为赛制与市场紧密结合的赛制，不仅把羽毛球推向了市场，让更多的人了解、熟悉了这项运动，同时也为众多优秀选手提供了良好的实战锻炼机会，使得他们在公开的平台上有了展示自己的机会，积累了宝贵的实战经验，对他们的迅速成长大有益处。全国羽毛球俱乐部联赛只进行了两届，但却为今后恢复举办这一类型的赛事积累下宝贵的经验。

随着国内人民生活水平的不断提高，参与体育活动健身的人群越来越庞大，国内的业余羽毛球运动也因此逐渐活跃起来，到 2003 年"非典"以后，国内的业余羽毛球运动更是有了突飞猛进的发展，全国各地的羽毛球馆常年爆满，各类业余羽毛球比赛令人目不暇接，越来越多的企业瞄准这一市场。

在此期间，中国羽协先后主办了东西南北中业余羽毛球大赛和全国业余俱乐部赛，规范的赛事管理，全新的比赛方式让这两项大赛深受国内业余爱好者的喜爱，经过几年的努力与改进，这两项大赛已成为颇具品牌效应的传统赛事。

（十）北京奥运会的成功举办，彰显强大的综合能力

2008 年北京奥运会羽毛球比赛在北京工业大学体育馆成功举办。为了办好这一盛会，中国羽协在场馆建设、赛事组织等各方面给予了全方位强有力的支持与协助，彰显出很强的综合能力。

北京工业大学体育馆是奥运会历史上第一座专为羽毛球比赛修建的场馆，在场馆的设计过程中，中国羽协的有关专家结合羽毛球项目的特点，给出了许多建设性的意见与建议。当这座场馆建成后，得到了国际羽联以及所有参赛选手的一致好评。

为了确保奥运会比赛的顺利进行，中国羽协及早动手，通过举办裁判培训班、临场执法的实战演练等方法，加强对裁判队伍的培养，并从中挑选出最优秀的裁判参与奥运会羽毛球比赛的裁判工作。中国裁判在奥运会比赛中严谨认真的态度与执法水平得到了各参赛队的认可。

四、几代人共同奋斗，为我国
羽毛球运动打下坚实基础

新中国成立后，我国羽毛球运动从艰难起步到重塑辉煌，走过了一段不平凡的光辉岁月。

迄今我国羽毛球运动员已经获得了 11 枚奥运金牌，11 次捧得代表世界羽毛球女团最高水平的尤伯杯，7 次高举起代表世界羽毛球男团最高水平的汤姆斯杯，6 次收获最能体现整体实力的苏迪曼杯，并且成为世界羽坛第一支也是迄今为止唯一一支同时拥有这三座团体冠军奖杯的球队。与此同时，我国羽毛球界还先后产生了 113 名世界冠军，在国家羽毛球队的光荣榜上，他们的照片正激励着年轻一代以他们为榜样，刻苦训练，奋勇拼搏，早日成为新的世界冠军。

在取得了无数辉煌成绩的同时，经过几代人的不断探索，不断创新，我国羽毛球运动掌握了先进的训练方法和训练手段，形成了以"快、狠、准、活"为核心的独具特色的打法风格。

借助举国体制的优势，建立健全了优秀运动队与业余两大训练体系，实现了思想上一盘棋、组织上一条龙、训练上一贯制的总体制。

始终如一地重视培养后备力量，逐步完善了人才梯队建设。多年来，优秀人才一批接一批，源源不断地涌现，确保了我国羽毛球运动的长盛不衰。

坚持不懈地加强教练队伍和裁判队伍的建设，培养了一大批思想过硬、敬业爱岗、具有很高执教水平的优秀教练，和一大批作风严谨、综合能力突出、在国内国际赛场享有良好声誉的优秀裁判员。现在各省市一线队教练以及众多体校教练均接受过高级教练员岗位培训，教练队伍的整体素质明显增强，多年来，我们还先后进行了12届国家级裁判考试，共培养国家级裁判员401名，其中国际级裁判长2名，国际A级裁判8名，国际B级裁判4名，亚洲A级裁判9名，亚洲B级裁判6名，这些裁判多年来先后执法过奥运会以及世界羽联主办的众多顶级赛事，他们良好的表现得到了世界羽联及参赛各队的一致好评。

强调科学训练，重视科研与训练实践相结合，借助科研的力量准确地把握训练规律，不断提高运动训练的科学化水平，尤其在备战北京奥运会的过程中，科研人员全程跟随国家队训练，协同进行运动训练的监控，通过详细的数据分析，为教练们制定有针对性的训练计划提供了巨大帮助。

高度重视在世界羽联、亚羽联等国际组织中提高影响力，为推动世界羽毛球运动的发展贡献力量。多年来，我国羽毛球界培养的干部先后在世界羽联、亚羽联担任重要职务，在加强我国与世界各国的交流、推动羽毛球运动在世界范围的普及与发展等方面都发挥了重要作用。

注重竞赛队伍的培养，通过举办一系列国际大赛，不断提升竞赛队伍的管理水平与办赛能力，北京奥运会羽毛球比赛的成功举办，充分展现了我国羽毛球界竞赛队伍的高素质、高水平。

积极推动群众性羽毛球运动的开展，在全民健身运动高速发展的今天，羽毛球已成为国内普及率极高、参与人数最多的一项健身运动。

五、代代传承与发展，积累下
许多宝贵经验

在数十年的发展历程中，我国羽毛球界经过艰辛探索，积累了许多宝贵经验，概括起来有以下几个方面。

（一）爱国主义精神代代相传

从20世纪50年代初王文教、陈福寿等华侨青年怀着满腔的爱国热情回到祖国开创羽毛球事业开始，他们拳拳的赤子之心和为祖国争光、为民族争气的爱国主义精神便深深感染着我国羽毛球界的每一位志士仁人，他们的言传身教也深深地影响着每一位教练员、运动员以及羽毛球工作者。在他们的带动下，祖国利益高于一切的思想在我国羽毛球界代代相传，成为激励一代又一代羽毛球工作者愤发图强的巨大精神动力。

长期以来，在爱国主义精神的感召下，我国羽毛球健儿以"为祖国争光，为民族争气"为己任，刻苦训练，顽强拼搏，不畏强手，奋勇争先，超越自我，铸造辉煌，为祖国和人民争得了无上荣光；我国羽毛球工作者视"祖国利益高于一切"，甘于吃苦，勇于奉献，为我国羽毛球事业的发展贡献了自己最大的能量。

多年来，在我国羽毛球界，爱国主义不是一句空洞的口号，而是无数鲜活的感人事例。每一位走上羽毛球道路的年轻人，他们最先接受的就是爱国主义教育，这样的教育绝不是简单的说教，而是一段段真实生动的故事，一个个就在身边的榜样。榜样的力量是无穷的，正是借助一代又一代榜样的力量，爱国主义精神在我国羽毛球界不断发扬光大，成为推动我国羽毛球事业发展的精神支柱。

（二）团结一心、齐心协力的团队精神坚如磐石

长期以来，我国羽毛球界有着良好的团结协作、共担风雨的光荣传统。无论是老一辈羽毛球工作者，还是现在活跃于各个工作岗位的同志们，大家都把团结视为头等大事，尤其在遇到困难与挫折的时候，大家更是相互理解，相互支持，以大局为重，抛开个人得失，精诚合作，共同迎接挑战。

在备战北京奥运会的过程中，我国羽毛球界的团队精神体现得尤为明显。首先，作为承担奥运重任的龙头，国家羽毛球队从上至下精诚团结，以在奥运会上夺取理想成绩、为祖国争光、为中国体育代表团贡献力量作为共同的奋斗目标。从备战到比赛，全队所有教练和队员都在为实现这一目标而努力。承担奥运任务的主力选手踏踏实实地训练，不断强化自身实力，没有奥运任务的队员自觉自愿地当好陪练，为奥运选手营造良好的训练氛围，帮助他们提高水平；教练组和专家组密切配合，狠抓细节，共同制订与实施了行之有效的备战计划。其次，为了配合国家队做好奥运备战工作，我国羽毛球界的全体同志在各个方面给予了国家队强有力的支持与协助。当国家队需要进行封闭集训时，我们的训练基地投入了大量的人力、物力和精力，为国家队的集训提供了良好的服务和后勤保障；当国家队需要地方队支持时，地方队毫不犹豫地派出精兵强将，尽最大可能提供最好的帮助。在北京奥运会上，国家羽毛球队夺得三金两银三铜的优异成绩，较好地完成了奥运重任。这一成绩的取得，不仅是对国家羽毛球队努力拼搏的最好回报，更是对我国羽毛球界齐心协力、众志成城的团队精神的最高褒奖。

古人云，人心齐，泰山移。团队精神的核心就是共同奉献，最高境界就是全体成员的向心力、凝聚力。多年来，为了加速发展我国羽毛球事业这一共同目标，我国羽毛球界的全体同志相互信任，相互支持，真诚合作，共同打造出了一支具有超强凝聚力和战斗力的坚强团队，作风严谨、

敢于拼搏、勇于创新、融洽默契、同舟共济的团队精神已成为我国羽毛球事业不断向前迈进的基石。

（三）爱岗敬业精神深入人心

在我国羽毛球界，热爱羽毛球运动，对羽毛球事业有着极高的忠诚度，在不同的工作岗位上兢兢业业、任劳任怨、默默奉献的同志比比皆是，爱岗敬业早已成为我国羽毛球界的习惯、特点和传统。

在环境艰苦的创业阶段，羽毛球界的前辈们凭着对羽毛球事业的热爱与忠诚，刻苦训练，认真钻研，把自己全部的热情与精力都投注在羽毛球事业的发展上，为我国羽毛球运动的腾飞倾注了一生的心血；在向世界高峰登攀的过程中，我们的教练员、运动员以及羽毛球工作者，勇于拼搏，勤于奉献，为铸造我国羽毛球运动的辉煌殚精竭虑，燃烧了激情，贡献了青春。

爱岗敬业是平凡的奉献精神，因为它是每个人都可以做到的，而且应该具备的；爱岗敬业又是伟大的奉献精神，因为伟大出自平凡，没有平凡的爱岗敬业，就没有伟大的奉献。爱岗敬业又是历久弥新的永恒话题，爱岗是发自内心的承诺，敬业是人生价值的追求。在一代又一代的榜样们潜移默化的影响下，爱岗敬业精神已经在年轻一代的身上发扬光大。

（四）刻苦钻研，大胆创新，勇于挑战自我、战胜自我

长期以来，我国羽毛球运动能够始终保持领先优势，得益于几代羽毛球工作者在训练规律的把握、训练指导思想的统一以及训练方法与训练手段的创新等方面作出的巨大努力。

早在 20 世纪 60 年代初，我国羽毛球界就充分认识到学习人家的经验固然重要，但独立自主、走自己的路才是我国羽毛球运动发展的关键所在，如果没有自己的创新，只是生搬硬套别人的经验，那只能永远落于人后。当时，根据我国运动员身材虽然不高大但机智灵活的特点，我国羽毛球界一致认为我国运动员必须坚持以我为主，以攻为主的指导思想，贯彻

"快、狠、准、活"的技术风格，以加快速度来改变当时国际羽坛慢、稳、守的打法，开创一条赶超世界先进水平的新路。与此同时，结合羽毛球运动的强对抗性对运动员的身体素质和机能的要求很高的特点，我们在身体和技术训练中认真贯彻执行"三从一大"的训练原则。

由于训练指导思想的确立、技术风格的贯彻以及长期坚持大运动量训练，我国羽毛球运动员的身体素质、基本功日益扎实过硬，技术日臻熟练全面，速度快、体力好成为我国羽毛球运动员备受好评的突出特点。

随着世界羽毛球运动的发展，器材的革新、运动员自身素质的提高以及比赛规则的改变等等，都使羽毛球的技战术打法不断发生着重大改变。当变革发生时，我国羽毛球界始终能够以最快速度认真分析新的发展趋势，积极摸索新的变化规律，结合我国运动员的自身特点，在训练方法和训练手段上迅速作出调整与创新，将因变化带来的不利影响减到最低。

近年来，由于我国羽毛球运动的优势地位难以撼动，世界羽联推出了每场21分得分制等种种针对我们的新规则，加大了我们在奥运会等一系列重大比赛夺取佳绩的难度。面对这样不利的形势，我国羽毛球界上下齐动员，共同应对这一重大变革。国家队教练组积极探索研究21分制的新规律，大胆尝试一些新的训练手段和训练方法，中国羽协不仅率先在全国青年比赛中试行21分制，而且通过举办世界杯赛，吸引更多世界一流选手体验21分制，为国家队教练组尽快摸索出新赛制的规律提供了有力支持。由于我们比其他强队在摸索21分制规律方面先行了一步，因此21分虽然给我们带来了很大的冲击，但我们的整体成绩并没有因此而下滑，在世界羽坛继续保持着强大的整体优势。

（五）坚持发挥举国体制的作用，不断完善人才梯队建设

长期以来，我国羽毛球界一直高度重视对后备人才的培养，在人才的梯队建设方面坚持发挥举国体制的作用，充分调动各级训练体系的积极性，举全国之力加强后备人才的培养，逐步形成了上下贯通、衔接紧密、从下至上呈金字塔形的人才梯队架构。多年来，我国所有的优秀运动员都

是经过体校、省市队、国家队这样的逐级培养，逐步走向成功的。

近年来，根据形势的发展和完成奥运任务的需要，我们又先后组建了国家二队、国家青年集训队和国家少年集训队，形成以国家队为龙头的人才梯队建设的主体框架，使更多具有发展潜质的优秀后备人才提早进入国家队的训练体系，接受更为严格系统的训练，加快了他们的成才速度，使国家队能够提前将两到三届奥运会的阵容掌握在手中，为完成好历届奥运会的重任打下了坚实的人才基础。

数十载的风雨历程，几代人的不懈努力，我国的羽毛球事业正在不断发展壮大，在世界羽坛引领风骚。从艰难起步的昨天，到辉煌灿烂的今天，中国羽毛球走过了一段不平凡的光辉岁月。带着数十载的丰厚积淀，我国羽毛球运动正在奔向更加美好的明天。

漫漫长路苦求索　厚积薄发攀高峰

——新中国网球发展历程回顾

国家体育总局网球运动管理中心　孙晋芳

中华人民共和国成立以来，中国网球经历了一个艰难的历程：从初期竞技水平的极度落后到改革开放后奋起直追，直至20世纪80年代末90年代初的领亚洲之先；从兵败釜山后的痛苦反思到雅典奥运会实现历史性突破，直至2008年北京奥运赛场上的全面超越，中国网球的60年是一个从无到有，从小到大，从弱到强，从封闭走向开放，从亚洲走向世界的风雨征程。

新中国网球的发展与国家政治、经济、文化的发展与变革紧密相连，随着国家改革开放的不断深入，社会政治、经济、文化的全面发展，中国网球迎来了千载难逢的发展机遇。在国家体育总局领导的亲切关怀下，为实现网球项目的全面、协调、可持续发展的奋斗目标，网球运动管理中心顺应时代发展的潮流和趋势，以科学发展观为统领，用历史的、世界的眼光来审视项目发展的过去、现在和将来，以改革的精神、创新的思维开拓性地推进事业的发展，积极践行中国特色职业网球的发展道路。

在新中国60年华诞之际，回顾项目的发展历程，不难看出它是一部中国网球人曲折艰辛的创业史，不倦求索的奋斗史，开拓创新的突破史。

一、寻中国网球成长之路

（一）筚路褴褛——艰苦创业的中国网球

筚路褴褛，以启山林。不鸣则已，一鸣惊人。这是《左传》中记述古楚先民的艰辛创业过程。以古况今，这也形象地映衬了中国网球60年艰辛创业历程。

新中国的网球是在一穷二白的基础上发展起来的。新中国成立初期，百废待兴，为推动新中国网球运动的发展，在党和国家的大力支持下，在各级领导的亲切关怀和身体力行的倡导下，部分省市和地区开始兴建网球场地，成立省市及行业专业网球队，并举办过各类网球赛事。当时由于受国家经济发展水平的制约，网球项目发展的物质条件极度匮乏，人才基础十分薄弱，大部分运动员和教练员来自解放前的陪打人员以及少数的归国华侨。有一次贺龙来看望刚刚组建的国家队，梅福基提出国家队不能没有教练，能否像田径队一样聘请一位苏联教练。贺老总笑着说："你们网球打了这么多年打得不错嘛！你们自己好好总结经验，以后你们就是新中国的第一批网球教练……"新中国的网球运动就是在这样的条件下开始了其艰辛的创业历程。

正当老一辈网球人踌躇满志之时，1966年开始的"文化大革命"给我国网球运动带来了毁灭性的灾难。建国后成立的十余支优秀网球队全部解散，球场关闭。网球工作者有的下放、有的改行。建国后发展起来的网球运动遭受了重大的挫折。

党的十一届三中全会的春风席卷神州大地，网球项目进入了一个全新的发展阶段。但10年浩劫对网球运动的破坏使本就脆弱的基础，更是雪上加霜。1977年，整个内地的网球场地数量，尚不及当时我国香港一个地区。现任国家网球队专家指导组组长蒋宏伟回忆说，那时仅有的场地条件也普遍不好，主要是室外土场，为了解决场地数量不足的窘境，改善训练条件，很多场地都是教练和队员自己动手修起来的。由于天气干燥、沙土场易扬尘和变形，训练前大家就轮流去夯平场地和浇水。球拍就更不用说了，全是木质球拍。"当时全国只有北京队有一个穿弦机，大家都非常羡慕。"后来世界排名曾达到 36 位的中国 90 年代女子网球代表人物李芳，当时正处在基础训练阶段的她正是靠着拣大队员使用过的球弦，在篮球场边的空地上开启了未来的网球之路。

通过十多年的艰苦创业和不懈努力，中国网球的竞技水平在 80 年代后期和 90 年代达到了一个全新的高度，进入了亚洲的前列。

步入 21 世纪，随着国家经济实力的显著增强，网球运动的基本物质条件有了极大的改善，中国网球人不畏艰辛、勇于进取的精神也得到了传承和光大。随着中国网球与国际职业网球融合的不断深入，赴国外训练和参赛的时间也越来越多。一年 52 周中，有近 40 周的时间在世界各地飞来飞去。教练员、运动员不仅要克服时差、不同饮食、语言等诸多困难，还要忍受长期远离亲人所带来的寂寞和情愁，承受身体病痛所带来的折磨和家庭困难所带来的困扰。

2004 年雅典奥运会前，为适应雅典炎热潮湿的气候特点，国家队在青岛进行最后阶段的备战。当时，训练场地的地面温度接近 50 度，作为备战雅典奥运会重点运动员的李婷，脚底因感染烂出了一个大洞，疼痛发作时几乎无法沾地。但她仍以超人的毅力坚强地支撑起自己，没有间断正常训练。超人的付出，获得了丰厚的回报，实现了自己奥运赛场上的冠军梦。这种感人的事例，在国家网球队不胜枚举。

2007 年，在北京奥运会备战的关键阶段，郑洁因踝关节手术离开了赛场。为了尽快披挂上阵，重返赛场，在网球中心的精心组织下，郑洁以坚定的信念、顽强的作风、不屈不挠的韧劲，战胜了手术给她在心理和身体上所带来的种种磨难，硬是用短短的几个月时间，使自己的心埋、身体和技术得到了全方位的恢复，奇迹般地在当年的英国温布尔顿网球公开赛中闯进女单 4 强，在北京奥运会女双 1/4 决赛中上演了永不言弃、感人至深的一幕，逆转翻盘，战胜了赛会一号种子俄罗斯的萨芬娜和库兹涅佐娃，并最终夺得女双铜牌，为中国网球赢得了荣誉和掌声。

中国网球的今天是几代网球人艰辛付出、不懈奋斗的结果，也是国家强盛、民族振兴的一个小小的缩影。正因为有了这种励精图治、艰苦创业的精神，中国网球才可能在今天的世界职业网坛上占有了一席之地。

（二）投石问路——上下求索的中国网球

网球运动之所以被称为"贵族运动"，是因为从它诞生的那一刻，就天然地凝聚着西方社会的文化与价值特点。从舶来中国的第一天开始，网球在中国的发展就注定了是一个在孜孜不倦的探索中不断融合前进的独特过程。

中国人最开始接触职业网球始于1977年美国网球队访华之旅。当时以世界排名第16位的世界冠军斯坦·史密斯为首的美国运动员，以精湛的技术和快速、压倒性的进攻意识，大大开拓了国人的眼界。随后，职业网球逐渐开始走入中国人的视野。

80年代初，虽然对于职业网球有了感性认识。但由于多种原因，决定了中国网球运动员不可能像西方运动员那样常年在世界各地比赛。所以，在适当增加国内外比赛次数的基础上，国内网球水平的提高主要还是立足训练。

在当时不允许职业运动员参加奥运会的背景下，中国网球运动员在计划体制的封闭条件下其优势得到了最大程度的彰显，1986年中国女子网球运动员率先在亚运会上取得了历史突破。

但是，1986年亚运会高潮之后，我国网球水平急转直下，走向低谷。1987年亚洲团体赛和单项比赛等国际比赛中，没有一次进入决赛，几乎比一次，输一次。1988年汉城奥运会亚洲区选拔赛中，男、女队双双失利，没有一个项目获得第25届奥运会参赛资格。

面对1990年亚运会和1992年奥运会，中国网球已经被逼到了不改革就无法生存的边缘。面对严峻形势，中国网球开始了向职业网球的转变。

一是进行国内竞赛体制改革。除了国内甲、乙团体和单项比赛外，开始探讨和试行分区赛、精英赛等形式，在赛制上模仿国际网联的竞赛体制。通过举办国内比赛来激励和强化训练。二是改革管理体制，国家体委成立网球办公室，作为网球协会从半实体向实体过渡的机构。三是调整、成立国家队，加强后备力量培养，努力筹集经费，增加国外训练和比赛机会。

这些不得不为之的改革措施收到了良好效果，中国网球不仅在第11、12届亚运会上提升和保持了成绩，而且还在国际排名上取得了突破。李芳单打达到 WTA 排名第 36 位，潘兵单打达到 ATP 排名第 176 位。

随着 1988 年汉城奥运会网球项目正式进入奥运会，国际奥委会开始逐渐解禁职业网球运动员。亚网联也闻风而动，虽然没有明确表示允许职业球员参赛，但是日本、印度、菲律宾等高水平职业球员已经开始参加亚洲各类赛事。这些高水平职业选手在亚运会、奥运会上的出现，使中国网球感受到了前所未有的危机。

1995 年，国家体委网球运动管理中心成立。为了应对职业网球带来的危机，尽快提高中国网球水平，中国网球又开始了新的尝试。

首先是进一步加大竞赛体制改革。一方面推出了自成体系的国内巡回赛，比赛数量由原来的 2 个增加到 10 个，同时还借助商业赞助引进了国际巡回赛、卫星赛、挑战赛等职业系列赛，使很多选手在国内就能参加和观摩高水平比赛。当时比较有影响力的国际比赛主要有沙龙网球公开赛、诺基亚网球公开赛、正大杯国际女子挑战赛等。

尽管如此，中国网球依然还是没有赶上世界、乃至整个亚洲网球前进的步伐。从 1990 年北京亚运会后，中国网球选手在亚运会上的成绩逐渐下滑，直到 2002 年釜山亚运会颗粒无收，彻底跌到了历史的谷底。

客观地讲，从 80 年代初至 90 年代末，中国网球界对职业网球的各种改革和尝试，取得了一定的成绩和效果，对国内网球竞技水平的提高起到了推动作用。但是，由于客观条件的制约以及对项目规律认知的局限，这种对职业网球与中国国情相结合的尝试还是无序的、浅层次的探索，缺乏深层次的规律认知和经验总结。成功的经验没有得到及时的梳理和坚持，失败的教训没有得到及时总结并认清内在的原因，这个时期的中国网球只能偶尔带来惊喜，却没有奇迹！比如，在训练方面，单纯强调队员参加职业比赛的数量不够，忽视了网球技术、战术和体能训练方面的学习、研究与创新，训练和比赛严重脱钩，赛练脱节。在竞赛体制改革方面，虽然增加了国内比赛的数量，但是国内比赛与国际比赛竞赛体制"两张皮"，没能有效做好国内赛事和国际职业赛的衔接问题。国内举行的国际职业比赛数量不够，结构不合理。在教练员培养方面，缺乏长远战略眼光，没有主动借助国际组织支持的有利条件，尽快提高国内教练员的执教水平和能力等等。但是，不可否认，我们这一阶段的探索与实践，为中国网球随后进行的大刀阔斧的职业化改革奠定了必要的基础。

（三）路在何方——痛定思变的中国网球

20 世纪 80 年代后期到 90 年代中期，中国网球曾多次在亚运会和世界大学生运动会上创造佳绩，并一度处于亚洲领先地位。然而，随着日本、韩国、泰国、印度、中国台北等国家和地区的运动员率先融入职业网球，他们的竞技水平得到快速提高。在 2002 年釜山亚运会上，这些国家和地区的选手占据了绝对的优势，取得了优异的成绩。而中国网球军团却全军覆没，兵败釜山，中国网球跌入了历史的最低谷，全国网球界上下茫然，中国网球走到了一个重要的十字路口，人们不禁感慨发问：中国网球路在何方？自此，中国网球开始了一个"思变——求变——寻变"的历程。

兵败釜山极大地刺激了中国网球人。网球界从上至下，痛定思痛，在深刻总结、痛苦反思后，提出了"中国网球必须与世界接轨，走职业化发展道路"的方针。同时，针对备战雅典奥运会的形势和要求，明确了"以女子为重点，女子双打为突破口"的备战策略，在"多参赛——挣积分——进奥运"的目标下，运动员开始大量参加国际比赛，中国网球开始了职业化的试水。在备战过程中，对职业网球的内涵和要素进行了深入的探索和理性的认知，这为雅典奥运会的成功奠定了十分重要的前提和基础。

短短两年的尝试，中国网球在2004年就取得了多项突破。李婷/孙甜甜夺得雅典奥运会女双冠军；郑洁/晏紫首次闯进澳网公开赛女双前8名；孙胜男和中国台北选手詹咏然配合夺得澳网青少年组女双冠军；郑洁打进法网公开赛女单前16名；李娜在广州公开赛首次取得17万美元这一级别的WTA单打冠军；李婷/孙甜甜世界双打排名进入前20位，中国首次有3人同时进入WTA单打排名前80位。

唯有变革，中国网球才有希望；只有变革，中国网球才能在北京奥运周期实现更大的跨越和发展。为了进一步理清思路，明确方向，制定科学指导思想，2005年初召开了全国网球训练工作会议。会议系统总结雅典奥运会中国网球取得突破的经验，针对北京奥运周期所面临的形势和任务，中国网球主动求变，明确提出了"以提高职业排名为前提"、"以职业网球为手段，以奥运争光为最高目标"、"遵循职业网球的基本规律和特点"、"进一步扩大女子双打竞争优势，努力实现女子单打突破"等指导思想和策略，中国网球开始了探索中国特色职业网球发展道路的征程。

经过北京奥运周期4年的不懈努力，中国网球不断创造历史，铸就辉煌。2次获大满贯女双冠军，1次问鼎混双冠军，单打打入温网4强，最高单打世界排名达第16位，双打达第3位。在北京奥运会上，获得女双铜牌，女单第4名，翻开了中国网球在奥运史上新的一页。

为新时期我国体育实现由体育大国向体育强国迈进的目标，为实现网球项目更加快速和可持续发展，为破解网球项目发展过程中遇到的各种难题，中心上下主动增强忧患意识，主动求新寻变，2008年召开了全国网球训练工作会议。会议深刻总结了北京奥运周期的成功经验，根据新形势新任务，提出了伦敦奥运周期备战指导策略："深入贯彻科学发展观，以改革促发展，以创新促提高，不断推进管理创新、机制创新、训练创新，继续探索并找准职业网球与举国体制和谐共赢的最佳结合点和平衡点，构建并完善更加符合项目特点和要求的优秀人才培养体系，全面推进中国特色职业网球快速健康的发展，促进竞技水平的不断提高，实现网球项目为国争光的最高目标。"这为中国网球下一时期的科学发展指明了前进的方向。

过去的实践告诉我们，中国网球的成功之路，就是以职业网球为基础、奥运争光为最高表现形式的和谐共赢的中国特色职业网球发展之路。

（四）摸石过河——突破创新的中国网球

中国网球的发展之路是一个全新的探索、突破和创新的过程，没有前人的经验可以借鉴，没有前人的范例可以模仿，没有现成的理论和既定的方案可以应用，完全是"摸石过河"。雅典奥运会的突破和北京奥运会的成功告诉我们，中国网球什么时候把发展的方向"摸"准了，规律这个"石头"找到了，并坚决按照规律的要求大胆前行，始终不渝地贯彻推进，中国网球什么时候就能取得新突破，再上新台阶，实现新发展。

从雅典到北京，网球人敢于"摸石过河"，奋发进取，锐意改革，以科学发展观为统领，解放思想，冲破传统惯性，深入认识网球项目的社会属性、自然属性和发展属性，努力把握项目管理、训练和比赛规律，不断完善体制，创新机制，推进管理创新和训练创新，积极探索并努力践行中国特色职业网球发展道路。中国网球"摸石过河"的探索之路，就是中国网球创新突破之路。

学习是创新的前提。为实现训练工作的全面创新，北京奥运周期，中心大兴学习研究之风，要求备战团队的每名成员重视学习，加强学习，不断加深对项目规律的研究和认识。在备战过程中，通过开展不同规模、不同形式、不同层面的业务学习和研讨，结合训练实践，备战团队对职业网球的训练和比赛规律的认识加深了，传统惯性逐步打破，训练理念逐步更新，新型的训练模式逐步形成。通过不懈的努力，在训练方面实现了"五方面的转变"，即由"传统的全年大周期"训练向"全年多周期"训练模式的转变；由传统的"以训代赛"或"以赛代练"向"练中有赛，赛中有练，以赛促练、赛练结合，练有实效，赛有质量"的转变；由"集体训练"向"个性化、针对性"训练模式的转变；由"重数量、重时间、低强度"的训练课向"高标准、短时间、大强度"的训练课模式转变；由"重技术、轻体能"向"技战术与发展专项体能并重，专项能力的发展与伤病预防、康复训练、有效恢复互为促进"多位一体的训练模式转变。

北京奥运周期，随着中国网球更加全方位地融入职业网坛，竞技水平快速提升，竞技水平和运动成绩都创造了历史最高点。伴随着成绩的突破和水平的提高，原本不是问题的问题现在变成了问题，原来不突出的矛盾现在变成了突出矛盾。矛盾点增多了，利益的冲突点增多了。主要表现在举国体制和职业网球的价值取向之间的矛盾，运动员对个人利益的追求和现有分配政策之间的矛盾，运动员的个体需求与保障条件的提供之间的矛盾，以及运动员自我张扬的个性和传统管理方式之间的冲突，这对我们的管理提出了更新、更高的要求。为有效解决项目发展过程中出现的新情况、新矛盾、新问题，中心上下解放思想，与时俱进，在管理和保障方面实现了"三方面的转变"，即由简单的机械式、制度式、条例式、家长式管理向符合项目和管理对象特点的人性化服务型管理方式转变；由简单的强调国家利益和奥运目标向国家利益至上，兼顾个人利益，奥运目标与职业目标相互促进的方向转变；由传统的单一集体式保障方式向个体性、多元化保障方式的转变。

为适应新时期网球项目快速发展的需要，我们不断完善体制，创新机制，打破传统人才培养的模式，通过机制创新、体制的完善，丰富人才培养途径。建立"大国家队"概念，改变过去国家投入的单一体制，形成国家、地方（俱乐部）、社会、企业、家庭的多元投入机制，不拘一格培养优秀人才；创新优秀人才管理机制、选拔机制、保障机制、投入机制、分配机制，形成了管理更具人性化，选拔更具社会化，保障更具专业化，投入更具多元化，利益分配更趋合理，个体提高更具保障，目标更清晰、权责更具体，竞争更有序，奖罚更分明，更加符合网球项目特点的新型优秀人才管理机制。

实现项目跨越式提高和可持续发展离不开先进理论的指导。对实践过程进行必要的、系统的记录，把学习研究成果进行汇总、梳理，形成理论材料，是项目可持续发展和提高的一项重要工作。北京奥运周期，中心组织专门人员对备战队伍在实践过程中所涉及的对项目规律的认识、训练理念的变化、方法手段的创新、科研实践成果等方面进行了全面的汇总和梳理，整理总结出了百万字的训练指导材料，收集了近千场比赛录像，分析出了近百场比赛数据资料，逐步积累形成了中国特色职业网球训练理论体系的构架，实现了中国网球训练理论建设从无到有的重要跨越，为我国网球的科学训练奠定了基础。

知为行之始，行为知之成。"摸石过河"是中国网球在特定阶段寻求发展与突破的有效方法和途径。但随着中国网球实践的不断深入，我们应不断加深对项目规律的认识，更加准确地认识和把握项目发展的趋势和方向，进一步重视并加强项目理论体系建设，使中国网球实现由"摸石过河"向"造船过河"和"架桥过河"的转变，有效避免实践过程的盲目性，增强对目标的可控性，以实现中国网球又好又快发展。

二、中国网球制胜之道

历史告诉我们，没有共产党，就没有新中国；没有共和国的繁荣富强，就没有中国网球的今天。

60年来，中国网球艰苦奋斗，不倦追求，在不同的历史阶段，实现着跨越和发展，积累了宝贵的经验。概括起来，主要包括以下五个方面：

（一）信心和精神是中国网球铸造奇迹的源泉

信心是金，精神是魂。信心是走出低谷的精神杠杆，是战胜困难的有力武器，是走向成功的精神支柱。中国网球从兵败釜山到雅典的突破，再到北京的成功，就是信心不断增强、精神不断铸造的过程。

　　多年来，与世界高水平网球队相比，我国网球队处于落后的状况。运动员在国际重大职业比赛中，少有出色的表现；在雅典奥运会前的历届奥运会上，首轮即遭淘汰。由于竞技水平长期得不到重大突破，运动员和教练员在攀登世界网球高峰的过程中，存在信心不足的严重问题，制约了网球水平的突破和提高。

　　釜山亚运会后，中国网球开始进入职业化，在职业网球圈中，摸爬滚打，与职业选手同场竞技，从与低排名选手较量到与高排名选手过招；从赢一局到赢一盘，从赢一盘到赢一场；从赢一轮到赢得比赛，在失败与成功的反复历练中，信心逐步得到了增强。在信心提升的同时，更加注重精神的铸造，培养他们泰山压顶色不变的静气，不畏强手一拼到底的锐气，一往无前敢于胜利的勇气，面对挑战敢于亮剑的杀气，两强相争舍我其谁的霸气，面对挫折不屈不挠的豪气，努力打造一种催人奋进、感动国人的网球精神。

　　雅典奥运会上，当时在职业网坛还是无名小辈的李婷、孙甜甜，敢打敢拼，一路过关斩将，勇克欧美网坛大牌明星，夺得桂冠。北京奥运会上，在女双1/4比赛中，郑洁/晏紫在决胜盘2:5落后的情况下挽救了2个赛点，经过3个多小时的激战淘汰赛会1号种子，她们顽强拼搏、不屈不挠、永不放弃的精神和决心，为我们留下了一场艰苦卓绝、体现中国体育健儿精神和意志的经典之战，让人为之振奋，为之感动；李娜首轮力克3号种子，强势晋级，第四轮更是淘汰了赛会7号种子、五届温网冠军和奥运会双料冠军的大威廉姆斯，一路闯进女单四强，李娜在比赛中表现出的不畏强手、沉稳冷静、自信从容给我们留下了深刻的印象，为中国网球赢得了荣誉。中国网球的现在和将来都需要这种精神，我们要让这种精神成为一面旗帜，在世界赛场上迎风飘扬。

（二）世界眼光和战略思维是科学把握中国网球发展方向的前提

　　"不谋全局者，不足谋一城；不谋万世者，不足谋一时。"以世界眼光和战略思维谋划发展，就是要按照事物的客观规律，站在世界的平台上理性看待和科学判断事物发展的趋势，把握事物前进的方向、目标、路径、方式和方法。回顾中国网球不同的历史阶段，什么时候做到了以世界眼光和战略思维审视项目，把握发展方向，制定发展策略，并加以贯彻，那么这个阶段项目就取得了突破和发展。

在总结雅典奥运会取得突破经验的过程中，大家普遍认识到，雅典奥运会的突破，主要归功于战略制定的正确，即初步提出了"中国网球必须与世界接轨，走职业化发展道路"的方针以及确定了"以女子为重点，双打为突破口"的指导思想。北京奥运周期，面对新形势、新情况，中心上下统一思想，不因雅典的突破而盲目乐观，而是站在新的起点上，深入分析网球项目国际国内的形势和现状，力求更加深入准确地把握职业网球的发展变化趋势，理性分析奥运会比赛的竞争态势，进而制定了"以职业网球为手段，以奥运争光为最高目标"、"强化能力领先，以双打带动单打，以单打促进双打，做强单打，做优双打"的指导思想。事实证明，以世界眼光、战略思维制定项目的发展策略，明确项目的发展方向，是网球项目从雅典到北京不断实现突破的重要前提和基础。

（三）更新理念，把握规律，在否定中不断创新，是中网网球实现突破的动力

规律是指事物内在的本质的联系。这种联系在事物运动过程中不断重复出现，在一定条件下经常起作用，并且决定着事物必然向着某种趋向发展。项目的自身规律，是不以人的意志为转移的客观存在。现代竞技体育的竞争，在某种程度上讲，可以认为是竞技体育参与者对竞技项目规律认识程度的竞争，谁对本项目竞技规律与特点理解得更深刻一些，把握得更准确一些，谁就能在激烈的竞争中占得先机。近年来中国网球取得跨越式发展的重要原因之一，就是项目参与者勇做创新的强者，在实际工作中，敢于打破旧的习惯、旧的观念和旧的思维定式，善于发现和找到自身的思想禁锢，并勇敢地突破旧观念的重围，实现自我否定，不断更新理念，探

索并把握项目的规律。

中国女网从 2004 年雅典奥运会夺冠到 2006 年澳网和温网的两次捧杯，再到北京奥运会实现双打夺牌、单打突破的过程，就是从认识项目规律入手，不断深入对职业网球训练比赛规律、管理规律的再认识，实现训练工作"五方面转变"、管理工作"三方面转变"的结果。

（四）举国优势是中国网球实现跨越发展的根基

举国体制催生了中国网球的今天，举国体制使中国网球从无到有，从小到大，从弱到强。在中国网球发展的不同阶段，举国体制都发挥了其独特的、不可替代的作用。中国网球的每一次突破与进步，首先要归功于举国体制强有力的保障。

举国体制要在操作层面上得到充分发挥，在项目的不同发展阶段要赋予其更加丰富的内涵。通过强化举国意志，实现职业目标与奥运目标的和谐统一；通过聚合举国资源，甚至世界资源，为项目的发展在人力、物力、财力、技术等方面提供坚实的物质保障；通过聚合举国智慧，为项目的发展提供强有力的智力支持。

无论过去、现在还是将来，举国体制的优势都是中国网球实现不断发展的根基。

（五）科技保障是中国网球实现超越的必要支撑

刘鹏局长在全国体育科技工作会议上曾经明确提出："在备战奥运会过程中，必须充分发挥科学技术在提高运动技术水平方面的重要作用，把备战工作切实纳入到依靠科技进步的轨道上来。"在中国网球突破的道路上，科技服务保障工作在科学训练、组织管理和决策等方面发挥了至关重要的作用。

长久以来，网球项目的科研水平不高、科研意识淡薄、科技人才匮乏。为适应现代竞技体育的需要，从 2004 年开始，中心加大了对科研的投入力度，广纳贤才，筛选了一批科技骨干人才，建立起包括专项体能、医务监督、营养与恢复、运动康复、心理训练、训练跟踪与评估、信息搜集与反馈等7个方面的专业性、复合型科技保障团队，科技保障工作实现了从无到有，从"单一"向"多元"，从"研究型"向"服务型"的转变。

事实证明，强大的科技服务保障是网球项目北京奥运周期取得成功的重要法宝，是中国网球现在和将来实现超越的必要支撑。

回顾中国网球60年的风雨历程，我们不能忘记陈毅、贺龙等老一辈革命家对中国网球的关怀，不能忘记万里、李瑞环、李铁映等老一代中央领导对中国网球的厚爱，不能忘记为中国网球事业的发展倾注大量心血的吕正操主席，不能忘记历任总局领导对中国网球的关心和支持，不能忘记为中国网球事业的发展孜孜以求的网球人。没有他们的亲切关怀和身体力行的推动，中国网球就不会取得今天的突破与成就。

三、中国网球未来之策

新时期新阶段的网球工作，必须以科学发展观为统领，站在历史的新起点上，进一步解放思想，以改革的精神，不断完善体制，创新机制，以顺应世界网球发展的潮流和趋势，适应中国经济社会发展变革的要求，为实现新时期中国体育由体育大国向体育强国迈进的目标做出应有的贡献。

（一）努力把握和处理好几个原则和关系

为实现新时期网球项目的健康发展，我们应按照科学发展观的要求，结合项目的实际，努力把握和处理好：坚持国家利益至上，处理好国家、地方、个人之间的利益关系；坚持以职业网球为手段，奥运争光为最高目标，处理好奥运目标与职业目标的关系；坚持改革创新，处理好举国体制与职业网球在管理机制、体制上存在的矛盾；坚持突出重点、兼顾一般，处理好女子项目与男子项目的协调发展，后备选手与优秀选手同步提高的关系；坚持以人为本，继续创新思维，努力实现训练创新、管理创新，不断提高项目管理服务水平和科学训练水平。

（二）打破传统培养模式下单质目标存在的局限性，树立职业网球与奥运目标和谐共赢的价值理念

随着网球运动员投资主体多元化的形成，传统专业培养模式下以"为国争光"为目标的单质性目标体系已经不能涵盖当今职业网球实现多元化目标价值的要求，多元投资主体的利益诉求得不到应有的体现。

从职业网球运动员个人目标二元属性特征来看，他们在实现"为国争光"目标的同时，必然追求个人职业目标的实现。运动员自身经济价值的实现是其努力训练、争取优异成绩的原动力。传统专业目标的单质性不能完全满足运动员职业目标实现的物质利益诉求，限制了运动员主观能动性和积极性的充分发挥。

从物质利益实现的角度来看，职业网球运动员利益目标的实现是其个人价值实现的主要途径，也是多元投资主体实现投资目的的主要途径。尽管奥运会的优异成绩能给运动员和多元投资主体带来较大的经济利益，但他们最主要的经济利益来源还是依靠在职业赛事中优异的表现而获得。求得在职业网球中获得利益的最大化，是网球运动员从事职业网球、不同投资主体积极参与的主要动力源泉。

从竞技目标实现的角度来讲，奥运会网球比赛实际上是世界各国高水平职业网球运动员之间的较量。只有通过在世界职业网球赛事中提升实力，取得优异成绩，才能使实现奥运会目标成为可能。它是实现奥运目标的物质基础。

因此，职业网球目标的实现是奥运目标实现的基础和前提。职业网球把多元利益聚合在一起，是多元主体利益实现的平台。在实现奥运最高目标的过程中，我们必须始终把握职业网球的价值特点，通过政策引导，吸纳更多的社会资源投入网球，保护多元投资方的利益，树立以实现职业网

球价值目标为基础，奥运争光目标为最高表现形式和谐共赢的目标价值理念。

（三）转变观念，逐步推进由专业培养目标向职业培养目标的战略转型

传统的专业培养目标具有单一追求全运会目标和单一追求奥运会目标的特点。简单的全运会目标和奥运会目标的激励手段导致激励水平有限，不能实现不同主体对利益目标的诉求。特别是对在奥运会上不能取得优异成绩的项目和运动员而言，国家制定的奥运会成绩与全运会成绩挂钩的相关奖励政策发挥不出应有的激励作用。全运目标的激励与奥运目标的激励脱节，致使从业人员动机水平低，动力不足，项目长期处于低水平徘徊，各种资源也不能有效地汇集到实现奥运目标上来。这种单质的目标激励不能吸引更多有天赋的青少年投身到网球运动中，不利于吸纳更多的社会资源发展网球运动。

因此，实现网球项目的可持续发展，必须丰富激励手段，加大激励力度，有效借助职业网球这一多元利益聚合和实现的激励平台，更新理念，逐步推进由专业培养目标向职业培养目标的战略转型，实现国家利益、省市利益、个人利益、投资方利益的和谐共赢。

（四）更新理念，完善管理机制，建立新型管理模式

随着我国网球职业化进程的不断深入，网球运动员培养的市场经济属性日渐显现，投资主体和利益主体也呈现出多元化特点。传统计划体制下形成的对单一主体、单质目标的行政管理手段正在逐步失去其原有的管理效能。

由于家庭、企业、俱乐部的投入动机直接受经济利益的驱动，具有典型的市场属性。所以，传统计划体制下行政管理手段对市场机制下进行的经济行为所产生的影响和发挥的效能受到了极大的制约。

即使对于国家（含省市）完全投资培养的运动员，由于运动员人力

资本的产权具有二元属性，行政管理手段只能在一定范围内发挥它的效力，而对于涉及经济利益的问题，则难以达到预期的目的。

因此，明确管理部门与不同投资培养方式运动员的管理关系，是对他们实施有效管理的先决条件。就非国家主体投入培养的运动员而言，与管理部门不应是行政隶属关系，而是利益主体之间的法律关系；就国家主体投入的运动员而言，与管理部门也不应是完全的行政隶属关系。运动员作为其人力资本产权的所有者之一，在经济利益方面，与管理部门也是利益主体之间的法律关系。

由此可见，我们应突破传统单一的行政管理模式，对不同投入主体的运动员实施区别管理。对于完全市场化的职业运动员，对他们的管理应通过市场手段、以契约形式实现有效管理。同时，有效利用职业运动员需要克服高伤病等风险的需求，通过经济手段，为他们降低风险，从而架起一座管理部门与他们之间的桥梁；对于国家（含省市）完全投资培养的运动员，在采用行政手段管理的同时，对涉及经济利益的问题，可将行政手段制定的相关管理办法转化到与运动员所签订的协议中去，通过法律的手段实施有效管理。

总之，新型管理模式应充分体现行政手段与市场手段的有机结合，政策办法与契约管理的有机结合。

（五）创新机制，实现资源的最佳聚合，打造举国体制优质资源的保障平台

由于职业网球运动员所需资源的募集、配置是一种市场行为，在使用过程中要求"一对一"、"多对一"的服务，具有独占性特征。职业网球运动员所需资源的募集是在一个世界性开放的系统中，通过利益杠杆的调节来实现。在我国现行网球运动员培养体制下，一方面资源的汇集主要是通过计划手段来实现，这种资源汇集的方式管道单一，不利于更大范围的、更深层次地对社会资源的利用，致使资源汇集的总量不够，质量不高；另一方面，资源的配置和使用表现出明显的共享性特点，在保障过程

中更多地采用"一对多"的服务，与运动员对资源占有的排他性特征发生直接冲突，不能有效体现资源使用的最佳个体效益。此外，由于省市利益的存在，国家将最优质的资源通过计划手段集中到少数精英运动员的培养过程中也存在相当难度。因此，这种单一的、封闭的资源配置和使用的机制在一定程度上制约了我国网球运动员水平的快速提高。

为实现资源的有效汇集，要逐步打破传统单一的计划手段调配资源的方式，打破国家和行业的界限，通过经济的手段，汇集高质量的稀缺人才资源，提升资源的质量；通过计划与经济相结合的手段，扩大资源的数量，实现资源的最佳聚合，打造举国体制的优质资源平台。

（六）构建更加科学的国内网球竞赛体系

通过市场手段，利用社会力量，加大国内举办国际职业赛事、国际青少年比赛的力度。积极引进级别适当、数量合理的国际赛事，使全年比赛周期分布更加合理，级别更加清晰，使国内比赛的举办能够固定时间、固定地点、固定级别，形成传统，有利于不同层面的运动员科学制定全年的训练计划，切实发挥出训练的杠杆作用。

中国网球过去 60 年取得的成绩已经载入史册，新的更加艰巨的任务正摆在我们面前。我们的前景光明而美好，我们要继承和发扬中国网球的优良传统和作风，传承中华体育精神和奥林匹克精神，以奋发有为的精神状态，以坚定的信念和信心，通过我们的不懈努力，把中国网球事业不断推向新的高度，为祖国和人民争得更大的荣誉！

新中国台球运动的
发展历程和趋势展望

国家体育总局小球运动管理中心主任　张小宁

现代台球运动起源于 18 世纪的法国，19 世纪在欧洲已经成为相当流行的室内运动。它曾是欧洲宫廷非常流行的娱乐方式，因而有着相当烦琐的行为标准和礼仪。现在台球赛事中仍然保持的一些传统的着装要求和程序，台球器材和器具中仍然延用的一些手工部件和天然用料，可以看出台球运动曾经的奢华和考究。这也奠定了如今台球文明、高雅、祥和、自律的项目特点。

在世界各地的传播过程中，台球运动逐渐形成了具有不同特点和规则的多种分支，目前比较常见的有斯诺克、美式、开伦、比利、俄式、中式等，其中以英国传统项目斯诺克和北美兴起的美式项目在全球范围内最为普及。

新中国成立很长一段时期内，台球只在个别的老干部活动中心、涉外的一些国际俱乐部和高档宾馆饭店才有零星的分布。对于大多数中国人来说，台球运动是非常陌生的，甚至是闻所未闻，台球当时还不被认为是一项真正的体育项目。这种局面一直持续到 20 世纪 80 年代。

一、昔日王孙庭前燕 飞入寻常百姓家

是党的十一届三中全会带来的改革开放的春风让台球运动在中国的大地上从此生根、发芽，蓬勃发展。随着国家经济的不断发展，人民生活水平的不断提高，人们的精神生活领域也不断丰富起来。台球就是在这个时期从楼堂馆所，进入到了寻常百姓之家。

1985 年北京台球协会正式成立，这是国内第一个官方台球社团组织。同年，"珠海度假村杯"全国台球邀请赛在北京举行，这让台球爱好者第一次在体育竞赛的氛围中体会到台球运动的独特魅力。1985 年年底，经国家体育运动委员会批准，中国台球协会正式成立。从此，台球作为一项新兴的体育运动在全国各地如火如荼地开展起来。

中国的台球是幸运的，20 世纪 80 年代的广大台球爱好者也是幸运的。中国台球协会成立伊始，就组织了数次国际大型职业比赛和邀请赛，1987 年至 1988 年连续举办的健牌杯国际斯诺克挑战赛，使世界台球的偶像级人物史蒂夫·戴维斯、斯蒂芬·亨得利等一批职业高手，几次来到中国，为刚刚接触台球运动的广大中国球迷诠释了台球运动的精妙技法和至高境界，为推动台球在中国的普及打下了良好的开端。很多人喜爱上台球就是从那时观看世界球星精彩纷呈的表演开始的，很多国内台球选手最终走上职业道路也是从追随偶像明星开始的。

一时间，大街小巷，全民台球，曾经仅属上流社会专有的娱乐项目，谁也没有想到在 20 世纪八九十年代，在刚刚改革开放的，社会经济还不是十分发达的中国，竟然成了妇孺皆知、人人都来参与的民众街边体育。这一发展过程，既为后来台球运动在中国迅速发展、提高奠定了非常坚实的群众基础，也给项目定位、综合管理带来一定的负面影响，正可谓鱼和熊掌不可兼得。

二、英伦奇芭漂洋至　中华大地遍开花

在改革开放后引入的众多新兴体育项目中，台球运动容易入门，规则简单，技巧性、观赏性、娱乐性突出，器材占地少，参与时间可控性强，受年龄、性别、身体条件限制小，十分适合国人的需求，因而这项很长一段时期内只在英伦三岛和英属殖民地才小有发展的运动项目，一经传入中国，始终保持着持续的发展势头，参与群体不断壮大。在当时国家体委的领导下，中国台球协会加强项目普及和推广，1990 年举办了第一届全国职工台球赛，使全国工矿企业、事业单位有组织地开展台球运动；强化了台球参与者的归属管理，并通过全国赛事和有组织的群众活动，宣传台球文化，还台球以高雅、文明的应有形象；在政府相关部门的配合下，清理街边台球，倡导文明台球。短短几年，全国大中城市已看不到路边搭建的"野台子"，人们普遍认可，去打台球就要穿着整洁，注意自身约束。这种变化对项目的发展提高起到了极大的促进作用，也符合改革开放初期我党体育工作要为建议社会主义精神文明做贡献的指导方针。

1992 年至 1996 年，是新中国台球发展过程中第二个腾飞的阶段。这一时期，中国台球协会积极依靠社会力量，联合业内企业，不但建立了全国台球排名赛制度，实现每年 5、6 站的赛事规模，而且扶持本土台球企业打造民族品牌。1993 年和 1996 年，当时代表亚洲台球最高水平的亚洲台球锦标赛两次在中国举行，我们的台球选手不但在国际大赛中锻炼展示自己，我们自己生产的台球器材也得到亚洲台球界的认可，"星牌"台球桌就是从那时开始走上国际化道路的。但由于台球运动毕竟在中国发展时间尚短，我国台球运动员的技术水平虽然进步明显，但在国际人赛中的成绩仍然难有突破，至 1997 年，我们的最好成绩仅是由广东选手郭华在世界业余锦标赛上取得的第三名。各项世界、亚洲重要赛事，我们能够进入

4 强已属不易。参加过世界职业比赛的选手也仅有郭华 1 人。

三、机构改革创机遇　小球寻求大发展

1997 年年底，国务院进行政府机构改革，国家体委重组为国家体育总局，小球运动管理中心应运而生，负责管理台球项目在内的 12 个球类项目。中国台球协会在总局和中心的领导下，尝试调整战略方向，以提高运动成绩为突破口，开始国内台球职业化进程，1998 年曼谷亚洲运动会也首次将台球列为正式比赛项目，这正好是台球项目大发展的一个契机。但当年亚洲经济危机的爆发和中国台球在亚运会上的"颗粒无收"，将刚刚起步的中国台球运动带入了第一个低潮期：1999 年至 2001 年，全国台球市场严重萎缩，国内台球器材生产厂家为维持生计纷纷寻求开发海外市场，各地台球俱乐部或关门歇业或降价经营，刚刚兴旺起来的国内台球竞赛市场也随之冷却下来，平均每年举办全国比赛的次数锐减到不足两三次。

面对此种局面，中国台球协会清醒地认识到，刚刚发展了十几年的国内台球市场基础还相当薄弱，运动水平没有号召力，基层组织建设不够广泛，竞赛开发市场化程度不高，广大台球从业人员没有形成核心力，这样的状况根本无法抵抗外部的不利因素。为此，中国台球协会适时提出相应改革策略：贯彻小平同志"足球要从娃娃抓起"的指示精神，提出台球也要搞好青少年的培养工作，未来成绩的突破在现在青少年选手身上做文章，以青少年培养工作带动基础工作的完善；同时，放开眼界，深入基层，开发扩大台球发展基地，将目光从大城市移向中小城市，创建更多的台球发展基地；办好国际大赛，提高台球项目的影响力，扩大中国在世界台球界的话语权。

2000 年，全国台球锦标赛在西藏自治区首府拉萨举行，成为国内第一个在西藏地区举办全国锦标赛的体育项目。2001 年，中国职业斯诺克排名赛在北京举办，决赛阶段的比赛全部在酒店搭建的专业赛场中进行，向职业化台球赛事迈出了关键一步。2001 年至 2003 年，广东江门作为一个地级市，在当地政府的大力支持下，中国台球协会与江门市体育局合作，第一年举办全国锦标赛，第二年举办亚洲锦标赛，第三年举办世界业余锦标赛，三年三大步，连上三个大台阶，对当地的台球运动起到极大的推动作用，也为国内台球运动开创了一个新的发展基地。1999 年至 2003 年的短短 6 年间里，中国先后在广州、长春、江门举办了三届世界业余锦标赛，在上海和深圳举办了三届代表世界台球最高水平的世界职业斯诺克排名赛中国公开赛。上述高水平有影响的国际赛事的举办，不仅推动了国内台球运动的发展，为国内台球选手提供了难得的锻炼机会，也让世界了解了中国的改革开放和进步发展，了解了中国台球雄厚的市场基础和发展潜力。

四、厚积薄发终成器　少年夺金显威力

所有努力终于迎来了转机，有人讲对于台球来说，2002 年是丁俊晖年，其实它也是中国台球的一个标志性年份。4 月在印度举行的亚洲青年锦标赛中，当时不满 15 岁的中国选手丁俊晖获得冠军，这是他的第一个洲际赛事冠军，也是中国台球的第一个洲际赛事冠军。之后他一发不可收拾，在 2002 年连续夺得亚洲锦标赛冠军、世界青年锦标赛冠军、亚运会斯诺克个人冠军，在那一年他参加的 8 个全国、国际锦标赛事中，他一口气获得了 7 个冠军，也一次又一次刷新了中国台球在国际大赛中的最好成绩。

到 2005 年，丁俊晖勇夺世界职业斯诺克中国公开赛冠军的时候，国内的台球运动已经重新显露生机，国内台球水平有了长足的进步，已经达

到亚洲一流水平，金龙、蔡剑忠双双击败此前号称亚洲斯诺克台球霸主的泰国和马来西亚选手，会师亚洲锦标赛决赛，梁文博、田鹏飞、李行在巴黎包揽世界青年锦标赛三甲，被外界评为创造了连台球头号强国英国也没有实现过的辉煌。同一时期，台球另一重要分项——美式台球也在中国台球协会的主动推广下，快速发展起来，中国台球协会根据项目特点和国内开展实际情况，适时提出的美式项目以优先发展女子项目为主，同时带动整个项目发展的战略方针收到了明显成效。我国女子选手潘晓婷 2002 年和 2003 年先后在美式项目中为中国夺得了亚洲锦标赛和大阪公开赛的冠军奖杯。但作为非奥项目，台球运动在国内的发展仍然有其诸多不足之处：到本世纪初，国内台球职业化运动开展了多年，但计划性和标准化尚有欠缺；协会基本建设一直没能在全国范围内完成；成熟的教练队伍和训练方法更是几乎空白；台球的市场价值并不被更多的企业所认同，活动赞助基本依赖业内企业的支持，更大的商机和发展难以把握。

五、竞赛训练带市场　协调全面可持续

2005 年年底，国家体育总局进行机构调整，小球中心由原来的 12 个项目，分解重组为专门负责 8 个非奥运项目的新的小球中心，所属部门和人员也进行了大幅度调整，从而有力地促进了台球项目管理体制和运行机制的创新。从新的小球运动管理中心成立至今的几年间，正是我国改革开放不断深化、经济社会持续发展、体育事业取得辉煌成就、台球运动得到迅猛发展的几年。在党的十六大、十七大精神鼓舞下，全国各族人民紧密团结在以胡锦涛同志为总书记的党中央周围，高举中国特色社会主义伟大旗帜，以邓小平理论和"三个代表"重要思想为指导，深入贯彻落实科学发展观，不断推进改革开放和现代化建设，取得了经济发展、社会进步的新的伟大成就。2008 年北京奥运会的成功举办，实现了中国体育的历

史性跨越，吹响了从体育大国向体育强国迈进的号角。这期间，我国台球运动也进入了快速稳定发展的新阶段，正以其独特的体育文化内涵，以及在各方面的综合效应，成为具有广泛社会影响和较高市场化程度的新兴体育项目。

小球中心和中国台球协会以奥运项目管理的成功经验结合非奥运项目的自身特点，创新项目管理的体制机制，为项目的集约化管理开拓了空间，使台球项目迎来了快速健康发展的新的历史阶段。近年来，中国台球协会始终坚持以科学发展观武装思想，坚持以人为本，以发展为第一要义，努力将全面、协调、可持续发展的指导思想融入台球事业发展的实践之中，有力地推动了我国台球运动的发展。

新的小球中心成立以后，秉承"和谐、诚信、求实、创新、卓越"的理念，在"构建和谐中心、创建学习型集体、人与事业共发展"的进程中，深入贯彻落实科学发展观，推进中国台球协会各项工作的全面、协调、可持续发展。中心经过深入分析后认为，台球已经是世界运动会、亚洲运动会、亚洲室内运动会和东亚运动会的正式比赛项目，在世界职业体育领域也占有一席之地，因而同样承担着为国争光的重任；台球项目面向社会、面向市场，项目的现状和特点决定了其生存和发展方式，既区别于奥运会项目完全依托于举国体制抓提高，又区别于一般性群众体育项目完全侧重于抓普及；由此，台球项目必须走科学发展的改革创新之路，即：充分发挥市场机制和举国体制两方面的优势，立足于社会、立足于市场谋求发展，同时又要借助于举国体制的优势来促进运动技术水平的提高和项目的普及。

基于上述认识，中国台球协会确立了台球项目发展的指导思想，即：紧紧围绕"普及、提高、市场开发"这3大任务，按照"抓班子、定战略、建制度、抓队伍"的4项策略，狠抓"加强协会在行业管理和服务方面的主体主导作用，建立完善训练、竞赛、市场开发三大体系，重视新闻宣传和对外交往"等6项工作。经过3年多时间的努力，台球项目的各项工作取得了跨越式的发展：

首先，训练体系初见成效，运动成绩显著提高。台球运动技术水平的提高，不仅关系到台球运动本身，也关系到公众的认知、事业的发展和市场的建立。中国台球协会根据项目发展的现实情况，充分认识到运动成绩对项目的整体拉动作用，按照科学发展观"全面协调可持续"的基本要求，以及"统筹兼顾"的根本方法，充分发挥举国体制和市场机制两方面的优势，借助中央和地方两个积极性，采用官办与民办相结合、集中与分散相结合等多种形式，建立国家、集体、个人和企业四位一体的投入方式，通过训练体系的建设，组建国家队、培养人才、提高水平、培育市场。

在训练体系的建设过程中，坚持以国家队集训队建设为龙头，明确目标，制定战略，落实规划，突出重点，加强管理，组成复合型教练团队，认真研究项目制胜规律。同时，通过国内运动员积分排名系统和青少年发展计划，调动优秀选手和青少年运动员的训练热情，理顺了各层次队伍的衔接关系。经过三年多的建设，我们已经从根本上改变了以往台球选手零散的训练状态，进入了专业化、规范化、系统化的新阶段，以国家队为突破口，带动了一线运动员和青少年等几条线技术水平的不断提高。我国一线选手成长迅速，在世界职业排名赛、世界锦标赛、亚洲锦标赛和青年锦标赛等多档次的国际赛事中取得一系列好成绩；职业选手排名逐年提高，进入世界职业巡回赛的选手逐年增加。

其次，竞赛体系不断完善，杠杆作用充分发挥。国内台球运动的兴起可以说是源自于 80 年代末连续几年国际大赛在北京、上海和广州等地成功举办，是台球赛事让大众认识了台球运动，认识了台球明星，中国台球协会在推广和普及台球运动的过程中，竞赛是一项重要手段，也是一项主要工作。近几年，中国台球协会高度重视竞赛工作对项目整体发展的杠杆推动作用，坚持发挥中心、协会的主体主导作用，把建立"规模适当、数量适度、结构合理、层次分明、连接顺畅的竞赛体系"作为协会工作的重要目标，通过中国公开赛和上海大师赛以及中国职业斯诺克排名赛等高水平品牌赛事的引领，逐步制定体系规划、整合赛事资源、完善赛事体系、健全竞赛制度、规范办赛程序、严格赛事管理、提高办赛质量、培养专业骨干、进行赛制创新。

通过几年的不懈努力，竞赛体系的建设取得了丰硕的成果。全国每年纳入中台协赛事体系的各级各类台球赛事活动，由 21 世纪初的四五起，发展到 2009 年的 20 多起，我们在 32 个省份举办过全国比赛，10 个省份举办过世界比赛，比赛规模不断扩大，涵盖了国际、职业、业余、青少年等各个层次，全年赛事总奖金超过 1000 万元，参赛人数不断增长，竞赛规范化程度不断提高，社会影响力不断提升，各地区各方面承办比赛的积极性空前高涨。近几年，创新推出的"世界 9 球中国公开赛"、"世界职业斯诺克精英赛"、"中国职业斯诺克巡回赛"、"中国职业 9 球排名赛"、"全国青少年斯诺克系列赛"等，均取得了圆满成功，充分发挥了协会在项目发展中的主体和主导作用。2009 年中国台球协会新引进了"世界 9 球中国公开赛"和"世界女子 9 球锦标赛"，与此前已经落户我国的世界职业斯诺克"中国公开赛"和"上海大师赛"，完成了中国台协高端赛事的战略性布局。四大顶级职业赛事的合理分布，两大重点项目的相互促进、共同发展，极大地推动着台球项目整体的合理、快速发展。

第三，市场开发取得突破，发展条件不断改善。鉴于台球项目市场化特征极为突出的实际，中心在建设台球项目市场开发体系的过程中，始终坚持贯彻"无形资产有形化、以赛事开发为先导、以本体产业为根本、建立战略伙伴关系"的开发理念，充分发挥台球项目的自身优势，结合小球中心 8 个项目的整体优势，进行国家队整体捆绑式开发，通过项目和企业的双赢，使项目的包装、装备、资金和基地建设取得了历史性突破，有力支持了项目的发展。

体育项目产业化是运动项目发展的根本出路，在经济发达地区，体育产业在国民经济总产值中占有十分重要的地位。我国台球项目从一开始发展就有着非常好的群众基础，也是发展台球项目产业的良好基础，经过多年的努力，台球市场的开发取得了一定的成绩，业内相关行业的发展已经形成一定规模，在局部地区已经产生品牌效益。但总体来说，还没有形成完整的产业发展格局，市场开发还处于刚刚起步阶段。近两年，中国台球协会以竞赛为起点，尝试进行了一些初级的商业开发，积累了一些经验，取得了一定的收效，红牛、荣威、红河实业、蒙牛、远东等国际、国内的知名品牌先后与台球项目建立了关联发展关系。但这些还远远不够，只能算是市场开发的初级阶段，台球项目要建立的市场开发体系是全方位的项目市场体系，不仅有品牌赛事，还要有运动员经纪，有广泛的直接受众，有涉及投资、传媒、营销、经营等多方面的项目市场。市场开发的收益最终要支撑竞赛体系和训练体系的运行，成为项目持续发展的经济保证。

第四，对外交流与合作不断加强，国际地位显著提高。为了提高我国在世界台球领域的地位，增强国际话语权，为项目的发展创造更加有利的外部条件，台球项目在外事工作中始终按照"坚持原则，增进团结，以诚相待，广交朋友，虚心学习，加强合作"的指导思想，加强同各国际组织及各国协会交流与合作，开创了项目外事工作的新局面。近年来，通过多种方式，中国台球协会为中国选手争取到更多的参加国际重大赛事的机会。

第五，基础建设进一步加强，社会影响力不断扩大。近年来，台球运动在发展过程中努力探索建立与社会主义市场经济体制相适应、符合现代体育发展规律、国家调控、依托社会、有自我发展活力的协会体制和良性循环的运行机制。加强各级协会和俱乐部的沟通和联络，改变以往存在的一些不良的工作方式和作风，树立了新的形象，充分发挥了行业引领作用。目前，各级协会和俱乐部已呈现百花齐放的良好发展势头，并积累总结了一些具有各自特色的先进做法和经验。随着国内台球俱乐部数量的增加和设施质量的提高，中国台球协会积极调动社会各方面力量推进基地建设，先后合作成立了苏州台球训练基地、无锡台球训练基地、上海市台球技术学校。

通过几年的努力，中国台球运动的基本现状已经相当可喜。

据不完全统计，目前，在国内代表城市中：北京有对外经营的台球俱乐部700多家，平均球台数量在10张左右；上海有对外经营的台球俱乐部500多家，平均球台数量在15张左右；全国参与运动人数千余万，每天进行台球运动的人次逾200万，中国台球制造业已经可以占到全球总量的 30% 左右；每年组织各项竞赛、训练、培训、出访等各类活动上千起，其中：每年纳入中国台球协会赛事体系的各级各类台球赛事活动已经达到 20 余起，涵盖了从奖金额高达 300 万元的世界职业顶级赛事到全国职业赛事、全国业余赛事、全国青少年赛事等各个层次，世界职业斯诺克的六大赛事，已有两站长期稳定在中国境内举行，而且还有继续增加的趋势，世界 9 球项目大型赛中，奖金额度最高的个人公开赛事也在中国创立。经常参与中台协赛事活动的运动员近千人。此外，由各地方协会、台球俱乐部和其他单位举办的地方性、群众性赛事活动更是不计其数。随着赛事活动的发展，相关的教练员、裁判员等专业人员的数量也在相应增加。专业媒体方面，目前全国已经有 2 本专业杂志和数十家网站，各地体育频道对台球节目的转播也呈现出爆炸式的增长。台球赛事转播的收视率曾经创下 3 亿 2 千万的天文数字，据媒体统计已经超过国内篮球、排球和羽毛球的收视率。在运动成绩方面，2006 年至 2007 年，中国台球队获得了 2006 亚运会斯诺克团体、双打冠军，包揽个人冠亚军和女子美式的两项季军，成就中国台球亚运赛场十分辉煌的一页。另外，2006 年世界斯诺克北爱尔兰杯冠军，2007 年亚洲斯诺克青年锦标赛冠军，2007 年美国女子巡回赛大湖经典赛冠军，2007 年世界女子 9 球锦标赛冠军，2007 年世界斯诺克青年锦标赛冠军，2007 年九球世界杯赛冠军，2007 第二届亚洲室内运动会斯诺克女子个人冠军，男子 9 球个人冠军，斯诺克团体亚军，个人季军，2008 年亚青赛冠军、亚锦赛冠军，世界 9 球冠中冠大奖赛冠军等一系列成绩，说明我国的优秀运动员已经正在形成规模化的成长，这是台球项目最大的成绩和长远的目标之一。

六、世界中心为我方　科学发展创辉煌

在过去的几年中，我们在推进项目发展的实践中不断总结，主要体

会是：

（1）必须坚持解放思想，破除偏见。

解放思想、实事求是，是我们党的思想路线。在推进台球运动发展的过程中，我们始终坚持一切从实际出发，解放思想，坚持以正确的理念准确定位和宣传台球运动，着力消除社会上还普遍存在的阻碍台球项目发展的偏见，改善舆论环境，努力使台球项目回归其体育运动的本质，将项目发展融入国家经济、社会和体育事业的整体发展之中。

（2）必须坚持科学发展，以人为本。

科学发展观是建设中国特色社会主义的重大战略思想，是我国经济社会发展、体育事业发展必须长期坚持的重要指导方针。我们坚持把发展作为第一要务，按照以人为本、统筹兼顾、全面协调可持续的要求，正确分析和处理台球运动发展过程中出现的各种矛盾和问题，充分发挥台球运动在增强人民体质、培养健康文明生活方式、促进和谐社会建设中的作用。

（3）必须坚持改革创新，开放包容。

国家体育总局于 2005 年对小球项目的管理机构进行了改革，从而创新了台球项目管理的体制机制，使台球运动进入了快速健康发展的新的历史阶段。以此为契机，我们坚持以开放的、国际化的视野，积极吸收国际台球运动发展的有益经验，以包容的心态，团结国内外一切可以团结的力量，调动一切积极因素，开拓创新，共同推进了我国台球事业的发展。

（4）必须坚持围绕大局，战略先行。

在近年来的工作中，我们始终坚持服从和服务于国家经济、社会和体育事业发展的大局，认真分析形势，认清所处方位，按照总局所赋予的职责，明确"普及、提高、市场开发"三大任务，加强战略思维，保持清醒头脑，把握正确方向，不断加强各项工作的主动性、针对性、时效性。目前，中国台球运动正处在蓬勃发展的阶段，我们必须冷静、客观地分析和把握项目发展的内外环境。科学、全面地判断项目所处的历史方位。自觉地把中国台球事业的发展，融入全球台球运动的大背景之中。融入我国经济社会和体育事业的整体发展之中。只有这样，才能寻求到自身良好的发展空间，从而进一步从战略上明确项目发展的方向，顺势而动、借势而行、乘势而上。

从国际上看，台球运动在世界范围内普及程度及被认可程度并不是很高。斯诺克项目在英联邦国家开展时间较长，相对其他地区有一定市场，但总体仍呈萎缩趋势；美式项目在美国文化影响地区比较普及，但项目定位过于贫民化，不被当地主流文化所接受。台球项目去年全球体育赞助市场份额仅占 0.8%。长期以来，国际台球领域组织众多、缺乏实力、各自为政，没有统一的推广计划，多数地区组织举步维艰。世界金融危机以来，中国经济一枝独秀，成为世界范围内最富潜力的市场，世界台球界普遍把目光投向中国，高水平赛事和活动开始逐渐向中国转移。与我国不断提高的国际威望相适应，由于中台协近年来卓有成效的工作和取得的成绩，国际地位不断提高，国际形象不断提升。以上这些，都为中国台球运动的进一步发展提供了有利的国际环境和空间。

从国内看，中国台球运动存在前所未有的机遇，主要表现在：一是中国社会稳定、经济繁荣。中国经济近年来稳定发展，面对国际金融危机依然保持繁荣稳定的大好局面，为我国台球运动的发展提供了坚实而雄厚的物质基础；二是 2008 年北京奥运会以后，党和国家以及全社会对体育事业的地位作用给予高度的肯定，各方面支持体育事业发展的积极性空前高涨，中国体育包括中国台球运动面临着更为广阔的发展前景；三是社会各界对台球的喜爱在不断升温，台球首先是健康的体育运动，台球要服务大众、面向青少年的理念逐步被政府、舆论和人民群众所接受。这为其拓展发展空间起到了至关重要的作用；四是在国家体育主管部门的正确领导下，中国台球协会以科学发展观为指导，以积极务实的理念，带领全国台球界锐意改革，开拓进取，已经迎来了历史上最好的发展阶段。

从体育角度看，奥林匹克运动在体育范畴中，无疑是一朵最为璀璨的奇葩，但这并不是体育运动的全部。像台球这样的非奥运项目还相当之多，它们的存在，构成了完整体育运动的概念。台球等许多运动项目深受广大群众喜爱和推崇的程度并不逊色于奥运项目。当前我国正在深入学习、贯彻落实科学发展观，更加重视以人为本，更加强调全面、协调、可持续的推进各项事业发展，更加关注构建社会主义和谐社会、和谐世界。同时，我国业已开始由体育大国向体育强国迈进的征程。台球运动与生俱来的强身健体、陶冶情操、磨炼意志、公平竞争、自律自娱、绅士高雅的内质，无疑对完成和实现上述国家和体育任务的大局，具有其他运动不可替代的独特贡献和作用。为此，抓住机遇，乘势而上，全面、协调、可持续地发展我国的台球运动，是历史赋予我们光荣而艰巨的历史使命。

与此同时，我国必须清醒地看到，目前中国台球运动的发展环境还有待进一步改善，竞技水平还有待进一步提高，专业人才培养力度还有待进一步加强，各级协会组织的建设还有待进一步完善，对外开放和交流还有待进一步扩大。

总之，国际国内形势为中国台球运动提供了良好的发展空间，而台球运动自身面临的各种困难与问题也不容回避，机遇与挑战并存，机遇大于挑战。随着中国台球运动技术水平、普及程度、市场状况等的发展变化，新的问题还将不断出现，新的挑战将更加艰巨。我们一定要适应国际台球运动不断发展的形势，立足于国家经济和社会发展的大局，立足于国家体育事业发展的大局，在为国家整体事业发展做出贡献的同时，推动我国台球运动全面协调可持续发展。

中国台球未来所面临的任务光荣而又艰巨。我们要认真学习和领会胡锦涛总书记在北京奥运会、残奥会总结表彰大会上的重要讲话精神，进一步明确体育事业在国家经济社会发展中的地位和作用，以科学发展观为指导，推动中国台球运动在群众体育和竞技体育两方面协调发展、相互促进，为进一步推动我国从体育大国向体育强国迈进做出贡献。

（一）总体目标

（1）继续解放思想，破除偏见，创造有利于项目发展的舆论环境。

坚持用正确的理念准确定位和积极宣传台球运动，回归其体育运动的本质，改善社会各界对台球的认知，努力营造有利于台球事业发展的舆论环境与氛围，鼓励广大人民群众积极投身台球运动，大力提高我国台球项目的普及程度。

（2）继续坚持以科学发展观统领项目发展实践。

围绕发展这个第一要义，按照以人为本、统筹兼顾、全面协调可持续的要求，扎实推进项目发展，进一步加强完善训练、竞赛、市场开发"三大体系"建设，着力提高运动技术水平，促进项目普及，开发潜在市场，加强各类人才培养。

（3）继续坚持改革开放，创新体制机制。

进一步加强项目管理体制和运行机制的创新，加强协会建设等基础工作，进一步发挥中台协在项目管理中的主体主导作用，团结社会各方面力量，调动一切积极因素，继续加强国际交流与合作，吸收借鉴国际先进经验，推进我国台球运动的发展。

（二）具体任务

明确项目定位，改善发展环境。进一步加强宣传，通过各种途径强化其体育概念，为项目发展创造良好的舆论环境，积极争取社会各界的理解以及国家有关部门的政策支持。

建章立制，规范管理。建立健全协会各项规章制度，整合资源、加大管理，充分调动社会各方资源。

围绕发展目标，建设三大体系。充分发挥举国体制和市场机制两方面的积极作用，调动各方面的积极性，进一步建立和完善训练体系建设，努力提高运动技术水平，为国争光。明确指导思想，探索制胜规律，落实"三从一大"科学训练原则，总结非奥项目队伍建设和管理经验，不断提高训练工作的计划性、针对性、实效性。力争在 2010 年亚运会上实现奖牌更大的突破。

继续迪过整合赛事资源，构建和完善规模适度、数量适当、种类齐全、层次分明、连接顺畅、国际化的中国台球竞赛体系。使目前在国内举办的、纳入中国台球协会赛事体系的赛事更加完善，使中台协主导和参与创立的赛事和体系再上一个新的台阶，在国际职业巡回赛体系中发挥更加重要的作用，争取更多的权益。同时，我们要不断提升赛事品质，打造传统品牌赛事，不断提高办赛质量和知识、技术含量，增强中国人自主办赛的能力。

继续贯彻"无形资产有形化、以赛事开发为先导、以本体产业为根本、建立战略伙伴关系"的开发理念，通过内联外引、上传下达、挖掘潜力、整合资源、建立规范、横向联合、捆绑开发等方式，继续解放思想，开拓创新，推进建立科学规范的市场开发体系，从而不断提高自我造血能力和经济实力。积极争取国家政策，营造宽松有序、公平竞争的发展环境，积极开展内外交流与合作，营造合作共赢局面。

加快人才培养，保证事业发展。要站在事业发展的大局和全局的高度，充分重视人才培养对我国台球运动发展的重大战略意义，以及人才匮乏问题的突出性、紧迫性，进一步借助国家和市场的力量，认真总结近年来人才培训工作取得的有益经验，继续加大人才培养、继续强化教练员、运动员、裁判员培养。从而造就又红又专的专业人才队伍，保障事业长期、稳定、健康发展。

加强协会建设，整合资源、建章立制，引导发展方向。要根据项目发展的实际，不断加强和完善协会的自身建设，充分发挥协会在项目发展中的主体主导作用，引领正确的发展方向。建立、健全和规范协会下属各专业委员会的组织构架，充分发挥其作用。积极稳妥地探索台球职业化和俱乐部制的发展道路，不断总结经验。进一步发挥协会的凝聚作用，团结社会各方面力量，推进事业发展。

加强国际交往，促进交流合作。继续加强与台球国际组织和团体的交流与合作，不断吸收借鉴世界台球运动发展的有益经验。积极进入各台球国际组织，提升国际地位，争取更多的话语权。走出去，请进来，以我为主，为项目发展创造良好的国际环境。

加强新闻宣传，促进普及推广。积极推进项目宣传，进一步树立台球运动"高雅、文明、时尚、休闲，代表广大人民群众利益"的正面形象。

台球运动在中国已经走过了二十多年的风雨历程，目前正处在飞速发展的重要时期。回顾过去，我们满怀喜悦和自豪；展望未来，我们充满勇气和信心。我们要紧紧抓住北京奥运会成功举办所带来的大好发展机遇，认真贯彻落实党的十七大精神，高举中国特色社会主义伟大旗帜，以邓小平理论和"三个代表"重要思想为指导，深入学习实践科学发展观，以胡锦涛总书记在北京奥运会残奥会总结表彰大会上的重要讲话为指引，在国家体育总局和小球运动管理中心的正确领导下，更加广泛地团结和依靠全国台球界，统一思想，坚定信心，把握机遇，应对挑战，进一步推进中国台球事业健康快速发展，为推动我国由体育大国向体育强国迈进，为社会主义和谐社会建设做出新的更大的贡献。

我国无线电测向运动
发展的回顾与展望

国家体育总局航空无线电模型运动管理中心主任　张西岭

　　无线电测向运动是现代无线电通讯技术与传统捉迷藏游戏的结合，是在公园校园、山丘丛林、旷野森林等景色宜人、空气清新的自然环境中，运动员（"猎手"）借助无线电测向机，徒步奔跑、快速准确地去寻找出巧妙隐蔽并能发出特定信号的小型发射机（"狐狸"），故此项运动又称无线电"猎狐"或"抓狐狸"。整个过程由运动员独自完成，既提高了独立思考分析判断能力，磨炼了意志增强了体质，又培养了战胜困难奋力向上的品德。它的体育性、科技性、趣味性都非常突出，适合在各年龄段特别是青少年中开展。

　　无线电测向运动虽不是奥运会项目，但却以其丰富的内涵、特有的魅力以及几代测向人开拓进取、顽强拼搏、自强不息的奋斗精神，赢得了群众的认可、学校的欢迎及家长的支持。近50年特别是改革开放31年来，始终活跃在竞技体育和群众体育的舞台上。在参与国际交往和参加世界大赛中曾取得过骄人的成绩；在开展普及活动配合学校抓好素质教育方面也取得了可喜的业绩。然而这一切来之不易，它经历了艰难的岁月，走过了不平凡的历程。

一、国外引进　自主创业　推向全国

（一）"初生儿"诞生　迈出可喜一步

20世纪60年代初，我国派出了以国家体委陆上运动司张文华副司长为首的4人观察代表团，观摩了在德国莱比锡举行的首届国际无线电测向竞赛并出席了有关会议后，将此军事（国防）体育运动项目引进中国。当时带回了80米波段（3.5MHZ）和2米波段（144MHZ）竞赛的简单资料，并向中国人民无线电俱乐部（国家体委无线电运动学校的前身，以下简称"俱乐部"）的领导及技术人员介绍了竞赛实况，准备于两年后的下一届竞赛中国派队参加。为此，"俱乐部"立即成立了测向筹备小组，开始了艰苦的创业阶段。在资料短缺、项目陌生、毫无实践的情况下，他们迎难而上，经过借鉴《苏联无线电杂志》和几个月的摸索试验，初步研发成功80米波段电子管测向机；汇编了《80米波段测向原理》教材；并结合我国国情，制定了整套训练计划和竞赛章程；组织了外场试验性训练等，我国无线电测向运动的第一代"初生儿"应运而生。

1960年12月11日，第一代"初生儿"在天坛公园，向国家体委主管军事体育项目的李达副主任等进行了汇报表演，深得有关领导和参观者的赞赏。后国家体委决定可以"在有条件的省、市、自治区开展此项运动"。1961年2月7日，首批国家无线电测向队正式成立，由刘天成、闫维礼任教练。为了尽快推广此项目，他们以北京为试点，于同年"五一"节在颐和园地区组织了公开表演赛，解放军、北京、河北和国家测向队的近30名选手参加，既锻炼了队伍又扩大了社会影响，无线电测向运动迈出了可喜的一步。

（二）巡回教学　推向全国

　　然而对于全国大多数省市来说，此项运动还十分陌生，为了早日推向全国，"俱乐部"采取了"走出去、送上门"的"巡回教学"办法。1961年专门组织几支小分队，分批分路辗转东北、中南、华东、西南、内蒙古等地区，进行示范表演和教学培训。仅半年多时间就为全国 20 多个省、市、自治区培养了 400 余名技术骨干，并帮助基层解决了一些教材、器材等困难。实践证明，这是符合"多快好省"的教学方法，是成功之举！1962 年 9 月，在北京香山举办的首届全国无线电测向锦标赛，就有 25 个队的 176 名选手参赛（测向机均为自制），解放军队获 80 米波段测向团体冠军；湖北队王守仁和河北队刘秀英分获男、女个人冠军。在闭幕式上，国家体委蔡廷锴和黄中副主任亲自颁奖，勉励运动员"要继续努力提高技术水平，积极准备条件参加国际比赛，为国争光"，使大家受到极大鼓舞。1964 年 8—10 月又举办了全国无线电测向个人冠军赛，第一阶段在武汉、哈尔滨、西安进行分区预赛，共有 29 个代表队 103 名选手参加。获各分赛区前 8 名的选手再参加第二阶段在成都赛区的决赛，结果四川队徐良州和陈顺蓉分获男、女 80 米波段测向个人冠军。

（三）中央关注　专场表演

　　由于新闻机构对首届全国无线电测向竞赛进行了大量宣传报道，不仅使全国各地的无线电测向爱好者兴趣倍增，也引起了中央有关部委的关注。为了进一步扩大影响，取得中央和社会各方面的支持，"俱乐部"组织了两次无线电测向（80 米波段）专场表演。第一次于 1962 年 9 月在天坛公园内，亲临观摩指导的有第四机械工业部、解放军通信部、邮电部以及在京大专院校的著名无线电专家教授等百余人；卫生部李德全部长、外贸部李强副部长、国家体委李达副主任等也仔细地观看了表演全过程；李德全部长还饶有兴致地用测向机收听了隐蔽电台发出的信号。第二次是1963 年 6 月在景山公园内，亲临观看的有贺龙及罗荣桓元帅、罗瑞卿大将、李达上将等；八一电影制片厂在现场还拍摄了彩色纪录片。中央的关怀，领导的重视，给正在起步发展的该项运动增添了无穷力量，大家刻苦训练，劲头十足。

可是天有不测风云，1966 年爆发的"文化大革命"运动，使体育事业遭到严重摧残，年仅 5 岁的无线电测向运动因此夭折，全面停滞。

二、改革开放　恢复振兴　拼搏进取

（一）复苏　立项　发展

经过"文化大革命"的 10 年浩劫，百废待兴。1975 年 1 月 28 日国务院、中央军委以国发〔1975〕19 号文件，批转了国家体委、总参谋部《关于在全国恢复业余滑翔学校和开展其他军事体育活动问题的请示》。文中提到："开展业余滑翔和其他军事体育活动，是落实毛主席人民战争、全民皆兵思想和备战、备荒、为人民战略方针的一项重要措施。对于普及军事知识和技能，加强广大人民群众的战备观念，扩大军兵种技术兵源，促进国防建设具有深远的战略意义和现实意义，必须认真迅速办理。""19 号文件"无疑是给在"文革"中受到诬陷的"军事体育"翻案正名，给广大军体工作者下了及时雨并指明了方向。为落实"19 号文件"精神，国家体委责成"国家体委无线电运动学校"（即国家体育总局航管中心的前身，以下简称"无线电学校"）尽快承办全国无线电训练班，培训无线电活动骨干。1976 年 6 月，来自全国 29 个省、市、自治区的 84 名无线电工作者参加了培训，国家体委军体局冯德宝局长、教育部军体司杜英司长等出席了开学典礼。期间，中国人民解放军总参谋部副总参谋长李达、总参通信兵部张凯副主任、国家体委庄则栋主任和赵正洪副主任等领导也亲临看望。李达指示："无线电用途很广，不仅军队需要，国民经济各部门和人民生活也需要，这次训练班回去以后就要把活动开展起来。"

大家统一了认识，明确了目标，重新点燃了"白手起家、再次创业"之火。此后，"无线电学校"还连续举办了多期全国性的骨干训练班，各地的无线电活动春意盎然，1977 年，河南省率先恢复了无线电测向运动。

1978 年我国体育事业迎来了改革开放新的发展时期，国家体委制定了"省一级以上体委在普及与提高相结合的前提下侧重抓提高"、"集中力量把奥运会和有重大国际比赛的若干项目搞上去"的战略部署。为落实此部署及促进省市无线电测向运动的全面复苏，1979 年"无线电学校"又开始组织编写教材、制定新的竞赛规则、研发急需的训练器材，如无线电测向"自动发报控制器"、"80 米波段信号源"、"2 米波段信号源"等。并于同年 5—7 月在十三陵组织了首届全国无线电测向教练员训练班，为北京、上海、江苏、湖北、湖南、广东、河南等省市培养了一批测向活动骨干。10 月，河南省体委在南阳桐柏举行了河南无线电测向邀请赛，对全国测向活动的开展起到推波助澜的作用。

1980 年无线电测向运动被国家体委正式立为竞技体育项目，改写了 20 年来一直被命名为军事（或国防）体育的历史。之后又将其列入 1987 年 6 运会和 1993 年 7 运会的正式竞赛项目。这一切犹如阳光雨露，给复苏后有待发展的该项运动带来了勃勃生机。全国先后有 22 个省、市、自治区成立了无线电测向专业队，每队约 10 人，由各地体委拨款扶植，使训练比赛等各项活动得到基本保证。1980 年 6 月在四川成都举办了恢复后的首届全国（80 米波段）测向锦标赛，参赛队 22 个。2 米波段测向则于 1982 年在全国举办了两期培训班后才正式推出的。从 1981—1993 年国内长距离测向赛事名目繁多、接连不断：每年举办一届全国无线电测向锦标赛（1981 年安徽屯溪、1982 年河南登封、1983 年山东烟台、1984 年湖南株洲、1985 年江苏镇江、1986 年浙江杭州、1987 年安徽滁州、1988 年四川邛崃、1989 年江西宜春、1990 年贵州贵阳、1991 年吉林长春、1992 年广东广州等），共举办了 13 届。

全国青少年无线电测向竞赛于 1984 年由国家体委、中国科协、《无线电杂志社》共同主办及由吉林省吉林市首次承办起（有 44 个代表队），至1993年共举办了7届（1985年山东崂山、1986年江苏连云港、1988年陕西西安、1989年浙江长兴、1990年河南洛阳、1991年北京等）。

此外，1983年由浙江、北京等部分省市发起的"西湖杯"无线电测向竞赛，至1992年共举办了10届，主要由业余选手参加。除省市代表队外，南京工学院、南京邮电学院、武汉大学、成都电讯工程学院、云南大学、西北电讯工程学院等大学代表队也都参加过"西湖杯"竞赛。

1988年由苏州电视机厂赞助的"孔雀杯"无线电测向竞赛至1992年也举办了5届，主要由专业选手参加。

频繁多彩的赛事促进了全国无线电测向活动的发展和振兴，各专业队在训练方法、整体技术上都达到较高水平，特别是山东、山西、甘肃、吉林、湖南、福建、广东、广西、江苏等省培养出众多优秀选手，如山东辛敏就曾获全国女子三连冠。竞赛活动还促进了测向器材的改进更新和国产化，除委托南阳、南昌、南京、杭州等无线电厂生产长距离80米波段及2米波段测向设备外，湖北、浙江、福建、江苏等省也自行开发了一些性能优良的测向机，为参加全运会打下良好基础。

第6届全国运动会无线电测向竞赛于1987年9月和11月分两阶段在安徽滁州和湖南郴州举行。有19个代表队的76名男女运动员参赛。4块个人金牌分别由广东程应志（男80米波段）、广西谭顺天（男2米波段）、江苏张新霞（女80米波段）、福建朱建华（女2米波段）摘取。

第7届全国运动会无线电测向竞赛于1993年8—9月在北京密云举行，有13个省、市、自治区的75名男、女运动员参加。男团和女团2块金牌分别由湖南队和甘肃队夺得。

（二）涉世　拼搏　争光

1978年改革开放以来，随着我国国民经济的迅速发展，国际地位的不断提高以及我国无线电测向运动的振兴，我们开始面向世界、走出国门、加强交往，并力争在重大国际赛事特别是世界锦标赛中赢得一席之地。1982年7月，常国良、冯昶、陈惠琼、钱熙平首次组团出访南斯拉夫并观摩了在诺维萨德举行的第 26 届国际无线电测向邀请赛。这使我们开阔了眼界，全面了解了国际及世界大赛的竞赛规则、参赛办法和具体要求，对后来的组队参赛起到指导作用。1983 年 7 月，在南斯拉夫举行的第 27 届国际无线电测向锦标赛上，我队首战告捷，女子获 4 金，男、女共获 7 银。在参加国际赛事有了亲身感受及取得一定经验后，1984 年 9 月我国组队参加了在挪威奥斯陆举行的第二届世界无线电测向锦标赛（简称"世锦赛"），山东辛敏、河南赵亚丽及福建陈斌、黄文新等共获 3 银 1 铜，首次在世界测向舞台上崭露了头角！之后，我国一直参加世锦赛（1986 年第 3 届在南斯拉夫萨拉热窝；1988 年第 4 届在瑞士比腾堡；1990 年第 5 届在捷克布拉索山；1992 年第 6 届在匈牙利巴拉顿湖南岸；1994 年第 7 届在瑞典；1997 年第 8 届在德国代根多夫；1998 年第 9 届在匈牙利尼赖吉哈佐市；2000 年第 10 届在中国南京；2002 年第 11 届在斯洛伐克；2004 年第 12 届在捷克；2006 年第 13 届在保加利亚；2008 年第 14 届在韩国举行），至 2008 年我国共参加了 13 届，经过顽强拼搏共夺得 11 金 12 银 6 铜，步入了世界先进行列，为我国争光添彩赢得荣誉！其中，第 4 届获 5 金 1 银 1 铜，实现了我国在测向世锦赛上金牌数零的突破！吉林选手韩春荣一举夺得 2 枚金牌，除获 80 米波段女子个人金牌外，还与甘肃李如红、福建朱建华一起夺得 80 米波段女子团体金牌。第 5 届我队又夺得 1 金 1 银 1 铜，吉林选手韩春荣再次摘取 2 米波段女子个人金牌，为祖国立下汗马功劳！而第 10 届世锦赛是首次"移出欧洲、进入亚洲"并在中国举行，这是中国无线电运动协会积极争取和努力运作的结果，是历史性的重大转折。国家体育总局从上到下非常重视，江苏省体育局通过招标在南京成功举办了本届赛事，受到参赛队一致好评和赞赏。本届迎来了 26 个国家的 277 名选手，我队获 5 金 1 银 2 铜。甘肃选手罗春燕获 80 米波段女子个人金牌及与杨春香、李如红一起获 80 米和 2 米波段女团 2 枚金牌；山西选手武永胜则实现了我国成年男子组首次进入前 3 名并夺得金牌的重大突破！武永胜除获 2 米波段男子个人金牌外，还与宁强、丁一共获 80 米波段男团金牌。

亚太地区无线电测向锦标赛也是每两年举办一届，我们也积极组队参赛。从 1993 年 10 月在北京怀柔由我国举办首届起，至 2007 年共举办了 7 届（1996 年第 2 届在澳大利亚；1999 年第 3 届在韩国；2001 年第 4 届在蒙古；2003 年第 5 届在澳大利亚；2005 年第 6 届在日本；2007 年第 7 届在蒙古），我国共获 32 金 21 银 14 铜，在亚太地区可谓首屈一指，影响甚大。为推动亚洲无线电测向运动，我们还分别于 1991 年、1995 年、1996 年为日本、孟加拉国及我国台湾地区举办过无线电测向培训班。

另外，我们每年还组队参加双边或多边的国际无线电测向赛事，以锻炼队伍，积累经验。

（三）集训　选拔　获胜

每次世锦赛或重大国际赛事之前，我们都会组织全国无线电测向优秀运动员（全国锦标赛中的优胜者）进行 3 个月以上的集训选拔，并采取一系列措施保证训练效果，提高选拔精度。在 1993 年 7 运会以前的 6 次全国优秀选手集训中，以常国良为领队和以冯昶、陈惠琼等组成的教练班子，为了适应欧洲不同的竞赛地形特点，为了全面提高运动员的身体素质和技术水平，实现争金夺银的目标，他们带领队员辗转南北东西，不断更新训练场地，例如到云南等地进行高原适应性训练；到东北小兴安岭林区进行类似欧洲地形的模拟训练；对各项基本技术和专项技术在不同场地进行强化训练。因是野外训练项目，地形复杂多变，条件差难度大，队员们需克服气候不适、水土不服、蚊虫叮咬、辗转疲劳、摔伤跌伤等困扰，为弥补经费不足，以白水代替饮料、以姜水帮助驱寒。但为了同一目标，全队毫无怨言，每天均以坚强的毅力，顽强的斗志和奋力拼搏精神，奔跑在近 10 公里的崇山峻岭、崎岖山路中，训练非常刻苦扎实。考虑到外场测向时运动员有相遇机会，成绩存在偶然性，便采用生疏地形多场考核及按综合成绩名次系数排序等选拔方法，较科学准确地选出参赛选手，为世界大赛取得好成绩奠定基础。而第 10 届世锦赛我们虽是由 7 运会后退役的运动员临时组队，但因设法安排了集训，加上"天时地利人和"，还是取得了良好效果。总之，我们深深体会到大赛前的集中训练和科学选拔工作非常重要，是获取优良成绩，赢得竞赛成功的必要保证！

三、深化改革　创新项目　培育市场

1993 年 7 运会后，随着体育改革的不断深化和奥运争光计划的具体实施，无线电测向运动同其他非奥运会项目一样，不再被列为全运会项目，全国十几个专业队相继取消，运动员解散退伍，教练员流失改行，一派"树倒猢狲散"的架势，这对于从事数十年该项运动并付出了辛勤汗水的几代测向人来说，无疑是个沉重的打击。无线电测向运动何去何从，如何尽快地从逆境中摆脱出来，寻找新的出路，寻求新的发展，就成为摆在我们面前非常现实的严峻课题。

（一）面对现实　调整心态　作出新抉择

面对无线电测向运动从 1993 年 7 运会时所处的鼎盛时期，一下子跌到了低谷，作为主管部门的我们，尽管心情沉重，但深感责任重大，不能就此罢手，不能因此停步。党的十一届三中全会明确指出："我国现在还处在社会主义的初级阶段，改革是发展生产力的必由之路，各项工作都要有助于建设有中国特色的社会主义。"我们认识到，必须以此科学论断作为我们客观分析事物，做出正确抉择的依据。虽然我们的项目受到了重挫，但只要无线电测向运动本身的特点没变，魅力还在，就一定有生命力，就会受到广大群众的欢迎。不参加全运会，我们可以组织全国赛；不设专业队，我们可以搞普及；缺少经费，我们可以向社会求助。面对现实，我们很快调整心态、排除怨气、清醒头脑、重整旗鼓，决心在由计划经济向社会主义市场经济转轨的过程中，摸索出一条有中国特色的无线电测向发展之路。

（二）创新项目 突出科技 显中国特色

考虑到 7 运会前开展的与国际对口的长距离测向，对于眼下纯业余的基层单位来说，无论从场地、器材、技术、交通、经费、教学等方面都无法达到要求，有一定难度，不利于普及和广泛开展。为此，冯昶、陈惠琼教练在"无线电学校"的支持下，从实际出发，结合我国国情，于 1993 年创造性地及时推出了国外没有的短距离无线电测向，把活动场地从山区引进城市，使在校园、公园、庭院、近郊等区域即可开展活动；把找台距离从 4—7 公里（后改为 5—10 公里）缩短为 1 公里；把活动对象由专业运动员变成广大青少年学生，这样场地易选、组织简单、便于参与，也更符合中小学生的体能特征。为了贯彻党中央关于"科教兴国"、"在青少年中普及科技"和实施"全民健身计划纲要"的战略方针，我们又在无线电测向竞赛中拓展新内容，突出科技含量。例如，在原长距离项目中增加无线电测向理论考试和在短距离项目中设置测向机制评比等。要求参与者不仅能奔跑会找台，还必须学习无线电科技知识和电子制作技能。在无线电测向活动中充分体现理论与实践、室内与户外、体能与智能的结合；在大自然中有机地将健身、科技、休闲、娱乐融为一体，锻炼和提高身体素质、知识技能、心理品质。既促进了青少年德智体美劳的全面发展，又有利于由应试教育向素质教育转化，显现出发展有中国特色的无线电测向运动的基本格局。

（三）立足基层 面向普及 培育新市场

7 运会后我们把无线电测向活动的着眼点转向了基层，把工作重点转到了普及，无论从接触对象、活动形式、参赛办法、管理模式上都有了新的变化。例如，运行机制已由体育系统一竿子插到底的单一纵向管理模式变成由体委与教委、科协、共青团等部门共同合作的管理模式；接触的主要对象则由专业教练员改为学校辅导老师；活动主体也由专业运动队改为中小学校。为了培育新的市场，使基层的无线电测向普及活动迅速发展，

我们采取了一系列行之有效的措施:

1.首先解决好"三材"(器材、教材、人才)问题

从1993年起,我们自主研发和配套生产了短距离80米波段测向机、信号源及相关器材,并几经改版提高该型质量,使测向机做到易装易调,信号源稳定可靠。同时组织了《初级无线电测向教材》的编写和短距离测向竞赛试行办法(即无线电测向竞赛规则"补充规定"的制定(后经过多年的实践摸索,短距离无线电测向竞赛规则于1997年正式实施;2002年再次修订)。有了器材和教材,我们又着力解决开展短距离普及活动的师资问题。先以北京、南京、长沙、武汉为试点,分别由我们亲自授课和组织装机。随后全国20多个地市也纷纷举办培训班,首批短距离测向活动人才初步形成。1994年后的十多年,在航空无线电模型运动管理中心(简称"航管中心")北京天路达电讯器材研究所(简称"天路达")与无线电定向运动部(简称"无线电部")的密切配合和积极运作下,在以推广活动为目的的经营理念支配下,各类测向器材和普及教材等很快推向基层,并在全国形成一定规模,创造了一定的社会效益和经济效益。我们还始终坚持狠抓测向基层教练员辅导员的培训,全国经航管中心审批发证的培训班有80余期,培养辅导老师2千余人,孕育了一大批开展测向普及活动的骨干和生力军。实践证明,每成功举办一期培训班,就可以把一个城市或一个地区的测向活动带动起来。为了爱护和鼓励他们的积极性,每年我们还为在测向竞赛和普及活动中表现突出、成绩优良的辅导老师颁发全国无线电测向优秀指导员荣誉证书或全国无线电测向竞赛活动优秀组织者(先进集体)证书。

为落实1998年国家体育总局"关于进一步做好社会体育指导员的培训与管理工作"的指示精神,我们于2002年完成了《无线电测向社会体育指导员教材》的编印,并于当年年底举办了全国无线电测向社会体育指导员培训班。随后,北京等地也举办了多期同类培训班。长期在第一线从事测向活动的基层辅导老师终于有了明确的身份和等级。

2. 以竞赛推活动，以活动促器材，形成良性循环

1993 年"短距离"测向活动出台不久，我们就当机立断地在湖南桃江县举办的全国青少年测向竞赛中，增设了短距离测向竞赛项目。尽管当时各方面条件还不成熟，但仍有十几支省市代表队的 80 多人参加了此项比赛。为了进一步扩大竞赛规模，我们采取多设组别、不拘队数、不限人数、直接报名和请家长参加等宽松的参赛办法；还根据参赛人数多少，采取循环赛、计时赛、接力赛等灵活多样和增强趣味的竞赛形式；并尽量选择能与旅游相结合且风景优美的赛地，以吸引更多的参赛者和家长。

1997 年香港回归前夕，国家体育总局伍绍祖主任为在深圳市布吉镇举办的全国青少年无线电测向竞赛书写了"强身健脑其乐无穷"的题词，给了测向界莫大鼓励。之后，全国青少年测向赛的参赛队发展到 150 余个，人数近千，增长了整 10 倍，而广州等经济发达地区明显占优势。在此情况下，自 2000 年起，我们又采取限制队数、掌控人数、选报项目的参赛办法，以保护薄弱地区的积极性和缩短整个竞赛周期。

为了激发基层的积极性，从 1995 年起，我们举办了以城市命名和与全国赛事项目对口的全国青少年无线电测向分区赛，每年由航管中心审批近 10 个赛区，经费由地方自筹。随着该项赛事的发展及加强行业管理的需要，又将分区赛改由按行政区来申办。

1998 年起在南京还举办了多次家庭社会无线电测向竞赛，中、小学生与校长、书记、老师及学生家长们同场竞技，既妙趣横生又体现了群众性！国家体育总局刘吉副主任发来贺词说："这是一项融科技健身休闲娱乐为一体的很有现实意义的竞赛活动，是你们认真贯彻党的十五大精神，深化改革、开拓进取、有效落实全民健身计划纲要的又一举措。"对无线电测向这种别开生面的竞赛形式给予了高度评价。

1999 年在南京又举办了首届全国无线电测向发展战略研讨会，有 16 省市 50 个单位的 60 余人参加。教育部学校国防教育办也为会议题写了贺词，其中提到："我们相信无线电测向运动将发挥科技普及和增强体魄的作用，以其自身所具有的独特魅力，更加普及地在学校开展起来，为全面培养和提高学生的素质做出贡献", 这是对开展基层无线电测向活动的充分认可和期盼。在现场观摩会上, 南京市摄山镇镇长深有感触地说: "由于经费有限, 我们只能选择上级各部门来检查均合要求的无线电测向活动。对教育口, 我们在进行学生素质教育; 对体育口, 我们在进行全民健身; 对科技口, 我们在组织电子制作; 对共青团, 我们在开展青少年活动, 真是一举多得", 充分体现了该项目的社会价值。

在狠抓短距离测向普及活动及举办每年一届全国赛事的同时, 我们还不失时机地组队参加世锦赛、亚太赛和国际比赛, 为能自筹到经费和有技术条件的省市提供出国锻炼、观摩学习和放眼世界的机会, 并促进当地在普及的基础上与提高相结合, 以实现既有中国特色又能与国际接轨的"两条腿走路"的方针。

总之, 7运会后的十余年间, 在国内外无线电测向竞赛这个龙头的牵动下, 我国的测向活动迅猛发展, 基层普及面迅速扩大, 先后有20多个省市自治区的40余个地区开展了该项活动。仅南京市当时就有百余所中小学的近万人参加; 北京、上海等地的活动人数也达数千人, 过去只有少数人参加的纯竞技体育变成了数万人参与的群众体育。

实践证明, 凡无线电测向普及活动搞得好的地区, 测向器材的销售量就大, 其相关部门或器材代销点的经济效益就好, 反过来又可促进当地的测向活动或竞赛。而全国测向器材的需求量大了, 对负责测向器材研制生产和经营销售的"天路达"同样是个促进, 他们与无线电部紧密配合, 既促器材也推活动, 互利双赢。在全国形成了一个"以竞赛推活动、以活动促器材、以器材带效益、再以效益促活动"的无线电测向良性循环机制。

3. 上靠"教科团", 下靠"馆站宫"营造活动阵地

考虑到我们的活动对象和辅导力量主要来自学生和老师, 而牵头的骨干又大多出自青少年科技馆、科技站、少年宫和活动中心(简称"馆站宫"), 他们分别隶属于教委、科协、共青团(简称"教科团")系统, 往往教委的一句话或本系统的一个文件就能起作用。所以, 除了依附体委系

统外，我们还必须依靠"教科团"等系统。1993年我们拜访了教育部基础教育司后，即由国家体委、国家教育部、中国科协、共青团中央、全国妇联（简称"五部委"）签发了《关于联合举办全国青少年无线电测向竞赛和培训班的通知》；1994年我们再次走访国家教育部体卫司，又决定每年由体育总局和教育部联合主办全国无线电测向锦标赛。此后的十余年，我们一直沿用"五部委"文件，作为指导全国无线电测向竞赛活动开展的法宝。每年的全国测向赛，教育部相关领导都会亲临现场观摩指导；1998年中国科协《科技辅导员杂志》的同志观摩测向赛后，还主动腾出版面来宣传无线电测向运动。

在取得"教科团"等系统的有效支持后，我们又紧紧挂靠各省市青少年"馆站宫"，以这些单位为据点，以测向指导老师为龙头，以点带面，辐射到各区各片学校。我们还设法借1994年武汉全国科技馆站宫活动中心馆长主任会议、1999年成都全国青少年发明创造辅导员培训班以及1999年无锡全国学校体育卫生工作交流会之机，通过图文介绍、实物演示，向教育、科技部门的有关领导和学校老师宣传无线电测向运动，均取得了较好的效果。通过积极运作，我们在全国营造了一个个健康牢固的青少年无线电测向活动阵地。

为了表彰开展无线电测向活动成绩突出的各类学校及青少年科技"馆站宫"等基层单位，2001年2月国家体育总局办公厅下发了关于《全国无线电测向活动重点单位申报和审批办法》的通知。至2008年已有北京、广州、上海等16个基层点获得了全国无线电测向重点单位的殊荣。

4. 依附社会，依靠企业，解决经费不足困难

7运会后，在由计划经济向市场经济转轨过程中，非奥运会项目的国拨经费逐年递减，下拨无线电测向的一点经费只能勉强维持日常运转，每年的全国赛事经费必须通过社会招标，依靠企业赞助来解决。于是出现了诸如1993年"桃江杯"、1994年"华泰杯"、1995年"金泰杯"、1997年"昌源杯"、1998年"正奥杯"、1999年"电力杯"和"鼓楼杯"等冠名形式的全国无线电测向赛事。这表明，只要我们加强宣传，让社会接纳我

们，让企业了解我们，我们的竞赛活动就会得到支持，一些远见卓识之士就会伸出援助之手，这也是我们项目进行市场运作的必由之路。此外，当时社会上还活跃着 3 支特殊的测向队伍：一是山西省无线电管理委员会测向队，由主任亲自挂帅，经费给予充分保证，既认真抓训练又积极参与国内外赛事，并在 1999 年第 3 届亚太锦标赛上夺得 5 金 2 银 3 铜的优异成绩，还购买测向器材支援太原市的基层活动。二是甘肃省金川公司二中队，每年由金川有色金属总公司拨专款，保证他们常年的训练和参加长短距离测向两项全国赛事。三是洛阳石化总公司测向队，也是多年由企业组织训练和参赛的一支队伍。这些都充分体现了在深化改革中，社会办体育，体育产业化的发展方向。

综上所述，一个有中国特色的无线电测向运动的发展模式已在我国形成。

四、正视问题　采取措施　迎接新挑战

（一）提高竞赛观赏性

经过几代测向人的艰苦奋斗，无线电测向运动虽取得了可喜成绩和长足发展，但该项目有一个客观存在的致命弱点——观赏性差，始终未能彻底解决。由于竞赛中运动员必须独立地、争分夺秒地寻找出隐蔽电台，旁人的任何跟踪或在电台附近围观，都会影响到运动员竞赛和成绩的真实性。参观者只能在起、终点看运动员跑出跑进或默默等候，整个找台过程却无法看到，这使群众的轰动效应、广告宣传和社会影响也就大打折扣。近几年来，航管中心无线电部马惠敏主任及王新民、王力军等人设法改造竞赛内容和竞赛办法，如在全国青少年短距离测向竞赛中增设和试行了标图定位（运动员在特定的场地内，移动位置并分别在图上标定出隐蔽电台的方位）和百米测向（在固定可视的场地内，设置若干数量的真台和

假台，运动员分批按不同组别各自找出指定台号的电台）等较易实施、便于观赏和利于互动的内容，受到大家的欢迎。

（二）缓解测向技术下滑

7 运会后，无线电测向活动的重点转向基层，我们注重了群众性的普及而忽略了测向技术的提高，没有再举办过长距离测向的专业培训，全国测向界的整体技术水平明显下滑，参加世界大赛的选手大多从基层临时组队，竞技水平和参赛经验都难以达到要求。为缓解此问题，无线电部于 2007 年 6 月在北京举办了全国无线电测向骨干培训班及发展战略研讨会，明确了在新的历史时期，必须紧扣时代脉搏，实施改革创新，发扬自强不息的精神才有出路。为此成立了国家无线电测向集训队及组织了外场测向技术培训，受益匪浅。后来，凡参加世界或国际大赛前，均自筹资金进行短期训练，并请原国手或世界冠军等给予指导，帮助提高技术水平，均收到较好效果。

（三）继续拓展新项目

为使社会上一些真正的业余无线电爱好者能纳入到无线电测向活动中来，无线电部于 2008 年推出了短距离 400 兆赫芝（分米波段）测向，使其在工作频段上与业余电台接轨，便于爱好者参与，同时可增进青少年对此频段无线电波传播规律及测向技能等知识的了解；在竞赛方法上则与定向运动相结合（在地图上标画出 5 个直径为 100—200 米的圆圈，测向运动员需借助地图跑到圈内的区域方能找到电台），以激发和提高参与者识图用图的能力。

为落实中共中央、国务院关于"加强青少年体育，增强身体素质意见"的 7 号文件精神，航管中心又在青少年学生中推出了"阳光测向"，其特点是重参与、重锻炼、重安全、重快乐。首先为学校提供价格低廉的测向设备，以促成"班班有测向、人人会测向"的局面；另将活动及竞赛安排在校园或公园进行，使老师和同学们可边观看边喝彩、边互动边拍照，既安全又随意；还提倡和引导学生们在大自然中，在阳光下尽情感受和体验测向活动带来的快乐，以全面增强青少年的身心健康。

在喜迎祖国 60 华诞之际，测向界的同仁将继续发扬"开拓进取、自强不息"的奋斗精神，去迎接新的挑战和考验！

新中国 60 年跳伞运动的辉煌历程

国家体育总局航空无线电模型运动管理中心副主任　张西岭

一、跳伞运动发展历史

1949 年 11 月，新中国成立之初，由时任中央军委副主席周恩来同志向中共中央起草了组建空降兵的指示。1952 年 6 月，中华全国体育总会根据周恩来、朱德的指示，建立了中央国防体育俱乐部（简称国防体协），所管的运动项目有跳伞、滑翔和航空模型。

1954 年 12 月，时任国务院副总理兼国家体委主任贺龙同志，在中南海召集军队和体委等有关单位的领导同志开会研究并形成决议：由空军负责组建飞机跳伞运动队。1955 年 8 月底，新组建的飞机跳伞队参加了在保加利亚举行的社会主义国家跳伞友谊赛。临行前，国家体委主任贺龙同志和副主任荣高棠同志在接见代表团时勉励和要求大家："你们是建国以后第一个出国参加国际比赛的国防体育代表团，虽然我国群众性的跳伞运动还不普及，技术水平还不高，但你们是这个项目的种子，是派出去的留学生，是加强社会主义国家运动员之间友谊的使者"。大家带着饱满的热情走出了国门，通过在国外的学习和交流，初步了解到国际跳伞运动的发展情况。代表团回国后即向中央国防体育俱乐部和空军提出建议："普及和开展群众性跳伞运动，成立国家跳伞集训队，并准备参加来年的世界跳伞锦标赛"。1955 年底国家体委决定正式成立国家跳伞集训队。并于 1956年 1 月在河南开封正式投入训练。从此，新中国的跳伞运动也正式开展起来，我国伴随着祖国的 60 年艰苦历程也完成了跳伞运动自初创、发展、解散、恢复、再发展并走向世界的曲折经历。

二、跳伞运动蓬勃发展

随着建国初期国民经济的恢复和第一个五年计划的顺利实施，我国各项体育运动也蓬勃发展起来。1957 年 2 月在北京召开的国防教育工作会议上，各地代表要求国防体协派跳伞队到全国各地进行跳伞表演，向人民群众宣传介绍这一新崛起的国防体育项目。1957 年至 1958 年，国家跳伞队先后为各地群众约 200 万人做了跳伞表演，不仅向群众宣传、介绍了跳伞运动，而且提高了运动员的各种不同条件和场地的跳伞技能。

为迎接第一届全国运动会，1958 年相继有 11 个省、市组建了跳伞队，使跳伞运动得到迅速发展。1958 年 9 月 17 日至 27 日，为第一届全运会做准备，国家体委决定举办第一届全国滑翔、跳伞比赛，中国年轻姑娘赫建华、崔秀英、耿桂芳三名运动员在比赛中发挥出色，首次打破集体定点跳伞世界纪录。这一喜讯通过电波传遍祖国四面八方，极大地鼓舞着全国各行各业的人民群众，全国各运动队也掀起了勤奋学习，刻苦训练，互帮互学，争创世界纪录热潮。1959 年，在第一届全国运动会闭幕式上，由国务院总理周恩来批准并亲自为 75 名运动员颁发了国家体育运动荣誉奖章，这是国家首次为优秀运动员颁发最高荣誉奖章，在 75 名优秀运动员中，有 43 人是跳伞运动员，占获奖总数的 57%。跳伞项目为新中国体育运动的发展做出了重要的贡献。

我国跳伞运动从 1958 年到 1966 年 6 月，在这 8 年中虽然遭受了严重的经济困难和挫折，仍旧得到广泛迅速的发展，全国除西藏自治区外，所有省市地区都先后开展了飞机跳伞或伞塔跳伞。运动员们以"胸怀祖国，放眼世界，赶超先进，为国争光"的雄心壮志奋发图强，不断创造好成绩。先后有 70 人、43 次打破 22 项世界跳伞纪录。全国人民也给予跳伞运动员中的杰出代表以很高的荣誉。女运动员赫建华、王素珍于 1964 年分别被选为第三届全国人民代表大会代表等，许多跳伞运动员都获得了不同规格的荣誉称号，并成为群英会代表。1964 年周恩来总理在第三届全国人民代表大会作政府工作报告时，对跳伞等项目的运动员给予很高的评价。他说："在体育方面，群众性体育活动有了很大发展，人民的体质有所增强。体育运动水平进一步提高，特别是乒乓球、登山、举重、射箭、跳伞、速度滑冰等方面取得了优异的成绩。"广大跳伞教练员和运动员听到这些受到极大鼓舞，他们深知成绩的取得首先归功于党和政府的领导，归功于全国人民的鼓励和支持。

三、跳伞运动受政策影响中断

1966 年，中国开始持续 10 年的"文化大革命"运动。它给中国人民造成了极大的灾难。跳伞运动也同其他体育项目一样，遭到了空前的摧残和破坏。当时共有 22 个省市地区的 400 多名跳伞运动员被全部解散，航空俱乐部也宣布解散，飞机和训练设备器材分掉了。但是，在这种极其不利的环境下，跳伞届的骨干们并没有失去对跳伞运动的忠贞与热爱，他们以各种形式不断地申述跳伞运动的成就，请求中央恢复深受广大青少年喜爱的跳伞项目。1973 年 9 月，国务院总理周恩来指示国防体协、国家体委领导，"你们过去搞的滑翔、跳伞还要搞"，周总理的话如久旱的甘露，滋润着广大跳伞工作者的心田，给他们增添了巨大的力量。1973 年首先由空军开始重建了中国人民解放军跳伞队，经过一年多的调研筹备，1975

年国家体委从各省市抽调原跳伞骨干人员组成国家跳伞表演集训队，重新开始进行跳伞恢复训练。

四、跳伞运动走向世界

1978 年国际航空联合会第 71 届代表大会决议，接纳中华人民共和国航空运动协会为航空联合会正式会员。1979 年 1 月 27 日中国航空运动协会代表贾成祥第一次参加了在荷兰举行的国际航联跳伞委员会会议。自此，中国的跳伞运动开始进入国际伞坛。友好的交往，大赛的竞争，有力地促进了中国跳伞运动水平的提高。

为了集中优势力量，迅速提高跳伞技术水平，培养一支高水平的跳伞队伍，国家体委决定，自 1978 年起，每年从各省市选拔优秀教练员、运动员由国家体委集中进行训练，通过集训，不断完善和改进训练组织、手段、方法和装备器材，提高竞赛水平。集训一直坚持从实战出发，严格训练、严格要求和跳跳整整的原则，通过对参加世界跳伞比赛的技术分析，制定我们的训练目标，通过几年的国家队集中训练，我国的跳伞运动水平有了飞速的发展和提高。

1980 年 11 月 26 日，在中国广东举办的国际跳伞公开赛中，由杨涛、李建国、李东强、张金项组成的中国造型跳伞队，不畏强敌，顽强拼搏，以一次跳伞完成 16 形的成绩打破了美国运动员创造的 15 形四人造型跳伞世界纪录。创造了中国跳伞运动自恢复后在国际跳伞比赛中的第一个世界纪录。

1983 年 5 月，来自北京跳伞队的张荷生、王永利、陈力、张林四名运动员在全国跳伞锦标赛中首次打破四人踩伞跳伞世界纪录，成为该项目的新生力量。

1983 年 9 月，在意大利举行的第二届世界杯跳伞比赛中，李荣荣获得女子个人全能跳伞冠军，成为中国跳伞运动史上第一个世界冠军。

1984 年至 1988 年，由北京选手张荷生、王永利、陈力、张林、韩亦强组成的中国踩伞造型队分别在世界锦标赛、世界杯等不同比赛中连续获得三次世界冠军，打破三次世界纪录，成为我国跳伞项目中第一个获得三连冠的队伍。

自 1992 年后，随着国家奥运战略的方针制定，跳伞运动被列为非奥运会项目，同时也从全运会比赛中剥离，跳伞运动再次受到重创，各地航空运动学校相继撤销，训练经费大幅度削减，跳伞训练不能正常进行，跳伞人才流失。尽管在这种不利的环境下，我们现存的跳伞队教练员、运动员对为国争光的信念从来没有减，他们仍然坚持地面苦练，空中精跳，利用有限的跳伞训练机会，提高技术。他们用辛勤的汗水和不懈的努力，保持着我国跳伞优势项目在世界伞坛的领先地位。

中国女子跳伞队在近几年的世界跳伞锦标赛上五次荣获集体定点跳伞的冠军，7 次获得世界亚军，她们以优异的成绩捍卫着中国跳伞运动在国际上的荣誉。2005 年 7 月，中国男子跳伞队在俄罗斯举办的世界跳伞锦标赛中，又以 8 轮集体定点跳伞总距离 0 米的优异成绩打破男子集体定点跳伞两项世界纪录并获得世界冠军。

我国跳伞运动员在国际跳伞比赛中一次次的获得世界冠军，在国际赛场上奏响中华人民共和国国歌，鲜艳的五星红旗一次次在国际体坛升起，这是我国跳伞健儿为之奋斗的目标，他们为祖国争得了荣誉。

自"文化大革命"跳伞恢复后，截至 2008 年，我国跳伞运动员在世界跳伞比赛中，共有 22 人、20 次获得 7 个项目的世界冠军，18 人 10 次创造和打破 7 项世界纪录。

在这些为国争光的成绩背后，还有一大批默默无闻，甘为人梯的无名英雄。比如，启蒙教练、飞行人员、维护飞机的机务人员、后勤保障人员、医务人员、气象人员、科研人员等等，缺一不可，他们没有登上领奖台，没有被授予荣誉奖章，但正是因为有了他们平凡而伟大的劳动，才使跳伞健儿们闯关夺冠，取得一次又一次的胜利，他们无私奉献的精神永远光彩照人。

我国的跳伞事业是由老一辈无产阶级革命家开创并发扬光大的，未来跳伞事业要靠新一代跳伞工作者继续努力并保持过去的辉煌成就，虽然在新的历史时期，跳伞事业遇到了前所未有的困难，飞机老旧需要更新，机场被政府开发占用，人员流失匮乏，政策对跳伞运动开展限制等多种原因，但我们有信心接过前辈的光荣旗帜，前赴后继为祖国跳伞事业的发展继续努力，再铸辉煌！

新中国航空航海模型
发展的光辉历程

国家体育总局航空无线电模型运动管理中心副主任　丁　鹏

一、我国的航空模型和航海模型
运动从无到有不断发展壮大

新中国成立之时，我国的航空模型和航海模型运动是一片空白。工业落后、科技落后和观念落后是我国当时社会现状的真实写照，同时西方发达国家又将航空模型运动和航海模型运动视为发达国家的专利。在这种情况下，我国政府向全国青年发出了开展航空、航海模型等军事体育的号召。在一无技术、二无人才、三无资金的困难条件下，中央人民政府于1952年6月24日成立了中央国防体育俱乐部，新中国的航模运动开始有了固定的全国性的统一领导管理机构，并由此进入了一个新的发展时期。1952年8月，中央人民政府教育部、青年团中央、中华全国体育总会在联合下发的《关于开展国防体育活动中之航模运动工作指示》中指出："航模运动有可能与必要在全国范围内普遍开展。"要求各级体育组织、青年团组织、教育部门重视并支持此项活动的开展。由此，航模活动由中学扩展到大专院校，到1959年已有100多所大专院校成立了航模组，尤其是航空院校已成为提高航模技术水平的尖兵。"文革"中我国航空、航海模型运动处于停滞状态，之后又逐渐得到了恢复和发展，从 1981 年起，我国航空、航海模型运动员创出了一批又一批的好成绩。1994 年国家体委专门成立了航空无线电模型运动管理中心，负责管理和指导全国航空、模型、无线电和定向运动的发展。航模项目在经历全运会项目调整后，明确了为社会发展和经济建设服务、为全民身心健康服务的宗旨，提出了"贴近大众、贴近政府、贴近企业、贴近媒体"四个原则，挖掘项目发展优势，尝试实现新的跨越。

二、航空模型和航海模型取得了
　　令世人瞩目的成就

（一）航空模型和航海模型运动成绩卓著。截至 2009 年 8 月，航空模型共计获得 26 项世界冠军，航海模型共计获得 143 项世界冠军，两个项目获世界冠军总数占我国所获世界冠军总数的 7.3%；航海模型 79 次打破世界纪录，航空模型 67 次打破世界纪录，两个项目打破世界纪录总数占我国打破世界纪录总数的 12.2%。还涌现出了航空模型线操纵韩新平个人五连冠和团体五连冠的优异成绩，成为了世界航空模型史上的神话！我们可以骄傲地说：航空模型和航海模型在我国体育运动项目中一直处于运动水平的领先地位！

（二）航空模型和航海模型运动为我国培养了一大批科技栋梁人才，仅从航空模型活动中成长出来的院士就有二十多位。其中最为突出的是路甬祥和顾颂芬。

全国人大常委会副委员长、中国科学院院长、两院院士路甬祥就曾经是航空模型活动的爱好者。他 1958 年曾代表浙江省航空模型队参加全国航空模型分区航空赛，获三级牵引模型滑翔机银牌。路甬祥回忆说："我对航模很投入，读了许多书，了解到图波列夫、米高扬、雅可福列夫等对苏联航空的贡献，献身祖国航空事业之心油然而生。航空模型运动使我学到许多空气动力、模型结构工艺方面的知识。而且开始学习将理论知识和实践结合起来，对我以后的工程研究生涯十分有益"。

少年顾颂芬亲眼目睹日本飞机的狂轰滥炸，立志长大后制造中国人自己的飞机。作为一位航模爱好者，尽管他考上了清华等三所名牌大学，最后选定上海交通大学航空系空气动力专业。1951 年毕业后，以巨大的热情投入新中国航空建设事业，曾组织、领导、参与我国低、中、高三代10 余种飞机的气动布局和全机设计。在"歼-8"飞机设计中，解决了方向安定性和消除抖震等重大技术问题。担任"歼-8II"飞机总设计师时，利用系统工程管理方法，把飞机各项技术融合在总体优化机型内。顾颂芬被科技界誉为"歼-8 之父"，成为我国著名的空气动力学专家、飞机设计师和两院院士。

（三）航空模型和航海模型为国防建设、经济建设、社会发展做出突出贡献。

早在 20 世纪 60 年代初西北工业大学研制的遥控模型飞机被炮兵司令部选为训练用靶机；昆明航模队协助昆明军区进行低辐射侦察，效果良好；四川航模队在成都开展人工催雨获得成功；在航海模型方面，解放军海模队研制的反潜火箭艇能遥测放射性污染；湖南队和北京队研制的潜水艇能进行潜航摄影；江西、辽宁和云南队研制的靶船能自动报靶，节省拖船，可供部队进行水上目标瞄准射击用。这在当时科学技术相对落后、物资匮乏的情况下是非常了不起的！

今天，随着我国大型商用飞机的研发，"神舟"系列宇宙飞船的发射，航空模型仍然是目前飞行器设计和研发工作中最节省、最有效的缩比验证手段。没有成熟的航空模型运动技术，无人机的发展可以说是空中楼阁。在 2008 年汶川地震中，我们的航空模型爱好者多次深入灾区，在天气条件复杂、航空遥感无法正常作业的情况下，利用航空模型为救灾指挥部传输回无数震中的画面；还是他们参与了灾后的遥感规划设计工作，为灾区重建做出了积极的贡献。因此，航空模型已经成为高校航空航天学院和相关科研院所开展科研工作不可或缺的工作和试验手段。同时让我们感到欣慰的是，我国航空模型运动培养出的运动员和教练员已经成为高校航模队培养后备人才的骨干和航空航天科研院所科研实验的生力军。

（四）航空模型和航海模型运动推动了我国模型产业的发展。

我国从航空模型和航海模型项目的一穷二白，到现在成为拥有80%以上世界模型器材产量的超级生产大国，模型产品实现了商品化，这些变化真正得益于我国模型运动的飞跃发展。正是由于我国航空模型和航海模型运动培养出的一批又一批的模型人才，才使得我国成为世界模型最重要的研发和生产基地。同时由我国航空、航海模型运动协会支持举办的、每年一届的中国国际模型博览会（北京）、上海国际模型展览会以及深圳国际模型博览会吸引了来自世界各地大批的模型生产商和经销商，我国正成为世界模型产业非常重要的研发、生产和销售中心。

三、航空模型和航海模型的成功经验

经过几代人的努力，我们获得了很多宝贵的成功经验，主要有以下几条：

（一）坚持提高竞技水平的目标不动摇

体育竞技水平是一个国家体育发展水平的重要指标之一，不断提高竞技水平是体育运动必须追求的目标。航模项目始终坚持这个目标，无论作为全运会项目还是非全运会项目，都能够尽力克服各种困难，达到并保持在我国体育运动项目中的领先水平。

（二）挖掘项目发展优势，推动航模运动普及

抓住航模运动融知识性、创新性、趣味性于一体的特点，推动航模运动从我国两亿青少年、从校园开始普及，得到社会群众的广泛支持与欢迎，使航模运动得到迅速大规模普及。

（三）采用科学方法，加强航模人才培养

采用金字塔式培养方式，注重普及活动与专业竞赛人才的阶梯式培养，壮大了从事航空、航海模型运动的管理人员、运动员、教练员、裁判员等专业队伍，为我国航模运动的发展提供了人才保障。

（四）打造品牌活动，适应市场发展规律

坚持四个贴近原则，适应市场发展规律，不断探索创新模式，打造出一批深受群众喜爱的全国性模型运动著名品牌活动，如已成功举办了第十一届"飞向北京"和第十届"我爱祖国海疆"等活动。

（五）建立和完善工作机制

随着国家政策调控，航模运动在 1993 年从发展顶峰一下子跌到了谷底，国家体委 1994 年成立的航空无线电模型运动管理中心指导全国航模机构和组织，不断完善工作机制，自主进行角色转变，经过十几年的摸索，又促使航模运动不断上升，恢复了光辉本色。

今后，我们将继续根据科学发展观的要求，走全面、协调、可持续发展的道路，把模型运动事业、产业做大、做强、做活、做精。我们有信心一定能够在"十二五"期间实现模型事业和模型产业的和谐发展，实现胡锦涛总书记提出的由体育大国向体育强国转变的目标！

风雨沧桑　拼搏砥砺60载
科学发展　再谱棋牌新篇章

——棋牌运动60年发展回顾与展望

国家体育总局棋牌运动管理中心主任　刘思明

　　60载沧桑岁月，60载春华秋实。伴随着新中国体育事业的发展，作为"琴棋书画"四艺之一的棋牌运动，也走过了风雨兼程的60年。60年棋牌运动的发展是一部党和政府高度重视、亲切关怀的历史，是一部人民群众喜闻乐见、社会各界鼎力支持的历史，是一部传承中国传统文化、弘扬中华体育精神的历史，是一部凝结几代棋牌人心血与汗水，锲而不舍、不懈追求的历史。在新中国成立60周年之际，回顾棋牌运动的发展历程，总结棋牌运动的成就经验，有助于我们以科学发展观为指导，抓住机遇、迎接挑战、面向未来，不断推动棋牌事业全面、协调、可持续发展。

一、历史回顾

　　当代中国体育的历史是一部从极度落后发展成为举世瞩目的体育大国的历史。作为中国体育事业重要组成部分的棋牌运动，从新中国成立到现在，60年间大致经历了5个发展阶段。

（一）艰难中起步

新中国成立之初，百废待兴，百业待举。体育事业面临着尽快提高水平、改变落后面貌的艰巨任务。在人力、物力、财力十分有限的情况下，棋牌运动整体上处于民间自发状态。围棋活动在北京、上海、南京、武汉等地较为活跃，各地先后举办了定段赛、升段赛、公开表演赛等赛事活动。象棋未举办全国性比赛，仅能从华东华南分区大棋战、华东华北分区棋赛等较具规模的对垒中，略窥端倪。国际象棋在上海、天津、哈尔滨等苏侨俱乐部的推动下，组织友谊赛、对抗赛，翻译出版部分国际象棋俄文原著，促进了国际象棋在我国的传播。在艰苦的条件下，党和政府对于深受人民群众喜爱的棋类运动给予了极大关心和支持。1950 年，北京象棋名手张德魁作为棋界代表，受到了毛泽东主席的亲切接见。50 年代初，上海市市长陈毅将几位知名围棋棋手安排为上海文史馆的馆员，保障他们的生活来源。中央人民政府副主席李济深向周恩来总理提交了在北京成立棋艺研究组织的申请。在毛主席、周总理、朱德委员长、陈毅元帅等老一辈无产阶级革命家的关怀下，全国第一家公办棋类专门机构——北京棋艺研究社诞生了。这幢坐落在北京什刹海畔的房屋，不仅成为棋手们研究棋艺的重要场所，而且还成为了人民群众"手谈"的好去处。

（二）发展中壮大

经过几年的经济恢复，"一五"期间，中国的棋类运动开始在发展中壮大。1956 年，借鉴苏联国际象棋由体育部门管理的经验，围棋、象棋、国际象棋三大棋一起被国家列为正式开展的体育运动项目。从此，棋类运动和其他体育项目一样，在中央由原国家体委运动司领导和管理，在地方由地方体委竞赛处组织和管理，走上了正轨。1959 年，围棋、象棋成为第一届全国运动会的比赛项目，国际象棋被列为表演项目，这使全国棋类活动空前高涨。围棋方面：1956 年，过惕生作为全国唯一棋界代表受到了周恩来总理的亲切接见。周总理十分关心围棋事业的发展，建议集中力量宣传围棋。1960年，《围棋》月刊创刊。同年，陈毅元帅在接见上海棋手时发表了"国运盛、棋运盛"的重要讲话。1961年国家组建集训队，1962年国家成立中国围棋协会，为围棋事业的发展奠定了坚实的组织基础。1964年以陈祖德、吴淞笙、王汝南为代表的新中国成长起来的棋手开始成为棋坛主力。象棋方面：1956年立项之时，首届全国象棋锦标赛就已举办，广东杨官璘力拔头筹，成为第一位全国冠军；同年《象棋》月刊在广州创刊；1960年，年仅15岁的上海小将胡荣华，脱颖而出，荣登榜首，陈毅副总理亲自为胡荣华颁奖，此后20年他独步棋坛，蝉联10届全国冠军。1962年中国象棋协会成立。1965年象棋国家队出访越南，开始走向世界。国际象棋方面：1959年，上海、广东、安徽、黑龙江等地率先组建省市集训队，将国际象棋自发性活动提高到了有组织活动的阶段。1960年学生业余培训班应运而生，大中城市的文化宫、少年宫、棋艺俱乐部相继开展国际象棋青少年培训，精选幼苗，抓好普及。1964年中国国际象棋队首次出访苏联，在莫斯科参加了三场友谊赛，中苏间的交流互访，提高了我国国际象棋的竞技水平。

（三）挫折中复苏

正当棋类运动迈着矫健的步伐快速发展之际，"文化大革命"开始了，棋类项目被贴上"封、资、修"和"四旧"的标签，受到了批判和处理。比赛停止、棋队解散、棋手下放，深受人民喜爱的棋类运动停滞不前。经历了"文化大革命"前期的挫折之后，1973年棋类运动出现了转机。围棋方面：1973年，周恩来总理做出重要批示：在中日友好协会组织的访日代表团中要有围棋界的代表，要通过围棋促进中日交往。1977年，在认真研究邓小平副总理关于"不应该解散国家围棋集训队"的批示后，国家体委运动司和训练局提出了今后发展围棋运动的五点建议：一是加强专业队伍建设，特别要培养一支女子棋手队伍；二是逐步向棋院过渡，成立专门的棋类管理机构；三是抓好业余训练和普及，尤其是抓好中小学围棋活动；四是加强宣传报道和书刊出版，尽快恢复中断的《围棋》

月刊；五是加强国际交流。此后全国比赛逐渐恢复，国家围棋集训队重新组建。象棋方面：从1960年增设男子团体赛之后，一直坚持每年举办一届。1976年，全国少年赛启动，一批幼苗茁壮成长，许多可造之才经过磨砺，初露锋芒。国际象棋方面：1974年恢复全国比赛。1977年，中国国际象棋队参加第二届亚洲团体锦标赛，恢复了国际间的交往。

（四）希望中崛起

经历了"文化大革命"的10年浩劫，1978年党的十一届三中全会实现了拨乱反正，做出了改革开放的重大决策。通过解放思想，中国体育回到了社会主义发展方向的正确轨道，并不失时机地进行了工作重点的转移，提出了"要在本世纪内成为世界上体育最发达的国家之一"的奋斗目标，棋类运动也迎来了崛起的春天。围棋方面：以中国棋手访问欧洲和参加世界业余围棋锦标赛为标志，我国开始推动围棋运动在世界范围内的发展。为进一步鼓励棋手奋发向上，提高棋艺水平，1984年国家颁布了《围棋段位标准》，正式实行段位制；经过多年的卧薪尝胆，中日围棋进入了对抗时代。1984年，第一届NEC杯中日围棋擂台赛拉开战幕，江铸久连胜5人，聂卫平接着又战胜了日本著名棋手小林光一十段、加藤正夫王座、擂主藤泽秀行九段，首战告捷，国人振奋，日本震惊。随后几届的擂台赛日本棋手依然没有踢开老聂的铁门，由此刮起"聂旋风"极大地鼓舞了中国棋迷，民族自豪感油然而生，"国棋回来了"的呼声不绝于耳。象棋方面：1978年，我国参加了亚洲象棋联合会，并从1980年起，象棋国手在历届亚洲象棋锦标赛中共获得57个冠军和15个亚军；1980年在全国锦标赛上，湖北柳大华以超人的记忆力、精湛的棋艺以及顽强的斗志，成为"新科状元"。之后新人辈出，涌现出了李来群、吕钦等一批名将。1982年象棋增设了全国女子团体赛。国际象棋方面：1983至1990年间，国际象棋国际交往逐年增多，中国棋手在国际比赛中的成绩稳步提高，刘适兰、叶江川、叶荣光等一批高手在国际比赛中屡创佳绩，戚惊萱、刘文哲等在第23届世界奥林匹克团体赛中技惊四座，受到广泛关注；

1989 年，全国团体赛第一次由企业承办，国际象棋运动开始走向社会化；同年，首家国际象棋专业刊物《棋牌世界——国际象棋》双月刊创刊，国际象棋有了自己的宣传阵地。桥牌方面：改革开放的春风给桥牌运动带来了勃勃生机；1978 年 10 月 12 日，邓小平同志在一封要求开展桥牌运动的群众来信上做出重要批示，从此桥牌运动进入国家正式开展的体育项目行列；1980 年 6 月，中国桥牌协会正式成立，邓小平同志担任荣誉主席，万里同志担任名誉主席；桥牌协会的诞生，进一步加强了对桥牌运动的规范管理，有力促进了桥牌运动的普及与提高。

（五）改革中腾飞

经过改革开放的洗礼，体育事业得到了空前的发展。1992 年，负责全国棋类运动项目普及与发展的最高管理机构——中国棋院正式挂牌成立，棋类运动开始整合资源、腾空飞翔。国际象棋方面：备受世人瞩目的"世纪之战"谢军—齐布尔达尼泽争夺战于 1991 年在菲律宾马尼拉饭店拉开战幕，保持良好心态的谢军在比赛中进攻凶猛、防守顽强、稳扎稳打，提前以 8.5 分锁定胜局，登上了世界女子国际象棋冠军的宝座，打破了苏联棋手长达 41 年的垄断，引起了国内外的强烈反响；谢军将爱国华侨资助的 8000 美元无偿捐出，帮助菲律宾火山爆发受灾群众的义举，充分展示了中国运动员高尚的精神风貌；谢军的胜利更带动了国际象棋在全国青少年中的蓬勃开展，各地中小学纷纷将国际象棋列为学校的第二课堂。1993 年，全国大学生也成立了国际象棋协会，有力推动了国际象棋运动在高校的快速发展。围棋方面：随着围棋影响的逐步扩大和围棋活动的日趋活跃，围棋爱好者遍及全国各地，围棋产业逐渐形成并迅速发展；1999 年全国围棋甲级联赛的举办，标志着中国围棋步入职业化。围棋俱乐部、围棋学校、电视教学、网络围棋等传播平台的诞生、运作，使得围棋事业呈现出欣欣向荣的局面。象棋方面：进入 20 世纪 90 年代，中国在亚洲锦标赛和世界锦标赛中多次包揽冠亚军，扩大了在国际间的影响；1993 年，世界象棋联合会在北京成立，开辟了在世界范围内推广象棋的广阔天地。桥牌方面：中国女队自1986年夺得远东锦标赛冠军之后，就多次蝉联冠军，成为亚太地区无可匹敌的领军者。中国男队也奋起直追，于1991年在亚太锦标赛上首夺金牌。同时，1991年中国女子桥牌队取得了威尼斯世界桥牌锦标赛第3名，首次站在了世界桥牌的领奖台上，邓小平、万里、丁关根等中央领导同志亲切接见了全体成员，勉励大家再接再厉，勇攀世界高峰。

二、发展成就

进入21世纪，党中央提出了全面建设小康社会新的奋斗目标，体育事业也进入了崭新的历史发展阶段。在国家体育总局的正确领导下，在全国各地棋牌管理部门的积极配合下，在社会各界的大力支持下，棋牌运动抓住机遇，与时俱进，按照"国家扶持、面向市场、依靠社会"的发展方针，不断推进，迈上了新的台阶。

（一）群众普及花开遍地

在国家体育总局的指导下，全国几乎所有的省区市都开展棋牌活动，20个左右的省（市）建立了棋牌运动管理中心或棋院，为指导、推广棋牌运动奠定了组织基础；在体彩公益金的资助下，中国棋院全力唱响了"全民健身与奥运同行"的主旋律，每年的棋牌社会群体活动多达上百次，形式多种多样，内容丰富多彩，特别是夏令营、"三下乡"、西部行、"万人同下"、进社区等品牌活动以其主题鲜明、科学文明、方便群众参与、深受百姓喜爱，棋牌普及活动呈现出组织运行社会化、管理模式多样化、社会棋牌活动日益兴旺的特点。作为传统文化的一部分，棋牌项目的强大文化教育功能被越来越多的人们所接受，得到了社会各界的鼎力支持，特别是中国棋院与共青团中央宣传部联合创建的青少年棋院，与中国教育学会教育机制研究分会合作进行的"全国中小学棋类教学实验"课题研究，其他单项协会开展的棋牌进课堂，进大学校园等系列活动，进一步促进了棋牌项目在青少年中的普及与推广。棋牌培训市场空前活跃，参与培训人员数量多、年龄跨度大、参与面广。据不完全统计，各类棋牌爱好者数以亿计。总之，在全社会的共同努力下，棋牌人口逐年扩大，群众基础越来越牢固。

（二）竞技成绩硕果累累

近几年，我国棋牌选手的竞技实力不断增强，在国际大赛中屡获殊荣。围棋棋手取得了春兰杯、应氏杯、农心杯、三星杯、富士通杯、LG杯、丰田杯、BC 信用卡杯、世界智力运动会等多个世界大赛的冠军。常昊、罗洗河、古力等一批年轻棋手成为中流砥柱，在中日韩三国鼎立之势中与韩国势均力敌。象棋是中国传统的棋类强项，素有"梦之队"之称的中国象棋在国际大赛中保持着绝对优势，取得了 32 个世界冠军、14 个亚军。中国国际象棋女队从 33 届至 36 届连续四次获得奥林匹克团体赛冠军。诸宸、许昱华、赵雪、侯逸凡等年轻女棋手的出色表现让中国在国际象棋女子项目上的优势保持不变，同时男选手实现了历史性突破，获得了第 6 届世界团体锦标赛的亚军和 36 届奥林匹克团体赛亚军以及世界智力运动会的冠军。中国桥牌女队先后 5 次取得世界亚军，男队于 2005 年至2007 年连续 3 年获得亚太桥牌锦标赛的冠军。2006 年世界桥牌锦标赛上中国男队取得了中国桥牌史上的首个世界冠军。五子棋参加国际连珠联盟举办的世界锦标赛，获得了男子个人冠军。国际跳棋作为刚刚起步两年的项目，在世界智力运动会上，就取得了 10 岁小将战胜国外特级大师的可喜成绩。各种国内竞赛活动丰富多彩，联赛、团体赛、个人赛、少年赛、各类"杯"赛提高了各年龄段棋手牌手的竞技水平，提升了教练员的业务能力，锻炼了一大批裁判员和竞赛组织人员，在培养各类棋牌后备人才的同时也推动了地方棋牌运动的发展。

（三）产业开发方兴未艾

为适应体育改革与发展的需要，围棋、象棋、国际象棋的全国甲级联赛相继推出。围棋的甲级联赛历经10年风雨，吸引了多家企业的冠名投资，吸纳了几千万元的资金投入；国际象棋甲级联赛虽然推出时间不长，但由于坚持按照市场规律运作，树立品牌意识，获得了较为稳定的赞助收益。象棋除保证联赛的顺利举办之外，还积极拓展合作伙伴，与国外公司合作举办世界大师赛，在向世界推广象棋的同时取得了一定的经济收入。在市场开发极其困难的情况下，经过各方努力，十几家企业成为世界智力运动会的赞助商，为棋牌运动事业的发展积累了物力和财力。各地棋牌管理部门也积极利用各种渠道，主动寻求资金支持，在财政拨款严重不足的情况下，通过举办棋牌培训、赛事活动等手段增强了生存和发展的能力。

（四）其他方面成绩斐然

党的十七大报告提出了"文化软实力"这一概念，明确把"激发全民族文化创造活力，提高国家文化软实力"作为重要的文化发展战略。全国棋牌界紧紧抓住优秀民族传统文化复兴的大好时机，深入挖掘棋牌运动的文化内涵，不仅将围棋、象棋申报为国家非物质文化遗产，在继承中不断创新，而且还加强了棋牌项目的宣传推广活动，注意宣传中的舆论导向，注意传统媒体与新兴媒体相结合，扩大了宣传范围，提升了宣传效果，为棋牌运动营造了较好的舆论环境与发展氛围；为促进棋牌运动项目的国际交流与合作，按照"请进来，走出去"的方针，积极筹集资金参加国际大赛，一方面为国争光、提高各棋牌项目的运动技术水平，另一方面加快了围棋、象棋国际化脚步，密切了桥牌、国际象棋、国际跳棋等项目与国际体育组织的合作关系，为我国在国际体育组织中争取更多的话语权创造了条件。为提高公共服务的能力，还加强了对项目的规范管理，不断完善各项目的竞赛制度、技术等级制度、资格证书审批及管理制度等，适时出台相关公共政策，正确引导了棋牌运动事业的健康发展。

（五）成功举办世界智力运动会

作为北京奥运会、残奥会之后的又一项国际综合性重大赛事，第一届世界智力运动会的举办得到了全国人民和国际社会的高度关注。它第一次在世界范围内将围棋、象棋、国际象棋、桥牌、国际跳棋五项智力运动整合起来，开历史之先河，不仅大幅提升了智力运动项目的影响力和品牌价值，而且还对世界智力运动的发展产生了深远的影响。来自 143 个国家和地区的近 3000 名运动员齐聚北京，共同分享了棋牌运动带来的欢乐与激情，共同见证了中国举办世界综合性棋牌运动会的创举。经过顽强拼搏，中国体育代表团名列金牌榜、奖牌榜第一位，取得了运动成绩和精神文明双丰收，向祖国和人民交上一份满意的答卷。首届世界智力运动会的成功举办向世界各国展现了我国棋牌运动发展的成果，展示了我国承办大型国际赛事的组织水平和工作能力，为世界智力运动的发展做出了应有的贡献。

三、经验总结

翻天覆地的 60 年，波澜壮阔的 60 年。伟大的时代造就了中国特色的体育发展之路。在这条道路上，棋牌运动既经历了艰难险阻又创造了非凡业绩，总结起来有以下八个方面的经验。

（一）坚持党的领导，正确把握社会主义体育发展方向

棋牌事业是体育事业的重要组成部分，只有坚持以服务人民为根本宗旨，以促进人的全面发展为根本目的，以提高公共服务产品和供给能力为根本途径，用最有效的手段、最便民的方式、最利民的方法、最大限度地满足人民群众的健身益智需求，才能实现、维护和发展好最广大人民的根

本利益。60 年来，我们坚持充分发挥党的领导核心作用，坚决贯彻党的路线、方针和政策，保证了棋牌事业按照社会主义体育发展方向前进。

（二）坚持事业发展与经济社会发展相适应

体育是社会发展到一定阶段的产物，要受到社会经济、政治和文化等各种因素的影响和制约。因此，坚持棋牌运动发展与经济、社会发展相适应符合体育事业发展的客观规律。60 年来，我们深刻认识到棋牌事业的发展对于社会建设以及全面建设小康社会、构建社会主义和谐社会具有的重要作用，因此紧紧抓住我国社会主义政治、经济、文化、社会建设大繁荣、大发展的有利条件，紧紧把握举办和参加大型综合性棋牌运动会的有利契机，有效整合各种资源，积极推进棋牌项目各领域的发展。主动服从、服务于党和国家的中心任务，顺应经济社会发展趋势和时代发展要求，从而获得了事业蒸蒸日上的不竭动力。

（三）坚持和完善竞技体育的举国体制

竞技体育取得成绩的基本经验之一就是在举国体制框架下国家的高度重视和有效组织。60 年来，我们一方面发挥了社会主义制度集中力量办大事的优越性，明确国家体育总局棋牌运动管理中心在全国棋牌运动事业发展中的基本责任，强化了国家赋予的政策规划和公共服务职能；另一方面适应了市场经济的要求，不断完善举国体制，坚持国家办与社会办相结合，政府调控与市场调节相结合。协调了各方关系，兼顾了各方利益，充分调动了社会各界兴办棋牌事业的积极性，进一步发挥了社会和市场在棋牌资源配置中的积极作用。

（四）坚持统筹兼顾，普及与提高协调发展

群众体育和竞技体育是体育工作最重要的两个方面。竞技体育为国争光，群众体育增强人民体质，两者相互促进、相辅相成。60 年来，我们深知没有扎实的群众基础，竞技体育就成为无水之源、无本之木，竞技运

动成绩就会失去深刻的社会意义和崇高的精神价值。只有坚持普及与提高协调发展，项目发展才有旺盛的生命力。为此，广大棋牌工作者发扬中华体育精神，以优异的成绩为祖国赢得了荣誉。在注重竞技水平提高的同时，根据不同项目的特点，进行合理布局，着力拓展中、西部地区开展棋牌运动；针对不同人群加大了普及力度，尤其是重视在青少年中开展棋牌运动，为竞技体育打牢了基础。

（五）坚持与时俱进，开拓创新

棋牌事业发展的历程是不断改革、不断创新的历程。60 年来，我们根据世界发展形势，坚持理论创新、观念创新、制度创新，走出了一条与国情相适应的发展道路。各项目在深化对项目发展规律认识的基础上，利用新兴媒体和科技手段，借鉴其他项目发展的经验，转变发展观念，创新发展模式。重视处理好继承与发展的关系，不断提高了创新意识和创新能力，以改革促发展，以发展促提高。特别是继第一届世界智力运动会成功举办之后，将分散的棋牌项目整合起来，举办第一届全国智力运动会，着力构建综合水平最高的竞技平台、内涵丰富的文化平台、灵活多样的普及平台和多元开放的产业平台，为棋牌事业的可持续发展闯出了一条新路。

（六）坚持对外开放，全面走向世界

从早期中日围棋的互访、中苏国际象棋的互动、象棋桥牌海峡两岸破冰之旅，到当今围棋象棋走向世界，积极主办、承办大型国际赛事，积极参与国家和地区间的交流，棋牌运动一直较好地发挥了民间外交的纽带和桥梁作用。60 年来，我们在参与国际赛事和国际棋牌组织管理事务的过程中，不仅加深了我国与世界各国人民相互间的了解和友谊，而且还为树立开放、自信、民主、进步、推动世界和谐发展的大国形象做出了积极的贡献。我们深知现代体育运动从本质上讲是一种国际文化现象，其发展与竞争是开放式的。为此，我们要以更加包容、更加开放的心态努力学习国际上先进的体育发展经验，在体制机制上全面与国际接轨，在更深更广的

开放格局中实现新的交流与融合。

（七）坚持科教兴体，人才强体

国以人立，业以人兴。60年来，棋牌事业的发展再次证明人是最关键的决定因素。为此，我们树立了棋牌事业需要人才、大型赛事造就人才、不拘一格选拔人才、合理使用各类人才的科学人才观，一方面重视棋牌运动员的文化教育，实施"体教结合"，改善其知识结构，使其能够适应社会需求；另一方面着眼于队伍建设，实行后备人才重点培养、重点投入的工作方针，严格遵循项目训练规律和人才成长规律，选好苗子、打好基础，形成合理的人才梯队，依靠科技进步、教育发展以及高素质的人才队伍，不断发展壮大棋牌运动事业。

（八）坚持弘扬棋牌项目的文化特色

棋牌运动是人类智慧的结晶。自古以来，四艺中的棋就是高雅和智慧的象征，是中国也是世界文明史上优秀文化的载体，是全人类的文化遗产。60年来，我们深刻认识到棋牌运动所蕴涵的文化价值对人类智慧的提高，对人类物质文明、精神文明的建设，起着极其重要的促进作用。为此，近年来我们坚持"棋牌发展、根在文化"的理念，积极挖掘棋牌项目博大精深的文化内涵，最大限度地发挥棋牌项目在未成年人思想道德教育方面的育人功能；从传承传统文化、传播先进文化的角度，着力突出棋牌项目的文化特色；运用项目所特有的社会功能，努力为促进社会主义和谐社会的建设添砖加瓦。

四、未来展望

面向未来，我们又站在了新的历史起点上。要实现棋牌运动在新时期全面、协调、可持续发展的目标，就要以科学发展观为统领，协调发展棋牌运动竞技、普及、产业、文化等各个方面。为此，我们提出了竞技是实力、普及是基础、产业是动力、文化是特色的未来工作总体发展思路。

（一）大力开展普及与推广活动，不断提高棋牌运动群众性普及工作水平

要以各协会研究和探索会员制为突破口，逐步建立普及工作的组织网络和管理体系；要根据参与人群的不同特点，确立"青少年在校外、老年人在社区、成年人在网络"的工作理念，积极开展全国青少年棋牌夏令营、全国中小学棋类教学成果汇展大会、桥牌进社区、棋牌三下乡、棋牌西部行、网络争霸赛等特色活动，丰富老百姓的业余文化体育生活；要积极开展棋牌社会体育指导员职业技能鉴定培训，积极发展壮大群众性棋牌普及骨干队伍；要密切与社会各相关部门的合作，力争在教育部门的支持下，促进棋牌项目进课堂活动的蓬勃开展；要与团中央宣传部、关心下一代工作委员会、工会、行业体协等广泛合作，大力开展各类棋牌普及活动，扩大棋牌人口。

（二）大力打造竞赛平台，不断提高棋牌运动竞技水平，力争创造优异成绩

要充分发挥竞技体育举国体制的优势，按照"事业发展上面向全国、整合资源，区域均衡上保持优势、兼顾各方，赛事机制上政府主导、社会参与，竞技水平上搭建平台、促进提高，竞赛组织上科学谋划、精心组织，综合实力上扩大影响、实现目标"的指导思想，组织好、举办好全国智力运动会，力争使全国智力运动会成为棋牌事业科学发展的推动杠杆；要根据"弘扬精神、传播文化，把握机会，力争优异"的工作方针，深入研究项目发展规律，不断提高科学训练水平，积极备战2010年广州第16届亚运会，力争取得运动成绩和精神文明双丰收；要加强棋牌8类人才的培养，形成合理人才梯队。要完善相关政策规定，严禁放弃9年制

义务教育的棋手正式入选国家队；要加强与教育部门的通力合作，创新
"体教结合"的办学模式，加强对现役运动员的文化教育，使其成为兼顾
社会和行业需求的素质型棋牌选手。

（三）大力发展棋牌产业，不断增强棋牌运动事业发展的后劲与活力

要以围棋、象棋、国际象棋联赛为突破口，努力打造精品赛事；要采
取多种合作方式，尝试通过赛事经纪公司对比赛进行整体包装，争取稳定
总冠名商；要尝试与电信运营商、网络运营商、体育彩票等举办互动活
动，使联赛不仅成为棋手展现实力的舞台，也成为广大棋迷关注和参与的
平台；要举办全国棋牌文化博览会，通过主题论坛、讲座培训、文化展
示、用品展览等方式，为产业开发创造新途径；要整合资源，以"中国
棋院在线"为核心品牌，打造集信息发布、会员管理、在线对弈、数据
查询、赛事直播、社区互动等为一体的数字网络平台，大力拓展棋牌事业
的生存空间，大力开创棋牌事业新的增长点和发展动力。

（四）大力挖掘文化特色，不断增进国际间文化交流

要以各项目的起源、演变、现状、未来为主线，加大对项目历史发展
的研究力度；要创新思路，积极开发棋牌文化创意产业，积极争取与有棋
牌文化历史背景的地方共同举办文化交流活动；要加快围棋、象棋国际化
推广工作，通过国际体育组织任职、培养外派专业技术骨干、借助社会力
量举办国际赛事、进行国际间棋牌文化交流展等手段，拓宽推广渠道，创
建推广平台；要进一步增进国际象棋、桥牌、国际跳棋等棋牌项目国际间
的交流与合作，采取"请进来，走出去"的方式，学习先进的项目管理
经验和科学训练手段；要通过交流广交朋友、增进了解，为项目的发展也
为进　步提升中国棋牌运动在世界智力运动中的地位和影响营造良好的外
部环境。

时光飞逝，斗转星移。在全面建设小康社会、构建社会主义和谐社会

的伟大进程中以及身处承前启后的重要时刻，一万年太久，只争朝夕，我们要以胡锦涛总书记 9·29 讲话精神为行动指南，深入贯彻落实科学发展观，解放思想、改革创新，坚定信心、顽强拼搏，不断从棋牌大国向棋牌强国迈进，续写棋牌发展的新篇章，再创棋牌运动的新辉煌。

中华民族的文化瑰宝

——新中国武术运动发展 60 年回顾与展望

国家体育总局武术运动管理中心主任　高小军

　　武术是中华民族的文化瑰宝，数千年来传承不息，形成了内涵丰富、功能多样的传统体育。中华人民共和国成立后，党和政府高度重视武术的发展。在百废待举的 1950 年时，就在北京召开了全国武术工作座谈会，研究倡导和发展武术，把武术发展问题提上议事日程。1952 年，毛泽东主席题写"发展体育运动，增强人民体质"后，号召人们做体操、打球、跑步、爬山、游泳、打太极拳等。1978 年邓小平同志题词"太极拳好"。2009 年初，胡锦涛主席参观毛里求斯中国文化中心，观看武术表演后发表讲话说："学习武术，一可以健身，二可以了解中国文化……"高度概括了武术的时代价值，指明了武术工作的方向。经过几代武术工作者和传习人的辛勤努力，以开创性的历史起点为标志，武术的国内普及取得了显著成就，武术的国际推广谱写了历史性的篇章。

　　回顾 60 年的发展历程，武术遗产的挖掘、整理，推动了武术全民健身活动的广泛开展，实现了武术在国内的普及；竞技武术体系的逐步完善，使中国武术走出国门，走向世界；武术研究院的组建与中国武术段位制的推行，使中国武术走上了科学发展之路；学校武术教育的改革与发展，使武术在青少年群体中的影响日益增强；对武术产业的探索，使武术初步适应了社会主义市场经济的要求。武术的健身功能、文化功能、教育功能、社会功能、市场功能等等都得到了空前的展现。中华人民共和国成立的 60 年，是武术快速发展的 60 年，是武术走向辉煌的 60 年。

2008 年北京奥运会期间成功举办国际武术比赛，迎来了武术发展的新阶段。武术已成为人们生活和社会活动的一部分，成为世界了解中国的桥梁、加强交流与合作的纽带。在世界上，武术已成为标志性的中国符号。在新的历史起点上，新一轮武术发展的序幕已经拉开，武术全面发展的蓝图已展现在我们眼前。

一、规模空前的武术遗产挖掘整理

武术，作为中华民族宝贵的文化遗产，在民间师徒相承，代有传人。这种传承往往处于自生自灭的自然状态中。1953 年国家体委甫一成立，就专门设置了民族形式体育研究会。时任政务院副总理兼国家体委主任的贺龙同志提出了发掘、整理、提高、发扬、光大武术的工作方针，对武术运动的发展具有重要的历史性指导意义。

1979 年 1 月，为进一步摸清武术的家底，传承、发展这一中华民族宝贵的文化遗产，国家体委下发了《关于挖掘、整理武术遗产的通知》，拉开了有史以来第一次大规模的全国武术遗产挖掘、整理工作。在国家体委全国武术遗产挖掘整理小组的领导下，全国 28 个省、市、自治区及其所属区县均建立了武术挖掘整理小组。北京、上海、武汉、西安、成都、沈阳 6 所体育学院则在国家体委的统一领导下，进行了多项专题武术挖掘整理活动。在全国范围内共动员了 8000 余人参与这项工作。

此次挖掘整理活动以"献拳经拳谱、献兵器实物、献功法技艺"为主要工作内容。在全国武术挖掘整理小组的领导下，挖掘整理活动取得了累累硕果。国家体委于 1984 年 6 月 26 日—7 月 4 日在河北承德召开了全国武术遗产挖掘整理成果汇报大会。此次会议共有 29 个省、市、自治区及 13 所体育院校的 160 多名代表参加。据统计，在一年时间内，武术挖掘整理小组共查访了 1100 多个县市，召开了 1700 多次座谈会，访问了 4800 多位老拳师，挖掘了 200 多个拳法流派，摄录了 1300 多位老拳师的 3700 多种套路，100 多种功法，会上展出武术文稿 300 多部。会后，按照"继续抓紧普查工作，做到在全国范围内，无'遗漏'和'空白点'；要摸清各地拳种分布状况，取得准确数字；同时，要把注意力及时引到深入发掘那些有学术价值的古谱、真迹，确有实用价值的技艺、功法和有真正历史价值的文献、实物等领域，最大限度地把武术精华挖掘出来"的任务要求，武术挖掘整理工作进入到一个新的阶段。

1986 年 3 月，国家体委在北京举行了全国武术挖掘整理总结表彰会，这标志着武术挖掘整理工作的圆满结束。此次全国武术挖掘整理工作，基本上摸清了武术遗产的家底：各省市共编写拳械材料 651.4 万字、摄录音像资料 394.5 小时，征集文献资料 482 本，古兵器 392 件，珍贵实物 29 件；并以"源流有序、拳理明晰、风格独特、自成体系"为拳种标准，认定了流传全国各地的 129 个拳种。

全国武术挖掘整理活动硕果累累，成绩斐然，为新时期武术的传承发展奠定了坚实的基础，提供了强劲的动力。

与武术挖掘整理活动的开展同时，1978 年国家体委举办了全国武术交流观摩大会，这一活动至 1992 年共在广西南宁、山西太原、辽宁锦州、山东泰安、江西南昌等地举办了 11 次。在此基础上，以传统武术为主要内容的全国演武大会以及多种类型、多种层次的传统武术节、武术交流大会、联谊会等群众性武术活动在全国各地相继展开。全国武术交流观摩大会的举办，为各种稀有拳种、功法绝技提供了展示、交流的平台，从而推动了武术文化的全面传承和发展。

2007 年 5 月，国家体育总局武术运动管理中心在郑州举办了武术遗产的保护与发展学术座谈会。座谈会上，4 位博士作了题为《论武术文化遗产保护》、《以人为本保护武术文化遗产》、《保护武术遗产的思索与企盼》、《民间武术文化遗产的保护对策》的专题发言，对武术文化遗产保护的重要性和如何保护做了详尽的论述。少林拳、陈式太极拳、苌家拳、心意六合拳、查拳等传统武术拳种的主要传人介绍了本拳种的传承情况，展示了其中的精华套路，并表示他们将认真地总结本拳派的技艺，在继承的基础上传承下去，再次将传统武术的继承弘扬提到了重要的位置。座谈会后，武术运动管理中心加强了对电子版《中华武藏》的指导。截至目前，这套大型典藏片共拍摄了流传民间的 89 个传统拳种，538 位名家、名手和代表人物所掌握的武术技艺 3200 个小时。

全国武术遗产的挖掘整理工作及随后《中华武藏》的拍摄促进了社会对传统武术的认识。目前已有少林武术、太极拳、八卦掌、形意拳、八极拳、查拳、螳螂拳等 20 项传统武术项目入选国务院公布的第一、二批国家级非物质文化遗产名录。

二、蓬勃开展的武术健身活动

新中国成立后，武术的健身功能日益受到人们的青睐。目前，我国大约有 6 千万人以武术作为主要健身方式。为了更好地发挥武术的健身功能，造福人类健康事业。中国武术协会通过规范武术锻炼方法、普及辅导站点、举办大型活动来推动群众性武术健身活动的开展。

在规范武术锻炼方法方面，1956 年，中国武术协会组织有关人员创编了简化太极拳、修订了 88 式太极拳，随后又编订了适合于在青少年中开展的初级长拳和青年拳。随着对武术锻炼方法的研究和认识，又逐步出台了 48 式太极拳等一系列锻炼方法。其中简化太极拳已经成为中国武术的一张名片，几乎在有太极拳传播的地方都有人习练简化太极拳。2002 年国家体育总局武术运动管理中心在全国范围内开展了征集武术健身功法的活动，最后评选出了形意强身功、天罡拳十二式、龟鹤拳养生操、太极藤球功、流星健身球、五形动法、九式太极操、双人太极球等 8 项武术健身功法。2004 年 10 月，郑州首届国际传统武术节上，向各国来宾表演展示了这 8 种武术健身功法，赢得了普遍的赞誉。

以中国武术协会的名义制定和评选出的这些健身方法，既没有门户之见，又没有陈规陋习，成为人们喜闻乐见的健身形式。

在群众性武术活动的组织方面，中国武术协会下属的基层组织在各地城镇、社区、公园内设置武术辅导站起到了较好的效果。1984 年，国家体委为进一步推动群众性武术活动的开展召开了千名武术优秀辅导员表彰大会，有力地促进了这种形式的普及，推动了群众性武术活动的开展。1998 年，参加天安门万人太极拳活动的爱好者就是分别来自北京市各辅导站的锻炼者。在辅导站遍地开花的基础上，各地武术协会下组建了各种形式的拳种研究会、拳会、锻炼中心。仅北京市武术协会就设有 40 多个拳种的研究会，成为开展群众性武术活动的民间群众组织。

伴随着群众性武术活动的蓬勃开展，中国武术协会通过组织大型群众性武术活动，为广大武术传习者提供展示的平台，激励他们通过参加活动相互交流，找出差距、加强锻炼。同时，吸引更多的人参加到武术锻炼的行列中来。目前这类大型活动主要有：世界太极拳健康大会、世界传统武术节、邯郸国际太极拳运动大会、焦作国际太极拳交流大赛、四川峨眉山国际峨眉武术节、黄山论剑"武状元"演武会、全国农民武术比赛、"武术之乡"武术比赛等群众性武术活动。

三、竞技武术的诞生与发展

近代，在西方体育文化影响之下，传统武术在竞技的道路上进行了积极的探索。以第一部武术竞赛规则的颁布为起点，历经 50 年的发展，竞技武术体系逐步完善，并确立了力争进入奥运会的战略目标。

新中国成立后，我们国家十分重视武术事业的发展。1953 年在天津举行了首次全国民族形式体育表演及竞赛大会，武术作为主要表演内容，迈出了进入现代体育领域的第一步。时隔两年，在北京举行的 12 省市武术表演赛上，依据 5 条 40 字的评分标准，采用打分的方法对运动员的技术水平进行评判。随着武术被列为体育竞赛的正式项目，1958 年成立的中国武术协会及时邀请一些有经验的武术工作者，仿照西方竞技体操的评分方法，起草了第一部《武术竞赛规则》，并于 1959 年颁布实施，以此为标志竞技武术正式诞生。

为适应武术运动发展的新形势和进一步推动运动技术水平的提高，国家体委组织有关专家，在查拳、华拳、炮拳、洪拳和花拳等拳种的基础上，创编了甲组、乙组和初级三个组别的拳术、刀术、剑术、棍术、枪术的长拳类拳械系列套路。并以新编长拳类拳械的技术标准为要求，制定了长拳类自选拳械的标准和规定。此后，又规范了太极拳和南拳，逐步形成了以长拳类拳、剑、刀、枪、棍，太极拳类拳、剑，南拳类拳、刀、棍为主体的武术套路竞赛内容体系。

第一届全运会设有武术比赛，这引起各省、市、区体委的重视，相继组建了武术运动队，为竞技武术的发展奠定了基础。武术竞赛在经历比赛和表演的反复之后，于 1989 年确立了全国武术锦标赛赛制。1997 年 10 月在上海举办的第 8 届全运会，所设的 28 个比赛项目中，武术是唯一的非奥运项目，金牌数达 15 块，其中有套路项目金牌 12 块。此后，武术一直作为四年一届的全国运动会中的唯一非奥运项目，金牌数增至 19 块（其中散打 7 块），得到了较好的发展。目前，已逐步形成包括全国综合性运动会武术套路比赛，全国武术套路锦标赛、全国武术套路冠军赛、全国青少年武术套路锦标赛以及全国武术学校套路比赛等一系列赛事在内的竞技武术套路竞赛体系。

改革开放的春风带来的思想解放和观念转变，使武术对抗运动迸发出强劲的发展态势。武术徒手对抗，称为"散打"，亦称为"散手"。经 10 年试点之后，1989 年被确定为正式竞赛项目，并在江西宜春举行了首次全国武术散手擂台赛。1990 年在河南焦作举行了全国锦标赛散手赛。

1990 年《武术散手竞赛规则》正式出版，批准了我国第一批散手武英级运动员和国家级裁判员。1993 年散手被列为第 7 届全运会的正式竞赛项目。1999 年全国武术散手锦标赛更名为全国武术散打锦标赛。

散打运动给单一形式的竞技武术注入了新的活力，逐步完善了与套路相对应的竞赛体系，并成为武术力争进入奥运会的又一主要项目。目前，散打比赛分为男子 11 个级别、女子 7 个级别，形成了包括全国综合性运动会武术散打比赛，全国武术散打锦标赛、全国武术散打冠军赛、全国青少年武术散打锦标赛，全国武术学校散打比赛，以及武术散打功夫王争霸赛、中国武术散打超级联赛、武术俱乐部职业联赛、国际武术散打职业联赛等一系列赛事在内的竞技武术散打竞赛体系。

与此同时，长期流离于民间的太极推手也受到礼遇。在试点的基础上，1979 年和 1980 年在全国武术观摩交流大会上进行了表演。1989 年太极拳推手归入太极拳、剑比赛之中，成为全国太极拳、剑、推手比赛。1994 年颁布了《武术太极推手竞赛规则》，同年全国太极拳、剑、推手比赛更名为全国武术太极拳锦标赛，增设了女子太极推手竞赛项目。至此，太极推手成为正式竞赛项目，标志着太极推手进入到一个新的发展阶段。

套路、散打是较早形成竞赛体系的武术运动形式，作为武术另一运动形式的功法也随后形成了武术功力竞赛。在科学发展观的指引下，国家体育总局武术运动管理中心于 2004 年两次邀集有关专家学者，在广州和北京召开了武术功力比赛赛项论证会，对各地武术行家报送的 56 种功力比赛赛项和竞赛规则进行了认真论证，还对比赛的规程、规则进行了修改和完善。会后制定并颁布了《首届全国武术功力大赛竞赛规程》和《武术功力竞赛规则》。

2004 年 11 月，首届全国武术功力大赛在广东佛山举行。由于借鉴了套路和散打竞赛多年开展的经验，使用了高科技的比赛器材，起步较晚的武术功力比赛在连续举办 5 届之后，顺利提升为第 4 届全国体育大会的表演赛项目，武术功力比赛面临着新的腾飞。功力竞赛项目是从传统功法和功力比试方式中整理出来的，不仅体现着浓郁的东方文化特色，而且具有与奥林匹克竞技项目在形式上相近，在规则上相通的契合性，有着广阔的发展前景。武术功力大赛的成功举办，是武术运动发展中一个新的里程碑，标志着一种新的武术竞赛形式的诞生，也标志着竞技武术体系逐步趋于完善。

竞技武术的诞生与发展使武术竞技告别了庙会献艺与擂台争斗，成为武术现代化发展的突出代表。在其引领之下，武术跨入了高等学府的大门，登上了现代体育竞技的大舞台，走出了国门，走向了世界，成为新中国武术运动的主力军。

四、中国武术走向世界

新中国成立以前，在中外体育文化交流中，武术多以自发的形式向外传播。伴随着改革开放，1982年召开的第一次全国武术工作会议确定了"要向世界奉献中国武术"的方针，以此为起点，武术迈开了有组织、有计划地向国际进行推广的步伐。

在武术走向世界的过程中，国际武术组织发挥了十分重要的作用。1985年在西安成立了国际武术联合会筹备委员会。在筹委会的影响推动下，欧洲武术联会、亚洲武术联会、泛美武术联会、非洲武术联会和大洋洲武术联会等五大洲武术组织相继成立。经过5年的积极准备，1990年，国际武术联合会在北京成立。2002年，国际武术联合会得到了国际奥委会的正式承认，成为国际奥委会的正式成员。

国际武术竞赛体系的完善，是武术国际化发展水平的重要标志。1984年在武汉举行的首届国际太极拳邀请赛开创了国际武术比赛的先河。1987年在日本横滨举行的第一届亚洲武术锦标赛，表明武术竞赛在亚洲首先扎下了根基。1990年第11届亚运会，武术套路率先被列为正式比赛项目，这是武术进入体坛高层次竞赛新的里程碑。

1991 年第 1 届世界武术锦标赛在北京举行。2002 年第 1 届散打世界杯在上海举行，开创了采用商业运作手段举办单项国际武术赛事的先例。

在国际武术联合会和会员组织的共同努力下，不同级别的国际武术竞赛相继举办。目前，武术竞赛已进入世界体育大会、亚运会、东亚运动会、东南亚运动会、南亚运动会等综合运动会。这些赛事与世界武术锦标赛、世界杯武术散打、世界传统武术节、亚洲武术锦标赛、欧洲武术锦标赛等多种比赛一道构建起了国际武术竞赛体系。国际武术竞赛体系的完善，表明武术已成为一项在世界范围内开展的体育运动，其国际化发展已达到较高的水平。

国际武术竞赛的规模也随着武术国际化程度的提高而不断扩大。第 1 届世界武术锦标赛共有 40 个国家和地区的 500 多名运动员参加，第 9 届则达到了 89 个国家和地区的 1300 多名运动员参赛。赛事规模不断扩大，表明武术的国际化传播，尤其是在竞技武术方面的传播已取得巨大成就。

2008 年 8 月 21 日至 24 日，第 29 届奥运会期间组织的 2008 北京武术比赛在北京奥林匹克体育中心体育馆举行。竞技武术作为特设项目登上了奥运舞台。比赛共设置男女套路 10 枚金牌，男女散手 5 枚金牌。来自世界 5 大洲 43 个国家和地区的 128 名男女运动员参加比赛，国际奥委会主席罗格亲自到赛场为运动员颁奖。中国运动员在这次比赛中共夺得 8 枚金牌。中国运动员还曾在第 1—9 届国际武术锦标赛中夺得 126 枚金牌。至此，中国武术运动员共在国际武术联合会举办的锦标赛中夺得 134 枚金牌，既为国争了光，也为竞技武术的推广发挥了示范作用。

在竞技武术国际推广取得辉煌成就的同时，国际性的传统武术比赛、交流活动也蓬勃开展，武术得到世界各国人民的喜爱。目前，国际武术联合会的会员组织已由初期的 38 个，发展到分布于世界 5 大洲的 122 个，武术已成为一种在世界范围内广泛开展的体育运动。

经过 60 年的发展，武术这一优秀的中华民族传统体育，已屹立于世界体育之林，在世界体坛上放射出璀璨的光芒，中华民族为世界奉献出了民族体育之花，为人类体育文化的和谐发展做出了积极的贡献。

五、武术研究院的组建

随着全国武术挖掘整理工作在全国的深入开展，面对大批武术资料需要进行整理、大量武术技艺需要组织继承、现代武术竞赛和武术国际推广等诸多问题需要进行专题研究等实际情况。1985 年，国家劳动人事部批准建立了国家体委武术研究院。这是迄今为止唯一一个国家级的体育单项研究机构。1987 年 6 月成立的中国体育科学学会武术分会，也挂靠在国家体委武术研究院下，一道开展工作。

大武术的概念，是这一时期学术研究中引人注目的观点。所谓大武术，就是要跳出仅仅将武术视为一个体育项目的局限，看到武术丰富的文化内涵和多样化的功能。在这一理念的影响下，在 1988 年全国武术学术专题研讨会上，围绕武术的定义形成了下述较为一致的意见："武术是以技击动作为内容，以套路和格斗为运动形式，注重内外兼修的中国传统的体育项目。"这一定义中的"内外兼修"展现出了当时学术界对武术文化性的初步共识。

作为全国武术遗产挖掘整理工作的继续，中国武术研究院编辑出版了《中国武术拳械录》、《中国武术史》两本专著，展现了在全国范围内历时 3 年的武术挖掘整理工作的部分成果。在这一时期，还相继出版了《武术学概论》、《中国武术大辞典》、《中国武术百科全书》等武术理论著作和武术工具书。中国武术研究院还通过课题管理、召开学术论文报告会，出版《武术研究》等多种形式开展武术研究工作。其中，武术奥运攻关课题为运动员在 2008 武术比赛中取得优异成绩，为国争光提供了重要的科技保障。

1987 年，为有利于加强武术工作的集中统一管理，国家体委将训练竞赛司武术处并入武术研究院，同时将中国武术协会与武术研究院合署办公。1994 年，加挂国家体委武术运动管理中心名，形成了一套班子三块牌子的现状。武术管理的职能强化了，武术研究院的研究氛围则被淡化了。2009 年，随着学习和实践科学发展观的深入，人们对科学研究的重要意义认识深化，提出了"擦亮武术研究院的牌子"、"做实武术研究院工作"的方针，为充分发挥武术研究院的职能创造了必要的条件。

六、中国武术段位制的建立与实施

为增强人民体质，推动武术运动的发展，提高武术技术和理论水平，建立规范的全民武术锻炼体系，1998 年中国武术协会制定并实施了《中国武术段位制》，以此为起点，中国武术的制度化建设推进到新的发展阶段。

中国武术段位制共设有 9 段，1—3 段为初段位，4—6 段为中段位，7—9 段为高段位。中国武术段位制的实施，激发了广大习武者的参与热情。1998 年 4 月全国武术段位制工作会议在北京召开，中国武术协会首次向 112 人颁发了武术段位证书，并在人民大会堂举行了首批高段位授段仪式，张文广、蔡龙云、何福生被授予"九段"。

经过 10 年发展，武术段位制不仅建立了完善的组织网络体系，而且拥有大批段位制人员。截至 2009 年 6 月，全国已有 131557 人获得了段位。此外，中国武术协会还通过举办海外人员武术段位培训和考评班，授予了 53 个国家和地区的 1522 位海外武术习练者段位。

为适应体育的社会化进程，加快中国武术段位制发展步伐，2007 年 1 月，国家体育总局武术运动管理中心和中国武术协会组织有关人员修订了《中国武术段位制文件》。同年 10 月，在新疆维吾尔自治区乌鲁木齐市召开了全国武术段位制工作会议，会议确立了"解放思想、转变观念、科学管理、放而不乱、立足发展"的武术段位制工作指导思想，明确了由

"套段"向"考段"过渡的阶段目标，提出了编写、制定与"考段"相配套的《中国武术段位制系列教程》及相关文件的工作任务。

　　根据全国武术段位制工作会议决议，自 2008 年 5 月开始，国家体育总局武术研究院和中国武术协会，相继聘请了一百多位有代表性的民间武术传承人和专家学者，分别集中在北京、郑州、开封，编写了《中国武术段位制系列教程》。该教程的技术部分，是根据流行广度和民众喜爱程度，从 129 个传统拳种中选出的。首批选编了长拳、太极拳、少林拳、形意拳、八卦掌、通臂拳、戳脚、翻子拳、八极拳、螳螂拳、五祖拳、咏春拳 12 个拳种的 17 册教程，以及《趣味武术（段前级）》、《武术功法》、《自卫防身术》。每个拳种都按照"打、踢、拿、靠、摔"的思路来编排每一段级的技术内容。每一段级技术中包括单练、对练和拆招运用三个主要组成部分。此外，还按照上述思路，创编了《剑术》、《短棍》、《二节棍》3 种武术器械的段位教程。段位技术结构，包容了传统武术的技术要素，体现了传统武术"练打结合"的风格特点，对规范武术锻炼内容具有积极的引导作用。理论教程包括《武术概论》、《中国武术段位制理论考试题解》、《武德与武术礼仪》和《中国武术史》。新教程的创编为"考段"工作的开展奠定了基础。

　　中国武术协会和地方各级武术协会负责中国武术段位制的考试工作。自 1998 年后，按照地县级考评初段位，省区级考评中段位，中国武术协会负责高段位考评和各级段位的终审认定工作，在全国范围内展开。2008 年中国武术协会在杭州举行了首届中国武术段位制考试，来自全国各地的 700 多位应试者和来自法国、日本、美国等国家和地区的 60 多位外国选手参加了考试，掀开了"武术国考"的新篇章。2009 年 8 月，在河南郑州和登封举行的第二届中国武术段位制考试，不论从参加人数、参与项目，都大大超过了上一届。

　　中国武术段位制是普及武术的有力措施，通过段级标准规范武术内容的难易程度，以武术段位制的晋级、晋段引导人们逐步进入武术锻炼行列，通过循序渐进的武术学习和锻炼增进身心健康、培育和弘扬民族精神。

七、关注学校武术教育

20 世纪 80 年代初期，在"武术热"的推动下，全国各地如雨后春笋般涌现出了一大批民间武术馆校。注册武术馆校的数量，曾一度达到一万多家，成为中国教育一道亮丽的风景线。

近些年，民间武术馆校的数量较之以前虽有萎缩，但在办学规范和教学质量上都有较大提高。在目前规模较大的 1000 多所武术馆校中，学生人数近万名的有多家，个别武校人数达到了两万多人。

为促进武术馆校的健康发展，1996 年国家体育总局武术运动管理中心开展了首届全国先进武术馆校评选活动。此后，武术馆校比赛与全国武术锦标赛接轨，并和运动员技术等级挂钩，加强了对民间武术馆校的指导力度。目前，武术馆校已成为普及武术和培养武术后备力量的重要基地，为弘扬民族文化，提高国民素质起到了积极的作用。由国家体育总局武术运动管理中心、中国武术协会主办的全国武术学校武术套路和散打比赛截止到 2009 年 7 月已连续举办了 9 届，参加比赛的代表队已达到 86 支，竞技水平大为提高，后备人才培养有了良好的基础。

2004 年 4 月 3 日，中宣部、教育部颁发了《中小学开展弘扬和培育民族精神教育实施纲要》。明确规定："体育课应适量增加中国武术等内容。"这不仅指明了弘扬和培育民族精神的重要性和紧迫性，还指明了武术教育是弘扬和培育民族精神的一种手段。

纲要的颁布，引起了国家体育总局武术研究院对学校教育问题的关注。2005 年 4 月，国家体育总局武术研究院组成了《关于武术教育改革和发展的研究》课题组，共邀集全国百余位研究者，对这一重点课题进行研究。

2005 年 4 月 5 日起，华北、华东、华南、华中、东北、西南、西北 7

个地区课题组同时开始对全国 30 个省、市、自治区 252 所普通中小学的 13266 名学生，365 名教师进行问卷调查，向两百多位校长、两千多位学生家长进行访谈，展开了新中国成立以来规模最大的一次学校武术教育调查。调查结果表明：作为国粹的中华武术在中小学的开展很不乐观。有 70.3% 的学校没有开设武术课，有些学校不仅没有增加武术内容，反而削减武术以增加跆拳道等域外武技项目。学生主要通过武打影视片和武侠小说了解武术，受其影响，学生心目中的武术与现实存在错位；学生对武术的认识模糊，有 42.6% 和 25.4% 的学生认为跆拳道和拳击属于武术；学生的习武动机主要是强身健体和防身自卫；34.5% 的学生不了解民族精神的具体内涵，75.0% 的学生认为武术课能够培育和弘扬民族精神。武术课主要由一般体育教师担任，所占比例达到 70.8%，武术专业教师只占 29.2%。通过对调查结果的分析研究，课题组提出了新时期的武术教学内容编写的指导思想、基本原则，教学内容的层次、类别、构成与创编方法。

武术在中小学的开展，是素质教育发展的需要，更是武术传承发展的需要。面对学校武术教育存在的诸多问题，国家体育总局武术运动管理中心和武术研究院有责任去承担这一工作，为培育和弘扬民族精神，促进青少年健康成长，培养优秀的社会主义事业接班人，发挥应有的作用。

八、武术产业的探索

将武术与产业、经济联系起来是近些年的事。1988 年 5 月 21 日，全国体委主任座谈会上提出了"开发武术资源，以武养武"的问题。同年的全国武术经济工作会议上第一次明确提出了"武术经济"的概念，并成立了专门的职能管理部门——开发部。在武术产业的探索过程中，虽然在武术培训、武术用品方面进行了一些尝试，但较为成功的是以擂台格斗为主要形式的商业赛事。

1994 年，中国武术协会推出了中华武术散手擂台争霸赛。这种赛制将传统与现代有机地融合在一起而得到社会各界的广泛关注与支持。后来，类似的比赛又举办过两次，均获得成功。1999 年 5 月，为进一步探索武术的产业发展问题，别开生面的武术散打水上擂台赛在浙江台州举办。争霸赛和水上擂台赛这种新颖的比赛形式有力地推动了武术散打运动的发展，为武术产业发展积累了经验。

2000 年 3 月 25 日，一项完全按照市场规律来运作的中国武术散打职业联赛暨首届中国武术散打王争霸赛开赛。现代化的灯光、音响、音乐和舞美设计以及现场主持人的解说，包括经过专业人士包装设计的运动员发型、服装、出场亮相动作等，大大提高了武术散打运动的魅力，受到国内外媒体的普遍关注。经过 2001、2002、2003 连续三年的探索，武术散打王成为一个著名的赛事品牌，塑造出了众多的散打明星。

"散打王"后，国家体育总局武术运动管理中心又尝试进行了"功夫王"、"搏击王"以及 WMA（中国武术职业联赛）等国内外商业赛事的运作，均取得了成功经验。值得注意的是，武术产业至今还处于初始阶段，资源广博的武术产业，潜力很大，路子很多，有待我们继续探索、研究。

九、历史的新起点

北京 2008 武术比赛向世界人民全面展示了武术的独特魅力，武术发展取得了重大阶段性成果。达到一个阶段高度的同时，预示着一个新的发展阶段将从这里开始。

在关键的 2009 年，我们在新阶段、新起点上迈出了新的一步。这一步围绕着理清发展思路，在科学发展观的统领下，深入实际调查，抓住发展思路的现实依据；研究武术定义，找出发展思路的理论依据；制定武术发展战略，将发展思路落到实处，逐渐展开。

在学习和应用科学发展观的过程中，武术运动管理中心为了理清发展思路，制定下一阶段的发展战略，首先结合竞赛活动在赛区展开调研，并在成都、宜春、上海等地进行调研的基础上，按行政区域组织了专门的武术工作调研会议。相继在北京召开了东北和华北区、在安徽合肥召开了华东和华中区、在宁夏银川召开了西北区、在云南昆明召开了西南和华南区的 4 次武术工作调研会。分别召集有关省、自治区、直辖市武术运动管理中心的领导和体育院校的专家学者进行了座谈。调研会以对武术发展现状的基本判断、存在问题和解决办法、发展设想和保障措施为中心议题展开。通过深入基层进行调查研究，广泛听取各方意见和建议，为理清发展思路提供了实践依据。

2009 年 4 月底，国家体育总局武术研究院组织一批学者就武术的定义进行了深入研究，提出了对武术定义的初步认识。紧接着于 2009 年 7 月，组织全国高等院校中 38 所武术院系的 56 位具有代表性的武术专家学者进行了武术定义专题研讨会。经过激烈讨论，达成如下共识："武术是以中华文化为理论基础，以技击方法为基本内容，以套路、格斗、功法为主要运动形式的传统体育。"这一界定体现着集体智慧，明确了武术的文化内涵和动作本质，同时也指明了武术不仅仅是一项单一的运动项目，而是包括有三种运动形式的传统体育。由此，帮助我们明确了武术的内涵、外延和新时期人们对武术的认识与需要，为制定既遵循武术内在发展规律又符合当今社会需求的武术发展战略，理清了思路。

在广泛的社会调研和对武术定义进行学术研讨的基础上，依据国家体育总局党组关于武术发展的指导意见，武术运动管理中心拟定了新时期武术发展的下述战略构想：

以规范管理制度、统一技术标准为基础，运用会员制和段位制构建普及、推广与提高网络，发挥教育宣传的传播作用和竞赛活动的杠杆作用，推动武术在国内的普及和在国际的推广，促进国内外武术文化交流和国内外武术市场融通。通过武术的规范化管理、标准化技术，实现促进武术国内普及和国际推广的战略目标。

为保障新时期武术发展战略目标的实现，首先，武术中心提出了"突出武术业务工作，做实武术研究院工作"的设想。第二，以《中国武术段位制系列教程》进学校为突破口，与教育部体卫艺司联手，解决学校武术教育教什么、如何教、谁来教的问题。第三，积极开展会员制和段位制工作，构建武术普及推广网络。依托中国武术协会和国际武术联合会，积极推行会员制和段位制。第四，坚定武术申奥信念，把武术申奥树立为武术国际推广的长期目标，不断推进武术进入各种国际比赛，拓宽武术国际推广的渠道。第五，在继续开展和完善现有武术竞赛的基础上，适时推出"武术运动会"的竞赛活动模式。以期通过上述措施，实现武术发展的战略目标。

新时期武术发展战略目标的制定，使我们看到了武术的未来前景。

展望武术的国内普及——武术成为学校体育课和课外体育活动的主要内容，中小学生人人会武术。武术会员制构建了武术普及的组织网络；武术段位制规范了武术循序渐进的锻炼内容，引导着人们逐步进入科学练武的行列。在学校、在社区、在农村、在乡镇、在机关、在军营，武术成为人们的日常健身手段，在培育和弘扬民族精神的教育中，在全民健身活动中，发挥着重要作用。

展望武术的国际推广——武术担当着中外文化交流的友好使者，是驻外中国文化中心和孔子学院进行文化交流和文化教育的主要内容。武术段位制成为全球公认的武术资质认证体系；在国际武术联合会的推动之下，武术不断进入各种国际、洲际综合性运动会，国际武术联合会会员数量不断扩大，武术的国际影响力和申奥的竞争力日益增强。展示武术全貌的"武术运动会"与"奥林匹克运动会"并行发展，共同体现着全球体育运动的灿烂与辉煌。

2009 年伊始，胡锦涛主席在毛里求斯中国文化中心观看武术表演之后指示说："学习武术，一可以健身，二可以了解中国文化，三可以增进中毛两国人民友谊。"我们将深入学习胡主席的讲话精神，在科学发展观的指引下，为推动武术的全面、科学和可持续发展而努力奋斗。

风雨兼程路　成就新起点

——健身气功项目发展的回顾与思考

国家体育总局健身气功管理中心主任　冀运希

朗朗乾坤，浩气恢弘，灿烂的华夏文化，孕育了神奇的健身气功。健身气功是中国优秀传统文化的重要组成部分，其中包含着中医学的治病和养生理论，蕴涵着儒家、道家、佛家等修身养性、追求超越的文化理念，又与中国古代哲学思想融合在一起，强调人与自然、人与社会合一，进而达到身心和谐的完美境界。健身气功也是一项通过调心、调息、调身的锻炼，改善自身的健康状况，开发人体潜能，使身心臻于高度和谐的运动技能。健身气功项目区别于其他肢体运动锻炼不仅在于赋予了调心、调息的内容，而且强调"三调合一"的心身境界。健身气功作为民族传统体育项目，具有独特的文化魅力和广泛的群众基础，在全民健身活动中发挥着不可替代的作用。

一、健身气功项目发展的历史脉络

健身气功的起源时间，至今未见直接文献资料记载，但一些间接的文献文物资料佐证其萌芽可追溯到上古时代。据《吕氏春秋》等古籍记载，早在尧帝时代，洪水连年泛滥，人们长期生活在潮湿阴冷的环境里，许多人患关节凝滞、肢体肿胀等疾病，于是人们"故作舞以宣导之"，以"舞"的运动来使气血流通，舒展筋骨肢体，以通利关节，达到治病养生的目的。这种具有"宣导"作用的"舞"，正是气功的源头。健身气功作为一种独具特色的养生方法，起源于中华远古时期，并在历代得到发展。

新中国成立以后，古老的气功同祖国医学一样获得了新生。解放后不到10年时间，在全国范围内就相继建立了数十个气功医疗单位，气功医学空前发展，科学实验也破天荒出现在了中国气功史上。1956年刘贵珍在北戴河创建了气功疗养院，1957年上海也成立了气功疗养所。1957年刘贵珍的《气功疗法实践》出版，1959年唐山市气功疗养院的《内养功疗法》问世。这两本书对气功的推广普及，起到了很大的作用。10年动乱之前，以北方的内养功、南方的放松功为代表，一批气功功法被发掘整理并得到推广，气功疗法也得到了相当的普及。但是，10年动乱同样给气功带来灭顶之灾。

党的十一届三中全会以后，气功事业又迅速得到恢复和发展。20世纪70年代末，我国科技工作者关于气功效应的实验研究为群众性气功运动的发展开辟了道路，20世纪80年代形成了气功高潮，这次气功高潮的出现与持续，对推动气功疗法的普及及气功研究的深入和对外交流的开展起到了积极作用。特别是到了20世纪80年代，群众性气功锻炼活动空前活跃，习练人数达到数千万人，著述之巨，功法之多，参与者之众为历代所未有，气功成为一项广泛的群众性社会活动，在全民健身、祛病养生、提高身体素质等方面发挥着积极作用。但随着社会气功活动的迅速发展，一些不良现象也在滋生蔓延，有人借机诈骗钱财，进行愚昧迷信宣传，有的甚至危害社会治安。为引导社会气功活动健康发展，促进社会主义精神文明建设，中宣部、国家体委、卫生部、民政部、公安部、国家中医药局、国家工商局七部委联合下发了《关于加强社会气功管理的通知》。《通知》明确了气功是中华民族宝贵的文化遗产，划分了政府各有关行政部门在社会气功管理工作中的职责范围及相互间协调共管的工作关系，确定了社会气功管理的重点，提出了对授功者从事气功医疗人员资格审查、考核、持证上岗及加强气功社团和气功活动管理的要求等。同时，第一次提出什么是社会气功，什么是健身气功，什么是医疗气功。明确界定"社会气功是指社会上众多人员参与的健身气功和气功医疗活动"；"群众通过参加锻炼，从而强身健体、养生康复的，属健身气功"；"对他人传授或运用气功疗法直接治疗疾病，构成医疗行为的，属气功医疗"。2000年9月，国家体育总局颁布的《健身气功管理暂行办法》，对健身气功概念作了进一步的明确："健身气功是以自身形体活动、呼吸吐纳、心理调节相结合为主要运动形式的民族传统体育项目，是中华悠久文化的组成部分。"

在对社会气功组织清理整顿的基础上，经中编办批准，国家体育总局健身气功管理中心于2001年6月正式成立，为国家体育总局直属事业单位。2003年，国家体育总局（体竞字〔2003〕22号）批准健身气功为我国正式开展的体育项目。经国家民政部批准，中国健身气功协会于2004年5月登记成立，是中华全国体育总会的团体会员，总局健身气功中心是中国健身气功协会的常设办事机构。健身气功机构的设立，标志着这一体育项目进入科学化、规范化、法制化的管理轨道。健身气功这些年的主要贡献：一是深入开展调查研究，明确提出"讲科学，倡主流，抓管理，促和谐"的总体工作思路，得到中央有关部门和体育总局的认可；二是按照中央的部署和要求，顺利完成了气功清理整顿工作，维护了社会稳定；三是坚持依法行政、依法治体的方针，加强建章立制工作，健身气功规范化管理局面基本形成；四是积极探索健身气功管理的有效途径，形成了体育、公安、民政、街道等部门齐抓共管的工作机制；五是科学编创健身气功新功法，积极稳妥地开展了群众习练、交流展示和对外推广活动；六是重视健身气功的理论建设和科普活动，适时适度进行正面宣传，并探索出有效的风险防范机制。

二、健身气功中心成立以来
的工作成就及启示

健身气功中心成立以来，坚持以邓小平理论和"三个代表"重要思想为指导，深入贯彻落实科学发展观，坚决执行中央的有关方针政策和总局的决策指示，紧紧围绕"讲科学，倡主流，抓管理，促和谐"的总体思路开展工作，比较好地完成了上级赋予的各项任务，以健身气功项目为中心的全面建设取得了丰硕成果。

（一）编创推出 4 种健身气功，为广大爱好者提供了科学健康的新功法

在世纪更替之际，也正是健身气功这一传统体育项目面临何去何从的关键时期。为此，中央领导明确指出"气功是中国几千年传统文化的组成部分，其中有一些有益于人体健康的合理成分，也有宣扬愚昧迷信的糟粕部分，我们对气功不能一概否定，否则就不是唯物主义者。关键是如何取其精华，去其糟粕，加强管理，既使其为人民的身体健康发挥积极作用，又不被别有用心的人用来危害社会政治稳定。"根据中央领导的指示精神，在体育总局的领导下，总局健身气功中心在广泛调研的基础上，从挖掘整理优秀传统养生健身功法入手，通过编创健身气功新功法，积极引导群众开展健康文明的健身气功活动，满足广大群众的多元化健身需求。

编创 4 种健身气功新功法工作，是严格按照科研课题管理办法进行的。总局健身气功中心向全国 20 所具有气功教学和科研实力的体育、中医院校和科研单位公开招标。经过严格评审，武汉体育学院、上海体育学院、中国中医研究院西苑医院、北京体育大学等单位申请的历史悠久、深受广大群众欢迎且具有品牌效应的易筋经、五禽戏、六字诀和八段锦等功

法的研究课题中标。

为做好编创工作，各课题组进行了数百万字的文献检索考证和广泛的交流研讨，先后在北京、上海、湖北武当山等地举办了传统功法观摩研讨会。在反复比较、认真吸收传统功法不同流派优点的基础上，对功法基本动作进行了编排，并结合时代特点有新的发展、新的突破。

为检验新功法的科学性和群众接受程度，在有关体育行政部门、街道社区的积极支持下，各课题组分别在北京、上海、河南、黑龙江、江苏等地进行了为期数月的新功法试验。同时开展了科研测试和问卷调查，采集数据数万个，取得了一些有价值的成果。为进一步检验 4 种健身气功的健身效果，2003 年经总局科教司批准立项，总局健身气功中心又组织了 6 个课题组开展了"四种健身气功健身效果研究"，历时两年，其中问卷调查涉及 7 个省市 5322 人，实验观察样本量总人数 1203 人。结果表明，坚持习练 4 种健身气功对人体的生理机能、身体素质以及心理状态等方面都有积极的改善。

由于编创和测试工作科学严谨，4 种健身气功推出后受到越来越多爱好者的欢迎。从 2008 年开始，总局健身气功中心为满足不同人群的练功需要，又着手编创五种新的健身气功功法，在 2009 年即将推出。

（二）大力加强基础建设，有效保障了健身气功的规范化管理

健身气功管理可以说是一项全新的工作。为此，总局健身气功中心成立以后，把基础建设作为管理工作的重中之重来抓。

在组织建设方面：一是注重了省区市管理机构的建设。通过多方面的积极协调，目前已有 18 个省区市成立了专门的管理机构，其他省区市也有了专人编制，还有 6 个省区市成立了健身气功协会。二是注重了活动站点基层组织建设。据统计，全国健身气功活动站点已经发展到 9000 多个，覆盖 31 个省区市的 300 多个地市，习练人数达到 80 余万人。特别是国家体育总局从 2005 年开始实施的"和谐站点"工程，对站点的发展发挥了重要作用。三是注重了骨干队伍建设。为提高管理干部的政策水平和业务

能力，这些年共举办管理干部培训班 6 期，受训人数 564 人次，并召开 7 次全国健身气功管理工作会议，对管理干部起到了以会代训的目的。根据健身气功工作的发展需要，这些年总局健身气功中心举办不同类型的 4 种健身气功教学骨干培训班 14 期，培训人数达 1400 多人次，各省区市也普遍开展了不同层次的骨干培训。目前，全国已有国家级社会体育指导员 189 名，一级社会体育指导员 1930 名。

在制度建设方面：2000 年制定颁布了《健身气功管理暂行办法》，2003 年制定颁布了《健身气功活动站点管理办法》。根据健身气功管理工作的发展需要，2006 年对上述两个办法进行了修改合并，出台了《健身气功管理办法》，特别明确规定了健身气功活动、健身气功站点为国家规定的行政许可项目。除此以外，还先后制定了《健身气功科研课题管理办法》、《健身气功项目实施〈社会体育指导员技术等级制度〉暂行办法》、《健身气功竞赛规则》、《健身气功裁判员管理暂行办法》，以及《中国健身气功对外技术等级评定办法》、《中国健身气功对外技术等级套段细则》等，使健身气功管理工作做到了有法可依，有章可循，向法制化、规范化迈出了坚实的步伐。

在科研宣传方面：建立了一支老中青结合的多学科专家队伍，健身气功的科研力量有了很大加强。与此同时，先后完成总局科研课题 12 项，中心科研课题 95 项，共举办国内外不同类型的学术研讨会 5 次，并组织专家开展了多场科普讲座。为充分发挥科研成果的作用，先后编辑出版了《健身气功社会体育指导员培训教材》、《走进健身气功》、《健身气功二百问》、《四种健身气功健身效果的研究》等理论教材及科普读物。

为使更多的人正确认识健身气功，走进健身气功，充分发挥舆论导向作用，2004 年 8 月，经国家新闻出版总署批准创办了《健身气功》杂志，现已发行 30 期；先后开通了中国健身气功协会中英文网站；在《中国体育报》开辟了专栏，在中央和地方媒体开展了功法讲座和适时适度的宣传，并制发了多种宣传品。

（三）广泛开展健身气功活动，为全民健身与构建和谐社会做出积极贡献

群众体育的一个重要特点就是要有活动，健身气功项目也不例外。只有善于融入丰富多彩的全民健身活动中去展示自己的特色，才能激发练功群众的积极性，才能提高和谐站点建设的水平。随着健身气功站点数量的发展，随着4种功法的推广普及，总局健身气功中心这几年组织了一系列4种健身气功表演展示和交流比赛活动。

一方面是组织了在全国性体育运动会上的表演展示。2004年江西宜春的健身气功队伍在第5届全国农运会开幕式上表演了4种健身气功。2005年江苏南京和北京丰台的健身气功队伍分别在第10届全国运动会和中央国家机关职工运动会开幕式上表演了4种健身气功。2006年江苏苏州的健身气功队伍在全国第3届体育大会开幕式上表演了4种健身气功。

另一方面是组织了全国性的交流展示系列活动。2005年有11个省区市参与了全国健身气功系列展示活动。2006年有17个省区市参与了全国健身气功系列展示活动。为唱响"全民健身与奥运同行"主题，总局健身气功中心2007年组织了全国百城健身气功系列展示活动和北京10大公园系列展示活动，有30个省区市的126个城市举办了286场交流展示活动，表演的练功群众约20万人。2008年举办了全国百县千村和全国百大公园健身气功系列展示活动，有29个省区市的145个城市举办了270场交流展示活动，表演的练功群众约21万人。2009年举办了首届健身气功博览会和全国百城千村系列展示活动。有上百家新闻媒体对这些活动作了宣传报道。

再就是组织了全国健身气功交流比赛大会。2007年在山东淄博市举办了第1届全国健身气功交流比赛大会，有28个省区市的277名运动员参加了比赛；2008年在内蒙呼和浩特市举办了第2届全国健身气功交流比赛大会，有29个省区市的283名运动员参加了比赛；2009年在湖北武汉市举办了第3届全国健身气功交流比赛大会，有30个省区市的296名

运动员参加了比赛。除全国系列性健身气功表演展示和交流比赛活动外，各省区市在近几年也普遍开展了形式多样的交流展示活动。这些活动的举办，充分展现了气功健身的独特魅力和练功群众的崭新风貌，也为"全民健身与奥运同行"活动增添了光彩，产生的社会效应是多方面的。

（四）健身气功走向海外，传播推广工作迈出了可喜的步伐

健身气功源于中国，属于世界。随着 4 种健身气功在国内的推广普及，为传播中华养生文化，造福人类健康，总局健身气功中心在国内外两线并举，积极开展了海外的 4 种健身气功推广活动。

在功法推广方面：先后翻译出版了《健身气功在中国》、《让世界了解健身气功》、《来自中国的传统养生之道》等宣传品和 4 种健身气功的英、德、法、日、俄和西班牙语教材。在国内举办了 20 多次对外功法培训和裁判员培训，举办了 3 期对外教练员培训班。2006 年以来，总局健身气功中心共派出 77 个代表团，赴美国、澳大利亚、英国等 21 个国家和地区，共举行表演展示活动 300 多场，现场观众近 7 万人次；举办教学培训 995 场，有 19 个国家和地区的人员应邀来华交流学习健身气功，累计培训学员约 2.8 万人次。在海外推广活动中实施了对外技术等级制度，现已有 682 名学员获得段位证书。功法教学活动的开展，初步打开了海外推广工作的局面。

在举办活动方面：2006、2007 年，连续两届国际健身气功交流比赛大会在北京成功举办。2008 年，健身气功作为正式比赛项目进入在韩国釜山举行的第四届世界大众体育运动会，中国健身气功协会承担了全部竞赛组织工作。2009 年，在上海举办了第 3 届国际交流比赛大会和第 2 届国际学术论文报告会，有 28 个国家和地区的 363 名运动员参加比赛，有 10 个国家和地区的 50 篇论文入选。这些活动的举办，有效地激发了海外习练者的练功热情，且确定了中国健身气功协会的技术权威地位。

在组织建设方面：目前，中国健身气功协会已与 30 多个国家和地区的 50 多个社团组织建立了交流合作关系，推动 19 个国家和地区成立了专

门的健身气功社团组织，与国外的一些大学建立了教学和科研合作关系。致力于筹备成立国际健身气功联合会，是总局健身气功中心在海外推广活动中的一项重要任务。为此，中国健身气功协会在 2007 年就发出筹备成立国际健身气功联合会的倡议书，现已有 5 大洲 22 个国家和地区的 39 个海外社团组织达成了参加国际健身气功联合会的意向。2009 年 8 月，在上海召开了国际健身气功联合会筹备会，有 53 名代表出席了会议。国际健身气功联合会的即将成立，无论是对凝聚各国和地区有关社团组织，还是对健身气功养生文化的传播，都将产生积极的影响。

回顾过去走过的路程，健身气功事业之所以能够取得这样的成绩，离不开中央有关部门和国家体育总局的正确领导，离不开有关专家学者的大力支持，离不开各级体育行政部门和广大健身气功工作者的共同努力。这些年在工作思路、管理模式、工作机制、工作方法上的积极探索、不断创新、有益实践，为健身气功今后的建设与发展提供了极为宝贵的启示。

启示之一：讲政治、讲科学是健身气功事业繁荣的生命线，是健身气功事业发展的永恒主题，要始终把服务群众和维护稳定作为工作的出发点和落脚点，牢牢把握健身气功的正确方向。

启示之二：鉴于健身气功的特殊性，必须争取并得到各级领导的重视和支持，必须依靠政府有关部门齐抓共管，这是做好健身气功工作的力量所在。

启示之三：健身气功作为一个运动管理项目，一定要主动融入到大群体活动中去，一定要主动进入到体育工作的整体建设中去，这是健身气功有所作为的重要出路。

启示之四：健身气功管理是一项开创性的工作，只有从基本建设抓起，工作才有坚实的根底，发展才有可靠的保障，打基础、抓基层、重落实是确保这项工作稳步推进和长远发展的关键和前提。

三、正确认识气功健身养生的作用

健身气功某种意义上是一门关于和谐的学问，在理论上以人体生命整体观为指导，在实践上以"三调合一"为基准，既体现了中华传统文化智慧，也吻合现代养生学理念，是当今人们健身养生的时尚运动。

——从运动养生角度看，运动养生讲究精神要悠闲，形体要运动。健身气功运动风格柔和缓慢，既可避免强度运动后给人体造成损伤，也可在节能的情况下提高人体生理机能，而且注重形神共养、内外兼修，这与现代运动养生理念不谋而合。科学测试表明，坚持习练4种健身气功能够增强体质，增进心理健康，延缓智力功能衰退，优化生理功能，改善血液生化指标，增强内脏及各个器官系统功能，使人体整体健康状态有明显改善。

——从中医养生角度看，中医认为，人的形体是由五脏、六腑、五体（筋、脉、肉、皮、骨）七窍组成的一个有机整体，相互协调、相互为用。气功健身养生的机理就是在调身、调息、调心的不同搭配下，通过阴阳平衡规律，协调脏腑阴阳、气血的偏盛偏衰，促进人体朝着阴平阳秘的健康状态发展；通过五行（木、火、土、金、水）生克制化规律，协调脏腑相互间任何一脏因失去平衡而发生疾病或衰弱；通过疏通经络加强各脏各腑、四肢百骸、七窍上下内外的沟通和精、气、血、津液的充养，进而优化人体的生命活动。

——从现代医学角度看，现代医学认为，人体具有神经体液自我调节系统，以几近完美的方式维护着内环境的稳定。健身气功锻炼能够改善并增强神经体液系统的调节品质，激发人体的自愈能力，从而达到祛病强身的效果。调身是在意念的引导下进行的全身规律性运动，通过启动各级运动中枢和外周感受器构成的复杂反馈活动，将身体保持在最适生理状态；

调息可凭借主动干预呼吸方式、频率等来影响植物性神经功能的作用，从而间接对人体内脏的功能产生影响；调心入静时前脑额叶的神经活动，促使脑垂体增加愉悦感的β—内啡肽分泌，进而通过遍布全身的受体，改善人体的自我调节功能。

——从心理健康角度看，心理学认为，情绪变化可以影响到人的生理变化，这种变化很容易诱发生理功能的失衡。健身气功锻炼包括通过主动的自我心理活动去调整机体的生理功能活动，进而改变躯体状态。运动心理学研究发现，不同的锻炼方式对心理功能的影响效果也不同，健身气功等中国传统养生术对调节情绪状态效果更佳。对健身气功锻炼前后受试者的心理健康状况进行综合评价发现，通过3个月或6个月的健身气功锻炼，练功者在恐怖、人际、抑郁、焦虑、敌对等情绪指标上都有不同程度的改善。

对于普通民众而言，中国传统气功具有一定的神秘性。20世纪80年代，曾有一些人利用这种神秘感夸大气功和气功师的作用，对一些练习者产生了误导。夸大主要体现在：

——声称气功能包治百病。事实是：气功只是一种中国传统的健身运动。它确实能够有助于身体健康或对一些疾病的辅助治疗，但不是中国神话传说中包治百病的仙丹。

——声称气功是一种宗教信仰或精神运动，能让人进入天堂，或成为神仙、佛祖。事实是：中国传统气功确实追求一种人与人和人与自然之间的和谐相处，并以这种和谐心态达到身心健康的目的。但是气功健身从来不需要宗教式的虔诚，而历史和现实都表明，没有任何人因专注于气功健身而成为神、佛，气功练习者中既有各种宗教信徒，也有无神论者。

——声称气功师具有超级能量，能够控制他人思维、当众隐身，能够瞬间治愈现代医学无法治愈的疾病，甚至将气功师刻画成精神领袖。事实是：目前的中国有成千上万个气功师，没有一个具有这类超级能量。曾经自称具有超级能量的几名气功师中，有人已经死于疾病，也有的死于车祸。一些自称是精神领袖的气功师，基本上都有被揭露出其有道德低下的实质，因为他们借气功骗财骗色。

气功和气功师并不神秘，也并不可怕，只要你把气功看成是一种正常的健身运动。学会它的动作，理解它所提倡的和谐心态，你就会从中受益。

四、科学发展健身气功事业的若干思考

科学发展观已经成为全党各项工作的指南。做好今后的健身气功工作，必须以科学发展观为统领，开阔工作思路，创新工作机制，确定工作目标，解放思理，大胆实践，进而推动和促进健身气功事业又好又快地发展。

（一）把以人为本落实到健身气功具体工作中去

以人为本是科学发展观的核心。健身气功工作贯彻以人为本的理念，必须牢固确立三个意识：一是牢固树立群众意识。健身气功作为一项深受人民群众欢迎的体育运动，健身气功活动本身就是以人为本的活动。推广普及4种健身气功，满足不同人群多元化的健身需求，这无疑是以人为本理念在健身气功工作中的具体体现。在气功问题上，党和政府的态度是始终如一的。从近年来做出的一系列重要指示和决策看，党和国家对人民群众的气功健身需求高度重视，对于推广普及4种健身气功给予了有力的指导和大力的支持，充分体现了对人民主体地位的尊重和对人民各项权益的保障。健身气功工作贯彻以人为本的理念，首要的是把党和国家的有关方针政策落实到具体工作中，惠及到温暖群众的具体活动中，使群众通过健身气功锻炼，既提高思想文化素养，得到精神上的愉悦，又能够增强体质，健康长寿。

二是牢固树立服务意识。关注群众利益，搞好公共服务，同样是以人为本的应有之义。健身气功习练者不少是老弱病残者，这些人是最需要关爱的人。在发展健身气功这个问题上，一定要树立正确的价值观和政绩观，在算经济账的同时，多算政治账，在专项经费使用上要多搞雪中送炭，给予政策扶持，绝不能以任何借口放弃责任、放弃阵地。

三是牢固树立创新意识。以人为本理念贯彻得好不好，既是一个认识态度问题，也有一个工作方法问题。健身气功工作目前在造福人民、服务社会方面还存在这样那样的不足。要满足群众日益增长的体育健身需求，进一步扩大工作的覆盖面，使更多的群众共享气功健身的福祉，就要在把握发展规律、创新发展理念、转变发展方式、破解发展难题、提高发展质量等方面想办法、下功夫。在健身气功活动中，群众是实践者，也是创造者。要善于集中群众的智慧，注意在群众中找办法，走进一步增强群众自我管理能力的路子，从而保证健身气功健康有序地发展。

（二）保持健身气功发展的全面协调可持续

全面协调可持续是科学发展观的基本要求。保持健身气功全面协调可持续发展，当前主要的是把以下几个方面搞清楚：一是把健身气功工作的总体思路搞清楚。健身气功工作的总体思路是"讲科学、倡主流、抓管理、促和谐"四句话。具体地讲："讲科学"就是本着继承发展的态度，弘扬优秀的，改造落后的，抵制有害的，取其精华，去其糟粕，使传统气功在继承中扬弃，在发展中升华。"倡主流"就是强化阵地意识，倡导科学的健身理念，大力推广健康文明的功法，使站点习练者成为练功群众的主体，使健身气功成为气功活动的主导。"抓管理"就是贯彻依法行政的原则，落实规章制度，实施分类指导，坚持齐抓共管，创新管理模式，积极稳妥推进，使健身气功工作健康有序地发展。"促和谐"就是树立以人为本的观念，充分发挥健身气功强身健体、修身养性、平和心态、陶冶情操的作用，使健身气功更好地服务社会、造福人民。思路决定出路，正确的工作思路是实现全面协调可持续发展的前提。

二是把健身气功工作的基本原则搞清楚。健身气功是体育项目，但有其鲜明的个性特征，需把握好以下原则：1. 在服从大局中谋发展。由于健身气功项目社会背景复杂，开展这一工作要强化政治意识、大局意识、责任意识。想问题、做决策、办事情都要用政治和全局的观点来审视，都要放在社会稳定的大环境中来考虑，视发展为目标，视稳定为前提。2. 在齐抓共管中谋发展。健身气功这一体育项目鲜明的政治性，决定了单靠体育部门的力量来管理是不够的，必须依靠社会有关部门力量的参与支持，共同做好"疏"与"堵"的综合治理工作。只有各方联动，上下互动，形成合力，才能把健身气功事业做大、做好、做出成效来。3. 在依法行政中谋发展。健身气功工作的政策性很强，也是国务院决定体育系统实施行政许可的项目。要强化政策法规观念，加大依法行政的力度。同时，结合健身气功发展的实际情况，不断建立和完善相关的法规制度。

三是把健身气功工作的奋斗目标搞清楚。健身气功工作今后一个阶段的奋斗目标是：组织健全、管理规范、形成主流、走向世界。"组织健全"的具体内容是省一级争取全部建立专门的编制机构，地、县级争取全部设有专职或兼职人员，部分地市争取设有专门的编制机构，健身气功的社团组织成为工作的有力助手，构成比较完善的组织网络。"管理规范"的具体内容是制度体系比较完整，活动和竞赛办法比较完善，管理干部、社会体育指导员、教练员、裁判员和专家队伍形成批次，工作运行机制顺畅，活动正规有序。"形成主流"的具体内容是国家编创推广的功法达到 12 种以上，健身气功站点的习练群众超过 100 万人，健身气功项目力争列入高等院校的体育教学课程，全国健身气功交流比赛大会形成活动品牌。"走向世界"的具体内容是海外习练健身气功的人群和获得技术等级的队伍形成规模，国际健身气功交流展示大会形成传统，力争在 40 个国家和地区推广健身气功，力争有 30 个国家成立健身气功社团组织，尽早在中国成立国际健身气功联合会。

（二）不断增强对健身气功工作的统筹兼顾能力

统筹兼顾是科学发展观的根本方法。健身气功工作贯彻落实统筹兼顾的根本方法，当前工作中要特别注意处理好"四个关系"，统筹好"三个发展"：首先是处理好积极与稳妥的关系。所谓积极就是要把思想认识统一到中央的部署和体育总局的要求上来，科学认识健身气功的发展，主动开展工作占领阵地。所谓稳妥就是要有组织地开展工作，有计划地安排活动，做到稳步推进，逐步深入。强调积极并不意味着只讲热情不讲科学，强调稳妥也不等于裹足不前，不求进取。健身气功是一项政治性、政策性很强的工作，如果工作不主动、不作为，就难以完成党赋予我们的任务；如果不掌握节奏、不注意方法，也会给社会带来负面效应。

其次是处理好继承与创新的关系。传统气功中，既有有益于人体健康的合理成分，也有宣扬愚昧迷信的内容。历史唯物主义认为，社会发展是一个"扬弃"的过程，这也是我们对待气功文化的根本立场。去伪存真和去粗取精，必须坚持科学的发展观，遵循科学的理性态度和科学的检验原则，把破与立紧密地结合起来，推陈出新。推陈出新不是一般意义上的传承和延续，而是从内涵到外延的不断综合、开拓、创造和更新。

再就是处理好活动与建设的关系。活动与建设并举、重在建设，是群体工作的一条重要指导思想。健身气功是一个既古老又年轻的体育项目，在发展过程中更应遵循这一指导思想。活动与建设是互为因果关系，建设是活动的基础，活动反映建设的成果，并促进建设的深化。在基本建设方面，要继续抓好建章立制的工作，进一步建立和完善相关的管理制度和办法，制度建设更带有稳定性和长期性。

最后是处理好数量和质量的关系。活动站点是推广四种健身气功的重要依托，站点数量的多少是衡量一个地区工作的重要标志，但一定要做到成熟一个发展一个，发展一个巩固一个，数量一定要服从质量。

健身气功工作要统筹好"三个发展"指的是：统筹区域发展，统筹城乡发展，统筹国内国外发展。统筹区域发展，就是要着力解决健身气功工作发展不平衡的问题。从目前全国开展健身气功工作的情况来看，各地区之间的差距很大。那些工作做得好的省区市要再接再厉，在总结已有经验的基础上，深入推进，广泛发展，注重质量，形成机制，继续保持在先进行列，推动工作滚动式发展；那些工作进展较慢的省区市要进一步提高认识，切实担负起工作职责，思想更解放一些，步子迈得更大一些，发展速度更快一些，尽快扭转落后局面，努力实现跨越式发展，从而形成全国健身气功工作的新态势、新格局。

统筹城乡发展，就是健身气功工作要进一步向乡镇农村倾斜，这既是建设社会主义新农村的需要，也是扩大健身气功工作成果的需要。通过有些省市在农村建立活动站点的情况来看，健身气功项目在农村很受欢迎，有很大的活动空间。健身气功工作发展快的省区市，要加大支农惠农政策力度，更加注重发展成果的普惠性。要把农村站点的建立和培训作为重点工作突出出来，加大农村工作的力度；健身气功工作发展慢的省区市，也要把农村的健身气功发展列入工作计划，逐步向农村延伸。当然，在农村推广健身气功同样是在自觉自愿的前提下进行，稳步推进，稳步发展。

统筹国内国外发展，就是要在抓好国内健身气功工作的同时，有计划、有步骤地抓好向国外的宣传推广工作。这两年，在国家有关部门的大力支持下，健身气功对外宣传推广工作迈出了可喜步伐，局面已经打开，特别是在海外培训了一大批骨干力量，敦促成立了一些健身气功社团组织。党的十七大报告指出，要增强中华文化国际影响力。今后一个时期，要在巩固发展现有活动的基础上，加大走出去、请进来的步伐，使健身气功更好地为世界人民的健康服务。

向着光辉的顶点不断攀登

——新中国登山运动的发展历程

国家体育总局登山运动管理中心主任　李致新

新中国成立 60 年来，在中国共产党的领导下，在大力发展体育事业的政策指导下，新中国登山运动不断探寻，经过几个阶段的实践检验，走过了一条尽管艰难曲折，但却充满了生机，并向希望延伸的道路。

一、新中国登山运动发展历程回顾

新中国成立后，中国登山运动大致分为以下几个阶段：

（一）中国现代登山运动的诞生及初期活动（1955—1959 年）

现代登山运动诞生于 18 世纪欧洲西部的阿尔卑斯山区，是指由自觉的体育运动意识支配，以登上大山顶峰为目的的登山行为，主要包括竞技登山和探险登山。1955 年，现代登山运动来到中国。这一年初，苏联工会中央理事会向中华全国总工会发出邀请，希望中国能派人去苏联学习登山技术。同年 5 月，新中国的第一批真正意义上的登山者——许竞、师秀、周正、杨德源同志到当时的苏联外高加索登山营地学习登山技术。不久，中苏两国登山运动员联合组成帕米尔登山队，成功地登上了帕米尔高原海拔 6673 米的团结峰和海拔 6780 米的十月峰。中国登山运动员第一次登上高海拔的山峰，奏响了中国现代登山运动的序曲，也标志着中国现代登山运动的诞生。

随后，中华全国总工会 1956 年在北京举办了登山训练班，培养出中国早期的一批登山运动员，并组成中国的第一支登山队。同年 4 月 25 日，由队长史占春率领的 32 人登上了海拔 3767 米的秦岭主峰太白山，从此拉开了中国现代登山运动的序幕。

1957 年 5—6 月，由 29 名登山运动员组成的中华全国总工会登山队正式攀登海拔 7556 米的贡嘎山，6 名队员于 6 月 13 日成功登顶。这是我国第一次独立组队和首次独立登顶的海拔 7500 米以上高峰，牺牲了 4 位同志，付出了血的代价。这一成功不仅创造了中国现代登山运动史上的新纪录，还超过了当时苏联和东欧国家的登山最好成绩，同时也标志着中国现代登山运动进入了新的发展时期——迈进了世界先进水平。

1958 年 5 月 16 日成立了隶属国家体委的登山处，同年 6 月，中国登山协会正式成立。中国登山协会成立后，中国登山界异常活跃，结合科学考察，中国登山队先后攀登了甘肃境内的镜铁山、七一冰川和疏勒山，首次把我国现代登山运动和地质勘探直接结合；同时作为攀登珠穆朗玛峰训练和准备工作的前奏，与苏联运动员一起攀登了苏联境内的列宁峰和无名峰，自己还组队在西藏训练并攀登了念青唐古拉山东北峰。

1959 年 7 月中国男女混合慕士塔格峰登山队，创造了登山队（33 人）集体安全登上海拔 7500 米以上高峰人数最多的世界纪录，其中 8 名女队员打破了当时世界女子登高纪录。

成立时间不长的中国登山队所取得的成就，在人民群众中产生了很大的影响，群众性登山活动在我国逐步活跃起来。中国登山协会在这一时期积极开办香山登山训练班，为中国现代登山运动培养出了相当数量的登山运动员。短短几年的时间，中国现代登山运动便从初创向着新的高度迈进。

（二）中国现代登山运动跨入世界先进行列（1960—1966 年）

世界最高峰——海拔 8844.43 米的珠穆朗玛峰，从 20 世纪初叶开始，就成了各国登山运动员向往一试身手的地方。然而直到 1953 年 5 月 29 日上午 11 时 30 分，英国登山队的新西兰人埃德蒙德·希拉里和尼泊尔夏尔巴人丹增·若尔盖才首次从南坡成功登上珠峰峰顶。中国 1955 年正式开展现代登山运动，并在不久之后，就做出了攀登珠穆朗玛峰的决定。

中国首次攀登珠穆朗玛峰的行动是从 1959 年开始的。最初商定中苏联合攀登，但随后由于某些原因，苏联方面退出了登山活动。于是，中国决定 1960 年由我国独立完成这一前所未有的目标。国家体委和中国登山协会组织了 100 多人的强大登山队，同时，国家在极端困难的情况下，专门拨款给登山队从国外购买登山装备和器材。1960 年 3 月中，登山队伍进入珠峰地区。在经过三次高山行军和运输之后，开始了最后的突击。4 人突击小组，在 19 个小时的攀登中，留下了一系列可歌可泣的事迹。冻伤、缺氧、寒冷、饥饿，一切困难都阻挡不了登山壮士登顶的决心。因高山反应无法继续攀登的刘连满，宁可冒着牺牲的危险把剩下的一点氧气留给冲顶的战友，这一壮举至今令人肃然起敬。1960 年 5 月 25 日 4 时 20 分，中国登山队的王富洲、屈银华、贡布 3 名队员成功地实现人类从北坡登顶珠峰。当时的中国正处于一个特殊的历史时期，"大跃进"带来的损失还没有完全抹去，三年自然灾害的阴影又笼罩着天空。从北坡成功登顶珠穆朗玛峰，对于当时 4 亿中国人而言，其意义远不是一次对世界最高峰的攀登，它承载着在自然灾害面前不屈的中国欲向世界证明的实力和自信。在祖国最困难时期，正是这些冰雪英雄以攀登珠穆朗玛峰的顽强意志，鼓舞了全国人民。诞生仅 5 年的中国登山队，完成从北坡成功登顶世界第一高峰的创举，为中国现代登山运动揭开了光辉的一页，从此，中国登山队跨入世界强队行列。

在登上珠穆朗玛峰仅 4 年之后，中国登山队再接再厉，于 1964 年 5 月 2 日 10 时 20 分，10 名登山队员一举成功登顶地球上最后一座 8000 米以上的处女峰——希夏邦马峰，再次展现了中国现代登山运动的发展水平和实力。

（三）中国现代登山运动跌入低谷和再度恢复（1967—1978 年）

1966 年"文化大革命"开始，中国登山运动也陷入了无组织乃至停止的状态。登山组织机构被撤销，不少优秀的教练员和登山活动的组织者被批斗、下放，登山运动员流散四方。直至 1972 年 10 月，国家体委又重新组建中国登山队，并重新启动再次攀登珠穆朗玛峰的筹备工作，中国现代登山运动才得以恢复。

当时，中国登山队所面临的国际登山形势是，1974 年在中国周边国家进行登山活动的有 60 多支外国登山队，而珠穆朗玛峰是各国登山队最关注的山峰。西方一家报纸的评论是：珠穆朗玛峰已经陷入世界各国登山运动员的重重包围之中。位于珠峰南侧的尼泊尔政府宣布，从 1974 年至 1980 年的登山许可证已经发放完毕，需要者请 1980 年之后再来。

中国登山队原定的 1976 年再次攀登珠峰的计划被提前到了 1975 年，这一计划很快得到了中共中央的批准。于是，一支总人数达 430 人的队伍迅速建立起来，并制定出女队员打破 8100 米的当时女子登山高度世界纪录、创造登顶人数最多的纪录、拍摄 3 部纪录影片和配合中国科学院进行科学考察等任务。

1975 年 5 月 25 日 14 时 20 分，中国登山队的 8 名男队员和女队员潘多登顶成功。潘多同时成为世界上从北坡登上珠峰的第一位女性。登山队员们还在珠峰顶峰竖起测量标杆，为不久后准确地测量当时世界公认的珠峰高度（8848.13 米）起到了重要的作用。

除了攀登珠穆朗玛峰，中国登山队在这一时期还攀登了海拔 7435 米的托木尔峰。托木尔峰位于新疆境内，历来就是中国的领土。但由于历史的原因，苏联认为此山属于两国之间的界峰，并将此山称为"苏联境内的第二高峰"。为了在托木尔峰的主权归属问题上以正视听，并进一步调查矿产和动植物资源，1977 年 2 月，国家一些部门决定共同攀登托木尔峰。中国托木尔峰登山队共 261 人，从 1977 年 6 月 3 日先遣队建立大本营开始，经过多方准备，第一突击队 11 人于 7 月 25 日 15 时 31 分登顶，第二突击队 17 人于 7 月 31 日 15 时 15 分登顶，圆满地完成了这次登山任务。在这次登山活动中，登山队科学考察队的科学工作者还对托木尔峰及其周围地区进行了多学科的综合考察。

（四）中国现代登山运动的历史转折（1979—1990 年）

党的十一届三中全会制定了改革、开放总方针后，中国现代登山运动发生了历史性的转折。1979 年 9 月经国务院批准，从 1980 年起我国对外开放包括珠穆朗玛峰在内的 8 座山峰，8 座山峰所在地西藏、新疆、青海和四川等省、自治区体委建立了相应的组织机构，开展接待外国人自费来华登山和登山旅游的业务。开放外国人来华登山，促进了中国登山界和世界登山界的各种交流，加强了与各国人民和运动员之间的了解和友谊，同时与世界各国的登山组织建立起密切的友好关系，引进了先进的登山技术和装备，对促进和发展我国现代登山运动有积极意义。

（五）中国现代登山运动在民间的崛起（1990 年以后）

20 世纪 90 年代的到来，不仅意味着世纪交替时代的来临，也意味着一个相互融合、观念更新、开创奇迹时代的来临。在这个实现历史性的突破和跨越的时代，人们开始以行为的跨越充分体现思维的跨越。伴随人类科学的进步，登山技术和装备日新月异，在带来巨大变化的同时，也带来了人们登山观念和行为上的碰撞和飞跃。西方人休闲、自我和随意的登山态度，逐步影响着中国现代登山运动和登山爱好者。登山不再是专业登山运动员的专利，任何具有探索自然愿望的爱好者也加入了进来。民间登山运动开始崛起，促进了中国现代登山运动水平的提高，也使得从登山运动中派生出了一些新兴项目，如攀岩、山地户外运动、滑雪登山和拓展等。

2003 年，中国搜狐业余登山队在专业登山机构和技术人员的协助下，成功登顶珠穆朗玛峰。5 月 21 日和 22 日，四名队员陈俊驰、梁群（女）、王石、刘建先后成功登顶珠峰。这次全部以业余登山爱好者组成的中国搜狐登山队成功登顶珠峰，是我国现代登山运动走向社会化的一次成功尝试，开创了我国现代登山史上的新篇章。中央电视台对这次攀登活动首次进行现场直播，实现了我国电视史上多项突破，奠定了 2008 年北京奥运火炬接力珠峰传递活动电视直播的基础。这次登山活动的成功也极大地鼓舞了全国人民抗击"非典"的勇气和信心。中共中央总书记、国家主席胡锦涛同志对这次活动给予了高度评价，对登山运动员"不畏艰险、顽强拼搏、团结协助、勇攀高峰"的奋斗精神给予了积极的肯定。

这次登山活动，推动了我国民间登山运动水平的提高和普及，对我国现代登山运动更加健康发展，具有重要的意义，它标志着中国现代登山运动大发展时期的到来。

二、新中国登山运动取得了丰富的成果

新中国登山事业坚持以马列主义、毛泽东思想、邓小平理论和"三个代表"重要思想为指引，以科学发展观为统领，改革创新，勇于实践，取得了辉煌的成绩。

（一）高山探险运动成就辉煌

1988 年，中国、日本、尼泊尔三国决定联合组队从珠穆朗玛峰的南坡和北坡同时攀登，实现"南上北下、北上南下"的双跨登山活动，同时也实现一次空前的、大规模的、史无前例的国际登山合作。为了实现这一宏伟计划，中、日、尼三方共调集各方面的人员 265 人，其中登山主力队员每个国家 30 名。5 月 5 日，从珠峰南坡登顶的中国和尼泊尔运动员，与北坡登顶的日本运动员的双手在世界之巅紧紧地握在了一起，实现了珠峰顶峰会师的人类伟大创举。这一天，三国共有 12 名运动员登顶，其中，北坡9名，包括中国2名、日本5名、尼泊尔2名；南坡3名，包括中国2人、尼泊尔1名。这次登山活动诞生了多项人类攀登珠峰新纪录：首次南北双向跨越珠峰；首次在珠峰顶峰南北两侧运动员会师；首次在顶峰进行电视现场直播；首次在珠峰上空航拍登山场景；单日登顶人数12人；中国运动员次仁多吉在顶峰停留90分钟；中国运动员大次仁成为第一个从南坡登顶珠峰的中国人。

在1988年中、日、尼三国双跨珠峰成功之后，中国登山协会李致新、王勇峰经过11年的不懈努力，于1999年5月22日登上了大洋洲最高峰——查亚峰之巅，从而完成了"挑战世界七大洲最高峰"的漫长历程，他们也因此成为第一批完成此壮举的中国人。

从1993年4月26日到2007年7月12日，在这漫长的14个春秋，中国西藏攀登世界14座海拔8000米以上高峰探险队次仁多吉、边巴扎西、洛则三名队员，不畏艰险，顽强拼搏，历经千辛万苦，克服了数不尽的令人难以想象的困难，以团队的形式登顶世界全部14座海拔8000米以上高峰。这是世界登山史上的创举，也是中国现代登山运动发展中的重要里程碑。目前，全世界共有16人成功登顶世界全部14座海拔8000米以上高峰，这是世界登山水平的最高标杆。

2008年，全世界认识了中国，中国为全世界奉献了一届无与伦比的奥林匹克运动会。中国登山运动历史上最辉煌的一页也同时到来。

2008年5月8日上午9时17分，中国登山队肩负党和人民的重托，克服重重困难，排除各种干扰，成功登顶珠穆朗玛峰，首次实现了奥运火炬珠峰传递，让鲜艳的五星红旗、国际奥委会五环旗和北京奥运会会旗在世界之巅飘扬。奥运火炬接力珠峰传递的圆满成功，实现了中国政府在北京申奥时的庄严承诺，是中国人民向世界人民、向奥林匹克运动献上的一份厚礼，是国际奥林匹克运动史和世界登山史上的壮举，将永远载入世界登山运动和奥林匹克运动史册。北京奥运火炬珠峰传递成功，开创了中国现代登山运动的新篇章。

（二）群众性登山健身运动蓬勃发展

登山健身简便易行，经济有效，老少皆宜，在我国已有悠久的传统和历史。近年来，随着经济的发展、社会的进步，人民生活水平不断提高，越来越多的人把登山健身当成一种生活方式。中国登山协会联合各省、区、市登山协会，顺应社会需求，因势利导，依靠各级体育部门，运用市场、社会力量，开拓创新，在全国范围形成了广泛的登山户外运动热。特别是近几年，积极响应体育总局开展"全民健身与奥运同行"活动的号召，通过组织开展各种大型群众性登山户外活动，如新年登高、群众登山健身大会等品牌活动，推动群众登山健身运动的发展，积极为大众健身服务。

2008年新年的群众登高健身活动在30个省、区、市同时举行，近20万人参加，国家体育总局刘鹏局长、胡家燕副局长及李梦华、张发强等领导同志出席，这项活动已成为全国群众体育的一项传统活动。

全国群众登山健身大会从2002年开始至今，已连续成功举办了7届。活动规模逐年扩大，社会效益和品牌影响逐年增加，已成为我国最大规模的大型群体性体育活动之一。2008年从4月开始至11月，相继在北京、天津、陕西、山东、山西、河北、安徽、河南、四川、安徽、福建、湖北、湖南、贵州、新疆、青海、江西等省、自治区、直辖市成功举办，参加人数超过100余万人。

据调查显示，群众性登山已成为全民健身中一个重要的项目，位居体育人口常选择的运动项目前10名。

（三）新兴项目走向成熟

随着登山运动在大众中的推广和普及，从登山运动中不断派生出很多新兴项目，如攀岩、山地户外运动、攀冰、滑雪登山、拓展等。这些新兴项目在国家的重视下，不断发展，逐渐走向成熟。这些新兴项目的发展极大地推动了现代登山运动的发展。

1. 攀岩运动的发展

攀岩从现代登山运动派生出来，始于 19 世纪末的欧洲。攀岩是利用人类原始的攀爬本能，借以各种装备做安全保护，攀登一些由岩石所构成的峭壁、裂缝、大圆石以及人工岩壁的运动。它集竞技、健身、观赏于一体，素有"岩壁芭蕾"之美誉。

中国的攀岩运动从 20 世纪 80 年代开始，至今已经历了 20 多年的发展历程。在此过程中，攀岩运动在我国从无到有，已取得了长足的进步。攀岩者数量逐年增加，攀岩俱乐部活动层出不穷，赛事活动频繁，竞技水平不断上升，攀岩正日益成为中国老百姓熟知的大众运动。

1987 年中国登山协会派教练出国学习，回国后在北京怀柔大水裕景区的天然岩壁上举行了第一次全国性的攀岩比赛，这标志着攀岩运动正式引入中国。

1990 年第一次人工场地攀岩赛在北京怀柔国家登山队训练基地举行；1993 年第一届全国攀岩锦标赛在吉林长春举行；1993 年我国首次在吉林长春承办了亚洲攀岩锦标赛；1995 年攀岩被国家体委列为正式的比赛项目。

1997 年在北京举行的"郎酒杯"全国攀岩邀请赛，通过成功的商业化运作，获得了经济效益和社会效益双丰收，从此我国的攀岩赛事组织进入了商业化运作阶段，并日趋成熟。此后，我国每年都举行多次全国性、国际性赛事，且数量越来越多、规模越来越大、层次越来越高、形式越来越丰富。截至 2009 年 7 月，我国共组织了 16 届全国锦标赛、1 届全国青年锦标赛；2 次全国体育大会攀岩赛、1 次全国山地运动会攀岩赛；4 届亚洲锦标赛、1 届亚洲青年锦标赛、2 届亚洲杯赛；1 届世界锦标赛、1 届世界青年攀岩赛、8 站世界杯赛。

我国已成功组织了国际攀联许可的所有正式赛事，特别是 2009 年 7 月，第 10 届世界攀岩锦标赛在青海西宁的成功举行，标志着我国的赛事组织和管理能力已达到了国际一流水平。这些赛事的成功举行，逐步建立了我国攀岩比赛的商业运作模式；为国内外攀岩选手提供了众多相互交流的平台；大大提升了中国攀岩的国际地位；吸引了无数中国百姓参与到攀岩运动中来。

攀岩尽管是非奥项目，但一直深受广大青少年的喜爱，近年来也得到了政府的大力支持。我国自 2001 年开始成立国家攀岩集训队以来，队伍管理水平和竞技水平显著提高。我国攀岩队员 2007 年以来共获得 2 枚世界运动会金牌、5 枚世锦赛金牌、4 枚世界杯金牌、8 枚亚锦赛（含亚洲杯）金牌，并创造（或打破）了 7 次世界纪录。

2004 年陈小捷在上海站世界杯赛上获得男子速度赛第一，成为我国首个世界攀岩冠军。2007 年钟齐鑫在西班牙举行的世界锦标赛上获得男子速度第一，成为我国首个世界锦标赛冠军。2009 年，在台港高雄的世运会攀岩赛和西宁世界锦标赛上，中国攀岩队一举包揽了两大赛事所有 6 个速度项目的金牌，并打破了两项世界纪录。这表明我国在速度项目上已达到了国际一流水平。钟齐鑫、何翠莲在高雄世运会上双双获得男女速度冠军，鲜艳的五星红旗首次在宝岛台湾冉冉升起，雄壮的中华人民共和国国歌响彻整个赛场，为祖国争得了荣誉。

2. 山地户外运动的发展

我国山地户外运动的发展从起步到现今，一共经历了三个阶段：萌芽孕育期、快速发展期和规范发展期。2000 年之前，随着改革开放和中国加入世界贸易组织，中国和世界的交流日渐增多，经济、文化、科学等领域大跨步发展，山地户外运动在这个时候也悄悄地走进了中国。由于其易推广，再加上互联网技术的盛行和发展，野外生存技能、露营、山间徒步等活动就逐渐传播开来。

2000 年，中国登山协会成立户外运动部，组织规范性、示范性赛事，制定行业标准，促进行业发展。2002 年，首次召开全国户外运动俱乐部大会，研讨发展中的问题与发展方向，制定出台《中国登山协会山地户外运动俱乐部资质认识标准》和《中国登山协会山地户外运动俱乐部技术等级标准》。同时，随着专业俱乐部的大量涌现，山地户外运动的内容也越来越多样化，专业化，形成了以露营、野外生存、山地穿越、户外拓展等为主要内容的山地户外运动。

同期，山地户外运动的赛事也逐渐丰富起来。中国登山协会于 2000 年 8 月 22—24 日在吉林第一次设计、组织并主办了"长白山杯全国大学生登山越野挑战赛"，开创了国内自主举办山地户外运动比赛的先河，为以后国内山地户外运动比赛积累了宝贵经验。比赛延续 3 天，有 12 支队伍参加，全长约 22 千米。项目包括山地跑、定向越野、岩降、露营等。

2000 年以后，随着户外运动的蓬勃开展，户外运动用品销售市场和户外运动、自助游、自驾游服务市场日益发展。2005 年 4 月，国家体育总局将山地户外运动列为正式开展的体育项目，标志着山地户外运动发展到了一个新的阶段。中国登山协会在活动赛事、市场管理、理论研究、人才培养等方面充分研究，指导山地户外运动继续向着健康、正确的方向发展。中国登山协会与有关大专院校、俱乐部、企业等从事户外运动的单位，通过制定标准、资质认证、技术培训、推广活动等形式，将户外运动逐渐推向了一个新的高潮。

据统计，目前全国约有登山户外运动俱乐部 600—700 家。如活动组织较好、参加人数较多的北京"三夫"户外俱乐部，每年活动人数保持在 60 万人次。此外，加上大专院校、企事业单位、国家机关等，登山户外运动已成为我国群众参与最多的体育运动项目之一。

（四）登山运动产业生机勃发

改革开放以前，所有登山活动和登山事业的经费全部由国家负担。1979 年，随着第一批 8 座山峰开始向外国人开放，越来越多的外国登山爱好者申请来中国进行攀登活动，山峰资源的市场价值逐步体现。各地登山协会和登山俱乐部通过外国人来华登山的管理和接待服务，认识到登山运动可以为我国经济建设做出贡献。

1990 年 2 月，经国家体委研究决定，中国登山协会向实体化过渡。1994 年 10 月，国家体委成立国家体委登山运动管理中心，同时规定其为国家体委直属事业单位，也是中国登山协会的常设机构，对登山运动项目进行全面管理。大力开发登山运动产业、推动登山事业的发展成为登山中心一项重要的工作内容。

随着参加登山户外活动的人数增多，登山产业的规模不断扩大。登山运动不断派生出新项目，登山产业不断分化，分工越来越细。

2003年，全国户外运动用品市场呈现蓬勃之势。2004年5月，在上海浦东国际会展中心举办的国际体育用品博览会上，专门为户外运动用品开辟了一个大场馆。哥伦比亚、TNF（The North Face）、戈尔、派格等几十家世界著名户外运动用品厂商纷纷进军中国市场，在上海、北京等地设办事处或开设工厂。国内各种户外运动用品零售店如雨后春笋般出现，国产人工攀岩板具制造粗具规模，开始出口海外，并正在酝酿与国际大企业合作。

随着户外运动发展的红火，"驴友"数量日渐增多，不少人通过参加俱乐部活动开始热衷于野外郊游、徒步登山，户外运动自助旅游服务市场正不断地为户外运动用品销售市场提供大量的目标消费群体。截至目前，我国参与登山户外运动的人数以每年近30%的速度增长。除了专业装备外，户外服装等也逐渐成为潮流，被年轻人认可和喜爱，产值以惊人速度上升。据不完全统计，2008年户外用品产值已超35亿元，位居世界第二。

国内高山探险市场也不断扩大，越来越多的人开始攀登雪山，商业登山在我国已经形成一定的规模，这为山峰所在地的经济发展做出了贡献。目前外国人每年平均来华登山团队数量约近200支。仅在珠峰地区，外国来华登山者每年就能给当地带来约150万美元的收入。随着国内参加高山探险的人数增多，这个数值还在逐渐增大。

近年来，攀岩、山地户外运动和拓展等项目比赛越来越成熟，通过灵活的商业化运作，这些比赛取得了经济效益和社会效益双丰收。在重庆武隆和广西百色举行的一年一度的山地户外挑战赛已经成为标准世界级赛事，深受各国参赛运动员的好评。2009年7月，第10届世界攀岩锦标赛在青海西宁的成功举行，标志着我国的赛事组织和管理能力已达到了国际一流水平。

登山市场开发和产业发展募集的资金为中国登山运动的发展提供了充足的资金支持，为经济薄弱地区的经济和登山运动发展提供了可能。

（五）登山运动管理法制化

高山属于国家的特殊资源，关系国家的主权、国防、领土完整、外交、民族、宗教信仰等敏感问题。作为世界上山地资源最为丰富的国家之一，我国自 1979 年向外国人开放攀登山峰活动以来，每年都有大批外国登山团队申请到中国登山。1991 年 7 月 11 日，经国务院批准，国家体委下发了《外国人来华登山管理办法》。10 多年来，登山中心严格按照办法进行审批，对违反规定的现象予以纠正，坚决捍卫我国的山峰安全、领土安全、国家安全和民族安全。

《体育法》颁布实施后，根据《体育法》和登山运动发展的实际，1997 年 7 月 8 日国家体委发布了《国内登山管理办法》，重点在高山探险活动的组队条件、申报和批准程序、具体要求等方面进行行业规范，为我国登山运动健康、有序地发展发挥了重要作用。后又经过多次修改，2003年 7 月 11 日以总局令的形式发布了新的《国内登山管理办法》。新办法突出了"该管的管住，不该管的放开"和"严格审批条件"等原则，同时，根据形势的发展，增加了环境保护的条款。在审批权限方面也做了部分调整，加强了对重点山峰的管理。另外，对于攀登交界山峰、登顶成绩的确认、罚则等问题也进一步给予了明确。新办法的出台，对加强我国山峰管理，确保登山安全发挥了很好的作用，对依法治山具有重大的意义。

与此同时，随着我国攀岩和户外运动的发展，相关场地建设呈快速上升趋势。2005 年 1 月 16 日，向社会公布了攀岩场所和蹦极场所的开放条件与技术要求的标准，成为 14 个运动项目的体育场所开放条件与技术要求的国家强制标准之一，为攀岩和蹦极运动的健康发展创造了有利条件。此外，中国登山协会还出台了《全国攀岩竞赛管理办法》、《高山向导管理办法》等规定，进一步加强了行业管理，做到有法可依、依法办事。

（六）开创登山国际交流和合作新局面

中国改革开放的标志之一，就是解除封闭，逐步向世界敞开大门。作为中国改革开放的前沿阵地，中国的山峰开放，批准外国人来华登山，促进了中国与世界各国的相互了解，加深了中国与世界各国的友谊，为我国的社会主义建设做出了重要贡献。

中国现代登山运动诞生和发展初期，曾得到苏联登山界的积极帮助，年轻的中国登山队在苏联登山教练的指导下，成功地攀登了我国境内和苏联境内的多座山峰，如：太白山、厄尔布鲁士山、慕士塔格峰、公格尔九别峰、列宁峰以及莫斯科—北京峰，可以说是中国现代登山运动最早开展的国际联合登山活动。这些活动，为中国现代登山运动提供了培养运动员、学习技术战术、取得实际攀登经验的良好机会，为我国现代登山运动进而独立地、迅速地发展，奠定了坚实的基础。中外登山界的相互交流，人民之间的友好往来，应该说是没有止境的。然而 20 世纪 60 年代中期，由于种种原因中断了，而且一断就是 10 多年。

改革开放的基本国策，使得中国现代登山运动与国际联合登山活动得到了恢复，在多次大规模联合登山活动中，中外登山运动员非同寻常的同生死、共患难，增进了中外登山运动员之间非同寻常的友谊；在联合登山活动中，我国登山运动员学习到了先进的技术和经验，同时提高了自身的登山实力、不断创造成就，令世人瞩目，并为世界现代登山运动增添了光彩。

1984 年中日联合攀登青海阿尼玛卿二峰（海拔 6282 米），与 1985 年中日联合攀登西藏纳木那尼峰（海拔 7694 米），揭开了改革开放以来我国登山界开展国际联合登山活动的序幕。

1985 年 10 月中美两国登山运动员勇敢顽强、互助互爱，成功登顶位于我国藏北高原和新疆阿尔金山自然保护区交界处木孜塔格峰（海拔 6973 米），为中外联合进行登山活动树立了又一个良好范例。

1988年，中国、日本、尼泊尔三国联合组队双跨珠穆朗玛峰活动，实现了一次空前的、大规模的、史无前例的国际登山合作。

1990年，中、美、苏三国登山界首次联合组织和平登山队，进行高山探险，攀登珠穆朗玛峰，这是20世纪90年代我国第一项大型国际合作的登山活动，它为推动世界的和平与稳定做出了巨大贡献。

1993年，海峡两岸联合登山队成功登顶珠穆朗玛峰，这次攀登活动的成功，在海峡两岸登山界留下许多可歌可泣的故事，并且在海峡两岸登山界成就了一项史无前例的纪录。

1994年，中国登山协会与大韩山岳联盟结为友好协会，1995年中韩登山运动员选择青海玉珠峰进行了技术合练，1996年9月中韩联合登山队，成功登顶穷母岗日峰，谱写了中韩登山界友好合作的新篇章。

进入21世纪，登山国际交流和合作日益频繁。每年都有大批外国登山运动爱好者来到中国，同时也有大批的中国人走出国门，去世界各地登山交流。广泛的国际登山交流合作为中国与世界各国的体育文化交流和加深中国与世界的友谊做出了巨大贡献。

（七）登山专门人才培养力度加大

为了满足社会对登山运动专门人才的需要，中国登山协会一直加强培训工作。早在1999年，中国国家登山队就开展了相关培训，当时培训班名称"冬季登山实用技术培训班"，直至今天这个培训班仍然延续着，每年冬季（春节前后）在北京举办3期，其中基础培训班2期，提高班1期，隔年在四川双桥沟还会举办一期攀冰培训班。2007年，此培训班更名为"攀冰培训班"，目前累计培训学员逾200人，学员遍及全国及新加坡、英国、美国、印度、印尼等地。

2002年10月，中国登山协会培训部在四川天海子山举办了全国首期初级高山向导培训班，共有学员12人参加。此次培训班的成功举办，为引入"安全、科学、环保"的登山理念开创了先河，国内登山活动从此逐步走向了规范化。到2008年，共举办了6期，学员累计百人。除了国内的广大登山爱好者参加外，近年来，我国香港、台湾地区越来越多的登山爱好者也踊跃参加。

为了加强俱乐部建设，增强行业自律，中国登山协会结合我国开展登山户外运动的新情况和新需求，继续以"服务、引导、规范"为指导思想，进一步加强了全国范围的人才培训力度。2008 年共举办各类培训班 11 期，累计培训 232 人次。培训类别包括基础技能、初级和国家级等不同水平，以及户外、攀岩、攀冰，以及高山探险等多个技术专业。尤其是国家级攀岩裁判员和定线员的培训，为系统培养攀岩的竞赛人员奠定了基础。中国登山协会克服资金不足、条件不充分等诸多困难，与奥索卡公司合作，2006 年 9 月 1 日举办高级登山人才培训班。这期培训班以新疆、青海、四川和贵州等西部地区学员为主，聘请了国际顶尖的法国教练授课，主要为西部地区登山运动发展培养人才，2008 年 9 月这批学员已经结业，并在自己的岗位上发挥着重要的作用。

为了适应攀岩竞赛对裁判员的要求，2008 年 12 月，组织了近 8 年来全国首次裁判员、定线员培训班。经过考核，有 27 人和 1 人获得了一级裁判和二级裁判的实习资格，有 8 人和 3 人获得了国家级定线员和一级定线员的实习资格。经过实习，他们大部分都已正式获得相应等级的裁判员或定线员资格。通过此次培训，逐步建立起一套攀岩技术官员的培养、评估和任用机制，并建立起一套攀岩技术官员的管理体系。

中国登山协会还积极与全国普通高校合作，积极推进登山户外运动专门人才的培养。2005 年，中国地质大学开始招收社会体育专业户外运动方向的本科生，这成为国内第一家将户外运动列为本科教育的学校。

通过各类人才的培养，为地方输送了大量的基础技术骨干力量。这些人才在各自岗位上利用所学知识，成为推动登山户外运动规范健康发展的中坚力量。

三、登山运动未来的发展

新中国登山事业取得了辉煌的成就，在新的历史机遇面前，如何在继承与创新中开创未来，这是登山人面临的又一次挑战。

（一）坚持科学发展观，以人为本，推动我国登山运动全面协调可持续发展

现代登山运动正逐步走向社会化、大众化。因而，以人为本，坚持科学发展观，始终是登山运动发展的正确道路。登山运动发展到今天，已经从原先的高山探险运动为主的运动项目，成长壮大为一个大项目群，包括高山探险、登山健身、攀岩攀冰、户外运动、拓展运动等。我们要树立大登山观念，站在全民健身的高度上认识登山户外运动，正确引导群众参加多种形式的登山活动，以提高全民健康水平。应站在大登山的角度，去积极引导和推动登山运动的发展，满足社会需求，开拓登山运动市场，促进全民健身。

登山户外运动协会要强化提供公共体育服务的职能，承担起推动登山事业发展的主导作用。通过建立规范、法规和标准，规范登山户外运动市场，行使当地的登山户外运动管理职能。另外，协会要主动争取政府的支持，让政府了解登山户外运动，争取政府对登山运动和俱乐部给予更大的关注和支持，开创户外运动发展的新局面。

（二）坚持改革创新，以品牌比赛或活动为抓手，建立多元化发展之路，促进登山产业的发展

实践表明，品牌赛事或品牌活动对推动登山户外运动有很大的作用。西藏、青海等省区每年一度的登山大会，青海的攀岩世界杯和世锦赛、贵

州的全国山地运动会，青岛的群众登山健身大会，武隆的国际山地户外公开赛，深圳的大众性山地户外运动比赛，这些赛事和活动在当地、全国都产生了很大的影响和号召力，同时也创造了很好的社会效益和经济效益。除了举办高水平赛事，也鼓励和支持民间小型登山户外运动比赛，由点及面，逐渐形成完整的赛事体系。

除坚持发展高山探险活动外，积极促进登山新兴项目的发展，尤其是攀岩和山地户外运动的发展。攀岩目前在中小学生中已经开始普及，山地户外运动的发展速度更快。抓住机遇，使中国登山户外运动产业在良性循环中发展，是登山运动未来发展的中心任务。

（三）坚持法制建设，推进登山户外运动法规的建立，规范登山户外运动的发展

登山户外运动市场前景广阔，加强法制建设势在必行。登山协会要与法制部门合作，进一步做好登山户外运动管理法规的修订工作，建立适应发展的全国和地方登山运动管理规范。继续严格执行《国内登山管理办法》和《外国人来华登山管理办法》的规定，现已通过的《山地户外运动竞赛规则》（试行稿）和《山地户外运动员注册管理办法》（试行稿）将在实践中不断修改完善。

配合国家职业资格证书制度，中国登山协会将配合制定登山户外运动行业从业人员专业知识技能的评价标准，协助各地体育局和登山协会进行职业技能鉴定工作。中国登山协会还将积极与国家体育总局有关单位合作，尽快制定《登山户外运动俱乐部服务标准》，以开展俱乐部资质认证工作。

（四）坚持安全第一，建立登山户外运动的风险管理体系，积极推行山地救援制度和登山户外运动保险制度的建立

由于参与登山户外运动的人数越来越多，所以导致事故频发。做好风险管理，建立切实可行的运动机制和管理制度是建立登山户外运动良性发

展的生命线。

中国登山协会将坚持登山行政许可的审批制度、推行山难事故报告制度，建立高山探险的组织运行、应急救援机制、事故处理机制，实行风险管理。各地举办大型登山户外运动都要事先进行风险评估，制定完整的实施方案和可行的风险预案。未来还将举办全国性的风险管理及救援技术的培训、交流活动。在有条件的地区先行开展建立救援体系试点，以局部带动整体，逐渐在全国形成网络。

（五）坚持宣传教育，加强人才培训工作，做好登山事业发展的人才储备

目前，登山运动专门人才还十分匮乏。为了满足未来人才的需要，要加大登山户外运动专门技术人才的培养。除了有条件的地区开设短期培训班外，还要与高等院校合作，建立登山户外运动专业人才的本科教育体系。还可以建立1—2所专门的登山运动学校，专门培养高级登山户外运动技术人才。

要加大登山运动知识在青少年中的普及。登山户外运动要走进中小学校校园，开展课外讲座或课外活动，结合爱祖国、爱护大自然的教育、环保意识的教育，引导青少年建立现代登山理念，学习科学登山知识。

（六）坚持国际合作，加强国际交流，促进中国登山户外运动走向世界

在经济一体化的影响下，中国登山户外运动将与世界登山运动逐步接轨融合。要尽快提高外国人来华登山的服务工作水平，增加商业登山在体育产业中的份额。要加快山地户外运动的国际交流合作，在适当时机成立国际山地户外运动组织，研究制定山地户外运动的发展规范。要加强攀岩运动的竞技水平，提高中国攀岩项目的国际地位。通过国际交流合作，将中国的登山运动文化引向世界。

回首新中国登山事业发展的曲折道路，我们充满骄傲与自豪。展望后

奥运时期登山户外运动发展的宏伟目标，我们充满信心和力量。为了登山事业全面健康发展，我们必须要以人为本，坚持科学发展观，通过登山运动，增强人民体质，为社会创造财富。让我们携起手来，团结一心，抓住机遇，开拓创新，为登山户外运动的发展贡献自己的力量。

艰辛的道路　辉煌的历程

——中国汽车摩托车运动的回顾与展望

国家体育总局汽车摩托车运动管理中心主任　严建昌

一、汽车运动篇

轰鸣的马达伴随着如烟的往事，驰骋的车轮裹挟着矫健的身影，中国汽车运动走过了十几年的风雨历程。

有这样一种说法，"汽车运动是世界上最有影响的体育项目之一，它是体现汽车运动爱好者拼搏精神的梦幻之舟，是检验汽车工业成果的试金石，同时也成为汇聚各界精英和展示工商业品牌的大舞台。"

同其他体育竞技项目相比，汽车运动不止于挖掘人类自身的潜能、展现顽强拼搏的精神，更多体现的是人与科技、人与自然的完美结合；更多展现的是运动与文化、运动与社会的水乳交融。同时从另一个角度说，商业化办赛理念和社会化的运作模式亦给汽车运动打上了不可磨灭的烙印，也决定了中国汽车运动不同寻常的发展轨迹。

回忆过去，中国汽车运动走过的是一条艰辛的道路；记录历史，中国汽车运动展示的是一路辉煌的历程。

回忆是为了不能忘却，记录是为了展望将来。

（一）中国汽车运动的历史与现状

1. 中国汽车运动的沿革

毋庸置疑，汽车之于中国是舶来品，汽车运动之于中国同样是舶来品。世界上第一辆以内燃机为动力的汽车于1875年在奥地利人手中诞生。1907年3月，法国《晨报》提出要举办一次"北京—巴黎汽车拉力赛"，得到了欧洲各国赛车手们的热烈响应。最终在1907年6月，有10多辆形状各异的汽车出现在了北京前门大街上，赛事应征者以北京为起点，驾车开回巴黎。应当说，此举是一个大胆的尝试和颇富想象的探索。虽然汽车的出现是欧洲工业革命的成果和社会进步的产物，却在诞生不久就引起传统和保守势力的攻击，他们甚至怀疑这个单薄的铁家伙将逊色于四轮马车的驰骋速度和坚固程度。而在此时，一辆能够承受从北京到巴黎漫漫征途的汽车，无疑将为汽车制造商和汽车拥有者迎来重要的转机。也许正是欧洲人的有心之作，将汽车运动悄然带进了中国，也许当时战乱频仍的中国在无心之中第一次见证了汽车运动。

时间推进到了1985年的中国，香港—北京拉力赛（"港京拉力赛"）在改革开放之初的神州大地上悄然诞生，这才真正翻开了中国汽车运动的历史篇章。那是当时还隶属国家体委一司的中国摩托运动协会和香港汽车会合作举办的首届港京汽车拉力赛。在翌年举办的第二届此项比赛中，中国车手卢宁军便获得了总成绩的第二名。由于种种原因，自1987年第三届"港京拉力赛"之后，该项赛事暂时中止。1993年始，"港京拉力赛"又恢复举办了3届，直至1997年该项赛事被改型为中国拉力赛暨全国汽车拉力锦标赛，进而延续至今。此间，在1992年，中国与法国合作，举办了著名的巴黎—莫斯科—北京马拉松汽车越野赛，也即是俗称的"巴莫京越野赛"。中国当时派出2辆赛车参赛。该赛事也创造了中国汽车越野赛最长距离之先河。

可以说，"港京拉力赛"和"巴莫京越野赛"在中国汽车运动的历史上占有不可磨灭的重要地位。不仅为改革开放初期的中国打开了通向外部世界的窗口，也让汽车运动走上了新中国的体育舞台。中国的第一批赛车手、第一批裁判员、第一批赛事管理人员、第一批赛事赞助商、甚至第一批赛车新闻媒体，都是在"港京拉力赛"和"巴莫京越野赛"的摇篮里诞生的。

然而，在真正意义上具有中国本土特色的汽车运动诞生于 1997 年，距今仅有 13 个年头。当年，中国汽车运动联合会在"港京拉力赛"的基础上举办了首届全国汽车拉力锦标赛和首届全国卡丁车锦标赛，实现了真正由内地车手为参赛主体，真正由中国汽车运动联合会制定规则，真正由中国汽车运动联合会管理人员组织实施的汽车赛事，自此翻开了中国汽车运动的历史篇章。

2. 中国的汽车运动的变迁

中国汽车运动从无到有，从小到大，具有强烈的时代背景和社会因素，折射出中华人民共和国 60 年来的光辉历程。中国汽车运动的变迁，亦印证着中国社会的变迁。

可以想到是，在 20 世纪六七十年代，汽车在中国是一种生产资料和身份特征，开车是一种职业行为和致富手段；到了八九十年代，汽车变成代步工具和富裕象征，开车成为一种生存技能和生活状态；进入二十一世纪，汽车逐渐开始有了娱乐工具和运动装置的作用，开车也逐渐过渡到文娱方式和竞技表演的范畴。所以说，中国汽车运动就是一个与时俱进的产物，是一个与中国社会发展、社会变革如影随形的产物。中国汽车运动也正是顺应了时代的发展规律和特点、社会的需求规律和特点，乘势而上、发展壮大。

毫无疑问，中国汽车工业和汽车消费市场是中国汽车运动的发展基础，换言之，中国汽车运动亦是中国汽车文化的延伸。自 1997 年以来，随着中国汽车工业与汽车消费市场的迅速发展，中国汽车运动也已根深蒂固、枝繁叶茂。到了 2008 年，中国汽车运动联合会主办或者批准举办的汽车运动赛事共达 51 场，其中以大陆、部分港澳台选手和国内生产的车辆为参赛主体，由中国汽车运动联合会制定规则和控制赛事运行的系列赛事，构成了中国汽车运动的基础和脊梁。

仅以 2008 年为例，年均开展的全国性汽车系列赛事有：

野外乘用车类

¤　全国汽车拉力锦标赛　　（5 站）

¤　全国短道拉力系列赛　　（4 站）

野外四驱车类

¤　全国四驱越野系列赛　　（4 站）

¤　全国汽车场地越野锦标赛（10 站）

固定场地乘用车类

¤　中国房车锦标赛　　　　（6 站）

固定场地单座位赛车类

¤　全国卡丁车锦标赛　　　（6 站）

¤　中国方程式公开赛　　　（4 站）

¤　吉利方程式公开赛　　　（4 站）

由地方俱乐部承办的国内系列赛有：

¤　Polo 杯新人系列赛　　　（4 站）

¤　珠赛泛珠赛道英雄系列赛（3 站）

¤　天马山之天马论驾系列赛

中国汽车运动是一个朝阳项目，还有广阔的发展空间和潜力，通过多年的探索和实践，中国汽车运动界已经产生一个共识，就是即便汽车运动项目比起其他运动项目开展的时间是较晚一些，但同样面临一个生存和发展问题，也需要不断的与时俱进、开拓创新。

全国汽车拉力锦标赛、全国汽车场地锦标赛、全国汽车场地越野锦标赛、全国卡丁车锦标赛经过多年的运作，已成为中汽联的品牌项目，日趋成熟。同时，一级方程式大奖赛上海大奖赛、A1 方程式大奖赛也相继在上海和北京举办，卡车大赛已经连续举办几届，还有一些长距离的汽车拉力和越野赛事，以及汽车漂移赛事活动等，上述赛事的成功举办均赢得了广泛的关注和赞誉。为了扩大汽车运动影响，寻找和开发汽车运动新的经济增长点，目前中汽联还准备创造条件举办直线竞速、环保车赛等汽车运动项目。

总之，要适应汽车运动市场的变化，稳定现有赛事，不断寻求新的经济增长点，逐步开展一些适合我国国情的汽车运动项目。

拓宽中国汽车运动文化内涵，营造中国汽车运动和谐氛围，提高中国汽车运动可持续发展能力，是汽车运动发展到目前的一个必然要求，也是传承精神文明，满足群众日益增长的物质文化需求的一种社会责任。

根据交通部公路司公布的最新统计数据显示，目前中国民用汽车保有量达到3160万辆，比2001年增长96%，几乎翻了一番；刚刚结束不久的上海、北京国际车展上百姓云集、盛况空前。这说明了社会在不断进步，经济在不断增长，人民大众需要更高层次的、不断变化的文化娱乐项目。作为汽车运动的从业者，有义务承担起这个社会责任，运用汽车运动这个有形载体，服务于民、造福大众。

当前全球性的金融危机愈演愈烈，中国汽车运动亦未能幸免。虽然当前中汽联正在经历着前所未有的各种压力，但是根据已经公布的赛历，2009年全国仍然计划举办各类赛事62场，比上年度实际完成赛事数量提高21%。同时，新的地方性赛事也在酝酿之中，譬如：长江三角洲和西南地区的系列赛等。

这些都说明大家具有必胜的信心，齐心协力克服困难的勇气，力求维持中国汽车运动业已形成的多层次的发展脉络和稳步上升的态势。

3. 世界汽车运动在中国

毋庸置疑，大型赛事，特别是国际大赛对汽车运动在中国的推广作用和影响力是不可替代的。自1997年以来，在此后的10余年间，是中国汽车工业高速发展的时代，乘用车市场逐步成熟并且迅速壮大，中国也迅速成为世界汽车运动的大舞台，不同级别、不同类型的国际汽车赛事活动纷至沓来、竞相演绎。

迄今为止，由中国汽车运动联合会批准并协助在华举办的重大国际赛事有：

¤　国际汽联世界一级方程式锦标赛，自 2004 年，每年一站，已经连续举办 6 届。

¤　国际汽联亚太拉力赛，每年一站，已经连续举办 15 届。

¤　A1 世界杯汽车大奖赛，从 2005 年开始，每年一至两站，已经连续举办 6 届，是世界上举办 A1 赛事最多的国家。

¤　国际汽联世界 GT 锦标赛，曾经在珠海国际赛车场举办两届。

¤　国际汽联世界拉力锦标赛，曾经举办一届。

¤　V8 超级房车赛，曾经举办一届。

¤　德国超级大师赛，曾经举办一届。

¤　亚洲雷诺方程式赛，从 2000 年开始举办。

¤　亚太飘移公开赛和世界飘移系列赛亚太飘移公开赛和世界飘移系列赛。

可以肯定地说，在我国举办重大国际赛事，有助于提高国内赛事的组织水平，扩大宣传推广中国汽车运动，加强国内外车手和俱乐部间的交流，对中国汽车运动的发展起到了推波助澜的作用。中国汽车运动联合会一贯十分重视和支持在国内举办重大国际赛事活动并将一如既往地做好此类赛事工作。

此外，随着中国汽车运动水平的不断提高，中国经济实力的不断增强，不失时机地做好国际赛事双向交流活动亦摆上了中汽联工作的重要议事日程。几年来，在著名的巴黎—达喀尔拉力赛上，先后多次出现了中国车队绰约的风姿和中国赛员矫健的身影，并在纷繁复杂的赛事过程中完赛、取得较好的成绩。从 2005 年开始，中汽联组建了中国 A1 车队，全程参加 A1 国际汽车大奖赛，南征北战、奋勇拼搏，取得了骄人的战绩。同时还组织一些中国的职业车手参加了世界拉力锦标赛分站赛的相关活动。

（二）中国汽车运动发展的特质

宏观而论，世间万物、人间百态，皆有其规律和特点。规律为事物本质的内在联系，特点是事物外在的表现形式。中国汽车运动的发展规律和特点是与中国社会的发展规律和特点紧密联系在一起的，抑或说是中国社会发展到一定程度的产物和结果。

汽车运动在国外已有 100 多年的发展历史，而在我国自行开展的汽车运动项目却刚刚进入第 13 个年头。当 1985 年"港京拉力赛"进入中国时，中国才有机会了解了汽车运动这个隶属体育项目的内涵，才真正培养出了属于我们自己的第一批赛车手。汽车运动似乎是一座既没有物质基础也没有群众基础的"空中楼阁"。

回想"港京拉力赛"进入中国的 20 世纪 80 年代，在生活物资极度匮乏的情况下，汽车除了作为生产工具，就是特殊地位和身份的象征，为了解决温饱而每日奔波辛劳的普通百姓无力也无法购置属于自己的车辆，当时开车的人基本都是专职司机，几乎没有汽车运动诞生的土壤和条件。此后，随着中国汽车工业的发展，合资企业的创建、自主品牌的逐渐兴起，汽车虽然是奢侈品，但到底也是花钱能够买到的。由此汽车运动才逐渐得以成为少数人自娱自乐的游戏，可以说现在中国的汽车运动仍然处在这种"少数人的生活方式和娱乐内容"的阶段中。下一个阶段，应该是有越来越多的人穿上赛车服实现自己的驰骋梦想，当汽车运动成为大多数中国人的生活方式和娱乐内容，处于萌芽状态之中的汽车文化得以开花结果、广泛传播，中国汽车运动才能真正走出初级阶段，步入一个成熟的发展时期。

但从另外一个角度来看，中国汽车运动虽然基础比较薄弱，但发展势头很好，特别是近几年，国家体育总局领导对汽车运动给予了高度重视，各省市体育局和汽摩协会也对开展汽车运动表示了极大的兴趣并予以支持和关注，越来越多的企业家也深刻意识到汽车运动为开辟市场、扩大产品影响所产生的良性效果，纷纷投资汽车运动，以期占领一席之地，而新闻媒体更是看好汽车运动的发展前景和受众效果，加大了推广宣传的力度（中国汽车运动联合会近年推出的场地汽车越野赛事系列活动，因受众广、影响大，获得中央电视台的青睐，2008 年以来，每年近 10 站的赛事被央视全程直播）。

以上的良性循环，带动了赛员的广泛加盟，观众的与日俱增，从而也奠定了中国汽车运动从无到有、由小变大的内在良性发展规律。可以说，中国汽车运动的变化是一个成熟的、脚踏实地的发展过程。同时也创造了中国体育运动许多记录、多项之最：上海国际赛车场创造了中国最大的单项体育场馆投资；F1 赛事以 13 万人到场创造了最多观众观看一项赛事活动的纪录；中国越野赛创造了一项赛事所开辟的最长路线；东盟汽车拉力赛横穿 6 个国家，创造了一个单项赛事途经最多国家的纪录。总之，只要中国汽车运动界同仁携手并肩、共同努力，中国汽车运动带给我们的将是更多的惊喜，创造更多的可能，这亦是事物发展的必然规律。

有人讲，汽车赛事是铁包肉，摩托车赛事是肉包铁，挺有意思的一个比喻，其实这也揭示了汽摩运动的特点。比如还有摩托车赛事一般是单兵作战，而汽车运动有些赛事需要驾驶员和领航员，这也是汽车运动的一个特点，相互配合以及注意安全就愈加重要。当然，这仅就汽车赛事本身而言，如果要阐述中国汽车运动的特点的话，的确与中国社会主义特色还有着千丝万缕的联系。

首先中国汽车运动是政府主导、民众参与、市场运作三者缺一不可。特别是政府主导凸显重要。汽摩中心、中汽联即是一个带有行政职能的项目管理单位，举办赛事、搞活动依靠的是各地的政府和行政管理部门、各省市汽摩协会，一场大的赛事活动，公安、交通、医疗、消防、环保等要全体出动，协调配合，话说出来简单，落实起来没有政府的支持和统筹是绝对办不到的。

中国汽车运动联合会作为主管中国汽车运动的最高权力机关，与汽车摩托车运动管理中心、中国摩托运动协会是三块牌子一套人马。从工作关系上讲，是事业单位性质、企业化管理、市场化运作，承担的是非奥项目，国家不投资，单位自收自支、自负盈亏。作为项目管理者，中汽联不是赢利单位，所有的收入，全部体现在广泛的服务功能上，体现在承担的社会责任上，体现在致力于推动汽车运动的发展上。从严格意义上讲，开展汽车运动，中汽联广大的汽车运动俱乐部、参赛车队，以及各省市汽摩协会是一个利益共同体，可以说一损俱损、一荣俱荣。这就需要汽车运动管理者要履行好党和政府赋予的神圣职责，识大局，促和谐，用实际行动来贯彻落实科学发展观。不断探索和把握中国汽车运动规律和特点，开拓创新，在汽车运动领域和各自岗位上做好工作。

上面阐述的是中国汽车运动较为宏观的一些特质，而从汽车运动本身来讲，现阶段，年轻而又生机勃勃是中国汽车运动的特征，主要表现在下述几个方面：

1. 运动——品牌价值的橱窗

在我国开展最早的汽车运动项目是汽车拉力赛，其中包括两个系列赛事，即全国汽车拉力锦标赛和全国短道拉力系列赛，选手参赛选用的车型来自 10 个厂商，它们是：

- ¤　三菱汽车制造商
- ¤　斯巴鲁汽车制造商＊
- ¤　一汽大众汽车制造商＊
- ¤　上海大众汽车制造商＊
- ¤　东风雪铁龙汽车制造商＊
- ¤　上海华普汽车制造商＊
- ¤　长安铃木汽车制造商
- ¤　东南汽车制造商
- ¤　奇瑞汽车制造商
- ¤　吉利汽车制造商

＊以厂商队名义参赛

中汽联于 2004 年开设了场地乘用车比赛项目，业内称之为"中国房车锦标赛"，赛事设置有 2000CC 和 1600CC 两个组别，先后也有 18 个厂商参赛，它们是：

- ¤　长安福特公司＊　福克斯品牌
- ¤　海南马自达公司＊　新海马 3 品牌
- ¤　东风尼桑汽车公司＊　阳光品牌

- 东风标致汽车公司　两箱 307 品牌
- 上海大众汽车公司＊　波罗品牌
- 东风日产汽车公司＊　骐达品牌
- 东风雪铁龙汽车公司＊　富康品牌
- 东风悦达起亚汽车公司＊　赛拉图品牌
- 北京现代汽车公司　伊兰特品牌
- 长安马自达　马自达 3 品牌
- 广州本田　雅阁品牌
- 广州丰田　凯美瑞品牌
- 一汽马自达　马自达 6 品牌
- 一汽大众　高尔夫品牌
- 南汽菲亚特　派力奥品牌
- 吉利汽车有限公司＊　自由舰品牌
- 华晨汽车有限公司　中华品牌
- 一汽丰田汽车公司　花冠品牌

越野车比赛项目已经开展 7 年，是一个贴近大众、贴近生活，老百姓喜闻乐见的运动项目。分设全国汽车场地越野锦标赛和全国四驱拉力系列赛两个项目，报名参加比赛的共有 10 个汽车厂商，2 个轮胎厂商，它们是：

- 长丰汽车制造商
- 扬子汽车制造商
- 陆风汽车制造商
- 长城汽车制造商
- 郑州日产汽车制造商
- 中兴汽车制造商
- 福田汽车制造商
- 北京汽车制造商
- 华泰吉田汽车制造商

¤　江铃汽车制造商

¤　固特异轮胎制造商

¤　玛吉斯轮胎制造商

从以上的资料可以看出，著名汽车品牌在国内汽车运动的舞台上争奇斗艳，各领风骚。展现出国内汽车运动为本土汽车及相关工业服务的强大功能，成为建立品牌形象，传递品牌价值，展示产品质量，巩固品牌忠诚度的有效手段。

更具意义的是，吉利汽车有限公司建造了吉利方程式赛车，创办了吉利方程式公开赛，以自主研发车型、自行筹办赛事的形式，在国内单座位方程式赛车方面开创了先河。

2. 赛车——汽车文化的热土

后工业文明把汽车渗透到人们生活方式的方方面面，逐步形成了以汽车为介质的文化形态，赛车可以说是最为典型的汽车文化形态之一，也是汽车文化的巅峰之作。

从事赛车运动的人们无不喜欢把汽车本身展示到极致的境地，他们性格张扬，充满阳光，到处传播着汽车的故事，时刻散发着汽车的喧嚣。赛车运动是汽车工业的一方热土，是汽车品牌的宣传队，是汽车文化的播种机。经过多年的发展和积淀，在中国从事汽车运动的人们虽不堪称之为芸芸之众，但也是一支生机勃勃、生龙活虎的队伍。截至 2008 年底，在中国汽车运动联合会注册的有：

- 中汽联团体会员单位 103 家，当年新增 8 家；
- 拉力车队 36 支，注册车手 911 名；
- 越野车队 86 支，注册车手 552 名；
- 场地赛车队 19 支，注册车手 450 名。
- 卡丁车队
- 其他赛车队

汽车运动具有赛事规模大、场地和赛道标准严，安全性能要求高的特点。作为发展中国家，我们国家的经济基础还比较薄弱，中国汽车运动的场地赛道建设一贯采取的是量力而为、适度有序的原则。但是随着汽车运动受众面和社会影响力的增加，汽车运动场地建设也呈现出有序增加、良性发展的势头并具有了一定的规模。

赛车场地是汽车运动的重要设施。多年来，中国汽车运动联合会着力加强场地建设，致力于为赛事活动、为赛员车手搭建一个展现竞技水平和精神风貌的舞台。在国际汽联的精心指导下，在各地方政府的大力支持下，中国汽车运动场地建设和运动设施建设有了长足发展。

迄今，达到国际汽联标准、已投入使用的永久性赛车场有五座：

- 上海国际赛车场
- 珠海国际赛车场
- 成都国际赛车场
- 北京金港赛车场
- 上海天马山赛车场

在建赛车场一座：

- 广东国际赛车场（肇庆）

拟建赛车场两座：

- 鄂尔多斯国际赛车场
- 厦门翔安汽车主体公园赛车场

用于短道拉力系列赛的永久性赛车场 5 座

用于场地越野锦标赛的永久性赛车场 7 座

用于卡丁车锦标赛的永久性赛车场 10 座

说到场地赛道建设，还有一点需要提及。众所周知，汽车拉力赛一般是在沙石路面进行，但随着社会经济的发展，道路建设已成为各级政府的首选之策，新农村建设要村村通柏油。所以，沙石道路日益减少，这给中国汽车运动联合会的传统项目——汽车拉力赛的赛事地点选择带来了很大难度。在这种情况下，地方政府给了中汽联极大地支持，一些具市领导表示，汽车拉力赛为地方经济和旅游事业注入了生机和活力，也为人民群众提供了一项新的娱乐内容，决定长期保留一些沙石道路供比赛专用。这个举措，也得到了当地群众的理解和支持。

与发达国家相比较，中国从事赛车运动的车手和俱乐部还不算多，基础设施也还薄弱。但是，这是一片激情的热土，中国汽车运动工作者在为把汽车工业的各种信息传递给大众而努力工作；这是一片蒸腾的热土，散发着汽车品牌的魅力，张扬着汽车产品的力量。汽车运动把汽车与民众从精神上连接起来，从感情上交融起来。汽车运动把消费者对汽车品牌的忠诚植入民众的心中，这是任何其他活动都不能做到和企及的。

3. 赛事——媒体宣传的平台

中国汽车运动的蓬勃发展，得益于新闻媒体的广泛传播和积极推广。时至今日，汽车运动工作者愈发感到新闻媒体在推广和宣传汽车运动方面所发挥的巨大而不可替代作用。

近年来，平面媒体和网络媒体对汽车赛事的报道力度持续攀升。一些大众媒体和汽车媒体加大了关于中国汽车运动报道的篇幅；同时诞生了一些汽车运动类甚至更细分领域和内容（如拉力、越野）的专业、专项杂志；一些财经媒体和时尚媒体开始深度挖掘；一些外文媒体在关注中国汽车运动；一些专业汽车运动的网站应运而生。

电视媒体是扩大汽车运动影响力的有效途径，也是中汽联多年来新闻宣传工作中的重点。2007年，汽摩中心与中视体育推广有限公司结成了战略合作伙伴关系。中央电视台体育频道在此后的两年间现场直播或转播了包括全国汽车场地锦标赛、全国汽车场地越野锦标赛、F1中国大奖赛、A1大奖赛、中国方程式公开赛、短道拉力赛、亚洲方程式公开赛、卡车大奖赛在内的多种类型的汽车比赛，播出比赛时长、播出频率和丰富的比赛类型前所未有。

汽车赛事大多得益于地方政府、体育局、汽摩协会以及赞助商的大力支持，为了加强联系、回报地方，2007年以来，中汽联与媒体记者配合，克服时间紧、一些地区条件简陋的困难，利用现场赛事间隙收集、整理并洗印全套图片资料留给赛事举办地，此举受到广泛好评。同时中汽联还与当地宣传部门充分沟通、合作，引导各级新闻媒体在宣传赛事的同时宣传地方经济、旅游、文化，以期达到赛事的可持续发展和多方共赢的目的。

2008 年中汽联开展的各个项目，除了北京奥运会期间和冬季不适合室外项目的季节，几乎每个周末都有赛事，形成了巨大的宣传平台，汽车运动在媒体上的高曝光率令世人瞩目。

汽车运动的媒体宣传基本情况如下：

- 赴现场报道的记者超过 5000 人次；
- 参与赛事活动的新闻媒体单位近 3500 家次；
- 召开新闻发布会 85 场；
- 各项赛事的文字报道量总计超过 1000 万字；
- 由中央电视台、广东卫视等媒体进行的赛事转播 8000 分钟；
- 在 71 场比赛中，有电视转播的比赛达到 38 场，占总场次 54%。

其中，中央电视台转播 12 场。

- 电视专题报道量约 6600 分钟。

新闻媒体从业人员永远是汽车运动工作者的朋友，媒体宣传永远是中国汽车运动联合会的工作重点。它是传播中国汽车品牌形象和产品质量的桥梁，是连接中国汽车运动和人民群众深厚友谊的纽带，是推动中国汽车文化发展、丰富大众文化生活底蕴的工具。

4. 制度——中国汽车运动的保护神

体育具有强身健体、文化娱乐的作用，更加吸引人的是它的竞技功能。这就需要运动本身要公平、公正，游戏要有规则，赛事要有要求。"没有规矩不成方圆"。从根本上说，坚持"依法行政，依法治体"，才能为中国汽车运动健康顺利发展提供有力的保证。

2001 年，国家体育总局颁布了《全国汽车运动管理规定》。2005 年制定了《汽车摩托车运动管理中心赛风赛纪督察小组工作条例》，并成立了赛风赛纪领导小组。上述管理办法和规定自实施以来，各省市汽摩协会和各基层俱乐部对有关文件精神的认识都在日益加深，中汽联在执行规定的过程中，也注意了两个方面：第一是严格把关；第二是加强服务意识。中汽联多年来十分重视建立健全汽车运动法规体系和执法监督机制，做到有法可依、执法必严、违法必纠，以保障汽车运动事业健康有序地发展。

近年来，根据汽车运动的实际情况和上级部门的工作要求，中汽联相继制定了《汽车运动环境保护工作条例》、《中国汽车运动联合会汽车教练员注册管理办法》、《中国汽车运动联合会车手培训管理规定》等多项工作制度。

在汽车运动实践中，中国汽车运动管理者深刻认识到加强汽车运动的节能减排、绿色环保是一个重要且实际的问题，也是响应中央经济工作会议对节能环保的具体部署和要求。汽车运动本身具有机械化程度高、户外运动范围广的特点，但不能因此就失去节能环保的概念。中汽联开展的一些长距离的越野拉力赛事活动就遇到了这个问题，引起了社会和舆论的广泛关注。应当说，节能环保工作如同赛事安全一样，是汽车运动的生命线，违规运行、触犯法律，也就失去了汽车运动开展的意义。在当前，节能环保其实更重要的是一种意识，有了这种意识，就可以规避风险、有所取舍。

（三）中国汽车运动的发展与希望

1. 中国汽车运动与中国汽车工业联姻相得益彰

关于汽车运动，有这样一种说法。"汽车运动是世界上最有影响的体育项目之一，它是体现汽车运动爱好者拼搏精神的梦幻之舟，是检验汽车工业成果的试金石，是由解决温饱的基本生活追求迈向多元化娱乐消费时代的分水岭，同时也成为汇聚各界精英和展示工商业品牌的大舞台。中国汽车工业的崛起，给中国汽车运动带来了发展机遇和空间。"

可以想象，1985年之后，如果没有中国汽车工业的发展，借着"港京拉力赛"的机会"空降"到中国的汽车运动也会变成无源之水、无本之木。但是，中国汽车运动发展到今天，与汽车工业从来就不是单方面的依存关系，而是相辅相成、相得益彰的关系。如果我们回望1907年，当年那次北京—巴黎汽车赛的举办初衷就是为了检验汽车质量，汽车运动从诞生之初就起到了检验汽车工业成果的试金石作用。而到了百年之后的今天，汽车运动早就不仅限于试验场的地位，而是汽车工业发展过程中的一种高级营销手段。汽车运动具有感官刺激性强、传播速度快、广告效应好的特点，而且受众往往就是汽车厂商的目标消费人群。根据央视媒介研究2007年的调查数据，男性占汽车运动观赛人口的72%，城市人口占观赛人口的58%，观赛人口中25岁以下的占30%，观赛人口中32%收入在社会上属最高和中高阶层。男性、富裕、年轻、城市化，这些都是汽车厂商目标消费人群的关键词。所以说，汽车厂商和边缘制造商是汽车运动的天然盟友，赛车场上的胜利和突破，是对汽车品牌的最好的宣传，而花环和香槟加身的车手，亦是汽车商家的无冕代言人。

关于中国汽车运动对于汽车品牌的宣传效应，有太多的数字可以作为例证。回想近十年的汽车赛场，很多人从达喀尔拉力赛知道了郑州日产的帕拉丁，从中国拉力赛知道了一汽大众捷达，从场地赛强化了对上海大众POLO的印象，从全国卡车大赛认识了福田欧曼重卡，从吉利方程式比赛对吉利汽车从而刮目相看。这些企业是利用中国汽车运动营销的先行者，也是受益者，而更多厂商据此正在纷至沓来，加入到这个行列中。以2007年全国汽车场地锦标赛为例，两个组别有8个汽车厂商提供赞助，其中有3个是2006年全国轿车产销量排名前十位的厂商，他们分别是上海大众、北京现代和东风日产。另外前十名中的一汽大众、吉利等也活跃在中国的拉力赛和方程式赛场上。汽车运动的高曝光率正是汽车厂商所需要和追求的。

2. 中国汽车运动的展望

过去20多年，中国汽车运动一路走来，经历了风雨也正在茁壮地成长。从1年只有1场比赛到每年60多场比赛，从只有几名赛车手到如今的2000多名赛车手，从没有一条标准场地赛道到5个符合国际标准的赛车场，历史在见证着中国汽车运动的发展。

（1）中国汽车运动仍然处在发展的初级阶段

不可否认的是，中国汽车运动仍然处在发展的初级阶段。从运动的角度来说，中国缺少在国际上具有强劲竞争实力的车手，有一些比赛竞技水平还不高。从普及的程度来说，2000 名赛车手的规模远远低于欧美发达国家水平，群众基础比较薄弱。从推广角度来说，在赛车产业的链条中缺失环节、缺乏经验，专业水平亟待提高。从文化角度来说，汽车文化尚处于萌芽状态，离赛车成为一种生活方式和娱乐形式的状态还相差得很远。

（2）中国汽车运动前景广阔

差距和不足，正是成长的基础，现阶段的诸多问题亦是中国汽车运动前进的动力，中国汽车运动的管理者对于中国汽车运动的信心源自于对中国汽车工业和中国经济的信心。现在全世界都认为中国是一个具有巨大潜力的新兴市场。的确，汽车运动就是这个市场中一面小小的多棱镜，折射出了其中的诸多机遇。对于这一点，很多成熟的推广商和生产商早就看到了。23 年前把"港京拉力赛"带入中国的英美烟草公司，直到现在一提起拉力赛，人们还会联想到"555 品牌"。2004 年，一个叫伯尼的精明的推广商，将一级方程式带进中国，通过中国乃至亚洲巨大的市场挽回了F1 在欧洲每况愈下的颓势。2005 年，A1 方程式进入中国，如今每年在中国有两个分站赛，中国也是唯一每年有两站 A1 比赛的国家，原因同样是我们拥有巨大的市场潜力。其他国际著名赛事，比如 GT 跑车赛、澳洲 V8房车赛、德国 DTM 房车赛都相继步入中国。而 2008 年，中国的赛场上又有了穿越东方马拉松越野赛，从俄罗斯、哈萨克斯坦到中国，艰苦程度胜过达喀尔拉力赛，这也是一个在国际上非常有影响力的赛事。上述情况都说明，外国人十分看好中国汽车运动的市场和潜力。同时全国比赛规模扩大、场次增加、类型更丰富，后备车手逐步增加。更重要的是，因为汽车运动所蕴含的巨大潜力，愿意并正在计划投入中国汽车运动的汽车厂商、赞助商和推广商正越来越多。

目前，中国本土的汽车工业正在高速发展的轨道中，表现有四方面：连续九年保持两位数增长；2007 年本土乘用车产量达 472 万辆；每年新车上市多；不断有新车型加入到汽车运动中。另外中国的汽车消费市场高速扩张：2009 年 2 月，中国的乘用车月销售量首次超过美国，居世界第一；而截至 2008 年，中国驾照持有人数达 1.2 亿，透过汽车驾照持有人人数的变化，可看到乘用车市场需求强劲、动力十足。稳定的工业支持以及壮大的车迷人群，决定了中国汽车运动壮阔的发展前景。

（3）了解国情、把握规律，促进中国汽车全面协调可持续发展

无可否认，处于初级阶段的中国汽车运动在发展过程中不可避免地会出现一些问题。这其中有属于认识的问题、有机制的问题、有经济问题、也有社会形势方面相关的问题。问题暴露出来并不可怕，潜在的危险才是最令人担忧的。目前中国的汽车运动是政府主导、社会参与、市场运作。这个大家庭里的每个成员，从管理者到车队、车手、推广商、赞助商、俱乐部、媒体都有各自的诉求。世界汽车运动发展了110多年，而中国汽车运动不过短短24年。目前中国汽车运动正处在一个历史发展的新起点上。碰到困难、出现问题都是难免的。但这些问题是发展中的问题，是前进中的问题。我们要做的，关键在于理清思路、找到解决问题的办法，采取能解决问题的措施。要对前途充满信心。社会和经济的发展离不开信心的支撑，中国汽车运动的发展同样也离不开信心。因为积极的心态、坚定的信心是战胜困难、迎接挑战的重要力量。有信心就有勇气，有勇气就有力量。正如温家宝总理在经济危机袭来的时候所说，信心比黄金和货币更加重要。我们同样如此。讲信心，绝不是空洞的口号。信心建立在各俱乐部和车队的支持参与之上，建立在几十年的实践经验之上，建立在汽车运动是汽车产业展示平台的天然优势之上，更建立在几亿车迷对于速度激情的向往之上。我们必须坚定信心、目的明确、风雨同舟，在科学发展观的指引下，共同为中国汽车运动的全面协调可持续发展而努力。

中国汽车运动的发展与社会形势紧密相关。目前中国社会正在经历深刻的变革。金融经济形势、能源需求、环保要求、安全生产、和谐社会的构建以及激烈的竞争都给我们提出了新的要求，对于这些我们都必须面对，不能回避。历史以及中国汽车运动所走过的发展历程一再证明，抓住机遇，落后者就可能实现发展的新跨越；丧失发展机遇，原来的强者也可能变成落伍者。能不能抓住新机遇、迎接新挑战、解决新问题、实现新发展，是对我们的重大考验，也是对我们凝聚力和创造力的重大考验。

二、摩托车运动篇

　　毋庸讳言，起源于军事体育项目的中国摩托车运动，较之中国汽车运动具有更加丰厚的群众基础、人文基础和运动基础。中国摩托车运动从军事体育项目到非军事体育项目，从进入全运会到离开全运会，走过了五十多年风雨艰辛的光辉历程。五十之期，时逾不惑；不惑意味着成熟、丰富和坚定。历经了许多曲折和坎坷，能够顽强地走到了今天，其中很重要的一个因素，就是中国摩托车运动掌握了自身内在的规律和特点，走出了一条与时俱进、求真务实的发展之路。从这个意义上理解，中国摩托车运动规律是与中国社会发展规律紧密联系在一起的。

　　让我们追随历史的足音，去追溯摩托车运动成长、发展与变化，去探究摩托车运动过去、现在和未来。

（一）世界摩托车运动的起源

　　18 世纪 70 年代，欧洲产业革命的兴起对现代文明产生了巨大的推动作用和极其深远的影响。此后，在蒸汽机诞生的几十年间，人们不断地用或理性或浪漫的思维，用或浅显或成熟的智慧，制造着一个个自行车、摩托车的神话。1885 年，德国人古特利·戴姆勒研制出一辆木制的两轮乘用车，当时的车型是一轮在前一轮在后，其结构大部分是木制的，车轮是铸铁条带木制辐条式，车身两侧各有一个小弹簧承载的支架轮。该车与从前两轮车最大的不同在于，戴姆勒把当代同胞奥托发明的汽油发动机安装在自己的两轮车上。这种安装了汽油发动机的两轮车，以其动力更强、质量更轻、操作更简单等特点和优势迅速普及世界。后人把戴姆勒尊为摩托车的始祖，他研制的两轮车自然成为现代摩托车的"第一车"。此种认识在业界虽颇有争议，但无可争辩的是，戴姆勒在世界摩托车制造领域所作出的巨大贡献已载入史册。

1900 年前后，欧美国家的摩托车保有量已经达到一定的规模，一些工业发达的欧洲国家为了比较各自制造的摩托车的性能质量，曾举办过一些非正式的国际摩托车比赛，从而逐步形成了运动项目。1896 年，一次非官方组织的摩托车赛事在法国举行，这次由巴黎至南特的摩托车赛事，成为了世界上有史料记载的第一次摩托车赛事，法国巴黎亦成为世界摩托车运动的中心。

1904 年成立的"国际摩托车运动俱乐部联合会"，1949 年在卢森堡更名为"国际摩托车联合会"简称"国际摩联"（FIM）。1979 年 10 月，在瑞士蒙特勒国际摩联 75 周年代表大会上，中国正式成为 118 个会员国之一。

（二）中国摩托车运动的发端

新中国成立初期，学习、借鉴苏联社会主义经验成为我国体育事业建设的重要内容之一。摩托车运动就是在这个时期，作为一项军事体育项目被引入国内。此后，于 1954 年成立了中国摩托车运动协会，并先后成为国际摩托车联合会、亚洲摩托车联合会的会员国。

1994 年，国家体委将军事体育合并为一般体育，明确摩托车运动属于竞技体育，纳入体育范畴。从而，中国摩托车运动由强身健体、保家卫国的军体功能，演变为在《全民健身计划纲要》的指导下更广泛地开展群众性摩托车运动，增强人民体质，丰富群众文化生活，在普及的基础上加以提高，培养出具有世界一流水平的摩托车运动员，为国争光。

（1）第一次摩托车比赛

我国第一次较大规模的摩托车比赛，是在 1952 年第一届全军运动会上摩托车竞赛。比赛由各大军区、志愿军、军直机关为单位组成代表队参加，每队 5 名运动员，比赛车辆全部为苏联生产队 M－7C（750 型）三轮摩托车，当时是把边斗拆下来后用主车参加比赛。比赛场地选在当时北京天坛公园南侧的一片空地上，用划白线表示弯道、环形跑道，进行多圈比赛，压线罚分，最先跑完全程到达终点者获胜。

（2）第一批摩托车手的诞生

1952年，空军航校30名女学员被选拔到中央国防体育俱乐部进行为期3个月的射击、摩托车、航空模型项目的学习。当年5月2日，30名英姿飒爽的女摩托车手驾驶着国产"井冈山"牌两轮摩托车列队从北京天坛向颐和园进行长途拉练。5月20日，《中国青年报》用很大篇幅登载了这次活动的消息，在社会上产生了很大的影响。

8月份学习结束后，30名女摩托车手被分配到各大行政区，利用当地有限的物质器材，试办和开展了摩托车训练。其中匡永荃、刘和立等一些女将在我国初期开展的摩托车运动中，起到了一定的作用。

（3）第一批教材的产生

作为开展摩托车运动的指导性材料，该项工作从一开始就受到了有关方面的高度重视。1953年初，中央国防体育俱乐部摩托组就开始编写《摩托车手训练提纲》。1955年，出版了《摩托车手训练讲义初稿》；1956年，出版了《摩托原构造与原理》、《摩托车保养与修理》、《摩托车驾驶与竞赛》等运动书籍，形成了我国第一批摩托运动训练教材。

（4）第一批基层摩托俱乐部的产生

开展摩托运动需要教材，运动的发展要有组织的保证，为了摸索基层开展运动的经验并编写教材，中央国防体育俱乐部在1953年前后，陆续选择北京工业学院汽车系、北京农业大学、清华大学等院校作为重点，开办训练班、培养辅导员，起到了为中国摩托车运动铺路搭桥的作用。

为了使摩托运动能巩固并不断发展，经过几番筹备，1954年12月第一个基层群众组织——北京工业学院摩托车运动俱乐部宣布成立。截至1955年底，北京市已有清华、北大、农大、北京工业学院、地质学院、石油学院、航空学院、民族学院、北京体育学院、人民大学、钢铁学院等十几个大学开展了摩托车运动，有8所大学成立了基层摩托俱乐部。这种群众性的基层俱乐部形式，在以后的摩托车运动发展中起到了很好的作用。时至今日，依靠社会力量资助兴办俱乐部的形式也广泛存在，不仅在普及群众摩托运动中起到了很大的作用，也在摩托车运动技术水平和组织水平的提高上发挥着越来越大的作用，符合体育社会化的基本要求和发展规律。

（5）摩托车运动的第一个高潮

1955 年至 1956 年，在向全国推广北京试点经验的情况下，以全国 13 个城市国防体育干部培训班和 8 大城市开展摩托车运动为标志，初步形成了我国开展摩托车运动的第一个高潮。1956 年，共举办脱产和半脱产的业余辅导员培训班 81 期，共训练 2000 余人，其中获得执照的 800 余人；开展摩托车运动的城市由 9 个发展到 50 余个；以建立和正在建立的市级摩托车运动俱乐部 10 个、摩托工作组 15 个、基层组织 410 个；车辆由原来的 400 余辆，增加到 1650 辆。在中国，摩托车运动在竞技领域真正占有了一席之地。

（6）第一次踏上摩托车运动的国际赛场

经国务院批准，中国第一次组团参加于 1955 年 10 月 16 日—18 日在罗马尼亚斯大林城举办的国际友谊摩托车比赛。代表团共 19 人，其中参赛选手 14 人（男 11 名、女 3 名）。在这次比赛中，我国男子二轮队（350CC）获得国家代表队第三名；女子队获第四名；三轮运动员获得三轮车组第四名。首次参赛的中国代表团以不俗的成绩赢得了开篇之作。

（7）第一支国家摩托运动队的诞生

1955 年底，根据贺龙副总理的命令，中国摩托车代表队中原部队人员全部转业到中央国防体育俱乐部。1956 年 1 月，经选拔国家摩托车运动队正式成立。男队员 23 名；女队员 7 名。从此，这 30 名共和国的年轻摩托车手，肩负着祖国的希望和重托，踏上了摩托车运动的漫漫征程。

（8）第一届全国摩托车竞赛活动举行

1958 年 4 月中旬，中国人民国防体协陆上部开始着手筹备第一届全国摩托车越野比赛。经过反复勘查，比赛地选在由许多天然障碍组成的北京西郊射击场北山坡一带。比赛于 8 月举行，历时 3 天。共有 18 个省市自治区代表队、116 名运动员参赛。期间，贺龙副总理等有关领导观看了比赛，向获得好成绩的代表队和运动员颁奖并合影留念。

（9）第一届全国运动会上摩托车运动展风姿

1959 年第一届全运会举行。中国摩托车运动有幸在全运会上登台亮相、一展雄姿。为了使首次登上全运会竞技舞台的摩托车运动在全国观众面前取得好成绩，留下好印象，中央决定修建一条摩托车竞赛专用环形公路。从地质勘探到全部完工，仅用了 4 个月的时间。1959 年 9 月 2 日，我国第一条专用摩托车竞技的环形公路正式交付使用。

第一届全运会摩托竞技比赛是中国摩托车运动史上规模最大、参赛人数最多的一次摩托车竞赛盛会。在全运会 42 个项目中，参加摩托车竞赛的省市自治区和运动员人数排第 9 位，奖牌总数占第 14 位。此次赛事活动，给中国摩托车运动界，给人民群众留下了极其深刻的印象，也大大提高和扩大了摩托车运动的影响和发展，形成了中国摩托车运动空前绝后的巅峰时代。

（三）中国摩托车运动的现状

时光荏苒，斗转星移，中国摩托车运动伴随着共和国的脚步，走过了近 60 个年头。

生逢一个甲子的中国摩托车运动，几经风雨，起伏跌宕。1987 年第六届全运会结束后，随着我国体育事业改革的不断深化，一些非奥项目逐渐淡化，摩托车运动亦不再列入全运会项目。同时，按照国家政策，出于安全和节能减排的考虑，一些大中城市开始"禁摩"。如此而来，中国的摩托车运动再一次被推向十字路口，人们不禁要问：中国的摩托车运动将何去何从？

然而，困难和不利条件，既是一种挑战，同时也是一种动力和机遇。值得指出的是，我国摩托车运动有一个坚强有力的领导集体，有一支特别能战斗的工作团体，有一批敢于奋斗、不怕牺牲的运动员队伍。多年来，中国摩托车运动界形成了几种精神：脚踏实地、求真务实的精神；甘于奉献、勇于拼搏的精神；与时俱进、敢于争先的精神。中国摩托车运动具备基础扎实、起点高的优势，应当说还有其深远的发展空间和发展潜力。这就需要所有摩托车运动工作者在实践中注意把握摩托车运动规律，发挥摩托车运动特点，及时调整工作重心，建立摩托运动的强势发展趋势。

1994年6月，原国家体委摩托车运动学校改制成立国家体委自行车摩托车运动管理中心，并组建了摩托部。2002年，该摩托部全建制与中国汽车运动联合会合并成立了国家体育总局汽车摩托车运动管理中心。自此，摩托车运动全面推向社会，成为体育系统最早步入市场、进行市场化运作的体育项目之一。

时至今日，中国摩托运动作为市场经济的弄潮儿，无论在其赛事规模、赛事种类、赛事影响等各个方面都有了长足的发展和进步。

目前，在中国摩协注册的团体会员单位共71个，分布全国23个省、市、自治区。在中国摩协注册的车手350余人，注册车队40支。在全国摩托车各级别和组别比赛中的国产赛车，来自国内8个摩托车生产厂商，涉及品牌11个。

仅以2007年为例，中国摩协成功举办了3个全国系列锦标赛的14站比赛和1个全国性比赛，举办国际赛事5场，共计20余场赛事活动。赛事举办地涉及全国11个省市区。全年共有23支车队、近2000人次参加了国内举办的全国和国际摩托车赛事。

1. 围绕三个系列锦标赛，努力打造品牌赛事

2007年，中国摩协共组织举办各种全国比赛15场，其中包括全国摩托车越野锦标赛6站、全国摩托车公路锦标赛4站、中国超级摩托车锦标赛4站，参加了环塔克拉玛干沙漠摩托车越野赛的组织及运行工作。

（1）摩托车越野赛

2007年全国摩托车越野锦标赛（CMX），由中国嘉陵工业集团年度总冠名，比赛设四个组别——专业80CC组、专业125CC组、国产150CC组和专业250CC组。比赛分别在江苏泗阳、陕西西安、河南桐柏、山西右玉、浙江横店和北京海淀举办。共有14支车队参赛，车手来自全国18个省、市或地区的近500人次参加此项比赛。

在 2007 年，中国摩协主要加强了全国摩托车越野锦标赛各分站赛事的安全保障工作。通过严格按照"赛事安全计划"落实各项安全措施，加强比赛场地的合理设计和施工，确保场地附属保障设施按要求达到使用要求，认真履行赛道的安全检查程序和内容等，做到了赛事的精心组织和比赛的安全运行。

全国摩托车越野锦标赛 6 站分站赛和亚洲越野国家杯赛，每场都进行了 90 分钟的广东卫视直播。最大限度地利用电视的直播、专题片及赛事新闻报道等形式，在做好赛事宣传和运动推广的同时，重点体现当地政府招商引资、资源开发及重点优势项目的宣传，使摩托车越野项目与举办地发展的需求紧密结合起来，赋予赛事生命力，实现双赢和多赢。

5 月，中国摩协参加了在新疆举办的环塔克拉玛干沙漠摩托车越野赛的组织及运行工作。来自国内的 18 支车队、共 73 辆摩托车手报名参赛。此赛事为今后国内举办摩托车长距离越野赛，锻炼了队伍，积累了经验。

（2）摩托车公路赛

年度共设两个系列锦标赛：全国摩托车公路锦标赛和中国超级摩托车锦标赛两个系列赛事。

全国摩托车公路锦标赛（CRRC），面向中小车队和广大摩托车爱好者，比赛车辆全部是国产赛车，分设四个组别：踏板 125CC 组、宗申青少年 110CC 组、新感觉 150CC 组和原厂 150CC 组。特点是参赛的门槛低，厂商参与有积极性。以培育赛事市场和培养运动后备力量为目的，更着重于摩托车运动的普及和推广。全年四个分站赛分别在西安、深圳、三水和上海四个城市的赛车场进行。参赛车手来自北京、广东、陕西、山西、四川等 10 多个省、市和地区，全年共计有 300 多人次参加此项比赛，其中有近 100 多名新车手参赛。

"中超"是 2007 年新推出的赛事，由珠海国际赛车场独家推广，力求打造成为品牌赛事。比赛设 600CC 组、GP125CC A 组、GP125CC B 组和 150CC 公开组 4 个组别，比赛吸引了众多优秀车手和具有相当实力的厂商和车队参加。比赛精彩激烈，给观众留下深刻印象。同时为选拔高水平车手参加国际比赛奠定了基础。

2. 在国内举办的国际赛事及国际交流活动

2007 年 5 月，中国摩协与上海市政府、上海市体育局和上海市摩协、上海赛场密切合作，成功举办了世界摩托 GP 大奖赛中国上海站的比赛。另外举办了泗阳国际摩联亚洲国家杯摩托车越野赛、亚洲国家杯摩托车公路赛（中国上海站）及 2 站珠海亚洲摩托车公路锦标赛等共 5 场国际比赛。

在精心组织筹办各项赛事的同时，中国摩协还参加了 2 次亚摩联会议、1 次国际摩联理事会和 1 次国际摩联代表大会。组织观摩、考察了世界越野摩托车锦标赛（日本站、荷兰站）及 MOTO GP 世锦赛（葡萄牙站）比赛；并组织车队参加了亚洲"国家杯"摩托车公路赛全部 4 站比赛和 2 站亚洲摩托车越野锦标赛，组队参加了世界摩托车越野锦标赛和 4 站 MOTO GP 大奖赛。

上述赛事的成功举办和国内车队积极参加国际赛事，在国际摩托车运动界产生了广泛的影响，亦赢得了国际摩联官员的肯定和赞誉。

3. 加强裁判员队伍建设，努力提高业务能力

在 2007 年年初，中国摩协特邀请国际摩联副主席、国际摩联越野委员会主席沃福冈先生访华，对国内裁判员骨干进行了系统的培训与考核，最终 28 人取得了 FIM 授发的国际级裁判和仲裁资格证书。

在赛事组织抽调裁判员的工作中，注意锻炼和培训省市协会及地方裁判员，提高省市裁判员骨干及地方裁判员参与赛事执裁能力，为省市举办赛事培养人才。

4. 举办以全国青少年车手培训班为重点的有关培训，努力培养后备力量

做好青少年车手的培养，加强运动基础建设，是 2007 年中国摩协的工作重点之一。8 月份，中国摩协特邀请日本摩协前日本名次冠军获得者东福寺先生来华任教，对我国 8 ~ 14 岁的青少年举办了为期 5 天的青少年车手暨教练员培训班。来自 5 个省市的 20 名青少年和来自 8 个省市的 15

名教练员参加了此次培训班。

摩托运动车队的稳定和发展，车手的培养、尤其是青少年车手的培养是运动可持续发展的关键之一。针对锦标赛参赛车手显现出的车手资源不足、车手梯队断档的现象，通过此次培训，收到一定效果。此次培训班的举办，向摩托运动界发出了车手后备力量形势严峻和中国摩协下大力气抓青少年后备力量培养的信号。

应中国摩协的邀请，国际摩联技巧委员会主席让·马克先生于 4 月访华，在平顶山市体育局的协助下，举办了国际摩联技巧委员会赛事主管和仲裁培训班。

7 月，由国际摩联技巧委员会特派的法籍教练特里先生再次访问平顶山，并在石景山举办了亚洲摩联技巧摩托车培训班。约 30 名国内外技巧摩托车车手和爱好者参加了为期 3 天的培训，期间对技巧摩托车的基本驾驶技巧、比赛方式和中级技巧进行了大致的了解和操练，取得了良好的效果。

5. 扩大赛事影响，首次尝试全锦赛与地方赛事同场竞技

近几年，部分省市的摩托运动爱好者和参与者群体在不断增加，有些地区已形成相当规模的群众基础，要求举办赛事的呼声高涨，部分省市摩协具备了举办赛事的条件。在此情况下，山东、北京等省市摩协相继组织举办了省市级的摩托车越野系列赛事，对摩托车运动的普及和发展带了好头。

中国摩协根据省市举办赛事的实际情况，考虑到运动市场的需求和有利于扩大赛事影响，全锦赛与地方赛事结合举办能够达到相互支持、相互促进，共同发展的目的。为此，在 2007 年全国摩托车越野锦标赛北京站，首次尝试由北京市摩协主办的摩托车越野公开系列赛第四站的比赛列入全锦赛辅助赛事，使全锦赛与地方赛事第一次同场举办。

实践证明，全锦赛与地方赛事的成功结合举办，受到摩托越野界的广泛关注和好评。不仅很大程度地扩大了赛事宣传层面和提升了社会影响度，对于扩大运动基础、特别是对于业余车手群体具有重要的积极意义和

深远影响，同时也吸引了国内摩托车生产厂商参与摩托车越野项目的兴趣和意向。充分体现了中国摩协在不断努力用创新的理念，从赛事市场的实际出发，努力扩大运动基础，打造精品赛事。

6. 摩托车运动赛事对社会的影响力在不断提高

赛场上比赛精彩刺激，场外观众们热情关注，更吸引了各路媒体精英们长枪短炮聚焦赛场。2007年6站全国摩托车越野锦标赛、1站国际摩联亚洲国家杯摩托车越野赛，4站中国超级摩托车锦标赛及2站亚洲摩托车公路锦标赛，共计13站比赛全部由广东电视台进行现场直播，多家电视台同步转播，全年相关电视台直播、转播时间累计达1800多分钟。中央电视台、北京电视台、重庆电视台、新华社、中新社、人民日报、中国体育报、新浪、TOM、华奥星空、与摩托车有关的专业杂志等多家媒体和大量地方报刊杂志、电台、网络媒体也都对赛事进行了广泛的宣传和报道，在大量热情洋溢，充分渲染赛事精彩激烈气氛的优秀体育报道之外，还出现了一批具有相当深度的分析性文章。据统计，参与2007年摩托车赛事报道的媒体共有近700家次，制作各种专题视频报道840分钟，平面媒体共发稿约70万字，网络媒体共发稿近150万字，直接参与赛事报道的媒体记者约1200多人次。

举办全国摩托车比赛为各参赛队车手和厂商搭建舞台，骁勇的车手是这个舞台上的演员，而厂商、赞助企业、当地政府和观众才是整个演出的主角。在革命老区桐柏站举办摩托车越野锦标赛时艳阳高照、酷热难当，但依然有数万名观众赶来观看比赛，满山遍野全是热情的观众。值得一提的是摩托吧俱乐部通过网络为载体，组织周边地区100多名会员，驾驶七十多辆摩托车，行驶上百公里到现场为车手的精彩表演加油助威，成为举办地摩托运动爱好者的节日，这在摩托车越野锦标赛的其他站比赛中已形成惯例性活动。据不完全统计，2007年，仅全国摩托车越野锦标赛现场观众累计达到近8万人，3个锦标赛现场观众累计达到12万人次以上。

由于摩托运动赛事的影响不断加大，得到各界人士的关注，同时也吸引了更多行业、商家对赛事的关注度，使得更多的有识之士洞察到赛事所蕴藏的无限商机。目前，各大摩托车制造厂商对国内三大摩托车锦标赛的关注度和支持度不断加强，同时亦有许多摩托车制造企业对中国摩托运动的重视程度越来越高，并对参与摩托车运动表示了浓厚的兴趣。

据统计，2007 年直接组队参加摩托运动的有 8 家摩托车企业。有 100 多个商家依借摩托车赛事平台进行产品和品牌的宣传，总共投放赛场约 1500 块平面广告，广告总面积超过 2 万平米。这对今后摩托车运动的开展起到了十分积极的推动作用，从而使摩托运动进一步被社会各界所关注和认可。

7. 发挥各级政府、承办单位的积极性，办好每场赛事

在 2007 年中国摩协举办的每场赛事中，均得到了地方各级政府的关心与支持。例如摩托 GP 大奖赛中国上海站、全国越野摩托车锦标赛山西右玉站、桐柏站及国际摩联亚洲国家杯中国·泗阳摩托车越野赛等几站比赛比较典型，当地政府不仅仅是关心、支持，还积极介入了比赛的各项组织工作中，投入了大量的人力、物力、财力。2007 年各级政府与各承办单位等，在摩托运动赛事上投入的总费用累计超过 2200 万元（仅摩托越野赛各分站地方总投入约 1800 万元以上，场地建设费用约占 50％左右）。

2007 年共有来自全国 20 多个省、市和地区的 4500 多人次的裁判员和接近上万人次的志愿者、工作人员直接参与了国内锦标赛和国际赛事的组织和服务工作，赛事的成功举办，离不开他们所作出的贡献。

（四）中国摩托车运动未来的发展

2008 年第 29 届奥运会在北京成功举办，将把我国体育事业推向了新的高峰，同时也是包括中国摩托车运动在内的大众体育活动发展的有利契机。中国摩托车运动具备基础扎实、起点高的优势，运动本身具有观赏性高，推广功能强，电视画面冲击力大的特点。如何扬长避短、趋利避害并利用 2008 年奥运会契机，推动和谐体育的构建，摩托运动界负有责任也应有所作为。在实践中要注意把握摩托运动规律，发挥摩托运动的优势和特点，及时调整工作重心，建立摩托运动的强势发展趋势。

当今中国社会环境和经济形势日新月异，既是机遇也是挑战。对中国摩协以及全体从事摩托运动的同志来说，就是要高标准、严要求，加强组织和人员管理，提升从业人员素质，这才是保障中国摩托运动健康有序、可持续发展的必由之路。

1. 要树立依法治体、用法律意识开展运动的观念

为使摩托车运动健康可持续发展，使其更加科学化、标准化、秩序化，1999 年，国家体育总局就批准了《全国及国际摩托车竞赛管理办法》，同时制定了《中国摩托车运动 2001—2010 年发展规划》。此外，中国摩协每年年会之后还要形成一本《中国摩托运动协会年度工作手册》，作为行业规范和自律标准。依法加强行业管理，主要是使业内人士明确一个观点：管理不是束缚，遵守运动规范，是摩托车运动发展的保证；坚持依法治体，是摩托车运动进步的前提。

2. 要加强摩托车运动的组织建设和思想建设

要善于总结经验教训，要有创新思维，要不断研究运动发展的内在规律，透过现象看到本质，不要被运动发展一时的低谷或高潮所迷惑，坚持走自己的发展道路，在低潮的时候要看到希望，在高潮的时刻要有居安思危的准备，这样才能立于不败之地。

要强调集体主义观念、顽强拼搏精神和求真务实的作风。摩托车运动作为一个大系统运作的项目，参与者来自五湖四海，没有整体观念、没有团队意识和顽强拼搏精神、求真务实的作风是不可能搞好项目的。

要重视后备队伍建设，加强对赛车选手的培训工作，从基层和源头抓起。要特别注意摩托车运动训练工作的经验，力争尽快培养出中国的赛车明星。中国摩协在举办青少年摩托运动夏令营，建立青少年摩托运动培训中心等方面已经进行了一些有益的尝试，应当说，中国摩协在从娃娃抓起，培养青少年参与运动竞赛方面走在了汽车运动的前面，取得了比较显著的成效。总之，在这方面一定要树立雄心壮志，同时又要有脚踏实地的工作作风。

3. 与时俱进、开拓创新，不断寻求运动新的经济增长点

中国摩托车运动尽管发展时间比较长，但面临的生存和发展问题非常现实，运动自身需要不断的开拓创新。

全国摩托越野锦标赛、全国摩托场地锦标赛经过多年的运作，已成为中摩协的品牌赛事，日趋成熟。但是，为了扩大摩托运动影响，拓展摩托运动生存空间，必须努力寻找和开发摩托运动新的经济增长点。比如有限度、有限制的开放外援、有条件地适时推出一些新的赛事活动等。

鼓励国内摩托车生产厂家在中国摩协注册适合比赛的车辆，如适合青少年车手比赛驾驶的小排量越野和公路比赛摩托车。

进一步研究摩托运动市场发展规律，继续加大赛事的综合宣传效果，以及赛事电视直播及电子杂志新媒体的重点宣传。注重赛事宣传及推广手段的有效性和赛事举办的连续性，力求打造精品赛事，使运动赛事适应和谐社会发展的需要，产生有一定影响的社会效应和经济效益。

总之，要适应摩托运动市场的变化，稳定现有赛事，不断寻求新的经济增长点，逐步开展一些适合我国国情的摩托运动项目。

4. 始终要把安全工作放在首位

汽摩运动赖以生存的基础和关键，是安全工作，加强摩托车运动赛事安全是我们所有工作的重中之重。有人形容摩托车赛事是肉包铁，比喻很形象，但也揭示了摩托车运动的潜在的危险性。

最近，党中央、国务院反复强调抓安全生产问题，并把安全工作放在政治稳定、社会和谐的高度加以对待。各级摩托车运动的管理者和组织者，在举办各类赛事活动时，必须把确保安全放在首要位置。一定要警钟长鸣，不能有丝毫麻痹大意。当然，摩托车运动本身就是一项具有危险性的活动，这就要求运动管理部门和管理者在提高思想认识的同时，还要做好各种安全保障和安全预案以及各项保险工作，介以排除赛事组织者和参与者的后顾之忧。

当前，举国上下正在开展的学习实践科学发展观活动，将进一步检验我们中国汽车摩托车运动界的智慧和视野。国家体育总局汽车摩托车运动

管理中心、中国汽车运动联合会、中国摩托运动协会全体工作人员，将以党的十七大精神为指导，认真落实"三个代表"重要思想，努力学习实践科学发展观，继往开来，与时俱进，求真务实，开拓创新，携手并肩，团结协作，在国家体育总局领导的关心支持下，借助国家和社会发展的良性机遇，凭车队、车手和各个合作方的努力，靠中国汽车、摩托车运动参与者、爱好者的热情和一如既往的努力奋斗，把握发展的主动权，开创中国汽车、摩托车运动的新局面，为构建社会主义和谐社会作出应有的贡献！

中国汽车、摩托车运动道路还有艰辛。

中国汽车、摩托车运动前途依旧辉煌。

辉煌历程

庆祝新中国成立60周年重点书系

拼搏历程 辉煌成就

——新中国体育60年

【综合卷】

国家体育总局 编

人民出版社

责任编辑:陈鹏鸣
封面设计:肖 辉
版式设计:曹 春
责任校对:张 红 赵立新 王 惠

图书在版编目(CIP)数据

拼搏历程 辉煌成就——新中国体育60年/国家体育总局编.
-北京:人民出版社,2009.9
(辉煌历程——庆祝新中国成立60周年重点书系)
ISBN 978-7-01-008312-4

Ⅰ.拼… Ⅱ.国… Ⅲ.体育事业-成就-中国 Ⅳ.G812

中国版本图书馆CIP数据核字(2009)第170359号

拼搏历程 辉煌成就
PINBO LICHENG HUIHUANG CHENGJIU
——新中国体育60年

国家体育总局 编

人民出版社 出版发行
(100706 北京朝阳门内大街166号)

北京新华印刷厂印刷 新华书店经销
2009年9月第1版 2009年9月北京第1次印刷
开本:710毫米×1000毫米 1/16 印张:102.75
字数:1469千字

ISBN 978-7-01-008312-4 定价:210.00元

邮购地址 100706 北京朝阳门内大街166号
人民东方图书销售中心 电话 (010)65250042 65289539

在新的历史起点上再创辉煌

——《辉煌历程——庆祝新中国成立 60 周年重点书系》总序

柳斌杰

1949 年 10 月 1 日，中华人民共和国诞生了！中国人民从此站起来了，中华民族以崭新的姿态自立于世界民族之林！新中国成立以来的 60 年，是中国社会发生翻天覆地变化的 60 年，是中国共产党带领全国各族人民同心同德、奋勇向前、不断从胜利走向胜利的 60 年，是中华民族自强不息、顽强奋进、从贫穷落后走向繁荣富强的 60 年，是举国上下自力更生、艰苦奋斗，开创社会主义大业的 60 年。60 年峥嵘岁月，60 年沧桑巨变。当我们回顾 60 年奋斗业绩时，感到格外自豪：一个充满生机和活力的社会主义新中国正巍然屹立于世界的东方。

在新中国成立 60 周年之际，系统回顾和记录 60 年的辉煌历史，总结和升华 60 年的宝贵经验，对于我们进一步深刻领会和科学把握社会主义制度的优越性、党的领导的重要性，进一步增强民族自豪感，大力唱响共产党好、社会主义好、改革开放好、伟大祖国好、各族人民好的时代主旋律，高举中国特色社会主义伟大旗帜，坚定走中国特色社会主义道路的决心和信心，在新的历史起点继续坚持改革开放，深入推动科学发展，夺取全面建设小康社会新胜利、开创中国特色社会主义事业新局面，都有十分重要的意义。

一

中国走社会主义道路，是历史的选择，人民的选择，时代的选择。在相当长的历史时期内，中国是世界上一个强大的封建帝国。1840 年鸦片战争以后，由于帝国主义列强的侵入，中国由一个独立的封建国家变为半殖民地半封建的国家，中华民族沦落到苦难深重和任人宰割的境地。此时的中华民族面对着两大历史任务：一个是争取民族独立和人民解放，一个是实现国家繁荣富强和人民富裕；需要解决两大矛盾：一个是帝国主义和中华民族的矛盾，一个是封建主义和人民大众的矛盾。近代中国社会的主要矛盾和我们民族面对的历史任务，决定了近代中国必须进行反帝反封建的彻底的民主主义革命，只有这样才能赢得民族独立和人民解放，也才能开启国家富强和人民富裕之路。历史告诉我们，一方面，旧式的农民战争，封建统治阶级的"自强""求富"，不触动封建根基的维新变法，民族资产阶级领导的民主革命，以及照搬西方资本主义的其他种种方案，都不能完成救亡图存挽救民族危亡和反帝反封建的历史任务，都不能改变中国人民的悲惨命运，中国人民依然生活在贫穷、落后、分裂、动荡、混乱的苦难深渊中；另一方面，"帝国主义列强侵入中国的目的，决不是要把封建的中国变成资本主义的中国"，而是要把中国变成他们的殖民地。因此，中国必须选择一条适合中国国情的道路。"十月革命一声炮响，给我们送来了马克思列宁主义。十月革命帮助了全世界的也帮助了中国的先进分子，用无产阶级的宇宙观作为观察国家命运的工具，重新考虑自己的问题。走俄国人的路——这就是结论。"中国的工人阶级及其先锋队——中国共产党登上历史舞台后，中国革命的面貌才焕然一新。在新民主主义革命中，以毛泽东同志为代表的中国共产党人带领全党全国人民，经过长期奋斗，创造性地开辟了一条农村包围城市、武装夺取政权的革命道路，实现了马克思主义与中国实际相结合的第一次历史性飞跃，最终建立了伟大的中华人民共和国。从此，中国历史开始了新的纪元！

　　新中国成立初期，西方国家采取经济封锁、政治孤立、军事包围等手段打压中国，妄图把新中国扼杀在摇篮中。以毛泽东同志为核心的党的第一代中央领导集体，领导全国各族人民紧紧抓住恢复和发展生产这一中心环节，在继续完成民主革命遗留任务的同时，有步骤地实现从新民主主义到社会主义的转变，迅速恢复了在旧中国遭到严重破坏的国民经济并开展了有计划的经济建设。从1953年到1956年，中国共产党领导全国各族人民有计划有步骤地完成了对农业、手工业和资本主义工商业的社会主义改造，实现了中国社会由新民主主义到社会主义的过渡和转变，在中国建立了社会主义基本制度。邓小平同志在《坚持四项基本原则》一文中，对中国为什么必须走社会主义道路作了明确的说明："只有社会主义才能救中国，这是中国人民从五四运动到现在六十年来的切身体验中得出的不可动摇的历史结论。中国离开社会主义就必然退回到半封建半殖民地。中国绝大多数人决不允许历史倒退。"

但是，探索社会主义道路是一个艰辛的过程。社会主义制度是人类历史上一种崭新的社会制度，代表着人类历史前进的方向。建设社会主义是前无古人的崭新事业，没有任何现成的经验可资借鉴，只能在实践中不断探索适合中国国情的社会主义发展道路。毛泽东同志很早就指出："我们对于社会主义时期的革命和建设，还有一个很大的盲目性，还有一个很大的未被认识的必然王国。"正是由于中国共产党人有这种认识，所以这种探索贯穿在社会主义建设的全过程。

在新中国成立之初，以毛泽东同志为主要代表的中国共产党人在深刻分析当时国内外形势和中国国情的基础上，开始了从"走俄国人的路"到"走自己的道路"的历史性探索。这表明中国共产党力图在中国自己的建设社会主义道路中打开一个新的局面，反映了曾长期遭受帝国主义列强欺凌的中国人民站立起来之后求强求富的强烈渴望。探索者的道路从来不是平坦的。到了50年代后期，党的指导思想开始出现"左"的偏差。特别是60年代中期，由于对国际和国内形势判断严重失误，"左"倾错误发展到极端，造成了延续十年之久的"文化大革命"。"文化大革命"的十年内乱，给我们党和国家带来了极其严重的创伤，国民经济濒临崩溃的边缘，人民生活十分困难。1976年我们党依靠自身的力量，粉碎了"四人帮"，结束了十年内乱，从危难中挽救了党，挽救了革命，使社会主义中国进入了新的历史发展时期。在邓小平同志领导下和其他老一辈革命家支持下，党的十一届三中全会开始全面纠正"文化大革命"及其以前的"左"倾错误，冲破个人崇拜和"两个凡是"的束缚，重新确立了解放思想、实事求是的思想路线，果断停止了"以阶级斗争为纲"的错误方针，把党和国家的工作中心转移到经济建设上来，做出了实行改革开放的历史性决策。改革开放是党在新的时代条件下带领人民进行的新的伟大革命。从此以后，社会主义中国的历史掀开了新的一页。经济改革从农村到城市、从国有企业到其他各个行业势不可挡地展开，对外开放的大门从沿海到沿江沿边、从东部到中西部毅然决然地打开了，社会主义中国又重新焕发出了蓬勃的生机和活力。以党的十一届三中全会为标志进行了30多年的改革开放，巩固和完善了社会主义制度，为当代中国探索出了一条真正实现国家繁荣富强、人民共同富裕的正确道路。

二

新民主主义革命的胜利，社会主义基本制度的建立，实现了中国几千年来最伟大最广泛最深刻的社会变革，创造和奠定了新中国一切进步和发展的基础。中国是有着五千年历史的文明古国，但人民当家作主人，真正结束被压迫、被统治的命运，成为国家、社会和自己命运的主人，只是在中华人民共和国成立后才成为现实。在中国共产党的领导下，中国人民推翻了"三座大山"，夺取了新民主主义革命的胜利，真正实现了民族独立和人民解放；彻底结束了旧中国一盘散沙的局面，实现了国家的高度统一和各民族的空前团结；创造性地实现了从新民主主义到社会主义的转变，全面确立了社会主义的基本制度，使占世界人口四分之一的东方大国迈入了社会主义社会；

建立了人民民主专政的国家政权，中国人民掌握了自己的命运，中国实现了从延续几千年的封建专制政治向人民民主政治的伟大跨越；建立了独立的、比较完整的国民经济体系，经济实力、综合国力显著增强，国际地位大幅度提高。社会主义给中国带来了翻天覆地的变化。

那么，面对与时俱进的世界，中国的社会主义建设如何在坚持中发展呢？这就要进行新的探索，新的实践。胡锦涛同志在党的十七大报告中强调，"我们党正在带领全国各族人民进行的改革开放和社会主义现代化建设，是新中国成立以后我国社会主义建设伟大事业的继承和发展，是近代以来中国人民争取民族独立、实现国家富强伟大事业的继承和发展"。正是在改革开放的伟大实践中，中国共产党人开辟了中国特色社会主义道路。这是一条能够使民族振兴、国家富强、人民幸福、社会和谐的康庄大道，是当代中国发展进步和实现中华民族伟大复兴的唯一正确的道路。在当代中国，坚持中国特色社会主义道路，就是真正坚持社会主义。

"中国特色社会主义道路，就是在中国共产党的领导下，立足基本国情，以经济建设为中心，坚持四项基本原则，坚持改革开放，解放和发展社会生产力，巩固和完善社会主义制度，建设社会主义市场经济、社会主义民主政治、社会主义先进文化、社会主义和谐社会，建设富强民主文明和谐的社会主义现代化国家。"改革开放是中国的第二次革命，给我国带来了历史性的三大变化：一是中国人民的面貌发生了巨大变化，许多曾经长期窒息人们思想的旧的观念、陈腐的教条受到了巨大冲击，人们的思想得到了前所未有的大解放，解放思想、实事求是、与时俱进、开拓创新开始成为人们精神状态的主流。二是中国社会面貌发生了巨大变化，社会主义中国实现了从"以阶级斗争为纲"到以经济建设为中心、从封闭半封闭到改革开放、从高度集中的计划经济体制到充满活力的社会主义市场经济体制的伟大转折。我国获得了自近代以来从未有过的长期快速稳定发展，社会生产力大解放，社会财富快速增长，人民的生活水平实现了从温饱不足到总体小康的历史性跨越。满目疮痍、饱受欺凌、贫穷落后的中国已经变成政治稳定、经济发展、文化繁荣、社会和谐的社会主义中国。三是中国共产党的面貌发生了巨大变化，中国共产党重新确立了马克思主义的思想路线、政治路线和组织路线，在开辟中国特色社会主义伟大道路的过程中，在领导中国特色社会主义现代化进程中，始终把保持和发展党的先进性、提高党的执政能力、转变党的执政方式、巩固党的执政基础作为党的建设的重点，实现了从革命党向执政党的彻底转变，成为始终走在时代前列的中国特色社会主义事业的坚强领导核心。

新中国成立60年来，特别是改革开放30多年来的伟大成就生动展现了我们党和国家的伟大力量，展现了13亿中国人民的力量，展现了中国特色社会主义事业的伟大力量。"中国特色社会主义道路之所以完全正确、之所以能够引领中国发展进步，关键在于我们既坚持了科学社会主义的基本原则，又根据我国实际和时代特征赋予其鲜明的中国特色。"胡锦涛同志在纪念党的十一届三中全会召开30周年大会上的重要讲话中强调："我们要始终坚持党的基本路线不动摇，做到思想上坚信不疑、行动上坚定不移，决不走封闭僵化的老路，也决不走改旗易帜的邪路，而是坚定不移地走中国特色社会主义道路。"

坚定不移地走中国特色社会主义道路，就必须牢牢把握和坚持中国共产党的领导这个根本，这也是我们走上成功之路的实践经验。中国共产党是中国工人阶级的先锋队，同时是中国人民和中华民族的先锋队，是中国特色社会主义事业的领导核心。自诞生之日起，中国共产党就自觉肩负起中华民族伟大复兴的庄严使命，带领中国人民经过艰苦卓绝的奋斗，取得了革命、建设和改革的一个又一个重大胜利。中国特色社会主义道路是中国共产党领导全国各族人民长期探索、不懈奋斗开拓的道路，党的领导是坚持走这条道路的根本政治保证和客观的内在要求。没有共产党，就没有新中国，就没有中国的繁荣富强和全国各族人民的幸福生活。

坚定不移地走中国特色社会主义道路，就必须牢牢把握和坚持解放思想、实事求是的思想路线，充分认识我国处于并将长期处于社会主义初级阶段的基本国情，深刻认识社会主义事业的长期性、艰巨性和复杂性。过去的一切失误，在很大程度上就是因为没有正确地认识中国的国情，离开或偏离了发展的实际。我们要牢记教训，一切从实际出发，一切要求真务实。

坚定不移地走中国特色社会主义道路，就必须牢牢把握和坚持"一个中心，两个基本点"的基本路线。以经济建设为中心是兴国之要，是我们党和国家兴旺发达和长治久安的根本要求。四项基本原则是立国之本，是我们国家生存发展的政治基石。改革开放是决定当代中国命运的关键抉择，是发展中国特色社会主义、实现中华民族伟大复兴的必由之路。我们必须坚持改革开放不动摇，决不能走回头路。

中国特色社会主义事业是一项前无古人的创造性事业，是一项极其伟大、光荣而艰巨的事业。我们必须清醒地认识到，"我们的事业是面向未来的事业"，"实现全面建设小康社会的目标还需要继续奋斗十几年，基本实现现代化还需要继续奋斗几十年，巩固和发展社会主义制度则需要几代人、十几代人甚至几十代人坚持不懈地努力奋斗"。在新的国际国内形势和新的历史起点上，只要我们不动摇、不懈怠、不折腾，坚定不移地坚持中国特色社会主义道路，坚定不移地坚持党的基本理论、基本路线、基本纲领、基本经验，勇于变革、勇于创新，永不僵化、永不停滞，不为任何风险所惧，不被任何干扰所惑，就一定能凝聚力量，战胜一切艰难险阻，不断开创中国特色社会主义事业新局面。

三

把马克思主义基本原理同中国实际相结合，坚持科学理论的指导，坚定不移地走自己的路，这是马克思主义的本质要求，是中国共产党人在深刻把握马克思主义理论品质、清醒认识中国国情的基础上得出来的科学结论。毛泽东同志指出："认清中国社会的性质，就是说，认清中国的国情，乃是认清一切革命问题的基本的根据。"邓小平同志指出："马克思列宁主义的普遍真理与本国的具体实际相结合，这句话本身就是普遍真理。它包含两个方面，一方面叫普遍真理，另一方面叫结合本国实际。我们历来认为丢开任何一面都不行。"中国共产党之所以成功地领导了革命、建设和改革，就是因为以科学态度对待马克思主义，正确地贯彻马克思主义基本原理与中国具体实际相结合的原则，推动马克思主义中国化，并不断丰富和发展了马克思主义。

以毛泽东为主要代表的中国共产党人，创造性地运用马克思主义的基本原理，认真总结中国革命胜利和失败的经验教训，重新认识中国国情，探讨中国革命的规律性，把马克思主义与中国革命的具体实践结合起来，提出了新民主主义理论，阐明了中国革命的一系列重大问题，实现了马克思主义和中国实际相结合的第一次历史性飞跃，产生了毛泽东思想这一马克思主义中国化的重要理论成果，引导中国革命不断走向胜利，完成了民族独立和人民解放的历史任务，创建了新中国，建立了社会主义制度。新中国成立初期，我们党在把马克思主义和中国实际相结合方面做得比较好，因而社会主义革命和建设都比较顺利，很快建立起了比较完备的社会主义工业体系和国民经济体系，显示了社会主义制度的优越性。

党的十一届三中全会之后的 30 多年，我们党紧紧围绕中国特色社会主义这个主题，在新的历史条件下继续推进马克思主义中国化，形成和发展了包括邓小平理论、"三个代表"重要思想以及科学发展观等重大战略思想在内的中国特色社会主义理论体系。以邓小平同志为主要代表的中国共产党人，开创了改革开放的伟大事业，并在总结当代社会主义正反两方面经验的基础上，在我国改革开放的崭新实践中，围绕着"什么是社会主义、怎样建设社会主义"这个基本问题，把马克思主义基本原理和中国社会主义现代化建设的实际相结合，系统地初步回答了在中国这样的经济文化比较落后的国家如何建设社会主义、如何巩固和发展社会主义的一系列基本问题，创立了邓小平理论，实现了马克思主义和中国实际相结合的又一次飞跃，奠定了中国特色社会主义理论体系的基础。党的十三届四中全会以后，以江泽民同志为主要代表的中国共产党人，在新的历史发展时期，把马克思主义的基本原理与当代中国实际和时代特征进一步结合起来，在建设中国特色社会主义新的实践中，进一步回答了什么是社会主义、怎样建设社会主义的问题，创造性地回答了在长期执政的历史条件下建设什么样的党、怎样建设党的问题，形成了"三个代表"重要思想，进一步丰富和发展了中国特色社会主义理论体系。党的十六大以来，以胡锦涛同志为总书记的党中央，站在历史和时代的高度，继续把马克思主义基本原理与当代中国实际相结合，在推进中国特色社会主义的实践中，全面系统地继承和发展了马克思列宁主义、毛泽东思想、邓小平理论、"三个代表"重要思想关于发展的重要思想，依据我国仍处于并将长期处于社会主义初级阶段而又进到新的发展阶段这个现实，进一步回答了新世纪新阶段我国需要什么样的发展和怎样发展的重大问题，形成了科学发展观等重大战略思想，赋予中国特色社会主义理论体系以新的丰富内容。

胡锦涛同志在党的十七大报告中强调："改革开放以来我们取得一切成绩和进步的根本原因，归结起来就是：开辟了中国特色社会主义道路，形成了中国特色社会主义理论体系。高举中国特色社会主义伟大旗帜，最根本的就是要坚持这条道路和这个理论体系。"中国特色社会主义理论体系坚持和发展了马克思列宁主义、毛泽东思想，凝结了几代中国共产党人带领人民不懈探索实践的智慧和心血，是马克思主义中国化的最新成果，是党最可宝贵的政治和精神财富，是全国各族人民团结奋斗的共同思想基础。在当代中国，坚持中国特色社会主义理论体系，就是真正坚持马克思主义。只有坚持中国特色社会主义理论体系不动摇，才能坚持中国特色社会主义道路不动摇，才能真正做到高举中国特色社会主义伟大旗帜不动摇。

四

站在时代的高峰上回望我国波澜壮阔的奋斗之路，我们感慨万千。正如胡锦涛同志所指出的，"没有以毛泽东同志为核心的党的第一代中央领导集体团结带领全党全国各族人民浴血奋斗，就没有新中国，就没有中国社会主义制度。没有以邓小平同志为核心的党的第二代中央领导集体团结带领全党全国各族人民改革创新，就没有改革开放历史新时期，就没有中国特色社会主义"。"以江泽民同志为核心的党的第三代中央领导集体"，"团结带领全党全国各族人民高举邓小平理论伟大旗帜，继承和发展了改革开放伟大事业，把这一伟大事业成功推向21世纪"。我们"要永远铭记党的三代中央领导集体的伟大历史功绩"。

·新中国60年的辉煌历程充分证明，没有共产党就没有新中国，没有中国共产党的领导就没有国家的繁荣富强和全国各族人民的幸福生活，也就不会有社会主义现代化的中国。新中国60年的伟大成就充分证明，只有社会主义才能救中国，只有中国特色社会主义才能发展中国，只有走中国特色社会主义道路才能建设富强、民主、文明、和谐的社会主义现代化国家。新中国60年的宝贵经验充分证明，只要始终坚持马克思主义基本原理同中国具体实际相结合，在科学理论的指导下，不断丰富和发展中国特色社会主义理论体系，就能坚定不移地走自己的路。新中国60年特别是改革开放30多年的伟大实践昭示我们，中国的崛起是历史的必然，只要我们高举"一面旗帜"，坚持"一条道路"，在新的历史起点继续推进改革开放的伟大事业，不断开创中国特色社会主义事业新局面，当代中国、整个中华民族，就一定能走向繁荣富强和共同富裕的康庄大道。

庆祝新中国成立60周年，是今年党和国家政治生活中的一件大事。新中国60年的辉煌历程、伟大成就和宝贵经验，蕴含着丰富的教育资源，是进行爱国主义教育的生动教材。深入挖掘、整理、创作、出版有关纪念新中国成立60年的作品，是出版界义不容辞的责任和光荣使命。为隆重庆祝新中国成立60周年，中共中央宣传部、新闻出版总署组织出版了《辉煌历程——庆祝新中国成立60周年重点书系》，目的在于充分展示新中国成立60年来翻天覆地的变化，充分展示中国共产党领导全国各族人民在革命、建设、改革中取得的伟大成就，深刻总结新中国60年的宝贵经验，努力探索人类社会发展规律、社会主义建设规律、中国共产党的执政规律；宣传中国特色社会主义，宣传中国特色社会主义理论体系，进一步坚定走中国特色社会主义道路的决心和信心；大力唱响共产党好、社会主义好、改革开放好、伟大祖国好、各族人民好的时代主旋律，不断巩固全党全国各族人民团结奋斗的共同思想基础；为在新形势下继续解放思想、坚持改革开放、推动科学发展、促进社会和谐营造良好氛围，激励和鼓舞全党全国各族人民更加紧密地团结在以胡锦涛同志为总书记的党中央周围，高举中国特色社会主义伟大旗帜，为开创中国特色社会主义事业新局面、夺取全面建设小康社会新胜利、谱写人民美好生活新篇章而努力奋斗。

该书系客观记录了新中国 60 年波澜壮阔的伟大实践，全面展示了新中国 60 年来社会主义中国、中国人民和中国共产党的面貌所发生的深刻变化，深刻总结了马克思主义中国化的宝贵经验，生动宣传了新中国 60 年来我国各方面所取得的伟大成就及社会主义中国对人类社会发展进步所做出的伟大贡献。该书系所记录的新中国 60 年的奋斗业绩和伟大实践，所载入的以爱国主义为核心的民族精神和以改革创新为核心的时代精神，都将永远激励我们沿着中国特色社会主义道路奋勇前进。

综 合 卷

目 录

序言　从昔日"东亚病夫"到盛世体育辉煌 …… 刘　鹏　*1*

发展体育运动　增强人民体质 ……………………… 盛志国　1
　　——新中国成立60年群众体育成就与经验

为国争光　铸造辉煌 ………………………………… 郭建军　29
　　——新中国竞技体育60年

北京奥运　创造辉煌 ………………………………… 潘志琛　60

生机勃发的体育产业 ………………………………… 刘扶民　79

新中国体育场馆60年 ………………………………… 杨嘉丽　104

走向法治的中国体育 ………………………………… 张　剑　127

以人为本　科学发展 ………………………………… 史康成　147
　　——我国运动员保障事业回顾与展望

坚持为国家整体利益服务的我国体育外事工作 …… 宋鲁增　160

与时俱进　彰显特色　成就斐然 …………………… 蒋志学　182
　　——中国反兴奋剂巡礼

新中国成立60年体育宣传回顾 ……………………… 张海峰　200

我国社会体育项目的发展成就和基本经验 ………… 胡建国　223

不负众望　不辱使命 ………………………………… 宋　晶 231
　　——军队竞技体育工作素描

新中国竞技体育的第一块奠基石 …………………… 闫世铎 250
　　——训练局发展历程

新中国体育科研事业的辉煌成就与历史经验 ……… 田　野 271

追求卓越，努力成为中国高等体育教育的领跑者 …… 杨　桦 293
　　——北京体育大学发展历程回顾

体育文化：繁荣发展　天地广阔 …………………… 孙大光 308

新中国体育信息化历程和展望 ……………………… 赵　黎 330

民间大使　友谊桥梁 ………………………………… 翁家忍 347
　　——新中国援外教练工作发展历程

彼此激励　共同成长 ………………………………… 马继龙 367
　　——中国奥委会市场开发的回顾和展望

取之于民　用之于民 ………………………………… 王卫东 383
　　——中国体育彩票发展的历史回顾

序言 从昔日"东亚病夫"到盛世体育辉煌

国家体育总局局长 刘鹏

伴随着共和国的成长，新中国的体育事业走过了60年不平凡的拼搏历程，取得了世界瞩目的辉煌成就，成为世界体坛举足轻重的力量。体育事业的发展是我国社会主义现代化建设光辉历程和伟大成就的缩影，也是中华民族奋发图强、努力实现伟大复兴的精彩写照。

一、开拓进取的奋斗历程

当代中国体育的历史是一个从极度落后发展为成就卓著、举世瞩目的体育大国的过程。1949年新中国成立以前，中国国民体质羸弱，运动水平低下，体育人才和场地设施极度匮乏。正如毛泽东同志所指出的："过去说中国是'老大帝国'、'东亚病夫'，经济落后，文化也落后，又不讲卫生，打球也不行，游水也不行……"新中国的体育事业就是在这样的基础上艰难起步的。1949年10月，中华人民共和国中央人民政府刚刚成立，就组织召开了全国体育工作者代表大会，提出了建设"民族的、科学的、大众的"新体育的号召，提出"要为人民的健康、新民主主义的建设和人民的国防而发展体育。"从而明确了新中国体育的性质和任务。1952年6月10日，毛泽东同志发表了"发展体育运动，增强人民体质"的题词，指明了中国体育的方向，为中国体育发展奠定了重要的思想基础。随后中华全国体育总会和中央人民政府体育运动委员会相继成立，并逐步建立起了一个由体委统一领导，各部门具体实施、分工合作的体育管理体系。同时，体育基础设施建设和队伍建设得到大力加强，体育政策和制度建设不断完善，体育国际交往活动日益频繁，中国体育迅速得到了广泛的普及和显著的提高，摆脱了旧中国的落后局面。

新中国体育的发展也并非一帆风顺，而是受到复杂多变的国际国内形势的影响。由于国际奥委会等国际体育组织内少数势力持顽固的反华立场，在国际体育事务中玩弄"两个中国"伎俩，我国于 1958 年被迫中断了与国际奥林匹克委员会等国际体育组织的联系。十年"文革"中体育事业发展受到严重影响，一度处于停滞状态。"文革"结束后，经过拨乱反正的中国体育走上了正确的发展道路。伴随着十一届三中全会以后开始的中国社会改革开放的伟大进程，中国体育发生了深刻变革。1979 年，根据邓小平同志"一国两制"的伟大构想，我国以"奥运模式"成功解决了在国际奥委会和其他国际体育组织中的台湾关系问题，恢复了在国际奥委会的合法席位。1980 年，我国首次组队参加冬季奥运会；1984 年，改革开放后的中国首次组队参加夏季奥运会，拉开了中国体育在奥运会赛场上争金夺银、为国争光的序幕。另一方面，随着经济发展、社会进步和人民生活水平的不断提高，体育社会化程度不断提高，体育日益成为人民群众生活的一部分，并在经济社会生活中发挥着越来越重要的综合影响和促进作用。

与此同时，我国积极参与国际体育交往，在世界体育舞台上扮演着越来越重要的角色，发挥着越来越重要的作用。目前，我国共有259 人在世界和亚洲体育组织担任 409 个职务，任秘书长以上领导职务 230 个，先后有 34 人获得奥林匹克勋章。我国已经成为国际体坛的一支重要力量。

从 20 世纪 80 年代开始，中国体育以解放和发展生产力为目标，在管理体制、群众体育管理制度、训练和竞赛制度等方面进行了一系列改革，逐步探索形成了与社会主义市场经济体制相适应的体育体制和运行机制。体育战线在改革开放的大潮中不断深化对体育发展规律的理性认识，大胆创新，勇于实践，积极开创体育事业发展的新局面，使群众体育、竞技体育、体育产业等各个方面都得到了突飞猛进的发展，取得了举世瞩目的巨大成就，探索出一条适合中国国情的中国特色社会主义体育发展道路，为新时期体育事业的全面、协调、可持续发展奠定了坚实基础。

二、全面发展的巨大成就

60年来，伴随着中国社会的沧桑巨变，中国体育也早已扭转了极度落后的局面，实现了全面、快速的发展，在各个方面都取得了举世瞩目的巨大成就。

（一）发展体育运动，增强人民体质

大力开展群众性体育活动，不断提高人民群众的健康素质，是体育工作的根本目标，也是促进人的全面发展的重要手段。建国以来，党和政府始终重视群众体育的发展，始终把人民群众的健康放在第一位，先后出台了一系列群众体育发展的规章制度和政策措施，包括准备劳动与卫国体育制度（简称"劳卫制"）、国家体育锻炼标准制度等。为了适应广大群众日益增长的体育健身需求，使群众体育活动开展得更加普及、更加规范，1995年6月，国务院批准下发了《全民健身计划纲要》。"全民健身计划"是一项中华民族体质建设的宏伟规划，是一项国家支持、全民参与、依托社会的跨世纪的全民健身系统

工程。《纲要》实施以来，各级政府和有关部门以构建亲民、便民、利民的体育服务体系为目标，着眼于建设群众身边的健身场地、健全群众身边的体育组织、开展群众身边的体育活动这三个关键环节，突出四个重点：青少年体育以学校为重点，农村体育以乡镇为重点，城市体育以社区为重点，军队体育以连队为重点，紧紧抓住满足广大人民群众日益增长的体育需求这个出发点，努力开创群众体育工作新局面，取得了显著成效。

群众体育设施遍布城乡。截至2004年年底，我国各类体育场地共850080个，是建国初期的199倍。人均体育场地面积1.03平方米，是建国初期的101倍。特别是全民健身计划实施以来，中央共投入资金近6.45亿元，建设了13批"全民健身路径工程"，建设全民健身路径1.1万条，地方各级政府出资建设路径10万多条。在全国部分城市投入1.64亿元，建设规模较大、功能齐全的"全民健身活动中心"工程157项，在老、少、边、穷等经济欠发达地区投入5亿多元，援建小型公共体育设施及"雪炭工程"318项。"农民体育健身工程"列入了国家"十一五"规划，在全国已建设"农民体育健身工程"77410个，在建43844个。遍布城乡的体育设施为群众参加体育健身活动提供了有力的支持。

群众体育组织化、科学化水平不断提高。目前，随着体育社会化程度的不断提高，我国群体组织基本覆盖了全国城乡，形成了从中央、省级、地市级、区县级、街道（乡镇）的层次结构，其中，中华全国体育总会所属会员如全国性单项体育协会、省区市体育总会、行业体协176个；全国共建立省级社会体育指导中心23个；群众健身活动晨、晚练点20余万个；青少年体育俱乐部3092个。为确保全民健身计划的科学化、规范化，各级体育部门会同有关部门实施了国民体质监测制度、体育锻炼标准制度、社会体育指导员制度等，定期对群众体育现状进行调查，对国民体质状况进行监测，并向社会公布结果，指导和规范群众的体育健身活动。2009 年 8 月 30 日，国务院总理温家宝签署国务院第 560 号令，《全民健身条例》正式公布，并将于 10 月 1 日起施行。这是体育领域第一部专门针对全民健身的行政法规，为保障人们在全民健身活动中的合法权益、促进全民健身活动开展提供了坚实的法律保障，是全民健身工作和体育事业进一步走上法制化、规范化轨道的重要标志。

群众体育活动蓬勃开展。劳卫制、全国体育锻炼标准等各项体育制度的实施和政策的落实，极大推动了群众体育活动的开展，掀起了一个又一个群众体育热潮，奠定了坚实的群众体育基础。从 1957 年到 1966 年，有 4200 多万人达到劳卫制和青少年体育锻炼标准。《全民健身计划纲要》颁布以来，各级体育部门会同有关部门进一步加大了对群众体育的推动，积极开展"亿万青少年儿童健身活动"、"亿万农民健身活动"、"亿万妇女健身活动"、"亿万职工健身活动"、"亿万老年人健身活动"；以场地设施建设、健身指导、普及体育知识为主要内容的体育下乡、体育进社区活动日益深入；围绕节假日组织开展的全民健身博览会、体育健身活动展示、元旦登高、春节长跑、健身大拜年等活动特色鲜明；"全国亿万学生阳光体育运动"全面启动；"全民健身与奥运同行活动"深入人心。各类群众性体育竞赛活动红红火火，建国以来我国共举办了 6 届农民运动会、8 届少数民族运动会、7 届残疾人运动会、9 届中学生运动会和 8 届大学生运动会，创办并成功举行了 3 届以非奥运项目为内容的全国体育大会，全民健身活动月、世界著名在华企业职工健身大赛等活动和新型赛事也应运而生。据统计，我国目前经常参加体育锻炼者达到 28.2%。

经国务院正式批准，自 2009 年起，每年的 8 月 8 日为全国的"全民健身日"。我国第一个全国性体育节日的诞生，表明了党和国家对全民健身事业的高度重视，是北京奥运会遗产社会化、全民化的重要成果，对促进全民健身运动广泛深入开展具有重要意义。围绕今年第

5

一个"全民健身日"的到来，全国各地开展了集中与分散相结合、丰富多彩的群众体育活动，极大丰富了广大人民群众的精神文化生活。

（二）勇攀高峰　为国争光

旧中国竞技体育水平低下，三次参加奥运会均空手而归，被蔑称为"东亚病夫"。新中国成立后，为提高我国的体育运动技术水平，努力攀登世界体育高峰，我们进行了长期的探索，逐步形成了以奥运会为最高层次的竞技体育发展战略，形成了有中国特色的竞技体育的举国体制。几代中国运动员在强手如林、竞争激烈的国际赛场上取得了辉煌的成绩。

1956年6月7日，在我国上海举行的中苏举重友谊赛上，我国举重运动员陈镜开以133公斤的成绩，打破了最轻量级挺举世界纪录，这是我国运动员创造的第一个世界纪录；1959年，在原西德多特蒙德举行的第25届世界乒乓球锦标赛中，中国21岁的乒乓球运动员容国团在男单比赛中力挫群雄，成为新中国历史上第一个世界冠军。1984年，改革开放后的中国组队奔赴洛杉矶，首次参加夏季奥运会，经过顽强拼搏，实现了奥运金牌"零"的突破，并一举获得15枚金牌、8枚银牌、9枚铜牌，位列金牌榜第四名的优异成绩，令世界震惊，国人振奋。回想当年，洛杉矶正是1932年刘长春单刀赴会、我国首次参加奥运会的城市，抚今追昔，我们通过体育看到了中国的沧桑巨变。随后我国又参加了第24—28届夏季奥运会，不断取得新的成绩和突破。在举世瞩目的北京奥运会上，中国体育代表团一举获得51枚金牌、21枚银牌、28枚铜牌，奖牌总数100枚，创4项世界纪录。位列奥运会金牌榜第一，奖牌榜第二，取得了运动成绩和精神文明双丰收，创造了中国竞技体育新的辉煌，实现了出征前许下的为人生添彩、为奥运增辉、为民族争气、为祖国争光的豪迈誓言。我国自1980年首次参加冬奥会后，在2002年盐湖城冬奥会上实现了我国冬奥会金牌

"零"的突破。在亚洲,从 1982 年新德里举行的第九届亚运会开始,中国已经连续 7 届位列金牌榜第一。据统计,截至 2009 年 6 月底,我国运动员共获得世界冠军 2299 个,创超世界纪录 1191 次。中国已经成为国际体育舞台上具有强大竞争力的重要力量。

中国健儿在国际赛场上的优异表现,为祖国赢得了巨大的荣誉,在振奋民族精神,提高国家和民族凝聚力、向心力方面发挥了重要作用,也向世人展示了新中国的崭新形象和我国社会主义建设取得的巨大成就。长期以来我国体育队伍中涌现了一大批全国人民耳熟能详的优秀运动员和英雄集体,包括长盛不衰的中国乒乓球队,五连冠的中国女排,勇攀高峰的中国登山队,被誉为"梦之队"的中国跳水队等,以他们为代表的体育健儿创造的"为国争光、无私奉献、科学求实、遵纪守法、团结协作、顽强拼搏"的中华体育精神,极大丰富了社会主义精神文明建设的内容,创造了宝贵的社会精神财富,激发了全国人民积极投身社会主义现代化建设的热情。北京奥运会结束后,中共中央、国务院向中国体育代表团发来贺电,称赞中国体育健儿"向全世界展现了中华儿女积极进取、昂扬向上的蓬勃朝气,展现了中华民族自强不息、团结奋斗、和平进步的精神风貌。……用自己的实际行动,极大激发了全国各族人民的爱国热情和拼搏精神,给正在积极推进改革开放和社会主义现代化建设的全国各族人民以巨大鼓舞,为国际奥林匹克事业做出了突出贡献。"

(三) 体育产业成为国民经济发展的新亮点

我国的体育产业是改革开放以来随着经济、社会和体育事业的不断发展从无到有、逐步兴起的。到目前已经初步形成了以体育健身服务业、体育竞赛表演业和体育用品业为主要内容的体育市场框架体系,形成了由不同经济成分和组织形式构成的市场主体队伍。随着人民生活水平的提高和体育消费意识的增强,满足人民群众多元化体育需求的体育健身娱乐业快速发展，各种健身场所迅速兴起，健身消费成为崭新时尚；竞赛表演业日益活跃，具有中国特色的篮球、排球、乒乓球等项目的国内联赛已经具备了一定的规模，大型综合性运动会的市场开发取得了良好的效益，ATP网球大师杯、国际汽联一级方程式锦标赛、环青海湖国际公路自行车赛等品牌赛事引人注目；我国的体育用品市场不断壮大，已经成为世界最大的体育用品制造基地。同时，体育用品业正在从过去的产品经营向品牌经营转变，成为体育产业中开放度高、竞争激烈、增长迅速的领域。中国国际体育用品博览会从1993年创办以来，迄今已经举办了24届，成为亚洲最大、世界排名第三的体育用品博览会。

为支持体育事业的发展，国务院自1994年起批准发行体育彩票。到2008年底，体育彩票销售累计2383亿元，筹集公益金777亿元。体育彩票公益金对促进全民健身计划和奥运争光计划的实施发挥了重要作用。体育彩票除固定额度内的发行所得用于体育事业外，其不断增加的公益金收入主要用于全国的社会保障和其他公益事业，发挥着"国家彩票"的作用，为社会发展做出了重要贡献。

体育产业的发展为体育事业注入了新的强大动力，丰富了社会体育资源，为满足群众多元体育需求提供了新的有效途径。体育产业的发展，还带动了旅游、建筑、通讯、新闻出版等相关行业的发展，对促进社会就业、优化产业结构发挥了积极作用。据统计，在我国东部沿海发达地区，体育产业增加值已经占当地国内生产总值的1%左右，体育产业的增长速度总体上也远远高于经济增长速度，成为国民经济发展的新亮点。

三、北京奥运会——在科学发展观指引下向 体育强国迈进的新起点

举办奥运会是中华民族的百年梦想。早在1908年10月，伦敦第

四届奥运会刚刚结束,《天津青年》杂志即刊文提出:中国何时才能参加奥运会?中国何时才能在奥运会上获胜?中国何时才能举办奥运会?表达了国人发愤图强、不甘人后的强烈愿望。经历了百年沧桑、历史巨变,这三个愿望终于全部成为现实。2008 年 8 月 8 日至 24 日,第 29 届夏季奥林匹克运动会在北京隆重举办并取得圆满成功,实现了"有特色、高水平"的目标,被誉为"一次无与伦比的奥运会"。在筹办北京奥运会期间,全国体育界紧紧抓住难得的历史契机,以科学发展观为统领,大力开展"全民健身与奥运同行"活动,大力发展体育产业,使北京奥运会对体育事业发展整体的带动作用得到了充分发挥;在筹办北京奥运会期间,体育成为全社会的关注焦点和热门话题,极大地促进体育运动的普及,中华大地掀起了经久不息的体育热、奥运热、爱国热,充分体现了体育巨大的社会价值和影响力。北京奥运会是对中国体育事业发展水平的一次全面检阅,也是将永远载入中国体育发展史册的华彩篇章。

2008 年 9 月 29 日,北京奥运会、残奥会总结表彰大会在人民大会堂隆重举行,胡锦涛总书记发表重要讲话。总书记深情回顾了中国体育、中国奥林匹克运动不懈奋斗的艰辛历程,高度评价了中国体育的辉煌成就,对体育工作作了全面深刻的论述,提出了进一步推动我国由体育大国向体育强国迈进的奋斗目标,为新时期体育事业的发展指明了方向和道路。面向未来,中国体育要以科学发展观为指导,以人为本,认真研究新的历史条件下体育在人民生活和社会生活中的新特点、新定位,着眼于人民群众对生活质量的新追求,为人民群众提供更多更好的体育公共服务,让更多的人享受社会进步和体育发展的成果;要在坚持和完善举国体制、保持我国竞技体育特点和优势的基础上,不断挖掘潜力,优化结构,提高效益,推动竞技体育内部各门类均衡发展,增强中国体育的综合实力和国际竞争力;要努力实现体育事业与体育产业协调发展,不断增强体育发展的后劲与活力,为体育发展开辟更加广阔的空间；要坚持科教兴体、人才强体、依法治体，加快中国体育的现代化进程。全国体育战线要坚定不移地坚持中国特色社会主义体育发展道路，牢记神圣使命，发扬优良传统，拼搏奋斗，不懈追求，努力实现体育事业的全面、协调、可持续发展，努力创造中国体育的新辉煌，奋力向实现体育强国的宏伟目标迈进，为全面建设小康社会、构建社会主义和谐社会，为中华民族的伟大复兴做出新的更大的贡献！

发展体育运动　增强人民体质

——新中国成立 60 年群众体育成就与经验

国家体育总局群体司司长　盛志国

2009 年 10 月 1 日，中华人民共和国迎来 60 周年华诞，中国体育伴随着共和国的成长走过了不平凡的历程。群众体育作为我国体育事业的重要组成部分，在 60 年的发展历程中，取得了丰硕的成果，积累了丰富的经验，逐渐形成了具有中国特色的全民健身体系。

一、群众体育发展阶段的历史回顾及成就

新中国成立以来，我国群众体育的发展取得了令人瞩目的成绩，回顾其发展历程，大致可以划分为 5 个阶段。

（一）起步创业阶段（1949—1957 年）

1. 经济基础、社会状况

1949 年 10 月 1 日，中华人民共和国成立，中国结束了长期的社会动荡，有了一个比较稳定的社会经济环境并开始了全面建设现代化时期。这一阶段是我国社会主义事业奠定基础的时期，也是我国群众体育在一穷二

白的状态下起步创业的阶段。

刚刚成立的新中国，困难重重，百废待兴，现代工业产值只占很小比重，几乎是当时世界上最穷的农业国家之一。在这样的基础上发展社会主义的新体育，创业之艰难可想而知。然而，中国共产党人对建设一个新中国充满信心，从新中国成立到1957年，短短几年时间，新中国经济建设取得了巨大成就：仅用3年时间就清理了战争留下的废墟，到1952年，国民经济恢复时期结束，第一个五年计划成功实施，这些成就为社会主义工业化建设奠定了根基，同时也使中国群众体育的初步发展有了较坚实的经济基础。

2. 主要任务与基本方针政策

新中国刚刚成立，中央人民政府就把发展体育事业摆上了议事日程，提出了"新中国、新体育、新政策"的要求以及"体育工作要实行普及与提高相结合"的方针政策。1949年9月，中国人民政治协商会议通过的《共同纲领》第48条就规定："提倡国民体育"，1952年毛泽东同志发出了"发展体育运动，增强人民体质"的号召，明确了我国体育事业的基本目标，1954年，中央在批转原国家体委关于加强人民体育运动的报告中明确指出："改善人民健康状况，增强人民体质是一项重要政治任务"。因而，改善民族体质，为现代化建设和国防服务成为新中国成立初期发展群众体育的主要任务。

3. 主要成就

新中国成立之初，党和国家号召人民积极参与体育运动，增强体质，为现代化建设和国防服务，于是广大人民群众把锻炼身体作为崇高的革命使命，以空前的革命热情投身到群众体育的行列中。这一时期的群众体育呈现出明显的国防体育的特征，并以大型活动的开展为其组织形式，如大会操、大比武等。

由于得到党和政府的大力支持，中国群众体育在开创初期就取得了令人瞩目的成绩。

第一，进行群众体育机构和制度的建设。1949年10月，中华全国体育总会创立，朱德同志担任名誉主席。1952年，成立中华人民共和国国家体育运动委员会，成立了 21 个产业系统和各体育单项协会，政府部门与群众团体结合起来，建立了比较完整的组织领导体系。1955 年 10 月，全国总工会设立了体育部，截至 1957 年，铁路、煤矿、公安等 20 个系统建立了行业体育协会，成立了近 4 万个体育基层协会，全国农村已建立 3 万多个基层体育协会，这为群众体育的管理和群众体育活动的开展奠定了组织基础。

建国初期还初步建立了群众体育制度，1951 年，由国家机关单位发出了《关于推行广播体操的通知》，在全国掀起了开展广播体操的热潮，并形成了制度。1951 年开始实施了《准备劳动与保卫祖国体育制度》（简称"劳卫制"），1955 年，作为"国家体育教育制度基础"的"劳卫制"正式在全国推行。"劳卫制"分为预备级、第一级和第二级。1958 年国务院批准《劳动卫国体育制度条例》。推行"劳卫制"的目的在于鼓励人民积极参加体育锻炼，促进体育运动的广泛开展，提高运动技术水平，促进人民身强力壮、意志坚强，更好地为社会主义建设和保卫祖国服务。据不完全统计，1956 年末，各地中等以上学校普遍实行"劳卫制"，有 300 多万人经常参加"劳卫制"锻炼，70 多万人达到"劳卫制"各级标准（不包括军队）。到 1965 年，全国累计共有 4280 多万青少年达到《体育锻炼标准》和"劳卫制"各级标准。

第二，体育场馆、器材设备也有了较大的发展。全国标准体育场馆、游泳池、健身房等设施由 1949 年的 110 个发展到 1957 年的 530 个。全国各种体育场地也由 1949 年的 4982 个增长到 1957 年的 33444 个。

第三，职工体育和农村体育蓬勃发展。1955 年 10 月，全国第一届工人运动大会在北京召开。1956 年召开了首次全国农村体育工作会议，要求农村县级成立体育运动委员会。职工体育、农村体育出现欣欣向荣的景象，国民体质得到了很大的改善。

（二）波浪前进阶段（1958—1965 年）

1. 经济基础、社会状况

1958—1965 年，我国进入了全面的大规模社会主义建设时期，第一个五年计划的超额完成，为我国国民经济的迅速发展打下了坚实的物质基础。但从 1958 年开始，"左"倾思想在我国社会主义事业发展中占主导地位，出现了"大跃进"、"反右倾"等全国性运动，国民经济比例严重失调，从而导致了 1960—1962 的三年困难时期。这一历史阶段，我国的体育事业和国民经济的发展趋势一样，经历了一个马鞍形、呈波浪前进的发展趋势。

2. 主要任务与基本方针政策

1958 年，周恩来总理在《发展国民经济第二个五年计划的建议报告》中明确将"增强人民体质"和"提高我国体育运动水平"作为党的体育工作的两大基本任务。1959 年 4 月 18 日，周恩来总理在《政府工作报告》中明确而完整地提出了我国社会主义建设时期"普及和提高相结合"的体育方针，由此而形成了社会主义中国以"发展体育运动，增强人民体质"为根本任务，以"普及和提高相结合"为基本方针的体育发展思路。

3. 主要成就

这一阶段的群众体育和国民经济的发展走势一样，呈大幅度的起伏状态，可以分为前后两个时期。此阶段的初期，群众体育的发展陷入了一个低潮期；此阶段的后期，随着国民经济形势的好转，体育战线也调整了方针政策，提出了群众体育锻炼原则，将"劳卫制"修订成《青少年体育锻炼标准》并开始试行，从而使得群众体育恢复了生机，全国又出现了体育锻炼的热潮，群众体育呈现出蓬勃发展的大好局面。

虽然在这一阶段群众体育发展处于波浪前进时期，但也取得了一定的成绩。

第一，1959 年，我国举行了第一届全国运动会，有不少学生、职工群众参加，对我国群众体育的开展起到了动员、带动和促进作用。1965 年，围绕第二届全运会的举行，全国出现了群众体育活动的高潮，近亿人参加各种体育活动，使中国群众体育迈向了新的高度。

第二，体育宣传出版工作有了较大发展，创办了《体育报》，体育科研工作也得到了加强，成立了我国第一个体育科学研究所。

（三）10 年挫折、停滞阶段（1966—1976 年）

1. 经济基础、社会状况

当我国国民经济经过几年的调整恢复时期正重新走上健康发展轨道之时，"文化大革命"开始了。"文革"的 10 年浩劫，给中华民族带来了灾难性后果，使国民经济造成了 5000 亿元以上的巨大损失，国民生产总值在 128 个国家中位于倒数第 20 位，其严重程度超过"大跃进"所造成的破坏，使中国群众体育的发展又一次遭受到了极大的挫折。

2. 主要任务与基本方针政策

"文革"给中国人民带来了极其严重的后果，在"打倒一切，全国内战"的混乱形势下，"文革"在体育界的体现是"体育革命"，群众体育方针政策遭到严重破坏，"文革"批判体育政策是修正主义，通通被砍掉，给体育工作造成很大的混乱，大规模的体育活动多与政治联系在一起。

3. 主要成就

在"文化大革命"的 10 年中，我国群众体育事业遭受到了一场空前的浩劫，体育战线受到了严重的摧残和破坏，大量体育设施荒废被捣毁，群众体育活动的组织管理体系已消失，自发、自娱的群众活动被迫停止。职工体育协会等体育组织网络和业余训练队被解散，农村开展的民间传统体育活动也被"破四旧"的狂潮淹没，农村体育活动的开展流于形式，妨碍了农业生产。

我国群众体育虽然在"文革"时期遭到了极大的破坏，但也不是毫无成就可言，依然在各种曲折下取得了一些进步。

1971 年，周恩来总理在"文革"以来的第一次全国体育会议上，充分肯定了前 17 年的工作成绩，体育工作者深受鼓舞，体育工作获得了一个短暂的恢复，恢复了一些体育组织领导机构，《新体育》杂志和《体育报》也先后复刊，一大批体育工作者对群众体育倾注了大量的心血，在体育场地和达标活动等方面也取得了一定的成绩。大批知识青年到农村"插队落户"。他们中间的一些人成为当地体育活动的骨干，把球类和田径等体育活动带到了边远落后的农村，1972年全国农村体育工作会议召开后，陆续举办一些县、区（镇）级的农民运动会。

（四）恢复和调整阶段（1976—1994年）

1. 经济基础、社会状况

1978年12月18—22日，中国共产党召开了具有历史性意义的十一届三中全会。全会决定把全党工作重点转移到社会主义现代化建设上来，并提出了中国实行改革与对外开放的基本国策，从而为我国体育事业的发展指引了前进的方向。国民经济得到初步恢复，工农业主要产品增加，人民生活水平大幅度提高，尤其是我国改革开放政策的实施和社会主义市场经济体制的建立，为群众体育的进一步发展提供了新的历史机遇。

2. 主要任务与基本方针政策

文革后，我国的社会主义建设事业开始进入一个新的历史时期，群众体育也步入了恢复和调整的新阶段。在恢复阶段，原国家体委提出了以"学校体育为重点，积极加强对职工体育的领导，在优先发展城市体育的同时兼顾农村体育"的工作方针。此阶段的主要任务是全面恢复群众体育工作，包括群众体育方针政策、制度、体育机构、体育组织的全面恢复以及群众体育活动的大力开展。

到1984年，群众体育进入了调整和改革阶段。1984年，在国家体委拟定的贯彻《关于进一步发展体育运动的通知》的意见中提出了"克服体育过分集中于国家办的弊端，放手发动全社会办体育"的改革思路，形成了"在体育行政部门领导、协调、监督下，群众体育实行国家办和社会办相结合并以社会化为突破口，调动社会多渠道，多层次、多形式办体育"的积极性方针。在调整阶段，群众体育主要是对群众体育管理进行调整，包括扶持各行各业办体育，大力开展竞赛活动、开展业余训练等等，并进行初步的改革设想与试行。单纯依赖国家和主要依靠行政手段高度集中式办体育的群众体育工作模式正在逐步被突破，一种新型的由国家调控、依托社会、服务群众、充满生机和发展活力的群众体育管理体制和良性运行机制正在逐步建立。

3. 主要成就

1976 年 10 月，"四人帮"被粉碎后，体育界和全国人民一道走出了阴霾，迎来了新的春天，党和国家大力倡导群众体育，并进行了全面调整和恢复工作。在"文革"中受到迫害的体育领导干部、体育工作者得到平反，遭到严重破坏甚至瘫痪的各级体育系统和组织得到恢复，中华全国体育总会、地方分会和体协等社会体育组织也相继调整和恢复。此后，全国的群众体育工作逐步走上正轨。为了充分发挥社会办体育的积极性，适应体育运动全民性的特点，20 世纪 80 年代中期对群众体育管理体制进行了一系列改革和调整。在城市中大力提倡和积极扶持各行各业、各部门以及集体、个人自办体育，鼓励和支持社会力量建设和经营体育场所；在农村则以乡镇为中心，充分发挥基层政府和乡镇企业的积极性，因地制宜，努力开展各种类型的民俗性体育活动。

党的十一届三中全会后，群众体育发展通过恢复和调整后，取得全面进展。主要表现在以下几方面：

第一，规章制度的颁布。

1982 年 8 月 27 日，国家体委发布了《国家体育锻炼标准》。经过近 10 年的实践，1990 年 12 月 9 日又发布了新修订的《国家体育锻炼标准》，并在 1991 年 1 月 6 日发布了《国家体育锻炼标准施行办法》，1993 年 12 月 4 日，颁布了《社会体育指导员技术等级制度》。这些标准和制度的颁布施行，大大促进了群众体育的发展。

第二，城市职工体育蓬勃发展，农村体育呈现新气象。

（1）城市职工体育蓬勃发展

城市体育的组织领导机构迅速恢复，到 20 世纪 90 年代，行业体协由 1982 年的 2 个，发展到 14 个体协和 7 个体协筹备组，全国基层体协达 4000 多个，全国共有职工体育组织机构 10 万余个，全国工会系统已有专职体育干部2万余人,各种运动队55万余个,经常参加体育活动的人数增至5000余万人。职工体育也由单纯行政命令组织活动,向多渠道、多形式演进。1985年9月在北京举行的第二届全国工人运动会,推动了职工体育的发展。1986年末,国家体委、全国总工会共同在全国开展"百万职工冬季长跑"活动。

(2)农村体育发展呈现出新气象

1979年1月,党的十一届三中全会刚刚结束,国家体委即下发《做好县的体育工作的意见》,加快了农村体育活动恢复和发展步伐。1979年,全国举办县以上体育竞赛活动29000余次,运动员659万多人。1985年,在全国范围内开展了"争创体育先进县"活动,不仅促进了农村群众体育活动的开展,而且推动了农村体育设施的建设。1986年,中国农民体育协会正式成立,各省(区、市)也相继成立了农民体协,为组织农民群众参加体育活动做了大量工作。1990年,推出了"亿万农民健身活动"收效明显。20世纪90年代,晨(晚)练活动开始走进农村乡镇,逐步进入农村居民的生活。

(3)体育场地、设施数量迅速增长

改革开放以来,我国体育场(馆)建设开始打破计划经济的发展模式,体育场馆数量增长迅猛,据1995年国家体委、国家统计局等单位联合进行的《第四次全国体育场地普查》结果显示,截至1995年底,我国共有各类体育场地615693个,是1949年的145倍,总面积7亿8千万平方米,平均每10人拥有50.82个体育场地。在我国的体育场地中,95.78%为室外体育场,室内体育场只占总数的4.22%。在现有的体育场地中,各类学校的场地占67.17%,农业系统占10.68%,工矿企业占7.32%,体育系统占2.34%。

(4)群众体育的活动形式、活动内容、价值取向、消费观念发生了改变

随着经济体制改革的不断深入和人们生活水平的提高,群众体育的活动形式日趋多样,正在向自愿参与、业余为主、以趣择项、多方筹办、有

偿服务方向发展，除了行政组织形式、自由结合形式和家庭形式外，社区组织形式和经营型、准经营型、体育俱乐部形式也随着社会生活环境的变化开始建立起来。群众体育内容也日益丰富，原来以单位组织练习的广播操、生产操、工间操和武术为主的职工体育活动开始向跑步、体育舞蹈、健美操、气功等方向发展，一些时尚的项目如网球、保龄球、高尔夫球、赛车等活动正逐步在城镇兴起。体育的价值取向由单一的健身向健身、娱乐、休闲相结合的多元化转变，个人体育消费也开始从福利型向消费型转变。

（五）全面发展阶段（1995年至今）

1. 经济基础、社会状况

随着改革开放的不断深入，社会经济得到了快速、稳定的发展，广大群众收入不断增加，人民生活水平获得较大提高。随着家庭收入的增长和家务劳动的社会化、机械化以及工作时间的缩短，居民的余暇时间大大增加，人们的生活方式和消费观念发生了极大的改变，人们对体育的需求也越来越倾向于健身、娱乐和休闲，因此，群众体育不断地深化改革，1995年《中华人民共和国体育法》和《全民健身计划纲要》的颁布实施将我国群众体育推进到一个全面改革的新阶段。

2. 主要任务与基本方针政策

1995年6月，国务院下发《关于印发全民健身计划纲要的通知》，对1995—2010年群众体育事业发展做出了全面规划和部署，提出了到2010年基本建成中国特色全民健身体系的奋斗目标。《全民健身计划纲要》成为我国群众体育事业跨世纪的纲领性方针政策。自改革开放以来，我们一直在探索在国家经济能力有限的条件下，如何使我国的体育事业发展得快一些，如何使竞技体育与群众体育协调发展、比翼齐飞。我国建设社会主义市场经济体制改革的取向确定后，探索适应社会主义市场经济体制改革的群众体育发展道路、建设适应社会主义市场经济的全民健身体系、深化群众体育社会化改革成为此阶段的主要任务。

《全民健身计划纲要》是一项在国家宏观指导下，依据社会全民参与的为实现社会主义现代化目标配套的社会系统工程，是提高国民整体素质的跨世纪的国民体质建设发展战略规划。为了保证全民健身计划的全面贯彻及群众体育活动的持续、稳定发展，政府将其纳入了我国现代化建设系统工程，成立了由国务院领导组成的"全民健身指导委员会"、"全民健身研究中心"、"全民健身"科技工程领导小组等组织，并从国家体委到各省市分设"全民健身"的组织管理机构，构成了一个自上而下落实推广《全民健身计划纲要》组织网络和立体的管理系统。并组织实施了《社会体育指导员等级制度》和《中国成年人体质测定标准》。

2009年8月30日温家宝总理签署第560号令正式颁布《全民健身条例》，于10月1日起施行。《全民健身条例》是我国第一部全面、系统规范全民健身事业发展的专门性行政法规，对全民健身管理机制、全民健身计划、全民健身活动、全民健身保障以及法律责任等作了明确规定。制定并施行《条例》，是我国全民健身事业法制化、规范化的重要标志，是加快全民健身事业科学发展、建立全民健身长效化机制的重要举措，是满足人民群众体育健身需求、促进体育事业协调发展的重要保障。《条例》突出了政府发展全民健身事业的责任，着力于解决影响我国全民健身事业发展的重大问题，充分反映了党和政府关注民意、改善民生的迫切愿望，体现了以人为本的执政理念和全心全意为人民服务的宗旨。

3. 阶段特征及主要成就

《全民健身计划纲要》和《全民健身条例》的颁布实施，标志着我国的群众体育进入了一个全面发展的新阶段。这一阶段群众体育主要以改革为特征，群众体育的运行机制开始由单纯行政推进转向政府领导、社会运作的共同推进，不断强化政府群众体育公共服务职能，努力实现群众体育跨越发展、科学发展。

2001年7月，北京申办2008年奥运会获得成功，中国体育进入了一个崭新的发展阶段。中国群众体育的发展也由此分为北京申奥成功前后两个时期。北京申奥成功前，我国群众体育事业按照国务院《全民健身计划纲要》的部署，顺利完成 1995—2000 年推行全民健身计划的第一期工程，实现了到 2000 年建立起社会化、科学化、产业化、法治化的全民健身体系基本框架的奋斗目标。并且从 2001 年开始到 2010 年，推行全民健身计划第二期工程的实施计划。

北京成功申办 2008 年奥运会改变了中国体育事业的发展格局，也使中国群众体育走入了一个与北京奥运会共同发展的时期。2001 年 11 月 9 日，江泽民同志指出，2008 年在我国举办奥运会，对我国的体育工作是一个极大的促进。体育战线要抓住机遇，争取竞技体育和群众体育都上一个新台阶。提出了竞技体育和群众体育共迎奥运、共谋发展的基本思路。国家体育总局主要负责同志也提出，紧紧抓住北京申办 2008 年奥运会这个千载难逢的大好时机，进一步加大全民健身计划实施力度，迎接 2008 年在北京举办的奥运会。2002 年 7 月，中共中央、国务院提出，以举办 2008 年奥运会为契机，把增强人民体育、提高全民族整体素质作为根本目标，积极开创体育工作新局面。以此为标志，我国群众体育进入了与北京奥运会同行的发展时期。

当我国在 2004 年雅典奥运实现了历史性突破，转而全力筹备北京奥运会的时候，2005 年 10 月，胡锦涛总书记指出，再过三年，第 29 届奥运会将在北京举办，这对于我国体育事业和体育工作来说，是一次难得的发展机遇。我们要抓住机遇，推动群众体育和竞技体育协调发展。进一步提出了群众体育和竞技体育协调发展、共迎奥运的发展思路。国家体育总局负责同志也明确提出，借助北京奥运会这个难得的舞台，积极推进"全民健身与奥运同行"。将"全民健身与奥运同行"推向社会。同年 12 月，2005 年全国群众体育工作会议明确提出，坚持全民健身与奥运同行，唱响"全民健身与奥运同行"主题；研究制订"全民健身与奥运同行"实施计划。由此，全民健身与奥运同行成为了群众体育发展的"主线"和"主题"。

2006 年 10 月，国家体育总局决定在全国组织开展"全民健身与奥运同行"系列活动。同年 11 月，国家体育总局下发《"全民健身与奥运同行"系列活动实施意见》，并且与中央文明办、全国总工会、共青团中央、全国妇联、中国农民体协、中国老年人体协和有关行业体协、单项体协、项目管理中心及有关省（区、市），联合推出了 65 项 2007 年开展的"全民健身与奥运同行"大型系列活动，将全民健身与奥运同行活动推向高潮。

2008 年北京奥运会成功举办后，为了巩固"全民健身与奥运同行"的丰硕成果，2009 年 2 月全国体育局长会议提出了推动全民健身长效化、机制化，重点做好履行政府体育公共服务职能，加强公共体育设施建设和管理；完善全民健身政策法规和规划；加强青少年体育工作，提高青少年学生身体素质；做好农民、老年人、职工、妇女体育工作等项工作。

为了满足人民群众日益增长的体育健身需求，为了纪念北京奥运会的成功举办，2009 年年初，国务院批准从 2009 年起，每年的 8 月 8 日为全民健身日。"全民健身日"的设立将极大促进群众健身意识的普遍提高、健身活动的广泛参与。国家体育总局向全社会征集了全民健身日的活动标志和主题口号。评选出的主题口号一组三幅，依次为"天天健身，天天快乐"、"好体魄，好生活"、"全民健身，你我同行"。2009 年 8 月 8 日，首个"全国全民健身日"启动仪式在北京奥林匹克公园举行。33996 名太极拳爱好者在启动仪式上进行了近 6 分钟的集体太极拳表演，创造了新的吉尼斯世界纪录。全国各地、各族人民以形式多样丰富多彩的体育活动，欢度首个全民健身日。

随着不断深化群众体育改革和唱响"全民健身与奥运同行"主题，我国群众体育事业发展成就显著。

第一，全民健身工程的实施。

《全民健身计划纲要》颁布实施后，全民健身工程建设有计划、规模化、系列化地开展起来，全民健身工程包括全民健身路径工程、全民健身活动中心、全民健身活动基地和为公共体育设施严重短缺地方建设的"雪炭工程"等。截至 2009 年，国家体育总局共投入体育彩票公益金 5 亿多元，在长江三峡库区和老少边穷地区援建小型综合健身馆项目 318 个；

投入体育彩票公益金 1.93 亿元，在全国命名资助建设 157 个全民健身活动中心；投入体育彩票公益金 5.5 亿元，在全国捐建了 13 批 11337 条"全民健身路径工程"；投入体育彩票公益金近 1 亿元，共命名资助了 51 个全民健身户外活动基地。

2005 年以来，国家体育总局认真贯彻政府新农村建设的重大战略部署，提出了建设"农民体育健身工程"的发展思路和实施计划。2007 年，国家体育总局与国家发改委、财政部联合制订下发的《"十一五"农民体育健身工程建设规划》提出，到 2010 年在全国完成 10 万个行政村农民健身场地设施建设，使全国六分之一的行政村建有公共体育场地设施，规划要求国家投入 12 亿，地方投入 18 亿。截至 2009 年国家投入 11.7 亿元，地方投入 40.85 亿元，据不完全统计共建设完成 177113 个农民体育健身工程。2009 年又投入资金 1.19 亿元进行农民体育健身工程（乡镇）试点。这使长期落后的中国农村体育设施得到了明显的改善，推动了农村体育的发展。

《全民健身计划纲要（1995—2010 年)》的颁布、全民健身工程的实施是新中国体育史上的一个里程碑，标志着我国群众体育的发展实现了新的飞跃，适应了中国社会发展和体育改革的需要，顺应了国际大众体育潮流，有效地激发了广大群众参与体育活动的积极性，产生了广泛的社会影响。

第二，群众体育设施明显改善。群众体育设施是人民群众进行体育健身活动的基本物质条件。20 世纪 90 年代中期以来，群众体育设施供给有了很大的改善，无论是标准体育场地还是非标准体育场地，其数量和质量都获得了快速发展。根据第五次全国体育场地普查结果，到 2003 年年末，共有各类体育场地 850080 个，其中标准体育场地 547178 个，非标准体育场地 302902 个，人均体育场地面积为 1.03 平方米。更为突出的是建在城乡居民身边就近就便开展体育健身活动的体育健身路径、健身园/苑、健身中心等非标准体育场地也显著增加。

用于开展群众性体育活动的室外和室内标准体育场地，同样取得了长足的进步。截至 2003 年，全国共建设固定看台灯光篮球场 4538 个、篮球场 293553 个、排球场 33058 个、门球场 15074 个、地掷球场 1051 个、室外网球场 6239 个、室外游泳池 2793 个、高尔夫球场 162 个。这一时期初步形成了覆盖城乡、形式多样、亲民便民的全民健身场地设施服务体系。

第三，群众体育组织化、规范化程度日益提高。

（1）社会组织网络体系不断健全。我国建立了政府与民间相结合的群众体育的组织管理体系，从层次上看，它包括宏观、中观和微观三个层次，其中宏观和中观管理系统由群众体育政府管理系统和群众体育社会管理系统共同组成，它的微观管理系统由体育活动点、辅导站和俱乐部构成。20 世纪 90 年代以来，群众体育组织网络逐步完善，形成了中央、省级、市（地级）、区（县）、街道（乡镇）的体育社团层次结构。据对全国 26 个省（区、市）调查统计，2000 年全国城市和乡镇共有 137269 个体育指导站正在形成。为了深化体育管理体制改革，推进政府管、办分离，1994 年 8 月 8 日，国家体委成立社会体育指导中心，中国群众体育已形成了一个以体育社会团体为主线，以基层体育指导站、活动点构成的点线结合、覆盖面广的社会化的群众体育组织网络。

（2）群众体育各种制度不断完善

①国家体育锻炼标准

国家体育锻炼标准自 1978 年制定以来，不断地修订和完善。到 2007 年，《国家体育锻炼标准》形成一个包括：《普通人群体育锻炼标准》、《国家学生体质健康标准》、《军人体育锻炼标准》、《公安民警体育锻炼标准》和《西藏自治区青少年体育锻炼标准》覆盖 6—59 岁大中小学生、城乡中年居民和军人、人民警察两个特殊职业人群以及西藏地区特殊地理环境下的青少年人群的完整的体育制度。

②国民体质测定与监测制度

国民体质测定与监测制度是我国群众体育的一项基本制度，旨在为测量、评价国民体质状况和体育锻炼效果，提供一套科学的指标及标准。《国民体质测定标准》自实施以来，取得了可喜的成果，标志着我国群众体育科学化水平有了新的提高，国民体质测定与监测制度进一步完善，加强了国民体质监测和科学健身指导。

③广播体操制度

从1981年到2005年，国家先后向全国推出4套成人广播体操、3套少年广播体操、4套儿童广播体操、3套幼儿广播体操，加上之前推出的5套成人、5套儿童、4套少年广播体操以及一系列关于推行广播体操的文件，我国形成了一套完整的广播体操制度。

④业余运动员技术等级标准

业余运动员技术等级标准是我国群众体育的一项基本制度，到2000年，发布业余运动员技术等级标准的运动项目包括围棋、田径、游泳、健美操、象棋、网球、乒乓球、羽毛球、篮球、举重、国际象棋等。

第四，群众体育活动丰富多彩。

（1）城市职工和城市社区体育活动

以社区为重点的城市体育活动迅速发展，居民参加各种晨晚练点和其他体育场所的锻炼活动日趋活跃，形式多样的社区运动会、家庭趣味运动会广泛开展，体育健身活动已经成为越来越多的社区居民日常生活的重要内容。2001年4月，国家体育总局和中华全国总工会联合发出通知，在全国开展"亿万职工健身活动"，为21世纪初叶的职工体育活动掀开了新的一页。随着改革不断深入，组织化的社区体育也逐渐发展起来。各地区、各单位、各行业和各单项体协紧密围绕"全民健身与奥运同行"主题，广泛开展有规模、有创意、有影响、贴近群众、方便参与的大型群体活动。仅2007、2008两年国家体育总局就推出了近150项大型群体活动。为奥运会的举办营造浓郁的全民健身氛围，呈现出服务奥运大局，服务国家经济社会发展大局的特点。

（2）农村体育活动

以乡镇为重点的农村体育活动是社会主义新农村精神文明建设的重要内容，也是我国群众体育发展的重要内容。20世纪90年代以来，农村基层的体育竞赛活动逐年增多，参加运动会的人数越来越多，乡镇运动会是农村基层群众性体育竞赛活动最典型的形式，也是农民的体育节日。2004年，国家体育总局设立了"农村体育年"，并在全国范围内广泛开展以体育场地设施，体育健身指导和体育科普知识为内容的"体育三下乡"活动，有效地丰富了农民业余文化生活。

（3）学校体育活动

以青少年为重点的学校体育和校外体育活动丰富多彩。各级体育部门与教育部门密切配合，广泛开展《国家体育锻炼标准》达标活动和《学生体质健康标准》测试活动，引导青少年学生积极参加校外体育活动。2006年12月23日，全国学校体育会议在北京召开，这是建国以来由国务院召开的第一次全国学校体育会议。在这次会议上，宣布启动了"全国亿万学生阳光体育运动"，随后，阳光体育运动在全国各类学校全面启动，亿万青少年学生响应号召，积极投身到体育运动中去，学校体育工作掀起了新高潮，注重积极创建青少年体育俱乐部，对促进青少年学生体质健康水平的提高发挥了积极作用。

此外，少数民族传统体育活动、残疾人群体育活动也得到迅速发展。

二、我国群众体育发展的基本经验

新中国群众体育经过 60 年的摸索与实践，特别是 1995 年实施《全民健身计划纲要》以来，在探索与建立国家调控、依托社会、服务群众的充满生机和发展活力的群众体育管理体制和运行机制中，在加快群众体育社会化进程的实践中，结出了丰硕成果，为继续推动北京奥运会后我国群众体育的发展积累了宝贵的经验。

（一）党和国家的高度重视、用法律保障群众体育事业发展

群众体育是体育事业的基础和重要内容，其发展规模和发展水平是体

育事业发展规模和发展水平的重要标志。同时群众体育还是社会发展事业的组成部分，是提高国民健康素质的基本途径。自新中国成立以来，群众体育一直受到党和国家的高度重视，给予大力扶持，才会有目前如此辉煌的成就。

1. 重视群众体育的重要地位，进行积极的方针政策引导

在新中国成立之初，党和政府就十分重视群众体育在社会发展中的作用。1949 年 9 月，中国人民政治协商会议通过的《共同纲领》第 48 条就规定"提倡国民体育"。1954 年中央在批转原国家体委关于加强人民体育运动的报告中明确指出"改善人民健康状况，增强人民体质"是党的一项重要政治任务。

伴随着改革开放的进程，党和国家始终把群众体育摆在重要位置，不断做出部署。1982 年，在第五届全国人大五次会议修订通过的《中华人民共和国宪法》中再次强调："国家发展体育事业，开展群众性的体育活动，增强人民体质是各级政府的职责"。1984 年 10 月，中共中央发出《关于进一步发展体育运动的通知》明确提出，积极发展城乡体育活动，努力提高人民健康水平，重点抓好学校体育，从少年儿童抓起。《中华人民共和国体育法》里也明确规定："国家发展体育事业，开展群众性的体育活动，提高全民族身体素质。"

1995 年 6 月，国务院下发《关于印发全民健身计划纲要的通知》，对1995—2010 年群众体育事业发展做出了全面规划和部署，提出了到 2010年基本建成中国特色全民健身体系的奋斗目标。2002 年 7 月，中共中央、国务院下发《关于进一步加强和改进新时期体育工作的意见》明确提出，新时期体育工作的根本目标是增强人民体质，提高全民族整体素质。2003年 6 月，国务院颁布《公共文化体育设施条例》，对向公众开放开展体育活动的公益性体育设施的规划和建设、使用和服务、管理和保护等做出明确规定。2009 年年初，国务院批准将每年的 8 月 8 日设立为"全民健身日"；同年 8 月 30 日，《全民健身条例》正式公布，并于 10 月 1 日开始实施。这些都充分体现了党和国家对群众体育工作的高度重视，并制定各种

方针政策进行积极引导。从法律方面为群众体育事业的发展提供保证。

2. 党的历代领导集体高度重视

党的历代领导集体始终高度重视群众体育这一关系全国人民健康的大事。1952 年，毛泽东同志的题词"发展体育运动，增强人民体质"，掀起了群众体育的高潮，使我国的群众体育在薄弱的基础上得到迅速发展。邓小平同志指出："把体育运动普及到广大群众中去。""中国体育主要是群众体育，体育应该在这方面搞好"，为改革开放后的群众体育发展奠定了发展的基调。

1997 年 8 月，江泽民同志为体育工作题词："全民健身，利国利民，功在当代，利在千秋。""为人民服务，为增强人民体质服务，是党和国家对体育工作的基本要求。体育事业是群众的事业，广泛开展群众参与的体育活动，是我们体育工作的重点。"这些都从指导思想上为新时期我国群众体育的发展指明了方向。

2005 年 10 月 12 日，胡锦涛同志在接见全国群众体育先进集体和个人表彰大会的代表时指出："广泛开展全民健身活动，提高全民族的健康素质，是全面建设小康社会的重要内容，是构建社会主义和谐社会的必然要求，也是功在当代、利在千秋的事业。"2008 年 9 月 29 日，胡锦涛同志在北京奥运会、残奥会总结表彰大会上的讲话中进一步要求，要继续发展群众体育事业。体育是人民的事业，要坚持以人为本，把北京奥运会、残奥会激发的群众体育热情保持下去。

可以看到，群众体育之所以成为历届政府及领导者工作的重要组成部分，并始终把它放在重要位置，这既是由群众体育的性质和规律所决定的，同时也充分体现了国家领导人对体育性质、功能作用的深刻认识和高瞻远瞩，从而在根本上保证了我国体育事业在正确的轨道上运行。

（二）遵循群众体育的发展规律

任何事物的发生发展都有其内在的规律。改革开放以来，我们力求遵循群众体育发展的规律，推进群众体育工作。主要表现在以下几个方面：

1. 群众体育的发展受经济、政治、文化条件的制约。体育的发展历史表明，体育的发展受一定社会的政治、经济、文化条件制约，群众体育的发展离不开政治这个大局，60 年的经验证明，安定团结的政治局面是我国群众体育事业发展的重要前提。"文革"10 年政治动荡，人心涣散，使人民群众从根本上失去了体育锻炼的热情和环境。而改革开放后，政通人和，社会安定，人们锻炼的需求增长，健身的热情高涨，群众体育获得前所未有的发展。在新的历史时期，更要利用国泰民安的政治环境，加快群众体育的发展，普遍提高广大人民的身体素质和健康水平，促进社会的进步繁荣。

经济是群众体育发展的基础，群众体育的发展规模、水平和速度，必须与社会经济的发展水平相适应，"大跃进"时的盲目发展，给群众体育带来了惨痛教训。改革开放后，我国根据基本经济制度和经济体制的重大转变，将国家办和社会办相结合，并以社会化为突破口，调动社会多渠道，多层次、多形式办体育，尤其是最近几年，注重群众体育产业化、法治化、科学化发展，使群众体育出现了突飞猛进的发展势头。历史的经验告诉我们，群众体育的发展不能超越经济的发展水平。

我国群众体育的发展有其自己的社会环境和文化背景。借鉴国外群众体育发展经验，我国注重其在中国的适用性，注重借鉴、吸收外来的文化精华，而不是照搬照抄。同时，注重发挥自身的优势，构建具有本民族特色的体育文化，构建新时期具有中国特色的体育文化。

2. 群众体育本身所固有的发展历程。我国的体育事业是伴随着我国现代化、城市化进程发生、发展的，有其固有的成长过程和规律。改革开放以来，我国进入到一个社会分化加快、社会组织化程度提高、社会阶层多元化的新的发展环境。体育主管部门适时提出了在"体育行政部门领导、协调、监督下，群众体育实行国家办和社会办相结合并以社会化为突破口，调动社会多渠道，多层次、多形式办体育"的积极性方针。提出了"构建多元化体育服务体系"的要求。单纯依赖国家和主要依靠行政手段高度集中式办体育的群众体育体系正在逐步被突破，由国家调控、依托社会、服务群众、充满生机和发展活力的群众体育管理体制和良性运行机制正逐步建立。

3. 明确体育工作的基本任务，发挥体育的本质功能。我国《宪法》规定，"国家发展体育事业，开展群众性的体育活动，增强人民体质。"因此，发展体育事业，增强人民体质，是我国体育工作的基本任务。60年的实践证明，明确体育工作的基本任务，发挥体育的本质功能，可以激发群众积极主动的参与意识，保持群众体育持续稳定的发展态势。

改革开放以后，随着人民群众对健身、休闲、娱乐的需求日益增长，群众体育工作必须把人民的利益和需要摆在第一位，紧紧围绕"增强人民体质，促进人自身的发展，满足人的需要"这个中心任务来开展。《全民健身计划纲要》的颁布，将群众体育的发展回归到了体育的本质。新中国成立 60 年来，党和国家对体育工作的要求是一贯的，2008 年北京奥运会后，更加明确了以满足群众日益增长的体育文化需求为出发点，把提高全民族健康素质作为根本工作目标，使体育本质功能得到回归。

4. 城乡体育协调发展。我国地域广阔，经济基础与发展条件不尽相同，特别是城乡之间，东西部之间无论是体育发展水平、质量、规模、速度还是体育资源的拥有量差异均较为显著。为尽量缩小这一差异，我国提出了在优先发展城市体育的同时兼顾农村体育的工作方针，加大对中西部地区和农村体育事业发展的支持力度，注重区域体育、城乡体育共同发展。

（三）制订正确的群众体育发展战略

体育战略是对体育领域重大的带全局性或决定全局的谋划，是推进体育改革、确保体育持续、稳定与健康发展，使体育事业更好地适应国民经济与社会发展的需要。

从 1979 年恢复我国在国际奥委会的合法席位以来，我国相继对体育发展战略做出了三次重大的调整，即 20 世纪 70 年代末 80 年代初的奥林匹克发展战略的实施，20 世纪 80 年代中期体育社会化战略的实施，20 世纪 90 年代初体育市场化改革战略的实施。通过几次发展战略的调整，形成了"以奥运会为最高层次的竞技体育发展战略"和"以青少年为重点的全民健身战略。"这一战略的实施，使中国的体育在改革开放以后短短的 20 年左右的时间里获得了飞跃发展，取得了巨大的成就。

从体育发展战略的历史演变可以看出，20 世纪 80 年代中期体育社会化战略的实施，20 世纪 90 年代初体育市场化改革战略的实施，均涉及了群众体育，但群众体育战略并没有作为独立的发展战略被提出。直到"以奥运会为最高层次的竞技体育发展战略"和"以青少年为重点的全民健身"战略的形成，标志着我国群众体育战略首次被独立提出。全民健身战略的顺利实施，标志着我国群众体育的发展实现了一次新的飞跃，对我国群众体育事业的发展起到了巨大的推动作用。

（四）注重财政投入、场地设施建设

体育事业作为社会主义现代化建设的重要组成部分，自新中国成立以来就得到了国家的高度重视，拨出大量经费发展群众体育，训练了大批体育骨干，兴建了大量体育场地，使得新中国的群众体育出现了一番欣欣向荣的景象。

1958—1965 年，国家虽然经历了"大跃进"和三年困难时期，但仍然拨出经费建体育场和购置体育器材，使得群众体育在 1965 年出现了一个小高潮的发展期。随着改革开放的到来，体育行政部门投入的群体经费逐年增大，不再仅仅是国家的行政拨款，还加大了社会的投入，逐步实现体育投资从政府单一化向市场多元化的转变。中国体育彩票是中国群众体育事业发展的重要资金来源。2000 年以来，国家体育总局充分发挥体育彩票公益金资助建设的引导作用，地方各级政府大力支持，多形式、多渠道筹集资金，群众健身场地设施有了明显的改善。

（五）与时俱进，不断改革和发展群众体育

中国群众体育 60 年取得今天如此辉煌的成就，得益于群众体育始终

坚持与时俱进，坚持改革和发展的基本思路，通过改革来促发展。

新中国成立之初，改造民族体质，为现代化建设和国防服务是建国初期发展群众体育的主要任务，人民将体育锻炼作为崇高的革命使命而积极地投身于体育中，国家担负着中国体育的所有义务，政府对体育事业实行高度集中的行政管理体制。高度集中的行政管理体制在当时特定的社会环境中起到了一定的作用。但由于受计划经济惯性的影响，群众体育的政治色彩浓重，阻塞了社会团体对体育提供支持的渠道，社会办体育的积极性不高，全国体育总会、国家奥委会虽然名义上是发展体育事业的群众性体育组织，实际上只是起到信息沟通与联络作用，职能依附于国家体委。因此，改革开放以前，我国的各单项协会实际上没有体制与机制的内涵，其职能并没有得到很好的发挥。

改革开放以后，群众体育事业进行了不少改革，比如对群众体育管理进行调整，包括扶持各行各业办体育，大力开展竞赛活动、开展业余训练等等，而这些只是停留在枝节性的改革上。直到党的十四大以后，体育才真正走上了改革的道路，我们总结为实现"六化六转变"。一是提倡生活化，个人的体育消费从福利型向消费型转变；二是大众化（普遍化），体育活动从体育部门一家办向大家办转变；三是社会化，体育组织形式从行政型向社会型转变；四是科学化，要求体育干部从经验型向科学型转变；五是产业化，体育事业单位从事业型向经营型转变；六是法治化，对体育的领导从"人治"向"法治"转变。

1995 年《全民健身计划纲要》的颁布与实施，将群众体育改革推向了新的高度。主要表现在：

第一，群众体育事业的发展模式由单一的政府投资主体向国家、社会、个人多渠道投资、多层次管理、投资主体多元化转变，体育社会化已成为不可逆转的主体。

第二，群众体育的事务性的工作则主要由准行政机构、社会团体、私人机构等社会组织承担。

第三，群众体育的组织结构呈现出多元化、网络化的趋势。我国群众体育组织结构基本打破政府集中管理的模式，呈现以中华全国体育总会为顶端的，以基层体育俱乐部、社区体育组织、居民小区等为基本组织载体的，各类体育社团广泛参与的纵向的、金字塔式的网络化组织结构体系正逐步形成。

群众体育的改革给群众体育注入了无限的生机与活力，促使群众体育蓬勃发展。我们应继续深化改革，使群众体育主管机构在群体工作上与社会团体形成有效衔接，真正建立与社会主义市场经济体制相适应、符合现代体育运动发展规律、国家调控、依托社会、自我发展、充满生机与活力的体育体制和良性循环的运行机制。

（六）强化依法治体，将群众体育纳入法制化轨道

法规制度建设是群众体育持续、快速、健康发展的重要保障。从上个世纪 50 年代开始，中央政府和国家体育行政部门随即就开展群众性体育活动、加强学校体育工作等方面制订了规章和制度性文件，尤其是劳卫制、全国体育锻炼标准等各项体育制度的实施，极大推动了群众体育活动的开展，掀起了一个又一个群众体育热潮。党的十一届三中全会以后，随着体育法制建设不断加强，《国家体育锻炼标准》、《学校体育工作条例》、《公共文化体育设施条例》等行政法规先后出台。1995 年《中华人民共和国体育法》颁布实施，国务院还颁布实施了《全民健身计划纲要》。国家体育总局随后制定了《社会体育指导员等级制度》、《中国成年人体质测定标准施行办法》、《国民体质监测管理条例》和《社会体育指导员管理办法》等一系列法规性文件。这些法规制度的出台标志着我国群众体育逐步进入法制化、制度化时期，极大地促进了群众体育的发展。2009 年 8 月 30 日，温家宝总理签署国务院第 560 号令，正式颁布《全民健身条例》，并将于 10 月 1 日起施行。该条例的颁布实施将为促进全民健身运动开展、保障国民在全民健身运动中的合法权益提供坚实的法律保障，对促进全民健身运动的广泛普及、提高国民健康素质、丰富人民群众精神文化生活发挥积极作用，是全民健身工作进一步走上法制化、规范化轨道的重

要标志。

三、未来群众体育发展趋势与任务

中国群众体育发展60年取得的巨大成就和宝贵的经验，为未来群众体育发展奠定了坚实基础；2008年北京奥运会、残奥会的成功举办，为群众体育发展带来了前所未有的机遇；推进全民健身长效化、机制化，为群众体育事业健康持续发展提出了明确思路；贯彻落实科学发展观，为全面建设小康社会，构建社会主义和谐社会服务，为未来群众体育的发展提出了根本方针和奋斗目标。展望未来，我国群众体育必将保持一个全面协调可持续发展的总体态势，我们要牢牢把握难得的发展机遇，积极做好群众体育工作。

（一）努力实现群众体育工作由体育大国向体育强国迈进的目标

把我国建设成为一个世界体育强国是新中国几代体育人梦寐以求的愿望和为之奋斗的理想。2008年9月，胡锦涛总书记在北京奥运会、残奥会总结表彰大会上，明确发出了"要进一步推动我国由体育大国向体育强国迈进"的号召，这是新时期体育工作加快发展的进军号和动员令，为新时期体育发展指明了方向，提供了强大的精神动力。

建设体育强国，不仅不能削弱竞技体育，而且还要大力发展，不断增强我国竞技体育的综合实力和国际竞争力。而群众体育，则要加快发展，跟上时代步伐，着眼于满足人民群众体育需求，加强城乡体育健身场地和设施建设，健全群众体育组织，完善全民健身体系，为人民提供更多更好的体育公共服务，让人民分享体育发展成果以及体育带来的健康和快乐，形成健康文明的生活方式。

（二）建设具有中国特色的全民健身公共体育服务体系

公共服务是政府的基本职责，在实现党的十六大确定、党的十七大确保实现的形成比较完善的全民健身体系的奋斗目标过程中，我们将调整公共体育资源配置模式，扩大公共体育资源增量，把建设具有中国特色全民健身公共体育服务体系，作为形成比较完善的全民健身体系的重点部分，保障全体人民享受基本均等化的体育公共服务，真正落实"以人为本"的科学发展观。

我们将基本建成有中国特色、能够为广大人民群众参与体育健身活动提供基本公共体育健身服务、能够满足广大人民群众基本健身需求、有效保障国民体质和健康水平得到普遍提高的全民健身公共体育服务体系。这个系统将由为人民体育健身活动提供公共服务和保障的科学理论、管理机制、体育组织、宣传媒体、信息传播、场地设施、资金投入、指导队伍、健身产业、活动形式、科技教育、法规制度、体育监测、发展评价等部分构成。

（三）体育场地设施建设和管理进一步加强，实现各类公共体育健身场地资源由全民共享

当前，面向公众的体育场地设施不足，布局不合理，发展不均衡以及现有场地利用率低等现象仍然十分突出，成为全民健身活动更加深入广泛开展的主要制约因素。因此，要切实履行向人民群众提供更多更好的体育公共服务和公共产品的政府职能，进一步加大场地设施建设力度、提高管理水平。实现各类公共体育健身场地资源由全民共享。

第一，继续推动以"全民健身工程"为主要内容的群众体育场地建设。进一步完善中央、地方和社会资金共同投入的机制，中央资金对地方的支持以西部、中部为重点。进一步健全全民健身场地设施建设管理的法规政策，推进全民健身各项工程向规范化、标准化、法治化和科学化方向发展。

第二，进一步整合公共体育场地设施资源，制定切实有效的保障性政策，提高现有体育场地设施的利用率，逐步改变体育场地资源不足、利用率不高的状况。充分发挥各级政府的职能作用，推动学校体育场地向社会开放。体育部门要加强与教育部门的合作，积极探索学校体育场馆向社会开放的长效机制。

（四）群众体育制度法规建设进一步加强，群众体育法治化、规范化水平不断提高

进入新时期以来，具有中国特色、适应社会主义市场经济体制的群众体育法律体系正在逐步建立和完善。但是，随着群众体育工作领域不断拓展，人民群众对政府提供体育公共服务的要求不断提高，现有的群众体育法规和制度已经不能适应发展要求。因此，在未来时期，群众体育制度法规建设将得到进一步加强，群众体育法治化、规范化水平不断提高。要依据《全民健身条例》在群众体育经费、人员保障、场地建设、组织创建、项目管理、公共体育场馆开放等方面制定配套法规制度。二是积极推动《体育法》的修改工作，三是研究制定好新周期全民健身发展规划和实施计划，四是进一步修改完善现有的已经明显不适应群众体育发展实际的各项规章制度，五是加快培养和造就体育法制人才。

（五）群众体育科学化程度日益提高，科研工作取得更大成效

我国的群众体育管理和体育健身活动科学化程度将不断提高，科学技术将渗透到群众体育的更多环节，群众体育管理与决策的科学化程度将越来越高；科技含量高、适用性强的体育健身方法，体育健身器材等将不断涌现；各类体育健身俱乐部科学健身设备日趋完善；努力建成并实施"全民健身计划"的全国数据库网络化管理系统。今后一段时期，各级体育部门要加强群众体育科研工作，鼓励和支持各种形式的群众体育科学研究和技术推广，发挥全民健身专家咨询委员会的作用，提高决策科学化水平。积极举办全民健身科学大会，探索建立全民健身科学指导体系。编写

体育健身科普读物，开发推广喜闻乐见的体育健身项目和锻炼方法，促进群众科学健身指导工作的广泛开展。

（六）群众体育组织网络体系更加完善，群众体育社会指导员队伍不断壮大

在全民健身各项建设中，群众体育组织和队伍建设取得了一定成效，但仍然存在数量不足、规模不大、发展不平衡、作用发挥不充分等问题。因此，在未来一段时间里，群众体育组织网络将进一步建立健全，政府主导，社会、社团、协会共同参与的工作机制逐步建立，各级体育组织和社会体育团体共同办群体的作用得到充分发挥。第一，不断扩大各类群众性体育健身组织的数量，并鼓励群众根据各自的兴趣和爱好，成立不同形式的健身俱乐部和团体，并为其开展活动提供政策指导和咨询；第二，不断拓展群众体育组织的建设领域和范围，重点扶持乡镇文化体育站点建设，探索农村基层群众体育组织建设模式和工作机制，逐步建立行之有效的农村体育组织网络。第三，进一步加强对各类群众性体育组织的管理、指导，青少年体育俱乐部和社区体育俱乐部等新型基层群众体育组织建设更加完善，加大社会体育指导员的培训力度，完善网络管理体系，公益社会体育指导员培训和管理进一步规范，使其在组织、引导人民群众健身方面发挥更大作用。

（七）进一步加强青少年体育工作，切实提高青少年体质健康水平

青少年是国家的未来和希望，是实施全民健身计划的重点人群。以发展青少年体育俱乐部等组织建设为重点，完善具有青少年特点的"体育营地"等建设模式和管理运营机制，开展社会化组织程度较高的青少年体育活动，是未来一段时期我国群众体育发展的一项重要任务。首先，要认真抓好中共中央国务院《关于加强青少年体育　增强青少年体质的意见》的贯彻落实。各级体育部门要密切与教育部门的合作，广泛深入持

久地开展"亿万青少年阳光体育运动",推动青少年学生"每天锻炼一小时"的要求落到实处;其次,要努力构建学校、社区和家庭相联系的青少年体育竞赛活动网络,充分发挥和调动社会力量关心、支持和参与青少年体育工作的积极性,形成全社会共同促进青少年健康成长的良好环境;第三,要充分发挥青少年体育俱乐部、体育传统项目学校、青少年户外体育营地等青少年体育组织在开展青少年体育活动中的作用,加大青少年体育俱乐部和体育传统校建设力度和传统校体育师资培训工作,将其办成广大青少年参加体育锻炼的乐园和培养体育后备人才的摇篮。第四,要进一步加强青少年体育工作的宣传,引导广大青少年学生走出家门、走向操场,倡导全社会关心支持青少年体育。

新时期,体育强国蓝图为群众体育勾画了新的发展目标,要继承北京奥运会遗产,延续"全民健身与奥运同行"的综合效应,把群众体育推向一个新阶段,为我国体育事业的全面、协调、可持续发展奠定雄厚的群众基础和社会基础。

为国争光　铸造辉煌

——新中国竞技体育60年

国家体育总局竞体司巡视员、副司长　郭建军

新中国成立60年来，在党和政府高度重视下，在全国人民大力支持下，中国竞技体育立足于国情，遵循体育运动发展的客观规律，奋发图强，艰苦创业，顽强拼搏，努力提高运动技术水平，为国争光，积极服务于社会主义物质文明和精神文明建设，探索出一条具有中国特色的竞技体育发展道路，取得了举世瞩目的辉煌成就，为实现中华民族的伟大复兴和中国的社会主义现代化建设做出了积极贡献。中国体育健儿从"东亚病夫"刻骨铭心的屈辱，到笑傲世界体坛的扬眉吐气；从在国际赛场上发出"人生能有几回搏"、"团结起来，振兴中华"、"走向世界，为国争光"的振臂呼喊，到形成以爱国主义为内核，光耀神州并成为全民族共同财富的中华体育精神。中国竞技体育的拼搏崛起同样见证了共和国繁荣富强的成长历程，谱写出了新时代一幕幕动人心魄的壮丽诗篇。

一、拼搏的历程

1949年解放前，旧中国竞技体育基础极其薄弱，水平极为低下，未

创造一项世界纪录，未获得一个世界冠军，三次参加奥运会未获得一块奖牌，1949 年新中国的诞生成为我国竞技体育事业腾飞的光辉起点。回顾 60 年的发展历程，我国竞技体育事业的发展经历了从奋发图强、创立基业到改革开放、走向世界的光辉历程。

（一）奋发图强　创立基业（1949—1978 年）

毛泽东同志曾指出："过去说中国是'老大帝国'、'东亚病夫'、经济落后，文化也落后，又不讲卫生，打球也不行，游水也不行……"。新中国竞技体育就是在这样的基础上起步的。新中国成立初期，中国竞技体育面临的基本任务，就是在对半封建、半殖民地的旧中国体育进行根本改造的基础上，尽快提高体育水平，改变落后面貌。

——明确新中国体育的性质、任务和发展方向。新中国成立之初，中央人民政府就把发展体育事业摆上了议事日程。提出了建设"新体育"的要求，并委托共青团组织于 1949 年 10 月召开了全国体育工作者代表大会筹备成立中华全国体育总会，商议新中国体育发展事宜。大会提出新中国的体育事业"应当是民族的、科学的、大众的……要为人民的健康、新民主主义的建设和人民的国防而发展体育。"明确了新中国体育的性质和任务。1952 年 6 月 20 日，毛泽东同志为中华体育总会成立大会题词："发展体育运动，增强人民体质"，进一步指明了新中国体育事业的发展方向。1952 年 11 月，中央人民政府体育运动委员会首任主任贺龙同志在体委所作的第一个工作报告中明确提出："体育工作必须积极地为国家的总路线服务"。1954 年，中共中央批转了《关于加强人民体育运动工作的报告》。党中央在批示中指出："人民的体育运动是国家的一项新的事业"，应作为"党的一项重要政治任务"，"各级党委必须充分重视，加强领导，协助政府配备必要的干部，建立和充实各级体育运动委员会……"1959 年 4 月，周恩来总理在向二届人大所作的《政府工作报告》中明确、完整地提出了新的体育方针，即"在体育工作中，应当贯彻执行普及和提高相结合的方针，广泛开展群众性体育运动，逐步提高我国的体育水平。"

"为劳动生产和国防建设服务",以"发展体育运动,增强人民体质"为基本任务,以"普及与提高相结合"为基本方针,把增强国民体质和提高运动技术水平有机地结合起来,建设一个民族的、科学的、大众的体育事业为目标的新中国体育发展思路,指明了新中国竞技体育事业的发展方向。遵循这一思路,进行了组织建设与制度建设,旧中国体育逐步得到根本性的改造,竞技体育成为丰富群众文化生活、增强民族凝聚力,为国家争取荣誉的重要手段,成为社会主义事业新建设的重要组成部分。

——逐步建立竞技体育工作的组织管理体系。1952 年 6 月,中华全国体育总会正式成立。同年 11 月 15 日,中央人民政府决定成立"中央人民政府体育运动委员会",后改为中华人民共和国体育运动委员会,简称"国家体委",任命热心体育事业、德高望重的贺龙元帅任国家体委主任。为了适应参加奥运会等国际体育竞赛活动的需要,中央体委成立后,迅速建立了单项体育协会组织。与此同时,在各级政府中设立体委。到 1958年,全国县级以上各级人民政府大都设置了体育运动委员会,中华全国体育总会所属的各单项协会也建立起来。中华全国总工会、教育部、中国人民解放军等也建立了体育工作机构。铁路、煤矿、冶金、公安等 20 多个系统建立了行业体育协会。在刘少奇同志倡议下,全国和各地还建立了一批国防体育协会和俱乐部,总计近 400 个。我国初步建立了一个由体委统一领导,各部门具体实施,分工合作的体育管理体系,形成了国家办(国家体委)、地方办(省市)、部门办(各行业系统)相结合的组织管理系统,为新中国竞技体育事业的发展奠定了组织管理基础。

——建立中国特色的竞技体育训练、竞赛体制。新中国成立后,为了发展体育运动,提高我国竞技体育水平和国际竞争力,参与奥林匹克运动,应对国际竞技体育挑战,努力攀登世界竞技体育高峰。借鉴和学习苏联等社会主义国家发展竞技体育的基本经验,1958 年,国家体委开始制订我国体育发展的 10 年规划,提出争取 10 年左右赶上世界先进水平。1959 年,国家体委正式确定"普及与提高相结合"的方针,明确"提高"的含义是"培养少数优秀运动队伍"。其后，各省在体委建制下陆续建立和完善"体育工作大队"，"国家集训队"也逐渐成为常设建制。1963 年，国家体委在《〈关于试行运动队伍工作条例〉的通知》中指出："必须坚持优秀运动员训练和青少年业余训练两条腿走路的方针，才能使优秀运动队得到源源不断的补充。"1965 年的全国体育工作会议，国务院副总理兼国家体委主任贺龙元帅明确提出了"思想一盘棋、组织一条龙、训练一贯制"和"国内练兵、一致对外"等发展竞技体育的指导思想和基本原则。以此思想为指导，从 20 世纪 50 年代起，经过努力，我国竞技体育体制的核心已基本形成，主要包括以国家体委和各级体育部门为中心的体育行政管理体制；以青少年业余体校和省级、国家级常设运动队构成的三级训练体制；以全国运动会为核心的竞赛体制。

建立竞技体育训练体制，运动技术水平迅速提高。1956 年，国家体委发布了《中华人民共和国运动员等级制度条例》（草案）和田径、游泳等 16 个单项运动的运动员等级标准。制度实施后的当年，就有 38000 多人达到等级运动员标准，其中有 49 人成为我国第一批运动健将。到 20 世纪 60 年代中期，有 1000 多万人成为等级运动员。1956 年，国家体委公布了《青年业余体育学校章程》（草案）和《少年业余体育学校章程》（草案），建立了各级青少年业余体校，成为优秀运动员和后备力量的培养和储备基地。到 1958 年 9 月，全国的青少年业余体校就已达 1.6 万余所，在校学生达到 77 万，到 20 世纪 60 年代中期，有 147 万多人经过少年儿童业余体校的培训。从 1951 年起，建立省以上的优秀运动队，并开始组建国家队。1963 年，在总结新中国成立以来对优秀运动队管理经验的基础上，为了进一步提高训练质量和运动水平，国家体委下发了《关于试行运动队伍工作条例（草案）的通知》，以强化对优秀运动队的政治思想教育和行政管理。经过不懈努力，形成了在普及群众性体育活动的基础上，提高运动技术水平的体育发展格局。初步建成了以业余体校、运动技术学校或重点业余体校、优秀运动队为基础的三级训练网和较为完善的运动员、教练员等级制度，提出了"坚持从难、从严、从实战出发，大运动量训练"的"三从一大"训练原则，确立了"三不怕、五过硬"的作风，形成了具有中国特色的运动训练管理体制。随着训练水平的提高，竞技体育技术水平迅速提高，并在较短时间内大幅提高运动成绩。1956 年，国家体委按国际惯例公布了 1955 年的 102 项全国纪录，其中 78 项是 1955 年创造的，18 项是在解放以后其他年份创造的，只有 6 项是新中国成立以前创造的。1953 年，游泳运动员吴传玉为新中国获得了重大国际比赛中的第一枚金牌，使鲜艳的五星红旗首次在国际赛场上升起。1956 年 6 月 7 日，在我国上海举行的中苏举重友谊赛上，我国举重运动员陈镜开以 133 公斤的成绩，打破了最轻量级挺举世界纪录，是我国第一个打破世界纪录的运动员。1957 年，跳高女运动员郑凤荣以 1.77 米的成绩，成为我国第一个打破世界纪录的女运动员；1959 年，在原西德多特蒙德市举行的第 25 届世界乒乓球锦标赛中，中国 21 岁的乒乓球运动员容国团顽强拼搏，获得男子单打世界冠军，成为新中国历史上第一个世界冠军。中国从此结束了没有世界冠军的历史。

建立竞赛体制，组织开展丰富多彩的体育竞赛。新中国成立后，国家为丰富人民群众文化生活，加强国际体育交往、提高运动技术水平而组织开展了多种形式的体育竞赛活动，仅 1953 年到 1956 年就举办了地、市级以上运动会 6000 多次，其中全国性竞赛 75 次，是 1949 年解放前举办全国性竞赛次数的 8 倍。1955 年的全国第一届工人体育运动大会，有 120 多万职工参加层层选拔，17000 多名选手参加大会。这一时期，通过各类竞赛，打破全国纪录 1300 多次，国际体育交流活动 185 次，参加者 3000 多人次。1956 年国家体委颁布的《中华人民共和国运动竞赛制度暂行规定》（草案）和《中华人民共和国裁判员等级制度条例》（草案），标志着组织开展体育竞赛活动成为一项基本的体育制度。1957 年，国家体委颁布了《关于各级运动会奖励方法的暂行规定》，这一规定建立了我国最初的运动会奖励制度。1957 年，国家体委公布了《关于如何审查与承认省（自治区）、市最高纪录的几点规定》。各项竞赛制度的完善，促进了竞赛活动的组织开展和运动成绩水平的提高。特别是 1959 年和 1965 年，围绕第一届和第二届全国运动会，先后出现了两个高潮，运动成绩获得大面积丰收。第一届全运会有 7 人 4 次打破 4 项世界纪录，664 人 844 次打破 106 项全国纪录。1965 年，第二届全运会出现了第二个体育运动高潮。有 24 名运动员 10 次打破 9 项世界纪录，331 名运动员 469 次打破 130 项全国纪录，数以千计的运动员打破了省、自治区、直辖市和解放军的纪录。

　　——加强竞技体育基础设施和队伍建设。体育场馆设施是竞技体育事业发展的重要基础条件。1949 年解放前，全国体育场馆仅有 26 个，其他运动场地也不多，游泳池只有 89 个，且条件简陋、设备落后。1950 年冬天，苏联国家篮球队来我国访问，在北京找不到一个合适的比赛场地，只好临时在东长安街体育场搭了个能容 2000 多名观众的席棚。为改变这种状况，各级政府做出了巨大努力，增加对体育设施的投资，建立一系列制度和机制鼓励体育设施建设等。从 1951 年起，逐步修建了一批中小型体育场馆，并对原来的一些简陋的体育场馆进行了改造。经过努力，到 1979 年，全国体育场馆达到约 30 万个。各省、区都兴建了可供群众活动和比赛的场地，使体育事业的发展有了必要的物质基础。为适应新中国竞技体育事业发展，培养竞技体育人才。国家陆续成立了多所体育学院，创办了体育学校和中等体育专科学校，恢复建立师范院校的体育系科，组建少年儿童业余体校，成立运动科研机构等，大大加强了竞技体育的基础建设和人才建设。

（二）改革开放　走向世界（1979 年至今）

　　新中国成立后，在党中央的领导和重视下，中国体育开始走上发展的轨道，在竞技体育领域取得一定的历史性突破和成就。然而，后来由于国际环境等种种原因，中国体育发展的道路并不平坦。1958 年因国际奥委会少数人坚持两个中国错误的政策而导致我国退出国际奥委会，以及 10 年"文革"的破坏，导致我国竞技体育整体水平与国际相比有较大的差距。

　　1978 年 12 月，中国共产党召开了具有历史意义的十一届三中全会，确立了新时期的改革开放路线。1979 年 10 月，国际奥委会通过"名古屋决议"，恢复了中国在国际奥委会的合法席位，中国重新回到了国际体育大家庭。这两个重大事件的发生，为中国体育竞技的崛起和腾飞提供了契机，中国的竞技体育开始探索走上一条具有中国特色的快速发展道路。

——实施奥运战略，竞技体育逐步走向世界。为提高我国的体育运动技术水平，努力攀登世界体育高峰，我国经过参加国际大赛的实践和锻炼，逐步形成并确立了"以争取在奥运会创造优异运动成绩，为国争光"为最高层次的竞技体育发展战略。1978 年后改革开放，1979 年随着我国在国际奥委会合法席位得以恢复，我国竞技体育开始全面登上国际体育舞台。为尽快走向世界参与国际竞争和迅速提高我国竞技体育水平，1979年全国体育工作会议上，国家体委明确提出了"省级以上体委侧重抓提高"的工作思路。实践证明，侧重抓提高方针的提出和实施是及时的，决策是正确的。这一指导方针为 1984 年中国运动员在第 23 届奥运会上取得历史性突破创造了良好的政策条件。第 23 届奥运会取得的历史性突破，极大地鼓舞了全国人民，开创了我国竞技体育发展新的里程碑。正是在改革开放和中国运动员在第 23 届奥运会上取得优异成绩的背景下，在 1984年全国体育发展战略、体育改革会议上正式提出把在奥运会上名列前茅作为发展目标，要求"各级体委都立足本地区，面向全世界，为奥运会做贡献"。1984 年中共中央在下发的《关于进一步发展体育运动的通知》中提出了"搞好项目的战略布局，集中力量发展优势项目，大力加强田径、游泳等薄弱项目，同时，要把那些短时间内能赶上世界先进水平的项目搞上去"的要求。1985 年 12 月，国家体委召开了全国优秀运动队训练工作会议，就新时期优秀运动队的训练工作、政治思想工作和管理体制等问题进行了总结和交流，明确提出了"从实际出发，依靠革命化、科学化、严格管理、严格训练、勤学苦练基本功，勇攀世界体育高峰"的训练工作总的指导思想，再次强调了贯彻"两严"方针和"三从一大"的训练原则。在奥运战略的指导下，国家体委对全国运动会进行了系列改革和重大调整，从 1993 年开始，全国运动会调整到奥运会的一年举办，全运会的比赛项目也开始和奥运会项目设置一致，奥运战略的思想更加明确和突出，目的就是要把全国竞技体育的力量统一到以奥运会为最高目标的竞技体育发展战略上来。1995 年，国家体委正式颁布了我国第一个《奥运争光计划纲要》。2001 年 7 月 13 日，北京成功赢得了 2008 年奥运会的举办权。2002 年印发了《中共中央、国务院关于进一步加强和改进新时期体育工作的意见》，文件指出：以新世纪我国在奥运会等重大国际比赛中取得优异成绩为目标，进一步发挥社会主义制度的优越性，坚持和完善举国体制，明确中央和地方发展竞技体育的责任，充分调动中央和地方以及社会各个方面的积极性，在充分发挥竞争机制的基础上，把全国的体育资源更好地整合起来。为实现"奥运战略"目标服务。同年，国家体育总局正式颁布了《2001—2010 年奥运争光计划纲要》。实施奥运战略是中国参与国际体育竞争的合理选择，也是我国全面参与国际竞争与合作的一个重要方面。实践表明，奥运战略适应了改革开放和社会主义现代化建设的需要，对提高我国竞技体育的综合实力、促进体育事业的全面发展发挥了重要作用。

——坚持和完善举国体制，积极探索具有中国特色的竞技体育发展道路。举国体制实质是一种以国家和人民利益为最高取向的资源配置方式。即通过集中有限的人力、物力和财力，最大限度地调动各方面的积极性，有效配置全国的竞技体育资源，上下形成合力，提高竞技体育水平，创造优异运动成绩，为国争光。新中国成立特别是改革开放以来，正是因为我们不断坚持和完善举国体制，竞技体育取得了举世瞩目的成绩，成为世界体育舞台的一支重要力量。

我国竞技体育举国体制在不断探索竞技体育发展和制胜规律，结合我国基本国情以及新中国竞技体育发展基础，经过 60 年的实践和探索，在不断调整和改革过程中，得以逐步完善和发展起来的。20 世纪 50 年代初，我国借鉴苏联的经验，制定了运动竞赛、运动员、裁判员等级等各项制度。60 年代，初步建成了以业余体校、运动技术学校、优秀运动队为基础的三级训练网，进一步完善了运动员、裁判员等级制度和国家队集训制度，提出了"三从一大"的训练原则，形成了一个有中国特色的运动训练管理体系，亦即我国竞技体育举国体制的雏形。1979 年，我国国际奥委会席位恢复以后，为了迅速提高竞技体育水平，在国际赛场为国争光，提出要加强"集中统一"的领导，竞技体育的举国体制得到进一步强化。1984 年，中共中央下发了《关于进一步发展体育运动的通知》。《通知》指出：中国体育代表团在第 23 届奥运会上取得了优异成绩，具有历史意义的突破，标志着我国已开始全面登上世界体育舞台。《通知》同时指出：我国体育事业的发展规模和发展水平同世界先进水平相比，还有很大差距。《通知》强调：要改革训练和竞赛体制。1986 年，国家体委公布了《国家体委关于体育体制改革的决定（草案）》，提出坚持"全国一盘棋"的指导思想，进一步明确了落实奥运战略，必须解决全局和局部的关系，改变过分集中省以上体委办优秀运动队的状况，把训练的路子拓宽，积极鼓励有条件的行业、企业、高校成立高水平运动队。1988 年，为了充分发挥单项协会在竞技体育事业发展中的作用，国家体委对足球、武术、登山、棋类等运动项目管理体制开始进行协会化试点改革。正是从这一时期开始，我国竞技体育由过去的单一行政管理主体向着社会广泛参与的多元化竞技体育管理主体方向发展，迈出了竞技体育社会化的步子，使产生于计划经济时期的竞技体育举国体制向着适应社会主义市场经济体制要求的方向转化。1993 年，《国家体委关于深化体育改革的意见》指出：体育行政部门要按照精简、统一、效能的原则，转变职能，调整内设机构，实行政事分开，将大量事务性工作交给事业单位和社会团体，把工作重点真正转移到宏观调控上来，加强调查研究、统筹规划、政策引导、组织协调、提供服务，充分运用行政、法律、经济和竞赛等手段，建立灵活多样的调控机制，切实发挥对体育事业的领导、协调、监督作用。在《国家体委关于深化体育改革的意见》的指导下，中国竞技体育举国体制拉开了自改革开放以来影响面最广、改革力度最大的以运动项目管理改革为重点、全面推进运动项目管理协会实体化的改革帷幕。2002 年，《中共中央、国务院关于进一步加强和改进新时期体育工作的意见》，对我国竞技体育发展目标和方式进行了更加明确和详细的指导。同时，国家体育总局根据中共中央和国务院的精神，又制定和发布了《2001—2010 年奥运争光计划纲要》，进一步从指导思想、政策法规、制度和行动方案上，明确了竞技体育举国体制与奥运战略之间的关系，反映出我国发展竞技体育举国体制的思路更加成熟，战略举措更加具体，各种与举国体制相关的配套措施和政策也相继出台，竞技体育的举国体制得到进一步完善。

新中国成立以来，特别是改革开放 30 年来我国竞技体育发展的实践充分证明，坚持竞技体育举国体制和实施奥运战略是社会主义初级阶段的中国参与国际体育竞争的必然选择，是一种高效率地提高我国运动员竞技运动水平的合理制度设计，也是我国竞技体育全面参与国际竞争与合作的一个十分重要的战略举措。

新中国成立 60 年来，特别是改革开放 30 年来，中国竞技体育通过不断的实践和锻炼，在探索中前进，找到一条符合中国实际的竞技体育发展道路，运动水平得到极大提高，在奥运会和其他国际赛场上取得了举世闻名的辉煌成绩。1984 年洛杉矶奥运会上，中国运动员许海峰获得了中国历史上首枚金牌，实现了"零"的突破，此后，中国运动员在国际赛场上凯歌高奏，不断取得新的胜利。尤其是 2008 年北京奥运会上，中国体育健儿顽强拼搏，获得 51 枚金牌，登上了金牌榜首位，实现了历史性大跨越。60 年来，中国体育健儿在竞技体育领域创造的辉煌成就，不仅为祖国赢得了荣誉，而且大力弘扬了中华体育精神，为增强民族凝聚力，振奋民族精神做出了积极贡献，在社会主义物质文明和精神文明建设中发挥了独特的作用。

二、辉煌的成就

为国争光是党和人民赋予我国竞技体育参与国际竞争的神圣使命。新中国成立以来，一代又一代运动员，刻苦训练、不畏强手，拼搏在国际竞技赛场,通过勇攀运动技术水平高峰,实现为国争光的崇高理想。"升国旗、奏国歌"成为我国运动员参加国际竞技体育大赛的光荣与梦想。截至 2009 年 8 月,我国运动员参加在奥运会、世界杯、世界锦标赛等各类国际大赛中,共获世界冠军 2310 个,其中改革开放以后获得的有 2284个,占总数的 98.9%;创超世界纪录 1195 次,其中改革开放以后获得的有 1021 次,占总数的 85.4%。改革开放 30 多年来我国竞技体育在重大国际比赛中取得的优异成绩,标志着我国竞技体育在攀登世界竞技体育高峰的进程中迈上了一个新的台阶,实现了历史性大跨越。

(一) 奥运征程　历史跨越

奥林匹克运动是人类文明的产物。四年一度的奥运会已成为当今人类社会最具有影响的文化现象之一和世界上规模最大,最隆重的体育盛事。中国百年奥运会征程历经曲折。1949 年解放前虽然中国参加了 3 届奥运会,但是没有获得一块奖牌。1952 年中国派团参加了在赫尔辛基举行的第 15 届奥运会。但因国际奥委会少数人坚持两个中国错误的政策,中国于 1958 年宣布退出国际奥委会及其他国际体育组织。1979 年中国恢复国际奥委会合法席位后,1980 年因当时政治原因,中国没有派团参加在莫斯科举行的第 22 届奥运会。1984 年美国洛杉矶举行的第 23 届奥运会上,中国代表团取得了优异的成绩,许海峰获得了中国历史上首枚奥运金牌,从而开创了中国竞技体育的新时代。

1. 夏季奥运会成绩辉煌

夏季奥运会是奥林匹克活动体系中规模最大影响最大的赛事。中国从 1984 年派团参加在美国洛杉矶举行的第 23 届夏季奥运会始,到 2008 年北京举行的第 29 届奥运会,共参加了 7 届夏季奥运会,获得 163 枚金牌、117 枚银牌、106 枚铜牌,奖牌合计 386 枚。这些成绩标志着中国已全面登上世界竞技体育舞台,成为世界体坛的一支重要力量。

中国参加第 23 届(洛杉矶)夏季奥运会。1984 年 7 月 28 日—8 月 12日,第 23 届夏季奥运会在美国洛杉矶举行。140 个国家和地区的 6796 名运动员参加了 21 个大项 221 个小项的比赛以及棒球、网球两项表演赛。中国派出了 353 人的体育代表团参加比赛，其中运动员 225 人，参加了 16 个大项的比赛和一项表演赛，这是自 1979 年中国恢复在国际奥委会合法席位后首次参加夏季奥运会，也是改革开放的中国第一次全面在国际综合性体育大赛中亮相，标志着中国的复苏和走向正规。在本届奥运会开幕后的第一天比赛中，我国射击运动员许海峰在男子自选手枪慢射比赛中为中国夺得首枚奥运会金牌，实现了中国在奥运会上金牌零的突破。本届奥运会我国运动员共获得了 15 枚金牌、8 枚银牌、9 枚铜牌，在 140 个参赛国家和地区中金牌总数名列第四名，举世震惊。1984 年 8 月 13 日，国务院致电第 23 届奥运中国代表团，称赞中国体育健儿"为祖国赢得荣誉，为民族增添了光彩"。我国健儿在奥运会上的胜利激发了海内外中华儿女的强烈爱国热情，极大地振奋了民族精神，为改革开放的中国注入了强大的精神动力，产生了十分显著的社会效益。

重返奥林匹克大家庭后第一次组团参加夏季奥运会，是中国体育发展史上一个重要的里程碑，它标志着中国体育开始融入世界竞技体育发展潮流，成为中国体育全面走向世界的新起点。

中国参加第 24 届（汉城）夏季奥运会。1988 年 9 月 17 日—10 月 2 日，第 24 届夏季奥运会在韩国汉城举行。本届奥运会共设大项 23 项、小项 237 项，共有 159 个国家和地区的 8465 名运动员参加。中国派出 445 人的代表团，其中运动员 229 人，参加了除曲棍球、马术以外的 21 个大项的比赛。由于上届未参加的苏联、民主德国以及东欧等体育强国都参加了本届奥运会，因此水平比上届高，竞争也比上届激烈得多。中国运动员在本届奥运会上获得跳水、体操、乒乓球项目的 5 枚金牌，另获得银牌 11 枚、铜牌 12 枚，金牌数列第 11 位，奖牌总数列第 7 位。

中国参加第 25 届（巴塞罗那）夏季奥运会。1992 年 7 月 25 日—8 月 9 日，第 25 届夏季奥运会在西班牙巴塞罗那举行。本届奥运会共设 25 个大项，共有 169 个国家和地区的 9367 名运动员参加了比赛。中国派出由 380 人组成的代表团，其中运动员 251 人，参加除足球、曲棍球、棒球、手球及马术以外的 20 个大项的角逐。中国代表团共获得奖牌 54 枚，其中金牌 16 枚、银牌 22 枚、铜牌 16 枚，金牌的位次由上届的第 11 位上升到第 4 位。有 2 人 2 次创 2 项、1 人 1 次平 1 项世界纪录，有 5 人 7 次创 6 项奥运纪录，还有 2 项被列为奥运会新设纪录。标志着这一时期中国体育实施奥运战略，缩短战线、突出重点、调整项目布局已见成效。

中国参加第 26 届（亚特兰大）夏季奥运会。1996 年 7 月 19 日—8 月 4 日，第 26 届夏季奥运会在美国亚特兰大举行。本届比赛设 26 个大项、271 个小项。本届奥运会是奥林匹克大家庭的全家福，197 个会员国家和地区全部出席，参加运动员达到 10318 名。本届奥运会中国派出由 495 人组成的代表团，其中运动员 309 人（男 110 人、女 199 人），参加了 22 个大项、153 个小项的比赛。运动员平均年龄 21.7 岁，其中 85% 是第一次参加奥运会。以年轻选手和新选手为主组成的中国奥运军团不畏强手，奋勇拼搏，共获得了奖牌 50 枚，其中金牌 16 枚、银牌 22 枚、铜牌 12 枚，金牌和奖牌数均居第四。有 2 人 4 次创 4 项世界纪录，3 人 6 次创 6 项奥运会纪录，6 人 13 次创 12 项亚洲纪录，7 人 15 次创 12 项全国纪录。中国体育代表团在第 26 届奥运会上所取得的成绩，以及全团上下克服困难、排除干扰、顽强拼搏、勇于进取的事迹和精神，在国内引起强烈的反响，受到党中央和全国人民的充分肯定和高度评价。

中国参加第 27 届（悉尼）夏季奥运会。2000 年 9 月 15 日—10 月 1 日，第 27 届夏季奥运会在澳大利亚悉尼举行。来自全球 199 个国家和地区的 10651 名运动员参加了 20 世纪最后一届奥运会。本届奥运会共设 27 个大项、41 个分项、300 个小项。中国派出了由 311 名运动员组成的代表团，参加了 25 个大项、174 个小项的比赛。中国运动员共获金牌 28 枚、银牌 16 枚、铜牌 15 枚，奖牌总数达到 59 枚，取得了骄人的战绩。有 3 人 12 次创 8 项世界纪录，6 人 11 次创 11 项奥运会纪录。金牌总数超过了与我国实力接近的德国、法国和东道主澳大利亚，名列第三。这是中国首次进入奥运金牌榜前 3 位，实现了历史性突破。

中国参加第 28 届（雅典）夏季奥运会。2004 年 8 月 13—19 日，第

28 届夏季奥运会在希腊首都雅典举行，来自 201 个国家和地区的 11099 名运动员参加比赛。本届奥运会共设 28 个大项、301 个小项。本届奥运会，中国派出了由 407 名运动员组成的代表团，参加了 26 个大项、203 个小项的比赛，共获得了金牌 32 枚、银牌 17 枚、铜牌 14 枚，奖牌共计 63 枚，有 3 人 5 次创 6 项世界纪录，13 人 21 次创 17 项奥运会纪录。在本届奥运会上，中国代表团实现了三大历史性突破：第一次获金牌总数达到 32 枚，第一次位居金牌榜第二，第一次将获金牌的项目拓展到 13 个大项。

中国参加第 29 届（北京）夏季奥运会。2008 年 8 月 8 日—24 日，第 29 届夏季奥运会在北京举行。这是现代奥林匹克运动会第一次在占有世界人口 1/5 的中国举行，具有重大意义和深远影响。本届奥运会共设 28 个大项、302 个小项。来自 204 个国家和地区的运动员参加比赛，成为奥运史上参赛国家地区最多的体育盛会。本届奥运会佳绩频出，共刷新 38 项世界纪录和 85 项奥运会纪录，创历届奥运会之最。本届奥运会中国体育代表团共由 1099 人组成，其中运动员 639 人，创历届奥运会中国参赛人数之最。中国体育代表团参加了全部 28 个大项、38 个分项、262 个小项的比赛，共获得 51 枚金牌（女子项目 27 金、男子项目 24 金）、21 枚银牌、28 枚铜牌，奖牌总数 100 枚，创 4 项世界纪录。获金牌总数超越美国，获奖牌数超越俄罗斯，位列奥运会金牌榜第一、奖牌榜第二。这是中国参加奥运会历史上的最好成绩，创造了中国竞技体育新的辉煌。获奖项目覆盖面进一步扩大。北京奥运会，中国所获金牌由雅典奥运会的 13 个大项扩大到 15 个大项，获奖牌由 18 个大项、55 个小项扩大到 20 个大项、85 个小项，进入前 8 名的项目由 23 个大项、107 个小项，扩大到 26 个大项、136 个小项。有 16 枚金牌是中国参加奥运会历史上从未获得过的。奖牌分布在奥运史上仅次于苏联的 27 个分项，以 26 个分项夺牌列奥运史上第二。获奖面的拓宽，反映出中国竞技体育整体实力的全面提升。

2. 冬季奥运会厚积薄发

冬季奥运会是中国竞技体育实施奥运战略的重要组成部分。受各方面因素影响，中国冬季运动项目总体水平比较低，开展项目不全，加上长期被排斥在奥林匹克国际体育组织之外而不能参加国际大赛，以及受"十年动乱"的影响，严重制约了中国冬季项目的发展。改革开放之初，当中国恢复国际奥委会合法席位，重返国际冰坛时，我们与国际冬季运动已有很大的差距，存在开展地域窄、场地设施条件差、训练人数少和技术水平低等困难与问题。改革开放为振兴中国冬季运动项目带来契机，在经历了艰苦的学习、探索和奋斗后，中国在冬季项目运动中走过了一条艰苦创业、改革创新的发展道路，在冬奥会上不断取得优异成绩。从 1980 年参加在美国普莱西湖举行的第 13 届冬季奥运会开始，截至 2008 年，中国共组队参加了 8 届冬季奥运会，共获得金牌 4 枚、银牌 16 枚、铜牌 13 枚，奖牌 33 枚。

（1）艰难起步：中国参加第 13—15 届冬季奥运会

1980 年 2 月 13—24 日，第 13 届冬季奥运会在美国普莱西湖举行。本届冬奥会共设 10 个大项、38 个小项，共有 37 个国家和地区的 1072 名运动员参加。中国派出 28 名运动员参加本届冬奥会 5 个大项、18 个小项的比赛。这是国际奥委会恢复中国合法席位后第一次派团参加奥运会比赛，也是中国运动员首次参加冬季奥运会比赛。由于与世界先进水平有较大的差距，中国运动员无一人进入比赛成绩前 10 名。通过参加比赛，中国运动员了解了国外的先进技术，积累比赛经验，为中国冰雪运动的发展打下基础。

1984 年 2 月 8—19 日，第 14 届冬季奥运会在南斯拉夫萨拉热窝举行。本届冬奥会共设 10 个大项、39 个小项，共有 49 个国家和地区的 1272 名运动员参加。中国派出 37 名选手参加 5 个大项、26 个小项的比赛。中国队在这届冬季奥运会上获得团体总分 5 分，列第 23 位。

1988 年 2 月 13—28 日，第 15 届冬季奥运会在加拿大卡尔加里举行，本届冬奥会共设 10 个大项、46 个小项，57 个国家和地区的 1423 名运动员参加了比赛。中国派出 15 名选手参加 3 个大项的比赛和短道速滑表演赛。在速滑表演赛中，中国选手李琰获得了短道速滑女子表演赛 1000 米金牌、1500 米铜牌，使鲜艳的五星红旗第一次升起在冬奥会赛场上。

（2）勇夺奖牌：中国参加第 16—18 届冬季奥运会

1992 年 2 月 5—23 日，第 16 届冬季奥运会在法国阿尔贝维尔举行。本届冬奥会正式比赛共设 12 个大项、57 个小项（男子 32 项，女子 23 项，混合 2 项），64 个国家和地区的 1801 名运动员参加本届冬奥会。中国队派出 34 名运动员参加速度滑冰、短道速滑、花样滑冰、越野滑雪、高山滑雪以及冬季两项 6 个大项的比赛。在这届冬奥会上，中国代表团获得 3 枚银牌，实现了自 1980 年参加冬奥会比赛以来奖牌"零"的突破。

1994 年 2 月 12 日至 27 日，第 17 届冬季奥运会在挪威的利勒哈默尔举行，本届冬奥会设 12 个大项、61 个小项，67 个国家与地区的 1737 名运动员参赛。中国派出 27 名运动员参加速度滑冰、短道速滑、花样滑冰、冬季两项和自由式滑雪 5 个大项的比赛。在比赛中，中国代表团获 500 米短道速滑银牌，获 1000 米速滑铜牌，花样滑冰女子单人铜牌，名列第 18 位。

1998 年 2 月 7 日至 22 日，第 18 届冬季奥运会在日本长野市举行，本届冬奥会设 14 个大项、68 个小项，有 72 个国家和地区的 2176 名运动员参加了比赛。中国派出 60 名运动员参加了 7 个大项、29 个小项的比赛。在这届比赛中，中国选手奋勇拼搏，共获银牌 6 枚、铜牌 2 枚，是参加历届冬奥会获得银牌最多的一次，但遗憾的是仍未取得金牌"零"的突破。

（3）金牌"零"突破：第 19—20 届冬季奥运会

2002 年 2 月 8—24 日，第 19 届冬季奥运会在美国盐湖城举行。本届冬奥会设 14 个大项、78 个小项，来自 77 个国家和地区的 2399 名运动员参赛。中国派出 71 名运动员参加了 7 个大项、38 个小项的比赛。在本届冬奥会上，中国运动员杨扬在女子 500 米和 1000 米短道速滑比赛中，不畏强手，奋力拼搏，一举夺得两枚金牌。中国代表团夺得 2 金 2 银 4 铜的优异成绩，终于实现了在冬奥会上金牌"零"的突破，成为冬季运动项目发展史上的里程碑。

2006 年 2 月 10—17 日，第 20 届冬季奥运会在意大利都灵举行。这是冬奥会历史上规模最大、设项最多、参加国家和地区最多的一届，共有

80 个国家和地区的 2508 名运动员参加了 15 个大项、84 个小项的比赛。中国代表团派出了运动员 78 人，参加了 3 个大项、51 个小项的比赛，是中国参加冬奥会以来参赛运动员最多的一次。本届冬奥会中国代表团取得了历史上最好成绩，共获得了 2 枚金牌、4 枚银牌、5 枚铜牌。中国运动员韩晓鹏在自由式滑雪男子空中技巧的比赛中获得金牌，实现了中国雪上项目运动成绩的历史性突破。既是中国在冬季奥运会雪上项目获得的首枚金牌，也是在冬奥会男子项目上获得的首枚金牌。

（二）亚洲体坛　独占鳌头

从近代体育传入亚洲以来，中国就是亚洲体育的重要力量。中国是亚运会的前身——远东运动会的发起国和主要参加国之一。中华人民共和国成立以后，积极参加亚洲的体育事务，努力为亚洲体育的发展贡献力量。1958 年中国退出国际奥委会和各世界单项运动联合会后，曾于 1966 年派团参加了在柬埔寨举行的第一届新兴力量运动会，致力于推动亚洲体育的发展，增进亚洲人民和运动员之间的友谊。改革开放以后，随着中国重返国际体育舞台，中国全面参与亚洲的体育事务和各类比赛、在亚运会等重要赛事中取得了优异成绩，成为亚洲体育的重要力量。

1. 亚洲运动会保持领先

亚洲运动会（简称亚运会）是代表亚洲地区最高水平的综合性运动会。1973 年 11 月，中华全国体育总会被亚洲运动会联合会确认为会员，1974 年中国派团参加了在伊朗德黑兰举行的第 7 届亚运会，这是中国首次正式组队参加亚运会，取得了金牌总数第三的成绩。

1978 年 12 月 9—20 日，第 8 届亚运会在泰国曼谷举行。中国代表团参加 17 个项目比赛，获 51 枚金牌、55 枚银牌、45 枚铜牌，共 151 枚奖牌；打破了 24 项亚运会纪录、34 项全国纪录；居金牌总数第二位。

1982 年 11 月 19 日—12 月 4 日，第 9 届亚运会在印度新德里举行。中国体育代表团共 144 名运动员参加 18 个大项的比赛，获 61 枚金牌、51 枚银牌、41 枚铜牌，首次夺得亚运会金牌总数第一。在这届亚运会上，我国跳水队、赛艇队囊括了全部金牌，羽毛球队赢得男女团体、男女单打冠军，在印度引起轰动。跳高运动员朱建华被评为亚运会"最佳运动员"。第 9 届亚运会是中国体育史上一个重要里程碑，也是亚运会的一个分水岭。从此，中国在亚洲体坛独占鳌头，以亚洲体育强国姿态展现于世界。

1986 年 9 月 20 日—10 月 5 日，第 10 届亚运会在韩国汉城举行。中国体育代表团派出运动员 384 人参加比赛，共获 94 枚金牌、82 枚银牌、46 枚铜牌，以 1 枚金牌的优势险超东道主韩国队，确保了在亚洲的领先地位。

1990 年 9 月 22 日—10 月 7 日，第 11 届亚运会在中国北京举行。这是中国历史上首次举办大型综合性国际运动会。作为改革开放的重要成果，亚运会的成功举办，对发展亚洲体育事业、促进国际体育交往、展示我国改革开放和现代化建设的巨大成就，发挥了重要作用。本届亚运会共设 27 个大项、37 个国家及地区的 4684 名运动员参赛，打破 4 项世界纪录，超 6 项、平 5 项世界纪录，创造了 42 项亚洲新纪录，改写 98 项亚运会纪录。中国代表团派出 670 名运动员参加了全部 27 个项目的比赛，共获奖牌 341 枚，其中金牌 183 枚、银牌 107 枚、铜牌 51 枚、创造 1 项世界纪录，30 次创 28 项亚洲纪录，96 次创 68 项亚运会纪录，取得了一批具有世界水平的成绩，展现了中国体育的巨大进步和对亚洲体育发展的卓越贡献。

1994 年 10 月 2 日—16 日，第 12 届亚运会在日本广岛举行。中国代表团获金牌 126 枚、银牌 83 枚、铜牌 57 枚，共获奖牌 266 枚，再次获得金牌总数第一名，继续保持亚洲领先的地位。

1998 年 12 月 6—20 日，第 13 届亚运会在泰国曼谷举行。中国代表团由 822 人组成，参加了 24 个大项的比赛，获金牌 129 枚、银牌 77 枚、铜牌 68 枚，共获奖牌 274 枚，夺得金牌数第一名。

2002 年 9 月 29 日—10 月 4 日，第 14 届亚运会在韩国釜山举行。本届亚运会中国代表团共派出了 686 名运动员，参加了 36 个大项 357 个小

项比赛，共在 21 个大项和 149 个小项中获得 150 枚金牌（体操并列 1
枚）、84 枚银牌和 74 枚铜牌，奖牌总数为 308 枚，继续占居亚洲第一位。
有 8 人 3 对 17 次打破 9 项世界纪录，11 人 10 队 21 次打破 21 项亚洲纪
录，39 人 6 队 75 次打破亚运会纪录。

2006 年 11 月 27 日—12 月 15 日，第 15 届亚运会在卡塔尔首都多哈
举行。本届亚运会中国共派出了 928 人的代表团，参加了 37 个大项，362
个小项的比赛，最终获得 165 枚金牌，88 枚银牌和 63 枚铜牌，合计 316
枚奖牌，金牌和奖牌总数均超过上届亚运会，第 7 次蝉联金牌榜第一。

2. 亚洲其他主要体育赛事

除亚运会外，30 多年来，中国还派出体育代表团，参加了其他亚洲
重要赛事，同样取得了优异成绩。这些赛事主要包括亚洲冬季运动会、东
亚运动会、亚洲室内运动会。

亚洲冬季运动会。亚洲冬季运动会（简称亚冬会）是亚洲地区规模
最大、水平最高、影响最广的综合性冬季运动会，每 4 年举行一次。第 1
届亚冬会于 1986 年 3 月在日本的札幌举行，有 7 个国家和地区的近 300
名运动员参加，中国派出代表团参加了此次比赛，取得了金牌总数名列第
二的成绩。至 2008 年，亚冬会共举行了 6 届，中国参加了历届亚冬会比
赛并取得优异的成绩，在第 3、第 4、第 6 届亚冬会上均居金牌榜首位。
中国哈尔滨市和长春市还分别承办了 1996 年第 3 届亚冬会和 2006 年第 6
届亚冬会。

东亚运动会。为加强东亚地区的体育交流与合作，中国、韩国、日
本、朝鲜、蒙古、中国台北、中国香港、中国澳门 8 个国家和地区于
1993 年发起创办了东亚运动会。同年 5 月，在中国上海举行了第 1 届东
亚运动会，除 8 个发起成员外，还特邀关岛参赛。9 个代表团的 1252 名
选手参加了田径、游泳（含跳水）、体操、篮球、足球、羽毛球、保龄
球、举重、柔道、武术、拳击、赛艇共 12 个项目的比赛。至 2008 年，东
亚运动会已举办了 4 届，中国体育代表团参加了历届东亚运动会，中国队
共夺得 379 枚金牌、244 枚银牌和 189 枚铜牌，奖牌总数为 812 枚，连续

四次蝉联东亚运动会金牌数和奖牌数第一名。

近年来，亚奥理事会积极开展活动，促进亚洲体育的全面发展。举办了以非奥运会项目为主的亚洲室内运动会；以青年人参与为主的亚洲青年运动会；以沙滩、海滨水上项目为主的亚洲滩运动会；以技击、武术对抗项目为主的亚洲武道运动会。中国奥委会大力支持亚奥理事会工作，积极组团参加这些赛事，取得较好的运动成绩。其中，在 2005 年 11 月 12 日至 19 日泰国曼谷举行的第 1 届亚洲室内运动会上，中国代表团获得 24 枚金牌、19 枚银牌和 13 枚铜牌，共 56 枚奖牌，名列金牌榜和奖牌榜第一。在 2007 年 10 月 26 日至 11 月 3 日中国澳门举行的第 2 届亚洲室内运动会上，中国代表团获 52 枚金牌、26 枚银牌和 24 枚铜牌，奖牌总数为 102 枚，蝉联金牌榜和奖牌榜首位。

（三）国内大赛　丰富多彩

国内赛事是我国竞技体育发展的基础。搞好各类国内高水平比赛，在提高我国的运动技术水平，调动和配置国内体育资源，选拔和培养后备人才，锻炼队伍，提高各地和社会发展竞技体育的积极性，丰富人民群众的文化娱乐生活等方面具有重要意义。新中国成立以来，我国逐渐形成了以全国运动会（简称全运会）为龙头，包括城运会、全国体育大会、全国农民运动会、全国少数民族运动会、全国大学生运动会、全国中学生运动会、全国单项锦标赛、冠军赛、精英赛等各种类型和级别单项比赛在内的国内竞赛体系。

1. 全国运动会

中华人民共和国运动会（简称全运会）是国内规模最大、层次最高、设项最多的综合性体育赛事。自 1959 年举办首届全运会以来，到 2009 年 9 月，共举办了 10 届。其中，改革开放以来举办了 7 届。改革开放以来，为了适应中国恢复国际奥委会合法席位的新形式，有利于中国运动员在奥运会等国际大赛中取得优异成绩，自 1983 年在上海举行的第 5 届全运会开始，逐步对全运会的设项等进行了调整，使全运会设项逐渐与奥运设项接轨。从 1993 年第 7 届全运会开始，全运会的举办时间由在奥运会前一年改为自奥运会后一年。全运会作为国内最高水平的运动会，其成功举办对与贯彻落实"奥运争光计划"、选拔奥运会后备力量、锻炼优秀运动队伍等方面具有重要意义。

1959 年 9 月 13 日—10 月 3 日，第 1 届全运会在北京举行，是新中国成立以来举办的第一次大型综合性运动会。共设比赛项目 36 个，表演项目 6 个，共有全国各省、自治区、直辖市和解放军等 30 个单位的 10658 名运动员参加了比赛。7 人 4 次打破 4 项世界纪录，664 人 844 次打破和新创 106 项全国纪录。2000 多人次打破各省市、自治区的最高纪录。

1965 年 9 月 11 日—28 日，第 2 届全运会在北京举行。共设比赛项目 22 个，表演项目 1 个，5922 名运动员参加了比赛。24 人 10 次打破 9 项世界纪录，333 人 469 次打破和新创 103 项全国纪录。

1975 年 9 月 12 日—28 日，第 3 届全运会在北京举行。这届运动会比赛项目分为成年组和少年组，成年组设比赛项目 28 个，表演项目 6 个，少年组设比赛项目 8 个。12497 名运动员参加了比赛。1 队 4 人 6 次打破 3 项世界纪录，49 队 83 人次 197 次破 62 项全国纪录，4 队 36 人 144 次打破 58 项全国少年纪录。

1979 年 9 月 15—30 日，第 4 届全运会在北京举行。这是"文革"结束以来的首届全运会，也是改革开放以后举行的首届全运会。本届运动会设 34 个比赛项目，全国 29 个代表团共 10658 名运动员参加了比赛。在比赛中，有 5 人 5 次破 5 项世界纪录，2 人 3 次破 3 项世界青年纪录，3 人 3 次平 3 项世界纪录，36 队 203 人 376 次破 102 项全国纪录，2 队 6 人 10 次破 5 项全国少年纪录。

1983 年 9 月 18 日—10 月 1 日，第 5 届全运会在上海举行。这是首次在首都以外的城市举办全运会。31 个单位的 8900 多名选手参加了这届全运会。有 2 人 3 次破 2 项世界纪录，4 人 5 次平 3 项世界纪录，39 队 66 人 145 次破 61 项全国纪录。其中影响最大的是男子跳高选手朱建华在预赛和决赛中两次破世界纪录。

　　1987 年 11 月 20 日—12 月 5 日，第 6 届全运会在广东省广州市举行。比赛共有 44 个项目，全国各地 37 个单位的 7500 多名运动员参加比赛。10 人 2 队 17 次破 15 项世界纪录，3 人 3 次平世界纪录，2 人 2 次超 2 项世界纪录，创造或超过 48 项亚洲纪录和最好成绩，创造 85 项全国纪录和最好成绩。

　　1993 年 9 月 4—15 日，第 7 届全运会举行。本届全运会由北京承办，四川、河北秦皇岛协办。七运会包括 43 个大项，全国各地 45 个单位的 8000 多名运动员参赛。有 4 人 4 次破 4 项世界纪录，4 队 18 人 43 次超 21 项世界纪录，4 人 4 次平 3 项世界纪录，100 人 3 队 367 次超 55 项亚洲纪录，88 人 6 队 142 次创 66 项全国纪录。

　　1997 年 10 月 12—24 日，第 8 届全运会在上海举行。本届运动会共有 28 个大项，319 个小项，设置 327 枚金牌。自本届始，全运会的设项全面与奥运会设项接轨。179 人 659 次超 41 项世界纪录，其中 16 人 19 次超 7 项奥运项目世界纪录；4 人 4 次平 3 项世界纪录；100 人 3 队 367 次超 55 项亚洲纪录；88 人 6 队 142 次创 66 项全国纪录。

　　2001 年 11 月 11—25 日，第 9 届全运会在广东省举行。九运会竞赛项目设置 30 个大项、345 个小项，358 块金牌。本届运动会共有 45 个代表团的 12314 名运动员参加了预赛，8608 名运动员参加决赛。共有 24 人 35 次超 7 项世界纪录，6 人 1 队创 6 项亚洲纪录，28 人 41 次超 9 项亚洲纪录，32 人 4 队 52 次创 37 项全国记录。

　　2005 年 10 月 12—23 日，第 10 届全运会在江苏省举行。这届全运会是中国体育代表团在雅典奥运会上实现运动成绩新的历史性突破，进入北京奥运会备战周期后举行的我国规模最大、水平最高的综合性体育赛事。这届运动会设 32 个大项、357 个小项，首次实现在项目设置上与奥运会全面接轨，包含夏季奥运会全部 28 个大项和冬季奥运会 3 个大项。共有 46 个代表团的 9985 名运动员参赛。这届全运会比赛空前激烈，创造出了一批优异成绩。共有 15 人 21 次超 6 项世界纪录，7 人 7 次平 6 项世界纪录，5 人 6 次创 5 项亚洲纪录，14 人 20 次超 5 项亚洲纪录，1 队 19 人 25

次创 19 项全国纪录。通过这届全运会，参赛运动员经受了一次大赛的磨炼，增加了比赛经验，达到了为北京奥运会练兵的目的。

2. 全国城市运动会

全国城市运动会（简称城运会）是由全国青少年运动会和全国城市运动会合并而成的。20 世纪 80 年代，全国青少年运动会和全国城市运动会分别举行。1985 年、1989 年分别在河南郑州和辽宁沈阳举行了第 1 届和第 2 届全国青少年运动会。1988 年在山东济南举行了第 1 届全国城市运动会。20 世纪 90 年代初，二者合并，统称为全国城市运动会，每 4 年一届，主要以城市为参赛单位，参赛者以青少年为主体，旨在推动城市体育事业的发展，锻炼青少年运动员，发现培养优秀体育后备人才。截至 2008 年，全国城市运动会共举办了 6 届。

第 1 届全国青少年运动会于 1985 年 10 月 6 日至 18 日在河南郑州举行，共有 31 个代表团的 8100 名运动员参加预赛，3300 多名运动员参加决赛。第 2 届青少年运动会于 1989 年 9 月 6 日至 16 日在辽宁沈阳、大连等城市举行。共有 36 个代表团的 4300 多名运动员参加了 26 个项目的决赛。

第 1 届全国城市运动会于 1988 年 10 月 23 日—11 月 2 日在山东省济南市、淄博市两地举行，全国 42 个单位的 2332 人参加比赛。第 2 届全国城市运动会于 1991 年 9 月 20—28 日在河北省石家庄市、唐山市两地举行，来自 96 个单位的 2928 人参加比赛。第 3 届全国城市运动会于 1995 年 10 月 22—30 日在江苏省南京市及常州市、无锡市、苏州市、扬州市、镇江市共 6 个城市举行。来自 50 个单位的 3352 人参加比赛。第 4 届全国城市运动会于 1999 年 9 月 11—20 日在陕西省西安市及其他城市举行，57 个代表团参赛，参加决赛的运动员有 3861 人。第 5 届全国城市运动会于 2003 年 10 月 8—23 日在湖南省长沙市举行，78 个代表团的 6600 名运动员在 25 个大项、289 个小项上展开了激烈的争夺。第 6 届全国城市运动会于 2007 年 10 月 25—11 月 3 日在湖北省武汉市举行。74 个城市代表团的 6353 名运动员参加决赛阶段的比赛。

3. 全国体育大会

全国体育大会是非奥运项目大型综合性运动会。全国体育大会旨在促进我国体育事业的全面发展，推动我国非奥运项目的普及与提高，推进全民健身运动的开展，满足广大人民群众对体育运动项目多样化的需求，进一步活跃人民群众的业余文化生活，推动我国体育事业全面、协调、可持续发展，同时促进我国优秀传统体育项目向世界推广。全国体育大会共举办了 3 届，并从第 3 届开始，由每两年举办一次改为每 4 年举办一次。

第 1 届全国体育大会于 2000 年 5 月 28 日至 6 月 6 日在浙江省宁波市举行，是对我国非奥运会项目运动水平的一次检阅，并以此作为改革的一个突破口，探索社会承办全国综合性运动会的新模式。该届体育大会共设 17 个项目，分别为台球、高尔夫球、保龄球、门球、蹼泳、航海模型、航空模型、摩托艇、体育舞蹈、健美操、健美、技巧、中国式摔跤、围棋、中国象棋、国际象棋、桥牌。来自全国各省、市、自治区和行业体协、体育院校的 38 个代表团及 8 个代表队的 2000 多名运动员，角逐 17 个大项 184 个小项的奖牌。比赛中共有 3 人 3 次创造 3 项世界纪录，并刷新了多项全国纪录。蹼泳、技巧、围棋、象棋、国际象棋、航空模型、航海模型的比赛都表现出了较高水平。

第 2 届全国体育大会于 2002 年 5 月在四川省绵阳市举行。大会共设 22 个非奥运会比赛项目，来自各省、自治区、直辖市、行业体协的 45 个代表团和部分城市、地方单项协会、俱乐部等共 3228 名运动员参加 22 个大项 227 个小项比赛。

第 3 届全国体育大会于 2006 年 5 月 21—30 日在苏州举行。共设技巧、蹼泳、航空模型、航海模型、高尔夫球、台球、围棋、国际象棋、中国象棋、健美、保龄球、桥牌、门球、舞龙舞狮、轮滑、中国式摔跤、体育舞蹈、健美操、攀岩、定向、龙舟、滑水、无线电测向、跳伞、拔河、金属地掷球、壁球和公开水域游泳等 28 个比赛大项，共 268 个小项。来自全国 31 个省、自治区、直辖市和 3 个计划单列市、新疆生产建设兵团、解放军、16 个行业体协及香港特别行政区、澳门特别行政区、台北市共

55 个单位的 6600 多名运动员参赛。

4. 其他全国综合性赛事

除了举办全运会、城运会这类大型综合性运动会外，我国还定期举行以各种不同群体为参赛对象的群众性综合体育竞赛活动：以广大农民为参赛对象的全国农民运动会，以职工为参赛对象的全国工人运动会，以残疾人为参赛对象的全国残疾人运动会，以学生为参赛对象的全国中学生运动会和大学生运动会。此外，为了推动我国民族传统体育的发展，促进各民族间的团结与交流，我国每 4 年举行一次全国少数民族运动会。改革开放以来我国共举办了 5 届全国农民运动会、3 届全国工人运动会、7 届全国残疾人运动会、7 届全国少数民族运动会、8 届全国中学生运动会和 7 届全国大学生运动会。内容丰富、形式多样的体育竞赛活动满足了各种不同群体的体育需求，极大地丰富了人民群众的精神生活，促进了社会主义精神文明建设，在全面建设小康社会中起着重要作用。

5. 其他国内单项体育比赛

新中国成立后，在举办全国性综合运动会的同时，我国每年还举行各种单项比赛。

在党和国家的体育方针指引下，伴随着社会经济的不断发展，我国体育竞赛经历了从小到大，从弱到强，从计划经济模式办赛到用市场手段办赛，从只能举办全国性比赛到举办奥运会等顶级赛事的发展历程。体育竞赛强调"国内练兵，一致对外"和"发现人才，培养人才"的目的性。目前已逐步形成了按水平分级比赛，分级管理的格局，初步形成了具有中国特色的竞赛体系以及管理运行模式。体育竞赛数量快速增加。各运动项目管理中心从锻炼队伍、开发竞赛市场出发，不断设计和推出新赛事。继足球、篮球、排球、棒球、乒乓球、棋类等项目的主客场赛制改革后，一些项目的国内比赛也与国际赛事接轨，分站赛、系列赛、积分赛、大奖赛等相继出现。据统计，1984 年举办全国竞赛数量仅为 145 项次，到 2000年增加到 474 项次，2001 年至 2009 年的 9 年间，全国竞赛由 493 项次猛增至 618 项次，增长了 25.35%。体育竞赛的杠杆作用得到充分发挥，效果明显，参赛主体也呈现出多样化的趋势。在一些项目职业赛、商业赛、群体赛中，俱乐部、群众团体、企业、个人为单位的参赛，已成为主要的形式。社会办竞赛的热情高涨，比赛的运作方式更加灵活多样，承办大型国际赛事的数量和能力明显提高，新闻媒体对体育更加关注。通过举办体育竞赛，配合全民健身计划，有力地推动了群众体育的开展。

三、精神文明建设结硕果——中华体育精神

新中国成立以来，尤其是改革开放三十多年来，我国体育事业取得了令人瞩目的辉煌成就，也创造了极为宝贵的精神财富。这些宝贵精神财富的精髓，就是"为国争光、无私奉献、科学求实、遵纪守法、团结协作、顽强拼搏"为主要内容的中华体育精神。中华体育精神源自中国体育实践，植根于中华民族的丰厚土壤，是中华民族精神的丰富和发展，是体育精神源流和社会价值的高度概括和凝结，是中华民族精神在特定历史时期的丰富和发展，是中华民族精神在体育领域的反映。

2000年悉尼奥运会后，江泽民同志在接见中国体育代表团讲话时曾对中华体育精神进行了高度概括："中华体育精神是我国社会主义精神文明的重要组成部分，是中华民族的宝贵精神财富。全国各行各业、各条战线的同志们都要大力发扬振兴中华、为国争光的爱国主义精神，大力发扬顽强拼搏、争创一流的革命英雄主义精神，勇于创新，力攀高峰，同心同德地把建设有中国特色的社会主义的伟大事业不断推向前进。"这是对中华体育精神的高度评价。

2008年北京奥运会和残奥会的成功举办，为中华体育精神增添了新的内涵。胡锦涛同志在北京奥运会残奥会总结表彰大会上指出："伟大的事业孕育伟大的精神，伟大的精神推进伟大的事业。广大奥运建设者、工作者、志愿者牢记党和人民的重托，勇于承担中华民族百年圆梦的光荣使

命和伟大时代提供的难得机遇，大力培育和弘扬了为国争光的爱国精神、艰苦奋斗的奉献精神、精益求精的敬业精神、勇攀高峰的创新精神、团结协作的团队精神，为北京奥运会、残奥会成功举办提供了强大精神支撑。这是以爱国主义为核心的民族精神和以改革创新为核心的时代精神的生动体现，是伟大的中华民族精神在当代中国的生动体现。在全面建设小康社会、加快推进社会主义现代化的征程上，我们要大力弘扬北京奥运会、残奥会培育的崇高精神，使之成为推动我国各项事业发展的强大精神动力。"胡锦涛同志的讲话，是对中华体育精神的更一步升华，更加丰富了中华体育精神的内涵。

（一）中华体育精神的形成与发展

中华体育精神是中华民族沃土中孕育而成的具有民族特色的体育精神。它是中华民族精神和体育精神相互融合的结果，既有中华民族精神的个性亦有体育精神的共性，是中华民族生命力、创造力和凝聚力的集中体现，是中华民族优秀文化的组成部分和现代精神文明内涵之一。建国以来，尤其是改革开放三十年来，中国体育界经过几代人的奋斗，逐渐形成了"为国争光、无私奉献、科学求实、遵纪守法、团结协作、顽强拼搏"的中华体育精神。这一体育精神既是中华民族精神和体育精神的概括和总结，也是对现代世界体育文化和体育精神的卓越贡献，具有鲜明的时代特征和现实意义。

体育精神是现代社会人类共同的普世性文明价值，是现代体育在实践过程中所体现出来的精神品质。体育精神的核心包括了拼搏进取、自我超越、公平竞争、团队精神等文明要素。《奥林匹克宪章》中"团结、友谊与公平竞争"的奥林匹克精神与"更快、更高、更强"的奥林匹克格言就是当代社会体育精神的高度概括和精确表述。

中华体育精神继承了中华民族历久弥新的民族精神。它在弘扬体育精神的同时又深深打上了中华民族的烙印，呈现出与中华民族精神一脉相承的特点，是中华民族精神在体育领域的体现与发展，是中华民族精神和体育精神的有机融合。

中华体育精神的形成与发展凝聚着体育战线一代又一代人的心血。新中国成立以来各个历史时期体育健儿在竞技场上刻苦训练、顽强拼搏、勇攀体育高峰的动人事迹所产生的精神力量，激励着各行各业的人们为民族振兴、国家富强而英勇奋斗，多作贡献。

20世纪50年代末，中国乒乓球队所取得的成绩振奋了全民族的精神。容国团"人生能有几回搏"的铿锵誓言不仅激励了运动健儿在赛场上奋力拼搏，更激发了全国人民建设新中国的热望。20世纪60年代，当国家处于物资极度匮乏时期，中国登山队不畏艰难险阻，完成了人类历史上从北坡登上世界第一高峰珠穆朗玛峰的创举。寒冷、冻伤、缺氧甚至死亡都没能阻挡中国登山健儿的脚步。当五星红旗飘扬在地球之巅的消息一经传出，在全国社会各界迅速激起了巨大反响，勇攀高峰的登山精神使全国人民团结一心，迸发出战胜困难的勇气。20世纪70年代，"乒乓外交"结束了中美两国20多年来正式的人员交往隔绝的局面，使中美和解随即取得历史性突破，"小球转动大球"成为举世瞩目的重大事件。从20世纪50年代到70年代，在中华体坛上逐渐形成为国争光、顽强拼搏、集体主义、"三从一大"、"全国一盘棋"等独特思想内涵。

改革开放30多年来，在继承前人成功的基础上，中国体育健儿乘着改革开放、重返国际体坛的东风，使中华体育精神更加发扬光大，使其成为新时期精神文明建设的一个重要组成部分和建设社会主义现代化强国的强大精神动力。

早在改革开放初期，中国体育健儿在赛场上所取得的成就和表现出来的拼搏精神便成为鼓舞全国人民前进的号角。1980年12月至1981年1月在第12届世界杯足球赛亚太区的预赛和决赛中，中国足球队在苏永舜教练率领下，表现出良好的作风和风格，接连战胜了日本、朝鲜、科威特、沙特阿拉伯等强队，虽然最后只差一步未能进军世界杯赛，却在当时引起了全国人民的广泛关注和强烈反响，容志行、李富胜等也成为了那个时代中国足球精神的象征。1981年世界男排锦标赛亚洲区预赛上，中国男排顽强拼搏，反败为胜，战胜强劲对手南朝鲜队，当晚北京和各地大学生豪情满怀，自发上街庆祝，喊出了"团结起来，振兴中华"的口号，第二天《人民日报》以此为题发表社论，使这一口号迅速成为当时的时代最强音，激发了全国人民建设社会主义现代化强国的士气。80 年代初，中国女排不畏强手、顽强拼搏，创造了五连冠的辉煌，为中华民族改革开放的壮丽篇章添上浓墨重彩的一笔，极大地鼓舞了全国人民的改革激情，"女排精神"也成为了那个时代激励全国人民的象征和强大精神武器。尤其是在 1984 年洛杉矶奥运会上，中国体育健儿不仅实现了中国历史上奥运会金牌"零"的突破，而且他们所表现出来的良好体育精神和道德风尚向全世界展示了改革开放的中国新形象，也使中华体育精神更加丰富和厚重。

此后，从 20 世纪 90 年代到 21 世纪初，中华体育精神在实践中不断发展丰富，赋予了改革开放新的时代内涵。尤其是 2001 年申奥成功，炎黄子孙百年梦圆，举国欢腾，人们用同一个声音同一种心情来共庆亿万中国人民盼望已久的盛事。从"绿色奥运、科技奥运、人文奥运"理念的提出，到"同一个世界，同一个梦想"口号的普及，直到 2008 年北京奥运会的成功举办，中华民族以自己独特的姿态诠释了和平、友谊、进步的奥林匹克精神，也为中华体育精神赋予了全新的独特内涵，使之成为北京奥运会的宝贵遗产和中华民族重要的精神财富。

新中国成立以来，尤其是改革开放以来，体育战线上一个个模范集体和优秀人物是中华体育精神的典范。他们中间既有像长盛不衰的中国乒乓球队、勇攀高峰的登山队、梦之队跳水队、五连冠的中国女排这样的优秀集体，也有容国团、郎平、许海峰、李宁、邓亚萍、王军霞、杨扬等优秀运动员代表。这些模范集体和优秀人物身上所表现出来的爱国主义、集体主义和革命英雄主义精神，高度的责任感和顽强拼搏精神、忘我的工作热情和无私奉献精神、强烈的开拓进取意识和求实创新精神、良好的职业道德和爱岗敬业精神，是中华民族优秀传统文化精神和现代体育精神结合的产物，教育和激励着一代又一代华夏儿女顽强拼搏，勇敢超越。

新中国成立以来，尤其是改革开放30多年来，"人生能有几回搏"、"为国争光"、"胸怀祖国，放眼世界"、"冲出亚洲，走向世界"等口号远远超出了体育的范畴，成为一个个特定时代激励全中国人民自强不息，奋发图强的强大精神力量。在赛场上，体育健儿们以坚定的意志品质、精湛的运动技艺，良好的文明礼仪，优异的成绩，践行着为人生添彩、为民族争气、为祖国争光的誓言。他们在国际体育竞技赛场上取得的每一次胜利，都给举国上下带来极大的鼓舞，极大地增强了中华民族的凝聚力。他们向世界展现了中华民族自强不息、团结奋斗、和平进步的精神风貌，体现了中华民族屹立于世界民族之林的信心和力量。这些产生于各个时期的体育精神，经过不断的凝练，最终铸就成"为国争光、无私奉献、科学求实、遵纪守法、团结协作、顽强拼搏"的中华体育精神，成为全民族的宝贵精神财富。

（二）中华体育精神的丰富内涵

以"为国争光、无私奉献、科学求实、遵纪守法、团结协作、顽强拼搏"为主要内容的中华体育精神有着丰富的内涵，共同在中国体育实践中发挥着强大的凝聚人心、激励斗志、整合体育文化价值的作用。为国争光是祖国至上的爱国主义精神的具体体现，是中华体育精神的核心所在和根本动力；无私奉献是不计得失的大公无私精神和崇高的职业道德；科学求实是一种崇尚科学、求实奋进、开拓创新的工作精神；遵纪守法是恪守信义、严于律己的道德风尚；团结协作是互助友爱、以大局为重的集体主义观念；顽强拼搏则是奋斗不止、积极进取的人生态度和高度的工作责任感。

这六种精神从不同侧面回答了如何生活、如何工作、如何做人的问题。六者之间相互辉映，共同组合成一曲浑厚的时代主旋律，唱响在勇攀世界体育高峰的征程中。

六者又是一个相互联系的有机整体，是中国共产党一贯倡导的大公无私、甘于奉献精神的集中反映，是中华民族精神在特定历史时期的丰富和发展，是中华民族精神在体育领域的具体体现。六者之中，"为国争光"是中华体育精神的出发点和落脚点，是中华体育精神的系统目标和终极价值所在；"无私奉献、科学求实、遵纪守法、团结协作、顽强拼搏"，则是实现系统目标和终极价值的手段和途径。"无私奉献"是祖国利益高于一切的人生追求；"科学求实"是基础，是从一个胜利走向另一个胜利的科学保证；"顽强拼搏"则是实现目标不可或缺的手段；"遵纪守法"是底线，如果突破这一底限，一切都将失去意义；"团结协作"则是全国一盘棋，充分发挥举国体制的优势，调动各方优势，集中力量办大事的保障。因此，六个方面应相互制约，互为作用，相互促进，在为国争光的统领下，统筹兼顾，协调发展，共同奏响一曲高亢雄浑的时代旋律。

以爱国主义为核心的中华体育精神，激励着我国体育健儿在国际赛场上不畏强手，顽强拼搏，实现为国争光的崇高理想。同时亦丰富了社会主义精神文明建设的内容，成为增强中华儿女民族自豪感和凝聚力的精神源泉。

北京奥运　创造辉煌

国家体育总局竞技体育司巡视员、北京2008年
奥运会竞技备战工作领导小组办公室副主任　潘志琛

2008年8月8日至8月24日，第29届夏季奥林匹克运动会在北京举行。这是现代奥林匹克运动会第一次在占有世界人口1/5的中国举办，具有重大意义和深远影响。中国体育代表团肩负党和人民的期望和重托，顽强拼搏，奋勇争先，实现运动成绩和精神文明双丰收的参赛目标，创造了中国竞技体育新的辉煌。

2001年7月13日，国际奥委会第112次全会投票决定在北京举办第29届夏季奥运会，全世界的目光聚焦到北京，聚焦到中国。将北京奥运会办成一届有特色、高水平的奥运会是中国向国际社会的庄严承诺。而东道主代表团取得运动成绩和精神文明双丰收，是有特色、高水平奥运会的重要标志，将进一步展示中国改革开放、政治稳定、经济发展、社会进步的伟大成就，展示中国人民和中华民族自强不息的民族精神，将对正在为建设小康社会，构建和谐社会而团结奋斗的全国各族人民和海外侨胞以巨大的鼓舞。

在北京奥运会上实现运动成绩和精神文明双丰收的目标，是全国体育系统肩负的历史使命，是每一位体育工作者的光荣与梦想。北京申办奥运会成功后，备战奥运会工作得到了党中央、国务院及各方面的高度重视和大力支持，全国体育系统把扎实做好北京奥运会备战工作，取得运动成绩

和精神文明双丰收作为体育工作的重中之重，全力以赴投入备战工作。经过多年坚苦卓绝的努力，终于在北京奥运会上实现运动成绩和精神文明双丰收的目标，实现了赛前许下的"为人生添彩，为奥运增辉，为民族争气，为祖国争光"的诺言。

一、创造中国竞技体育新的辉煌

（一）运动成绩实现历史性突破

北京奥运会共设 28 个大项、302 个小项。来自 204 个国家和地区的 10500 余名运动员参加了比赛。本届奥运会共刷新了 38 项世界纪录和 85 项奥运会纪录，创历届奥运会之最。

中国体育代表团共由 1099 人组成，其中运动员 639 人，创历届奥运会中国参赛人数之最。中国体育代表团参加了奥运会全部 28 个大项，262 个小项的比赛，是历届奥运会中国参赛大项最全，参赛小项最多的一届。经过 16 天的奋勇拼搏，共获得 51 枚金牌、21 枚银牌、28 枚铜牌，奖牌总数 100 枚，创 4 项世界纪录。获金牌数超越美国，获奖牌数超越俄罗斯，位列奥运会金牌榜第一，奖牌榜第二，实现重大历史性突破。

在北京奥运会上，中国在 15 个大项上获得了金牌；在 20 个大项、85 个小项上获得了奖牌；在 26 个大项、136 个小项上进入前 8 名。获金牌、奖牌和前 8 名的项目数均为中国参加历届奥运会最多的。获奖项目覆盖面的进一步扩大，反映出中国竞技体育整体实力的全面提升。

中国体育代表团在北京奥运会上实现多项突破。在代表团所获 51 枚金牌中，有 16 枚金牌是中国参加奥运会历史上从未获得过的。乒乓球、体操、举重、跳水、射击、女子柔道、羽毛球等优势项目敢于超越自我，全力挖掘潜能，勇夺 39 枚金牌，是代表团取得优异成绩的基本保证。射箭、蹦床、拳击、赛艇、帆船帆板等潜优势项目实现奥运会金牌零的突破，它们与皮划艇、跆拳道、击剑、摔跤和游泳项目一起共获得12枚金牌，为代表团取得优异成绩做出了重要贡献。女子曲棍球、男子游泳、沙滩排球、艺术体操、花样游泳、男子射箭取得了奥运会奖牌的突破。集体球类项目整体有进步，有8个项目进入前8名。其中女子曲棍球、女子手球、女子水球、男子排球取得了中国参加奥运会以来的最好成绩。

在北京奥运会上，中国体育代表团涌现出一批初出茅庐的年轻小将。在中国体育代表团639名运动员中，初次参加奥运会的运动员占2/3以上。在代表团所获51枚金牌中，有30枚是由第一次参加奥运会的年轻运动员获得，占金牌总数的近60%。他们不畏强手，敢打敢拼，正在逐渐成长为中国竞技体育的生力军，显示出中国竞技体育可持续发展的势头强劲。

（二）展现了良好的精神风貌

北京奥运会是中国体育健儿第一次在自己的祖国参加奥运会，承载着全国人民更高的期望，承受着在国外比赛没有的特殊压力。雅典奥运会结束后，世界各体育强国均把中国作为北京奥运会上的主要竞争对手，在政策、资金、科技等方面的投入巨大，重视程度和备战力度空前，很多项目的水平也有大幅提高，北京奥运会上的竞争空前激烈。面对严峻的形势，中国体育健儿时刻牢记党和人民的嘱托，弘扬中华体育精神和奥林匹克精神，以"狭路相逢勇者胜"的勇气和豪气，顽强拼搏、不屈不挠，在世人面前表现出不畏强手、敢于胜利的坚强决心和奋勇拼搏、永不放弃的昂扬斗志；展现了团结协作、顾全大局的团队精神和从容镇定、不骄不躁的良好心态。赛场内外，中国体育健儿遵纪守法、公平竞争、热情友好、礼貌大方，胜不骄、败不馁、尊重对手、尊重裁判、尊重观众，赛出了风格，赛出了水平。赢得了广泛的赞誉，为祖国和人民赢得了荣誉。

北京奥运会上，中国运动员干干净净参赛，从2008年7月27日国际奥委会启动北京奥运会赛时兴奋剂检测开始，中国运动员按照国际组织的规定接受了兴奋剂检查，没有出现一例阳性事件，实现了兴奋剂问题"万无一失"的目标，维护了奥林匹克运动和体育的纯洁，维护了国家声誉。

奥运会期间，中国运动员与世界各国各地区的运动员一起，相互交流，切磋技艺，增进友谊，弘扬了奥林匹克精神，促进了奥林匹克运动的发展，为全世界人民奉献了一幕幕精彩的奥运竞赛。同时，向全世界展示了中华儿女的风采，展示了开放、民主、文明、进步的国家形象，以自身行动更好地诠释了"团结、友谊、进步"的奥林匹克宗旨；诠释了"同一个世界、同一个梦想"的理念，为北京奥运会的圆满成功做出了积极的贡献。

8 月 24 日，中共中央、国务院在奥运会结束后第一时间发来贺信。贺信说："在北京奥运会的赛场内外，中国体育健儿大力弘扬中华体育精神和奥林匹克精神，以坚定的意志品质、精湛的运动技艺，良好的文明礼仪，取得了运动成绩和精神文明双丰收，实现了你们出征前许下的为人生添彩，为奥运增辉，为民族争气、为祖国争光的誓言，向全世界展现了中华儿女积极进取、昂扬向上的蓬勃朝气，展现了中华民族自强不息、团结奋斗、和平进步的精神风貌。你们同世界各国、各地区的体育健儿交流技艺，提高水平，增进友谊，为促进世界各国、各地区人民的和平与友谊做出了新的贡献。你们用自己的实际行动，极大激发了全国各族人民的爱国热情和拼搏精神，给正在积极推进改革开放和社会主义现代化建设的全国各族人民以巨大鼓舞，为国际奥林匹克事业做出了突出贡献。"

中国体育健儿的优异表现使奥林匹克知识和体育知识得到了广泛普及，使"更高、更快、更强"的奥林匹克格言和"团结、友谊、进步"的奥林匹克宗旨家喻户晓、深入人心，有力地推动和促进了体育运动在中国的普及，必将对中国体育事业发展产生全面而深远的影响。

二、北京奥运会备战历程

（一）党中央、国务院的高度重视和亲切关怀，是中国体育代表团取得优异成绩的强大动力

党中央、国务院高度重视北京奥运会的筹办和中国体育代表团的备战参赛工作。北京申办奥运会成功后，中共中央、国务院于 2002 年下发了《关于进一步加强和改进新时期体育工作的意见》，并以国务院的名义召开了全国体育工作会议，充分肯定了体育在经济、社会发展中的重要地位和作用，提出了新时期发展体育事业的指导思想、工作方针和总体要求。

在筹备和备战奥运会过程中，党中央、国务院多次专门召开会议，研究部署相关工作，做出重要指示。2008 年 7 月 23 日上午，胡锦涛总书记和习近平同志以及刘淇、令计划、王沪宁等中央领导同志在百忙之中，看望正在备战奥运会的国家队运动员、教练员和工作人员。总书记亲切询问了运动员的训练、生活、康复情况，深入、细致地了解队员们的思想动态，给运动员加油、鼓劲，对备战参赛工作寄予殷切期望，给予热情鼓励，做出重要指示。8 月 10 日，中共中央政治局专门召开常委会议，胡锦涛总书记和中央领导同志对中国体育代表团奥运会前两个比赛日的参赛工作给予积极评价，做出重要指示。8 月 10 日深夜，刘延东同志赴代表团传达了胡锦涛总书记的指示和中央政治局常委会精神，8 月 11 日又到代表团驻地看望慰问运动员并同运动员共进晚餐；8 月 11 日晚，胡锦涛总书记亲自打电话给中国体育代表团，祝贺中国举重队取得的成绩并给予亲切勉励；胡锦涛等党和国家领导人还专程到比赛现场观看比赛，亲切慰问、热情鼓励运动员、教练员。党中央、国务院的高度重视和亲切关怀，是对中国体育代表团莫大的鼓舞和激励，是代表团在奥运赛场奋勇争先、不畏强手、超越自我、再创辉煌的强大动力。

（二）改革开放三十多年取得的伟大成就为中国体育代表团取得优异成绩奠定了强大的物质基础

改革开放三十多年来，全党、全国各族人民以一往无前的进取精神和波澜壮阔的创新实践，谱写了中华民族自强不息、顽强奋进的壮丽史诗。三十多年来，中国经济持续快速发展，政治、经济、文化、社会事业取得举世瞩目的成就，人民生活显著改善，为体育事业发展奠定了强大的物质基础。

自申办奥运会成功以后，国家各有关部门相继出台了一系列政策，增加了体育系统机构设置和国家队一、二线编制；提高了国家队训练经费的标准，加大了备战奥运会专项经费的投入；加强了国家队训练基地的建设，改善了运动队训练和生活设施；完善了运动员就学、退役安置、训练津贴、科技服务、保障体系等相关政策。国家和各省区市，对备战奥运会投入了大量的人力、物力和财力。广大人民群众、社会各界和企业对备战和参赛奥运会给予了热情关注和多方面的支持。改革开放三十多年，使中国运动员融入了世界，得到锻炼、得到学习、得到帮助，促进了竞技水平和自信心的提高。大批外国教练来华执教，促进了项目竞技水平的提高。

改革开放30年取得的伟大成就，为我国体育事业提供了前所未有的发展条件和机遇。使中国体育健儿以前所未有的自信、自强、自豪的姿态站在国际体育赛场上，为体育健儿奋勇拼搏、夺取北京奥运会的优异成绩提供了巨大的动力。

（三）系统备战、扎实工作是取得优异成绩的关键

北京举办奥运会是中华民族的百年盛事。在自己的祖国参加奥运会并取得好成绩，是全体体育工作者的人生荣耀和奋斗目标。全国体育界充分认识到北京奥运会的重大历史意义，真切感受到党和人民的热情期盼和殷殷重托，充分认识到自己肩负的历史使命和社会责任，讲政治，讲大局，对竞技备战工作给予了高度重视。

　　申办成功后，国家体育总局组织制订了《2001—2010 年奥运争光计划纲要》和《2008 年奥运争光行动计划》，提出了备战工作的指导思想、奋斗目标、工作制度和计划措施。在国家有关部门的支持下，增加了国家队一线编制，保证了各项目国家队复合型训练管理团队的建设。大部分项目组建了国家二队，在雅典奥运会备战周期就着手抓北京奥运会的备战队伍。调整训练基地布局，加强训练基地建设，完善配套设施，改善国家队的训练、生活条件。加大对体育科技教育的投入，加强 7 个重点实验室和国家队的科技建设，针对运动训练中亟待解决的关键问题，组织各行业、多学科专家进行联合科研攻关，提高了科学训练的水平。体育总局各奥运项目管理中心制定了《各项目奥运争光行动计划具体实施方案》，将 2004 年雅典奥运会作为 2008 年北京奥运会的重要阶段性任务，按两个奥运会备战周期系统规划备战奥运会工作。

　　在 2004 年雅典奥运会上，中国体育代表团 407 名运动员参加了 26 个大项、203 个小项的比赛，共获得 32 枚金牌、17 枚银牌、14 枚铜牌，奖牌总数 63 枚，获金牌数排在美国之后，位列第二，获奖牌数排在美国、俄罗斯之后，位列第三，实现突破，为在北京奥运会上取得更优异的成绩奠定了重要基础。

　　雅典奥运会结束后，体育总局随即将抓好北京奥运会的备战工作，实现运动成绩和精神文明双丰收的参赛目标，作为体育工作的重中之重。2005 年 1 月，体育总局成立了 2008 年奥运会竞技备战工作领导小组，提出"立足于早，着力于细，抓好组织、计划、责任和保障四个落实"的工作思路，提出了"眼睛向下看，围着项目转"的工作要求，以最大的热情，尽最大的努力，全力以赴、心无旁骛、聚精会神地投入到奋战北京奥运会的工作中。北京奥运周期系统扎实的备战工作是奥运会取得优异成绩的关键，主要体现在以下 10 个方面。

　　1. 坚持和发展举国体制优势，创新组织管理方式，为备战奥运会提供了组织保障

　　体育总局成立 2008 年奥运会竞技备战工作领导小组后，调整了备战

奥运会的组织管理机构，组建了竞技备战工作领导小组办公室，承担备战奥运会"组织协调、督促落实、强化补缺、整合服务"的职能。各奥运项目中心成立了领导小组和办公室，各支国家队成立了队委会，实行队委会领导下的分工负责制，细化了分工，更好地发挥了集体的智慧和作用。各省、区、市都建立了备战工作领导机构和办事部门。

新的组织管理方式和运行机制，是坚持和发展举国体制优势的具体实践，在统一思想、统一意志、统一行动的基础上，打破了以往条块分割的管理模式，进一步整合了体育总局各职能部门、各奥运项目管理中心和各地方体育部门的资源，自上而下建立了层次分明、职责清晰、措施完善、保障有力、运转有效的组织管理体系和工作制度；强化了总局各部门之间的协调，既充分发挥了职能部门的管理作用，又便于各部门围绕备战的核心目标，协调配合，提高效率，更好地服务于备战一线；保证了总局备战领导小组的有关方针、政策、指示贯彻到各部门、各项目，保证了各项目、各部门的工作按照总局的统一部署有序推进。组织管理方式和运行机制的创新，实现了备战组织工作由粗放型向集约型的转变，为备战工作提供了组织上的保障。

2. 完善备战奥运会管理法规制度，使备战奥运会工作进一步系统化、规范化和科学化

在北京奥运会备战周期，体育总局在系统总结以往竞技体育管理和备战奥运会经验与教训的基础上，进一步整合知识，整合经验，针对以往工作中存在的问题，根据 2008 年奥运会的特殊任务，研究、制定了《2008年奥运会备战工作组织管理办法》，明确了备战奥运会组织管理体系中各层次、各部门在备战工作中的责任和要求。研究制定了《2008 年奥运会国家队备战工作管理办法》，对国家队组建、管理体制、训练、参赛、科研、宣传、反兴奋剂、市场开发等方面都做出了明确具体的规定。此外，体育总局还研究制定了《奥运会贡献奖奖励办法》、《夏季奥运会项目中心奖励办法》、《夏季奥运会项目中心领导班子年度考核实施意见》、《反兴奋剂规定》等一系列管理办法。

备战管理法规制度的完善，调动了各方面的积极性，推动了复合型国家队训练管理体制的建立，促进了各项目研究认识项目规律，提高管理和训练水平。改变了以往备战奥运会组织管理和训练管理工作无章可循的局面，使以往竞技体育管理和组织备战奥运会工作中积累的大量成功经验进一步系统化、规范化和科学化，实现了训练管理体制由单一型向复合型的转变。

3. 深化对项目规律认识和把握，以提高训练水平带动整体实力的增强

在奥运会上取得优异成绩，最重要的是靠竞技实力，而竞技实力的增强，归根结底要靠训练水平的提高，提高训练水平的关键是深化对项目规律的认识和把握。在北京奥运会备战周期，体育总局将促进各项目研究认识项目规律，促进训练突破创新作为备战工作的核心任务，针对备战工作中亟待解决的问题，组织各项目和有关专家对体能类项目高原训练的理论与实践、中国运动员本土参赛的利弊因素分析与应对措施、重点运动员倒计时备战训练计划与竞技状态的调控、外籍教练的管理使用与评价、国家队管理信息系统、三大球项目赛制改革为备战奥运会服务、各项目奥运会及世界大赛程序化参赛方案、对北京 8 月份高温高湿和赛场氛围的模拟比赛、重点运动员伤病防治，以及总结推广中国乒乓球队在强烈的爱国主义精神引领下，与时俱进、开拓创新、把握项目规律，保持长盛不衰的成功经验等问题进行了专题研究部署。

这些专题研究和工作部署，一方面促进了各项目从查找问题入手，认真研究世界范围内本项目的发展潮流和趋势，深化对项目规律的认识和把握，更新观念，在训练理论和训练方法手段上突破创新。同时，为各项目搭建了交流的平台，使一些项目的成功经验在备战奥运会的各支国家队得以推广，使局部经验成为整体、全局的经验，改变了以往各项目各自为战的局面，实现了备战训练工作由经验型向科学型的转变。优势项目巩固和扩大优势，源于对项目规律认识的不断深化；潜优势项目取得突破，也是都得意于对项目规律的认识上取得的突破，得意于训练的突破创新。

4. 把握备战进程，加强督促检查，有序推进各项备战工作

备战北京奥运会，体育总局既有总体的系统规划，又动态把握备战工作进程，在每个重要阶段，提出备战工作的指导思想、工作目标、战略重点和工作要求。2005 年 11 月召开 2008 年奥运会备战工作暨 2005 年冬训动员大会，进一步统一了全国体育系统的思想，振奋了精神，鼓舞了斗志。2006 年 11 月召开备战 2008 年奥运会训练工作会议暨 2006 年冬训动员大会，推动了深化对项目规律的认识，全面提高训练创新能力和管理水平。2007 年 6 月召开了备战 2008 年奥运会备战工作会议，总结了前阶段的工作，查找和分析了备战工作中存在的问题，对国家队优化结构、突出重点；研究制订重点运动员倒计时备战训练计划；研究制定程序化参赛方案；研究制定本土参赛对策；加强重点运动员伤病防治工作等进行了专题研究和部署。2007 年冬训动员大会提出现阶段备战 2008 年奥运会的指导思想是"学习贯彻落实党的十七大精神，以科学发展观为统领，紧紧抓住举办 2008 年北京奥运会这一千载难逢的历史机遇，树立信心，振奋精神，开拓奋进，扎实工作，尽最大努力争取运动成绩和精神文明双丰收。"战略目标是"全力挖掘优势项目潜能，努力实现潜优势项目的突破，促进落后项目的全面进步，推动集体球类项目水平的提高"。2008 年 6 月 6 日召开奋战 60 天备战北京奥运会工作会议，针对临赛前的特殊性，对各项目集中精力，心无旁骛、扎实工作，尽最大努力抓住主要矛盾，查漏补缺，解决问题，以最佳的竞技状态和精神状态出征奥运会进行了工作部署。2008 年 7 月 25 日召开代表团誓师动员大会，要求代表团全体人员认真学习贯彻总书记的重要指示，把总书记的亲切关怀化作出征奥运赛场的不竭动力，发扬奥林匹克精神和中华体育精神，发扬伟大的抗震救灾精神，鼓舞士气，凝聚力量，团结一心，顽强拼搏，在奥运赛场上夺取运动成绩和精神文明双丰收的优异成绩，升国旗，奏国歌，以实际行动展现中国人民奋发向上、自立自强的形象，以实际行动为人生添彩，为奥运增辉，为民族争气，为祖国争光。

为贯彻落实历次会议精神，总局备战领导小组加强了对各奥运项目备

战工作的督促检查，先后对各项目中心进行了 7 个轮次，逐一项目、逐一重点运动员的督察盘点，深入分析形势，梳理问题，查漏补缺，完善办法和措施，确保参赛任务的完成。总局备战领导小组深入一线，靠前指挥，近百次深入各项目中心和国家队蹲点检查指导备战工作，与项目中心领导、领队、教练一起研讨备战工作，查找并解决备战工作中的问题，有针对性地对各项目备战工作进行指导，使各项备战措施逐一落实。这些举措保证了各项目备战工作按照总局的统一部署有序推进，一步一个台阶，直至取得最终的胜利。

5. 加强思想政治工作，强化精神、心理、意志和作风的锤炼，提高队伍的战斗力

体育总局把不断加强运动队思想政治工作作为备战工作极其重要的一环。在注重技术、战术、体能备战的同时，特别注重强化精神、心理、意志和作风的锤炼，以为国争光为切入点，出台了《进一步加强和改进国家队思想政治工作的意见》，组织编写了《备战 2008 年奥运会国家队励志教育和实战案例》两套读本，在各项目国家队广泛开展"备战 2008 年奥运会理想信念系列教育活动"。结合抗震救灾工作抓好运动队思想教育，进一步增强运动员、教练员的祖国培养意识，提高他们回报祖国、回报社会、回报人民的思想觉悟，学习灾区群众和全国人民表现出的英勇无畏、坚忍不拔、万众一心、团结拼搏的爱国精神和动人事迹，全力以赴，扎实备战，努力在北京奥运会上夺取运动成绩和精神文明双丰收。组织编写《代表团文明礼仪手册》，进行文明礼仪和体育道德作风教育。在代表团出征前的誓师动员大会上，参加动员大会的全体运动员、教练员和工作人员，在代表团团长刘鹏的带领下，面向国旗，向祖国和人民庄严宣誓。进驻奥运村后，中国体育代表团按照党中央的指示，再次进行了充分的思想动员，帮助运动员树立为国争光、为民族争气的必胜信心，排除杂念，克服、战胜畏手畏脚、患得患失的心理，坚定必胜的决心和信心，争创佳绩。在细致生动的思想政治工作激励下，广大运动员、教练员、管理和科研人员树雄心、立壮志，怀着为国争光、为人生添彩的强大动力和奋斗精

神出征奥运，打出了士气和霸气，在比赛遇到不顺利的时候，以必胜的信心，咬牙挺住，与对手决战到底，创造了一个又一个以弱胜强的奇迹。

6. 准确把握形势，坚持低调备战，确定战略目标、战略重点和战略指导思想

在北京奥运会备战周期，体育总局加强了备战信息情报工作，抽调专门研究人员，成立了信息研究工作小组，加大研究力量，全面分析各项目备战和参赛形势，分析实力变化趋势，深入研究主要对手备战动态，从宏观上较为准备地把握了战略形势，确定了参赛的战略目标、战略重点和战略指导思想。

2006年组织各项目研究制定了2008年奥运会的目标任务，与14个奥运项目管理中心领导班子签订了《承担2008年奥运会任务责任书》，细化了目标，落实了责任。根据对形势的动态把握，于2007年及时提出"强优战略"，要求优势项目全力挖掘潜能，进一步扩大夺金数量。奥运会比赛结果证明，在14个奥运会项目中心中有12个项目中心完成或超额完成了任务。多个项目取得了奥运会参赛成绩的历史性突破。其中，优势项目获得金牌数比雅典奥运会增加了16枚，是代表团整体取得突破的最重要原因。

在奥运会备战过程中，体育总局遵循竞技体育规律，坚持"内外有别，对内鼓劲，对外低调"的方针，使社会期望值保持在合理的范围内，为运动员、教练员减压。同时，根据形势和任务，确定战略对手，要求各参赛队坚决打好对俄罗斯的阻击战。在奥运会比赛半程，又根据形势的变化，及时提出金牌数赶超美国，奖牌数超越俄罗斯的战略目标，并最终实现了金牌、奖牌排名均比雅典奥运会前进一位的目标，中国体育代表团的在北京奥运会上实现历史性突破，是战略制胜的成功战例。

7. 加大反兴奋剂工作力度，确保中国体育代表团在北京奥运会上不出任何兴奋剂问题，为代表团实现双丰收做出重要贡献

在备战工作中，体育总局将反兴奋剂工作作为极端重要的一环，认真贯彻执行国务院《反兴奋剂条例》，坚持"严令禁止、严格检查、严肃处

理"的反兴奋剂三严方针，重点抓好"教育、自律、制度、监督、惩处"五个工作环节，采取了一系列措施，坚决禁止使用兴奋剂：与各省（区、市）、解放军体育行政部门、各行业体协及各运动项目管理中心签订《反兴奋剂工作责任书》，明确了反兴奋剂工作的目标任务和责任；在国务院的领导下，成立了兴奋剂问题综合治理领导小组，建立了国家兴奋剂问题综合治理协调机制；成立了国家反兴奋剂中心，完善了反兴奋剂管理体制和机制；坚持"预防为主、教育为本"的原则，积极开展反兴奋剂宣传教育；完善反兴奋剂政策法规，加强了兴奋剂检查工作，提高了兴奋剂检查的科学性、有效性和检测水平，加大了对兴奋剂违规事件的处罚力度，提出了北京奥运会对于兴奋剂"零容忍"，并且要做到万无一失的明确目标。在北京奥运会开幕前，果断处理了在兴奋剂检查中出现的违规事件，组织全体参赛运动员进行了反兴奋剂宣誓活动。坚定不移的态度、坚持不懈的努力、全面系统的措施保证了中国体育代表团在北京奥运会上不出任何兴奋剂问题，为代表团实现运动成绩和精神文明双丰收的参赛目标做出了重要的贡献。

8. 全方位的保障为备战和参赛工作提供了有力的支撑

在北京奥运会备战周期，体育总局各职能部门积极深入一线了解并解决运动队的困难，加强了政策、经费、科技、医疗、人才、训练基地、国家队运动员教练员训练津贴、舆论宣传、外事工作等各方面的保障。体育总局与有关部门联合下发了《关于进一步加强运动员保障工作的通知》和《关于进一步推动体育职业教育改革与发展的意见》，与有关部门共同制定了《运动员聘用暂行办法》，中编办印发了《关于加强和规范体育事业单位编制管理有关问题的通知》，运动员就业、就学等方面的相关政策得到进一步完善，提高了优秀运动员的收入水平，为稳定奥运备战队伍奠定了重要政策基础。加大了对重点项目经费投入的力度，保障了重点项目转训经费、外事经费、器材经费、聘用外教经费和训练基地建设的需求，为这些项目取得突破提供了保障。加强备战科技工作，组织多学科、多领域专家对备战训练的关键问题进行联合攻关，在国家队设置科研岗位，配置科研设备，加强科技服务和医疗监督。加强了对国家队新闻宣传工作的管理，确定"合理应对，有序调控，巧与协调"的工作原则，统一对外宣传口径，在保证系统备战工作不受干扰的基础上，适度地组织中外媒体进行集中采访，为备战工作营造了良好的舆论环境。全方位的保障工作为备战和参赛奥运会这个庞大的系统工程提供了有力的支撑。

9. 科学、合理的选拔，调动了各方面的积极性，保证了最佳人选出征奥运

体育总局高度重视北京奥运会参赛运动员的选拔工作，将做好选拔工作作为备战工作的重要环节。自 2005 年成立备战工作领导小组起，就针对以往选拔工作中曾出现过的问题，结合 2008 年北京奥运会的特殊情况，对各项目做好选拔工作提出了要求。在每年的全国体育局长会议、备战工作会议和冬训动员大会上多次强调北京奥运会参赛运动员的选拔工作事关重大，备受关注，情况复杂。做好选拔工作，可以鼓舞斗志，激励教练员和运动员刻苦训练、顽强拼搏；可以保证最优秀的运动员参加奥运会，为国争光；可以弘扬公平竞争的体育精神，树立体育的形象；可以调动全国体育系统的积极性。要求各项目要提高对选拔工作重要性和复杂性的认识，以高度的政治责任感对待选拔工作；要总结以往奥运会选拔工作的经验和教训，研究完善选拔办法和标准；要充分听取各方面的意见，坚决执行选拔办法，切实做到公平、公正、公开；要处理好选拔工作与训练、参赛的关系，防止因选拔工作影响系统备战，影响参赛实力；要加强监督，杜绝选拔工作中的不正之风。同时，要求各省区市和解放军体育部门、行业体协牢固树立国家利益至上的观念，树立大局意识，维护和支持体育总局和项目中心的规定，做好运动员、教练员的思想工作，维护国家形象和体育形象。

体育总局在制定实施的"两个管理办法"中对 2008 年奥运会参赛运动员选拔工作的原则、程序、办法和要求做出了明确的规定，使选拔工作进一步规范化和制度化。2008 年 2 月，体育总局成立 2008 年奥运会参赛运动员选拔工作督察组，在体育总局党组的领导下，依据《两个管理办

法》以及有关项目管理中心的选拔办法等文件规定，对选拔工作进行监督检查。

2008 年奥运会参赛运动员选拔工作整体进展顺利，大多数项目选拔工作平稳，没有出现大的争议，保证了各项目集中精力做好最后阶段的备战工作。对于选拔工作出现的难点，体育总局与相关项目从国家利益出发，按照"公平、公正、公开"的原则，确定了参赛人员。这些运动员实力强、状态好、心理成熟、作风过硬，在奥运赛场不负众望，取得了理想成绩。科学、合理的选拔工作，调动了各方面的积极性，保证了最佳人选出征奥运会。

10. 扎实细致的参赛准备和科学高效的参赛指挥工作是代表团取得优异成绩的重要因素

中国体育代表团在总结以往参加奥运会指挥大兵团作战的基础上，结合北京奥运会东道主参赛的特殊条件，研究制定了代表团工作制度，建立了集体领导、职责清晰、快捷高效的参赛指挥体系。按照集中统一部署、分兵把口、分层指挥、协调配合的原则，对代表团参赛的各个方面进行了部署。各参赛项目按照代表团的统一要求，结合项目的实际情况，遵循科学、合理、高效、通畅的原则，建立了各自的参赛指挥体系。

奥运会赛前，各项目在技术、战术、体能、思想、心理、作风和临场指挥等各方面都做了充分的准备，对主场参赛的不利因素也进行了积极的研究和准备，制定了参赛工作方案以及应对各种突发不利情况的预案。代表团高度重视打好开局，在进驻奥运村后的第一次全体领队会上，专门对如何打好开局进行了部署。代表团领导专门听取了首日参赛项目准备情况汇报，与领队、教练员一起研究参赛方案，有针对性地提出要求。代表团在奥运会比赛的前 3 天的精彩开局，使代表团在与主要对手的竞争中占据了先机，同时鼓舞了全团士气，使整个代表团形成三军踊跃、奋勇争先的局面，为代表团取得最终的胜利奠定了坚实的基础。代表团充分调动和发挥了各项目国家队队委会的积极性和主观能动性，在奥运会赛时，及时进行现场指挥和决策，在充分尊重总教练和主教练意见的前提下实现集体智慧的最大化。中国体育代表团工作团和保障团紧紧围绕代表团圆满完成参赛任务，确保体育总局各项日常工作正常运转，承担了安全保卫、宣传、外事和服务保障等方面大量的工作任务，成为代表团的坚固的大后方。政令畅通，责任清晰，反应快速，保障有力的参赛指挥工作是代表团取得优异成绩的重要因素。

三、北京奥运会备战参赛工作的启示

（一）北京奥运会成为中国竞技体育发展新的里程碑

北京奥运会的成功举办和中国体育代表团取得的优异成绩，是共和国奋斗进取、繁荣昌盛光辉历程的真实写照，是中国改革开放和现代化建设巨大成就的集中展示，是符合中国国情、具有中国特色的体育发展道路的成功实践。

新中国成立前，中国体育水平低下，虽参加过三届奥运会，但从未获得过一枚奖牌。新中国成立后，在党中央的领导和重视下，中国体育开始走上发展的道路，在竞技体育领域取得了一系列成就，并开始逐步形成中国特色的体育发展道路。特别是 1978 年党的十一届三中全会确立了新时期的改革开放路线，促进了中国竞技体育的崛起和腾飞。1979 年，国际奥委会恢复中国合法席位，中国体育真正开始走向世界。改革开放 30 年来，中国竞技体育在探索中前进，找到了一条符合中国实际的竞技体育发展道路，运动水平迅速提高，在奥运会和其他国际赛场上取得了举世瞩目的成就。1984 年洛杉矶奥运会实现奥运金牌零的突破。2000 年悉尼奥运会首次进入金牌榜前三位。2004 年雅典奥运会获金牌数超越俄罗斯，实现突破。特别是 2008 年北京奥运会，中国登上了金牌榜首的位置，实现了历史性大跨越，辉煌成就谱写了壮丽的诗篇。北京奥运会是对中国竞技体育发展水平的一次全面检阅，也是对中国竞技体育发展道路的深刻检验。中国竞技体育以竞技水平的全面提升，以对中华体育精神和奥林匹克精神的精彩演绎，向党和人民交出了一份满意的答卷，树立起中国竞技体育发展道路上一座新的里程碑。

（二）北京奥运会备战参赛工作的成功经验，是今后竞技体育管理和组织备战奥运会工作的宝贵财富

在备战和参赛北京奥运会的全过程中，体育总局在总结以往历届组织奥运会备战和参赛工作成功经验的基础上，深入学习实践科学发展观，深化对竞技体育发展规律的认识，通过组织管理体系的建立、管理制度的健全、备战政策的完善、运行机制的创新，进一步发挥了举国体制的优势，整合了总局各部门、各项目中心，以及全国体育系统的资源，建立了层次分明、职责清晰、措施完善、保障有力、运转有效的组织管理体系和工作制度。通过研究和认识运动项目规律，力求训练突破创新，进一步提高了各运动项目的训练水平，增强了整体实力。通过广泛的思想动员，开展国家队理想信念教育和为国争光教育等活动，进一步统一了全国体育系统的思想，激发了广大运动员、教练员顽强拼搏、刻苦训练的精神和斗志。通过准确把握备战参赛形势，提出了正确的战略目标、战略重点和战略指导思想。通过强化各项保障措施，进一步夯实了备战的物质基础、科研基础和政策基础。通过扎实细致的参赛准备工作和科学高效的参赛指挥，保证了各项目在奥运赛场发挥出最佳竞技水平。中国体育代表团在北京奥运会上实现运动成绩和精神文明双丰收的参赛目标，是北京奥运会备战周期组织创新、整合资源、系统规划、扎实推进、认识规律、训练突破、统一思想、激发斗志、把握形势、科学决策的必然结果。

坚持和发展举国体制优势；坚持体制的机制创新；坚持推进备战工作的系统化、规范化和制度化；坚持对项目规律的不断探索和研究；坚持将提高训练水平作为备战工作的核心；坚持将思想政治工作作为备战工作的重要环节；坚持深入实际的工作作风，系统规划、扎实推进各项备战工作；坚持不懈地做好反兴奋剂工作；坚持做好全方位的保障；坚持把握战

略形势，正确做出战略决策。这些成功的做法是深刻认识和把握竞技体育发展规律的具体体现，也是对科学发展观的具体实践，是备战和参赛北京奥运会的成功经验。北京奥运会备战参赛工作的成功经验是以往备战奥运会成功经验的继承和发展，是今后竞技体育管理和组织备战奥运会工作的宝贵财富。

（三）在新的起点上实现新的跨越

中国竞技体育在北京奥运会上的辉煌，既是中国竞技体育发展道路上的里程碑，也是新的历史起点。我们在为北京奥运会的辉煌而自豪的同时，必须正视存在的差距和问题。虽然中国登上了奥运会金牌榜首的位置，但在最能反映一个国家竞技体育整体实力的奖牌数上仍然落后于美国，反映出整体实力仍有差距。特别是在田径、游泳、自行车等国际体坛影响大的项目，以及深受群众喜爱的集体球类项目上，我国与世界先进水平还有较大的差距。此外，竞技体育理论建设、在国际体育组织中的地位与影响、竞技体育各类人才培养与保障体系、职业体育发展等等，都是衡量一个国家竞技体育发展水平的重要指标，而我国与世界先进水平尚有不小的差距。

2008 年 9 月 29 日，胡锦涛总书记在北京奥运会、残奥会总结表彰大会上的重要讲话中对体育工作做了全面深刻的论述，提出了进一步推动我国由体育大国向体育强国迈进的奋斗目标。要求继续提高体育运动技术水平，发扬以顽强拼搏、为国争光为核心的中华体育精神，探索当代体育发展规律、提高科学训练水平，在坚持我国竞技体育举国体制、保持我国竞技体育特点和优势的同时，积极挖掘潜力、优化结构、提高效益，推动竞技体育内部各门类均衡发展，不断增强我国竞技体育的综合实力和国际竞争力。胡锦涛总书记的重要讲话是不断推进我国社会主义现代化进程、实现中华民族伟大复兴历史任务对体育工作的要求，是对我国体育事业贯彻落实科学发展观、面向未来发展目标的科学定位，是指导我国体育工作的纲领性文件，是在新的起点上系统规划未来奥运战略的重要指导思想。

面对新形势新任务，面对由体育大国向体育强国迈进的新目标，应在坚持北京奥运会备战参赛成功经验的基础上，进一步深化对竞技体育发展和备战奥运会工作的规律性认识，深入查找制约我国竞技体育科学发展的突出问题，与时俱进地发展和完善工作的方针、政策、规划和方案，走出一条有中国特色的体育发展之路。在新的、更高的起点上实现新发展、新跨越，积极推动我国由体育大国向体育强国迈进，为中国特色社会主义事业做出新的更大的贡献。

生机勃发的体育产业

国家体育总局体育经济司司长　刘扶民

改革开放三十多年的体育事业，一个最显著的特征就是体育与社会经济相融合，体育不仅作为一项社会文化事业在提高国家"软实力"方面发挥了重要作用，而且作为一个新兴的产业在提高国家"硬实力"方面也开始发挥作用。当代中国体育正在成为集政治影响力、经济生产力、文化传播力和社会亲和力于一体的综合社会价值实现平台。

一、在社会变革中崛起的朝阳产业

体育作为一项产业在我国的兴起，有其客观实在的外部环境和内在条件。从外部环境看，1978 年党的十一届三中全会在北京召开，全会提出以经济建设为中心和进行经济体制改革后，中国社会拉开了以市场为取向的、涉及社会生活各个层面的经济体制改革的序幕。尽管这一时期还存在"计划为主，市场为辅"以及"计划与市场双重覆盖"等一系列的提法和争议，但是把商品和市场排斥在社会主义之外的传统观念，已经被彻底突破，各行各业都在自己的领域重新审视商品和市场在本部门、本领域应发挥的作用。而中国的体育产业也正是在这种社会背景下，在对计划经济体制下体育事业发展模式的弊端作深刻反思的情况下，悄然开始自身的实践。

从内部环境看，20 世纪 70 年代末和 80 年代初，随着我国社会经济条件的变化和体育事业自身的不断发展，计划经济体制下体育事业发展模式的一些缺陷和弊端也开始显现。主要表现为：一是国家统得过多、管得过死，一切体育事务都由政府的体育行政部门来操办和控制。这种做法，一方面造成了政府体育行政机构政事不分、管办不分，致使体育事业很大程度上成了体委系统内的事业；另一方面也造成了社会体育组织职能虚化，社会各方面兴办体育的积极性、创造性无法发挥。二是排斥商品化经营和市场机制。在认识上把体育视为纯公益性事业，在实践上把体育机构统统作为事业型单位来对待，排斥公有制以外的体育企事业单位的生存和适度发展，这就忽视了社会主义初级阶段体育事业的所有制结构应当同较低的、多层次的社会生产力发展水平相适应的基本关系，从而在一定程度上制约了体育事业的发展。三是国家财政不堪重负。由于传统体育体制排斥体育职业化、产业化和市场化，体育事业单位不能搞经营创收，不能通过有偿服务来补偿消耗，更不能按市场需求和社会需要主动扩大体育服务，发展体育产业，致使政府财政拨款成为体育事业经费的唯一来源。而随着体育事业规模的不断扩大，尤其是现代体育日益呈现资金密集的特点，体育经费需求与国家财政供给能力之间的矛盾也越来越突出。四是分配中的平均主义和用人制度的"铁饭碗"，使得体育事业单位缺乏应有的活力和动力，人、财、物浪费严重，工作效率和效益不高，经费不足的矛盾更加突出，事业发展的后劲明显不足。

正是在这样的背景下，中国体育开始主动地"摸着石头过河"，开始探索发挥自身经济功能的实践。尽管我国明确提出发展体育产业，是在1992 年的全国体育工作会议上，但是，发展体育产业的实践，应该说，始于党的十一届三中全会之后。从党的十一届三中全会至今，我国体育产业的发展大体上经历了三个阶段。

萌芽阶段（1978 年底至 1992 年初）。党的十一届三中全会后，全党的工作重点转移到社会主义现代化建设上来，从此，中国经济进入了一个快速发展期。体育事业和其他事业一样，也有很大的发展，取得了举世瞩目的成绩。但与此同时，体育事业发展资金供给不足的矛盾日益突出。为解决这一矛盾，体育界开始探索打破单纯依靠国家拨款，由国家包办体育的格局，积极探索筹措体育资金的新路子。这一时期发展体育产业的初步探索，主要围绕着两个方面：一是鼓励体育系统有条件的事业单位开展多种经营，扩大服务范围，积极增收节支，提出了体育场馆要"以体为主，多种经营"，由事业型向经营型转变。同时，各省市体委都在不同程度上将一部分非经营性资产转经营性资产，并相继成立了一些体育经营实体，如体育服务公司等。二是吸引社会资金，以赞助和联办的形式，资助体育竞赛活动和办高水平运动队，相当一部分优秀运动队实现了与企业联办。应该说这两方面的实践，都取得了积极的成效，在一定程度上缓解了体育事业发展资金不足的矛盾，也出现了诸如上海虹口体育场和南京五台山体育中心那样的先进典型，为后一阶段深化体育改革，大力发展体育产业积累了初步经验。

起步阶段（1992年至2000年）。以邓小平同志1992年南巡谈话和党的十四大为标志，随着我国社会主义市场经济体制目标的确立，体育事业发展的社会经济环境发生了巨大变化。体育界为建立与社会主义市场经济体制相适应的，符合现代体育运动发展规律的，国家调控，依托社会，充满生机与活力的体育体制和运行机制，加大了改革的力度。1992年国家体委召开了"中山会议"，把体育产业问题作为深化体育改革的一项重要内容列入议事日程；1993年全国体委主任会议上制定了《关于培育体育市场，加快体育产业化进程的意见》，提出了体育事业要"面向市场，走向市场，以产业化为方向"的基本思路；1994年召开的体育经济问题研讨会和1995年全国体委主任会议，都把发展体育产业作为主题；1996年国家体委下发了《体育产业发展纲要》；同年全国人民代表大会第八届四次会议通过的《国民经济和社会发展"九五"计划和2010年远景目标纲要》进一步明确了体育要走"社会化、产业化的道路"。

随着体育社会化和产业化方向的确立，发展体育产业工作开始从较多地注重经营创收的微观层面，逐步上升到与转换体制和转变机制结合起来的宏观层面；发展体育产业的指导思想，从"多种经营，以副养体"转向"以体为主，全面发展"；发展体育产业的重点，也从经营创收转向推动体育事业向产业化方向发展上来。这一时期，发展体育产业工作伴随着运动项目管理体制的改革和全民健身计划的全面实施，引导体育系统内部和社会各方面力量，努力挖掘体育自身的商业价值和经济功能，大力开拓体育市场，引导体育消费，取得了较好的社会效益和经济效益。同时，加大了体育系统国有资产经营管理的力度，争取国家对体育实行了一些优惠经济政策，加强了体育经济立法等工作，使我国体育产业进入起飞阶段。

　　起飞阶段（2000年至2008年）。进入新世纪以来，特别是北京申奥成功和党的第十六次全国代表大会胜利召开，以胡锦涛为总书记的党中央高举邓小平理论伟大旗帜，制定了把中国特色社会主义事业全面推向21世纪新的行动纲领。在这样的新形势下，我国体育产业步入了快速发展起飞阶段。这一阶段的标志是，体育产业从体育部门走向社会，走向经济建设的主战场，体育产业作为国民经济的新增长点，得到了政府和社会的高度重视。具体表现在四个方面：第一，是体育消费持续活跃，体育市场不断健全，体育产业在扩大内需中的作用越来越突出。第二，是体育产业得到了各级政府的高度重视。朱镕基总理在九届全国人大二次会议上所作《政府工作报告》中指出，要"积极引导居民增加文化、娱乐、体育健身和旅游消费，拓宽服务性领域"。这是建国以来，历届政府工作报告中第一次在阐述经济发展问题中提及体育，却有里程碑的意义。因为，它意味着政府确认体育的产业地位，标志着体育产业作为国民经济新增长点、作为第三产业的重要组成部分，得到了政府的高度重视。在这之后，以北京为代表的发达省市纷纷把体育产业作为本地区社会经济发展的重点行业，纳入社会经济发展规划，并置于优先发展的位置。第三，是国家体育总局作为全国体育产业规划和管理的职能部门工作力度不断加大。2005年和2007年国家体育总局连续召开了两次全国体育产业工作会议，提出了全社会共同发展体育产业的"大发展观"，并确立了"依托场馆、紧扣本体、全面发展、服务社会"的工作思路。第四，是体育产业发展规模迅速扩大。近几年体育产业发展最显著的特点，就是体育产业社会化、投资主体多元化。其中非国有体育企业在数量上迅速增加，个体、私营、外资和中外合资企业成为产业扩张的重要力量，并表现出极大的增长潜力。部分发达省市体育经营企业的数量成倍增长，体育市场规模不断扩大，体育消费持续火爆。体育产业作为国民经济新增长点的美好前景已经展现。

二、体育产业正在成为国民经济新的增长点

改革开放的三十多年，是我国体育产业从无到有、逐步发展的三十多年，也是体育事业与社会经济良性互动、不断融合的三十多年。经过三十多年的不断摸索和艰苦创业，我国新生的体育产业正在成长为国民经济新的增长点。

（一）健身娱乐业快速发展

健身娱乐业是改革开放三十多年以来，伴随着我国经济持续高速增长和人民生活水平不断提高，以及体育社会化和产业化进程不断加快而逐步形成和发展的体育本体产业。目前我国大众健身娱乐市场已经成长为我国体育服务市场体系中的主体市场。

以北京市等地区为例：到 2001 年底，北京市有独立核算的体育健身企业 200 家，从业人员 11000 人，比 2000 年增长 12.2%；拥有固定资产 18.2 亿元，比 2000 年增长 26.4%；营业收入 5 亿元，比 2000 年增长 16.3%；上缴税金 5000 万元，比 2000 年增长 19.1%，形成了一批经营规模较大具有一定社会影响的体育健身经营单位[①]。浙江省截至 2000 年底，

---

① 引自《北京体育产业统计报告》。

有体育健身服务经营单位近5000家，其中体育行政事业单位约200家，体育服务经营企业1100多家，体育服务个体经营户3700多家。2000年体育健身服务业总营业额为15.05亿元，比上年增长8.65%①。安徽省截至2001年底，全省共有体育产业经营单位8597家，其中健身服务类经营单位4292家，占总数的49.9%；体育健身服务业从业人数18064人，占整个体育产业从业人数的46.2%；体育健身服务业营业收入49262万元，增加值31600万元②。另外，据有关统计，上海市拥有体育健身经营单位5200多家，从业人员超过15000人；湖北省2005年体育健身经营单位已近1400家，从业人员11000余人；重庆市体育健身经营单位469家，从业人员3423人；湖南省拥有体育健身经营单位2400家；陕西省体育健身经营单位2200余家。③ 从上述几个省市的统计资料看，目前我国体育健身娱乐市场总经营收入，估计在100亿元左右。此数据表明：第一，目前我国体育健身娱乐市场总体规模与发达国家相比还有很大的差距，但市场的成长空间巨大，这是市场规模小的一面。第二，这一市场也存在小中见大的另一面，即体育健身娱乐市场在我国各类体育服务市场中是规模最大、成熟度最高的市场。江苏省体育健身娱乐业在经营单位数、从业人员数和增加值三个指标上分别占整个体育服务业比重的98.82%、97.63%和94.65%。浙江省体育健身娱乐市场的营业收入占整个体育服务业的营业收入的55.16%，远远高于其他体育服务类市场的营业收入。

从体育健身娱乐市场的开放度和竞争度上看，目前这一市场已呈现开放充分、竞争激烈的态势。国际健身娱乐市场上的龙头企业，如宝力豪、一兆韦德、亚力山、美格菲、克拉克海奇、美国24小时（加州健身）、fitness first等先后进入中国市场，还有一些企业以中外合资的形式进入中国市场，如中体产业股份有限公司与美国倍力健身公司合资成立的中体倍力健身俱乐部有限公司。同时，来我国本土商业健身俱乐部企业也呈现连锁化、

① 引自《浙江体育产业调查研究报告》。
② 引自《安徽省体育产业发展情况调查》。
③ 引自2007年全国体育产业工作会议报告。

品牌化的发展趋势，目前已先后形成了以青鸟、英派斯、浩沙、好家庭、马华、前进、奇迹、天行等为代表的一批品牌化、连锁化的健身娱乐企业。

从体育健身娱乐市场的经营内容看，改革开放以来国内市场日益呈现国际化的趋势，经营项目丰富多彩，基本与国际同步。既有高档的健身娱乐项目，如高尔夫球、冰雪项目、航海航空项目、赛车等，也有新兴的极限运动和时尚运动，如轮滑、滑板、攀岩、悬挂滑翔、卡丁车、冲浪、帆船帆板、漂流、滑草、滑沙、跆拳道、射击、射箭等。同时，还有一大批大众普及型健身娱乐项目，如武术、保龄球、台球、棋牌、乒乓球、羽毛球、游泳、健身健美操、足球、篮球、排球、网球等。尽管，目前我国健身娱乐市场在经营内容上已逐渐与国际同步，但是，从三类项目的实际市场运作看，我国体育健身娱乐市场还处在低端服务产品为主体的阶段，根据《浙江省体育产业统计调查报告》，该省体育健身娱乐企业开展的经营项目主要是台球、棋牌、乒乓球、游泳、保龄球、体操（包括各类健身健美操）、轮滑和网球。按各项目营业收入多少排名，列在前 7 位的分别是棋牌、台球、保龄球、游泳、乒乓球、体操、羽毛球。另据《安徽省体育产业发展情况调查报告》，该省体育健身娱乐市场的经营项目也主要集中在武术、健身健美、游泳、保龄球、乒乓球和棋牌等项目上。由此可见，目前我国体育健身娱乐市场在经营内容上尚有拓展的空间，产品结构还有待进一步完善。

总体上看，改革开放的三十多年是我国体育健身娱乐业从无到有，快速发展的三十多年。目前这一产业在规模、结构、质量和效益方面都呈现不断提高态势。随着中国经济的持续稳健增长和人民生活水平的日益提升，我国大众健身娱乐业将迎来更为宽广的发展空间。

（二）职业体育和赛事经济在探索中起步

我国职业体育和赛事经济起步于 20 世纪 90 年代中期的体育体制改革，经过十多年时间的培育，初步形成了以足球、篮球、排球和乒乓球职业联赛以及 F1、网球"大师杯"、高尔夫球"精英赛"等各类商业性赛事构成的体育产业体系。

这一产业体系主要包括以下 6 个方面：

1. 以三大球和一国球（乒乓球）构成的中国四大职业联赛初步成型。截至 2008 年，足球职业联赛运作了 16 个赛季，篮球职业联赛运作了 15 个赛季，排球俱乐部联赛和全国乒乓球超级联赛也运作 10 个以上的赛季。尽管四大联赛到目前为止仍有这样或那样的问题和困难，但是整体上联赛的质量在稳步提高，特别是在联赛的组织、俱乐部的管理、裁判员的监控、联赛整体的市场开发方面都有显著的改善和提高。以改革"突破口"——足球联赛的市场开发为例，甲 A 联赛的冠名和赞助费，从 1994 年至 2003 年每年都保持 10% 以上的增长速度（见表 4-1）同时，除了这四大联赛，近年来棒球、网球、羽毛球、围棋、国际象棋、自行车、高尔夫球、电子竞技等项目也开始组建和运作自己的俱乐部联赛，尽管这些后起的联赛在规模和影响力等方面均不及四大联赛，但也都形成了自己的特定观众群体，联赛的组织与管理水平也在不断提高。

表 4-1　1994—2003 年中国甲 A 足球联赛冠名和赞助收入情况

单位：万美元

年份	冠名费	赞助费	总金额
1994	230	——	230
1995	253	——	253
1996	279	——	279
1997	307	——	307
1998	338	——	338
1999	450	640	1090
2000	472	672	1145
2001	496	705	1202
2002	520	740	1262
2003	546	777	1325
总计	3891	2829	6720

（资料来源：中国足协）

2. 职业体育俱乐部的数量和质量明显提高。职业体育俱乐部是竞赛表演市场最主要的供给主体。从 1992 年我国推进部分运动项目职业化以来，各项目的职业体育俱乐部的数量都有明显的增长，截至 2002 年底，我国四大职业联赛所辖的职业俱乐部总数达到 100 家，其中足球 27 家（甲 A15 家，甲 B12 家），篮球 27 家（男子 14 家，女子 12 家），排球 22 家（男子 10 家，女子 12 家），乒乓球 24 家（男女各 12 家）。同时，随着职业俱乐部数量的增加，职业球员和联赛参赛队伍的数量也有了快速增长。以我国足球为例，甲级和乙级职业球员的数量从 1994 年（联赛开始之年）的 288 名，增加到 2002 年的 2448 名，增长了近 10 倍；甲级和乙级职业联赛的参赛队伍也由 1994 年的 12 支增加到 2002 年的 52 支，增长了 3 倍以上。

3. 观赏性体育的消费群体在不断扩大。体育竞赛表演市场能否形成除了要看供给者的规模与质量，还要看消费者的规模和质量。在市场经济条件下，后者决定前者，需求水平决定供给水平。自 1994 年以来，我国四大职业联赛（篮球、足球、排球和乒乓球）的现场观众人数不断增加。足球甲级联赛的现场观众由 1994 年的 237 万人次，增加到 2001 年的 720 万人次，增长了近 3 倍。篮球 CBA 职业联赛自 1995—2008 年的 13 个赛季，平均每个赛季的现场观众人数达到 76 万，平均上座率达到 80% 以上（见表 4-2）。2000—2001 赛季全国男排联赛现场观众总数约 17.43 万人，平均每场观众 3418 人，上座率达到 66%；女排联赛现场观众总计为16.58 万人，平均每场观众 3200 人，平均上座率达到 66%。2000—2001赛季全国乒乓球级联赛第一阶段比赛观众总数就达到 24.9 万人。除联赛之外，各类商业性比赛的观众人数也在不断增加，特别是一些热点赛事，如在广州举行的"中巴足球对抗赛"、在上海举行的网球"大师杯"、在北京举行的中国龙之队与皇家马德里队的友谊赛以及 NBA 在北京、上海举行的季前赛等，上座率都基本上达到了 100%。

表4-2　CBA 职业联赛13个赛季现场观众及转播情况

赛季	参赛队伍	现场观众人数	平均上座率（%）	电视转播（小时）
1995—1996	12	450200	68%	296
1996—1997	12	601106	84%	398
1997—1998	12	593300	77%	696
1998—1999	12	643900	83%	1137.5
1999—2000	12	536048	82%	1010.5
2000—2001	12	565950	85%	1020.6
2001—2002	14	746500	87%	1805 场
2002—2003	13	765000	82%	800 场
2003—2004	12	401285	85%	730 场
2004—2005	14	1231830	82%	1240 场
2005—2006	16	1328390	78%	2717
2006—2007	16	997981	72%	2371
2007—2008	16	1023080	77%	2028

（资料来源：中国篮球协会）

4. 为竞赛表演市场服务的中介机构开始出现。自20世纪90年代我国推进单项运动协会实体化改革以来，部分运动项目开始进行职业化试点，联赛和商业性比赛的数量和规模不断扩大，这也在一定程度上创造了赛事和运动员代理的需求，从而促进了体育中介机构的培育和发展。国际著名的体育中介公司，如美国的国际管理集团、八方环球，瑞士的盈方公司等均已进入中国市场，国内最有商业价值的联赛和最有人气的体育明星基本上都由中介机构来代理进行商业开发和推广活动。近期一些在全国引起轰动效应的赛事，如F1、网球的"中网"和"大师杯"、篮球的NBA中国赛和斯坦科维奇杯、足球的中巴对抗赛、皇家马德里队与中国龙之队的友谊赛都是由体育中介公司运作的纯商业性比赛。应该说，中外体育中介机构不断介入中国的体育竞赛表演市场，也是标志该市场已经形成并在逐步发展的一个重要指标。

5. 全运会市场开发能力显著提高。每四年一届的全国运动会，在计划经济下是完全由中央和地方两级财政出资举办的。随着国内体育竞赛表演市场的逐步发育，全运会的商务开发工作也取得很大进展。1997 年在上海举行了第 8 届全国运动会，组委会通过运动会无形资产开发获得了 1.68 亿元的直接收入，其中广告、专有权收入了 1.23 亿元，捐赠收入 0.12 亿元，其他收入 0.33 亿元。2001 年广东省举办了第 9 届全国运动会，组委会在汲取上海经验的基础上大胆创新，使这届全运会的市场开发收入达到了 2 亿多元，其中火炬传递活动的冠名权收入 1380 万元、足球冠杯收入 800 万元、出售电视转播权收入 900 万元、广告收入 1.3 亿元、门票收入 3000 万元，开创了全运会以市场运作为主的新的商务开发模式。2005 年在江苏南京举行的第 10 届全运会，市场开发又实现了新的发展。第一次提出了维权的概念，构建了更为完整的资源体系和清晰的市场开发专门机构。市场开发收入也首次突破了 4 亿元大关，创下了全运会市场开发收益新的纪录。

6. 作为竞赛表演市场物质载体的各类体育场馆建设、管理和运营水平不断提高。2006 年 10 月，为充分发挥行业协会作用，积极配合业务主管部门做好体育场馆工作，在体育总局的推动下，中国体育场馆协会进行了换届改组。协会改组后，在组织建设、业务准备等方面开展了大量的工作。与此同时，各地在体育场馆的建设和运营方面也进行了积极的探索。2008 年奥运会北京共建比赛场馆 31 个，训练场馆 45 个，国家会议中心等相关设施 5 个。在场馆建设投融资方面，广泛采用政府拥有产权，企业筹资建设并在允许期限内拥有经营、管理权的模式和政府、企业共同投资建设，责任、风险共担，利益共享的模式。奥运场馆的建设还坚决贯彻绿色奥运理念，广泛采用节能、环保等新技术、新工艺，在很多方面达到了国际领先水平。江苏第十届全运会体育场馆的总体规划和体育强省的建设相结合，把体育场馆的功能、规模和长远规划相协调，用经营城市的理念来规划、建设体育场馆，拓展了城市发展空间，并注重体育场馆与自然、生态环境以及旅游资源的综合开发利用。在场馆建设投融资方面，吸引民间资本参与十运会场馆建设，尝试投资主体多元化。十运会马术赛场建设总投资 2 亿多元，民营企业南京红龙集团参股，占 40% 股份；激流回旋比赛场地，与中山陵园管理局合作建设，政府投资 1500 万元，中山陵园管理局投资 600 万元，赛后在保证运动队日常训练的同时，面向社会开放经营。上海市将体育场馆的建设、改造、扩建与运营通盘考虑、规划，实现场馆功能与实际运营的结合。安徽省就体育场馆的规划、建设出台了奖励补助办法，从体育彩票公益金中拿出 10% 用于场馆的奖励和补助。福建 9 个设区市都在抓紧建设或规划大型体育中心，初步形成了"海峡体育走廊"。

在管理体制和运营模式上，各地大胆探索，积极实践，运营模式日益多元化。如南京奥体中心是企业化运营，归口国资部门管理；苏州体育中心是事业单位企业化管理；南京龙江体育馆是自收自支事业单位；宁波市游泳健身中心通过公开招标，委托美国西格集团进行专业化管理，实现了所有权与经营权的分离。从经营方向上看，体育场馆的业务内容日益多样化，形成了一定的产业链。体育场馆的运营效益也有所提高。南京奥体中心 2006 年创收 2000 多万元，2007 年形势好于 2006 年；江苏省五台山体育中心年收入 5561 万元，实现利润 852 万元；杭州游泳健身中心年收入超过 1200 万元。

总之，经过多年的改革与探索，我国体育竞赛市场已初步形成了以职业联赛为主体，各类商业性比赛为补充的基本格局。随着 2008 年北京奥运会的成功举办，中国正在成为全球商业性赛事的热点国家，体育竞赛市场将呈现快速发展的态势。

（三）体育中介服务业日渐活跃

体育中介服务业是直接为体育本体产业提供专业化技术支持的行业，这一行业的形成与发展对培育与规范体育市场，提高体育产业的运营水平发挥了重要作用。20 世纪 90 年代初期，我国体育体制和运行机制以社会化和产业化为方向进行了全面的改革，以足球为突破口的运动项目管理体制的改革，把部分项目推向了市场，职业体育开始在我国起步。随着职业体育的兴起，体育资源也开始逐步由原来的政府计划配置向市场配置转变，各类体育组织、体育人士和企业对体育中介服务开始产生了实际的需求，体育经纪人随之应运而生。但是，最早在国内体育中介市场上从事体育经纪活动的并非专业化国内体育经纪公司，而是国内的一些广告公司、公关公司、咨询公司、投资公司和文化传播公司等。有影响的体育经纪活动主要有，北京高德体育文化中心（高德公司）策划和运作的一系列商业比赛，如北京国安与阿森纳队的比赛、中英、中巴（巴拉圭）、中韩、中美、中伊等对抗赛，以及运作范志毅、孙继海转会英国水晶宫队。2003年，该公司运作西班牙皇家马德里足球俱乐部来华进行商业比赛，仅皇家马德里俱乐部在京的各项活动，活动组织方就获得了高达4000万元的收入，创造了近年来国内体育中介市场上最好的经营业绩。

另外，国外著名的体育经纪公司也纷纷抢滩中国体育中介市场，如前几年作为足球甲A联赛和篮球甲A联赛的赛事推广商的国际管理集团（IMG）、作为足球"中国龙之队"和CBA联赛及国家队推广商的北京盈方体育咨询公司（Infront Sport & Media）、作为CBA篮球联赛商务咨询公司、公关公司和执行公司的前锐公司、实力媒体和拓亚公司以及活跃在中国市场上的八方环球、SFXsport等。与此同时，国内专业化的体育经纪公司也开始起步，1997年我国著名跳高运动员朱建华，在上海注册成立"希望国际体育经纪有限公司"，成为国内第一家专业化的体育经纪公司，此后，广州成立了"鸿天体育经纪有限公司"、北京成立了"中体产业体育经纪公司"等。1999年国家体育总局为培育我国的体育中介市场，稳步、健康地推动我国体育经纪人的发展，开始着手与国家工商管理局共同加强对体育经济人才培养和管理工作，并选择北京、上海、江苏、广东等地进行体育经纪人立法、培训和资格认定的试点工作，取得一定成效。

（四）体育用品制造和销售业迅速成长

体育用品制造和销售业是我国体育相关产业中开放度与竞争度最高、

增长最快、发展最为成熟的行业。这一行业从早期的来料加工、贴牌生产起步，经过30年的快速发展，迅速由产品经营向品牌经营转变，目前我国已成为全球最大的体育用品制造基地。

我国体育用品业已呈现出产业集群化发展的新趋势。福建、广东、江苏三省成为我国体育用品企业集聚之地（见表4-3）。运动鞋的生产企业主要集中在福建晋江、莆田，广东东莞，浙江慈溪；运动服装的生产企业主要集中在福建石狮，广东中山，浙江海宁；体育器材的生产企业主要集中在浙江的富阳、苍南，江苏江都、泰州，河北沧州；篮、足、排三大球主要集中在上海市、天津市和浙江省奉化、富阳。

表4-3　我国体育用品主要产业集群地

地区	主要产品	企业数（家）	销售收入（亿元）
福建晋江陈埭镇	运动鞋（运动休闲鞋）	300	49.80
福建石狮灵秀镇	运动服装（运动服、运动休闲服）	625	12.61
广东中山沙溪镇	运动服装（运动服、运动休闲服）	639	53.21
浙江海宁马桥镇	运动服装（经编运动服、运动休闲服）	240	47.18
浙江富阳上官乡	体育器材（球拍、赛艇、三大球）	321	约8.00
江苏江都武坚镇	体育器材（球拍、铁件、木件）	140	约6.00
江苏泰州野徐镇	体育器材（球网、球、垫子、铁件等）	150	约2.00
河北固安礼让店乡	体育器材（渔具）	160	约3.00

（资料来源：中国服装协会 http://www.cnga.org.cn 以及调查资料整理）

从体育用品业的产值及销售额看，表4-4展示2001年至2003年全国及主要省份体育用品制造业累计产品的销售收入情况。2001年、2002年、2003年全国体育用品制造业累计产品销售收入分别达到110.93亿元、140.07亿元和212.64亿元。浙江省1999年体育用品业的增加值为38.62亿元，2000年为47.37亿元，增长率约为22%（见表4-5）。另据《2003年北京市体育产业统计报告》，截至2002年底，全市体育用品业总产值为74.2亿元，增加值22.3亿元。

表4-4 2001—2003年全国及主要省份体育用品
制造业累计产品销售收入

单位：亿元

地区	2001 年	占全国的%	2002 年	占全国的%	2003 年	占全国的%
全国	110.93		140.07		212.64	
上海市	23.69	21.36	29.94	21.37	42.64	20.05
江苏省	10.09	9.09	17.54	12.49	33.92	15.95
浙江省	17.99	16.22	19.54	13.95	33.02	15.53
福建省	14.60	13.16	15.84	11.30	25.44	11.96
广东省	27.87	25.13	36.50	26.06	42.71	20.09

注：1. 资料来源于国家统计局；2. 统计范围为全部国有及年销售收入500万元以上的非国有企业；3. 产品范围为《国民经济行业分类》体育用品制造业（242）部分，不包括运动鞋、运动服装等。

表4-5 1999—2000年浙江省体育用品业增加值

单位：亿元

	1999 年增加值		2000 年增加值		增长率
	增加值	占全省体育产业增加值的比率	增加值	占全省体育产业增加值的比率	
体育用品业	38.62	83.54%	47.37	85.12%	22.66%
其中：体育用品制造	23.20	50.18%	33.29	59.82%	43.49%
体育用品销售	15.42	33.36%	14.08	25.30%	−8.69%

（资料来源：浙江省体育产业调查研究报告）

　　从我国体育用品业的出口情况看，根据中国海关总署的统计，1997年我国体育用品出口总额38.8亿美元，1998年为45亿美元，1999年为53.87亿美元，其中运动鞋为23.69亿美元，运动器材为25.44亿美元，运动服装为4.74亿美元。2002年中国大陆向美国出口的体育用品占该国总进口额的52.3%，居第一位，比2001年的45.3%又提高了7个百分点。排在第二至第五位的分别是，我国台湾地区10.3%，加拿大4.3%，墨西哥4.2%，韩国3.1%。

　　从体育用品企业所有制结构看，整体上呈现混合所有制特征，既有国营也有民营，既有中资也有外资，且民间资本开始占据主导地位。以浙江省为例，"2001 年全省共有体育用品生产企业 1281 家，注册资本金为36.2 亿元。从单位注册类型上看，私营个体单位占 61.9%，有限责任公司占 18.4%，股份合作企业占 7.6%，外商及港澳台投资企业占 7.0%；从注册资本金构成看，个人资本占 42%，法人资本占 30.4%，外商资本占 23.4%，集体资本和国有资本分别占 3.9 和 0.3%[①]"。这种所有制结构在一定程度上说明，我国体育用品市场是一个开放、竞争度较高的市场。

从体育用品市场的产品结构看，目前我国体育用品企业已能生产包括运动服装（含鞋、帽、手套、护具等）、球类器材设备、运动器械及器材、健身器械、娱乐及场地设备、体育科研测试器材、户外运动（含旅游、休闲装备）、渔具系列、运动装备及奖品、运动保健用品、裁判教练用品共 12 大类产品。从大类上看，基本无缺项，只是在个别大类的高端产品中还有缺项，如户外运动中的航海、航空器材以及健身器械中的科技含量较高的大型商用器械和运动队专用器材等。

从中国体育用品博览会的形成与发展看，体育用品市场也呈现高速发展的态势。1993 年由国家体育总局、中国体育用品联合会以及承办省市政府共同开始举办的中国体育用品博览会每年举办一届，到 2008 年为止已举办了 22 届，其中前 8 届为国内展会，从第 9 届开始改为国际展会（见表 4-6）。目前中国体育用品博览会已经成为亚太地区最大的专业展会，规模仅次于德国慕尼黑博览会和美国拉斯维加斯博览会。

从品牌企业的成长情况看，改革开放以来，我国一批知名的体育用品品牌脱颖而出，并逐步走出国门，积极参与国际市场竞争。李宁体育用品已与 NBA 和 ATP 进行深入合作，努力开拓国际市场，打造国际品牌，并先后成为瑞典和西班牙奥委会的官方合作伙伴，逐步打破了国外体育品牌垄断国际顶级赛事的局面。红双喜乒乓球产品已成为世界名牌，占据了国

[①] 浙江省体育局和统计局企业调查队联合发布的《浙江省体育用品业发展战略研究报告》，2003 年 3 月。

表4-6 历届中国体博会情况一览

时间	地点	名称	展位(个)	面积(平方米)	观众(人)
1993	西安	第1届中国体育用品博览会	230	4150	——
1994	福州	第2届中国体育用品博览会	370	6660	——
1995	天津	第3届中国体育用品博览会	450	8100	——
1996	武昌	第4届中国体育用品博览会	840	1.62万	——
1997	武汉	第5届中国体育用品博览会	1400	2.52万	——
1998	福州	第6届中国体育用品博览会	2000	3.6万	——
1999	成都	第7届中国体育用品博览会	2100	3.78万	6万
2000	长沙	第8届中国体育用品博览会	2439	5万	10万
2001	北京	第9届中国国际体育用品博览会	3402	6.5万	12万
2002	长沙	第10届中国国际体育用品博览会	4000	7.5万	13万
2002	北京	第11届中国国际体育用品博览会	400	1.2万	3万
2003	上海	第12届中国国际体育用品博览会	因SARS停办		
2003	北京	第13届中国国际体育用品博览会	3000	6.5万	12万
2004	上海	第14届中国国际体育用品博览会	4500	10万	15万
2004	北京	第15届中国国际体育用品博览会	800	1.5万	3.5万
2005	上海	第16届中国国际体育用品博览会（夏季）	5000	10万	15万
2005	北京	第17届中国国际体育用品博览会（冬季）	600	1万	3万
2006	成都	第18届中国国际体育用品博览会（夏季）	5000	10万	16万
2006	长春	第19届中国国际体育用品博览会（冬季）	600	1万	1.5万
2007	成都	第20届中国国际体育用品博览会（夏季）	4500	10万	15万
2007	北京	第21届中国国际体育用品博览会（冬季）	——	——	——
2008	北京	第22届中国国际体育用品博览会（夏季）	3000	12万	5万

注：2008年5万人为专业贸易观众。

（资料来源：国家体育总局体育装备中心）

际比赛用球的80%。浙江富阳的"无敌"牌赛艇曾被确认为2004年雅典奥运会赛艇比赛唯一的中标产品。同时，品牌企业借助资本市场实现跨越式发展也取得了新突破。2004年6月，李宁公司成为国内首个在香港上市的体育用品制造企业。2007 年 7 月，安踏公司也成功在香港上市，这标志着我国体育用品企业开始进入新的发展阶段。

正如世界体育用品联合会委托 KSA 独立顾问公司对全球体育用品业现状所作的调查报告中指出的："中国是世界体育用品生产商的可靠基地，是名副其实的世界体育用品制造大国"；"中国已经拥有全球 65% 以上的体育用品生产份额"。经过改革开放 30 年的历练，我国体育用品制造和销售业已经成长为竞争力强、比较优势突出、具有广泛国际影响力的优势产业。

（五）体育旅游业快速启动

体育旅游业是改革开放以来，我国体育事业与文化旅游事业不断互动融合产生的新的业态。随着我国经济的持续发展和人们消费水平的提高，人们的体育健身休闲需求日益增长，体育旅游作为一种新兴的健身休闲方式，正在受到越来越多人的喜爱。为体育旅游提供相关服务的组织机构和企业单位日益增加，目前已达 6 万多家。各省市风格迥异的体育场馆和运动休闲设施已成为城市标志性建筑和特色旅游景点。各种国际知名体育赛事和地方民族特色的赛会纷纷在我国许多城市和地区举行，体育旅游项目不断丰富，吸引了大批国内外游客前往观摩。在这方面，中西部地区的工作取得了很好的效果。如内蒙古充分发挥民族传统体育优势和草原、沙漠等特点努力开发马术培训、竞技、表演，那达慕，冰雪那达慕等体育旅游项目；青海省把体育、旅游、文化结合起来，打造环青海湖民族体育旅游圈；四川省以培育体育旅游市场为突破口，计划组建体育旅游企业联盟，开发登山、滑雪、漂流、自驾游等项目；宁夏打造的沙漠体育项目成为地区的名片；东北和华北地区的滑雪产业快速发展。为加强体育旅游的宣传和推广，构筑体育旅游交流和展示的平台，集中展示我国的体育旅游资源和项目，体育总局、国家旅游局和上海市政府共同举办了 2007 年中国体育旅游博览会。

（六）体育传媒产业开始形成

当代体育的一个重要特征就是体育运动与大众媒介的不断融合，一方面大众媒体历史性的介入，催生和做大做强了体育产业，另一方面体育产业的勃兴和持续发展，也为大众媒体的生存与发展开辟新的"蓝海"，以至于专业体育媒体不断从传统媒体中"分崩离析"，并进而使自己也成为了现代体育产业不可分割的组成部分。

我国体育媒体在改革开放之后，特别是20世纪90年代中期试行体育职业化改革以来，有了快速的发展。目前这一行业大体上由5个部分组成。首先是最具影响力的电视体育媒体，它以CCTV 5频道为龙头，包括各地方台的体育频道以及在我国落地的ESPN和星空体育（Star Sports）。其次是重新崛起的广播体育媒体，它主要由全国性和地方性广播网的体育广播构成；有影响力的主要是北京体育广播电台、上海体育广播电台、南京体育广播电台、青岛音乐体育广播电台、楚天交通体育广播电台等。第三是具有广泛群众基础的体育报纸，它包括全国性和地方性综合类报纸的体育版和专业性体育报纸两类。后者目前在我国成长较快，截至2003年我国拥有专业体育报40种，其中知名度、美誉度较高的有《中国体育报》、《体坛周报》、《南方体育报》、《竞报》、《足球报》、《篮球报》、《东方体育日报》、《中国足球报》、《篮球先锋报》、《球报》等。第四是传统的体育杂志。目前我国有种类专业体育杂志135种，其中大众体育期刊73种，有影响力的期刊主要是《新体育》、《中国体育》、《体育画报》、《健与美》、《中华武术》、《围棋天地》、《乒乓世界》、《车王》、《尺码》、《网球天地》、《高尔夫》、《NBA时空》、《运动休闲》等；专业期刊62种，主要是学术性期刊，有代表性的是《体育科学》、《中国体育科技》、《运动医学杂志》、《北京体育大学学报》、《上海体育学院学报》等。第五是被称为新媒体的体育种类网站，主要有各大门户网站的体育频道，如新浪体育、搜狐体育、雅虎体育等，以及各级各类体育机构的官方网站，如国家体育总局官方网站、第29届奥林匹克运动会网站、中国足球协会官方网站、中国篮球协会官方网站等。随着2008年北京奥运会的成功举办，新生的体育媒体产业将在有效传播现代体育中不断开拓自己的成长空间，并以自身的发展促进我国体育产业总量的增长和结构的优化。

（七）中国奥委会和2008年北京奥运会市场开发取得丰硕成果

从1984年洛杉矶奥运会开始，中国奥委会即开始探索自身无形资产的开发途径。1995年，原国家体委将这方面的职能统一交给体育器材装备中心。在随后的2000年悉尼奥运会和2004年雅典奥运会两个奥运周期的开发中，中国奥委会的市场开发逐渐形成了一定的规模，制定了相应的规则，在赞助市场培育、专业化操作、专业团队建设等方面都取得了长足的进展，在法律保护、赞助级别划分、产品类别设定、赞助企业标准、赞助商权益回报等方面积累了一定的经验，形成了从谈判、签约到合同管理全过程的较为严格、规范的程序，初步建立起了开发和保护并举的可持续发展机制。从开发效果看，包括实物和现金在内，1995年之前合同收入为6830万元，1996—2000周期为8300万元，2001—2004周期为1.5亿元，为中国体育代表团完成奥运比赛任务发挥了重要作用。

北京2008年奥运会的市场开发工作也取得了丰硕成果。中国经济持续增长的势头，吸引了众多企业参与到国际奥委会和北京奥组委的市场开发当中来，仅国际奥委会获得的电视转播权收入和从国家奥委会第六期合作伙伴获得的赞助收入，分给北京奥组委的，就超过10亿美元。北京奥组委的市场开发，包括合作伙伴、赞助商、供应商和独家供应商等赞助企业62家，15家奥运体育器材供应商，35家残奥会赞助企业，5家火炬接力赞助企业。奥运会的赞助收入、门票收入和特许计划收入等各种收入累计也超过10亿美元，为北京奥运会的成功举办发挥了重要作用。

表4-7　2008北京奥运会赞助征集情况

国际奥委会全球 合作伙伴（TOP）	北京2008 合作伙伴	北京2008 赞助商	北京2008 供应商
1. Coca-cola	1. 中国银行	1. UPS	1. 梦娜
2. Kodak	2. 中国网通	2. 海尔	2. 贝发文具
3. GE	3. 中国石油	3. 百度	3. 华帝
4. Lenovo	4. 中国石化	4. 搜狐	4. 亚都
5. ATOS ORIGIN	5. 中国移动通讯	5. 伊利	5. 士力架
6. MANULIFE	6. 大众汽车（中国）	6. 青岛啤酒	
7. OMEGA	7. 阿迪达斯（中国）	7. 燕京啤酒	
8. VISA	8. 强生（中国）	8. 恒源祥	
9. PANASONIC	9. 中国国际航空公司	9. 必和必拓（bhpbilliton）	
10. Samsung	10. 中国人保财险		
11. Mcdonald's	11. 国家电网		

（八）促进体育产业发展的政策法规不断完善

体育产业是当代中国体育事业改革开放的产物。作为新兴的产业，它的培育和发展都离不开适时有效的政策法规的引导、支持、规范和激励。改革开放三十多年间，特别是近10年，我国的各级体育行政部门作为体育产业的宏观管理的职能部门，在不断制定和完善促进体育产业健康有序发展的政策法规方面做了大量的工作，有力地推动了我国体育产业的培育和发展。

在体育产业政策法规的制定方面，1993年国家体委制定并发布了《关于培育体育市场，加快体育产业化进程的意见》，提出了体育事业要"面向市场，走向市场，以产业化为方向"的基本思路；1995年国家体委组织力量编制《体育产业发展纲要》，并于1996年正式发布。进入新世纪之后，国家体育总局先后开展了全运会市场开发、体育事业与体育产业关系、体育风险管理等方面的研究工作，制订下发了《体育产业"十一五"规划》。同时，为鼓励各地区根据当地经济、社会发展情况和自然、人文环境等特点，创建体育产业园区，发挥聚集效应和规模效应，带动体育产业的发展，总局先后批准深圳、成都、晋江建设国家体育产业基地。各地在研究制定和争取有关体育产业政策方面取得了一定的突破。北京市以 2008 年奥运会为契机，经过认真研究和全面准备，于 2007 年 7 月，以市委、市政府名义下发了《关于促进体育产业发展的若干意见》，制定了许多具有突破意义的政策和措施。浙江省在有关文化、第三产业等方面的一系列重要文件中，都对体育产业的发展提出了明确的要求。在此基础上，浙江省体育局积极争取有关优惠政策，将体育经营场所用电价格降低了 20%，把保龄球、台球营业税由 10% 的娱乐业税率下调为 5% 的服务业税率。

在体育市场监管工作方面，行政审批制度改革以来，国家体育总局积极研究体育经营活动管理的思路和办法。参照国际通行的做法，总局联合国家标准委出台了 26 项体育服务标准。2005 年 10 月颁布了《体育服务认证管理办法》，为体育市场监管提供了技术支撑。推动建立了我国首个体育服务认证机构——华安联合认证中心。针对新的形势和需求，总局还组织力量对体育服务监管制度进行了研究，会同国家安监局和国家认监委初步草拟了《体育服务安全监督管理办法》和《体育场地场所检查办法》。各级体育部门也在体育市场监管方面进行了积极探索。多数省市都制定了有关管理法规或规章。北京市出台了《北京市体育运动项目经营单位安全生产规定》，广东省出台了《广东省体育市场管理暂行规定》、《广东省高危险性体育项目经营管理规定》，山西、黑龙江、福建、河南、湖南、甘肃、宁波颁布了体育经营活动管理条例、办法、规定，江苏、安徽出台了体育经营监督管理办法，内蒙古、重庆、宁夏制定了体育市场管理条例、规定，河南省体育局、工商局联合下发了《河南省体育经纪人管理办法》，浙江省制定了《浙江省游泳场所管理办法》。在加强立法的基础上，不少地方还组建了市场执法队伍，对体育经营活动进行执法检查。围绕贯彻体育服务标准，北京、上海、宁波、深圳等市积极参加了体育服务认证试点工作。

为规范全国体育产业统计工作，建立我国体育产业统计制度，全面、客观地反映我国体育产业发展的状况，体育总局联合国家统计局，于2006年6月启动了体育及相关产业统计研究工作。提出了体育产业统计分类、体育产业统计指标体系和体育产业统计实施方案，并根据国民经济普查数据推算出2004年我国体育产业发展的有关数据。2008年6月18日，国家统计局和国家体育总局正式颁布了《体育及相关产业分类（试行)》，这是迄今为止我国体育行业首个具有约束力的国家统计标准，也是继旅游、文化和海洋等产业后，第三产业部门出台的又一个重要国家统计标准。该标准将体育及相关产业的概念界定为："为社会公众提供体育服务和产品的活动，以及与这些活动有关联的活动的集合"。根据其概念和活动范围，将体育及相关产业划分为3个层次，8个大类。具体包括：（1）体育组织管理活动；（2）体育场馆管理活动；（3）体育健身休闲活动；（4）体育中介活动；（5）其他体育活动；（6）体育用品、服装鞋帽及相关体育产品制造；（7）体育用品、服装鞋帽及相关体育产品销售；（8）体育场馆建筑活动。在上述8个大类的基础上《分类》还进一步细分为24个中类，57个小类。

《体育及相关产业分类（试行)》的颁布为完善体育及相关产业统计制度奠定了基础，为全面、准确地获取体育及相关产业统计数据提供了前提，也为各级政府有关部门科学制定体育及相关产业发展政策，积极培育体育消费市场，促进体育及相关产业可持续发展提供了科学的依据和参考。

另外，各级地方体育行政部门也高度重视体育产业统计工作，从20世纪90年代中期到2008年，已先后有北京、上海、天津、重庆、广东、浙江、江苏、安徽、辽宁、陕西、四川、云南和内蒙古共13个省区市做了体育产业专项统计，摸清了家底，制定并出台了一系列支持和促进本地区体育产业发展的政策和法规。

（九）体育产业在经济社会发展中的作用不断显现

体育产业是伴随着工业化和城市化进程而不断形成和发展的新型文化娱乐产业，是国民经济的重要组成部分，它的不断成熟和发展对于推动国民经济的持续增长，促进经济结构和产业结构的调整与升级，带动社会就业和提升国民的生活质量，都有重要的意义。我国作为体育产业后发国家，经过改革开放三十多年，特别是进入 21 世纪以后的快速发展，体育产业在拉动经济增长和带动就业方面的作用已经开始显现。

2006 年，国家体育总局体育经济司"体育产业统计课题组"依据 2004 年全国经济普查数据测算，2004 年我国体育产业增加值为 590 亿元，占当年全国 GDP 的比重为 0.5%。同时，从全国已进行体育产业专项统计省市的统计资料上看，体育产业总产值超过百亿元的有 4 个省市，分别是浙江省 252.37 亿元、广东省 250.13 亿元、辽宁省 146 亿元、北京市 128.40 亿元；体育产业增加值超过 30 亿元的有 4 个省市，分别是广东省 67.90 亿元、浙江省 55.65 亿元，北京市 52.70 亿元、辽宁省 39.40 亿元；体育产业增加值占本省市 GDP 比重超过 0.5% 的有 5 个省市，分别是北京市 1.7%、陕西省 0.92%、浙江省 0.9%、云南省 0.86%、广东省 0.57%。上述统计数据表明，体育产业作为新兴的第三产业已经在拉动我国经济增长中发挥了实际的作用，并且随着我国产业结构的不断优化和升级，以及体育社会化和产业化进程的不断加速，作为增量的体育产业在促进国民经济增长中的作用将越来越显著。

另外，现代体育产业也是一个民生产业，是一个能广泛吸纳社会就业的产业。目前发达国家体育产业就业人数占全社会从业人数的比重一般都在 1%—3% 之间。我国尽管是一个体育产业的后发国家，但近年来体育产业在促进社会就业方面的作用已经开始显现。根据有关统计资料，2000 年浙江省体育产业共吸纳就业人数为 20.76 万人，比上年增长 14.3%，占全省全社会从业人员数的比重为 0.76%；2002 年广东省体育产业共吸纳就业人数为 54.46 万人，占全社会从业人员总数的 1.3%；2002 年北京市在体育产业中就业的人数达到 6.7 万人；2001 年辽宁省在体育产业中就业的人数为 17.4 万人；同年，陕西省、安徽省、四川省在体育产业中就业的人数也分别达到 5.5 万人、3.9 万人和 1.5 万人。这也表明，在现阶段我国面临较大社会就业压力的情况下，通过加快发展体育产业来化解和缓解就业矛盾，是一个现实的、有效的途径。

改革开放以来中国体育产业从无到有的发展历程，是国家改革开放伟大事业的一部分，是我国经济社会不断发展、人民生活水平不断提高、现代体育多元功能不断完善的显著标志。北京奥运会的成功举办后，中国体育正在进入一个体育事业与体育产业协调发展的新阶段。可以预计，在这样的新阶段、新格局中，体育产业的发展必将赢得更为广阔的发展空间，它在促进经济增长、社会和谐、文化繁荣和体育事业可持续发展方面也必将发挥更加突出的作用。

新中国体育场馆 60 年

国家体育总局体育经济司巡视员、副司长　杨嘉丽

新中国成立 60 年来，随着社会主义建设和各项事业的发展，体育健儿不断地改写历史，创造辉煌。作为开展体育运动的重要载体，我国的体育场馆建设也取得了巨大成就。数量由少到多，规模由小到大，种类日益增加，质量也不断提高。为社会主义祖国留下了见证发展壮大的历史丰碑。

体育建筑的发展，主要取决于竞技水平的提高和建筑技术的进步。而竞技水平和建筑技术又决定于它们所处时代的社会条件、生产力水平和体育文化事业的发展状况。60 年来，中国的体育场馆伴随国家的发展历程，经历了若干重要阶段，也成就了新中国体育事业的飞跃式发展。

一、 20 世纪 50 年代的体育场馆及特征

中华人民共和国成立之前，全国只有 80 个体育场馆。中国第一个体育馆是 1919 年由美国人资助的，在当时留美预备学校——清华学堂建设的室内健身房。1935 年，上海为举办当时的中华民国运动会，在虹口区建设了江湾体育中心，设有 2 万座席的体育场、400 座席的体育馆和露天

游泳池。这是我国第一个将体育场馆集中设置的体育中心。

旧中国留下的体育场馆总容量不超过 2 万观众席,且条件简陋,远远落后于资本主义国家。

新中国成立之初百废待兴,国家处于国民经济恢复时期。主要力量放在工业设施和城市住宅的建设方面。1949 年至 1952 年期间,只建成了 21 个体育场和 40 个各类训练房,还没有条件建设体育馆。

1953 年,开始实行国民经济和社会发展第一个五年计划,拉开了国家大规模进行经济建设的序幕。随着经济建设的开展,人民文化生活水平提高,新建体育场馆的需求开始形成。但是限于当时的经济条件和技术水平,只能在大城市和重点地区建设。

从 1955 年开始,首先在北京、武汉、重庆等大城市建成了几个体育馆。1956 年至 1958 年期间,天津体育馆、广州体育馆、长春体育馆、湖南体育馆、云南体育馆也相继建成。1950 年至 1959 年期间,共建成体育场、体育馆和各类训练房 639 个。

北京体育馆是新中国体育场馆的起步作品,是早期体育建筑的代表和蓝本,建成后不断被当时各地新建的体育馆借鉴与参考。它于 1955 年建成,是我国 50 年代建设的较大规模的综合体育馆,包括了比赛馆、游泳馆和练习馆三座建筑物,总建筑面积 3.3 万平方米。比赛馆设置了 6000 个观众座席和长 36.4 米、宽 22.4 米的比赛场地,可供篮球、排球、乒乓球等项目比赛。体育馆的屋顶设有玻璃采光窗,白天使用时可以不开灯。游泳馆设置了 2000 个固定的观众座席,游泳池长 50 米,设有 8 条泳道和一座 7.5 米高的跳台。练习馆设置了 3 个篮球场。

北京体育馆的结构型式为成对布置的钢结构三铰拱落地式钢架。钢架的拱脚立柱占用了观众看台及看台下房间的一些面积,也对部分观众视线造成了遮挡。虽然在使用上存在一些缺点,但在当时已经可以满足国内体育比赛活动的需要。

1959 年 8 月,为举办第一届全国运动会,建成了北京工人体育场和游泳场。北京工人体育场占地 35 公顷,建筑面积 8 万多平方米。能容纳 7

万多名观众。它的中心场地设有一个足球比赛场和 8 条周长为 400 米田径比赛跑道，是当时中国规模最大的综合性体育场。北京工人体育场也是新中国成立 10 周年大庆时北京著名的 10 大建筑之一。

以现在的眼光来看，20 世纪 50 年代的中国体育场馆有以下主要特征：

（一）场馆规模一般为中型，固定观众座席多在 4000—6000 个之间。比赛场地以篮球场地为主，兼顾其他球类比赛项目使用。

（二）场馆多为矩形平面。观众看台的布置方式早期采用周边，后期开始采用了不等边布置的方式。对建筑的结构形式、视觉效果和安全疏散等问题有初步考虑。

（三）注重经济实用，不追求豪华气派。多数场馆的比赛大厅为敞露屋盖结构，不设吊顶，并设置天窗以利用自然光。观众座席的标准较低，排距较小，有的只设木条凳。

（四）场馆的结构型式多数为钢结构，拱架或联合网架，也有一些采用了钢筋混凝土门式钢架。伴随建国初期的大规模建设和新中国建筑工业的起步，开始摸索既经济合理、安全可靠、施工方便，又使场馆内部空间适度，满足建筑要求的大跨度结构型式。

（五）场馆内部的功能分区尚不明确，观众和运动员用房等部分的设置有所混杂。门厅、卫生间、存衣处等当时借用了剧场设计的标准，不完全适用于体育场馆。

20 世纪 50 年代建设的体育场馆，主要是在勤俭节约的原则指导下，首先解决体育场馆匮乏的问题，初步满足人民文化体育活动的需要。建筑造型较简单，结构型式也相对保守。虽然经验不足，使用中尚存在缺点，但是主要是为了满足城市人民文化体育活动需要，在省会城市和重点地区解决体育场馆有无的问题。这 10 年的建设实践，为我国体育场馆的建设打下了初步基础。

二、20 世纪 60 年代的体育场馆及特征

新中国成立后，体育事业迅速发展。随着国际体育交往活动的开展和国力的增强，20 世纪 60 年代的体育场馆在数量和质量上都有了很大提高。这 10 年共建成体育场馆 933 个。为举办第 26 届世界乒乓球锦标赛和亚非拉国际乒乓球友好邀请赛，相继在北京建成了 2 个容量在万人以上的大型体育馆。全国其他城市新建的体育场馆，也努力从国内现实出发，学习和借鉴国外设计经验，结合地区特点积极突破与创新。在表现体育建筑性格、建筑布局、结构型式和设备完善方面均进行了有益的探索，60 年代建设的代表性场馆分别为北京工人体育馆、首都体育馆、广西体育馆、河南体育馆和杭州体育馆。

在第 25 届世界乒乓球锦标赛上，容国团为中国夺得了第一个世界冠军。随后国际乒联决定将第 26 届世界乒乓球锦标赛的举办地设在中国，这是社会主义新中国第一次承办的国际性体育赛事。为迎接 1961 年在北京举办的第 26 届世乒赛，尽管正处于经济困难时期，国家仍投资新建了北京工人体育馆。

北京工人体育馆总建筑面积 39000 平方米，设置观众座席 1.35 万个。比赛大厅采用圆形平面布置。按照当时国际乒联竞赛规则要求的每个乒乓球台占地 12×6 米，可同时摆放 10 张比赛球台。（1963 年竞赛规则修改，每台占地尺寸改为 14×7 米后已不能再放 10 张球台。）工人体育馆在北、东、西三面设置了观众入口，在南面设置贵宾和运动员入口。还设有场地照明、电声系统、计时记分、空调设备和广播及电视转播等设备用房。作为国内第一个万人容量的体育馆，工人体育馆的设计简洁朴素，较为成功地表现了大空间公共体育建筑特征。

工人体育馆的结构型式采用了圆形双层悬索屋盖，由钢筋混凝土圈

梁、钢中心拉环和上下各 144 根钢绞索三部分组成，屋盖直径为 94 米。从 1959 年 11 月开工到 1961 年 2 月竣工，全部施工周期仅 15 个月，是我国大跨度悬索结构的经典作品。在国内享有一定声誉，也标志着我国体育场馆建设在向先进水平迈进。

为举办亚非拉国际乒乓球友好邀请赛，1968 年 3 月，在北京建成了首都体育馆。首都体育馆总建筑面积 4 万平方米，设置观众座席 1.8 万个。比赛场地长 88 米，宽 40 米。可同时摆放 24 张乒乓球台，可安排手球、篮球、排球、体操等多种体育比赛。比赛场地设置成活动木地板，可以分块沿水平方向移动至场地两端，用机械沿垂直方向叠合后放入地板库。木地板的下层是一个长 61 米、宽 30 米的人工冰场，可供冰球、花样滑冰和冰上舞蹈比赛使用。首都体育馆在建筑布局上将赛时功能用房分层布置，并单独设置出入口。在当时较好地解决了赛时人员流线的组织问题。首都体育馆比赛大厅的结构跨度达到 99 米，采用了平板钢网架的结构型式，首次将空间结构应用于大跨度体育建筑。在施工时采用高空拼装的方法，不用复杂的机械吊装设备，同样达到了成功完成高精度安装的圆满结果。

作为六十年代体育场馆的代表作品，首都体育馆在六个方面积极尝试，创造了以下国内第一：建成国内第一个室内人工冰场；第一次把比赛场地设计为活动木地板；第一次在观众看台设置活动座席，为比赛场地多功能使用创造了条件；第一个可供搭台设置的体操比赛场地；第一个对体育场馆改变以往剧场座椅做法，采用无扶手座椅和连椅式设计，减少了座椅腿且便于清扫；第一个在大型公共建筑中采用空腹门窗，以节约钢材。

1966 年 10 月，在南宁市建成的广西体育馆，具有鲜明的南方建筑风格，总建筑面积 1.12 万多平方米，可容纳观众 5500 人。比赛场地长 34 米，宽 22 米。可进行篮球、排球、乒乓球、羽毛球和举重等体育比赛。在将赛时功能用房分层设置的同时，还把设在一层的运动员、贵宾和场馆管理用房与体育馆主体建筑分开，组成单层周边式平顶建筑。两者之间用一圈内院相连接，形成高低和虚实对比强烈的建筑布局。鉴于南宁夏季气候炎热，广西体育馆在自然通风方面的设计颇具匠心：内院的设置有效地改善了比赛大厅的自然通风和采光条件。上层观众看台出挑，将看台底部斜面外露，在观众席每排座位下设置了可开闭的通风口，将自然风成功引入室内形成了空气对流。在近年装修改造时，为了符合高级别比赛对于室内风速的要求，这一富有特色的设计已被全封闭的中央空调所取代。但在当年，这个馆的设计在经济实用和突出地方特色方面很有创造性。

建于60年代末的河南体育馆和杭州体育馆也各具特点。河南体育馆是一个直径64米的圆形建筑，可容纳观众5500多人。建筑与结构设计经济合理，建设投资仅150万元左右。杭州体育馆采用了椭圆形的建筑平面和马鞍形悬索结构。在寻求体育场馆具有满意的视觉享受、经济合理的内部空间和先进的屋盖体系三者相结合方面，冲破各种保守势力束缚，进行了大胆的探索。

三、20世纪70年代的体育场馆及特征

1970年至1979年共建成体育场馆和各类训练房2591个，新建场馆的观众座席总数比60年代增长了一倍。是新中国成立后体育场馆数量增长较快的时期。

20世纪70年代中国正处于"文化大革命"的十年浩劫。由于无政府主义长官意志的影响，财政及基本建设计划管理体制瘫痪，以及大量政治集会活动的需要，使这一时期体育场馆建设的数量较多且速度较快。另一方面，经过前20年体育事业的进步和建筑工业的发展，北京等一批重点城市和地区又都相继建成了体育场馆，也使场馆建设进入了开始在全国大中城市合理分布的阶段。

七十年代的体育场馆有以下主要特征：

（一）大型场馆由于所在城市的工业水平较高，设计技术力量较为雄

厚，酝酿筹备较早且前期工作较充分，总体设计和建设水平比较高；

（二）中小型体育场馆的建设开始普及，在华东、华南、华北、东北和西北的省会和地级市建成了大量场馆。这批场馆有些在设计上有所创新，但也有不少是作为政治任务突击完成的。在当时政治历史条件下，知识分子受到排挤，工程技术不被重视，缺少对以往体育建筑实践活动的系统总结和分析，更谈不上借鉴国外的先进经验。加上受到一些地方技术力量的局限，设计和建筑质量相应受到影响；

（三）场馆建筑平面大多采用矩形布置，两侧长边主看台和两端短边看台的观众席不等排设置。比赛场地尺寸扩大为可供手球比赛。对观众座席的视觉质量开始重视和加以研究。

（四）首都体育馆建成后，钢结构空间网架的屋盖结构型式较为流行，大型体育馆普遍采用平板式钢网架屋盖。

总体来说，这一时期体育场馆的数量增长较快，但是建筑创新和设计质量水平，远远不能适应其数量发展的需要。这十年的体育场馆建设的实践活动，留下了不少有价值的教训和经验。

这一时期有代表性的体育场馆有：上海体育馆、五台山体育馆、山东体育馆、辽宁体育馆、成都市城北体育馆、内蒙古体育馆、上海静安体育馆、无锡体育馆、镇江体育馆、景德镇体育馆等。

上海体育馆于 1975 年建成，总建筑面积 4.7 万平方米，设置观众座席 1.8 万个，建筑平面为圆形，比赛场地长 68 米、宽 38 米，可同时摆放 16 张乒乓球台。通过收放电动式活动座席，比赛场地还可以变化为长 55 米、宽 38 米和长 42 米、宽 38 米的不同尺寸，以适应各种使用要求。上海体育馆还设有电动翻落的篮球架，可升降的排球网立柱和空调、计时记分、电视转播、新闻摄影等设备，以及观众自动喷射饮水设施。上海体育馆采用了装配式钢筋混凝土框架、平板式球节点钢网架屋盖的结构型式。结构跨度直径 110 米。成为当时国内跨度最大的体育馆。施工时采用整体提升，高空旋转就位的方法，从开始提升到网架就位只用了两个多小时。上海体育馆是一座规模宏大、设备完善、设计标准和建设水平较高的大型体育场馆。

与上海体育馆同年建成的五台山体育馆位于南京市。总建筑面积 1.79 万平方米，可容纳观众 1 万人。与已建成的五台山体育场、游泳池等组成了完整的五台山体育中心。五台山体育馆建筑平面为八边形，比赛场地长 42 米、宽 25 米。除了分层设置赛时功能用房外，这个馆的观众看台采取了东西两侧座席设 40 排座席，南北两端设 19 排座席，且提高两端看台首排地面高度的做法，不仅使看台下的空间便于利用，还达到了使比赛大厅内部空间较为完整，观众交通流线合理和视觉质量较为理想的效果。五台山体育馆也采用了球节点钢网架的空间结构型式，一改以往体育馆室内全封闭的吊顶做法，只做了局部吊顶，将部分屋盖结构的网架球节点和杆件暴露出来，利用建筑结构兼做室内吊顶的装饰物。以现在的眼光来看，五台山体育馆不失为一个考虑成熟、设计精心、较有特点的体育场馆。

1976 年，在沈阳建成的辽宁体育馆，总建筑面积 2 万多平方米，可容纳观众 1.2 万人。比赛场地长 47 米、宽 25 米，采用了圆形平面的建筑布局和钢网架的屋盖结构型式。它的特点是观众看台的疏散口与横向走道结合布置，在比赛大厅里看不到明显的出入口，室内空间效果较为完整。此外在建筑立面上充分考虑了北方寒冷地区的特点，采用大面积实墙且处理得较有特色。辽宁体育馆建成后，承办过数百项国际和国内体育赛事。于 2007 年 4 月被拆除，取而代之的是在沈阳市奥林匹克体育中心新建的体育馆。

同时期在济南市建成的山东体育馆，总建筑面积 1.44 万平方米，可容纳观众 8000 人。该馆总结吸收了 70 年代体育场馆的基本特点，建筑立面的处理不仅与内部的功能用房自然对应，在反映建筑形式与结构的一致性方面做法独到且经济合理，具有较明显的体育建筑风格。但是这个馆的部分观众看台设计得坡度较陡，在当年曾颇具争议。

70 年代建成的可容纳观众座席在 5000 个左右的中型体育场馆量大面广，其中有些特色鲜明：无锡体育馆面积紧凑，可容纳 5043 个观众座席，总建筑面积仅 4791 平方米。它 40 米跨度的屋盖采用了钢筋混凝土双曲拱壳，建筑造型新颖；内蒙古体育馆的屋盖一改当时流行的空间网架做法，采用了适合当地条件的钢结构立体框架；上海静安体育馆选址适中，交通便利，在闹市区的狭窄地段建设了可容纳 4200 多名观众，且使用率极高的颇具特色的体育馆，设计人员在力求实用，便于管理和充分利用空间方面作了独到的考虑：在比赛场地木地板下设置了高 2 米，面积达 540 平方米的架空层，既可解决器材储存，又能安置回风设备管道，还保证了木地板的通风干燥，受到场地管理人员的欢迎；是利用一座可容纳 5000 名观众座席的灯光球场加盖扩建而成。直径达 69 米的圆形悬索屋盖借鉴了北京工人体育馆的经验并加以改进，减轻了屋盖自重，节约了钢材，花钱少，建成后利用率高，并深受市民欢迎。

值得一提的是，20 世纪 70 年代是我国体育场馆援外工程的开创期。援外体育场馆设施是中国援外工作中的树碑项目之一，大多数成为受援国当地的标志性建筑。为配合实施援外体育项目，保证场馆设施符合体育竞赛的专业要求，当时的国家体委于 1965 年 1 月成立了援外办公室，专项从事援外体育场馆设计、施工、咨询等建设工作和援外体育技术合作、外派教练、体育物资赠送、人力资源培训等任务。1991 年，该机构更名为中国体育国际经济技术合作公司。在半个多世纪的时间里，中国政府向 161 个国家和区域组织提供援助，其中为 50 多个发展中国家援建了 70 多个体育场馆设施，主要分布在非洲、亚洲和拉美等地区。最多的是非洲，包括体育场、体育馆、游泳跳水馆（场）、射击馆和板球场及配套的运动员公寓等附属设施。适时对这些体育设施进行维修扩建，并提供了长期的技术合作、外派教练、体育器材设备和人力资源培训等。

1986 年 4 月，国际奥委会主席萨马兰奇先生专程来华，将国际奥委会的最高荣誉奥林匹克杯授予了中国奥委会，以表彰中国政府对第三世界国家体育设施建设做出的贡献。萨马兰奇先生当时说："中国建设的最好的体育场不在中国，而在非洲。"

自 2005 年开始，由商务部主办、国家体育总局协办、中国体育国际经济技术合作公司承办的中国援建体育设施管理官员研修班，拉开了援外体育工作由"走出去"到"请进来"的序幕。截至 2009 年共举办了 11 期研修班，来自亚洲、非洲、大洋洲、拉丁美洲 72 个国家的 325 名体育官员参加了体育设施管理研修班的高级培训。每期研修班都受到了学员们的热烈欢迎，他们在学习期间或回国后，分别用不同的方式表达了对中国人民的友好感情和对中国政府的感谢。

四、20 世纪 80 年代的体育场馆及特征

进入 20 世纪 80 年代，新中国经过三十多年社会主义建设的积累，在工业、农业、国防和科学技术方面已经取得了重大进展。特别是在粉碎"四人帮"，实行一系列拨乱反正的措施后，国家重新回到经济建设的轨道上来。在实现"四个现代化"目标鼓舞下，体育事业迅速发展，体育场馆的建设也方兴未艾。1980 年至 1989 年共建成体育场馆和各类训练房 7352 个，几乎达到前 30 年场馆建设总数的两倍。

1980 年 10 月，当时的中国建筑学会、国家建工总局和国家体委联合召开了全国体育馆建筑设计经验交流会，总结建国以来体育场馆建筑设计与研究的成果，探讨体育建筑设计理论方面的问题，研究未来体育场馆的发展趋势。1985 年，在时任国家体委副主任陈先同志促成下，成立了中国体育科学学会中国建筑学会体育建筑专业委员会（现改为体育建筑分会）。会员吸纳了国内体育建筑方面的专家、学者、工程技术人员和体育管理人员。这些活动推动了体育场馆的设计建设开始向理性和成熟的方向发展。

这 10 年期间，全国小型体育场馆的普及程度较高。1983 年，国务院批转国家体委《关于进一步开创体育新局面的请示》通知中，要求县级体育设施基本上达到"两场一池一房"（即带看台的灯光球场、田径场、

游泳池或人工水场和室内训练房）。承担全运会任务和有条件的省会所在城市要建设一套可以举办综合性全国运动会的比赛场地。1986年，当时的城乡建设部和国家体委共同颁发了《城市公共体育设施用地定额指标暂行规定》，这些要求有力地促进了各地方在发展经济、推进城市化进程的同时，积极建设体育设施，为人民群众提供丰富文化体育生活的条件。在经济发展较快的江苏省和上海市，通过建设"两场一池一房"的普及，建成了一批经济实用，各具特色的小型场馆。1980年，在繁华的南京路附近建成的上海黄浦体育馆，可容纳观众4500人。这个在弹丸之地建设起来的中型体育馆，通过精巧的空间利用和细致的建筑处理，较好地解决了城市中心地区体育场馆建筑设计小尺度与大空间的难题。例如为解决排球比赛12.5米的馆内净空间高度与控制体育馆整体建筑体量的矛盾，黄浦体育馆只将篮球和排球比赛场地上部的空间升高，其余范围压低，形成中间凸起四周平齐的馆内空间。采用悬挂式吸声体和圆筒形灯罩交织组成馆内屋顶图案，获得了较好的吸声和比赛大厅艺术效果，很有特色。

这一时期的大中型体育场馆，一方面继续在各省会城市陆续新建，其中1980年9月建成了成都市城北体育馆；另一方面，伴随着举办第六届全国运动会和筹备第十一届亚洲运动会，在广州和北京两个城市集中建设了一批体育场馆。

为承办1987年11月举办的第6届全国运动会，广州市利用废弃的军用机场新建了天河体育中心，由体育场、体育馆和游泳馆组成。占地51公顷，总建筑面积近11万平方米。考虑到亚热带地区的气候条件，体育中心采用开敞式的场馆规划布局以利于自然通风和采光。建筑设计采用了大跨度和突出梁柱结构的方法，来体现体育建筑的力度和雄壮感。天河体育中心体育场可容纳观众6万人，建筑面积6.6万平方米。采用马鞍形建筑造型，东西观众看台设置挑篷。体育场安装了彩色大屏幕，看台下设置了综合训练房。天河体育中心体育场承担了6运会开幕式、闭幕式和足球比赛。天河体育中心体育馆可容纳观众9000人，建筑面积2.56万平方米。建筑造型为六边形，采用跨度达126米的钢网架结构屋盖。体育馆设置了LED彩色大屏幕和电子计时记分显示屏。天河体育中心体育馆承担了六运会球类比赛项目。天河体育中心游泳馆可容纳观众3000人，建筑面积2.3万平方米。设有一个50米长、21米宽的游泳比赛池，一个21米长、21米宽的跳水比赛池和一个25米长、13米宽的训练池。游泳馆配备了水循环过滤和臭氧消毒设备，水下音响设备和电子计时记分系统。天河体育中心游泳馆承担了六运会的游泳、花样游泳、跳水和水球项目的比赛。天河体育中心1984年7月动工，1987年8月底竣工，仅用3年时间建成。曾获得国家优秀设计一等奖和工程建设鲁班奖。

第6届全运会后，随着城市的建设发展，天河体育中心陆续完善建设了篮球场、排球场，网球场、棒球场、保龄球馆等体育场地，增设了全民健身设施，成为一个功能多样，设施齐备、环境优美的体育公园。体育中心周边也迅速建设发展成为面积达80多平方公里的新城市中心，形成了广州市现代中央商务区。

广州天河体育中心是20世纪80年代体育场馆建设的一个典范，在以下几个方面创造了我国体育场馆的第一：开创了将多个大中型体育场馆集中设置并同期建成的先例；形成了第一个大型体育中心"一场两馆"的规划布局模式；第一个将体育场馆的选址与城市发展战略相结合，以体育中心的建设带动新城区的拓展和经济的繁荣；第一个在体育场馆中装备彩色大屏幕和进口计时记分设备；天河体育中心曾成为全国规模最大的体育中心，建成后不断被各地学习和借鉴。

20世纪80年代，我国体育场馆建设最重要的事件就是为举办北京亚运会而进行的场馆建设。

1984年3月，中国奥委会正式向亚奥理事会提出了由北京承办1990年第11届亚运会申请。随后北京市建筑设计研究院组织专门人员开展对场馆设施规划布局、体育中心和运动员村选址以及配套设施建设规模等方面的前期研究。1984年9月，亚奥理事会表决通过决定第十一届亚运会在北京举办，这是中华人民共和国成立后第一次在自己的土地上举办大型综合性国际体育赛事。

　　北京亚运会设了 27 个比赛项目和 2 个表演项目，参赛运动员和随队官员 6120 多人，共规划建设比赛场馆 33 个，其中新建 25 个，扩建和改造 8 个，场馆总建筑面积 43 万平方米，投资 21 亿元。它是当时建国以来规模最大的体育场馆建设。根据当时的国家财力情况和场馆设施基础，北京亚运会采用了以分散为主，利用现有的工人体育场作为开闭幕式主场馆，只集中建设游泳、手球、曲棍球、自行车和水上等专业性较强的比赛场馆的布局方式。33 个场馆除设在河北秦皇岛市的海上运动场外，其余 32 个分散在北京市城区和郊县的 18 个地方。

　　新建的国家奥林匹克体育中心位于当时北京市城市建设总体规划中预留的北部体育中心用地位置。体育中心的规划按照推动城市建设发展、努力实现经济效益、社会效益和环境效益最大化的原则，考虑了将举办亚运会与举办奥运会相结合，规划总用地面积 120 公顷。在总体规划构思框架内考虑分阶段实施，将北部 66 公顷作为一期亚运会建设用地，南边 54 公顷作为二期奥运会扩建用地。一期亚运会建设用地，设有一个可容纳 6000 名观众的游泳馆，一个可容纳 6000 名观众的体育馆，一个可容纳 2 名万观众的体育场和一个可容纳 2000 名观众的曲棍球比赛场，以及练习馆和管理用房。总建筑面积 10 万平方米。二期奥运会扩建内容，原打算建设一个可容纳 10 万观众的主体育场和一个可容纳 1 万观众的室内自行车馆，由于后来北京奥运会的场馆建设内容和规模有所增加，主场馆的选址放在了城市四环路以北的奥林匹克公园内。因此，国家奥林匹克体育中心的规划实际上只实施了一期亚运会场馆的建设内容，即只建成了北部的 66 公顷。

　　国家奥林匹克体育中心的规划吸收和借鉴了国外体育场馆的设计经验，认真研究了使用功能与建筑形式，现代感与传统风格，整体环境与单体建筑等关系。打破了一段时间以来国内体育中心封闭对称的场馆布局模式，采用将环形道路、场馆建筑和中心人工湖不对称布置的手法，营造了一个特色鲜明、自由活泼的公园式体育中心，成为 20 世纪 90 年代北京的地标性城市建筑。国家奥林匹克体育中心先后获得了国家科技进步奖、全国设计金奖、中国建筑学会创作奖和国际体育与休闲设施协会银奖。

北京亚运会的33个比赛场馆于1986年底陆续开工，至1990年8月全部完成。历时不到4年。在中国实行改革开放政策之初，对外界了解有限和经济还不富裕的情况下筹备亚运会，可以说是举全国之力的结果。比赛场馆的规划设计时间紧，要求高，经验少。除北京市建筑设计研究院、市政设计院和刚刚恢复的工业设计院外，当时曾组织了全国10家设计院和高校来分别承担比赛场馆的规划设计工作。正是由于国内规划设计单位的广泛参与，使得北京亚运会场馆的设计博采众长。可以说这批场馆的设计是当时国内体育建筑整体水平的集中展现。虽然大多数为容纳观众3000人左右的小型场馆，但仍不乏功能合理，经济适用，建筑设计颇有创意的优秀作品。

五、20世纪90年代的体育场馆及特征

随着体育事业的发展，小型体育场馆日益普及。尤其是在珠江三角洲地区，小型场馆已逐渐在中心村镇建设。由于20世纪90年代我国体育的竞赛体制已日臻完善，综合性运动会的周期和层级开始建立，因此为举办国内综合性运动会和国际体育单项赛事建设的场馆成为这一时期大中型体育建设的主要内容。20世纪90年代我国举办了第43届世界乒乓球锦标赛，第3届和第4届全国城市运动会，第7届和第8届全国运动会，第8届和第9届全国冬季运动会，第3届亚洲冬季运动会等。这些赛事有效促进了举办城市体育场馆的建设和相关设施的完善，建成了不少功能与建筑结合紧密、特色突出的体育场馆。

天津市从1992年开始，为筹备第43届世乒赛规划了天津市体育中心，新建了天津市体育馆、天津广播电视国际新闻中心和地球卫星通讯站等设施。1994年建成的天津体育馆总建筑面积3.16万平方米，可容纳观

众 1 万名，由主馆、副馆和练习馆三部分组成。体育馆比赛场地可设置周长 200 米的跑道，用于举办包括室内田径比赛在内的多项体育赛事，配备了进口灯光和音响设备。

为举办 1999 年第 4 届全国城市运动会建设的陕西省游泳跳水馆，总建筑面积 1.83 万平方米，可容纳观众 2080 人。分为游泳、跳水和训练三个馆，呈"品"字形布置。三个馆各自独立设置，又相互有机连通，功能分区明显，整体造型新颖别致。这种将游泳池和跳水池分空间设置的方法，有效解决了这类场馆，由于跳水池跳台高度需要而增大游泳池空间、带来场馆空间浪费，观众视线效果难以解决和耗能等普遍存在的问题。举办赛艇比赛的杨凌水上运动中心，选址在渭河北岸，利用与渭河河道的地势高差开挖长 2250 米、宽 200 米的赛道后，地下水即渗出形成自然补给，且水质清澈，巧妙地解决了水上运动场地的水源问题。

1998 年建成的长春市五环体育馆，举办了第 9 届全国冬季运动会的开闭幕式和冰上比赛。五环体育馆总建筑面积 3.12 万平方米，可容纳观众 1.2 万人。比赛场地可举行球类、室内田径、速度滑冰等体育项目的比赛。体育馆为橄榄球建筑造型，风格独特，由加拿大建筑师设计。长春五环体育馆的屋盖结构跨度达 142 米，采用了方钢管桁架结构，形式简洁新颖且用钢量省，这种结构在国内大跨度建筑中首次采用。五环体育馆成为当时长春市标志性建筑和国内第一个可承担冬夏两季全部训练和比赛的体育场馆。

为举办 1997 年第 8 届全国运动会新建的上海体育场，是当时国内规模最大，设施最先进的大型体育场。上海体育场占地 19 公顷，建筑面积 17 万平方米，比赛场地设置了长 105 米、宽 68 米的足球场和 9 条周长 400 米的田径跑道。体育场建筑造型为马鞍形钢结构，周圈观众席挑篷和特福龙涂层玻璃纤维成型膜面层。观众席挑蓬的长度达 73 米。体育场的观众看台上还设置了 103 个包厢。上海体育场是国内第一个采用膜结构屋盖的体育建筑，其新颖的造型当时成为上海市的标志性建筑之一。

　　1999 年 11 月，体育建筑专业委员会在昆明召开了体育设施建设学术交流会，来自全国各地的专家、学者、工程技术和体育管理人员共 85 人参加。会议交流了 10 年来体育设施建设方面的成果和经验，探讨了体育建筑的发展趋势，研究了体育设施建设的新技术、新工艺和新材料。

　　在成功举办北京亚运会后，20 世纪 90 年代中国即开始了申办夏季奥林匹克运动会的准备工作。1991 年，北京成立了 2000 年第 27 届奥运会申办委员会，申办工作的主要内容就是进行比赛场馆、奥运村和相关设施的规划。当时由北京市建筑设计研究院负责申办报告中场馆规划部分。计划为 25 个比赛项目安排 26 个比赛场馆，其中新建 7 个，维修改造 19 个。分别布局在国家奥林匹克体育中心南侧、西郊五棵松、昌平区、顺义区和大兴区 5 处。用于举办开闭幕式的主体育场计划容纳 10 万名观众，与热身场地和附属设施一起，规划在了国家奥林匹克体育中心南侧预留的 54 公顷用地上。西郊五棵松 46 公顷城市规划体育用地上，安排了综合体育馆、游泳跳水室外场地、网球场等。室内自行车馆规划在昌平区亚运会自行车赛场东面。在顺义区规划的水上运动中心包括了长 2300 米、宽 35 米的赛艇、皮划艇比赛水域、热身水域及船库、观众看台等陆上设施。在大兴区安排了马术中心。1993 年 9 月，国际奥委会投票表决确定由悉尼举办 2000 年奥运会后，20 世纪 90 年代北京又申办了 2004 年奥运会。其间还举办了 1994 年第 6 届远东及南太平洋地区残疾人运动会，对场馆设施又进行了全面完善。为申办 2008 年奥运会，从 1999 年开始北京市对奥运会主场馆的选址重新进行了踏勘和多方案论证，经过专家分析和多次比较后，筛选出北郊、东郊定福庄、东南郊垡头和亦庄四处。最后确定在北郊四环路以北的地段。

六、21 世纪初的体育场馆及特征

　　进入 21 世纪，新中国经过五十多年的社会主义建设，特别是改革开放三十多年的飞速发展，综合实力增强，眼界更加开阔。体育场馆也呈现出多元化发展态势：小型场馆和群众健身设施深入普及。中型体育场馆丰富多样，开始注重与商业开发和赛后利用相结合。大型体育场馆由举办奥运会比赛引领，全面向现代化迈进。新世纪之初，举办了第 5 届和第 6 届城市运动会、第 9 届和第 10 届全运会、第 6 届亚洲冬季运动会、第 29 届夏季奥运会。围绕着这些运动会建设的体育场馆，不仅推动了体育设施的普及和城市建设发展，其中一大批在技术进步、设施标准、设备现代化等方面开创了我国体育场馆建设史的新纪元。

　　为举办 2003 年第 5 届城市运动会和 2007 年第 6 届城市运动会，湖南省和湖北省均规划建设了体育中心。长沙市新建的新世纪体育文化中心，总建筑面积 11 万平方米，包括可容纳观众 4.1 万人的体育场，田径训练场、体育宾馆、会展中心和商业娱乐设施等。同时改扩建和修缮了长沙市的现有体育场馆 9.7 万平方米，8 个地级市和高校的体育场馆也进行了建设或改造。湖北省为了举办第 6 届城市运动会规划建设的武汉体育中心占地 105 公顷，包括体育场、体育馆、游泳馆和酒店、商务区、全民健身中心和休闲广场。2002 年 9 月建成的武汉体育中心体育场总建筑面积 8 万平方米，可容纳观众 6 万人，比赛场地包括长 105 米、宽 68 米的足球场和 8 条周长 400 米的田径跑道。足球场的草坪下铺设了"毛细水管"实现草坪夏季降温。体育场还设置了门禁和 140 道电子检票口，安装了宽 36 米、高 8.9 米的彩色大屏幕，以及数字化网络系统和有线、无线网络、电视转播等通讯系统。2007 年 3 月建成的武汉体育中心体育馆总建筑面积 5 万平方米，可容纳观众 1.3 万人，是一个可举办包括体操、手球比赛项目在内的多功能体育馆。同期建成的游泳馆总建筑面积 3.35 万平方米，可容纳观众 3200 人；武汉体育中心建成后，先后举办了第六届城运会、2004 年雅典奥运会男足亚洲区决赛和 2005 年中国足球超级联赛等体育赛事和大型演出活动。

为举办 2001 年第 9 届全运会，广东省在广州市和 14 个省辖市新建和改造了 58 个比赛场馆。新建的广东奥林匹克体育中心占地 101 公顷，包括体育场、游泳馆、射击馆、射箭场、棒垒球和曲棍球等比赛场地和新闻中心、宾馆等设施。体育场建筑面积 14.56 万平方米，可容纳观众 8 万人。比赛场地可供足球和田径比赛使用。这个体育场的特色是观众看台的挑篷分东西两片设置为钢结构的飘带，弯曲地坐落在 21 组塔柱上，造型独特。新建的广州体育馆坐落于白云山脚下，总建筑面积 5.9 万平方米，可容纳观众 1 万人。这个体育馆由法国建筑大师保罗·安德鲁主持设计，将比赛馆、热身馆和群众健身中心设为一组三个馆，整组建筑的外形宛如三片树叶，采用下沉式设计，覆以阳光板屋面材料。既便于赛时各种交通流线的组织，又使体育馆与白云山优美的自然环境融为一体和充满诗情画意，一度成为国内建筑界瞩目的新型体育场馆。美中不足的是在施工过程中恰逢国际体操联合会修改了竞赛规则，将运动员赛前可在比赛场地上热身改为只能在热身场地热身，并要求热身场地紧邻比赛场地。致使广州体育馆将比赛与热身场地分设在两座建筑物中的场地布置方式满足不了要求，不得不在赛时采用临时措施解决。除了建筑设计特色之外，广州体育馆的建设当时在国内率先采用了政府与企业共同投资，由企业负责建设和赛后经营管理的 BOT 模式。汕头市游泳跳水馆是九运会又一个使用功能合理，建筑风格独特的比赛场馆。这个馆总建筑面积 2.5 万平方米，可容纳观众 2700 人，由游泳馆和跳水馆两座建筑物组成。在两个馆的结合部布置了供群众休闲娱乐的戏水池。这种将游泳池和跳水池分馆设置的方式，有效解决了游泳跳水场馆常见的观众视线不良和空间过大造成浪费的问题。汕头游泳跳水馆的游泳馆设单面观众看台，游泳池为长 50 米、宽 25 米比赛池和长 25 米、宽 12.5 米的热身池各一个。比赛池设有移动浮桥，可将池面分隔为两个短池同时使用。跳水馆设两侧观众看台，跳台和跳板分两端布置。汕头游泳跳水馆采用大面积玻璃幕墙立面，利用自然采光使馆内明亮宽敞和视野开阔。建筑造型犹如"贝壳卧滩，风帆临海"，成为汕头经济特区又一座标志性城市建筑。

第9届全运会新建比赛场馆中，还包括了我国第一个木制赛道自行车场和第一个赛艇激流回旋比赛场地。

2005年，第10届全运会在江苏省南京市举行。南京市和13个省辖市共新建和改造了54个比赛场馆。江苏省在注重利用已有的场馆的同时，对需要新建的场馆依据新兴体育项目且本省尚缺场馆来进行比赛场馆的布局（如激流回旋、室内水球、曲棍球场地等），以填补场馆类型的空白。在场馆建设投资上采用BOT模式运作，进行了场馆融资和经营管理一体化方面的积极尝试。为举办十运会新建的南京奥林匹克体育中心占地89.6公顷。包括体育场、体育馆、游泳馆、网球中心、新闻中心和配套设施，总建筑面积约40万平方米。南京奥体中心体育场可容纳观众6万人，建筑面积13.6万平方米。举办了十运会开闭幕式和足球、田径比赛。体育场的双曲面造型观众看台的挑篷可以覆盖住全部观众席；南京奥体中心体育馆建筑面积6万平方米，可容纳观众1.3万人。分为主馆和副馆两部分，两个馆均设置了室内人工冰场。主馆的比赛场地借鉴了北京奥运会体操比赛场地的尺寸，设置为长72米，宽43米，以满足体操比赛搭台和媒体摄影的使用要求；南京奥体中心游泳馆建筑面积3万平方米，可容纳观众4000人。设有游泳比赛池、跳水比赛池、热身池和戏水池。

2007年在吉林省举行了第6届亚洲冬季运动会。主要比赛场馆有长春五环体育馆、长春市滑冰馆、吉林省速滑馆、吉林省滑冰馆、富奥冰球馆和北大湖滑雪场等。2006年9月落成的吉林省速滑馆总建筑面积3万平方米，可容纳观众2000人。比赛场地设有2条周长为400米的速滑道和一条练习道。内圈还设有两块冰球场地，外围设有4条周长为400米的塑胶面层田径跑道。吉林省速滑馆的结构跨度近90米，采用了钢结构预应力索拱体系屋盖，还配备了太阳能浇冰水系统。曾获中国建筑工程鲁班奖，是国内规模最大，功能完善，设备最先进的滑冰馆。

2001年12月，体育建筑专业委员会在广州召开了"九运会场馆建设经验交流会"，来自全国各地150多位专家、学者、工程技术和体育管理人员与会。会议介绍了全运会体育场、体育馆、自行车赛场等场馆的设计、施工和赛事使用情况，还参观了广东奥林匹克体育中心、水上训练基地、龙岗自行车赛场等比赛场馆。

举世瞩目的第29届夏季奥林匹克运动会于2008年在北京成功举办。为举办北京奥运会，北京、天津、上海、沈阳、青岛、秦皇岛和香港7个城市建设了37个比赛场馆、5个赛时相关设施和64个训练场馆。同时新建和改造了机场、道路、能源、环境等一批城市基础设施。北京奥运会的场馆建设经历了申办和筹办两个阶段。申办阶段进行规划选址、场馆布局、方案设计和建设可行性论证。筹办阶段确定赛时使用功能、场馆规划设计、工程建设实施、进行测试赛后调整等一系列工作。全过程可以说是一项庞大的开放系统工程。

根据1999年底北京奥运会规划选址小组提出的报告，北京市政府决定将奥运会主场馆的选址定在北郊北土城路以北，城市中轴线两侧的地域。当时暂命名为北京国际展览体育中心。2000年3月，北京市规划委员会组织了北京国际展览体育中心的规划概念设计国际竞赛。北京市建筑设计研究院的规划方案从16家参赛的国内外设计单位中脱颖而出，成为申办报告中采用的主体育中心规划方案。这时考虑的建设内容是主体育场、体育馆、曲棍球场、网球中心、乒乓球馆、奥运村、展览馆和酒店等，规划用地405公顷。在总结和分析近几届奥运会举办经验教训的基础上，对北京奥运会的比赛场馆布局采用了"集中与分散相结合"的方式，即将需要新建的比赛场馆和奥运村、媒体村、主新闻中心等集中布局在国家奥林匹克体育中心以北的北京奥林匹克公园内，其他场馆分为大学区、西部社区、北部旅游风景区三个区域布局。北京市建筑设计研究院承担了申办报告中比赛场馆的方案设计和报告的文本制作工作。2001年5月，国际奥委会评估团考察北京后，评价北京申办奥运会的比赛场馆及奥运村等相关设施规划严密，奥运村的位置距离比赛场馆交通用时较短，奥林匹克公园在环保方面规划出色。在北京举办奥运会将会给中国和世界体育留下独一无二的宝贵遗产。

北京奥运会场馆建设分为以下三个阶段逐步完成：

2001年12月至2003年底为前期准备阶段，全面开展比赛场馆的规划设计和施工准备工作。北京获得第二十九届奥运会举办权后，北京奥组委成立伊始，即开始组织调查研究，归纳整理并征得各国际单项体育协会意见后，于2002年底开始对31个比赛场馆逐一提出了奥运会赛时使用功能要求——《奥运工程设计大纲》。

受市政府和北京奥组委委托，2002年3月，北京市规划委员会举办了北京奥林匹克公园和五棵松文化体育中心规划设计方案公开征集活动。从全球21个国家和地区报送的90个设计方案中，选定美国Sasaki公司和天津华汇建筑设计研究院共同设计的方案为北京奥林匹克公园规划设计方案。选定瑞士布克哈特公司的方案会同北京市建筑设计研究院进行深化设计后，作为五棵松文化体育中心设计方案。

2002年10月，北京市规划委向全球征集2008年奥运会主体育场——国家体育场的建筑概念设计方案，2003年3月，确定瑞士赫尔佐格和德梅隆设计公司与中国建筑设计研究院联合设计的"鸟巢"为国家体育场设计方案。随后举行了国家游泳中心（"水立方"）、国家体育馆、北京射击馆、老山自行车馆、北京射击馆飞碟靶场、顺义奥林匹克水上公园的国际公开征集和邀请征集设计方案活动。奥运会比赛场馆全面进入规划设计等前期工作阶段。

2003年底至2006年8月为全面建设阶段。奥运会场馆和其他相关设施陆续开工建设，部分比赛场馆开始竣工。

2006年8月至2008年奥运会开幕前为完善运行阶段。2007年底，比赛场馆基本竣工。通过举办42项测试赛检验和调整场馆和设施设备性能，搭设各类临时设施，达到奥运会使用要求并全部准备就绪。

奥运会不仅吸引世界上优秀运动员创造最好的成绩，也吸引着全世界最优秀的建筑师和场馆建设者在体育建筑领域里不懈追求。北京奥运会全面推进了我国体育场馆建设的现代化水平，在场馆规划设计、建筑结构、工程技术和材料设备方面创造了一系列国内外第一：

建成了奥运会历史上第一个小轮车比赛场。从北京奥运会开始，小轮自行车成为奥运会比赛项目。北京老山小轮车赛场占地 1.98 公顷，可容纳观众 4000 人。土质赛道周长 370 米，设有高度 8 米的出发坡。

建设了我国第一个室内自行车馆。老山自行车馆总建筑面积 3.3 万平方米，可容纳观众 6000 人。设有周长 250 米的木质赛道，整条赛道坡度在 13 度至 47 度之间。

国家体育馆长 72 米、宽 43 米的内场尺寸，提供了国内第一个既满足搭台需要，又能提供赛时媒体转播需要，还可以用做体操比赛场地，成为 21 世纪初国内大型体育馆场地设计的蓝本。

承担奥运会开闭幕式、田径比赛、男子足球决赛的国家体育场，外观如同树枝织成的鸟巢，其灰色矿质般的钢网以透明的膜材料覆盖，内部是一个土红色的碗状体育场看台。以其 333 米的跨度成为世界跨度最大的交叉平面桁架钢结构建筑。

国家游泳中心"水立方"的创意来自细胞组织单元的基本排列形式以及水泡的天然构造。这种自然界常见的形态从来没有在建筑结构中出现过，作为世界上第一个敢于实现这种结构体系的建筑，"水立方"为国内外建筑界填补了空白。"水立方"的膜结构也堪称新型延性多面体空间刚架结构的世界之最。

北京工业大学羽毛球比赛馆的屋盖为空间张弦索撑网壳结构，支撑于角度等分的圆周上的 36 根钢筋混凝土圆柱上。这一钢结构建筑创造了世界建筑史上的纪录——世界上跨度最大的预应力弦支穹顶结构，最大跨度达 93 米。

为满足北京奥运会新型建筑结构的工程建设要求，在结构力学计算、施工技术和工艺规程标准方面，通过科技攻关和自主创新创造了世界第一和填补了国内空白。

在"绿色奥运、科技奥运、人文奥运"三大理念指导下，北京奥运会场馆在减少排放和保护环境方面，积极引进和开发新技术、应用新材料。推广建筑节能、太阳能热电、水源地源热泵、雨洪利用和水资源再生技术。使用节能产品和绿色建筑材料，全面建设和改造了无障碍设施。北京奥运会场馆建设采用新兴能源项目69项，环保项目191项，水资源利用和中水处理利用项目11项，绿色建材利用项目46项，其他环保技术和产品应用57项。

伴随新中国成长壮大的脚步，体育场馆走过了60年风雨历程，为体育事业的发展打下了雄厚的物质基础。面向新的世纪，在中国由体育大国向体育强国迈进的进程中，体育场馆将在新的历史起点上实现新的进步和发展。

走向法治的中国体育

国家体育总局政策法规司司长　张剑

1949 年中华人民共和国成立，中华民族开启了实现伟大复兴的新纪元。60 年来，伴随着国家经济社会发展的历史巨变和体育事业取得的辉煌成就，在中国特色社会主义法治建设的奋进过程中，体育法治不断探索，走过了不平凡的发展历程，实现了重大历史进步，为我国体育改革开放和现代化发展建立起坚实的制度保障。

一、我国体育法治逐步探索发展的历史进程

1. 伴随新中国体育的初创而起步

新中国的诞生和人民政权的建立，为人民当家作主提供了根本的制度保证，党和国家在致力恢复生产、改善人民生活的同时，将体育作为关系亿万人民健康的重要民生问题，列入新生政权工作和党的政策的重要内容之中。从 1949 年到 1954 年，国家先成立了中华全国体育总会，后又在政务院设立国家体委；毛泽东主席题词号召："发展体育运动，增强人民体质"；党中央发出关于加强人民体育运动工作的指示，强调"改善人民的健康状况，增强人民体质，是党的一项重要政治任务"，为新中国体育发

展确立了地位，指明了方向。

与此同时，体育立法工作也随着新型法治模式的逐步确立陆续展开。在为建立新中国而制定的宪法性文件《中国人民政治协商会议共同纲领》和1954年颁布的新中国第一部宪法中，分别载明"提倡国民体育"和"国家特别关怀青年的体力和智力的发展"的条款。根据当时"开展群众性体育运动是当前体育工作的中心任务"的体育工作部署，中央政府和有关部委着重在开展群众性体育活动、加强学校体育工作、建立体育健身制度，以及规范体育行政机关工作等方面，制定了一些法规规章和规范性文件，对新中国体育事业的起步，促进群众体育活动的开展发挥了重要的作用。

1956年，中国进入全面建设社会主义时期，体育事业也得到了更加全面的发展，运动水平不断提高，因而提出了对体育全面规范管理的要求。国家在继续加强群众体育立法的同时，有关运动训练、体育竞赛制度，包括业余体育训练等方面的立法有了新的发展。这些法规在规范和调整各种体育关系，建立体育工作秩序方面提供了良好的保障，为中国体育法制建设奠定了初步的基础。[1]

然而，新中国建立后的近20年间，由于长期实行计划经济体制的制约和治国指导思想上的失误，民主与法治建设处于曲折而缓慢的发展状态。这一时期体育立法的数量和覆盖面都较为有限，立法质量和规范化程度也都处于较低的水平。特别是从1966年开始长达10年"文化大革命"的动乱，国家的各项事业都遭到严重破坏，体育发展及其法治工作也陷于瘫痪状态。

2. 改革开放迎来我国体育法治全面建设的新阶段

党的十一届三中全会后，党中央在领导人民总结历史经验教训和拨乱反正的基础上，作出了将党和国家工作重心转移到社会主义现代化建设上来的重大决策，开始了伟大的历史性转折，民主与法治建设的地位被逐渐

---

① 刘晖：《新中国体育法制建设的回顾》，《体育文史》1995年第1期，第57页。

凸显。随着改革开放和现代化建设步伐加快，我国的体育法治建设在新的历史时期日益加强，快速发展。

在当时国家全面加强民主法治的背景下，原国家体委在1980年举行的全国体育工作会议上，将加强体育法制工作列入日程，明确提出了体育立法的有关问题。1982年，我国重新颁布的宪法中规定："国家发展体育事业，开展群众性的体育活动，增强人民体质"，并对国家培养青少年儿童德、智、体全面发展、公民参加体育等文化活动的自由、中央和地方政府的体育管理职责等做出规定，全面规范和保障体育事业的发展。1984年，我国首次全面参加奥运会，实现了奥运金牌"零"的突破，体育产生了更大的社会影响。党中央发出了《关于进一步发展体育运动的通知》，全国人大常委会委员长也对体育立法发布指示，党和国家对体育发展和体育法制工作提出了新的要求，促进了我国体育法治在学习其他国家经验的过程中的自我发展，同时也促进了国内体育法学研究的兴起。1988年，原国家体委在前期酝酿准备的基础上，开始启动《中华人民共和国体育法》的制订工作，并以此带动体育法治工作的全面推动。1995年体育法颁布之前，各个层次和不同形式的体育法规、规章已经达到500多部，体育法治的工作制度和工作力量不断加强，各项体育工作的法治化水平逐步提升，促进和保障了我国体育事业改革发展的顺利进行。

3. 《体育法》标志着体育法治发展的新阶段

1995年8月29日，第八届全国人大常委会第十五次会议审议通过了《中华人民共和国体育法》，结束了没有专门体育法律可依的历史，建立起对体育事业进行全面调整的国家法律规范。全国人大八届四次会议和党的十五大确立了"依法治国，建设社会主义法治国家"基本方略，贯彻依法治国方略与实施《体育法》紧密地结合起来，体育发展开始全面纳入法治发展的轨道。

为推动体育法治建设的进一步发展，全国人大、政府及其体育和相关部门对体育法治工作做出了一系列部署，采取了各种积极有效的工作措施。同时，各地也结合体育发展的实际情况，积极推动地方的体育法治建设。

《中华人民共和国体育法》实施十多年来，在国家经济社会和体育发展以及法治建设的推动下，体育发展的法治需求日益增长，社会各界维护体育权利的意识不断提升，我国的体育立法、体育执法以及相关司法、体育法治宣传和理论研究等各方面工作都取得了很大的进展，体育的法治环境和条件有了很大的改善。特别是这十多年间，我国经历了第一次申奥失败，又成功申办和举办了 2008 年第 29 届奥运会，法治奥运的模式对我国体育法治建设也有很大的促进作用。随着中国体育事业快速持续地蓬勃发展，我国体育法治建设也取得了重大的发展并为体育事业整体进步做出了积极的贡献。

4. 体育强国建设推动中国体育法治迈向新目标

2008 年北京奥运会，不但成功实现了国人百年奥运的梦想，也对体育乃至全社会多方面造成了深远的影响，而且成为我国体育发展进程中承前启后的新的起点。胡锦涛总书记在"9·29"讲话中提出"进一步推动我国由体育大国向体育强国迈进"的奋斗目标，表明我国体育自北京奥运会后进入建设世界体育强国的新阶段。

建设世界体育强国，要在更高的起点上实现体育现代化，必然需要体育体制、机制和模式的进一步改革与创新，从而形成了体育改革发展对现代法治更加紧密的制度依赖。因此，建设体育强国，也必然使我国体育法治呈现出新的发展。2007 年，党的十七大对建设小康社会进行了新的部署，再次将全面落实依法治国方略、加快建设社会主义法治国家作为重要工作内容。国务院于 2008 年发布了我国首部《中国的法治建设》白皮书，又在 2009 年初首次发布了《国家人权行动计划（2009—2010）》。由此可见，建设体育强国并形成体育法治新的发展，不仅是体育自身发展的需求，而且是与国家实现中国特色社会主义现代化和建设法治国家战略的紧密呼应。国家体育总局在对从体育大国向体育强国迈进的阐述中，已明确提出了树立崇尚法治观念、坚持依法治体、推动制度创新的要求。[①] 不

---

① 刘鹏：《在 2009 年全国体育局长会议上的讲话》，《体育工作情况》2009 年第 4、5 期，第 16 页。

断开创并日益形成与体育强国相适应的中国特色法治体育的新局面，应成为当前和今后一个时期我国体育法治建设的重要主题。

二、我国体育法治建设取得的重大进展与成就

1. 体育法治建设受到高度关注

新中国所建立的一切权利属于人民的人民民主制度，确立了通过和平方式消灭剥削贫困走向繁荣幸福的社会主义道路，并赋予体育工作以重要的法律地位。特别是在国家根本大法的层面上，从建国之初《共同纲领》和首部宪法明确载入有关体育的条款，到 1982 年新宪法对体育作出的全面规定，充分表明了体育是我国社会主义建设的重要组成部分，体育事业发展得到国家法律的有力保障。从 1952 年起，国家在中央和地方政府中始终设有体育行政部门，依法管理和发展体育事业，不断加强体育法治建设。

改革开放以来，随着我国民主与法治的恢复、重建与发展，特别是在国家确立并实施依法治国方略的进程中，体育法治建设成为国家民主法治建设和体育现代化发展的重要内容，日益受到党和国家、体育系统以及社会各界的高度重视，体育法治建设的地位越来越高。

为了落实宪法中有关体育的规定，中共中央、全国人大和国务院在有关工作决策中不断对加强体育法治作出部署。全国人大和国务院直接指示和领导制订《体育法》的工作，并在该法实施后，多次听取体育法治建设的工作汇报，发布贯彻体育法的各种文件，组织执法检查和调研。2002年，中共中央国务院下发了《关于进一步加强和改进新时期体育工作的意见》，进一步强化体育法治建设的地位，要求将体育工作全面纳入法治化轨道。在 2007 年中共中央国务院下发的《关于加强青少年体育　增强青少年体质的意见》中，也明确提出要认真贯彻执行义务教育法和学校

体育卫生工作法律法规，加大执法监督力度，建立完善相关工作制度和政策保障措施的要求。

在新时期的体育工作中，各级体育行政部门根据国家的法治工作部署，确立并坚持了依法行政、依法治体的方针，积极做好体育法治建设的推动和落实工作。1996年，原国家体委在《体育法》颁行后召开了建国以来的首次全国体育法制工作会议，并下发了《关于加强体育法制建设的决定》等工作文件。后又在《2001—2010年体育改革与发展纲要》中，专门规定了加强体育法治建设的内容。2005年，国家体育总局在纪念《体育法》颁布实施十周年之际，召开了全国体育法制工作会议，对我国体育法治工作进行全面总结。2006年，国家体育总局制订了《体育事业"十一五"规划》，其中包括体育法治的发展内容，并专门配套出台了《体育法制建设"十一五"规划》。各地的体育行政部门也采取了加强体育法治建设的各种措施，努力创造和改善体育法治的工作环境。

为了加强体育法治工作，各级政府还非常注重体育法制工作机构和工作队伍的建设。1987年，原国家体委设立法规处，1989年又进一步成立了政策法规司。1993年以后，一些地方体育行政部门相继设置法制工作机构，目前，全国的省级体育行政部门已经普遍建立了法制工作机构。同时，很多地方还建立了体育行政执法队伍，不断充实体育法治建设的工作力量。

2. 体育立法工作取得重要进展

新中国成立后，迅速制订颁布了一批急需的法律、法令和法规。在体育工作方面，从1951年起，政务院和中央体委先后就改善各级学校的学生健康、推行广播体操活动、加强学校体育工作、在政府机关中开展体育活动、推行劳动与卫国体育制度以及体育行政机构管理等，制订了一些法规规章和规范性文件。[①]

1956年以后，为适应国家全面建设社会主义的需要，体育事业更加

---

① 国家体委政策研究室：《体育运动文件选编》（1949—1981），人民体育出版社1982年版。

全面协调规范地发展。在群众体育方面，国务院批准发布了《劳动卫国体育制度条例》，以及有关群众体育、学校体育的规范性文件。同时，原国家体委比较集中地制订了有关运动训练、竞赛管理方面的规章，包括运动队伍管理、运动队思想政治工作、运动员和教练员裁判员的等级制度、运动竞赛制度、运动会纪录和奖励管理、竞赛纪律管理等，并制订了青少年业余体育学校方面的规章。"文革"期间的体育立法基本停滞，但也有国务院批准的《国家体育锻炼标准条例》等法规出台。

进入改革开放新时期以来，我国体育立法全面展开，在立法数量迅速增长的同时，立法质量和法律位阶也不断提高。以《中华人民共和国体育法》为核心的配套立法不断推进，覆盖体育各个领域、位阶层次丰富的体育法规体系正在逐步形成。① 特别是近些年来，为适应体育改革与发展的需要，在制订新法的同时，对现行体育法规的修改也成为体育立法的重要任务。

《中华人民共和国体育法》的制订颁行是我国体育立法最为重大的标志性成果。《体育法》从高度宏观的层面对我国体育发展作出了全面规范与保障，依法维护公民体育权利，促进体育事业的科学发展，是我国体育法治建设进入依法治体新阶段的重要标志，是新中国体育发展史上一座光辉的里程碑。《体育法》为贯彻宪法规定的体育原则、保障公民体育权利提供了重要的法律依据，为实现体育工作依法行政和依法治体创立了直接的法律规范，为巩固扩大体育改革开放成果、促进体育发展建立了全面的法律保障，为健全体育法规、进行配套体育立法奠定了坚实的法律基础，为加强社会主义法制建设、促进经济与社会发展增添了新的法律内容，无

---

① 国家体委：《现行体育法规汇编》（1949—1988），人民体育出版社 1990 年版。国家体委：《中华人民共和国体育法规汇编》（1989—1992），人民体育出版社 1993 年版。国家体委：《中华人民共和国体育法规汇编》（1993—1996），新华出版社 1997 年版。国家体育总局：《中华人民共和国体育法规汇编》（1997—1999），人民体育出版社 2000 年版。国家体育总局：《中华人民共和国体育法规汇编》（2000—2002），中国法制出版社 2003 年版。国家体育总局：《中华人民共和国体育法规汇编》（2003—2004），中国法制出版社 2005 年版。国家体育总局：《中华人民共和国体育法规汇编》（2005—2006），人民体育出版社 2007 年版。

论对于推动体育法治和体育事业发展，还是促进国家法治与经济社会建设，都具有重要的作用和深远的意义。为适应体育改革发展新的需要，国家体育总局提出了修改《体育法》的问题。①

除了体育基本法以外，在有关体育的国家立法层面，国务院于 1990 年先后批准颁布了《国家体育锻炼标准施行办法》、《学校体育工作条例》、《外国人来华登山管理办法》等行政法规；2002 年之后又相继制订颁布了《奥林匹克标志保护条例》、《公共文化体育设施条例》、《反兴奋剂条例》、《北京奥运会及其筹备期间外国记者在华采访规定》、《彩票管理条例》等行政法规。2009 年 8 月 30 日，国务院总理温家宝签署国务院第 560 号令，《全民健身条例》正式公布，将于 10 月 1 日起施行。这是体育领域第一部专门针对全民健身的行政法规，为保障人们在全民健身活动中的合法权益、促进全民健身活动开展提供了坚实的法律保障，是全民健身工作和体育事业进一步走上法制化、规范化轨道的重要标志，对于提高人民群众身体素质、丰富人民群众精神文化生活、促进社会主义和谐社会建设将发挥积极作用，具有十分重要的历史意义和现实意义。同时，国务院还批准或颁布了一些法规性文件，包括进一步开创体育新局面、政府机关中开展工间操和其他体育运动、全民健身计划纲要、进一步加强和改进新时期体育工作、加强青少年体育增强青少年体质、加强残疾人体育工作等。目前，国家体育总局组织起草的《全民健身条例》已经进入国务院法制工作部门立法程序，有望以国务院行政法规的形式在近期出台。

为贯彻执行《体育法》和体育行政法规，国家体育总局（原国家体委）和有关部委还单独或联合制订了大量具体调整各类体育关系和实施体育管理的规章以及规范性文件，成为我国体育立法中数量较多的法规形式。这些部门规章和规范性文件，在内容上分别包括体育综合性组织管理、社会体育和全民健身、学校体育、竞技体育、体育科技教育与人才工作、体育经济与产业服务、对外体育交往以及体育机关内部管理等各个方

---

① 刘鹏：《在 2005 年全国体育局长会议上的讲话》，《体育工作情况》2005，（3—4）：22。

面，并从过去主要局限于本系统管理和本级管理，逐渐向重视全行业管理和社会服务的方向发展。

我国各地积极进行体育立法，特别是《体育法》实施后有了很大的发展，至 2007 年底已制订了 200 多件。目前各个省级地方和一些较大的市都制订了体育地方性法规和地方政府规章，而且地方权力机关的体育立法不断增多，近年来很多地方又着手进行体育法规和规章的修改。地方体育立法紧密围绕体育改革发展的现实需求，反映了各地的不同特色，内容重点体现在地方体育改革发展、全民健身、体育场地设施、体育市场与经营、体育竞赛管理等有关方面。

同时，我国体育立法的科学化、规范化和系统化水平也不断提高。国家体育总局多次制订规章对体育立法程序进行规范，按期编制体育立法规划和计划，从 1984 年到 2007 年先后 5 次对体育法规进行全面清理，从 1989 年以来定期进行体育法规的汇编出版。此外，我国还批准和参加了一些国际体育条约，缔结了与一些国家的体育协定，并在制订《反兴奋剂国际公约》等国际交流与合作中发挥了积极的作用。

3. 体育法实施力度不断加大

体育法的贯彻实施和体育执法与监督，是在改革开放后我国体育法治建设的全面加强和依法治体、依法行政的不断推进中，逐步进入体育行政管理的范围，成为各级人大、政府和体育行政部门的工作内容。特别是《中华人民共和国体育法》（简称《体育法》）颁布之后，对《体育法》的贯彻实施和在体育领域的各项工作中依法行政，成为加强体育法治建设的重点。通过体育法实施机制的不断健全和执法水平的逐步提高以及必要的司法介入，促进了我国体育法治局面的逐渐形成和体育事业的健康发展。

1995 年，中共中央宣传部、全国人大教科文卫委员会、国务院法制局等在《体育法》颁布后立即发出贯彻执行的联合通知，推动《体育法》的实施工作。1996 年以来，全国人大教科文卫委员会充分发挥其职能作用，分别派出执法检查和调研组，先后对全国十多个省进行《体育法》

的专项执法检查和执法调研，发现和纠正有关问题，有力地促进了各地对体育法实施的重视，并专门下发文件，督促体育法的贯彻执行。一些地方人大和政府根据各地实际情况，也开展了一些体育法的实施检查工作。体育行政部门的行政执法职能在政府机构改革和体育法治加强中被不断强化，国家体育总局在积极进行体育执法工作部署的同时，还组织地方体育部门或联合有关部委，开展了体育彩票公益金建设项目、反兴奋剂工作、公共体育设施管理等专项体育执法检查。

随着依法行政的不断推进，各级体育行政部门对体育行政执法机制进行了积极的探索，不断加强体育执法的规范化建设，建立了体育行政执法的系统工作制度，明确体育行政执法机构和执法人员的任务、权限、程序和行为规范，坚持体育行政执法人员持证上岗，实行体育行政执法责任制。根据实施《行政复议法》的需要，各省级体育行政部门普遍确定了体育行政复议机构，有的已受理和解决了一些体育行政复议纠纷。近年来，在实施《行政许可法》和开展行政审批制度改革的过程中，国家体育总局和各地体育行政部门，根据国务院和地方政府对体育行政许可项目的调整，重新确认了体育行政执法项目分类，进一步规范了行政执法程序并向社会公告。

随着体育执法与监督检查工作的不断推进，《体育法》与其他体育法规的实施形成了良好的局面。结合体育场地不足以及被侵占破坏现象时有发生的现实状况，建设和保护体育场地设施成为体育法实施检查的一个重点，并制止了一些违法侵害行为。随着我国体育产业和市场经营活动日趋活跃，体育市场的监管执法成为体育行政执法的又一重要内容，为保障体育经营秩序和维护体育消费者权益起到了重要的作用。在保护奥林匹克知识产权和为北京奥运会的服务保障方面，执法工作也取得了显著成效。依法开展兴奋剂检查和生产销售过程的治理，大大提升了我国反兴奋剂工作的水平，并产生了良好的国际反响。近年来，中央和各地政府的有关部门还开展了其他一些体育相关的执法检查活动，如学校体育活动和场地开放的督导检查、某些体育资质与事务的依法审批、体育安全卫生等标准的监管、扰乱体育活动秩序的治安处罚等，促进了体育工作和各项事业的发展。

同时，国家司法机构也介入了一些体育纠纷的解决，受理了一些体育中发生的诉讼案件。通过司法程序对体育明星的名誉权纠纷、体育产业和经营活动中的产权与合同纠纷、运动员转会劳动合同纠纷等各种体育争议的依法解决，以及对体育中一些刑事犯罪的法律制裁，有效维护了体育事业的健康和谐发展。

4. 体育法治宣传与研究持续开展

在我国体育法治建设的不断加强与发展中，作为体育法治建设的重要内容和必要条件，宣传与研究工作也相伴开展并取得显著的成绩，在提高体育领域和全社会的体育法律意识，形成良好的体育法治舆论氛围，提供理论支持和促进体育法治工作科学决策等方面，发挥了重要的作用。

随着改革开放后我国体育事业的迅速发展和体育需求的明显增长，对体育发展进行法治保障的呼吁性文章逐渐出现于有关报刊。自《体育法》的起草工作启动后，有关媒体就开始对《体育法》起草情况和国外体育法治信息进行报道，《体育法》颁布后的体育法治宣传更是不断地形成高潮。各级政府和有关部门对体育法治宣传教育进行了积极的推动，社会各界和各种媒体也给予了多样化的支持配合，使体育法治宣传的规模不断增加，体育法治的社会影响日益扩大。各级体育部门充分利用《体育法》施行纪念日、重要体育法规颁行、开展大型体育活动和体育竞赛等时机，组织开展了多种形式不同主题的体育法治宣传。有关刊物和媒体在各种体育信息传播中，越来越多地融入大量体育法治的内容，特别是对一些体育法治热点问题的报道并形成一定的轰动效应，还多次开展各种体育法规知识竞赛、体育法治有奖征文等活动，促进了体育法治理念的普及。从1991年起，我国体育系统连续开展普及体育法规知识活动，并编印了体育普法教材，促进了体育队伍法治理念和法律素养的不断提升。

在改革开放带来思想解放和学术繁荣的背景下，我国的体育科学也得到了空前的发展，体育法学与其他一些新兴体育学科在20世纪80年代中期相继诞生。1984 年以来，中国一些体育学者开始发表体育法学论文，1987 年集体编写的体育法学专著问世，各种体育法学为内容的研究课题日益增加，全国性的体育法学术活动陆续开展起来，并为制订《体育法》开展了相关的基础研究。《体育法》的颁布实施，进一步促进了我国体育法学的发展，体育法学的学科地位不断提升。1996 年，体育学列入中国社会科学的一级学科，体育法学成为独立的二级学科，体育法也相继被国家教育部确定为体育专业课程。从 1997 年起，已陆续有 10 余所高等院校正式培养体育法学方面的硕士和博士人才，还有很多相关专业的硕士或博士论文完成了体育法学方面的论题，已有 10 余所体育院校、政法院校和综合大学建立了体育法学研究机构。2005 年，中国法学会体育法学研究会成立，体育法学研究力量得到了进一步整合，并与日本、韩国体育法学研究组织共同发起成立了亚洲体育法学会，山东、辽宁等地还成立了地方性体育法学研究组织，正在形成一支比较稳定、学科交叉的高水平研究队伍。目前，我国已累计发表了各种体育法学论文 1200 多篇，出版各种体育法学著作和教材 20 多部，完成以体育法为选题的近百项国家级和省部级研究项目，并连年举办各种全国性和国际性的体育法学研讨活动，体育法学的研究水平不断提高，一些成果直接为国家的体育法制工作决策服务，产生了良好的社会效益。

5. 体育法治与北京奥运同行发展

申办和筹办北京奥运会，是自 20 世纪 90 年代以来我国社会特别是体育发展的一项重大工作，我国的体育法治建设必然要与北京奥运紧密结合并得以充分地体现。"人文奥运，法治同行"作为北京奥运会筹办过程的重要理念和实践，为北京奥运会成为一届有特色、高水平的奥运盛会发挥了重要的作用。[①] 让法治为奥运保驾护航，贯彻于北京奥运会的整个过程和各个方面。

---

① 于善旭：《北京奥运会与中国体育法制》，《成都体育学院学报》2008 年第 3 期，第 1—7 页。

我国政府自申奥期间，在《申办报告》和《陈述报告》以及中国政府总理签署的《政府保证书》中，都郑重做出了中国作为法治国家确保奥林匹克运动权益的庄严承诺。申奥成功后，国家抓紧进行奥运相关的法治工作部署，在《北京奥运行动规划》中专门规定了"法制环境建设"的内容，还专门制订了奥运法制规划。北京奥组委设立了专门的法律事务部，公开选聘两个律师事务所担任法律顾问机构，通过内外结合的组织保障，在沟通多边法律联系、加强奥运法律服务和化解法律风险等方面发挥了重要作用。我国政府与北京市等举办协办地政府以及北京奥组委等，严格依照我国法律和有关国际惯例，认真履行奥运会主办城市合同所规定的责任和义务，不断强化各项事务规范化的合同管理，保证了北京奥运会筹备、举办的顺利展开。很多中国律师也加入到志愿者行列，为北京奥运开展了各种法律服务。

为充实北京奥运会的法律依据，我国政府和北京市政府首先启动了奥林匹克标志保护的立法。其后，我国政府又制订了有关北京奥运会外国记者采访、大型群众性活动安全管理等奥运相关法规。北京市进行了较大规模的奥运立法，制订了奥运法治环境建设、无障碍设施、活动安全、全民健身、无线电管理、志愿服务、食品安全、公共卫生、市容环境等多方面内容的地方性法规和规章。

在构筑北京奥运法治环境而加强执法方面，奥林匹克知识产权的保护成为重点内容。中央和地方政府有关部门在做好许可使用合同备案、商标注册等工作的同时，加强对侵权违法行为的查处和制裁，对奥林匹克标志使用行为进行全方位监管，多次开展全国性专项打击和保护行动，使奥林匹克知识产权在我国受到良好保护，获得国际奥委会的高度评价。同时，我国政府有关部门还加强了反兴奋剂执法检查，确保中国运动员干干净净地参加奥运会，并在奥运相关的设施建设、反恐安保、市容环境、交通管理等多个方面，都采取了有效的执法措施。在司法保障方面，以"奥运"冠名的涉外民事法庭亮相在北京奥运村，最高人民法院还专门下发了支持国际体育仲裁院工作的通知。

北京奥运会的整个筹办过程中，颇具声势的奥林匹克宣传教育中融入了大量奥运法治的内容。有关部门联合开展了"奥运法制宣传万里行"、"奥运相关法律法规知识竞赛"等宣传活动，北京等地先后举办了奥运法治论坛和奥运法律知识展览，编印了各种奥运法律读本和奥运法制宣传挂图，宣传活动不断地深入基层社区、进入百姓生活，形成了法治奥运的良好氛围，促进了体育法治理念的广泛传播。

法治奥运的模式和为北京奥运所加强的法治工作，不但维护和保障了北京奥运会的圆满成功，而且对我国体育法治建设的进一步加强，形成了有力的促进和深远的影响。

三、我国体育法治建设的基本经验

新中国成立60年来，我国体育法治建设伴随着国家经济社会与体育发展以及民主法治建设的历史进程，在经历各种曲折坎坷中探索前进，特别是在改革开放以后继续探索适应市场经济体制和实施依法治国方略的体育法治建设机制，在体育现代化和法治化的发展道路上取得了历史性的进步，为今后体育法治的进一步发展奠定了良好的基础，并积累和形成了丰富可贵的经验。我国体育法治建设的基本经验是：

第一，坚持社会主义法治理念的科学引领。在一个缺乏市场经济体制和民主政治传统的发展中国家进行现代法治建设和体育法治建设，需要面对更多的挑战并实现历史性的跨越。新中国成立以来国家法治建设和体育法治建设的反复与曲折，充分说明了科学认识和把握包括法治发展在内的社会主义道路的重要性。正是党的十一届三中全会以来确立了正确的思想路线和政治路线，逐步确立了依法治国方略并明确形成社会主义法治理念，才能在全社会包括体育领域不断提升法治工作的地位，实现了我国法治建设包括体育法治建设的历史性发展。

第二，坚持体育法治建设与国家法治建设相适应。体育法治建设是整个国家法治建设的重要内容，与其发展紧密相连、息息相关。国家法治建设为体育法治建设明确了前进的方向，创造了良好的环境，提出了发展的要求。体育法治建设必须纳入国家法治建设的发展轨道，坚持社会主义法治理念的科学引领，在贯彻落实依法治国方略、坚持社会主义法制统一的进程中，提升体育领域依法执政、依法治体的能力和水平，进而使我国的体育法治建设步入正轨，取得成效，在国家法治发展的大局中形成体育法治的发展特色。

第三，坚持体育法治建设与体育改革发展相一致。体育法治建设是现代体育事业发展的重要构成，加强体育法治建设是保障促进体育改革发展和实现体育现代化发展的必然要求。在现代社会和市场经济条件下开展体育工作，深化体育体制改革，实现体育全面协调可持续地发展，体育必须纳入规范化制度化的法治轨道。而体育法治建设，也只有在为体育改革与发展提供有力有效的服务和保障上，才能体现作为，实现价值，获得发展。与体育改革发展相互促进，用法律巩固体育改革和发展的成果，不断适应和满足体育改革发展的要求，是我国体育法治建设发展的内在动力。

第四，坚持以人为本，切实维护和保障公民体育权利。我国体育法治建设是社会主义民主法治的组成部分，要以实现人的全面发展为目标，以广大群众的根本体育利益为出发点，为满足人民群众日益增长的体育需要服务。体育法治建设必须坚持以人为本的根本方向，树立权利本位的法治理念，认真履行国家发展体育事业的法定职责，不断创造条件并依靠法治保障来满足广大群众的体育需求和权利诉求，维护公民平等参与体育和享受体育的权利。体育法治建设也只有在为人民群众体育权益实现的服务与保障中，才能获得社会的支持和参与，获得有效的加强和更好的发展。

第五，坚持从国情和体育实际出发，渐进地发展体育法治。现代法治国家一般也是经济发达国家，一般都经历了上百年甚至几百年的发展。新中国成立虽建立了理想的社会制度，但将长期处于社会主义初级阶段，建设法治国家和实现体育法治化不可能一蹴而就，不能超越客观基础与条件，不能急于求成。我国在改革开放和法治建设中逐步形成中国特色的渐进式改革模式，已经实践检验获得巨大的成功。体育法治建设必须从我国基本国情出发，紧密结合我国体育发展的实际情况和需要，充分利用各种本土的法治资源，逐步推进体育法治建设的发展。

第六，坚持全面、系统、协调地推进体育法治建设。体育法治建设在坚持与国家经济政治文化社会发展和法治建设以及体育改革发展等外部环境相协调的同时，必须保持和优化其系统内部的合理配置与协调发展。促进体育立法在各种形式和各项内容之间的均衡发展，注意体育立法、执法以及法治机构与队伍、法治宣传与研究等各工作环节的整体加强，调整好全民健身、竞技体育、体育产业等各体育领域和各方面体育工作的法治关系，形成全国与地方体育法治的互动发展，造就体育法治全面系统协调的发展格局，是推动体育法治建设取得成就的一个重要因素。

第七，坚持调动和依靠各方力量，整体加强体育法治建设。体育是与社会各方面广泛联系和渗透的社会事业，体育法治建设需要在各级党委、人大、政府的统一部署下来加强领导。开展体育法治工作，不能将其作为体育部门和行业系统的内部行为，需要体育行政部门从主管和专业部门的角度，负起直接和具体的责任，主动搞好与各方面共同推进体育法治建设的协调配合，开展与相关部门的联合立法和联合执法。作为体育法治工作的延伸和补充，还要完善体育部门和体育社团内部的建章立制，加强各项体育工作程序的规范操作，促成依法治体局面的形成和运行。

第八，坚持在比较、学习和创新中推进体育法治的发展。体育法治建设应是一个动态开放的系统，一方面要不断加强与教育、科技、文化、卫生等相关领域的法治建设进行学习比较交流和法治工作合作，另一方面要在坚持从我国国情和体育发展实际出发的基础上，加强与其他国家和国际体育法治的交流、比较和学习、借鉴，了解世界体育法治的发展态势，参加国际体育法治的合作。正是通过汲取各方面法治发展的宝贵经验，不断获得激发活力的创新动力，才能把握时代脉搏，坚持与时俱进，锐意改革进取，实现我国体育法治建设的持续发展。

我国体育法治建设在探索中走过了 60 年不平凡的发展历程，取得了重大的进展和可喜的成就。但是，与国家的法治发展进程相比，与体育改革发展和建设体育强国的需求相比，目前我国体育法治相对滞后的局面尚未根本改变，存在着诸多不相适应的现实问题。比如：依法治体的意识和能力还有待进一步加强，现有体育立法数量和质量与事业发展需求差距较大；体育领域有法不依、执法不严的现象多有发生；体育法治的宣传和研究需要加强，体育队伍法律素质亟待提高。这些问题的存在，有着由国情决定的许多不可回避的制约因素和客观必然性。我们既要正视体育法治在不断探索中存在各种矛盾和问题，更需要积极采取克服矛盾解决问题的工作对策，切实推进和不断加强我国的体育法治建设。

四、在迈向体育强国的进程中努力开创我国体育法治的新局面

1. 迈向体育强国所面临的机遇和挑战

迈向体育强国，需要全面推进和提升我国体育的现代化水平，而体育的法治化，不仅是实现体育强国建设的必然支持和保障，而且是体育强国所追求的秩序状态。因此，迈向体育强国，必须面对一系列法治方面的新机遇和新挑战。

我国进入全面建设小康社会与和谐社会的新阶段，对体育法治建设提出了更高的要求。全面建设小康社会与和谐社会，要求全面推进社会主义经济建设、政治建设、文化建设和社会建设，包括民主更加完善、法制更加完备的目标和方针。而建设体育强国，既对体育法治建设提出了更高的要求，又为体育法治建设提供了新的动力，搭建了新的平台。建设小康社会与和谐社会中的体育，必然需要更加完善的法制环境。

我国体育进一步的改革发展，将更加凸显体育法治建设的重要地位和

作用。在我国经济转轨和社会转型的伟大变革中，体育领域也在不断进行着体制改革与制度创新。在北京奥运后向体育强国迈进的过程中，加快体育体制的改革创新，迎头赶上国家的法治建设进程，进一步加快体育法治建设的步伐，有着更为迫切而现实的特殊需求。

依法治国方略的全面贯彻，将促进我国体育进一步纳入国家法治一体化轨道。坚持依法治国，建设社会主义法治国家，已是载入我国宪法的治国方略，必然在建设体育强国的进程中得以贯彻，并体现和转化为体育法治建设的目标和任务。因此，贯彻依法治国方略，服从并纳入国家的法治进程，加快体育法治建设步伐，建立与法治国家相协调的法治体育格局，既是建设体育强国的现实需要，也是其不可替代的必然选择。

进一步扩大对外开放，需要我国体育更加主动地融入国际体育法治化的潮流。北京奥运会既是我国体育及法治实行对外开放的丰硕成果，也促使北京奥运后我国体育及法治要更加开放地走向世界，在更大范围、更广领域、更高层次上参与各种国际体育事务的合作与竞争。这必然要求体育法治要尽快提高发展水平，与现代体育法治紧密契合，与国际体育法律规则和惯例衔接，实现国际体育法治平台上的主动交流和对话，发挥积极作用。①

2. 进一步加强我国体育法治建设的任务和途径

根据我国体育迈向体育强国的奋斗目标，当前，体育法治建设需要在以下几个方面着力加强：第一，要大力强化社会主义法治和依法治体的理念，在科学发展观的引领下，贯彻落实依法治国方略和宪法要求，确立并不断提升法治建设在体育改革发展和体育执政中的重要地位。第二，要建立和完善体育法治的体制与机制，进行体育管理法治化的制度创新，健全体育法治工作机构和队伍，建立各级政府体育及相关部门的体育法治工作责任制，积极争取有关机构和社会力量对体育法治建设的支持。第三，要

---

① 国家体育总局政策法规司：《中国体育：迈向"十一五"》，人民体育出版社2007年版，第453—455页。

进一步充实体育改革发展的法律依据，抓紧开展《体育法》的修订工作，增加体育行政法规立法项目，填补体育立法空白，从全民健身、公共体育服务、规范体育行业发展、加强体育产业调控和市场规制、扩大体育维权与纠纷救济等方面，做好配套体育立法的工作。第四，要有效建立体育行政执法与检查监督体系，健全体育执法工作制度，规范体育行政执法行为，完善体育行政执法程序，重点加强体育重点领域的行政执法检查监督工作，切实提高体育法的实施效果。第五，要进一步创设体育法治的社会氛围和理论支持，提高体育系统体育普法教育的实效，多样化地利用媒体传播形式开展体育法治宣传活动，加强对体育法学研究和理论学术队伍的组织，加强体育法治重大和基础问题研究并做好应用转化。第六，要积极开展体育法治建设的国际交流，掌握和利用好各种国际体育法治信息。

推进我国体育向现代化转型的法治进程，富有成效地加强我国体育法治建设，在确立其战略地位和目标任务的基础上，还必须根据我国国情和现实影响体育法治建设的有关因素，选择与构建我国体育法治多元互补、协调互动的动力机制和发展道路。首先，要不断改进并积极增大国家推进体育法治的积极作为，发挥政府在体育法治建设中的主导作用，按照建设服务型政府和法治政府的要求，强化并履行各级政府及其体育部门对体育法治产品供给和其他公共产品法治保障的服务职能，加快体育行政管理由办向管的转变。其次，要积极培育和大力拓展体育法治的社会基础力量，实现国家推进与社会自治的互动结合，努力促进"小政府、大社会"的体育管理转型，依法进行体育社会管理和自治的分权，积极推进体育社团实体化和协会制的改革。再次，要关注和完善保障体育权利的程序法治，促进价值理性与程序正义的统一，高度重视体育法治中的程序建设，通过健全司法、仲裁和体育社团内部的法治化程序，有效解决体育争议，加强对体育权利的救济和保护。最后，要积极提升体育人和全社会的体育法治素养，实现法治实体与文化环境的有机和谐，发挥法治理念的能动作用，坚持公民的广泛参与，积极培育和传播体育法治文化，塑造体育队伍的法治素质，营造良好的体育法治环境。

新中国成立 60 年来，经过长期的探索和奋斗，我国体育法治建设逐步加强，在促进和保障体育改革发展中发挥了重大的作用，奠定了良好的基础。展望未来，在迈向体育强国的进程中，我国的体育法治建设将获得新的动力，肩负新的使命，取得更加丰硕的成果，促进和保障我国体育事业以健康、有序、持续发展。

以人为本　科学发展

——我国运动员保障事业回顾与展望

国家体育总局人事司司长　史康成

　　新中国的成立，开启了中华民族伟大复兴的历史新纪元。60年来，我国的运动员保障事业在党和国家的关心下，伴随着我国竞技体育事业的发展而发展，走出了一条具有中国特色的运动员保障之路，取得了历史性成就。60年来，我国的运动员保障事业全面推进，已由过去单一的生活保障发展为涉及运动员伤残互助、医疗照顾、文化教育、职业辅导、技能培训、退役安置、创业扶持等全方位、多层次的立体保障，成为我国发展竞技体育"举国体制"的重要组成部分，为我国体育事业取得辉煌成就作出了重要贡献。60年来，我们在发展体育运动，增强人民体质的体育工作方针的指引下，始终关注运动员的全面发展，始终坚持以人为本的保障理念，切实维护运动员的根本利益和基本权益，取得了巨大成绩。

　　自20世纪50年代初我国建立优秀运动队训练管理体制以来，在运动员保障方面，国家先后制定出台了一系列政策法规，尤其是北京申奥成功后，国家进一步加大了对运动员保障工作的力度，逐步建立起符合我国国情，与社会主义市场经济体制相适应，由国家、社会、行业、地方和个人共同承担、分级负责，多层面、全方位的运动员保障体系基本框架。

一、我国运动员保障事业的发展历程

我国运动员保障事业的发展历程大致可以划分为三个阶段。

第一阶段，从新中国成立初期到改革开放之前。

新中国成立之初，为了尽快提高我国竞技运动技术水平，展示社会主义制度的优越性，树立新中国在世界体坛的地位，国家大力发展体育运动。为强化对体育工作的管理，各省区市组建了体育工作大队，实行半军事化、半封闭式的管理。60 年代初，成立了业余体校，经过多年发展，在全国范围初步建成了三级训练网的人才培养模式。根据运动成绩选拔运动员进入省区市、国家优秀运动队集中训练。

为保障运动员训练，国家先后出台了运动员伤病治疗、工资待遇、退役安置等方面的政策。1956 年，全国总工会办公厅、国家体委办公厅《关于运动员在比赛中负伤应给予何种劳动保险待遇的通知》规定：在实行劳动保险条例的厂矿企业中，职工正式通过组织代表本企业或某单位参加运动会或比赛而负伤时，可参照劳动保险条例的有关规定，按因工负伤待遇处理。《通知》明确了国家 1951 年颁布的《劳动保险条例》的某些条款适用于运动员。1962 年，国家体委又在《关于处理伤病运动员的几点意见》中，对伤病运动员的治疗、待遇、安置等做出了具体安排。1964 年，内务部、劳动部、国家体委联合发布《关于运动员工龄计算等有关问题的联合通知》，明确规定凡自学校、农村或社会上正式参加到省、市、自治区优秀运动队的运动员，自进入优秀运动队之日起即算为参加工作，成为国家正式职工与国家职工享受同样待遇；以后在分配工作或复学、升学时的生活待遇等，均应根据国家对职工的有关规定办理。1965 年，国家体委在《关于做好调整处理运动员工作的通知》中，对退役安置的原则、途径、升学、安置后的工资待遇等做出了进一步的规定，为运动员的政策性安置指明了方向。

这一时期的运动员保障工作是在计划经济条件下开展的，由于受当时经济条件和政治环境的限制，保障水平有限，但相对高于同期其他行业从业人员，并初步形成了以工资福利、医疗、工伤、就业安置为基础的保障制度。

第二阶段，从1978年改革开放到2001年申奥成功。

改革开放，尤其是1979年国际奥委会名古屋会议恢复中国在国际奥委会的合法席位后，我国体育全面走向世界，竞技体育工作得到了前所未有的发展。

为激励运动员全力攀登世界体育高峰，实现为国争光的崇高理想，国家在生活待遇、文化教育、工资福利等方面给予运动员较为全面的政策支持。1980年4月，民政部、国家劳动总局、国家体委《关于招收和分配运动员等问题的联合通知》规定，各省区市运动员在编制人数内，每年可按15%进行调整。退役安置的运动员符合干部条件的可办理转干手续。1982年，经国务院批准，国家体委颁发了《运动员教练员奖励试行办法》，对在国际重大比赛中获得优异成绩的运动员、教练员给予奖励。1986年11月1日，国家体委颁布了《优秀运动队工作条例（试行）》，规定运动员的工资、福利、奖励、伤残、劳保以及其他物质待遇，按国家有关规定执行。推行社会保险，优秀运动队可以拨出一定经费缴付人身安全保险金，对于受伤致残的运动员，争取从社会保险中获得补偿。1987年，国家体委与国家教委联合下发了《关于著名运动员上大学有关事宜的通知》，规定奥运会、世界杯、世界锦标赛单项前三名获得者和集体项目前三名的主力队员以及世界纪录创造者，可免试上大学。1999年经教育部同意，获得全国体育比赛前三名的运动员可以免试进入直属体育院校学习。

这一时期的运动员保障工作由于受经济转轨社会转型的影响，保障工作面临着许多困难和问题。为了解决这些问题，各级体育行政部门进行了积极的探索，取得了一定的成效，对保护运动员权益，调动运动员积极性，提高运动技术水平，加强优秀运动队建设，促进体育事业的发展起到了积极作用。

第三阶段，从 2001 年申奥成功到 2008 年北京奥运会。

2001 年 7 月 13 日北京申办第 29 届夏季奥运会成功，将中国体育带入了发展的快车道。2002 年 7 月，中共中央国务院印发的《关于进一步加强和改进新时期体育工作的意见》（以下简称《意见》），为新时期体育事业的发展指明了方向，我国体育事业发展进入了新的阶段。为完成在北京奥运会上历史赋予的光荣使命，一系列运动员保障政策相继出台，极大地调动了运动员刻苦训练、为国争光的积极性。

为进一步拓宽退役运动员就业安置渠道，探索市场经济条件下退役运动员就业安置的新途径，在总结地方经验的基础上，根据《意见》精神，2002 年 9 月，国家体育总局与中央编办、教育部、财政部、人事部、劳动保障部联合下发了《关于进一步做好退役运动员就业安置工作的意见》，要求地方各级人民政府和有关部门要高度重视退役运动员的就业安置工作，积极探索适应社会主义市场经济体制要求的退役运动员安置的新思路和新办法，拓宽就业安置渠道；在继续充分发挥政府主导作用的同时，要积极创造条件，鼓励退役运动员通过市场自主择业，并对自主择业的退役运动员给予经济补偿，所需资金纳入年度预算统筹考虑，不足部分通过自筹资金、社会捐助、留归体育部门使用的彩票公益金等弥补；要鼓励运动员进入高等学校学习，并进一步放宽运动员免试进入高等学校学习的条件，将全国体育比赛前三名运动员免试上大学的范围扩大到所有院校，入学条件也调整为世界体育比赛前八名、亚洲体育比赛前六名、全国体育比赛前三名。

2003 年，国家体育总局与财政部、人事部联合印发了《自主择业退役运动员经济补偿办法》，开始尝试在市场经济条件下货币化安置退役运动员的新途径。《关于进一步做好退役运动员就业安置工作的意见》和《自主择业退役运动员经济补偿办法》的出台从制度安排上为新时期退役运动员就业安置工作提供了政策依据，退役运动员就业安置从计划经济体制下由国家统一安置转向适应市场经济体制要求的政策性安置与自主择业相结合，进一步扩大了退役运动员就业安置渠道，这为进一步做好新时期退役运动员就业安置工作奠定了良好的基础，在很大程度上解决了退役运动员长期积压的问题。

运动员停训后到办理退役前是运动员保障工作的薄弱环节，在管理上容易出现矛盾和问题。做好这个阶段的管理和服务工作，对促进退役运动员顺利就业非常重要。为提高退役运动员社会就业能力，加强待安置运动员管理，进一步做好就业服务工作，2007 年 8 月，国家体育总局、中编办、教育部、人事部、财政部、劳动和社会保障部、公安部共同制定了《运动员聘用暂行办法》，对运动员的试训、招聘、在训、停训以及退役等运动生涯的各个环节做出了明确的规定，建立了运动员职业转换过渡期制度。制度要求在运动员停训后给予不超过一年的职业转换过渡期，体育行政部门要为运动员进行职业辅导和提供培训、指导等各类服务，促进运动员退役后顺利实现职业转换。职业转换过渡期制度的确立，进一步完善了运动员保障制度框架。

加强运动员社会保障工作是我国社会保障制度不断完善过程中的必然要求。为确保运动员享受社会保险基本待遇，针对运动员社会保险险种覆盖不全、缴费基数统计口径不一、退役后社会保险转移衔接手续不清、试训运动员社会保障缺失等问题，2006 年，体育总局、财政部、原劳动和社会保障部制定印发了《关于进一步加强运动员社会保障工作的通知》。该通知对运动员的社会保障，包括基本养老保险、基本医疗保险、失业保险、工伤保险以及运动员的住房公积金和住房补贴等方面做出了明确规定，并在很大程度上解决了试训运动员的医疗、工伤等社会保险问题。这个通知将运动员纳入国家社会保障覆盖范围，实现了运动员保障制度和国家社会保障制度的衔接，从制度上保证了运动员的社会保障权益，为退役运动员顺利走向社会理顺了关系。

在文化教育方面，几十年来，在党和国家的亲切关怀下，在各级体育、教育行政部门以及广大体育工作者的不断探索和共同努力下，我国运动员文化教育工作取得了较大的发展，积累了许多宝贵的经验。目前，我国体育系统已基本形成了包括小学、初中、高中（中职）、大学不同层次的办学体系，培养了一大批文化素质比较高的体育人才；学历教育与非学历教育得到了较大发展，各年龄层次运动员的就学覆盖面进一步扩大，全国有三分之二的在役运动员正在相应的学历层次参加学习，并形成了一支相对稳定的教师队伍，办学条件有所改善。目前，在积极推进运动员文化教育体制改革方面，"共建、调整、合作、合并"等多元化办学体系正在逐步形成。此外，运动训练和民族传统体育专业单独招生政策的完善、普通高校招收体育特长生政策的调整，以及高等院校高水平运动队的建立，已成为运动员退役后加强文化学习、提高综合素质的主要渠道之一，这使运动员的学历层次得到了较大幅度的提高。国家有关运动员免试进入高等学校学习的政策相继出台并规范，进一步拓宽了运动员升学的渠道。运动员的思想道德素质和科学文化素质有了长足的进步。

国家事业单位人事制度改革的推进，对运动员人事管理提出了更高的要求。2007 年 7 月，人事部、国家体育总局在《关于体育事业单位岗位设置管理的指导意见》中明确规定：体育事业单位的管理人员（职员）、专业技术人员、工勤技能人员和运动员，纳入岗位管理。体育事业单位岗位分为管理岗位、专业技术岗位、工勤技能岗位和运动员岗位。该文件首次在国家职工分类中明确了运动员的岗位性质，规定运动员实行聘用合同制，运动员招聘工作按照《事业单位公开招聘人员暂行规定》执行，并由各级人事行政部门统一办理有关聘用手续。运动员聘用办法的制定，确定了运动员身份，进一步完善和细化了各项工作程序，明晰了运动员及所在单位的权利和义务，从源头上为依法保障运动员权益提供了政策依据。

与此同时，通过深化收入分配制度改革，切实提高运动员的收入水平。结合事业单位收入分配制度改革，2007 年，国家体育总局与财政部、原人事部联合印发了《体育运动员贯彻〈事业单位工作人员收入分配制度改革方案〉的实施意见》，制定了运动员分配制度改革方案，调整了与运动员成绩津贴相对应的比赛层次，将世界青年锦标赛纳入与成绩津贴挂钩的比赛范畴，将世界运动会纳入国家奖励比赛层次，提高了世界杯赛的奖励标准，将国家奖励的比赛层次由 7 个调整为 5 个，大幅度提高了运动员的津贴和奖金标准，从制度设计上基本解决了运动员与事业单位其他工作人员收入水平大体相当的问题。

这些政策措施的出台，有力地维护了运动员的合法权益，对稳定备战 2008 年奥运会队伍发挥了积极作用，对促进体育事业协调、健康向前发展将产生积极而长远的影响。

同时，针对行业特殊性，在体育系统内部，创造性地出台了以"三金一保"为品牌的一系列保障政策，作为国家层面的社会保障制度体系的补充，解决了运动员保障的一些特殊问题，丰富了运动员保障内容。

2002 年，国家体育总局委托中华全国体育基金会在全国体育系统优秀运动队范围内推行了以为运动员排忧解难为根本内容，以互助互济为基本原则，国家体育总局给予经费补贴的运动员伤残互助保险制度。运动员伤残互助保险采取自愿参加、个人缴费、团体投保的形式，对运动员在训练、比赛过程中发生伤残事故时提供一定的经济帮助，这是对国家职工工伤保险的一种补充。保险待遇标准分为十二级，特等为 30 万元人民币，十一等级为 2000 元人民币。运动员按年度缴纳保险费，缴费标准根据运动项目伤残事故风险发生率和职业危害程度分类确定。此项制度推行以来，每年全国运动员 2 万余人参加伤残互助保险，保险的覆盖面达 95% 以上。

为了帮助国家队老运动员、老教练员解决在伤病治疗和生活中面临的一些困难，体现国家对为我国体育事业作出过贡献的老运动员、老教练员的关怀，2003 年，国家体育总局制定了《国家队老运动员、老教练员关怀基金实施暂行办法》，并委托中华全国体育基金会具体实施。中华全国体育基金会设立国家队老运动员、老教练员关怀基金审定小组，负责接受申请和资格审查。根据老运动员、老教练员实际所遇到的困难程度，将关怀基金资助标准分三个等级，分别为 5 万元、3 万元、2 万元。

2004 年，在中央领导的亲切关怀下，国家体育总局与财政部、人事部、卫生部、劳动与社会保障部联合下发了《关于对部分老运动员、老教练员给予医疗照顾的通知》，对十一届三中全会以前获得世界冠军的运动员及其教练员给予医疗照顾，对十一届三中全会以前超破世界纪录的运动员给予医疗补助。由国家下拨专款，解决这部分老运动员、老教练员的医疗保健经费。

为鼓励运动员文化学习，适应退役后再就业的需要，2003年11月，中华全国体育基金会按照国家体育总局印发的《运动员奖学金、助学金试行办法》，在全国范围内推行了运动员参加高等学历教育和职业培训的奖学金、助学金制度。

为积极配合国家保障制度的有效实施，国家体育总局出台了《关于进一步做好全国优秀运动员保障工作的意见》、《关于做好运动员职业转换过渡期工作的意见》等文件，完善了保障工作的配套措施。在运动员保障工作的重要性、组织领导、科学训练、文化教育、退役安置、职业转换期工作内容与方法等方面提出了指导性意见，明确了职责范围，细化了政策内容。国家体育总局要求各级体育行政部门要高度重视、积极开展运动员职业辅导工作。在运动员从事专业运动训练的过程中，通过日常思想教育、专业化的职业心理咨询和指导，帮助运动员了解运动员的职业特点，激发运动员的职业兴趣和职业认同感，加强职业道德修养，充分调动运动员参加训练、比赛的积极性，激励运动员创造更好的运动成绩，提高运动员成材率，延长运动寿命。运动员停止训练后，应按规定给予职业转换过渡期，有针对性地组织开展职业技能培训，帮助运动员转变就业观念，提高就业技能，切实增强运动员再就业时的社会竞争力，为运动员退役后的职业转换做好积极的准备，帮助运动员顺利实现职业生涯各阶段的衔接和过渡。

2004年6月，经劳动和社会保障部批准，国家体育总局成立了体育行业职业技能鉴定指导中心，在全国范围内启动了体育行业职业技能鉴定工作。开展职鉴工作是体育部门提供社会公共服务，履行公共管理职责的具体体现，是规范体育行业从业人员素质，满足全民健身需求，保障群众健身权益的客观要求。从 2004 年开始起步到现在的五年时间，经过各方面的共同努力，逐步形成了体育职鉴工作良性发展的运行体系，在全国打开了工作局面，呈现出良好的发展势头。在开展体育职鉴工作的过程中，坚持把退役运动员作为工作的重点对象，拓宽就业渠道，增强退役运动员再就业能力。达到一定运动技术水平和资质的运动员可以申请获得社会体育指导员、场地工、体育经纪人等职业资格。体育行业特有工种职业技能鉴定工作在推动运动员职业培训，拓宽运动员退役再就业渠道，提高运动员职业素质，增强运动员适应社会和融入社会的能力等方面起到了积极的作用。

在拓宽经费渠道方面，2001 年以来，运动员保障经费渠道不断拓宽，建立了多个解决特殊问题的专项经费或基金项目。财政投入力度不断加大，从 2003 年到 2009 年上半年，财政部拨付专款近 11400 万元，突出解决了老运动员老教练员医疗照顾、运动员重大伤残医疗补助金、运动员特殊困难补助金、运动员教育资助金以及运动员职业辅导、运动员创业扶持等工作所需经费。各省、区、市体育局也多方筹措资金用于运动员保障工作。此外，我们还积极吸纳社会资金用于补充保障经费。

各地按照构建运动员保障工作体系的总体要求，结合当地实际，协调地方相关部门落实国家政策，不断细化配套政策，形成了相互呼应，统一协调的政策体系框架。运动员保障政策体系的建立，从制度层面解决了很多年来困扰体育系统，影响体育事业发展的运动员管理深层次问题。

在重点加强制度建设的基础上，适应新的历史条件下运动员保障工作任务不断增加、内容不断扩展的现实需要，全国体育系统总结经验，不断完善运动员保障工作体系。在充分调研、归纳总结、反复论证的基础上，根据我国城镇居民社会保障发展的总体情况，结合运动员的职业特点和体育事业发展的实际情况，按照妥善处理好当前与长远、全局与局部、备战与保障、历史与现实之间的关系的要求，2007 年，我们提出了构建运动员保障体系的整体思路。并坚持解放思想，实事求是，以政府主导、社会参与、全面覆盖、分级负责为工作原则，以"工资福利、社会保险、医疗照顾、伤残抚恤、就业指导、退役安置、困难帮扶、学习资助、创业支持"等为主要内容，整合资源，开拓创新，建立与我国社会主义市场经济和竞技体育发展相适应，与国家社会保障制度相衔接，资金来源多渠道、保障方式多层次、保障内容全方位、权利义务相对应、管理和服务社会化的运动员保障制度，努力构建国家、社会、行业、地方和个人共同承担、分级负责的运动员保障体系。在国家层面，运动员保障工作得到党中央、国务院的高度重视和有关部门的大力支持。总局联合有关部委加强运动员保障工作的规划和宏观管理，加强运动员保障政策研究，重点解决了具有全国性、普遍性的运动员保障政策问题。国家财政还先后拨专款，解决了老运动员医疗照顾、运动员特殊医疗、特殊生活困难、职业辅导等所需经费。在社会层面，积极引导、吸收、支持社会力量参与运动员保障工作。一些企事业单位和有识之士已经开始通过捐赠、文艺义演、设立专项保障基金等形式支持运动员保障事业。在行业层面，形成了人事部门牵头抓总，训练竞赛、科教、经济等部门共同协调、齐抓共管的工作格局。"三金一保"工作、体育行业职业技能鉴定工作和运动员职业辅导工作顺利推进，各单项运动协会积极支持和参与运动员保障工作，部分协会设立了运动员保障专项基金，有的协会还通过开展退役运动员培训、推荐就业的形式帮助运动员就业。在地方层面，各地认真落实国家各项运动员保障工作政策，并根据本地区的情况和特点，扎扎实实开展运动员保障工作。在个人层面，运动员自我保障意识不断增强，自我保障能力不断提高。

回顾北京申奥成功以来，运动员保障工作坚持围绕中心、服务大局，坚持以制度建设为重点，坚持不断完善运动员保障工作运行机制，从而开创了新时期运动员保障工作的新局面，有效地保障了运动员的切身利益。这也为北京奥运会营造了良好的备战环境，树立了中国体育以人为本的良好形象，诠释并丰富了体育事业科学发展的内涵。

在北京奥运会上，中国体育代表团创造了参加奥运会以来的最好成绩，实现了重大历史性突破。我国体育健儿为祖国赢得了巨大的荣誉，实现了出征前许下的"为人生添彩，为奥运增辉，为民族争气、为祖国争光"的誓言，为举办一届"有特色、高水平"的奥运会作出了重要贡献。成绩的取得是方方面面共同努力的结果。其中，运动员保障工作也发挥了重要作用。

二、我国运动员保障事业的展望

北京奥运会的圆满成功既是中国体育发展的新高度，更是中国体育全面协调可持续发展的新起点；既为体育事业的发展提供了新的机遇和动力，又对体育工作提出了更高的标准和要求。胡锦涛总书记在北京奥运会、残奥会总结表彰大会上的讲话指出，要推动我国由体育大国向体育强国迈进，这是不断推进我国社会现代化进程、实现中华民族伟大复兴历史任务对体育工作的要求，是对我国体育事业贯彻落实科学发展观、面向未来发展目标的科学定位。体育大国向体育强国的迈进过程，是不断促进运动员的全面发展，加强运动员保障工作，为体育事业发展提供新的人才路径的过程。

推动我国由体育大国向体育强国迈进，要求我们强化政府体育公共服务职能。为运动员提供服务和保障，也是政府履行职责的需要。运动员是竞技体育第一人力资源，也是体育事业发展的主体性资源。运动员是国家、社会、家庭、个人多方投入培养出来的具有体育特长的专门人才，是不可多得的体育人才资源；帮助运动员退役后发挥体育特长继续服务社会，是对体育人才资源的再次利用，是对体育人才资源的节约和深度开发。党和国家历来重视这一群体的发展，关心他们的根本利益，胡锦涛总书记指出，要关心运动员的长远利益和全面发展，高度重视并切实加强运动员社会保障工作。做好运动员保障工作是一项长期而艰巨的任务，必须始终坚持把实现好、维护好、发展好广大运动员的合法权益作为运动员保障工作的出发点和落脚点，切实解决他们最关心、最直接、最现实的利益问题。必须进一步强化保障理念、完善保障政策，健全保障项目、提高保障水平，充分利用现有政策和资源，把运动员保障工作纳入到体育事业发展的大局中通盘考虑、整体规划、协调推进。我们将坚持完善运动员保障体系与推动政策落实并重的工作原则，重在创新方法抓落实。在继续完善物质激励、福利保障等基础性保障政策并抓好政策落实的同时，高度重视运动员人力资源的深层次开发，逐步加强运动员职业辅导、技能培训、就业指导、创业扶持等工作，提高运动员的综合素质、职业技能水平、社会竞争能力。促进运动员的全面发展，一方面可以为竞技体育发展提供可持续发展的人才资源，更为群众体育和体育产业储备了更具潜力的专业化人才，是多赢之举。同时，我们还要积极整合社会资源，广泛宣传、加强联系、切实保护、正确引导、积极支持社会力量开展运动员保障工作。

　　60年风雨兼程，60年不懈努力，我们对运动员保障规律的认识不断加深。运动员保障工作的整体推进，是领导高度重视，全国体育系统充分发挥举国体制优势，树立全国一盘棋思想的结果，是大家共同在继承的基础上坚持改革创新的结果。运动员保障体系的初步建立，很大程度上是对各地开展运动员保障工作经验的归纳总结和提升，是全国体育界团结一致、共同对运动员保障工作规律进行深层次思考、研究和实践的结果，解决了多年来困扰体育系统的一些深层次问题。运动员保障工作是与运动员入队、在训、退役安置等运动生涯的各个环节密切相关的，切实做好运动员保障工作，必须将各个环节有机地结合起来，协调推进；要把解决运动员保障工作中的突出问题与建立长效机制结合起来，加强科学训练和医务监督，加强运动员的文化教育，做好职业辅导工作，关注他们的健康成长和全面发展，提高运动员的综合素质和社会竞争能力。做好运动员保障工作，必须思路明晰，定位准确，始终坚持服务于体育事业的发展，真正为中心工作起到支持和保障作用；要坚持抓住机遇，乘势而为，着力解决长期影响中心任务的重点、难点问题；要重视政策研究，加强制度建设，不断完善有利于工作的体制机制环境。

　　加快完善运动员保障体系，是保证体育事业健康发展的一项重要任务。我国经济社会的持续、快速、协调、健康发展，小康社会的建设，科学发展观的贯彻落实，和谐社会的构建，将进一步为我国优秀运动员保障提供各种有利条件。体育大国向体育强国的迈进，将有力地促进我国经济的发展和社会的进步，促进人的全面发展，体育事业的发展将迎来更加广阔的前景。运动员作为竞技体育的主体性人力资源和奥林匹克精神的实践者、创造者，将从中获得更大更全面更有力的保障。

坚持为国家整体利益服务的
我国体育外事工作

国家体育总局对外联络司司长　宋鲁增

　　体育运动是深受全世界各国人民喜爱的文化形态，由于体育运动有国际通行的技术标准、竞赛规则和运作程序，常可跨越社会制度、意识形态、文化传统、宗教信仰等多方面的障碍，成为国际交往活动的"世界通用语"，成为最早实现国际化的一个领域。这一特点决定了体育运动的国际性，也决定了体育外事是我国对外关系整体格局中具有独特作用和优势的重要组成部分，中国体育的发展必须具有国际视野和眼光。我国体育外事工作的主要任务是一为体育事业的发展服务，二为党和国家的外交大局服务。

　　回顾60年的进程，可以清楚地看到，我国体育始终着眼于大局，将为国家的整体利益服务作为自己的基本原则，在这一原则的指导下，我国体育紧密地配合国家不同时期的战略目标，不仅在我国的国际交往中发挥了独特的作用，而且促进了体育事业自身的发展，形成了自己独特的发展模式。历史证明，体育外事工作以其特有的灵活性和影响力在我国社会发展的若干重要历史关头发挥了不同寻常的作用。

一、20 世纪 50 年代捍卫国家主权的斗争

新中国成立伊始，我国便庄严宣布中华人民共和国中央人民政府是全国人民的唯一合法政府。作为一个独立的主权国家，维护自己的领土完整，是新中国外交的一项神圣使命。当时，国际社会的基本格局是社会主义与资本主义两大阵营对抗，以美国为首的一些西方大国，对我国实施政治孤立、经济封锁、军事威胁的政策，利用台湾问题，不承认或不完全承认我国的国际地位，国际斗争的形势十分严峻。

从新中国建国开始，中国就一直在努力争取融入国际社会，为恢复在联合国的合法席位而不懈努力。与这一政治外交活动相呼应，中国体育界也在积极争取加入各国际体育组织，本着和平友谊的精神，积极主动地参与国际体育事务，以使新中国的体育事业更快地融入世界体育事业的大家庭之中。中华全国体育总会作为中国奥林匹克委员会的合法地位得到国际奥委会的确认在当时具有深远的历史意义。但是，正像中国恢复在其他国际组织中的合法地位所遭遇的一样，台湾问题也是中国恢复在国际体育组织中合法地位的主要障碍。在联合国，台湾当局长期窃取中国的合法席位。而国际奥委会虽然承认中华全国体育总会为中国奥委会，但却拒绝中国提出的关于撤销台湾体育组织作为国家奥委会的议案，企图在国际奥委会内部制造"两个中国"、"一中一台"的事实。为了维护中国作为主权国家的根本利益，中国体育展开了艰苦的外交斗争历程：

1952 年 2 月 5 日，中华全国体育总会致函国际奥委会，声明中华全国体育总会决定参加第 15 届奥林匹克运动会，并严正声明中华全国体育总会是代表中华人民共和国的唯一体育组织，任何其他团体，包括台湾体育组织在内，不能作为中国的合法代表，亦不能容许其参加第 15 届奥运会及其有关的会议。3 月 23 日中华全国体育总会致函国际业余篮球、田径、游泳、

足球、自行车等联合会，声明自 1949 年中华人民共和国成立以后，原"中华全国体育协进会"已经改组为中华全国体育总会，中华全国体育总会是代表中华人民共和国的唯一合法体育组织，并愿意组织参加各个国际体育联合会的组织、会议与体育活动，绝不容许台湾盗用"中华全国体育协进会"的名义进行任何活动；7 月 14 日，中华全国体育总会致电国际奥委会主席布伦戴奇，抗议该会将于 7 月 16 日召开的第 47 次全会上，把所谓重新讨论承认中华全国体育总会（即中国奥林匹克委员会）问题列入议程，抗议该会邀请台湾参加第 15 届奥运会；7 月 16 日，中华全国体育总会代表在芬兰赫尔辛基举行的国际奥委会全会上发表声明，要求将台湾体育组织清除出国际奥委会，继续承认中华全国体育总会，并邀请中华全国体育总会派团参加第 15 届奥运会。7 月 17 日国际奥委会做出决议，邀请中华全国体育总会派团参加第 15 届奥运会，但同时也邀请台湾参加这届奥运会。

1954 年 5 月 14 日，在希腊雅典举行的国际奥委会第 49 届全会决定，在承认中华全国体育总会的同时，将台湾的奥委会列入了国际奥委会承认的奥委会名单中。

1955 年 6 月，在巴黎召开的国际奥委会执委会与各国奥委会代表联席会议上，中国代表要求国际奥委会"撤销对冒充中国奥委会的所谓'中华全国体育协进会'的承认，并要求通知墨尔本奥运会组委会撤销对其邀请"。中国代表指出，把台湾这个地区体育组织作为国家体育组织，硬塞进国际奥委会，是违背奥林匹克宪章精神的，是非法的，应当撤销对它的承认。国际奥委会主席布伦戴奇以"体育与政治无关"为借口，拒绝了中国代表的要求。10 月 22 日，中国奥委会在北京举行中外记者招待会，强调台湾是中国的一个省，台湾省的运动员历来都是作为一个地区参加全国运动会的，台湾省的体育组织应受中国奥委会的领导。遗憾的是国际奥委会不顾中国奥委会的声明，在即将举办奥运会的墨尔本街头也出现了五星红旗与青天白日旗并挂的情景。紧接着，10 月 29 日又发生了奥林匹克村降下五星红旗、升起青天白日旗的严重事件。消息传到国内，中国奥委会立即发表严正声明：在国际奥委会和第 16 届奥运会组委会改正错误前，中国运动员不能参加这届奥运会。11 月 6 日，中国奥委会正式宣布不参加第 16 届奥运会。

从 1956 年起，在国际体育界一股反华势力的纵容下，陆续有一些国际单项体育组织用"中华民国"的名义接纳了台湾的体育组织，允许他们占据中国的合法席位。在多次交涉无效的情况下，1958 年 8 月 19 日，中华全国体育总会发表了"关于同国际奥委会断绝关系的声明"，有关单项体育协会同时宣布中断与国际足球、田径、举重、游泳、篮球、射击、自行车、摔跤联合会及亚洲乒乓球联合会等 9 个国际单项体育组织的联系，董守义也辞去了国际奥委会委员的职务。此后，中国体育界与这些国际体育组织隔绝了 20 年左右。

尽管，这一结果是人们不愿意看到的，因为就体育而言，显然不利于中国体育和世界体育的发展。但是，事关国家主权这一根本利益时，我国体育外事立场坚定，旗帜鲜明，就像国务院总理兼外交部长周恩来所指出的，"在国际体育组织中必须坚持反对'两个中国'或'一中一台'的阴谋，台湾是中国神圣的领土，代表全中国合法体育组织的只能是中华人民共和国奥委会。在原则问题上不能让步，更不能妥协，要坚决斗争。"在党中央的直接领导下，我国体育外事工作维护了国家主权和尊严。我国毅然决然退出国际奥委会及相关的国际体育单项联合会的举措，向国际社会发出了清晰的信息，台湾是中国领土不可分割的组成部分，中国任何时候不会因任何局部利益放弃对台湾的主权。使国际社会对新中国这一外交底线留下深刻的印象，为后来的体育外交打下了必要的基础。

二、 20 世纪 60 年代参加新兴力量运动会、 26 届世界乒乓球锦标赛，反对封锁和孤立

20 世纪 60 年代，中国面临复杂的国际形势，一方面帝国主义继续封

锁和孤立中国，中苏关系逐渐恶化；中印之间因西藏问题和边界问题而关系紧张，直至发生边界流血冲突。另一方面，自1955年亚非万隆会议以来，世界民族解放运动高涨，出现很多新独立的民族国家。中国作为一个发展中的社会主义国家，一直把加强与发展同第三世界国家的关系作为外交政策的基本立足点，一贯支持亚非拉国家人民反对帝国主义、反对殖民主义的正义斗争。由于存在共同的利益，中国与这些国家纷纷建交，与广大亚非拉国家建立友好合作关系。

中国的体育外事工作在这一新形势下，把重点转向为打破国际体育组织的封锁，积极发展同亚非拉国家的体育关系上来，利用参加和举办各类体育运动会的机会，加深与第三世界国家间的友谊，创造条件加强与兄弟国家之间的交流与了解，其中最为引人注目的就是参加了1963年在印尼首都雅加达举办的"新兴力量运动会"。

1962年夏，第4届亚运会东道国印度尼西亚为了主持正义，拒绝台湾体育组织以"中华民国"的名义参加，并拒绝以色列的参加。国际体育组织的某些人蛮横地决定，不承认第4届亚运会，并撤销对印尼奥委会的承认，不定期地禁止印尼参加奥运会。作为回应，印尼总统苏加诺于1963年发起举办新兴力量运动会。他说："新兴力量运动会是一桩世界性事件。"当时，国际体育界顽固势力对新兴力量运动会视为背上芒刺，企图制裁参加运动会的运动员。

面对这种压力和阻力，当1963年11月第一届新兴力量运动会在雅加达开幕时，共有48个国家和地区的2404名运动员不顾制裁和阻挠参加了这次比赛，其中包括作为最重要的推动力量的新中国代表团。中国派出了由238名运动员、教练员组成的历史上最大的一个体育代表团，从海、空两路抵达，参加了14个项目116项比赛；获得66项冠军、56项亚军和46项第三名，破两项世界纪录。中国运动员第一次向世界展示了自己的实力。国务院副总理兼国家体委主任贺龙还应苏加诺总统的邀请，赴雅加达出席了开幕式。这是新中国首次全面参加的一个综合性大型国际运动会，它的政治意义已经远远地超过了体育比赛本身。

通过此次运动会，加强了亚非拉民主力量自日内瓦会议和万隆会议以来的团结与协作，向国际社会充分展示了新兴国家的团结和力量。这次新兴力量运动会，也是对帝国主义企图垄断国际体育事务的一个有力冲击。正如国家主席刘少奇和国务院总理周恩来致苏加诺总统的电报中所讲的那样："新兴力量运动会的召开，标志着新兴国家的人民，在反对帝国主义和新老殖民主义对国家体育事务的操纵和垄断的斗争所取得的重大胜利。"同时也为国际体育活动乃至全世界塑造了一种新的精神风格，那就是陈毅副总理所赞扬的："互相尊重而不高人一等；互相学习而不互相嫉妒；合作互助而不损人利己；分清敌友而不为虎作伥"。中国能够参加运动会本身就说明新中国作为战后新兴民主力量的一支，在"爱好和平，主持正义"的旗帜下，活跃在国际政治舞台上，不但促进了中国同发展中国家的友好关系，而且有力支持了亚非拉人民的民族独立和解放运动及随后的经济建设和发展，成为中国同广大第三世界特别是非洲国家友谊的历史见证。从那时起，中国同亚非拉的体育交往成为中国对外体育交往的主流。

这一时期，中国的外交重点转向支持亚非拉发展中国家的民族解放运动，与民族主义国家的关系有了广泛和深入的发展。

在20世纪50年代，中国为维护民族尊严与领土完整，断绝了与诸多国际体育组织的关系后，大多体育项目不能参加国际比赛。但国际乒乓球联合会仍与中国保持着正常关系，于是乒乓球运动成为与国际社会交流的窗口。中国积极参加该组织的活动并取得一系列好成绩。1961年4月，第26届世界乒乓球锦标赛在北京举行，来自五大洲30多个国家和地区的200多位优秀选手进行了精彩的比赛。这是中华人民共和国成立以来我国第一次举办世界大赛，也是新中国向世界亮相的一个机会。这次比赛也宣告了世界乒坛"中国时代"的到来。中国乒乓球队获得男子团体世界冠军；庄则栋、丘钟惠分别获得男、女单打世界冠军。中国乒乓健儿在国际比赛中频频取得好成绩，被称为"人民功臣"、"祖国之光"。当时中国外有反华势力的高压，内有严重的经济困难，这届世界锦标赛的成功举办，特别是中国运动员的出色表现，极大地鼓舞了自力更生，奋发图强的全国人民，激发各族人民的爱国热情和斗志。

三、20 世纪 70 年代初 "乒乓外交" 打破国际僵局

20 世纪 70 年代初期，"文化大革命"尚在进行，国内局势动荡。在外部，中国仍被排斥于联合国等国际组织之外，与大多数西方国家尚未建立正常的外交关系，中美继续处于对立状态。而苏联霸权主义在中苏、中蒙边境陈兵百万，严重威胁到中国的国家安全。此时，美国的霸权地位受到苏联的严重挑战，因而试图改变对华政策。如何利用这一历史契机，改变中美关系，从而打破这一国际僵局，成为中国外交需要思考和解决的重大问题。此时，体育外交进入了中国领导人毛泽东、周恩来的视野，于是国际体育史上出现了"小球转动大球"的体育外交范例。

1971 年 4 月，第 31 届世界乒乓球锦标赛在日本名古屋举行。与世界乒乓球锦标赛隔绝了 6 年之久的中国队，参加了这届比赛。在比赛期间，中国与美国运动员有所接触，美国乒乓球队多次向中国表示友好，并表示想去中国访问。在比赛即将结束时，毛泽东作出邀请美国队访华的决定。是中国在松动中美关系方面，以民间交往的形式走出的第一步，当即成为全球关注的爆炸性消息，在外交上起到独特的作用。对此，美国总统尼克松事后回忆道："我从未料到对中国的主动行动会以乒乓球队访问的形式得以实现。"因而，他马上同意美国队应邀，将这一邀请称为中美关系的一个突破。正如当时的美国国务卿基辛格所言，"跟中国人的所有举动一样，它有许多层意义。对这些美国青年的邀请最明显的意义是，它象征着中国已经承担了和美国改善关系的义务，它保证——比通过任何渠道发出的外交信息都更有分量——现在肯定将被邀请的使节将来踏上的是友好国

家的国土。这是向白宫发出的一个信号……"①

在1971年4月10—17日美国乒乓球队一行15人在中国访问期间，周恩来总理会见了他们，周总理在与他们谈话中曾指出："中美两国人民过去的来往是很频繁的，以后割断了一个很长的时间。你们这次应邀来访，打开了两国人民友好往来的大门，将会得到两国人民大多数的赞成和支持。"② 这一积极的信息传到美国，作为回应，美国总统尼克松当日即发表了一项声明，决定采取"5个对华政策新步骤"，宣布放宽对我人员旅美、货币使用、燃料供应、运输、贸易等方面的限制措施，结束了美国政府实行长达20年之久的对华贸易禁令。

这一事件在国际上引起了很大的反响。联合国秘书长吴丹表示对"这两个大国之间的关系得到改善感到特别的高兴。"4月21日，中国表示愿意在北京公开接待美国总统特使（例如基辛格博士），或美国国务卿甚至美国总统本人来北京直接交谈。尼克松于5月17日答复，他准备接受访华邀请，并派基辛格为特使到北京与中国领导人交谈。美国乒乓球队返回美国后，受到热烈的欢迎。代表团所有成员和随团记者都发表了对中国热情友好的观感，也在美国掀起了一阵中国热潮，很多之前对中国一无所知的美国民众第一次听到了有关中国的正面消息。从此，中美走向官方接触的步伐明显加快，为双方的高层接触创造了条件。7月，基辛格作为总统特使秘密访华。紧接着，1972年2月，美国总统尼克松正式访华，中美发表了具有重要历史意义的《上海公报》，标志着中美关系正常化进程的开始。4月，中国乒乓球队回访了美国，成为新中国第一个访问美国的团体，并受了尼克松总统的接见，为"乒乓外交"画上了一个圆满的句号。

"乒乓外交"这个"小球转动大球"的外交神话，奇迹般地结束了中美两国长达二十多年的不正常状态，在中美之间尚未建立正常外交关系的

---

① 钱江：《"乒乓外交"始末》，东方出版社，第166页。
② 中央文献研究室编：《周恩来外交文选》，中央文献出版社1990年版，第474页。

情况下打开政治关系，为两国交往创造机会。两国的最高领导人抓住时机，通过相互发出政治信号，用灵活的手段打开了中美交往的大门，结束了中美两国相互隔绝的时代，达到了外交的意图，是体育作为外交先行官的一个典范。"乒乓外交"作为一种工具，被以周恩来为首的新中国外交家灵活运用到意识形态严重对立的中美两国之间，成为两国关系正常化的先行者，从此，中美关系逐步缓和。尼克松后来也回忆说："乒乓球虽小，但是力量大，小球推动了中美两国友谊的发展。"①

　　1971 年是中国体育外交乃至整个外交工作的转折点。"乒乓外交"不仅推动了中美关系的发展，而且对中日关系的改善及中国在 70 年代外交上的胜利所起的作用也不容低估。周恩来说"现在，我们要展开外交攻势，'乒乓外交'是我们外交攻势的一部分"，它"绝不是一段孤立的插曲，而是盼望已久的一个重大外交进程的开端。"② 由于中美关系的松动，在世界范围内引起了一系列连锁反应：1971 年 10 月，中国在联合国的合法席位得到恢复；70 年代，我国对外交往有了重大的突破并得到全面的发展，我国先后与 70 多个国家建立了外交关系，外交上再次呈现出生动的局面。以"乒乓外交"为代表的"民间先行，以民促官"的人民外交在这一时期新中国外交中发挥了积极的作用。正是由于乒乓外交所发挥的积极作用，它被载入中国外交和中美关系的史册，传为佳话。在外交这个大舞台上，不同形式的对外交往手段都要为我国总体外交目标的实现而服务，而体育外交正是这个舞台上最有活力的一个。正如邓小平同志所指出的，"文化大革命"期间，外事工作取得很大成绩，尽管国内动乱，但是中国作为大国的地位，是受到国际上的承认的，中国的国际地位有提高。"乒乓外交"也成为当代国际体育中的一个经典案例。

---

① 孙葆丽：《奥林匹克运动与中国》，第 112 页。
② 资中筠主编：《战后美国外交史——从杜鲁门到里根》，世界知识出版社 1994 年版，第 633 页。

四、20 世纪 70 年代末的奥运模式
体现"一国两制"

中国恢复在联合国的合法席位后，开始积极争取在国际体育组织中的合法权利。中国重返国际体坛，已是大势所趋。但是，重返国际体坛的主要障碍依然是台湾问题。根据联合国 2758 号决议，台湾省是中华人民共和国的一部分，这为当时的国际奥委会解决"中国问题"提供了重要依据。1975 年 4 月 9 日，中华全国体育总会向国际奥委会提交了恢复中国合法权利的申请，同时提出应将台湾从国际奥委会驱逐出去。当时，绝大多数委员态度是，认同一个中国，但又强调国际奥委会不同于联合国，希望中国重返奥林匹克大家庭的同时，让台湾青年继续拥有参与奥运会的机会。在此情况下，我要求驱台和恢复我合法权利的斗争历时多年却难有突破。

1979 年元旦，叶剑英委员长发表了《告台湾同胞书》，提出了尊重台湾现状，和平统一祖国的大政方针。1979 年 1 月，邓小平在访美时第一次公开宣布了"一国两制"的思想。在此背景下，按照中央制定的原则坚定、策略灵活的方针，国家体委提出了解决恢复中国在国际奥委会合法权利的新思路，即在坚持一个中国的前提下，允许台湾的体育组织作为中国的一个地方性机构，在改名、改旗、改歌、改徽之后留在国际奥委会。邓小平同志力排众议，亲自拍板，同意了这个方案。

1979 年 3 月，中国奥委会代表应邀参加了国际奥委会执委会，表示愿意同台湾地区体育界代表就台湾地区运动员参加奥运会问题进行商谈，引起了国际奥委会执委会的极大兴趣。在这次会议上，国际奥委会主席基拉宁指出：1954 年国际奥委会承认中华全国体育总会的名称是"中国奥林匹克委员会"，在国际奥委会的档案中找不到任何承认台湾"奥委会"

的记录。这次会议决定，由基拉宁主席主持中国奥委会代表和台湾地区体育界代表在瑞士洛桑国际奥委会总部举行会谈。

　　1979 年 4 月，国际奥委会在乌拉圭首都蒙得维亚召开了全体会议，中国奥委会代表在全会上明确表示：根据《奥林匹克宪章》的规定，国际奥委会在中国应只承认一个国家奥委会，即设在北京的中国奥委会。考虑到台湾的运动员亦应有参加国际比赛的机会，并为了配合国际奥委会寻求解决中国代表权的问题的努力，可以允许台湾的体育组织作为一个地方机构，以中国台北奥委会的名义留在奥林匹克大家庭内，但它的旗、歌、徽和章程等应做相应的变动。中国通情达理和实事求是的态度立即赢得了广泛的赞成。1979 年 6 月，在波多黎哥举行的国际奥委会执委会上再次讨论了中国奥委会代表权的问题。执委会建议承认中国奥委会，并以中国台北奥委会的名称维持对设在台北奥委会的承认，条件是后者使用的"歌"和"旗"要有别于曾经使用的歌和旗，执委会原则上通过这一议案，决定待征求双方意见后，于 10 月下旬在日本名古屋举行的执委会上做出决定，然后以通讯表决的方式请全体委员批准。中国奥委会很快给国际奥委会回信，认为该建议案是积极的，有利于中国大陆和台湾岛的运动员参加奥运会。

　　1979 年 10 月 25 日，国际奥委会执委会会议在日本名古屋举行，会上一致通过了恢复中国在国际奥委会合法席位的决议。会议确认中华人民共和国奥委会为中国全国性奥委会；设立在台北的奥委会做为中国的一个地方性机构留在国际奥委会内，但不得使用目前所使用的歌和旗。1979 年 11 月 26 日，国际奥委会全体委员采用通讯投票方式，以 62 票支持，17 票反对，2 票弃权，通过了这项决议，确认代表全中国奥林匹克运动的是中华人民共和国的奥委会，正式名称为"中国奥林匹克委员会"（Chinese Olympic Committee），使用中华人民共和国的国旗和国歌；设在台北的奥委会将作为中国的一个地方性机构留在国际奥委会内，正式名称为"中国台北奥林匹克委员会"（Chinese Taipei Olympic Committee），不得使用原来的旗、歌和徽，新会旗、会歌和会徽须经国际奥委会的批准。中国奥委会在国际奥委会中的合法地位得到恢复。这就是著名的"奥运模式"。[1]

闻名于世的"奥运模式"，是邓小平同志"一国两制"战略构想在体育外交领域的成功实践，是解放思想、改革开放的重要成果。中国在国际奥委会中合法权利得到恢复后，我国在其他国际体育组织的合法权利也相继恢复，从此，打开了中国参加国际体育活动的新局面，成为中国体育全面走向世界的新起点。

中国体育率先实现了邓小平"一国两制"的思想，为我国改革开放，争取更大的国际空间，发挥了直接作用。中国体育开始"走出去"，以自信的姿态频繁参与国际间体育交流，体育外交的广度和深度都有了空前的发展。

五、20世纪80年代排球振兴中华，
中国重返奥运赛场

1978年12月召开的党的十一届三中全会，决定将今后的工作重心转移到社会主义经济建设上来，通过了实行改革开放的重大决策。中国开始努力修正十年浩劫带来的惨痛教训，使中国这只沉睡的东方雄狮能够恢复往日的风采，打开国门"走出去"，吸取其他国家的先进经验，全方位、多层次的对外开放格局逐渐展开，开创了全新的外交局面。不论是大国外交、周边外交还是与第三世界国家的关系都有了很大的发展。中华正在振兴，祖国正在崛起，20世纪80年代是一个复苏的时代。此时，中华体育健儿在一系列国际比赛中连连为祖国争光，他们所表现的精神风貌和高超技艺激动了全中国人的心。

1981年3月20日，中国男子排球队在争夺世界杯排球赛亚洲区预赛

---

① 任海主编：《奥林匹克运动》，人民体育出版社2005年版，第404页。

的关键一战中，先输两局，奋起直追，连扳 3 局，终以 3 比 2 的比分战胜韩国队，取得参加世界杯排球赛的资格。北京大学 4000 多名学生集队游行高唱国歌，并喊出了"团结起来，振兴中华"、"祖国万岁！"、"中国万岁！"的口号。这一口号很快传遍校内外，响彻神州大地，成为改革开放初期的时代最强音。

1981 年 11 月 6 日，在日本大阪举行的第 3 届世界杯女子排球赛，中国女排以 3 比 2 的比分战胜号称"东洋魔女"的日本队，以七战七捷的佳绩，第一次登上世界冠军领奖台。1982 年在秘鲁举行的世界排球锦标赛上，女排再次夺得冠军。1984 年 8 月，在第 23 届奥运会的排球决赛中，中国女排以 3 比 0 的比分的相同比分连续击败日本队和美国队，勇夺魁首，实现了世界大赛"三连冠"。1985 年起，中国女排老队员已纷纷隐退，新的女排参加第四届世界杯比赛，以全胜的成绩第四次登上了世界冠军的宝座。两年后，在第 14 届世界排球锦标赛场上，中国女排又依靠集体的力量和智慧，再次夺冠，创造了世界称奇的"五连冠"！

中国女排创下的世界排球史上第一个"五连冠"，成为整个 20 世纪 80 年代中国社会奋斗激情的集中体现，崇高而朴实的"女排精神"激荡了整整一代人的灵魂。女排精神可以概括为"拼搏"二字，永不言败的女排精神铸就了一代人。女排精神恰恰符合了 80 年代的中国社会需要，全社会掀起了一股学习中国女排的热潮。

1984 年 7 月 28 日，历史将会永远铭刻这一天。当《三大纪律八项注意》入场曲响起，中国体育健儿昂首挺胸、整齐划一地走进洛杉矶奥运会主体育场时，全场观众自发起立，长时间欢呼鼓掌，欢迎远道而来的中国体育健儿。这一刻，全世界人民为之振奋，中国体育从此全方位地融入到了世界体育的大家庭中。

20 世纪 80 年代初期，世界仍处在美苏争霸的"冷战时期"。苏联为了报复美国抵制 1980 年莫斯科奥运会（当年，美国联合了 61 个国家，以苏联入侵阿富汗为由，抵制了莫斯科奥运会）便游说各国抵制洛杉矶奥运会。1984 年 5 月，苏联以运动员安全为由，与东欧一些国家宣布抵制洛杉矶奥运会。此时，国际奥林匹克运动面临前所未有的危机，此时的中国顶住各方面的压力，从国家的根本利益出发，果断地决定参加洛杉矶奥运会。事后证明，这个决定不仅在很大程度上挽救了奥林匹克运动，而且为刚刚回归奥林匹克大家庭的中国赢得了外交声誉。

参加1984年洛杉矶奥运会，实现了金牌零的突破，成为中国当代体育全面走向世界的里程碑，给中华民族精神注入了活力和勇气，也使我们体育工作者成为了展示当代中国改革开放和现代化建设巨大成就和崭新面貌的窗口，成为了中国文化的传播者和中国形象的展示者。在这届奥运会上，新中国体育健儿第一次向世界展示了改革开放后中国人民的新气象，显示出中国综合国力的增强和国际地位的提高，使全国人民以及港澳同胞和海外侨胞深受鼓舞和感动，激发了人们的爱国热情和民族自豪感，振奋了全世界中国人的心。国运盛，体育兴，随着中国经济的快速发展，中国体育在世界体育界的地位也大幅提升。

六、20世纪90年代亚运会重启合作新局面

从1989年4月起，苏联和东欧各社会主义国家陆续出现剧烈地政治动荡，"苏东事件"造成国际的强烈地震。这年春夏之交中国也出现了政治风波，这本来是属于中国的内政问题，但以美国为首的西方国家以人权问题为借口大肆指责中国，并联合对中国进行制裁，各种政治势力出于种种目的，也在世界上掀起了阵阵反华浪潮。中国再次面对严峻的国际局势。要想打破这一僵局，需要适宜的突破口，此时体育又发挥了其独特而有效的作用，这就是在北京举办的第11届亚洲运动会。

1990年9月22日至10月7日，第11届亚运会在中国北京举行。这是中华人民共和国在自己的土地上举办的第一次综合性的国际体育大赛，也是亚运会诞生以来的40年间第一次由中国承办的亚洲运动会。来自亚

奥理事会成员的 37 个国家和地区的体育代表团的 6578 人参加了这届亚运会。代表团数和运动员数都超过了前 10 届。中国派出 636 名运动员参加了全部 27 个项目和 2 个表演项目的比赛。中国台北时隔 12 年后，作为中国一个地区的代表队重返亚运大家庭。

经过一系列的外交努力，中国邀请到亚洲很多国家领导人和知名人士亲自来华参加开幕式等活动，如朝鲜国家副主席李钟玉、日本前首相竹下登夫妇、马来西亚最高元首苏丹·阿兹兰·沙阿、巴基斯坦总统依沙克·汗等。经过双方的会谈，双方加深了了解和友谊，打开了外交局面。各国体育代表团来华参赛，也成了传播友谊的使者。伊朗代表团团长在谈到伊朗体育代表团参加亚运会的目的时这样说："为友谊而来，为友谊作贡献，我们是和平的使者。"这可以说是所有来北京参加亚运会的各国和地区代表团人员的心声。

亚运会期间，亚洲各国和地区运动员和来宾亲身感受了中国的经济社会发展水平、文化传统和人民的精神风貌。墨西哥《至上报》称中国是"真正的体育巨人"。"中国人民取得了扎扎实实的进步。他们实行对外开放以来，已经以经济、文化与体育等各方面的进步引起全世界的普遍吃惊。"① 法国《欧洲日报》认为这一届亚运会"象征着亚洲世纪的来临，也表达了 10 多亿中国人民的精神。"②

中国改革开放后的新形象通过电视转播和各种媒体传播到全世界，扩大了中国在国际上的影响。外国媒体竞相报道中国召开亚运会的盛况，有媒体认为中国在筹备亚运会中体现出来的力量和气魄，无不使外国朋友佩服。在各方的共同努力下，在北京举行的第 11 届亚运会取得了很大的成功，其规模之大、参加人数之多，均超过历届亚运会，不仅为亚洲的体育健儿提供了一个切磋技艺的机会，促进了我国和亚洲体育的发展，更重要的是，这是我国改革开放政策的伟大胜利。可以说，没有党的十一届三中

① 《人民日报》1990 年 10 月 3 日，第三版。
② 《人民日报》1990 年 9 月 23 日，第三版。

全会，就没有北京亚运会。亚运会的顺利举办，振奋了全国人民的精神，同时也是外交上的一个重大胜利。本届亚运会，不仅亚洲各国、各地区亲自看到了改革开放后的新中国、新北京，大大增强了他们的感性认识，只有真正来到过中国，才能获得对中国直观的、鲜活的感受，从而有了更公正的认识。同时，台湾、香港同胞和祖国大陆的体育界有了更加广泛的接触，从而增强了了解、增进了同胞情意，对我国顺利实施"一国两制"具有积极的意义。由于种种原因，西方和亚洲的不少地方对社会主义中国缺少了解，因而亚运会成了全面宣传我国发展成就的大好时机。亚运会实际上就是我国政治、经济、文化、科技发展的展示窗口，通过这一亚洲空前的体育盛会和大众传播媒介，使许多外国朋友消除了疑虑、误解和隔阂，很多人甚至成为了中国的朋友，在国际上愿意为中国说话，并把正面信息传达给世界上更多的人。通过比赛和交流，中国赢得了普遍理解和支持，这无疑有利于中国塑造良好的国际形象，交到更多的朋友，有利于今后相互交往，发展国际间的友好合作，也有利于提高我国和亚洲的国际威望。

亚运会的成功举办，极大地缓和了当时紧张的国际关系，使国际社会认识到中国改革开放的基本方向没有改变，中国在国际社会中坚持和平、友谊、进步的决心没有改变，出现在世界面前的将是一个更加开放的中国。它使中国摆脱了被封锁状态，通过交流，大大促进了中国与周边国家的友好关系，为中国创造了有史以来最好的周边环境。

七、2008年奥运会：和谐发展的里程碑

21世纪以来，中国的改革开放取得了举世瞩目的成就，中国的经济多年高速增长、社会进步开明程度加强、政治民主化进程不断推进。随着中国的经济体制改革和政治体制改革进入了关键期，构建和谐社会成为中

国社会的重要目标。自 20 世纪 90 年以来，中国与美国、欧盟、俄罗斯等国先后建立或宣告了伙伴关系；与周边国家的睦邻友好关系更加稳固，一些边界问题也得到妥善解决；与非洲、拉丁美洲国家的政治、经贸关系得到加强。中国国际地位的提高和国际影响的增大，使世界再也不能无视中国，正如美国《国际先驱论坛报》说的那样："当北京赢得 2008 年奥林匹克运动会主办权时，世界的目光投向了中国……中国已经作为一个大国出现在亚洲和世界的舞台上……能够获得奥运会举办权已经证明中国作为一个外交大国的地位。"① 围绕和平与发展的两大主题，中国一直致力于和平崛起的建设中。但是，中国经济社会的迅速发展，引发了中国与国际社会一系列新的矛盾与冲突，"中国威胁论"在西方一些国家传播、盛行。围绕着北京奥运会的筹办与举办，中国坚持和平友谊的奥林匹克理想，平等宽容对待不同声音，集中地反映了一个负责任的大国和平、和谐、友好的国际形象。

2008 年 8 月 8 日，第 29 届奥运会在北京隆重开幕。作为世界体育交流盛会，奥运会成为践行体育外交最大的平台。北京奥运会共吸引了 204 个国家和地区的 1.6 万名运动员和官员参加比赛，奥运期间来北京参观的人数更是超过了 50 万。此外，17 个曾经举办过奥运会的国家代表、119 名国际奥委会委员、203 个国家和地区的奥委会、5500 名代表队官员、500 名编外人员以及 28 个国际单项体育联合会代表以及来自世界各地的 1000 名贵宾、200 多名各国国家元首及体育部长也出席和参观了北京奥运会。② 这无疑为中国提供了与世界直接沟通的平台，成为向世界人民展示自我、拉近与世界人民关系的大好机会。胡锦涛主席在北京奥运会欢迎宴会上致辞时指出："奥运会是体育竞赛的盛会，更是文化交流的平台。国际奥林匹克运动把不同国度、不同民族、不同文化的人们聚集在一起，增进了世界各国人民的相互了解和友谊，为推进人类和平发展的崇高事业作

---

① 程传银：《2008 年奥运会对中国政治的影响》，第 14 页。
②《奥运会是全民的外交》，《人民日报》（海外版）2006 年 9 月 8 日。

出了重大贡献。"① 北京奥运会的举办，成为中国与世界交流的窗口，向世界展示了一个和平发展、与世界融合的中国。正如美国总统布什所言："我认为奥运会为人们提供了到中国并观察中国的机会，同时也使中国人看到了世界，有机会同世界各地的人们进行交流。"

奥运会期间，赛场内外面带微笑、热情服务的 170 万各类志愿者、几百万热情好客的北京人、具有民族色彩的"奥运之家"，都成为与各国公众进行交流与联系的"微笑大使"。2 万多名外国记者和 40 多万名各国游客在观赏奥运精彩比赛的同时，穿行在北京的各大景点和大街小巷，切身了解、认识中国，他们又成为中国文化的使节，将中国的形象传递到世界各个角落。

北京奥运会不仅为中国与世界直接沟通提供了平台，也为世界了解中国提供了契机。全球 45 亿观众见证了这场迄今为止奥运史上规模最大的一次聚会。"共有 220 个国家和地区的观众通过累计 5000 个小时的报道和转播目睹了北京奥运会的盛况，这一报道规模是雅典奥运会的 3 倍。"北京奥运会的收视率更是创历届奥运会之最，比悉尼多了 4 倍，比雅典多了 3 倍。② 据媒介和资讯集团尼尔森公司根据 38 个国家和地区收集的数据显示，气势恢弘的北京奥运会开幕式吸引了全球约 20 亿观众观看，接近世界人口的三分之一。③ 利用奥运平台，中国聚集了全世界的目光，各国的报纸、电视等媒体充斥着关于中国的介绍和新闻。长期以来，有些西方媒体习惯于宣传中国的黑暗面，北京奥运会则提供了他们全面了解乃至理解中国的机会和平台。他们关于中国的种种片面乃至荒诞的说法得到纠正，北京的蓝天绿地使"口罩事件"显得滑稽，体育场上观众的热情掌声也消除了对所谓中国极端民族主义的担心，北京奥组委的组织能力更使西方

---

① 胡锦涛：《弘扬奥林匹克精神，共创世界美好未来》，《人民日报》2008 年 8 月 9 日。

② 《北京奥运会收视率超过历届，比悉尼多 4 倍，比雅典多 3 倍》，来源：中广网，2008 年 8 月 21 日，http://www.cnr.cn/fortune/news/200808/t20080821_505076540.html。

③ 王冲：《"眼球率"最高的一届奥运会》，《中国青年报》（日出东方特刊）2008 年 8 月 21 日。

意识到中国共产党具有强大的时代适应力。西方对华认识逐渐形成一种符合实际的看法，不少媒体提出要全面认识中国，不要在显微镜、多棱镜下观察中国，不必在政治上压制中国，要以历史和开放的眼光看待中国的发展，等等。正如国际奥委会主席罗格所言："通过本届奥运会，世界更多了解中国，中国也更多地了解世界"。

同时，北京奥运会也为中国提供了大力践行"首脑外交"的契机。8月的北京，上演了一场在中国、奥运会乃至世界历史上都是规模空前的"奥运外交盛宴"。据报道，从 8 月 7 日到 8 月 11 日，短短 5 天时间内，中国的"首脑外交"创下了四大历史纪录：参加北京奥运会的首脑人数创奥运会历史纪录——参加北京奥运会的各国、各地区、各政党领导人等贵宾有 106 人；北京奥运会成为世界政治巨头的大聚会——五大常任理事国领导人齐聚北京；中国历史上规格最高的国宴——来自全世界 80 多个国家的 110 多位"元首"级领导人出席了胡锦涛主席在 8 月 8 日中午举行的欢迎宴会；中国最高领导人接见各国主要政要及有关贵宾频率最高——从 8 月 7 日到 8 月 11 日，胡锦涛主席共会见了 55 位国家元首、政府首脑等贵宾，平均每天接见 10 多位。[①] 北京奥运会实际上形成了一个良好的公共外交平台，提供了一个与元首和嘉宾们对话交流的平台，而这种非正式的接触有时候能够更为方便、快捷地实现一些外交上的突破。这是中国大国外交的硕果，是中国实力的体现，它表明世界承认了中国正在上升的国际地位。

一个快速发展的东方大国需要走向世界，需要向世界展现其改革开放后发生的巨大变化和取得的辉煌成就，需要得到世界的了解，需要世界来亲眼目睹其政治、经济、社会、文化和体育的发展与变化。这种需要，在中国的社会和政治日益稳定开明、经济持续快速增长、文化不断繁荣和体育不断取得震国威、凝民心的伟大成就的时刻，就显得格外迫切和必要。

---

① 云中岳：《奥运会开幕四天，胡锦涛创四大历史纪录》，来源：人民网强国博客，2008 年 8月 13 日，http：//politics. people. com. cn/GB/113795/7660231. html。

2008 年 9 月 29 日，中共中央总书记、国家主席胡锦涛在北京奥运会、残奥会总结表彰大会上的讲话中用较多篇幅，系统总结了围绕两个奥运会所开展的体育外交的地位和作用。胡锦涛主席指出，坚持开展国际交流合作为北京奥运会、残奥会成功举办创造了有利条件。他提出，要认真总结和发扬北京奥运会、残奥会外事工作方面的宝贵经验，进一步高举和平、发展、合作旗帜，恪守维护世界和平、促进共同发展的外交政策宗旨，增强同世界各国人民的相互了解和友谊，发展同世界各国的友好合作关系，不断推进人类和平与发展的崇高事业。[1]

由于奥运会是世界范围内的体育盛会，中华民族以东方文化的独特内涵，充实了奥林匹克主义与精神，构建了与世界主流社会进行平等对话的国际语境。它有利于促进世界的团结、和平与友谊，提高中国的国际声誉、影响力，促进国内社会经济增长，实现跨文化发展，还可以发扬奥林匹克精神，通过体育这一特殊的接触与交流方式在维护和平、增进友谊、促进文明方面起到独特的作用。中国借举办 2008 年奥运会的契机，增进与国际体育组织和各国人士的接触，增强与世界各国的交流与合作，加强与世界各国及人民的沟通和了解，缓和了与某些国家的关系，进一步加强了友好的国际关系，有效促进了东西方文化的融合，为中国进一步扩大与国际社会的友好交往和互利合作架设了新的桥梁；展示改革开放以来中国的国家综合实力、现代化水平、中国人民的精神风貌，广泛宣传新中国的建设成就和对外关系政策，塑造我国积极和正面的国家形象，以赢得国际社会的承认和支持，为中国的社会主义建设创造更加有利的国际环境。2008 年北京奥运会利用体育这个媒介，充分展示中国传统文化和现代文化的影响力，提升国家软实力，向世界展示了一个自强不息的民族文化形象，塑造了一个开放、透明和负责任的政府，既体现了大国的风度，也促进了祖国的统一和加强全球华人的文化认同。与此同时，北京奥运还以自

---

[1] 胡锦涛：《在北京奥运会、残奥会总结表彰大会上的讲话》，人民出版社 2008 年版，第 17 页。

己的魅力与真诚，拒绝将奥运政治化，倡导的是公平正当的竞争，张扬"更快、更高、更强"的追求，展现人的体魄美和精神美，体现了人类对世界秩序的关怀和对善良美好理念的追求。中国的"和平崛起"战略，2008 年北京奥运会的圆满成功，让世界人民感受到了中国的大国诚信和责任感，并基于中国切实可行的诚信而信赖中国，接受中国的和平崛起，从而推动国家和社会的进一步改革开放，带动我国各个领域的向前发展，促进与世界的进一步整合与融合，让世界了解中国，让中国走向世界。

在新中国成立后的 60 年中，我国由一个体育弱国成长为体育大国，全面参与国际体育事务，成为世界体育大家庭的重要成员，在国际体育界发挥着越来越重要的作用。建国 60 年来，体育外交在我国总体外交中，以其灵活多样的方式和独特的风格，为新中国开拓外交阵地，为我国改革开放营造和平友好的国际环境，为维护世界和平，做出了重要贡献。建国 60 年来，我国双边体育交往呈现出全方位、多格局、宽领域的发展势头。截至目前，我国与世界上 130 多个国家保持着双边体育交流与合作，与近 100 个国家的政府体育部门或奥委会签署了双边体育合作协议，以援赠体育器材、援派教练和接待体育团队来华训练或培训等方式向亚洲、非洲、拉美、大洋洲、东欧的 70 多个发展中国家提供了援助。这里特别值得一提的是，从 20 世纪 50 年代末开始，我们先后向亚非拉 100 多个国家派遣了数千名教练员；自七八十年代起，我们为非洲国家援建了 40 多个体育场馆。这些场馆和教练深受受援国政府和人民的欢迎，成为我国与这些国家友谊的纽带和见证，同时，也得到了国际社会的高度评价。国际奥委会萨马兰奇主席曾说，要了解中国对非洲的贡献，可以去非洲看看。罗格主席也表示，国际奥委会要学习中国的做法，给非洲提供一些体育援助。中国对发展中国家体育发展所做的贡献，是我们体育外事工作的宝贵财富，是我们在国际体育斗争中可以加以利用的宝贵资源。今后，我们要保持和巩固我们对外体育交流的传统优势，扩大友好力量，努力营造和平稳定的国际环境，睦邻友好的周边环境，平等互利的合作环境，客观友善的舆论环境，从而更好地为我国体育事业的发展服务。

中国体育外交思想与政策，蕴含着中华民族优秀的文化传统，体现了"和"的东方哲学思想，以友好为主题和主线，强调在不同国家制度、不同意识形态及不同的文化历史条件下，与世界各国人民增进相互理解、友谊与合作，体现了"和平共处"的外交原则。同时在体育外交的开展过程中，与各国人民相互沟通与融合，宣传中华民族的优秀文化传统，树立中华民族的良好形象，确立与世界各国之间的友好共处关系。

中国的体育外交要继续坚决贯彻党的外交路线和方针，为中国的总体外交政策服务。它作为我国外交方针政策中重要的一部分，是在党的外交战略和方针的指引下，配合我国总体外交方针的实施，为我国"全方位、多层次"总体外交服务。体育活动的顺利开展，从我国内部来看，不仅促进了我国的体育事业的不断进步，而且带动了我国政治、经济、社会、文化等领域更快的向前发展，有效地提升我国的综合国力和国际竞争力；从我国外部来看，有助于良好地开展国际交流和发展国家关系并巩固中国作为世界大国的国际地位。同样，中国体育外交乃至总体外交的良好也会推动中国体育事业更快地走向世界，在与世界的交流中互相学习，得到提高和进步。通过外交与体育的双向互动，巩固中国作为政治大国与体育大国的地位。

随着全球化进程的加快，国际间的交往越来越频繁，体育外事工作的内容、形式也将不断创新，越来越丰富。展望未来，随着我国社会主义事业的不断进步和经济实力的不断壮大，我国体育外交乃至总体外交向前发展有了坚实、有力的后盾，使我国的体育外交在这些有利的条件下，能够发挥出更大的魅力，有效地配合我国总体外交方针的实施，使我国外交这个大舞台更具活力，为国家间的友好发展提供有利的条件。同时，我国的体育外交要做到与时俱进，在实践中不断开拓新的交流渠道和方式，发挥体育外交机动、灵活的优势，并注意与其他的外交形式结合起来，取长补短，为中国外交事业和社会主义事业服务。

与时俱进 彰显特色 成就斐然

——中国反兴奋剂巡礼

国家体育总局科教司司长 蒋志学

一、中国反兴奋剂工作的简要概况

兴奋剂是指违反医学道德和体育道德，用来提高运动成绩物质和方法。兴奋剂问题一直是国际体坛面临的严峻挑战之一，国际奥委会主席罗格先生指出：只有恐怖和兴奋剂可能毁掉奥运会。20 世纪 80 年代以前，我国体育界对兴奋剂问题知之甚少，随着我国对外体育交往的不断扩大，竞技体育竞争的日趋激烈，随着我国对外开放的不断扩大，特别是商业化对体育带来的种种负面影响，兴奋剂这一"国际公害"在 20 世纪 80 年代中后期开始波及我国。

为应对兴奋剂队我国体育事业健康发展的威胁，当时的国家体育运动委员会（以下简称国家体委）于 1985 年、1987 年连续颁发文件，要求严格执行国际奥委会关于禁用兴奋剂的规定。但是，由于当时还不具备相应的技术条件，同时也由于对兴奋剂问题的严重性尚缺乏的认识和警惕，因此未能在国内正式开展全面的兴奋剂检查。

1989 年 5 月 3 日，国家体委主任办公会议专门研究了国内外日渐严重的兴奋剂问题，会议正式提出对兴奋剂问题要实行"严令禁止、严格检查、严肃处理"的方针，并于 5 月 19 日，国家体委颁发了《全国性体育竞赛检查禁用药物的暂行规定》。为配合 1990 年我国举办亚运会，满足亚运会对兴奋剂检测工作的需要，更好地为我国反兴奋剂工作提供技术支持，我国开始按国际标准筹建了符合国际标准的兴奋剂检测中心，1989年 12 月，中国兴奋剂检测中心通过了国际奥委会组织的资格考试，正式投入使用，并开始在国内实施兴奋剂检查。从此，中国的反兴奋剂斗争全面展开，进入了一个新的历史阶段。1992 年成立了中国奥委会反兴奋剂委员会，并建立相关部门，负责组织实施全国的反兴奋剂工作，开展反兴奋剂教育，着手研究制定反兴奋剂法规制度。1995 年经全国人大通过颁布实施的《中华人民共和国体育法》，第一次将反对使用兴奋剂纳入国家法律范畴。1998 年 12 月 31 日年国家体育总局发布了《关于严格禁止在体育运动中使用兴奋剂行为的规定（暂行）》（国家体育总局 1 号令），规范了对使用兴奋剂行为的检查和处罚办法。2004 年国务院颁布实施的《反兴奋剂条例》，是我国反兴奋剂法制建设的里程碑，使我国成为世界上少数几个颁布实施专门的反对使用兴奋剂法律法规的国家之一，标志着我国反兴奋剂工作纳入了法治化轨道。

我国政府长期以来一贯坚持反对使用兴奋剂的坚定立场。使用兴奋剂不仅严重损害了运动员的身心健康，干扰运动员的科学训练和刻苦训练，而且违背了公平竞争原则和国际公认的体育道德，是一种欺骗行为，严重影响体育事业的健康、可持续发展。中国政府提倡健康、文明的体育运动，并积极加强反兴奋剂的宣传、教育、监督管理，始终坚持"严令禁止、严格检查、严肃处理"的反兴奋剂工作方针，禁止在一切体育运动中使用兴奋剂。

中国赞成《反对在体育运动中使用兴奋剂奥林匹克宪章》、《洛桑宣言》（1999 年）、《哥本哈根宣言》（2003 年），承诺执行《世界反兴奋剂条例》，2006 年 8 月 17 日国务院总理温家宝签署联合国教科文组织颁布的《反对在体育运动中使用兴奋剂国际公约》，我国成为亚洲第一个，世界第 18 个签署公约的国家。充分表明了中国反对使用兴奋剂的坚定和积极参与国际反兴奋剂事务的鲜明态度。

经过多年坚持不懈的努力，我国反兴奋剂斗争取得了十分显著的成绩，有力打击了使用兴奋剂的行为。但是由于反兴奋剂斗争的长期性、艰巨性、复杂性，反兴奋剂斗争得形势依然严峻，中国政府和体育界对此有着十分清醒的认识。

二、日臻完善的反兴奋剂法律体系

近 20 年来，中国在反兴奋剂法律建设方面取得了前所未有的进展，反兴奋剂法律体系日臻完善。

（一）国家相关法规

1995 年 10 月 1 日经全国人大通过颁布实施的《中华人民共和国体育法》（以下简称《体育法》）第三十四条明确规定："体育竞赛实行公平竞争的原则。体育竞赛的组织者和运动员、教练员、裁判员应当遵守体育道德，不得弄虚作假，营私舞弊。"针对兴奋剂问题，《体育法》第三十四条明确规定："严禁使用禁用的药物和方法。禁用药物检测机构应当对禁用的药物和方法进行严格检查。"针对有关法律责任问题，《体育法》第五十条明确规定："在体育运动中使用禁用的药物和方法的，由体育社会团体按照章程规定给予处罚；对国家工作人员中的直接责任人员，依法给予行政处分。"以上规定为中国反兴奋剂工作提供了充分的法律依据和有力的司法保障。

2004 年 3 月 1 日国务院颁布实施《反兴奋剂条例》（以下简称《条例》），我国的反兴奋剂工作从仅限于体育系统跃升到国家管理的层面。《条例》有针对性地加强了对兴奋剂源头的控制，限制了兴奋剂目录所列禁用物质的流通渠道；强化了体育社会团体、运动员管理单位在反兴奋剂工作中的责任；同时把我国兴奋剂管理的制度与国际通行的规则和做法相一致，是一部非常适用的行政性法规。

（二）体育主管部门的法规性文件

以《体育法》为基本依据，近 20 年来中国政府体育主管部门先后制定颁布了 30 多项法规性文件，构成了中国反兴奋剂法律体系的核心内容。综合类的法规性文件有《国家体委关于加大反兴奋剂工作力度的意见》（1994年）、《关于禁止在体育运动中使用兴奋剂的暂行规定》（1995 年）、《关于严格禁止在体育运动中使用兴奋剂行为的规定（暂行）》（1998 年）等。

关于赛内和赛外兴奋剂检查的法规性文件有《全国性体育竞赛检查禁用药物的暂行规定》（1989 年）、《关于对禁用药物实行赛外检查的通知》（1993 年）、《赛外兴奋剂检查若干规定》（1995 年）、《兴奋剂检查工作人员管理暂行办法》（1998 年）、《关于在体能类项目中实行赛前血液检查的试行办法》（1999 年）等。

关于对使用兴奋剂行为进行处罚的法规性文件有《关于加大反兴奋剂工作力度，严肃处理违反兴奋剂检查规定的通知》（1995 年）、《对使用兴奋剂运动员的教练员处罚暂行办法》（1995 年）、《严肃处理违兴奋剂检查规定的实施细则》（1997 年）等。

关于加强纪检监察工作的法规性文件有《关于充分发挥纪检监察工作职能作用，保证体育竞赛禁用药物规定贯彻落实的意见》（1995年）等。

关于加强运动营养保健品和用药管理的法规性文件有《运动员使用运动营养补品管理暂行办法》（1993 年）、《运动员治疗用药豁免管理办法（试行）》（2007 年）等。

（三）其他法律法规

中国现行的其他法律法规，也直接或间接为反兴奋剂工作提供了有效的法律支持。在药品管理方面，在《中华人民共和国药品管理法》（1984年）的基础上，中国政府的药品管理部门先后制定了一系列法规性文件，加强了对药品生产及药品流通的监督管理。特别是麻醉药品、精神药品、麻黄素以及处方药与非处方药等管理办法的制定，为涉及兴奋剂的药源控制提供了重要的法律依据。如2006年9月国家食品药品监督管理局、海关总署和国家体育总局联合下发了《蛋白同化制剂、胎类激素进出口管理办法（暂行）》。2007年国家食品药品监督管理局下发了"关于《药品说明书和标签管理规定》有关问题解释的通知"，加强了对兴奋剂生产、销售和进出口的管理。

1987年制定的《中药保健药品的管理规定》和1996年制定的《保健食品管理办法》，进一步规范了对中药保健药品和保健食品的管理。

1997年重新修订的《中华人民共和国刑法》，对涉及海洛因、甲基苯丙胺、吗啡、大麻、可卡因等国际奥委会规定禁用物质的犯罪行为作了极为严厉的处罚规定。

此外，《中华人民共和国海关法》（1987年）、《中华人民共和国未成年人保护法》（1991年）、《中华人民共和国执业医师法》（1998年）等，也为中国的反兴奋剂工作提供了有效的法律支持。

三、逐步建立、完善反兴奋剂组织监管体制

（一）中国现行反兴奋剂监管体制的基本框架

自20世纪80年代末以来，中国建立并逐步完善了统一的反兴奋剂管理体制，由政府体育主管部门领导、协调、监督，中国奥委会反兴奋剂委员会组织实施，全国性单项体育组织积极参与并各负其责，为反兴奋剂工作的开展提供了有力的组织保证。

根据国家体育总局、中国奥委会及有关国际体育组织的规定，全国性

单项体育组织负责组织实施本项目的反兴奋剂工作，配合中国奥委会反兴奋剂委员会对本项目进行兴奋剂检查，对违反规定的有关人员和单位进行处罚。

为了进一步深化体育改革，适应当前和今后国内国际反兴奋剂新形势的工作需要，保障反兴奋剂工作全面、有效地开展，进一步完善和加强反兴奋剂工作的组织机构和管理运行机制，在有关各方的努力和国务院有关部门的大力支持下，2007 年 5 月 10 日国务院正式批准成立中国反兴奋剂中心。该机构的建立，将加强兴奋剂控制过程的计划、协调、执行、监督和改进，明确政府、国家分兴奋剂机构、国家体育组织各自在立法、执行、处罚的定位，重新构建新的反兴奋剂管理体系，为我国的反兴奋剂工作的健康发展提供强有力的组织和人力资源保障，为提高反兴奋剂专业化水平提供了条件。

（二）各组织监管主体的职责

1998 年 5 月国务院机构改革后，国家体委改为国家体育总局。根据国务院有关规定，其职责之一是"组织开展反兴奋剂工作"。国家体育总局负责制定全国反兴奋剂工作的重大方针、政策和措施；审批全国反兴奋剂工作的长期规划和年度计划并为此提供必要经费；领导、协调、监督各省、自治区、直辖市、解放军和全国性体育组织的反兴奋剂工作。

中国奥委会是主管全国奥林匹克事务的社会团体。为有效开展全国的反兴奋剂工作，1992 年 7 月 8 日中国奥委会正式成立了反兴奋剂委员会，下设办公室和检查处。受国家体育总局委托，中国奥委会反兴奋剂委员会负责组织实施全国反兴奋剂的各项业务工作。中国奥委会反兴奋剂委员会的主要职责是根据国家的法律法规和国家体育总局、国际体育组织的有关规定，研究、制定全国反兴奋剂工作的方针、政策和措施；编制全国反兴奋剂工作的规划和计划并组织实施；指导、协调、监督各有关体育组织的反兴奋剂工作。

中国反兴奋剂中心是经过中央编制委员会办公室批准，事业编制的正局级单位。它在原来的中国奥委会反兴奋剂委员会和国家体育总局运动医学研究所部分职能的基础上重新进行组建，下设办公室、业务处、宣传教育处、计划管理处、检查处和检测实验室 6 个部门。中心的主要职责是：参与研究制定国家反兴奋剂的发展规划、规则和相关标准；参与制定兴奋剂目录；组织、实施兴奋剂检查和检测，对检查结果进行管理；组织实施对兴奋剂违规事件的调查及听证；负责兴奋剂检测实验室的建设和管理；组织开展反兴奋剂的宣传、教育、培训、科研、咨询和国际交流等活动；监督各级各类体育组织开展反兴奋剂工作。

　　全国性单项体育组织是组织开展各运动项目的全国性管理机构。根据国家体育总局、中国奥委会及有关国际体育组织的规定，全国性单项体育组织负责组织实施本项目的反兴奋剂工作，配合中国反兴奋剂中心对本项目进行兴奋剂检查，对违反规定的有关人员和单位进行处罚。

　　1995 年以来，各省、自治区、直辖市政府的体育主管部门也相继建立了各自的反兴奋剂管理机构。

四、实施严格的兴奋剂控制

　　兴奋剂控制是反兴奋剂工作的重要内容和有力手段，其核心过程包括制定检查分布计划、挑选运动员、组织实施兴奋剂检查，结果管理及处罚申诉等。近 20 年来，中国制订并实施科学、有效的检查计划，逐年大幅度地增加了兴奋剂检查数量，逐步建立了一支专业化的兴奋剂检查人员队伍，不断提高了兴奋剂检查质量，依法对使用兴奋剂行为的违规人员严肃处理。

（一）逐年增加兴奋剂检查数量

　　自 1990 年开始，我们在全国范围内实施了统一的兴奋剂检查，全国各单项协会注册的运动员、省级以上的体育竞赛的残疾运动员都被纳入兴奋剂检查的范围，检查数量逐年大幅度提高。1990 年，全年共实施兴奋剂检查 165 例，1995 年检查 1914 例，1999 年达到 3505 例，2000 年检查 3245 例，2004 年超过 5000 例，2005 年检查 8709 例，2006 年达到 9424 例，2007 年达到 10238 例，为历史最高水平，是 1990 年检查数量的 62 倍。目前中国兴奋剂检查的规模，在世界上也是名列前茅的。1990 年中国的兴奋剂检查数量仅占全世界的 0.23%，1998 年则提高到 2.90%。相对于中国专业运动员人数，以及中国运动项目开展的状况和水平而言，我国目前实施的兴奋剂检查绝对数量处于国际领先地位。

中国的兴奋剂检查涉及的运动项目也不断增加，从 2000 年的约 40 个运动项目增加到 2007 年涉及包括全部夏季奥运会和冬季奥运会项目在内的 58 个运动项目。根据不同运动项目的特点，确定田径、游泳、举重、自行车、赛艇、皮划艇、柔道和摔跤等项目为检查重点，并根据兴奋剂检查的情况，进行相应的调整。同时，为防止滥用血红细胞生成素（EPO），保护运动员的身心健康，参照自行车和滑雪项目国际体育组织的做法，中国从 1998 年开始在国内体能类运动项目中进行赛前血液检查。众所周知，开展兴奋剂检查需要大量的经费投入。为此，中国政府的体育主管部门每年承担了全部的所需经费。作为一个发展中国家，中国不仅认真开展了国内的兴奋剂检查，同时也为国际反兴奋剂斗争做出了自己积极的贡献。

随着我国兴奋剂检查力度的逐步加大，我国的兴奋剂阳性率逐年降低，从 1990 年的阳性率为 1.82%，1995 年的阳性率为 0.68%，降低到 2006 年的 0.4% 左右，大大低于 2006 年国际上 1.98% 的水平。2007 年全年共执行兴奋剂检查 10238 例，共查出阳性 15 例（含国际组织查出 2 例），阳性率不到 0.2%，处于历史最低。在 1996 年亚特兰大奥运会、1998 年曼谷亚运会、2000 年悉尼奥运会、2002 年大邱亚运会、2004 年雅典奥运会、2006 年多哈亚运会和 2008 年北京奥运会等一系列国际综合性赛事中，中国体育代表团无一例兴奋剂检查阳性。这些都标志着中国的反兴奋剂工作已经取得了初步的但是卓有成效的进展。

（二）实施注册运动员行踪信息报告制度，不断提高兴奋剂检查的科学性和有效性

按照国际通行的办法，中国实行"事先不通知"的赛外检查。为保证赛外兴奋剂检查的质量，确保运动员能够随时接受赛外检查。自 1995 年开始，我国逐步建立了重点运动员离开常驻地点 48 小时必须提前报告的制度，要求所有在全国单项协会注册的运动员及时报送行踪信息。2005 年建立了相对完善的运动员行踪信息报告系统，运动员应当无条件接受事先无通知的赛外检查，并制定了相应的管理和处罚办法，增加了赛外检查的威慑力。

在评价一个国家兴奋剂检查计划的科学性和有效性方面，赛外检查的比例是一个重要指标。为进一步提高兴奋剂检查的科学性和有效性，我国不断增加赛外检查的数量，从 1991 年开始与国际奥委会同步进行赛外检查，当年赛外检查所占检查总数的比例仅为 16.7%。之后，赛外检查占检查总数的比例逐年增加，1995 年赛外检查占检查总数的 37%，2001 年赛外检查占检查总数的 65%，2005 年赛外检查比例达到检查总数的 66%，2007 年赛外检查比例达到 74%，高于国际上 60% 的平均水平。

（三）兴奋剂控制工作在标准化方面取得了显著进展

经过多年的努力，我国自主开发建立了兴奋剂控制质量管理体系。中国奥委会反兴奋剂委员会于 2001 年 3 月成立项目工作组，具体负责中国兴奋剂控制质量管理体系的开发。2003 年 5 月 1 日中国兴奋剂控制质量管理体系投入试运行，8 月 1 日起正式运行。2004 年 3 月通过 ISO9001：2000 质量认证，成为世界上第 9 个获得该认证的反兴奋剂组织。中国兴奋剂控制质量管理体系的建立，进一步完善了兴奋剂检查规则，加强了对兴奋剂控制过程、尤其是关键环节的有效管理，有利于提高反兴奋剂工作人员的能力和水平，增强国际、国内各有关方面对中国反兴奋剂工作的信任度，确保中国反兴奋剂工作的持续改进。这标志着我国的反兴奋剂管理水平跨入了一个新的阶段，我国反兴奋剂工作达到了国际水平，同时为

2008 年北京奥运会反兴奋剂工作的顺利开展奠定了良好的基础。

为进一步提高兴奋剂检查的质量，近 20 年来，逐步建立了一支相对稳定的、高水平的兴奋剂检查人员队伍，并逐步建立了相应的培训制度、考核制度及其他管理制度。同时开发建立了兴奋剂控制信息管理系统，包括运动员的行踪信息收集管理，检查计划制订、检查官信息管理、结构管理等兴奋剂控制的各个环节，进一步提高了兴奋剂检查的质量，加大兴奋剂检查的威慑力度。

（四）对兴奋剂违规行为进行严肃处理

自中国开展反兴奋剂工作以来，对我国体育界发生的所有兴奋剂违规行为，所有涉案运动员及其辅助人员和单位都受到相应的处罚。处罚本着依法、严肃、公正、处罚与教育相结合的基本原则，内容包括法律的、行政的、技术的和经济的处罚。在认真执行有关国际体育组织处罚规定的同时，建立有中国特色的兴奋剂处罚规定，不断加大了对使用兴奋剂行为的处罚力度。1999 年开始施行、以国家体育总局令第 1 号颁布的《关于严格禁止在体育运动中使用兴奋剂行为的规定（暂行)》和 2004 年国务院颁布实施的《反兴奋剂条例》，是现行对使用兴奋剂行为进行处罚的基本法规。对使用兴奋剂的行为，除按照《世界反兴奋剂条例》国际统一的规则对运动员给予停赛、罚款等处罚外，我国还对相关责任人进行处罚，对运动员主管教练员以及其他的运动员辅助人员、运动员管理单位给予处罚，给予负有责任的国家工作人员给予撤职、开除公职的行政处分，以强化教练员和其他的运动员辅助人员反兴奋剂的责任意识，起到很好的威慑作用。

五、积极开展反兴奋剂宣传教育和研究

反兴奋剂教育是防止使用兴奋剂的根本途径，在反兴奋剂工作中我国

始终坚持"预防为主，教育为本"的原则，不断加大反兴奋剂的教育力度，教育广大体育工作者正确认识兴奋剂的危害，建立起自觉抵制兴奋剂的坚强防线。教育的基本内容包括常识教育、健康教育、道德教育、法制教育和思想教育。通过召开各种类型的反兴奋剂会议，举办培训班、反兴奋剂展览、讲座，在有关院校开设反兴奋剂课程，建立反兴奋剂网站等各种形式，不仅对教练员和运动员，更是针对公众尤其是青少年开展了大量的反兴奋剂的宣传教育，取得了积极的成效，也赢得了包括世界反兴奋剂机构在内的国际组织的一致好评。针对不同人群特点编辑出版知识手册、宣传画、反兴奋剂读本及音像制品，开展反兴奋剂宣传教育，普及反兴奋剂知识，提高运动员、教练员及其他运动员辅助人员的反兴奋剂意识，增强自觉抵制兴奋剂的能力。2007 年国家体育总局还组织力量编写了《运动员反兴奋剂知识读本》和《教练员反兴奋剂知识读本》，并在国家队开展反兴奋剂集中教育活动，要求国家队的所有运动员都要认真学习《运动员反兴奋剂知识读本》，要求运动员签订《反兴奋剂承诺书》，承诺自觉遵守反兴奋剂规定，以不断提高广大运动员反兴奋剂的自律意识。

为了提高反兴奋剂教育的科学性和有效性，把握规律性，我国开展了一系列的研究。在社会科学、软科学和心理学方面，近年来先后组织了关于反兴奋剂管理体制、政策措施、运动员对兴奋剂的认知和态度、中国青少年运动员使用兴奋剂状况等问题的研究及社会调查，取得了一些有价值的成果，为有关部门管理决策和反兴奋剂教育提供了重要依据。

六、加强对兴奋剂检测实验室的建设，
不断提高兴奋剂检测水平

（一）兴奋剂检测实验室的建设

我国兴奋剂检测实验室自 1989 年建成以来，连续 20 年通过国际奥委

会、世界反兴奋剂机构的认证，符合《世界反兴奋剂条例》及《实验室国际标准》的要求，获得授权进行兴奋剂检测，2000 年经中国实验室国家认可委员会评定获得了 ISO17025 认可，是国内唯一由国家体育主管部门认可的有资质的兴奋剂检测实验室。该中心在承担大量的国内兴奋剂检测任务以外，还完成了世界反兴奋剂机构，国际单项联合会等国际体育组织委托的检测任务，2006 年检测样品数量位居全世界 34 个实验室的第 5 位。

为了满足 2008 年奥运会对兴奋剂检测的需求，国家投资数千万元已经建成了 5600 平方米的新实验大楼，并更新了检测设备，为顺利完成 2008 年奥运会的兴奋剂检测任务奠定了良好基础。

（二）积极开展新型兴奋剂检测技术的研究，不断提高兴奋剂检测水平

在中国政府体育主管部门的全力支持下，在承担大量检测任务的同时，中国兴奋剂检测中心还开展了大量的科学研究工作，不断提高检测技术水平，密切跟踪国际发展动态，保持兴奋剂检测的国际先进水平。近年来开展对生产激素、新型输氧剂及有蛋白同化作用的新型非类固醇制剂等兴奋剂的检测方法研究；加强了对基因兴奋剂、生物芯片的前瞻性研究和新增禁用物质的检测技术研究；同时与有关的科研机构合作，加强对药物人体代谢规律的研究。该中心与其他科研单位合作的研究成果《兴奋剂检测方法的研究与实施》曾获得 1992 年国家级科技进步一等奖，该中心的其他成果也曾多次获得有关部门的奖励。同时于 2003 年承担了世界反兴奋剂机构委托的检测课题研究，并与悉尼兴奋剂检测实验室、巴塞罗那兴奋剂检测实验室和奥斯陆兴奋剂检测实验室等开展对新型兴奋剂检测技术的研究，不断提高我国兴奋剂检测的水平。

七、加强反兴奋剂综合治理

近 20 年的中国反兴奋剂实践证明，反兴奋剂工作已不再仅限于体育领域而是涉及多个领域，对兴奋剂问题进行有效治理需要各有关部门齐抓共管，紧密配合，必须通过法律、行政、教育等多种手段进行综合治理。2004 年《反兴奋剂条例》的颁布实施，使得我国对兴奋剂的管制从过去由体育一个部门进行管理，上升到了国家管理的层面。最突出的变化就是对兴奋剂药源的控制，即从生产、销售、进出口，包括研究兴奋剂源头的控制。随后，国家体育总局、商务部、卫生部、海关总署、国家食品药品监督管理局等联合发出《2004 年兴奋剂目录公告》。《反兴奋剂条例》的颁布从政府层面和法律层面对加强反兴奋剂综合治理提供了有力武器。

为认真履行《反兴奋剂国际公约》，贯彻落实《反兴奋剂条例》，2007 年 8 月国务院特别召开了有国家体育总局、教育部、公安部、信息产业部、商务部、卫生部、海关总署、工商总局、质检总局、食品药品监督管理局、法制办十一个国家部委和北京奥组委参加的会议，研究兴奋剂综合治理问题。国务院要求有关方面协调配合，形成合力，进一步采取有力的措施，保证《反兴奋剂条例》各项规定的落实。一是建立协调机制，成立由体育总局牵头，相关部门负责同志参加的体育运动中兴奋剂问题综合治理协调小组，及时研究解决反兴奋剂工作有关问题。二是实施综合治理，包括开展集中清理，特别是对北京 2008 年奥运会举办城市的药品市场进行清理，依法查处非法生产、销售和进出口的企业和单位；关闭违法销售兴奋剂的网站，严格控制医疗机构的禁用药物流向社会和市场；打击非法进出口药品和通过各种方式出入境行为等。三是加大宣传力度，采取多种形式，阐明我国政府一贯坚持反兴奋剂的严正立场，介绍工作取得的成效。四是，加强对青少年兴奋剂问题的治理和疏导，通过在广大青少年中普及反兴奋剂知识，增强其反兴奋剂意识，提高其自觉抵制使用兴奋剂的能力，保护其身心健康。

2007年10月国务院批准建立《体育运动中兴奋剂问题综合治理协调小组工作制度》，正式建立了由国务院11个部委组成的兴奋剂问题综合治理协调机制。体育运动中兴奋剂问题综合治理协调小组（以下简称协调小组）主要职责是研究部署贯彻《反兴奋剂条例》的各项规定，通报综合治理兴奋剂问题的措施，及时协调解决反兴奋剂工作有关问题，督促检查有关政策措施的落实。协调小组由体育总局牵头，教育部、公安部、信息产业部、商务部、卫生部、海关总署、工商总局、质检总局、食品药品监管局、法制办、北京奥组委等有关部门和单位参加。2007年10月18日，国家体育总局、国家食品药品监督管理局、教育部、商务部、卫生部、海关总署、国务院法制办联合下发了《关于开展〈反兴奋剂条例〉执法检查的通知》，在全国范围内联合开展《反兴奋剂条例》执法检查，进一步推进了反兴奋剂工作的深入开展，为把北京2008年奥运会办成一届"有特色、高水平"的奥运会奠定了坚实基础。同时加大反兴奋剂宣传教育力度，在进一步加强对教练员、运动员及其有关人员的反兴奋剂教育的同时，重视加强对青少年使用兴奋剂的预防教育工作，增强其反兴奋剂意识，提高其自觉抵制使用兴奋剂的能力。

八、把握国际进程，力求同步发展

我国积极开展国际交流与合作，积极参与国际反兴奋剂事务，多次派代表参加国际奥委会、政府间组织或国际单项体育组织举行的反兴奋剂国际会议，支持国际社会为反兴奋剂所采取的政策措施，庄严承诺中国应履行的责任和义务。

从1997年开始，中国作为观察员参加了欧洲反兴奋剂公约监督组的活动。自 1999 年世界反兴奋剂机构成立以来，中国一直作为亚洲国家的代表之一担任理事，派代表出席世界反兴奋剂机构的会议及相关活动，积极履行相应的义务。中国政府和中国体育界签署了 1999 年国际奥委会在洛桑召开的世界反兴奋剂大会上达成的《洛桑宣言》，2003 年在丹麦的哥本哈根举行的世界反兴奋剂大会上达成的《哥本哈根宣言》，2006 年 8 月 17 日国务院总理温家宝签署联合国教科文组织颁布的《反对在体育运动中使用兴奋剂国际公约》，我国成为亚洲第一个缔约国家。我国应国际奥委会、世界反兴奋剂机构、亚奥理事会及相关国际体育单项联合会的邀请多次派代表参与奥运会、亚运会以及其他国际重大赛事的反兴奋剂工作，在国际反兴奋剂事务中发挥着越来越大的作用。

我国还积极开展反兴奋剂领域的双边交流与合作，先后与挪威、瑞典、澳大利亚、加拿大、美国、西班牙等国家签署了双边合作协议，与法国、英国、日本等国家开展双边交流活动，增进了彼此的了解和互信。中国反兴奋剂专家积极参与了国际奥委会医学委员会的有关活动。中国兴奋剂检测中心也多次派专家参加国际学术会议，与国外其他实验室的同行们保持着密切的合作关系。通过交流与合作，深入交换反兴奋剂信息，提升了双方的反兴奋剂工作水平，推动反兴奋剂事业的发展。

九、圆满完成 2008 年奥运会的反兴奋剂工作

第 29 届奥运会已于 2008 年 8 月 24 日在北京圆满结束，中国体育代表团取得了 51 块金牌，100 块奖牌的优异成绩。在北京奥运会期间中国体育代表团没有发生一例兴奋剂违规事件，实现了干干净净参赛的目标，维护了奥林匹克运动的纯洁性、维护了中国体育代表团的荣誉和国家的尊严，取得了比赛成绩和精神文明双丰收。在整个备战北京奥运会期间，为了做好反兴奋剂工作，不断采取措施，反兴奋剂工作取得积极成效，为奥运会

的成功举办营造了公平、干净的环境，确保中国运动员干干净净参加北京奥运会，圆满地完成了北京奥运会反兴奋剂工作任务，中国反兴奋剂中心和体育总局科教司综合处也获得党中央、国务院的突出贡献团体的表彰。

（一）建立了国家兴奋剂问题综合治理的协调机制

2007 年 8 月，在中央和国务院领导的高度重视下，成立了由国际体育总局牵头的 12 个部委组成的兴奋剂问题综合治理协调小组，建立了协调管理机制。2008 年 3 月，国家食品药品监管局牵头 8 个部委成立了兴奋剂违法生产经营专项治理工作组，集中办公，开展兴奋剂生产经营专项治理工作。同时为了加强食品安全保障工作，国务院成立了由国务院副秘书长负责，北京奥组委、北京市政府、及其他 12 个部委组成的北京奥运会食品安全工作协调小组，统筹协调北京和其他赛区城市奥运食品的质量安全工作，协调处理奥运食品安全跨境、跨地区的重大事项和重要问题。通过各部门的分兵把守、齐抓共管，兴奋剂非法生产、销售、进出口的情况得到初步遏止，反兴奋剂环境得到极大改善，社会各界反兴奋剂意识普遍增强，综合治理成效显著，有力推进了反兴奋剂工作的全面开展。

（二）组建了独立的国家反兴奋剂机构——中国反兴奋剂中心

为进一步推进反兴奋剂管理体制改革，理顺反兴奋剂管理运行机制，根据反兴奋剂工作的需要，在领导的重视和各方的共同努力下，认真分析并向有关部门阐明成立反兴奋剂中心的必要性，经过努力争取，在国家冻结机构设置调整的情况下，2007 年 5 月 10 日中编办特批成立中国反兴奋剂中心。2007 年 11 月，中国反兴奋剂中心正式揭牌成立，为中国的反兴奋剂工作提供了更好的组织保证，这是我国政府加强反兴奋剂工作的又一重大突破。

（三）实行责任制，强化了各级体育部门反兴奋剂的责任意识

2007 年 1 月，为了加强备战奥运会的反兴奋剂工作，明确责任，按

照"荣誉共享、责任共担、分级管理"的原则，体育总局与所属各运动项目管理中心、各省（区、市）等相关单位签订《反兴奋剂工作责任书》，各单位又和下属体育局及相关单位层层签订责任书，与运动员签订承诺书，层层落实了反兴奋剂工作责任制，明确了体育总局、所属各项目中心、各地方体育部门在反兴奋剂工作中的责任和义务，形成了上下一心，齐抓共管的反兴奋剂工作局面，强化了各级体育部门反兴奋剂责任意识。

（四）有针对性地制定了一系列反兴奋剂规章制度

为了进一步贯彻落实《条例》，根据本土参赛反兴奋剂工作的特殊性，备战期间有针对性的出台了一系列反兴奋剂规章制度。主要有：《国家队运动员兴奋剂违规处罚办法》、《六城会反兴奋剂管理办法》、《治疗用药豁免管理办法》等；与国家药监局、海关总署等联合下发了《蛋白同化制剂、肽类激素进出口管理办法（暂行）》、《兴奋剂目录公告》；药监局下发了"关于《药品说明书和标签管理规定》有关问题解释的通知"（规定：药品中含有兴奋剂目录所列禁用物质的，说明书或者标签应当注明"运动员慎用"字样），使反兴奋剂工作制度更加完善、有效。制定新的国家队兴奋剂违规处罚办法。

（五）有针对地开展反兴奋剂宣传教育

2007年1月开始举办"历史与未来——奥林匹克反兴奋剂四十年"主题展览，已先后在北京、香港、青岛、上海、武汉等地成功举办，获得了良好的社会反响。组织全体国家队运动员和运动员辅助人员开展面对国旗进行反兴奋剂宣誓和签订《反兴奋剂承诺书》的活动，庄严承诺为了国家荣誉和奥林匹克运动的纯洁性"珍爱健康，公平竞赛，远离兴奋剂"。

（六）兴奋剂检查的数量大幅度增加

2008年仅针对备战奥运会的国家队运动员实施检查超过5000例，并对重点项目的重点人员实施目标检查，同时不断提高检查的科学性、针对性和有效性，完善运动员行踪信息报告制度，制订周密计划，提高检查的质量，确保中国运动员干干净净参加北京奥运会。

近20年来，中国始终如一地坚持反兴奋剂"三严方针"，努力采取了一系列措施，不断加大反兴奋剂工作力度，取得了十分显著的成绩。对此，许多国际人士也给予了充分肯定和高度评价。国际奥委会前主席萨马兰奇曾说，中国的反兴奋剂工作是世界上做得最好的国家之一。世界反兴奋剂组织前主席庞德曾高度评价中国的反兴奋剂工作，称中国的反兴奋剂工作堪称世界楷模，并表示："我现在完全可以说，中国的反兴奋剂工作已经走在了世界前列。"

新中国成立 60 年体育宣传回顾

国家体育总局宣传司司长　张海峰

　　体育宣传工作是我们党和国家体育事业的重要组成部分，是宣传战线十分重要的领域。早在 1917 年，毛泽东同志就在《新青年》杂志上发表《体育之研究》一文，全面论述体育的目的、意义、作用、科学价值和锻炼方法。在革命战争年代，中国共产党和老一辈无产阶级革命家大力提倡体育，认为体育是革命事业的一部分，是为革命事业的总目标、总任务服务的。新中国成立后，党和国家领导人十分关怀体育事业，发出了"发展体育运动、增强人民体质"的号召。随着体育工作的蓬勃开展，体育宣传工作的地位和作用愈加显现，体育宣传事业不断得到发展。

　　新中国成立 60 年来的体育宣传，普及了体育文化知识，增强了民众体育意识，讴歌了体育事业取得的成就，弘扬了爱国主义精神，丰富了新闻宣传内容，满足了日益增长的人民群众的精神文化需求，鼓舞了广大体育工作者和亿万人民群众，扩大了新中国的国际影响，是推动我国竞技体育、群众体育和其他体育工作以及新闻宣传事业蓬勃发展的不可或缺的重要力量。

一、新中国前三十年体育宣传回顾
（1949—1978 年）

中华人民共和国成立初期以后的约 30 年间，我国体育宣传事业从开创到立足，获得了稳步的发展，有力地推动了我国体育事业的发展，并成为新闻宣传事业的重要组成部分。

（一）党和人民政府高度重视体育的宣传与普及工作

中华人民共和国成立后，中央人民政府随即把发展体育事业提上了议事日程，形成了"为劳动生产和国防建设服务"，以"发展体育运动，增强人民体质"为基本任务，以"普及与提高相结合"为基本方针的体育发展思路，并成立了中华全国体育总会、中央人民政府体育运动委员会等体育组织机构。

党和人民政府高度重视体育的宣传、普及工作。1952 年 6 月通过的《中华全国体育总会章程》明确规定，中华全国体育总会的任务之一是"向广大人民群众进行体育运动的宣传教育工作"。随后成立的中央人民政府体育运动委员会设立了专门从事体育宣传工作的组织领导部门。1954 年 3 月，《政务院关于在政府机关中开展工间操和其他体育运动的通知》中也指出："必须切实做好体育运动的宣传教育工作。"报刊、电台等各类媒体，也逐渐增加体育宣传的内容。在党和人民政府的指导、支持下，新中国的体育宣传工作逐步发展起来。

（二）新华社、综合性报刊开始关注体育新闻

新中国成立后，新华社改组为国家通讯社，明确提出要成为"消息总汇"的总任务。配合党和国家宣传、普及体育运动的要求，新华社加

强了对体育的报道力度，对中国运动员参与的国内外重大赛事、重大体育活动，都及时做出报道。1952 年，中国代表团赴赫尔辛基参加第 15 届奥运会，新华社记者胡骑作为代表团中唯一一名记者，向国内外发出一系列报道。对新中国参与的新兴力量运动会、亚运会等综合性运动会以及世乒赛、世界滑冰锦标赛等单项国际大赛，新华社都派出强有力的报道组，承担向国内外媒体发布消息的重要任务。

建国初期，党和人民政府迅速组建了以《人民日报》为中心，以党报为主体的公营报刊网，并及时报道体育运动发展的最新消息。如 1949 年 10 月 16 日，《人民日报》和《光明日报》对北京市人民体育大会的召开进行了报道；1952 年，《人民日报》、《光明日报》对中国参加赫尔辛基奥运会的过程给予了关注。《中国青年报》、《解放军报》、《工人日报》等全国性报纸以及地方日、晚报等，也都将体育宣传作为自己必不可少的报道内容之一。由于采写力量有限，这一时期报刊的体育报道数量较少，且主要依赖新华社稿件。

（三）体育广播得到初步发展

赛事实况广播是建国初期深受听众欢迎的体育广播节目。1951 年 5 月，中央人民广播电台实况转播了篮球、排球比赛大会，这是新中国广播史上第一次实况赛事转播。1952 年 8 月 3 日，中央人民广播电台成功转播了中国和波兰男篮比赛的实况，这是其第一次广播国际体育比赛实况。从 1956 年开始，全国性体育比赛增加，国际体育往来也比较频繁，实况广播的数量不断增多：1956 年 11 场，1957 年 12 场，1959 年 23 场。1961 年，第 26 届世乒赛在北京举行，这是世界性体育比赛第一次在中国举行。中央人民广播电台一共广播了 9 场比赛，给人们留下了深刻印象。其中，张之对男子团体决赛中徐寅生"十二大板扣杀"的生动解说被传为美谈，成为体育广播宣传中的杰作。

广播体操也是新中国体育广播史上非常重要的一页。1951 年 11 月 24 日，中华全国体育总会、教育部等 9 个单位发出《关于推行广播体操活动的通知》，12 月 1 日，中央人民广播电台开始播出广播体操节目。随后，各省市自治区的广播电台也开始播送广播体操。广播体操很快在全国各地大力推广开来，成为建国初期最普及、最流行的体育活动。

体育广播专题节目开始创办。1955 年 4 月，中央人民广播电台开设体育专题节目——《体育谈话》，每周两次（1956 年改为每周 3 次），基本方针是面向工农兵，为增强人民体质服务，宣传内容包括提倡开展群众体育活动、增强人民体质；宣传体育锻炼和医疗卫生相结合；介绍各种体育常识，指导青少年积极参加体育活动；报道国际国内体育比赛，宣传新中国运动员创造的优异成绩和为国争光的先进事迹等。1956 年，中国国际广播电台开设了《体育爱好者》专题节目，主要报道外国体育团、队的来访活动，并通过专线向来访国做专题广播。

（四）体育电视报道开始起步

赛事电视转播掀开了中国体育电视发展的第一页。1958 年 6 月 19 日，开播不久的北京电视台（中央电视台前身）实况转播了八一篮球队和北京篮球队的友谊比赛，这是新中国历史上第一次体育电视转播。中国电视第一次实况转播综合赛事是在 1959 年第 1 届全运会期间。北京电视台不但转播了开幕式及足球、篮球、排球等重要场次的比赛实况，还在新闻节目中播报比赛消息，播放电视纪录片。1961 年第 26 届世乒赛期间，北京电视台转播了开幕式、闭幕式和一些重要场次的比赛，10 天中转播了 14 场共 35 个小时，拍摄了 71 条新闻片，编辑了 46 条专题片，举办了 4 次关于乒乓球的专题节目，并安排庄则栋、李富荣等优秀运动员与观众见面。这些节目还制成拷贝送到一些地方电视台播出，并寄送或出售给十几个国家，扩大了比赛的影响，也扩大了中国的影响。1963 年，北京电视台以《新运会简报》的形式报道了"新兴力量运动会"。

同赛事电视转播一起诞生的，还有电视体育栏目。1960 年 1 月 1 日，北京电视台试办了体育栏目《体育爱好者》，隔周的二、五播出，对象主要是青少年、体育爱好者和体育工作者。《体育爱好者》栏目十分重视报

道群众性体育活动，着重宣传了锻炼身体的科学卫生知识、群众体育活动
与健身方法，还播出少数民族体育、中国武术和国防体育等内容，比较全
面地反映了当时中国体育的状况。1960 年，天津电视台开办《体育与健
康》节目，介绍体育知识，举办体育讲座。1961 年，辽宁电视台创办
《体育实况转播》栏目，因技术设备条件所限，转播次数很少。

（五）体育纪录片、故事片塑造了中国体育工作者的崭新形象

新中国电影工作者摄制了大量反映体育的纪录片和故事片，记录了新
中国体育事业的飞速发展，宣传了新中国体育工作者取得的成绩、展现的
风貌，塑造了中国体育工作者的崭新形象。

全运会是纪录片的重点题材。中央新闻纪录电影制片厂记录 1959 年
第一届全运会和 1965 年第二届全运会的《青春万岁》、《第二届全运会》，
再现了全运会的盛况，使人备受鼓舞。1963 年，中国和印度尼西亚联合
摄制了大型彩色纪录片《第一届新兴力量运动会》，在国内外引起强烈反
响，仅在沈阳就创造了放映超千场、观众过百万的影片记录。

新影和科影等电影厂还拍摄了大量反映我国运动员取得成绩和付出努
力的纪录片。有记录我国登山健儿大无畏英雄气概的《冰山之父》（1956
年)、《雪山找宝》（1958 年）、《踏破冰川万年雪》（1958 年）、《踏雪穿
云上冰山》（1959 年）、《征服世界最高峰》（1960 年）等；有反映乒乓健
儿奋勇拼搏，为国争光的《乒乓球赛》（1955 年）、《争夺世界冠军》
(1959 年)、《第 26 届世界乒乓球锦标赛》（1961 年）等，有记录足球、
篮球、排球比赛的《第二个回合》（1957 年）、《中苏篮球赛》（1960
年)、《中苏排球激战》（1962 年）等；有反映冰雪运动的《冬天里的春
天》（1959 年）、《冰雪健儿》（1961 年）、《滑进世界先进行列》（1962
年）等。这些纪录片开阔了人们的眼界，鼓舞了人们的精神。其中，《征
服世界最高峰》获得 1962 年第 1 届百花奖最佳纪录片摄影奖。

以体育为题材的故事片也开始涌现。1956 年，上海电影制片厂摄制
了《两个小足球队》，是新中国第一部体育故事片。后来又出现了上海天

马电影制片厂的《女篮 5 号》（1957 年）、上海海燕电影制片厂的《球场风波》（1957 年）、长春电影制片厂的《冰上姐妹》（1959 年）、北京电影制片厂的《水上春秋》（1959 年）等。其中，谢晋导演的《女篮 5 号》获得了 1957 年第六届世界青年联欢节银质奖章和 1960 年墨西哥国际电影节银帽奖。

（六）体育专业报刊和体育出版事业的创办开辟了新中国体育宣传的新战线

随着新中国体育事业的发展，体育爱好者已经不满足于综合性报刊提供的体育新闻，纷纷要求创办更及时、更有深度的体育专业性报刊。适应体育宣传事业发展的需要，体育专业报刊应运而生。

1950 年 7 月 1 日，由毛泽东同志题写刊名、朱德同志题词的《新体育》杂志创刊，标志着新中国体育宣传的新起点。《新体育》除刊载指导体育的大政方针和国内外重要的体育新闻、信息外，还刊载不少理论性、学术性较强的文章，把普及和提高较好地结合起来。《新体育》图文并茂，老少咸宜，成为当时很有影响力的全国性体育期刊；1954 年，中国历史上第一家体育专业出版社——人民体育出版社成立，这是国家体委领导下的全国性体育专业出版社。据统计，从 1949 年到 1965 年，全国共出版了 1283 种体育图书，21 种体育丛书，大部分由人民体育出版社出版；1957 年 3 月，新中国第一个体育学术性刊物——《体育文丛》创刊，其宗旨是坚持"百家争鸣"方针，鼓励"发表不同意见"，以"开展学术性问题的自由讨论和自由争辩"；1957 年 4 月，新中国第一份英文体育期刊——《中国体育》创刊，面向 100 多个国家和地区的读者介绍中国体育发展情况；1958 年 9 月 1 日，新中国第一张体育专业报纸——《体育报》创刊。创刊号不但使用了毛泽东题写的报头，还刊出毛泽东的号召："发展体育运动，增强人民体质"。作为一张面向社会、面向群众、适应各行各业体育爱好者需要的专业性报纸，《体育报》及时报道国内外重大体育比赛和各种群众体育活动，报道中国运动员创造佳绩、为国争光的事迹，介绍国内外体育明星、优秀教练员和体育界知名人物，刊登各项体育比赛的好成绩和新纪录等，并开辟有关学校体育、群众体育的一些研究专栏等。除中央外，地方一些省体委，如四川、江西、安徽、山东、吉林、河北也出版了各自的体育报纸，如《四川体育报》（1956—1960 年）、《江西体育报》（1957—1960 年）等。这些报纸作为当地体育部门指导工作的机关报，报道内容比较简单，发行量和社会影响力都不大。

纵观新中国成立初十几年的体育宣传发展历程，可以说，这个历史阶段的体育宣传从初创到发展，基本适应了新中国建国初期的政治、经济、社会、文化发展的需求，对该时期群众体育和竞技体育起到了重大推动作用，同时也发扬了体育对社会主义政治、经济、文化建设的特殊功能，形成了良好的社会影响力。体育运动健儿的良好业绩，如游泳、举重、射击、体操、乒乓球、登山、跳伞等项目，吴传玉、容国团、陈镜开、穆祥雄等杰出运动员，成为鼓舞全国人民克服艰难险阻，投身社会主义新中国革命和建设事业的宝贵精神源泉和力量源泉。体育宣传在其中发挥了巨大的、不可磨灭的历史作用。

（七）"文化大革命"使得方兴未艾的体育宣传事业遭受挫折

"文化大革命" 10 年间，我国各项事业基本处于停滞状态，体育事业陷入低谷，体育宣传也遭到严重破坏：1966 年，《体育报》、《新体育》停刊；1967 年 1 月 6 日，北京电视台被迫停止播出包括体育节目在内的所有电视节目；1967 年 2 月，中央人民广播电台《体育运动》节目停播。

"文革"后期，伴随着林彪反革命集团的垮台和"乒乓外交"的成功，体育宣传工作开始恢复：1972 年，《新体育》复刊；1974 年 1 月 1 日，《体育报》复刊；1970 年春，朝鲜乒乓球队访华，停止多年的中央人民广播电台体育宣传重新打开局面。1972 年 5 月，中央人民广播电台恢复体育专题节目播出，定名为《体育》；1970 年 7 月，北京电视台恢复播出《体育爱好者》栏目。之后，中央人民广播电台和北京电视台对在北京举行的亚非乒乓球友好邀请赛、亚非拉乒乓球友好邀请赛等赛事进行了新闻报道或实况转播。1973 年 10 月，北京电视台和湖北电视台合作，第一次利用微波干线把全国乒乓球锦标赛的信号从武汉传回北京，向全国播出，意味着体育电视转播技术取得了突破性进展。尽管体育宣传开始复苏，但由于"文革"的影响还在，体育宣传还基本停留在"政治化"、"革命化"的氛围中，真正能满足广大人民群众需求的，符合体育新闻宣传规律的报道还是少之又少。

二、改革开放新时期以来，体育宣传事业的发展与繁荣（1978—2008 年）

国运盛，体育兴。改革开放新时期开始后，随着各项事业的恢复发展，我国体育事业也取得了卓越的成就，体育宣传工作迅速走向繁荣，成为促进中国体育事业发展的重要保障和扩大国际交流的重要手段。

（一）体育事业的突飞猛进促进了体育宣传工作的发展

改革开放以来，中国的体育事业进入了高速发展期，特别是八十年代初我国全面重返国际奥林匹克运动和国际重大赛事舞台后，中国的体育事业更是突飞猛进。从 1981 年中国女排夺得世界冠军、1984 年许海峰射落中国奥运第一金，到 2002 年实现冬奥会上金牌"零"的突破以及 2008 年北京奥运会的成功举办，体育界取得的一系列成就引起了全国和全世界人民的高度关注，在国内掀起了一浪高过一浪的"体育热"，极大激发了全国人民的爱国主义热情，扩展与提升了体育宣传工作的重要性和影响力。

为适应这一形势，党和国家高度重视加强和改进体育宣传工作。1985年，党中央在批转发展体育运动的通知中，对体育宣传的作用、内容、指导思想与具体实施做了全面、准确的论述。1991 年通过的《中华人民共和国体育法》、《中国体育发展与改革纲要》以及《体育事业十年规划和

"八五"计划》也都列上了体育宣传的内容，强调"各级体育行政部门和体育社会团体应广泛运用传播媒介宣传体育"。中央宣传部和各级宣传领导部门就体育宣传问题多次发出通知和指示。国家体育总局（体委）领导也十分重视体育宣传工作，多次召开全国体育宣传工作会议进行讨论和部署，并发出《关于加强和改进体育宣传工作的意见》等文件。在党和政府的领导下，体育宣传工作有条不紊地进行，并不断取得突破。

（二）体育宣传队伍不断壮大

体育事业的腾飞，促进了体育新闻宣传的发展，也对体育宣传队伍的建设提出了要求。

20世纪80年代前后，各大媒体纷纷组建专门的体育新闻部，建立专职的体育记者队伍：1970年，中央人民广播电台体育组恢复建制，1987年升格为体育部；1979年底，中国国际广播电台成立体育组，后又在各语言部组设立兼职体育记者；1980年，中央电视台体育部成立；1981年，新华社国际部设立科技体育组，1984年1月1日升格为体育部；其间，各省市报刊、广播电台、电视台也纷纷成立体育部。1981年，广东电视台成立体育部。1985年，上海电视台成立体育部。到1991年底，全国专、兼职体育记者已有2000多人，比1979年的500余人增加了三倍多。到二十一世纪初，全国专、兼职体育记者已逾8000人。这期间，涌现了一批人们耳熟能详的名记者、名评论员，张之、宋世雄、沈杰、苏少泉等就是其中的杰出代表。

数量增加的同时，体育记者的业务素质和学历水平也有大幅度提高。国家体委宣传司在1991年底曾对全国新闻单位进行了一次调查，在回收到的350家新闻单位问卷中，有专职体育记者1282人，具有大专以上文化程度的747人，中专程度70人。其中，高级记者41人，主任记者167人，记者473人，助理记者380人。286人受过体育专业培训，425人受过新闻专业教育。而到今天，各类媒体招聘体育记者，几乎全部要求是受过高等学历教育的大学生。体育记者日渐成为我国新闻媒体中一支重要的采访、报道力量。

体育新闻群团组织和教育机构的出现使得体育记者更加组织化、专业化。1979 年 9 月，全国第一个行业记者组织——中国体育记者协会成立，并陆续设置九个二级学会：全国日报体育新闻学会、全国晚报体育新闻学会、全国体育电视联合体、全国有线电视体育传播委员会、全国体育专业报刊学会、全国广播电台体育记者学会、全国体育摄影学会、全国都市报体育记者协会、全国体育新闻研究学会等。从成立至今，中国体育记者协会着手体育新闻队伍建设，开展体育新闻学术研究和体育好新闻评选，举办一系列推动体育新闻创新和发展的各类社会活动，并积极开展国际交流与合作，进行了大量卓有成效的工作，成为富有活力和凝聚力、影响力的社会团体。为适应体育媒体市场需求，1989 年，上海体育学院正式创办体育新闻专业，开中国高校培养体育新闻人才的先河。如今，已有北京体育大学、上海体育学院、成都体育学院等 11 所体育院校和吉林大学、河南大学等 4 所综合性大学开设新闻学专业体育新闻方向，为我国体育宣传事业提供了源源不断的人才保障。

（三）通讯社开始发挥体育媒介之媒介的作用

1982 年，新华社成立体育部后，把体育新闻列入重点发稿项目。体育新闻成为新华社报道的重头戏之一，报道数量大幅度上涨。1984 年洛杉矶奥运会时，新华社 30 人的奥运会报道组中文发稿量为 484 条，英文发稿量为 866 条，图片量为 1200 余幅，并早于美联社、路透社发布中国夺得首金的消息。1990 年 6 月，在无重大赛事的情况下，新华社发体育新闻稿达 485 条，日均 16 条多。进入新世纪，伴随着新华社建设世界性通讯社和"消息总汇"的步伐，新华社越来越注重抢发重要体育新闻。2004 年雅典奥运会期间，新华社前方报道人数从 2000 年的 39 人跃升为 80 人，在系统性能、人员装备等方面也得到了全面提高，体育报道的内容和方式也越来越多元化，不仅有大量的文字和图片报道，语音节目也被广播电视广泛采用，还通过网络对奥运会进行现场报道，包括重要比赛的现场直播、访谈节目等。这是新华社首次以文字、图片、网络、音频四种报道形式全面报道奥运会，也是新华社现场报道发回图片量最大、稿件最多、品种最多、影响最广的一次。国内许多媒体争相转载新华社发回的前方报道，新华社切实发挥了通讯社媒介之媒介的作用。

另外一家国家级通讯社——中新社，也日益重视体育新闻，每年面向海外和台港澳地区播发上万条体育信息。

（四）综合性报纸的体育报道比重不断加大

改革开放以来，由于体育事业的发展和新闻改革的不断深入，体育新闻逐渐成为报纸的主要报道品种和支柱性内容，体育新闻版面也不断扩大、增多。

20世纪80年代，伴随着体育健儿在一系列重大国际赛事中取得优异成绩，国内掀起了一股"体育热"。《人民日报》、《光明日报》等中央级大报和一些省市级党报陆续开辟出的体育栏或体育版，如《人民日报》的"体育之角"、《中国青年报》的"体育爱好者"、《光明日报》与《解放军报》的"体育场"以及《工人日报》的"体坛纵横"等。《科技日报》、《中华工商时报》、《国际商报》和《中国教育报》等行业性报纸也增加了体育报道内容，除了对奥运会等重要赛事进行报道外，还在副刊上开设有一定比重的体育栏目。各地晚报也是体育宣传的主要阵地，体育新闻甚至成为晚报的四大报道支柱之一。20世纪90年代初，国内大多数中央级报纸及省市报纸都开设了体育专栏，近50家晚报均设有体育专版。每逢重大赛事，各报还纷纷增加体育版面或者推出体育特刊、专刊。

1992年党的十四大召开后，我国确立了社会主义市场经济体制，体育事业和新闻事业的市场化、产业化程度加深。随着1994年中国足球职业联赛的兴起和1995年后都市报的涌现，体育新闻一跃成为与时政新闻、财经新闻、社会新闻、文化新闻相并列的新闻品种，成为党报、晚报、都市报竞争的重要战场。足球报道更是一度成为体育报道的中心。2002年，中国足球队首次入围世界杯，极大刺激了国内球迷的关注和各类媒体的投入，报业竞争在韩日世界杯期间达到顶峰。据统计，正式申请采访韩日世界杯的中国报社达 73 家，仅次于主办国韩国（100 家报社）和日本（78 家报社）。其中，《京华时报》投资近 2000 万元打造每天 24 版的《世界杯特刊》，《北京青年报》与韩国《东亚日报》合作在韩国汉城、光州、济州三地印刷发行。2004 年雅典奥运会期间，13 家都市报组成的"媒介联合体"和 20 多家主流晚报 55 名体育记者组成的"中国晚报奥运采访团"，实现了资源共享，是我国报业在新形势下建立"竞合"关系的一次具有开拓意义的探索。

（五）体育广播频率悄然出现

改革开放 30 多年间，体育广播经历了从辉煌到衰落再重新崛起的发展历程。

广播在 20 世纪 80 年代独领风骚。1978 年，中央人民广播电台广播了第八届亚运会排球等几个比赛项目的实况，这是中国广播第一次在境外进行实况广播。1981 年 11 月，中央人民广播电台实况转播了世界杯女子排球赛中苏、中古、中美、中日女排之间的比赛，记录了中国女排连战连胜、夺得冠军的历史场面，受到全国听众的热烈欢迎，收到了 1800 多封来信，迎来了体育实况广播的辉煌时期。此后，体育广播在奥运会、亚运会等重大赛事期间不断发挥"以声传情"的特点和时效优势：1992 年巴塞罗那奥运会期间，中央人民广播电台前方记者租用手持电话，对女子跳水决赛等重要比赛进行同步广播，创造了奇迹；1996 年亚特兰大奥运会期间，中央人民广播电台分派前方记者携带手持电话分赴各赛场，同时在驻地租用一部国际直拨电话和后方联络并播报新闻，使得 25 分钟的《奥运会专题》节目基本上和现场比赛同步播出。中国国际广播电台也每天用近 40 种语言对境外各国播出体育新闻，每逢重大赛事，都会派出记者，及时进行报道。1992 年巴塞罗那奥运会期间，中国国际广播电台首次尝试对国外听众现场实况直播，收到良好反馈。

20 世纪 90 年代中后期，受体育电视实况转播迅猛发展和受众接受信息习惯变化的影响，体育电台广播有所衰落。但广播窄播化、专业化的发展趋势和北京"申奥"的成功，使得体育广播在 21 世纪初重新崛起：2002 年 1 月 1 日，北京人民广播体育广播开播；2003 年 3 月 9 日，沈阳体育健康台（现为沈阳体育休闲广播）开播；2004 年 8 月 8 日，上海电台体育广播（现为五星体育广播）开播……2008 年 7 月 17 日，山东体育休闲广播频道开播。体育广播正在困境中不断探索，力求新的突破。

（六）体育电视报道逐渐彰显优势

由于声画兼备的传播特性以及即时传播的技术优势，电视越来越被视作体育运动的天然媒体和最佳伴侣，中国的体育电视报道也逐渐确立了自己在体育报道领域的优势地位。

1978 年至 1983 年，是体育电视报道奠定基础、渐成气候的阶段：首先，中央电视台开始在《新闻联播》节目中播出体育新闻（1979 年），但数量有限，时效性较差；其次，体育电视栏目陆续创办，如中央电视台的《体育之窗》、《世界体育》、《体坛纵横》，广东电视台的《体坛内外》，北京电视台的《体坛巡礼》，上海电视台的《体育大看台》等；第三，重大赛事转播有较大发展。1978 年，中央电视台对第 11 届世界杯足球赛的半决赛和决赛以及第 8 届亚运会部分比赛进行了实况转播，拉开中国电视媒体报道世界大赛的序幕；1981 年 11 月，中央电视台卫星直播了世界杯女子排球赛的多场比赛，接到 4000 多封观众的电报、信件和大量电话，对中国女排表示祝贺，对电视直播表示赞扬。

1984 年至 1994 年，是体育电视报道不断探索、蓄势待发的阶段：首先，1989 年 1 月 1 日，中央电视台率先开设《体育新闻》栏目，实现了体育新闻从量变到质变的飞跃；其次，体育电视栏目开始从集锦类向电视新闻杂志类转变，如 1991 年 5 月中央电视台推出的《体育大世界》，增加了自制节目的分量，满足了观众的收视需求；第三，重大赛事转播水平迅速提升。1984 年洛杉矶奥运会期间，中央电视台和香港电视台合作，直播开幕式、闭幕式和女排决赛等重要比赛，收视率空前。1990 年北京亚运会期间，中央电视台联合全国 16 家地方电视台和北京广播学院，向海外电视机构提供了包括 17 个比赛项目和两个表演项目的现场直播信号，共 950 小时，报道规模超过了汉城亚运会，使我国重大赛事电视转播水平得到极大提升。1992 年巴塞罗那奥运会，中央电视台建立后方演播室重新包装专题节目。1994 年广岛亚运会，中央电视台在国际电视中心设立独立的播出制作中心，租用单独的卫星通道，跃升为具有较强制作能力的亚洲大台之一。这一时期，广东电视台率先引进英国足总杯和意大利足球联赛，推动了我国体育电视的国际化道路。

1995 年 1 月 1 日，中央电视台体育频道成立。一时间，全国各地的体育电视频道如雨后春笋般涌现。据统计，截至 2003 年底，全国各地可收看的体育类频道共 42 个，57.1% 集中在省级电视台，38.1% 集中在市级电视台。体育电视频道的创办使得我国体育电视报道开始跨越式发展：首先，体育新闻节目增多，并开始滚动播出，大大提高了体育新闻的时效性和专业性；其次，涌现了一批优秀栏目，如《足球之夜》、《体育人间》、《城市之间》、《中国体育报道》等；第三，赛事报道再上新台阶。1996 年亚特兰大奥运会期间，中央电视台体育频道曾连续九个日夜不停地转播奥运会，制作中心规模、报道数量、记者水平跻身世界电视机构前十位。2000 年悉尼奥运会期间，中央电视台除租用两颗卫星、在国际广播中心设主演播室外，还在悉尼港建立实景演播室、在不同赛场设六个单边注入点及附加机位，实现了三套节目全天播出或并机播出。2004 年雅典奥运会期间，中央电视台派出 160 人奔赴雅典，其中 58 人参与国际公共信号制作，累计播出 1400 多个小时的奥运节目，仅次于美国全国广播公司（NBC）。

（七）体育专业报刊和出版影响力不断扩大

改革开放以来，我国体育报刊经历了一个从快速扩容到调整收缩的过程。

随着 20 世纪 80 年代"体育热"的升温，体育报刊出现了从未有过的繁荣景象。《体育报》发行量在洛杉矶奥运会期间由 70 万份上升至 84 万份，一些地方性体育报纸也纷纷恢复和创办，如《山东体育报》、《球迷》、《体坛周报》、《足球》等，达 15 种之多。《新体育》也进入了其发展史上的巅峰期，其最高发行量曾超过 100 万份。各级体委、运动协会也陆续创办了一批体育期刊，如北京的《体育博览》、《武魂》，广东的《体育春秋》、《武林》，上海的《体坛纵横》，湖北的《武当》，河南的《少林与太极》等。隶属于国家体委的中央级出版单位也不甘落后，先后创办了《乒乓世界》、《足球世界》、《围棋天地》、《体育画报》、《健与美》等。到 1990 年代初，我国大众体育期刊的总数已达 31 种。

1992 年党的十四大以后，体育专业报刊经历了一个快速增长的阶段。据统计，1992 年至 2002 年间，体育报纸的种类由 16 种增长到 44 种。新创办的报纸有《中国足球报》、《球报》、《新民体育报》、《羊城体育》、《世界体育周报》等。而《球迷》、《球报》、《体坛周报》等市场化运作的报纸逐渐取代《中国体育报》等机关报性质报纸的优势地位。尤其是实行足球联赛以来，《足球》、《体坛周报》的每期发行量平均高于 100 万份，《球迷》也高达 87 万份。2002 年韩日世界杯期间，体育报纸竞争趋于白热化：《南方体育》单期发行量峰值达 100 多万份，《足球》报最低一期发行量为 91 万份，《体坛周报》则创下了期发行量 262 万份的纪录。此时的大众体育期刊也在产业化的道路上不断探索。1994 年，《新体育》杂志社与法国著名的桦榭·菲力柏契集团（HFM）进行海外图文资料版权合作，创办国内第一本彩色综合性体育杂志《搏》，深刻影响和改变了国内大众体育期刊的运营理念与设计理念。同时，《F1》、《高尔夫》、《体育画报》、《网球天地》等一批面对高端人群的大众体育期刊开始出现，并迅速获得读者认可。截至 2004 年，国内大众体育期刊已经增加到 69 种，其中综合性大众体育期刊 10 种，专项大众体育期刊 59 种，呈现出读者细分化、内容时尚化、装帧高档化、定位高端化的发展趋势。

2002 年韩日世界杯之后，受外界体育环境、业内残酷竞争、自身经营管理、国家报刊出版宏观调控等多种因素的影响，多数体育专业报纸开始陷入困境。2002 年 9 月，《21 世纪体育》停刊。其后，《体育快报》、《体育报》、《北京足球报》、《世界体育报道》相继停刊。雅典奥运会后，再次出现体育报纸停办现象。2005 年 8 月 1 日和 30 日，两份颇有影响力的体育报纸《球报》与《南方体育》相继停刊，给整个行业带来了巨大震动。截至 2007 年，体育报纸的数量已经骤然下降为 17 家。而余存的体育专业报刊，仍在市场经济的大环境下，艰难探寻新的生存和发展之路。

新时期的体育出版事业得到很大发展。除人民体育出版社外，蜀蓉棋艺出版社、北京体育大学出版社、奥林匹克出版社相继创立，体育出版实力大为增强，主要体现在：体育出版领域拓宽，体育音像制品和电子出版物成为体育出版业新的经济增长点；体育出版物的品种数量迅速增长，质量显著提高，精品不断涌现；出版管理体制和运行机制正在形成，管理水平有所提高；对外交流不断扩大。

（八）网络和手机成为体育宣传的新兴力量

1994 年 4 月 20 日，中国正式接入国际互联网络，网络体育新闻也随之产生。

门户网站体育频道是网络体育报道的主力。1997 年世界杯亚洲区预选赛期间，新浪网前身"四通利方"首次采用网上音视频技术直播了比赛，这是我国第一次利用网络报道体育赛事。1998 年 7 月，"四通利方"推出"法国 98 世界杯风暴"，全程报道了法国世界杯，并创下了当时中文站点访问量的最高纪录。此后，新浪竞技风暴、搜狐体育频道、雅虎体育频道、李宁网易体育、TOM—鲨威体坛等门户网站的体育频道相继出现，并在奥运会、世界杯等重大赛事报道方面展开激烈竞争。传统媒体网站也是网络体育报道的重要力量。从 1996 年年底开始，中央电视台、《人民日报》、中国国际广播电台等新闻机构和《中国体育报》、《体坛周报》、《足球》等体育专业媒体都陆续建立自己的网站，改变了此前门户网站主导网络传播的局面，也拉开了传统媒体网络版与网络媒体在体育新闻报道方面竞争的帷幕。一些大型体育赛事也纷纷设立官方网站，成为重要的信息发布渠道，为公众提供了更为广泛的信息源。2003 年 11 月 18 日，中国数字体育互动平台启动，并同时开通了中国奥委会网站（中英文版）、中华全国体育总会网站、华奥星空网站，成为我国最有影响力的体育官方网站。

虽然手机的"第五媒体"地位还受到质疑，但手机在雅典奥运报道中崭露头角却是事实。雅典奥运会期间，联通"奥运直通车"整合新浪、华友、TOM 等国内几大知名 SP 的资源优势，并组合了中新社、体育频道联盟等多家强势传媒，为用户及时传递第一手奥运赛事信息。中国移动通信也开发了类似的短信业务以及拨打电话收听奥运新闻的服务。通过手机来收看奥运比赛节目的全新尝试也在雅典奥运会期间推出。手机体育报道的时代正悄悄来临。

（九）北京奥运会报道创造新中国体育宣传的新高度

北京奥运会是一届"举世瞩目"、"无与伦比"的奥运会，不仅中国体育代表团创造了前所未有的佳绩，中国的体育宣传也达到了一个新的高度。

新华社作为国家通讯社、东道主通讯社和奥林匹克国家摄影队，在国际奥委会正式注册的新闻采编和技术人员共 284 人，非注册记者 62 人。从 2008 年 7 月 25 日报道团进驻奥运会主新闻中心到 8 月 24 日奥运会闭幕，新华社共播发奥运中文稿件 7600 多条、英文稿件 6900 多条，法、西、俄、阿、葡 5 条语言专线播发奥运文字稿超过 11800 条，是平时发稿量的 4 倍。播发中文图片 42000 张、英文图片 26972 张，法、西、俄、阿图片 21139 张，是平时发稿量的 8 倍。制作音视频新闻节目 1446 条，超过 4700 分钟。其文字稿件、图片图表稿件、音频稿件被国内用户采用率分别为 99%、62%、83%。对外中英文文字、图片稿件被境外媒体平均采用率为 30%。国际奥委会主席罗格对新华社 7 种文字 24 小时不间断播发奥运会新闻给予了高度评价。

《人民日报》站在东道主、党报、大报的立场，报道北京奥运会的总体思路是：唱响一个口号（同一个世界，同一个梦想），统筹两个奥运（奥运会和残奥会），弘扬三大理念（绿色奥运、科技奥运、人文奥运），发挥四个优势（媒体众多、容量较大、队伍齐整、统筹指挥），把握五个关系（体育性与政治性、赛事报道与非赛事报道、主赛区与分赛区、国内与国际、内宣与外宣）。早在 2005 年 1 月，《人民日报》海外版就推出了奥运特刊，揭开了奥运报道的序幕。北京奥运会倒计时 1000 天时，《人民日报》推出《全景奥运》专版，2008 年 7 月 1 日起推出《奥运特刊》。奥运会期间，《人民日报》共使用版面 288 块（特刊每日 12 版），刊发报道和文章 1042 条，图片（含漫画、图表等）1062 幅，评论 186 篇，创大型报道之最。《人民日报》还充分发挥人民网和社属报刊的力量，全方位报道北京奥运会，体现了"党报特色"，展现了"大报水平"，赢得了多方赞誉。

《中国体育报》作为国家体育总局的宣传主阵地，奥运会期间，首次以 12 版（开幕当天 24 版）全程彩印的全新面貌与读者见面，前方发稿 874877 字，加上后方写作量，每日完成原创稿件近 6 万字。除新华社外，中国体育报是文字量最大的媒体。各大报社转载无数，所有门户网站、体育网站也几乎把《中国体育报》稿件全部上网。

中央电视台充分利用转播权优势，投入 CCTV—1、CCTV—2、CCTV—3、CCTV—奥运、CCTV—7、CCTV—12、CCTV—新闻、CCTV—高清 8 个开路频道以及 CCTV—奥运足球、CCTV—奥运网球两个付费频道，直播开幕式、闭幕式及奥运赛事 809 场，录播 1135 场，覆盖了全部 28 个大项，记录了我国运动员获得 51 块金牌的精彩瞬间；《荣誉殿堂》、《早安，奥林匹克》、《全景奥运》三档奥运栏目多视角、多形式、多方位地报道了奥运赛事。奥运会期间，中央电视台奥运报道累计 2796 小时 49 分钟，平均收视份额超过 52%，比雅典奥运会期间提升 10.32%，最大程度地满足了中国观众的收视需求。中央电视台还派出 5 个团队负责制作乒乓球、羽毛球、网球、篮球、排球和现代五项 6 个项目的公用信号制作任务，共计 418 场 737 小时，其敬业精神、队伍风貌、专业水准受到了 BOB

赛事制作经理的高度肯定。

中央人民广播电台作为持权转播商，派驻前方记者达 100 多人，其中注册记者 36 人、非注册记者 11 人（包括给全国奥运广播联盟成员台的 15 个记者名额）及外围记者几十名，投入 10 个频率和网络新媒体、付费电视、平面媒体等报道资源，累计转播奥运赛事 280 余场，播出记者现场连线 2600 多次、奥运新闻约 27000 条次、专题 3106 篇，播出总量约 2992 小时。中央人民广播电台还发起全国 140 家广播电台组成"全国奥运广播联盟"，在奥运新闻报道史上首次以公益形式组织同业共享奥运赛事转播、报道权，使中国广播界实现了资源共享和传播效益最大化，提升了广播的整体影响力，塑造了中国广播的新形象。

北京奥运会上，新媒体首次正式成为奥运会持权转播商，创造了奥运会百年历史上的第一次。"央视国际"作为中国大陆奥运会新媒体转播机构，实行了台网联动和网络联盟战略（和搜狐、腾讯等 9 家网络新媒体组建联盟），开设 28 个主题的直播频道，全程转播 28 项 3800 小时的奥运会赛事，并提供奥运视频点播服务，还采用手机电视、手机报等多种形式播报奥运。新浪网除转播中央电视台奥运视频外，还通过推出内容精彩、独具特色的金牌频道，邀请名人、专家及奥运冠军做客聊天，热点事件爆发后迅速做出响应等手段，吸引了众多网友的关注。获得奥运会首家互联网赞助商的搜狐，则创造了 5 分钟访问量 300 万以及 1 小时访问量突破 1 亿等中文网站乃至全球互联网的多项纪录。

三、新中国体育宣传主要经验

新中国体育宣传对弘扬体育精神，推动全民健身运动，加快体育产业化进程，以及促进体育事业发展发挥了极大的宣传和保障作用，并呈现出一些鲜明的特点。

（一）正面宣传与舆论引导互为配合，为新中国体育事业的发展营造良好社会舆论环境

以团结、稳定、鼓劲为基调，以正面宣传为主是我国体育宣传战线长期坚持的一条行之有效的正确的宣传方针。当新中国体育健儿在国际赛场上取得优异成绩引发爱国热潮时，媒体因势利导，发表了一系列报道，使得"团结起来，振兴中华"，"冲出亚洲，走向世界"，"勇攀高峰"，"从零开始"，"女排精神"等成为一种时代最强音，升华为全民族的宝贵精神财富，鼓舞着国人投身到建设富强、民主、文明的社会主义国家的潮流中，为新中国体育事业的发展营造了良好的舆论氛围和社会环境。"舆论导向正确，是党和人民之福；舆论导向错误，是党和人民之祸。"新中国体育宣传工作既尊重了竞赛规律和新闻宣传规律，又坚持了正确的舆论导向，为体育事业的健康发展提供了有力的舆论保障和强大的思想动力。

（二）各类型媒体互为补充，互为影响，发挥各自的特点和优势，全方位构建具有中国特色的体育宣传体系，合力推动中国体育宣传事业持续发展

随着信息技术的不断发展，人类社会的传媒手段日新月异。而每一种媒介都会迅速地投身到体育传播的热潮中。纵观新中国 60 年来的体育宣传，报刊、广播、电影、电视、网络等各类型媒体，都努力发挥自身特点和优势，共同为体育界和新闻宣传界助力，构建了富有中国特色的新中国体育宣传实践体系。

（三）体育界与新闻界互为伙伴，紧密合作，实现双赢

"体育离不开宣传，宣传离不开体育。"这句话已成为被历史验证了的体育界与新闻宣传界之间并存关系的至理箴言。我国体育界和新闻界的一些人士虽然在某些问题、事情上偶有摩擦，但更多的时候是互为伙伴，紧密合作。尤其是在市场经济条件下，体育界和新闻界都在谋求市场化、

产业化运作，双方相互依赖、相互促进的关系，比以往任何时候都要突出：体育界需要借助新闻界的宣传，扩大体育（赛事）影响，培养观众兴趣，获取商家赞助，推动体育事业健康发展；新闻界需要依托重大赛事、著名运动员、教练员，丰富报道内容，提高收视率和发行量，获得良好广告收益，扩大媒体自身影响力。不仅如此，随着体育和新闻产业化进程的加快，一些新闻媒体开始赞助体育活动、经办体育赛事，进一步推动了体育运动的发展和普及，如"CCTV 杯"中国乒乓球擂台赛、中国网球公开赛（北京青年报参与举办）等。事实说明，随着中国现代社会的不断发展，体育与新闻宣传业界的关系将越来越紧密，互相推动，互利双赢。

（四）对内宣传与对外宣传互为参照，对内凝聚人心，对外塑造良好国家形象

体育作为一种通用语言，可以在对外交流、国际交往中发挥独特的作用。"小球转动大球"，就是中国体育推动外交的经典案例。因此，以体育为媒介，对内宣传可以凝聚人心、鼓舞斗志，对外宣传，则可以塑造国家形象，促进国际交往。对外体育宣传涉及通讯社、报刊、广播、电影、电视、图书等多种媒介。做好外国来访记者和驻京记者体育采访尤其是重大赛事采访的服务接待工作，也是做好体育外宣的重要渠道和绝佳契机。北京奥运会期间，仅注册媒体人员就达 2.16 万，还有近 5 千的非注册媒体人员，这是中国展开对外宣传的最好机会。在党中央、国务院"善待媒体"的要求下，北京奥组委为国内外媒体提供了一流的媒体服务，取得了良好的外宣效果。

（五）赛事宣传和常规宣传互为依托，使体育宣传张弛有度，稳步发展

赛事宣传历来是体育宣传的重中之重。尤其是奥运会、世界杯、亚运会、全运会这样的重大赛事报道，往往会掀起体育报道的高潮。但赛事具

有周期性、季节性等特点，对它的报道并非体育报道常态。因此，各级体育组织和各媒体除了在赛事期间做好体育宣传外，在赛事淡季也适时调整报道思路，广泛开辟新的报道领域和报道形式，不断向读者提供感兴趣的体育新闻，使体育宣传有条不紊，稳步发展。其中，从赛事以外的体育活动、体育事务以及一切与体育相关的事件中挖掘新闻，如大众体育、学校体育、体育事务、体育财经商务、体育司法诉讼、体育社会事件、体育娱乐等方面的报道题材和形式，受到了受众的欢迎。

（六）体育新闻报道与各类体育文化活动互为映衬，繁荣体育文化，全方位、多角度地宣传体育，推动体育事业发展

随着新中国体育事业的发展，体育已成为广大人民群众文化生活的重要内容。除了大众传播媒介的体育宣传，体育邮票、体育文学创作、体育摄影、体育美术、体育音乐、体育展览等文化活动也是体育宣传非常重要、非常有效的手段：从新中国历史上发行的第一套体育邮票——《广播体操》到北京奥运会系列纪念邮票，体育邮票将中国体育的发展凝聚在方寸之间，内涵丰富，寓意深刻；以体育为题材的文学创作也是体育宣传的重要领域。讴歌登山英雄的《红旗插上珠穆朗玛峰》，描述击剑运动员战斗风貌的《扬眉剑出鞘》，歌颂中国女子排球队光辉业绩的《中国姑娘》等报告文学，生动真实，在广大读者中反响强烈。由国家体育总局主办、北京电视台和华奥星空联合拍摄的大型体育文献片《与梦齐飞》重温改革开放 30 年中国体育发展的辉煌历程，该片于 2009 年获中国广播电视协会主办的"纪念改革开放 30 年·中国优秀纪录片"评选活动银奖。由中国奥委会和中央电视台联合摄制了大型专题系列纪录片《我们的奥林匹克》，在意大利举行的第 26 届国际体育电影电视节上，该片第四集《微笑 1998》获得"奥林匹克精神和奥林匹克价值"最高奖。在广电总局组织的评奖中，该片获得"最佳纪录片奖"和"十佳导演奖"。体育摄影记录了新中国体育事业发展的精彩瞬间，有些还在国际体育摄影比赛和评选中获奖；体育美术创作也丰富多彩。建国初期几位著名画家创作的

体育国画，如黄胄的《赛马》，吴作人的《红旗插上珠穆朗玛峰》，蒋兆和的《下棋》，黄芝生的《马球》，都深受群众喜爱。由国家体育总局和中国美术家协会共同主办的全国体育美展已举办了七届，促进了体育美术的创作；体育歌曲也广为流传，北京奥运会筹备期间，北京奥组委举办了四届奥运会歌曲征集评选活动，有 2000 多位专业音乐人投入创作，5 万余名普通群众热烈参与，产生了一大批脍炙人口、广受欢迎的奥运歌曲，向国人进行了一次空前的奥林匹克文化普及教育；除此之外，体育展览、体育文艺演出、体育人物（事件）评选、体育知识竞赛等，也都为繁荣体育文化、宣传体育成就做出了贡献。

我国社会体育项目的
发展成就和基本经验

国家体育总局社会体育发展中心主任　胡建国

　　社会体育是我国体育事业重要的组织部分，在我国有着十分广泛的群众基础和社会基础。建国以来，尤其是改革开放以来，随着我国经济社会的快速健康发展，社会体育加快了发展速度，参与人口越来越多，已成为我国全民健身事业的重要组成部分。

　　社会体育主要是指广大群众自愿参加，以增进身体健康、活跃业余生活为目的大众体育活动，从活动项目上划分，主要包括民族传统体育项目和时尚体育项目。民族传统体育项目主要包括：龙舟、舞龙舞狮、风筝、信鸽、拔河、健身秧歌、健身腰鼓、钓鱼、毽球、跳绳等等。时尚体育项目主要包括健美、轮滑、飞镖、体育舞蹈、门球、全民健身路径、健身跑、健步走、木球、荷球等。从人群上划分，社会体育主要包括青少年、中老年人、妇女、职工、农民等；从地域上划分，社会体育包括城市、社区、农村、村镇等；从行业上划分，包括机关、企业、部队等；另外，社会体育还涵盖了休闲体育、旅游体育、娱乐体育、康复体育等内容。社会体育的范畴和内容比较宽泛，参与门槛相对较低，因此，深受广大群众喜爱。据粗略统计，我国经常参加健步走和健身跑的人口已超过1亿人；经常参加体育舞蹈运动的人口超过5000万人；经常参加风筝活动的人口超过1亿人；经常参加龙舟和舞龙舞狮活动的人口超过千万人；经常参加钓鱼活动的人口达 3000 万人；经常参加健美健身和轮滑的人口超过百万人；经常参加门球活动的人口超过千万人；经常参加健身秧歌活动的人口超过 3000 万人；经常参加跳绳、毽球活动的人口超过 5000 万人；我国信鸽运动爱好者超过百万人等等。社会体育已成为全民健身活动中参与人群最多的运动，为增强人民群众身体素质，推动全民健身事业的发展做出了突出贡献。

一、社会体育在全民健身事业中发挥了重要作用

（一）社会体育在改革开放新时期迅速崛起，在全民健身活动中发挥显著作用

社会体育在我国有着一定的群众基础，但其快速发展还是改革开放之后。在十一届三中全会党的工作中心转移到经济建设上来之后，我国各项社会事业呈现蓬勃发展的局面，社会体育也冲破各种禁区和旧框框的束缚，加快了普及的步伐。在传承和发展民族传统体育项目的同时，大胆解放思想，积极引进时尚体育项目，不断满足社会体育事业发展的需要和广大群众的健身、休闲需求，形成了社会体育庞大的项目群。经过国家体育总局批准，在我国正式开展的社会体育项目主要包括龙舟、舞龙舞狮、信鸽、钓鱼、拔河、风筝、体育舞蹈、健美、健身、轮滑、门球、毽球、跳绳、健身秧歌、健身跑、健步走、飞镖、健身腰鼓、扑克牌、全民健身路径、木球、荷球、卡巴迪、大力士等，直接参与的人口数亿人。在积极开发和普及社会体育的同时，各种社会体育赛事也呈现精彩纷呈的局面。我国主办和承办了一系列世界和亚洲的大量赛事，包括国际龙舟锦标赛、国际龙狮锦标赛、世界轮滑锦标赛、世界健美锦标赛以及一系列亚洲顶级赛事。各社会体育项目每年还举办一系列全国锦标赛、公开赛、挑战赛、精

英赛等，通过高水平竞赛的举办，在全国产生了很好的社会效应和示范作用，不仅提高了我国社会体育各项目的竞技水平，同时，对于推广和普及社会体育项目也起到了良好的带动作用。我国运动员在世界比赛中取得冠军等一系列优异运动成绩，为国家争得了荣誉。

目前，轮滑、健美、体育舞蹈、拔河已经成为世界运动会比赛项目；轮滑、体育舞蹈、龙舟、卡巴迪已成为亚运会比赛项目；轮滑、健美、体育舞蹈、拔河、龙舟、毽球、舞龙舞狮、门球已成为全国体育大会比赛项目。

（二）加强社会体育行业规范管理和业务指导，建设我国社会体育组织体系

为了加强我国社会体育的行业规范管理，推动社会体育健康持续发展，经原国家体委批准，于1994年正式下发文件，组建了社会体育指导中心，作为我国社会体育的管理机构。之后，于1999年11月，由国家体育总局再次下发文件，对社会体育指导中心的职能进行了部分调整，增加了机构和编制。通过社会体育指导中心的成立和职能确定，加强了我国社会体育的组织建设。目前，已有26个省区市和计划单列市成立了社会体育指导中心或社会体育管理中心，基本建立了我国社会体育的管理体系，为我国社会体育的健康持续发展创造了组织条件。在加强组织建设的同时，还积极进行和抓紧全国性社会体育社团建设，明确社会体育指导中心是中国健美协会（1987年成立）、中国轮滑协会（1985年成立）、中国龙舟协会（1984年成立）、中国龙狮协会（1995年成立）、中国风筝协会（1987年成立）、中国信鸽协会（1984年成立）、中国飞镖协会（2004年成立）、中国体育舞蹈协会（1991年成立）、中国钓鱼运动协会、中国门球协会（1987年成立）、中国毽球协会（1987年成立）、中国拔河协会（2006年成立）、中国老年人体育协会（1983年成立）、中国企业体育协会的办事机构。国际龙舟协会、亚洲龙舟联合会、亚洲轮滑联合会、国际毽球联合会、国际风筝联合会、国际龙狮总会等国际组织秘书处也设在

中国。

自 1995 年 8 月 29 日《体育法》颁布后，为了实现依法治体，实现社会体育的规范管理，社会体育指导中心制定和下发了一系列有关运动员等级标准，运动员注册、运动员参赛办法等文件。目前，我国健美运动员注册人数达到 1400 余人；轮滑运动员注册人数为 2600 余人，体育舞蹈运动员注册人数为 1800 余人。社会体育各项目协会也制定了各自的章程，加强各项目的自律。社体中心还出台了"国家轮滑场地标准"，"中国龙狮器材标准"等国家标准，推动了运动项目的健康发展。

（三）努力打造社会项目品牌，形成"一城一地一品牌"，扩大社会体育影响

社会体育每年赛事和活动繁多，各个项目的锦标赛、公开赛、精英赛，从年初持续到年末。通过赛事和运动会的举办，推动了各个社会体育项目的繁荣和发展。在举办和承办一系列国际、全国性各类赛事和活动的同时，社体中心还注重打造社会体育品牌。经过多年努力和发展，推动了"一城一地一品牌"活动，扩大了社会体育影响，彰显了中华民族传统文化的魅力。如舞龙舞狮打造了"龙腾狮跃闹元宵"系列活动，全国每年参加活动的城市和村镇超过 300 个，参与人数近千万人；还有喜迎端午的"5 月龙舟月"、"中华龙舟大赛"活动，前后延续 3 个月，参与的人群超过千万人。自 1984 年以来，在我国山东潍坊举办国际风筝节，已举办了 26 届，成为中国知名社会体育品牌，也使潍坊成为我国的风筝名城。2009 年 8 月，潍坊举办国际"风筝冲浪"邀请赛，不断创新和突破。从 2009 年开始，社体中心在总局支持下，推出了"中国体育舞蹈公开赛"，由国内著名企业冠名，成为社会体育的新品牌。

（四）加强社会体育指导员队伍建设，不断加大公共体育服务力度

加强社会体育指导员队伍建设是做好公共体育服务，落实全民健身计

划的重要举措。1993 年 12 月，原国家体委颁布了《社会体育指导员技术等级制度》，在 1995 年 8 月 29 日全国人大常委会颁布的《体育法》中，对"社会体育指导员"又进行了法律规定，为做好社会体育指导员工作提供了法律保障。社会体育指导员队伍目前拥有近 40 万人，其中国家级 4800 余人，一级 3 万余人，二级 13 万余人，三级 25 万余人。在我国城市社区和农村乡镇，各级体育部门还建设了一大批健身站点。从 2003 年开始，总局群体司和社体中心组织专家编写了《社会体育指导员技术等级培训教材》共四大类，包括国家级、一、二、三级，完善了社会体育指导员培训教材内容。社会体育指导员在组织群众健身、科学指导、传授健身技能、维护健身站点设施等方面发挥了骨干作用，他们的无私奉献、甘于奉献、义务服务的精神获得了社会的广泛认可和赞誉，成为政府提供公共体育服务的重要内容之一。国家体育总局群体司、社体指导中心和省区市县各级体育部门每年都要对社会体育指导员进行培训，不断提高社体指导员的水平，发挥社体指导员的作用。

（五）积极开发社会体育产业，推动我国体育产业不断发展壮大

由于社会体育项目众多，群众基础好，具有良好的产业发展潜力。体育作为社会公益性事业，国家和各级政府在公共体育场地建设、社会体育指导员培训等方面做了大量工作。随着社会主义市场经济体制改革和我国体育改革的不断深化，体育也具有了产业性质。国务院在《政府工作报告》中要求通过体育产业开发，满足社会体育健身需求，扩大体育消费，增加就业，为繁荣国家经济和社会发展做出贡献。据有关资料统计，我国体育产业年增长率达到 20% 以上，超过传统产业增长水平。社会体育产业作为我国体育产业的重要组成部分，在体育产业中已占有相当大比重。如健美健身用品产业，轮滑器材生产、风筝产品生产、健美健身和体育舞蹈教师培训、龙舟龙狮产品生产、信鸽产品生产与销售，门球、毽球、柔力球器材的研发与生产等等，每年产值超过百亿元，形成了社会体育的产

业链。社会体育产业的发展还拉动了相关产业的繁荣，为国家经济增长，扩大消费，满足社会需求做出了贡献。另外，社体中心每年举办的各类国际国内各大赛事和活动，也吸引了众多企业赞助，扩大了社会体育市场和产业规模。

（六）建立社会体育培训和训练基地，调动各类社会组织兴办 社会体育活动

在推动社会体育发展的同时，社体中心注重培训和训练基地的建设，充分调动政府和民间力量的积极性，如苏州市、海宁市成为我国著名的轮滑城市和轮滑基地，常州市、常熟市和佛山市南海区成为中国龙舟名市和龙舟训练基地。武汉海军工程大学成为中国龙狮协会和解放军龙狮人才基地，中山市、佛山市惮城区成为龙狮运动城市，东北电力大学成为全国社体中心人才培训基地，上海体院、广州体院、天津体院、西安体院、武汉体院等成为国家级社会体育指导员培训基地，山东潍坊市成为风筝城市等等，2009年，社体中心还推出了"绿色社体家园"。通过基地建设，在社会体育业务骨干人才培训、提高竞技水平、推动社会体育发展等方面发挥了重要作用。

二、我国社会体育事业发展取得的基本经验

我国社会体育事业的发展是在国家体育总局领导和支持下取得的，也是全国社会体育战线全体同志共同努力的结果，社会体育事业能够取得丰硕的成果，总结概括起来，主要有以下四条经验。

（一）坚持社会体育工作的正确方向，坚持社会体育事业的公 益性质

体育作为社会公益性事业，担负着提高国民身体素质和健康水平，满

足社会日益增长的社会体育需求的重要任务。社会体育指导中心始终坚持正确的工作方针，在扩大社会基本公共体育服务方面做了大量工作，为国家经济社会发展、为社会文明进步、为建设小康社会做出了贡献。

（二）不断深化改革，创新体制机制，开拓工作思路，力争取得新的突破

社会体育的发展得益于不断深化改革，创新体制机制。社会体育许多运动项目是时尚运动项目和民族传统运动项目，为了培育各个项目的发展，社体中心加大对新兴运动项目的规范，在项目立项、运动员等级标准制定、运动员注册、新项目推广等方面做了大量工作。如健美、轮滑已颁布运动员标准；健身秧歌已推行到第三套。另外，在开发新的运动项目方面，陆续开发了毽球、健身腰鼓、全民健身路径、脚斗士、木球、荷球、健美操、跳绳、飞镖、大力士、城市之间等运动项目，扩大和完善了社会体育项目内容。在赛事改革之后，增加了精英赛、挑战赛、公开赛、分站赛、大奖赛等，繁荣了竞赛市场，也给运动员创造了更多的参赛机会，提高了竞技水平，带动了社会体育项目的进一步普及。

（三）推动社会体育社会化步伐，实现社会体育事业跨越式发展

社会体育项目社会化特征十分显著，与某些竞技体育项目有着很大的区别。社会体育项目的社会基础是社会体育俱乐部、大专院校、体育类民办非企业单位、社会体育社团等，因此，社会体育要加大社会化力度，要根植于社会，根植于广大民众，贴近民众，这是社会体育发展的方向。为了加大社会化力度，总局社体中心目前已成立了中国健美协会、中国轮滑协会、中国龙舟协会、中国龙狮协会、中国风筝协会、中国信鸽协会、中国飞镖协会、中国体育舞蹈联合会、中国钓鱼协会、中国门球协会、中国毽球协会、中国拔河协会、中国老年人体育协会、中国企业体育协会。正在筹建的有中国社会体育指导员协会、中国木球协会、中国荷球协会等。

各协会广泛吸纳社会体育爱好者、专家学者、企业人才参加，担任相应职务，使政府和社会形成资源合力，推动各项目实现跨越式发展。

（四）社会体育坚持走具有中国特色社会主义体育发展道路

社会体育在发展中的一条重要经验就是，走具有中国特色社会主义体育发展道路。由于中国国情与发达国家不同，在社会体育事业发展中，坚持"政府主导和支持，社会积极参与，实行产业运作"发展社会体育的模式，取得了良好效果，做到社会体育事业和产业共同发展，实现社会效益和经济效益共赢的局面。由于国家体育总局实行"以赛养赛"的赛事改革，社会体育的发展必须要与市场紧密结合，积极开发市场资源，依托社会力量，社体中心从政策上积极给予支持、指导，形成具有中国特色的社会体育发展道路。

三、下一步社会体育发展思路

我国社会体育事业取得了丰硕的成果，但与后奥运时期我国快速增长的体育健身需求相比，与我国经济社会发展的要求相比，差距还很大。为了实现胡锦涛总书记提出的"进一步推动我国由体育大国向体育强国迈进"的宏伟目标，为了贯彻落实国家体育总局提出的建立全民健身长效化机制，社会体育要发挥更大的作用。因此，社体中心要在总局领导下，坚持社会体育工作的正确方向，不断深化改革，开拓创新，加大社会化力度，发展社会体育产业，积极开发新的运动项目，做好基本公共体育服务，加强社会体育指导员队伍建设，做好政策指导，法规制度建设，充分发挥各级社会体育组织作用，全面推动社会体育事业发展，为全面建设小康社会做出贡献。

不负众望　不辱使命

——军队竞技体育工作素描

中国人民解放军总政治部宣传部文化体育局局长　宋晶

　　我从小就特别爱好体育。八岁被选入少年体校练习游泳，后又改学打篮球。因为这点体育特长，入伍以后，无论是在院校还是在基层连队，也无论工作岗位怎样变化，一直作为体育骨干活跃在部队。1993年初，我被选调到参加第七届全国运动会的解放军体育代表团秘书处工作，一年后，正式调入总政治部文化部体育局工作，1998年全军编制体制改革时调整为总政治部宣传部文化体育局，从干事、副局长到局长，一路走来，使我对军队体育的历史和发展有了更多、更深的认识，值得记录和回忆的事情太多太多……

一

　　我们党和军队的历代领导人都高度重视体育工作，新中国成立以后，建设好我军的专业体育队伍、提高军队竞技体育水平为国争光是党中央和中央军委一以贯之的重要决策。

　　1951年9月12日上午9时整，在北京和平门外绒线胡同的当时总政治部文化部驻地，举行了一项载入我军体育史册的重要活动——中国人民解放军八一男、女篮球队命名、授旗仪式。经中央军委批准，正式命名我军男、女篮球队为八一男子篮球队和八一女子篮球队，并授予八一军旗。时任总政治部副主任的肖华将军，代表中央军委和总政治部作了重要讲话，他语重心长地说："这面鲜艳的八一军旗，是我军千百万将士用鲜血染红的，今天以'八一'命名并把军旗授予你们，希望你们热爱这面旗帜，扛着这面旗帜，走向全国，走向世界，为祖国争光，为解放军争光。"从此，我军有了真正意义上的专业运动队。1952年8月23日，总政治部主任罗荣桓和副主任傅钟、肖华向毛主席并党中央作"关于'八一'建军节二十五周年全军体育运动大会情况向主席的综合报告"，提出了五项建议，其中第三项是："为达到普及与提高的目的，总政治部暨各大军区、各特种兵及其他重要单位，必须成立专业体育工作队，或体育训练班。全军体育工作队应有3000人左右。经常到部队去指导和推进部队体育运动，同时对于扩大我军体育工作在全国和国际上的影响也有必要。"中央及军委对此报告批示："我们批准这个报告，对所提五项建议责成各地实行。""文化大革命"期间军队专业体工队被撤销。1972年7月4日，中央军委叶剑英副主席在研究恢复重建军队专业体工队的会议上指出："体育队伍要有专业的，要有不脱产的，不脱离连队的。专业的编制多少，要多少场地，要多少房子，要多少器材，这都可以建设，要认真、全面地考虑一下。"1973年2月14日，经中央军委批准，全军恢复体工队建制。1973年7月14日，国务院、中央军委联合发出通知，明确了招收有体育特长的青少年入伍的相关规定。1974年1月4日，邓小平同志在接见国家体委负责同志时指出："军队可以养一批少年运动员。你们分给他们一批，由他们自己训练，出了成绩也是中国的嘛！可以把军队变成一个'屯兵'的地方。增加'娃娃'的事，要专门写个报告，要包括军队在内。军队也不是一个队，各大军区都要有队。"1978年6月26日中央军委在《关于加强军队政治工作的决议》中指出："体工队要严格训练，努力攀登世界体育高峰。"2002年中央军委江泽民主席对保留军队专业体育队伍专门做出重要批示。2004 年胡锦涛主席获悉我军体育代表团在第 52 届国际军体军事五项世锦赛上取得优异成绩时强调指出，希望军队体育健儿再接再厉，刻苦训练，争取更大光荣。2002 年 3 月中央军委颁布的《中国人民解放军纪律条令》，明确规定了给在奥运会、全运会等国内外重大比赛中获奖的专业体育工作者和单位记功奖励的办法。2002 年 12 月 26 日，四总部联合下发《关于加强和改进新时期军队体育工作的意见》明确指出："高水平的竞技体育对于振奋民族精神和军心士气，弘扬国威、军威具有特殊的重要作用。""要努力提高竞技体育的整体实力，为国家奥运战略做贡献。"2003 年 12 月中共中央颁布的《中国人民解放军政治工作条例》第二章第十四条第十一款，规定文化体育工作是军队政治工作的主要内容之一，对建设体育队伍，发展军事体育事业提出了要求；在第三章第十七条第七款中，把领导全军的文化体育工作，制订军队体育发展规划，指导全军体育队伍建设作为总政治部的主要职责之一。在 2007 年初召开的全军体育指导委员会会议上，四总部领导对我军专业体育队伍取得的成绩给予了充分肯定，并对搞好队伍的长远建设与发展提出了更高的标准和要求，会议《纪要》明确指出："努力在 2007 年的第四届世界军人运动会、2008 年的北京奥运会和 2009 年的第十一届全运会上多拿金牌、多争第一，为国家和军队争光。"胡主席在北京奥运会、残奥会总结表彰大会上发表重要讲话，强调："在坚持我国竞技体育举国体制，保持我国竞技体育特点和优势的同时，积极挖掘潜力、优化结构、提高效益，推动竞技体育内各门类均衡发展，不断增强我国竞技体育的综合实力和国际竞争力。""实现竞技体育和群众体育协调发展，进一步推动我国由体育大国向体育强国迈进。"胡主席的重要讲话是指导我国体育工作的纲领性文件，也是做好我军体育工作的根本遵循。2008 年 9 月 4 日下午，军委郭伯雄副主席、徐才厚副主席代表胡主席，与在京的其他军委领导同志一道，亲切接见、慰问了我军参加北京奥运会的人员。郭副主席讲话指出："要总结经验，戒骄戒躁，与时俱进，再创辉煌，为我们国家争取更多的荣誉，为带动和促进军队的军事体育发展、群众体育发展做出应有的贡献。"徐副主席强调："奥运大幕已经落下，新的征程又将开启。希望大家牢记胡主席的深情厚谊和殷切嘱托，弘扬在这次奥运会上展现出的可贵精神，在新的起点上发扬成绩，再接再厉。为推动我军体育事业不断前进，促进我军建设又好又快发展做出新的贡献。"2009年1月21日四总部联合发出通知，要求"全军专业体育队伍要不断创新建设思路和发展模式，完善有关政策规定，努力把我军专业体育队伍建设成政治方向正确、军队特色鲜明、竞技水平高超的国内外知名的一流运动队"。

二

从1980年开始，全军专业体育队伍调整设项布局、优化结构职能，先后进行了五次大的精简整编，在这种情况下，中央军委决定保留我军专业体育队伍，使全军体育工作者备受鼓舞。

全军专业体育队伍按照我军质量建军的要求，坚持走精兵之路，使我军竞技体育的成绩稳步提升。我军专业体育队伍分别在1980年、1982年、1985年、1994年和2003年进行了五次较大规模的调整精简，这与我军质量建军的总要求是完全一致的。2003年体制编制调整后，全军专业体育队伍编制员额从20世纪70年代末期的3000多人减少到现在的约1000人，尽管编制员额不断减少，但由于调整了结构、突出了重点、保留了骨干，使军队专业体育队伍的整体竞技实力稳步攀升，运动成绩逐年提高。1994年11月23日，经中央军委批准，全军体育指导委员会在北京召开会议，中共中央政治局委员、中央军委副主席徐才厚上将时任总政治部副主任、全军体育指导委员会主任，他代表军委和总部首长在讲话中强调："随着我国改革开放和社会主义现代化建设进入关键时期，国家体育体制的改革不断深化，体育事业和专业队伍迅速发展，为加快我军体育事业的发展创造了良好的机遇，同时也提出了严峻的挑战。大力推动军队体育事业的发展，是我们的迫切任务。"他指出："竞技体育作为体育工作的一个重要组成部分，有着特殊的功能和标准，就是要在国际、国内重大比赛中多拿冠军和奖牌，鼓舞全军士气。要把我军的专业运动队建设成'政治方向端正，军队特色鲜明，竞技水平高超'的优秀运动队，为我军体育事业的繁荣而努力奋斗！"自1993年第七届全运会起，到2005年的第十届全运会，我军体育代表团的成绩一届比一届好。在北京举行的第七届全运会上，我军体育代表团共获得14枚金牌、11枚银牌、10枚铜牌和团体总分462分，奖牌总数列全国第十位，超过了六运会的13枚金牌和团体总分418分。1997年在上海举行的第八届全运会上，我军体育代表团共获得24.5枚金牌、25.5枚银牌、24.5枚铜牌和团体总分1365.5分，金牌总数上升到全国第六位。2001年在广东举行的第九届全国运动会上，我军体育代表团共获得33枚金牌、26枚银牌、28枚铜牌和团体总分1841分，再次实现了超越，金牌总数列全国第三位。第十届全国运动会2005年10月在江苏举行，我军代表团共有739名运动员参加了十运会设置的32个大项中的29个大项的比赛，通过预赛，有543名运动员取得了决赛资格。决赛中，我军代表团共取得44枚金牌，39枚银牌，32枚铜牌和团体总分2038.5分，竞赛成绩又有了新突破，金牌总数仍保持全国三甲的位置，团体总分历史上首次超过2000分。代表团和24个项目队、60名运动员、2名裁判员获得了"体育道德风尚奖"，这是自1983年9月举行的第五届全运会以来，我军体育代表团取得的最好成绩。参加第十届全运会我有三点特别突出的感受：一是整体水平跃升，竞争异常激烈。第十届全运会是历届全运会中规模最大、设项最多、参加人数最多的一次，项目设置除武术外完全与奥运会接轨，反映出我国竞技体育的发展进入了一个新阶段。各代表团把参加十运会取得好成绩，作为展示本地区、本行业风貌的平台，当成树立本部门、本单位形象的窗口，无不给予高度重视。从奖牌分布的情况看，各参赛代表团的整体水平都有不同程度的提高，过去由几个体育大省垄断奖牌的局面被打破。获得10枚以上金牌的代表团有18个，比九运会增加了6个；金牌总数在25枚以上的代表团有8个，比九运会增加了 4 个。比赛竞争的激烈程度超过以往，摘金夺银的难度明显增大。二是新人大量涌现，比赛充满变数。十运会许多项目的冠军被第一次参加全运会和名不见经传的年轻选手夺得，尤其在摔跤、柔道、举重、射击等项目上，世界冠军、奥运冠军、上半年预赛的冠军纷纷落马，许多比赛都是在最后一刻才分出胜负，临场情况的复杂多变，让人始料不及，我军也有不少名将没有取得预期的成绩。后备力量的培养和储备及其质量的优劣，已经成为决定一个项目金牌归属以至决定一个团队能否打赢全运会这样重大赛事的关键，直接关系到竞技体育的长远建设和持续发展。我军代表团在这一点上喜忧参半。三是坚持举国体制，深化体育改革。全运会竞赛制度的改革，调动了地方各级政府和体育行政部门在政策、措施、编制、经费等各方面向竞技体育倾斜的积极性。为促进西部地区竞技体育的发展，推出了"西部协议计分"政策，使东部经济发达的省市，通过协议在西部招兵买马，实行强强联合，这既带动了西部欠发达地区竞技体育水平的提高，也使东部体育强省的竞争力进一步增强。解放军运动员实行"两次计分"的政策，使军地双方受益，缓解了军队专业运动队招生难和由此引起的代表资格问题。"奥运会成绩带入全运会"的政策，使"国内练兵，一致对外"的奥运战略基础更加牢固。我军选手在 26 个大项上获得奖牌，其中 19 个大项获得金牌。皮划艇运动员刘海涛一人获得男子皮艇项目的 5 枚金牌，成为十运会获得金牌最多的选手，羽毛球女子单打冠军蒋燕皎被评为十运会两个希望之星之一。举重运动员顾薇、杜烨莹分别超女子 58 公斤级和女子 75 公斤级总成绩世界纪录。游泳运动员赖忠坚和曲敬宇分别创男子 200 米蛙泳和男子 200 米混合泳全国纪录。十运会与九运会相比，奖牌总数增加了 28 枚，其中金牌增加 11 枚，银牌增加 13 枚，铜牌增加 4 枚，团体总分增加了 197.5 分。获得"体育道德风尚奖"的项目队数量和运动员人数均超过上届。面对将于 2009 年 10 月在山东举行的第十一届全运会，全军体育工作者纷纷表示，有信心和决心不辜负军委总部首长和全军官兵的期望，乘参赛奥运的东风，再创新的辉煌。

三

　　世界军人运动会，相对于奥林匹克运动会和世界大学生运动会来讲，对许多人而言可能还比较陌生，由于它问世的时间较晚，知名度远没有奥运会和大运会那样响亮，但它已经和正在产生的影响却越来越受到世人的关注，因为它的参加者是全球不同肤色、不同信仰、随时准备打仗的现役军人，是为战争而存在的世界各国武装力量之间，在体育竞技场上进行的没有硝烟的"世界大战"。要了解世界军人运动会，必须先了解它的发起组织——国际军事体育理事会。第二次世界大战结束以后，美国、法国、意大利、比利时、西班牙等五国军队体育界的首脑商议，为消除战争的阴影，避免战争给人类带来的灾难，加强和增进各国军队之间的和平交往，体育是最好的桥梁，他们酝酿要成立一个世界性的军人体育机构来团结、联系各国武装力量，推动世界和平。于是，在1948年的2月，这几个发起国的军事体育要员相邀在法国的尼斯再度聚会，正式宣布成立国际军事体育理事会，法语全称是：CONSEIL INTERNATIONAL DU SPORT MILITARE，简称"CISM"，该组织以"体育传友谊"为宗旨，致力于在世界各国武装力量之间，通过体育运动和体育教育建立永久的联系。CISM的会员国已经从最初的5个发展到现在的129个，在各个会员国家先后成功地组织了几百次体育竞赛和军事体育教育、军体科学研讨会，为成千上万的各国军队运动员、教练员和体育官员提供了相聚、相识的机会，积极而又努力地发挥着增进友谊、团结互助的作用。为了纪念世界反法西斯战争胜利50周年和联合国成立50周年，同时也为了进一步扩大自己的影响，国际军事体育理事会决定创办一个像奥林匹克运动会那样的大型综合性运动会——世界军人运动会，每四年举办一届。在20世纪70年代初，我军开始派观察员参加国际军事体育理事会的有关活动，在改革开放的1979

年 1 月，我军在泰国曼谷召开的国际军事体育理事会第 33 届代表大会上正式加入该组织，自成为 CISM 会员国起，我军始终认真地按照 CISM 的章程履行着自己的责任和义务，从在北京承办 1980 年的国际军事体育理事会第 34 届代表大会，到承办 2008 年的北京奥运会国际军体村，近 30 年间，我军不仅积极地参与 CISM 的各项竞赛和交流活动，还在我国承担了 CISM 十多项重大的比赛和活动，我军有多名军体官员先后担任 CISM 亚洲区主席、执行委员和有关项目委员会的执委，我军承办的国际军体比赛和活动，CISM 各个单项委员会十分看重。尤其是我军健儿在世界军人运动会上的出色表现，使我军在国际军体理事会中的影响越来越受到 CISM 官员和世界各国军体组织的关注。第一届世界军人运动会于 1995 年 9 月在文艺复兴的历史名城意大利首都罗马举行，有史以来，世界各国军队第一次相会在和平的旗帜下，欢聚在体育的舞台上，93 个国家的军队派出了代表团，共有 4017 人参加了首届属于全世界军人的体育盛会，第一届世界军人运动会被国际传媒称赞为"世界军队史上一次具有特殊意义的和平庆典"。在第一届世界军人运动会上，我军派出了 191 人的代表团，共夺得 13 枚金牌、21 枚银牌和 15 枚铜牌，金牌总数名列第三，美国以 62 枚金牌、28 枚银牌和 37 枚铜牌获得第一，意大利以 22 枚金牌、16 枚银牌和 13 枚铜牌获得第二，我军健儿的首次亮相，就让世界刮目相看。第二届世界军人运动会于 1999 年 9 月在克罗地亚的首都萨格勒布市举行，我军派出了 237 人的代表团参加，共夺得 29 枚金牌、22 枚银牌和 15 枚铜牌，与第一届世界军人运动会相比，金牌总数上升至第二位，另外还夺得了表演项目女子 5000 米公开水域游泳比赛的冠、亚军。俄罗斯以 45 枚金牌、35 枚银牌和 29 枚铜牌跃居第一，意大利则以 17 枚金牌、20 枚银牌和 21 枚铜牌排在第三位。前两届世界军人运动会的成功举办，使许多国家看到世界军人运动会所带来的政治影响和社会效益，纷纷提出要承办下届世界军人运动会的意向。第三届世界军人运动会在承办过第二十届世界大学生运动会的意大利西西里大区的卡塔尼亚市举行。这里是世界上著名的旅游城市，在这海岛上的卡塔尼亚市存有已经活跃了 60 万年、至今还在冒着袅袅青烟、依然生机勃勃的埃特纳火山。2003年的12月4日至11日，在埃特纳火山脚下的斯佩迪尼广场马西米诺体育场燃起了第三届世界军人运动会的圣火，来自84个国家的2800多名军队运动员在这里"兵戎相见"，展开了一场没有硝烟的角逐。此次出征意大利的我军代表团共152人，参加本届运动会设置的11个比赛项目中的8个大项，我军健儿共夺得31枚金牌、16枚银牌和13枚铜牌，打破2项世界纪录、3项国际军体纪录，金牌数比上届多了1枚，金牌总数仍保持在第二位，俄罗斯代表团以33枚金牌列第一，东道主意大利代表团以25枚金牌居第三。我军代表团的良好表现，受到了主办国组委会、国际军体官员和各参赛代表团的普遍赞誉，国际军体理事会主席高拉准将在接受我国中央电视台记者采访时称赞说："中国军队派代表团参赛是对国际军体的积极支持，中国代表团取得的优异成绩是对国际军体的重大贡献。"第四届世界军人运动会于2007年10月14日至21日在印度海德拉巴市举行，共有106个国家的军队代表团参加，运动员、教练员和官员总人数近6000人。参赛国家和运动员数量为历届之最。经军委批准，我军派出了220人的代表团，共参加了赛会13个大项中的10个大项的比赛。我军代表团勇夺38枚金牌、22枚银牌和13枚铜牌，7次打破赛会纪录，金牌总数继续名列各参赛代表团的第二位。其中，1人1次打破1项世界纪录，4人1队7次打破5项赛会纪录，在排球（男、女）、田径、游泳（含跳水）、柔道和摔跤等5个大项的比赛，取得了许多新的突破：田径运动员崔志德在男子20公里竞走比赛中，勇夺赛会首枚金牌，为我军代表团实现了"开门红"；游泳运动员杨礼以28秒09的成绩夺冠，并打破女子50米仰泳世界纪录，这是世界军人运动会历史上打破的第一个世界纪录；田径运动员纪伟在男子110米栏比赛中以13秒44的成绩勇夺第一，并达到奥运会A标；女子标枪运动员张丽以59米96夺得金牌，创造了该项目当年的全国最好成绩；男、女排球队不负众望，分别以全胜战绩双双首次夺得世界军人运动会比赛的冠军；杨礼和周雅菲分别夺得游泳项目的四枚金牌，成为第四届世界军人运动会获金牌最多的运动员。我军健儿凯旋时，军委首长亲切接见了代表团的全体同志。

四

　　我军专业运动队坚持从严治队、多出人才，已经成为我国竞技体育走向世界的主力军。在北京奥运会上，军旅健儿为实现我国举办一届"有特色、高水平"奥运会的目标做出了突出贡献。

　　国运兴、体育兴。我军体育事业随着我国体育事业的发展而发展。我军专业体育队伍自建队以来共向国家输送优秀教练员、运动员数千名，获得世界冠军近 200 个。新中国第一个打破世界纪录的举重运动员陈镜开、第一个获得体操世界冠军的马燕红、第一个获得冰上项目世界冠军的叶乔波都来自我军，第一次获得世界冠军的中国女排中有我军 3 名优秀运动员。我军培养出了被中央军委授予荣誉称号的"体坛尖兵"叶乔波、"团结拼搏的体坛劲旅"八一男子篮球队和"英雄的军事五项队"。特别是1984 年我国参加奥运会以来，我军连年获得"国家体育贡献奖"、"参加奥运会突出贡献奖"。在 2007 年 8 月 1 日召开的全国英雄模范代表大会上，我军专业体育队伍中有 3 个集体、9 名个人作为全军英模代表出席了会议，受到了党和国家领导人的接见。原国家体委主任伍绍祖于 1989 年、1995 年两次致函中央军委和总部领导，充分肯定了我军竞技体育为国家做出的贡献。原国家体育总局局长袁伟民 1999 年、2002 年在与总政领导同志交谈时特别指出："军队竞技体育是国家实施奥运战略的重要力量，具有地方省市无可比拟的优势，希望解放军发扬优良传统和作风，继续为国家体育事业发展作出新的更大的贡献，为全国做出好样子。"现任国家体育总局局长刘鹏对我军体育工作给予了高度评价，称赞说："部队体育工作在弘扬奥运精神、为国争光等方面走在了全国的前列"。2002 年中共中央 8 号文件和经国务院批准的《2008 年奥运争光行动计划》中，也都对军队专业体育队伍为国家做贡献提出了明确要求。2002 年 12 月四总部联合下发的《关于新形势下加强和改进军队体育工作的意见》，明确了军队体育的发展战略，指出"高水平的竞技体育对于振奋民族精神和军心士气。弘扬国威、军威具有特殊的重要作用。军队竞技体育要以实施奥运争光计划为主要任务，努力在重大国际、国内比赛中取得优异成绩"。从新中国体育代表团 1984 年参加奥运会开始，每一届都有我军体育健儿入选，每一届都获得了奖牌，在 1984 年的第二十三届洛杉矶奥运会上，军旅健儿共获得 2 枚金牌、1.5 枚银牌和 1.5 枚铜牌；在 1988 年的第二十四届汉城奥运会上，军旅健儿获得 1 枚铜牌；1992 年的第二十五届巴塞罗那奥运会上，军旅健儿共获得 0.5 枚金牌、2.5 枚银牌和 1 枚铜牌；在 1996 年的第二十六届亚特兰大奥运会上，军旅健儿共获得 2.5 枚金牌、3 枚银牌和 1.5 枚铜牌；在 2000 年的第二十七届悉尼奥运会上，军旅健儿共获得 1 枚银牌和 1 枚铜牌；在 2004 年的第二十八届雅典奥运会上，军旅健儿共获得 2 枚金牌、2 枚银牌和 1 枚铜牌。在举世瞩目的第二十九届北京奥运会上，中国体育代表团取得了 51 枚金牌、21 枚银牌和 28 枚铜牌的优异成绩，金牌总数首次超过美国体育代表团，位居金牌榜第一位，创造了我国参加奥运会以来的最好成绩，书写了中国体育发展的新篇章。我军选手在本届奥运会上无论参赛人数、参赛项目，还是获金牌、奖牌总数均超过历届，创造了新的辉煌，为中国体育代表团实现重大历史性突破，为把北京奥运会办成一届有特色、高水平的奥运会做出了突出贡献，受到党中央、国务院的褒奖。参加北京奥运会的中国体育代表团共 1099人，其中运动员 639 人，我国体育代表团中有我军运动员 59 人、教练员 16 人和团部官员 1 人。我军参加北京奥运会的总人数占中国体育代表团总人数的 6.9％，其中，运动员占 9.2％，在全国各省市中排名第四。本届奥运会，我军选手在 10 个大项 12 个分项 17 个小项上共夺得 7 枚金牌、5 枚银牌和 6 枚铜牌，1 人 1 次打破 1 项世界纪录，1 人 2 次打破 2 项奥运会纪录，我军选手获得的金牌数和奖牌数分别占我国代表团金牌总数的 13.7％和 17％，在全国各省市中分别排在第三位和第二位，超额完成了军委、总部赋予我军选手在北京奥运会上夺取3枚金牌的任务指标。我军选手在本届奥运会上还实现了许多重大历史性突破：首次在奥运会举重、柔道和羽毛球项目上获得金牌；首次在摔跤、沙滩排球、跆拳道和田径项目上获得奖牌；首次在奥运会上打破世界纪录和奥运会纪录；首次由我军选手为中国体育代表团夺得首枚金牌。肖钦一人勇夺体操男子团体和鞍马2枚金牌，王皓一人夺得乒乓球男团和男单1金1银，17岁的焦刘洋打破女子200米蝶泳世界纪录，被誉为中国游泳的未来之星。在我军运动员备战和参加北京奥运会的过程中，我们始终感受到各级领导的亲切关怀。军委郭伯雄副主席、徐才厚副主席等军委领导同志十分重视，对参赛选手寄予厚望。比赛开始前，郭副主席、徐副主席多次亲自询问各项准备工作的进展情况，比赛开始后，对我军选手参赛尤为关注，在赛程过半的关键时刻，于2008年8月18日、19日分别做出重要批示，充分肯定我军参赛选手的出色表现，向取得优异成绩的运动员、教练员和相关单位领导表示亲切慰问，号召全军官兵向我军奥运健儿学习，希望我军选手再接再厉，再创辉煌。首长的鼓励，使全体参赛选手倍感亲切，深受鼓舞。中央军委委员、总政治部李继耐主任亲自指挥备战、参赛工作，全军体育指导委员会召开出征奥运会誓师动员大会，李主任出席并亲自做动员，赛前又专门给我军每一位参赛选手发去慰问信，给奥运健儿加油鼓劲，比赛期间，李主任密切关注我军选手情况，给予了强有力的指导。全军体育指导委员会主任、总政治部刘永治副主任高度重视我军选手的每一个奥运冲金夺牌点，每天过问比赛的最新进展，及时提出要求。四总部其他领导也都以不同形式对我军在奥运参赛一线的同志给予祝贺和鼓励。有奥运参赛选手的各大单位首长和机关领导，赛前还专程到国家队看望慰问所属运动员、教练员。只要军队选手获得奖牌，军委、总部首长和机关以及各有关大单位都及时给中国体育代表团和获奖选手所在单位发贺电、贺信。我军参加北京奥运会的选手平均年龄24.1岁，最大的32岁，最小的17岁，夺金摘牌的我军运动员全部是由我军自己培养的，平均入伍时间为8年，其中入伍时间最长的15年，最短的也有4年。获得金牌的6名运动员中，只有1

人在上届奥运会上获得奖牌，有 3 人是首次参加奥运会。在赛场上，不论老将还是新秀，他们继承和发扬我军不怕困难、一往无前的优良传统，不畏强手，奋勇拼搏。为我国体育代表团夺得首金的陈燮霞在赛前两周的训练中受伤，不少人对她能否参赛提出怀疑，我们也十分担心，在医务专家的努力下，她一边积极配合治疗，一边做些辅助性训练，伤病恢复得很快，最后顺利入选，比赛中用夺冠并打破女子举重 48 公斤级挺举和总成绩两项奥运会纪录的成绩，为中国代表团实现了"开门红"；小将廖辉在队友、雅典奥运会冠军石智勇意外受伤并退出比赛的情况下，孤军奋战，克服了抓举、挺举两次开把试举失败带来的巨大压力，稳扎稳打，将男子举重 69 公斤级的金牌收入囊中；杨秀丽在柔道女子 78 公斤级决赛中，被对手故意撞伤脸部，右眼睑下被撞开了一个一寸长的口子，鲜血直流，眼部肿胀导致视线模糊，她强忍疼痛，带伤拼搏，最终以微弱优势险胜夺冠；羽毛球运动员林丹顶着雅典奥运会首轮失利后的阴影，在本届奥运会决赛中与上半年世界杯比赛刚刚赢过自己、目前世界排名第二的马来西亚名将李宗伟较量，他拼字当头，大胆变化打法，加快进攻速度，牢牢掌控比赛节奏，最终以 2∶0 完胜，赛后李宗伟夸奖林丹"是一名伟大的运动员"，我国体育界称林丹是"关键时刻冲得上、打得赢的典范"。我军参赛选手恪守体育道德，他们在比赛结束后向现场观众致以标准军礼的场面通过电视等媒体迅速传向社会，赢得了全国人民和广大官兵以及社会各界的一致好评。奥运会结束以后，军委郭副主席、徐副主席和在京的其他军委领导同志代表胡主席亲切接见了我军参加北京奥运会的全体人员，郭副主席和徐副主席都作了重要指示，要求全军体育工作者保持清醒头脑，明确使命任务，不断增强为国家争光、为军旗添彩的使命感、责任感和荣誉感，再接再厉，再创辉煌。以此激励全军官兵在各自的岗位上，艰苦奋斗，积极进取，严格训练，刻苦学习，不断提高自身思想觉悟和能力素质，保证在祖国需要的时候能够上得去、过得硬、打得赢。

五

　　成立"八一富邦（宁波）男子篮球职业俱乐部"，标志着军队专业运动队适应国家体育改革的需要，在朝着市场化、职业化发展的道路上迈出了实质性的一步，这是军队体育改革的一次大胆而有益的尝试。

　　随着改革开放的日益深入，我国体育事业也在不断加大改革的力度，竞技体育朝着市场化、职业化发展的步伐在加快。人们的认知观念在变、欣赏标准在变、爱好习惯在变、参与方式在变。推广职业联赛，实行俱乐部制，企业财团介入，冠名赞助、广告宣传、主客场制、引进外援、球员转会、市场效益等等，仿佛在一夜之间包围了我国的竞技体育。这对具有特殊性质的我军专业运动队而言，我们在称它为"机遇"的时候，内心里却无不承认，挑战确实来得太快、也太过于严峻了。在竞技体育走向市场的大环境下，军队的竞技体育究竟应该是个什么样子？会是个什么样子？一连串的问号在人们的脑海中漫过，关于改革、关于生存、关于发展……在竞技体育走向市场的初期，军队教练员、运动员的思想异常活跃，面对新生事物，出现了许多新的思路和多重的选择，当球员们再提起诸如奖金、价值、效益、交换等问题时，没有了过去的含蓄和羞涩，变得简单而直率，面对商品经济大潮带来的冲击，有的人仍在等待、观望，有的人表现浮躁、焦虑、不知所措，甚至是忐忑不安。军委总部领导十分重视和关心在市场经济条件下我军专业运动队的建设与发展问题，经总政领导批准，总政宣传部派出调研小组就军队专业体育队伍如何借助社会力量谋发展，怎样与地方企业合办、联办职业俱乐部的问题展开调查论证。大家深刻地认识到，我军的竞技体育必须积极适应国家体育改革与发展的新形势，在保持军队特色的前提下搞好"接轨"，才能保证军队专业体育队伍又好又快发展。从 1995 年全国男子篮球八强赛尝试主客场赛制，到

1995—1996 年全国男篮甲 A 联赛允许各参赛队聘用外国球员、引入社会赞助，中国篮球的职业化改革登台亮相。2005 年的上半年，中国篮球协会推出"2005—2008 年中国男子篮球职业联赛俱乐部准入实施方案"，也就是以后被大家说起的中国篮球职业化改革"准入制"，要求参加中国男篮最高水平比赛的国内各俱乐部球队，必须符合"准入制"规定的 14 个评估指标和 50 条准入标准，方有参赛资格。八一男篮要达标参赛，其自身的经济实力、可操作能力有着明显的差距，必须依靠与地方企业的合作共建。2006 年 5 月 10 日，中共宁波市委、宁波市人民政府专门致函总政治部宣传部，要求八一男篮职业俱乐部落户宁波。信函的内容情真意切："中国男子篮球职业俱乐部的建立，是新时期篮球事业发展的必然趋势，必将有力地促进中国体育事业和地方体育事业的发展。宁波市委、市政府大力支持并热烈欢迎八一男篮落户宁波。八一男篮是一支有着光荣传统的国内篮坛劲旅，素以作风顽强、球艺精湛、战功显赫而深受全国广大球迷的喜欢。自篮球运动走向市场后，八一男篮连续八年把主场设在宁波，曾创造了主场 50 场不败的纪录，10 次拼入总决赛，7 次荣获 CBA 联赛冠军。在宁波的八年，八一男篮为丰富市民文化生活，促进精神文明建设，提升城市形象发挥了重要作用。篮球比赛已经从过去单纯的体育竞赛转变为今天集社会生产力、民众亲和力、文化传播力于一体的新型文化载体。八一男篮俱乐部作为中国体育界的一块'金字招牌'，如能落户宁波，对于向全国和世界展示宁波现代化建设成果，进一步扩大知名度，具有十分重要的意义。宁波市委、市政府一直支持八一男篮与宁波富邦控股集团合作建立男子篮球俱乐部。富邦控股集团是我市一家以工业为主体，集商贸、房地产开发、科研、宾馆服务、金融投资于一体的综合性大型企业集团，年销售超百亿元，连续 4 年进入'中国 500 强企业'行列，是浙江省重点培育和发展的 27 家大型企业集团之一，宁波市重点培育和发展的 18 家大企业（大集团）之一，曾被中组部、中宣部等五部委授予'全国思想政治工作优秀企业'，为宁波经济社会发展作出了重要贡献。富邦控股集团与八一男篮有着良好的合作基础，旗下双鹿电池公司冠名赞助八一男篮六年，期间双方结下了深厚的友谊，取得了双赢的成绩。双方的进一步合作，必将再结硕果。为此，特致函要求八一男篮俱乐部落户宁波。"2006 年 5 月 11 日下午，中央军委委员、总政治部主任李继耐上将和全军体育指导委员会主任、总政治部副主任刘永治上将等有关总政领导，在北京与中共宁波市委、市政府的领导和拟与之合作的宁波富邦控股集团总裁宋汉平先生等有关人士进行了座谈，还特邀了国家篮球运动管理中心主任李元伟先生出席。总政治部刘永治副主任在座谈时讲话指出："八一男篮取得的成绩，离不开国家体育总局领导的重视和关心，离不开国家篮球运动管理中心的指导和帮助，离不开地方党委、政府和社会各界的大力支持。八一男篮从 1998 年起，已经连续 8 年以'全国双拥模范城'宁波为主场参加全国联赛，从 2000 年起得到了宁波富邦控股集团有限公司下属的'双鹿电池'冠名赞助，一直得到了宁波市委、市政府及宁波市体育局和广大宁波人民的大力支持和亲切关怀，在各方面给予了很好的保障。教练员、运动员在宁波期间，就像在自己家里一样，感到很温暖、很亲切。特别是宁波的广大球迷，把八一男篮当成自己的队伍，充满了对子弟兵的深情厚谊，'胜也爱你，败也爱你，不拼不爱你。'成为宁波人民热爱八一男篮的佳话而传遍全国。"刘永治副主任最后说："祝愿军地双方的体育合作在原有的基础上更进一步，充分发挥各自的优势，取长补短，相得益彰，不断取得新进步，共同为促进国家体育事业的发展做出新的更大的贡献。"总政治部李继耐主任强调："希望八一男篮与主场宁波和与富邦控股集团有限公司的合作，在促进军地双方优势互补、密切军政军民关系、共建社会主义精神文明和构建社会主义和谐社会等方面发挥更大的作用，借用篮球职业化改革这个平台，带动更高层次、更大范围上的合作。"总政首长除了强调八一男篮与富邦合作的重大意义外，还对双方合作的一些重大原则问题表明了态度。我们的调研小组和企业方面的工作班子都十分清醒地意识到，我们是在做着一件开创性的工作，无论是对于富邦、对于宁波，还是对于八一男篮、对于军队体育，在新世纪新阶段这都是一件极具影响的事情，甚至可以说是军队竞技体育划时代的大事。全国的媒体从2005年下半年开始就进行了追踪式的报道。在篮球职业化改革的大潮面前，八一男篮这支特殊的群体，要适应变化了的新形势，这第一步迈得怎么样，影响太大了。要保持八一男篮这支军旅球队"姓军"的性质不变，双方以什么样的形式实现双赢、多赢的合作，首次合作的期限定在多少年合适，还有关于控股权、人事权和考核体系等等。对富邦，事关企业的对外形象和声誉；对八一队，事关八一男篮这支英雄团队的长远建设与发展；对军队竞技体育，事关其他专业运动队今后的职业化建设问题。"八一男篮作为CBA的一支劲旅，每场比赛都备受全国亿万球迷的关注，牵动着全军官兵的心。同时，八一男篮也是展示我军形象的一个重要窗口，对鼓舞部队士气、培育战斗精神，发挥着重要的引导和激励作用。"这是总政治部李继耐主任做出的批示。八一男篮要作为军队专业体育改革的先头部队，它的成败将会给整个军队体育事业的发展带来重大影响。总政治部专门召开了主任办公会，集体研究八一男篮与富邦公司合作的方针原则和协议条款，上至军委、总政领导，下到八一男篮的教练员、运动员，甚至全军的各支专业运动队都特别地关注这项工作的进展。八一男篮组建保持军旅特色、符合我国国情、适应改革形势和发展需要的职业俱乐部，从运动项目本身讲，有利于提高军队的篮球水平，有利于出人才并为国家队输送更多的国手，有利于为我国的篮球事业作出更大的贡献。如果站在一个更高的层面上来看，有利于更好地展示我军文明之师、威武之师、和平之师、胜利之师的形象，有利于进一步加强军政军民团结，有利于推动和促进社会主义和谐社会建设。新组建的职业俱乐部，只有严格地遵循这些"有利于"的原则，才能继续使八一男篮保持团结拼搏的优良传统和作风，继续使八一男篮成为全军专业体育队伍的排头兵，继续使脍炙人口的"八一精神"这面全军体育队伍乃至全国篮球界的旗帜高高飘扬。我们也希望通过这样的探索，打造出一个军队体育改革与国家体育改革成功接轨的样本，能够为全军其他专业运动队今后的调整改革做出示范。2006年12月29日总政治部李继耐主任对八一男篮与富邦合作成立俱乐部事，再次做出重要指示："八一男篮与富邦成立俱乐部这件事，是经总政办公会研究，并报军委领导同意的，是顺应形势的发展，利国利民利军的好事情。对这件事社会上很关注，新闻媒体报道得也比较多，总体上反映是好的。概括地讲有三点需要十分明确：一是八一队虽成了国家篮球俱乐部的一个成员，但仍是军队的一个编内单位，所有成员必须是清一色的现役军人，不仅外援不能请，连内援也不能请，因此要严格执行军队的纪律和一切规章制度，一切听从军队的指挥和安排，姓'军'这一点丝毫没有改变；二是八一和富邦的关系不完全是市场上的甲方和乙方的关系，而是有合作背景的'拥军爱民'的关系，是互利双赢的关系，是讲政治、讲大局、讲诚信的团结、友爱、和谐、纯洁的关系；三是八一男篮的所有参赛活动不是所谓的市场运作，而应该始终把社会效益放在第一位，要展示我军文明之师、威武之师、胜利之师的形象，不仅是为了赢球，更重要的是赢得社会的广泛赞誉，同时也是为富邦树立良好的企业形象（这也是富邦和我们合作的最终目的），促进我国篮球事业的发展和进步，促进社会主义和谐社会的建设。"

北京奥运会、残奥会结束以后，中共中央总书记、国家主席、中央军委主席胡锦涛在 2008 年 9 月 29 日的北京奥运会、残奥会总结表彰大会上的重要讲话中，对体育工作作了全面深刻的论述，提出了进一步推动我国由体育大国向体育强国迈进的奋斗目标，提出了今后体育工作发展的方向和要求。全军体育工作者认真学习领会胡主席 9 月 29 日的重要讲话，认真学习、深刻领会中共中央《关于在全党开展深入学习实践科学发展观活动的意见》，以科学发展观为统领，进一步思考和认识促进体育事业科学发展的重要意义、前进方向和方法措施。体育是社会发展和人类文明进步的重要标志，是综合国力和社会文明程度的重要体现，是我国社会主义现代化建设事业的重要组成部分，是全面建设小康社会、构建社会主义和谐社会的重要内容。在改革开放和现代化建设的伟大事业中，在推动社会主义文化大发展大繁荣、加强国家和军队文化软实力的建设中，体育发挥着独特而重要的作用。新时期经济社会的发展为体育事业的发展进步奠定了更加强大的物质基础，同时也提出了新的挑战。2008 年 10 月 12 日，总政治部李继耐主任专门给八一体工大队的全体同志写了一封信，他在信中代表总政领导和机关，向取得优异成绩的体育健儿表示热烈的祝贺，向为我军、我国体育事业作出贡献的教练员、运动员和工作人员，向八一体工大队的全体同志致以亲切的问候。他说："八一体工大队是我军专业体育队伍的排头兵。在备战和参加北京奥运会过程中，你们始终坚持认真贯彻党中央、中央军委和胡主席关于筹办北京奥运会的一系列决策指示，时刻牢记肩负的责任，全力以赴地投入训练和比赛；你们始终坚持发扬我军体育队伍的优良传统，特别是八一队团结拼搏的过硬作风，充分发挥技战术水平，取得了骄人战绩；你们始终坚持秉承奥林匹克精神和中华体育精神，恪守体育道德，争做精神文明的模范，时时处处维护人民军队的良好形象；你们始终坚持发扬科学精神，精心组织，周密安排，严格管理，想方设法为一线教练员、运动员提供最优质的服务和保障。你们用实际行动践行了为人生添彩、为奥运增辉、为民族争气、为祖国和军队争光的誓言，向祖国和人民交上了优异的答卷，军委、总部领导对你们非常满意，全军官兵为你们感到自豪和骄傲！"他在信中强调："我国体育界有句名言'走下领奖台，一切从零开始'。希望八一体工大队在新的起点上再接再厉、再创辉煌，为祖国、为人民、为军队争取更大荣誉。要认真学习贯彻胡主席在北京奥运会、残奥会总结表彰大会上的重要讲话，积极探索当代体育发展的规律，把握军队体育的特点，努力开创军队体育工作的新局面；要全面总结、自觉运用备战和参加北京奥运会的成功经验，不断提高科学训练水平，坚决完成好明年第十一届全国运动会等一系列重大国内外比赛任务；要大力弘扬伟大的抗震救灾精神和北京奥运会、残奥会培育的崇高精神，强化军人意识和军队代表队意识，始终保持高昂的士气、顽强的作风和一往无前的战斗精神；要紧密结合体育工作实际深入开展学习实践科学发展观活动，切实用科学发展观武装头脑，指导实践，推动工作，努力把八一体工大队建设成为政治方向端正、军队特色鲜明、竞技水平高超的国内外知名的一流运动队、为促进军队体育事业的大发展、为进一步推动我国由体育大国向体育强国迈进，做出新的更大的贡献。"

新中国竞技体育的第一块奠基石

——训练局发展历程

国家体育总局训练局局长　闫世铎

国家体育总局训练局坐落于美丽的龙潭湖畔，花园式的基地内先进的运动场馆星罗棋布，掩映在绿树丛中，11 个运动项目的 14 支国家队常年在这里集中训练。训练局为他们提供从训练到餐饮、从住宿到康复、从学习到出行等全方位的服务。

回首半个多世纪的风雨历程，训练局经历了建局初期创业的艰辛，也经历了新中国竞技体育第一个春天给我们带来的自豪；经历了 10 年动荡的心酸，也经历了党的十一届三中全会后的全面恢复训练给我们带来的激情；经历了稳步发展的喜悦，也经历了体制改革的历练和开创未来的豪情，我们更经历了 2008 奥运给我们带来的欢愉之情。训练局的发展史是一部始终与国家、民族命运紧密相连的奋斗史，是一部艰苦奋斗、自强不息的创业史；是一部充满鲜花和掌声的荣誉史。训练局取得的每一点进步，都与祖国的命运息息相关。

作为新中国第一个国家级综合性体育训练基地，训练局在党中央亲切关怀和全国人民的大力支持下，以其在新中国竞技体育特殊的历史地位和作用，见证并演绎了新中国竞技体育的成长与辉煌，被国人誉为"世界冠军的摇篮"！

一、举国体制的试验田（1951—1998 年）

（一）创立国家运动队

新中国成立初期的体育是在旧中国被讥讽为"东亚病夫"的称谓下，艰难起步的。为了增强人民体质，达到"健身强国"的目的，培育和发展新中国的竞技体育运动，毛泽东等老一辈革命家运筹帷幄，调兵遣将，在国家经济状况还很困难的情况下，就下决心对新中国体育事业的发展进行战略布局。

1951 年 11 月 25 日，团中央按照中央的指示精神，以中央人民政府的名义从全国调集各路精英，云集北京，组建了中华全国体育总会筹备委员会中央体训班——这就是国家体育总局训练局的前身，是先于国家体委成立的、新中国最早的综合性竞技体育机构。

在训练局建局初期，共有篮球、排球、田径、游泳等 4 个项目的 6 支队伍，这是新中国国家运动队的源头，当时的主要任务是以到全国各省市巡回比赛、表演为主。运动队所到之处，都引起当地群众观看体育比赛的极大热情，激发了全国人民参加体育锻炼的积极性，促进了体育运动的普及与提高，为推动新中国体育事业的发展，发挥了积极作用。

1952 年 11 月 15 日国家体委成立后，新中国体育领导人贺龙元帅，选定北京崇文区龙潭湖畔作为训练基地，运动队开始有了相对固定的训练地点。中央体训班随即更名为国家体育运动委员会中央体院竞技指导科，运动队伍得到了发展和壮大。1953 年发展到 8 个班 12 支国家队，国家运动队从此开始走上了正规化发展的道路，形成了纪律严明、行动统一、作风顽强、技术过硬的第一支国家体育队伍，开创了具有中国特色的运动队伍的管理模式，奠定了新中国竞技体育发展的基础。

为了解决国家队成立初期缺乏人才，缺乏教练的困难，尽快提高新中国的竞技体育水平，第一任国家体委主任贺龙元帅不拘一格选人才，大胆选用国内外的体育知名人士进行集中训练，不但聚集了国内的体育精英、解放军中的优秀运动员，而且吸引了港澳和东南亚一带的海外华侨运动员，他们受到祖国新气象的感染和爱国热情的驱使，开始纷纷回国。这些海归侨胞凭着自身的基础和开阔的视野，带来了新的训练技术和方法，帮助新中国搭建起竞技体育队伍的基本框架，为新中国体育事业的起步和发展做出了不可磨灭的贡献。

（二）初步形成举国体制的发展模式

1952 年 6 月 10 日，毛泽东题词"发展体育运动，增强人民体质"发表，为新中国体育事业的发展指明了方向，明确了体育在国家经济建设中的重要作用。

国家体委非常重视和支持训练局各项工作的开展，在贺龙元帅的直接领导下，率先实行"三个集中"。即集中人力：将全国最有经验的教练、最有实力的运动员集中训练；集中物力：建立最好的训练场馆，创造最好的训练条件；集中财力：在经济上实行集约化管理，在训练、生活等方面给运动员全力优先提供保证。

在国家体委的领导下和训练局坚强后盾的保障下，训练局国家队重点项目的训练水平和运动成绩有了大幅度的提高，培养出了大批的优秀运动员，运动队的水平和成绩在一定程度上代表了新中国竞技体育的总体实力，成为聚集国家优势运动项目以及优秀体育人才的国家级训练中心。在经济还不发达的建国初期，这种选定发展重点项目作为突破口，举全国之力，在训练、生活、人员选拔等方面全力优先提供保证的做法，是"举国体制"保障竞技体育发展的创举！这种做法，在比较短的时间内就取得了可喜的成绩，开辟了我国竞技体育发展的捷径，即使在经济迅猛发展的今天，"举国体制"的保障，仍然给我国的体育事业带来巨大的推动力，取得了辉煌成就！其产生的深远影响和重大意义，值得深入研究和探索。

（三）开启中国竞技体育通往世界冠军的大门

1955 年 10 月 21 日，训练局标志性建筑——北京体育馆正式落成，这是新中国第一座综合性室内体育馆。在人民大会堂建成之前，训练局的北京体育馆是国家领导人接待外宾等外事活动的重要场所。北京体育馆刚刚落成，毛泽东等中央领导同志，就兴致勃勃地来到北京体育馆观看比赛，充分体现了中央领导集体对体育事业的关怀和支持，运动员们深受鼓舞，不断创造佳绩。他们以洗刷"东亚病夫"的羞辱、向世界展现中华民族的自信与自强为强大的精神动力，牢记党和人民赋予的神圣使命，在建国初期国家经济还很困难的情况下，克服困难，认真贯彻落实"缩短战线保证重点"的发展策略，经过拼命苦练，很快使各项工作有了长足的进步并取得了令世人瞩目的骄人战绩：

1956 年 6 月 7 日在上海举行的中苏举重友谊赛中，陈镜开以 133 公斤的成绩，打破美国运动员保持的 56 公斤级挺举世界纪录，创造了中国运动员的第一个世界纪录，实现了新中国冲击世界纪录"零"的突破，被当时的新闻报道称为"第一个洗刷了'东亚病夫'耻辱的民族英雄"。在此后的 8 年时间里，陈镜开在举重项目的两个级别上连续 9 次打破世界纪录，先后 6 次受到了毛主席的接见。

1957 年 5 月 1 日，游泳运动员戚烈云以 1 分 11 秒 6 的成绩打破蛙泳世界纪录，成为中国游泳项目打破世界纪录的第一人。1957 年 11 月 17 日郑凤荣以 1.77 米的成绩打破女子跳高世界纪录，是我国第一个打破世界纪录的女运动员。

20 世纪 50 年代崛起的中国乒乓球队，是率先成为新中国体育为国争光的先锋团队。1959 年 4 月 5 日，在西德多特蒙德拉举行的第 25 届世界乒乓球锦标赛上，容国团第一次将中国人的名字刻在圣勃莱德杯上，成为新中国历史上第一个世界冠军。这是中国体育史上最具标志性意义的事件之一，不仅从此拉开了中国竞技体育发展的序幕，也从此打开了中国体育通往世界冠军的大门！从那时开始，训练局的运动员们夺取世界冠军的脚步就没有停止过：1961 年在中国北京举办的第 26 届乒乓球世界锦标赛上，中国乒乓球队第一次获得男子团体冠军，邱钟惠成为我国第一个获得世界冠军的女运动员；1965 年第 28 届世界乒乓球锦标赛上，中国乒乓队第一次获得女子团体冠军。截止到 1965 年，在新中国获得的 13 个世界冠军中，有 12 个冠军来自训练局负责领导和管理的乒乓球队。在 1965 年之前，训练局的运动员在举重、游泳、跳高等项目上共有 11 人打破和超过 27 项世界纪录。运动成绩的突破，不仅是运动员的胜利，更是"举国体制"的胜利，是"举国体制"的萌芽，在训练局这块"试验田"里得到有效培植和成长的有力证明。

（四）"三从一大"训练原则的实践与推广

在 20 世纪 60 年代初期，我国经历了 3 年自然灾害，由于担心运动员的身体状况，部分教练员在运动训练的负荷方面存在一定的顾虑。针对这个问题，国家体委主任贺龙同志明确提出在运动队中要树立"三不怕"的精神（即不怕苦的精神、不怕累的精神和不怕难的精神）和"五过硬"的作风（即思想过硬、身体过硬、技术过硬、训练过硬、比赛过硬的作风），同时把人民解放军在军事训练中从难、从严、从实战出发的"三从"原则，加上"大运动量训练"，运用到运动员的基础训练和专项训练中去，这就是我国竞技体育坚持了 40 余年的"三从一大"的训练原则。训练局的运动队在国家经济状况还非常匮乏的艰苦条件下，坚决贯彻落实"三不怕"、"五过硬"的作风，率先实践"三从一大"运动训练原则，积极探索训练规律，认真执行贺龙元帅倡导的训练难度要大幅度地超出比赛难度的主张，在运动训练中勇于打破运动负荷上的保守观念，最大限度地挖掘运动员的技术能力，承受了常人难以承受的极限训练，不仅练就了能与世界强手相抗衡的技术本领，更为"三从一大"训练原则成为中国竞技体育的指导思想，在实践上积累了经验、理论上提供了依据。

（五）架设友谊桥梁　服务对外交流

新中国的对外交流工作，在建国初期受到很多来自敌对势力的封锁和阻碍。我国政府高度重视通过民间往来增进各国对新中国的了解，体育交流活动作为民间交往的重要途径和手段承担了这一重任。

在训练局刚刚开始起步时期的中央体训班，运动员们作为新中国的友好使者，担负起国家交付的重任，多次代表国家完成出访任务，增进世界各国对我国的认识和支持。这一时期，运动队主要出访东欧一些社会主义国家。1952 年 7 月，由篮球、游泳、足球等运动队组成中国体育代表团赴芬兰赫尔辛基参加第 15 届奥运会，这是新中国第一次在奥运会上升起五星红旗；1953 年国家男女篮球队、男女排球队、田径队、游泳队参加了在罗马尼亚布加勒斯特举行的第一届国际青年友谊运动会；1954 年 4 月，派出了由足球和游泳运动员组成的两支队伍到当时的体育强国匈牙利学习。

新中国成立初期的这些国际体育交往活动，不仅增进了国家之间的友谊，还展示了新中国运动员良好的精神风貌，为增进世界各国对新中国的了解和认识发挥了重要作用，使民间的体育交流成为国家对外交往与宣传的重要补充和手段，达到了"让世界了解中国、让中国走向世界"的目的，为打开新中国对外交往的大门，做出了积极的努力和贡献。

然而，1966 年开始的"文化大革命"，给我们党、国家和人民都带来了历史性灾难，国家的体育工作全面陷入瘫痪状态。训练局的运动队停止了刚刚迈出国门的脚步，放弃了参加国际比赛的机会，中断了训练。这场史无前例的浩劫，使许多为开创新中国体育事业贡献卓著的体育人士受尽迫害，运动员、教练员的感情受到极大伤害，还发生了自杀身亡事件，训练局的各项工作一度陷入停滞状态。

发生在"文化大革命"中的许多往事令人痛心和惋惜，但是"乒乓外交"的故事，却给那个灰色年代的体育，留下了光彩夺目的记忆，成为中国百姓街谈巷议的佳话。即使在今天，许多中国人都还能讲起那个精彩的"小球转动了大球"的故事。

1971 年 3 月，阔别世界乒坛 6 年之久的中国乒乓球队，重新出现在世界乒乓球的赛场上，参加在日本名古屋举行的第 31 届世界乒乓球锦标赛。这是训练局运动队在"文革"期间最先恢复参加国际比赛的队伍。在比赛期间，发生在中美两国运动员之间的故事，增进了两国运动员的了解和友谊，在毛泽东、周恩来的果断决策下，促成了美国乒乓球队的来华访问，最终实现了中美两国关系的正常交往。周恩来总理称之为："打开了中美两国人民友好往来的大门"。

"乒乓外交"的经典案例，打破了国家之间政治上难以跨越的鸿沟，开创了以体育交流促进国家交往的成功经验，使体育为国家政治服务的功能得到最好的发挥。从这个在文革逆境中"乒乓外交"事件开始，训练局的一些运动项目逐步恢复了训练。1976 年，国家体委从发展竞技体育的角度，将训练局定名为国家体委训练局，训练局的名称从此固定下来，并成为国家体委最大的直属单位。

（六）国家体育发展战略为训练局插上腾飞翅膀

1978 年，党的十一届三中全会，使饱受 10 年动乱的中国体育，迎来了走向世界的发展机遇。中国向世界打开了改革开放的大门，中国的竞技体育打开了让世界了解中国的窗口。1979 年 10 月 25 日，国际奥委会恢复中华人民共和国在国际奥委会的合法权利，重新回到国际体育大家庭的中国竞技体育，以势不可挡的气势，迈进了国际体育大舞台。

进入新的历史时期，党中央高度重视国家体育的发展工作，加大了发展体育事业的资金投入，训练局的发展进入新的历史阶段。1978 年训练局电教中心建成，将影像技术用于训练中，提高了训练的科技含量和科研水平，心理训练、体能训练、大运动量训练后的体能恢复等科研项目开始逐步发展起来，成为全国最大的综合性竞技体育训练中心。

1979 年，根据国家体育发展战略，为了集中力量提高优势项目的水平，国家体委制订了重点扶持和发展乒乓球、羽毛球、田径、游泳、跳水、体操、举重、足球、篮球、排球、射击、射箭、速度滑冰等 13 个竞技体育项目的计划，在这 13 个项目中，训练局就占了 9 个项目，一举成为改革开放后中国竞技体育发展的主力军，充分证明了训练局在中国竞技体育发展中的历史地位和重要作用。

训练局没有辜负国家的重托和全国人民期望，在国家体委的坚强领导和大力支持下，依靠举国体制的全力保障，各运动队在越来越多的国际赛场上，以优异的表现让世界对中国刮目相看，仅用了 3 年时间就夺得了多个运动项目的第一个世界冠军：1978 年，世界羽联第一届羽毛球锦标赛，庚耀东获得羽毛球项目第一个世界冠军；1979 年，第 20 届世界体操锦标赛，马燕红获得体操项目第一个世界冠军；1979 年，第 33 届世界举重锦标赛，吴数德获得举重项目第一个世界冠军；1981 年，第 2 届世界杯跳水赛，史美琴获得跳水项目第一个世界冠军；1981 年，第 36 届世界乒乓球锦标赛，中国乒乓球队第一次囊括全部 7 枚金牌；1981 年，中国女排夺得世界杯冠军，在三大球项目上首次实现了历史性的突破，并一鼓作气创造了"五连冠"的神话。

1984 年，新中国在相隔 32 年后再次亮相国际奥运舞台。来自训练局的运动队一举成为中国奥运代表团的主力阵容，并成为我国奥运代表团的主力军和金牌大户。在中国体育代表团取得的 15 枚金牌中，有 11 枚金牌来自训练局的举重、体操、女排、跳水等运动队，体操运动员李宁一人就贡献了 3 枚金牌、2 枚银牌和 1 枚铜牌，成为洛杉矶奥运会上获奖牌最多的运动员。截至 1996 年奥运会，训练局负责管理和领导的运动队共参加了四届奥运会，赢得了 38 枚金牌，占中国体育代表团奥运金牌总数的73%，为确保中国体育代表团在奥运金牌榜第二集团领先地位起到了决定性作用，成为中国奥运代表团的中坚力量。

训练局的运动员在世界大赛上的出色表现，不仅展示了中国竞技体育发展的实力和速度，更让世界看到了一个改革开放后的中国所发生的沧桑巨变！运动员、教练员们不忘以良好的精神风貌展示中国形象，虚心向世界体育强国和高水平运动员学习先进的训练方法和经验，通过不断总结，训练局运动队逐步走出一条具有中国特色的发展道路，各项运动技术水平有了突飞猛进的提高。

（七）加强队伍建设　提高管理水平

1978 年至 1998 年的 20 年，是训练局发展最为迅猛的黄金时期。这一时期，训练局各项建设有了飞跃性发展，负责领导和管理的国家队发展到 9 个项目 13 支队伍，运动员、教练员、管理人员总数达到 700 多人，共有 26 个处室和运动队。除中国乒乓球队继续保持世界领先优势以外，国家跳水队、国家体操队、国家羽毛球队、国家举重队、国家女子排球队、国家女子篮球队、国家游泳队、国家围棋队都先后进入世界先进行列。

随着国家经济状况的好转，1983 年至 1990 年国家体委连续三次拨款，解决训练局教练员的住房问题。在国家体委的政策保障和财政支持下，训练局加大了对教练员生活待遇的改善力度，帮助教练员解决长期两地分居及改善住房条件，这种人文关怀，极大地调动了国家队教练员的积极性，稳定了教练队伍，促进了训练水平的提高。

1983 年，训练局开始实施总教练负责制，这个转变是我国竞技体育发展的重要转折点。标志着国家队的管理模式从 30 年前以班主任为主的政治管理，转变到以总教练为主的业务管理上来，使运动队伍的管理更科学有效，这一管理模式一直沿用至今。

二、局队分离的大转变（1998—2008 年）

1997 年中央机构编制委员会办公室发布了《关于国家体委调整内设机构和直属事业单位批复》的文件，对训练局工作职能的调整作出了具体规定："保留国家体委训练局，体委党组应加强对训练局的领导，训练局要进一步加强科研、医疗保健、后勤服务工作，搞好运动员文化教育和思想政治工作，并对职能作适当的调整，由运动项目管理中心组建的国家队应充分利用训练局设施。"从此，训练局翻开了历史新的一页，将负责管理和领导 40 余年的 13 支国家队划分到新成立的 6 个运动项目管理中心。1998 年，改组后的国家体育总局正式发布了《关于同意训练局调整机构的批复》，训练局由原来对各运动队伍负有领导管理职能的综合性机构，正式转换为职能相对单一的为各运动队伍提供后勤服务保障的训练基地。

（一）转变观念 探索训练基地发展模式

面对与运动队伍分别管理的机构变革和职能转换，训练局人难以割舍近半个世纪荣辱与共的情怀。但是，训练局全体干部职工还是表现出了服从大局，勇于牺牲局部利益的大局意识，为配合国家体委机构改革的顺利实施，做出了积极的努力，以高度的政治责任感和使命感，又一次践行了训练局多年倡导的"祖国利益高于一切"的奉献精神，勇敢地接受并面对这次机构改革带来的角色转换！

在训练局成立初期，训练局人就为我国国家运动队的管理模式进行了开拓性的探索和实践，在面临国家机构改革空前挑战的时候，训练局再一次挑起重任，成为我国综合性竞技体育训练基地管理模式的探索者。新一代训练局人继承并发扬训练局的光荣传统和美德，在新的管理体制下，成功开创了国家级竞技体育训练基地规范管理和服务保障体系，迅速转变工作重心和思想观念，摆正位置，凭借几十年积累下来的后勤服务保障的经验，迅速转入为各运动项目提供服务保障工作中，及时有效地保证了在国家体育总局机构改革时期各项工作的顺利进行。在训练场馆、公寓、营养膳食、体能康复、文化教育等后勤服务保障方面，默默地做了大量工作。使运动队的训练、学习和生活没有因为训练局职能的改变受到任何影响。同时，还将各运动项目已经离退休的近百位老运动员、老教练员，留在了训练局，帮助新筹建的单位承担了责任、减轻了压力，实现了训练局机构改革的安全着陆，完成了与各运动项目中心各项工作的顺利衔接。

（二）加强硬件设施建设　提高服务保障能力

训练局工作职能转换后，国家体育总局高度重视训练局的工作，在各方面给予了大力支持和扶植。对训练局所有的训练场馆、学校、公寓等进行了维修和改造，极大改善了驻局运动队的训练条件和学习生活环境，提高了训练局训练基础设施建设的整体实力和科学保障能力，2001 年训练局与国家体育总局所属的北京网联体育科技发展公司合并，训练局不仅享有原北京网联公司的办公附属设施、公寓、场馆、餐厅等配套设施，也借鉴和吸收了原公司的管理理念，将企业文化引入事业单位的管理模式之中，在人员管理、服务理念上向企业管理靠拢，极大提高了服务水平，在为运动队提供了比较舒适的生活环境的同时，提高了服务质量和工作效率，赢得了运动队的赞誉。

成功举办 2008 年北京奥运会，对我国体育事业的发展是个极大推动。训练局抓住北京奥运会契机，努力打造世界一流水平的训练基地，为驻局训练的各支队伍提供一流的训练环境和训练条件。在国家体育总局的直接领导下，从 2005 年开始训练局对 10 个训练场馆，72000 平方米的 13 类训练场地进行了技术改进，完全采用当今国际最先进的材料和设备进行建造，其训练场馆的专业水平和科技含量有了质的飞跃和提高，为运动队训练水平及运动成绩的提高，提供了可靠的基础保证，为优异成绩的取得，发挥了训练基地的重要辅助作用。

体操馆采用先进技术，解决了多年困扰运动员们的粉尘问题；游泳馆内不再凝露滴水、水质消毒方法更科学有效；球类馆内的地板和灯光经过科学设计安装后，其地板的弹性和灯光照明强度实现了与国际正式比赛场地的对接；举重馆杠铃的减噪功能完美、配套设施齐全。此外，在各训练场馆安装的图像采集分析系统，可通过多维视角在水下、地面和空中记录运动员的技术动作，通过汇编形成分析视频资料，为运动员的专项训练提供依据和指导，达到提高运动成绩的目的。

训练局硬件设施的科技水平，还体现在运动员体能康复设备的保障上，新建的高科技步行浴槽，配置了高科技的水下跑步机，为运动员伤后的早期康复提供康复训练；目前我国唯一一台世界上最先进的充气减重跑步机，能够利用空气压缩机增大密封舱内压力，使运动员下肢承受重力减少80%，从而达到保护患侧肢体的目的。这些设备虽然简单，但是在运动员的康复过程当中，却起到了缩短康复周期、提高体能训练安全性的重要作用。

初步建成的训练局IT智能综合管理系统，实现了计算机网络自动化办公、安保消防、楼宇自控等设施的分系统，提高了网络、空调、供暖、消防等系统的运行保证能力。硬件设施科技含量的不断提高，不仅显示了我国训练综合保障能力的提高，更展示了国家竞技体育保障水平的整体实力！在训练局院内，外观质朴的训练场馆内部，训练场地及训练设施的科技含量都达到了国际最高水准，高效运转、高科技保证为14支国家队每年大约983600余人次、83800余小时的训练质量，提供了科学保障。

（三）科学管理　提高训练基地软实力

在50余年的成长历程中，训练局积累了大量的后勤服务保障经验。随着时代的发展，特别是经历了北京2008奥运会考验，如今的训练局，已经把经验获得与传授的途径，从原始的传、帮、带，上升到系统的科学管理体系。通过认真的归纳、总结形成了一整套规范管理、科学服务保障的措施和方法，提高了训练基地的管理能力和服务的综合保障能力——即：具有科技含量的软实力。

1. 制定了完备的奥运备战措施

针对2008年北京奥运会的各项工作部署，为了完成好为中国奥运军团精锐部队的保驾护航任务，训练局提出了"站高一位思考，靠前一步指挥"的工作理念，"站在运动队的位置想问题、解决问题"，把工作重心前移，制定了"以08奥运会备战为中心"的战略目标，"全面、全力、全方位服务保障"，狠抓服务态度、解决问题速度和规章制度建设，遇到问题"先到场、不过夜、快解决"，24小时为驻局运动队提供"无争议服务"。在管理工作中，建立了详细的工作地图、工作流程图、时间表等"两图一表"，实行每月例会和奥运期间的每周例会制度等措施检查落实各项工作进展情况，制定了各部门的工作标准和服务用语，使各项保障工作有章可循、有标准参照，有制度约束，按计划实施。

2. 温馨服务体现人文关怀

训练局的服务工作从抓细节入手，增强主动服务意识，站在运动队的立场去考虑工作，围绕运动队的需求去改进工作，千方百计为运动队排忧解难。"只要队伍需要就有我们的服务"、"运动队满意就是我们的标准"、"主动服务和高标准服务"等工作目标的提出，都是训练局的干部职工在备战服务保障工作中自发形成并自觉遵循的工作准则，做好后勤服务，体贴入微不分分内分外：春节送贺卡；运动员、教练员生日送祝福；正月十五猜灯谜；圣诞礼物大派送等，即使是探望运动员的家属在节日期间到来时，也不忘送上问候和关心……在这些渗透着亲情关怀的服务中，体现的正是训练局崇尚的人文关怀理念，是把简单的服务工作与人文关怀的服务理念结合起来，让训练局真正成为运动员们的"家"。

3. 发挥训练基地的辅助功能和作用

训练局把对外经营创收的场地，主动向运动员、教练员无偿开放，为驻局队伍提供高尔夫一打、保龄球、网球等换项训练项目，达到身体训练和缓解运动员的紧张情绪的目的。

运动员公寓增设的轻松舒缓的背景音乐，让刚从训练场上回到"家"中的运动员倍感温馨，为运动员减轻了心理压力。

训练局学校建立了北京体育大学函授工作站、研究生工作站，在学校与运动队之间架起了体教结合的桥梁，帮助各项目管理中心解决运动员求学距离远、完成学业难的问题。目前，运动员远程教育网站正在建设过程中，建成后，可以帮助所有驻局运动员、教练员的网上求学需求，完成学业。

在北京奥运会备战工作中以及奥运会期间，作为中国奥运军团的大本营，训练局凭借成熟的后勤服务保障实力，充分发挥了综合性训练基地全方位服务保障的优势和作用，出色地完成了任务，为中国代表团取得好成绩做出了贡献。

在 2008 年北京奥运会上，中国体育代表团获得的 51 枚金牌中，训练局保障的 14 支国家运动队共获得 34 枚金牌。在其他项目不断突破、刷新金牌纪录的情况下，训练局保障的队伍保持了金牌数量占中国体育代表团金牌总数 73％ 的比例，仍然占据了在中国奥运军团中的绝对优势，验证了训练局各项服务保障工作的完美！

（四）回顾发展历程 珍惜胜利成果

训练局半个多世纪的发展历程中，一代又一代中国竞技体育工作者，用心血、智慧和汗水培育和打造了保持 50 年长胜不衰、被誉为国球的中国乒乓球队；多次包揽世界比赛冠军的中国羽毛球队；难度超前、追求完美的中国体操队；具有"梦之队"之称的中国跳水队；不断刷新世界纪录的"中国力量"——国家举重队；还有荣获"五连冠"的中国女排等一批具有国际水平的国家优秀团队，成为当今中国竞技体育的主要力量，向世界展示了中国竞技体育的综合实力！实现了贺龙元帅对训练局寄予的"出成绩、出人才、出经验"的夙愿！

1. 出成绩——为祖国赢得荣誉

党和国家领导人历来重视国家体育工作发展，多次接见体育工作者并做出重要指示。训练局作为新中国国家运动队的源头和优秀运动队伍的聚集地，从创立到发展，更是得到了党和国家领导人的高度重视与亲切关怀。毛泽东、周恩来、刘少奇、朱德、陈毅、邓小平、江泽民、李鹏、胡锦涛、习近平等领导同志都曾多次接见运动员代表，关心运动员们的成长，对训练工作多次做出过重要指示。

1965 年 1 月 12 日，毛泽东看到中国男子乒乓球运动员徐寅生"谈如何打乒乓球"的讲话稿后，非常欣赏，称赞其"讲话全文充满了辩证唯物论"。1959 年周恩来在接见优秀运动员时，激励大家："埋头苦练，生生不已，十年不鸣，一鸣惊人"。陈毅元帅更是用民族英雄鼓舞运动员的士气:"民族英雄就是为国为民,像古代的民族英雄岳飞,为国尽忠。今日的运动员是为国争光。"党和国家的亲切关怀给了运动员们极大的精神鼓励,极大提高了运动员、教练员以及体育工作者们的思想境界,他们把刻苦训练与国家的荣誉联系在一起,促进了训练水平和运动成绩的提高。

截至 2008 年,长期在训练局训练的运动队共获得 909.5 个世界冠军,占我国获得 2222 个世界冠军的 40.9%;共有 622 人次打破了 601 个世界纪录,占全国 1135 个世界纪录的 52.9%;在我国获得的 163 枚奥运金牌中,有 120 枚金牌来自训练局的运动队,占总数的 73.6%。我们深知,在训练局获得的每一个世界冠军的背后,都饱含祖国的培养、全国人民的支持;每一枚金牌都闪耀着集体智慧的光芒,是一个团结的集体用血汗铸就的辉煌!训练局辉煌成就的取得,充分显示了举国体制对中国竞技体育事业发展带来的优势,证明了国家的强盛才是取得体育成就的重要保障,揭示了"国运盛、体育兴"的发展规律。

2. 出人才——培育体育精英

体育竞赛是和平时期没有硝烟的战争,在赛场上获得冠军的运动员们,在世界的许多国家都被誉为"民族英雄"。从训练局的训练场上走进"民族英雄"行列中的世界冠军不胜枚举,他们受到国人英雄般的礼遇,刻苦训练的事迹广为传颂,顽强拼搏的精神经久不衰!训练局不仅是"世界冠军的摇篮",更是培养优秀体育人才的沃土。许多运动员、教练员都曾获得国家优秀运动员、教练员;世界优秀运动员、教练员;全国三八红旗手;"五一"劳动奖章;五四青年奖章;全国劳动模范等奖励,有的还被推举为全国人大代表、党代表等,成为具有社会影响力的榜样。

训练局半个多世纪以来,培养出了袁伟民、徐寅生、李富荣、蔡振华、王文教、徐益明、张燮林、黄强辉、邓若曾、张健、高健、陈运鹏、李永波、黄玉斌等众多世界级教练员;培养出了陈镜开、郑凤荣、穆祥雄、庄则栋、李玲蔚、郎平、李宁、高敏、伏明霞、邓亚萍、刘国梁等世界冠军和打破世界纪录的优秀运动员。曾经担任国家体育总局局长的袁伟民、国家体委副主任的徐寅生、国家体育总局副局长的李富荣、蔡振华等都是从训练局的运动场上磨炼多年的运动员，逐步成长为优秀的教练员、体育管理者，又走上国家体育领导岗位的杰出代表。目前，在我国许多地方省市体育局包括香港特别行政区的体育领导岗位上，以及我国体育产业的经济领域中，都不乏从训练局的运动员、教练员中成长起来的优秀体育人才。他们在运动员时期为祖国赢得了荣誉、担任教练期间为国家培养了世界冠军、担任领导职务为我国体育事业的发展做出了积极的贡献。

以原中国女排的郎平为代表的，在海外执教的中国教练员中，有许多都是八十年代训练局培养的世界冠军，他们被称为"民间体育大使"，在向国外传授中国优势项目训练理念的同时，也促进了这些项目在全世界整体水平的提高，为推动世界体育的均衡发展做出了贡献。

在几十年与运动队的朝夕相处中，训练局后勤服务人员的专业技能得到了很好的锻炼，培养出了具有较高专业技能的后勤技术人员。全国劳动模范赵炳银、常文虎同志，就是训练局场馆和运动员餐厅一线技术人员和厨师的代表。目前工作在训练局服务保障最前沿的训练场馆的技术工人、运动员餐厅的技师和厨师，许多都是经历了从1984年以来的七届奥运会备战工作的一线员工，具有丰富的经验和成熟的技术技能。凭借多年对运动员和运动项目特点的熟悉与了解，不仅能够熟练安装训练器械、准确摆放训练器材，还根据项目的不同特点及季节的变化安排好餐饮品种，成为训练基地服务保障的专业技术人才。

3. 出经验——为国家贡献文化财富

（1）打造体育精神 鼓舞民族士气

中国人民有着强烈的民族意识和爱国热情，体育比赛的胜负承载了全球华人对国家富强的热切期望与企盼。人们从体育比赛的胜利看到的是中国的发展与进步，看到的是运动员展现的顽强拼搏的民族气魄，以及"团结起来，振兴中华"的壮志豪情。训练局的国家运动队从创立的那天起，"顽强拼搏，为国争光"的精神，就伴随着运动员们的成长，培养了一代又一代运动员们"胸怀祖国、放眼世界"的爱国主义情怀。他们在赛场上每一次升起五星红旗，都极大振奋了海内外中华儿女的民族自信心，激发出全国人民为振兴中华、建设祖国的巨大热忱。训练局几十年来取得的辉煌成就，不只是冠军的奖杯和金牌的光芒，更收获了中华体育的精神力量，为社会贡献了宝贵的精神财富。

运动员们展现的拼搏奉献精神，得到了全社会的认同，被海内外的炎黄子孙很自然地上升到了激励整个民族精神的高度而广为传颂。1959年容国团在为祖国赢得第一个世界冠军的时候，他的"人生能有几次搏"的呐喊，更是成为运动员拼搏进取的动力，至今都是激励民族精神的豪言。中国女排"五连冠"的辉煌战绩令世人瞩目，然而，她们在运动场上谱写的"团结拼搏"精神，成为"民族魂"，鼓舞了中华儿女为"振兴中华"而自强不息！运动员们展现出的精神力量，饱含着浓烈的民族情，跳动着赤诚的爱国心，使人产生强烈的共鸣，远远超越了体育的范畴，以独有的魅力发挥着具有积极意义的、广泛而持久的深远影响，激励着人们锐意图强，努力奋进，成为促进社会文明与进步的宝贵的精神财富。

（2）传承体育文化　培养爱国主义精神

训练局的发展史，是运动员、教练员为祖国的荣誉顽强拼搏的历史、是默默无闻的后勤服务人员甘为人梯、无私奉献的历史！训练局院中的每一个训练场馆，都似一座历史丰碑，真实记录了中国竞技体育奋斗与成长的艰辛！

在中国女排获得第一个大球项目的世界冠军时，著名作家冰心曾把自己几十年前写的诗送给中国女排："人们惊叹她现时的明艳，然而当初她的芽儿，浸透了奋斗的泪泉，洒遍了牺牲的血雨"。诗中形象的描述，揭示了获得成功的艰辛与真谛！

为了更好地纪念那些在训练局、在中国竞技体育发展的历史上功勋卓著的前辈们，从2005年开始筹建的"训练局荣誉馆"于2006年12月25日建成并向世人开放，2009年5月21日，训练局荣誉馆荣获中宣部颁布的第四批全国爱国主义教育示范基地，这是目前我国体育界第一个获批的爱国主义教育示范基地。400余件实物展品、300余幅历史照片以及50万字的中、英文资料翔实记录的不仅仅是训练局的发展历程，也是新中国竞技体育的历史进程。通过训练局半个多世纪的风雨历程、取得的辉煌成就以及发展过程中所积淀的体育文化和体育精神，让更多的人身临其境地了解和感受新中国体育起步的艰辛、发展的过程和成就的辉煌，从而达到总结历史经验、弘扬中华体育精神、培养爱国主义情感、振奋民族精神、陶冶道德情操的目的。

三、未来发展的思考（2008—2012 年）

2008 年 7 月 23 日，中共中央总书记、国家主席、中央军委主席胡锦涛和中共中央政治局常委、中央书记处书记、国家副主席习近平来到国家体育总局训练局，考察奥运备战工作。在运动员餐厅，胡锦涛总书记热情地向正在准备午餐的厨师、营养师们说："运动员们能够取得好成绩，也有你们的一份功劳。奥运选手运动量大，消耗也大。希望师傅们想方设法科学配调，精心烹调，让运动员吃得可口、吃得放心、吃得满意，以充沛的体力去完成参赛任务。"在训练局运动员康复中心，胡锦涛走进理疗室了解康复器械的性能、察看运动员接受理疗的情况。总书记称赞理疗师、康复师是我国体育事业发展的无名英雄。勉励大家要继续以精湛的医术和周到的服务，为我国体育健儿"保驾护航"。胡总书记对训练局工作的关怀与希望，使训练局的干部职工受到了极大的鼓舞和鞭策，更加努力地做好各项服务保障工作，圆满完成了 2008 奥运会的护航任务，受到了党中央国务院的表彰。

（一）制定发展战略　建设一流训练基地

建设世界一流的综合性训练基地，是训练局制定的战略决策和发展目标。为了实现这个目标，训练局制定了一系列措施，在 2008 年奥运周期的备战工作中，就有计划、有步骤地制定和实施了"一个中心、二个为本、四轮驱动、六化目标"的发展战略。一个中心：以2008奥运备战工作为中心；二个为本：以不断提高为运动队服务水平为本，以不断提高全局干部职工生活水平为本；四轮驱动：服务队伍、基本建设、经济建设、文化建设；六化目标：实现场馆设施现代化；内外环境人文化；服务水平国际化；工作方式智能化；管理模式标准化；生活水平白领化。使各项工作都有了长足的进步：服务水平有了一个大提高；内外环境有了一个大改变；管理水平上了一个大台阶。发展战略的制定，有效保障了08周期奥运备战工作的圆满完成，是对训练局各项工作的一次检验。

（二）继承发展　开创未来

在训练局2008年奥运备战工作总结大会上，我曾说过：我们各项工作之所以取得了进步，离不开中央以及国家体育总局和社会各界的支持；离不开统筹考虑、有计划分步实施的周密部署；还有就是我们继承和发展了训练局精神：甘为人梯的奉献精神；脚踏实地的创新精神；互相协作的团队精神；着眼整体的大局精神；感恩宽容的爱心精神；两个为本的人文精神。在我们回顾中国体育发展60年的辉煌成就时，继承和发展训练局人打造的时代体育精神，是不断改进训练基地各项服务保障工作、续写体育辉煌的宝贵财富。

一个奥运周期的结束也是新一轮奥运周期的开始。针对2012年伦敦奥运周期的备战工作，训练局制定了一个目标、八项措施、二十四项重大措施，简称"一八二四"发展战略。

以"建设世界一流训练基地"为总体目标的"一八二四"发展战略，通过加强训练局的品牌建设，在设施、科技、经济发展、队伍结构等方面为训练局实现突破性发展的战略任务、走内涵型发展道路，制定了详细的具体措施和工作内容，为训练局的未来发展描绘了美好蓝图。

2009年1月，训练局"冠军足迹路"建成并正式向世人开放，这是目前国内收集冠军足迹最多的一条星光大道，更是一条记载了训练局几代人奋斗足迹的艰辛之路、辉煌之路！它向世人展示的不仅仅是训练局世

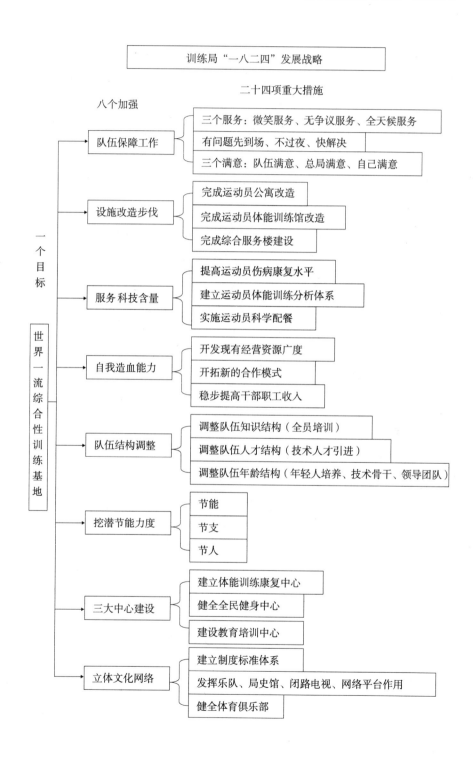

训练局"一八二四"发展战略

二十四项重大措施

八个加强

队伍保障工作
- 三个服务：微笑服务、无争议服务、全天候服务
- 有问题先到场、不过夜、快解决
- 三个满意：队伍满意、总局满意、自己满意

设施改造步伐
- 完成运动员公寓改造
- 完成运动员体能训练馆改造
- 完成综合服务楼建设

服务科技含量
- 提高运动员伤病康复水平
- 建立运动员体能训练分析体系
- 实施运动员科学配餐

自我造血能力
- 开发现有经营资源广度
- 开拓新的合作模式
- 稳步提高干部职工收入

队伍结构调整
- 调整队伍知识结构（全员培训）
- 调整队伍人才结构（技术人才引进）
- 调整队伍年龄结构（年轻人培养、技术骨干、领导团队）

挖潜节能力度
- 节能
- 节支
- 节人

三大中心建设
- 建立体能训练康复中心
- 健全全民健身中心
- 建设教育培训中心

立体文化网络
- 建立制度标准体系
- 发挥乐队、局史馆、闭路电视、网络平台作用
- 健全体育俱乐部

一个目标

世界一流综合性训练基地

冠军的历史足迹，更是新中国竞技体育发展的成就的结晶，也是中华民族崛起的辉煌见证！正像刘鹏局长说的那样："训练局是中国竞技体育的脸、国家体育总局的脸、中国人的脸！"

122 个世界冠军的足迹，只是训练局创建以来获得世界冠军总数的一部分，他们只代表训练局过去的辉煌。胡锦涛总书记在北京奥运会、残奥会总结表彰大会上指出："体育界常说这样一句话：从领奖台上走下来，一切从零开始。中国广大体育工作者要在新的起点上再接再厉、再创辉煌，为祖国和人民争取更大荣誉，为推动中国体育事业发展、促进世界体育事业发展作出新的更大的贡献。"这是胡总书记对全国体育工作者的勉励，训练局将以胡总书记的对体育界的殷切期望为动力，牢记"推动我国从体育大国向体育强国迈进"的光荣使命，一如既往地做好服务保障工作，把更多"一切从零开始"的运动员托上世界冠军的领奖台！

新中国体育科研事业的
辉煌成就与历史经验

国家体育总局体育科学研究所所长　田野

2008 年北京奥运会上，中国体育代表团以昂扬的斗志、优异的运动成绩向世界充分展示了一个大国体育应有的活力、魅力和实力。奥运会上创造了历史最佳成绩的中国体育，离不开体育健儿的顽强拼搏，离不开体育工作者的无私奉献，也离不开科研工作者的辛勤耕耘。

体育科研事业的发展与成就，与党和国家对体育科研工作的重视与支持密不可分，与我国体育事业发展的科学战略、工作机制的有序高效紧密相关；同时，也是体育科研工作者智慧与汗水的结晶，更是运动员、教练员以及每一位热爱体育运动的人民群众的共同事业。

历史上的辉煌成就是体育科研工作的更高起点。在庆祝新中国成立 60 周年之际，进入后奥运时代的中国体育事业，如何充分总结经验，为从体育大国向体育强国迈进做出更大贡献，是摆在体育科研工作者面前的重大课题。

一、新中国体育科研事业发展的历史回顾

新中国体育发展史，是一部艰苦创业的奋斗史，也是一部不断创造历

史、铸就辉煌的成就史。作为新中国体育事业有机组成部分的体育科研事业，从无到有，由弱到强，有力地支持和促进了体育事业的发展。

国家体育总局体育科学研究所始建于 1958 年，是我国最早建立的国家级体育科学研究机构。经过 50 多年的勤勉奋斗，科研所已经成长为国内体育学科齐全、综合实力领先、面向体育运动实践的科研成果最为丰硕，并具有广泛国际影响的现代化体育科学研究机构，为新中国体育事业的励精图治、奋发图强做出了重要贡献，为开创我国体育科技事业奠定了坚实的基业。

在 50 多年的历史中，科研所经历了建所立业的艰辛，初创基业的自豪和十年动荡的心酸，也经历了全面恢复的激情，稳步发展的坚实，体制调整的历练和开创未来的豪情，每一代人都在自己的岗位上付出了艰辛的劳动，做出了骄人的业绩。

体育科研事业是在新中国特殊的政治环境与社会背景下逐步发展壮大的，从我国政治、经济、文化、社会整体发展的角度看，以 1978 年我国改革开放为历史分割点，可将科研所 50 多年的历史大体分为两大历史时期。回顾历史，是为了更好地发挥体育科研工作的积极作用与综合功能；因此，对改革开放时期科研所的发展历程做出详尽的分析，将更有利于汲取成功经验，站在新的起点上面向体育科技发展的未来。

（一）建所创业

1952 年 11 月，中央人民政府体育运动委员会成立，时任国务院副总理的贺龙元帅兼任体育运动委员会主任。贺龙同志上任伊始，就把建立体育学院、培养体育人才当成一件大事来抓，他多次强调："办好体育学院是发展体育事业不可缺少的一环"。在他的亲切关怀和支持下，中央体育学院于 1953 年下半年正式成立（1956 年 3 月更名为北京体育学院）。

1958 年，国家体委发出 ［58］体办字 52 号文件《关于建立"北京体育科学研究所"的通知》给国务院科学规划委员会、中国科学院、教育部、卫生部，各省、自治区、直辖市体育运动委员会，指出："为发展我国体育事业，迅速提高运动技术水平，必须大力开展体育科学研究工作，因此，特呈请国务院科学规划委员会批准筹建'北京体育科学研究所'。"

"深入实践，为提高运动员的技术水平服务"，是科研所建所之初即确立的工作方向。建所之初，在业务部门的设置上，依据当时的任务需要，科研所首先成立了体育理论与实践研究室、运动生理研究室。到1959 年又成立了运动医学、群众体育和资料等研究室。1960 年，按科研所发展设想，将理论与方法研究室分成运动训练研究室、青少年训练研究室和生物力学研究组，此外，又成立了摄影和仪器装配两个辅助工作室。1961 年精简机构后，科研所调整了业务建制，下设 5 个业务研究室和 1 个行政办公室，这样的业务机构设置一直延续到"文革"开始。

1965 年，国家体委、高等教育部联合发出《关于体育科学研究工作几个问题的通知》。并在当年的全国体育工作会议上，进一步明确了科研所"体育科学研究工作应深入第一线，密切联系实际，在普及群众运动和猛攻世界运动技术尖端中，充分发挥积极作用"的方针。然而，到1966 年"文化大革命"开始，体育科研工作全面陷入停顿。

（二）体育科学的春天

1978 年是当代中国具有划时代意义的一年。邓小平同志在全国科学大会开幕式讲话中，明确提出"科学技术是生产力"，重申知识分子是工人阶级的一部分，是"为社会主义服务的脑力劳动者，是劳动人民的一部分"。

1979 年全国体育科技会议明确指出："国家体委科研所着重研究优秀运动员提高技术水平和体育基础理论方面的问题。也要安排一定的力量进行青少年多年系统训练和中小学体育的研究。"根据国家体委的统一部署，结合当时实际情况，科研所将自己主要工作任务确定为：在全面安排的前提下，以研究提高运动技术方面的问题为主，为体育事业的发展，为攀登世界运动技术高峰服务。具体安排是：在竞技体育方面，开展奥运会重点项目的优秀运动员和后备力量训练研究；在群众体育方面，开展建国后首次大规模的全国青少年儿童体质调研；在应用基础研究方面，重点研究优秀运动员的机能评定，运动训练的生理、生化基础和运动性伤病的防治；积极准备条件开展体育理论和运动心理学方面的研究；在情报信息方面，收集、研究和提供国内外体育科技情报和资料，出版刊物，摄制电影录像；此外，还提出了体育科技人才培养的规划。

根据中共中央关于"要抓紧落实党的知识分子政策"，"恢复技术职称，建立考核制度"的精神，科研所于1979年8月成立了学术委员会。

1984年，中共中央、国务院发出《关于进一步发展体育运动的通知》文件中强调要发展体育科技。同年7月，按照国家科委《关于当前整顿自然科学研究机构的若干意见》中改革科研机构领导体制的精神，要求党政分工，加强院、所长的责任和权利，科研所实行所长负责制。

1985年7月，为适应科研领导体制改革，加强业务、行政工作统一指挥，科研所设立所长办公室、人事处、行政处、机关党委办公室及体育科研仪器研究室，撤销原所办公室、党委办公室、科研条件处。

从1978年至1990年，科研所科技人员共获得全国科学大会奖、国家科技进步奖、国家科委国防科委发明奖和国家体委科技进步奖等国家级和部委级奖项106项。党的十一届三中全会之后的十余年，是科研所迅速恢复、稳步发展的十余年，一个以服务运动实践为特色的、学科齐全、综合实力较强的现代化体育科学研究所基本形成。

（三）变革与发展

20世纪90年代，伴随着我国社会主义市场经济体制的建立和我国体育事业的快速发展，科研所在新的形势下不断迎接新的挑战，努力加强科研攻关与科技服务的战斗力，为我国体育事业全面健康快速发展，提供了有力的科技支撑。

1995年，国家体委颁布了《国家体委关于进一步深化体育科技体制改革的意见》。《意见》确立了要逐步建立适应社会主义市场经济，符合体育事业和科学技术发展规律，科技与体育运动实践密切结合的新体制与机制。

从 1986 年体委改变直接下拨体育科研经费，逐步实行科研经费的分级、分类管理到 1996 年涉及奥运科研攻关与科技服务的课题选择以各运动项目中心为主，这加大了科研所在承担体育科研攻关与科技服务上的竞争难度。

1997 年，科研所制定了《科研所科技体制改革方案》，要求根据科研所特点和工作实际，按照要体现按劳分配、拉开档次、尊重人才，促进竞争机制建立的原则要求，对内部津贴分配制度进行了改革；针对专业技术队伍年龄老化，制定实施了《科研所关于高级专家退休工作的实施意见》。

1998 年国家体委更名为国家体育总局，科研所的全称也由原来的国家体委体育科学研究所更名为国家体育总局体育科学研究所。科研所根据政府机构改革的基本方向，结合国家体育总局机构调整以及所内实际情况，逐步建立健全规章制度，明确各部门职责与权利，对十几项不适应实际的工作规章制度进行了修改；完善分配制度与奖惩机制，以课题工作量与研究水平作为主要衡量指标，进一步修改津贴制度。

（四）体制改革

1999 年，科研所迎来一次决定自身命运的体制改革。这次改革明确了科研所的属性定位，确立了新的发展方向和战略重点，拉开了科研所作为国家非营利性科研机构快速发展的序幕。

1999 年 11 月 3 日至 5 日，国家体育总局在沈阳市召开 1999 年全国体育科技工作会议。会上宣布了国家体育总局党组关于体育科技体制改革的决定：保留并加强体育科学研究所，调整并充实运动医学研究所，组建总局体育信息中心。会上提出了《2001—2010 年体育科技发展规划》（征求意见稿），这一规划反映了国家体育总局对未来体育科技工作的总体构想与重点发展领域。根据国家体育总局关于体育科技体制改革的整体设计，科研所原运动医学研究室整建制划转到国家体育总局运动医学研究所。

　　通过全所员工的共同努力，科研所科技体制改革工作取得明显成效。2001 年 1 月，科研所被列为科技部 29 个公益类科研院所改革试点单位之一。同年 3 月，国家体育总局党组正式批准了科研所的科技体制改革实施方案，2001 年 5 月全面启动改革工作。2002 年 10 月，科技部、财政部、中编办联合下发的国科发政字［2002］356 号文件，明确了国家体育总局体育科学研究所转制为国家非营利性科研机构。

　　2002 年 12 月 25 日，国家体育总局《2001—2010 年体育科技发展规划》（体科字［2002］173 号）正式发布，对于科研所的定位与目标更加明确："保留并加强体育科学研究所作为非营利性科研机构，重点完成国民体质监测、备战亚运会和奥运会科研攻关与科技服务等工作，形成精干、高效的高水平体育科研中心。"

　　在调整学科结构的基础上，科研所按照"有所为、有所不为"和"开放、流动、竞争、协作"的总体原则，设置了与学科结构相适应的组织机构。按研究领域和任务设置机构，将原有的 11 个业务部门优化调整为 5 个研究中心与 1 个综合测试与实验中心，即竞技体育研究中心、群众体育研究中心、运动生物科学研究中心、体育社会科学研究中心、体育仪器器材研究中心和综合测试与实验中心，以促进相邻学科的交叉、渗透和融合，推动多学科协同作战和联合攻关。

　　在业务机构调整中，坚持按照"实施集约化管理，发挥综合优势"的原则重新配置资源，如竞技体育研究中心由 4 个原学科研究室组建而成，形成了集团优势；综合测试和实验中心由原隶属于研究室的 5 个实验室合并组建而成，实现资源共享、统管共用。

　　科研所按照科技部改革要求的"精简、统一、效能"原则，对行政职能部门进行了重组，机构数由原来的 7 个精简为 4 个，行政管理人员由原来的 52 人精简为 18 人（包括所领导和职能部门在岗人员），分别减少了 43% 和 64%。管理人员比例占非营利性机构编制的 13%。在原行政处的基础上，组建了后勤服务中心，实现"管办分离"，探索实行企业化管理，其原有的管理职能归入所办公室。

科研所逐步完善所长负责制，进一步健全和规范了议事和决策制度，深入研究《科学技术委员会章程》、《职工代表大会章程》等基本制度，发挥专家学者在重大决策方面的积极作用，保障职工的合法权益和参与管理决策的积极性，促进了管理与决策的科学化、民主化。

（五）继往开来

从 2004 年到 2009 年，科研所进入新的历史发展时期。一方面，科研所需要圆满完成备战奥运会科研攻关与科技服务这一中心工作，处理好体制改革与机制转变的关系，处理好研究任务与学科建设之间的关系，处理好竞技体育科研与群众体育科研的关系，处理好非营利性科研机构不以营利为目的，同时培育自主创新与"自我造血"能力的关系；另一方面，科研所还面临着北京奥运会后体育事业发展的战略调整。

2004 年 7 月，科技部、财政部、中编办出台《关于印发部门属社会公益类科研机构改革工作评估验收指导意见（试行）的通知》，科研所根据文件精神开始进行有关验收的准备工作。自 2001 年 1 月科研所被科技部列为公益类科研院所改革试点开始，到 2004 年改革预期目标初步实现。2005 年 6 月，国家体育总局召开了 5 个直属科研所改革验收准备会，全面部署了国家体育总局改革验收工作；6 月下旬，科研所完成机构自查工作；7 月下旬，国家体育总局通过了对科研所的部门验收工作，评估意见中明确指出：科研所"锐意进取、大胆创新，取得了实质性进展和阶段性成果"，"构建起现代化非营利性科研院所的管理体制"，形成了"开放、流动、竞争、协作"的运行机制，"达到了科技部关于公益类科研院（所）管理体制改革、运行机制转变的总体要求"。"科研所已经基本实现改革实施方案中的目标，并已成为亚洲领先、国际先进的综合性体育科研机构。"

国家关于非营利性科研机构建立现代化科研院所制度体系的关键要求，包括理事会决策制、院（所）长负责制、科学技术委员会咨询制和职工代表大会监督制度。

2004 年，根据改革发展要求和学科建设需要，科研所修订和出台了《引进人才暂行办法》、《在职职工攻读博士、硕士学位的暂行规定》、《在职职工继续教育管理办法》、《关于聘请名誉、客座研究员的实施办法》等制度。在一系列制度规范下，科研所进行了中层领导干部和高级专业技术岗位聘期考核和第二次聘任工作，开展了部分中层干部在总局系统内的公开选聘工作。科研所首次聘任客座研究员 9 人，为引进人才落实了科研启动经费。

2005 年，科研所建立了职工代表大会监督制。科研所召开了首届职工（工会会员代表）大会，会议表决通过了《职工代表大会章程（试行)》、《改革工作报告》和《科研所 2005—2010 年发展规划》等 3 项决议。作为国家体育总局系统第一次正式成立职工代表大会的单位，科研所在加强和完善民主管理制度、落实职工参与民主管理和民主监督的权利方面迈出了重要的一步。2006 年，科研所工会因此被中华全国总工会评为全国科教文卫体系统先进工会组织。

2007 年 3 月，根据《国务院办公厅转发财政部科技部关于改进和加强中央财政科技经费管理若干意见的通知》、《中央级公益性科研院所基本科研业务费专项资金管理办法（试行)》，科研所制定并出台了《国家体育总局体育科学研究所基本科研业务费资助项目管理办法》。基本科研业务费资助项目用于科研所开展符合公益职能定位，代表学科发展方向，体现前瞻布局的自主选题研究工作。

基本科研业务费资助项目的出现，进一步完善了科研所以课题制为核心的项目管理体系。科研所既有以运动项目科技发展为主线的"公平竞争、择优支持"的竞争性课题任务，又有以学科建设为主线的"立足长远、引领未来"的应用基础性课题任务，还有面向国家目标、代表体育科技水平的示范性、模式性、规律性的课题任务，三者有机结合，使课题制在发展体育科研事业上发挥了更为重要的作用。

2004 年至 2008 年，科研所获得国家科技进步奖二等奖 2 项，2004 年科研攻关与科技服务奖一等奖 2 项、三等奖 3 项，2006 年中国体育科学学会奖一等奖 2 项、二等奖 1 项、三等奖 1 项。

二、体育科研事业发展的辉煌成就

科研所紧密结合体育实践需要，在不同领域、不同学科开展针对性的研究与应用工作，取得了可喜的成绩。然而，在诸多领域、诸多学科间的学术探索，在从粗放型向集约型转变的过程中，体制性问题的惯性使得科研所未能完全发挥出国家级体育科研机构的龙头作用与集约化优势，难以完全适应逐步完善的社会主义市场经济体制的客观要求。

2004 年雅典奥运会结束之后，科研所在充分总结多年来体育科学研究与实践应用经验的基础上，针对面临的新形势、新问题，根据国家体育总局、国家科技部关于体育科技体制改革与发展的战略方针，广泛征求所内、外专家学者与管理者的意见建议，集思广益，出台了《国家体育总局体育科学研究所 2005—2010 年发展规划》。这一发展规划的出台与实施，是科研所体制改革、机制转变与解放科研生产力的重大举措，在宏观发展战略与阶段性发展目标上达到有机统一，形成了科研所不同研究领域、不同研究层面、不同运动项目的整体和谐发展的目标体系。

发展规划的出台，是在集思广益、民主集中的基础上，坚持发展性与连续性的辩证统一，是对历史发展经验的总结与升华。发展规划确立的 4 个优势发展领域，分别是：国民体质监测与运动健身研究领域，提高优秀运动员竞技能力研究领域，体育社会科学研究领域以及体育工程学研究领域。4 个优势发展领域的确立，是体育科研工作成功经验的传承与发展，事实上，这 4 个优势发展领域的科研与应用工作是一脉相承、不断发展的积累与完善。

（一）国民体质监测与运动健身研究领域

早在 1958 年建所之初，科研所就成立了群众体育研究室。改革开放伊始，科研所就开始展开建国后首次大规模的全国青少年儿童体质调研，在全国 16 个省市上千名体育、教育、卫生工作者和科研人员的努力下，圆满完成任务，引起了很大反响。其成果《中国青少年、儿童身体形态、机能、素质的现状、特点及某些规律的研究》获得 1982 年国家体委科学技术成果一等奖，并获得国家体育运动荣誉奖章，受到联合国儿童基金会的重视。1985 年，又荣获国家科技进步二等奖。这次调查获得了我国青少年、儿童生长发育与身体素质方面较全面的基础资料与数据，填补了这一领域的空白，对我国学校体育、卫生保健、体育教学训练、运动员选拔以及多年系统训练等方面有重要参考价值。

2000 年 7 月 13 日，国家国民体质监测中心挂牌成立，标志着中国国民体质监测网络的正式启动，正式进行了 3—69 岁国民的体质监测工作。

国家国民体质监测中心主要承担政府举办的实施国民体质监测及群众性体育研究的工作机构。根据国家体育总局相关规定，国家国民体质监测中心与国家体育总局体育科学研究所"一个机构，两块牌子"，科研所内设机构"群众体育研究中心"作为国家国民体质监测的办事机构，承担国民体质监测的研究工作与相关的事务性工作。

2001 年 2 月 12 日，国家体育总局、全国总工会、国家计委、教育部、科技部、国家民委、民政部、财政部、农业部、卫生部、国家统计局联合印发《国民体质监测工作规定》，全面规范了国民体质监测工作的程序及其相关行为主体的职责与权利。2003 年，国家科技部资助项目《中国国民体质监测数据库》研制成功，标志着国民体质监测系统的建立和国民体质监测的数据库及网络系统的建成。

科研所以国民体质监测为中心，广泛开展科学研究和科技服务。经过多年的研究与实践，科研所的研究人员会同全国的相关专家，完成了指标体系的设计、测试方法的规范、测试器材的审定等大量的重要工作，完成了全国 53 万人抽样数据的采集、分析，建立了国民体质测定标准、应用软件和相关的数据库；建立了以本所为中心，覆盖全国 31 个省（直辖市、自治区）的群众体育研究协作和计算机数据网络系统。

2005 年是五年一度的全国国民体质监测年，科研所承担了国民体质监测的科研与技术指导工作，完成了《2005 年国民体质监测工作手册》的编写、监测数据录入、软件的编制等一系列研究工作，完成了对全国体质监测工作的工作检查和技术指导，有力地保障了全国国民体质监测工作的科学、有序运转。科研所大力支持澳门地区体质监测工作，对测试前的培训和技术考核严格把关，协助完成了 2005 年澳门地区体质监测工作。

国家国民体质监测中心完成了 2005 年国家国民体质监测指标体系的研究、测量工具的确定以及监测方案的制订，完成了《2005 年国民体质监测报告》的撰写。2006 年，国家国民体质监测中心获得国家体育总局"第二次国民体质监测工作贡献奖"。

2008 年，国家体育总局决定进行了第三次全国群众体育现状调查。科研所在完成研究工作和技术工作的同时，积极协助总局群体司和相关省市体育行政部门，在全国范围同步开展调查研究工作，为调查方案的规划与顺利实施提供了有力的科技支撑。

2009 年，科研所策划组织"科学健身，全民健康"运动健身科学指导活动。经国家体育总局批准，此次活动由总局主办并列为 8 月 8 日全民健康日系列活动之一，科研所与 10 个省（市）体育局共同承办，不仅在组织上、人才上、条件上具有充分保障；而且，充分运用"中国国民运动健身科学指导系统"、"国家国民体质监测"、"第三次全国群众体育现状调查"等最新研究成果，为活动提供方法上、技术上、手段上的科学依据。这次活动倡导科学健身理念，针对青少年、中老年等不同年龄层次的人群，注重知识性与趣味性的结合，开展针对性的、体验式的健身活动，将健身娱乐与科学普及有机结合起来，有利于引导广大群众科学参与健身活动，学习科学健身知识、掌握科学健身方法、切实提高健身的实际效果。

（二）提高优秀运动员竞技能力研究领域

为我国优秀运动队参加重大国际赛事开展科研攻关与科技服务，是科研所创建时就确立的重要工作内容。建所 50 多年来，科研所在竞技体育领域成就辉煌，为我国竞技体育取得优异成绩发挥出积极而关键的推动作用，许多运动项目的研究能力与应用能力形成了独到的特色与优势，多个学科的研究水平处于国际先进水平、国内领先地位。

从 1978 年至 1990 年，是科研所为我国竞技体育冲出亚洲、走向世界提供科技支持成效显著的时期。科研所为田径、游泳、体操、举重、射击、技巧、赛艇、跳水、自行车、乒乓球、排球、羽毛球、网球、手球、柔道、摔跤和帆板等项目提供了科研攻关与科技服务。每年，科研所约有 50 至 70 名科技人员在运动队进行直接的科研攻关与科技服务，受到了广大教练员和运动员的欢迎。尤其是 80 年代后期，科研所承担的课题中直接为提高运动技术服务的应用研究课题占极大的比例，与运动队结合紧密的服务性课题比重逐年递增。在为第 10、11 届亚运会，第 23、24 届奥运会的科研攻关与科技服务中，成效显著。科研所科技人员长期深入运动队，在训练安排、技术诊断、机能评定、医务监督、伤病治疗、心理训练等方面进行了大量的科研攻关与科技服务工作，对上述项目竞技水平的提高起到了积极作用。

1987 年，在国家体委科教司组织下，科研所与训练局、北京医科大学、运动医学研究所以及上海、湖南、云南、河南、山西等体育科学研究所 56 名专家对"我国优秀运动员的机能评定"进行研究，包括如何制定机能评定制度和机能评定新标准、新方法等，总结了机能评定的方法、手段，提出了机能评定的常规或常用的 20 个指标、标准和注意事项，系统介绍了 25 个运动项目运动员机能评定的特点和各指标的具体运用，在此基础上，编著了国家体委体育科技专辑《优秀运动员机能评定手册》。

从 1991 年至 1998 年，科研所先后承担了 1992、1996 年奥运会和 1994、1998 年亚运会以及 1998 年冬奥会的科研攻关与科技服务工作。在备战 1992 年巴塞罗那奥运会的科研攻关和科技服务工作中，科研所有 80 名科技人员共同承担了涉及 13 个运动项目的 25 项课题。经过近两年的努力，在与教练员、运动员多年系统而密切地配合基础上，绝大部分圆满完成了任务，为我国代表团在巴塞罗那获得优异成绩做出了应有的贡献，普遍受到运动队的赞扬。科研所科技人员利用各种实验设备，为许多项目奥运会集训队员做了大量的生理机能评定、技战术分析、力量测试、医务监督与治疗工作。此外，科研所运动生物力学的科研人员还承担了奥运会跳水比赛现场技术拍摄工作，这是我国科技人员首次正式参加奥运会的运动生物力学测试队工作。

在 1995—1996 年亚特兰大奥运周期，科研所将奥运科研攻关与科技服务作为工作的"重中之重"高度重视，精心安排；在组织领导上，落实责任制，逐级负责，分层分类管理；以任务课题组和专业学科参与相结合，进行多学科综合性研究，加大科研攻关与科技服务的力度和广度；在力量投入上，全所一半以上的高级科研人员参加了科研攻关与科技服务工作，参与人员达 80 多人。针对运动队的需要，及时组织机能评定攻关组以及运动创伤、心理咨询、仪器维护等科技服务组，先后派出医生 20 多人，共治疗 35000 多人次，维修各类仪器器材 25 台，开办心理讲座 15 场，进行心理训练 30 多人次，开展心理咨询 150 人次。生理室开展了运动生理生化知识和机能评定咨询以及常规生理、生化、内分泌指标的测定，为运动队解决了大量实际问题。

在亚特兰大奥运会周期，科研所共承担了 23 项奥运科技攻关课题。在国家体委组织的科研攻关与科技服务工作中，科研所承担的课题数量和获得的经费数量都超过了总数的 40%，攻关课题涉及 17 个运动项目。从比赛结果来看，我国运动员在 9 个大项目中获得了 16 枚金牌，科研所参与科研攻关与科技服务的有 5 个大项；在 15 个项目中获得奖牌 50 枚，科研所参与科研攻关与科技服务的有 11 项。为此，科研所在科研攻关与科技服务中获国家体委体育科技进步一等奖 2 项、二等奖 4 项、三等奖 6 项（见附录）。为表彰科研所科技人员对备战亚特兰大奥运会做出的贡献，国家体委授予科研所"第 26 届奥运会科研攻关与科技服务贡献奖"。

围绕我国优秀运动队、优秀运动员备战亚运会、奥运会等重大国际比赛开展科研攻关与科技服务，是科研所建所以来一脉相承的工作重点。通过总结与提高，进一步确立了将田径、游泳、跳水、赛艇和划艇、帆板、体操、蹦床、乒乓球、羽毛球、篮球、排球、足球、垒球、举重、摔跤、柔道、跆拳道、射击、射箭、自行车、击剑、网球、现代五项、冬季项目作为重点攻关和服务的运动项目。

2005 年，科研所出台了《国家体育总局体育科学研究所备战 2008 年北京奥运会科技工作规划》，这一规划提出在备战 2008 年北京奥运会期间所进行的科研攻关与科技服务的总体目标是：在解决运动训练实践中的关键问题上有所突破；科研攻关与科技服务水平有新的提高；创新意识和创新能力有所体现；成为我国优秀运动员备战 2008 年奥运会的科技保障工作平台；形成一支能够切实解决训练实际问题，并能广泛调动社会力量、承担国家重任、不辱使命的精干队伍。为总体目标的达成与实现，还就科技工作的战略部署与重点内容、支撑条件与主要措施等关键内容做出了明确规定。

备战 2008 年北京奥运会期间，国家体育总局共成立了 4 个 2008 年奥运会科技专家组；其中，高原训练、训练监控与恢复、心理调控 3 个专家组的组长由科研所专家担任。科技专家组的有效工作，促进了体育科技资源的优化配置与高效利用，更好地发挥了国家队科研攻关与科技服务的整体效益，科研所专家在备战奥运会期间卓有成效的工作也得到了国家队教练员、运动员和管理者的广泛认可。科研所共有 13 名科技人员作为国家体育总局科研团队负责人，组织、协调国家队备战奥运会科技工作，占总局系统 36 名科研团队负责人的 36%。

2009 年，科研所备战北京奥运会的工作成绩得到充分肯定，科研所共获得第 29 届奥运会科研攻关与科技服务项目贡献奖一等奖 6 项、二等奖 5 项、三等奖 15 项，获第 29 届奥运会科研攻关与科技服务个人贡献奖一等奖 4 人、二等奖 3 人、三等奖 10 人。

（三）体育社会科学研究领域

改革开放以来，我国越来越重视哲学、社会科学领域的研究工作。2001 年，科研所将原体育理论研究室改组为体育社会科学研究中心，以公共体育政策研究为核心，采用首席专家制度，以奥林匹克、体育发展战略、体育管理、体育经济等研究为重点，针对体育改革与发展中的关键问题，联合所内外知名专家学者，跨学科综合攻关，在体育社会科学基础理论研究和面向宏观决策的软科学研究方面形成了特色和优势。

2001年，科研所承担的《关于进一步完善我国竞技体育举国体制的研究》得到了国家体育总局领导和相关体育行政机构的高度重视，为进一步深化体育管理制度改革提供了有益的思路和科学决策的依据。科研所体育社会科学研究中心还积极参与国家体育总局相关政策的制定，如协助国家体育总局制定了《体育事业"九五"计划》、《体育事业"十一五"规划（讨论稿)》、《体育产业发展纲要》、《北京奥运体育事业行动计划》等。

2005年，科研所完成的国家体育总局《体育事业"十一五"规划》前期研究《中外体育产业比较研究》，为体育产业改革与宏观决策提供了理论支撑；2006年，积极协助国家体育总局政策法规司《体育事业"十一五"规划》的编制工作；协助国家体育总局体育经济司开展我国"体育及其相关产业的统计体系"的研制工作；2007年，承担了"社会体育指导员管理系统"的研制工作；协助国家体育总局群体司举办了"青少年体育俱乐部管理干部培训班"；此外，还承担了《篮球文化建设大纲》的研制工作，起草了我国第一个关于运动项目文化建设的指导文件。

2004年，科研所体育人文、社会科学研究成果获中国体育科学学会科学技术奖三等奖3项，2006年，获国家体育总局体育社会科学优秀研究成果一等奖1项、二等奖1项。

北京奥运会后，胡锦涛总书记在北京奥运会、残奥会总结表彰大会上发表了重要讲话，不仅对中国体育的优异成绩给予了充分肯定和高度评价，对中国体育的未来发展提出了殷切期望和要求，还发出了从体育大国向体育强国迈进的号召。为体育战略发展与重大决策提供科学依据与政策咨询，是科研所体育社会科学研究领域的重点。2009年，科研所组织专家学者，承担了国家体育总局体育社会科学、软科学重点研究项目"体育大国向体育强国迈进的理论与实践研究"。

（四）体育工程学研究领域

体育工程学，是近些年来发达国家体育领域的新兴交叉学科。以往，科研所在体育仪器器材以及体育工程学相关领域的研究与应用，基本集中在新器材、新装备的使用与高效利用方面，在自主创新与研发能力方面存在严重不足。

从 1999 年到 2003 年，科研所在体育工程学领域逐步重视原始创新、自主创新。在备战 2000 年悉尼奥运会期间，科研所研制的乒乓球系列专项力量训练器得到优秀运动队的认可，为优秀运动员提高竞技能力发挥了积极作用。

从 2004 年开始，科研所进一步将体育工程领域的研究与应用作为培育自主创新能力的重点，申请并获得专利 2 项、中国体育科学学会科学技术奖二等奖 1 项。科研所还与英国大使馆文化教育处联合主办"2006 中英体育工程学术交流会"，出版了《中英体育工程研讨会论文集》，全部文章已被 ISTP 收录。

总而言之，科研所在 4 个优势领域的优势，初步形成了适应社会主义市场经济、面向国家目标与体育实践需要的核心竞争力，这也是科研所生存与发展的关键所在。如何保持优势，进一步加强科学研究与实践应用的密切联系，是科研所总结历史经验、面向未来发展的重要问题。

三、发展体育科研事业的历史经验

中国是处于社会主义初级阶段的发展中国家，这是体育科研事业发展的基本国情；中国体育事业以满足广大人民群众日益增长的体育文化需求为出发点，以提高全民族整体素质为根本目标，这是体育科研事业发展的行业特点。

回顾历史、总结经验，是为了更好地发挥体育科研工作的作用。科研所在面向体育实践、发展科研事业的历史进程中，取得了一系列的科研成果，并且在群众体育、竞技体育、体育社会科学、体育工程学等优势领域中取得了可喜的成绩，这是紧密围绕体育发展战略、面向体育工作主战场深入开展科研工作的结果。

（一）坚持国家目标，面向实践需要

从政治高度上看，科研所在改革与发展过程中坚决贯彻执行党的路线、方针、政策，坚持社会主义体育科研事业的正确发展方向；而具体到科研业务本身，坚持国家目标、面向实践需要是科研所取得历史成就的基本经验。

科研所提出坚持国家目标、坚持以奥运备战为导向，坚持以提高国民体质为根本，坚持基础研究与应用研究相结合，坚持以人才为本的发展理念，完善并进一步确立了科研所在体育事业发展中的战略定位与基本任务。

战略定位：立足行业、面向全国，以体育领域内的应用研究和应用基础研究为主，同时开展部分重大应用基础理论研究，加强技术创新，发展高科技和创办科技企业，在全行业科技创新中发挥支撑和带头作用，整体研究开发水平达到亚洲领先、国际知名的体育科学综合研究基地。

基本任务：解决体育事业改革与发展中遇到的具有全局性、战略性的重大体育科技问题，为提高国民素质、生活质量和我国竞技体育的国际竞争力提供科技支持。

体育运动本身的特点，决定了体育科学技术研究与应用的多学科研究的综合性，跨学科联合攻关成为科研所解决体育实践中关键科技问题的基本方式。因而，科研所在充分把握学科建设的连续性与发展性的前提下，进一步明确了支撑学科体系，关键在于 8 个重点学科：人体体质学、运动训练学、运动生理学、运动生物化学、运动医学、运动生物力学、运动心理学、体育测量学。

　　围绕我国优秀运动队、优秀运动员备战亚运会、奥运会等重大国际比赛开展科研攻关与科技服务，是科研所建所以来的工作重点。通过总结与提高，进一步确立了将田径、游泳、跳水、赛艇和划艇、帆板、体操、蹦床、乒乓球、羽毛球、篮球、排球、足球、垒球、举重、摔跤、柔道、跆拳道、射击、射箭、自行车、击剑、网球、现代五项、冬季项目作为重点攻关和服务的运动项目。

（二）坚持改革开放，推动机制创新

　　体育科研事业的发展，并非一蹴而就，而是一个不断改革、不断创新、不断超越的历程。科研所历史成就的取得，是理论创新、制度创新的结果，也是管理体制调整与运行机制转变的成就。

　　改革开放以来，科研所在制度建设方面取得了长足的进步，用人制度、议事规程、绩效评价、激励机制等一系列规章制度逐步出台，形成了较为完善的制度体系。以竞争上岗为标志的聘任制改革，在很大程度上解决了"能上不能下"的问题；流动岗位的设立与各尽其才的人员分流，形成"能进能出"的开放型用人机制。

　　科研所在实验室建设过程中，加大科研仪器设备投入，仪器设备整体水平达到国内体育行业领先水平。"运动训练综合监控"、"运动心理训练"两个国家体育总局重点实验室，在重点满足备战奥运会科研攻关与科技服务测试、实验工作任务的同时，逐步建立健全规章制度建设，形成了共享共用的开放机制。2007 年，两个重点实验室顺利通过了国家体育总局组织的检查验收并正式挂牌。

　　体育科研工作不是闭门造车，而是开放性的内联外合。科研所积极倡导、精心组织国际、国内学术交流与协作。与美国体能协会在体质监测、健身研究等诸多方面达成合作意向，并邀请专家到科研所讲学、座谈。科研所组织召开"体育科研协作会议"，与北京、山东、江苏、上海、湖南、广东等 6 省市签订科研合作协议，在科技人才、实验条件等方面共建

共享。这种"1+6"科研合作模式，发挥了科研所作为国家级体育科学综合研究机构的带头作用，形成了体育科研工作联合体的雏形与跨学科、多行业、多层次联合攻关的模式。

（三）坚持体育科研事业整体协调与可持续发展

历史上科研所的成就，集中体现在四大优势研究领域，这是科研所的工作主体与标志性成就，然而这并非体育科研工作的全部内容。

从唯物史观的角度看，科研所的优势研究领域是从无到有、逐步形成、逐渐壮大的，群众体育、竞技体育、体育社会科学等领域的学术发展，可以追溯到建所立业阶段并非完整体系的具体研究项目与具体学术问题，相关的重点学科群与人才梯队也是在社会发展过程中不断更新的；而体育工程学领域的研究与发展，主要是在近10年间形成与发展起来的。

科研所非常关注新兴学科与高新技术的应用与发展趋势，在政策上鼓励中青年优秀科技人才锐意进取、大胆开拓。科研所对科学技术领域的新形势、新动态的关注与投入，是对体育科研事业高度热爱与责任意识的体现，也是体育科研工作不断创新、不断进步的源泉。

《科研所2005—2010年发展规划》是科研所改革与发展的纲领性文件，在充分总结四大优势领域成功经验基础上，对体育科学技术研究与应用的三个不同层面提出了具体要求：一是集中力量、重点突破，完成代表国家体育科技水平的示范性、模式性、规律性、基础性的研究成果；二是面向实践，扎扎实实地做好备战奥运会等国际大赛的科研攻关与科技服务工作，同时做好国民体质监测与健身方法的研究，解决体育实践中的关键问题；三是继续做好应用基础研究，开发前沿技术，坚持自主创新，为体育科技工作的可持续发展奠定基础。

中国体育科学学会是全国性、非营利的学术性群众团体，其最高领导机构是全国会员代表大会，理事会是会员代表大会的执行机构。2001年，国家体育总局决定撤销国家体育总局体育科学学会办公室，其职能划转体育科学研究所。科研所学会处作为中国体育科学学会的办事机构，积极组织学术活动、繁荣体育学术交流与合作；同时，围绕国家体育总局工作主体发挥积极作用，尤其是在国家队运动营养品统一采购工作中，严格执行反兴奋剂"三严"方针和"四不"原则，严防违禁药物，确保营养品的卫生与安全，发挥了集中采购的优势，有效地满足了国家队训练、比赛的实际需求。

科研所还十分重视开展体育科普宣传工作，将科普宣传工作作为非营利性体育科研机构服务社会的立足点，先后组织了形式多样的体育科普宣传与社会公益活动。

在科学研究与实践应用中，科研所坚持与完善了体育科研各项事业整体协调与可持续发展的整体战略，并着重处理好以下几个方面的关系：

1. 处理好优势研究领域与新兴研究领域的关系。面向实践需求，集中科技资源，抓住牵动全局工作的主体，发展优势研究领域，形成核心竞争力与整体优势；同时关注新兴学科、高新技术的发展，培育潜在的、具有良好前景的研究领域。

2. 处理好学科发展与行业特色的关系。一方面，积极培养具有良好科学素养、掌握先进技术方法手段同时又了解运动项目规律的优秀人才；另一方面，不求全责备，通过协调与配合，将学术专家与具有运动项目经历的人才联合起来，各展其长、取长补短、强强联合、优势互补，形成高效的科研协作团队与集团优势。

3. 处理好普及与提高的关系。将群众体育研究与竞技体育研究有机结合起来，相互促进、协调发展；面向社会需求，立足科学技术研究推动体育领域的科学普及工作。

4. 处理好以人为本与事业发展的关系。坚持以人为本，充分调动科研人员的积极性，用事业留住人，在事业发展中使用人才、培养人才。

在改革、稳定与发展的进程中，科研所日益彰显出多学科综合型、社会公益类体育科研机构的特色，使学科建设与实现国家目标、完成体育行业领域的现实任务得到有机统一；因此，科研所被誉为"体育科技工作的国家队"、"体育行业科技进步的排头兵"。

四、从体育大国向体育强国
迈进的体育科研事业

北京奥运会的辉煌已成历史，步入后奥运时期的中国体育正在一个更高的起点重新出发，也对体育科研工作提出了更高的要求。

体育强国是一个综合概念，涵盖了体育事业发展的各个方面。深入开展全民健身，提高国民体质与国民素质，是发展体育强国的重要内容；开展竞技体育、优化项目布局，实现奥运争光是体育强国的重要标志；培育体育市场，发展体育产业，是社会主义市场经济体系下充分调动全社会的力量共同发展体育事业的重要渠道；因此，无论是从政治、经济还是社会的角度看，体育强国既是综合国力的有机组成部分，又是提高综合国力的推动力。

在从体育大国通往体育强国这条路上，中国仍然任重道远。面对新形势、新阶段、新任务，科研所深入学习实践科学发展观，全面落实《国家中长期科学和技术发展规划纲要》，坚持立足行业、面向全国，以体育领域内的应用研究和应用基础研究为主，加强自主创新，同时开展部分重大应用基础理论研究的战略定位，努力发挥自身优势，着力解决体育事业改革与发展中遇到的具有全局性、战略性的重大体育科技问题，为提高国民素质、生活质量和我国竞技体育的国际竞争力提供科技支持，从而带动全行业的知识创新和科技进步。

科研工作为体育实践服务，是科研所50年来一脉相承的核心价值观；国民体质监测与运动健身研究领域、提高优秀运动员竞技能力研究领域、体育社会科学研究领域、体育工程学研究领域等4个优势研究领域的成就与发展，是科研所的核心竞争力。回顾历史，一个国际一流水平的现代化体育科学研究所已经初步建成。展望未来，中国体育将跨入全面融入经济、社会和人的发展的新阶段，这将为体育科技事业提出更为艰巨的挑战。作为国家体育科技事业的主力军，在从体育大国向体育强国迈进的过程中，科研所任务艰巨、责任重大；同时，我们满怀信心，科研所也必将为体育强国的发展与壮大做出更大贡献！

追求卓越，努力成为
中国高等体育教育的领跑者

——北京体育大学发展历程回顾

北京体育大学校长　杨桦

北京体育大学，在中国高等体育教育领域是一位勇往直前的领跑者。

她，在"一无所有、一穷二白"的情况下，开创了中国现代高等体育教育的先河；

她，胸怀着热爱祖国、造福人民的美好夙愿，以追求卓越的强大信心传达出问鼎世界的声音；

她，在其56年的发展历程中，体现出一个领跑者的优秀品质：自强不息，追求卓越，敢为人先，锐意进取，紧紧把握着时代的脉搏，永远在时代的最前列领跑着中国高等体育教育事业。

一、艰苦创业：谱写光荣的办学历史

翻开北京体育大学的光荣史册，呈现的是半个多世纪以来，北体人艰苦创业、奋斗不懈的办学历程。共和国初创，国弱民穷、百废待兴，刚刚站起来的中国人民有尽快改变"东亚病夫"的屈辱形象，实现国家强盛、民族复兴的强烈愿望。毛泽东主席发出了"发展体育运动，增强人民体质"的号召。中央领导和有关部委开始酝酿建立专门高等体育院校。1952 年，中华全国体育总会秘书长荣高棠率团参加赫尔辛基奥运会后，在向中央的汇报总结中也专门建议成立高等体育院校。当时正值贯彻中共中央与政务院"发展专门院校，整顿和加强综合大学"的工作部署。在这一背景下，毛泽东、刘少奇、周恩来、朱德、邓小平等党和国家领导人对"办体育院校"作了明确批示。中央指示高等教育部、教育部和团中央负责筹建中央体育学院。1952 年 7 月，中央体育学院筹备组成立；1953 年 8 月 31 日，国家四部委正式发文批准成立中央体育学院，培养新中国体育专门人才。于是，在圆明园旁、小清河畔，中央体育学院拔地而起。

党和国家一直高度重视学校的建设发展。学校筹建时，中央选调中华全国体育总会副主席、教育部体育指导处处长兼北京师范大学体育系主任、著名教育家徐英超教授任筹备处主任，负责中央体育学院的筹备。学校成立时，中央就调中共西南局宣传部干部教育处处长兼西南行政委员会干部教育局局长、四川省文教委员会副主任兼四川省高教委员会党委书记钟师统来校担任学院院长，后兼任学校党委第一书记，全面负责学校领导工作；从教育部、国家体委、地方、高等院校和归国留学人员中选调了一批德才兼备、具有专业知识的干部、教育家、体育家及体育教育专家、学者和军队干部组成了建校初期的领导班子和教职工队伍。1956 年，学校更名为北京体育学院。1960 年，国务院批准学校为首批全国重点高等学校；1978 年，再次确定学校为 88 所全国重点院校之一。1981 年，学校被批准为首批硕士学位授予权单位；1986 年，学校被批准为博士学位授予权单位。1993 年，学校更名为北京体育大学。2005 年，学校被批准为"211 工程"重点建设院校。

党和国家领导人对我校的建设发展给予了高度重视和亲切关怀。建校后，毛泽东、刘少奇、朱德、周恩来、邓小平、贺龙、陈毅、郭沫若等党和国家领导人先后多次接见学校师生或来校视察。军委副主席、国务院副总理兼国家体委主任贺龙元帅更是心系学校，时常亲临教学第一线指导检查工作，多次出席开学典礼和毕业典礼。1969 年，周恩来总理亲自批示"北京体育学院要办，还要办好"，使学校成为"文革"期间全国首批复课的高等院校。改革开放后，江泽民、胡锦涛、李瑞环、李岚清、贾庆林、吴仪、陈至立等党和国家领导人亲切接见我校师生或来校指导工作，殷切希望把学校办好。

从国家体委到国家体育总局，从贺龙元帅到历届领导班子和历任领导都高度重视我校的建设与发展。2002 年至今，袁伟民、李志坚、刘鹏及总局领导经常来校视察指导工作，解决办学重要问题，并一再指示学校明确办学指导思想，认真总结办学经验，深入探索教育规律，全面提高教育和人才培养质量，坚持教育、训练、科研三结合的办学模式，办出特色，把学校办成世界一流体育大学。

从"中央体育学院"到"北京体育学院"再到"北京体育大学"，学校作为对体育这项国家战略性事业提供高级人才和高端智力支撑保障的重点大学，在半个多世纪的办学历程中，始终奋进在中国高等体育教育的最前列，为中国体育和体育教育事业做出了突出贡献。

如果把北京体育大学的发展置于新中国 60 年发展的历史中，置于高等教育和体育事业蓬勃发展的大背景下，学校取得的历史性成就，应当归功于祖国的日益强大和改革开放的伟大国策，归功于几代"北体"人开拓创新的进取行为，归功于学校积淀形成的先进的办学理念和办学思想。

在创业和发展的历程中，学校从实际出发，根据国家政治、经济、社会发展和体育、教育事业的需要，不断丰富、发展办学指导思想。当前和今后一段时间学校的办学指导思想是：以邓小平理论和"三个代表"重要思想为指导，全面落实科学发展观，全面贯彻党的教育方针和体育工作方针，全面推进素质教育；以发展体育、振兴中华为己任，遵循高等教育和体育发展规律，落实科教兴国战略和科教兴体战略；立足体育，服务社会，面向世界，坚持高起点、高质量办学，走教育、训练、科研三结合之路，培养优秀体育人才，继续探索和不断完善具有中国特色的高等体育专业教育体系和体育院校发展模式，把学校建设成为综合性、高水平、有特色的世界一流体育大学。

　　学校在每一个历史发展阶段，都不断梳理、完善办学思路，并在实践中反复检验，使之发扬光大。当前和今后一段时期学校的办学思路是：坚持高起点、高质量办学，统筹内涵提升与外延扩张，促进规模、结构、质量、效益协调发展；坚持教学工作的中心地位和本科教育的基础地位，科学构建人才培养体系，办人民满意的大学；坚持走教育、训练、科研三结合之路，突出特色建设，实现整体水平的提升；坚持立足体育，服务社会，发挥学校在实现国家昌盛、民族强大、社会和谐、人民幸福方面不可替代的功能和作用；坚持推进学校的国际化进程，为创建世界一流体育大学搭建好国际发展平台。

　　学校在与国家、民族共命运的征途上，形成了一脉相承的办学传统、学校精神和校园文化。这些不仅是学校在新的历史阶段奋进前行的思想基石和强大动力，也是我国高等教育事业、体育事业宝贵的精神财富。

二、开拓进取：创造辉煌的办学业绩

　　在 56 年的发展历程中，北京体育大学全面贯彻党的教育方针和体育工作方针，坚持社会主义办学方向，以"增强民族体质、弘扬体育精神、探索科学真理、引领文明进步"为己任，秉承"追求卓越"的校训，发扬"爱国、拼搏、求实、创新"的校风，深入探索高等教育和体育发展规律，建立起具有中国特色的高等体育专业教育体系和高等体育院校发展模式，走出了一条独具特色的"教育、训练、科研"三结合的发展道路，创造了辉煌的办学业绩，为国家培养出大批优秀体育人才，为体育和高等教育事业的发展，社会主义和谐社会的建设做出了不可替代的贡献。

　　学校始终立于我国高等体育教育发展的潮头，引领中国高等体育教育的发展，创造了若干位居全国第一的业绩。学校是唯一被国家批准为"211 工程"重点建设院校的高等体育院校，唯一拥有体育学一级学科国家重点学科的高等院校，探索并建立了具有中国特色的高等体育专业教育体系和体育院校发展模式，建立了新中国第一批体育学本科专业和研究生教育机构，编写出第一批本科体育专业教材，最早在国内设立运动训练、体育教育、运动人体科学、民族传统体育、体育管理等学科、专业，培养了新中国第一批体育专业本、专科毕业生，作为最早的大批师资和各学科、专业的骨干，充实到各体育院校，被贺龙元帅誉为"工作母机"；最早开展体育学硕士、博士研究生教育，培养出新中国第一个教育学（体育学）博士，在体育学领域第一个获得全国百篇优秀博士论文，建立全国首批体育学博士后科研流动站，建立了我国第一个体育科学研究所，建立第一所培养奥运后备人才的竞技体校，是第一个培养出奥运冠军的高等院校，最早被国家批准招收外国留学生和接受外国专家，是唯一进入国家"111 引智计划"和在国外设立"孔子学院"的高等体育院校。学校还建有全国第一个奥林匹克研究中心、综合性体育科学研究中心，创建了全国体育院校中第一个体育专业出版社。学校曾荣获"体育运动荣誉奖章"，先后被国家体育总局授予"27 届奥运会贡献奖"（获 3 金 2 银 2 铜）、"28 届奥运会贡献奖"（获 10 金 3 银），2008 年被中共中央国务院授予"北京奥运会残奥会先进集体"荣誉称号。

经过 56 年的发展，学校已成为一所具有光荣办学历史、深厚文化底蕴、扎实办学基础、鲜明办学特色，享誉国内外的全国重点大学。学校现设有 7 个学院、4 个系、2 个附属体育学校、1 个部和 4 个中心。此外，学校还设有国家体育总局干部培训中心；4 个国家重点学科、12 个省部级重点学科、2 个省部级优秀重点学科、4 个省部级重点实验室、2 个北京市高校实验教学示范中心、1 个国家体育总局人文社会科学重点研究基地；体育学博士后科研流动站，拥有体育学一级学科博士、硕士学位授予权，3 个学科门类 6 个博士学位授予点和 5 个学科门类 10 个硕士学位授予点，体育硕士专业学位授权点，高校师资学位授权点；现有 12 个本科专业，其中，体育教育和运动训练 2 个专业为教育部高等学校特色专业建设点。

　　在教育领域，学校教育教学成果丰硕，取得了国家级教学成果特等奖等一大批国家级、省部级教学成果、精品教材、精品课程。学校名师荟萃，一大批新中国高等体育教育的创立者，著名教育家、体育家、体育教育专家，为中国高等教育和体育事业的发展立下了赫赫功勋，一大批志存高远、爱岗敬业、开拓创新的学术、技术带头人在教育、训练、科研领域做出了新的成绩。学校先后三任校长钟师统、马启伟、金季春分别荣获国际奥委会颁发的"奥林匹克运动银质奖章"、"体育运动研究奖"和"运动教育奖"，600 余人次获得"全国劳动模范"、"全国三八红旗手"、"中国青年五四杰出贡献奖章"等国家和北京市的各种荣誉称号和奖励，75人获"全国体育工作荣誉奖章"和"全国体育运动荣誉奖章"，366 人获"新中国体育开拓者"称号。

　　学校桃李满天下，培养了毕业生 4 万余名。其中的一大批已成为中国体育和体育教育领域的中坚力量、栋梁之才和领军人物，为推动我国和世界体育及高等体育教育事业的发展、运动技术水平的提高、体育科技的创新建立了不可磨灭的功勋。他们中的杰出代表有国家体育总局原副局长李富荣，副局长段世杰、王钧、肖天，局长助理晓敏等一大批领导干部；北京大学副校长鞠传进、首都体育学院原院长孙民治、福建师范大学副校长黄汉升、河南师范大学党委副书记刘纯献等一大批高等学校校级领导；国家体育科学研究所所长田野、第一个体育学女博士陈晓蓉等一大批优秀学术技术带头人；国家跆拳道队总教练陈立人、田径队总教练冯树勇等一大批国家队总、主教练；荣获全国恩师奖的中学教师宁从君、培养出多名世界冠军的小学教师王良田等一大批辛勤工作在教学第一线的教师；解放军总政治部宣传部副部长陈招娣少将、成都军区副参谋长刘永新少将等一大批军队将领和公安干警；澳门体育发展局局长黄有力等一批港澳台体育工作者；克罗地亚奥委会主席马泰沙、喀麦隆体育部副部长大卫、俄罗斯国立体育大学校长阿帝申·阿列格、也门共和国体育部副部长阿赫·加里等优秀留学生。他们勤奋工作，甘于奉献，建功立业，大展宏图，为学校赢得了赞誉。

在训练领域，学校积极探索竞技体育院校化，不断加强竞技人才培育基地的建设，建立起成才率高、见效快的从小学、中学到大学、研究生的"一条龙"训练体系，经国家批准建设了国家级训练基地，创新训练思路，改革训练方法，探索体教结合竞技体育人才培养新路，既保证了运动员训练的连续性，解决了运动员的教育和就业问题，又避免了在越级训练过程中，运动员和教练员的适应与磨合，凸显了学训结合优势，为竞技体育人才培养提供了范例。自 1979 年以来，学校共培养奥运冠军和世界冠军近百人次，亚洲冠军 80 余人次，获全国冠军 1500 余人次。我校师生在 27 届奥运会上获得 3 金 2 银 2 铜，在 28 届奥运会上获得 10 金 3 银，在第 29 届奥运会上获得 14 金 6 银 2 铜的优异成绩。在培养冠军的同时，造就了一批优秀的教练员和国家队领队。

在科研领域，学校于 1958 年在国内率先成立了体育科研所。学校科研工作面向体育事业发展和人才培养需要，为我国运动员在国际大赛上获奖、国民体质监测体系建立、全民健身活动开展、学生体质健康、优秀人才培养提供科研攻关、科技服务，为决策层提供理论支持和参谋，成为推动体育科技创新并向现实成果转化的重要力量，成为国家体育可持续发展的科研基地和思想库。学校主办了三届代表中国体育科技最高水平的"全国体育科学大会"，主持了国家社会科学基金重大项目等一大批高水平科学研究课题，产生了获得国家发明奖、国家科技进步二等奖等一批高水平研究成果。

在国际合作领域，学校是建国初期接待友好国家参观访问的重点单位之一，是最早被教育部批准招收留学生的高等院校，成为我国展示体育事业发展成就，开展对外交流的重要窗口。在办学过程中，学校充分利用已经搭建起的国际化发展平台，为我国体育事业的发展服务，为高等体育人才的培养服务，率先从国外引进了艺术体操、跆拳道、曲棍球、门球、地掷球、软式网球等项目，为我国体育运动的丰富和发展做出了巨大贡献；充分利用与 23 个国家和地区的 45 所大学、教育机构和体育组织建立的友好合作关系，开展互派教师、互开网络课程、联合科研等实质性合作，进一步提高了人才培养质量。经国务院学位委员会批准，学校授予国际奥委会主席罗格、国际反兴奋剂机构主席庞德等名誉博士。学校积极主办"中外体育院校校长论坛"、"奥林匹克与北京奥运国际论坛"、"世界体育信息大会"、"全球教练员大会"、"国际高水平训练基地大会"、"国际导引养生大会"、"国际武术太极拳表演大会"等大型国际学术会议，进一步提高了学校的学术地位和国际声誉，推进了国际化办学进程。

这些骄人业绩，彰显着学校的整体办学实力，真实记录了北体人开拓进取，敢为人先，追求卓越，争创一流的奋斗足迹。

三、积淀特色："三结合"成为标志性成果

北京体育大学在半个多世纪的办学历程中，始终奋进在中国高等体育教育的最前列，探索和建立了具有中国特色的高等体育专业教育体系和体育院校发展模式，积淀出"自强不息、追求卓越"的北体精神，确立起以"严谨求实"为核心的立校底蕴，以"兼容并蓄"为核心的兴校内涵，以"为国争光"为核心的强校品质，并转化为办学的理念、思路、措施、要素、过程和效果，从而形成了鲜明的办学特色：不断探索"教育、训练、科研"三者高起点、高质量的有机结合和互动循环，逐步建立起代表高等体育教育发展主流趋势，兼顾全面回应国家重大需求，广泛满足学校高层次人才培养需要，不断推进学校国际化进程，以培育优秀体育人才为目标的教育、训练、科研三结合办学模式。

国办发〔2001〕15 号文件明确提出：把北京体育大学重点建设成为综合性、高水平的教育、训练、科研"三结合"基地。"三结合"的基本内涵是：教育上要体现高层次、高质量，目标是出人才，包括出大师，出优质毕业生；科研上要成为思想库、智力库，解决运动实践中的各种问题，目标是出思想、出成果；训练上要坚持学训结合，要成为示范园、孵化器，目标是出成绩、出经验、出模式、出样板。

　　这一办学特色，是在深刻认识和长期探索高等教育规律的过程中形成的；是在充分考虑国际、国内教育、体育发展趋势的情况下形成的；是在认真总结和借鉴国内外高等体育院校办学经验并结合社会需求和体育、教育事业发展需求的基础上形成的；是在探索具有中国特色高等体育专业教育体系进程中创造产生的。它不仅反映了学校办学指导思想与理念、治校方略始终与国家需求、国家战略、国家命运紧密相联，而且为高等体育教育教学改革与发展，为促进我国竞技体育水平、全民健康素质和学校体育质量的进一步提高，闯出了一条新路，成为北京体育大学办学实践中的标志性成果，产生了深刻的社会影响。

　　学校在探索和建立教育、训练、科研三结合办学模式过程中，所形成的专业规范和教学管理体制及运行机制，通过多种途径辐射到全国，对我国高等体育教育的发展以及其他高等体育院校的发展起到了引领和示范作用。在"三结合"办学模式的支撑下，学校发挥了培养高质量体育人才、发展高水平体育科研、开展高效益运动训练的办学优势，发挥了国家体育决策咨询思想库、体育理论创新孵化器的作用，通过出人才、出经验、出模式、出成果，得到了国家认可，社会认同，反响强烈，成效卓著。

　　1955年，贺龙副总理对学校的人才培养工作提出要求："你们学校是个工作母机，母机是制造机器的机器；母鸡要下蛋，母鸡还能孵小鸡。"1956年，中华全国体育总会主席、中国奥委员会主席钟师统在总结学校工作时指出："我们北京体育学院是'母鸡'的'母鸡'，要为全国体育院系培养出更多的优秀体育专业教师。"1993年，国务委员、国家教委主任李铁映指示，北京体育大学要努力办成世界第一流的体育大学。1993年，国家体委主任伍绍祖要求，北京体育大学要建设教学科研训练基地，培养品优业精体健人才。2002年，国家体育总局党组书记李志坚指出，北京体育大学为中国体育事业做出了公认的突出贡献，我们要旗帜鲜明地肯定北京体育大学50年来的办学成绩。2003年，全国政协副主席王选在学校建校50周年庆典大会上讲话指出，北京体育大学已经发展成为在国内外享有盛誉的重点大学，在我国体育教育、运动训练、体育科研领域中占有重要地位，发挥着龙头作用，为我国教育和体育事业的发展、社会主义精神文明建设做出了突出贡献。2003 年，国家体育总局局长袁伟民指出，北京体育大学已成为我国培养高层次体育人才和体育科学研究的重要基地，成为中国高等体育教育面向世界的重要窗口。2005 年，国家体育总局局长、党组书记刘鹏指出，北京体育大学为国家体育事业的发展、进步做出了重要贡献，作为中国体育事业的最高学府，为体育事业的全面、协调、可持续发展提供了强有力的保障。2005 年，教育部副部长吴启迪评价，北京体育大学在我们心目中是非常著名的大学，可以说是世界一流。2007 年，国务委员陈至立率中央六部委领导来校视察时指出，北京体育大学在人才培养、科学研究、运动训练方面发挥了巨大优势和作用。2007 年，北京市委常委、教育工委书记朱善璐代表北京市委、市政府出席学校第十一次党代会时指出，北京体育大学坚持教育、训练、科研三结合的办学特色，实现了综合办学实力的跃升，为中国体育事业、教育事业做出了巨大贡献。

学校就这一办学特色在教育部组织的中外大学校长论坛上得到了各国大学校长们的认同。近年来，数千名国内外高等院校、体育部门负责人和专家学者来校考察、交流、调研、学习，均高度评价我校"三结合"的办学模式及学校取得的办学成绩。

2006 年，国际奥委会主席罗格来校时指出，北京体育大学是中国最高体育学府，是久负盛名的高等院校。北京体育大学的毕业生是体育运动及其价值在中国以及更多地方得到不断推广的中坚力量。

四、紧抓机遇：科学发展实现大跨越

步入 21 世纪以来，北京体育大学坚持把发展作为第一要务，在国家体育总局、教育部、北京市等上级领导机关的正确领导和大力支持下，深

入贯彻落实科学发展观，紧紧抓住教育、体育事业蓬勃发展，抓住北京
2008 年举办奥运会等千载难逢的历史机遇，坚持和不断完善教育、训练、
科研三结合的办学模式，创新发展思维，转变发展方式，提升发展境界，
整合发展资源，凝聚发展力量，坚持办出特色，掀开了学校建设世界一流
体育大学新的辉煌篇章，创造了一系列标志性的办学成果。

2003 年全校师生众志成城，取得抗击"非典"的全面胜利，50 年校
庆使学校和师生面貌发生了根本性改变；

2004 年学校竞技体育在雅典奥运会上取得历史性突破，标志着学校
已全面进入国家竞技体育主战场；

2005 年 9 月 8 日，北京体育大学跨入"211 工程"国家重点建设院校
行列，使学校在国家教育事业中承担了更加重要的角色，真正进入"我
国高等教育的国家队"，在更高层面上得到国家的扶持，因而也昭示着学
校将在高等教育和体育院校发展中发挥更加重要的作用；

2006 年国家训练基地建设全面开工，备战和服务 2008 年奥运会工作
全面启动；

2007 年"两个评估"建设获得优秀，学校的整体办学实力得到进一
步提升，近 5 年来，学校新增 5 个本科专业，3 个门类 3 个学科硕士学位
授予点，以及体育硕士专业学位授予点、高校师资教育专业学位授予点；
新增 3 个省部级重点实验室，2 个北京市高校实验教学示范中心；新增 1
个北京市重点学科和 2 个教育部高等学校特色专业；获得国家级教学成果
奖 2 项，省部级教学成果奖 8 项；4 门课程被评为国家级精品课程，7 门
课程被评为北京市精品课程；1 本教材获国家精品教材，5 本教材获北京
市精品教材；1 篇博士学位论文入选全国优秀博士学位论文。

在备战与服务 2008 年北京奥运会、残奥会的过程中，学校充分发挥
人才培养、训练、科研优势，积极参与其中，为北京奥运会、残奥会的成
功举办和中国奥运军团取得优异成绩做出了突出贡献。

学校勇攀运动技术高峰。有近百名师生作为运动员、教练员、科研人
员和工作人员入选中国体育代表团，参加了举重、艺术体操、田径、跆拳

道、摔跤、柔道、拳击、击剑、赛艇、皮划艇、乒乓球、体操等 10 多个项目的竞赛，荣获 14 枚金牌、6 枚银牌和 2 枚铜牌，为祖国赢得了荣誉。

学校以高水平的科研为中国军团保驾护航。近年来，学校承担了国家社会科学基金重大项目等 150 多项高水平科研课题；近百名师生担任"备战 2008 年奥运会科技攻关与服务团队"负责人、国家队科研教练；为 26 个项目的 3000 余名国家队运动员提供了身体机能检测、体能训练与测评、运动伤病防治与康复等科技服务；有 89 篇高水平学术论文入选奥科会；承担了国家体育总局《备战 2008 年奥运会国家队励志教育与实战案例读本》编写等重大任务，组织宣讲团到各项目国家队宣讲，为运动员备战参赛提供了强有力的思想、心理和科技保障。

学校全方位、高质量地服务于北京奥运会，是奥运场馆最集中的单位，9 个训练场馆为 41 个国家和地区的 62 支运动队提供了赛时训练服务保障；设有奥运之家意大利奥委会训练营；国家投资近 10 亿在学校建设了国家训练基地，为 230 余名国家队运动员进行奥运备战训练，为国家队在北京奥运会上取得优异成绩提供了重要保障。

学校为北京奥运会提供高级人才与智力支持。有 120 余名教职工被聘为北京奥组委培训顾问、培训专家和国际技术官员；有 4200 余名师生成为奥运会志愿者，2200 余名师生成为残奥会志愿者，几乎涵盖了志愿服务的全部领域和开闭幕式演员、引导员。

学校是弘扬奥林匹克精神，传播、丰富奥运文化的殿堂。编写出版了大批北京奥运会培训教材，被瑞士洛桑奥林匹克博物馆收藏；作为"北京奥运培训基地"、"奥运志愿者培训基地"、"残奥会闭幕式训练基地"、"奥运会体育展示志愿者训练基地"，圆满完成了"奥林匹克教育国际论坛暨奥林匹克运动课程骨干教师培训班"等大量奥运培训任务。学校将奥林匹克精神和理念融入教学体系，为创新体育理论和丰富传播奥林匹克文化作出了贡献；建立了 2008 奥运会文物陈列室，成立了奥林匹克文献信息中心，在奥运遗产的传承与保护方面发挥了重要作用；承办了"奥林匹克日长跑"活动、《奥林匹克宣言》全球首发仪式、"历史与未来

——奥林匹克反兴奋剂四十年"主题展览，营造了浓郁的奥运文化氛围；以藏族学生吉吉为代表的30余名师生成为北京奥运会火炬手，为传播奥林匹克精神作出了贡献。

学校是中国高等体育教育面向世界和中西方体育文化交流的重要窗口，先后与美国、俄罗斯、英国、德国等20多个国家和地区的44所大学和国际体育组织建立了交流合作关系。经国务院批准，国际奥委会主席罗格、国际反兴奋剂机构主席庞德、国际田联主席迪亚克等多位国际体育组织负责人和著名专家被我校授予名誉博士。学校出色地主办了"奥林匹克与北京奥运国际论坛"、"世界体育信息大会"、"全球教练员大会"、"国际高水平训练基地大会"、"中外校长体育论坛"、"全国体育科学大会"等大型学术会议；参加了中国西班牙论坛，与萨马兰奇先生等进行了广泛交流，为奥林匹克传播与研究，为世界体育学术的繁荣作出了积极贡献。奥运期间，4000余名国际奥委会及国际体育组织官员、各国运动员、教练员、体育官员、大学校长等到学校参观、交流，对学校探索和建立的具有中国特色的高等体育院校发展模式给予了高度评价，对学校取得的辉煌办学业绩和为北京奥运会作出的突出贡献表示高度赞赏，进一步提升了学校的国际影响力和社会声誉。

这对办学成果的取得对师生的思想观念和学校办学产生了深刻的影响，对我国高等体育教育的发展和高等体育院校的发展起到了巨大的推动作用。

2009年1月，中央政治局委员、国务委员刘延东同志在视察校园时说，没想到学校发生了这么大的变化，有这样的体育院校，我国从体育大国向体育强国的迈进，我们有信心，也有基础和条件。

国家体育总局刘鹏局长在学校北京奥运会表彰大会上，用"三个前所未有"高度评价了学校取得的巨大成绩，即"学校取得诸多可喜成绩和重大突破，实现了又好又快发展，学校的整体面貌发生了前所未有的变化，学校的整体水平实现了前所未有的提高，学校的社会影响和声望得到了前所未有的提升，学校的发展前景呈现出令人欣喜的良好势头，实现了北京体育大学在世界一流体育大学建设进程中的又一次历史性跨越。"

国家体育总局段世杰副局长在学校成立55周年纪念大会上代表国家体育总局宣读的贺信中,对学校的办学成绩给予了充分肯定。他指出,学校在半个多世纪的发展历程中,为体育和高等教育事业的发展,社会主义和谐社会的建设作出了不可替代的贡献。

五、追求超越:开启新的征程

学校56年的办学历史,是北体人为祖国高等教育、体育事业无私奉献的爱国史,是北体人自强不息、追求卓越、争创一流的创业史,也是新中国高等体育教育发展的见证史。这里有国家领导的嘱托,这里有祖国人民的期盼,这里有新中国体育开拓者的足迹,这里有北体几代人的奉献。几代北体人的努力,是一个不断书写中国体育教育事业繁荣昌盛的过程,在这个过程中,体育正越来越接近它自身最本质的部分,教育也越来越体现出公平、人本与和谐。如今,新一代的北体人为创造新的辉煌将继续秉持"增强民族体质、弘扬体育精神、探索科学真理、引领文明进步"的办学理念与使命,不断追求卓越,开启新的征程。

国运盛则教育兴、体育兴。教育、体育事业的兴旺发达不仅是一个国家繁荣昌盛和人民健康水平、文化素质的标志,也是一个国家国际威望、民族精神的集中体现。在2008年9月29日党中央、国务院召开的北京奥运会、残奥会总结表彰大会上,胡锦涛总书记对体育工作作了全面深刻的论述,明确了"进一步推动我国由体育大国向体育强国迈进的奋斗目标",提出了今后体育工作发展的方向和要求。北京体育大学作为全国体育院校中唯一的"211工程"重点建设院校,在推进从体育大国向体育强国迈进的征程中承担着责无旁贷的历史使命。当前,担负起建设体育强国的伟大使命,创建世界一流体育大学,已经成为"北体"人最广泛、最坚定的共识，也是我们走科学发展之路，继续创造新辉煌的强大动力。

教育兴、体育兴则学校强。在我国教育和体育事业发展的伟大时期，在建设体育强国伟大进程中，"北体"人将继续坚持追求卓越、勇攀高峰、问鼎世界的气质和信念，以科学发展观为统领，进一步加快"三结合"基地、"211 工程"和世界一流体育大学的建设进程，努力把学校建设成为一所具有深厚办学底蕴、雄厚办学实力、鲜明办学特色的标志性大学；一所始终站在世界体育发展前沿，引领高等体育教育事业发展方向的大学；一所面向世界、汇聚人类先进文化的国际化大学，以世界一流体育大学的风貌，为中国体育事业和体育教育事业的发展，为国家的昌盛、民族的强大、社会的和谐、人民的幸福作出更大的贡献。

体育文化：繁荣发展　天地广阔

国家体育总局体育文化发展中心主任　孙大光

什么是文化？一百个人会有一百个答案。

一般来说，人们把文化分成三个层面，即器物、制度和观念。而所谓观念，实际上就是一种价值观，它决定着人们对一个事物的看法，也决定着人们依照自己的看法决定这个事物向哪个方向发展。

美国著名政治学家塞缪尔·亨廷顿曾多次引用美国政治学会会长丹尼尔·帕特里克·莫伊尼汉的话强调说："对于一个社会的成功起决定作用的是文化，而不是政治……"

其实，最终决定体育事业发展的也将会是文化，包括体育文化。

新中国成立 60 年来，伴随着新中国的体育事业的进步，体育文化工作在体育资料和文物的收集、整理、研究，中国体育博物馆的建设、发展，体育档案馆的建立和档案收藏，以及大型体育专著的编撰、体育文史期刊和中国体育年鉴的编辑出版，体育史学研究，以及体育集邮活动的开展等各个方面都得到了繁荣发展，取得了许多优秀的成果。

一、"文革"之后的艰难起步

中国体育文化发展工作是从体育文史工作开始的。"文化大革命"10年动乱结束不久，中国大百科全书出版社就根据文化发展的需要和对外交流的需要，积极组织开展中国大百科全书的编撰。1979年底，原国家体委应大百科全书出版社的要求，开始组织编写《中国大百科全书·体育》卷，最终于1982年完成了120万字和1222幅图片的书稿，并于1983年1月正式出版。当时，大百科全书体育卷的编写组确定了全国300多位专家作为撰稿人。通过编写《大百科全书》，编写组收集到大量的体育资料，并联系了各个方面的体育专家和学者。就在编写组编写《大百科全书·体育》卷时，一项更为宏大而长远的计划也已在酝酿之中，那就是专门成立一个体育文史机构，长期从事体育文史资料的收集、整理、研究和出版工作。

1982年11月23日，原国家体委决定在宣传司内设临时机构——"文史办公室"的基础上，正式成立国家体委体育文史工作委员会。它的主要任务是：整理、收集体育史料、文物，组织编审体育史书，研究历史经验，传播体育知识，筹建体育博物馆，指导各地体育文史工作，为发展社会主义体育事业，加强社会主义精神文明建设服务。在此之前，1979年9月28日，中华全国体育总会作出了《关于搜集和整理体育文史资料的决定》，并于9月30日成立了"中华全国体育总会体育文史资料编审委员会"。主任是何启君，副主任是吴重远等10人，委员132人。

体育文史工作委员会成立后，迅速开展了一系列体育文史工作。这里仅列举1983年开展的几项工作便可见一斑：

1983年1月创办了《体育文史》杂志（20多年来，它为推动体育文史研究和体育文化研究作出了重要贡献。如今它已更名为《体育文化导刊》，成为我国体育人文社会科学的重要核心期刊）。

1 月 10 日，召开了国家体委第二次搜集整理建国后体育史书座谈会，国家体委顾问荣高棠、副主任徐才到会讲话。

1 月 20 日，体育文史工作委员会召开了撰稿人会议，吴重远主持，何启君等出席。

3 月，体育文史工作委员会制定了 5 条主要工作职责，并获批准。这 5 条职责是：1. 征集、整理、研究、保管体育历史资料；2. 征集、整理、研究、展出体育文物，建立并管理体育博物馆；3. 编审体育史书、史刊；4. 组织编写体育百科全书等大型综合性体育书籍；5. 指导各地体育文史工作。

3 月 2 日，国家体委发出普查体育文物的通知。

3 月初，根据中央的部署，国家体委党组决定成立《当代中国体育》编写组。主编荣高棠，副主编黄中、何启君、张彩珍，委员吴重远、毕世明、谷丙夫。

4 月，体育文史工作委员会在北京召开了整理建国后体育史书工作情况交流会。荣高棠出席。

6 月初，体育文史工作委员会在长沙召开了中南地区体育文史工作片会，讨论了 1982 年全国体育文史工作会议以来的成绩和问题，以及文史机构、编制和资料的搜集、整理、使用等问题。

6 月 24—29 日，国家体委在郑州召开了全国体育文物工作会议。国家体委副主任徐才到会作了总结讲话。

7 月，国家体委正式下发了"关于《全国体育文物工作会议情况报告》的通知"。

同月，国家体委颁布了《体育文物工作暂行办法》（试行）。

10 月，体育文史工作委员会在安徽歙县召开了华东地区体育文史工作片会，讨论了体育文史工作的目的、意义，建立机构、配备和培训队伍、制定工作计划等问题。

12 月 15 日，国家体委和中华全国体育总会在北京劳动保护展览馆举办了"冲出亚洲，走向世界"大型体育展览。国务院副总理万里为展览剪了彩，宋任穷、江华、程子华、周谷城、荣毅仁、吕正操等党和国家领导人出席了开幕式。展览由体育文史工作委员会和武汉展览馆承办。

经过 1979 年以来编写《大百科全书·体育》卷的实践和思想上的酝酿、准备，加上体育文史工作委员会机构的建立，以及 1983 年一年在全国上下开展的一系列具体工作，国家体委整个体育文史工作的发展思路和目标逐渐明晰，这为后来近十年体育文史工作的繁荣发展奠定了基础。

随着体育史料积累的迅速增加和一大批高校体育史学者的积极参与，体育史学研究成了 20 世纪 80 年代我国体育人文社会科学研究引人注目的一个活跃领域。与此同时，各方面对成立一个全国性的体育史学研究团体的呼声日渐高涨。1984 年 6 月 22 日至 7 月 5 日，体育文史工作委员会在四川乐山先后举办了全国体育文史工作干部学习会和编辑工作经验交流会，请专家讲授了文史知识，交流了编辑工作经验。7 月 7 日至 8 日，在充分酝酿的基础上，正式成立了中国体育史学会，通过了《中国体育史学会章程》，选举了学会领导机构的组成人员——何启君为理事长，吴重远等 6 人为副理事长。时任国家体委主任的李梦华、顾问荣高棠、体总主席钟师统向成立大会发了贺电，表示热烈的祝贺。

中国体育史学会的成立，极大地鼓舞了广大体育史学工作者，有力地推动了 20 世纪后期我国体育史学研究的发展。

二、从小到大的体育史学研究
——机构、队伍、成果

（一）新中国成立后的体育史学概况

新中国成立之后，我国体育史学工作一直受到党和政府的重视。1952年全国体总和中央体委成立后不久，成立了体育运动技术委员会（主任是王任山和董守义），主要任务是研究和编纂体育史，并成立了以著名武术史专家唐豪为首的班子，进行了大量的体育史料的收集、整理、考订工作，先后编辑出版了9辑《中国体育史参考资料》。1957年，该会还专门召开全国会议，制订研究体育史的专门规划，并计划5年内编出《中国体育史》。唐豪搜集整理的图书、资料和文物以及研究成果，是后来体育史研究的宝贵财富，为体育史研究奠定了一定的基础。

20世纪60年代初，部分体育学院的体育史研究和教学工作开始上马。如成都体育学院成立了以董时恒、孙仲达、李季芳三位教授为主要力量的"体育史研究室"（后改称体育史研究所），进行了较为系统的中外体育史研究，成为全国体育史研究的"领头羊"。与此同时，北京体育学院（现北京体育大学）以谷世权为代表的一批中青年学者从1961年起开始从事体育史研究，对原始社会体育、国民党统治时期体育、中国近现代体育史等诸多领域进行了初步探究。1964年，还在北京体育学院首次开设了"体育史专题讲座"。

"四清运动"和"文化大革命"导致了体育史研究工作的中断。1972年，体育战线在周恩来总理关心下率先恢复生机，成都和北京两所体育学院的体育史研究工作也从1972年左右开始恢复。但是，这个时期的体育史学研究留有明显的"文化大革命"的印记。

（二）20世纪80年代中期至90年代：蓬勃发展的体育史学研究和人才辈出

20世纪八九十年代，改革开放带来了中国科学、教育的真正春天，"盛世编史"成为人们的共识，全国上下"编史修志"的热潮为中国体育史研究提供了极好的氛围和发展契机。这一时期，体育史的教学研究可以说出现了"百花齐放"、"一片繁荣"的景象。

首先，为了加强对全国体育文史工作的领导和统筹规划，1982年5月，在江苏省无锡市召开了第一次全国体育文史工作会议。国家体委体育文史工作委员会成立之后，一些省、区、市体委也循此陆续成立了文史委员会或文史办公室，指定专人或有人兼管体育文史工作。这期间，国家体委"文史办"还根据编写《大百科全书·体育》卷的需要，编译了多部日本、匈牙利、美国等体育史学者的专著，并编辑了 9 辑《体育史料》。各省、区、市体委文史办成立后，也纷纷出版各地的体育文史期刊，大大丰富了全国的体育文史资料。这既有利于加强对全国体育文史工作的领导，又为全国体育文史研究的成果提供了发表的园地。同时，各级体委系统的专、兼职干部构成了中国体育史研究队伍的又一支骨干力量。

其次，为了进一步推动体育史学研究，1984 年 7 月 7 日，中国体育史学会在四川省乐山正式成立。据统计，从史学会成立到 1989 年发展了 600 余名会员。在人员和物质都有保证的基础上，学会最突出的工作是每年根据需要设立主题，分别举行专题或全国性的体育史学术论文报告会，极大地调动了会员学术研究的积极性，推动了体育史各领域的研究快速发展。这些学术会议还多把学术成果印成《论文集》留作重要史料。这一时期除《体育文史》外，《成都体育学院学报》也成了侧重体育文史研究的刊物。除国家体委文史委外，成都体院体育史研究所和浙江杭州大学体育系，以及北京体育学院图书馆和南京第二档案馆等为研究中国近代体育作出了重要贡献。

第三，出版了一大批体育史的专著和译著，成为体育史研究的重要参考书（见下表）。

国家体委有关部门编写的体育史书目

编号	书名	主编	出版年月	出版社
1	《大百科全书·体育》卷体育史部分	李季芳	1982.12	大百科全书出版社
2	《当代中国体育》	荣高棠	1984.12	中国社会科学出版社
3	《中国近代体育史》	何启君 胡晓风	1989.5	北京体育大学出版社
4	《中国古代体育史》	毕世明	1990.6	北京体育大学出版社

续表

编号	书名	主编	出版年月	出版社
5	《中华体育文化五千年》（图册）（中国奥委会编）	刘吉	1996.6	北京体育大学出版社
6	《新中国体育史优秀论文集》	刘吉	1997.4	奥林匹克出版社
7	《二十五史体育史料汇编》	翁世勋	1997.10	北京体育大学出版社
8	《中华人民共和国体育史》（综合卷）	伍绍祖	1999.9	中国书籍出版社

体育史学研究者出版的学术专著

编号	书名	主笔	出版年月	出版社
1	中华体育五千年	林思桐	1984.8	西安体院学报编辑部
2	中国古代体育史简编	李季芳等	1984.8	人民体育出版社
3	体育运动全史（匈）拉斯洛·孔著	颜绍泸译	1985.10完稿	体育史学会内部出版
4	中国古代体育思想史纲要	郑振坤	1989.4	人民体育出版社
5	中国体育之谜	李宁	1989.11	同上
6	体育运动史	颜绍泸 周西宽	1990.9	同上
7	古代体育寻踪	陈昌怡 谭华	1990.9	同上
8	中国体育思想史	乔克勤 关文明	1993.6	甘肃民族出版社
9	中国近代学校体育史	苏竞存	1994.3	人民教育出版社
10	中国近代体育史话	崔乐泉	1998	中华书局
11	新民主主义体育史	苏肖晴	1999.7	福建教育出版社
12	体育史话	崔乐泉	1999	中国大百科全书出版社

从以上材料看出，20世纪八九十年代，我国体育史研究成果有如繁花似锦、繁星满天。

第四，中国体育史学术活动开始走出国门，与国际接轨。

1985年10月，中国体育史学会副理事长毕世明被国际体育史协会主席团会议选为主席团成员。这是中国体育史学术组织与国际体育史学术组织联系的开始。

1985年8月，国际体育史协会（HISPA）副主席、联邦德国科隆体育学院体育史教研室主任、世界著名体育史专家曼弗瑞德·莱默尔教授应邀到北京，为80多位参加由北京体育学院和中国体育史学会共同举办的学习班的学者讲课。

1986年9月，国际体育史协会在日本神户举办学术讨论会并召开工作会议。中国的毕世明与会并报告论文《先秦的中国体育》。这是我国第一次派人参加世界性的体育史学术会议报告论文。

1987年8月，在中国体育史学会于西安举办的"中国古代体育专题研讨会"上，日本学者寒川恒夫、笹岛恒辅、铃木圆藏应邀来华参加学术活动，为日本学者参加中国体育史学术会议之始。1988年6月，成都体育学院颜绍泸应邀参加了在南斯拉夫举办的国际体育史学术研讨会。

1994年，中国体育史学会正式加入东北亚体育史学会，并保持不断的学术交往活动。1995年后，中国体育史学会与东北亚体育史学会一直保持两年一届的学术会议。

国际体育史学术交流活动使中国学者了解了世界体育史研究的信息和水平，有力地促进了中国体育史研究水平的提高。

第五，各体育院校逐步开设了体育史课程，并编辑了相应的教材。1982年，北京体院首先在体育系本科生中开设了中国体育史必修课。谷世权和杨文清编写的《中国体育史》于1981年3月内部出版。这是新中国成立以来，我国出版的第一本较完整的中国体育史著作。北京体院还从1983年起正式成立了"体育史教研室"，开设了中国体育史、世界体育史、竞技运动史，武术史、体育管理史、奥林匹克运动等6门课程。此后，沈阳、武汉、天津、上海、成都和西安等体院也陆续指定专职教师，开设了体育史课程。开设体育史课程，编写体育史教材，不仅推动了体育史学研究，也为体育史学研究培养了大批后备人才。

（三）近 10 年体育史学研究：开阔视野，从文化的视角探索体育

随着我国改革开放的深入发展，特别是国内外体育学术交流活动的日益频繁，21 世纪中国体育史学者的视野也发生了巨大改变。体育史学已不再仅仅"叙述历史"，而是着眼于回答历史现象和历史事件中的种种"为什么？"以及它们对历史、社会和体育活动本身发展的影响。学者们还以"大文化"的眼光探讨体育、体育休闲、体育经济、体育教育、体育科技、奥林匹克运动、中西体育比较、中国传统体育、体育传播、体育服装、体育音乐、体育美术、体育器材、体育政策、体育法律法规等等的历史演变，以及各项目发展的演变，与外国体育文化的比较等，均纳入了体育史研究者的视野，并取得了积极的成果。

一是学科研究领域有所拓展。相继出现了《20 世纪中国·体育卫生卷》、《中国唐宋体育史》这样的断代体育史，《中华苏维埃共和国体育史》、《中国古代体育文化史》、《文物与体育》、《中国体育经济史》、《中国体育思想史》、《奥林匹克运动通史》、《中国奥林匹克运动通史》、《中华人民共和国武术史》、《敦煌古代体育文化》这样的专史，还有《中国体育文化五千年》、《中国古代体育文物图集》等图文并茂的大型体育历史著作。这些成果的出现，标志着体育学术界已摆脱了相对粗放式研究体育史的方法，逐渐向精深的方向发展。

二是学科研究方法有所进步，主要体现在学科理论基础逐步向深广发展。历史学、考古学、政治学、社会学、人类学、民族学、经济学、哲学、法学、统计学等学科的理论被越来越多的学者有意识地用于收集资料、分析现象、说明规律。有学者在对中国竞技体育和群众体育发展历史的研究中，就涉猎到多门学科的理论和方法，如《中国体育经济史》从体育经济现象入手进行了归纳研究，《体育人类学》延续了人类学研究的模式，结合体育文化本身的特点，注重实证性的分析研究，将其学科的研究方法融入到体育文化的研究中去。

　　三是学科的现实性逐步增强，突破了以往选题的书斋式和学院式研究方式，摆脱了以古论今的习惯治史思路，逐步树立了以今论古的治史思路。特别是北京申办奥运会成功以来，围绕为奥运会服务的相关著述相继出版，对奥林匹克相关问题和现象的历史学阐释越来越多，对体育产业的现实问题的解释也越来越借助回溯历史等方法。

　　四是随着地方体育史志的逐步完成和单项运动史丛书的陆续出版，中国体育整体格局的研究越来越便于展开，中国体育各类史书的编撰具备了基础条件。

　　近10年来，中国体育史学之所以取得这样的成就，得益于以下几点：

　　一是以体育文化发展中心（中国体育博物馆）为指导和依托，保持了良好的学术活动和工作会议周期，定期进行学术交流和探讨，形成了良好的学术氛围。这是体育史学术研究的保证。

　　二是以《体育文化导刊》为平台，使体育史学者有用武之地。

　　三是有东北亚和世界体育史学会的定期活动，能够获得良好国际交流的外部条件，有助于推动国内学者走向国际体育史学界。

　　四是历史具有统摄一切的特点。体育史学术研究能够将触角延伸到所有体育领域，尤其是整个体育人文社会科学领域，这为体育史学科的发展提供了广阔的空间。近年来，许多活跃在体育人文社会科学领域的很多学者就是体育史专业出身。

　　五是目前整个体育事业的发展对体育文化的传播和弘扬有迫切需求，为体育史学科的发展提供了良好的社会文化背景，小康社会奋斗目标的提出为追求精神和文化境界的国人提供了体验和研习体育文化的动力。

　　六是北京奥运会的筹办和举办加快了国内体育文化的民族化定位和全球化传播，体育史研究者获取了前所未有的机遇。在整理民族传统体育文化资源和推出特色民族文化对外推广等方面，体育史学者做出了重要贡献。

三、从无到有的中国体育博物馆

体育博物馆作为一个兼具文物收藏、科学研究和社会教育三种基本属性的文化教育场所，是展现体育事业发展水平以及社会文明程度的重要窗口。它的建立与发展不仅对体育文化的积累与弘扬有着极为重要的现实意义，而且对于提升国民整体素质，实现社会主义核心价值有重要的促进作用。我国的体育文博工作在国务院各部委中开展得较早，进展较快，成果也是较为丰富的。

（一）中国体育博物馆的建立

体育博物馆是体育文化工作的重要内容。"文化大革命"以前，国家体委就十分重视搜集和保存体育文物。"文革"期间，为免遭损害，一些怀着强烈责任心的体育工作者将收集到的体育文物封藏于北京体育馆的顶楼上，将新中国成立初期搜集的一批珍贵文物保存了下来。

1981 年，国家体委在《体育事业"六五"计划和十年设想》的报告中确定"七五"期间筹建中国体育博物馆。1982 年，全国体育文史工作会议提出各地要收集体育文物的要求。同年 7 月，国家体委发出了《关于清理建国以来我国运动员参加国际比赛所获奖杯等物品的通知》。1983 年，时任国家体委主任的李梦华在全国体工会上宣布："开始筹建体育博物馆"，并于 5 月召开全国体育文物工作会议，布置文物普查工作。10 月，国家体委决定"将体育博物馆建设列入 1990 年亚运会体育中心建设计划"之中。

1988 年 4 月，国家体委正式下达《关于中国体育博物馆工程初步设计概算的批复》，其建设资金 1200 万元由香港爱国人士霍英东先生捐赠，同年 8 月破土动工。1989 年 7 月，国家体委办公会审议并通过了《第十一届亚运会中国体育展览暨中国体育博物馆基本陈列方案》；同年 11 月，经国家人事部批准，中国体育博物馆正式成立。中国体育博物馆成立时的内设机构，包括体育档案馆和中国体育集邮协会。1990 年 8 月，中国体育博物馆工程竣工。馆舍建设的同时，布展工作也在加紧准备。国家体委经过几次全国范围内的调拨文物，又组织了 20 多次展览，到 1989 年底共收集到奖杯 200 多座，文物 3000 多件，为中国体育博物馆新馆陈列打下基础。1990 年 9 月 22 日，第十一届亚运会开幕之日，中国体育博物馆正式开馆。

1995 年 7 月，为深化改革，国家体委决定将体育文史工作委员会与中国体育博物馆两个机构予以合并，更名为"国家体委文史工作委员会（中国体育博物馆）"。

从 1993 年起，中国体育博物馆开始尝试在南戴河建立第一个分馆，后因故关闭。2004 年与江苏省南通市人民政府联合组建了中国体育博物馆南通分馆；2005 年，在组织史学界、考古界专家学者进行论证、国际足联确认山东临淄为世界足球发源地的基础上，与淄博市人民政府联合建立了中国体育博物馆淄博分馆（临淄足球博物馆）；2006 年与浙江省杭州市体育局合作共建了中国体育博物馆杭州分馆。这三个分馆至今运转良好。

（二）收藏文物，夯实博物馆基础

中国体育博物馆始终把收藏文物作为博物馆工作的重中之重来抓。针对市场经济条件下，文物收藏工作出现的新变化，1994 年起草了《进一步清理我国运动员参加国际比赛所获得的奖品、礼品、纪念品的通知》，并纳入了国家体委立法工作计划。1995 年，国家体委正式下发了第一个关于体育文物工作的法规——《近现代体育文物征集管理办法》。经过长期不懈努力，国家体育总局从 2005 年开始给博物馆拨付文物征集专项经费，并逐年增加。经过有计划的调研，并通过行政、法规与市场等相结合的特色手段，中国体育博物馆的文物收藏工作有了长足进步，藏品的数量和质量逐步提高，总量超过 6000 多件（套）。其中，有国家 1—3 级文物 100 多件套。这些藏品独具体育特色和文物价值。

1. 古代体育收藏弥足珍贵

中国体育博物馆复原了远至新石器时代的石镞、石斧、石戈和鱼钩等与体育活动有关的物品；收藏着商代的青铜戈；西周时期的青铜矛头；春秋晚期的青铜戈；战国的青铜剑；汉代的车骑狩猎画像石、铜弩机、舞乐杂技纹铜镜；唐代的黑陶和彩陶武士俑、绞胎陶球、三彩马戏陶俑、围棋子、舞蹈陶俑；宋代的牙雕"蹴鞠"笔筒、蹴鞠纹铜镜；魏晋时期彩绘骑射狩猎画像砖、宋代打马球砖雕；辽金的童戏纹铜镜；明清时期的五彩婴戏高足瓷碗、蹴鞠纹象牙雕牌饰、素三彩武术纹将军罐盖、五彩童嬉瓷片、滑冰鞋（双铁条式、双刀片式、单刀片式）、象牙象棋等。在征集收藏文物的同时，博物馆购买和复制了多种古代体育图书和绘画，如《史记·苏秦列传》、《战国策·齐策一》有关齐国民间蹴鞠的记载、陶弘景著《养生延命录》、唐·薛胜的《拔河赋》、《水浒全传》插图·摔跤、《三才图会·八段锦》、司马光《投壶新格》等。另外，复原了西汉墓出土的《导引图》，临摹了《清明上河图》、《明皇击鞠图》、《仕女捶丸图》、《冰嬉图》等，再现了古代体育活动的主要项目和场景。

2. 近现代体育收藏不乏精品

在中国体育博物馆近现代藏品中，包括 1913 年第一届远东运动会上中国运动员陈彦获得的跳远金牌，它是中国运动员首次参加规模较大的国际性比赛并在比赛中获得的第一枚金牌；1928 年第 9 届荷兰阿姆斯特丹奥运会手册（中国第一位国际奥委会委员王正廷在册）；中国田径运动员周愚余参加 1936 年第 11 届奥运会所用证件；1936 年为纪念中国参加奥运会而烧制的瓷盘；1936 年足球运动员贾幼良参加的第 11 届柏林奥运会纪念章、纪念牌；1948 年第 14 届奥运会中国体育代表团全体团员签名片；民国时期国内运动竞赛的各种纪念章、奖章、会徽；上海精武体育会获得第二届国术运动会团体锦标；1925 年由中国第一个全国性体育组织中华全国体育协进会编印出版的《体育通讯》；中国共产党领导的解放区颁布的《各种赤色体育规则》、《体育游戏教材》和陈毅同志在指挥新四军作战之余用过的围棋等。它们是近现代中国体育的历史见证。

3. 当代体育收藏意义非凡

1952 年第 15 届芬兰赫尔辛基奥运会游泳秩序册（中国运动员吴传玉参会在册），记忆着新中国第一次的奥运之行；1957 年国际泳联颁发给戚烈云打破男子蛙泳 100 米世界纪录的证书；中国第一个女子世界冠军（1961 年第 26 届世乒赛女子单打冠军）邱钟惠的运动服；1966 年陈家全在柬埔寨金边新兴力量运动会获得的男子 100 米金牌；中国乒乓球运动员张燮林在 20 世纪 60 年代使用的被誉为"魔术师"的球拍，即中国第一块"长胶"球拍；1975 年 5 月 27 日中国登山队再次登上珠穆朗玛峰，在峰顶采集的珠峰岩石标本；1985 年国际奥委会授予中国奥委会的"奥林匹克杯"；中国第一个奥运会冠军——许海峰比赛用的观察镜；中华人民共和国第 10 届全运会火炬。还有国家体委（国家体育总局）领导移交的国际体育交往礼品。如 1994 年，国际奥委会赠送给伍绍祖等同志的，瑞士斯沃琪（Swatch）公司专为现代奥林匹克运动诞生 100 周年制造的奥林匹克纪念钟，南非奥委会赠送给何振梁的申办 2004 年奥运会纪念物——囚禁过曼德拉先生的罗本岛上的石灰石等都颇具特色。还有 2001 年，国际奥委会委员于再清参加选举第 29 届奥运会主办城市会议时穿过的制服；北京奥运会结束后，组委会赠送给中国体育博物馆的"缶"等一系列有历史意义和纪念价值的奥运物品。

4. 体育档案是博物馆的重要文献藏品

档案馆收藏着自民国到 1985 年以前的全部体育档案，包括中国与远东体育协会、国际奥委会最早的联系函件以及新中国参加和组织历次体育活动与比赛的文献，约 10 万多卷。2009 年，档案馆接收了第 29 届北京奥运会的档案 14 万余件，极大地丰富了馆藏。体育档案馆的档案先后为《毛泽东传》、《周恩来传》、《邓小平传》、《贺龙传》、《陈锡联传》、《王猛传》、《体育之子——荣高棠》、何振梁的《五环之路》、《中华人民共和国体育史》等史书的编写，《中国与前苏联东欧体育交往的研究及其影响》、《中国奥林匹克源头析证》等课题的研究，以及《同一个世界　同一个梦想》等大型展览脚本撰写提供了宝贵的档案支持。为实现档案管理的现代化，国家体育总局近年来每年下拨专项经费，用于对馆藏档案进行数字化处理，目前已初步实现了馆藏档案的数字化管理。

（三）举办展览，传播中国体育的核心价值

中国体育博物馆建馆 20 年来，平均每年推出 2—3 个重点展览，开展各种形式的展示活动，使悠久的中国体育文化为促进现代的精神文明建设服务。这些展览主要包括：

1. 固定陈列，系统翔实

1990 年举办的《中国体育展览》既是亚运会体育展览又是中国体育博物馆开馆的固定陈列。该展览按历史顺序展现了从远古到现代中国人民创造的绚丽多彩的体育文化和辉煌的体育成就。在中国古代体育部分，特别介绍了古代武术、射箭、角抵、蹴鞠、马球、捶丸、围棋、气功养生等活动，反映了中国古代体育集健身养生、娱乐教育和军事训练等各种社会功能为一体的综合性活动的特征；中国近代体育部分介绍了从 1840 年至 1949 年中国近代体育发展演变的情况；新中国体育部分，从群众体育、竞技体育、体育场馆设施科研等方面，反映了新中国体育事业所取得的辉煌成就。奥林匹克部分，以生动的历史画面，展现了古代奥林匹克运动、现代奥林匹克历史以及我国运动员在奥运会上所取得的优异成绩；民族体育部分，展示了具有中华民族鲜明民族特色、多姿多彩的传统体育活动。1992 年，《中国体育展览》在北京市举办的首届 "文物节" 的展览中，被评为 "优秀展览奖"。

2. 专题展览，丰富多彩

中国体育博物馆围绕体育事业的中心工作，适时推出各种主题的短期展览，加强体育文化的宣传。如在第十一届亚运会期间举行的《弘扬北京亚运会精神展览》及巡回展览。1998 年，中国体育博物馆参加《辉煌的五年——十四大以来经济和精神文明建设成就展》，并获 "最佳设计制

作奖"。在北京两次申奥过程中，中国体育博物馆成为国际奥委会评估团对北京奥运会人文环境的考察点之一。体育博物馆在本馆推出的《开放的中国盼奥运展》、《奥林匹克运动百年展》，在中华世纪坛和中山公园举行的《中国体育成就展》、《北京科技奥运图片展》等，紧密配合北京奥运会申办工作。博物馆还举办各种主题性展览，如为纪念新中国体育事业的奠基人、国家体委第一任主任贺龙元帅诞辰100周年举办的《贺龙与体育展》；纪念毛泽东同志"发展体育运动　增强人民体质"题词发表50周年在人民大会堂举办的《新中国体育成就展》；纪念中国乒乓球队建队50周年展现中国乒坛光辉成就举办的《银球耀五星——中国乒乓球队建队五十周年展览》，以及2005和2008年在第48和49届世界乒乓球锦标赛在中国举办期间举行的《乒乓与中国展览》。2003年，为纪念中国女排在第9届世界杯女排赛场上夺回了阔别17年的世界冠军而举办了《奋力拼搏，勇攀高峰——弘扬"女排精神"展览》。北京奥运申办成功后，中国体育博物馆积极宣传"人文奥运"的理念，先后举办的《百年奥运中华圆梦》、《中国体育美术精品展览》是北京奥林匹克文化节的重要活动之一。2005至2008年为配合北京奥运会的筹办推出的《奥林匹克与中国》大型巡回展览，足迹遍及北京、成都、广州、南京、上海、西藏、新疆、香港、海口、哈尔滨、青岛等中国境内的主要城市和地区，充分展示了奥林匹克与中国体育互动发展的历史画卷，大规模地宣传普及了奥林匹克知识和中国体育精神。2008年北京奥运会举办期间，中国体育博物馆参与了"同一个世界，同一个梦想"奥运会文化展览和北京奥林匹克收藏博览会，将北京奥运文化活动推向高潮。

3. 走出国门，影响世界

1999年，国际奥委会文化与教育委员会联合法国巴黎亚洲集美博物馆和中国体育博物馆在洛桑国际奥林匹克博物馆举办了《中国体育5000年——艺术与传统》展览。中国体育博物馆征集了80多件古代体育珍品参展，全面展示了从古至今中华民族创造的多彩的体育文化和绚丽的艺术传统，为外国观众开启了一扇了解中国体育文化的窗口。2006年德国世界杯期间，中国体育博物馆应邀参加《球类游戏——足球历史》展览。中国参展的 10 件古代蹴鞠文物，展现了来自世界足球发源地——中国的丰厚的足球文化底蕴。2008 年，在北京筹办奥运会期间，瑞士洛桑的国际奥林匹克博物馆举办了《北京 2008》展览，中国体育博物馆为其无偿提供的 6 件古代文物精品，是外国观众了解中国体育文化的重要载体，为该展览增加了观赏亮点，并与北京奥运会文化活动交相辉映。

（四）宣传体育文化，以体育精神教育青年

中国体育博物馆是中国体育文化历史的见证和缩影，具有鲜明的历史回溯性。中国体育博物馆除了举办展览，主要通过以下方式发挥其教育功能：

1. 为广大运动员与观众提供一个联系和交流的场所

博物馆经常邀请一些著名的运动员作嘉宾，直接和观众见面，增加了展览的真实感和亲切感。比如：在《中华人民共和国 50 年体育成就展》期间；著名运动员王军霞、许海峰、王义夫等都纷纷来参与讲解，加强了运动员与观众之间的联系。中国体育博物馆还不失时机地向青少年进行爱国主义和体育文化教育。比如：1994 年在庆祝奥林匹克运动百年之际，博物馆组织了系列活动，其中之一是请参加过奥运会的老运动员讲解参加奥运会的经历和为国争光的感受，激发了青少年的爱国热情，使他们深受鼓舞。

2. 编撰多种体育文化普及和教育以及各类出版物

在体育博物馆编撰的众多体育文化教育出版物中，图画本《中国体育明星名录》和《奥林匹克运动挂图》最具特色。特别是奥林匹克运动挂图，从奥林匹克运动、中华人民共和国与奥林匹克运动和中国申办奥运会 3 个主题，展现了公元前 776 年—公元 393 年在希腊奥林匹亚持续了1000 多年的古代奥林匹克运动会和从 1894 年国际奥委会建立至今，现代奥林匹克运动 100 多年来的发展历程。在中国与奥林匹克运动部分，展示了中国人民对以促进和平与友谊为宗旨的奥林匹克运动的一贯支持和

参与。

3. 弘扬体育精神　传承中华文化

体育博物馆充分利用各种形式弘扬体育精神，传承中华文化。同时通过互联网及时发布展览和文化交流活动、书刊快讯等信息，加强博物馆与社会各界的交流与沟通。鉴于体育博物馆在弘扬中国体育文化和传播奥林匹克精神，进行社会教育方面发挥的独特作用，1992 年 5 月，北京市人民政府命名中国体育博物馆为"北京市青少年教育基地"；1997 年 6 月被国家体委命名为"国家体委爱国主义教育基地"；2002 年 4 月又被授予第二批"中央国家机关思想教育基地"。

开馆以来，中国体育博物馆已接待了 100 多位国际奥委会委员、20 多位国际单项体育协会主席等中外宾客 100 多万人次。

（五）开展中外体育博物馆交流，推动中国体育文化走向世界

中国体育博物馆走出去，在国际文化领域开展文化交流主要是通过参与国内外一些文博组织的活动进行的。

1. 加入国际体育遗产协会（International Heritage Association）

国际体育遗产协会前身是 1971 年建立的国际体育博物馆和名人堂协会（International Association of Sports Museums and Hall of Fame），2006 年改为现名。现有会员 130 个，主要来自美国、加拿大、中国、比利时、瑞士、澳大利亚和新加坡等国家的各类体育博物馆。每年召开一次年会，并就博物馆的收藏、展览、研究、教育等专业问题进行广泛的交流。中国体育博物馆 1995 年入会，并参加了历届年会。中国体育博物馆的代表曾作过《中国古代体育传统》、《中国的奥林匹克运动》和《中国传统体育项目礼射的现代体育文化学价值》的学术报告。

2. 参与国际博物馆协会的学术活动

1946 年建立的国际博物馆协会（International Council of Mueseum），简称国际博协（ICOM），是联合国教科文组织下的一个非赢利性的非政府组织，有会员 1 万多个，30 多个专业委员会，每 3 年召开一次全体会

议，各委员会每年组织学术活动。1997 年，中国体育博物馆加入国际博协，并参加了当年在澳大利亚举办的全体会议。以后每年参加 2—3 次各个专业委员会会议，内容包括文物保护、收藏和修复、管理、展览、教育、博物馆学、博物馆数字化、安全、讲解培训等几乎博物馆业务工作的方方面面。中国体育博物馆参与国际博协学术活动，不仅了解了国际博物馆发展的新趋势，更重要的是通过与世界博物馆的交流，使体育博物馆的运作更符合博物馆的工作规律。

3. 成为奥林匹克博物馆合作会的成员

国际奥林匹克博物馆协作会（International group of Olympic museums），是在 1985—1999 年国际奥委会召开 4 次国际奥林匹克博物馆馆长会议的基础上，在国际奥委会终身名誉主席萨马兰奇先生的号召下，于 2006 年在国际奥林匹克博物馆建立起来的。目前拥有包括中国体育博物馆在内的会员 11 个，每年召开一次会员会议（Olympic Museums Network Conference）讨论和制订文物收藏、文化教育、网络宣传、博物馆商店经营等共同的计划，强调国际间的合作，并分成不同的工作小组互相合作、实施。

4. 在国际奥委会集邮收藏协会中发挥作用

1986 年成立的中国体育集邮协会是中华全国体育总会、中华全国集邮联合会和中国奥林匹克委员会三个组织和国际奥委会奥林匹克集邮钱币纪念品收藏委员的会员。1985 年至今参加了国际奥林匹克集邮联合会举办的 6 次世界奥林匹克邮展和收藏博览会。2000 年 19 部邮集全部获奖，同时首次获得大镀金和镀金奖；2004 年取得了 5 金 5 银的成绩，其中有 1 部大镀金奖和 4 部镀金奖；2007 年 6 月在北京成功地承办了第十三届世界奥林匹克收藏博览会，并获得由罗格和萨马兰奇签发的优秀组织奖。2008 年 8 月，参加北京 2008 年奥林匹克博览会（体育邮展），三部邮集荣获金奖，并获得镀金奖 15 个、银奖 23 个、铜奖 9 个。

四、体育文化天地阔，书写汗青用丹心

体育文化工作并不是一项轰轰烈烈的工作，而更多的是默默无闻、安贫乐道、扎扎实实、细致认真的辛勤劳动。数十年来，正是由于有了许许多多为体育文化工作兢兢业业，勤勤恳恳，埋头苦干，不懈努力的一代代体育文化工作者，才成就了体育文化工作今天的繁荣和累累硕果。他们的工作令人敬佩，他们的成果受用无穷。

体育文化工作的进步与发展是与国家体委和后来的国家体育总局领导关心、支持和重视体育文化工作分不开的。如：贺龙同志十分重视对体育发展经验的总结；李梦华同志对成立体育文史工作委员会、编写《当代中国体育》、举办各种体育展览、建设中国体育博物馆等，都给予了高度重视并多次参加体育文史工作委员会举办的活动；伍绍祖同志多年亲自分管体育文史委的工作，非常关心中国体育博物馆的建设，对《体育文史》杂志和《中华人民共和国体育史》的编辑出版以及体育史学会的学术活动多次做过批示，并亲自参加体育史学会的学术研讨会活动；李志坚同志担任总局党组书记期间和退休之后，一直关心体育博物馆的建设和《体育文化导刊》杂志的发展，并从多方面给予热情的支持。刘鹏同志十分关心中国体育博物馆新馆建设，多次作出指示和批示，要求将中国体育博物馆新馆建设好。此外，荣高棠、黄中、陈先、路金栋、徐才、何振梁、张彩珍、徐寅生、刘吉、张发强等许多老同志都曾给予体育文化工作许多宝贵热情的支持。他们的直接领导、热情关怀和支持是体育文化工作得以顺利发展的重要保证。

在21世纪，面对经济全球化的趋势，国际间的竞争，包括文化竞争日益激烈。体育也面临着国际竞争。当今世界，体育竞争已不仅仅是一种技能竞赛（运动成绩是个体行为，常常被不断刷新），对中国人来说，也不是一种简单的"与国际接轨"。中华民族固有的丰富而独特的优秀体育文化已越来越受到世人的重视。体育竞争已经成为一种体育价值观的竞争、一种体育文化发展模式竞争，一种体育文化发展体系的竞争……简而言之，是体育文化的竞争。为什么奥林匹克运动能够产生如此之大、如此之久的影响？不仅是奥运会，也不仅是奥运会上运动员创造的成绩，而是它所体现和追求的理想。奥运会是奥林匹克运动的表现形式，是奥林匹克理念的载体。真正对世界产生影响的是它们背后奥林匹克运动一百年来所追求的理想、主义和信念，即奥林匹克运动的文化价值观，也就是奥林匹克的体育文化。

什么是体育文化？如何发展体育文化？如何认识体育对于社会建设、文化建设和人的全面发展的作用和影响等是一个系列课题，也是应当引起体育界高度重视的战略发展大课题。NBA来了，英超来了，它们不仅是作为球队来的，更是作为一种竞技体育文化发展模式来的。中国的篮球怎么办？中国的足球怎么办？当然，这里不仅是指在国际规则下中国人怎样打篮球，怎样踢足球，而是如何认识作为一种文化存在方式的篮球和足球。

当前，我们正以科学发展观统筹体育事业的全面发展。胡锦涛总书记提出要"进一步推动我国由体育大国向体育强国迈进"的新目标。而全面发展体育事业，既要重视运动成绩的进步，更要重视体育文化建设，因为体育文化建设关系到体育事业发展的未来，是体育发展的战略性任务，也是参与国际体育竞争的重要保证。

经过多年的发展，体育文化工作已从简单搜集、整理、体育史料，总结历史经验的"向后看"模式，演进为通过结合现实，研究历史，发现规律，探索发展新路的"顾后瞻前"模式。从重视体育文史工作演进为重视体育文化工作是建立在对体育的社会文化价值深刻理解和认识基础上的历史性进步。

2006年1月18日，中央机构编制委员会办公室正式批复国家体育总局，同意"国家体育总局文史工作委员会（中国体育博物馆）更名为国家体育总局体育文化发展中心（中国体育博物馆）"。同年 2 月，国家体育总局下发《关于国家体育总局文史工作委员会更名为国家体育总局体育文化发展中心的通知》（体人字［2006］119 号）。《通知》说，"体育文化发展中心的主要任务是：指导、协调全国各省（区、市）体育文化工作，弘扬体育文化主旋律，为社会主义物质文明、精神文明、政治文明服务"，并规定了体育文化发展中心的 10 项主要职责。

新时期体育文化工作将以可传承的优秀体育文化价值观为认识、传播、弘扬的目标，并致力于其在全世界范围内产生积极的影响。

在未来体育事业发展中，体育文化工作努力遵照：

——以社会主义核心价值理念为基本内涵和指导思想；

——以"更快、更高、更强"与天人合一、快乐健身、和谐融合相统一为体育文化发展理念；

——以打造一支高素质、高效率、高效益、高水平的体育文化建设队伍为基础；

——以建立一个适应体育文化发展，包括体育产业发展为特色的机制和运作方式为手段；

——以美术、文学、艺术、影视、展览、收藏、研究、宣传以及国际体育文化交流等为丰富内容；

——以继承和创造中国特色的体育文化为目标，为体育事业的发展、为中华民族的不断进步作出贡献。

新中国体育信息化历程和展望

国家体育总局体育信息中心主任　赵黎

　　国家体育总局体育信息中心于 2001 年 5 月由原国家体育总局电子信息中心和原国家体育总局体育信息研究所合并组建而成。

　　体育信息中心的主要任务：一是国内外体育信息的研究与服务；二是体育总局系统信息化的规划、建设和管理工作；三是大型体育比赛信息工程的组织管理和技术保障工作；四是电子竞技运动组织管理工作。信息中心在过去几十年的建设发展中，圆满完成了历届奥运会、亚运会等信息研究攻关课题；圆满完成亚运会、世界大学生运动会、全国运动会等三十多次国际国内大型综合性运动会的电子信息系统的组织管理、设计开发和技术保障服务；组织实施了国家体育总局电子政务系统为主的体育信息化建设。几十年的历史，几代人的耕耘，伴随着我国科技的进步，紧跟国家信息化的发展，使我国的体育信息服务与信息化建设取得长足进步。

一、信息研究篇——体育信息
研究工作的回顾与展望

（一）中国体育信息工作的发展历程

1. 中国体育信息工作的发展历程

发展阶段	机构的组建和发展	工作重点
初创阶段（1958—1966年）	● 1958 年开始学习苏联建立体育科研所的经验。 ● 1959 年建立北京体育科学研究所（国家体委体育科学研究所前身）资料研究室。 ● 1960 年自然灾害时期人员减半。	● 从国外体育报刊翻译入手，边实践、边摸索体育情报工作的方法。 ● 创办情报刊物，加强宣传与服务。 ● 根据贺龙副总理的指示精神，为田径、游泳、篮球、排球、足球、羽毛球、乒乓球、体操、滑冰、射击等 10 个重点运动项目的提高服务。
停滞阶段（1967—1971年）	● 1967—1971 年研究工作基本处于停滞阶段。	
恢复阶段（1972—1980年）		● 逐步恢复过去的工作，并拓宽工作领域。从为 10 个重点运动项目服务拓宽成为奥运会、亚运会项目的提高与参赛服务。 ● 为体委领导决策服务。 ● 拓宽翻译文种，加强翻译、研究力量。 ● 重视情报源的开发工作。

续表

发展阶段	机构的组建和发展	工作重点
发展阶段（1980 年以后）	● 1981 年成立中国体育情报学会，后为中国体育科学学会体育信息分会。 ● 1981 年参加国际体育情报联合会，中国体育情报工作从此走向世界。 ● 1987 年 7 月 6 日国家体委体育情报研究所正式成立。 ● 1993 年改称国家体委体育信息研究所。 ● 2001 年 5 月成立国家体育总局体育信息中心。	● 综合研究、战略研究迅速发展。 ● 文字信息研究和声像信息研究并举。 ● 信息研究的深度和广度增强。 ● 信息服务的形式更加多样化。

从 1959 年由 3 名信息研究工作者初创资料研究室，到拥有近百人的国家体育总局信息中心，40 余年的发展历程曲折艰辛，但成果颇丰。历史上信息工作对发展中国体育事业产生了重大影响：例如，1961 年第 26 届世界乒乓球锦标赛前夕，中国体育信息工作者了解到日本以"弧圈型上旋球"大胜欧洲强队及主要队员的技、战术特点，及时向有关部门作了介绍，使之有针对性地进行了训练和准备，为中国选手在比赛中夺得 3 项冠军做出了贡献。中国体育信息工作者翻译的苏联国家体操队备战第 24 届和备战第 25 届奥运会总体规划也得到了国家体育总局领导的重视，成为中国制订奥运备战计划的重要参考资料。

回顾中国体育信息工作发展历史，中国的体育信息工作者在借鉴国外先进经验的同时，密切联系中国体育的实际情况，不断探索中国体育信息的理论与实践，走出了一条适合我国体育信息工作发展之路，并在长期的工作中坚持面向体育总局领导、面向国家队、面向国际大赛、面向体育教学与科研、面向社会，为中国体育事业的发展做出了贡献。

（二）中国体育信息工作的发展现状

近年来，随着中国体育事业的发展和互联网的普及，体育信息量剧增，体育信息工作在广度和深度上都取得了较大的发展。体育信息工作在全国各类体育系统相关机构中也日益受到重视。总局成立了体育信息中心；部分项目中心设有科研信息部；有些省、市、自治区还成立了信息中心。没有成立信息机构的由体科所负责体育信息工作；全国十几所体育院校均开设了体育文献检索课及体育信息技术应用课程。中国当前的体育信息工作目标明确、内容广泛、形式多样、成果丰硕，逐步形成了一套完整的信息服务体系。

1. 体育信息研究方法学体系形成

信息研究的方法学体系是为实现信息研究目的而采用的工作程序、技术、手段和方式的总和。经过体育信息研究人员多年的移植、探索和实践，已形成一套与我国多层次综合信息研究格局相适应的定性分析方法与定量分析方法相结合的方法学体系。该方法用于近届奥运会实力分析与信息服务奥运攻关课题研究中，比较准确地预测了中国及其他主要国家在奥运会上的金牌和名次，为领导决策提供了可靠依据。这标志着我国体育信息研究在方法学上的突破。

2. 文字信息研究进一步加强

国家体育总局体育信息中心目前拥有英、日、俄、德、法、朝等语种的体育信息研究人员，广泛搜集、综合分析、系统整理、深入研究和及时提供国内外有关体育信息。

主要信息研究领域：竞技体育信息、群众体育信息、体育产业信息。

研究内容：

①综合性信息研究：对涉及体育战略、政策、制度、立法、体育组织机构管理方面的信息进行研究，对有关一个国家或地区体育发展动态或体育某些领域（竞技体育、群众体育、体育产业、反兴奋剂等）发展动态的信息进行研究。

②专项信息研究：对重点运动项目、重点对手的发展动态（运动训练、规则变化、项目管理、主要对手国家动态追踪、实力分析等）的信息进行研究。

③专题信息研究：对热点问题、突发事件开展某一专题的信息研究。如北京申奥成功后，国家体育总局亟须了解前几届东道国的举办经验，体育信息研究人员就近几届奥运会东道国的备战措施、比赛场地建设规划、训练基地建设及场馆的后期利用等问题进行了专题研究。提交的专题报告受到总局领导重视，有的还上报中央领导参阅。

信息服务方式：

①编发各种信息，如《竞技体育信息》、《中外群众体育信息》、《体育产业信息》、《反兴奋剂动态》、《奥运会信息》等；

②在网站上开设栏目，加快信息传递速度；

③提供数据库查询；

④向决策者提交专题报告；

⑤承担研究课题，进行综合性、决策性、战略性信息研究。

3. 声像信息服务水平进一步提高

利用现代化的视频和声像设备，搜集、录制国内外先进运动技术和重大比赛的影像信息，摄制体育科研、训练、教学、大众体育等各类影视片，为国家队训练、参赛以及社会其他部门提供音像技术服务。

目前体育影像信息服务的基础设施和设备已经具有一定规模。可以提供影像信息资料咨询与复制服务、各类录像片拍摄、编辑、录音、配音、译制以及体育图片资料的摄制等信息与技术服务。

4. 数据库建设快速发展

随着中国体育事业的发展，近年来各类体育信息数据库在质和量上都取得了较大的飞跃，以满足不同的需求。目前拥有竞技体育信息数据库，国际大众体育信息数据库，运动训练信息数据库，国外体育管理信息数据库，体育产业数据库等。

5. 体育信息网站日益增多

互联网具有信息容量大、对效强、覆盖面广、传播速度快、开放程度高、交互性好等优势。正是看到了互联网络的这一优点，将信息技术与体育相结合，总局建立了国家体育总局政府网站 www. sport. gov. cn、中国大众体育网 www. chinasfa. net、中国体育咨讯网 www. sportinfo. net. cn 等体育信息网站。

6. 国际交流合作不断加强

近年来中国体育信息工作越来越重视国际交流合作。早在 1981 年中国体育情报中心就加入了国际体育信息联合会，与一些国家的体育信息机构建立了业务联系。多次选派信息研究工作者赴俄罗斯、澳大利亚、德国、法国、日本、加拿大等国留学访问，向国外体育界介绍中国体育信息工作的成果，了解国外体育科学研究的最新进展。

7. 体育信息工作促进了我国体育事业的发展

信息研究工作为中国体育事业的发展做出了重大贡献，多次获得国家成果奖、部委奖及社会科学和软科学奖。

在体育发展战略方面，多年来搜集、积累了大量有关国际体育发展趋势、国外体育管理体制和体育政策的研究资料，在此基础上进行课题研究，撰写专题报告和科研论文，结合中国实际对中国体育的发展提出优化建议，受到总局领导的重视。

在重大比赛备战方面，为备战奥运会、亚运会，多次承担奥运会和亚运会实力分析研究与信息服务大型、综合性的攻关课题。按照国家体育总局机关及有关训练单位的需求，尽可能充分、及时地报道各国备战动态和大赛组委会信息，为中国体育代表团在奥运会上取得优异成绩做出了贡献。《备战 2008 年北京奥运会实力分析、综合信息的研究与服务》课题获得第 29 届奥运会科研攻关与科技服务项目贡献二等奖。

在群众体育方面，重视与总局相关部门的沟通，积极组织有关课题研究，主动提供具有前瞻性的专题报告和科研论文，在对国外发达国家的理论和先进经验进行研究分析的基础上提出了适合我国国情的可借鉴的先进理论和方法。总局编印发行的《国际大众体育现状及发展趋势》一书获得好评。

在体育产业方面，就国外一些重大体育赛事营销策划与经济效益、体育赞助、俱乐部经营、体育经纪服务等领域进行研究，为我国举办 2008

年奥运会、发展体育产业出谋划策。

在反兴奋剂反面，及时搜集报道国内外有关禁用药物与禁用方法的最新研究动向，检测技术进展、奥林匹克运动禁药名单、国际体育组织反兴奋剂的政策法规等反兴奋剂动态，为中国了解国际反兴奋剂态势，制定反兴奋剂措施提供了重要参考。

（三）体育信息工作未来展望

以科学发展观为统领，深入学习贯彻胡锦涛总书记 2008 年 9 月 29 日在北京奥运会、残奥会总结表彰大会上的讲话精神，认真思考在新形势下体育信息研究工作面临的机遇和挑战，为推动我国由体育大国向体育强国迈进贡献力量。近期应重点加强以下几项工作：

（1）不断发展和完善全国的体育信息体系。充分调动各运动项目中心、各省市自治区体育局、各体育学院的积极性，统筹规划、各有侧重、互为补充。

（2）以竞技体育信息为重点，群众体育信息和体育产业信息并举。在重点做好竞技体育信息研究的同时，也要满足群众体育和体育产业对信息日益增长的需求，为提高非奥项目的竞技水平做出应有贡献。

（3）充分利用现代信息技术全面提升体育信息服务质量。要充分利用互联网、数据库等现代信息技术和新建的体育信息研究重点实验室，广辟信息源，加强研究的深度和广度，服务内容和服务形式并重，网、刊、库相结合。

（4）提高体育信息从业人员素质，力争培养出更多善于利用外语工具、精通体育业务、职业敏感性高、综合研究分析能力强的专业人才。

（5）加强国内外的交流与合作，共享信息资源，最大限度地提高文献信息利用率和信息贡献率。

二、体育信息化建设篇——体育信息化随我国体育事业发展共成长

（一）体育信息化发展历程

我国的体育信息化实践与探索已经历了 25 年的发展历程。

1985 年至 1991 年进行了单机办公自动化和体育赛事管理的应用探索。

1992 年至 1994 年采用当时的先进技术，搭建了局域网和第一代办公自动化系统，并于 1994 年 10 月投入运行。

1995 年至 1996 年对系统进行了升级改造，拓展了应用领域，并于亚特兰大奥运会前建成了原国家体委的政府门户网站——"中国体育信息网"。

1996 年至 2003 年，总局构建了物理隔离的两套交换式网络，第二代自动化系统挂网运行。

2004 年至 2006 年，总局新改建的办公楼搭建了三套信息网络，配备了高水平的信息安全系统；总局门户网站"中国体育信息网"建设取得了不小成绩；"全国体育竞技管理信息系统"开始在全国发挥作用；综合性运动会赛事管理信息系统在国内得到广泛应用并走出国门；运动项目管理信息系统的应用开始探索；以体育彩票网上热线销售系统为典型代表的其他各类体育业务的信息化应用正在广泛展开。

2007 年，以"一站式"服务为特色的电子政务系统挂网运行；按照国家四部委的要求，完成了总局系统已有信息系统的信息安全等级保护定级和登记备案工作；全国一些省级体育局的信息化基础设施建设、电子政务应用和省体育局网站建设已经展开。

2008 年，为确保北京奥运会期间总局系统的信息安全，在公安部及信息安全专家指导下，针对北京奥运会期间可能面临的信息安全新风险，对总局已有网络、网站及信息系统进行了信息安全风险评估和信息安全加固，使得总局的网络及信息系统在北京奥运会期间能平稳运行，未发生任何信息安全责任事件。

25 年的发展说明了体育信息化的建设是一个过程，是随着实践的不断提高而发展的，是随着需求不断变化而发展的，是随着信息化学科技术的发展而发展的。

（二）体育总局信息化现状

体育总局多年来始终积极贯彻党中央、国务院的信息化部署，加强了体育信息化的领导，加大了信息化建设的投入，体育总局信息化取得长足发展，主要表现在：

1. 建设了性能优良的网络平台

按照国家政务信息化的总体要求，结合体育总局新的办公环境和工作需求，体育总局对信息化基础设施重新进行了规划，投资建成了政府专网、政务内网和政务外网，为实现以体育总局为核心，可与直属单位和全国各地方体育局网络互联奠定了良好基础。

2. 建设了信息安全体系

因互联网的快速发展及系统软件漏洞百出，来自网络的病毒繁衍传播及恶意攻击已严重威胁到信息系统的安全运行，使得信息安全保护工作已成为信息化建设中重中之重的工作。

针对这种情况，2004 年体育总局实施了信息安全工程，陆续在网络中部署了多级防火墙，屏蔽黑客攻击；多种防毒措施，防感染蔓延；多种安全措施，保信息安全；统一部署用户身份认证系统；统一部署远程用户接入网关，从而保证了信息的机密性、完整性、不可抵赖性，大大提高了体育总局信息安全防护水平。

3. 网站建设稳步推进

体育总局门户网站（www.sport.gov.cn）始建于1996年奥运会期间，1997年4月正式开通，是"政府上网工程"早期发起单位之一。

网站开通初期，重点对外发布政府组织机构和体育政策法规等信息。之后，逐步增加了动态信息发布等栏目，并有针对性的对国内外大型体育活动、赛事进行专题跟踪报道。

体育总局网站建设之初，网站系统仅包含HTML静态页面，仅对外公布了部分政策法规和总局机构名称，功能单一。后逐步与赛事结合，在网站上推出了一系列赛会相关信息及公众参与的互动活动，反响很好。2003年，网站进行核心改版，建立了三层架构、后台数据库支持的信息管理发布平台，大大减轻的网站维护工作强度，工作效率有了明显提升。此后，信息发布逐步转向以政务信息为主，兼顾体育动态新闻。2008年初，为配合体育总局开展政府信息公开工作，及进一步加强网站的安全可靠性，再次对网站进行改版，从硬件部署到系统核心管理平台都做了全新的优化设计开发，升级了数据备份和防火墙系统。使网站安全性、可靠性、高效性和易用性都有了显著提升。现网站共有1400多个栏目，近4万条信息。网站前台页面检索浏览、后台信息管理发布及数据库系统均安装在不同的服务器上，大大提高了系统运行效率，增强了系统安全性。

4. 开发了体育电子政务应用系统

体育总局电子政务应用经十余年探索，基于新技术开发的第三代电子政务系统已挂网运行三年。该系统主要包括公文收发管理、办公信息管理、信息定制推送、体育信息服务、视频协同办公、手机短信平台、个人小秘书及后勤服务管理等功能。该系统由于建立了公文自动分拣邮局，可实现机关至直属单位之间、各平行的直属单位之间、总局至各地方局之间、各平行的地方局之间的红头文件、各种内部文件的网上传递，可保证内部办公信息的完整性、机密性和不可抵赖性。该系统三年来使用效果良好，已具备全国体育系统互联互通的技术条件。

5. 开发了有关电子业务应用系统

以外事审批、体育彩票网上销售、体育校园十余种业务、财务预算、财务审计结算为代表的体育业务信息化应用已取得良好效果，全国体育资源在线统计等软件正在研发中。可以预见，未来的信息化应用重点将转向各类体育业务的信息化应用。

6. 视频技术在体育科研训练中发挥重要作用

针对备战 2008 年奥运会的需要，总局规划建设了视频系统工程，将现代科技手段运用于体育实践。主要包括卫星接收系统、视频采集系统、视频会议系统、电视系统、资料存储调用系统。该系统在雅典奥运会期间为总局提供了丰富翔实的资料，在体育训练和科研中发挥了重要作用。

7. 运动项目管理信息化不断探索

2008 年奥运会申办成功后，国家加大了对体育科研的投入。许多运动项目围绕运动员选才、训练、比赛等业务需求，开发了相应的辅助系统，应用效果明显，成为提高我国体育运动水平不可或缺的技术手段。

（三）体育信息化的作用

体育信息化为体育事业的发展提供了有力支撑，其主要作用是：

1. 提高管理水平

由于实现了远程及移动办公，提高了工作效率；实现了信息共享交互，调用准确及时，减少差错，提高工作质量；实现了运动员网络化的终身管理，如运动员一次注册，终身管理，能有效避免虚报年龄、冒名顶替等弄虚作假行为。

2. 提高决策水平

因部分体育管理业务实现了电算化管理，能为高效、快速与科学的决策提供准确的依据。

3. 提高训练水平

能采集训练数据，分析训练效果，寻找合理训练方法并为科学编排训练计划提供依据，提高训练效果。

4. 提高比赛胜率

通过对运动员及对手的大量信息处理，提供赛前、赛中和赛后的信息存储、处理、检索和分析，为比赛提供最佳排兵布阵和为战术提供科学依据，提高夺金胜数。

5. 提高服务水平

网络在线"一站式"服务的实现，为体育政务公开奠定良好基础，可为体育各级管理者和社会体育各界提供广泛的信息支持和综合信息服务。

总之，体育信息化将会改变我们传统的工作习惯和模式，改变我们的思维方式，将会更好地促进我国体育事业的发展。

三、运动会工程篇——我国大型运动会信息系统的发展

（一）运动会信息系统概述

大型运动会信息服务系统在为体育比赛过程中提供各项各类运动信息和成绩的复杂、精确、快速的现场服务的同时，为现场运动员、教练员、竞赛官员、工作人员、现场观众以及新闻媒体乃至社会公众提供了更多、更细、更加方便快捷的信息服务，支持了现场竞赛管理与运动会组织高效率运转。通过丰富的信息发布手段，展现了体育竞赛的丰富多彩、扣人心弦的过程与结果，使运动员、媒体、社会公众围绕体育竞赛得以互动，使运动员的竞技风采得以广泛展示、使媒体的宣传效应得以充分发挥，使社会公众从中得到观赏体育竞技的乐趣，使更多的人参与体育盛会。在大型运动会信息服务系统支持下扩张出的巨大商业价值，使更多的企业与商家趋之若鹜，这些都进一步促进了体育产业的蓬勃发展。可以毫不夸张地说，

没有大型运动会信息系统，就没有现代综合性体育赛事的繁荣和发展，无法想象一届没有信息系统支撑的现代大型运动会能够取得圆满的成功。

（1）信息系统是运动会的中枢神经；

（2）信息系统体现运动会的科技含量；

（3）信息系统体现运动会的举办水平；

（4）信息系统关系到运动会的顺利进行和成败。

如何提高筹备和运行工作中的科学性与可预见性，从而取得高可靠性，是保证运动会圆满成功的关键问题。解决好这个问题：首先需要丰富的办会经验，同时，也要借助先进成熟的信息技术的有效支撑。因此，专项信息系统建设是举办运动会的必备架构，是组织者与媒体特别关注和依托的重要工作系统，也是体现赛会科技含量和举办水平的重要标志，系统建设具有极其广泛的意义。

（二）大型运动会信息系统的发展

大型运动会信息系统的发展，也是现代信息技术在体育领域的应用发展，我们通过回溯国内运动会信息系统的发展，来了解大型运动会信息系统在我国的发展规律。

国内运动会信息系统发展

序号	时间	届别	地点	信息技术与应用特点
1	1983 年	第 5 届全运会	上海市	首次出现了计算机记录成绩，但计算机处理成绩只是辅助手段，最终的发布是手工结果。
2	1987 年	第 6 届全运会	广东省广州市	第 6 届全国运动会上首次使用了计算机系统，实现了竞赛成绩的综合处理和信息的内部发布，此后，信息系统成为了国内承办综合运动会的规定要求。
3	1990 年	第 11 届亚运会	北京市	参照汉城奥运会的技术标准，首次确定了我国综合运动会的人员注册报名、计时记分、现场成绩处理、综合成绩处理、信息发布与查询等系统规范。

续表

序号	时间	届别	地点	信息技术与应用特点
4	1999 年	第 9 届冬运会	吉林省长春市	在吉林省举行的第 9 届全国冬运会上，首次实现了官方网站发布比赛信息的公众查询服务；从此，互联网技术被全面使用到综合运动会上。
5	2001 年	第 9 届全运会	广东省广州市	广州举行的第 9 届全运会上，信息技术成为赛会的重要组成部分，实现了人员远程注册、计时记分自动连接处理、比赛成绩的实时发布等信息服务。
6	2005 年 2007 年 2007 年	第 4 届东亚会 第 2 届亚室运 第 6 届亚冬会	中国澳门 中国澳门 吉林省长春市	这三届洲际运动会上，结合奥运信息服务体系，逐步整合升级，实现了资格认证、精确计时记分、评论员查询、成绩与奖牌的实时发布，并且保证了国内和国际的同步发展，是国内历史上信息服务最全面的几届国际综合运动会。

根据对以往各级别运动会信息系统发展的回溯，可以看到运动会信息系统正朝着系统化和集成化的方向发展，新技术的应用让运动会信息系统不断革新。

（三）我国大型运动会信息系统的现状

我国自从改革开放以来，经济、民生得到迅猛发展，举办大型运动会是一个凝聚人心、展现国力的机会，对于承办国或者承办地也能通过这种活动能够在短期以内，对于自身的发展起到立竿见影的作用。因此自1990 年以来，在保持 4 年一届的全国运动会的基础上，由北京承办了1990 年的北京亚运会，进入 21 世纪以来，随着国力的进一步增强，以及区域经济实力的增强，陆续由北京承办世界大学生运动会、国际奥林匹克运动会，长春承办 2007 年亚洲冬季运动会，哈尔滨承办 2009 年世界大学生冬季运动会，另外中国澳门也连续承办 2005 年东亚运动会和 2007 年的亚洲室内运动会等。除了北京奥运会，这一系列运动会均由国内信息系统供应商承担。

1. 2008 年北京第 28 届奥运会信息系统建设情况

2008 年北京奥运会是迄今奥运会历史上信息系统集成度最高，提供服务最完善的一届，并得到国际奥委会、新闻媒体、运动员和观众普遍赞扬。本届奥运会信息系统的主要系统由国际奥委会指定的全球伙伴西班牙源讯公司（ATOS）和瑞士欧米茄公司（OMEGA）承建，并按照国际奥委会对奥运会信息系统制定的需求来建设的，整个系统耗资巨大。

北京奥运会信息系统是由计时记分与现场成绩子系统（OVR）、信息发布子系统（IDS）、赛事管理子系统（GMS）三个子系统组成，另外组委会/Internet 服务作为一个独立出来的部分，主要是围绕组委会日常办公和管理工作的各项信息服务，这里指挥调度、官方网站和邮件服务是必须具备的服务系统，所涉及其他信息系统和服务模块均是根据组委会的具体需求来制定的。

2. 我国举办运动会信息系统的建设情况

2005 年澳门举行的东亚运动会、2007 年初在长春举行的亚洲冬季运动会、2007 年底澳门举行的亚洲室内运动会是由国内信息系统供应商提供服务，这几届综合运动会信息系统的服务水平也是迄今国内供应商能够达到的最高水准，所提供的服务基本具备达到国际大型运动会信息系统服务的一般水平，这几次服务主要由国家体育总局体育信息中心负责。

目前国内运动会信息系统的建设可划分为：基础网络与通信、赛事成绩、赛事管理、官方网站、基础设备五大部分。其中基础网络是信息应用与服务的平台；赛事成绩是信息系统的核心，也是信息服务的重点。下图是国家体育总局体育信息中心规划运动会信息系统的总体架构：

这三届洲际运动会上，结合奥运会信息服务体系，逐步整合升级，系统强调以竞赛为核心的重点服务模式，实现了从人员资格认证、精确计时与记分、场馆与中央成绩处理、评论员查询服务、成绩与奖牌的实时发布等，并且保证了国内和国际的同步发展，是国内历史上信息服务最全面的几届运动会。

运动会官方网站

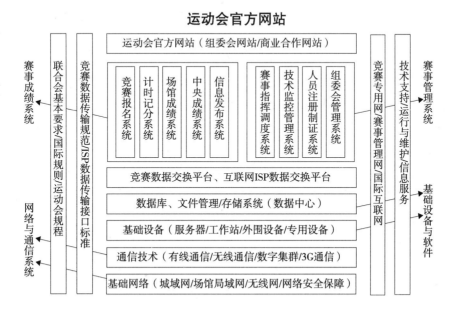

（四）大型运动会信息系统的展望

根据对我国大型运动会信息系统建设的情况分析，对于未来我国大型运动会信息系统的发展，以及建设要求，将主要遵循以下几点：

1. 信息系统以竞赛为中心的观点：一切以满足体育比赛为核心，媒体服务为重点，系统规模应当适度。

2. 竞赛信息系统捆绑式服务观点：计时记分与成绩一体化，减少协调，避免重复，增强可靠，降低成本。

3. 系统安全稳定与先进可靠观点：赛会不是练兵场和试验场，确保重点应用与服务，队伍经验是关键。

4. 运动会信息系统合理定位观点：结合国情规模要适度，功能分类应合理，与运动会级别和需要相适应。

综合运动会信息系统是一种特殊的、非产品化的信息服务过程，具有一体化工程建设、专业化全程服务的特点。信息系统将向着：竞赛捆绑式工作、信息实时性发布、专业化集成服务、规范化组织管理这四个方向上发展。重点强调信息系统以竞赛为中心的观点：一切以满足体育比赛为核心，媒体服务为重点，系统规模应当适度。

民间大使　友谊桥梁

——新中国援外教练工作发展历程

国家体育总局人力资源开发中心　翁家忍

　　新中国成立初期，面对当时严峻的国际国内形势，党和国家的第一代领导集体高度重视与发展中国家的友好往来和合作关系，团结亚非拉第三世界国家是当时我国对外政策的主旋律。尽管当时我国国民经济和体育事业发展还处于非常艰苦阶段，国家财力和体育技术力量都十分匮乏，体育战线为了配合国家的外交工作，发挥体育在外交工作中的特殊作用，1957年经周恩来总理等中央领导同志批示同意，原国家体委向越南派出了我国历史上的第一支援外体育教练队伍，向国际社会展示了中国政府勇于承担国际义务的良好姿态，从此拉开了新中国援外教练工作的序幕。

　　时光荏苒，弹指间，我国的援外教练工作已经走过了52个春秋。52年来，在党中央、国务院的亲切关怀下，国家体育总局（原国家体委）负责的援外教练工作得到了外交部、财政部、商务部、文化部等中央部委的大力支持和各省市的积极配合，广大援外教练员艰苦奋斗、无私奉献，取得了巨大的成绩，增进了中国体育与世界体育的联系和交往，促进了广大受援国体育运动水平的提高，在世界范围内推动了国际奥林匹克运动的发展，为中国体育事业做出了重要贡献，为中国外交做出了独特贡献。

一、52 载岁月，铸就辉煌历史

　　援外教练工作是新中国成立后特定历史时期的产物，是为了配合新中国的整体外交工作应运而生的一项事业，是体育外交的重要组成部分，是国家外交的一个重要补充。党和国家的几代领导人都十分关心援外教练工作，周恩来总理曾亲自批示要求原国家体委要注意人选的政治条件；胡锦涛、吴邦国、温家宝、吴官正、李长春等同志在外访期间都曾亲切接见我国援外教练员，鼓励他们勤奋工作，为国争光，为受援国多做贡献。国家体育总局（原国家体委）从 1957 年开展援外教练工作以来，无论贺龙同志还是以后历任的总局（体委）领导都高度重视这项工作，指示具体承办部门一定要关心援外教练在外的工作和生活情况，帮助他们解决实际困难，保证他们在外的生活待遇。1957 年，当时负责援外教练工作的原国家体委国际司非洲处，在具体实施过程中严格遵照周恩来总理的批示精神，派出的教练业务水平高，政治素质好，向世界展示了社会主义新中国的崭新风貌。20 世纪 70 年代末 80 年代初，我国实行改革开放政策，我国对外交往日益广泛，援外教练工作也得到了空前的发展，派出人数逐年增加，每年派往国外的教练多达 200 多人。为了适应形势的发展，原国家体委于 1987 年成立了专门机构——援外教练办公室，在人事司的主管下，专门负责援外教练的选拔、培训、派遣和管理工作。随着国家人事制度改革的不断深入，经中编办批准，1998 年 3 月在原国家体委援外教练办公室的基础上成立了国家体委人力资源开发中心（2001 年 3 月更名为国家体育总局人力资源开发中心）。国家体育总局人力资源开发中心继承和发扬以往的优良传统，始终以服从大局，为我国的政治、外交和体育事业服务为宗旨，积极开展国际体育人才交流和合作，努力做好新时期的援外教练工作。

52 年来，应世界各国的邀请，我国共向世界上 124 个国家和地区派遣了 38 个体育项目 2608 名体育教练人员。我国援外教练员牢记祖国的重托，发扬国际主义、爱国主义精神，在远离祖国亲人、自然条件艰苦、物资相对匮乏、任务非常艰巨的情况下，忍受孤单寂寞，全身心投入援外工作中，把提高受援国的体育竞技水平视作己任，无私奉献，勤奋敬业。通过我援外教练的辛勤付出，有力地提高了受援国的体育竞技水平，帮助受援国特别是广大第三世界国家体育事业的发展，促进了我国与世界各国之间的体育交流与合作，推动了世界体育的共同发展和繁荣，为营造良好的奥林匹克国际大家庭氛围，推动构建和谐世界做出了积极贡献。被誉为"民间大使"的我国援外教练员，足迹遍布世界各个角落，上至总统府，下至兵营都留下了他们的身影和汗水，他们与各国人民结下了深厚的友谊，为我国的外交工作发挥了独特作用。援外教练员勤奋敬业的工作态度，艰苦奋斗的工作作风，精湛的技术水平，良好的精神风貌，出色的工作成绩，赢得了人心，赢得了受援国人民对中国人民的友好和尊敬，中国教练所到之处，"中国人，好！"的赞扬声不绝于耳。

近年来，随着我国经济飞速发展，我国竞技体育实力日益增强，来华训练的外国运动队越来越多。通过我国援外教练带队来华训练成为重要途径之一。在华训练期间，这些受援国的教练和运动员对我国城乡的巨大变化和飞速发展极为惊叹。墨西哥游泳教练访华时就一再表示，中国到处都在进行城市建设、公路建设和住房建设，到处呈现一派生机盎然的崭新面貌，和他们的想象有天壤之别。在他们的印象中，中国面积辽阔、人口众多、生活贫困、没有自由，人们生活得很忧愁，和古巴、北朝鲜、越南差不多。而实地一看，中国到处充满生机，人们的生活和精神面貌和他们以往所听到的完全不一样，中国是一个飞速发展的国家，是墨西哥值得借鉴的国家。由此可见，体育援外工作这个"窗口"向国外体育界包括社会各界展示了我国社会主义现代化建设的伟大成就，为扩大我国的国际影响、提高国际地位发挥了积极的作用。

在援外教练工作走过 52 个春秋的今天，抚今追昔，是对为援外教练工作做出无私奉献的前辈和同志们光荣业绩的缅怀和赞扬，是对援外教练工作52年历史的总结和回顾，是对当前开展援外教练工作的鞭策和激励，是对进一步做好新形势下援外教练工作的促进和鼓舞。总结过去，展望未来，我们豪情满怀。52年来，援外教练员在外的感人事迹和取得的优异成绩，他们艰苦奋斗、勤奋敬业、无私奉献、技艺精湛、为国争光的作风与精神，对于扎实推动援外教练工作的进一步开展，圆满完成我们肩负的任务具有重要的现实意义。

二、52 载征程，谱写壮丽诗篇

52年来，广大援外教练员牢记党和祖国的重托，克服各种生活、工作中的困难，全心全意为受援国人民服务，取得了辉煌的成绩。

（一）服务大局，体育外交彰显独特魅力

建国初期，毛泽东主席根据当时复杂的国际形势提出了"世界各国和平共处和大小国家一律平等"的外交思想。为了促进与亚非国家的团结与合作，我国积极支持并参加了1955年4月在印度尼西亚万隆举行的亚非会议。周总理率领的中国代表团，坚持"求同存异"的方针，开展了卓有成效的工作，挫败了美国破坏和分裂会议的图谋，推动会议在和平共处五项原则的基础上达成了著名的万隆十项原则，为加强亚非各国的团结合作做出了重要贡献。亚非会议以后，我国在和平共处五项原则的基础上同亚非国家的友好合作关系进一步发展，亚非国家纷纷与我国建立外交关系。新中国的援外教练工作正是在这种时代背景下，在周总理亲切关心和指示下开展起来的。52年的实践证明，援外教练工作为我国的外交事业做出了有力的贡献。

1. 民间大使，广播友谊，促进友好关系

非洲和拉美国家距中国较远，派队参赛费用较高，但从体育交流的角度考虑，派援外教练人员少，费用低，影响大，同时与非洲和拉美的体育界又保持了一定的联系。

20世纪50年代至80年代初，派遣援外教练是我国对第三世界国家的无偿援助，当时的宗旨是"尽国际义务，为世界人民服务"。这项工作首先服从大局，为党的基本路线方针服务，为我国的政治、外交服务。作为国家的一项战略支出，财政每年拨专款用于开展援外教练工作。从1957年向越南派出第一支援外教练队伍起，至今我国已向亚洲、非洲、拉美共88个国家和地区派出了2324名援外教练。

非洲历来是我们重点做工作的地区之一。早在1962年我们就向与我国第一个建交的非洲国家——加纳派出了援外教练组。至今共向非洲39个国家派出了18个项目576名教练，其中在20世纪80年代我国曾向埃及、尼日利亚一次派出了多达30多人的教练组，援助的国家中包括当初没有与我国建交的塞内加尔、乍得、上沃尔特（现为布基纳法索）等国家。从1962年至今，我国向非洲派遣援助教练的工作从未中断过，埃及、阿尔及利亚、南非、博茨瓦纳、埃塞俄比亚、马达加斯加、毛里求斯、塞舌尔等国现仍有我们的援外教练组，他们在继续发挥着"民间大使"的作用。

1997年5月，为帮助吉布提庆祝国庆20周年，我们派出团体操教练夏环珍和郑丽冰指导排演大型团体操。两名教练抵达吉国后离吉国庆仅40天时间，在时间紧、任务重的情况下，他们克服种种困难，圆满完成任务，为祖国赢得了荣誉。在吉布提国庆20周年的庆典上，中国教练编排的团体操《普天同庆》获得空前成功，吉国观众高呼"中国万岁！"。表演结束后，吉国总统和总理同下场地接见我国教练，说："表演的太好了，这在吉国历史上从未有过，吉国人民感谢你们，永远记住你们。"在我国教练回国前，总统在总统府再次接见我国教练，并向我国教练颁发了"独立"勋章。我国驻吉布提大使在接见我国教练时感激地说："你们40

天的工作要比我们在这里工作几年的影响还要大"。

近年来，我国同太平洋岛国的关系不断发展，为了配合我国在这些岛国的外交工作，开展了富有成效的援外教练工作。我们于 2006 年 9 月向南太平洋的岛国——萨摩亚派出了 12 个运动项目 22 名教练和 4 名翻译的援外体育教练组，以帮助萨摩亚组织举办南太平洋运动会，提高体育运动水平。我国援萨摩亚教练组以坚强的毅力和拼搏的精神，克服水土不服、语言不通和流行疾病等困难，训练工作取得了可喜的成绩，得到萨摩亚政府和我国驻萨摩亚使馆的高度评价和一致赞扬，受到了到访萨摩亚的吴官正、李长春同志的接见，李长春同志还鼓励我国教练"做好友好工作，取得好成绩"。2007 年 4 月 30 日，萨摩亚总理图伊拉埃帕与吴官正同志会谈时，提出希望自己能够作为射箭运动员代表萨摩亚参加今年的南太运动会，并希望由中国援萨教练周小军负责训练。这是我国援外教练工作的光荣，我国教练积极推进此项工作，为萨国总理的训练制定了详细的计划，在训练工作中，与萨总理朝夕相处，增进相互了解，加深了友谊。我国教练凭借兢兢业业的工作作风和精湛的专业技术水平，得到了萨国总理的肯定。

2009 年 11 月库克群岛将举办太平洋迷你运动会，为了帮助库克群岛提高运动水平，争取在运动会上取得优异成绩，我们于 2009 年 3 月 27 日派遣 6 名体育教练和 1 名翻译，这是我国首次向库克群岛派出援外教练组。教练组抵达库克群岛后受到了库方的热情接待，应邀参加了库克群岛全运会的开幕式后，在库克群岛总理官邸受到吉姆·马鲁雷总理的亲切接见。马鲁雷总理对我国教练表示了欢迎和感谢，并对他们寄予了高度期望。教练们表示将努力为库克群岛体育的发展和中库两国的友谊做出贡献。教练们凭借他们坚强的意志，克服了对库克群岛高温高湿环境的不适应，训练工作顺利开展。无论什么天气、无论运动员是否准时到场，教练们都严格按照训练时间出勤，保质保量地完成训练任务。很多时候，因为运动员均有日常学习或工作，参加训练的时间难以固定，教练们为了保证训练质量和进度，中午往往只简单吃个面包，又加班加点投入到训练工作中。通过教练们辛苦的努力付出，库克群岛各项目运动员和教练的水平都得到了明显的提高，他们对在太平洋迷你运动会上取得优异成绩充满了信心，我国教练受到了库克群岛奥委会及各项目协会的一致好评。

2. 体育外交，曲径通幽，发挥独特作用

台湾为了拓展其在国际上的空间，疯狂进行"金钱外交"，在非洲、拉美和大洋洲的一些小国家形成一定势力和影响，一些国家与台湾还建立了所谓的"邦交关系"。为了扩大我国在这些地区和国家的影响，配合国家的整体外交政策，长期以来我们向这些国家和地区派出援外教练。这些教练与当地人民交朋友，增进友谊，宣传新中国的对外政策，展示新中国教练的精神风貌，在我驻外使领馆的领导下有理有利有节地开展对台斗争，取得了良好的成效，赢得了当地政府和人民的信任和友好。我国援外教练带领受援国运动队在国际及地区比赛中取得优异成绩，在国际体育界得到了广泛好评，引起当地媒体和国际媒体的关注和报道，起到了很好的宣传作用。一些台湾的所谓"邦交"国家与台湾断交，与中国建立外交关系，一些同我国尚未建交的国家也开始同我国发展改善关系，援外教练都发挥了独特又显而易见的作用。

从20世纪70年代起，我们就开始向瓦努阿图和萨摩亚派出援外教练。我国教练组在当地的存在对开展对台斗争、扩大我国的影响起到了积极的作用。派往瓦努阿图的乒乓球教练刘民忠，由于其训练的队员在2004年的南太平洋运动会上突破性地夺得了瓦国乒乓球史上的第一枚金牌，瓦国政府专门致电祝贺，并受到总统的亲切接见。在夺冠后不久，刘民忠教练还受到到访瓦努阿图的刘云山同志的接见，刘部长说"在我与瓦国总统、总理会谈中，讲得最多的就是乒乓球。总统高兴地告诉我，在南太运动会上，瓦努阿图夺得了历史上的第一个冠军，那就是乒乓球女团冠军。这个冠军是由中国教练培养出来的，这个教练现在已名扬瓦努阿图，成为最受欢迎的人。"我国教练做出的成绩也受到国际媒体及瓦努阿图全国的高度关注，国际乒联官方网站、国际乒联《乒乓球》杂志、大洋洲乒联官方网站、瓦努阿图各媒体均以"中国教练创造了瓦努阿图乒乒球历史"为题予以大量报道。我国教练还接受了当地报纸和凤凰卫视《唐人街》摄制组的采访和报道。由此中国人在瓦努阿图人民心目中的印象加深，中国在瓦国的影响扩大。

特别是刘民忠教练在维护中国与瓦国外交关系的关键时刻，发挥了特殊的作用。2004 年 11 月 3 日，瓦努阿图总理沃霍尔以私人名义访问台湾，擅自与台湾当局签署了台瓦"建交公报"，中国政府立即对沃霍尔总理的这一行径表示强烈抗议，并采取了一系列的外交行动。在此关键时刻，刘教练根据我国驻瓦大使馆的指示暂缓回国，利用其在瓦国的影响，配合使馆大力开展"体育外交"。向瓦国体育界官员、运动员及运动员家长、身边的人员宣传中瓦两国人民的友谊，宣传台湾是中国的一个省，是中国不可分割的一部分，赢得了瓦国体育界的广泛理解和支持。一位体育官员对刘教练说："中国是很友好的国家，瓦国人民不会忘恩负义，在这个问题上，我们肯定会支持你们的，请放心。"2004 年 12 月 6 日，是一个具有特殊意义的日子，这天瓦国奥委会主席为表彰我国教练对瓦国乒乓球事业所做出的突出成绩，特向刘民忠教练颁发了国家体育荣誉勋章，这是瓦国体育运动的最高荣誉。当天，刘教练再次受到瓦国总统的接见，并在亲切谈话后合影留念。不难看出，在这一特殊时期做出这样的安排，是瓦国政府刻意所为。12 月 9 日，即台瓦"建交"案破产的前一天，瓦国新闻媒体几乎以整版甚至两版的篇幅详细报道了此新闻以及中国政府对瓦国乒乓球项目的多年援助和中国教练为瓦国乒乓球事业做出的贡献。这对促使台瓦"建交"案宣告终止，起到了不可低估的作用。

拉美与中国相距遥远，为了加强与这一地区国家的交往和联系，我国多年来向圭亚那、牙买加、乌拉圭、厄瓜多尔、哥伦比亚、巴巴多斯等国家派遣了乒乓球、排球和武术教练。为了挤压"台独"势力在国际上的活动空间，发挥体育外交的优势，我国体育教练组协助我国驻当地使领馆积极开展对外工作。派往圭亚那的武术教练穆宁所训队员应我国驻圭亚那使馆的邀请，在我国使馆举行的新春招待会上进行了武术表演，得到了出席招待会的圭亚那总理海恩兹和夫人及在场中外嘉宾的一致好评，影响很大，圭亚那总统夫人事后还专门提出要求，请穆教练教授她中国的健身功夫。在我国使馆的具体安排和指示下，穆教练前往总统官邸为总统夫人进行了为期 2 个月的太极拳训练，得到了总统、夫人及总统府官邸上上下下的一致赞扬。

在与我国没有建立外交关系的危地马拉，台湾在那里的势力很强。我国于 1996 年派往危地马拉的羽毛球教练张洪宝在工作中结识了危地马拉总统的机要秘书，该秘书多次向我国教练转达危国希望通过我国教练与中国官方建立联系，商谈与中国建交的问题。我国教练及时向国内书面反映此情况，原国家体委及时把信息转告了外交部，为日后我国与危地马拉改善关系起到了积极作用。

（二）勤奋敬业，无私奉献，为国际奥林匹克运动和世界体育发展做出瞩目贡献

1979 年 10 月 25 日，国际奥委会执委会以通讯表决方式通过了史称"奥运模式"的"名古屋决议"。恢复了新中国在国际奥委会的合法席位。这不仅为海峡两岸运动员的交往架起了桥梁，更为中国运动员全面登上国际体坛创造了条件。1984 年中国组团参加了在洛杉矶举行的第 23 届夏季奥运会，并取得了奥运奖牌"零"的突破，中国重返奥运会的大舞台。

随着我国体育外事工作广泛开展，我国援外教练工作也开始进入一个全新阶段。体育技术人员的派出数量大大超过以往，每年在国外执教的中国教练达 200 多人次。援外教练工作有力地支援了第三世界国家体育的发展，促进了广大受援国体育运动水平的提高，提高了我国的声誉，为国际奥林匹克运动做出了重要贡献。已故国际乒联主席荻村先生在一次国际乒联大会上对中国向世界 80 多个国家派出了 520 多名乒乓球教练帮助世界各国开展乒乓球运动，为世界乒乓球运动的发展作出的贡献给予了高度赞扬。

1. 技艺精湛、勤奋敬业，促进受援国体育发展

"中国教练真是太神奇了！"当中国羽毛球教练方凯翔率领马来西亚

羽毛球队在 1988 年世界羽毛球大赛上战胜世界头号羽毛球大国印度尼西亚队，夺得冠军后，在马来西亚引起了轰动，那里的人们情不自禁地这样称赞。

方凯翔只是中国向国外派遣的援外教练中的一员。自 1957 年中国首次向越南派遣援外教练的 52 年来，中国派出的援外教练大多是我国优势项目如乒乓球、体操、跳水、羽毛球等的优秀教练。中国援外教练凭借精湛的技艺，发扬勤奋敬业的工作精神，使受援国的体育运动水平迅速提高，在世界及地区比赛中带领受援国运动员屡创佳绩，赢得了受援国体育界及同行的广泛好评与赞扬，促进了受援国体育水平的提高，这其中不乏一些典型的例子：

体操教练苏师尧在科威特辛勤耕耘十载，在艰难的环境中，和科威特运动员同甘共苦，用心血和汗水浇灌的科威特体操之花绽放异彩。其得意门生贾瓦德在 1979 年的阿拉伯体操锦标赛中赢得了单杠冠军、个人全能、双杠及鞍马冠军，其在单杠比赛中完成的一套高难动作，轰动了阿拉伯体操界。在 1983 年第二届阿拉伯体操锦标赛上又夺得团体冠军和男子项目的 7 枚金牌，这在阿拉伯和科威特体操界是史无前例的突破，获得至高无上的荣誉，科威特国家元首埃米尔国王接见了体操队全体成员。科威特体操协会负责人对苏师尧教练更是赞不绝口，秘书长称赞"苏教练是科威特体操的开拓者，是科威特体操之父。"

体操教练黄健 90 年代中赴约旦执教，聘期从 1 年延长到 6 年，帮约旦体操从无到有建立起来，被约旦同行称为约旦"体操之父"。

第一位到泰国执教的中国跳水教练姚木荣，自 1989 年赴泰工作开始，在泰国整整工作了 14 个年头。初抵泰国时，该国跳水运动开展得并不好，跳水运动员大部分是其他项目兼跳水，在全国比赛前才临时集中起来训练，跳水设施也非常简陋。就是在这样的条件下，姚木荣教练在泰国奋斗十几载，使泰国的跳水运动得到了长足进步。他先后带队参加了第 16 届、第 22 届的东南亚运动会及 3 届亚运会、2 届的奥运会，培养了 6 名跳水冠军，先后为泰国夺得 15 枚东南亚运动会金牌、30 多枚亚太地区分龄组比赛的金牌、1995 年曼谷亚洲锦标赛 1 枚金牌、3 枚银牌，1997 年第 13 届亚运会男子跳台、男子 3 米两项铜牌等优异成绩。同时，他在泰国举办了 4 次全国性的跳水培训班，不仅传授中国先进的跳水技术和训练方法，也培养了一批泰国跳水教练。泰国游泳协会秘书长曾在给中国游泳协会的信函中谈道：姚木荣先生所训练的跳水运动员，在许多运动会及亚洲比赛中获得不少金、银、铜牌。姚木荣先生在泰国游泳协会的工作表现极其出色。我们认为其是泰国最受欢迎、最成功的跳水教练。

从 20 世纪 80 年代末到 90 年代初，前后三次赴巴基斯坦援外的田径教练陈梅玲，同其他 8 名教练一起团结一致、互相帮助、克服困难，为提高巴基斯坦体育运动水平付出了辛勤的汗水。巴基斯坦是穆斯林国家，受宗教信仰的影响，巴国的女子运动项目基础薄弱，女子田径项目更是要一切从零开始，从选才、到最初的基础训练、组织比赛等，凡事都要手把手地教授。经过陈教练的精心指导与调教，只用了短短几个月的时间，就帮助巴女子 4×100 米项目的运动员在第四届南亚运动会上紧随亚洲女子短跑强国斯里兰卡和印度队之后，获得了铜牌，开创了巴基斯坦女子田径运动的新纪元。巴方的电台、电视台对此给予了大量的报道。由于在巴执教的中国教练组各位专家的艰苦努力和辛勤付出，在这届运动会上，巴基斯坦一共获得了 42 枚金牌，比前几届翻了一番，巴体育界的朋友们盛赞中国教练员为巴基斯坦的体育和中巴友谊做出了贡献。

自 2003 年开始，我国向墨西哥派出了包括跳水、游泳、体操、羽毛球、乒乓球等 13 个项目的 36 名优秀教练员组成的教练团。其中有 12 名教练是培养出世界冠军的优秀教练，这个教练团组人数之多，项目之广，阵容之强，在我国体育对外交流史上尚属首次。经我国教练训练的青少年运动员在泛美运动会、墨西哥全国运动会及国际比赛上不断夺金掠银取铜，使墨体育界感到了巨大惊喜。马进教练所带队员，在 2008 年北京奥运会上夺得铜牌，这枚宝贵的奖牌创造了墨西哥跳水奥运会历史上一个新的辉煌，填补了墨西哥跳水在奥运会历史上女子双人 10 米跳台奖牌榜的空白；在世界大学生运动会跳水比赛中获得了 1 枚金牌、3 枚银牌、3 枚铜牌的优异成绩；她所训练的运动员罗曼被评为墨西哥最佳运动员的第一名。马进教练先后受到时任墨西哥总统福克斯和卡尔德龙的亲切接见和赞扬，被誉为墨西哥的最佳教练员，并被授予奖励。

中国教练员的精湛技艺和敬业精神赢得了墨西哥同行们的一致尊敬和赞誉。对于中国教练员在各州执教后所带来运动员水平迅速提高的现象，当地媒体甚至发出感慨，"中国教练员与金牌有缘！"

技艺精湛、勤奋敬业几乎已成为中国援外教练的代名词，以上只是管中窥豹地列举了几起典型事例。52 年来，一批又一批的援外教练，在受援国默默辛苦地工作。由于受援国体育运动发展的水平和基础各不相同，在他们当中也有很多教练虽没有创造出辉煌的成绩，但却为提高受援国体育竞技水平做出了很多基础性的工作，付出了自己的努力，我们同样为他们感到骄傲和自豪。

2. 互相帮助、共同提高，促进世界体育和谐发展

国际间体育人才技术交流是世界竞技体育互相帮助、互相发展、共同提高的重要内容，是世界体育事业兴旺发达、迅速发展的有效途径，我国援外教练与其他国家的体育界同行们互相交流、互相帮助、互相提高，在开放中竞争，在开放中提高，在开放中发展。

乒乓球是中国的国球，对外国人来说，小小的乒乓球在中国人手中似乎充满了神秘色彩，他们不禁对乒乓球产生了浓厚的兴趣，因此在中国派遣的教练中乒乓球项目最多。从 1957 年至今，中国共向 80 多个国家，包括法、德等发达国家派出了约 600 人次的乒乓球教练。他们以出色的执教能力、出色的战绩和非凡的人格魅力在各自执教的国家中都获得了显赫的名声，并赢得了人们的爱戴：王传耀、李卓敏、陆巨芳、李根生、胡道本、杨鸿雁、何建民、蔡振华……这些名字对他们来说已变成了成功和荣誉的象征。他们不懈的努力不仅促进了乒乓球运动在世界各地的普及和发展，而且让世界通过小小的银球进一步认识了中国。这些教练被当地人民亲切地称为"体育大使"、"民间大使"。中国乒乓球几十年来始终保持兴盛不衰，这是一代又一代中国乒乓球工作者对乒乓球事业付出的心血，为

乒乓球事业追求的结晶。世界乒坛由中国人一统天下，固然显示了中国的强大，但中国乒乓球水平过高，缺乏竞争、缺乏对手，与其他国家"差距太大"，客观上也影响了其他国家发展乒乓球运动的积极性。曾几何时，世界乒联为了发展世界乒乓球事业，在培养中国队竞争对手上颇下了一番功夫。这虽然暂时给中国队带来了不少困难，但从根本上和长远来看，不但对世界乒乓球事业有利，同样对中国队发展也有利。大批中国教练员去其他国家执教，提高了受援国乒乓球竞技水平，培养了大批竞争对手，推动中国乒乓球技、战术不断改进、提高，为世界乒乓球运动的发展起到了积极作用。乒乓球如此，中国的优势项目体操、羽毛球、跳水、排球、射击等项目教练的派出，也都推动了这些项目在中国和有关国家的运动水平。体育使世界更加接近、更加友好、更加和谐！

（三）广交朋友，推动体育交流，用心血和汗水浇灌友谊之花

援外教练被誉为民间外交大使，享有专家待遇，加上工作性质的优势与受援国上、中、下层都能广泛接触，这就为广交朋友，深交朋友，创造了有利条件。我国教练以精湛的技艺、良好的作风，往往在很短的时间内就能使所训练的受援国运动员的运动成绩明显提高，并因此深得受援国同行及运动员的敬佩和爱戴，朋友越交越多，友谊与日俱增。

1. 广交朋友，增进了解，推动中外体育交流

我国援外教练的优良表现，在受援国深入人心。在北也门戒严期间，我国教练在戒严地区畅行无阻，也方根本不检查中国人的证件，值勤的哨兵称："中国人的面孔就是通行证"，给予了中国人充分的信任。

富庶的文莱国是亚洲东盟国家当中和我国最后建交的国家。该国的外交大臣是文莱苏丹之弟，我国大使平时要见他都比较困难。我国驻文大使获悉他酷爱中国武术，力促我向文莱派出了优秀的武术教练，悉心地教授大臣各种武术套路。大臣非常满意，兴趣越来越浓，与我国教练的感情也越来越深，后来把我国教练带进皇宫，与其兄苏丹见面，并帮苏丹进行按摩治疗，取得良好效果。援外教练所发挥的独特的媒介和桥梁作用由此可

见一斑。

体操教练黄健在约旦执教期间与约旦体操界建立了深厚的友谊，更得到了约旦体操协会和约旦国家体操队的认可，值得一提的是，约旦体操协会名誉主席是王储的大女儿拉哈玛公主。她从小非常喜爱体操，1993 年剑桥大学毕业回国，兼任协会名誉主席，1995 年担任主席。可以说约旦体操有了后来的良好局面，黄健教练的执教工作能够顺利开展，同拉哈玛公主的支持和热爱紧密相关。由于工作的关系，当时黄健教练与拉哈玛公主接触非常多，曾应邀到皇宫做客，并与公主一起进餐。也正是由于公主的挽留，最终促成黄健教练在约旦延期执教。这件事本身对宣传中国、扩大影响产生了积极的作用。

钱万辉作为我国墨西哥教练团团长，除完成大量繁冗的日常工作外，利用自己掌握的高超按摩技术，以医会友，与墨西哥体委主任、墨西哥财政部长建立了深厚的友谊，甚至成为时任墨西哥总统的福克斯先生的座上宾，为我国教练团在墨西哥站稳脚跟、打开局面做出了突出贡献。

2004 年 12 月 26 日，印度尼西亚苏门答腊岛附近海域发生了里氏 8.9 级强烈地震，并引发海啸，给东南亚的许多国家造成严重灾难，泰国也是重灾区。当时，我国援泰教练白建平和任春生正准备休假，看到泰国电视台播放的受灾场面，心里非常难受，当即决定利用假期去做义工，尽自己之力与泰国人民共患难。通过与泰国电视台取得联系，我国教练被安排到一家军用机场帮助搬运救灾物资。中国教练的举动感动了泰国朋友，现场的广播里反复播放道：我们受灾了，有中国朋友来帮助我们，中国和泰国是兄弟。我国教练的善举被我国中央电视台驻泰国记者知道后，对他们进行了专访，并在焦点访谈节目作了详尽报道。

在我们援外教练的工作中，这样的例子不胜枚举。除了与受援国上层人士的交往外，我国教练更多的是在平时的工作和生活中，同当地的同行、朋友建立起深厚的情谊。

2. 扩大影响，相得益彰，为营造中国体育良好外部环境作出重要贡献

为庆祝加纳独立50周年，应加方邀请，我们派遣两名团体操教练赴加纳，负责加纳独立50周年庆典大型学生团体操表演工作。在加执教期间，我国教练以坚强的毅力和顽强拼搏的精神，克服各种困难，在有限的时间内完成了整个团体操的编、导、排工作。2007年3月6日加纳独立50周年庆典上，他们独具匠心的构思和整体划一的大型学生团体操表演，是庆典仪式的主要亮点之一，获得了在场包括20多位非洲国家元首和政府首脑在内的60多个国家代表团及当地数万名群众的好评。两位教练出色地完成了此次援外任务，受到了出席庆典仪式的国家主席胡锦涛特使、全国政协副主席阿不来提·阿不都热西提的表扬和慰问。加纳外交部长代表加纳总统和政府专门致函我国驻加纳大使，对我国派教练协助完成大型团体操表演工作表示感谢。我国教练以实际行动为增进中加两国的友谊做出了贡献，为中国赢得了荣誉。

苏师尧教练1975年到科威特执教，凭借高超的技艺，折服了科体操界的同行，影响广泛。在1979年的国际体联会议上，科威特联合阿拉伯各国体操协会投票赞成"恢复中国在国际体联的合法席位"，对我国新时期体育外事工作给予了有力的支持。我国向世界各国派出的跳水教练也结交了不少跳水界的朋友，每当国际跳水比赛，给中国运动员打高分而从不压分的，其中不乏这些曾受益于中国跳水教练的外国朋友们。2000年，我们向埃塞俄比亚派遣的一名乒乓球教练，由于执教认真、训练有方，率该国队员在第14届非洲乒乓球锦标赛上取得了1金4银的历史性好成绩。赛后，埃方专门为此举办了庆功会，埃体委主任在庆功会上当场表示：感谢中国政府对埃塞俄比亚提供的帮助！埃塞俄比亚支持北京申办2008年奥运会。

非洲是我国体育人才和体育场馆援助的主要地区，援助的时间也较长。在长期交往中结交了一大批"穷朋友"，尤其在我国体育队伍由于路途遥远，技术上收益又不大，因而减少访问非洲的情况下，援外教练成为

维系与非洲体育界联系的重要途径。我国2008年奥运申办成功，与国际奥委会中为数不少的非洲委员投票支持分不开，可以说支援从来是相互的，援外教练工作的意义也正体现在此。

（四）艰苦奋斗、勤奋敬业、无私奉献，弘扬光大中华体育精神

在国际赛场上摘金夺银，为受援国体育运动项目填补空白，被受援国政府首脑接见、授勋，一项又一项的荣誉固然喜人，但援外工作并不都是鲜花和掌声，在我国援外教练成功的背后，更多的是不为人知的艰辛和付出。我们的国家自改革开放以来发生了翻天覆地的变化，无论生活条件、社会环境和文化娱乐都相对高于受援国。我们的教练远离祖国和亲人，面对生疏、艰苦的环境，语言、生活习惯的改变，疾病的折磨，有的甚至经历了生死的考验。他们靠着艰苦奋斗、无私奉献、为国争光的忘我精神和坚定信念，一路走来，为我们留下了许多令人动容的感人事迹，让体育精神在他们平凡而伟大的工作中得到升华。

我们的援外教练因工作性质决定了他们要长年远离亲人，然而在他们的家人患病、手术、发生意外事故，甚至得知长辈亲人即将撒手远去的时候，为了援外事业，主动放弃组织上要其回国的关心与照顾，仍然坚守岗位。援瓦努阿图乒乓球教练刘民忠，在母亲病危的时刻，正带领瓦乒乓球队参加大洋洲乒乓球锦标赛，母亲临去世之前，不断呼唤着他的名字，而刘教练为了比赛，毅然放弃了回国的机会。就在决赛前不久，刘教练接到家中来电：病中的母亲不幸去世了！刘教练把悲痛强压心底，率瓦国乒乓球女队在比分一度落后的情况下顽强拼搏，夺取了该国乒乓球史上的第一枚金牌。在上台领奖的那一刻，刘教练忍不住热泪长流，为了这得来不易的胜利，也为了忠孝不能两全的割舍。援萨摩亚乒乓球教练何泽萍在得知老父病逝的消息后，强忍悲痛，选择了坚守岗位。远在墨西哥工作的教练团团长钱万辉，在与墨方商签合同的关键时刻，惊闻儿子出车祸受了重伤，为不影响合同的顺利续签，钱万辉教练同样选择了留在工作岗位上。

道是无情却有情，我们的教练把对亲人的至情至爱转化为对援外事业的执著，这是怎样的一种奉献精神！

生活环境的艰苦，疾病的折磨，是我国援外教练在外工作期间常要面对的又一大挑战。我在孟加拉的一名射击教练染上了当地特有的一种疾病，连续 3 天 41 度高烧，多亏住在他处的另一名教练及时发现，把他送到医院才脱离危险。孟加拉当地的饮用水中含有砷，长期饮用对健康极为不利，但在我教练抵孟初期，能喝上纯净水曾经是很大的奢望，并且每天都要冒着酷暑，在温度高达 45 度的室外场地训练，条件异常艰苦。我国援萨摩亚教练组全组 26 人，大部分教练曾在同一时间患上了当地的常见疾病——伤寒。面对突然而来的疾病侵袭，全组教练发扬团结友爱的互助精神，未患病和症状较轻的教练主动照顾重病号，在使馆和我国医疗队的关心和帮助下，最终渡过了难关。教练们大病初愈，首先想到的就是尽快恢复训练工作，把失去的时间抢回来。

如果说物质、生活条件方面的艰苦是一种挑战的话，精神上的孤独与寂寞，对祖国和亲人的思念，对我们的援外教练来说就是挑战中的挑战。语言不通，生活单调而枯燥，无法与当地人交流，文化背景、生活方式的差异等等，让我们的教练倍感孤独。他们在国外并非像有些人想象的那样，是在享福，是在赚大钱。由于国外的生活环境与国内截然不同，能站稳脚跟坚持下来已属不易，要作出成绩就要付出更多。他们远离故乡和亲人，初到一地首先要过生活关、语言关、人际关、工作关等等，很多令人意想不到的困难要他们去克服，所有的问题都要独立去面对，他们的奉献和付出是难以用笔墨来形容的，他们所经受的考验要数倍于常人。可以说在援外岗位上经受过锻炼的教练员大多是多面手，综合素质较高，他们在援外工作中增长了才干，得到了锻炼，积累了经验，特别是提高了外语水平，更快、更高、更强的奥林匹克体育精神在他们的身上得到了较为集中的体现。提到以下这些名字，任何一个体育迷都耳熟能详：蔡振华（国家体育总局副局长、前国家乒乓球队总教练）、孙海平（世界冠军刘翔的教练）、钟少珍（国家跳水队教练，郭晶晶的教练）、陈雄（国家体操队教练，李小鹏的教练）、吴敬平（国家乒乓球队教练，马琳的教练）、李敏宽（前国家女子垒球队主教练）、邸安和（前国家男排主教练）、高丰文（前国家足球队主教练）、戴廷斌（前国家男排主教练）等等，这些曾为中国体育做出过突出成绩的教练们，都曾有过援外工作的经历，都曾为我国体育外交事业做出过贡献，是我们援外工作者的骄傲。

52 年来，我国援外教练工作取得了巨大成绩，这是党中央、国务院正确决策和亲切关怀的结果，是国家体育总局（原国家体委）坚决贯彻中央指示、坚强有力领导的结果，是中央有关部委和各省区市大力支持的结果，是各派出单位和我国驻外使（领）馆周密细致工作的结果，是广大援外教练员团结一致、艰苦奋斗、无私奉献的结果。

三、继往开来，续写和谐新篇章

进入 21 世纪，国际国内形势都发生了深刻变化，但和平与发展仍然是当今世界的主题。经过 30 年的改革开放，我国国民经济快速发展，人民生活水平有了较大改善，国际地位不断提高。按照党的十七大确定的发展战略，我国将继续毫不动摇地坚持以经济建设为中心，全面建设小康社会，争取创造一个有利于我国经济社会快速发展的国际环境。继续重视和加强同发展中国家的合作，进一步加强我国与发展中国家的友好关系，维护我国和发展中国家利益，推动建设持久和平、共同繁荣的和谐世界。

随着我国综合国力的增强和体育实力的提高，我国对外体育联系日益广泛，在国际体坛的影响力不断上升。近年来，我国竞技体育水平不断提高，在国际大赛中连创佳绩，特别是北京成功举办 2008 年奥运会，吸引了全世界的目光，中国体育正在世界体坛扮演着越来越重要的角色。在这样的时代背景下，世界上很多国家与我国在体育领域进行交流的意识和愿望越来越强烈，特别是一些竞技体育水平相对较低的亚非拉国家希望我们援助性地派遣教练以帮助他们提高竞技体育水平；我国许多驻外使馆也希望我们配合支持使馆的外交工作，向那些需要重点关注和多做工作的国家和地区派出援助性教练，以配合外交工作大局和满足对台斗争的实际需要。在新的历史条件下，援外教练工作必须坚持服从于国家的需要，继续发扬国际主义援助精神，全力落实中央外事工作会议精神，根据中央"睦邻、安邻、富邻"的政策和"多给予、少索取"，"突出重点，量力而行"的原则，积极开展与亚洲、非洲及拉美地区国家的体育交流与合作，做好重点国家和地区的体育援助工作，继续帮助亚非拉第三世界国家提高体育竞技水平。

援外教练工作面临新的机遇，同时也同样面临挑战，受援国对我国援外教练语言和技术水平要求越来越高，随着国内经济发展和生活水平提高，选派优秀教练员参加援外工作难度不断加大。援外教练工作要适应新的形势，与时俱进，使援外教练工作在新的历史时期发挥更大的作用。

国家体育总局人力资源开发中心具体负责援外教练工作，在总局党组的坚强领导下，在人事司、外联司的正确指导下，按照总局的要求，长期以来从为我国的体育外交服务，为国际奥林匹克大家庭服务的大局出发，坚持"一手抓管理，一手抓服务"的工作原则，扎实做好新时期的援外教练工作。在我国经济高速发展的时代，为了保证援外教练国内外待遇，以人为本，深入调查研究，2009年5月报请总局联合财政部出台了《外派体育技术人员待遇及财务管理办法》，从政策上保证教练的待遇和派出单位的积极性。在抓服务的同时加强对援外教练的管理，制定了《国家体育总局外派体育技术人员管理规定》和《外派教练年度工作考核办法》，从2005年开始，每年对援外教练工作中表现突出的优秀教练团长、优秀教练员进行表扬和奖励；对违章、违纪的教练进行认真帮助、批评和教育。援外教练工作的管理和服务日益完善和规范。在开展国际人才交流工作中，积极走出去，请进来，做好国外体育部门来访团队的接待安排，多方面做好工作，不断扩大援外教练队伍和受援国家。

人力资源开发中心以关心教练为己任，心系教练，情系教练，从细节入手，紧紧依靠驻外使领馆关心他们的生活，指导他们的工作。经常性地派出工作组赴世界各国和地区看望、慰问教练，与其所在国家有关体育机构沟通情况、解决问题；每逢年节关心教练和家属，拨专款组织在外教练联欢，活跃教练节日生活已经成为制度；教练在外生病时及时送医院治疗并组织人员陪护，必要时不计成本派工作组接教练回国诊治，使生病教练及家属倍感组织的关怀和温暖，得到驻外使馆和总局领导的肯定和好评。

在全党和全国各族人民喜迎中华人民共和国成立60周年之际，在内构和谐社会、外促和谐世界的新形势下，我们将更加紧密地团结在以胡锦涛同志为总书记的党中央周围，高举邓小平理论和"三个代表"重要思想伟大旗帜，认真贯彻落实科学发展观，增强责任感和使命感，抓住机遇，奋发进取，群策群力，同心同德，积极开展多层次、多途径的对外体育人才交流与合作，充分发挥援外教练工作的独特作用和优势，与时俱进地做好新时期我国的援外教练工作，更好地为我国外交工作服务，为祖国统一大业服务，为我国从体育大国向体育强国迈进服务，为奥林匹克国际大家庭服务，不断增强与世界人民的友谊，扩大我国的国际影响，为推动和谐世界建设做出新的贡献。

彼此激励　共同成长

——中国奥委会市场开发的回顾和展望

国家体育总局体育器材装备中心主任　马继龙

新中国成立 60 年，是我国体育事业不断发展、人民群众体质不断增强的 60 年。改革开放前，在计划经济体制下，我国体育全部靠国家财政负担，因此不存在市场开发的可能性。改革开放 30 年，随着我国市场经济体制的逐步建立以及我国体育事业的持续发展，我国体育无形资产逐步受到重视并进入市场开发阶段。20 多年来，在国家体育总局和中国奥委会的正确领导下，在社会各界和广大民众的关注和支持下，中国奥委会市场开发从无到有、从小到大地逐步发展起来，取得了很大的成绩，为我国体育事业和奥林匹克运动的发展做出了重要贡献。

一、中国奥委会市场开发的基本情况

中国奥委会市场开发是奥林匹克市场开发的组成部分。

（一）奥林匹克市场开发体系介绍

奥林匹克市场开发是指国际奥委会等奥林匹克组织为了获得用于奥林

匹克运动发展的各种资金、产品和服务，利用奥运会及奥林匹克标识所进行的各种商业活动。实质上是由奥林匹克知识产权的权利人——国际奥委会、国家奥委会、奥运会组委会等——许可他人对奥林匹克知识产权进行商业使用以获取收益的行为。奥林匹克市场开发计划已经成为奥林匹克运动推广、财务安全和稳定的推动力，其收益是奥林匹克运动目前最主要的收入来源。

奥林匹克市场开发体系基本结构主要有三级：

1. 国际奥委会（IOC）市场开发：主要包括奥运会电视及新媒体转播权、奥林匹克全球合作伙伴计划（即TOP计划）、IOC官方供应商和特许经营计划、纪念币和邮票计划。

2. 奥运会组委会（OCOG）市场开发：主要包括奥运会国内赞助计划、特许经营计划（含纪念币和邮票计划）和门票销售。

3. 国家或地区奥委会（NOCS）市场开发：指国家（地区）奥委会在本辖区内以自有知识产权为资源进行的市场开发，主要包括赞助商计划、供应商计划、特许经营计划和纪念币、邮票开发（或归入特许经营计划内）等。其收入全部由国家（地区）奥委会保留和支配，用于支持本国（地区）奥运会代表团和体育发展计划。由于各个国家（地区）的发展状况不同，政治、经济、历史传统各异，各国（地区）奥委会具体的组织与管理方式各具特色，其市场开发体系以及开展情况往往存在着较大差别，但基本都参照国际奥委会和奥运会组委会市场开发的原则和模式。

国际奥委会将奥林匹克市场开发（不含国家地区奥委会自主开发）收入的大约92%分配给以下奥林匹克组织：奥组委（周期内冬季奥组委和夏季奥组委）、国家（地区）奥委会（目前为205个）、国际单项体育联合会（包括28个夏季项目联合会和7个冬季项目联合会）以及其他组织（包括国际残奥委会、残奥会组委会和反兴奋剂组织），国际奥委会留下约8%作为奥林匹克运动运行和管理费用。2005—2008年周期，奥林匹克市场开发（不含国家（地区）奥委会自主开发）收入估计达到55亿美元，2008年年底国际奥委会总资产已增至11.5亿美元。

（二）中国奥委会市场开发体系介绍

中国奥委会市场开发是指中国奥委会对奥运会、亚运会等大型综合性国际赛事中国体育代表团以及中国奥委会相关知识产权进行的开发，即授权合作企业使用中国奥委会和中国体育代表团标识和有关称谓，并为合作企业提供系列的赞助权益回报，从而获得合作企业的资金、产品和服务支持。中国奥委会市场开发收入主要用于支持优秀运动员和教练员，组建中国体育代表团参加大型综合性国际赛事，发展奥林匹克主题项目和活动，促进我国奥林匹克运动的开展和奥林匹克精神的推广，推动我国群众体育事业的发展等等。国家体育总局体育器材装备中心目前承担中国奥委会市场开发委员会职责，具体负责开展中国奥委会和中国体育代表团无形资产的市场开发工作。

二、中国奥委会市场开发的发展历程

（一）中国奥委会市场开发出现的历史背景

1. 1978 年开始的改革开放事业，使得我国经济体制由计划经济逐步转为社会主义市场经济。市场经济要求市场在资源配置中发挥基础性作用。这样就为体育资源参与市场、实现市场价值创造了基本条件。

2. 进入 20 世纪 80 年代以来，世界体育的商业化运作程度大为提高，在部分发达国家发展成为以职业体育商业运作为主的巨大产业。全球化浪潮背景下世界体育的这种本质性转变，促使我国政府开始重视体育的社会化和经济效益，从而从政策上为我国体育无形资产开发开辟了道路。

3. 新中国成立 60 年，我国竞技体育和群众体育都获得了巨大进步，其中特别是改革开放以来，中国奥委会恢复了在国际奥委会中的合法地位并开始组团参加奥运会，我国体育健儿在国际赛场上创造了辉煌的成绩，涌现出了一批优秀的运动员。可以说，体育资源本身价值的提高是我国体育无形资产开发的基础。

4. 随着有计划商品经济的提出，改制的国有企业以及大量涌现的民营企业，不得不面向市场，出现了产品推广和营销的内在需求。企业的需求引起社会资本开始寻找与体育资源的结合。

总之，我国改革开放事业的推进和世界体育的发展，为我国体育无形资产的开发创造了基本政治经济条件和经济社会环境；而体育资源内在价值的提高和企业营销的内在需求，使我国体育无形资产的开发逐步成为现实。

（二）中国奥委会市场开发历史的阶段特征及分析

中国奥委会和中国体育代表团是我国体育无形资产的顶端资源。"海鸥手表"和"健力宝饮料"赞助 1984 年洛杉矶奥运会中国体育代表团，开启了中国体育代表团和中国奥委会赞助的先河，同时也标志着我国体育无形资产进入市场开发的时代。

中国奥委会市场开发的发展历程大致可以划分为以下几个阶段：

1. 探索阶段（1995 年以前）

1979 年 10 月，中国恢复在国际奥委会的合法席位。1984 年 7 月中国体育代表团在洛杉矶第 23 届奥运会上获得 15 枚金牌，取得历史性突破，之后又参加了汉城第 24 届奥运会和巴塞罗那第 25 届奥运会。1990 年北京第 11 届亚运会的成功举办，有力地促进了我国体育无形资产开发和中国奥委会市场开发的发展。在此期间，中共中央、国务院和国家体委下发的文件中，开始提到"体育事业要讲究经济效益"和"体育的社会化"，国家体委多次召开关于体育产业的工作会议或研讨会，中国体育代表团和中国奥委会在我国无形资产中受到更多重视。

但当时我国经济发展水平相对较低，中国的体育界、企业界对无形资产市场开发的认识都处在萌芽阶段，中国奥委会赞助主要以少数类别的实物赞助为主，赞助总量也不大。这个阶段的市场开发由原国家体委计划财务司负责，其突出特点是：社会资金募集和零星商业赞助。

2. 起步阶段（1995—2000 年）

自 1995 年开始，中国体育代表团的赞助征集工作由原国家体委交给装备中心归口办理。该阶段涵盖了 1996 年亚特兰大奥运会和 2000 年悉尼奥运会两届奥运会。该阶段市场开发突出了以中国体育代表团为开发资源的核心，开始引入国际惯常做法，赞助形式划分为合作伙伴、专用产品赞助商（供应商）以及标志特许使用产品，实现了三个突破：一是将征集到的产品类别从代表团的基本需求扩大到金融、保险、电子、汽车等行业；二是部分引入了部分产品类别的排他权；三是国家体委开始有意识地给予赞助企业宣传回报。

3. 规范发展阶段（2001—2004 年）

由于北京申办 2008 年奥运会，根据国际奥委会的要求，候选城市所在国家奥委会必须于 2001 年 6 月 30 日暂时停止其所有市场开发活动；如果申办成功，2001 年 7 月 1 日—2008 年 12 月 31 日期间国家奥委会不得进行任何奥林匹克市场开发活动（包括2001—2004 年周期市场开发）。因此，中国奥委会在 2001 年 6 月 30 日前完成了整个周期的市场开发。这个周期，中国奥委会市场开发（含特许经营）共有 31 家企业参与，其中有22 家赞助企业（8 家合作伙伴、4 家高级赞助商、6 家赞助商、4 家供应商）和 21 家特许企业（12 家赞助企业同时成为特许企业），包括体育用品、食品、饮料等十余个行业，涉及近 30 种产品。

随着北京申办 2008 年奥运会并获得成功，中国经济迅速发展，与国际的交流越来越频繁，体育事业进一步蓬勃发展，这一周期企业的营销意识、品牌意识开始不断提高，中国奥委会自身也通过与国际体育组织的交流，借鉴了许多成功的经验，对市场开发进行了根本性的改革和创新，这一周期的市场开发在四个方面有显著提升：

第一，首次改变以中国体育代表团为权益主体的做法，启用中国奥委会商用徽记、将中国奥委会整体无形资产作为本次市场开发的核心，开始了与赞助企业共同发展双方品牌的历程；

第二，首次将以往2年的合作周期改为与奥运会周期一致的4年为一周期，为企业提供了更长的宣传周期；

第三，明确划分赞助级别，并进一步丰富了各级别赞助商的权益，并全面引入了排他性权利，切实提升企业可获赞助权益的价值；

第四，首次以中国奥委会商用徽记为核心，制定了较为全面的特许经营计划。

4. 联合市场开发阶段（2005—2008年）

根据2001年北京市获得第29届奥运会主办权时中国奥委会与北京市签订的《联合市场开发协议》，2001年7月1日至2008年12月31日，中国奥委会将其拥有的全部奥林匹克知识产权授予北京奥组委，并停止所有市场开发活动。2005—2008年，北京奥运会和中国奥委会市场开发由北京奥组委统一进行，实现了市场开发收益的最大化，市场开发收入（含国内赞助计划、特许经营计划）达98.7亿元。北京奥运会国内赞助计划共有52家赞助企业，其中合作伙伴11个，赞助商10个，供应商31个（包括15个独家供应商和16个供应商）。中国奥委会通过让渡市场开发权利而从联合市场开发中获得补偿（含现金和现金等价物）达7亿多元。

在联合市场开发的同时，中国奥委会独立进行了2005—2008年亚运会中国体育代表团的市场开发。借鉴国际奥委会市场开发经验以及"少而精"原则，中国奥委会将2005—2008年期间我国将组团参加的2005年澳门第4届东亚运动会、2006年多哈第15届亚运会和2007年长春第7届亚洲冬季运动会三个赛事捆绑进行一揽子开发，按合作伙伴、赞助商和供应商三个级别分阶段进行赞助征集，并在合作伙伴选择中严格遵守"排他性"原则。

北京奥运会市场开发，不仅为北京奥运会的成功举办提供了坚实的物质支持，做出了重要贡献，也为奥林匹克市场开发留下了宝贵遗产，而且提升了我国体育界、企业界和社会公众对体育无形资产的认识，特别是通过联合市场开发，中国奥委会学习了奥林匹克市场开发的先进经验，对奥林匹克市场开发有了更加系统和深刻的认识，从而有助于北京奥运会后中国奥委会市场开发科学模式的完善以及工作系统化和专业化水平的提高。同时，北京奥运会合作企业充分运用奥林匹克宽广的内涵、积极的价值观和中国体育代表团的号召力，开展了形式多样的奥林匹克营销活动，其中不乏精彩之作，为奥林匹克营销以及体育营销领域添加了宝贵的知识。该阶段，为办好北京奥运会，国务院出台了《奥林匹克标志保护条例》，北京市政府以及国家工商总局和海关等部门也纷纷出台了有关奥林匹克知识产权保护的规章制度和办法，在规范我国奥林匹克市场开发方面起到了重要作用。

5. 品牌提升阶段（2009 年以来）

北京奥运会结束后，中国奥委会市场开发由联合市场开发转入新周期市场开发。其实，这个阶段可以上溯到 2006 年，为做好 2009—2012 年周期市场开发并进一步建立完善市场开发的科学模式，中国奥委会会同国际著名体育营销咨询公司、市场调研公司和品牌策划公司等，开展中国奥委会整体市场策略研究和品牌建设工作。2008 年 5 月中国奥委会推出了新徽记，并启动了 2009—2012 年市场开发计划。

2009—2012 年中国奥委会市场开发计划包括赞助计划和特许经营计划。

（1）赞助计划

赞助计划划分为三个层次：中国奥委会及中国体育代表团合作伙伴；中国体育代表团赞助商；中国体育代表团供应商。

企业赞助权益划分为综合性权益、中国奥委会相关权益和中国体育代表团相关权益，主要包括：中国奥委会和中国体育代表团徽记和称谓的使用权利、中国体育代表团成员集体肖像的使用权利、奥林匹克主题项目和活动以及中国体育代表团有关活动的优先赞助谈判权、赞助企业识别权益、获得中国奥委会提供的有关市场营销的支持、获得中国奥委会反隐性营销计划的保护、参与国际性综合运动会上中国奥委会展示的权利，等等。

（2）特许经营计划

中国奥委会特许经营以中国奥委会标志、历史奥运会标志产品生产与分销为合作范畴，只获得特许权的企业不享受任何赞助权益。主要包括：（1）特许商品（主要指普通商品）；（2）邮票计划（包括普通项目、个性化项目和系列主题项目的邮票和邮品）；（3）纪念币计划（包括纪念币和流通币）；（4）北京奥运会特许产品延续计划；（5）中国奥委会知识产权计划（包括历届奥运会相关知识产权、系列体育文化产品等）。

这个阶段，中国奥委会立足于长远，至今已在以下方面有所突破：（1）在指导思想上，将中国奥委会品牌建设作为市场开发的基础；（2）在总结 2005—2008 年亚运会中国体育代表团市场开发经验的基础上，参照国际奥委会和北京奥运会市场开发的实践，在赞助销售上选择合作企业坚持"少而精"原则，并且重视与合作企业的深度合作，要求合作伙伴有能力协助推广中国奥委会品牌；（3）将中国奥委会无形资产进行梳理，将中国体育代表团作为中国奥委会品牌的子品牌，将合作企业权益划分为综合权益、中国奥委会相关权益和中国体育代表团相关权益；（4）根据国际奥林匹克运动的最新发展和中国的实际情况，确定了新时期中国奥委会的组织定位和发展目标，明确了整体市场策略和品牌策略。

截至 2009 年 7 月，中国奥委会已确定了礼仪装备类和体育服装类合作伙伴，其余类别赞助计划正在进行中；正式启动了 2009—2012 年中国奥委会特许经营计划，开设了首家特许商品店。

三、中国奥委会市场开发的现状及问题

（一）中国奥委会市场开发的现状

经过 20 多年的发展，中国奥委会市场开发取得了一定的成绩，为历届大型综合性国际赛事中国体育代表团以及我国体育事业提供了大量的资金、产品和服务支持，也促进了我国体育营销乃至体育产业的发展。

1. 具有相当的规模，成为我国体育事业的重要支持。20 多年来，中国奥委会市场开发范围不断扩大，收入快速增长。1995 年之前合同收入（包括实物和现金）为 6830 万元，1996—2000 年周期为 8300 万元，2001—2004 年周期为 1.5 亿元。而在 2005—2008 年周期，中国奥委会市场开发收入（含北京奥运会联合市场开发收入分成和亚运会中国体育代表团市场开发收入）远远超过以前历年市场开发收入的总和，其中北京奥运会联合市场开发收入分成达 7 亿多元，亚运会中国体育代表团市场开发收入也超出了以往任何一届。中国奥委会从中共提取 VIK 约 1.45 亿元，有力地保证了国家队、训练基地以及中国体育代表团备战和参战奥运的需要。2009—2012 年周期，截至 2009 年 7 月中国奥委会市场开发的协议金额已超过以往任何一个周期的总收入。目前，中国奥委会市场开发收入不仅满足了中国体育代表团的需要，而且已经成为我国体育事业经费的重要来源之一。

2. 积累了丰富的市场开发知识，建立了相应的工作规则，初步形成了市场开发的科学模式。一是在赞助级别的划分、产品类别的设定、选择赞助企业的标准、无形资产的法律保护、赞助商权益回报等方面积累了不少经验，在赞助市场培养、市场调研等方面取得了长足进展；二是建立了包括赞助计划制定、赞助销售、企业权益回报和服务在内的相应的工作规则，形成了从合同谈判、签订到合同的管理、执行全过程的管理程序，工作的专业化水平有较大提高；三是初步建立起了资源开发和保护并举的可持续发展机制。

3. 促进了一批企业的崛起和壮大，带动了我国体育营销的发展，促进了体育无形资产开发市场的培育，在我国体育无形资产开发领域形成了一定的影响力。我国企业的体育营销大概经历了三个阶段，即感性自发或被动阶段、营销项目阶段和营销战略阶段，这也是与中国奥委会市场开发发展阶段相适应的。20 多年来，中国奥委会市场开发范围不断扩大，与企业合作不断深入。伴随着中国奥委会市场开发的历程，部分赞助企业也获得了长足发展，其中既有进军中国市场的国外著名品牌，也有改革开放以来发展起来的民营企业，例如健力宝、李宁、农夫山泉就是其中典型的案例。这些赞助企业的成功实践，又促使更多的企业关注、参与体育营销，从而进一步培育了我国的赞助市场。

（二）中国奥委会市场开发存在的问题

北京奥运会后，随着我国经济社会以及国际奥林匹克运动的最新发展，中国奥委会市场开发要求更高、任务更重，中国奥委会市场开发现状还不能完全满足这种要求。主要表现为：

1. 中国奥委会品牌影响力有待增强，品牌形象清晰度需进一步提高。长期以来，中国奥委会缺乏系统的品牌建设特别是品牌推广，因此尽管中国体育代表团品牌知名度和美誉度较高，但是公众对中国体育代表团和中国奥委会的认知存在断裂，中国奥委会品牌形象不够清晰，亲和力不够强，公众认可度较低，与公众和体育迷之间的距离较大，从而使得潜在赞助企业对于中国奥委会的品牌价值认可度不够高。

2. 整体市场营销能力尚不能完全满足工作要求，尚不能完全适应事业的发展。主要表现在：一是整合中国奥委会内部营销资源的能力还不够强；二是利用社会资源的能力还不够强；三是已有资源未能充分开发，例如特许产品计划开展不足、可控而有效的奥林匹克主题活动系统尚未建立等。

3. 赞助企业回报服务需进一步加强，赞助回报权益与企业的期望之间还存在一定差距，赞助企业对中国奥委会的品牌忠诚度需要提高。对赞助企业的回报与服务缺乏系统性，还未能建立起完整统一的赞助企业宣传服务平台和回报体系，因而很多企业仅局限在利用中国奥委会及中国体育代表团的标志和称号，在赛时期间进行短期曝光，内容简单，形式单一。

4. 与国外体育组织和顶级赛事的市场开发相比，中国奥委会市场开发缺乏有效的市场调研及评估系统。因此，在相应的市场开发活动中对"中国奥委会"和"中国体育代表团"的品牌价值难以进行准确的估价，难以根据赞助商市场活动中遇到的实际问题及时调整品牌建设、服务回报等方面的工作策略以更好地促进市场开发工作。另外，评估系统的缺失也导致我们很难用相对准确和有说服力的数据去影响潜在的赞助企业的决策，形成良性的市场开发环境。

5. 涉及中国奥委会营销资源归属的体制性、根本性问题尚未得到系统的解决。中国奥委会内部不同部门在分别利用非常相近甚至是相同的无形资产内涵进行市场开发，造成难以形成统一有序的营销资源运用机制，因而无法充分发挥中国奥委会营销资源的综合效益。另外，中国奥委会与各单项协会在市场开发方面的协调和配合也不够紧密，无法利用各自优势资源达到有效互补。

四、北京奥运会后中国奥委会
市场开发环境及形势

随着经济社会的发展，特别是北京奥运会的举办以及体育产业的国际化，中国奥委会市场开发所处的环境和面临的形势都与之前有很大不同。

其有利的方面主要表现在：

1. 中国奥委会和中国体育代表团品牌价值进一步提高。

（1）奥林匹克运动在全球的知名度和影响力不断增强，奥林匹克品牌价值不断提高，特别是北京奥运会的举办大大促进了奥林匹克运动在中国的推广，奥林匹克精神在中国社会的认可度进一步提高。

（2）作为承载民族精神、展现国家形象的重要载体，中国体育代表团在北京奥运会上取得了优异成绩，向全世界展现了我国体育健儿的良好精神面貌，从而提高了中国奥委会和中国体育代表团的品牌价值。

2. 体育营销日益受到重视，体育营销环境得以改善。

（1）北京奥运会市场开发的成功，以及北京奥运会赞助企业丰富多样的营销活动，向广大企业和社会展现了体育营销的重要价值和独特魅力，体育成为更多的企业进行市场营销的重要手段。

（2）北京奥运会市场开发传播了先进的体育营销知识，培养了一批体育营销专业人才，体育营销法律环境得到较大改善，为后奥运时代我国体育营销的发展创造了有利环境。

其不利的方面主要表现在：

1. 中国奥委会市场开发竞争更加激烈。随着北京奥运会的举办以及加入 WTO 后我国体育市场的进一步开放，近些年来国外著名品牌赛事和体育组织进入中国市场，我国大型赛事商业化程度提高、商业性赛事增多，供企业选择的体育营销资源增多。为开拓国际市场，我国企业开始从全球范围内寻找体育营销资源，同时国际体育组织也在积极寻找国内企业作为合作伙伴。另外，在娱乐、艺术、文化业中多元化的营销资源成为体育资源的竞争者。

2. 联合市场开发期间，北京奥组委市场开发未能有效整合中国奥委会知识产权，造成了中国奥委会徽记和中国体育代表团标志等知识产权的使用率很低，影响了中国奥委会知识产权价值的保值和增值。这也是中国奥委会启用新徽记的原因之一。

3. 自 2008 年下半年全球金融危机爆发以来，部分跨国公司纷纷消减体育营销支出，部分国内企业对于体育营销徘徊观望，给中国奥委会赞助销售带来了较大困难。

五、北京奥运后中国奥委会
市场开发的策略及展望

（一）中国奥委会市场开发的策略

2009—2012 年对于中国奥委会市场开发是非常重要的一个周期。一方面，要继承北京奥运会市场开发的遗产，努力做好本周期市场开发工作；另一方面，要进一步改进和完善市场开发的科学模式，构建科学完整的市场开发体系，使中国奥委会品牌价值得到较大提高，为今后市场开发工作打下坚实的基础。

1. 改进完善组织结构，理顺内部工作机制，构建和谐外部关系，为市场开发创造良好的基础环境

（1）理顺中国奥委会市场开发工作机制，制定《中国奥委会市场开发工作制度》，进一步明确中国奥委会秘书处、财务部和市场开发委员会（装备中心）的权责利关系，明确中国奥委会其他机构（如新闻委员会等）对于市场开发工作的责任。

（2）构建中国奥委会与各单项协会在市场开发方面的科学关系。一方面，严格规范中国奥委会知识产权的使用和管理，通过行政和法律手段抓住管好自身的无形资产，目前由市场开发委员会起草的《中国奥委会标志使用管理办法》正在论证中；另一方面，积极探索以利益分配和补偿机制为基础，以运动员资源为核心，以赛事和群众体育资源为辅助的资源整合办法，搭建统一的宣传推广平台，一是为中国奥委会市场开发整合更多的相关资源；二是帮助各单项协会（项目中心）培养优秀运动员，提高这些运动员的市场价值；三是丰富赞助回报权益，为赞助企业提供更多营销宣传机会。

2. 加强中国奥委会品牌建设和推广力度，不断提高中国奥委会品牌价值

（1）进一步丰富中国奥委会和中国体育代表团的品牌内涵，一是要积极跟踪研究奥林匹克运动的最新发展，及时充实中国奥委会品牌内涵；二是要注意在中国奥委会品牌中体现出中国特色，将中国体育代表团在历史上取得的优异成绩与中国奥委会品牌联系起来；三是要注意挖掘优秀运动员奋斗拼搏的故事，通过具体的载体和事件来丰富中国体育代表团子品牌的内涵。

（2）投入专项资金，选择一家或几家品牌推广合作专业机构分阶段进行品牌传播，目前已制定初步规划，并着手推进此项工作。

3. 加强赞助企业服务工作，搭建统一的赞助权益回报服务平台

（1）在整合中国奥委会内外部相关资源的基础上，丰富赞助企业回报权益，逐步建立起完整统一的赞助企业权益回报服务平台，同时整合赞助企业资源，利用某些特殊类别赞助企业的资源为其他赞助企业增加延展回报权益。

（2）突出赞助企业服务的差异化，充分借助社会专业力量，不断提高回报服务水平。赞助企业分属于不同行业和领域，对于奥林匹克营销的要求既存在着共性之处，也存在着差别。这就需要从赞助销售开始就要重视赞助企业的差异化，在基本赞助权益统一的基础上，为其提供个性化服务。同时，充分借助社会专业力量，提高服务水平和效率，促进赞助企业赞助效益最大化的实现。

4. 提高市场开发计划制定水平，进一步规范赞助销售工作

（1）根据社会经济的发展和提前对目标企业调研的结果，及时调整更新行业类别的设置，在合作企业级别特别是供应商设置上更加灵活。

（2）委托专业调研机构对中国奥委会和中国体育代表团品牌进行价值评估，据此以及目标行业和企业实际状况，制定相应的定价办法，由此逐步建立起有效的市场调研和赞助商赞助效益评估机制。

5. 建立中国奥委会市场开发的专业辅助系统

国际奥委会和北京奥组委市场开发工作都充分利用了社会专业力量。国际奥委会在公共关系、图片档案、视频材料档案、市场调研等方面都有专业合作机构。中国奥委会市场开发应在以下方面确定专业合作机构：品牌推广、市场调研、知识管理（含图片、视频材料档案）、法律保护，从而建立自己的专业辅助系统。

6. 积极推进中国体育代表团运动员集体肖像的开发和使用

赞助企业对运动员集体肖像比较看重，因此，如果在这方面为赞助企业提供更多权益，那么预计将会促进中国奥委会赞助计划的销售。应就运动员集体肖像问题进一步明确标准，可选取部分优秀运动员构成不同的组合形象，并赋予代表中国体育代表团精神的一定的主题和含义，供赞助企

业从中根据需要选取，并将此点在合作协议中予以明确。

（二）中国奥委会市场开发的展望

奥林匹克运动的历史，是与人类社会的发展紧密联系在一起的。中国奥委会市场开发的历史，同样与我国经济社会的发展密不可分。当今时代，体育与社会其他领域的联系越来越紧密，体育产业在国民经济中显示出日益重要的作用。全球金融危机，将会对产业发展和经济格局甚至企业行为和人们的生活方式带来深远的影响。中国奥委会将积极顺应国际奥林匹克运动的潮流，与我国社会、经济的发展紧密结合，积极了解相关行业领域的发展，与时俱进，积极创新，不断推进中国奥委会市场开发的新发展。

1. 关注环境保护等社会问题，不断提升中国奥委会社会责任形象

目前，气候和环境问题已成为各国政府和全球民众关注的焦点，国际奥委会已形成了系统的环境政策。中国奥委会应在环境和青少年教育领域加强与相关政府部门和组织机构的合作，积极提高环保等系统对奥林匹克运动和中国奥委会的认识，同时积极吸引合作企业参与，不断拓展和丰富中国奥委会主题项目和活动体系。通过这些，中国奥委会不仅可以与社会发展更加紧密地结合，提高中国奥委会的社会责任形象，而且能为赞助企业提供更多履行社会责任的机会和渠道。

2. 更加关注运动员教育、就业等非竞技问题

奥林匹克运动的核心价值追求是促进人的全面和谐发展。而作为奥林匹克主义的主要载体和实践者的运动员，其和谐发展理应受到重视。除了支持运动员的竞技运动外，中国奥委会也应该更加关注运动员教育和就业等问题，同时积极吸引合作企业参与相关的项目和活动，这不仅可以促进我国竞技体育的可持续发展，而且促进优秀运动员的成长，为我国体育营销提供更多的优质资源。

3. 更加重视与群众体育的联系

加强与群众体育管理机构（如各单项协会和地方政府）的联系和合作，整合并充分利用全国性或地方性群众体育资源；关注人们生活方式的变化和草根体育的发展，积极将自发性群众体育纳入奥林匹克运动中。通过这些，中国奥委会不仅可以加强与公众的沟通，提高亲和力，而且可以为合作企业提供更多的营销机会。

总结过去，可明辨得失；展望未来，可明确方向

改革开放30年，我国走上了科学发展的道路；北京奥运会后，我国开始了"从体育大国到体育强国"迈进的征程。在新的历史时期，中国奥委会将与社会各界特别是广大企业"彼此激励，共同成长"，努力开创我国体育事业和奥林匹克运动的美好未来，为构建和谐社会贡献力量。

取之于民　用之于民

——中国体育彩票发展的历史回顾

国家体育总局体育彩票管理中心　王卫东

中国体育彩票已经走过了 15 年艰辛而充实的发展历程，这其中有喜悦也有艰辛，有成功也有曲折，体育彩票已经从弱不禁风的襁褓之中逐渐发展壮大，成长为今天风华正茂的青松！2008 年我国体育彩票销售额达到 456 亿元，比 1994—1995 年的 10 亿元增长了 44 倍。2009 年 7 月 1 日《彩票管理条例》的正式施行，无疑将给我国彩票行业的发展带来新的机遇和挑战。"以史为鉴，可以知兴替"，回顾 15 年来我国体育彩票的发展历程，探索新形势下我国体育彩票的发展趋势，对未来我国体育彩票的经营方针、营销策略、科学管理和发展战略都具有重要的理论意义和实践价值。

一、中国体育彩票发展的历史回顾

"路漫漫其修远兮，吾将上下而求索"，我国体育彩票已经走过了 15 年的历程，在这 15 年里我国体育彩票不断探索，历经艰难险阻，可以分为如下几个阶段：

1. 起步阶段

1994—1999 年是我国发行体育彩票的起步阶段。1994 年 4 月 5 日，原国家体委正式成立国家体委体育彩票管理中心，7 月 18 日国家体委 20 号令颁布《1994—1995 年度体育彩票发行管理办法》，标志着我国体育彩票事业开始进入规范化的管理轨道。此阶段我国体育彩票坚持"三统一"原则，即统一印制、统一发行、统一管理。1994—1996 年，即开型彩票是体育彩票的唯一品种，1997 年以后乐透型彩票开发上市。从 1998 年起，我国体育彩票开始使用现金返奖，"中国体育彩票电脑销售系统"也初步形成，在全国 16 个省市设立了 13420 个电脑彩票销售网点。

在此阶段，国务院赋予中国人民银行彩票管理的职能，是国务院主管彩票工作的机关，发行以额度管理为主，体育彩票的公益金主要用于全民健身计划和奥运争光计划，1998 年 9 月 1 日原国家体委、财政部和中国人民银行联合颁发了《体育彩票公益金管理暂行办法》，明确规定了体育彩票公益金的用途以及返奖奖金、公益金和发行费用的比例，返奖奖金不得低于 50%，公益金不得少于 30%，发行费用不得超过 20%。我国体育彩票的社会影响力不断增强，销售额也不断增加，截止到 1999 年销售额已达到 40 亿元。

2. 调整与稳定阶段

从 2000—2005 年是我国体育彩票的调整与稳定阶段，在此阶段经国务院批准，财政部接手彩票主管职能。进入 2000 年以后我国体育彩票快速发展，即开型体育彩票从 2000 年 1 月开始率先在全国使用了全现金返奖，而 2001 年足球彩票的成功发行，使体育彩票发生了质的飞跃，体育彩票真正拥有了独具体育特色的彩票品种。2001 年我国体育彩票销售额达到了 149.3 亿元，比 2000 年增加 65%。但是这一阶段我国体育彩票在某些环节的管理上，尤其是销售上出现了漏洞，在 2001 年出现了湖北"4·20 事件"，而 2003 年西安宝马案的发生则再次敲响了安全警钟。

为了解决这些问题以适应新形势下的彩票市场，各级体育部门广泛加强体育彩票队伍建设，开展思想教育活动和业务培训，同时加强即开型体育彩票发行销售中的审核和监管，提高销售的安全性。另外在 2002 年国家体育总局体育彩票管理中心平稳地收回了电脑彩票系统的控制权，并对系统进行了升级改造，目的是构建体育彩票新型的服务保障体系，在销售上通过对销售网点进行的布局调整和地区区域联网优化，大大提高了使用效率，同时严格财务制度，规范市场管理，在对外宣传上，确立了"以我为主，为我服务，强强联合，优势互补，共同提高"的方针，有效地调动了社会各方面的积极性，而体育彩票公益金的使用范围也不断扩大，从 2001 年开始每年有 10 亿元额度的公益金用于教育部设立的青少年体育活动基金，另外超过 80 亿元以上额度的公益金中，有 80% 将用于社会保障基金，同时从 2001 年起彩票资金分配比例调整为：奖金不低于 50%，公益金不低于 35%，发行费用不高于 15%。

从 2003 年以后，我国体育彩票市场逐渐回稳，截止到 2005 年我国体育彩票销售系统已建成电脑彩票分中心 27 个，拥有终端机 47759 台；彩票玩法也不断创新，继足球彩票以后，篮球彩票于 2005 年 3 月 18 日正式发行，另外七星彩（及附加玩法）、排列 3、排列 5 等一系列乐透型彩票也相继上市，2005 年我国体育彩票销售额突破 300 亿元，达到 302.55 亿元，国家体育总局领导和各级体育部门领导对体育彩票工作给予了极大的支持和鼓舞。刘鹏局长亲自参加了全国体育彩票工作会议，提出体育彩票工作要"总结经验、加强管理、开拓创新、再铸辉煌"，并在会上首次提出体育彩票要立足"国家彩票"的定位，这为体育彩票打开了更为广阔的发展空间。

3. 快速发展阶段

从 2006 年开始，我国体育彩票进入了快速发展阶段。在财政部和国家体育总局的大力支持下，体育彩票全面总结经验，逐步完成了销售系统核心技术的接管和自主开发，建成了体育彩票全热线销售系统。同时，体育彩票系统在内部运营上，理顺关系，强化管理，发挥体育彩票举国体制的优势，注重提高整个运营体系的管理能力和水平。

2006 年国家体育总局体育彩票管理中心在开展了为期 5 个月的"体

育彩票战略运营管理研究"的基础上，确立了新的战略发展方向，制定了《2007—2009年体育彩票发展纲要》，该《纲要》为我国体育彩票的发展指明了方向。此后我国体育彩票逐步形成了乐透、竞猜、即开三大品类全面发展的局面，乐透型玩法也从单一的以"七星彩"为主，转变为大、中、小盘兼顾，地方玩法与全国联网玩法的相互补充并大力发展了高频玩法，而在竞猜玩法中，老单场竞猜以及新单场竞猜给足彩带来了许多新亮点，另外2008年北京奥运会期间也推出了奥运"顶呱刮"即开彩票，同时电脑彩票的销售网点进一步扩张，2008年年底已达到了96411个。

2008年我国体育彩票销售额达到456亿元，增幅为18%，体育彩票市场份额为43%，体育彩票从业人员也已超过30万人。今年已是《三年纲要》实施的第三年，也是最关键的一年，只要坚定信心，紧密团结，就一定能够完成三年纲要的预期目标。

二、中国体育彩票15年的成就与经验

15年来我国体育彩票在国务院、财政部以及国家体育总局的领导下取得了巨大的成就，主要体现在如下几个方面：

一是为国家公益事业的发展筹集了大量的资金。15年来体育彩票已经逐步由部门彩票发展到国家彩票，体育彩票筹集的公益金中50%上缴中央财政，用于各项公益事业。据统计，15年来体育彩票公益金上缴中央财政的总额已经接近400亿元，这些资金大部分用于补充社保基金，用于青少年学生校外活动场所建设和维护、红十字会人道主义救助事业、残疾人事业，用于补充补助地方农村医疗救助基金、补充城镇医疗救助基金等多项社会事业。伴随着中国经济的快速发展和彩票法律政策的进一步健全，体育彩票必将为国家公益事业的发展发挥出更大的作用。

二是有力地支持了我国体育事业的发展。15年来我国体育彩票从每

年几亿元的发行量增长到数百亿元的发行量，仅 2008 年销售额就达到 456 亿元，截至 2008 年体育彩票已经累计发行 2383 多亿元，筹集体育彩票公益金 777 多亿元，除去上缴中央财政的公益金以外其他的大多数用于发展我国的体育事业。2008 年北京奥运会上我国体育健儿共夺得金牌 51 枚，居金牌榜第一名，奖牌 100 枚，居奖牌榜第二名，彻底洗刷了旧中国被称为"东亚病夫"的耻辱。2008 年 9 月 29 日，胡锦涛总书记在北京奥运会、残奥会总结表彰大会上发表了重要讲话，发出了从体育大国向体育强国迈进的号召，体育彩票作为体育事业发展的生命线，必然在这一进程中发挥越来越重要的作用。

三是形成了比较完备的体育彩票产品体系以及与之相配套的销售、管理和技术支持体系。15 年来，我国体育彩票已经从单一的即开型品种发展到乐透型、竞猜型、即开型三大产品相互补充的格局，仅足球彩票就有足球胜负 14 场、足球胜负任选 9 场、足球进球数以及足球六场半全场，近两年又开发出足球单场竞猜的玩法，乐透型游戏品种众多，目前基本上形成了大中小玩法兼顾的格局，销售方式也从传统的规模销售发展到目前的电脑彩票全热线销售以及即开彩票网点分散销售等多方式、多渠道的销售，在管理上形成了国家统一发行、各级分别负责的体系，在技术上牢牢掌控核心技术，通过升级改造，也实现了销售数据的实时归集。

四是培育了中国体育彩票市场并提高了体育彩票的品牌形象和信誉度。15 年来我国体育彩票市场积小流成江海，积跬步致千里，逐步发展，目前体育彩票电脑彩票销售网点已经由城市延伸到乡村，基本覆盖全国，彩民群体也迅速扩大，涉及各个年龄阶段，包括老人、中青年以及学生，在全社会营造了一种全民购彩的氛围，另一方面我国体育彩票一直奉行"取之于民，用之于民"的宗旨，虽然经历过西安宝马案所导致的严重的信用危机，但我国体育彩票行业发扬"胜不骄，败不馁"的体育精神，坚持"讲团结，求发展"，通过大力整顿、加强宣传，通过支持灾区建设等一系列公益性活动，通过对彩民负责的态度赢得了广泛的社会声誉，树立了良好的品牌形象。

五是为我国经济社会的发展做出了突出的贡献。从就业的角度来看，截至 2008 年年底，全国约有 30 万人从事体育彩票工作，这为缓解我国当前社会的就业压力做出了积极贡献；从税收的角度来看，体育彩票是增加税收的一种有效途径，据有关统计，2008 年体育彩票创造税收总额超过 16 亿元；另外体育彩票还有助于拉动印刷业、通信业、运输业、制造业、金融业、广告业等行业的发展；在服务和构建和谐社会方面，体育彩票上缴中央财政的公益金中，通过补充社会保障基金和用于其他社会事业，为实现社会公平作出了贡献；同时体育彩票作为疏堵结合的重要手段，在扼制私彩和出境赌博方面也发挥了重要的作用。

"问渠哪得清如许，为有源头活水来"，我国体育彩票行业在 15 年的发展过程中之所以能够临危难而不倒，取得如此巨大的成绩，总结起来主要有以下几条经验：

第一，始终坚持了作为国家公益彩票的基本定位和发展方向。世界上大多数国家都是通过发展彩票行业为公共事业筹集资金的，目前我国正处在全面建设小康社会的重要发展阶段，在经济快速发展的同时，社会对政府财政开支的要求不断扩大，同时随着生活水平的提高，人们逐渐重视自身健康问题，而重大国际体育赛事不断增多，也要求政府对体育事业的财政开支不断增加，如何解决"僧多粥少"的矛盾是我国政府面临的一个难题。在国家财力有限的情况下，体育彩票公益金收入对于补充各项社会事业发展资金起到了积极的作用，15 年来体育彩票公益金上缴中央财政的总额已经接近 400 亿元，用于其他事业的体育彩票公益金比例占到了一半，体育彩票已经不是部门彩票，而是国家批准、部门发行、社会受益的国家彩票，是国家为支持各项社会事业发展筹措资金的重要渠道。

第二，始终坚持从体育事业发展"生命线"的高度加强对彩票工作的领导。多年来，各级体育行政部门始终从体育事业发展的"生命线"的高度，把体育彩票作为"一把手"工程，不断增强责任感和使命感，创造性地发挥举国体制的优势，明确职责，团结协作，不断提高工作效率和水平。体育彩票逐步建立了一套"统一管理、分级负责"的管理体制，这种体制强化了对彩票发行销售的监督和管理，有助于发挥集中力量办大事的优势，在业务管理方面的统一，有利于整合全国资源，在技术管理方面的统一，有利于全国玩法的同步实现，节约投资成本，减少安全隐患。15年来，体育彩票队伍牢固树立了"全国一盘棋"的思想，总局体彩中心作为龙头，坚持"眼睛向下看，围着市场转"，切实做好战略规划、政策研究、组织协调和服务等工作，地方彩票中心扎根基层，充分发挥网点管理、彩民服务、渠道建设、营销宣传等职能，确保了与总局中心建立并保持协调一致的工作机制。

第三，始终以坚实的制度基础作为保障。没有规矩，不成方圆，没有制度，体育彩票事业也无法正常发展。15年来，我国体育彩票在发行上始终贯彻国家统一发行、统一印制、统一销售的三统原则，在运行上，形成了以宣传为先导，以制衡为格局，以制度为基石，以监督为核心，以素质为底蕴，以市场为导向，以财务监管为保证的运行机制，在人事上，加强队伍建设，提高员工的业务能力，强化廉洁自律，增强员工的政治品格，形成了激励与约束有效结合的人事制度，在销售上积极探索，建立和发展了自己的销售队伍，形成了对销售人员定期与不定期培训的机制，当然这些制度并不是一成不变的，而是随着我国经济社会形式的改变而不断变化，通过创新使得制度永葆青春活力。

第四，始终坚持了科学发展、可持续发展的理念。所谓可持续发展是指既满足当代人的需求，又不对后代人满足其需求的能力构成危害的发展，15年来我国体育彩票在发展的过程中始终以长远利益为主，不被短期利益所蒙蔽，始终以完善服务、拓宽渠道、培育市场、提高产品的信誉度为己任，不仅如此体育彩票在发展的过程中还制定出了战略规划，战略规划是对未来体育彩票发展的总体规划，如果没有清晰的战略规划，工作就很难有系统性，2006年国家体育总局体育彩票管理中心集中集体的智慧制定出了《2007—2009年体育彩票发展纲要》，明确了各个阶段的发展目标，为我国体育彩票的发展指明了方向，极大地促进了体育彩票市场的发展。

三、中国体育彩票发展中存在的问题

尽管我国体育彩票事业取得了很大的成绩，但当前仍然存在着一些问题没有解决，总结起来主要有：

首先，我国体育彩票的发展是不平衡的。这种不平衡一方面反映在地区销量的不同上，我国一些省份体育彩票的销量很大，所占市场份额也多，其中江苏省2008年的销量为50亿元，所占市场份额为59.97%，而另外一些省份的销量及市场份额均较小，如广西壮族自治区在2008年的销量仅为2.5亿元，市场份额为15.29%，另一方面则反映在不同收入群体购彩数量的不同上，据调查当前我国低收入群体购彩的比例远大于高收入阶层，成为当前我国彩民的主力军。

其次，发行和销售管理的体制机制还有待于进一步健全和完善。刚刚出台的《彩票管理条例》进一步明确了我国彩票的管理体制，即财政部门监管，主管部门管理，彩票机构发行销售。在这样的整体框架下，体育彩票如何继续创造性地发挥举国体制优势，建立高效、顺畅、和谐的运行机制，以满足《彩票管理条例》颁布后新形势下做好体育彩票工作、实现跨越式发展的新要求，是当前需要重点研究和解决的问题之一。在体制和机制创新中，人才引进、使用和培育的机制有待于进一步完善，从业人员的素质还需要不断提高。当前应该加大人员培训的投入力度，提高体育彩票从业人员的业务素质、增强其综合能力、磨炼其政治品格，把体育彩票从业队伍打造成一支业务强、品格硬的铁军。

再次，竞猜型彩票的发展空间仍有待于进一步开发。尽管足球彩票刚刚上市之时曾对体育彩票销量的增长起过巨大的推动作用，但当前足球彩票在体育彩票总销量中的比重较低，仅为10%左右，而且新足球单场竞猜目前仅在一部分省市上市，相关的渠道建设等都有待于进一步改进，此外竞猜类游戏的品种较少，不能满足广大彩民的需求，这些都是未来需要解决的问题。

第四，我国体育彩票的宣传还有待于进一步加强。尽管当前我国体育彩票已经被社会所认识，但许多人对体育彩票的了解仅仅停留在字面上，简单的把体育彩票与足球等竞猜型彩票画等号，而忽视了乐透型与即开型彩票也是体育彩票的品种；同时还有一些人没有充分认识到体育彩票的公益性，这些都需要体育彩票通过各种渠道加强公益宣传。

第五，我国体育彩票的渠道建设仍有待于进一步完善。尽管经过近几年的发展，我国电脑体育彩票的网点数量有了很大程度的增加，但网点形象和售后服务仍需不断改善，另外随着网点即开彩票的发展，大力开发商场、超市等社会网点也具有十分重要的意义，而目前社会网点的数量明显不足，此外手机、互联网等新型购彩渠道还有待于开发，这些都需要随着我国彩票事业的发展而加以解决。

四、中国体育彩票的前景展望

我国体育彩票在 15 年的发展历程中，无论在管理上还是在市场运营上都积累了丰富的理论依据和实践经验。"凡事预则立，不预则废"，随着 2009 年 7 月 1 日《彩票管理条例》的施行以及体育社会化、市场化的不断深入，体育彩票的发展在已有的基础上必将呈现出一些新的发展趋势。

1. 体育彩票的管理将进一步向科学化、法治化方向发展

在我国体育彩票 15 年的成长历程中，尽管已经积累和掌握了大量的经验，但长久的法律缺失对彩票市场的发展也造成了一些不利影响，如私人彩票、非法彩票在一些地区的泛滥，这些都不利于彩票市场的管理。尽管国务院此前出台过一些打击私彩的规定，但都由于缺乏法律依据而给彩

票不法分子提供了可乘之机。2009 年 7 月 1 日《彩票管理条例》的施行，为我国体育彩票管理体制和运行机制的科学化及法治化提供了保障，走有法可依、健康有序的发展道路是未来我国体育彩票发展的必然趋势。

2. 体育彩票的销售规模将迅速扩大

自从 1992 年党的十四大确立在我国建立社会主义市场经济体制以来，我国经济每年以近 10% 的速度增长，成为世界经济史上一道亮丽的风景，经济的快速增长使得彩票规模扩大，水涨船高，这是一个普遍规律，2008 年我国彩票销售总额为 1000 多亿元，仅占 GDP 的 0.3%，这与世界平均水平的 0.5% 相比还存在一定的差距；同时当前我国彩民占人口的比例与发达国家相比仍存在很大的差距，这些都说明我国体育彩票的潜在市场空间很大，随着我国经济的发展以及人们对彩票认识的不断深入，我国体育彩票的销量一定会快速增加。

3. 体育彩票的品种将更加完备、销售方式将向网络化、区域化等方向发展

随着未来我国经济的快速发展和人们思想意识的转变，体育彩票的品种将不断增加，从而满足不同消费群体的需求，马彩等一些新的彩票品种也将上市，不仅如此，对原有玩法规则的创新如在奖金的配置上也将层出不穷；同时随着网络技术的发展及手机的普及，体育彩票的销售方式将向电脑联网、区域化以及手机购买的方向发展，这些将极大地降低交易成本，给人们购买体育彩票提供方便，极大地提高人们的购彩热情，在这些基础上，未来我国体育彩票销售方式将会更加灵活、多样、广泛，购买体育彩票的人也将更加广泛。

4. 体育彩票将为我国体育事业和社会公益事业的发展发挥出更大的作用

在 15 年的发展历程中，体育彩票为我国体育事业和社会公益事业累计筹集公益金 777 亿元，推动了全民健身运动、社会保障、残疾人事业等的发展。伴随着《彩票管理条例》的施行，体育彩票具有了明确的法律地位，这将成为体育彩票发展的助推器，不仅规范了体育彩票的各项工

作，而且也将对非法彩票形成巨大的打击。体育彩票的发行规模将进一步扩大，筹集的公益金数量也会迅速增加，在我国从体育大国向体育强国迈进的过程中，在进一步完善各种社会保障事业的进程中必将发挥越来越重要的作用。

5. 体育彩票将成为丰富人民群众文化娱乐生活的有效方式

彩票活动源于游戏，作为游戏的延伸，彩票把博弈、竞争、娱乐、趣味等影响人们心理需求的各种因素结合在一起，增加了游戏的特殊魅力，满足了参与者各种个性的心理需要。彩票游戏的进入门槛很低，参与容易，具有广泛的群众基础和社会基础，且游戏结果具有随机性，不由任何人为力量控制，这就保证了游戏的公平性。随着未来我国体育彩票品种的不断丰富以及体育彩票形象的不断改善，体育彩票必将会成为丰富人民群众文化生活的有效途径。

回顾 15 年来我国体育彩票发行、发展所走过的历程，从无序到有序，从分散到整合，从粗放到严谨，从小规模到大范围，我国体育彩票已经逐渐成熟起来。"落霞与孤鹜齐飞，秋水共长天一色"，唐代诗人王勃在《滕王阁序》中曾经描绘过这样的美妙景象，伴随着《彩票管理条例》的施行，我国体育彩票事业必将迎来更加辉煌的明天。

辉 煌 历 程
庆祝新中国成立60周年重点书系

拼搏历程 辉煌成就
——新中国体育60年

【地方卷】

国家体育总局 编

人民出版社

地 方 卷

目 录

国运兴　体育兴 ……………………………………… 孙康林　1
　　——北京体育发展60年

天津体育发展60年 ………………………………… 韩振铎　18

风雨兼程　铸就辉煌 ……………………………… 聂瑞平　29
　　——河北体育60年

发扬光荣传统 走山西特色体育之路 …………… 苏亚君　54

全面发展崛起的内蒙古体育 ……………………… 石　梅　73

辽宁竞技体育发展60年回顾及展望 …………… 孙永言　91

波澜壮阔发展路，体育走入寻常家 …………… 赵锋佩　113
　　——吉林省群众体育60年

黑龙江冰雪运动发展、崛起的60年 …………… 郭铭玉　128

探索　奋进　腾飞 ………………………………… 于　晨　144
　　——上海体育发展60年

图强创新　跨越发展 ……………………………… 殷宝林　164
　　——江苏体育发展60年

浙江体育发展60年 ……………………………… 李云林　183

突破 ………………………………………………… 冯　潮　204
　　——安徽体育事业发展60年

沧桑巨变60年　福建体育10亮点 …………………… 徐正国 218

激流兼程60年 ……………………………………… 刘　鹰 242

　　——江西体育辉煌成就

山东体育辉煌60年 ………………………………… 张洪涛 268

艰难的历程　辉煌的成就…………………………… 韩时英 282

　　——河南体育60年发展概览

锐意进取　谱写湖北体育新篇章 ………………… 李建明 306

弘扬湖湘文化　打造体育"湘军" ………………… 李　舜 323

　　——湖南体育60年

广东体育60年 ……………………………………… 杨廼军 348

绘织壮乡全民健身的盛世画卷 …………………… 容小宁 362

　　——广西群众体育60年发展纪实

琼崖体育60年　继往开来谱新章 ………………… 陈亚俊 376

　　——海南体育事业60年回顾与展望

60年党旗指引　60年拼搏奋进 …………………… 吴建华 392

　　——重庆体育发展60年

四川体育60年发展与探索 ………………………… 朱　玲 409

突出特色　发挥优势　促进贵州体育事业

　　全面发展 ……………………………………… 蔡国祥 423

云岭体育之花 ……………………………………… 查大林 441

　　——云南体育60年

西藏登山事业取得的辉煌成就 …………………… 德吉卓嘎 461

继承和发扬延安精神把体育事业发展与广大

　　人民群众利益紧密联系起来 ………………… 李明华 478

　　——陕西体育60年回顾

大力弘扬甘肃精神　推动体育快速发展 ………… 杨　卫 499

青海体育：走特色发展之路 ……………………… 冯建平 512

宁夏群众体育：60年发展与创新 ………………… 马汉文 535

新疆体育辉煌 60 年 ……………………………………… 李光明 555

光辉的历程　辉煌的成就……………………………… 张运东 578

　　——大连体育 60 年

聚全市之力　集全市之智

　　成功举办奥帆赛和残奥帆赛 ……………………… 周鹏举 599

中国非奥运项目第一次大检阅 ………………………… 金三叙 616

　　——宁波市承办第一届全国体育大会历程回眸

深圳体育事业的创新与发展 …………………………… 蔡明远 629

60 年沧桑巨变　60 年春华秋实 ……………………… 高继宏 642

　　——新疆生产建设兵团体育事业发展 60 年

后　记 ……………………………………………………………… 658

国运兴　体育兴

——北京体育发展60年

北京市体育局局长　孙康林

新中国成立之前，国家积贫积弱，体育的普及程度及运动水平与世界的差距世人皆知，因而被人讥讽为"东亚病夫"。在当时的环境下，北京体育的开展自然无从做起，自20世纪初至新中国建立时止，全市除学校有过为数不多的体育竞赛外，综合性运动会历史上从来不曾举办过。

国运兴，体育兴。1949年10月1日，从毛主席在天安门庄严宣布"中华人民共和国成立了"那一刻起，新中国体育事业迎来了蓬勃发展的春天。1949年10月22日，第一届北京市运动会（当时称"北京市人民体育大会"）即在先农坛体育场举行。由于这是中华人民共和国成立后国内第一次新型运动会，也是北京市有史以来的大型综合运动会，所以吸引了西北、东北、华北、华东、华中地区及上海、天津、南京、济南、青岛、大连、西安等城市的参观团和苏联等国的友人观摩。开幕式气氛热烈，人员多达2万之众，闭幕式时党和国家领导人周恩来、彭真、郭沫若等都到场观看。

自此，北京体育吹响了快速发展的号角。

一、竞技体育高歌猛进　硕果累累

　　新中国成立之前，由于那时国家积贫积弱，我国整体竞技体育水平与世界的差距非常之大，北京的竞技水平自然无从谈起。北京竞技体育运动全面发展和水平的提高，是在新中国成立之后。

　　20 世纪五六十年代，北京乒乓球选手率先突破，整体推进，带头吹响了北京体育健儿向世界竞技体育高峰攀登的冲锋号。1957 年举行的第 24 届世界乒乓球锦标赛和 1959 年举行的第 25 届世界乒乓球锦标赛上，以傅其芳、姜永宁、王传耀、庄家富、孙梅英、邱钟惠、叶佩琼等北京选手为主力组成的中国队，一举夺得七个项次的第三名和两个项次的第五名，为中国乒乓球队后来全面登上世界乒乓球运动技术顶峰进行了全面预演。在 1961 年举行的第 26 届世界乒乓球锦标赛上，以北京选手庄则栋、王传耀为主力组成的男子团体一举夺得冠军，给世界乒坛以巨大震撼。庄则栋初出茅庐摘得男子单打桂冠。邱钟惠也一举登顶，成为新中国第一个女子乒乓球世界冠军。此外，在这届世锦赛上，庄则栋还获得男子双打亚军，孙梅英、邱钟惠在获得女团亚军的同时还获得女双亚军，王健获女单第 3 名，王传耀、孙梅英获混双第三名。庄则栋、邱钟惠获混双第五名，孙梅英获女单第五名，使这届世锦赛的所有比赛项目前六名中都留下了中国北京选手的名字。两年之后，在 1963 年举行的第 27 届世界乒乓球锦标赛上，庄则栋在参加男子团体获得冠军后，高歌猛进，又获男子单打冠军，男子双打亚军和混双第三名，邱钟惠、王健获女双第三名，孙梅英获女单第三名，邱钟惠、孙梅英、王健获女团第三名，邱钟惠、庄则栋获混双第三名。在 1965 年举行的第 28 届世界乒乓球锦标赛上，庄则栋不仅第三次蝉联冠军，还在他参加的男子团体、男子双打中拔得头筹并在混双中夺得第三名。新秀李莉则获得女子单打第三名和女子双打第三名。

　　"文化大革命"使体育工作被迫停顿，以至整个体育工作在70年代都处于重新恢复和积聚力量阶段，这十年中，北京选手仅有乒乓球的李莉获得一次混双世界冠军。80年代，北京体育健儿向世界体育高峰发起了第二次冲锋。首先是排球的郎平，作为中国女排的主力队员，于1981年的第三届世界杯女子排球赛和1982年的第九届世界女子排球锦标赛中率先夺取两个冠军，给了国人以极大的鼓舞。接着，郎平与另一名北京年轻选手杨晓君于1984年的第23届奥运会和1985年的第四届世界杯女子排球比赛中，又斩获两个冠军。1986年第十届世界女子排球锦标赛上，杨晓军与北京又一新秀刘玮夺得冠军。其他项目的选手紧随女排之后，掀起了一个冲击世界冠军的小高潮。1983年在意大利举行的第二届世界杯跳伞比赛上，北京选手李荣荣技压群芳，一举获得女子个人全能冠军。1984年第十七届世界特技与定点跳伞锦标赛上，北京选手于梅又获得女子个人定点冠军。同年，第三届世界杯跳伞造型比赛中，北京选手张荷生、张林、陈力、王永利、韩亦强再夺冠军。1986年第一届和1988年第二届世界踩伞造型锦标赛上，张林、陈力、王永利、韩亦强蝉联两届冠军。1985年举行的第五届世界杯技巧比赛中，北京选手徐宏、胡秉臣摘得男子双人全能和男子双人第一套两项冠军及男子双人第二套亚军，次年，在第六届世界杯技巧比赛中，徐宏、胡秉臣又夺男子双人第二套冠军。1986年举行的第五届世界游泳锦标赛上，北京选手陈琳夺得冠军。1987年举行的第三十九届世界乒乓球锦标赛团体赛和第八届世界杯乒乓球男子单打比赛中，北京选手滕毅夺得两项冠军。1987年举行的世界杯射击比赛中，北京选手大放光彩，徐小广、李丹、刘京生、郑文君4人在13个项目中获得前六名，其中李丹参加的女子汽步枪40发个人、团体和女子小口径标准步枪3×20团体均夺得冠军，刘京生参加的男子汽步枪团体、男子小口径自选手枪慢射团体均拔头筹。1989年的第六届世界弓弩锦标赛中，李丹、郑文君夺得女子10米团体桂冠。1988年举行的世界线操纵航空模型锦标赛F2B线操纵特技团体赛中，北京选手刘健夺得冠军。

　　上世纪90年代以来，以北京举办第十一届亚运会和申办奥运会为标志，是北京选手向世界竞技体育高峰全面进军并获得最好成绩的时期。这期间射击、乒乓球、体操、跳水、游泳、羽毛球、排球、跆拳道、摔跤、自行车、赛艇、国际象棋、武术、飞机跳伞、曲棍球共 15 个项目在奥运会、世锦赛、世界杯三大顶级赛事中 98 次夺得冠军，其获得冠军的项目之广、项次之多，是北京历史上从来没有过的。这中间，尤为突出的是北京射击选手，他（她）们不仅以 20 个世界冠军排在各项目之首，他们的优秀代表杨凌还以在第 26 届奥运会和第 27 届奥运会男子 10 米移动靶比赛中蝉联冠军的出色表现，在国际射坛写下了浓重的一笔，也为后人留下了永远的记忆。再有，乒乓球选手张怡宁以她特有的天赋和努力，几年间一人夺得 10 项次世界冠军，实现了奥运会、世锦赛、世界杯的大满贯，成为了中国女子乒乓球选手的真正领军人，为首都赢得了极大荣誉。还有摔跤选手王旭在第 28 届奥运会女子 72 公斤级比赛中一举夺冠，跆拳道选手罗微在第 28 届奥运会女子 67 公斤级比赛中独占鳌头，从而使这两个重竞技项目在奥运会中一举翻身，其意义是历史性的。给人留下难忘印象的还有北京体操选手，奎媛媛、张津京、滕海滨三人在十年间先后 8 次登上世界冠军领奖台，使五星红旗升起在体操世锦赛、世界杯和奥运会的赛场上。游泳选手韩雪、晁娜也曾先后 4 次使各自的名字镌刻在世界冠军榜上，跳水选手王睿、贡明曾经先后 5 次登上世界冠军的领奖台。特别值得说的是，在 2008 年北京奥运会上，北京选手在家门口不负众望，乒乓球选手张怡宁、射击选手陈颖、体操选手何可欣、跳水选手林跃，一路过关斩将，力克对手，登上奥运冠军领奖台，为首都赢得了荣誉。游泳选手张琳虽然获得的是奥运银牌，但却是中国人在这个项目中夺得的最好成绩，因而给国人以很大振奋。

六十年间，北京选手连续参加过十届全国运动会，夺得冠军 282 个；从 1974 年中国首次组团参加第 7 届亚运会起，北京选手共有 365 人参加过九届亚运会，夺得冠军 110 个；从 1984 年中国重新参加奥运会起，北京选手共有 168 人先后七次参加奥运会，共夺 13.5 枚金牌。此外，北京选手在六十年间还有 34 人次创、超世界纪录和奥运会纪录，166 人次获世界冠军，1068 人次获全国冠军。

二、群众体育蓬勃发展　生动活泼

新中国成立后，北京的群众性体育活动是多姿多彩的。其发展变化大体可以划分为三个阶段：

第一阶段是自新中国成立至 1976 年。新中国的成立为广大市民群众体育健身提供了制度保障，1949 年 10 月 22 日在先农坛举行的北京市人民体育大会，开启了全市、乃至全国体育运动会的先河，尤其是党和国家领导人周恩来、彭真、郭沫若和友好国家代表及兄弟省、市、区代表团等亲临大会开幕式，使这届体育大会更加显现出它的示范性和标志性。这届体育大会后，全市迅速兴起了体育健身热，仅北京市公安局系统就成立有 101 个职工篮球队。1952 年毛主席发出"发展体育运动，增强人民体质"的号召，同时，国家体育主管部门推出第一套广播体操，于是全市广泛开展起以广播体操为主要内容的体育健身活动，形成了单位领导带头、人人做操、天天坚持的热烈局面。据当时 13 个区工会统计，有 17 万职工每日参加广播操，在 100 人以上的厂矿企业中有球类运动队 2820 支，队员多达 36500 人。"劳卫制"的实施，使全市群众性健身活动开展得更加热烈和有序。

第二阶段是 1977 年之后的近 20 年，这是北京群众体育展现全新面貌和大发展的时期。这一时期作为群众体育主体的职工体育、农民体育、残疾人体育、老年人体育等得到全面发展和提高。职工体育——"文化大革命"之后，随着各级体育机构的恢复，全市有领导、有组织、有计划地推进群众体育活动，广大群众也表现出参加体育锻炼的空前热情，参与锻炼的人数也空前之多。各级工会组织的职工体育运动会、机关运动会等一个接着一个，在全国职工体育运动会上，北京职工代表队亦积极参与，并取得优异成绩。截至目前，全市共有231个职工体协被评为全国体育先进单位，266名职工被评为全国职工体育先进个人。农民体育——京郊农民的体育健身是在自愿、可能的原则下，因时、因地、因人制宜的渐进和扎实开展。"文化大革命"后为适应形势的发展，北京市农民体育协会随之成立，并于1986年召开了首届北京市农民运动会，14个区、县的近千名农民选手参加比赛。为满足农民体育健身的需求，各区县相继修建了一批农村体育场地，不少村、庄和农民还购置了体育健身设施和器材。通州、顺义、昌平等还先后被评为全国体育先进县。老年人体育——上世纪60年代之前，北京的老年人体育活动主要是分散参与散步、慢跑、打拳、棋类等活动，且都是自发的。"文化大革命"后，一些基层单位开始有领导地组织老年人参加广播操、太极拳、武术、象棋、钓鱼等活动，并于1978年举办了首届"老年人新长征运动会"，之后1979年和1980年又接连举办了第二、三届"老年人新长征运动会"。为适应老年人的需要，再后来还举办了离休老干部运动会、老年人室内康乐运动会、军队离退休干部运动会。北京的老年体育代表队和选手还积极参加国内外的体育比赛和交流，并取得不少不俗的成绩。伤残人体育——北京特别关注伤残人的健康，如在盲童学校和聋哑学校增配体育教师，开设体育课，安排学生课外体育活动，举办小型体育比赛等。进入上世纪70年代，伤残人体育活动和竞赛日益增多，为适应这一形势需要，北京市伤残人体育协会应运而生，并很快形成了市、区、街道三级体育活动组织体系。全市还曾举办过盲人聋哑人运动会、伤残人运动会。北京选手还积极参加国内和国际伤残人运动会，平亚利、沈继良等一批选手还多次在世界伤残人大赛中夺得冠军，多次使五星红旗升起在世界体坛。

此外，北京群众性传统大型体育活动，如开始于1956年的春节环城赛跑（现为北京国际长跑节）、醒狮杯越野赛跑、冬泳、登山、攀登电视塔、夕阳红垂钓、民族传统运动会等，都极大丰富了全市群众的体育文化生活。

1995年以国务院颁布《全民健身计划纲要》为标志，北京群众性体育活动进入了国家领导、社会支持、全面参与的有目标、有任务、有措施的更科学、更规范的高层次阶段，即第三阶段。这一阶段全市群众体育工作呈现出的特点是：第一，全民健身的组织领导体系比较完善地建立和健全起来。市全民健身工作委员会由主管市长担任主任，市各有关委、办、局及各区县领导为成员，各区、县也都相继成立了全民健身工作委员会，并由区、县长担任委员会主任。到 2000 年年底，全市已初步建立起覆盖全市、条块结合的群众体育组织网络，其中包括由行业、系统、街道和乡镇组成的社会行政管理网络，由工会、共青团、妇联组成的社会团体管理网络，由区县体育总会和各单项体育协会组成的体育社团管理网络。第二，旨在保障和促进群众性健身活动开展的法规和规章逐渐健全。根据《体育法》的精神，上世纪 90 年代中期以来，北京加大了群众性体育健身法规的建设力度，如市人大常委会 1999 年颁布的《北京市体育设施管理条例》和 2005 年颁布的《北京市全民健身条例》，市政府 2006 年重新修订的《北京市体育竞赛管理办法》和 2006 年制定的《北京市体育运动项目经营单位安全生产规定》以及体育行政部门印发的 20 多件有关群众体育工作的规范性文件，为群众体育活动的广泛开展提供了法律、法规的保障，促进了群众性体育活动的开展。第三，群众性体育活动设施建设得到较快发展。到去年止，全市共配建全民健身工程 6069 个（其中居家工程 5842 个，标准工程 210 个，市级工程 17 个），覆盖了全市 100% 的街道、100% 的乡镇和 100% 的行政村，总配建面积 419 万平方米，总投资 7.26 亿元。第四，群众性体育活动空前活跃。以 2003 年为例，全市共举办市级各类群众性体育活动 30 多项，区县级举办各类群众性体育活动 250 多项，基层单位举办各类群众性体育健身活动 10332 项，参加体育锻炼人数多达 3284930 人次。目前北京体育人口已达 48%。第四，社会体育指导员队伍发展较快。目前全市已有国家级社会体育指导员 220 人，一级社会体育指导员 6670 人，二、三级社会体育指导员 28676 人。特别令人欣喜的是，2008 年北京奥运会的圆满举办，使全市广大群众体育意识大为增强，一个自发的、多样的、持久的群众性健身热潮已经兴起，它对全市经济社会发展的潜在促进作用将会逐渐显现出来。

三、体育赛事数量多　级别高

北京作为我国的首都，真正成为能够举办重大国际体育赛事的城市，历经半个世纪，走过了3个阶段不平凡的路程。

第一阶段是自新中国成立至1960年。这一阶段由于国力和国际等原因，北京没有举办过任何一个项目的国际大型赛事，更没有举办过一次洲际以上的国际综合性大型体育赛事。

第二阶段是自1961年至1990年。这个阶段的标志性赛事，是1961年4月第二十六届世界乒乓球锦标赛在北京工人体育馆的举办，它的圆满成功开启了新中国举办大型国际体育赛事之门。在这个阶段，北京先后成为44项次重大国际体育赛事的举办地，其中1973年举办的第一届亚非拉乒乓球友好邀请赛，参加的国家和地区达87个之多，参赛选手有569人，是继第二十六届世界乒乓球锦标赛后10多年间影响最大的一次赛事。还有1975年在北京举行的国际游泳跳水邀请赛，有23个国家和地区的300多名选手参赛，使全世界通过这次赛事不仅领略了中国游泳跳水选手技术水平的进步和提高，也亲自体验了北京组织水上项目比赛的能力。1982年在北京举行的国际马拉松比赛，首次就有12个国家和地区近百名优秀选手参加，此后这项赛事被国际田联列入世界A级赛事，每年在北京举办一次，每次参赛优秀选手都有200人之多，1988年那届马拉松比赛参加选手近400人。此外，在北京举行的世界冰球（c组）锦标赛、国际军事体育射击锦标赛、世界技巧赛、世界杯体操赛、世界业余围棋赛、世界羽毛球锦标赛、亚洲女子排球锦标赛、世界女子排球锦标赛、国际铁人三项赛、亚洲射击锦标赛等国际赛事，不仅影响较大，且都非常圆满、成功。这期间，在北京举办的规模最大、人数最多的重大国际体育赛事则是

1990 年的第十一届亚洲运动会，这届亚洲运动会高举"团结、友谊、进步"的旗帜，迎来了亚洲 37 个国家和地区的代表团，总人数多达 6458人，另有 47 个国家和地区的记者 4800 多人，是北京历史上举办的最大的一次国际体育盛会。

第三阶段是 1991 年至今。如果说盛况空前的 1990 年第十一届亚洲运动会向世界全面展示北京举办国际大型综合运动会能力的话，那么之后近 20 年内多达 160 多项次重大国际体育赛事在北京举办，则是对北京迈向国际化体育城市的肯定和支持。就运动项目而言，亚洲和世界的近 40 个项目协会批准把本项目的比赛放在北京举办，其中仅球类项目就有 11 项（足球、篮球、排球、棒球、垒球、手球、网球、乒乓球、羽毛球、台球、冰球）之多。其他亚洲和世界运动项目协会如田径、体操、举重、柔道、射击、射箭、自行车、跆拳道、技巧、武术、围棋、龙舟、搏击、汽车、铁人三项、皮划艇、飞机跳伞、花样滑冰等，也都曾经把本项目的擂台摆在北京，这些项目的赛事中级别和水平较高的有：1992 年在北京举办的世界杯女子垒球赛，1993 年在北京举办的世界游泳锦标赛，1994 年在北京举办的世界杯射击赛，1996 年在北京举办的国际龙舟邀请赛，1997 年在北京举办的国际沙滩排球邀请赛，2000 年在北京举办的美国 NBA 传奇队表演赛，2005 年在北京举办的苏迪曼杯世界羽毛球混合团体赛、世界职业拳击冠军赛、中国网球公开赛，2006 年在北京举办的斯诺克公开赛、VOLVO 中国公开赛（高尔夫）、世界滑水赛，2007 年在北京举办的世界动力伞锦标赛、世界跆拳道锦标赛等。特别是 2001 年在北京举办的第 21 届世界大学生运动会，更是这阶段诸多国际赛事中规模最大、人数最多的一个重大赛事，世界 160 多个国家和地区的代表团近 5 万宾客齐聚北京，他们在演绎了一场世界级别的友好对话的同时，感受了这座文明古都的激情，见证了这座文明古都日新月异的变迁，称赞这届大运会是个奇迹，"在其他国家很难做到"。在这个阶段的国际体育赛事中，世界高水平的足球队来访是其中的一个重要组成内容，这些赛事不仅推动着中国足球水平的提高，也丰富了北京和全国体育爱好者的业余生活。如 1995 年来访的巴西帕尔梅拉斯队、意大利那不勒斯队、法国不莱梅队，1997年来访的日本福冈队，1999年来访的巴西联队、韩国LG队、英国水晶宫队，2000年来访的荷兰阿贾克斯队，2003年来访的西班牙皇家马德里队，2005年来访的英国曼联队，2007年来访的西班牙巴塞罗那队的比赛，都给人们留下了难忘的深刻记忆。

尤其是北京奥运会举办前的2007年下半年至奥运会开幕前，奥运项目的各个国际单项协会纷纷在北京举办名为"好运北京"的邀请赛、资格赛、测试赛近30多项次，以让世界各国运动员适应和熟悉场地。当2008年第二十九届奥运会各项赛事在北京圆满谢幕之时，北京组织重大国际体育赛事的能力和作为国际体育中心城市的地位为得到了世界各国的广泛认可。

四、体育设施规模宏大　门类齐全

体育设施建设的规模、速度与经济和社会发展紧密相连。北京的经济发展为体育设施建设提供了足够的物质支持。六十年间北京的体育设施建设经历了由小规模到大规模、由较慢到较快、由低级到高级几个发展阶段。

第一阶段是新中国成立至1977年。这阶段是全市体育设施建设的起步阶段，总体规模较小，共建成各类体育设施472个。其中最突出的是被列为"十大建设"之一的可容80000人的工人体育场、工人体育馆，还有北京体育馆、首都体育馆。这期间，大学和部分中学的体育设施发展较快，尤其是大学中多数学校都修建了体育场。

第二阶段是自1978年至1990年。这个阶段是改革开放的初始阶段，社会需求的多元化开始显现，体育设施的建设为顺应这一需求大大加快了步伐，10年间共建起各类体育设施940处，是新中国成立后30年所建体育设施的 2 倍。这期间，为了迎接第 11 届亚运会在北京的举办，不仅兴建了北京有史以来最大的体育设施群——奥体中心，还兴建了一批分散在各区、县和学校内的体育设施，如后来为体育竞赛和群众体育开展做出了巨大贡献的东城地坛体育馆、西城月坛体育馆、宣武体育馆、朝阳体育馆、海淀体育馆、石景山体育馆、丰台体育中心、昌平自行车场、大学生体育馆、北体大体育馆等。这期间的体育场馆建设资金投入达到 19.9 亿元。

第三阶段是 1991 年以来北京体育设施进入了高速全面发展和由低级向高级发展时期。这期间随着竞技体育、群众体育迅速发展的需要，北京体育设施的建设无论在规模数量上和投资总量上，都达到历史新高，共建成各类体育设施 10694 处，加上前几个时期的体育设施，目前北京各类体育设施总数达 12106 处。

表 1　北京市现有体育场地数量情况一览表

指标名称	合计（个）	甲类（个）	乙类（个）	占地面积（万 m²）	建筑面积（万 m²）	场地面积（万 m²）	总投资（亿元）
数量[1]	12106	6100	6006	4497.1	376.6	3191.7	141.5
人均数[1]	8.3 个/万人	4.2 个/万人	4.1 个/万人	3.1m²/人	0.26m²/人	2.2m²/人	975.9 元/人
数量[2]	12063	—	—	2808.5	354.9	2012.9	127.62
人均数[2]	8.3 个/万人	—	—	1.94m²/人	0.24m²/人	1.39m²/人	880 元/人

注：1. 此表为 2003 年全国体育设施普查数；2. 甲类场地是指符合竞赛标准的场地，乙类场地是指社会上一般性体育健身场地。

这些体育设施，特别是近十几年建成的体育设施，有几个鲜明的特点：一是体育设施无论是标准设施或非标准设施的类型变化较大。如 6100 处标准体育设施不仅从数量上发展是快的，质量上也是好的，其中相当一部分担当着专业运动队训练和比赛任务，担负着举办大型国内国际赛事的任务，其场地种类达到 58 种之多；而 6006 处非标准体育设施则主要以大众体育为主，其种类也多达近 20 个，如室外健身工程场所 4123 个，体育场 93 个，体育馆 36 个，游泳场所 446 个，足球、篮球、排球、门球场地 3106 个，网球场地 275 个，综合训练馆（房）88 个，高尔夫球场地 13 个，滑雪地 12 个。这些设施分布在学校、公园、广场、厂矿、街道、乡镇、机关、饭店等，为体育爱好者提供了体育健身的各种不同需要。二是体育设施的公益性和经营性日益明显。目前，全市公益性体育设施有 9953 个，占全市体育设施的 82.2%，这些公益性体育设施也都程度不同地在进行着经营性的探索和尝试。全市完全经营性的体育设施是 2153 处，占全市体育设施总数的 17.8%，这部分体育设施主要是近十几年发展起来的。三是体育设施的建设中经济成分在多元化。1978 年以前，全市体育设施建设全部为国有经济和集体经济两种成分。1979 年起私有经济、港澳台经济、外资经济开始进入体育设施的建设和经营，目前，全市体育设施的建设虽仍以国有经济和集体经济为主导，但私有经济所建体育设施已达 883 处，占全市体育设施总数的 7.3%；港澳台经济所建体育设施 235 处，占全市体育设施总数的 1.9%；外商经济所建体育设施 151 处，占全市体育设施总数的 1.2%。这种体育设施建设经济成分多元化的势头还在继续发展。四是不同隶属关系的体育设施在发生变化，而且这种变化相对平衡、合理。隶属中央部门和单位的体育设施 1095 处，占全市总数的 9.0%；隶属市级部门和单位的体育设施 658 处，占全市总数的 5.4%；隶属各区级部门和单位的体育设施 3628 处，占全市体育设施总数的 30%；隶属郊区各县级部门和单位的体育设施 6725 处，占全市体育设施总数的 55.6%。这些体育设施建设在学校的有 4173 处，占全市总数的 34.5%；建设在街道居民小区的有 2677 处，占全市总数的公园的有 306 处，占全市总数的 2.5%；建在广场的有 149 处，占全市总数的 1.2%；建在老年活动场所的有 211 处，占全市总数的 1.7%；建在机关企事业单位的有 874 处，占全市总数的 7.2% 等。这表明，体育设施的建设在朝着基层和便民、利民的方向发展。

表2　北京市体育场地类型数量情况

场地名称	个数	场地名称	个数	场地名称	个数	场地名称	个数	场地名称	个数
体育馆	36	体操房馆	11	棋牌房馆	183	室外曲棍球场	1	体育场	93
击剑房馆	1	武术房馆	17	保龄球房馆	227	自行车赛车场	1	足球场	93
室内射箭场	1	举重房馆	17	室内游泳池	368	水上运动场	1	田径场	146
室内人工冰球场	1	摔跤柔道房馆	33	健身房馆	405	航空运动机场	1	排球场	230
室内人工速滑场	2	手球房馆	1	台球房馆	411	室外射击场	2	小运动场	878
游泳馆	3	羽毛球房馆	46	有固定看台、灯光球场	9	天然游泳场	2	篮球场	1905
室内跳水池	3	壁球馆	55	手球场	9	室外射箭场	3	室外网球场馆	195
田径房馆	4	篮球房馆	62	赛马场	9	摩托车赛车场	3	高尔夫球场	13
排球房馆	4	室内网球场馆	80	棒垒球场	10	汽车赛车场	3	室外游泳池	72
室内轮滑场	4	其他训练房馆	88	滑雪场	12	地掷球场	3	门球场	77
攀岩馆	5	综合房馆	99	攀岩场	12	室外轮滑场	8	卡丁车场	13
室内射击场	9	乒乓球房馆	120	健身工程	4123	其他			0

　　体育设施建设中特别值得提及的是奥运场馆的建设。为成功举办第29届奥运会，本市从2003年12月开始又新建、改建了一批现代化的体育场馆，这些体育场馆以鸟巢、水立方和国家体育馆为标志，均属世界一流水平，不仅圆满完成了奥运会的比赛任务，而且作为标志性建筑赢得了国际社会的极大认可和广泛赞誉。

五、体育产业适时兴起　快速发展

北京市体育产业起步于 20 世纪 80 年代中后期,真正得到快速发展是在 1992 年中共中央、国务院发布《关于加快发展第三产业的决定》和 1993 年国家体委印发《关于培育体育市场,加快体育产业化进程的意见》之后。

从那时起,北京的体育产业遵循"以体为主,多种经营"的方针,主要从出租场馆、承包经营、冠名赛事、成立公司等入手,迅速向体育彩票、体育会展、体育休闲、健身娱乐、赛事表演、体育中介、体育经纪人、体育健身器材、体育服装等领域发展,而且速度较快,十分活跃。目前,北京体育产业发展的主要特点可以概括为五个方面:一是以社会资金投入为主的体育健身休闲市场体系初步形成,全市体育运动项目经营单位有 1200 余家,经营场所有 6000 多处,涉及运动项目达 80 多个。二是体育竞赛表演市场稳步发展,如中国网球公开赛、NBA 中国季前赛等国内外重大赛事先后落户北京,初步形成品牌赛事。三是体育彩票作为体育产业中的一支生力军,发展稳定,势头良好,近几年销售额均稳定在 10 亿元左右,每年都为近万名从业人员提供就业机会。四是各类体育中介组织、体育用品和体育培训等发展迅速,目前全市有体育经纪公司 117 家,体育经纪人 1166 名,体育培训机构 200 余家。五是体育产业在全市 GDP 中的比重不断增加,以 2004 年为例,本市体育产业营业总值达 196.2 亿元,实现净增长值达 65.7 亿元,占全市GDP 的 0.8%。可以说,以体育为特色的集体育、文化、旅游、传媒、商业为一体的具有首都特色的综合产业链和现代化服务业市场在逐渐形成。

销售体育彩票情况

（单位：万元）

年份	彩票销售额	提取公益金
1995	300	90
1997	960	288
1998	2400	720
1999	6000	1800
2000	44000	13200
2001	150000	45000
2002	130858	45449
2003	111701	39095
2004	73326	25664
2005	89452	29155
2006	119666	34623
2007	126007 154000	36902 32800

还有，在全市体育产业中产生巨大影响的是体育会展，本市曾先后举办过5届（即第九届、第十一届、第十三届、第十五届、第二十一届）中国国际体育用品博览会，每次展出都有数百家国内外企业参展，最多的一届达到近700家，参展国家和地区每届都有20多个。

六、国际体育交流日益频繁　空前活跃

新中国成立的60年，是北京国际体育交流活动空前活跃的60年。

从1949年到1978年的29年间，本市对外交流团组仅19批次，人数也不多。改革开放后，本市对外交流活动大为增加，仅前十年内，就有摩托车、排球、棒球、手球、网球、篮球、体操、足球、武术、桥牌、乒乓球、垒球、田径、自行车、飞机跳伞、健美、气功、中国象棋、拳击、花样游泳、柔道、赛艇、信鸽、射击以及体育科研等项目的 80 多个团、组到 20 多个国家和地区进行访问、比赛和表演。而到北京进行访问、比赛和表演的国家、地区达 110 多个，代表团达 500 多个。

1990 年第 11 届亚运会后，北京的体育对外交流更是日益频繁，每年少则几十批次，多则 200 左右批次，七八百人次出访、比赛或交流。如2006 年一年内就有 207 个批次的 790 人次出访日本、韩国、越南、朝鲜、泰国、菲律宾、马来西亚、新加坡、印度尼西亚、孟加拉、卡塔尔、蒙古、中国台湾、中国香港、中国澳门、俄罗斯、法国、德国、意大利、摩纳哥、塞尔维亚、亚美尼亚、奥地利、英国、荷兰、卢森堡、西班牙、匈牙利、瑞士、瑞典、土耳其、哈萨克斯坦、克罗地亚、保加利亚、澳大利亚、加拿大、美国、埃及、希腊、印度、多米尼加、以色列、南非等世界50 多个国家和地区，足迹遍及世界五大洲。这期间，国外团队的来访、比赛及交流也空前活跃，共有 736 个体育团队共 20013 人次到京进行各个项目的比赛及访问。近 20 年间，北京共派往世界各国和地区代表团、组达 2603 批次，出访人员达 10682 人次。这些出访和来访，不仅增进了本市体育工作者与世界各国和各地体育工作者的友谊和了解，而且也大大开阔了眼界，促进了本市体育运动技术水平的进步和提高。

七、体育法规建设逐渐完善　成效显著

由于众所周知的原因，1978 年前北京市的体育法规建设十分薄弱，30 年间没有出台过一部地方性体育法规，政府性规章也不多。

作为北京市体育法制建设的初探，1993 年 9 月 1 日，为加强游泳场所的管理，北京市体委、北京市公安局、北京市卫生局联合发布《北京市游泳场馆管理暂行办法》。《体育法》颁布实施后，北京市的体育法制

建设进入快速发展时期，1996 年 7 月 30 日，《北京市公共场所管理办法》公布，为北京市公共体育场所的管理制定了法律依据。1996 年 12 月 18 日，为加强对体育竞赛工作的管理，市政府公布 16 号令《北京市体育竞赛管理办法》；1998 年 11 月 12 日发布《北京市体育运动项目经营活动管理办法》，以加强对体育市场的法制化管理。1999 年 10 月 28 日，《北京市体育设施管理条例》经市第十一届人民代表大会常务委员会第十四次会议通过，2000 年 1 月 1 日起实施。这部条例是我市第一部地方法规，对加强我市体育设施的规划、建设和管理，具有重要的意义。2005 年 12 月 1 日经北京市第十二届人民代表大会常务委员会第二十四次会议审议通过，2006 年 3 月 1 日正式颁布实施了《北京市全民健身条例》。《条例》在全民健身经费保障、全民健身工程的更新和维护、全民健身活动场所的开放条件以及国民体质监测等方面都作了明确的规定。2004 年 7 月 1 日，《中华人民共和国行政许可法》颁布实施后，国务院办公厅专门下发了《国务院办公厅关于保留部分非行政许可审批项目的通知》（国办发〔2004〕62 号），北京市政府对行政许可事项进行清理，对没有上位法依据的行政审批事项予以废止。为此，《北京市游泳场馆管理暂行办法》、《北京市体育运动项目经营活动管理办法》被废止，《北京市体育竞赛管理办法》列入修改项目。2006 年 6 月 6 日市政府第 55 次常务会议审议通过修订后的《北京市体育竞赛管理办法》，于当年 8 月 1 日正式实施。《北京市体育运动项目经营单位安全生产规定》于 2006 年 10 月 12 日经人民政府第 54 次常务会议审议通过，2007 年 4 月 1 日起施行，弥补了《北京市体育运动项目经营活动管理办法》被废止后，体育市场管理无法可依的状态。截至目前，北京市共有地方法规两部、政府规章两部，以市体育局名义制定的规范性文件几十部，为北京市体育事业沿着规范化、法制化发展奠定了坚实的制度基础。

天津体育发展 60 年

天津市体育局党委书记　韩振铎

　　天津是中国近代体育的发祥地，是中国百年奥运梦想的策源地，创造了新中国体育史上的多项第一，在新中国体育事业的光辉史册上书写了浓墨重彩的一笔。

　　特别是改革开放以来，在党中央国务院和天津市委市政府的亲切关怀和全力支持下，天津体育事业以邓小平理论和"三个代表"重要思想和科学发展观为指导，坚持科学发展，团结奋进，开拓创新，发生了巨大变化。

　　竞技体育实现了历史性突破，涌现出一大批享誉中外体坛的优秀运动员和优秀团队，他们顽强拼搏，不断超越，在国内国际重大比赛中取得了骄人战绩，为国家赢得了荣誉，为天津增添了光彩；一座座布局合理、设施先进、功能完备的现代化体育场馆如雨后春笋般拔地而起，成为展示天津城市形象的靓丽"名片"，为全市人民开展体育运动、举办各类大型体育赛事提供了良好的条件，同时，以此为依托，成功举办了一大批具有重要影响的国内国际重大体育赛事，扩大了与国内外体育界的交流合作，增进各国各地区运动员之间的友谊，为展示天津风采、提升天津知名度起到了十分重要的作用。

　　坚持把发展群众体育事业、满足市民健身需求、促进社会和谐发展作为体育工作的根本任务，全民健身工作成为各级政府综合发展的有机组成部分，"亲民、便民、利民"多样化的全民健身服务体系基本建成，市民体质监测体系日趋完备，市民体质总体处于全国较高水平。体育健身消费市场健康发展，体育产业方兴未艾，为促进天津经济发展发挥了积极作用，改革开放的成果惠及全市人民。

一、解放前的天津体育

19 世纪 80 年代，李鸿章在天津兴办"洋务"，创办北洋水师学堂。随着各类学校陆续建立，学校中先是设有兵式体操课程，很快教会学校及聘任外籍教师的学校也开展了足球、击剑、拳击、跳远、跳高、跨栏、单杠、双杠、游泳等运动项目，锻炼学生体魄，培养尚武精神。与此同时，西方教会、各国侨民和驻军也把近代体育中的田径、球类、游泳、赛马等竞技项目带到了租界，经常举办运动会，这对西方近代体育中起到了传播、推广作用。进入 20 世纪，西方近代体育已逐渐成为天津体育运动的主流。

天津由于开展近代体育活动较早，加以学校普遍设立了体育课，体育人才辈出。同时，学校中和社会上相继组建了各种群众性体育社团，因而竞赛和技术交流活动日益增多，有力地促进了运动水平的提高。特别是田径和球类运动水平在 20、30 年代一直处于全国领先地位。南开学校学生组成的"南开五虎"男子篮球队，铁路职工组成的"北宁"足球队，都战绩辉煌，蜚声国内外。跳高选手吴必显创造的全国最高纪录，保持了 18 年才被打破。

日本发动全面侵华战争期间，天津沦陷，一些素有体育传统的学校或被查封停办，或被迫迁移外地，不少体育人才外流。直到天津解放前夕，参加体育运动的人数和运动技术水平均未恢复如前。

1910 年天津田径运动员第一次走出天津，参加了在南京举行的全国学界运动会（辛亥革命后，追称为"第一届全国运动会"），并取得了 6

个冠军、3个第2名、1个第3名。

20世纪20年代，近代体育活动开始步入社会。1923年在河东大王庄一带成立了由职工、学生组成的"近友体育会"。此后成立的天津体育协进会，联合天津体育团体组织体育活动。每年都定期或不定期地举行运动会和各类球类比赛。学生、职员、市民均可参加。与此同时，社会上也自行组织了不少体育社会团体和各类球队。

随着近代体育在天津的发展，天津陆续兴建了一些公共体育场地，建成了第一个专用田径场地——民园田径场地，修建了当时亚洲大型运动场之一的北站体育场。国民党统治时期，全市公共体育场地屈指可数，且设备简陋，破旧不堪，全市体育场地面积仅有54.12万平方米。

二、"文化大革命"前的天津体育

1949年中华人民共和国建立后，在中国共产党和人民政府的领导关怀下，天津体育运动结束了长期停滞状态，进入了一个崭新的全面发展时期。1952年和1954年天津市体育分会和天津市体育运动委员会正式成立，遵循"发展体育运动、增强人民体质"、"为生产建设和国防建设服务"的方针，对全市体育工作实施统一规划管理，调动各方面的积极因素，促进了天津体育的迅速发展。

（一）竞技体育

新中国成立后，天津的体育项目发展很快，篮球、足球、排球、乒乓球、网球、棒球等项目先后组建了优秀运动队，积极参加国内外各项重大比赛，共夺得144个冠军。其中国际和洲际比赛冠军17个，6次破超世界纪录，全国冠军127个，破超全国最高纪录33次。从1958年至1965年，天津运动员穆祥雄、赵庆奎、郭浩洲多次打破游泳、举重、航模的世界纪录，王志良和张燮林合作获得第 27 届世界乒乓球锦标赛男子双打冠军，郭可愚参加世界大学生运动会夺取女子跳马铜牌，使五星红旗第一次在国际体操赛场上升起。1959 年第一届全运会在北京举行，天津选手 200 人入选河北省体育代表团参赛，天津选手获 12 个第 1 名，16 个第 2 名，20 个第 3 名。

（二）群众体育

1949 年 11 月举办的首届"人民体育运动大会"（第一届全市运动大会），揭开了天津体育运动新的历史篇章。50 年代初，随着国民经济的恢复、发展，人民生活水平逐步提高，广大群众参加体育锻炼的意识和要求日益增强。先后在学校中试行"劳卫制"锻炼标准，在职工中试行冬季体育锻炼及推广广播操，极大地调动了群众参与体育锻炼的积极性。1954 年根据国家体委关于"群众体育运动首先在厂矿、学校、部队和机关中切实开展起来"的指示，全市各产业系统、机关、学校以及各基层单位陆续建立了体育协会、青少年业余体校和业余体育锻炼队（小组），全市群众体育活动展现新的局面。

天津市不仅是全国最先成立职工体育协会的城市，天津绒毛加工厂还因职工体育协会在开展群众体育工作中成绩显著，被评为全国体育红旗单位。1958 年国家体委在天津召开了全国职工体育工作现场会，总结推广绒毛加工厂结合生产开展群众体育运动的经验，全国掀起了"学天绒，赶天绒"的热潮。

1958 年开始在"鼓足干劲，力争上游，多、快、好、省地建设社会主义"的总路线号召下，天津市各种类型的体育协会和体育运动队如雨后春笋般纷纷出现，广大群众投身体育锻炼的积极性和自觉性空前高涨。群众参加体育活动面之广和"劳卫制"达标人数之多都达到前所未有的高峰。但也不可避免地受到了当时刮遍全国的浮夸风影响，提出过一些例如"人人通过'劳卫制'，个个争当运动员"的违反科学、脱离实际的口号；采取过一些诸如"挑灯夜战，限期达标"，只求数量而不问质量的虚冒假报措施，不仅背离了开展群众体育活动的真正目的，而且挫伤了群众参加体育锻炼的热情。进入 60 年代，国民经济出现暂时困难，群众体育活动的开展受到很大影响，形成低潮。但在此期间有不少单位仍旧坚持开展了"两操"（广播操和生产操）、"一拳"（太极拳）、"一球"（乒乓球）、"一棋"（中国象棋）等消耗体力不大、有益身体健康的活动。随着国民经济形势逐渐开始好转，天津依据国家体委倡导的"因时、因地、因人制宜，业余、自愿、小型、多样"的原则，在群众中逐渐恢复广播操、工间操，并开展小型多样的体育活动及医疗体育等。学校体育也基本恢复了"两课"（每周两节体育课）、"两操"（早操、课间操）、"两活动"（两小时课外活动）。

三、"文化大革命"时期的天津体育

"文化大革命"给天津体育发展带来了灾难性后果。体育行政管理机构受到严重冲击，基层体育组织解体，广大体育工作者和优秀运动员遭到迫害。体育活动除每年组织"7·16"长游海河及冬春季长跑活动外，基本上处于自流状态。此间，在竞技体育方面，天津市在全国率先恢复棒球运动，在市内六区以及汉沽区开展棒球运动，并于 1972 年成立了天津棒球队。1975 年由 295 名运动员组成的天津市体育代表团，参加了第三届全国运动会 19 个项目的决赛。

四、改革开放以来的天津体育

在改革开放的大潮中，天津体育依托城市经济的快速增长，适应社会进步的要求，实现了前所未有的大发展、大突破、大跨越。拼搏中奋进的天津体育人，为新时期中国体育的腾飞、为天津城市的发展，做出了自己的贡献。

改革开放三十多年来，天津体育坚持以科学发展观为指导，不断拓展"拼第一、要最好"的发展理念和高起步、高标准，超常突破、加快发展的"金牌战略"，以加快建设体育强市为目标，坚持做法超常，坚持人才兴体，坚持"筑巢引凤"，坚持世界接轨的战略举措，以重点突破带动整体跨越发展，超前抢、拼命干，经过全战线广大干部职工艰苦不懈的努力，群众体育、竞技体育、体育产业和其他各项工作取得了较为明显的进步与提高。

（一）群众体育

多年来，天津始终把不断满足人民群众健身需求，增强人民体质，提高广大市民生活质量作为体育工作的根本任务。加强群众体育的基础建设，加大全民健身的投入力度，推动了群众体育的不断发展，基本形成了我市全民健身服务体系。利用体育彩票公益金为 2400 多个社区和乡村配建了全民健身路径，为学校、企业、部队、残疾人、老年人等单位和人群兴建体育设施，在全国率先建起一批体育公园、户外运动营地等较大型群众体育示范基地，总面积达到 160 多万平方米。天津还积极引导支持社会兴办了 1000 多家健身场所，着力推进学校、单位体育场馆向市民开放，使全市体育设施总面积达到 2300 多万平方米，人均达到 2.23 平方米，高于全国平均水平。全市建立起 200 多个群众体育社团、1000 多个健身俱乐部、3000 多个市民健身站，培养了 21000 多名社会体育指导员，占全市总人口的五百分之一。

群体活动丰富多彩、遍布城乡，推广普及了市民广播体操、健步运动标准等近百项科学文明、市民喜爱的健身方法。创立了"假日体育"理念，推出了元旦、春节、五一、十一等大型系列群众体育示范活动。积极开展阳光青少年体育运动，建立了 103 个国家级青少年体育俱乐部，成为培养青少年体育爱好、健身锻炼的重要阵地。我市颁布《天津市全民健身条例》，制定实施了 20 多项群众体育管理规章制度，保证了我市群众体育健康可持续发展。目前，我市经常参加体育锻炼的市民达到全市人口的 38.4%，市民体质总体达标率为 88.6%，均高于全国平均水平。一批经验被国家体育总局推及全国，群体处长王洪被国际奥委会授予"国际奥林匹克城市与社区奖"，成为中国获此殊荣的第一人。

2008 年，集中反映天津群体工作基础和显示群众体育热情的"奥运会火炬传递活动"取得空前成功。天津奥运火炬传递活动，贯彻了节俭办奥运的方针，在全国创造了火炬手传递和运行车队展示相结合的传递模式。经过 4 次大的路线调整、50 多个工作环节的衔接和磨合、两次大的仿真演练，为时两天、行程 41 公里的天津火炬传递活动，现场吸引了近六十万群众参与。营造了浓郁的奥运氛围，展示了天津最靓丽的城市风貌。圆满实现了中央要求的"安全有序、欢乐祥和"的目标。天津因其出色的组织工作，得到了北京奥组委最高级别的评估："五星级传递城市"。

（二）竞技体育

随着中国在国际奥委会合法地位的恢复，竞技体育进入了新的发展时期，开始了以在奥运会上夺金牌、创佳绩为目标，实施以奥运带全运战略发展的新征程。

2000 年，我市跳水运动员桑雪在悉尼奥运会上夺得女子十米双人跳水金牌，实现了天津奥运金牌"零"的突破；2001 年第九届全运会，天津代表团完成了金牌超历届的目标任务；2004 年雅典奥运会天津运动员夺得 3 枚金牌，实现了金牌翻番的目标；2005 年第十届全运会，天津代表团金牌总数跃居全国第十位，取得了历史性重要突破。2006 年亚运会成绩排名全国第九位；2007 年，天津首次获得总局颁发的年度竞技体育突出贡献奖，取得了天津体育史上具有标志意义的阶段性重要突破。在国内外赛场上先后夺得了金牌 90.25 枚，其中世界比赛 45 枚，亚洲比赛 16

枚，国内最高比赛 29.25 枚，并超一项女子举重世界纪录，打破两项自行车全国纪录。天津运动员陈一冰、王鑫、刘海霞、佟文、时俊杰等在体操、跳水、举重、柔道世界锦标赛上夺得 6 枚金牌。

在 2008 年北京奥运会上，我市运动员共夺得了 4 枚金牌、2 枚银牌、4 枚铜牌，同时还获得了 9 个第五名，2 个第六名和 3 个第八名，整体实力有了明显提升。在国家体育总局、中国奥委会举行的 2008 年北京奥运会表彰大会上，大会颁发的五项大奖天津都榜上有名，并再次荣获国家体育总局颁发的全国竞技体育突出贡献奖。

在北京残奥会上，天津残疾健儿夺得 16 枚奖牌，其中金牌 7 枚，打破 5 项世界纪录，金牌和奖牌总数均超过上届雅典残奥会。

天津女排在 2008—2009 年全国女排联赛总决赛中，以大比分 3∶1 成功卫冕，成为全国第一支六夺女排联赛冠军的球队。

近十年来，天津运动员在国内外比赛中先后夺得 428 个冠军。其中国际和洲际比赛冠军 186 个，在全国高水平比赛中摘取 242 枚金牌。为国家培养输送了一批尖子运动员，如董震、陈一冰、王冠寅（体操）、佟文、秦茜、时俊杰、窦淑梅（柔道）、刘海霞（举重）、王鑫、汪皓、康丽（跳水）、谭雪、王敬之、孙超（击剑）、李珊、张娜、张萍、魏秋月、李娟、殷娜、王茜（女排）、彭帅、孙鹏、王钰、李喆（网球）、王臣、孙太凤（田径）、刘菁（跆拳道）、李平、郝帅（乒乓球）等。

高端运动人才的培养和选拔，是竞技体育不断突破的源泉。天津是一个政治、经济、科教、文化等较发达的中心城市。大都市的城市地位决定了尖端运动人才培养模式的多元化。天津竞技体育在数年连续取得突破性成果中，各项目高端人才从不同渠道涌现出来，呈百花齐放之态。以天津女排为代表，天津女排正是在这种兼容并包的体制中，坚持了传统的业体校—体校—专业队（青年队——一线队）的人才培养架构，并取得良好成效。

继续发挥和挖掘体教结合的优势和潜力，积极探索业余训练的新途径，取得良好成效。在与天津南开大学、天津大学、医科大学、师范大学、工业大学、财经大学、理工大学、商业大学、外国语学院、天津体院等联合办队的基础上，在天津民航大学、南开中学、第四中学、平山道小学等建立了共同培养高水平体育人才基地。

坚持"筑巢引凤"，加速了天津体育与世界接轨的步伐。在备战北京奥运会的过程中，坚决落实举国体制发展战略，最大限度地挖掘和发挥天津的人力、智慧、资源、财力、地域和设施等多种优势，与国家体育总局联合创建了中国第一支女子水球队。积极承担国家女子柔道、体操、举重、男女佩剑、跆拳道、女子排球、网球、女子水球等队的训练和调整任务。还承担了国家体育总局委派的中国香港、缅甸、哥伦比亚、委内瑞拉、法国、国际剑联训练营等任务，承接了挪威、瑞典、牙买加等国家奥运训练营。接待的奥运参赛队伍，多达17个国家和地区，共计193人次。

不断举办国际比赛。继1995年我市举办世界乒乓球锦标赛后，又先后举办了世界体操锦标赛、世界滑水锦标赛、世界杯女子水球比赛、中俄青少年运动会、世界大学生龙舟赛、女足世界杯赛、女子佩剑世界杯大奖赛、东方汽车马拉松越野拉力赛等。北京奥运会后，天津又积极筹备2013年第六届东亚运动会。

2008年北京奥运会足球比赛天津协办工作取得圆满成功。从8月6日至15日，天津共承办了12场比赛，男、女足各6场。在10天的比赛中，观众人数达到465746人次，场均38790人次。接待中外媒体记者3000多人次。天津赛区以一流的竞赛组织、一流的礼宾接待、一流的媒体服务、一流的商务维权、一流的安全保障、一流的赛场秩序，为北京奥运会交了一份满意答卷，得到国际奥委会、国际足联和北京奥组委的高度评价，向世界展示了美好的"天津形象"。

（三）体育产业

天津体育产业从无到有，发展迅速。2003年天津市体育局与市统计局联合对天津体育产业发展进行了实证研究。研究成果显示，到2004年末，天津独立核算的专营体育业务的企事业单位资产已达46.63亿元，这个数字主要是指体育系统所拥有的以体育设施为主的固定资产，如果加上近几年教育系统各高校、高中示范校新建的体育设施及企业、新建社区、体育经营业主对体育设施的投入，天津体育设施的资产应在100亿元以上。

从体育资产投向结构看，天津体育产业资产明显集中于休闲健身娱乐业，占到全部资产的48.3%；其次为体育场馆类，占到29%；其余主要为体育用品制造和销售业。目前天津以经营体育健身为主的场所有1000多家，经营性体育活动场所400多家，体育传媒中介机构200多家，体育经纪人400多名。按照全市常住人口计算，已达到每万人拥有一个健身场所。体育市场基本形成。

天津体育产业的经营收入呈逐年上升趋势。2001年全市专兼营体育业务的单位主营业务收入为8.40亿元（未含体育彩票），增加值为2.33亿元，占天津GDP的0.13%。到2005年年末，天津体育经营的业务收入已达到16亿元，增加值达到6亿多元，如果将当年天津体育彩票销售额7.9亿元，按85%计算增加值（扣除15%发行费）为6.7亿元，全市体育产业增加值应为13亿元左右，约占全市GDP的0.35%。2001年至2005年天津体育产业增加值的增幅为20%，与天津经济增长速度同步。这说明天津经济社会的发展为体育产业的发展开辟了广阔的空间。

天津体育彩票销售始终保持上升的态势。电脑体育彩票自1999年上市以来，销售额超过50亿元。筹集公益金超过20亿元。2007年在激烈的市场竞争中，天津体彩销售继续保持市场占有份额的优势地位，全年完成销售额8.24亿元，按地区人均购买量和单机销量继续名列全国前列。2008年体彩销售额超过9亿元，创历史新高。获国家体育总局颁发的全国体育彩票工作贡献奖。最近，经市委市政府同意，天津奥林匹克中心体育场将进行综合开发利用，共投资5—6亿元，将其打造成为集合诸多业态，运用高科技手段和现代化管理方式运营的现代体育服务集聚区。

（四）体育硬件设施

改革开放之初，全市拥有各类体育场地1400个，总面积为530万平方米。2007 年全国第五次体育场地普查结果显示，天津市现有各类体育场馆 8952 个，总面积达到 3394.4 万平方米，比 1978 年增加了 5.4 倍。总投资达到 34.86 亿元。

2007 年，总投资达到 16 亿元、可容纳 6 万人的天津奥林匹克中心体育场全面竣工并投入使用。奥体中心体育场南北长 380 米，东西长 270 米，标高 53 米，占地约 7.8 公顷，建筑面积约 16.9 万平方米，周边水面 10 万平方米，设有主席台坐席 500 个、记者席 300 个。体育场不仅可满足国际足球和田径比赛要求，并且设有卖场、展馆、会议厅、健身室等多项辅助设施，融群众休闲、娱乐、健身、购物为一体，天津奥林匹克中心体育场以它独具的构思、优美的造型、先进的功能成为天津标志性建筑、城市的一大亮点。此外，我市还建成了具有世界水平国内一流的体育彩票大厦，成为中国体彩北方数据中心。

2008 年北京奥运会后，以满足人民群众文化需求为根本目的，以承办 2013 年东亚运动会为契机，举全市之力，建设天津现代化体育场馆设施的规划已全面铺排开来，天津奥林匹克体育中心建设规划已付诸实施。作为天津奥体中心二期工程、具有国际水平的天津奥林匹克中心水上运动中心 2009 年已开工兴建。

进入新的世纪，党中央提升了天津的城市定位，明确要将天津市逐步建设成为经济繁荣、科教发达、设施完善、环境优美的国际港口城市、北方经济中心和生态城市，不仅为天津的加快发展提供了重大的历史新机遇，同时也为天津体育事业的蓬勃发展带来了新的契机。天津体育人决心继续以科学发展观为统领，抓住机遇，乘势而上，发扬"更快、更高、更强"的奥运精神和中华民族百折不挠、昂扬奋进的光荣传统，砥砺前行，再攀高峰，为我国体育事业的不断繁荣发展做出新的更大贡献。

风雨兼程　铸就辉煌

——河北体育 60 年

河北省体育局局长　聂瑞平

河北是华夏文化的发祥地之一，人类体育活动在这里的萌生，可上溯至远古时代。河北自古扼南北交通通衢，汇南方、东北、蒙古高原的三条古代路线和古京杭大运河。长期与全国各地和北方各少数民族在商务、文化、军事等方面有频繁交往，各地的民间传统体育形式随之于此汇集、交流、流传。特别是明清以来，河北长期为京师畿辅之地，全国各地艺、武精华云集以卖艺、传武、谋生。河北广收荟萃之益，集全国各武术拳械种类、各民族民俗体育形式之大成，并在兼容并蓄中发展、衍化、出新。全省各地流传有多项和单项拳种 150 多个，民俗体育项目 100 多种。

19 世纪后期，近代体育开始传入河北。石家庄、保定、唐山、秦皇岛等地，均为国内先行传入、开展近代体育活动和比赛的地域之一。初盛行兵操，后渐主田径、球类、体操。以学校学生为体育运动的主体，参加了历届当时全国规模最大的区域性运动会——华北运动会，近代历届全国运动会，河北选手还参加了各届远东运动会。运动技术水平特别是田径运动技术水平居当时全国前茅。

1949 年中华人民共和国建立及河北省人民政府成立后，全省体育事业开始步入一个新的历史发展时期，各项工作获得了全面迅速的发展。近60 年来，河北体育大体经历了以下四个发展阶段。

一、社会主义体育事业的初创与发展
（1949—1959 年）

　　1949 年至 1959 年是河北省体育事业初创发展阶段。从全省体育发展情况来看，这个阶段又可分为三年恢复和七年发展两个时期。它是随着我国社会主义改造工作同步进行的，是在继承、发扬革命根据地和解放区的体育传统，接收和改造旧体育的基础上，确定了新体育的建设方针和任务目标，并建立了全省各级体育组织机构。在此期间，省级体育经费增加了40 多倍（1952 年 9 万元，1959 年 391 万元），并开始有计划地在全省兴建和修复各类体育场地设施，从 1951 年兴建保定第一个大型体育场至 1959 年，全省体育场地比 1952 年增长 16.2 倍。全省学校体育、群众体育和竞技体育得到了初步开展，并为开拓社会主义新体育道路积累了一些经验。

（一）新中国成立初期体育管理机构的确立和体育方针政策的制定

　　新中国成立初期，全省体育工作由中国新民主主义青年团（后更名中国共产主义青年团，以下简称"团"）河北省各级委员会、各级总工会和教育系统代管。1951 年 3 月、1953 年 4 月中华全国体育总会河北省分会和河北省体育运动委员会（以下简称"体委"）相继成立，全省体育事业开始形成统一的领导和协调机制，由河北省政府副主席于学忠兼任省体委主任，初有编制 15 人。随后部分地、市成立了体总分会，各地区、市和部分县成立了体委。省内一些行业系统成立了体育协会（以下简称"体协"），在厂矿、机关、学校也成立了大批的基层体育协会等体育团体。1956 年省及各市国防体育协会及其基层协会相继成立。至 1958 年全省已形成由行政部门、社会组织和军事国防体育三大系统组成的体育管理网络，为全省体育工作的开展提供了组织保证。

1951 年 3 月河北省政府副主席、中共河北省委委员薛迅，在中华全国体育总会河北省分会成立大会上的致词中指出："开展新体育就是爱国运动，因为它能使广大人民的身体健康，唯有身体健康的人，才能发挥高度劳动热情，才有助于生产和国防建设。"省体育分会秘书长刘英在大会总结中强调全省今后体育工作的方向是，要"面向广大人民群众，为广大人民群众服务"，在开展活动的方法上，要"注意群众性、多样性，要由小到大，不要急于求成，也不可消极等待"。在河北省体育分会的组织暂行章程中，还强调"要积极开展体育运动的宣传工作，要对广大人民群众进行体育运动的启蒙工作"，并要求"各地（区）、市体育分会迅速制定出开展体育活动的计划，要积极利用各地方各种天然条件，因地制宜地开展各种体育活动"。1952 年 6 月毛泽东主席发表了"发展体育运动，增强人民体质"的题词，为发展中国社会主义新体育指明了方向。上述党和政府制定的全国体育发展的方针政策和我省一些指导性的意见和措施，是全省各级地方政府制定体育规章政令的依据和准绳。它对河北省建国初期体育事业的全面展开，起到了指导和推动作用。

（二）新中国成立初期群众体育的兴起

群众体育是体育事业的基础，也是参加人数最多，涉及范围最广的一项人类活动。建国初期，河北群众体育发展迅速，取得了令人瞩目的成绩。

1. 学校体育制度与体育教学

1949 年中华人民共和国成立后，国家颁行了统一的各级学校体育课教学大纲，全省各学校均实行了每周两节体育课。并结合"劳卫制"、国家"青少年体育锻炼标准"，不断丰富了体育教学内容和提高了教学质量，体育教师队伍、经费和场地也不断增加。

（1）体育教学

全省大专院校按教育部规定每周设体育课 2 学时，教学内容主要有三类：田径、球类、体操等，以及一般体育常识。1954 年 5 月 4 日国家公布"劳卫制"后，体育教学结合"劳卫制"锻炼进行，体育课的教学内容趋于丰富而活跃。1956 年，全省各大学开始贯彻执行国家《一般高等学校体育课试行教学大纲》，体育教学以讲解"劳卫制"各级锻炼标准的技术要领为重点，促进了推行"劳卫制"，增强了学生的体质。

自 1950 年起，全省中学按教育部规定开设了体育必修课。1952 年，省内个别中学开始试行"劳卫制"预备级。如开滦一中针对学生体质下降现象，利用体育课进行 100 米、400 米跑和跳远、投掷等 4 项田径基本训练和测验。1954 年"劳卫制"正式公布后，全省各中学陆续以"劳卫制"为中心把体育课和课外运动结合起来，推行"劳卫制"一级或预备级，并按照学生年龄实际情况和体育基础，通过各年级体育课系统教材和定期考查的项目标准循序渐进。1956 年，国家颁布了《中学体育教学大纲》。为使全省中学体育教师能掌握教学大纲并能按大纲进行教学，省教育厅在假期组织了全省 597 名中等学校体育教师进行培训学习。

（2）课外活动

在大学，全省 3 所高等院校（省立医学院、省立农学院、省立师范学院）在课外开展了早操和一些简单易行的体育活动。1954 年，在全省高等学校普遍推行"劳卫制"。同时增设了科学锻炼、运动生理卫生知识、安全保护等授课内容。有些学校成立了锻炼小组，以"劳卫制"为中心积极开展了多种多样的课外活动和举办校内运动竞赛。同时早操和课间操得到了坚持。在一些条件较好的学校，建立了学校体育协会。1957 年，全省高等院校对课外体育活动制订了一系列的规章制度。

在中学，1956 年全省在普遍推行"劳卫制"的同时，积极广泛地建立学校体育协会，组织指导学生的课外体育活动。1956 年 4 月，全省 333 所中等以上学校中，有 97% 的学校都按学制推行了"劳卫制"，参加锻炼的学生达 21 万人左右，占全省学生总数的 89%。1957 年达到"劳卫制"各级标准的有 60765 人。

在小学，1956 年全省小学一、二年级推行了儿童广播体操。当时小学课外活动组织有两种：一是成立体育小组，以班为单位，活动内容以体育课所学教材为主，适当增加了适合学生年龄及身体训练水平的其他运动项目和游戏。二是成立运动小组，以五、六年级学生为主。实行自愿参加的原则。学习适合小学生的运动，如小橡皮球、小足球、小篮球、乒乓球、体操、田径、舞蹈等。由于多数小学场地小，设备不足，则利用校外儿童和少年教育机关，如少年之家、少年宫、儿童体育场、少年业余体育学校等场地设备。还在小学校内、外举办了运动竞赛和表演，均以课内学习过的运动项目为主。

1958 年由于"大跃进"的影响，对学校体育提出了一些过高的指标，体育教学中出现了脱离教学大纲，只搞单项训练，突出训练难度和强度；甚至以军训和劳动代替体育课的现象，打乱了体育教学的科学性和系统性。

2. 职工体育

建国初期，全省各级总工会和新民主主义青年团，各企、事业单位委员会，协调组织实施职工体育活动，以小型、分散、简便易行的形式为主，主要有拔河、摔跤、掷沙袋、打太极拳、节令体育娱乐活动等。少数大的企事业单位中有一些田径、球类等运动项目和竞赛活动。1950 年 7 月，全省各级总工会开始普遍选调、配备和培训体育专职干部。

1951 年体总河北省分会成立后，加强了对全省职工、干部体育活动的宣传、组织工作，在全省职工中逐步推广广播体操和开展田径、球类活动。1952 年在首届全省运动会上，设立了工人男子组和工人女子组的比赛，层层选拔了工人选手 27 人（占参赛运动员的 18.62%）参赛。

1953 年河北省体育运动委员会成立后，对全省职工体育进一步加强了统一领导和协调。分别于 1954 年 9 月、12 月和 1955 年年初，举办了三期工人体育干部训练班。以这些人为骨干，在全省职工中建立了大量的体育锻炼组。并在大厂矿中开始试建职工体育协会。据 1955 年统计，全省有职工体育运动锻炼组织 1944 个，建职工体育协会 8 个，会员 612 人。从此，全省企、事业单位的体育活动，逐步从零散活动、局部发展，向有组织、有计划、统一协调的方向过渡。企事业体育场地和设施也开始恢复和建设。

这些体育协会组织带动广大职工群众广泛参加了广播体操、"劳卫制"活动和业余运动训练。据1957年对11个市的统计，共有职工足、篮、排球队2037个；在215个基层企事业单位推行了"劳卫制"，业余锻炼的职工达21033人。1956年全省职工体育锻炼小组发展到7777个、27421人；1957年发展到了10052个、68260人。

1958年国家体委、全国总工会在唐山开滦林西矿召开了全国职工体育工作评比会。河北省被评为全国第二名，唐山市被评为全国职工体育先进市，开滦林西矿被评为全国职工体育红旗单位。

职工群众性体育活动的广泛开展，对增强职工体质，活跃业余文化生活，减少疾病，提高出勤率，起到了积极作用。据保定市1958年对12个单位的先进工作者的调查，他们中有80%是经常坚持体育锻炼的。

但在"大跃进"的影响下，体育工作也出现了严重的"浮夸风"甚至有不少单位限期通过"劳卫制"，停工停产"搞突击"、"放卫星"，声称几个月甚至几天中全厂（矿）职工全部达到"劳卫制"标准。为此，各级体委、工会陆续采取了一些纠正措施，重申了必须坚持结合小型多样、业余自愿的原则。

3. 农村体育

建国后，全省农村的体育最初由县乡青年团和妇联等组织领导开展。1951年后，在全省一些专区、县、镇相继建立基层组织。到1952年，全省134个县中，建立县体育协会组织的约占50%以上。以群众中的习惯形式，如武术、打拳、摔跤等为主，逐步提倡发展篮球、排球、田径等竞技运动项目。同时，组织学生利用假期进行宣传。如唐山专区等地，体总分会、团地委、文教科等有关部门组织学生利用假期深入农村进行宣传与组织体育活动，向民兵介绍体育运动与国防建设的关系，并亲自带动参加一些竞技体育活动。

1951年10月，怀安县尖台寨村开始发动青年自己动手开辟体育场地，自制体育器材，结合民兵训练开展体育活动，并根据个人爱好和特长，建立各个项目和各种形式的锻炼小组，组织和吸引青少年有计划地进行体育锻炼。怀安县尖台寨、博野县赵段庄等成为当时全国农村开展体育活动的典型单位。

到1955年，已有不少地方的农民组织篮球队和开展其他体育活动，并开展村与村、社与社的比赛，郊区也到城市与厂矿、机关进行比赛。石家庄市裕华区孙村的男女篮球队，经常去市内与大兴纺纱厂的职工进行友谊比赛。同年石家庄市运动会上，承村一名运动员曾打破了一项市纪录。保定高阳一带，每到过年过节，村球队到各处去赛球，活跃了农民生活，受到群众欢迎。1956年12月，省体委与团省委组织了全省农村体育参观团，到怀安县尖台寨参观学习，进一步推广他们开展体育活动的经验。

据当时统计，1953—1960年全省有47个县建立了体委。丰润、玉田、昌黎等28个县在1957年上半年共召开了县级和县城所在地的运动会144次，运动员29284人次；观众达209216人次，比1955年增加了1.3倍。各地节日体育活动也很活跃。1957年春节期间仅隆尧、宁晋两县的121个村就有1747人参加了活动，吸引了观众约35000人次以上。沙河县112个村有秋千、24个村有武术活动。1957年年底统计，全省农村经常参加体育活动的人占农业人口的1%左右。

在1958年"大跃进"中，农村体育出现了脱离实际的浮夸现象，如提出限期达到"四红"（即达到"劳卫制"一级、二级、等级运动员，普通射手标准）等"高指标"。但历时不长，就进行了纠正。

4. 国防体育的兴起

河北省军事体育发展历程与全国大致相同。50年代初由省体总分会、青年团、教育部门和驻军开始筹办。1956年至1959年由省和各市国防体育协会自成系统，独立领导，1959年后其机构、场地设施、人员均并入体委系统，相对独立地开展活动和竞赛。1966年"文化大革命"开始后被取消。1975年恢复，改称军事体育。1983年取消各级体委军事体育处（科），其活动、项目成为普通体育运动的有机组成部分。期间于50年代后期和 60 年代前期，70 年代后期两度达鼎盛时期。

河北省开展的军事体育项目共 15 项。有群众性普及活动、训练滑翔员、运动训练竞赛以及代训空军学员等主要方面。

1952 年 10 月河北省首届全省运动会设立了军事体育项目的比赛。运动会会刊记载："其中一种大型牵引机在会前试飞时，在被用引线升入空中以后，自由滑翔达 25 分钟之久，飞出去 7 里（华里）多地。"这是 1955 年之前，省内有详细记载的航空模型表演，也是河北省第一次举办的大型军事体育竞赛和表演。

1955 年"五四"青年节，省直团委与保定市团委组织了一次有 500 名青年参加的观摩射击大会。同年，唐山、张家口、宣化等市团委还组织了登山、行军、野游活动。

1956 年河北省国防体育协会和省直辖的唐山、石家庄、张家口、保定等市国防体协成立。全省国防体育活动进入蓬勃发展阶段。同时，各项国防体育俱乐部迅速组建，到 1960 年，全省建成综合国防体育俱乐部 5 所，单项国防体育俱乐部 16 所（射击、摩托、无线电、航海、航空、航模等）。在学校、厂矿建立了业余国防体育俱乐部 968 个。各级国防体育协会成立后，举办了各项目教练员、辅导员训练班，为开展群众性国防体育活动培训骨干。到 1956 年年底，全省举办航空模型辅导员训练班 6 期，射击教练员训练班 5 期，摩托训练班 23 期。为开展群众性的国防体育活动撒下了"种子"。据统计，1956—1959 年，全省共举办军事展览 38 次，组织到部队参观 39 次，举办军事知识讲座 32 次，放映军事影片 198 场，进行各种表演 72 次，200 多万人受到教育。各项国防体育活动在全省迅速发展起来。

（三）竞技体育的新发展

在广泛性群众体育活动的基础上，我省体育运动训练、体育专门人才培养、竞技实力和水平有了大幅度的提高。这些都集中体现在省级优秀运动员集训队成立和运动竞赛成绩两个方面。1956 年省队建立之初只有 5

个队 4 个项目，到 1959 年运动队多达 21 个项目 30 个运动队，相当于 1956 年的 6 倍。1956 年创建了省体育学校、省体育干部训练班，到 1957 年建立了省重点业余体校 17 所；1958 年年底成立天津体育学院，1959 年年初成立了三个省航空俱乐部（后改为航空学校）和省电讯俱乐部；这个期间全省举办了第 1、2 届全省运动会和参加了全国第 1 届运动会。1958 年天津市转隶于河北省，体育建制、运动队伍等随之并入，全省体育运动水准、竞技实力有显著提高和增强。形成了建国后第一个体育发展高潮。

1952 年 10 月举行了河北省第 1 届运动会。省委、省政府、省军区主要领导同志亲自参加主席团领导运动会，全省 17 个地市单位、105 个县和镇的 2 万多运动员参加了选拔赛，共选拔出 1220 名运动员参加省运动会，9330 人参加了各种表演活动。第 1 届省运会的举行，是对我省恢复、改造旧体育，创建新中国我省人民体育事业的一次大检阅。这次运动会代表性十分广泛，其中工人占 18.62%，农民占 16.86%，青年学生占 28.87%，解放军、干部、体育工作者、市民占 35.60%，还有少数民族 31 人。竞赛分四个组别，设 98 个运动项目。唐山市体育代表团取得本届运动大会团体总分第 1 名。

第 2 届全省运动会于 1958 年 9 月举行。运动员 3000 余名，进行了 31 个项目的比赛，3 人破四项全国纪录，260 人次破 76 项省纪录，1097 人达到等级运动员标准。这是全省初创时期，我省举办最大的一次体育盛会。

1959 年 9 月，我省组成体育代表团共 471 人，参加了全国第 1 届运动会，401 名运动员参加了 29 个项目的比赛，打破一项世界纪录，破 16 项全国纪录。共获 22 项第 1 名，23 个第 2 名，20 个第 3 名。获团体名次第 5 名。河北省游泳运动员穆祥雄以 1:11.1 的优异成绩，成为建国后全运会上第一个打破世界纪录者。

二、国民经济调整时期河北体育事业的发展（1960—1965 年）

1960 年至 1965 年期间，我省认真总结了"大跃进"以来的经验教训，纠正了违背体育运动规律，大搞群众运动的做法，强调了体育事业发展的规模和速度必须与经济建设相适应，不能超越生产水平所许可的限度，必须根据人民生产和生活情况不断加以调整。同时，随着国民经济状况的好转，在"普及与提高相结合"方针的指导下，全省逐步建成了以业余体校、运动技术学校或重点业余体校、优秀运动队为基础的三级训练网和"缩短战线，确保重点"的发展模式。使全省竞技体育得到迅速恢复和提高，群众体育活动更加普遍开展，再度呈现出全面崛起的新局面。

（一）三年经济困难时期对全省体育事业的影响

由于"大跃进"左倾错误的影响，加之连续三年的自然灾害使全省国民经济出现三年困难时期。我省体育压缩战线，精简机构人员，全省体育事业进入第一个低潮期。

1962 年体育事业费比 1959 年减少 70%（1959 年 3913 万元、1962 年 117 万元）。省体育学校撤销，省重点业余体校全部停止招生，部分下马。省集训队由 18 个项目、3000 人减少到 10 个项目 200 人。全省职工体育协会由 1000 多个减少为几百个。大中小学校学生生活水准受到影响。体育教学降低了一些要求，多数学校把体育课改为室内理论课，一些学校把体育课改为一节，有的学校则停止了体育课。学校课外活动如早操、课间操虽有少数学校仍在坚持，但其他课外体育活动曾一度停止。职工体育、农村体育、国防体育在一些地方开展了一些竞赛活动。但在经济困难影响下，大都减少或停止体育活动，并很快进入三年"低谷期"。

在此期间，全省体育工作者，在省委、省政府领导下，及时纠正浮夸、好大喜功、凭主观愿望办事等"左"的错误，精简人员、紧缩开支为克服三年暂时经济困难做了艰苦的努力。同时，在体育工作安排上，群众性体育活动着重在城市的工矿、机关、企业、学校开展，并以业余、自愿、小型、多样的体育活动为主，对农村实行"能搞多少搞多少，能搞什么搞什么"，对受灾地区则不作具体要求。1963 年后随着国民经济的好转和在全省体育战线广大干部职工的艰苦努力下，全省体育事业特别是竞技体育和运动水平出现了新的高潮。

（二）河北体育事业的调整、巩固、充实、提高

1963 年前后，我省体育战线在总结正反两方面经验和教训的基础上，贯彻执行了中央"调整、巩固、充实、提高"的八字方针和政府关于体育工作的一系列方针政策。在体育工作中，强调了根据人民群众当时的生产和生活水平，考虑需要和可能两个方面安排工作，即群众体育着重在城市中开展，体育工作重点放在运动训练上。全省试行了国家体委《运动队工作条例》、《运动队伍思想政治工作条例》等，明确了运动队坚持思想领先，以训练为中心的原则；提出"在调整基础上着重提高质量，提高成绩"，"勤俭办事业"。由于正确贯彻了这一系列方针政策，我省体育事业有了逐步回升。到 1965 年省级体育事业费比 1962 年增长 89%（1962年 117 万元，1965 年 221 万元）。体育场地建设比 1959 年时增长一倍。

1. 竞技体育迅速发展

由于体育训练工作重点开始由侧重普及转向普及与提高相结合，重点业余体校由 1962 年 12 所恢复为 14 所。省优秀运动员集训队由 10 个项目200 人恢复为 17 个项目 430 人。到 1965 年在全省已形成高、中、初三级配套、循序渐进的运动训练体系，并对各运动项目的训练工作进行了重点布局。三年期间，举办了第 3 届全省运动会，参加了第 2 届全国运动会及历年全国各单项比赛，不少运动项目的运动技术和成绩达到了全国、亚洲和世界的先进水平。

河北省第3届全省运动会于1965年5月至8月举行。从1965年初开始，各地陆续进行了参加省运动会运动员选拔赛。据全省1965年前四个月统计，参加层层选拔的达54万余人。经过选拔10个专区和天津市共11个代表团1949名运动员参加省运会比赛，此次大会共设9个比赛项目，两项表演赛，其中4项比赛在主会场天津民园体育场进行，其他8项比赛分别在保定、邯郸、唐山、石家庄、沧州、张家口、承德等专区举行。5月23日运动会开幕式在天津市举行。到8月12日，比赛全部结束，唐山专区获得团体总分第1名，这次运动会有463人达等级运动员标准，其中2名达到健将标准，27名达一级运动员标准。有15人打破12项河北省纪录。同时，为参加第2届全运会选拔了优秀运动员。

1965年9月，河北体育代表团300人参加了第2届全国运动会，235名运动员参加了16个项目的比赛，破两项世界纪录，18项全国纪录，64人127次打破73项省纪录。破纪录之多，在我省体育史上是罕见的。这次全运会上取得的优异成绩，是我省竞技体育正确执行了"普及与提高相结合"的方针，取得了较大发展，走向新的高峰。

2. 群众体育广泛开展

1964年在全省掀起了以游泳、射击、通讯、登山为主要内容的群众性军事野营热潮。据张家口专区当时统计，20天中有20万人参加。这一热潮一直延续到1965年下半年。农村体育已经普遍开展，到1965年全省72个县恢复和成立了县体委。还有许多公社建立业余体育组织，使全省农村体育形式向组织化、多样化方向发展。同时，职工业余运动项目、运动队也得到恢复和发展。水上、冰上军事体育运动项目也有所增加。1964年在部分学校开始重点试行"青少年体育锻炼标准"。首先在城市中、小学中，进行试点工作，如1964年在唐山、秦皇岛等地中学，开始试行了《青少年体育锻炼标准》，为在全省推行锻炼标准积累了经验。1962年暑假后，全省体育课开始全面恢复，在条件较好的全日制中学，体育课恢复为每周两节。1963年，为提高大、中、小学体育课的教学质量，进一步贯彻教学的目的和任务，有计划地试行教育部颁发的大、中、小学教材，省教委、省体委于七八月间在保定市组织了重点中小学、部分完全中学和师范学校的体育教师举行了暑假业务培训。其中重点中小学 62 人，一般初中 103 人参加了学习。1963 年，全省全日制中学 1232 所，配备体育教师共 1089 人，其中高中 247 人，初中 842 人。

三、"文化大革命"期间缓慢发展的河北体育（1966—1976 年）

1966 年开始的"文化大革命"，使全省体育事业遭受到严重摧残，体育工作一度处于停滞状态。70 年代初在周恩来总理的关心下，全国体育工作才开始有所恢复，特别是在"文化大革命"后期，河北省体育系统广大职工努力排除各种干扰，克服重重困难，使全省体育事业在全国较早出现转机，此后我省体育事业开始全面复苏。

（一）"文化大革命"对河北体育的冲击和危害

1966 年"文化大革命"开始后，全省各级体育组织和体育队伍受到严重冲击。各级体委被"造反派"夺权，广大运动员、教练员和体育工作干部被投入"运动"，不少人遭到迫害，有的被陷害致死。训练、竞赛停止。体育场地设施荒废或被占他用，运动器材被调走或遭到破坏。1968 年全系统实行军事管制后，大部分运动队解散，许多高水平运动员的运动年华被误，大批干部、教练员被下放基层或转业。全省各级业余体校全部停止招生，学校体育教学活动中止。各地群众体育活动也基本停顿。全省体育陷入瘫痪，正在全面崛起的河北体育事业遭到严重挫折。

省级体育经费到 1970 年仅相当于 1959 年的 23.5%，比三年困难时期最低一年还少得多。1967 年天津市复为中央直辖市，全省仅存的体育人才又随之部分转走，也使得其后河北省体育事业尤其是竞技水平的恢复更为困难。全省体育进入第二个低潮时期。

（二）"文化大革命"后期全省体育运动的复苏

1971年，国务院总理周恩来明确肯定"文化大革命"前体育工作成绩之后，全省各级体委逐步恢复、建立机构并开展工作。1971年到1977年间，举办了第4届省运会，全省中学生运动会，参加了第3届全国运动会和全国中学生运动会，建立了河北省体育工作大队石家庄训练基地、河北游泳馆（保定西郊）等。

1. 全省群众体育的再兴

1973年以后，在全省一些地市和师范院校结合培训体育教师，有些地市的教育部门配备了体育干部。在全国未统一新体育教材以前，省教育局委托河北师大体育系组织人力编写了新的体育教材，使全省体育教学有了一个比较统一的依据。同时学校体育课开始恢复，教师陆续归队。1973年省体委下达了《体育锻炼标准》项目标准，1974年全省推广了国家《体育锻炼标准》。1977年，全省大中小学把课外活动列入了课程表，进行了有组织的体育锻炼，一些学校建立了运动队，开展课余训练。到1978年全省有9988所中学240.3169万人参加了"两活动"。

全省职工体育活动在1971年之后，逐渐活跃起来，参加体育锻炼和业余运动训练的人数增多。在唐山，职工们在1976年强烈地震废墟上重建体育场地设施，制作简易体育器械，开展体育活动。据唐山开滦矿、机车车辆厂、钢厂等九个厂矿企业机关的统计，1972年、1973年参加篮球比赛的有2万多人次。1977年唐山开滦矿女工篮球队获全省大企业篮球冠军。秦皇岛市耀华玻璃厂在震后广泛开展了多种形式的水上体育运动。保定第一胶片厂等都开展了篮、排、乒乓、羽毛球和单双杠、举重、拔河赛等体育活动。1977年，在石家庄召开了全省"大庆式"企业和单位职工体育交流大会，并在会议期间进行了18支男女队的篮球比赛。

农村体育活动逐步恢复和开展，1973年省体委在阜城县举办了农村体育工作学习班，来自全省各地、市体委及20个县体委的干部参观了阜城土山公社农村体育活动。此后，全省各县普遍建立了体委，加强了对体育工作的领导，并注重从农村中培养优秀人才，1974 年全省有县级业余体校 70 所。1977 年以后，随着农村经济体制改革，实行承包责任制，群众物质生活有了很大改善，农民业余文化体育生活需求进一步提高，农村体育从形式到内容都有了进一步的发展。1977 年保定市举办了首届农民运动会，来自 8 个公社的 400 多名运动员，参加了篮球、田径、武术等项目的比赛。地处白洋淀水域的安新县在夏季 7 个水区公社的 45 个大队都开展了群众性游泳活动，并成立 6 所游泳业余体校，形成游泳训练网。老典型单位怀安县尖台寨大队再次出现了群众性体育锻炼的热潮。他们坚持根据农村季节特点，春夏季在工后田间地头搞举重、拔河，秋冬季利用早晚侧重长跑、越野或业余时间开展篮球、乒乓球比赛等。

2. 竞技体育的恢复与发展

"文化大革命"期间，河北体育运动遭受到严重的干扰和破坏，出现了几年的停滞倒退，但在全省体育战线广大职工、干部、教练员、运动员的坚决抵制下，竞技运动仍然取得了一些成绩，自 1971 年下半年全省业余训练和运动竞赛开始恢复，省运动队也开始重建，到 1976 年省优秀运动队已恢复有 12 个项目，建立了 10 所重点体校。从竞技运动的发展趋势上看，突出了两个特点：一是参加国内单项赛事增多，它不仅促进了各地优势项目的发展，也加速了提高单项运动水平的进程；二是国际性竞技运动日趋增多，也大大增进了我省与世界各国人民的友好交流。特别是"以小球推动大球"的"乒乓外交"开展之后，国际间的体育竞技交流，已成为增进国际合作的一种特殊手段。

全省中学生运动会于 1973 年 4 月分别在石家庄和邢台举行，大会设足、篮、排、田径四个项目的比赛，在田径项目中，有 12 人破 12 项全省少年纪录，并选拔出参加第 1 届全国中学生运动会的选手。

全省第 4 届运动会于 1974 年 8 月至 9 月分别在保定、邢台、衡水、石家庄四个市区进行。设 8 个比赛项目，3 个表演项目。全省 10 个地区有近 2000 名运动员和 1200 多名工作人员参加大会。此届运动会是在"文化大革命"以来体育中断数年之后开始复苏的基础上进行的，运动项目、竞技水平还在恢复过程中，尽管如此，运动员们全力以赴、努力拼搏，仍创造出许多好成绩。在田径、游泳、举重比赛中，共打破全国少年纪录 11 项；打破省成年和省少年纪录 55 项。

第 3 届全运会于 1975 年 9 月 12 日至 28 日在北京举行。河北省组成的 329 人体育代表团，参加了 15 个项目的比赛，此外还派出了 10 名代表参加本届运动会组织的群众先进基层单位表彰大会。本届运动会我省有 12 人打破 10 项全国纪录，1 人创 1 项全国纪录。共获金牌 11 枚，银牌 7 枚，铜牌 12 枚。

这期间我省乒乓球运动员李景光、郗恩庭在世界大赛中也取得了优异的比赛成绩。

四、新时期河北体育的改革与腾飞
（1978—2009 年）

1978 年 12 月中共十一届三中全会后，随着党的工作重点转移，我省体育事业的进程也出现了重大转折。全省各级体委拨乱反正，全面清理了过去体育工作中长期存在的"左"的错误和右的倾向，处理了"文化大革命"等遗留问题。省体委在总结建国以来全省体育工作经验教训的基础上，努力探索现代体育运动的规律，分析河北体育的有利条件和不利因素，确定了在普及的前提下，着重提高运动技术水平，发展重点项目，力争在奥运会项目上出人才、出成绩，努力实现省委、省政府提出的建设沿海体育强省的目标。

改革开放以来，全省体育工作始终遵循体育战线"两个转变"的指导方针。一是思维方式由计划经济的"等靠要"，向市场经济的"争奋创"转变；二是工作方式由经验粗放型向科技型转变。逐步形成了以管理体制改革为重点，以运行机制改革为核心，以体育社会化、产业化为目标，同时推进体育科学化、法制化进程的新格局。与此同时，人们的体育观念随着改革开放的不断深入也发生着深刻的变化。体育领域和空间的不断拓展，使体育从"计划"走向"市场"，从相对"封闭"走向社会。在这一时期河北体育事业发展空前广泛、迅速。

（一）全省体育体制改革迅速推进

党的十一届三中全会决定党的工作重心转移，为全省体育事业的发展带来了新的契机。从80年代初到90年代初这十多年中，全省体育工作按照党的十一届三中全会确立的路线、方针、政策，遵照国民经济"调整、改革、整顿、提高"的方针，在农村经济体制改革和城市经济体制改革的推动下，结合全省体育工作的实际，提出了河北省《关于深化体育改革的思路》，这个思路内容包括：一、深化体育改革的指导原则和总的目标；二、关于体育体制改革；三、关于运行机制的改革；四、关于体育产业的改革；五、关于对外开放；六、有关配套改革等六个方面共35条。

为了保证全省体育改革顺利进行，1988年春，省人大常委会通过了《关于振兴河北体育事业的决议》；省委、省政府也发出了"以六年为期建成体育强省"、"七运会上再升一阶"的号召，省体委据此做出了《1988—1993年河北省体育发展战略规划》；1991年省体委又经省委、省政府批准推出了《河北省体育事业"八五"计划和十年规划纲要》，从1984年到1992年这一阶段体育改革的特点是，通过行政手段推动，形成了国家办与社会办相结合的新格局，并在改革和发展的具体目标上，明确提出体育"六化六转变"的任务。

1993年全国体委主任会议上正式通过的《关于深化体育改革的意见》成为全面系统指导体育改革的文件。1994年国家体委下达了《全民健身计划纲要》和《奥运争光计划纲要》，省体委据此又制订了实施"两个纲要"的具体方案和《河北省体委关于深化体育改革的实施方案》。1995年国家颁布了《体育法》，省体委协同省有关部门联合下发了学习、宣传和贯彻《体育法》的通知；1996 年根据省委全面加强政治思想工作的要求，省体委又下发了《关于提高全省体育队伍全面素质的意见》，开始实施"光大河北体坛形象工程"。

2000 年，顺应社会发展潮流，河北省体委改组为河北省体育局。河北省体育局是主管全省体育工作的省政府直属机构，也是国家体育总局的地方部门，正厅级单位。设办公室、群众体育处、竞技体育处、计划财务处、人事处、法规产业处等 6 个职能处室和机关党委、纪检（监察）室、老干部处。机关行政编制为 46 名。纪检（监察）人员编制 3 名，机关工勤编制 6 名。

河北省体育局下属 27 个事业单位，其中厅级单位 1 个，处级单位 23 个，科级单位 2 个。编制 2618 名，其中教练员编制 199 名，运动员编制 1275 名。2001 年，根据河北省体育运动项目体制改革的要求，河北省体育局调整河北省体工大队建制，并将河北省体育工作大队更名为河北省体育局训练服务中心，原河北省体工大队所属的十个运动项目分别组成足球、田径、篮排、体举柔、武术、棋类、乒羽等运动项目管理中心。

所有这些，都为河北省体育事业的全面改革，为促进体育运动总体水平和竞技能力的持续提高，提供了政策、措施保证，体育改革进入了一个崭新的阶段，使全省体育向着以管理体制改革为重点，以运行机制改革为核心，以体育社会化、产业化为目标，同时推进体育科学化、法制化进程的方向发展。实践已经证明，体育改革极大地促进了全省体育事业的发展。

（二）河北体育事业的全面发展

随着体育改革开放的深入，我省体育在确立市场经济条件下体育发展新的模式基础上，理顺了群众体育与竞技体育发展之间的关系，改变了"一手软，一手硬"的状况，制定了"全民健身计划"、"奥运争光计划"和"体育产业发展规划"，逐步形成了面向市场、走向市场的体育社会化、产业化发展格局，30 年间，全省体育事业获得迅速发展，日常参与体育健身人口达到总人口的 38.18%。

1. 群众体育的全面发展

1978 年以来，全省群众体育工作实行了以量化管理形式强化竞争机制，促进了全省群众性体育活动的协调发展，以青少年为主，提高全民健身体育的整体水平，学校体育以体育教学为中心环节，在坚持"两课、两操、两活动"，保证一小时体育活动时间的基础上，进一步加强了传统体校建设和管理，省体育传统项目学校 172 所。省内各类业余体校已达 157 个，其中培养输送了一批体育后备人才。河北省体育运动学校，被命名为"国家重点中专学校"和"国家高水平后备人才基地"。在此期间，全省陆续创建了河北省体育学院、省体育成人教育学校（班）等，加强了普通院校体育系（院）建设和干部培训工作，形成了体育师资、干部培养和运动员、教练员进修的教育体系。

城市体育以社区为主，发挥居委会、体育指导站、社会体育指导员的作用，多形式多层次推动"全民健身工程"工程建设。其中石家庄育才街办事处、唐山市钓鱼台办事处、邢台南长街办事处通过国家体育总局的检查验收，被国家体育总局命名为首批"全国城市体育先进社区"。据统计，全省活动在城区指导群众健身活动的社会体育指导员有 3.6 万余人，社区体育指导站一万多个。全省参加社区体育锻炼的人群在公园、小区、街道空地已形成城市文明的一道风景线。全省现建有 3000 多条健身路径遍及全省城乡，建设了"县级健身工程"202 个，"省全民健身示范工程"20 个，"省重点工程"11 个，大型全民健身活动中心 3 个。

农村体育坚持以争创全国体育先进县区为龙头，积极开展争创省体育先进县、体育达标县、体育先进乡镇活动及"双节"期间全民健身活动月先进单位评选活动，来推动全省农村体育活动的全面开展。近些年来，全省农村体育工作做到了体育活动与文化活动相结合，与节假日和农闲季节相结合，恢复提高传统民俗体育形式，组织群众参加丰富多彩的日常健身活动，这期间共举办了多届全省农民运动会，参加了四届全国运动会。大力推行"百县千乡万村"农民体育健身工程，现有两万多个行政村完成建设。

职工体育充分发挥全省现有大企业体联、产业体协、大中专体协和老年人、少数民族、残疾人体育协会等社团组织的作用。积极利用这些组织覆盖面大、活动范围广、遍布全省城乡的特点，组织他们开展丰富多彩的群众性运动竞赛。

2008 年，经省政府批准，由河北省体育局主办、邯郸市人民政府承办的河北省第一届体育大会在邯郸市召开。本次大会历时近 3 个月，共进行了 20 个大项 186 个小项的比赛，来自全省 11 个市、9 个省级行业体协和华北石油代表团的 4000 余名运动员、教练员、裁判员和工作人员参加本次盛会。

2. 竞技体育的蓬勃发展

河北省是最先在全国体育系统中提出和贯彻了"以训练为中心、重大比赛出成绩"的指导思想。1978 年以来，全面展开了以人才培养为基础，以运动竞赛为杠杆，以向全国乃至世界一流运动技术水平冲击为目标的奥运战略部署。首先，根据本省及省内各地的特点、条件和潜力，发挥优势，突出重点，在全省统一确定了国家或省级重点奥运项目。之后，对体育运动体制进行了一系列改革。在训练体制上，完善发展了三级训练体系，形成了培育高水平人才的系统工程。例如：80 年代初，为加快我省优秀运动队后备力量的培养，在全国率先实施了重点项目优秀运动员苗子的选拔培训。并成立了由各项目省队、省体校、业余体校、教练员组成运动技术领导小组，负责苗子训练和协调上下关系，研究重点项目发展策略。国家体委对此给予充分肯定，并作为培养后备力量重要措施在全国推行。与此同时，全省各级体育主管部门和各层次训练单位领导，转变观念，抢抓机遇，寻求业余训练、巩固发展新路子，使全省业余训练的体制和运行机制发生了变化，适应市场经济的新体制和新机制正在形成。主要体现在：（1）有偿训练有了全面发展；（2）全国第一所股份制少年儿童体育学校（钱红游泳学校）在保定诞生；（3）少年儿童体育俱乐部悄然兴起；（4）"体教结合"办体校，使体校获得新的生机；（5）训练场馆向社会有偿开放。

改革竞赛体制、规程和方法，加强重点项目在省比赛中的比重，促进了重点项目的发展。在探索竞赛管理机制和运行机制方面，采取了一些尝试性的改革措施。一是改革了组织综合性运动会的模式；二是改革了全省青少年运动会计分、奖励办法，强化全省一致，使教练员把精力投入到选拔人才、研究训练和如何培养提高技术水平上来；三是调整年龄结构，部分项目试行达标制；四是改革体委独家办比赛的模式，寻求社会支持，多渠道办比赛；五是扶持俱乐部办比赛，增强自身造血功能，逐步向实体化过渡。在管理体制上，省各级运动队及训练单位实行了总（主）教练员负责制，管理承包责任制和目标管理制度。并订立了一系列奖惩办法，调动了教练员的积极性，增强了管理人员的责任感。各项措施和办法的实行，大大提高了全省运动水平和总体实力。

近年来，河北省竞技体育水平和整体实力持续提高。2005 年第十届全国运动会上，河北省代表团经过顽强拼搏，共获得 15 枚金牌、9 枚银牌、11 枚铜牌，1109.5 分，实现了金牌总数、奖牌总数、团体总分超上届，同时，在本届全运会上取得的 15 枚金牌也创造了第三届全运会与天津分家后三十年来参加全运会的新纪录，实现了历史性突破。2008 年北京奥运会，我省有 17 名运动员和 11 名教练员入选北京奥运会中国代表团，并获得 3 金、1 个第四、2 个第五和 2 个第八名的历史最好成绩。北京奥运会成为我国自参加奥运会以来，我省参赛项目最多，参赛人数最多，取得成绩最好的一届。共有 18 名残疾人运动员、6 名教练员、2 名工作人员参加了北京残奥会，并获得了 12 金、11 银、2 铜的好成绩。

3. 体育法制产业取得新成效

1994 年以前，河北省没有一部体育地方性法规和政府规章，自 1995 年河北省体委成立政策法规处，2000 年政府机构改革河北省体育局成立了法规产业处后，体育立法有了突出发展。先后出台了《河北省体育设施管理条例》地方性法规和《河北省体育经营活动管理办法》、《河北省优秀运动员选招和退役安置办法》、《河北省游泳场所管理办法》、《河北省全民健身活动办法》、《河北省体育竞赛管理办法》五部政府规章。特别是 1997 年 9 月，国家体育总局在广西北海召开的全国体育行政执法交流会上，邯郸市体育局在会上重点作了经验介绍，受到国家体育总局的表彰，1998 年全国人大教科文卫委员会和国家体育总局联合下发通知推广河北体育执法经验。截止到 2009 年，河北省体育局先后出台了内容涉及群众体育、竞技体育、体育产业、人事财务等规范性文件和制度 40 多件，初步形成了以《中华人民共和国体育法》为基本法律，部分规章和地方性法规以及各项制度相配套的河北省体育法规体系的基本框架。

体育产业是经济、社会和文化建设的重要组成部分和鲜明标志，是最具活力、最具发展潜力、独具特色的产业门类之一。大力发展体育产业对于促进经济增长、优化产业结构、增加就业机会、提升人们的生活质量具有十分重要的意义。河北体育产业起步晚、发展迅速。2000 年全省体育经营项目达到 45 项，体育经营单位 3359 个，体育经营从业人员 32834 人，经营总额近 20 亿元。国家和集体投资经营企业 1840 家，总投资额一百多亿元。进入 21 世纪，河北省体育局以"科学发展、富民强省"为指导，以建设沿海体育强省为目标，以打造"环京津健身休闲圈"为重点，不断创新体育产业发展思路和发展举措，使我省体育产业规模日益扩大并呈现出良好的发展态势。特别是 2006 年，河北省体育局审时度势，提出了"建设沿海体育强省"的奋斗目标，现已取得阶段性成果，"一线两山三带"和"四大功能圈"的基本框架已经确立并初步建立。通过推进"环京津健身休闲圈"的建设，争取省政府和国家体育总局的支持，求得旅游、文化等有关部门的合作，有效整合我省环京津地区的体育特色项目和场地设施及文化、旅游资源，以产业运作的思路，吸引社会各方面投资，形成具有河北特色的全民健身体系的"金项链"，打造群体工作的亮点。通过资源的挖掘、整合和优化配置，盘活区域内现有资源，实现场地、人力、活动等资源共享和效益最大化，为构建我省全民健身服务体系工作注入新的活力，为建设沿海经济社会发展强省做贡献。

到 2008 年，全省已建成各类体育训练比赛和健身休闲设施 39528 个，总占地面积1.24亿平方米，总建筑面积366.14万平方米，累计投入建设资金75.69亿元。社会投资不断加大，高投入、高消费的大型体育休闲设施发展较快，全省已建成大型滑雪场10个，高尔夫球场14个，共计315洞；一批有影响的大型体育活动正在形成品牌。半年一届的廊坊碧海国际渔具展，一年一届的中国·崇礼国际滑雪节、河北廊坊（国际）名鸽展览交易会、保定市易县国际登山节、全国田径锦标赛、北戴河"运动之春"五一轮滑节、体育彩票北戴河铁人三项大赛、承德围场珍珠球，两年一届的中国邯郸国际太极拳运动大会，四年一届的中国沧州武术节等10项形成届次体育赛事、健身休闲活动，已初具规模。体育用品制造、体育服装及鞋帽制造、体育相关产品制造企业发展迅速。沧州的健身和运动器材及配件材制造、廊坊的球类产品制造、定州的武术器械、服装及用品制造等具备一定发展基础和规模，有的产品已远销海外。体育用品销售企业遍及全省城乡，体育消费日益增长，参与性体育消费和观赏性体育消费正在成为新的体育消费热点，穿运动衣、参加体育健身活动、花钱买健康正在成为社会时尚；随着国家拉动内需政策的实施和我省城镇化"三年大变样"建设及文化强省战略的实施，体育训练比赛和健身休闲设施建设力度逐步加大，拟建、在建的大型项目达40余个，预计投资在50亿元以上，呈现出良好的发展态势。到2008年，全省已建成各类体育训练比赛和健身休闲设施39528个，总占地面积1.24亿平方米，总建筑面积366.14万平方米，累计投入建设资金75.69亿元。社会投资不断加大，高投入、高消费的大型体育休闲设施发展较快，全省已建成大型滑雪场10个，高尔夫球场14个，一批有影响的大型体育活动正在形成品牌。体育用品制造、体育服装及鞋帽制造、体育相关产品制造企业发展迅速，有效地推动了体育产业及相关产业发展。

体彩市场健康发展，河北省自1988年6月开始发行体育彩票，到2008年6月，全省已有电脑彩票网点3700余个，即开型体育彩票网点5000余个，总计发行体育彩票83.47亿元，筹集公益金29亿元，上缴个人所得税2.1亿元。体育彩票的发行销售，为体育事业的发展提供了强有力的资金支撑和发展后劲，同时，带动了相关产业发展。

4. 体育宣传科研文史工作扎实推进

体育需要宣传，这是发展人民体育事业的一条宝贵经验。河北对体育宣传很重视，建立组织，创办报刊，举办体育新闻、摄影、美术、集邮评选和展览，评选最佳运动员以及组织和配合新闻单位扩大体育宣传等。内容、形式和手段多样化，充分发挥和调动了各方面的积极性和创造性，通过报刊、网络、电视台等诸多新闻媒体大力宣传体育，广泛发动群众，增强群众体育健身意识，普及体育知识，全面推进全民健身运动的开展。河北省体育记者协会自1984年以来，每年进行"河北十大体育新闻""河北十佳运动员"的双十佳评选活动，至2009已举办了20多届，收到了良好的社会效果。

在体育科学研究方面，80年代成立省体育科学研究所，地市体委也先后建立了科研所（室），配备了必要的科研仪器，从而使全省体育科研工作走上了有组织、有领导的轨道，在实施"科技兴体"战略中，河北省体育科研工作坚持"体育振兴依靠科学技术进步，体育科学技术面向体育运动实践"的方针，广泛宣传科学知识，注重人才培养、开展多种形式的学术交流、科技服务与技术咨询活动。同时加大了科学研究与科技服务，围绕运动队，主动配合训练工作。科研人员主动跟队测试，仅1998年参加测试指标人数达2710多人次。经省科委和省计委批准建立的省体育科学《神经肌肉功能与力量训练》重点试验室建设，通过省招标局招标购置了部分设备，并准备自筹150万元组建"兴奋剂检测室"。"混合果汁饮料的研究"、"图像识别技术在少儿骨发育评价中的应用"、"运动员神经肌肉特性和运动训练中蛋白质代谢调节激素的变化—科学选材指标的研究"、"游泳运动员专项力量陆水转化评定的研究"都取得了重大突破和进展。省体科所承担的《中国人手腕骨发育标准CHN法》1995年获国家体委科技进步一等奖；《运动员血清性激素、皮质醇激素水平和在长期运动训练中的变化》1997年获河北省科学技术进步三等奖；在备战雅典奥运会和北京奥运会期间，共承担国家及省部级科研攻关任务

10 项，并获奖项 6 次；2008 年省体科所被总局正式命名为"国家体育总局优秀运动员训练负荷诊断与调控重点实验室"。

体育文史工作是一项新兴的事业。河北省体委按照国家体委、全国体总的要求，较早成立了体育文史机构，配备专职干部，拨给所需经费，取得了一定的成绩。由省体委文史办组织编著的《河北省志·体育志》、《河北体育年鉴》（系列丛编）分获全国地方志优秀成果二等奖和省年鉴优秀成果一等奖。《河北体育年鉴》已整理、编辑、出版体育史料文字近千万字，存史资政，服务当代。现今，河北省第二轮《体育志》编修工作也已启动。回顾历史，在 60 年的历程中，社会主义制度为体育提供了必要的发展条件，也使河北体育事业发生了巨大变化，贫穷、落后、半封建、半殖民地的旧河北体育得到了根本性的改造。体育已经成为社会主义建设重要内容和崭新的事业，广大人民群众成为体育活动的主体，建立了全省体育管理网络，政府对体育事业经费的投入逐年增长，体育场地设施不断兴建完善，保证和改善了全省不同规模的体育比赛和开展体育活动的基础条件。60 年中，我省体育工作坚持普及与提高相结合、全民健身与竞技体育协调发展的方针，增强了人民群众对体育的需求和参与意识，体育运动总体水平和竞技实力持续提高，河北体育在全国运动会上跻身于十强之列。特别是改革开放 30 年间，河北体育在国际赛场上，取得了建国以来最为突出的成绩，燕赵健儿不仅在奥运会上夺得了金牌，而且有些运动项目始终保持着亚洲先进水平。

这些成绩的取得反映了新中国成立后党和政府对体育工作的重视、领导和支持，是几代体育工作者的不懈努力与奉献，也体现出各界人士和广大人民群众对体育热情的支持和积极的参与以及对河北体育事业的发展予以的极大关注。我们将再接再厉，努力开创河北体育的明天。

发扬光荣传统
走山西特色体育之路

山西省体育局局长　苏亚君

新中国成立至今，国家的体育事业和经济、政治、社会、文化等各项事业一道，共同经历了 60 年风风雨雨、60 年沧桑巨变，60 年峥嵘岁月、60 年光辉历程。在举国欢庆中华人民共和国成立 60 周年这个继往开来的时刻，我们需要回望过去，回顾新中国体育的辉煌成就，不断激励后人奋发向上、拼搏进取，创造新的业绩。

作为中华民族的发祥地之一，山西这片热土也孕育了中华民族传统体育。石球、石镞，陀螺、"二人对弈"石像、石刻立体"百戏"图像、马球、捶丸等形象逼真地记载着源远流长的山西古代体育。山西的传统体育形式多样、内涵丰富，具有代表性的山西武术历史悠久、种类繁多，65个拳种分布各地；盛行于"摔跤之乡"忻州、定襄、原平的挠羊摔跤已传承千年，享誉全国；背冰亮膘、踢鼓拉花、木球、投壶、弹棋等民俗体育流行各地。19 世纪 30 年代，中国共产党领导下的抗日根据地军民在革命老区掀起了轰轰烈烈的现代人民体育运动。中华人民共和国成立后，山西体育继承革命传统，揭开了历史新篇章。党的十一届三中全会以来，山西体育踏着改革开放的步伐，走出了山西特色体育发展之路。

一、革命老区孕育了现代人民体育事业

翻阅尘封的历史，体育出战斗力、体育服务于人民革命战争的精神传承至今，依然使三晋体育人引以骄傲和自豪。1937年抗日战争全面爆发后，党领导创建的晋冀鲁豫、晋察冀、晋绥革命根据地抗日武装在太行山、太岳山、五台山、吕梁山，坚持体育为抗战服务的方向，因地制宜地利用战斗空隙开展多种多样的体育活动，举办各种类型的运动会，孕育了三晋大地上的现代人民体育。抗日根据地体育是共产党领导下的具有新民主主义性质的体育，它第一次使体育真正成为人民大众的体育，具有较广泛的群众性。1938年，毛泽东在《论新阶段》中指出："伟大的抗战必须有伟大的抗战教育运动与之相结合"，他号召开展包括体育运动在内的各种运动，用以"提高人民的民族文化与民族觉悟"。1941年，毛泽东题词"开展体育运动，提高人民体质"。1942年，毛泽东为八路军总部首届体育节题词："锻炼体魄、好打日本"，明确了体育运动为抗战直接服务的基本方针。1937年底，朱德率领八路军总部东渡黄河，驻扎在洪洞县马牧、白石一带，次年春，移住武乡县王家峪。为提高抗日部队指战员的身体素质和人民的健康水平，总部首长号召军民共建运动场。朱德、邓小平、彭德怀、刘伯承、贺龙、左权等八路军高级将领身体力行，经常和广大军民一起参加体育活动。虽然战火纷飞，八路军119、120、129师、决死纵队在根据地老乡的打谷场上或在自建的场地上广泛开展篮球、排球、棒球、跳高、跳远、武术、摔跤、拔河、器械操、军体项目等体育活动，既提高了战斗力，也带动了根据地群众性体育活动和学校体育的开展。没有器材，就把井绳挂在树上练爬绳，把木棍刨光放在两棵树中间就是单杠。

根据地军民坚持体育大众化、民族化、生活化与经常化的发展方向。

篮球运动是八路军120师和地方最盛行的体育项目之一，晋绥军分区、行署、抗联和李家湾的农民都组织了篮球队。1940年7月，贺龙师长在120师《体育训令》中指出："体育运动应当在全师内广泛开展，成为一种群众运动，同时要在普及的基础上提高，经常组织比赛和表演，选出优秀选手再去指导普及"。著名的"战斗"篮球队在贺龙师长倡导下于1938年建立，"战斗"寓意在战斗中诞生，在战斗中成长。120师"战斗篮球队"不仅进行篮球比赛，还广泛开展排球、网球、游泳、单杠、双杠、投弹、打靶、爬越障碍、骑马、刺杀、投弹、爬山和田径等多种体育运动，并经常到基层部队表演和示范辅导。"战斗篮球队"在戎马倥偬的战争年代，常用马车载着球架，遇有空隙就将球架竖起来打球，表现出顽强的战斗意志和崇高的革命乐观主义的精神。1941年9月18日至27日，129师在驻地涉县的漳河岸边举行全师运动会，3000余名运动员，观众上万人参加，盛况空前。129师全体官兵几乎人人都会打棒球，还创编了一首《棒球歌》。1938年，决死纵队组织体育比赛，薄一波同战士们进行了摔跤比赛。

毛泽东在延安接见120师代表队时亲切地说，"你们在贺师长的领导下，一面打仗、一面开展体育活动，很好；我们军队是很需要体育的。"延安人说贺龙的队伍仗打得好、球也打得好。1940年120师"战斗篮球队"应邀赴延安比赛获得全胜，朱德、陈云等临场观看，并赠给"球场健儿、沙场勇士"锦旗一面。1941年在129师第一届全师运动会上，邓小平说："我们的比赛不是光为了夺锦标，更要在比赛中互相观摩学习，从政治、军事、技术各个方面检查自己，提高部队战斗力，在团结战胜一切的旗帜下，勇敢迈进。"

革命军队第一次把现代体育带到了三晋农村，点燃了当地群众参加体育活动的烈焰。各边区和抗日根据地均在各级各类学校和民兵、游击队、自卫队、儿童团中提倡并奖励进行各种体育运动，以提高各地群众的军政素质，为夺取抗日战争的最后胜利起到了巨大的推进作用。1939年，朱德在沁县城南举行检阅仪式后，沁县、屯留、襄垣三县妇女破天荒地参加了拔河、竞走比赛，即使是小脚妇女和老太太也投身到体育活动的行列中来。太岳区各村民兵和自卫队经常开展射击、投弹、刺杀和其他体育活动。抗大太岳分校、临汾学兵大队、太岳陆军中学经常开展体育活动和竞赛。太岳区中小学每周都安排体育课、每日有早操和课外体育活动。1948年太岳区和太行区颁布的《师范学校暂行实施补充办法草案》和《中等学校教育暂行草案》把体育课列入必修课。兴县李家湾效仿八路军连队的做法，建立起"列宁俱乐部"，内设体育股，组织农民开展文体活动。李家湾民兵"战斗"篮球队成立时，贺龙亲自到场祝贺，鼓励战斗队带动全村男女老少参加体育活动，为战斗胜利服务。1945年，120师离开李家湾时，贺老总送给民兵"战斗"篮球队一颗篮球和使用过的篮环作为离别的纪念。

解放战争时期，华北解放区在中国共产党的领导下，在艰苦的环境下，积极提倡体育运动，形成了以"练兵运动"为基本特征的体育运动，再一次显示了体育运动直接为革命战争服务的特殊作用。每逢喜庆节日和重大胜利，解放区都举行体育比赛以示庆祝。在球赛当中，以篮球、排球、乒乓球比赛为多。战争年代的体育成为我党领导下的人民军队攻无不克、战无不胜的有力保障。革命根据地的体育因地制宜，因陋就简，自觉锻炼，体现了在中国共产党领导下，人民体育运动所表现的自力更生、艰苦奋斗的革命精神，革命老区体育坚持体育大众化、生活化与经常化发展方向，为建国初期山西新体育建设奠定了实践基础。这一光荣传统至今仍激励着三晋人民。

二、新中国成立初期山西体育全面推进、富有特色

1949年中华人民共和国成立后，体育成为国家建设事业的组成部分和改善人民健康状况、增强人民体质的重要手段。山西体育事业继承和发

扬了革命老区体育精神，服务经济建设、服务社会发展，体育出生产力。

1949 年 5 月山西全境解放，为加强对全省体育工作的组织、领导和协调监督，山西省体育运动委员会于 1953 年 9 月成立，山西体育坚持以"发展体育运动、增强人民体质"为宗旨，广大群众成为体育的主人，山西体育事业揭开了新的一页。

1. 农村体育塑造品牌

山西农村人口占全省总人口的绝大多数，搞好农村体育，增强农民体质，对提高人民身体素质、丰富农村文化生活、移风易俗、解放生产力、促进生产发展，都具有重要意义。1951 年春天，太原市南郊区举办了以村组队参赛的农民运动会。祁县、介休县、太谷县有 41 个村建起农民篮球队。河津县、安邑县、夏县有 86 个村建起篮球场，57 个村安装了单、双杠，19 个村有跳高、跳远设施等。

20 世纪 50 年代中苏友好时期，山西涌现出了"海鸥女子锻炼队"，促进了全国农村体育的蓬勃发展，海鸥女子锻炼队是运城市万荣县裴庄乡裴庄村裴西桂、刘青莲于 1956 年"三八"妇女节发起组织起来的，是一个有着光荣历史和传统的农民民间体育组织，其成员是地地道道的农村妇女，曾经得到过党和国家领导人的高度赞扬。裴庄公社在她们的带动与影响下，成立起 181 个体育锻炼队（组），参加锻炼的青壮年达 65%，1958 年全社参加各种体育锻炼的达 620 人，占总人口的 44%。1957 年 11 月，省委书记陶鲁笳和国家体委副主任荣高棠接见了出席山西省首届体育积极分子代表大会的海鸥队队长刘青莲。1959 年，刘青莲和副队长刘淑玲代表海鸥队分别出席了全国文教群英会和全国农业先进单位代表大会，受到毛泽东、周恩来、刘少奇、朱德等党和国家领导人的亲切接见。1959 年 3 月 3 日至 15 日，全国人大常委胡愈之、国务院办公室主任张际春、团中央第一书记胡耀邦、卫生部长李德全、国家体委沈积长等领导同志，先后来到万荣海鸥、黄继光、佘太君等锻炼队进行视察。

1960 年全省农村体育工作现场会在万荣县召开，中共中央委员吴玉章、团中央秘书鲁剑亲临大会。会议推广了万荣县四抓（抓广播操、田间体育活动、锻炼队、小型多样体育竞赛）、四结合（结合生产、民兵训练、卫生、文化活动）的群众工作经验。1963年，农村体育组织相继建立，广大农民充分利用节假日、庙会和物资交流会开展体育活动。阳高县23个公社全部建立起了体育运动委员会，组织起86个体育锻炼队，新建篮球场94个。太谷县建立起12个武术传授站，潞城县黄牛蹄大队、洪洞县景村大队等都是那个年代的先进典型。1965年，广大农村结合民兵训练广泛参加游泳、射击、登山、通讯四项活动，全省156个县（市、区）、社举办了地区性运动会和选拔赛，参加人数20多万，反映了体育运动的时代特征。

20世纪70年代，农村广播操、射击、投弹、武术、游泳等活动逐渐开展起来，尤其是篮球、乒乓球发展较快，全省千户以上的村有篮球场，百户以上的村有乒乓球台（室）。襄汾县农民篮球队誉满全省，村与村的篮球赛接连不断，昔阳县大寨大队组建的田径、武术、乒乓球队的做法在全省农村得到推广。时常在大寨的各种对外活动中表演助兴的"铁姑娘队"成立于1971年，1975年后渐成规模，纳入正常化训练。"铁姑娘"队在不同的场合、以不同的形式走出寨门，以自己的政治品牌宣传大寨、展示大寨。1972年，大寨村成立了第一支少年武术队，活跃在昔阳县和大寨村的小武术队带动了其他乡镇和村队体育活动的开展。大寨武术队多次参加了接待叶剑英、邓小平、华国锋、李先念等中央领导同志的表演。省武术、体操、技巧、篮球等队伍纷纷走出训练房，到工厂、农村、学校进行表演、慰问，极受欢迎。1976年纪念毛主席畅游长江10周年，省城2000多名游泳爱好者横渡晋阳湖。河津县1500名群众首次在禹门渡口横渡黄河，打开了龙门游泳的禁区。

2. 学校体育健康规范

1950年，山西开始实施体育教育规划，太原市率先制定了《小学体育实施方案》。1953年，大同、浑源、闻喜等地中小学全部开设体育课。1954年，临汾专区编写了《中学体育教育大纲》。运城地区各学校建立了"体育联合教研组"。当年5月份统计，全省152所中等以上学校有73所学校开展了"劳卫制"锻炼，到1956年全省92936名大中学生参加"劳卫制"锻炼。1956年1月，山西省体委组织编写出田径、篮球、排球、足球等项目技术课教材。1957年，全省160所中等学校试行体育教学大纲，4所高等院校和95%以上的中等学校建立了体育协会。1959年，山西省教育部门编写出《山西省师范学校体育教学大纲》和《山西省中学体育教学大纲》。由于学校体育工作突出，汾阳县实验中学等被国家体委授予"全国体育红旗单位"称号。1964年，全省中小学重点推广长子县中学体育管理工作典型经验，即一查（查两操、两活动）、二比（比出勤早、出勤全）、三落实（参加人数、运动量、班主任具体组织落实情况）进行评比。1975年全省大、中、小学贯彻实施《国家体育锻炼标准》，加强山西后备体育人才培养。

3. 职工体育热潮涌动

1951年，全省机关、厂矿等单位逐步开展了广播操、篮球、足球、排球、田径等活动。1952年，全省经常参加体育锻炼的职工占职工总人数的81%。1958年4月，山西、山东、河北、河南、北京、天津6个省市的职工体育协会在太原召开，确定了职工体育目标。1958年10月2日，在太原市杏花岭体育场举行了山西省第一届职工运动会，期间还举办了篮球、排球、田径技术讲座，群体活动先进集体和积极分子出席了山西省首届体育积极分子代表会议。同年11月4日，山西省人民政府在新绛纺织厂、富家滩煤矿召开职工体育现场会，要求因地制宜，坚持普及与提高相结合，开展具有地方特色的体育活动。1959年至1964年职工体育主要结合民兵训练，广泛开展射击、无线电、军事野营、三防（防原子、防化学、防空袭）、侦察、反空降等活动，各级各类体育竞赛也非常活跃，仅1959年太原市就有1.7万人经常打太极拳、8.5万人次参加游泳活动。1973年，山西要求从实际出发，结合生产劳动、军事训练和爱国卫生运动，更加深入开展群众性体育活动，各地群众活动蓬勃开展。

当时职工体育的先进典型——新绛纺织厂从50年代起，多种多样的群众性体育活动和小型灵活的体育竞赛就非常活跃，全厂每年组织各级各类体育竞赛最多时达 500 余次。全厂 1700 多名职工，1300 多人通过了"劳卫制"。厂体协实行"三会一组"（厂理事会、车间理事会、班分会）的四级工作体制，成立篮球、乒乓球、羽毛球、广播体操四个运动部。1958 年 11 月国家体委和中华全国总工会授予新绛纺织厂"全国体育运动红旗厂"称号。

1974 年 3 月，省体委与太钢公司签订协议，决定太钢组建男女手球队，成为全国办高水平运动队最早的企业，为体育社会化开了先河，后在全国被称为"太钢模式"。当年太钢手球队代表山西省参加了第三届全运会。

4. 体育盛会珍藏记忆

新中国建立后，山西的体育运动会紧密结合生产，为生产服务，适应国家建设需要，检阅了体育在各行各业的发展成果，促进了体育运动在广大群众中间生根、开花、结果，培育了政府举办大型体育运动会的组织能力。1950 年 5 月 4 日至 9 日，山西省首届人民体育运动大会在太原市杏花岭体育场举行，这是新中国成立后山西召开的第一次盛大的运动会。全省各地、市和部队的 1300 名运动员参加了田径、篮球、排球、摔跤、武术、拔河等项目的比赛。仅相隔一年多时间，山西省第二届人民体育运动会于 1951 年 10 月在太原市杏花岭体育场召开。这两届大型体育运动会成为山西省第一届运动会的奠基礼。

1958 年，为迎接中华人民共和国第一届运动会的召开，并吻合全国运动会届数序列，10 月 19 日至 27 日在太原市杏花岭体育场举行了山西省第一届运动会，成为山西人民珍藏的记忆。国务院副总理、国家体委主任贺龙元帅，国务院副总理聂荣臻元帅，全国人大常务委员会副委员长罗荣桓元帅，公安部部长罗瑞卿大将，最高人民法院副院长陈奇涵上将等出席了开幕式。贺龙元帅为大会题写祝词："鼓足干劲，锻炼身体，建设祖国，保卫祖国"。中共山西省委书记处书记、代省长卫桓，副省长王中青，省军区司令员王紫峰及省市各厅局负责同志 40 多人出席大会。在开幕式上，山西省人民政府主席程子华致词。他说："这次运动会是属于山西人民运动史上的第一次，表现了人民体育运动的特点。它的目的在于锻炼好人民的体格，更有充沛的精力与智慧，很好地从事学习与生产建设。"这一届运动会共有2031名运动员参赛，比赛项目有田径、篮球、手球、乒乓球、羽毛球、网球、垒球、棒球、自行车、体操、技巧、举重、武术、中国式摔跤、国际式摔跤、射箭、棋类、射击、摩托车、航空模型等23项。

开幕式第二天，贺龙元帅在卫桓代省长的陪同下，接见出席第一届省运会的各专区、市代表队的总领队（副专员、副市长）和运动员、体育工作者代表。贺龙元帅听取山西体育工作汇报后指出：一定要把这次运动会开好，体育工作与人民密切相关，要做好体育工作就必须依靠党的领导，工会、共青团、人民公社、学生会要共同配合。这届运动会进一步激发了三晋人民参与体育运动的激情，进一步激发了三晋人民积极投身社会主义建设的热情。杏花岭体育场，老帅们的音容笑貌已经成为三晋人民永远珍藏的记忆。

5. 竞技体育艰苦创业

新中国建立到改革开放前，群众体育的开展，促进了山西竞技体育从无到有、从弱到强、走向世界的前进历程。山西竞技体育继承了八路军、解放军艰苦创业的革命精神，在一无场地、二无教练的条件下，广大体育工作者发扬吃大苦、流大汗、耐大劳，战风沙、迎严寒、熬酷暑的劲头，不怕困难、顽强拼搏，逐渐走出了具有山西特色的竞技体育项目。从1959年第一届全运会到第三届全运会上，山西体育代表团分别取得了金牌全国排名第11位、第7位、第12位的好成绩。在一个经济社会欠发达的中小省份，拥有全国体育一席之地，有参与决策的发言权，这是山西体育传承革命优良传统，传承八路军、解放军优良作风，把体育植根于人民大众的结晶。

1956年4月，山西省体工队正式成立，建队初期仅有篮球、排球、乒乓球、田径、体操、摔跤六个运动项目。1958年，为备战第一届全运会，中共山西省委提出"鼓足干劲，力争上游，急起直追，迎头赶上"。

山西组成大集训队，除军体项目外，运动项目发展到 26 个：篮球、排球、足球、乒乓球、棒球、垒球、羽毛球、网球、手球、马球、田径、体操、游泳、举重、射箭、击剑、公路自行车、赛场自行车、中国式摔跤、国际式摔跤、武术、中国象棋、国际象棋、围棋、水球和拳击，运动员近120 人。

　　从 50 年代初至 60 年代中期，山西竞技体育经过两届全运会的磨练，在全国形成了自行车、摔跤优势，靠的是艰苦创业和无私奉献精神。山西自行车男队日骑行量 120 至 200 公里、女队 80 公里到 120 公里，男子年骑量 16000—20000 公里、女子 10000 公里左右，风雨无阻。1959 年 9 月在北京举行的第一届全运会上，白秀便夺得公路女子 25 公里个人赛冠军，公路女子获团体总分第 1 名，男子场地获团体总分第 2 名。1963 年 11 月，柳丽春作为国手参加了在印尼雅加达举行的第一届新兴力量运动会，获女子 20 公里自行车个人赛冠军。1965 年，在第二届全运会上，山西自行车队获 4 项冠军，3 项第 2 名、两项第 3 名并获团体总分第 1 名。

　　山西忻州、定襄、原平三县市是驰名全国的摔跤之乡，70% 的人喜爱摔跤，群众性摔跤活动沿袭成俗，有近千年历史，当地自古盛行的"挠羊赛"延续至今。忻州崔银芒等摔跤世家是跤乡的基石，跤乡群众性摔跤运动促进山西摔跤运动逐渐成熟、发展壮大，为国家队和解放军队输送了大批摔跤健将，山西跤手张毛清在第一届全运会上夺得轻量级冠军，山西人的"抱腿"绝技让国人大饱眼福，山西摔跤国内名声鹊起。

　　随着新中国外交范围和领域的日渐扩大，山西运动员开始出现在国际赛场上。1963 年李香林作为中国女篮的主力队员参加了在印尼举行的第 1届新兴力量运动会并夺得团体桂冠；1965 年 4 月，周兰荪在南斯拉夫获得第 28 届世界乒乓球锦标赛男子团体冠军；1960 年至 1972 年，周兰荪获得 8 次国际乒乓球锦标赛、公开赛和邀请赛男团、男双、混双和单打第一名；1972 年仇宝琴夺得第 15 届斯堪的纳维亚国际乒乓球锦标赛女双冠军。1974 年 6 名山西选手入选中国代表团参加了第 8 届亚运会田径、自行车比赛，获 1 金 1 银 2 个第六名。

三、改革开放山西体育与时俱进、奋发图强

　　党的十一届三中全会之后，山西体育迎来了改革开放的春天。30多年来，山西体育事业在党的基本路线引领下，发挥了凝聚奋发图强力量，融入百姓生活的独特作用。我们没有忘记，在改革开放之初的1979年第四届全运会上武术运动员王冬莲、自行车运动员吴增仁胸前各挂五枚金牌，为省争得了荣誉，给山西人民带来了巨大的精神鼓舞；我们也没有忘记，1990年第十一届亚运会上"武术王子"原文庆、女子举重"吕梁英雄"郭秋香获得冠军，给上党盆地、吕梁山革命老区人民带来了无比欣喜和自豪；我们更没有忘记，1984年第二十三届奥运会上，中国女排山西籍运动员、被国人誉为"天安门城墙"的周晓兰与其他姑娘们一起站在冠军领奖台上的倩影，莘莘学子在天安门广场"为国争光、振兴中华"的口号成为凝聚民族力量的时代强音，化作亿万人民奔小康的铿锵步伐。

　　我们经历了奥运圣火在三晋大地传递时参与—奉献—分享的激情，我们参与谱写了三晋体育健儿在奥运体坛上勇夺摔跤银牌、蹦床铜牌和特设武术项目金牌为国争光的时代新篇章。实现中华民族举办奥运百年圆梦之时，科学发展观引领我们承担起了建设体育强国的历史使命。改革开放30多年在历史的长河中瞬间即逝，我们记忆这些体育辉煌成就之时，不能忘记成就这些辉煌的基础——体育是人民的事业。

　　面向未来，山西体育事业紧紧围绕省委、省政府"转型发展、安全发展、和谐发展"的战略目标，提出了"推进全民健身、提高竞技水平、增强发展活力、服务和谐山西"的发展思路，抢抓全面建设小康社会的战略机遇和中部崛起的发展机遇，回顾改革开放30多年来山西体育发展的足迹，传承民族精神、时代精神，加强政府体育公共服务职能，构建多元化覆盖全社会的全民健身服务体系，并使之长效化、制度化、生活化；

加强政府指导和推进青少年体育工作职能，努力缩小我省在田径、游泳、等基础项目和集体球类项目上与全国乃至世界的巨大差距，提高我省竞技体育的综合竞争力，带动青少年群体整体素质的提高，从而凝聚力量，鼓舞斗志，共创和谐。

1. 坚持以人为本，全民健身活动蓬勃开展

改革开放以来，全省体育工作者坚持以增强人民体质为根本任务，以满足人民群众不断增长的体育需求为出发点，积极推进建设群众身边体育场地、健全群众身边体育组织、开展群众身边体育活动，全民健身覆盖"五个百万人群"（百万青少年、百万职工、百万农民、百万妇女、百万老年人），"两个关爱人群"（少数民族体育、残疾人群体育）。群众体育围绕元旦、春节、"三八"、"五一"、"五四"、"六一"、"七一"、"八一"、"九九"、国庆节等传统佳节，逐步形成组织健全化、管理标准化、活动制度化、项目多样化发展趋势。农民体育蓬勃开展，成为农村中十分活跃的景象，老年人体育如火如荼，青少年体育红红火火，妇女体育多姿多彩，职工体育形式多样，社区体育富有特色，各地逐渐形成了一批富有地方特色的全民健身活动品牌，人民群众身体素质和健康水平有所提高，体育发挥出了在维护社会稳定，促进社会和谐，提高人民群众身体素质和健康水平方面的独特作用。

1987 年和 1990 年，山西创建全国、全省体育传统学校和体育先进县、体育先进乡镇时，农村体育涌现出一批个人办体育的专业户。忻州市在广泛开展群众性体育活动的基础上，招收 40 名农村姑娘，组建起全省第一支女子柔道队。河津县老窑头村办起业余体校，张克生自费承办了 4 省 10 地市 12 队"华夏杯"男篮邀请赛；介休县城关镇西关村农家妇女孟玉香自办富乐旱冰场并于 1985 年 5 月开放，成为全国第一个农民体育专业户；太原市孟玉清兴办家庭武术馆，创立了全国第一个武术馆。

1994 年山西省在国家推行全民健身计划之际，率先启动"全民健身一二一工程"（即每人每天参加一次体育健身活动、每人学会两种以上健身方法、每人每年进行一次体质测试），全省 10 个地市 94 个县（市、

区）和部分行业、大中型厂矿企业、单位、乡镇成立了全民健身领导机构，城乡各地深入开展全民健身周（月）活动，实施"全民健身'一二一'工程"，形成"一二一起步走、一二三四掀高潮"的全民健身新局面。

截至2008年底，全省共有各级各类体育社团组织1162个，各级体育指导中心、体育指导站、体育活动站点14320个，创建国家级青少年体育俱乐部6批49所，创建国家级体育项目传统校6所、省级100所，创建全国体育先进县33个、省级2个，全国体育先进乡镇58个、省级69个，全国城市体育先进社区10个、省级44个，16个国家"优秀活动站（点）"、1个"优秀体育公园"、10个国家"全民健身好家庭"。各级社会体育指导员发展到15000多人。全省人民身体素质和健康水平有了新的提高，国民体质综合指数为100.78，全民健身体系初步建立。群众性体育活动呈现出经常化、普遍化、社会化、科学化、制度化、多样化和民族性、传统性、趣味性、健身性等显著特点，形成具有地方特色的体育品牌，如长治的健身市、阳泉的足球城、忻州的摔跤节、晋中的乒乓球、太原的篮球市、运城的"关公门前耍大刀"和五老峰登山节、晋城的围棋文化节等体育品牌。百镇千村"大运体育走廊"、太原汾河景区、永济电机厂职工体育活动等成为山西全民健身事业成为社会经济发展亮点。

近年来，山西组队参加全国体育大会、妇女运动会、少数民族运动会、残疾人运动会、农民运动会、大中学生运动会等全国性比赛，都取得了较好的成绩。"每天锻炼一小时、健康工作五十年、幸福生活一辈子"的理念逐步深入人心，人民群众健身意识明显增强，经常参加体育活动的人数逐年增加。

点燃奥运火炬，传递三晋激情。北京奥运会火炬在晋传递是建国后，山西省举行的规模最大、影响最深的群众性体育活动。2008年6月25日至27日，北京奥运会火炬接力沿大运高速公路纵贯山西南北，从素有"华夏文明摇篮"美誉的运城、"晋商故里"之一的古城平遥到省会太原、"煤乡"大同，由621名火炬手、161名护跑手心手相传，实施省内转场3

次，组织大规模仪式活动 7 次，全程累计达 700 余公里，直接参与观摩群众达 300 余万人次。奥运圣火的三晋之旅从南到北热点不断、特色突出、主题鲜明、精彩纷呈、引人入胜，既是激情之旅，也是和谐之旅、爱心之旅，照亮了三晋具有五千年文明历史的大地，点燃了 3400 万人民参与奥运、奉献爱心的激情，实现了安全顺利、热烈有序、特色突出、影响深远的预期目标，为圆满举办"有特色、高水平"的北京奥运会做出了积极的贡献。北京奥组委专门发来感谢电，对山西的传递工作给予高度评价。火炬传递，山西人民向全世界展示了山西深厚的文化底蕴，也展示了三晋儿女展示了纯朴善良热情的美好品德、对北京奥运的热切期盼和加快转型跨越崛起的精神风貌。

2. 坚持深化改革，竞技体育水平不断提高

改革的春风给山西的竞技体育注入了活力，1978 年至 1988 年十年间是山西竞技体育事业迅速发展的十年，竞技体育项目发展到 20 余项，体育训练设施和经费投入翻倍增长。竞技体育成绩以全运会金牌为标志，第四届位居全国第八，第五届位居全国第九，这是改革开放初期全运会设项还未与奥运会接轨，山西优势项目在全国这盘棋中的亮丽表现，一度曾被誉为中小省市的模式，引起全国各省重视。

1990 年后山西竞技体育加快了与奥运接轨的步伐，本着强化优势，突出重点，缩短战线，提高效益的方针，调整竞技体育运动项目布局，逐步形成了从全运战略转向全运与奥运并重、重点项目向我国奥运强项靠拢的战略思路，足篮排项目逐步交给社会办，除武术外，棋类项目自收自支，航空项目保留骨干，这些项目的收缩为山西的重点项目加大投入开辟了道路，为山西实施奥运争光计划做出了奉献。从 1993 年第七、八、九到 2005 年第十届全运会，山西代表团在全运会上按金牌排名，分别取得了第 15 位、第 17 位、第 16 位、第 17 位的好成绩，向山西人民交上了满意的答卷。

改革开放至今山西运动员共在排球、射箭、举重、武术、技巧、无线电测向、跳水、蹦床等项目的世界锦标赛、世界杯系列赛上获得 30 多枚

金牌，共有27名运动员入选中国代表团参加1984年第23届奥运会到2008年北京奥运会，共获得1枚金牌、1枚银牌、2枚铜牌、4个第六名，参加第8届至第15届亚运会共获得9枚金牌、7枚银牌、9枚铜牌，参加第四届至第十届全运会获得73.5枚金牌、54.5枚银牌、48.5枚铜牌。

2008年在举世瞩目的第29届北京奥运会上，山西9名队员在6个项目（包括特设项目武术）上与世界一流强手同场竞技，勇夺三枚奖牌，古典式摔跤74公斤级运动员常永祥一路过关斩将，凯歌高奏，夺得银牌，这一成绩赢得中国男子摔跤项目奥运历史最好成绩；蹦床小将董栋在强手如林的奥运赛场向诸多奥运冠军、世锦赛冠军发起挑战，夺得第三名。奥运特设项目武术运动员袁晓超在长拳项目上技压群雄，一举夺冠。国家体育总局、中国奥委会授予山西省贡献奖。

改革开放后山西培养出周晓兰（排球）、郭秋香（举重）、李长萍（举重）、原文庆（武术）、袁新东（武术）、袁晓超（武术）、贾建忠（技巧）、关蓓（技巧）、杨建平（射箭）、董栋（蹦床）等一大批世界冠军。我们记住这些闪光的姓名，因为他们是新时代的英雄。支撑这些世界冠军的是举国体制的优势，是山西乃至国家的综合实力。我们可以得出"三从一大"的训练原则（即：从难、从严、从实战出发，大运动量训练）、科学选才（有伯乐才有千里马）、科学训练、科学管理（细节决定成败）等规律和世代传承的"祖国在我心中"的强有力的思想政治优势。竞技体育是超越人体能极限的创造性运动，创新是竞技体育的生命。1987年，山西籍选送国家体操队运动员肖瑞智在澳门第3届太平洋联盟体操锦标赛中，一举夺得4枚金牌；他在单杠比赛中所做的正握向后大回环前摆反方向分腿前空翻成反抓悬垂动作，以其惊险新颖的特点被国际体联所重视，命名为"肖空翻"，并被列入1989年国际男子体操比赛新规则。这是国际体联用中国人名字命名的第4个难新动作，载入史册。

3. 坚持抢抓机遇，体育设施快速发展

体育场地设施时构建全民健身体系、提高竞技水平、发展体育产业的基础。在改革开放新形势下，全省体育场馆建设速度进一步加快、建设标准逐步提高，新型的现代化体育设施不断增加。各级人民政府将体育事业或体育设施建设发展纳入当地国民经济和社会发展规划，在政府投资建设体育设施的同时，社会力量建设体育设施的积极性逐年提高，体育设施建设呈现投资多元化趋势。进入"十一五"以来省、市、县、乡、村几乎都在搞体育场地建设，形成了改革开放以来山西最大的体育设施建设热潮。集体、个人建设体育场地方兴未艾，势头旺盛，保龄球馆、轮滑场、游泳池等场地迅速出现在全省城镇和农村，成为国家在体育场地建设方面的一种良好补充，为方便群众参加多种多样体育健身活动创造了较好环境。2003年进行的第五次全国体育场地普查显示，山西体育场地总数为17728个，占地面积35029996.28平方米，人均体育场地面积0.82平方米，低于1.03平方米的全国平均水平。

2004年，我省抓住国家体育总局确定的"农村体育年"年度工作主题的机遇，并引申省政府规划的大运经济走廊、绿色走廊、旅游走廊、城镇走廊这个思路，提出了建设"大运体育走廊"的设想，得到国家发改委和国家体育总局的支持，此项工程为"十一五"全国农民体育健身工程建设提供了经验、做出了示范。我们不会忘记国家体育总局前党组书记李志坚同志头顶烈日指导建设，不会忘记国家发改委前副主任李盛霖顶着刺骨寒风考察建设，更不会忘记北京奥运会前夕，国家体育总局局长刘鹏同志对山西为全国群众体育发展做出的贡献给予的充分肯定。实施"农民体育健身工程"写入中央一号文件是党的要求，列入国家规划是政府责任，基于这样的认识，山西紧紧抓住我省晋西北、太行山革命老区开发、新农村建设和省政府将人均体育场地面积1平方米列入我省"十一五"时期地区经济社会发展考核评价指标体系的机遇，大力推动省、市、县、乡、村五级体育设施建设，积极推进山西体育中心建设的各项工作，三年来共完成农民体育健身工程12915个，"农民体育健身工程"是一项统筹城乡、促进社会和谐的好政策，弥补了农村体育设施落后的"短板"。2007年全省人均体育场地面积突破1平方米，2008年全省基本实现人均1.2平方米，提前实现了"十一五"规划的目标，为体育事业又好又快发展打下了良好的基础。

为从根本上改变山西体育场馆设施落后的面貌，省委、省政府决策部署建设山西体育中心、迁建太原航校、改建山西体育场为省全民健身中心。山西体育中心总占地面积 1238 亩，包括"一场四馆"主体建筑（6 万座主体育场、8000 座主体育馆、3000 座游泳跳水馆、1500 座自行车馆、综合训练馆）和训练中心、国际体育交流中心等辅助建筑，是建国以来山西开工建设的最大体育场馆工程，是山西体育事业实现新跨越的标志性工程，项目建成后可承接全国大型综合性运动会或国际单项比赛。

随着山西体育事业的发展、经济实力的增强和广大人民健身需求的不断增长，全省各市也迎来了体育设施建设的又一个高潮。晋城市投入 2.5 亿元，建成"二场三馆"（体育场、阳电体育广场、训练馆、游泳馆、体育馆）；革命老区吕梁市投资 8000 余万元建起体育馆，成为吕梁山上一道亮丽的风景线；投资 5 亿元、总体规划一场三馆（体育场、体育馆、游泳馆、综合训练馆）的长治市体育中心开工；由体育场、体育馆、游泳馆、训练馆一场三馆组成的运城市体育中心奠基；2008 年 7 月，总投资 1.96 亿元的晋中市体育公园暨晋中市全民健身活动中心开园。晋中体育公园以体育、休闲、生态、自然为主题，是集体育健身、休闲、娱乐、文化、生态为一体的城市综合性公园。

4. 坚持依法制体，体育法制逐步健全

体育法制建设是体育事业全面、协调和可持续发展的有力保障。随着体育事业稳步发展，山西从立法层面确立了体育的地位，体育工作基本纳入法制化轨道。1995 年 10 月 1 日《体育法》颁布后，山西省人大常委会分别于 1996 年、2000 年、2002 年颁布实施了《山西省体育设施管理条例》、《山西省体育经营活动管理条例》、《山西省全民健身促进条例》三部地方性法规。山西省政府也分别于 2007 年、2008 年颁发了《山西省体育竞赛监督管理办法》、《山西省竞技体育人才培养和退役安置办法》二件政府规章。这一系列法律、法规、办法的颁布实施，为体育事业法制化、科学化发展提供了有力保障。

5. 坚持协调发展，体育产业迈开步伐

随着社会主义市场经济体制的逐步确立，体育产业作为我国新兴的产业门类应运而生，正逐渐成为新的极具潜力的社会经济增长点。坚持落实《山西省体育经营活动管理条例》和2001年山西省人民政府公布的《关于加快体育产业发展的意见》，通过推动社会力量筹办体育产业，规范体育经营活动行为，保护消费者合法权益，引导群众体育消费，逐步形成了体育产业发展的社会氛围，体育产业发展取得成效。在体育彩票和航空体育的带动下，民营资本进入体育领域的速度明显加快，健身服务业、竞赛表演业、体育用品业日趋活跃。山西长治澳瑞特健身器材有限公司已经成为我国体育用品业的龙头企业之一。

从1995年正式销售中国体育彩票开始，全省体育彩票销量逐年递增，形成覆盖全省的销售网络和管理体系，成为山西体育产业的龙头。2003年，山西·西北六省联网成功上市，山西体育彩票年销量首次突破亿元，达1.57亿元。2008年，即开型彩票在山西7个月销售4.89亿元，全年共销售体育彩票9.23亿元。截至2008年年底，山西体育彩票销量累计约30亿元，利用彩票公益金援建各市县建设全民健身路径433个、省级农民体育健身工程5567个、国家农民健身工程1800个、国家级体育先进社区17个、省级体育先进社区59个、传统项目学校104所、青少年俱乐部56所、雪炭工程10个、全民健身活动中心5个。

山西的航空运动始于20世纪50年代，50多年来航空体育资源在普及航空运动知识、支援工农业生产、为全省经济建设服务方面发挥了独特作用，完成飞播造林、人工增雨、灭蝗灭虫、遥感遥测、空中缉毒等大量飞行任务，产生了可观的经济效益，对促进经济增长、优化产业结构、增加社会就业产生了积极影响，扩充了体育社会资源，有效提供了更加丰富的体育服务，适应了经济社会不断增长的多元化需求。

6. 坚持改革创新，积极推进体育体制和机制改革，体育教育、体育科研、体育宣传、体育文化健步向前

进一步深化体育管理体制改革是社会主义市场经济体制下发展体育事

业的客观要求。体育部门始终坚持改革创新，不断增强体育事业的发展活力，以职能转变和建设服务型政府为目标，加强体育行政部门的改革，逐步强化了体育行政部门公共服务和社会管理等职能；以推进项目"一条龙"和协会实体化进程为目标，强化各运动项目管理中心提高竞技水平和推进群众普及的职能，充分调动各项目管理中心发展本项目的积极性，为运动项目的提高和普及提供了体制和机制保障；调动社会力量办体育的积极性，形成了体育事业广泛的社会支撑，推进了体育的社会化进程。

1980 年山西省体育科学研究所成立以后，重视科技人才培养和科技课题攻关，运动训练科学化水平有所提高，特别围绕重点运动员和重点小项开展科研攻关，为提高全省竞技体育水平和群众健康水平做了大量工作。2003 年山西省体育运动学校升格为山西体育职业学院后，全省逐步形成了以山西体育职业学院为龙头、中等体育教育与之配套，上下衔接、协调发展的体育教育发展新格局，形成了体育运动人才培养的良性运行机制。

山西体育宣传工作开展扎实有序，各类体育宣传报道日益深入，产生了积极的宣传效应。特别是 1982 年和 1986 年中国体育记者协会山西省分会和山西体育摄影协会相继成立后，进一步扩大了体育宣传形式、充实了宣传内容。为适应现代体育发展需求，2004 年正式开通了山西省体育局网站，先后与国家体育总局网站、省政府网站成功链接，实现了体育信息资源互联互通共享，扩大了山西体育的影响力。2009 年初，省局门户网站点击量突破一百万大关，年中突破二百万大关，网站日点击量平均保持在 7000 次左右。

国运昌则体育兴，体育兴则民族健。新中国成立 60 年，山西体育的振兴史、奋进史是汇入祖国体育事业大河中的支流。在全面建设小康社会、构建社会主义和谐社会的进程中，山西体育界将以科学发展观为统领，坚持以人为本，破解发展难题，积极为经济、社会发展服务，充分发挥体育的独特作用，为伟大祖国的繁荣富强奉献力量。

全面发展崛起的内蒙古体育

内蒙古自治区体育局局长　石梅

现代体育是融经济、文化、社会事业发展特性为一体的综合性事业，事关人民身体健康、民族昌盛和国家荣誉，体育水平是社会进步和经济发展的重要标志，体育事业是现代化建设的重要组成部分和全面建设小康社会的重要内容，是拉动经济社会发展和构建和谐社会的重要手段。回顾内蒙古体育的发展历程，最鲜明的特征是改革创新，最显著的成绩是快速发展，最突出的标志是与时俱进。内蒙古体育沐浴着自治区改革开放的春风，依托于经济社会发展和综合实力增强的巨大推动，形成了具有地域特征和民族特点的体育事业发展格局。在自治区党委、政府和国家体育总局的领导下，在有关部门的配合和全区体育工作者的共同努力下，内蒙古体育得到了长足发展，取得了令人瞩目的成就，各项工作呈现出一派欣欣向荣的景象。蓬勃发展的群众体育，在推进体育工作的社会化发展进程、不断满足人民群众日益增长的体育健身需求、构建多元化体育服务体系、促进体育公共服务水平提高等方面做出了应有的贡献；成绩斐然的竞技体育，在优秀运动队伍建设、后备人才培养、实现奥运会金牌"零"的突破、提高整体竞争抗衡能力等方面取得了骄人的成绩；生机盎然体育产业，在加强体育市场管理监督、培育健身娱乐和竞赛表演市场、突破体育彩票销售十亿大关等方面表现出强劲的发展势头；日趋完备的体育法制，在提供基础保障、完善配套立法、建立执法机制、加强执法监督等方面走进了全国先进行列；行之有效的体育工作目标化管理，在加强组织领导、形成工作规范、推进基础建设和建立激励机制等方面的形成了强有力的工作"抓手"。

目前，内蒙古体育已成为一项领导关心、群众关爱、社会关注的亲民、便民与惠民事业；已成为一种与社会各个方面和广大群众紧密联系的社会文化现象；已成为彰显时代特征和民族地区特点的活动载体，融入了内蒙古的经济社会发展和城乡居民生活，为自治区的"三个文明"建设做出了应有贡献。

回首往事，感慨万千。内蒙古自治区自 1947 年成立以来，尤其是改革开放三十年来，我区的体育事业伴随着自治区的改革开放和现代化建设的突飞猛进得到了空前发展。特别是党的十七大以来，自治区体育局围绕"科学发展、构建和谐、富民强区"这一主题，以"发展体育事业、促进社会和谐"为切入点，正确对待存在的差距与不足。对体育事业发展的保障力度、经费投入和设施建设等情况做出了基本估价；对群众体育的社会化程度和竞技水平的提高能力及人才培养与队伍建设的状况进行了正确把握；对体育需求形势、体育服务能力和体育产业的发展态势等进行了审慎分析。进一步解放思想、实事求是、改革创新，努力转变不适应、不符合科学发展的思想观念；着力解决阻碍和制约科学发展的突出问题；积极构建有利于体育事业科学发展的新机制。把科学发展观落实到体育工作的各个方面，以极富创造性的工作赢得了发展先机，奏响了内蒙古体育事业锐意改革、全面发展的新篇章！

一、夯实体育基础，构建多元化
体育服务体系，推进群众
体育的社会化发展进程

大力开展全民健身和构建多元化体育服务体系，是保障广大人民群众享有基本体育服务和权利、维护和实现最广大人民群众根本利益的直接体现。内蒙古的群众体育，在经历了"十年动乱"的重创后逐步走向了健康发展之路，特别是1995年国务院颁布《全民健身计划纲要》以来，以构建"亲民、便民、利民"的体育服务体系为目标，立足于建设群众身边的健身场地、健全群众身边的体育组织、开展群众身边的体育活动三个关键环节，紧紧围绕广大群众的体育健身需求，做出了坚持不懈的努力，初步形成了以健身组织、健身指导、健身设施、宣传教育、竞赛活动和体质测试等为主要内容的多元化体育服务体系，建立了政府领导、社会支持、全民参与和覆盖面广、具有地域和民族特点的群众体育工作机制。

（一）体育健身设施建设突飞猛进

1995年末第四次全国体育场地普查显示，我区拥有各类体育设施20172个，场地面积为3999.8万平米，历年间累计投入体育设施建设资金56665万元，人均体育设施建设资金24.64元，人均体育场地面积1.74平米。尽管我区的人均场地面积不低，但突出存在设备简陋、种类短缺、数量不足和建筑标准不高等发展性问题，难以满足广大人民群众日益增长的体育健身需求，同时也限制了为经济社会发展服务功能的发挥。上述情况引起了自治区党委、政府的高度重视，针对体育设施建设投入不足、缺乏长远规划、侵占与挪用现象严重和地区间发展不平衡等情况，自治区人大常委会于1998年颁布施行了首部地方性法规《内蒙古自治区体育设施管理条例》，对体育设施的规划、建设、使用和保护做出了全面规范，从此我区的体育设施建设步入有法可依、有章可循的法治化轨道。目前，我区拥有体育设施21094个，比1995年前增长了21%，符合标准的体育场馆有15476个，占体育设施总数的73.49%；拥有体育场地面积6162.9万平米，比1995年前增长了35.1%；累计投入体育设施建设资金173390万元，人均体育场地面积达到2.6平米，人均体育设施建设资金74元，比1995年前分别增长了67.3%、33%和66.7%。其中，体育场、体育馆、游泳馆、赛马场等大型体育场所达到142个，室内综合馆、篮球馆等场地设施 896 个。全区仅网球场馆就有 738 个，场馆数量和参加该项目锻炼的人数均居于全国之首，网球休闲运动已成为草原儿女"马背民族"的一种生活时尚。

近年来，自治区体育局把用好体彩公益金，作为推动我区体育设施建设的有效途径，先后建设了 1000 多条健身路经、篮球长廊和乒乓球长廊，扶持青少年体育俱乐部 40 多个，支持体育民族传统项目学校 34 所。在贫困地区建设"雪炭工程" 16 个，在全区 130 多个农村牧区实施了"草原万里健身工程"的基础设施建设。在体彩公益金的资助下，我区一座座现代化、多功能和实用型的体育场所如雨后春笋遍及全区各地，突飞猛进的体育健身设施建设和丰富多彩的群体活动交相辉映，全民健身热潮此起彼伏。

（二）群众体育组织不断发展壮大

1995 年 6 月国务院颁布的《全民健身计划纲要》，深受社会各界的广泛关注和大力支持。同年，自治区政府办公厅颁发了《内蒙古自治区贯彻（全民健身计划纲要）实施方案》，确立了工作的指导思想、奋斗目标、组织领导和具体措施。同时，成立了以自治区分管主席为主任委员的自治区全民健身领导委员会，随之全区 12 个盟市和 101 个旗县（区）的全民健身领导机构相继成立。苏木乡镇、街道办事处及企事业、行业的全民健身工作机构也陆续建立。目前，全区单项协会法人组织已发展到 33 个，单项体育工作委员会 8 个；行业体协 11 个，各级产业职工体协 1206 个；有 6 个盟市建有体育总会专职办事机构，盟市级单项体育协会 140 个，苏木乡镇均建有农牧民体协；全区各盟市均建立了健身气功活动管理站点，站点总数发展到 316 个；建起了 40 多个青少年体育俱乐部，有 11 个旗县被命名为全国体育先进县，体育组织网络遍及全区各地，惠及各类人群。各级政府将全民健身计划的实施纳入了当地经济社会发展规划和精神文明建设的总体目标；各级体育部门制定了发展群众体育、实施全民健身计划的长远目标和工作计划，为群众体育的规范化发展提供了坚实的基础保障。多年来，社会各界兴办健身活动的积极性得到了有效发挥，群众体育的组织网络进一步健全，国民体质监测不断完善，学校体育、社区体育和苏木乡镇体育有了明显改观，老年人体育和残疾人体育有了长足进步，初步形成了政府主导、社会支持、群众参与的全民健身发展格局。

（三）群众性体育健身活动广泛开展

多年来，"体育三下乡"、"体育进社区"、"五百万人健身活动"等已成为群众体育活动广泛开展的枢纽，较好地发挥了承上启下的贯通作用。自1995年开始，每年举办的全区性全民健身周（月）活动的参加人数均达到数百万人以上，经常参加体育锻炼的人数达到40%左右，国民体质健康指数达到了全国平均水平。广大群众日益增长的体育健身需求，不仅让喜闻乐见的广播操、门球、乒乓球、武术、健美操、棋类、爬山、自行车、跳绳、踢毽子等健身锻炼的场面更为壮观，而且健美操、街舞、跆拳道、呼啦圈引领着不同时期的健身潮流。同时，轮滑、高尔夫、保龄球、汽车越野等也让人们体验到了休闲体育的丰富与精彩。近两年，以"全民健身与奥运同行"为主题的"草原奥运风"系列活动，充分展示了我区各民族群众的健身活动亮点，已成为我区群众体育的标志性口号。尤其是纳入自治区"十一五"发展规划和新农村建设计划的"草原万里健身工程"的实施，为我区农村牧区体育工作的开展起到了推波助澜作用。

我区自1985年举办第一届少数民族传统体育运动会以来，至今已成功举办过六届，参赛人数和比赛项目逐届增多，宏大的开幕式规模和热情的观众场面令人难以忘怀，已成为广大农牧民期盼的盛大节日。那达慕作为蒙古族体育盛会在草原上已蔚然成风。改革开放以来，以那达慕为主要形式的少数民族传统体育活动蓬勃发展，多种形式举办那达慕的势头方兴未艾。1991和1997年，自治区政府在呼和浩特成功举办了两次那达慕盛会，在国内外产生了广泛影响；盟市举办的规模不等的那达慕，有力地促进了地方民族体育的发展；那达慕盛会中众多的女选手跃上搏克赛场，开创了古老民族体育盛会的新风；勤劳致富后的农牧民个人出资举办的家庭那达慕和运动会，开创了个人兴办体育赛事活动的新局面。目前，那达慕体育盛会已发展为集文化、娱乐、旅游、观光、贸易为一体的综合性活动，为自治区的经济社会发展做出了积极贡献。2006 年，搏克、曲棍球、那达慕被列入全国首批非物质文化遗产保护目录。

群众性体育活动的开展，有力地促进了运动技术水平的提高。在 1953 年第一届至 2007 年第八届的全国民运会上，我区体育健儿共获得 65 枚金牌和 153 枚奖牌，多次获得金牌、奖牌和团体总分第一或并列第一的好成绩；在 1988 年第一届至 2008 年第六届的全国农运会上，我区体育健儿共获得 18 枚金牌和 64 枚奖牌；残疾人体育是促进残疾人功能恢复、改善其自我信念和生活质量、提升其社会地位、促进其早日融入正常社会生活的重要手段。重视和关心残疾人体育既是社会公益事业发展的需要，也是社会进步、文明的表现。我区运动员在第七届、第八届远南残运会和第五届全国残运会及第三、第四届全国特奥会上，共获得 44 枚金牌，8 次打破世界记录；在 2000 年第 11 届、2004 年第 12 届和 2008 年北京第 13 届残奥会上，共获得 8 枚金牌，并多次打破残疾人体育世界记录。

（四）民族体育发展异彩纷呈

民族民间传统体育项目的挖掘、整理与全民健身活动的广泛开展有着直接的必然联系和丰富内涵。我区自古是北方多民族生息繁衍的重要舞台，独特的少数民族生活方式孕育了大量富有特色的体育活动，形成了传统的少数民族体育项目。然而，由于历史等原因，为数众多的少数民族传统体育项目已逐渐萎缩，有的已面临失传和消亡的危险。内蒙古体育在坚持民族特点和地区特色的同时，始终积极地朝着国际奥林匹克体育运动倡导的崇高目标迈进，逐步使民族传统体育活动与奥林匹克体育运动形成有机结合。我区的民族传统体育，在传承和弘扬中逐步走上了规范发展的道路。赛马、赛驼、搏克、布鲁、蒙古象棋、安代健身舞、沙力布尔摔跤、抢枢、驼球等一大批具有民族传统的体育健身项目得到了挖掘、整理、传承和推广。蒙古式摔跤经过改革完善后正式更名为"搏克"，已成为全国民运会和全国农运会的比赛项目。在 20 世纪 90 年代的"中国马王"争霸赛中，我区哲里木盟科尔沁草原的民间马术队两次获得冠军并赢得"中国马王"称号，享誉国内外。

二、提升竞技水平，加速队伍建设和人才培养，推进竞技体育的集约化发展进程

新中国成立后，内蒙古竞技体育有了较快的发展，得益于改革开放带来的难得机遇，得益于体育系统的深化改革和与时俱进的竞技体育发展战略。内蒙古的竞技体育，大体经历了全面提升与快速发展和战略转移与重点突破两大历史阶段。

（一）民族传统体育竞技优势发挥明显

在全面提升与快速发展阶段，较好地实施了缩短战线、突出重点、效益优先的竞技体育发展战略，充分发挥了民族传统体育项目的竞技优势。在摔跤、马术、田径、射击、曲棍球、射箭等项目上取得了优异成绩。仅摔跤、马术项目就获得历届全运会金牌 55 枚（中国式 13 枚，国际式 24 枚，马术 18 枚），占我区全运会金牌总数的 56%；田径、射击、曲棍球、射箭 31 枚（田径 13 枚，射击 10 枚，曲棍球 5 枚，射箭 3 枚），柔道、举重、航模、拳击、现代五项项目 12 枚，分别占我区全运会金牌总数的 32% 和 12%。摔跤、马术作为我区的民族传统体育竞技项目，在洲际和国际大赛中，为国家做出了应有的贡献。呼日查、官布尼玛分别在第 23 届奥运会上获得 52、73 公斤级的第四名和第七名，这是自 1984 年至北京奥运会前，我区运动员在历届奥运会上取得的最好成绩；古典式摔跤运动员宝玉、呼日嘎分别在 1990 年北京亚运会上获得 100 公斤级和 130 公斤

级冠军，结束了我国摔跤项目在亚运会上无金牌的历史；张河在 1997 年韩国第一届亚洲马术锦标赛上获得场地障碍赛个人冠军，成为我国第一位亚洲马术比赛冠军，被誉为"中国马术运动的一面旗帜"；张力军在 2002 年第 14 届亚运会上，与队友合作夺得盛装舞步团体赛的第三名，实现了中国代表团亚运会马术项目奖牌"零"的突破。

此外，内蒙古运动员曾 8 人 7 次打破世界纪录，260 多次刷新过全国纪录，400 多人荣获过国家和国际运动健将称号。高凤莲在第四、五、六届女子柔道世界标赛中连续三次获得 72 公斤以上级冠军，成为新中国体育史上第一位获得世界女子柔道比赛"三连冠"的巾帼英雄；岳勇在 1993 年汉城射击世界杯比赛中，以 666.5 环的成绩打破手枪慢射世界纪录并获得金牌，填补了自治区没有射击世界冠军的历史；胡刚军是第一位在北京国际马拉松赛上获得冠军的中国人，也是我国第一位闯进 2 小时 10 分大关的马拉松运动员；在第一至第十届全运会上，我区代表团共获得 266 枚奖牌，其中金牌 98 枚、银牌 82.5 枚、铜牌 85.5 枚。

（二）战略转移与重点突破成绩斐然

进入 21 世纪，根据国家竞技体育发展的总体要求和自治区党委政府关于加快体育事业发展的决定，确立了以奥运会为最高目标、全运会为主要任务、人才为本、强化基础、发挥优势、重点突破、规模适度的竞技体育发展战略，提出了"以奥运带全运，以全运促奥运"的工作理念。局领导班子在总结和借鉴以往成功经验的基础上，结合我区实际制订了《内蒙古自治区 2002—2008 年竞技体育发展规划》，确定了"突出重点、发展优势、立足长远、冲刺奥运"的竞技体育指导思想。在战略转移与重点突破方面采取了一系列行之有效的措施：一是实行突出奥运金牌、突出重点项目和突出重点队员的"三突出"策略；二是深入研究竞技体育的项目制胜、参赛备战、现代管理和运动训练规律，努力提高效益，形成了项目优势和特点；三是努力改善训练条件。近年来，经多方努力、筹资和支持，先后投资 1 亿多元，新建了射击训练馆、室内田径馆、柔道馆、乒乓球馆、武川基地综合馆与摔柔馆，改建了体育馆、拳击馆、运动员公寓楼等基础设施，累计建筑面积达 5 万多平方米，为运动员创造了良好的训练环境；四是加大后备人才的培养力度。目前，拥有国家级奥林匹克体育后备人才基地 2 个，自治区级体育后备人才基地 31 个，旗县级体校、体育中学 60 所，体育训练网点 260 个，在训人数多达 25000 多人。年度比赛的参赛人数出现了前所未有的喜人局面，仅摔跤、柔道、拳击、射箭四项的参赛人数就高达 1800 多人，田径比赛人数突破 1200 人，创下历史最好水平；五是竞技水平提高显著。从 2007 年初到 2008 年上半年，我区运动员参加了 80 多项国际、国内赛事，共获得 60 个第一名，68 个第二名，80 个第三名，获得比赛前三名人次达到历史最好水平，为冲击北京奥运会金牌奠定了坚实基础。

经过 6 年的奋力拼搏，在北京奥运会上，我区共有 4 名教练员、13 名运动员参加了 4 个大项 9 个小项的比赛，获得 1 枚金牌和男子竞走比赛的第四名，在参赛人数、参赛项目和比赛成绩上全面创下了内蒙古体育奥运史上的最好成绩。张小平夺得 81 公斤级拳击比赛的金牌，不仅打破了由欧美选手垄断拳击大级别比赛的神话，实现了中国拳击史上的重大突破，而且也实现了我区奥运金牌"零"的突破和几代草原儿女的光荣与梦想，谱写了内蒙古体育运动史的辉煌篇章。

三、发展体育产业，培育健身娱乐和竞赛表演市场，推进体育产业的多元化发展进程

我区的体育产业开发萌芽于 20 世纪 80 年代初，从最初的接待外国体育旅游团体开始，1984 年接待了 10 多个国家和地区的体育旅游团，体育旅游纯收入达 54385 元；进入 90 年代，相继开办了体委招待所、奥林匹

克饭店、运动员服装器材供应站、李宁服装专卖店、体育广告公司、华奥体育经济发展公司、奥龙商贸公司等体育经营实体，体育系统内部形成了集体育旅游、服装、器材、餐饮、住宿为一体的经营服务格局；1993 年开始对体育无形资产进行开发利用，先后尝试过有奖赛马、发行地方体育奖券、体育竞赛招标、联姻办队等。截至 1994 年，体育系统各经营单位上缴经营创收任务 53 万多元，安排就业 195 人，节约工资 34 万元和公务费用 30 万元，上缴税金 26.6 万元，偿还贷款 35 万元。

伴随市场经济体制的逐步建立，社会开办的体育经营实体大量涌现。到 1998 年，全区共有体育经营实体 601 个，体育系统兴办占 3.6%，社会组织兴办占 84%，分别有 488 和 75 家从事健身娱乐业经营和体育用品销售。2007 年的体育产业调查结果显示：在 2001 年至 2006 年的 6 年间，我区的体育经营组织由 531 个增长至 5496 个，增长了 9.3 倍：从业人数由 3803 人增长至 22302 人，增长了 4.9 倍：经营收入由 0.98 亿元增长至 10.2 亿元，增长了 9.4 倍：体育彩票销售由 0.1 亿元增长至 5.47 亿元，增长了 53 倍。我区体育产业发展的规模扩大、种类增多和产值增加，主要得益于体育市场的规范发展、体育彩票销售量的猛增和体育工作社会化程度的不断提高。

（一）体育市场管理法规为产业发展保驾护航

自治区人大常委会于 1999 年颁布施行了第二部地方性体育法规《内蒙古自治区体育市场管理条例》，从法律、法规的高度确立了体育市场的性质和地位。该法规对体育市场的定义、管理主体、经营项目、经营条件、民族传统体育项目的产业开发等作出了明确的规定，对申办经营、资格认证、监督管理和法律责任等进行了具体规范，为我区体育市场的培育、管理提供了有力的保障和依据，该法规的颁布实施标志着我区体育市场正式走向有法可依、有章可循的健康轨道，为我区体育产业的发展提供了坚实基础，有力地推进了体育事业的社会化和产业化发展进程。

（二）健身娱乐和竞赛表演市场逐步成熟

群众体育是健身娱乐和竞赛表演市场的载体，是体育产业发展的基础。近年来，伴随经济社会的不断发展，我区广大群众的可支配收入和生活水平显著提高，恩格尔系数处于下降趋势，体育文化需求日益凸显。为顺应广大群众对体育的多元需求，体育市场的整合与回应机制逐步形成，体育服务中的体育培训、健身娱乐和体育用品销售形成了相对较大市场份额，并在体育产业中占据主导地位。据统计，体育培训的经营收入增长幅度为75.1%，健身娱乐和体育用品销售分别为68.4%和32.3%，健身娱乐与体育培训的整合趋势相对明显，发展势头强劲，市场规模逐步扩大并趋于成熟。

体育是内蒙古文化大区建设的重要内容，我区有着得天独厚的地理条件和资源优势，打造体育品牌赛事，培育和发展体育竞赛表演市场是体育产业发展的必由之路。进入21世纪，体育局领导班子充分利用现行法规、政策，坚持"谁投资、谁受益和只求所在，不求所有"的方针，在突出发展和培育体育竞赛表演市场方面，建立了资本运营、招商引资和联合开发机制，充分发挥草原、冰雪、沙漠等自然优势，实施培育龙头、造就核心的发展战略，精心打造了以"车"、"马"、"冰"、"雪"为主的品牌赛事活动，有力地促进了竞赛表演业的发展。先后打造的中国内蒙古国际马术节、内蒙古国际马术障碍赛、800匹蒙古马挑战吉尼斯纪录"阿吉奈"大赛、通辽"818"赛马节、离离草原马背行、呼和浩特场地汽车障碍赛、中国汽车越野锦标赛、国际汽车拉力赛、全国汽车场地越野锦标赛、阿拉善中国沙漠摩托车越野赛、呼伦贝尔冰雪那达慕、阿尔山冰雪节、包头中国山地自行车公开赛、锡林郭勒搏克大赛等赛事活动，已成为我区体育竞赛表演市场发展的"龙头"和核心，它们的辐射作用和渗透功能已成为地区对外的窗口和形象的名片，为我区体育市场的壮大和产业的发展奠定了良好的基础。

（三）体育彩票销售量逐年增长势头强劲

体育彩票销售已成为我区体育产业发展的重要支柱，已成为国家和社会共同兴办体育事业的重要经济来源。我区体育彩票销售始于 1995 年 7 月，体育彩票管理中心成立于 1996 年，2002 年 5 月电脑体育彩票正式联网开通，当年销售体育彩票 5500 万元。多年来，体育彩票销售秉承了"责任、诚心、创新、共赢"的发展理念，遵循彩票市场发展规律，按照"安全第一，服务为主，宣传为先"的工作宗旨，在提高认识、加强宣传、研究问题上"下工夫"，在加强网络建设、扩大销售规模、提高人均购买力和销售总量上"做文章"，努力构建全热线销售路径和遍及全区的销售网络，在短短 6 年时间里，年销售量由 2002 年最初的 5500 万元，跃升至 2008 年突破 10 亿元大关，销售量增长了 20 多倍，2009 年的体育彩票销售总量有可能在前一年基础上又有新的突破。体育彩票销售量的突飞猛进，像一针强心剂为内蒙古的体育事业注入了生机和活力，又像一只无形的大手，将内蒙古的体育事业推上了快速发展的轨道。体育彩票公益金的增加，不仅为全民健身的蓬勃发展提供了保障，而且为竞技体育水平的提升提供了有力支持。

四、加强依法治体，建立体育行政执法监督检查机制，推进体育法制体系的建设进程

在体育事业规模不断扩大、社会对体育的参与日益广泛、体育组织结构日益复杂的情况下，依法治体是体育事业发展的根本保障，加强体育法制建设是推进依法治体的关键所在。回顾我区体育法制的建设历程，深感当今的体育法制环境和工作氛围实属来之不易。其中不仅蕴涵着党和国家

对体育事业的关心、重视，自治区人大和政府对体育工作的理解、支持，而且凝聚着体育系统对法制环境的呼唤、渴望和法制工作人员辛勤的汗水与劳动。截至目前，自治区人大常委会和自治区政府先后颁布体育工作的法规5部。1998—2002年自治区人大常委会相继颁布施行了《内蒙古自治区体育设施管理条例》、《内蒙古自治区体育市场管理条例》和《内蒙古自治区实施〈中华人民共和国体育法〉办法》；2008年自治区人大常委会又颁布施行了《内蒙古自治区全民健身条例》，自治区政府颁布施行了《内蒙古自治区自主择业退役运动员经济补偿办法》。初步形成了以《体育法》为龙头，以地方性法规和政府规章为骨干，以部门规范性文件为基础的体育法制体系框架。体育设施管理条例和实施体育法办法的颁布为我区体育事业的发展提供了坚实的基础保障；体育市场管理条例的颁布为我区体育市场的培育和产业的发展提供了有力支持；全民健身条例和自主择业退役运动员经济补偿办法法规的颁布为我区健身事业的发展和优秀运动队的建设提供了可靠保证。

（一）加强体育法制体系建设，推进依法治体工作进程

体育法规相继颁布后，围绕有关规定的贯彻实施，积极稳妥地进行了一系列体育法制建设的基础性工作：一是加强了体育行政执法的队伍建设。建立了盟市法制办负责综合类、体育部门负责专业类法律法规知识培训、考核，由自治区政府法制机构统一颁发体育行政执法证件的认证机制，全区已有300多名行政人员获得了体育类执法资格；二是加强了体育法制工作的制度建设。相继制定了《关于进一步加强和改善自治区体育系统依法行政工作的意见》、《内蒙古自治区体育局行政执法责任制及相关配套制度》、《内蒙古自治区体育行政执法监督工作细则》、《内蒙古自治区体育行政执法监督检查评价标准》等规章制度，对推进体育行政执法责任制和评议考核制的建设起到了积极推动作用；三是加强了与法规配套的规章制度建设。相继制定了有关体育经营管理和专业技术人员的培训大纲和资格认证管理办法，部分运动项目开办经营场所的基本条件，颁布

了申办体育经营许可的若干规定，并依法向社会发布了体育运动项目管理的通告，致使体育法制工作形成了有法可依、有章可循的局面；四是加大了体育法制工作的宣传力度。首先，以法规颁布的新闻发布会和法制培训为契机，不断营造体育法治氛围。其次，会同自治区人大常委会科教文卫委员会和政府法制办联合编撰了有关体育法规的应用解释、释义问答和工作手册，向社会广泛发放，推动法制宣传工作的深入。同时，积极调整了法律法规的宣传方式，变以往的单一式宣传为多方位、多内容、多形式的整体性宣传，将体育法制宣传同群体、竞体和产业等工作的推动与发展有机结合，同全民健身周等大型活动结为一体，对体育法制环境和舆论氛围的营造等起到了重要的推动作用。

（二）建立体育行政执法机制，加强体育执法监督检查

法规的生命在于实施，而实施关键在于落实和监督。为建立体育行政执法机制，加强体育执法监督，加快有关规定贯彻落实步伐，各级体育部门做出了坚持不懈的努力。一是通过研制体育行政执法工作责任制的有关规定，明确了各级体育部门作为行政执法主体的职责和责任。制定了全区体育系统依法行政工作的检查指导内容与规范标准，并实施年度检查评定，强化了执法工作的内部监督与自身建设；二是将体育设施建设和用地定额、活动举办及权益保障等有关规定纳入了自治区星级文明城市的竞赛评比标准序列，促进了有关规定的落实；三是将体育执法工作纳入了自治区政府与盟行署和市政府签订的《体育工作目标化管理责任书》的评价标准和检查内容，建立了较为完整、有效的体育法制监督检查和激励与约束机制；四是通过组织实施内蒙古自治区体育行政执法监督检查评价标准，制度性对盟市的体育行政执法工作给予指导、评价，收到了较好效果；五是依托和借助各级人大、政协的体育执法检查和专题调研，促进了有关方面的法定职责履行，增强了行政执法的监督检查力度。

（三）狠抓典型违法案例，维护体育法治尊严

几年来，坚持体育立法与执法监督并重的原则，先后对涉及9个盟市、6个旗县（区）的15起体育设施和市场管理的违法案件进行了严肃查处，指导和配合盟市通过下达体育执法监督通知、责令限期改正和通报有关部门等措施，致使违法部门做出郑重承诺并限期得以纠正，为体育事业挽回了损失，保护了广大人民群众的体育锻炼权益。仅在1998年自治区人大开展的体育执法检查中，对拍卖原巴彦淖尔盟体育场临街840平米体育用地所得的450万元，和占用体育场用地1248平米建成的老年活动中心两项违法案件的纠正，就为体育事业挽回了1000多万元的经济损失；在2001年的立法调研中对通辽市拆除体育场后尚建而未建情况进行依法敦促，引起了当地政府的高度重视，新择地50万平方米，投资2.4亿元兴建了奥林匹克体育中心，维护和体现了体育法治的尊严与效率。

我区的体育法制建设，较好地把握以《体育法》为核心和与《体育法》相配套，坚持了现代法治的正义和效率，注重了体育法规建设当中的系统性和法规体系结构上的完整性，为推进依法行政和依法治体工作进程奠定了良好基础。2001年我局政法处被自治区直属机关工委和依法治理领导小组被评为"法制宣传教育和依法治理先进办公室"；2005年我局被国家体育总局评为体育法制建设先进单位，并在大会上作了体育行政执法先进经验介绍；2006年我局被国家体育总局评为"四五"普法教育先进单位，同时获得体育法律法规知识竞赛最佳组织奖；同年，我区兴安盟乌兰浩特健身训练中心和阿拉善盟阿左旗的巴彦浩特体育场被评为贯彻《公共文化体育设施条例》先进单位。

（四）广泛开展体育社科研究，加强体育法制基础建设

体育社会科学研究是体育事业发展的重要组成部分，在繁荣体育理论、促进体育决策科学化、民主化过程中发挥着积极的作用。近年来，我局以发布招标课题和承接委托研究等方式，对体育改革和事业发展中的重

大理论和实际问题进行了广泛、深入的研究，为科学决策、政策制定和法制建设提供了理论依据。截至目前，共有120多项招标课题获得立项，直接获得的科研成果近50多项，先后出版了三期《内蒙古自治区体育社会科学研究成果汇编》。课题成果中，集中体现了群众体育普及、竞技水平提高和体育产业发展的应用性研究，提出了一些重要的理论观点和工作思路，有很强的指导意义和参考价值，其中有些成果已被有关决策部门采纳或部分采纳，取得了较好的工作和社会效益。此外，我局领导和有关处室的同志，先后完成了5项涉及不同领域的国家体育总局招标课题，得到了较高的评价。其中，有2项研究获得自治区科技成果奖。

五、建立目标责任，加强工作督导 与激励机制建设，推进体育管理 工作的科学化发展进程

为加强体育工作的组织领导和规范化建设，自1997年开始，由自治区政府对盟市的体育工作实行目标责任制度管理，并开展年度检查和周期性评价活动。实践证明，自治区政府同盟行署和市政府签署体育工作目标管理《责任书》，在组织形式上强化了体育工作的政府行为，在工作内容上促进了管理工作的规范化建设，在管理体制上形成了激励与约束机制，对我区体育事业的发展发挥了积极、有效的推动作用。

（一）责任目标管理，保障了体育工作的应有地位

体育工作目标化管理责任制度的实施，强化了自治区对盟市、盟市对旗县（区）政府体育工作的组织领导，建立健全了自上而下的体育工作督导机制，提高了体育工作的应用地位，形成了政府主导、部门参与、齐抓共管、共建共享的体育事业发展格局。机构改革初期，我区大部分盟市的体育工作机构处于同教育、文化合并状态，工作地位处于从属、行政经

费异常短缺、人员配备参差不齐，形成了体育事业发展的桎梏。《责任书》实施至今，大部分盟市的体育工作机构从合并走向了单设，多数盟市依法增设了体育市场管理、政策法规和体育产业等新型机构，领导指数和人员配备得到有力加强，公共财政体育事业费不断增加，工作地位得到了提升，工作环境和条件得了到前所未有的改善。

（二）综合评价机制，促进了体育事业的全面发展

上级政府对下级政府的体育工作实施目标化管理，对《责任书》实行年度检查和周期性评价制度，是敦促政府职责履行、加强体育工作领导的重要手段，是保障体育工作应有地位、促进体育事业健康发展的重要举措，是综合评价一个地区体育事业发展水平与状况的具体办法，是加强体育事业组织管理、经费投入、设施建设和产业发展有力保障。通过《责任书》的实施和工作导向、督查与激励机制的建立，不仅推进了当地体育事业的发展进程，而且促进了体育与当地经济社会发展的融合与协调。尤其在《责任书》实施的不同时期，对有关评价指标和权重系数的调整与完善，形成了很强的工作导向性，有力地促进了体育事业的全面发展，工作的薄弱环节得到加强，工作的重点得到强化突出，工作的疑难问题得到妥善解决。目前，地区间体育事业发展不平衡的现象得以改善，体育设施建设、体育经费增加、体育活动组织、体育产业发展和体育法制建设等均出现了前所未有的新气象。

（三）考核结果排序，加快了依法治体的工作进程

目前，《责任书》的实施已进入了第三个周期的尾声，每一周期的年度检查和综合排序，均由自治区政府发布排序通知和综合评价奖励通告。表彰奖励机制的建立，不仅较好地保障了体育工作的应用地位，促进了体育事业的全面发展，而且加快了依法治体的工作进程。将体育行政执法纳入《责任书》的评价标准和检查内容，为建立完整有效的体育法治监督检查和激励与约束机制奠定了基础，检查结果的量化排序和表彰奖励制度

的建立，较好地实现了体育执法与行政管理工作的有机结合，将行政执法工作纳入了政府领导的责任范围和议事日程，有力地促进了法律法规有关规定的贯彻落实，强化了体育法治的观念和意识，整体提高了依法行政、依法治体的工作水平。

回顾新中国成立后内蒙古体育的发展历程，其既是一个解放思想、与时俱进、勇于创新、追求卓越的发展过程，又是一个敢于探索、敢于创新和敢于破解难题的改革过程。我们深信，伴随体育工作社会化、集约化和多元化进程的不断加快和体育法制的日臻完善及管理水平的不断提高，内蒙古体育将会迎来更加辉煌的明天！

辽宁竞技体育发展
60年回顾及展望

辽宁省体育局局长　孙永言

辽宁位于我国东北地区南部，四季分明，有2292.4公里海岸线。全省有4315万人口，52个民族，14个省辖市，100个县区。是一方人杰地灵，敢为人先，钟爱体育的多民族省份。我国的"奥运第一人"刘长春就出自辽宁，为中国近代体育史谱写了不朽篇章。

新中国成立以来，在省委省政府高度重视，各级领导极大关怀和全省人民积极参与下，经过几代体育工作者的辛勤耕耘和共同努力，发扬"艰苦奋斗、顽强拼搏、敢打硬仗、勇攀高峰"的辽宁体育精神，一步步将我省发展成为体育大省和竞技体育强省，在国内赢得了"金牌工厂，冠军摇篮"、"体育后备人才生产线"等美誉。连续24年获得国家体育总局"全年贡献奖"。60年来，特别是改革开放之后，辽宁竞技体育不仅在历次重大比赛中取得了骄人的成绩，而且培育了多支实力强劲的运动队伍，为我国输送了大批竞技体育人才，形成具有自身特点的区域竞技体育发展特色。辽宁竞技体育对我国体育事业发展和辽宁老工业基地建设做出了突出贡献。

一、辽宁竞技体育60年取得的主要成绩

第一，在各项比赛中共280人次打破世界纪录。

第二，在各项大赛中，共获得317个世界冠军；444个亚洲冠军；3041个全国冠军；向国家输送优秀运动员万余名。

第三，我国参加的8届亚运会上，辽宁运动员共获得了178.5枚金牌，361.5枚奖牌。

第四，近6届全国运动会上，共获得294枚金牌，806.5枚奖牌，位居全国金牌榜和奖牌榜的前列。

第五，1983年我国恢复国际奥委会合法席位以来，辽宁省有29人次获得奥运会冠军，辽宁籍运动员（包括代表外省参赛的辽宁籍运动员）共获得36块奥运金牌，位居全国之首。在第29届北京奥运会上，辽宁体育健儿不畏强手、顽强拼搏，以73名运动员参赛，取得8枚金牌、25枚奖牌的优异成绩，历史性地创造了参赛人数、金牌数、奖牌数三个第一的辉煌纪录。这是中国参加奥运会以来，辽宁体育健儿取得的最优异成绩。为中国体育代表团在北京奥运会上创造新的辉煌做出了突出贡献。被党中央、国务院授予"北京奥运会、残奥会先进集体"称号，被国家体育总局授予"重大贡献奖"和"成绩突破奖"。

历届奥运会我省获得金牌的运动员有：射击项目——李玉伟、王义夫（2块）；举重项目——姚景远、丁美媛；排球项目——姜英、刘亚男、杨昊、张越红；田径项目——陈跃玲、王军霞、王丽萍；柔道项目——庄晓岩、孙福明、袁华、杨秀丽；乒乓球项目——王楠（4块）、郭跃；羽毛球项目——张宁（2块）、于洋、杜婧；摔跤项目——王娇；赛艇项目——唐宾、张杨扬；冬奥项目——韩晓鹏。

在上述业绩中，辽宁创造了多项中国之最：

在全国破世界纪录最多；获得世界冠、亚洲冠军、全国冠军最多；向国家输送优秀运动员最多；辽宁籍运动员获得奥运冠军最多。对中国田径贡献最大。其中，奥运会取得金牌最多（陈跃玲、王军霞、王丽萍）；保持世界田径纪录最多（曲云霞女子 1500 米、王军霞女子 3000 米、10000 米）；中国田径史上第一块金牌（徐永久）和我国获得奥运会田径项目第一块金牌（陈跃玲）都来自辽宁。1984—1993 年辽宁足球创造出了"十连冠"的最好佳绩。

被誉为"东方神鹿"的王军霞获得了世锦赛、世界杯、奥运会、世界纪录、欧文斯杯 5 项桂冠；被称之为"宝刀不老"的王义夫征战 6 届奥运会，先后两度揽金、三次捧银、一次获铜，书写了人生不朽的篇章；"大器晚成"蝉联 2 届奥运会羽毛球女单冠军的张宁，10 岁开始学打球，体育场上厮杀了 23 年 33 岁完美退役；"大满贯"得主王楠，5 岁开始练习乒乓球，战胜重重困难，至 2008 年北京奥运会结束退役时共荣获 4 枚奥运金牌、24 个世界冠军；自由式滑雪空中技巧项目韩晓鹏等创造了勇夺男子金牌和女子银牌以及实现了我国冬奥项目和男子项目两个金牌"零"的突破。

被称之为"金牌工厂，冠军摇篮"的省运动技术学院，建院 56 年共获得 19 枚奥运会金牌；172 个世界冠军；206 个亚洲冠军；1140 个全国冠军……

在这些成绩的背后，有无数坚忍不拔、艰苦奋斗、知难而上、爱岗敬业、勇攀高峰的优秀教练员为辽宁竞技体育的辉煌，呕心沥血，全身心地投入所钟爱的体育事业，甚至是一牛的追求。像马俊仁、王魁、刘永福、蒋兴权、李应发、鲁永明、谷振江、路海……，这些耳熟能详的"金牌教练"以他们的聪明才智和忘我的工作精神为辽宁体育事业做出了巨大贡献。在他们手中，一个个世界冠军诞生了，一支支敢打敢拼的队伍形成了，一个个优势项目确立了。他们是辽宁竞技体育的中流砥柱。是辽宁人的骄傲。

二、辽宁竞技体育 60 年发展历程

辽宁省体育局（委）成立于 1956 年，目前，辽宁省体育局编制 37 名公务员，设有 7 个处室，即办公室、群体处、竞体处、经财处、人事（外事）处、机关党委、老干部处；有 1 个副厅级、26 个处级事业单位，即省体育运动技术学院（副厅级）、省体育训练中心、省陆上运动学校、省航海运动学校、省田径培训中心、省游泳运动管理训练中心 6 个训练单位；有足球、篮排球、小球、青少年、重竞技等 10 个项目管理中心；有省体育总会、省体育科研所、省体校、大连体校、会计核算中心、国有资产中心、体育天地报社 8 个事业单位；有体育馆、基金会、体育彩票发行中心 3 个产业单位组成。全局有教职员工 2360 人，运动员编制 1605 人。2001 年沈阳体育学院实行了中央与地方共建、省体育局与省教育厅共管的管理体制后，为我省体育事业发展提供了新的生力。

60 年来，辽宁竞技体育伴随辽宁经济社会发展经历了从白手起家、积蓄准备、粗具特色、形成规模、阵痛后迅速崛起的过程。与此同时，辽宁竞技体育的目标也由立足国内到放眼世界，成为我国奥运战略不可或缺的主力军。根据不同历史时期，可将辽宁竞技体育发展划分为以下几个阶段。

（一）白手起家的初建时期

新中国成立到 20 世纪 60 年代是辽宁竞技体育的初建期。作为共和国的长子，辽宁的重工业得到了党中央的高度重视，辽宁的各项工作也在这个时期开始起步。在省委省政府领导的高度重视下，辽宁的竞技体育工作步入正轨。竞技体育的管理机构，基本场地设施，运动项目设置，层层选拔制度等方面得以确立和建设。这一时期，辽宁涌现出了一批具有国内乃至世界先进水平的项目和运动员。特别是乒乓球、武术、体操、三大球成为当时辽宁的优势项目。与此同时，群众体育也以大型国有企业和社区为单位蓬勃开展，为辽宁竞技体育发展打下了良好的群众基础。

（二）积蓄准备的挫折时期

20世纪70年代中期是辽宁竞技体育的积蓄准备期。由于"文化大革命"的影响，国内的体育训练和比赛一度停顿，各地的体育工作受到了很大的影响，时任辽宁地区的军队与地方领导人根据辽宁城市比重大，国有大中型企业集中、群众体育需求高的特点，首先打破辽宁体育的坚冰，在全国各地还处于休停状态的时候，辽宁竞技体育率先起跑。羽毛球、柔道、举重等项目在训练条件极其艰苦的条件下储备积蓄。这一时期，辽宁的优势项目开始真正确立，并为日后优势项目的发展打下了坚实基础。

（三）初具特色的发展时期

80年代是辽宁竞技体育的重点发展期。在1984年前，辽宁的市以下训练单位，40%的运动员都练三大球，要耗费70%的经费，而能够争夺的只有5块金牌，夺冠难度很大。就在此时，辽宁在全国率先把调整体育项目布局排上日程。把篮球、足球以与企业联办的形式推向社会，做出了不搞大而全，主抓重点发展的正确抉择，根据奥运会的项目设置，确定了重点发展田径、游泳、水上、举重、柔道、自行车、射击和三大球等训练成本低，又适合辽宁人体质特点的项目，同时又以发展大级别、力量型、长距离、耐力型项目为主攻方向。将有限资金用在刀刃上，走出了一条具有辽宁特色的发展道路，为90年代辽宁竞技体育走向世界积蓄了充足能量，实现了历史性的跨越。

（四）形成规模的复苏与振兴时期

90年代是辽宁竞技体育的巅峰期。经过多年的充分积蓄，在举国体制和奥运争光战略下，辽宁竞技体育在全国七运会、八运会上达到顶峰，以巨大的优势夺得了金牌总数、奖牌总数和团体总分第一名。田径、柔道、游泳、举重成为"金牌项目","足球十连冠"显赫一时,"马家军"声名鹊起,三大球人才济济。在当时辽宁取得的17块奥运金牌中,重点发展的项目就有8块,占47%;取得的180块全运会金牌中,这些项目有162块,占了九成。然而,辽宁竞技体育没有满足于现状,而是在国家奥运战略的指引下,将目光投向国际,提出"赶超日、韩"的口号。

(五) 迅速崛起的蓬勃发展时期

21世纪至今是辽宁竞技体育阵痛后的发展期。在2004年雅典奥运会上,由于山东、北京、江苏等省市开始崛起,使辽宁竞技体育的地位受到了强有力的挑战。2005年第十届全运会,辽宁仅排在奖牌榜和积分榜第五位。在市场经济体制下,辽宁竞技体育具有计划经济特点的体制及其惯性作用成为限制辽宁竞技体育发展的瓶颈,同时受经济发展制约,辽宁竞技体育人才大量外流,体育设施老化,体育成绩出现了一定下滑。省委省政府对此高度关注和重视,多次听取体育工作汇报,视察体育工作。在资金紧张的情况下,通过土地置换等方式,积极推进场馆和设施的更新改造。将占地1500亩的省体育训练中心的建设计划,列入"十一五"发展规划项目,支持体育工作。

为备战2008北京奥运会,省政府每年拨2000万元专项经费用于备战工作。为了加强全省体育人才培养,提高运动员、教练员福利待遇,解决运动员后顾之忧,2008年我省出台了《辽宁省引进优秀奥运项目竞技体育人才办法》,制定了《辽宁竞技体育人才培养办法》,增加了300个运动员编制。这些政策和措施为稳定队伍,抓好竞技工作提供了重要保障。

与此同时,深化体制改革,调整项目布局,建立效益投资体系,把有限的资金用在刀刃上,获得了巨大成功。

在备战2008北京奥运会工作中,首先抓好三个落实:一是任务指标落实;二是组织领导落实;三是训练计划落实。其次抓好三个到位:一是训练科研到位;二是后勤保障到位;三是管理和思想政治工作到位。三是做到三个创新：一是管理体制创新；二是目标机制创新；三是经费投入创新。

由于领导重视，计划缜密，措施到位，同心协力，实现了在 2008 年北京奥运会上新的辉煌。

当前，辽宁竞技体育把为建设体育强国多做贡献作为奋斗目标，制定和实施"全运为奥运服务"的发展战略。

三、体育特色城市建设支撑辽宁竞技体育可持续发展

辽宁作为体育大省，率先实施创建体育名城计划。一方面积极打造具有城市特征的群众体育环境；另一方面积极建设竞技体育后备人才培养基地，成为群众体育与竞技体育协调发展的特色体育名城。

（一）大连足球城

足球作为大连城市的象征由来已久。大连是美丽的海滨城市，它的天然良港，宜人的自然气候，奇特的地形地貌，丰富的自然资源，冬无严寒，夏无酷暑的自然环境，非常适合体育运动。大连人热爱足球。是国家最早命名为"足球城"的少数城市之一。从 1980 年开始，每年的 6 月是大连的"足球月"，开展全民性足球活动。目前大连已有 10 个足球训练基地，100 支足球队，10000 多名足球运动员。

同时，大连也是国家最早命名为"田径之乡"的城市之一，还是全国闻名的"游泳之乡"。其田径、自行车、游泳、举重、柔道等项目在国内外体坛有着举足轻重的地位。中国"奥运第一人"刘长春就来自大连。60 年间，大连籍运动员 69 次打破世界纪录，130 人次破全国纪录。

（二）沈阳体育城

沈阳是辽宁省会城市，一直注重全方位发展。在促进体育事业发展中，充分发挥竞赛的杠杆作用。全市每年举办县级以上各类比赛250多次，参赛运动员有10万人次以上；全市各行各业举办的各种类型的运动竞赛活动不计其数；承办省级以上赛会达30多次；群众性的全民健身活动十分高涨。

竞技体育方面加强奥林匹克体育后备人才基地建设，打造出沈阳市体校、陆校和水校三个国家一流的体育后备人才培养基地。坚持以训练为中心，以选材为基础，以输送为重点的运行机制。获得省级以上金牌1017枚；培养体育教育人才1900多名。

在2008北京奥运会上，高质量地完成了承办奥运会足球比赛沈阳赛区的光荣任务，赢得了各方赞誉。

（三）阜新篮球城

"全国篮球城市"是阜新市闻名全国的城市品牌。阜新创建篮球城市以群众体育为切入点的，每年有2000多场次比赛，全市篮球重点校已发展到20多个。

阜新的篮球运动，已成为阜新半个多世纪的传统体育项目，是参与活动人数最多、水平最高、输送后备人才最多、最受群众欢迎的体育项目。两次被评选为"国家高水平体育后备人才培训基地"。

（四）朝阳重竞技城

朝阳市是我省经济比较落后地区，朝阳市结合当地经济和人口素质特点，积极开展"摔跤、举重"等项目，培养出多名世界冠军。目前，朝阳正把重竞技体育项目作为体育最大的品牌来经营，使之成为城市的名片和骄傲。确立以举重、跆拳道、摔跤、柔道、田径为重点，以出精品、出名牌、出人才、出成绩为目标创建重竞技体育城。

截至 2008 年末，朝阳市运动员共夺得 26 个世界冠军，89 个全国冠军、240 个省级冠军；18 次打破世界纪录。

（五）其他体育名城

鞍山、抚顺的"乒乓球城"；丹东的"毽球城"；本溪的"自行车城"；营口的"水上运动城"；锦州的"羽毛球城"；铁岭的"柔道之乡"等，均具有典型的城市特色。

体育名城的建设，形成了良好的体育氛围，带动了群众体育的蓬勃兴起。城市大型的群众性体育活动已经成为具有较大影响力和号召力的品牌活动项目，提升了人们的体育意识，带动了地区体育投入的增加和群众体育消费增长，奠定了竞技体育取之不尽、用之不竭的人才资源，为辽宁竞技体育发展添加了无穷的动力源泉。

四、辽宁 60 年竞技体育发展的主要经验

辽宁 60 年竞技体育的发展历程表明：领导重视，改革创新，突出特色，科学发展铸就了辽宁竞技体育的辉煌。

（一）领导高度重视是辽宁竞技体育迅速发展的前提

省委省政府领导历来对辽宁体育事业发展高度重视。1978 年 4 月，中共辽宁省委批转了"辽宁省体育工作会议纪要"，要求各级党委加强对体育工作的领导，加速发展辽宁体育事业。1981 年原省委书记郭峰到省体委视察工作，提出要发挥辽宁优势，把辽宁建成全国体育基地之一。1984 年辽宁根据中央 20 号文件《关于进一步发展体育运动的通知》的要求，制定了辽宁省体育工作发展战略，提出加速体育人才培养，加快体育改革步伐，加强体育运动队建设和对体育工作的领导，把辽宁建成全国重

要体育基地之一。至此，辽宁的竞技体育工作得到迅速发展。

2002年，辽宁省为落实《中共中央、国务院关于进一步加强新时期体育工作的意见》的精神，又提出辽宁体育工作在2002年到2008年北京奥运会的主要任务和具体目标。2004年4月，中共辽宁省委、辽宁省人民政府下发了《关于加快我省体育事业发展的意见》，明确了辽宁竞技体育发展的主要目标是竞技体育总体实力要进一步增强。为备战2008北京奥运会，省委省政府出台的一系列政策和措施，为进一步做好体育工作，为国家体育事业多做贡献提供了有利条件。辽宁申办第十二届全运会，省委省政府领导高度重视，陈政高省长多次听取汇报，亲自指挥、研究部署申办工作，省政府将辽宁申办第十二届全运会两次写入《政府工作报告》，表达了辽宁对申办工作的决心和对体育事业的支持。

（二）管理体制改革与创新是辽宁竞技体育发展的制度保证

辽宁依据社会主义市场经济发生、发展规律，逐步建立和完善适应社会主义市场经济体制要求、符合现代体育发展规律的体育管理体制和运行机制，是辽宁竞技体育走向辉煌的制度保证。

1. 实行教练聘任制，涌现出一大批金牌教练

1988年，全国各地还都在实行教练员"任命制"之际，辽宁就率先实施教练员"聘任制"，打破学历、资历框框限制，实行唯才是举、唯贤是举的选人用人新机制。作为中学体育教师的马俊仁、王魁，就是这样成为当时辽宁省一线队主教练的。还有刘永福、李洪琪、李洪新、蒋兴权、岳金库、刘殿武、苗国胜等一批人。在全面落实聘任合同的基础上，以积分、量化为标准对教练员进行全面考核管理，形成和完善了一整套与运动队提高训练质量相适应的训练和管理体系。

2. 合理确定及时调整辽宁竞技体育项目布局，提升竞技体育水平

辽宁实施调整项目布局与金牌战略是成功的。较早的一次调整是在1984年。将市以下的篮球、足球推向社会与企业联办。把有限的财力、

物力用到田径、游泳等项目上，为打好1987年第六届全运会做好准备。

第二次调整是在1988年。在全国六运会上，辽宁以半块金牌的略微优势险胜上海，总分则并列第三。所得32.5块金牌与广东的54块相比差距较大。面对如此严峻形势，辽宁一下砍掉省优秀运动队的9个项目，扩充田径与游泳队，使这两项运动员人数居全国首位。七运会辽宁水陆并进，马家军旋风迅疾，辽宁水军从上海口中拔牙，夺得6枚游泳金牌，辽宁竞技体育在第七届全运会上获得金牌第一、奖牌第一、团体总分第一的优异成绩。

第三次调整是在2006年。2005年江苏第十届全运会上，辽宁由于受经济形势、训练条件等方面的影响，运动成绩出现下滑，只取得金牌第五的成绩。十运会结束后，辽宁省体育局认真总结了经验教训。为备战两届全运会、两届奥运会，辽宁特别制定了《4589备战倒计时工作计划》和《奥运会重点夺金计划》，将奥运会的任务指标逐层落实到各个训练单位，到队、到人并确定了"突出重点、保证重点、提高冲金夺银项目成功率"的对策。打破大锅饭和平均主义。要求重点比赛项目，领导亲临，靠前指挥，对重点队重点人实行"人盯人"式的管理模式。实行了项目管理中心与训练单位相结合，建立训练单位、项目中心、科研、医疗"四位一体"的一条龙保障机制。充分调动了项目中心和训练单位等的积极性。科研人员、医疗人员、营养师、管理人员各负其责，搭建全方位的后勤保障平台。实行了目标责任制的管理方式，将奥运会金牌、奖牌任务指标分解到各训练单位。达到了思想统一，同舟共济，一心备战的目的。在经费使用上，实行了效益投资，经费投入按任务指标下拨经费，把有限的经费投入到重点项目、重点人身上，最大限度地发挥了经费效能。2008年北京奥运会上，辽宁实现了金牌、奖牌、参赛人数三个全国第一，实现了历史性突破，再次为中国体育事业发展做出了突出贡献。

3. 抓实三级训练体制，形成牢固的三级训练网

全国都在搞的三级训练法，辽宁抓得更狠，更细。在建立基层体校的过程中，有关领导亲自下到基层选苗到校。从1960年起至1983年，经过

23 年的努力在第五届全运会辽宁首次进入三甲。三级训练网络建设初见成效。1993 年是辽宁体育的辉煌之年，省优秀运动队三级训练网比例已发展为 1：3：9：12，形成了输送渠道畅通、对口衔接、人才辈出的运行机制，为辽宁竞技体育的持续发展奠定了坚实基础。

（三）训练理论方法的创新是辽宁竞技体育持续发展的科技保障

1. 坚持对竞技体育训练理论的认识与创新

具体措施是，狠抓训练工作，增强三个意识。一是增强科技意识。我们重点加强了生理生化、生物力学等科技手段的运用。二是增强创新意识。在训练方法、手段、器材、服装等各方面进行创新。三是增强人才培养意识。在运动员、教练员、管理人员的培养上，有针对性地制订培养计划。不断组织教练员、运动员钻研业务、研究技术、突破创新、刻苦训练，努力提高运动技术水平。

2. 探索运动负荷理论的创新与应用

我国在 70 年代末 80 年代初开始研究探讨生理生化指标与运动负荷量的关系，这是我国运动训练科学化的重要标志之一。我省在学习国内外先进经验的基础上，由省体育科研所牵头，结合本地区、本项目运动员的实际情况和特点，逐渐摸索出一套控制理论，为创造优异成绩发挥了重要作用。著名中长跑教练马俊仁曾说："极限需要探索，我的成功就是找准了训练与恢复的关系这个规律。"马俊仁教练以他特有的恢复方法，让其队员承受了常人不敢想象的运动负荷，创造了让世界瞩目的运动成绩，也创造了超大运动负荷训练的历史。

3. 鼓励在运动训练方法手段上的创新

利用"三氧"综合训练法理论，创造出了许多优异的运动成绩。如我国女子中长跑运动员王军霞、曲云霞、钟焕娣、张丽荣等都曾在"三氧"训练的指导下超、破世界纪录。

在运动训练恢复手段的探索中，利用祖国中医理论，以中国传统医学理论和现代运动训练相结合，丰富和发展了恢复训练理论。

运用高原训练，总结出一套符合辽宁项目特点和训练实践要求的宝贵经验。

辽宁女子柔道队多课次的练习方法全国闻名，即每天练 4 遍，刘永福教练称之为"少食多餐"。这种练习方法对少年运动员更适用，根据青少年的生理和心理特点，采用一课多练的训练手段，有效地提高了训练质量。在训练过程中，辽宁省的广大运动员、教练员认真贯彻"三从一大"的科学训练原则，有效提高训练水平。

（四）充分利用适宜的自然与人文环境是辽宁竞技体育发展的有利条件

1. 得天独厚的自然环境养育了善于竞技的辽宁人

辽宁独特的地理位置和气候特点，不仅形成了北方人身材高大的健美体形，而且也练就了北方人勇敢强悍的民族性格。辽宁人在同龄人当中，不论是身高、体重、肺活量这三项，都要高于全国的平均数，辽宁人人高马大，耐力久，力量强，决定辽宁运动员能够保证在长时间的激烈的身体对抗中占优势。

2. 丰厚的人文环境积淀了浓郁的竞技体育文化

在传统体育项目中，摔跤、骑射一直是辽宁各少数民族喜闻乐见的健身活动，并形成了独特的摔跤体育文化、骑射文化。辽宁地区丰富多彩的民间传统体育活动，孕育了悠久的民族体育文化历史，营造了民族体育精神和体育氛围，是辽宁竞技体育优势项目得以发展的重要人文环境。辽宁人对体育具有的这种较强的认同感和亲和力，影响着社会、家庭，使热爱体育、参与体育形成了良好的社会舆论环境。这种特定的文化底蕴和民族体育精神是辽宁群众体育赖以生存和发展的强大动力所在，同时也是竞技体育发展的肥沃土壤。

（五）雄厚的群众体育是辽宁竞技体育事业发展的基石

新中国成立以来，特别是改革开放以来，辽宁群众体育连续 20 余年被国家授予群众体育先进省，在群众体育方面积累了丰富的经验，逐渐形成了具有区域特色的发展模式，并赋予了辽宁竞技体育强大的生命力。

1. 建立和完善全民健身网络为竞技体育发展打下坚实基础

辽宁省政府对群众体育给予高度重视，在实施《全民健身计划纲要》第一阶段，就成立了由主管省长为主任，由省委、省政府16个部门组成的"全民健身工作委员会"，全省14个市、100个县也先后成立了由主管领导负责的"全民健身工作领导小组"，全省90%以上的街道办事处、乡镇政府以及城市社区和村民委员会建立了全民健身组织，行业体协和企事业单位都建立了全民健身领导机构。基本形成了以各级全民健身组织领导为龙头，以城市社区、农村乡镇、企事业单位、各级各类学校为触角的全民健身网络。

2. 大力扶持体育产业，为竞技体育注入活力

通过发挥体育产业的自身造血功能，可以为竞技体育的发展注入大量的资金，增强竞技体育的活力。为此，辽宁将体育产业纳入经济发展规划，列入国民经济统计指标。研究制定有利于体育产业发展的经济政策，放宽体育产业的市场准入。鼓励国际体育组织、体育产业集团来辽宁省投资，鼓励、支持企事业单位和个人依照有关法律、法规兴办面向大众的体育服务经营实体。鼓励社会各界对体育事业、公益性体育机构和公共体育设施的赞助和支持，保障和维护其正当权益。积极引导大众消费，大力培育和繁荣体育市场。进一步完善法制，规范市场行为，逐步形成有利于体育产业发展的市场环境。重点培育以体育健康娱乐、竞赛表演、体育旅游、体育中介、体育用品、体育人才和体育信息服务为主的体育市场。进一步扩大体育彩票销售规模，繁荣体育彩票市场。2004年的全省体育彩票发行5.16亿元，提高到2006年的17.48亿元，2007年体育彩票发行20.02亿元，较比2004年彩票销售增长近4倍，比2006年同期增长15%，再创历史新高，在全国体彩销量上占据第5位。2008年发行20亿元，保持了较高水平。几年来，全省共发行体育彩票77亿元，筹集体育彩票公积金25亿多元，体育彩票成为辽宁体育的支柱性产业，对体育事业的支

持和保障作用越来越明显。

（六）后备人才资源是辽宁竞技体育蓬勃发展的动力

竞技体育的产生与发展规律证明，体育后备人才培养是竞技体育蓬勃发展的根基和源头。没有根基雄厚的体育人才培养，就不可能有竞技体育的辉煌，它关系着竞技体育的兴衰和持续发展。

1. 体育后备人才基数大资源丰富

从体育人才的储备资源来看，辽宁具有雄厚的基础保证。多年来，辽宁建设了 53 个后备人才基地，2850 所体育传统项目学校，并为他们提供必要的体育器材和资金保障。辽宁省有 84.9% 的学校建立了自己的业余训练队，而且在项目分布上突出了辽宁省的优势项群和地方特色。目前，辽宁省专业队伍人员在编为 1605 人，有 14 所体育运动学校，在校学生4900 多人；省级重点业余体校 31 所，4200 多人；普通业余体校 77 所，7100 余人；企业、学校和个人投资兴办的体育学校、体育俱乐部 421 所，在训人员达 26000 人；国家设在辽宁省的体育后备人才训练基地 39 个。省体校被誉为"体育后备人才的生产线"，为辽宁竞技体育强盛输送了大量优秀体育人才。建校 31 年来，毕业学生 3547 名，获 14 个奥运会冠军，46 个世界冠军，76 个亚洲冠军，96 个全国冠军。

辽宁省的省、市、县（区）三级训练网络培养的体育后备人才为竞技体育发展奠定了坚实的人才基础。

2. 突出后备人才培养的城市特色

辽宁省城镇人口占全省总人数的 54.24%，城市化比例较大。由于城市形象化发展的需要，许多城市积极倡导和兴办体育名城，非常重视把兴办体育名城和体育后备人才培养紧密结合起来。我省的竞技体育特色项目不但面广，而且特色突出。近年来，为调动各级体校培养后备人才和向省队输送队员的积极性，为共同打好奥运会奠定了基础，辽宁先后下拨了输送费 350 余万元，充分调动各市积极性，辽宁利用省运会竞赛杠杆，出台政策，完善规程，加大奥运会成绩计入省运会的奖励政策力度，推动体育名城建设。

3. 培养后备体育人才的多元化结构

在建立各级业余体校的纵向结构和横向结构的同时，建立与社会力量兴办体育学校之间的横向结构。形成以体校为主的多元化的后备人才培养和输送模式。

4. 拓宽体育后备人才输送渠道

辽宁省各市体校队员输送的渠道正在拓宽。除了向省内专业队输送人才外，许多体校的官员和教练员把本单位的体育人才直接输送到高校就学。向省、内外高校输送优秀的体育人才已成为推动业余体校招生和训练的直接动力，推动各市、县区体育后备人才培养得以持续发展。同时向社会力量兴办的省内外体校和俱乐部输送体育后备人才，这是培养单位和教练员直接获得经济效益的一条输送渠道；除此之外是向开办体育特长班或体育代表队的重点中学输送体校的后备人才，这条输送渠道颇受广大学员家长的欢迎和支持。辽宁省体育后备人才输送渠道的拓宽，不仅有利于各级体校之间的合理竞争，促进训练质量的不断提高，而且可以推动基层体校业余训练的持续发展，推动体育商品市场化的进程。

（七）优势项目的建立与发展造就辽宁竞技体育辉煌

辽宁竞技体育优势项目的形成是几代人努力拼搏的结晶，是辽宁竞技体育优势项目得以持续发展的基础，更是辽宁竞技体育取得骄人战绩的关键因素。而不断发展的潜优势项目也已形成了辽宁竞技体育的夺金点。纵观辽宁竞技体育取得的成绩，优势项目形成的核心竞争力成效最大。这充分证明一个地区、一个省份培养优势项目的重要性，打造一个优势项目就意味着拥有了一个优秀的教练员队伍，拥有了一个优秀的运动员队伍，拥有了训练的保障，拥有了一个培养高水平人才的产业链。辽宁竞技体育正是在借助辽宁人身体素质、教练员、领导和管理优势基础上形成了多个优势项目。

1. 深化训练体制改革，建立专项目标责任制

辽宁在运动队建立专项目标责任制，实行"四定一奖惩"。即：定对象、定任务、定条件、定措施，年终一次性进行奖惩的制度。同时，在管理上实行聘任制和主教练负责制，打破教练员终身制，把责、权、利结合起来。这些举措有力地调动了广大教练员、运动员、体育管理人员和科研工作者的积极性。为辽宁竞技体育优势项目走向辉煌创造了条件。

2. 创建竞技体育新模式，为优势项目的发展创造广阔的发展空间

辽宁省政府和体育局打破由体育局独家办体育的旧体制，确立了五种办竞技体育的模式。即：省办国家重点投入的奥运会、全运会项目；有群众基础的项目办成职业化的俱乐部；有一定基础的项目，创造条件向职业化俱乐部过渡，创办半职业化俱乐部；鼓励市办优秀运动队；省里的弱项和空白项向全省招标办队。这些举措进一步强化了竞争机制，突出了重点项目和优势项目，动员了社会力量办竞技体育，为辽宁竞技体育优势项目铸就辉煌奠定了基础。

3. 突出奥运战略，使辽宁竞技体育优势项目形成了强大的竞争实力

为有效地实施奥运战略，辽宁省体育局充分发挥辽宁体育人才身高力大的优势，注重在长距离、力量型和重级别项目上下工夫，把资源放在金牌多、投资少而又能发挥优势的项目上，重点发展了田径、游泳、女子柔道、乒乓球、羽毛球、摔跤、拳击、举重、皮划艇等项目。同时，为落实奥运争光计划，在国内和世界体坛上发挥出集团效应，进一步调整了竞赛项目，其中省级竞赛项目由 26 项压缩到 21 项，确保了辽宁奥运项目中优势项目的全面落实。与此同时，借助沈阳体育学院教训科三结合优势和资源，重点在冰雪、田径、拳击等特色项目上发挥作用。多年来，沈阳体院始终坚持教训科三结合发展竞技体育，取得了历史性突破。沈阳体院在奥运会、世界锦标赛和世界杯三大顶级赛事中共夺取金牌 127 枚，奖牌 299 枚，是我国夺得世界冠军最多的体育高等院校之一。可以说，奥运战略的

贯彻和落实，为优势项目发展和竞技体育辉煌提供有力保障。

五、辽宁竞技体育发展展望

认真贯彻《奥运争光计划纲要》，坚持有所为，有所不为，突出重点，合理布局，理顺竞技体育管理体制；坚持科研兴体和人才兴体战略，整合全省竞技体育资源，不断强化省市体育训练基地；加大科技投入，加强体育后备人才培养，积极引进国内外优秀体育人才；科学训练，严格管理，提高竞技水平，巩固竞技体育大省地位，建设竞技体育强省。

（一）坚持举国体制下"全运战略"立足辽宁服务全国

北京奥运会、残奥会举办成功，显示了举国体制的优势，奥运会后具有中国特色的举国体制仍然可以得到不断的完善和创新。奥运会和全运会是中国竞技体育综合展示的舞台，也是我国奥运战略和全运战略的具体途径。从辽宁竞技体育发展战略目标看，打好全运会，服务奥运会恰好体现了立足辽宁，服务全国的目标。

（二）理顺竞技体育管理体制，实现竞技体育资源的优化配置

一是发挥政府的主导作用，实现竞技体育资源的优化配置。辽宁要形成有利于竞技体育事业发展的组织架构和适应社会主义市场经济要求的运作方式，建立政府宏观调控、按照市场规则运作的具有老工业基地特色的竞技体育协会化管理的组织体系，使运动项目协会成为管理实体。

二是公益性体育事业单位要深化劳动人事、收入分配和社会保障制度改革，逐步理顺单项运动协会、运动项目管理中心和体育俱乐部的关系，加强行业自律，逐步实行协会实体化。

三是积极稳妥地推进竞技体育训练体制改革。要从政府办体育的训练

体制转变到以政府投入为主、社会投入为辅的训练体制。

四是改革运动项目管理中心的管理体制。使项目中心变为实体，直接管理运动队。使专业训练和业余训练及后备人才的管理相衔接。理顺国家体育总局各业务部门、国家队与省队及本项目的关系，促进运动项目的发展。

（三）继续加大政府的财政资金投入力度，拓宽竞技体育融资渠道

一是专项资金应成为政府对竞技体育投入的重点。为在优势项目上保金牌，在具有潜在优势的项目上冲击金牌，政府必须逐年、有计划地加大对竞技体育专项资金的投入力度，在经费上给予充分保障。体育部门在对专项资金的使用上必须加强针对性，采取走精兵之路、短平快之路、金牌传统优势项目之路。对此，应缩短战线、调整项目布局，提高专项资金使用效率。

二是建立政府主导型业余训练扶持基金。在优先考虑奥运金牌专项资金投入的同时，政府财政还应逐年有计划地加大对业余训练体系相应经费的投入力度。保证后备人才的有效培养和输送。

三是运动员保障应予以特殊关注。辽宁竞技体育基础人才较多，现有的财政支持明显不足，市场发育还远不够完善，运动员保障成本长期处于多问题状态，矛盾处于长期积累中。加大政府在此方面的投入力度，将有利于辽宁竞技体育的可持续发展。

四是创新工作思想，进一步发掘竞技体育的融资渠道。扩大体育直接融资的比重和渠道，借鉴发达国家利用资本市场促进体育产业发展的经验和办法，借助资本市场解决辽宁竞技体育发展过程中资金不足的问题；高度重视，适时、适量发展体育博彩业，解决体育发展中资金严重不足的问题；加速竞技体育融资创新人才的培养，培养出一大批既懂体育专业、法律，又懂经济管理、资本运作的复合型人才。

（四）重视训练的科技投入，实施科技创新发展战略

辽宁体育在竞技体育实践中积累了丰富经验，除了辽宁竞技体育所特有的竞技体育发展的人文环境、人才素质、优化项目结构、体制改革、理论创新等以外，还必须重视体育的科技投入、建立完善的选拔奖励制度，保证辽宁体育事业发展与社会经济发展协调一致。与其他省份比较而言，辽宁竞技体育的科技力量显得薄弱，这其中有经济基础的原因，也有传统经验训练方式的缘故。从经济投入看，辽宁体育投入仅是经济发达省份投入的 20% 左右；从科研经费占体育经费比重看，约占总经费的 10%—15%；从科研人员配备上看，与上海、浙江、广东等省份比较差距较大。中国奥运军团之所以在北京奥运会取得优势成绩，其中一条重要的原因科技投入的贡献率。

（五）完善三级训练网，加强体育后备人才培养

在市场经济下，我们应赋予三级训练网新的内涵。其一，将社会培养融入三级训练网，坚持走体教结合型人才之路，体育事业产业化发展，转变政府角色；其二，建立完善的业余比赛制度全面选拔人才，建立严格科学的选拔制度和完善的联赛制度，为辽宁竞技体育提供后备人才；其三，推进体育特色城市建设，提高投入与产出比；其四，继续完善竞技体育后备人才的安置。

在后备人才培养方面，一是建立合理有效的体育后备人才培养、输送和交流制度，促进体育后备人才有序流动。制定有利于促进体育后备人才有序流动的行政法规；不断改革和完善竞赛制度，发挥竞赛对人才合理有序流动的调节作用；设立体育后备人才输送专项资金；提高体育后备人才输送奖励标准，奖励为培养优秀后备运动人才做出突出贡献的基层单位和个人。二是树立大教育观，坚持"学训一体化"的后备人才培养模式。体育后备人才的培养，必须依靠社会的进步发展，而且很大程度上依赖于教育。重视后备人才的文化教育，使其真正完成义务教育，达到学业标

准，是辽宁省竞技体育后备人才培养的关键。

（六）依托体育名城建设，带动农村体育发展形成地方体育特色

在城市体育中，继续开展以社区 12345 行动为主题的社区体育活动，即在全省每个社区中建立一个体育组织、社区辖区内有两处晨晚练点、每个社区有三件以上的健身器材、社区每年组织 4 次以社区居民为参与对象的健身活动、每个社区培养 5 名具有国家等级证书的社会体育指导员。在现有大连足球城的基础上，扶持各市继续建设体育名城。继续开展以提高体育人口为目的的体育家庭评选活动。积极开展社区健身俱乐部的建设试点工作，创建一批省级社区健身俱乐部，并积极申报国家级社区健身俱乐部。

同时，在农村体育中，继续开展以全民健身组织在乡镇，健身活动阵地在村屯的农村体育工作，努力提高农村参加体育活动的人口比例。在有条件的农村村屯建立村级体育广场，将健身设施建设到农民身边。积极推动和鼓励乡镇文化站建设成乡镇文化体育活动站，为农民提供高质量的健身活动设施。

此外，还要适时举办全省县（市）区体育运动会和体育单项比赛。依法搞活竞赛市场，调动社会各方面的积极性，增强举办国内外高水平体育竞赛活动的能力。鼓励和支持企业、学校和个人投资兴办体育比赛，实现体育竞赛活动主体多元化。组织丰富多彩的竞赛活动，既满足优秀运动队提高运动水平的需要，又达到扩大体育影响，丰富人民群众业余生活，促进地方体育特色建设，培养又多又好竞技体育后备人才的目的。

（七）提高优势项目竞争力，多元化发展潜优势项目

一是继续提高辽宁的优势项目水平，加大保障力度，使之能成为中国参加伦敦奥运会的主力军。

二是恢复潜优势项目，一些项目原来在国内具备较高的水平，但在北

京奥运会上却无人参赛，如举重、射击等。要进一步总结经验，找出问题，提供所需条件，使这些项目能在较短的时间内提高水平。

三是逐渐填补空项、弱项，通过调整项目布局，重新建立体操、跳水等项目的专业队，逐步填补空项，加强弱项，力求协调发展。

四是加大田径、游泳等基础大项的投入和政策倾斜，寻求突破。

五是在人民群众喜闻乐见的大球项目上加强梯队建设，加强辽宁篮、排球奥林匹克队的建设，同时重新建立和完善足球专业队，并尽快完善梯队建制，争取为国家大球项目水平的提高做出贡献。

（八）立足长远，努力为国家奥运发展战略服务

辽宁是体育大省、强省，承担着为国家体育事业多做贡献的历史重任。为此，我们要立足长远，努力为国家奥运发展战略服务。在具体组织实施过程中，要借鉴和学习国家竞技体育的先进经验，通过聘请国外优秀教练任教，把自己的优秀选手选派到国外培养训练等做法，努力解决"优势项目不优势，潜在项目无亮点"的现实问题。让这些选手在一种崭新的训练环境下，经历更多世界性大赛的考验，增强自信、锻炼意志，达到提高冲金能力，进一步提高全省的竞技体育综合实力。

回顾过去，竞技体育取得今天这样的成就，来之不易。我们将十分珍惜几代竞技体育工作者艰苦奋斗积累起来的宝贵经验，并坚持传承下去。展望未来，实现打造体育强省的奋斗目标，任重而道远。我们将在省委省政府的正确领导下，以科学发展观为统领，团结带领全省广大体育工作者，拼搏进取，奋发图强，努力开创辽宁省竞技体育工作新局面，以更加辉煌的业绩打造体育强省，为振兴辽宁老工业基地，构建和谐社会作出新的更大贡献。

波澜壮阔发展路，体育走入寻常家

——吉林省群众体育60年

吉林省体育局局长　赵锋佩

时光荏苒，斗转星移，年轻的共和国已然迈出了60年的发展脚步。随着共和国脚步的前进，吉林省的体育事业特别是群众体育也走出了波澜壮阔的发展道路。从当初"要我练"，到现在的"我要练"，蓬勃发展的全民健身运动在白山松水间，已经成为一道蔚为壮观和独特靓丽的风景线，成为人们生活中不可或缺的重要内容。

纵观新中国成立后吉林省群众体育发展历史，大约经历了三个发展阶段，尽管每个阶段的工作方法不同，但根本任务都是为了提高广大人民群众的身体健康素质，而且随着工作的不断深化和对群众体育认识的提高，吉林省群众体育的目的性越来越强，工作思路越来越清晰，成果越来越显著。

一、"劳卫体育"阶段（新中国成立后
至"文化大革命"前）

"劳卫体育"概念的界定未见准确，但却符合当时的情形，主要是依据推行"劳卫制"而来。1954年，国家试行了《准备劳动与卫国体育制度暂行条例和项目标准》，1958 年正式实施。虽然"劳卫制"于 1964 年被《国家体育锻炼标准》所替代，但在那个特殊的时代背景下，它所发挥的作用是不容置疑的。

新中国成立以来，党和毛主席关心重视人民的体质健康问题，不止一次对开展体育运动做出决议和指示。1952 年，毛主席提出"发展体育运动，增强人民体质"；党中央于 1954 年做出决议，指出"改善人民健康状况，增强人民体质，是党的一项重要政治任务"；1958 年 9 月，党中央对体育工作做出指示："体育的根本任务是增强人民体质，为劳动生产和国防建设服务。"根据这一任务，确定体育运动的方针是：适应生产大跃进中广大劳动人民对增强体质的要求，大力开展群众性的体育运动，在体育运动广泛开展的基础上，提高技术水平，不断创造新的纪录，这是我国体育运动高速跃进和取得辉煌成就的根本保证。由此可见，群众体育的地位和作用。

在那个火热的年代里，我省各级体育行政部门贯彻党的方针、路线、政策和指示精神，按照省委、省政府的要求，不断健全和完善体育组织机构，结合省情，从生产出发，紧密围绕和服务于生产和中心工作，积极走群众路线，积极配合有关部门和单位开展工作，取得很大成效。到 1959 年，全省建立了约 6000 个基层体育协会，有 36 万多名会员。这些协会和会员遍布在全省的城市和乡村，带动更多的职工、学生和农民参加体育锻炼。自 1954 年试行"劳卫制"以来，到 1958 年国务院正式公布的四年间，我省就有 46 万人达到各种标准，经常参加广播体操和其他各种体育活动的人数约 300 万人。

人民体质的增强，有力地促进了生产、工作和学习。吉林柴油机厂自 1953 年以来，积极开展体育活动。全厂有 90% 的职工坚持体育锻炼，有近 40% 达到"劳卫制"各项标准。由于体质的增强，大大地提高了出勤率和劳动生产率。据 1958 年末的统计，全厂职工发病率比 1957 年降低了 31.2%，该厂的 515 车间在 1959 年上半年内的劳动生产率，就提高了 23%，超额完成了生产任务。德惠县岔路口人民公社从 1958 年春季开展体育活动之后，几个月内社员出勤率就由 80% 逐渐提高到 95%，使 1958

年的产趟地遍数比 1957 年增加了一倍到两倍，粮食产量增加一倍。在学校中，由于有效改进了体育教学和适当安排课外体育活动，使广大青少年在德智体等方面获得了全面发展，保证了学习和劳动任务的完成。青年们有了健壮的身体，也为应征入伍准备了良好的身体条件。敦化县朝鲜族中学 1954 年入伍的学生崔东福已经成为全能炮手，他给母校写信时说，他成绩的取得是由于有了一副健壮的体格，而健壮的体格是在学校时练就的。"劳卫制"的试行和推行，群众体育的广泛开展，在培养共产主义品质和移风易俗等方面，也都起到了积极和良好的作用。

新中国成立后十年中，还恢复和新建了上百个体育场馆，其中长春市体育馆和吉林、通化的滑雪场工程全国闻名。灯光球场的建立，使人们能够在业余时间开展体育活动和竞赛，这在新中国成立前是根本没有的事情。由于群众体育活动的普及和场馆建设的拉动，各种体育竞赛也十分活跃。据资料显示，1953 年全省各级体育竞赛有 25 项、16300 人参加，到 1958 年，全省各级体育竞赛已达 7277 次，有 75 万人参加。群众体育的普及开展，也使竞技运动水平不断提高，1958 年时，全省有 112 人 1092 次打破省纪录，有 26 人 38 次打破 10 项全国纪录。到 1959 年，全省等级运动员发展到 13 万人，其中有 30 名运动健将。自行车、武术、马球、马术、举重等项目在全国比赛中不断创造好成绩。

总之，在这一阶段，体育部门密切与工会、青年团、妇联、教育部门、兵役局等单位协作，共同下达文件，共同检查指导，有力地促进了体育事业发展。

二、"社会体育"阶段（改革开放后
至 1995 年）

所谓"社会体育"阶段，是指该阶段人们对体育的认知和体育致力于社会化。

"文化大革命"必然冲击到体育战线，所以"文化大革命"后体育也处于百废待兴的状态。改革开放以后，国家体委提出"体育战线着重点的转移就是要把注意力集中到高速发展体育事业上来，努力攀登世界体育高峰，为加速实现四个现代化服务"。这一思想符合普及与提高的关系。为此，省体育行政部门开始两手抓，一手抓竞技体育的提高，一手抓群众体育的广泛普及。

对于群众体育，省体委提出要走有特色的群众体育发展之路。具体策略是：必须继续坚持自成体系，必须完成好增强人民体质这个根本任务；必须依靠社会力量广泛开展各种体育活动，活跃人们的文化体育生活；必须根据我省是一个农业大省的实际，把开展农村体育作为群众体育工作的重点，以争创体育先进乡镇为基础，逐步实现争创体育先进县的目标；必须通过开展评选"吉林省先进学校"活动，推动学校体育工作全面提高；必须依靠行业系统体育协会和企业联合体协开展职工体育活动，依靠赞助办竞赛；必须充分发挥体育总会和单项协会的桥梁纽带作用，调动体育工作者和爱好者的积极性，使他们自觉地组织和参加各种体育活动。

按照这一路数，经过全省各级体育行政部门的共同努力，吉林省的群众体育迅速发展。学校体育不断发展，学生达标率和身体素质逐年提高，课余训练硕果累累。县级体育工作不断加强，体育特色乡镇和体育先进县建设不断取得成果，推动了农村体育发展。体育社会化的程度逐年提升，取得了很好的成效。因此，在 1990 年全国群众体育首次评选中，我省群众体育进入前十名的行列。与我省竞技体育相比已有较高水平的发展。主要是注意从实际出发，突破纵向，打开横向，深入社会，进入家庭，调动各部门、各行业的积极性，体育社会化之路越走越宽。

1986 年年初，省体委发出《关于拓宽路子求助社会建立联合体协的通知》。当年 4 月，长春市宽城区就率先成立由 9 家大中型企业组成的联合体协。省体委及时转发了这个联合体协的章程和体育活动情况，极大地推动了联合体协的发展和职工体育的发展。省体委因势利导，树立典型，宣传典型，使典型发挥示范、引导、渗透和辐射作用。在全省各地掀起一种联合体协热。于是，各地联合体协如雨后春笋般遍布吉林大地。四平市铁东区厂矿、企事业第一联合体协活动搞得好，经常化，凝聚力强。省体委、省总工会就在铁东区召开"全省企业联合体协经验交流会"，同时举办了全省厂矿、企事业单位联合体协厂级领导干部乒乓球赛。为加强宣传，省体委与吉林日报社组成联合调查组，对这个联合体协进行了专题调研，并将调查报告发表在吉林日报上，反响非常强烈，有力地促进了职工体育的发展。

在抓联合体协上，省体委主要抓了"四个落实"：一是组织落实，全省90%以上大中型企业都成立了联合体协，在发展职工体育上起着体育部门难以发挥的作用。二是经费落实。会员缴纳会费。三是阵地落实，全省500人以上的企业有20%拥有灯光球场或排球、田径场地，有的还有体育馆。四是活动落实，每年都有活动计划，要办六七次单项比赛、一两次大型运动会。

90年代初期涌现出的联合体协是我省改革开放的新生事物，显示出强大的活力和凝聚力，在当时起到了相当大的作用，办到了体育部门所不能办到的事情，更为重要的是它唤起了社会关注体育的意识，为后来形成社会主义市场经济条件下的"体委管、体总办、协会干"社会办体育模式，起到了重要推动作用。

三、"民生体育"阶段（1995年《全民健身计划纲要》颁布至今）

所谓"民生体育阶段"是指自1995年国务院颁布实施《全民健身计划纲要》以来，体育越来越成为民生的重要方面，为提高人的综合素质服务，为促进经济发展和社会进步服务。

　　《全民健身计划纲要》是发展我国群众体育事业的一个十分重要的中长期体育计划，是我国跨世纪具有战略意义的宏伟工程，它勾勒了一幅由国家引导、社会支持、全民广泛参与的全民健身美景。这是一部指导我们做好工作的纲领性文献。《全民健身计划纲要》的颁布实施，吹响了新的历史时期我国群众体育发展的号角。我们在工作中认认真真去贯彻，扎扎实实求实效。

　　实施《全民健身计划纲要》十多年来取得了显著成效。特别是进入"十五"期间，正是我们开展全民健身运动的大好时期。一方面，实施《全民健身计划纲要》进入第二期工程第一阶段，在前一阶段的工作基础上，正向着"初步建成面向群众性的多元化的体育服务体系"的目标迈进。又适逢北京申奥成功，使人们比以往任何一刻都更加关注和积极参与体育活动，为开展群众体育工作也创造了良好氛围。另一方面，我国进入全面建设小康社会、构建和谐社会阶段，经济社会迅速发展，人民生活水平不断提高，使人们更为关心健康，健身成为人们建立新的生活方式的一种时尚追求和重要内容。这又为开展群众体育工作提供了必备的条件。这就需要我们因势利导，引领、指导和推动全民健身运动向纵深发展，为人的全面发展服务，为构建和谐社会服务。

　　在国家体育总局的有力指导下，在省委、省政府的高度重视下，我们结合本省实际，认真总结第一期工程的经验，积极探索和把握全民健身运动规律，提出"一二三四五"的工作思路，并努力践行。即："遵循一条主线，坚持两个原则，打造三大品牌，铸就四大支点，做好五项主要工作"。

　　遵循一条主线，就是全面贯彻落实《全民健身计划纲要》。实施《全民健身计划纲要》以来，省及各市、州都成立了由政府主管领导任组长，各相关部门负责人参加的实施《全民健身计划纲要》领导小组，定期召开会议，制订全民健身工作方案，提出工作措施，总结部署工作，编发简报促进交流，有力地推进了全民健身运动的开展。为落实国家体育总局开展全民健身活动周活动的要求，我省政府确定自 1996 年开始设立全省全民健身月，坚持到现在，已经形成了制度。通过集中开展活动、竞赛表演和对体育法及纲要的宣传，有力地推进了全民健身活动广泛、深入开展。

坚持两个原则，就是坚持"以人为本"和"人民满意"。体育是直接作用于人的。特别是全民健身运动，它涵盖了所有人群，既有青少年、又有部队指战员，既有干部职工、白领蓝领，又有城市居民、乡镇农民，还有老弱病残等社会弱势群体，它直接涉及人的体魄强健，服务于人的综合素质全面发展。我们牢固树立"以人为本和促进人的全面发展"的理念，既为广大人民群众提供体育健身服务，保障他们应有的体育健身权利，又要通过好的服务使人民满意。因此，我们努力构建面向大众，"亲民、便民、利民"的多元化体育服务体系，保障广大人民群众享有基本的体育服务。

打造三大品牌，就是创建学生、农民、城市居民三大人群的活动载体，承载和拉动健身活动的开展。一是全省青少年学生冰雪冬令营。我们于2003年起创办这项活动，每年一届。该活动的项目设置内容丰富，深受师生喜欢。通过活动，为营员传授体育技能，培养终生体育锻炼习惯。又在关东的大风雪中磨炼意志，既展示了素质教育成果，丰富了寒假生活，又促进了校际及师生之间的交流，进一步推动了学校体育工作的深入开展。该项活动受到国家体育总局的好评。我省还承办了全国首届冬令营活动。二是全省乡村健身大擂台。为丰富广大农民文化生活，提高他们身体健康素质，满足求富、求知、求乐的需求，2004年我们创办这一活动。项目设置贴近农业生产，贴近农村实际，贴近农民生活，都是办在乡镇、农民参加、农民身边喜闻乐见的活动形式，深受农民朋友的喜爱，促进了农村体育活动的健康发展。三是全省社区体育健身大会。为有效地利用全民健身设施，推动社区居民健身运动，2003年我们创办了这项活动，每两年一届，根据举办地的场地器材，设置比赛项目，收效明显。采取市州轮流争办，辐射拉动当地市州、县区健身活动的开展；互动效应强，便于人们参与和欣赏；社会体育社会办，每届大会都有热心企业赞助，体现出体育社会化的特点。

铸就四大支点，就是学校体育、农村体育、城市体育、健身产业四位一体，支撑全民健身运动健康和谐持续发展。全民健身运动是一个系统工程，做为主要内涵，学校体育、农村体育、城市体育、体育产业，形成一个互为衔接，相互关联，相辅相成，互相促进的联接运转机制。其中，学校、农村、城市作为载体，承接和拉动着全民健身运动的开展，产业主要是做为"能源"，源源不断地为前三者提供发展的动力支持。因此，我们树立全民健身运动"四位一体"的发展理念，围绕"三边工程"和"三个重点"，在学校体育方面广泛开展"三个一活动"，即中小学生人手一毽、一绳、一球（或冰刀），积极开展课余体育活动；在农村体育方面，实施"一个工程、四大系列建设"，积极开展农民健身工程，加强农村体育场地设施系列建设、加强组织队伍系列建设、加强体育活动载体系列建设和加强科学健身知识宣传系列建设；在城市体育方面，以创建先进体育社区为切入点，以开展因地制宜、小型多样的活动为抓手；在健身产业方面，引导全民健身消费，积极培育体育市场，鼓励不同所有制的单位和个人投资兴办面向大众的各类健身俱乐部，提倡扶持建立民营的经营性体育组织，引导城镇居民消费组织化、专业化的健身娱乐服务。通过上述行之有效的办法使学校、农村、城市、产业的"四脚"落地，并逐步做大做实。

做好五项主要工作是：

第一，抓组织建设，构建层级管理清晰的组织网络。在市场经济条件下，发展全民健身运动，必须建构一个政事分离、管办干相结合的上下纵横交错有致、各负其责的体育组织网络。

首先，我们强化各级体育行政部门"管"的职能。省和市州体育局在实施全民健身工程、体育传统校、社区体育、农村体育、晨晚练、业余训练等方面，制订了一系列政策和文件。比如，为评估地方工作，省体育局制订实施了《吉林省群众体育工作目标管理办法》，每年对各市州体育局进行评定，有效地调动了地方积极性，促进了工作开展。各市州也结合本地实际，调整工作思路，创新工作形式和办法。比如，延边朝鲜族自治州提出了"一抓、二推、三改"。"一抓"就是以求真务实的精神，扎实抓好各项任务和目标的落实；"二推"是加快推进体育的社会化和市场化发展进程；"三改"是改体制、改机制、改工作方法。此外，还充分发挥竞赛的杠杆和导向作用，推动地方群众体育活动蓬勃开展。

其次，加强各级体育总会建设。它们在实际工作中起着"社会体育指导中心"的作用。它不仅有办和干的职能，还有"管"的职能，代体育行政部门管理一些群众体育行政事务、行业管理；管理规范所属的单项协会等等。我们按照"有组织机构、有专职人员、有固定经费、有场地器材、有各种活动"的"五有模式"，建设市州级体育总会。目前，全省九个市州都建立健全了体育总会，并设有专职的主席或副主席，有编制，有经费，有人员，有活动。它们通过自身的作为，将体总升格为县处级事业单位，增加了市州体育局的县处级干部职数。同时，健全和完善了县区、社区及乡镇的体育组织机构建设。现在全省60个县（市）区都成立了体育总会。

再次，健全和完善各级社会体育组织机构。主要是加强各级单项体育协会、行业体协和街道社区、乡镇村屯以及民间自发成立的体育组织建设，并充分发挥他们的作用。目前，我省单项协会遍布城乡各地，据不完全统计，全省有各级各类单项协会2000余个。各级体育总会根据《社会团体登记管理条例》及有关文件精神，按照社团管理部门的部署，加强单项体协的管理和建设工作。严把法人协会的年检关，明确协会成立、换届、注销、变更等申报、审批程序，严格协会的财务管理和业务活动工作制度。对单项协会实行分层次管理。对法人协会和经常组织开展活动的单项协会采取三项措施：一是按照实体化、社会化、规范化、法制化标准，抓协会建设，充分发挥其作用；二是按照"三三制"配备领导机构，即社团领导成员中有三分之一的领导干部，三分之一的体育骨干，三分之一的企业家；三是根据单项协会的不同性质、类别、实行挂靠和向协会与运动项目管理中心一体化过渡。在各级体育行政部门和体育总会的引导、指导和协调下，行业、街道社区和乡镇村屯的体育组织不断发展壮大。同时，各级体育行政部门加强了晨晚练站点和体育骨干队伍建设。目前，全省 240 个科级建制的街道办事处，都有体育组织机构；771 个乡镇全部设有文体站，其中有 485 个成立了体育总会等社团组织；全省共有规范的晨晚练健身站点 3156 个；全省有 96% 以上的乡镇、街道、社区和 60% 以上的行政村，都建立了老年体协单项分会，民间自发成立的体育组织十分活跃；有各级社会体育指导员 13527 人，活跃在城市和乡村。

第二，抓活动建设，以活动促发展。在积极打造三大活动品牌的同时，注重抓好一般性、经常性的全民健身活动。

一是组织好每年一度的全省全民健身月和年度群众性体育竞赛活动。健身月至今已经开办了 14 年，以其为中轴，延伸整个夏秋季，形成了全省各市州联动，每年都要举办千余次大型活动的固定规模。

二是发挥各级各类体育组织的作用，有计划分层次地开展活动。现在，我省基本形成了有计划、按层次、条块结合、良性循环的活动机制。即由各级体育行政部门制订全年计划；由各级体育总会、单项协会和社区、乡镇体育组织及文体站结合自身计划，分层次组织实施；一些法人协会和晨晚练站点，在落实上级计划的同时，按自己的“条条”搞活动，并通过活动辐射，把活动延伸到街道社区、乡镇村屯、每个家庭、每个成员；形成了“年初有计划，每季有重点，月月有高潮，日日有活动”的局面。各级总会、协会在开展活动中，不断加强自身建设，积极寻求新的发展。他们积极依靠社会力量，走体育社会化道路。靠自身的诚信和魅力打动对方，寻求支持。不等不靠，主动出击，或找企业赞助，或采取联办、协办和招商冠名等方式，取得了社会效益和经济效益双丰收，推动了活动广泛开展，为群众体育社会化、市场化奠定了基础。有的还积极创办经济实体或开发本体产业，以商养体，以体养体。

三是积极倡导地方特色的全民健身活动。比如，吉林市利用松花江的资源优势，结合冬季市内江段不结冰的特点，举办冬季龙舟赛和冬泳及畅游松花江活动；长春则突出冰雪特色，举办国际瓦萨滑雪节，还利用滑冰场和净月潭、莲花山等滑雪场，开展群众性冰雪活动；延边朝鲜族自治州利用民族体育特色资源，积极开展秋千、跳板等民族体育活动；白城、松原则利用生态旅游资源，举办蒙古族那达慕大会，查干湖汽车自驾游活动；长白山管委会利用长白山独特的山形地貌和优美的自然风光，引进国际瓦腾自行车赛等等。这些特色活动，都逐渐成为地方的品牌。

总之，通过上述活动，吸引了广大人民群众积极投身于全民健身运动之中。

第三，抓场地建设，为大众健身提供物质条件。

首先，抓好彩票公益金援建全民健身工程建设。我们结合市州、县区、社区、乡镇、村屯的具体实际，提出了这五个层面的建设目标，即"市州有中心、县区有广场、社区有路径、乡镇有设施、村屯有网点"。省和各市州体育局都有明确的建设任务。前几年的建设重点放在社区，自2005年开始，建设的重点开始转向农村。实施全民健身工程以来，国家、省及市州三级体育行政部门，共投入体育彩票公益金近2亿元，建成健身设施2551处。其中，建成市州级全民健身中心3个、在建2个，建成县区级全民健身中心19个、在建3个，健身广场和体育公园112个，健身路径1071条，健身房157个，国家级青少年体育俱乐部125所、国家级社区体育俱乐部8所，雪炭工程7个、在建1个，农民体育健身工程1043个。现在，全省有231个街道办事处建有室内外体育设施，占全省街道总数的85.87%；60个县（市）区全部建有全民健身广场或体育公园；为372个乡镇建有室内外健身设施，占全省乡镇总数的59.50%；为1043个行政村配建篮球架、乒乓球台、健身路径等健身设施，占全省行政村总数的11.09%。

其次，引导社会资金兴建面向大众服务的体育健身场所。目前，全省有营利性健身娱乐场所有2000多家。拉动了体育产业发展，基本满足了群众"花钱买健康"的需要。

再次，号召学校和企业开放现有的体育场馆，为群众健身服务。据统计，我省现有体育场地17524个，已对外开放了5551个，占总数的32%。

第四，充分利用江河、山峦、森林、公园、绿地等自然资源，积极开发户外体育功能，建成了敦化市北山森林体育公园和长春莲花山青少年户外体育营地等体育健身场所，在吉林市的松花江沿岸开辟沙滩排球场、冬泳场等便民健身场所等。

第四，注重国民体质监测，提高健身的科技含量。运用科学知识和科学方法指导全民健身，已经成为人们的共识和全民健身发展趋势。1997年，我省成立了"吉林省国民体质监测领导小组"，2000 年，借全国首次国民体质监测之机，整合省体育科研所资源，成立了省国民体质监测指导中心和各市州的监测中心。省体育局投入专款，购置监测器材，培训全省监测人员队伍，扶持和支持地方监测中心的建设。这些监测中心利用本地大型活动之机为群众检测，开具运动处方，深受广大群众欢迎。同时，编印了全民健身指导手册，普及科学知识，为群众健身提供科学指导。下一步拟由体育行政部门牵头，会同各有关部门定期在媒体上公布国民体质状况，并力争将其纳入社会发展综合评价体系。积极研究适合不同人群的科学健身方法，不断提高全民健身科学决策和管理水平。

第五，抓宣传工作，为全民健身营造良好的舆论氛围。在实际工作中，我们注意贴近实际、贴近生活、贴近群众，做好全民健身的舆论宣传。一是围绕重大活动进行宣传，比如四年一届的省运会。我们对项目设置进行了改革，在初中、高中、中专、大学、职工等五个方面都设了组别，意在吸引广大人民群众的参与，促进体育运动的普及。又如全运会、奥运会，在加强报道竞技体育的同时，不忘大型赛会对群众体育工作的推动作用。通过广播、报刊、电视、网络的立体、系列宣传，收到较好的效果。二是结合每年一度的健身月，集中宣传。在健身月中，有目的地运用各种宣传手段，在宣传媒体上开设专题、专栏，利用横幅、板报、传单、宣传车，宣传体育法和《全民健身计划纲要》，介绍典型，推介健身方法。三是非常时期强化宣传。比如，与法轮功争夺阵地和非典肆虐时期，我们主动与媒体联系，开辟专题、专栏，进行系列报道和正面宣传。四是与新闻单位建立了经常性的联系机制，如体育记者恳谈会，新年、春节团拜会，新闻发布会或通气会，随时沟通等等，拉近了体育与新闻单位的距离，使工作更具人性化，及时发布消息、澄清不实宣传、把握宣传导向。这样，不仅扩大了全民健身运动的宣传，也使新闻单位增加了"卖点"，实现了体育与媒体的"双赢"。

以上是60年来我省群众体育工作的基本回顾。在近些年的实际工作中，我们感触有三：

第一，掌握规律，认识特点，是搞好工作的前提。规律，是事物发展进程中所固有的本质的、必然的、稳定的联系，是事物发展的必然趋势。它具有客观性，不以人的意志为转移，但可以为人们所认识和利用。毛泽东同志曾说过："不论做什么事，不懂得那件事的情形，它的性质，它和它以外的事情的关联，就不知道那件事的规律，就不知道如何去做，就不能做好那件事。"要指导全民健身运动的发展，也必须研究和认识全民健身运动发展的规律和特点。经济社会差异的省区，各有各的活法，各有各的乐事。我省在开展全民健身运动上，面临着"经济欠发达、体育投入少、供需跟不上"的实际，这就更加需要我们认识规律，创新形式，积极主动求作为，坚持走有自身特点的发展道路。比如健身要有一定的物质条件，但又不唯条件。不是等具备条件再丰富生活，而是依现有条件创新生活。重在更新观念，积极求进。我们深深体会到，正确认识省情和体情，才能制定实事求是的方针政策，这是坚持求真务实的根本依据。认识规律、把握规律、遵循和运用规律，是坚持求真务实的根本要求。只有这样，才能把握规律性、增强主动性、减少盲目性、克服片面性；才能理清工作头绪，化繁为简；才能处理好局部与全局、眼前和长远、继承和发展三者的关系。按规律办事，就能够提高工作和执政能力，就事半功倍，就能成事；违背规律，就会削弱能力，就会倒退，就会失败。

第二，把健康送到百姓身边，是我们不懈的追求。抓好全民健身运动是实现体育增强人民体质这一根本任务的唯一途径。因此，要让老百姓都动起来，主动投身于全民健身运动热潮之中给他们的人生带来福祉。如何把群众分散自发的活动变成有序自觉的活动，是我们体育部门必须要研究并且要做好的事情。我们在立足省情分析的基础上，不断采取对策。我们主要抓三条：一是机制，二是组织，三是意识。完善和健全"政事分离、管办干相结合"的全民健身运动管理体制和运行机制，狠抓"三边工程"和"三个重点"，形成了齐抓共管、全民参与的大好局面；目前，我省各级体育组织机构形成网络，晨晚练站点星罗棋布、遍布城乡；广大人民群众"我要健身"的意识要求空前强烈，公园绿地、大街小巷，到处涌动着健身的人群，全民健身运动已经成为我省一道亮丽而独特的风景线。吉林市昌邑区延安街道退休医生温大夫说得很有代表性，她讲："出门就有健身器材，离家不远就有健身站点，身边有明白人指点，我们现在身体好了，精神头足了，邻里关系顺了，生活有滋味了，儿女们的负担少了，愿意花钱投资健康了。"长春师院退休老教授刘秀华是一名国家级社会体育指导员。她退下来后，自己组建了老年体育时装表演队、创编了许多老年人喜欢的健身操，现在，正积极推广国家四种健身气功，她说："体育部门花这么大气力送健康给百姓，这是一件好事和大事。老百姓需要健康，我又有这个能力，因此，要尽自己能力，做好组织、普及和创新上的具体事情，使我人生更有价值。"全民健身，利国利民，功在当代，利在千秋。送健康给百姓，是我们永远不懈的追求目标。

第三，为构建和谐社会做贡献，是我们体育人的神圣职责。当前，全民健身运动在全面加快小康社会建设、构建社会主义和谐社会方面，有着不可或缺的积极促进作用。它已经成为生活和文化建设的一个亮点。我省的许多街道办事处借全民健身工程、单项体协和晨晚练站点，办起了"邻居月"、"公民道德建设银行"，储蓄爱心、奉献道德，有效地促进了社会关系的和谐发展和思想道德建设，使人们远离赌博和封建迷信活动，养成科学文明的生活方式。长春市南湖街道办事处，下辖 7 个社区，常住人口近 6 万人，加上学校学生及流动人口，总计约 10 万人，有大小不等的体育协会 50 个。街道干部深有感触地说："体育是社区生活的重要内容，促进了人际关系和社会和谐。现在，家庭和睦，婆媳关系好了；打麻将、喝大酒的少了，社会治安稳定了。"延边朝鲜族自治州的乡镇和村屯老年体协，建立了每月"学习日"制度，学习党的政策和健身常识。老年体协的学习、健身活动，吸引了许多老年人，不少信教者也加入到老年体协之中，有力地促进了当地的精神文明和政治文明建设。一位镇党委书记深有感触地说："老年体协真是党建的有力助手！"看到这些，听到这些，做为体育工作者我们感到自豪和光荣，同时，也越发地感到工作职责的神圣、肩上担子的沉重，激励我们继续做好全民健身工作，坚持以人为本的科学发展观，向着构建面向大众的多元化体育服务体系迈进！

当前，群众体育面临着前所未有的大好发展机遇。北京奥运会的成功举办，为我国体育事业发展带来了新的契机，人们的体育意识进一步提高。特别是胡锦涛总书记发出了我国从体育大国向体育强国迈进的号召，更为群众体育发展提供了更为广阔的空间。今后，我们将继续完善和丰富"一二三四五"的工作内涵，把全民健身运动抓好做实。

黑龙江冰雪运动发展、崛起的 60 年

黑龙江省体育局局长　郭铭玉

黑龙江省有着得天独厚的地理环境和冰雪体育资源，但中华人民共和国成立前，不仅体育事业十分落后，冰雪体育运动更只是贵族的运动，冰雪体育设施屈指可数。新中国成立后，开启了人民体育事业的新篇章。群众体育、竞技体育管理体制的建立、运行机制的逐步形成，使群众体育得到普及，竞技体育水平不断提高。特别是改革开放以来，在群众体育与竞技体育协调发展、冬季项目与夏季项目协调发展的方针指引下，体育的综合实力明显提高。以冬季项目为重点的竞技体育成为国家攀登世界竞技体育高峰的重点省份，速滑、短道速滑、自由式滑雪、花样滑冰等项目已跻身世界先进行列，为我国冰雪体育运动的崛起做出了突出贡献。

一、黑龙江省冰雪体育运动的探索和发展

新中国成立后，黑龙江省体育发展在初创时期以建立管理体制、扩大群众体育基础、创建优秀运动队为重点，在冰雪运动发展上进行了积极的探索。1955 年到 1962 年，逐步形成了全省体育工作的指导思想、体育体制、运行机制等，群众冰雪体育活动空前活跃，竞技体育快速发展。从

1963 年到"文革"前完成了总体框架建设，以冰上运动为重点迎来了第一个发展高潮。

随着各级体育行政部门的建立，冰上体育运动得到了大力普及。1950年国家教育部颁布了中小学《暂行教育计划》，我省开始把体育课列入各类学校的教学计划，每周两课时。冬季突出冰上体育课教学，学校课外活动也以冰上活动为主要内容，各级各类学校普遍根据学校的情况浇注室外冰场，或者利用天然冰面开展冰上教学和活动。全省教育领域的冰上体育竞赛发展迅速，具有广泛性、多样性、灵活性、周期性的特点，大多数地市县举办了青少年速滑比赛。仅 1959 年各学校就组织了声势浩大的有 22 万人参加的元旦进北京象征性速滑比赛。与此同时，冰上运动也成为职工体育的重要内容，尤其到 60 年代，冰球开始在哈尔滨、齐齐哈尔等城市的许多大中型企业中开展起来，并相继成立了企业代表队，成为职工冰上运动一道亮丽的风景线。

在普及群众冰上体育活动的同时，以提高为目的的黑龙江冰上业余训练，以教育系统基层代表队、专项代表队为基础，得到了积极开展。1956年仅哈尔滨、齐齐哈尔两市速滑队已达到 618 个，在训人数 9000 多人。60 年代初期，对训练成绩突出的学校，由体育和教育部门给予适当的经费补助，经审批，提升为省或市、县的传统体育项目学校，列入了全省发展计划。1955 年，哈尔滨业余体育学校应运而生，设速滑、花样、冰球 3个项目，周一、二、四、五下午上训练课。这是我省冰雪业余训练体制的初创。1956 年，齐齐哈尔、牡丹江、佳木斯、鸡西、鹤岗、双鸭山、伊春等都先后成立了业余体校，并把速滑列为重点项目。1965 年，我省成立了中等专业性质的省体育运动学校，当年招收速滑学员 23 人。这些举措为黑龙江的冰雪竞技体育的发展奠定了基础。

50 年代初期，哈尔滨频频举办全国和东北地区冰上运动会，我省不失时机地以冰雪为重点，于 1954 年建立了哈尔滨冰上运动训练班，1955年黑龙江省体委举办了首次滑雪教练员培训班，哈尔滨市组建了第一支业余滑雪队，冰雪竞技体育迅速起步。齐齐哈尔、牡丹江、佳木斯、黑河、合江、伊春等市地效仿哈尔滨的做法，相继于 1956 年至 1959 年成立了冰训班，牡丹江和佳木斯市还成立了业余滑雪队。1959 年，贺龙副总理在接见参加全国冬运会的吉林、黑龙江两省代表团团长时指出："黑、吉两省具备发展冰雪运动的条件，你们要把冰雪作为重点来抓，下决心把冰雪运动搞上去，国家的冰雪任务就落在你们黑吉两省的身上了"。黑龙江省委、省政府高度重视贺龙副总理的指示精神，于 1960 年 6 月正式成立黑龙江省冰上训练班，选调各地男女各 5 名尖子运动员，集中强化训练，力争在较短时间内有所突破。至此，冰上运动竞技项目的管理、训练和物质保障等训练体系初步形成，1958、1959、1960 连续 3 年前进步伐加快，女子速滑运动员刘凤荣获得全国速滑全能第 4 名。到 1963 年男子第 57 届、女子第 21 届速滑世锦赛上，我省速滑运动员终于登上了世界顶峰，罗致焕获得男子 1500 米金牌，王淑媛夺得女子 1000 米银牌，罗致焕和王金玉双双打破了男子速滑全能世界纪录，出现了我国冰雪运动发展的第一个高潮。

建国初期，尽管百业待兴，经费捉襟见肘，但省政府把体育经费列入预算之中，且占一定比例。随着事业的发展，体育经费逐年增加，提供了财力支持。从 1953 年到 1959 年，我省进行第一批场地建设，哈尔滨市建成了人民体育场和人民体育馆，齐齐哈尔、牡丹江、佳木斯、鸡西、鹤岗、双鸭山、伊春等地都先后建起体育场，一些厂矿和高校也纷纷修建了体育场馆。

二、改革开放以来我省冰雪体育事业的崛起

1966 年到 1976 年的 10 年，由于众所周知的原因，黑龙江省体育事业也受到严重冲击，冰雪群众体育和竞技体育水平明显下滑。

党的十一届三中全会以后，各级体委得到恢复，基层体育组织得到重

建。1980 年开始，全省体育工作在积极调整中进行了改革和探索。以提高运动水平为突破口，坚持冬夏两线作战，突出重点，加强国家布局本省的重点项目和冰雪项目，压缩弱项编制。在运动管理体制和训练体制改革上，试行了运动队岗位责任制、教练员招聘制、主教练负责制、运动员集训合同制。业余训练体系迅速恢复和发展，一个梯次衔接的业余训练网络已经形成，训练质量有所提高；学校体育逐步走向制度化、规范化，我省体育事业进入了快速发展的春天。

为了扩大冰雪运动的覆盖面，充分发挥黑龙江冰雪体育资源和人才的优势，1978 年黑龙江省体委和教育厅联合发文在全省开展了"百万青少年上冰雪运动"，30 多年长盛不衰；1979 年从国外引进了短道速滑项目，并于 1982 年开始相继在哈尔滨、齐齐哈尔、牡丹江、佳木斯市和黑河、绥化地区建立了短道速滑队。为扭转雪上项目长期落后的局面，1979 年组建了黑龙江省滑雪队，除高山滑雪、越野滑雪两个项目外，增设了冬季两项。从 20 世纪 90 年代开始，黑龙江省调整了全省竞技体育项目布局和结构，冬季项目实行冰雪并重，按地市布局，弱势的雪上项目得到加强。1998 年又提出了坚持全运会和奥运会并举，冬夏两线协调发展，打造冰雪体育强省的战略指导思想，加大了省级体育后备人才基地建设的力度，经过充实调整，全省目前设有 3 所体育运动学校，20 多所重点业余体校，48 个省级体育项目后备人才基地，30 个县品工程后备人才基地，构建了黑龙江省竞技体育可持续发展的基本框架；在冰雪项目发展上确定了发展优势和重点项目，拓展和增设潜力项目原则，速滑、短道速滑、花样滑冰、自由式滑雪等项目得到加强，增加了冰壶和单板滑雪等新项目，推动了我省冰雪项目的崛起。

1990 年，我省运动员王秀丽获得我国第一个世界女子速滑冠军，以此为标志，终于打破了 1964 年以来我国竞技体育世界冠军每年由夏季项目独揽的局面。此后，我省冬季项目在世界大赛上的运动成绩，提高步伐加快，取得了巨大突破。一是女子冬季项目实现了世界冠军零的突破。继王秀丽获得我国第一个女子速滑世界冠军之后，以李琰、薛瑞红、杨扬为代表的一批女子世界冠军不断涌现。二是世界冠军由速滑一个项目向多个项目的突破。自从速滑一个项目上取得世界冠军以来，黑龙江省取得世界冠军的冬季项目，已经发展到速滑、短道速滑、花样滑冰、自由式滑雪、单板 U 型槽、冰壶等 6 个项目。三是冬奥会金牌零的突破。冬奥会是世界最高水平的冬季项目综合性运动会，其获得金牌的难度要大于冬季单项世界比赛。2002 年我省优秀女子运动员杨扬代表国家出战盐湖城冬奥会，勇夺女子短道速滑 2 枚金牌，实现了我国参加冬奥会金牌零的突破。2006 年我省运动员王濛、韩晓鹏又在都灵冬奥会上分别摘取了女子短道速滑和男子自由式滑雪空中技巧金牌。其中，男子自由式滑雪空中技巧冠军不仅是中国男子冬季项目金牌零的突破，也是我国滑雪项目金牌在冬奥会上零的突破。四是花样滑冰项目打破了欧美的垄断。2000 年我省运动员申雪/赵宏博实现了花样滑冰双人滑世界大赛金牌零的突破，打破了长期以来该项目一直被欧美垄断的局面。庞清/佟健、张丹/张昊又多次获得世界冠军。五是冬季项目开始呈现由单兵作战向群体优势逐渐形成的转变。一方面改变了过去由少数几名优秀运动员参加世界大赛，而可能出现的因一人失误、颗粒无收的情形，一批优秀运动员群体开始形成；另一方面改变了过去靠个别项目在世界大赛上取胜的局面，短道速滑、速滑、双人滑、自由式滑雪空中技巧等一批优势项目成绩趋于稳定，单板滑雪、冰壶等新组建项目的成绩水平迅速提高，并分别在 2009 年的世界锦标赛上首夺世界冠军。六是场地设施条件发生了巨大的变化。借助哈尔滨承办第三届亚冬会和第 24 届世界大学生冬季运动会的契机，哈尔滨新建、改建了一批冰雪体育设施。特别是近几年来国家体育总局的重视扶持和地方政府的关心支持，从省到市地的冰雪场地设施均得到了明显改善和增加。目前，亚布力滑雪场已经成为国内一流水平的综合性滑雪场，省冰上训练基地已经具备了世界水平的冰上训练设施。哈尔滨、齐齐哈尔、牡丹江、佳木斯、绥化等地均有冰上体育场馆。

　　改革开放的 31 年，我省冬季项目运动水平实现了与国家同步发展。主要表现在三个方面：一是对国家冬季项目发展的贡献率明显提高。20

世纪 90 年代，我国冬季项目共获得世界冠军 61 个，按金牌所占比例（集体项目按各省人数除），我省获金牌的贡献率为 41.31%（世界冠军 25.2 个），吉林省贡献率为 45.57%（世界冠军 27.8 个），解放军为 13.12%（世界冠军 8 个）。2000 年到 2007 年，我国冬季项目共获世界冠军 70 个，其中我省获世界冠军 55.95 个，贡献率提高到 79.93%。二是具有较高水平的优势项目扩大，由原来的速滑 1 个项目，发展到速滑、短道速滑、花样滑冰、自由式滑雪空中技巧以及单板滑雪、冰壶等多个项目，实现了与国家冬季项目发展战略的对接。三是与优势项目相对应的优秀运动员人数不断扩大，高水平后备人才人数得到发展壮大。

冰雪竞技体育水平的提高，也促进了群众性冰雪活动的开展和冰雪体育产业的发展。1996 年，黑龙江省成功举办第 3 届亚洲冬季运动会后，随着经济发展社会进步和人们生活水平的不断提高，一大批滑雪场在黑龙江大地拔地而起，到 2008 年仅具有一定规模的滑雪场就达到 70 多家。滑雪这一运动已走进寻常百姓家，参加滑雪活动的人次由 1996 年的全省每年数万人次，到 2008 年就达到了近 200 万人次。不仅为冰雪运动的发展奠定了良好的群众基础，也使滑雪成为一个新兴的体育产业。

三、黑龙江省冰雪项目的发展

（一）速度滑冰

速度滑冰是黑龙江省重点优势运动项目之一，多年来整体水平一直保持国内优势地位。速度滑冰项目实行省、市两级建立优秀运动队，充分调动了省、市两个积极性。全省开展速度滑冰的市地 12 个。1958 年省速滑队成立，现设在省冰上训练中心。目前，建有速滑优秀运动队的市、地有哈尔滨、齐齐哈尔、牡丹江、佳木斯、大庆、黑河、大兴安岭等。从 1963 年起至今，相继培养出了罗致焕、王金玉、王秀丽、薛瑞红、刘洪波、王曼利、于凤桐等一批在国际、国内有影响的优秀运动员。先后 3 次打破世界纪录，共获得 8 个亚运会冠军、9 个世界冠军。1963 年我省著名速滑运动员罗致焕在世界速滑锦标赛中获得第一个世界冠军。同年王金玉、罗致焕又双双打破速滑全能的世界纪录，被誉为亚洲最佳运动员。1986 年著名速滑运动员王秀丽在第一届亚洲冬季运动会上获得 1000 米的冠军，1990 年在世界速滑锦标赛中获得 1500 米的世界冠军，这是我国获得的第一个女子速滑世界冠军。同年，我省速滑优秀运动员宋臣在第 2 届亚洲冬季运动会上获得 500 米冠军，1993 年又在世界锦标赛上获得 500 米冠军。1994 年优秀速滑运动员刘洪波在第 17 届冬季奥运会 500 米、1000 米均获得第 4 名的好成绩，这是我国男子在冬奥会上第一个获得名次的选手。1994 年，著名速滑运动员薛瑞红在世界速滑短距离锦标赛中以 159.08 分打破了短距离全能世界纪录，成为中国第一个打破世界纪录的女子速滑运动员；同年，在第 17 届冬奥会上获得 500 米第四名的好成绩；1996 年在第 3 届亚洲冬季运动会上获 500 米冠军。参加 1996 年至 1997 年度世界杯速滑赛，以总积分第一的成绩获女子两个 500 米和 500 米总成绩 3 项冠军，这是继叶乔波之后的第 2 个世界杯总冠军；1997 年在世界速滑单项锦标赛中获得 500 米冠军，是我国获得的第 1 个世界单项锦标赛冠军；1999 年在第 4 届亚洲冬季运动会上获 500 米、1000 米两枚金牌。1996 年速滑优秀选手王曼利在第 3 届亚洲冬季运动会上获得 500 米冠军；2003 年第 5 届亚洲冬季运动会上获 500 米冠军；在 2003 年至 2004 年度，以总积分第一的成绩获 500 米世界杯总冠军；2004 年在世界短距离锦标赛中获 500 米冠军；在世界单项速滑锦标赛中获 500 米冠军；2005 年王曼利在单项速滑锦标赛和速滑世界杯总排名中分获女子 500 米冠军。1999 年，我省优秀速滑运动员宋丽在第四届亚洲冬季运动会上获 500 米冠军。2004 年，速滑优秀年轻选手于凤桐以总积分第一的成绩获得世界杯男子 100 米总冠军，这是我国获得的第一个男子世界杯总冠军；2005 年于凤桐夺得世界短距离速滑锦标赛男子 500 米、速滑世界杯男子 100 米金牌。2007 年年轻选手王北星在速滑世界杯总决赛中连续在女子 500 米第一次和第二次比赛中夺得第一。

黑龙江省在历届全国冬季运动会和全运会中都取得了较优异的成绩。第 1 届全国冬季运动会包揽了所有金牌（共设 20 枚，我省获 21 枚，含并列）。第 2 届全国冬季运动会因故停办。第 3 届全国冬季运动会获得 19 枚金牌（共设 30 枚）。第 4 届全国冬季运动会获得 9 枚金牌（共 20 枚）。第 5 届全国冬季运动会获 14 枚。第 6 届全国冬季运动会获 6 枚金牌。第 7 届全国冬季运动会获 8 枚金牌。第 8 届全国冬季运动会获得 17 枚金牌。第 9 届全国冬季运动会获 11 枚金牌。第 10 届全国冬季运动会获 18 枚金牌。第 11 届全国冬季运动会获得 17 枚金牌。从 1993 年第 7 届全运会起速滑项目被列入了全运会项目之中，共设 4 枚金牌。第 7 届获得 2 枚金牌，第 8 届、第 9 届包揽了所有的金牌。

（二）短道速度滑冰

短道速度滑冰是黑龙江省重点优势运动项目之一，也是获得世界冠军人数和金牌数最多的项目，为我国冬奥会实现金牌零的突破做出了突出贡献。黑龙江省短道速滑项目，采取省、市两级建优秀运动队。20 世纪 80 年代初进入我国，1981 年开始哈尔滨、齐齐哈尔、牡丹江等市（地）相继建队，并代表黑龙江参加比赛。1986 年省短道速滑队成立。目前，建有短道速滑优秀运动队的市有哈尔滨、齐齐哈尔、牡丹江、佳木斯、黑河等，大庆、七台河也开展了该项目。自 80 年代以来，黑龙江省短道速滑运动员在国内、国际比赛中取得了优异成绩，有 5 人共获世界冠军 60 个。培养出了王秀兰、李琰、张洪波、杨扬、刘英宝、王濛等一批优秀运动员。1983 年，在第 5 届全国冬运会上，李岩石获得男子 1500 米、1000 米、3000 米和全能金牌，杨可心获得女子 500 米、1000 米、3000 米金牌，赵淑琦获得女子 1500 米金牌。1987 年，在第 6 届全国冬运会上，王秀兰、王伟分获女子和男子 500 米金牌，郭志春、王锐获男子 1500 米和 3000 米金牌。在 1991 年第 7 届全国冬运会上，王秀兰获女子 500 米、1500 米金牌。从 90 年代起，黑龙江省短道速滑运动员开始走向世界。1992 年，在世界杯短道速滑团体锦标赛和世界短道速滑锦标赛上，李琰分别获得女子3000 米接力和 500 米冠军。从 1997 年至 2003 年，杨扬相继在世界短道速滑锦标赛、世界短道速滑团体锦标赛和世界杯短道速滑总决赛中夺得 49个世界冠军，并在 2002 年第 19 届冬奥会上获得两枚金牌。刘英宝在 2002年世界短道速滑锦标赛、世界杯短道速滑团体赛上获得两枚金牌，成为黑龙江省短道项目上第一个男子世界冠军。付天余、王濛在 2003 年世界短道速滑锦标赛、世界杯短道速滑总决赛的女子项目比赛中，共获得 5 个冠军。2004 年王濛、付天余在世界杯短道速滑、世界短道速滑锦标赛中各获 2 枚金牌；隋宝库、王伟、孙琳娜在世界杯短道速滑赛中各获 1 枚金牌；2005 年王濛、杨扬、付天余在短道速滑世界杯赛总排名、短道速滑世界锦标赛中分别夺得 3 枚金牌、2 枚金牌和 1 枚金牌。2006 年第 20 届冬奥会王濛勇夺短道速滑女子 500 米金牌，续写了杨扬之后中国选手在该项目上的辉煌；2007 年短道速滑名将王濛，在意大利举行的世界杯短道速滑分站赛女子 500 米比赛中打破世界纪录。短道速滑运动员王濛一人打破 8 项次世界纪录，夺得短道速滑世界杯总成绩、2008 年世界团体锦标赛、世界锦标赛 11 枚金牌；刘秋宏、付天宇各获得短道速滑世界杯总成绩和世界团体锦标赛 2 枚金牌。

（三）花样滑冰

花样滑冰是我省传统重点运动项目之一，主要设有单人滑、双人滑、冰舞 3 个小项。新中国成立以来，花样滑冰主要在哈尔滨、齐齐哈尔等市开展并相继成立了优秀运动队，代表黑龙江省和国家参加国内、国际比赛。1981 年 6 月 1 日黑龙江省花样滑冰队成立，与市（地）共同承担国内外比赛任务。多年来，黑龙江省的花样滑冰运动水平不断提高，并在国内、国际比赛中取得优异成绩。1953 年全国冰上运动会伊本德获男子第 3名，李建华获女子亚军。1955 年全国冰上运动会，韩辉、田继陈取得男子单人滑冠、亚军，李建华、刘敏、王樱获得女子单人滑前 3 名。1956年全国冰上运动会上，田继陈获得男子甲组冠军，杨永声获得男子乙组冠军，王樱获得女子甲组冠军，孙柏秋获女子乙组冠军。1962 年全国花样滑冰锦标赛上，王钧祥获得青年组第 3 名，崔萍、刘颖秋、白秀芝包揽了女子青年组单人滑前 3 名，孙治平、田秋声获得男子少年组冠亚军。1976 年第 3 届全国冬季运动会上，刘洪云、白秀芝获得成年组男女单人滑冠军，傅冬、刘晓红获得少年甲组男女冠军，任洪国、胡晓丹获得少年乙组男女冠军。1979 年第 4 届全国冬季运动会刘志英/王爱国获得双人滑冠军。王志利获得男子单人滑冠军。1983 年第 5 届全国冬季运动会上，丛文义、付彩姝分别获得男女单人滑冠军，栾波/姚滨获双人滑冠军，奚鸿雁/赵晓雷获冰舞冠军。1987 年全国花样滑冰锦标赛上，张述滨、许兆晓分别获得男子单人滑金牌和银牌，付彩姝获得女子单人滑银牌。1987 年第 6 届全国冬季运动会上，张述滨、姜一兵获得男女单人滑冠军。1991 年第 7 届全国冬季运动会上，张述滨夺得男子单人滑冠军，张波获得女子单人滑亚军。1984 年许兆晓获得匈牙利多瑙河杯邀请赛男子单人滑冠军。在 1985 年世界大学生冬季运动会上，张述滨夺得男子单人滑冠军。1986 年第 1 届亚洲冬季运动会上，刘陆阳/赵晓雷获得冰上舞蹈冠军。1996 年第 3 届亚洲冬季运动会上，郭政新获得男子单人滑冠军，张维娜/曹宪明获得冰上舞蹈冠军，刘冰洋/孙宝获得双人滑冠军。2000 年世界青少年大奖赛总决赛，高崧获得金牌。2001 年世界青少年大奖赛总决赛马晓冬获得金牌。近年成绩尤其突出的双人滑在国际取得了优异成绩。在教练员姚滨的带领下，2000 年申雪/赵宏博获世界杯花样滑冰总决赛冠军；2002 年取得了第 19 届冬奥会第 3 名和世界锦标赛的双人滑冠军；2003 年蝉联世界花样滑冰锦标赛双人滑冠军，获世界杯花样滑冰双人滑总决赛冠军。2004 年，再次夺得世界杯花样滑冰双人滑总决赛冠军。2006 年庞清/佟健获得世界花样滑冰锦标赛冠军，伤后复出的老将申雪/赵宏博摘取了世界花样滑冰大奖赛总决赛桂冠。2007 年申雪、赵宏博夺得世界花样滑冰锦标赛双人滑冠军，2008 年庞清/佟健获 2008—2009 世界花样滑冰大奖赛总决赛冠军。

（四）冰球

　　冰球是黑龙江省冬季运动优势运动项目之一，也是中国开展冰球运动的主要省份。新中国成立后，冰球运动得到了迅速发展，1958年开展的省份达到9个。20世纪60至70年代，黑龙江省哈尔滨、齐齐哈尔、牡丹江、佳木斯等市的学校、企业冰球队达到200多支，使黑龙江省冰球运动发展一直处于全国前列。1953年，由黑龙江省组成的东北队在第一届全国冰上运动会冰球比赛中获得冠军。1954年哈尔滨市率先成立了冰上运动训练班。不久，齐齐哈尔市、牡丹江市、佳木斯市冰球队也相继成立，为黑龙江省和国家培养了大批优秀冰球运动员。从1956年至2004年，黑龙江省先后有208名运动员入选国家队，占国家队运动员总人数的90.8%。1954年，冰球运动被纳入国家竞赛计划，定期举办全国冰球锦标赛，冠军几乎全部被黑龙江省各队获得，其中哈尔滨市获得22次，齐齐哈尔市14次，佳木斯市1次。1959年，第1届全国冬运会在哈尔滨市举行，由哈尔滨、齐齐哈尔和牡丹江3个城市运动员组成的黑龙江省队以绝对的优势获得冠军。从1959年到2003年，全国冬季运动会冠军全部被黑龙江省获得。1972年，我国开始参加世界锦标赛，1979年、1981年、1987年、1991年以及2000年先后5次进入B组。20世纪70年代和80年代，国家冰球队80%的运动员来自黑龙江。从90年代开始，国家队全部由黑龙江运动员组成。1986年和1990年，以黑龙江省运动员组成的中国冰球队在第1届亚冬会和第2届亚冬会连续两次夺得冠军，为我国赢得了荣誉。1983年，随着世界女子冰球运动的兴起，齐齐哈尔市、鸡西市、哈尔滨市、牡丹江市、佳木斯市相继成立了女子冰球队。自1988年国家举办全国女子冰球锦标赛和1991年女子冰球被纳入全国冬运会以来，所有冠军均被哈尔滨市队获得。从1992年开始，哈尔滨市女子冰球队代表我国先后2次出席冬奥会，7次参加世界锦标赛，1994年和1997年两次进入世界女子冰球队4强，并在1998年冬奥会获得第4名，刘红梅、国伟、党红、张岚、吕岩、李煊、陈晶、宫明、桑红、郭宏等10名运动员获得国际级运动健将称号。近几年，全国其他省、市相继停止开展冰球运动，黑龙江省成为唯一开展冰球运动的省份。

（五）冰壶

冰壶是黑龙江省新发展的冰上运动项目。1994 年，黑龙江、加拿大阿尔伯塔省、日本北海道三方交流决定，帮助黑龙江省发展冰壶运动。由阿尔伯塔省为黑龙江省提供冰壶场地器材和技术，北海道提供冰壶设备和相关技战术。1995 年 2 月，在黑龙江省举办了全国第一届冰壶学习班。1994 年至 1999 年期间，日本冰壶协会多次派出教练和日本冰壶队伍来黑龙江进行冰壶运动技术的传授，并同黑龙江省业余冰壶爱好者进行教学训练和比赛。1997 年，在黑龙江省滑冰馆举行了首届全国冰壶邀请赛，日本青森县参加北方论坛会议代表应邀临时组队参加了此次比赛，省社会联队获胜。1998 年，日本冰壶专家阿部再次来黑龙江省指导冰壶队训练。1998 年末至 1999 年初，黑龙江省派哈尔滨市女子冰壶队、哈尔滨体院女子冰壶队和省男子冰壶社会联队 3 支队伍出访日本。这是我国冰壶运动第一次走出国门。在参加全日本北部冰壶联赛中，哈尔滨体院女队获得第 4 名；随后参加日本冬奥会纪念杯青井泽国际冰壶邀请赛，黑龙江省男队战胜韩国和日本青年队获第 4 名。这次出访比赛为黑龙江省冰壶运动的发展打下了良好基础。2000 年哈尔滨市、哈尔滨体育学院成立了业余冰壶队。2000 年，省体育局和哈尔滨市体育局举办了第 1 届哈尔滨国际冰壶邀请赛，中国、日本、韩国派队参加比赛。同年 6 月在哈尔滨举行了第 1 届全国冰壶锦标赛，哈尔滨市队取得男、女冠军。从 2000 年至 2004 年共举办 5 届全国冰壶邀请赛，冠军全部由哈尔滨队夺得。2003 年第 10 届全国冬运会将冰壶列为正式比赛项目。2002 年哈尔滨市正式成立冰壶优秀运动队。2006 年黑龙江省体育局在省冰上训练中心成立了省冰壶队。参加 2003 年全国第 10 届冬运会，哈尔滨队包揽了男、女冠军，前 3 名全部为黑龙江省各队取得。同年，参加第 5 届亚冬会获男、女第 3 名，参加泛太平洋冰壶锦标赛男、女队取得第 5 名的好成绩。2004 年，哈尔滨冰壶队代表国家青年队参加在丹麦举行的世界青年冰壶锦标赛，男、女队均获得第 5 名。参加 2004 年全国冰壶锦标赛和全国冰壶冠军赛，哈尔滨队战胜沈阳八一队夺得男、女队冠军。2009 年由哈尔滨运动员组成的中国冰壶队，女子冰壶队获得了世锦赛冠军，组建以来短短 6 年的时间就取得了历史性的突破。

（六）越野滑雪

越野滑雪是我省传统重点运动项目之一。1977 年成立松花江地区滑雪队，1979 年改建为省越野滑雪队。建队以来，代表黑龙江省在全国各项比赛中取得了优异成绩。在 1960 年全国滑雪运动会上，王福琴获得女子 10 公里第 1 名，由满昌获得少年男子 8 公里、10 公里两项第 1 名，权玉顺获得少年女子 3 公里、5 公里两项第 1 名，牡丹江队获得女子 4×5 公里、少年女子 4×3 公里接力两枚金牌。在 1965 年全国滑雪锦标赛上，徐贞顺获得少年女子 3 公里、5 公里两项第 1 名。1976 年第 3 届全国冬运会上，杜淑清获得女子 10 公里、30 公里第 1 名，倪振涛获得少年男子 5 公里第 1 名，徐希臣获得少年男子 15 公里第 1 名，宋永军获得少年男子 10 公里第 1 名，王群英获得少年女子 5 公里、8 公里两项第 1 名，松花江队获得女子 4×10 公里、少年男子 4×5 公里接力两项第 1 名。1979 年第 4 届全国冬运会上，高飞获得男子 5 公里第 1 名，赵波获得男子 8 公里第 1 名，尹振山获得男子 10 公里第 1 名，李晓明获得男子 15 公里、30 公里两项第 1 名，潘兴彬获得女子 3 公里第 1 名，杜淑清获得女子 5 公里第 1 名，戴忠霞获得女子 8 公里第 1 名，松花江队获得男子 4×10 公里、女子 3×5 公里接力两项金牌，尚志队获得男子 4×5 公里、女子 3×3 公里接力两项金牌。1985 年全国越野滑雪冬季两项比赛中，武彦龙获得男子越野 15 公里、50 公里两项金牌，李成日获得男子 30 公里越野第 1 名，李香仙获得少年女子 5 公里越野第 1 名，孙敬东获得少年女子 10 公里越野第 1 名，张冬荣获得男子冬季两项 7.5 公里第 1 名，乔兴利获得男子冬季两项 15 公里第 1 名。1990 年全国越野滑雪锦标赛中，王岩获得女子传统 15 公里、传统 10 公里两项第 1 名，崔雪梅获得自由 10 公里、自由 30 公里两项第 1 名，单清国获得传统 15 公里、自由 50 公里两项第 1 名。1991 年第 7 届全国冬运会上，王岩代表哈尔滨市获得传统 15 公里、传统 10 公里两项金牌，我省还获得女子 4×5 公里接力金牌。1995 年第 8 届全国冬运会中，王岩获得女子传统 15 公里金牌，1996 年第 3 届亚冬会上，郭东玲获得女子 4×5 公里接力金牌。2003 年第 10 届全国冬运会中，李宏雪代表哈尔滨市获得女子自由 15 公里、追逐赛的两枚金牌，我省还获得了女子 4×5 公里接力金牌。2004 年瓦萨国际越野滑雪赛中，我省运动员李宏雪获得女子传统 50 公里第 1 名，王丽君获得青年女子传统 25 公里第 1 名，姜春丽获得女子传统 50 公里第 2 名，董文强获得青年男子传统 25 公里第 2 名。

（七）高山滑雪

高山滑雪是我省传统重点运动项目之一。1977 年成立松花江地区滑雪队，1979 年改建为省高山滑雪队。现设有回转、大回转、超级大回转、滑降 4 小项。建队以来，代表黑龙江省在全国各项比赛中取得了优异成绩，现有 13 名运动员。1959 年在第 1 届全国冬季运动会中，佟作如获得男子快速降下冠军。1976 年第 3 届全国冬运会上，金长胜获得少年男子快速降下、回转两项金牌，谭兰英获得少年女子快速降下金牌。1979 年第 4 届全国冬运会上，黄长春获得男子回转短线路金牌，宫文江获得男子滑降短线路金牌，傅金梅获得女子滑降长线路金牌，金英子获得女子大回转短线路金牌。1983 年第 5 届全国冬运会上，朱英获得少年女子短线路回转金牌。1984 年全国高山滑雪比赛中，金凤哲获得男子回转第 1 名，安林君获得男子滑降、大回转两项第 1 名，徐雪丽获得女子回转第 1 名，李英霞获得青年女子滑降、回转两项第 1 名，吕文生获得少年男子大回转短线路第 1 名，王福山获得少年男子回转短线路第 1 名。1985 年在全国高山滑雪比赛中，刘亚丽获得青年女子滑降第 1 名，刘亚东获得青年女子回转第 1 名。1987 年第 6 届全国冬运会中，黄宏利获得男子全能金牌，吕文生获得男子大回转第 1 名，刘亚丽获得女子滑降第 1 名。1991 年第 7 届全国冬运会上，王永涛获得男子大回转冠军，刘亚丽获得女子滑降、回转的两枚金牌，哈尔滨市李雪芹获得女子大回转、超级大回转两项金牌。1999 年第 9 届冬运会中，任力刚代表哈尔滨市获得男子大回转金牌、小回转银牌，董金芝代表哈尔滨市获得女子大回转银牌；哈尔滨市队李雪芹获得女子大回转金牌。第 10 届冬运会中，董金芝代表哈尔滨市包揽了女子回转、大回转、超级大回转 3 枚金牌，王剑威获得男子超级大回转金牌，刘培华获得男子超级大回转银牌，哈尔滨市刘长福获得男子回转金牌。

（八）自由式滑雪

自由式滑雪是黑龙江省新兴重点运动项目，也是继高山滑雪和越野滑雪之后的雪上第 3 个大项，现包括空中技巧 1 个大项，3 个小项。1988 年省体委与松花江地区联合成立了自由式滑雪队。1996 年松花江地区与哈尔滨市合并，自由式滑雪队归入哈尔滨。1995 年，牡丹江与沈阳体院联合办队，代表牡丹江市和黑龙江省参加比赛。2002 年 8 月，省自由式滑雪队正式成立。1996 年 2 月在第 3 届亚运会上，黑龙江选手尹红获女子自由式滑雪铜牌；在 1998 年自由式滑雪世界杯分站赛中，获得女子规定动作第 6 名。1999 年第 9 届全国冬运会上，邱森获得男子个人银牌，韩晓鹏获得男子个人铜牌，王姣获得女子个人第 4 名，哈尔滨市队还获得男子团体铜牌。2002 年盐湖城冬奥会中，黑龙江省运动员李妮娜获得第 5 名，邱森获得第 18 名，韩晓鹏获得第 24 名。2003 年自由式滑雪国际邀请赛上，韩晓鹏获得男子空中技巧两枚金牌，邱森获得男子空中技巧一枚铜牌，李妮娜获得女子空中技巧两枚金牌，郭心心获得女子空中技巧两枚铜牌。第 10 届全国冬运会上，邱森获得男子规定动作金牌和男子自选动作的银牌，韩晓鹏获得男子规定动作铜牌，李妮娜获得女子自选动作银牌，哈尔滨市队获得男子团体铜牌。2004 年自由式滑雪世界杯分站赛上，邱森获得男子空中技巧 1 枚金牌，李妮娜获得女子空中技巧一枚金牌。2005

年李妮娜连续获得自由式滑雪空中技巧世界锦标赛和世界杯总排名女子空中技巧两个世界冠军,实现了本省雪上项目在世界大赛金牌零的突破;2006 年在第 20 届冬奥会上韩晓鹏获得自由式滑雪男子空中技巧金牌,实现了中国雪上项目和男子项目冬奥会金牌零的突破。

(九)单板滑雪

针对单板滑雪比较适合中国人的特点,根据国家体育总局冬季中心的意见,黑龙江省体育局经过充分论证,决定引进和开展单板滑雪 U 型槽项目,并于 2003 年 2 月派教练员到日本学习,2003 年 5 月正式成立了省单板滑雪队。在短短的几年,单板滑雪 U 型槽项目就取得了显著的成绩。2004 年参加全国首届单板滑雪冠军赛,黑龙江选手夺得全部金牌。2005 年代表我国第一次参加都灵世界大学生冬季运动会,女运动员潘磊获得该项目银牌;2007 年 11 月份代表国家出征单板滑雪世界杯瑞士站比赛中,黑龙江省小将陈旭在世界单板 U 型槽世界杯女子比赛中,继上一年夺得第 5 名的基础上,又获得银牌。2008 年刘佳宇在世界杯分站赛中获得其中 3 站的金牌。2009 年 1 月在韩国举行的世界单板滑雪锦标赛上刘佳宇为我国获得该项目第一个女子世界冠军。这些成绩已经引起国际雪联的关注,并被认为女子单板滑雪 U 型槽项目,很可能是继自由式滑雪空中技巧后,中国在冬奥会雪上项目上的一个新突破口。

新中国成立 60 年来,黑龙江省的冰雪体育运动得到了空前的发展,不仅为我国体育事业攀登世界高峰做出了突出贡献,而且更广泛地融入人们的社会生活、文化生活和经济生活,成为经济和社会发展的重要方面,为提高广大人民群众的生活水平和生活质量发挥了巨大的作用。

探索　奋进　腾飞

——上海体育发展60年

上海市体育局局长　于晨

60春秋谱华章，新中国60年体育事业的发展，是以往任何历史时期所无法比拟的，上海和全国一样，在这60年中，体育事业已发生了翻天覆地的变化，上海体育已成为上海建设社会主义现代化国际大都市不可或缺的组成部分，成为上海展示国际化形象的名片，成为体现上海城市精神的重要窗口。

一、60年发展历程振奋人心

上海体育与时代同行。鸦片战争以后，西方的近代体育随着西方文化一起涌进中国。上海是西方文化抢滩登陆的地方，也是近代体育最先活动的地方。但是，进行近代体育活动，最初仅限在租界侨民中，中国人是经过几十年斗争，才取得了与外国人平等地参加体育活动的权利。新中国成立初期，学校体育、职工体育和竞技体育等得到恢复和发展，但历经"文化大革命"10年崎岖，成果几乎被摧毁殆尽，改革开放以后又重新焕发生机，并依托于上海经济社会发展和综合实力增强的巨大推动而展翅腾飞。

（一） 改革开放前的上海体育

1. 百废待兴、恢复兴起时期（1949—1965 年）

新中国成立后，体育的性质和地位发生了根本变化，体育被列为政府的工作规划，是青少年教学必须具备的德、智、体三育之一。毛泽东主席对体育做出一系列指示，他的题词"发展体育运动，增强人民体质"成为我国开展体育运动的宗旨。

1949 年 10 月 13 日，上海成立市体育会筹备会，接收、整顿了原上海体育协会，并在新民主主义青年团市工委、市总工会、市教育局设置了管理体育的部门。1954 年 2 月，上海市体育运动委员会建立。1956 年以后，各区、县体委相继建立，上海市国防体育协会筹备会、中华全国体育总会上海市分会及其所属的市级单项协会先后建立，工厂企业和学校也分别建立基层体育协会。至此，由不同层次组成的体育管理网络形成，为有领导、有计划地开展体育运动提供了组织保证。

上海人民怀着翻身做主人的热情，群众性体育活动广泛开展，职工体育组织迅速增多，竞赛活动此起彼伏，工人运动队纷纷建立。到 1955 年，工人篮球队、足球队、排球队和乒乓球队已多达 11918 支，全市有 40% 的职工经常参加体育活动。青少年学生则热心于参加广播操和"劳卫制"（准备劳动与卫国体育制度），1956 年，全市 95% 的中学生和 80% 的大学生都参加了"劳卫制"锻炼，至 1957 年年底，已有 21.8 万人达到"劳卫制"及格标准。基层体育竞赛活动十分活跃，1958 年，全市区县级比赛多达 1347 次，全市性的综合运动会每年都有一至两次。当时，每天当广播操的音乐声响起时，从学校到工厂，处处可以看到做操的人群；学生放学后，在菜场的石板上打着乒乓球，在里弄的空地上踢着小皮球；每逢节假日，在繁华的马路上开着小型运动会……这一幕幕场景，已成为 50 年代上海城市体育特有的历史画面。

与此同时，上海竞技体育水平不断提高。上海在 1952 年就开始着手建立运动员培训基地。20 世纪 50 年代，建成了有近千名优秀运动员组成的涉及 30 多个体育项目的市级代表队，怀着为国争光精神，先后有近百名选手 138 次登上世界冠军的领奖台。60 年代前期，乒乓球等单项进入世界的先进行列。1961 年 4 月，徐寅生和李富荣在第二十六届世界乒乓球锦标赛中荣获男子团体冠军，当时，徐寅生与日本星野对阵时的 12 大板，至今仍深深印在人们的脑海中。此后，在 70、80 年代，又有 7 名选手接连 13 次在世界乒乓球锦标赛中夺得金牌。到 1965 年，在国内比赛中，射箭、射击和航空模型等项目中有 13 人 11 次超过 9 项世界纪录。这一时期，我国共举办 2 届全运会，1959 年第一届全运会上，上海有 26 人 3 个队 40 次破全国纪录，获 44 项冠军，居全国第三位；1965 年第二届全运会上，上海有 6 人 2 次破 2 项世界纪录，45 人 52 次破 33 项全国纪录，获得 37 项冠军，团体总分居全国第二位。

1949 年 5 月，上海市人民政府接管了原上海的 31 片体育场地，其中仅有 10 片场地可向群众开放。为满足人民群众对体育的需求，政府在经济十分困难的情况下，毅然拨出大量财力和物力建设体育设施。政府在改造旧体育场的同时，着手新建斜桥游泳池、虹口体育场、山东路体育场、静安体育场、沪西体育场等 10 多个场地。至 1953 年年底，能向群众开放的体育场地已达 53 片。市体委成立后，有计划地进行了体育设施建设，首先建立了一批专项运动基地，并根据居民点的布局在各区新建了一批体育设施。1956 年，对 55 所私营体育场所进行了改造，全市体育场地达 1100 片，基本上做到了在居民稠密的区域都分布有体育设施。

2. 遭受挫折、曲折发展时期（1966—1977 年）

1966 年开始的"文化大革命"，使快速发展的上海体育事业遭受严重挫折。1966 年 11 月，上海市体育战线革命造反司令部召开成立大会，1967 年 1 月，市体委机关和 21 个基层单位全部被造反派夺权，不少干部、教练、运动员受到迫害。1970 年，市体育科研所、棋社等 11 个体育单位和举重队、击剑队等 5 个项目运动队被撤销，业余体校停办。体育工作处于瘫痪状态。直到 70 年代初，国务院总理周恩来肯定"文化大革命"前

17 年的体育工作成绩是主要的，同时恢复了国家体委的领导体制。在第三十一届世界乒乓球锦标赛以后，我国邀请美国乒乓球队访华，从而出现了"乒乓外交"。此后，上海体育得以逐步恢复。1972 年，周恩来总理还亲自批准了上海体育馆重新上马，并于 1975 年建成。

（二）改革开放后的上海体育

1. 积极探索、调整提高时期（1978—1992 年）

"文化大革命"结束后，市委、市政府迅速开始全面恢复上海体育工作。1978 年，上海市体育工作会议提出了"把学校体育作为全面恢复体育的战略重点"的思路，迅速使学校体育常规化、规范化和秩序化，在此基础上，对中小学体育传统项目学校和青少年业余训练进行了建设。上海是"文化大革命"后全国最早恢复学校体育传统项目和开展业余训练的省市之一。1978 年，上海市体委、市教委等对全市 246 所体育传统项目学校进行了调查，根据学校的具体状况重新布局。体育传统项目学校得到恢复和迅速发展，至 1989 年 5 月，体育传统项目学校达到 583 所，其中市级 166 所。1990 年，市、区（县）两级体育传统项目学校输送给各级训练单位的运动员就有 983 人，成为培养和输送体育后备人才的重要渠道。

1979 年，国际奥委会恢复中华人民共和国合法席位，上海体育按照我国参加奥运会的要求，调整了上海运动项目的布局，以奥运会项目为重点，改进训练方法，加大提高运动水平的工作力度。为了集中力量保证项目重点，市体委扩大了重点项目的编制数，至 1983 年，市队训练项目大项达到了 35 个。1984 年，市体委创设了"多种形式、多种渠道、多种层次、相互竞争"的新机制，如在原为二线的市体校设田径、游泳的部分与一线市队竞争，还设置女足、柔道、垒球等一线队伍，相继布局了虹口男子花剑队、黄浦轮滑俱乐部、闸北女子举重队及与 9 所高校挂钩试办高水平运动队。通过一系列举措，上海竞技运动水平有了明显的提高。从 1981—1983 年，乒乓球、羽毛球、体操、跳水、航海模型等项目，有 9 个人 13 次在世界比赛中夺得金牌，三年所得的金牌数追上了 1980 年之前 30 年中所获得的世界比赛的金牌数。在 1992 年西班牙巴塞罗那举行的第二十五届奥运会上，上海有 20 名运动员参加比赛，庄泳、杨文意在女子 100 米自由泳和 50 米自由泳比赛中双双夺冠，并分别打破奥运会纪录和世界纪录，实现了上海运动员在奥运会上金牌零的突破。

在重抓竞技体育提高的同时，群众体育活动增多。1979 年上海开始举办三个杯赛，即小学生的新长征杯赛、中学生的三好杯赛、业余体校的团结杯赛，进行田径、游泳、足球、篮球、乒乓球 5 个项目的比赛；经过 5 年的实践，1985 年形成了五项运动系列赛，即足球、篮球、排球、田径、游泳 5 个项目；从 1988 年起又发展成为六项运动系列赛，设田径、游泳、举重、体操、足球和射击项目，作为国家和本市的重点项目，引起了各级领导的特别关心和重视；在 1990 年上海市第九届运动会上，六项运动系列赛被列为各区团体记分项目。学生踊跃参加《国家体育锻炼标准》的达标活动。富裕起来的农民也具备了更多参加体育活动的条件，至 1990 年，10 个郊区县已全部被评为全国体育先进县。1991 年上海市被评为全国群众体育先进单位。

80 年代初，为了迎接第五届全运会，上海新建和改建了 30 余座体育场馆，设施都较先进。1983 年的第五届全运会，是新中国成立后首次在京外举办，也是上海首次承办的全国综合性运动会。之后，迎来了大批高水平的国际体育比赛。1984 年，在上海体育馆举办的第十届亚洲女子篮球锦标赛揭开了新中国成立以后在上海举办洲际单项锦标赛的序幕。1985 年，在上海游泳馆举办的第四届世界杯跳水赛，开创了上海有史以来举办世界单项锦标赛的先例，也标志着上海的体育设施已在现代化的进程中迈上了新的台阶。1990 年之前，上海所举办的多边国际赛事共涉及 20 余个项目 60 余次，其中 90% 是在 1980 年以后举行的。

2. 深化改革、创新突破时期（1993—2000 年）

20 世纪 90 年代是我国深化改革时期，改革的攻坚涉及了体制等核心问题。1993 年国家体委下发了《关于深化体育改革的意见》，确定了 90

年代体育改革的总体目标是改革现有的体育体制和运行机制。上海努力探索与市场经济相适应的体育机制。1993 年，上海市体育发展服务中心（上海市体育服务公司）更名为上海市体育竞赛服务中心，1996 年又更名为上海市体育竞赛管理中心；上海市青少年训练管理中心以及有关运动项目中心也相继成立，上海的体育事业朝着管办分离、政事分开、社会化和制度化方向迈进了一步。

1993 年 12 月，由黄浦区政府、申花集团组建的申花足球俱乐部成立，申花足球俱乐部以管理企业的办法管理运动队，开始了高水平运动队与市场经济相接轨的尝试，取得了明显的成效。此后，又出现了浦东足球俱乐部和豫园足球俱乐部。90 年代，申花队一直名列全国甲 A 前三名，成为全国第一支既夺得全国甲 A 冠军，又夺得足协杯冠军的队伍。女子足球队接连 4 次成为全国锦标赛与全国联赛的"双冠王"。紧随足球之后，篮球、排球、乒乓球等项目相继组成职业俱乐部或半职业俱乐部。实行俱乐部制的项目，向全国和国外招聘教练和运动员，打破了体育界长期以来人才的地区和部门所有制的旧模式，创造了人尽其才、有序流动的环境，闯出了一条充满活力的道路。

这一时期，群众体育和体育产业都取得重大突破。1995 年，市政府正式颁布了《上海市全民健身实施计划》，提出了上海全民健身工作的奋斗目标和主要任务。与此同时，成立上海市全民健身领导小组，各区县也设立相应的工作机构，街道乡镇和大部分居委会和村委会也建有工作小组，初步形成了"两级政府"（市、区县）、"三级管理"（市、区县和街道或乡镇）、"四级网络"（市、区县、街道或乡镇、居委或村委会）纵向的全民健身组织体系。2000 年 12 月，市人大常委会审议通过了《上海市市民体育健身条例》，这是全国第一部地方性体育法规，上海市民健身的热情被极大的调动起来。体育产业方面，1993 年 5 月首届东亚运动会在上海举办，标志着上海体育产业探索的成功。利用这一千载难逢的契机，通过在全国范围内发行奖券募集资金近 2.4 亿元人民币，在赛事融资方面迈出了具有探索意义的一大步。包括新闻界、地产界、工业系统在内的上海各行各业均向东亚运动会捐赠，数额近亿元，使得大型运动会的筹办第一次摆脱了"一切资金靠政府"的历史。1997 年第八届全运会，通过土地置换、级差地租、滚动开发、场馆多功能设施的开发、拍卖比赛冠名权、开发运动会指定产品、出售电视转播权和比赛场内外广告等办法筹集了大量的资金。投资 13 亿元的上海体育场，出售 100 多间包厢，每间包厢售价 500 万元，仅此一项就回收资金 5 个亿。仅从 1996—1998 年的发展情况看，上海体育产业的总产出平均年增长率为 19.1%，体育服务业年均增长 25%。

随着市场经济的发展，各项改革逐步深入，体育事业发生很大的变化，相关体育法律法规和规章制度等得到逐步建立。1994 年，《上海市体育场所管理办法》颁布实施，当时就全国范围来讲，是带有突破性的首创之举。1996 年，针对上海经营性体育场所迅速增加，特别是保龄球运动持续升温的发展形势，出台了《上海市营业性保龄球馆管理办法》。1999 年 3 月，上海市人民政府颁布了《上海市体育竞赛管理办法》，对全市社会性体育竞赛的举办条件、申报登记办法、管理要求以及法律责任等作了具体规定。1999 年还颁布了《上海市室外公共场所体育健身活动管理暂行规定》，有效地控制了市场无序发展、不正当竞争和不经审批举办体育比赛等违法违规行为。这些法规和规定，有效地保护了人民群众的合法体育权益，使上海体育改革走上了有法可依的法制轨道。

3. 科学发展、勇攀高峰时期（2001 年至今）

"一流的城市要有一流的体育"，国际经济发达的中心城市或国际化大都市，基本上也是国际体育中心城市，是体育集聚和发展的基地。2001 年，上海市委根据上海城市发展的需要，提出将上海建成亚洲一流体育中心城市的奋斗目标，市政府把这一目标列入《上海市国民经济和社会发展第十个五年计划》。2007 年 3 月，经市政府批准的《上海市体育发展十一五规划》更进一步明确了为建设国际体育知名城市而努力的总体奋斗目标。

"生活奔小康，身体要健康"，不断满足市民体育健身需求被放在突出的位置上。上海在全国率先提出体育生活化理念，积极探索生活体育新模式，把科学健身融入市民百姓的日常生活。各级政府大力推进"人人运动"计划，定期举办各种形式的运动会和体育健身比赛，倡导科学、文明、健康的生活方式，占领群众业余文化生活阵地。以社区为重点的城市体育活动迅速发展，居民参加各种晨晚练点和其他体育场所的锻炼活动日趋活跃，形式多样的社区运动会、家庭趣味运动会蓬勃开展。2004 年，市政府制订了《上海市全民健身发展纲要（2004—2010 年）》，以创新的思路，前瞻性地提出了上海建设"136 工程"的主要任务，即创建一个科学、健康、文明的体育生活环境，构筑日常、双休日、节（长）假日三个体育生活圈和完善运动设施、团队组织、体质监测、健身指导、体育活动、信息咨询六个体育服务体系。青少年体育作为群众体育的重中之重，从 2006 年起，上海在全市大中小学中开展"上海市学生体育大联赛"活动，得到了学校和学生的广泛响应，基本达到了"人人有项目、班班有团队、校校有比赛"的目标，每年有 100 多万人次的青少年学生投身阳光体育运动。

进入 21 世纪，根据国家竞技体育战略的总体要求，上海进一步明确将"面向国际体坛，突出奥运战略，代表上海形象，创建体育品牌"作为上海竞技体育工作的立足点，提出了"以奥运带全运，以全运促奥运"的竞技体育发展战略，确定了缩短战线、集聚优势、突出重点、走精兵之路的指导方针。在优化资源的基础上调整好项目结构和项目布局，新建了 6 个训练中心，即上海体育职业学院下属的田径中心、游泳中心、球类中心、乒羽中心、自剑中心、水电路中心；重新组建了与上海体育学院联办的体院项目训练中心。为加强上海竞技体育后备人才培养工作，市体校和二体校集中精力抓后备人才培养，把棒球、垒球、柔道一线项目从市体校中剥离出来，转入体职院，逐步理顺一线队伍与这两所市级体校的项目衔接、人才衔接和政策衔接等工作。努力巩固上海优势项目，将田径、游泳、射击、击剑、乒乓球、羽毛球作为重中之重，优先发展；同时拓展新的优势项目，并在田径、水上等基础项目的重点小项中寻找突破，恢复体操、跳水、射箭等上海的传统优势项目在国内外体坛上的地位，抓好女子足球、女子排球、女子垒球、女子手球等项目。同时，进一步提高教练员文化素质和科学训练水平，加强对中青年教练员的培养，选拔一批优秀教练员到国外一流的体育院校深造。实践已证明，此次战略调整初战告捷。上海竞技体育实力在原有基础上又有新的提高。上海体育健儿在 2004 年雅典奥运会、2005 年第十届全运会、2006 年多哈亚运会和 2008 年北京奥运会上屡创佳绩，这一阶段，上海相继涌现了刘翔、常昊、王励勤、吴敏霞、火亮、徐莉佳、王磊、钱震华、邹市明、刘子歌等一批奥运会冠军和世界冠军，为国家的奥运战略做出了突出贡献，同时姚明也成为在 NBA 打球的球星，为国家赢得极大荣誉。

上海体育的快速发展使得对体育科技人才的需求更加迫切，从 2006 年起，上海专门投入科研资金，资助 35 岁以下科研人员开展课题研究。体教结合工作也取得积极成效。

新的时期，体育产业步伐加快，已经融入城市现代服务业，成为城市经济发展的"助推器"。健身休闲业飞速发展，竞赛表演业方兴未艾，体育用品业渐成规模，体育彩票探索中前行，体育中介咨询业门类齐全，体育传媒业崭露头角，体育产业政策日趋完善健全。

二、60 年辉煌成就彰显魅力

60 年沧海桑田，60 年峥嵘岁月，60 年辉煌成就。60 年来，上海体育发生了巨变，群众体育广泛开展，竞技体育快速崛起，体育产业逐步兴盛，体育设施日臻完善，体育科技欣欣向荣，体育法制不断健全，对外交往成倍增长，上海城市魅力愈发彰显。

（一）群众体育广泛开展

"阳光、空气、水和运动，是生命和健康的源泉"，参与体育运动，是每个人的权利。然而，在解放前，只有少数有钱人才能参加体育活动。解放初期，上海人民体育锻炼热情高涨，尤其是 50 年代出现群众性体育活动热潮，但在 60 年代初期国家经济困难时期和以后的"文化大革命"中，落入低谷。改革开放后，体育日益成为上海市民日常生活中不可缺少的部分，体育也不再是某部分人群的"专利"，社区体育、学校体育、职工体育、农村体育、残疾人体育、智障人体育等得到全面发展。

基础性、普及性体育设施日益完善，全市已经形成市、区县、街道（乡镇）、居委会（村）四级社区体育健身设施网络。自 1997 年普陀区长风公园内建造上海第一个社区健身苑，1998 年开始，上海连续 4 年将社区健身苑点的建设列为与市民生活密切相关的实事工程，2004 年又启动社区公共运动场建设，目前，已建成健身苑点 6000 多个、社区公共运动场 220 处，极大地满足了市民健身需求。市民不仅出门 500 米就能到达一处健身场所，还能得到科学的健身测试和科学指导。109 个社区健身俱乐部和 9397 个社区健身团队遍布各个社区。社会体育指导员已有 18000 多人，达到每万人 11.5 人。全市形成全民健身活动周、社区健身大会和全民健身节三大品牌活动，创办了世界著名在华企业健身大赛等一批新颖赛事，极大地丰富了市民精神生活和体育活动，促进了市民健康文明生活方式的建立。学生踊跃参加《国家体育锻炼标准》达标活动，达标率从1983 年的 60% 上升到 1988 年的 86.5%，1995 年达到 89.09%，此后均超过了 90%。从 2005 年开始，上海普及开展中小学生"人人运动，学会游泳"活动，至 2008 年年底，全市有近 500 所中小学校与 100 多家"游泳指定场所"挂钩，参加活动的中小学生超过 10 万。农村体育公共设施得到发展，建成农民体育健身工程 831 个。学校体育场地向社会开放工作积极推进，目前向社会开放率已达 80%。20 世纪 70 年代末，上海残疾人体育逐步受到社会各方面的关注，1980 年后，每年都会举行盲人、聋哑人的篮球、乒乓球、游泳、象棋、门球、桥牌、足球、钓鱼等单项比赛，2007 年还成功承办了第十届世界夏季特殊奥林匹克运动会。各级体育部门实施了国民体质监测制度、体育锻炼标准制度、社会体育指导员制度、体育行业执业资格制度，定期对全市群众体育现状进行调查，对市民体质状况进行监测，并向社会公布结果。

根据国家体育总局《第二次国民体质监测公报》统计，上海市国民体质综合指数为 106.24，高于全国平均水平 100.75，其中，男性人群 104.76，女性人群为 107.30，城镇人群 107.21，乡村人群 104.62，除男性人群列全国第二位外，其他分类指数均列全国第一。由于生活条件的改善和医疗卫生工作保障，加上体育给上海市民带来了健康，2008 年，上海人口平均期望寿命达到 81.28 岁，其中男性 79.06 岁，女性 83.50 岁，远远超过解放前的 35 岁，达到了发达国家水平。

（二）竞技体育快速崛起

在旧上海，曾有 30 多名上海体育选手两次踏进奥运会的殿堂，但没有一个人能进入决赛圈，旧上海的竞技体育，尽管处在全国的前列，但在国际上毫无地位。解放后，上海运动员开始在世界的舞台上崭露头角，并一次又一次地冲上世界顶峰，不仅在国内体坛，而且在国际体坛中创造了辉煌的成绩，为国家作出了很大的贡献。每当五星红旗一次又一次在世界赛场上冉冉升起，义勇军进行曲响彻天空时，曾使多少人为之振奋，多少人为之欢呼，多少人为之热泪盈眶。

新中国成立后，上海共有 242 人次参加八届奥运会，有 12 人次在 10 个项目中获得 10.5 枚金牌；共有 439 人次参加九届亚运会，有 152 人次在 28 个项目中获得 117.5 枚金牌；共有 4778 名运动员参加十次全国运动会，获得 333.5 枚金牌，979 枚奖牌，成绩一直保持在全国前列。至 2008 年年底，上海共有 122 人在 23 个大项 95 个小项中获得 272 个世界冠军，83 人在 11 个大项 98 个小项中 156 次破（创、超）世界纪录。

上海先后诞生了一大批世界级优秀运动员和教练员。田径运动员刘翔在雅典奥运会的 110 米栏比赛中以 12 秒 91 的成绩打破奥运会纪录，平世界纪录，接着在 2006 年又以 12 秒 88 破世界纪录，同年又获世锦赛冠军，成为集世界纪录、奥运会冠军、世锦赛冠军于一身的大满贯得主，为中国和亚洲所骄傲。刘翔和姚明成为我国体育的两面旗帜，成为上海国际化大都市的形象代言人。刘子歌、庞佳颖、朱倩蔚在 2008 年奥运会上三破世界游泳纪录，成为北京奥运会中国代表团最为闪亮的人物。同时，涌现出三破世界跳高纪录的朱建华、中国泳坛"五朵金花"的庄泳和杨文意、世界足球小姐孙雯、亚洲足球先生范志毅、象棋国际特级大师胡荣华、勇夺"应氏杯"的围棋棋王常昊等，为国争光，为市争誉。上海体育健儿在国际国内赛场上的优异表现，向世人展示了上海发展的巨大成就和城市形象，丰富了上海城市精神，激发了全市人民积极投身现代化建设的热情。

（三）体育产业逐步兴盛

有很长一段时期，人们认为体育是单纯的公益事业，是不赚钱的，不仅如此，还需要花大钱来培养运动队和修建体育场地。改革开放后，我们逐渐跟世界接轨，综观世界体育的发展，人们逐渐意识到体育产业是一个可以赚钱的朝阳产业，它是现代服务业的重要组成部分，不仅本身可以吸纳很多劳动力，而且能极大带动旅游、建筑、通讯、新闻出版等相关行业的发展，已成为增强城市竞争力的重要指标。

从 80 年代开始，上海率全国之先对体育产业进行摸索，历经探索、起步和培育阶段。目前，全市经营性场所达 6000 多家，各种形式的经营性健身俱乐部不断涌现，影响较大的体育产业公司有 6 家。与此同时，上海的体育用品如"红双喜"、"乔山"、"申康"蜚声海内外。体育中介咨询业也得到发展，1997 年由朱建华创办的我国第一家体育经纪公司"希望国际"在申城成立，到 2008 年，上海已有体育经纪公司 31 家，执业体育经纪人近 400 人。自 2002 年起，中国国际体育用品博览会连续三年在沪举行，使之培育成世界第三、亚洲第一的规模，2007 年首届中国国际体育旅游博览会在沪举办。上海从 1993 年第一届东亚运动会开始发售体育彩票，1998 年实行电脑体育彩票销售，至 2008 年年底，已累计销售体育彩票 73.7 亿，其中电脑体育彩票销量 64.8 亿元，即开型近 9 亿元，筹集公益金逾 22 亿元，留存上海的公益金也达 10 亿元，为上海实施"全民健身计划"和"奥运争光计划"提供了重要的资金来源，为上海构建和谐社会和建设健康城市做出了贡献。

上海承办的国内外大型赛事数量居全国前列，1979 年至 2008 年，上海举办了国际性比赛 400 次、全国性比赛 713 次，共计 1113 次，而其中近 10 年举办的国际国内体育比赛为 766 次，占了近 7 成；如今，上海举办的国际性赛事基本稳定在 40 场/年左右。经过多年培育，F1 汽车大奖赛、网球大师杯赛、田径黄金大奖赛、斯诺克上海大师赛、国际马拉松赛和国际高尔夫公开赛等六大品牌赛事成为上海城市的亮丽名片，上海还成功举办了 2007 年世界夏季特殊奥林匹克运动会、北京奥运会足球赛上海赛区、女足世界杯、第 48 届世界乒乓球锦标赛、NBA、国际剑联男女花剑世界杯赛、女子沙滩排球世界巡回赛等国际体育赛事，充分显示出上海承办国际体育大赛的综合实力。这些赛事产生了较强的经济和社会效益，如 2008 年上海网球大师杯赛直播覆盖美洲、欧洲、大洋洲、亚洲、非洲和中东等国家和地区，直播的累计时间为 2750 小时，仅赛场的"上海 SHANG HAI"地标在国内外电视直播中累计曝光时间就达 829 小时，曝光价值达到 1.57 亿元；给相关行业带来直接消费 2.49 亿元，再加上间接消费为 5.25 亿；提供直接就业岗位 264 个，间接岗位 2144 个；又如 2009 年 F1 中国大奖赛，境外电视观众达到 6 亿人次，极大提高了上海的知名度。上海各区县围绕上海发展大局，积极打造"一区一品"体育赛事，全市 18 个区县中，有 70% 已初步形成规模和格局，呈现出多姿多彩的景象，成为上海体育的特色品牌。

（四）体育设施日臻完善

解放初期，旧上海仅遗留下 110 片体育场所，多数是外国人的俱乐部。原来最大的体育场——江湾体育场,由于被国民党军队当做军火库,造成弹药爆炸而伤痕累累,无法使用。这些体育场所全部加在一起,也只有 20 万平方米左右。按当时的人口平均,每人不足 0.03 平方米,放不下初生婴儿的一个脚掌。解放后,上海新建和改建了大量体育场地,人均体育场地面积逐步提高,1982 年为 0.41 平方米,1999 年为 0.86 平方米,2003 年达到 1.75 平方米。

1951 年建造的虹口体育场是上海解放后建设的第一座规模比较大的综合性体育场。80 年代,随着上海举办的重要比赛逐年增加,开始大规模地新建和改造现代体育场馆设施,上海游泳馆、上海水上运动场、上海自行车赛车场、上海体育场、上海国际赛车场和旗忠森林体育城网球中心等相继建成。新建的体育设施坚持了一流的标准,不仅使上海的体育场地项目配套更为齐全,也使上海体育设施的总体质量向世界先进城市靠近了一大步。体育设施很多已成为上海城市标志性建筑。

根据市第五次体育场地普查,截至 2003 年年底,上海共有各类体育场地 14425 个,其中标准体育场地 6451 个,非标准体育场地 7974 个,体育场占地面积 38169930 平方米,建筑面积 2606059.2 平方米,场地面积 29261512 平方米,累计投入体育场地建设的资金为 132.6 亿元,人均投入体育场地建设金额为 792 元。在标准体育场地中,共有体育场 60 个,体育馆 30 个,游泳馆 24 个,室内游泳池 37 个,其他体育场地还有综合房馆 115 个、篮球房馆 153 个、乒乓球房馆 231 个、健身房馆 655 个、室外网球场 448 个、台球房馆 394 个、小运动场 731 个等,平均每万人拥有体育场 0.036 个、体育馆 0.018 个、游泳馆 0.014 个。体育场地面积跟解放前相比,增长了近 150 倍,市民健身条件得到极大的改善。

近几年,标志性、功能性体育设施建设力度进一步加大。投资 26 亿元的东方体育中心已开工建设,将于 2010 年年底基本建成;与此同时,各区县也加快了体育设施建设步伐,以满足举办高水平体育赛事和开展大规模体育主题活动的需要,这些必将成为上海城市一道道亮丽的风景线。

三、60 年历史经验弥足珍贵

上海体育发展 60 年的丰富实践，积累了十分宝贵的历史经验，对当前和今后的体育工作具有重要的指导价值。60 年的实践证明，上海体育的进一步发展须继续坚持中国共产党的领导，坚持改革开放，以不断满足人民群众日益增长的体育文化需求为出发点，以完善全民健身服务保障体系、提高竞技运动水平、加快体育产业发展为主要任务，努力促进上海体育事业全面、协调、可持续发展。

（一）坚持党对体育工作的领导

党和国家领导人历来都十分关心体育事业的发展，上海市委对上海体育的发展高度重视，在体育发展的关键阶段给予及时正确的指导，在体育发展的关键问题上做出正确的决策，在体育发展的重大事件上果断做出正确的决定。1995 年，上海市委将全民健身列入上海城市文明建设的规划之中，各级成立了全民健身领导小组。上海经济率先达到中等发达国家水平，在勾画 21 世纪初期上海城市发展蓝图时，上海市委在"十五"计划建议中，提出将上海建成亚洲一流体育中心城市的目标。2002 年 12 月市委、市政府又做出了《关于加快上海体育事业发展的决定》，提出逐步将上海建设成体育理念先进、全民健身普及、竞技体育领先、体育科技创新、场地设施完善、体育产业发达、体育法制健全的世界知名体育城市，2007 年市政府发布的《上海市体育发展十一五规划》又明确提出建设国际体育知名城市的目标。市委市政府领导班子成员对体育工作更是亲切关怀，深入训练场、赛场、运动场，给予直接指导，这不但为上海体育的发展指引了明确方向，也提供了巨大动力。

（二）坚持改革开放

改革开放的 30 年，是上海体育实现大发展、大跨越的 30 年。改革开放以来，上海经济保持了年均两位数的增长速度，综合实力大为增强，人民生活率先进入小康。体育获得了更加充足的物质支持，这是新时期上海体育创新发展的重要保证。30 年来，上海市政府对体育事业投入大幅增长，体育事业经费从 1979 年的 673.1 万元到 2008 年跃升为 3.5 亿元，30 年中体育事业经费增长 52 倍，体育基建投资每年有数亿元的投入，一批有影响、高标准、专业化的场馆和设施相继建设，为新时期体育事业和体育产业的创新发展奠定了基础、创造了条件。以改革开放为动力，不断提高创新意识和创新能力，努力推进理论创新、科技创新、制度创新，加快体育发展由粗放型向集约型转变，体育管理由经验型向科学型转变，拓宽发展思路，创新发展模式，提高发展质量。

（三）坚持发展体育事业的政府职能

体育是社会主义精神文明建设的重要组成部分，是和谐社会和社会主义国际化大都市建设的重要内容，也是上海社会建设、文化建设的重要任务。维护和保障市民的体育权利，为市民提供良好的体育公共服务是各级政府的重要职能和应尽义务。体育工作牢记社会责任，坚持把群众体育作为根本任务，把竞技体育作为中心工作，把体育产业作为重要内容，坚持体育公益性、公共性和服务性，统筹兼顾，协调推进。60 年的发展实践证明，哪段时期政府重视体育事业了，那段时期的体育事业发展就好，群众就受实惠，体育对城市的贡献力也就越大。

（四）坚持体育与经济社会协调发展

体育在政治、经济、文化、社会生活中扮演着重要角色，发挥着独特作用。既要坚持体育发展与经济社会发展的适应协调，又要坚持体育工作自身的统筹协调，即群众体育与竞技体育、体育事业和体育产业协调发展，还要重视区域协调发展，既要支持中心城区体育率先发展，也要重视和扶持郊区体育发展。

（五）坚持依法治体、科教兴体、人才强体

体育事业的兴旺发达离不开人才支持、科技支撑和法律保障，这是60年体育发展的实践经验。必须把体育工作纳入法制轨道，促进体育健康有序发展。牢固树立"科学技术是第一生产力、人才资源是第一资源"的观念，依靠体育科技进步和教育发展，依靠人才队伍素质的不断提高，促进上海体育发展壮大。

四、新时期展望前程任重道远

上海正面临北京奥运会后我国体育由大国向强国迈进的历史阶段，面临为上海"四个率先"做出新的贡献的发展阶段，面临推动上海体育又好又快发展的关键时期，上海体育发展还有很长的路要走，任重而道远。

（一）抓住机遇，加快国际体育知名城市建设步伐

当前上海体育发展的指导思想就是：在服务世博的前提下，努力建设服务城市功能、展示城市形象、活跃城市经济的具有鲜明特色的国际体育知名城市，努力在四大方面创新突破：

一是把上海建设成为全球城市间体育发展的枢纽点。利用世博会和上海150多个友城的资源，通过世博会，通过大众体育节、友好城市运动会这些平台，共同推动城市体育发展。积极筹办体育发展论坛，集聚智慧，共同研讨城市体育发展规律，以引领城市体育发展的潮流。

二是把上海建设成为国际体育资源整合开发的平台。上海是中国与世界体育接轨最早最发达的地区，也是体育资源十分丰富的地区。要建好体

育博物馆、国际乒乓博物展，筹办好国际体育论坛，举办好以六大赛事为特征的国际赛事，使上海成为国际体育交流活动的重要平台。

三是把上海建设成为国际体育产业的重要基地。国际体育知名管理公司、国际知名健身企业以及知名体育器材品牌如耐克、阿迪达斯、美津龙等等都在上海设有办事处、联络处、代表处，目的在于以上海为桥头堡，进入中国市场。要抓住机遇，发展体育总部经济，以研发、销售和推广三大途径，大力开发具有科技含量高、体育含量高、附加值高的体育用品，以体育动漫、电子竞技、数字体育占领制高点，并营造创意、创新、创业的发展环境。

四是把上海建设成为市民体育权利的共享之城。市民体育权利决不是市民体育消费过程中权利的保护，市民的体育权利突出表现在享受体育成果的权利、参与体育活动的权利、开展体育创造的权利、体育成果受到保护的权利。要大力营造体育发展环境，使在上海生活和工作的人士都能享受上海体育发展的成果。

（二）以人为本，完善惠民的体育公共服务新体系

体育已成为城市发展水平与人类文明进步的标志之一，关系到市民生存、发展、享受的三大需要。党的十七大强调在科学发展观指导下，建设以人为本的全面、协调、可持续发展的社会主义和谐社会，其最终目的在于为人的全面发展创造良好的环境条件。这为体育体制改革目标的确立提供了最基本的依据，即体育事业必须情系市民、服务市民、保障市民体育权益的拥有和落实，这既是体育真谛的回归，也是对体育运动的准确定位。

上海青少年的体质水平还不强，如不抓紧，将呈下降趋势，这将严重影响上海人的全面素质和可持续发展；公共体育场地和数量还十分欠缺；经常性参加体育锻炼人口与发达国家还有很大差距。广大市民健身热情高涨，供需矛盾突出。因此，必需下功夫调整体育发展战略，将体育公共服务放在体育工作的首位，以"保基本、广覆盖、可持续"为原则，建立

以社区为基础、以设施为依托、以活动为载体、以机构为桥梁的体育公共服务体系。要调动社会各方面力量，因地制宜地开展具有年龄特点、人群特征、地方特色的体育活动，提高群众体育的多样性、普及性和参与性，以分类指导的工作方法和不同的发展模式，进一步将群众体育深入基层，办到百姓身边，在群众生活中扎根，充分发挥群众体育活动"强身、健心、睦邻、乐群"的基本功能，进一步引导市民建立积极健康的生活方式，努力构建"亲民、便民、惠民"的全民健身服务体系。

（三）合理布局，促进竞技体育精品战略的新发展

上海体育人才资源虽具有一定的规模，但是体育后备人才在数量上尚不能满足上海对体育事业进一步发展的需求。上海不仅地域相对狭小，2008 年城市户籍人口仅 1371.04 万，且独生子女多，同体育强省相比可供选拔的苗子少，加上家长对子女未来职业选择的多元化等因素，使一些原本优势的运动项目如体操、田径、游泳、球类等因为人才匮乏而渐渐衰弱，有些项目已无人为继；一些体能性项目如中长跑、举重、柔道、自行车等无法赢得上海青少年的青睐，造成上海竞技体育后备人才严重缺乏。多年来，上海竞技体育以姚明的"高度"、刘翔的"速度"、常昊的"精度"、王励勤的"力度"、钱震华的"风度"，走出了精品之路，积累了体育明星战略的成功经验。上海体育需按照统筹规划、突出重点、选好苗子、精心培育、联动培养、科学训练的原则，加强与社会力量的联动，进一步做好项目布局、联动培养，促进竞技体育的新发展。

北京奥运会，激发起国人对体育的热情，国人对体育的期望和渴求，将发生深刻变化，市民更多的是关心生活质量的提高，看重自己的身心健康，重视社会生活中的精神文化层面，运动休闲、健康生活将成为日常生活中的不可缺少的重要组成部分。对那些群众关注度小、吸引力差、市场运作难度大的竞技项目将逐渐淡化，那些"冷门"项目将偏安一隅。随着健身热的兴起，国人对足球、篮球等项目挚爱，期望竞技体育核心竞争力的田径、游泳等项目有实质性突破。因此，下决心以影响面大、群众基

础强、彰显竞技核心竞争力的运动项目为重点，发展与上海国际大都市地位相称的竞技体育项目，并在国际大赛中取得优异成绩，展现和谐向上的上海城市精神。

（四）科学定位，努力提高重大国际赛事的影响力

体育赛事在全球的广泛传播和政治经济领域的特殊作用，被称为20世纪两次世界大战之外的第三大事，对人类社会影响深远。现代重大体育赛事已经远远超出体育自身的范畴。体育赛事是产业链长、关联度大、带动作用强的体育产业，其对影响城市竞争力不同于其他产业的一个关键机制，就在于其对于城市品牌的塑造起到了非常特殊的作用。上海在体育赛事的道路上进行过艰难和富有成果的探索，许多赛事已成为上海城市的亮丽名片。下一步要积极探索政府主导、社会参与、市场运作的竞赛组织管理新机制，提高赛事的综合效应；在赛事定位和选择上，从服务于上海经济社会发展、展示城市形象出发，积极举办各类体育赛事和有重大国际影响的赛事。在办好已有赛事的基础上，不断提升上海体育赛事的品牌和效益，为上海城市的整体发展服务。

回顾新中国成立后上海体育发展60年的历史，对于市民，"体育之效，在于强筋骨、增知识、调感情、强意志"，它让上海市民体质更好、凝聚力更强；对于城市，"体育腿长，哪里都能走"，它让上海走得更远、飞得更高、生活得更精彩。新的时期，我国综合国力不断增强，上海城市发展日新月异，市民体育热情日益高涨，上海体育紧紧围绕既定目标，努力开拓创新，定会创造更辉煌的业绩。

图强创新 跨越发展

——江苏体育发展60年

江苏省体育局局长 殷宝林

新中国成立60年来，在江苏省委省政府的正确领导和国家体育总局（国家体委）的关心指导下，全省体育系统坚持艰苦创业、大胆创新、争先创优，推动全省体育不断发展壮大。特别是改革开放以来，江苏体育人以思想解放为先导，以火热的激情投身于改革开放的伟大实践，用辛勤的劳动创造了令人瞩目的显著成就，用非凡的智慧谱写了绚丽多彩的辉煌篇章，走出了一条具有江苏特色的体育改革发展之路，江苏体育呈现出科学发展、率先发展、和谐发展的良好局面。

一、发展历程

伴随着新中国前进的步伐和江苏经济社会的发展，江苏体育主要经历了白手起家、起步发展（1949—1959年），艰苦奋斗、曲折发展（1960—1965年），十年动乱、遭受重创（1966—1977年），拨乱反正、恢复发展（1978—1987年），调整改革、稳步发展（1988—1995年），趁势而上、适度发展（1996—2001年），抢抓机遇、加快发展（2002年至今）七个主要阶段。

白手起家、起步发展阶段（1949—1959 年）。在新中国成立初期，随着社会稳定、经济繁荣，体育成为社会主义事业的重要组成部分，开始起步发展。特别是 1952 年毛主席"发展体育运动，增强人民体质"题词发表后，国家推行"劳卫制"和"体育锻炼标准"，极大地推动了体育事业发展。一是成立体育机构和组织。1953 年后，相继成立了江苏省体育运动委员会、江苏省高等体育工作委员会、中华全国体育总会江苏分会、南京体育学院、江苏省国防体育协会、县级体委（体育分会）以及 13 个行业体育协会，全省体育工作有计划、有组织地开展起来。二是普及群众体育活动。各地群众大力推广"劳卫制"，因地制宜地开展田径、球类、武术等体育活动，体育的普及面迅速扩大。1952 年开始推行广播体操，工间操列入作息时间表，成为一种制度。1956 年省体委、省总工会部署厂矿建立体育协会和推行"劳卫制"，并举行江苏省第一届职工运动大会。1956 年，江苏第一个农民体育协会在仪征县古都乡成立，到 1959 年全省涌现出一批农村体育先进典型。各级体育教育部门推行"劳卫制"和"体育锻炼标准"，建立"两课、两操"制度，提高体育教学质量和课外活动水平，体育教育趋于经常化、制度化、规范化。1956 年举行了第一届全省大学生运动会，1958 年举行了第一届全省中学生运动会和第二届全省大学生运动会。三是开展运动训练。这一时期，江苏竞技体育得到迅速发展，借鉴苏联及东欧国家的管理体制，建立了南京体院、南京航空俱乐部、江苏省国防体育俱乐部、江苏省航海俱乐部等体育训练教学基地，先后组建了田径等 35 个竞技项目的优秀运动队，集中训练、学习、生活，在 1959 年举行的第一届全国运动会上，江苏体育代表团取得了金牌排名13、总分排名第 8 的成绩。

艰苦奋斗、曲折发展阶段（1960—1965 年）。在这一时期，由于"大跃进"及之后产生的国民经济暂时困难，使江苏体育既有很大很快的发展，也出现了一些偏差和困难。在推行"劳卫制"时，对学校体育提出了一些过高过急、不切实际的指标、口号和措施，违背了体育锻炼循序渐进的规律，但是很快得到纠正，学校体育工作总体促进了学生全面发展。1960—1962 年，国民经济处于困难时期，农村体育、职工体育处于休整状态，一部分竞技体育项目和优秀运动队被撤销，使体育事业一度受到挫折。到 1963 年，国民经济开始好转，江苏体育事业随之有所复苏和发展，全省不少厂矿企业整顿健全了基层体育组织，坚持周周有活动、月月有比赛，职工体育日益活跃，农村体育得到加强。贯彻落实"两严"训练原则，各运动项目的运动水平，都有较大幅度的提高，在男女体操、男女篮球和田径、击剑、举重、自行车等部分单项上居全国领先地位，形成了江苏的独特风格。在 1965 年举行的第二届全国运动会上，获得金牌排位第9、总排名第 7 的优异成绩。

十年动乱、遭受重创阶段（1966—1977 年）。在"文化大革命"期间，方兴未艾的江苏体育事业陷入瘫痪，一批领导干部、体育工作者、教练员、运动员遭到不同程度的打击和迫害，一大批体育干部、教练员和优秀运动员被下放到工厂、农村劳动，体育场馆设施器材闲置、荒废，生机勃勃的江苏体育事业遭到严重破坏。1970 年后，篮球、排球、足球、乒乓球等部分竞技体育项目开始恢复训练，运动员中除 1/3 是 1966 年前进队的老队员外，大都是通过短期集训选拔进队的青少年运动员，训练方法基本上是五六十年代的一套，竞技体育水平进展缓慢，在 1975 年举行的第三届全国运动会上成绩平平，多数项目处于低潮。

拨乱反正、恢复发展阶段（1978—1987 年）。这期间，在"拨乱反正、全面改革"的大背景下，江苏体育事业逐步得到恢复和发展。1984年，党中央在总结建国特别是改革开放以来我国体育工作基本经验的基础上，发出了《关于进一步发展体育运动的通知》，要求全党全社会重视加强体育工作，提出了"普及与提高相结合"的指导方针，明确了目标任务和具体举措。同年，省委省政府批转了省体委党组《关于进一步发展体育运动若干问题的意见》，江苏体育迎来了改革开放时代体育发展的春天。首先是省体育部门组织机构进行了调整，成立了省体委党组，恢复了南京体育学院、高等学校体育工作委员会，成立了体科所、五棵松训练基地和31个省属单项体协、人群体协及体育专业协会、基金会等，为江苏体育工作步入正轨打下了基础。其次是社会体育意识逐步增强。1979年，全国学校体育、卫生工作经验交流会议在扬州召开，提出搞好学校两课（一周两节体育课）、两操（每天一次广播体操、一次眼保健操）、两活动（每周两次课外体育活动）的学校体育基本要求，拉开了全国体育工作恢复发展的大幕。江苏以此为契机，在不懈的坚持和不断的创新中，努力提高广大人民群众的体育意识，学生体育活动蓬勃开展、体质明显增强，职工体育全面恢复、空前活跃，农村、社区、老年人、残疾人体育都取得了较快发展，到80年代中期体育人口已达2000多万。第三是竞技体育围绕"冲出亚洲、走向世界"的大目标，从江苏实际出发，恢复了江苏原有的大部分运动项目，一度停办的项目重新开展起来，一批新兴的竞技体育项目在我省首次开展。同时加强对外交流，引进科学训练方法，竞技运动水平提升，江苏多数竞技体育项目处于当时全国中上游水平。1979年，我省羽毛球运动员孙志安获得世界羽毛球联合会第一届世界杯比赛男子团体冠军，成为我省第一个世界冠军，此后又涌现了一批亚洲冠军、世界冠军。1984年，15名运动员、2名教练员参加第23届洛杉矶奥运会，击剑运动员栾菊杰为我省获得第一枚奥运会金牌。在此期间，男子排球、举重分别获得全国"四连冠"、"五连冠"；先后参加了第四届、第五届、第六届全国运动会，分别取得了全国第十名、第六名、第十五名的成绩。

调整改革、稳步发展阶段（1988—1995年）。经过70年代末至80年代中期的拨乱反正、恢复发展，包括体育事业在内的改革全面展开，为下一阶段进一步深化改革、稳步发展奠定了良好基础。在此期间，江苏推动全省体育事业改革创新，不断调整发展战略，呈现出新的发展势头。一是群众体育日趋兴旺，积极参加体育活动的人越来越多，群众体育达到了新的广度和深度，江苏在全国群众体育成绩的综合评估中一直名列前茅。以创建全国体育先进县为抓手，推进农村体育快速发展，涌现了一批全国体育先进县、省体育先进乡镇、特色体育乡镇。施行国家体育锻炼标准学校和达标人数逐年增加，到1995年施行面达到99.9%，达标率为96.09%，学生体质明显增强。社区体育活动有了新的发展，96.59% 的街道建立体育组织。加强传统校建设，确立提高省级、巩固市级、调整县级的工作方针，实行目标管理，建立省市县三级管理体制，到 1995 年共有传统校 1279 所，输送了大批后备人才。二是竞技体育调整发展，进一步确立了奥运战略和全国一盘棋的思想，积极探索优秀运动队管理体制改革，确立"缩短战线、突出重点、调整结构、提高效益"的十六字方针，对全省运动项目布局进行调整，实行分级、分类管理，在领导体制上分为省办、省市合办、市办、省市与企业联办、基层办运动队等形式，兴办 12 所体育运动学校；在分类管理上将竞技体育项目划分为江苏特长奥运会项目、其他奥运项目或江苏传统项目、非奥运会项目三大类。同时，推行运动项目全员聘任制，鼓励有条件的非奥运动项目走筹办实体、自我发展的道路，竞技实力不断提升。1993 年，参加第七届全国运动会获得 20 枚金牌、16 枚银牌、17 枚铜牌，名列金牌榜第七；1994 年，28 名运动员参加广岛亚运会获得 14 枚金牌，被国家体育总局授予突出贡献奖；在全国最高水平比赛中获得 16 枚金牌，位居全国先进水平。1995 年，成功举办了第三届全国城市运动会，取得金牌、奖牌、总分数和体育道德风尚奖四个第一名，为江苏竞技体育的可持续发展奠定了人才和场馆设施基础，提高了我省的办赛组织水平。三是体育产业开始起步，认真贯彻"以体为本"的指导思想，努力探索大型综合性运动会无形资产的开发和利用，扩大体育场馆对外开放，体育咨询、体育广告、体育旅游等业务有新拓展，全省体育产业的社会效益和经济效益有了明显提高。1993 年 6 月，在南京召开的全国体育主任会议上对体育产业发展展开讨论，为 1995 年颁布《全国体育产业发展纲要》打下了基础。1994 年我省正式发行体育彩票。

趁势而上、适度发展阶段（1996—2001 年）。在这个阶段，改革开放全面加速，经济社会快速发展，为体育事业改革发展营造了良好的社会氛围和外部环境。《体育法》、《全民健身计划纲要》和《奥运争光计划》于 1995 年正式颁布实施，推动了中国体育快速发展。江苏认真贯彻"一法、两纲"，趁着全国经济社会改革以及体育事业发展的大好形势，加快推进思想解放和机制创新，发展理念和整体面貌发生了深刻变化，多项工作走在全国前列。一方面，大力实施"全民健身计划"，积极探索全民健身发展新机制，改变过去群众体育靠行政手段由国家包办的做法，逐步变为政府引导、社会支持、群众参与，由计划性向市场化、社会化转变。2001年根据新时期新阶段的要求，提出了"活动与建设并举，重在建设"的指导原则，得到国家体育总局的肯定并在全国推广；实施全民健身服务体系"八个一工程"，构建具有江苏特色的全民健身服务体系，推动了群众体育的持续快速发展。不断创新全民健身活动组织形式和宣传方法，开展全民健身周、五个"亿万人群"体育活动，实施全民健身工程（点）建设，开展社会体育指导员培训，进行全省国民体质监测，群众体育意识、健身设施条件、活动组织能力、科学指导水平都有了大幅度的提高。另一方面，围绕"奥运争光目标"，加快推进竞技体育体制机制改革，制定江苏省"九五"期间竞技体育发展新方针，召开体教结合现场会，改革业余训练经费资助办法，探索加速后备人才培养新路子。实施省优秀运动队一条龙管理体制，扩大班队自主权，加强运动队伍一、二、三线的衔接。探索体育社会化的新思路、新机制，在足球、篮球、乒乓球等项目上推行俱乐部制。在南京体院实施"三位一体"办学模式，促进了教学、训练、科研的协调发展、共同提高，对江苏体育持续健康发展起到了重要作用，也为国家体育院校的改革发展做出了积极贡献，得到了中央领导同志和国家体育总局的充分肯定并在全国推广。2000年，我省27名运动员、4名教练员参加第27届悉尼奥运会，获得3块金牌，江苏竞技体育取得了新突破。2001年，参加九运会获得金牌排名第四，当时，取得了江苏在全运会上的最好成绩。同年，我省成功申办第十届全国运动会。此间，我省体育产业也取得了显著进展。1998年，电脑体育彩票正式发行，体育彩票市场健康发展。全省体育健身服务、体育培训、体育旅游和体育服装、器材以及场馆开发开放等经营活动的经济效益逐年增长。2000年，体育彩票销售额突破18亿元，位居全国第一。

抢抓机遇、加快发展阶段（2002年至今）。进入新世纪，中国特色社会主义事业进入新的发展阶段，科学发展观、和谐社会理论为体育事业发展注入了新的活力，江苏承办十运会、北京举办奥运会为江苏体育提供了新的动力，推动科学发展、建设美好江苏对体育事业提出了新的要求，江苏体育迎来了新的历史机遇期。特别是2002年7月，中共中央国务院《关于进一步加强和改进新时期体育工作的意见》开启了中国体育发展的新篇章，江苏体育随之进入加快发展的历史新阶段。2002年9月，以筹办十运会为契机，省委省政府召开了建国以来规模最大、规格最高的全省体育工作会议，下发了《关于进一步加强体育工作加快建设体育强省的决定》，向全省发出了建设体育强省的号召。全省体育系统围绕体育强省建设目标，以科学发展观为指导，抢抓发展机遇，树立率先意识，按照"抓基层、打基础、增后劲、上台阶"的工作思路和"两手抓"的工作方针，大力实施科教兴体战略、人才强体战略，实行体育强市（县、镇）创建和市县体育工作考核，统筹城乡、区域、人群体育协调发展，推动全省体育事业在科学发展的轨道上快步前进。在群众体育方面，2002年10月，省人大颁布江苏省第一部地方性体育法规《江苏省全民健身条例》，将每年6月10日定为法定全民健身日。加强和改进体育协会工作，发展社会体育项目和非奥运项目，开展学生阳光体育运动，实施全民健身服务体系"八个一工程"、环太湖体育圈、沿江体育带、"人人健身家家乐"行动计划、"全民健身工程"、"农民体育健身工程"、"新四个一工程"等建设，建立起覆盖全省城乡的市县乡村四级体育设施网络，全民健身服务体系不断完善，城乡公共服务一体化水平不断提高，城乡体育、区域体育、人群体育全面协调发展。在竞技体育方面，围绕十运会和北京奥运会参赛目标，组织实施"1029"工程，实行项目分类管理，在全省9个和1所高校市设立省队市（校）管项目优秀运动队。2005年成功举办了十运会，这是全运会历史上规模最大、项目最全、参赛人数最多的一届，全面实现了"环境优美、设施优良、服务优质、成绩优异"的目标，真正办成了"体育的盛会、人民的节日"，江苏体育代表团获得了金牌数、奖牌数、总分、体育道德风尚奖四项全国第一，创造了江苏竞技体育新辉煌。

十运会后，实施竞技体育"改革创新、优化结构、服务奥运、突出重点、提高效益、协调发展"的新战略，坚持走集约发展的精兵之路，优化项目结构和布局，大力实施"尖子工程"、"金牌教练员工程"、"后备人才培养工程"，推进训科医管一体化和奥运金牌攻关工作，促进江苏竞技体育向集约型发展转变。在2008年北京奥运会上，共有8人10次获得8枚金牌，列全国各省市之首，实现了新的历史性突破。2007年省政府召开学校体育工作会议，制订《关于深化教体结合努力培养体育后备人才的意见》，切实加强学校体育工作，全面实施素质教育，源源不断地培养和输送体育后备人才。在体育产业方面，实施体育产业振兴计划，体育产业总体规模不断扩大，建立起竞赛表演、健身休闲、技术培训、中介咨询四大门类的体育市场体系。体育彩票发行和管理体制逐步理顺，销量逐年攀升，连续两年保持全国第一。在体育竞赛方面，成功承办了第十届全国运动会、第六届全国残疾人运动会、第三届全国体育大会以及一系列世界高水平单项比赛，竞赛组织和市场开发水平不断提高。借助承办十运会东风，一批以南京奥体中心为标志的功能齐全的体育场馆遍布全省各地，广大群众可以享受到较高水平的体育场馆服务。2007年2月，省政府办公厅批转省体育局《关于深入推进体育强省建设的意见》，提出了到2010年基本建成体育强省的目标任务、对策措施，加快推进体育强省建设步伐，当年，13个县（市、区）、408个乡镇被命名为首批体育强县、强镇，体育强省建设呈现出上下联动、协调发展的喜人局面。

二、建设成就

第一，群众体育成效显著。从新中国成立初期推行"劳卫制"，到20世纪末实施《全民健身计划纲要》，全民健身的组织形式、项目内容、设施条件、活动成效都发生了巨大的变化。江苏在全国率先实现"村村有体育场地"的目标，100% 的乡镇、社区建有体育活动中心，100% 的县（市、区）都建成体质测定中心，50% 的乡镇、街道建有体质测试站，在自然村和农民集中居住点建设 50000 个健身点。在全国第一个提出"活动与建设并举、以建设为重"的方针，实施全民健身服务体系"八个一工程"，全民健身服务体系覆盖全省城乡。全省共有社会体育指导员 10.8 万人，每万人拥有 14 名，社会体育指导员总量、国家级数量、覆盖水平均居全国前列。体育人口数从 70 年代末的 1500 万人左右增至现在的 3500万人以上，翻了一番。全省共有各类体育社团 1006 个、体育类民办企业280 家，有组织的晨晚练点 2 万多个。江苏国民体质综合指数男子第一、女子第二，综合指数列全国第二位，明显高于全国平均水平，优秀率与2000 年相比有了较大提高。

第二，竞技体育跻身全国前列。建国以来，江苏不断探索竞技体育的发展规律，制订符合各历史时期实际的发展规划，调整发展思路和管理体制，推动竞技体育综合实力实现大跨越。特别是进入新世纪，制订了"1029 工程"计划，实施训练、科研、医疗、管理一体化，成立奥运金牌联合攻关组，实行优秀运动队、业余训练一条龙管理，走上集约发展的精兵之路。60 年来，江苏体育健儿在世界杯赛、世界锦标赛和奥运会的比赛中，共有 107 人在 20 个项目中获得 311 项次世界冠军；从 1984 年第 23届奥运会到 2008 年第 29 届奥运会，江苏共有 176 名运动员、72 名教练员入选中国体育代表团参赛，共有 17 人在 11 个项目中获得 24 项次奥运会冠军，特别是在举世瞩目的北京第 29 届奥运会上，我省运动员创造了优异成绩，10 人次获得 8 枚金牌、6 人次获得 3 枚银牌、4 人次获得 3 枚铜牌，创我省运动员参加奥运会以来的历史最好成绩，获金牌数列全国第一位。在全国运动会的激烈竞争中，江苏的竞技实力从 1959 年第一届全运会金牌 13 名、总分第 8 名，发展到第十届全运会金牌、奖牌、总分和道德风尚奖四个第一。23 次获得体育总局（国家体委）颁发的突出贡献奖。

第三，体育产业快速发展。伴随着中国经济体制改革的深化和发展，我省体育产业创收数增长 100 倍以上，使体育产业对全省 GDP 的贡献率达到了 0.59%，基本形成多业并举、结构合理、规范发展的体育产业体系。十运会实现了 6 亿元总收入、4 亿元净收入的资源开发业绩，创下了全运会资源开发的新纪录，第一次实现全运会办赛收支基本平衡。至 2008 年年底，累计发行体育彩票 243 亿元，共筹集体育彩票公益金 82 亿元，其中一半上交国家。2008 年体育彩票销售突破 50 亿元，增长 15.3%，占全国总量的 11%，创下全国体彩年销量历史新高，连续 3 年位居全国体彩销量第一。

第四，体育科教全国领先。江苏体育科研从无到有，从小到大，由弱变强，形成了一个以体科所为龙头，以省体育科学学会为纽带，充分利用高校科研优势，依托市、县基层科研力量的社会化、网络化的科研体系。拥有省、市体育科研机构的数量全国第一，覆盖率全国最高。江苏是最早并一直坚持在省运会期间举办体育科学大会的省份。《体育与科学》是全国省级体育学术期刊唯一连续四次被评为中国人文社会科学核心期刊的杂志。建成了国内第一个省级重点实验室——运动生物力学实验室和国家体育总局重点实验室——机能评定与体能训练实验室。新中国成立以来，从 1953 年成立江苏体育干部培训班，到现在体育教育形成了体育学院、体育系、中等师范体育班、体育运动学校到业余体校、体育中学和体育传统校的有层次、有梯度的教育网络，截至 2008 年，我省培养体育人才的院系达 15 所，苏州大学、南京师范大学、南京体育学院等院校建有一批博士和硕士授予点，优秀运动员文化教育评估列全国第一位。2008 年，南京体育学院在教育部本科教学水平评估工作中获得优秀。南京体院体育教学、运动训练、体育科研"三位一体"的办学模式得到了中央领导、国家体育总局领导和省委省政府的充分肯定，在全国体育界独树一帜，为江苏乃至全国体育教育的发展起到了积极的示范和推动作用。

第五，体育赛事交流日益活跃。江苏从新中国成立初的举办省级比赛，到新世纪举办全国综合运动会和国际单项最高水平赛事，已成为全国高水平体育赛事最活跃的地区之一，是唯一成功举办过城运会、全运会、体育大会三项全国性综合赛事的省份。近五年来全省共组织国际比赛 110

项次、全国比赛505项次、省级体育赛事699项次，办全国以上赛事数量连续4年全国第一，获得全国最佳赛区、优秀赛区数量连续5年全国第一。体育对外交流日益频繁，近五年来，共接待了200多批来自40多个国家和地区的比赛、访问团组，共派出800多批、3000多人次分赴近50个国家和地区参加各类国际交流，有力地扩大了江苏的国际影响。

第六，体育场馆设施明显改善。从50、60年代仅有的五台山体育中心、南京体育学院以及部分省辖市和高校的体育场馆，到新世纪建立起覆盖省市县镇四级体育设施网络，江苏体育场地设施不断完善。特别是承办三城会、十运会前后的十余年时间，是建国以来我省体育场馆建设发展最快、投资最多的时期，新建南京奥体中心所属5个场馆，成为全国体育场馆的标志性建筑，创下了多项全国第一，并荣获国际建筑金奖；兴建了省方山体育训练基地、省体育局训练中心、省连岛海上训练基地等共28个场馆。8个省辖市基本建成功能齐全的体育中心，8个省辖市基本建成5000米以上的全民健身中心，50个县（市、区）完成或基本完成"新四个一"工程（一个塑胶跑道标准田径场、一个3000座体育馆、一个游泳馆或标准室内游泳池、一个3000平方米以上的全民健身中心）。

第七，人才队伍不断壮大。通过政策引导、教育培训、人才引进、竞争上岗等多种途径，努力打造一支适应江苏体育事业发展需要的人才队伍。截至2008年9月，江苏教练员队伍共有1560人，其中国家级教练53人、高级教练271人；省优秀运动员1710人；省体科所专职体育科研人员30人，其中高级职称研究人员12人；一级以上裁判员4974人，其中国际级裁判员89人、国家级裁判员451人、一级裁判员4351人。全省中小学体育教师从1979年的9000人发展到2008年的26250人；高校体育教师副高以上职称的体育教师由1989年的602人发展到2008年的1947人，中级职称从2539人发展到11904人。

三、主要经验

江苏体育事业发展取得的显著成就，既得益于经济社会发展特别是改革开放伟大成就奠定的思想和物质基础，也是几代体育工作者解放思想、勇于改革、积极创新的结果，同时也积累了丰富的经验。认真总结并结合实践的发展充分运用这些经验，对于把我们的事业继续推向前进具有重大的意义。

第一，必须坚持解放思想、实事求是的思想路线，与时俱进地进行科学探索、改革创新，不断研究新情况新问题，努力破解体育事业发展过程中的各种困难和障碍。思路决定出路，创新推动发展。新中国成立以来，江苏体育基本上是白手起家，经过几代体育人的艰苦奋斗，一步一个脚印，一步一个台阶地走过来的。在历史的大背景下，有进步、也有挫折，有经验、也有教训。但总体上看，推动江苏体育事业发展的最基本、最重要的经验是，解放思想、敢为人先、勇于实践，在深入认识、充分尊重和努力把握社会发展及体育发展规律的前提下，坚持从各个历史阶段的实际出发，实事求是地研究新情况新问题，与时俱进地探索新思路新举措，大力破解制约体育发展的难题，推动体育事业不断向前发展。新中国成立初期，迅速地成立了各级体育机构和各类体育组织，1953年即兴建了国内较大规模的省五台山体育中心，并举行了第一届人民体育运动大会；在短时间内确立35个竞赛项目，在贯彻"两严"原则的基础上，积极探索科学训练方法，增加技、战术训练比例，推动了运动技术水平的迅速提高，一批运动项目实力在全国领先。根据社会发展"单位人"向"社会人"转变的实际，创新了群众体育发展策略和指导方针，构建全民健身服务体系并推动其覆盖延伸，加快推进了群众体育生活化、社会化进程。从早期确立的奥运战略和全国一盘棋指导思想，到与时俱进地创新"同心圆"

理论，再在十运辉煌的新起点上按照科学发展观的要求，进一步改革训练管理体制，优化项目结构和布局，推动了竞技体育走上集约发展的精兵之路。积极探索新时期体教结合的新思路新举措，不断深化省运会和县级竞赛制度改革，完善后备人才培养机制，在充分发挥体育传统校、业余体校重要作用的基础上，开展多种形式的业余训练，源源不断地向省和国家输送优秀人才。改革体育彩票销售发行和管理机制，清理体彩代理商，创建彩票专管员队伍，减少管理环节，大幅提升发行总量。改革省本级体育产业运作机制，整合体育内部优质资源，成立苏体公司，做大做强体育产业。推动体育系统内部改革发展，推行人事代理，加强人才交流，实行竞聘上岗，引入竞争机制，激发事业发展内生动力。

第二，必须自觉增强全局意识，紧紧围绕党和政府中心工作，主动融入经济社会发展大局，做到有为有位、争先进位，不断提升体育的地位和社会影响力。不谋全局者，不足谋一域。几代体育工作者始终以着眼全局、服务大局为出发点，使体育紧紧围绕中心、服务中心工作。新中国成立初期，立足于提高生产效率、维护新生政权，大力实施"劳卫制"和"国家体育锻炼标准"，推动各类人群体育发展，开展各类体育竞赛活动，丰富人民精神文化生活，不断增强人民健康素质，向国际社会展示新社会的良好风貌。改革开放后，全省体育工作者自觉置身于全面小康建设全局中想问题、办事情、谋发展，努力在建设美好江苏大局中争取更大作为、更大发展、更大贡献，在丰富人民生活、增强人民体质、推动先进文化繁荣发展的实践中，彰显体育的作用，提升体育的地位，扩大体育的影响。主动服务国家奥运争光计划，积极加强奥运备战，奥运会金牌贡献多年位居全国前列，连续多年获得国家体育总局的突出贡献奖，省委省政府多次对体育工作给予表彰。围绕全面小康社会建设，主动申办、积极筹备三城会、三体会和十运会，以此促进全省经济社会发展和城乡面貌改变。认真贯彻省委省政府的"两个率先"决策部署，开拓进取，扎实工作，推动群众体育、竞技体育、体育产业、体育竞赛等各项工作走在全国前列，在服务中心工作上不甘落后、力争率先。主动思考谋划体育在社会主义新农村建设的应有作为，大力实施"农民体育设施工程"，并纳入了省委新农村建设十大工程之一的"文体工程"和省政府为民办实事的工作中。正是因为服务中心、便民惠民的主动作为和积极成效，近年来体育工作得到了各级党委政府的重视和相关部门的支持，列入经济社会发展规划、政府重点工作、科学发展考核评价体系、文明城市考核内容；各级体育部门在政府部门考核以及群众评议中，位次逐年上升。体育在政府工作中的地位、在人民群众中的影响力不断提升。

第三，必须抓好当前、谋划长远，以政策规划为先导，加强战略研究，多做打基础、增后劲、利长远的工作，推动体育事业可持续发展。不谋万世者，不足谋一时。江苏多年来始终坚持以规划为先导，注重发展战略谋划，统筹兼顾、总揽全局，努力做到既立足当前又着眼长远。新中国成立以后，从省情国情出发，按照"因地制宜、因时制宜、因陋就简、小型多样"的原则，有计划有组织地开展群众体育活动，在此基础上成立基层体育组织，更好地谋划长远发展；一方面借鉴苏联及东欧国家经验抓竞技训练，另一方面根据不同时期的任务，系统制定训练计划，建立业余体校，促进竞技体育持续发展。改革开放后，在抓好各项规划和年度计划执行的同时，认真谋划下一阶段事业发展，认真研究制订体育事业发展"九五"、"十五"、"十一五"发展规划、《全民健身计划纲要》一、二期工程实施意见以及体育产业振兴计划纲要、社会体育项目发展计划纲要等专项规划，在当前工作取得扎实成效的基础上推动事业可持续发展。高度重视发展战略研究，在加快体育强省建设的同时，与时俱进地提出体育基本现代化新的发展战略，引领事业不断向前发展。较早地提出了"群众体育优先发展"战略，促进群众体育快速发展，人民群众体质健康水平不断提升。竞技体育从缩短战线战略、适度发展战略、加快发展战略再到协调发展战略，并制定"1029"、"1230"工程计划，促进奥运争光计划健康发展，攀上新的高峰。与此同时，把基层工作作为实现各种战略发展目标的重要基础，省市体育部门主动降低重心、服务基层，在政策利益上尽量多向基层和一线倾斜，无论是开展体育先进县、先进乡镇、特色体育乡镇创建和体育先进社区评选，还是加强业余训练、创建体育传统校、建设后备人才基地，以及体育彩票公益金分配"大头朝下"思想的确立，都是为了加强基层体育事业发展，夯实体育工作基础。特别是 2003 年省政府批转《关于进一步加强县级体育工作的意见》，出台了一系列政策措施，开展市县体育工作考核、体育创强工作，基层同志的积极性空前高涨，基层体育的活力空前迸发，全民健身设施、县级体育设施建设、后备人才培养输送、体育彩票销售等各项工作得到快速发展，为体育强省建设奠定了坚实的基础。2009 年出台的"体育强省指标体系"，使体育强省建设的目标任务具体化。

　　第四，必须坚持以人为本、协调推进，以最广大人民群众的利益为根本出发点，推动城乡、区域、人群体育共同发展，促进群众体育与竞技体育、体育事业与体育产业协调发展。以人为本、统筹兼顾，是科学发展观的核心和根本方法，也是江苏体育事业发展一以贯之的指导思想。新中国成立特别是改革开放以来，全省体育系统坚持从解决群众最关心、最现实、最直接的体育健身问题入手，以满足人民群众日益增长的体育需求为出发点和落脚点，构建亲民、便民、利民的全民健身服务体系，改善群众健身条件，增强人民健康素质，提高人民生活质量，促进人的全面发展，切实做到发展为了人民、发展依靠人民、发展成果由人民共享。牢固树立"夺标育人"的理念，从促进运动员全面发展出发，加强运动员文化教育和思想政治工作，提高运动训练科研和医疗水平，做好运动员的意外伤害保险和退役安置工作，对运动员的未来负责。协调推进全省体育事业发展，加强对经济薄弱地区的政策扶持，实施工作推进分类指导，实行苏南苏北对口帮扶，促进区域体育协调发展。在全面加强城市社区体育工作的同时，加快推进农村体育事业发展，创建特色体育乡镇，实施农民体育健身工程，推进城乡体育和省、市、县体育工作协调发展。采取有效措施，创新活动形式，重视加强农民、老年人、青少年、残疾人、妇女等人群体育，推动人群体育协调发展。坚持"两手抓"工作方针，一手抓群众体育、一手抓竞技体育，一手抓事业发展、一手抓产业发展，促进了体育各项工作的协调发展。

第五，必须抢抓机遇、借势发展，化压力为动力，变挑战为机遇，推动体育事业不断实现新的跨越。善抓机遇者为人先。江苏体育发展是在经济社会发展的大背景下进行的，经历了各个历史阶段的重大战略机遇期。建国初期，抓住毛主席发表"发展体育运动、增强人民体质"题词的机遇，克服经费、设施不足等困难，大力推行"劳卫制"和"国家体育锻炼标准"，建立了体育机构组织，建设了训练教学基地，成立了优秀运动队，推动各项体育事业发展起步。十一届三中全会以来，随着改革开放步伐的加快，科学发展观的提出，和谐社会理论的创新，新农村建设的加速，北京承办 2008 年奥运会，江苏承办三城会、三体会、十运会，党中央、国务院和省委、省政府对体育工作专门颁发意见和决定，这些都为江苏体育工作指明了方向，也提出了新的更高的要求。全省体育系统不但果断地抓住机遇，更是百倍地珍惜机遇、创造性地用好机遇，全力推进体育事业跨越式发展。以承办三城会、三体会、十运会为契机，出台了一系列政策措施，新建了一大批场馆设施，推动了非奥运动项目的普及发展，锻炼培养了一大批体育人才。以备战十运会和北京奥运会为契机，调整项目布局，扩大队伍规模，实现了竞技体育历史性重大突破，推动竞技体育从六届全运会金牌排名十五上升到十届全运会的"四项第一"。以社会主义新农村建设为契机，加快实施农村体育健身工程，在全国率先实现了"村村有体育场地设施"目标，推动了城乡体育统筹协调发展。抓住体育彩票发行的机遇，创新发行机制，加大发行力度，推动我省体育彩票发行和管理工作一直处于全国领先水平，为江苏体育事业的发展注入了大量财力支持。以城市规划调整和乡镇区划调整为契机，加强体育设施规划建设，许多市县依法将体育设施列入城市建设整体规划之中，使体育设施建设与城市发展同步，市县以及乡镇体育设施建设取得较快进展。

第六，必须坚持谋求内外和谐，调动一切积极因素，凝聚全省体育工作者的智慧和力量，同心协力地推动体育事业加快发展。团结产生力量，和谐促进发展。新中国成立以来，江苏体育事业的健康快速发展，得益于全省体育系统的团结一心，得益于各种力量的充分整合，得益于内外和谐的良好环境。各级体育部门积极争取党委政府的关心重视，加强与相关部门的密切配合，争取广大群众的理解支持，动员一切社会力量，发挥一切有利因素，营造了体育事业发展良好的社会氛围和外部环境。历届省体育局（体委）机关与南京体院领导班子，重视加强思想和工作沟通，心往一处想、劲往一处使，发挥了南京体育学院竞技体育大本营的重要作用，推动了江苏竞技实力的不断提升。新老班子交替和领导班子调整，都能主动地做好衔接，确保工作的连续性和稳定性，促进事业健康持续发展。历届体育局领导班子的主要领导充分发扬党内民主，讲团结、重人和，认真执行民主集中制，凝聚广大干部群众的智慧，进行科学决策、民主决策；班子成员增强全局观念，团结共事，密切配合，扎实推进各项工作。各级领导干部本着"尊重人、理解人、关心人"的原则，充分调动每一位成员的工作积极性，建设了和谐单位、和谐团队。广大体育工作者时刻保持饱满的精神状态和昂扬的斗志，群策群力、团结奋斗，开拓进取、扎实工作，增强了队伍的凝聚力、向心力、战斗力。同时，重视加强省市县体育部门的联系沟通，定期召开市体育部门负责人参加的全省例会，经常召开各种形式的座谈会，征求基层的意见和建议，省市县三级体育部门齐心协力地推进体育事业科学发展。

第七，必须大力弘扬"爱国爱省、敬业奉献，团结拼搏、图强争先，厚学笃行、包容创新，崇德惠民、和谐共赢"的江苏体育精神，不断激发推进体育事业发展的内生动力。精神状态是决定事业成败的重要因素之一。在体育发展过程中，形成了一种体育特征鲜明、得到党委政府充分肯定、受到人民群众广泛赞誉的体育人气质和精神，成为推动事业发展最难能可贵的重要经验、不竭动力、宝贵财富。"爱国爱省、敬业奉献"，广大体育工作者以为国争光、为家乡添彩为己任，尽职尽责、尽心尽力，为祖国和江苏赢得了一个又一个荣誉。"团结拼搏、图强争先"，广大体育工作者始终瞄准一流目标，追求更快更高更强，团结互助、顽强拼搏，胜不骄、败不馁，奋发图强、勇攀高峰，争取各项工作走在全国前头。"厚学笃行、包容创新"，广大体育工作者勤奋学习、刻苦钻研，博采众长、学以致用；知行统一、求真务实，言行一致、表里如一；不因循守旧，不墨守成规，开放包容、乐观豁达，革故鼎新、求索奋进，多项工作创新在实践中取得实效后，被国家体育总局肯定并在全国推广。"崇德惠民、和谐共赢"，广大体育工作者始终注重自我品行修炼，厚德明礼、遵纪守法，以人为本、关注民生、服务大众，不动摇、不懈怠、不折腾，重人和、讲诚信，追求内外和谐、合作共赢，以严谨务实的工作作风铸造了江苏体育的辉煌业绩。正是这样的江苏体育精神，激励广大体育工作者攻克了一个又一个难关，登上了一个又一个高峰。

第八，必须坚持人才强体、科教兴体，紧紧依靠科技进步，全面加强体育人才队伍建设和体育科教工作，为推动体育事业科学发展奠定人才和科技基础。体育发展的最关键因素是人，最重要的力量是科教。新中国成立以来，全省体育系统把建设一支政治上靠得住、发展上有本事、作风上过得硬、人民群众信得过的体育工作者队伍，作为推动体育发展的重要基础和先决条件，深入实施"人才强体"和"科教兴体"战略，通过交流引进、岗位培训、挂职锻炼、进修深造等方式，不断优化队伍结构，着力提高队伍的创新能力、服务能力、发展能力。牢固树立立党为公、执政为民的理念，深入开展以"三讲"、保持共产党员先进性、学习实践科学发展观为主要内容的思想教育活动，为体育改革发展提供坚强的思想保证和组织保障。加强省市体科所和运动学校建设，进一步优化体育科研资源配置，建立适应体育强省和体育基本现代化需要的科技服务和教育教学体系，不断提高竞技体育训练科技攻关、科医服务、群众体育科研以及运动员文化教育水平，使江苏体育改革发展真正插上科技的翅膀。强化奥运金牌项目科技攻关服务，全面落实训练、科研、医疗、管理一体化，为我省运动员在十运会、北京奥运会上取得优异成绩提供了良好的科技服务。加强体育科研基础设施和服务平台建设，一批国家体育总局和省级重点实验室陆续建成，体育科技服务能力不断增强。对全省优秀运动员文化工作进行专题调研，就进一步加强优秀运动员文化教育工作广泛征求意见，积极构建优秀运动员文化教育新体系。

今后一个时期，是江苏全面建设更高水平小康社会的关键时期，全社会体育意识普遍增强，广大人民群众体育健身需求不断增长，参与体育的热情空前高涨。特别是江苏体育健儿在北京奥运会、第十届全运会上的出色表现，使全国体育界和全省人民对江苏体育有了更多的期待和更高的要求。江苏体育系统将以邓小平理论和"三个代表"重要思想为指导，深入贯彻落实科学发展观，继续按照"抓基层、打基础、增后劲、上台阶"的思路，努力提高竞技体育综合实力，着力推动群众体育覆盖延伸，不断完善体育产业体系，为推动科学发展、建设美好江苏，为促进我国由体育大国向体育强国迈进做出新的贡献。

浙江体育发展 60 年

浙江省体育局局长　李云林

60 年，在人类奔腾不息的历史长河中，只是短短的一瞬。但在浙江近万年的文明历史中，无论是浙江古代体育的发展和演变，还是近代我省许多仁人志士和广大人民为强国强民、洗刷国耻而发展体育所作的努力、探索、奋斗，都无法与新中国成立 60 年来浙江体育事业发展所取得的成绩相比。新中国成立以来的 60 年，是浙江体育事业发展取得重大进展的60 年，是全省人民通过体育得到实惠最多的 60 年，是浙江体育在国际国内影响显著提高的 60 年，也是全省体育系统的创造力、凝聚力、贡献力明显增强的 60 年。

一、浙江体育事业 60 年发展概况

1949 年 10 月新中国成立以后，中共浙江省委和省人民政府十分关心和重视体育工作，体育活动的性质和地位发生了根本性的变化，人民成了体育的主人，体育事业成为社会主义建设事业的一个组成部分。尽管在三年自然灾害和"文化大革命"期间遭受了挫折，但我省的体育事业在各

级党委、政府的重视支持和全省体育工作者的共同努力下，随着政治、经济、文化和社会的发展而发展，规模由小到大，水平由低到高，特别是改革开放三十年，全省体育工作者在中国特色社会主义旗帜指引下，积极探索、团结奋斗、创业创新，各项工作呈现出欣欣向荣的景象，浙江的体育事业进入了创造辉煌的新的发展时期。近几年来，全省体育工作按照浙江省委《关于进一步加强体育工作，加快体育事业发展的决定》（浙委〔2004〕8 号）和省委、省政府提出的建设文化大省、体育强省的目标要求，不断深化体育改革，把增强人民体质作为根本任务，荣获国家体育总局授予的群众体育最高奖——全国群众体育先进奖，连续 6 年荣获"全国全民健身宣传周活动优秀奖"。我省运动员自我国恢复参加奥运会以来，共获得 12 枚奥运金牌，保持了届届奥运会有金牌的殊荣；浙江省体育局 15 次被国家体育总局授予"全国竞技体育事业做出突出贡献奖单位"。我省体育服务业和体育用品制造业快速发展，竞赛表演业态势良好，体育彩票销售位居全国前列。体育场馆、体育教育、体育科研、体育宣传、体育外事、体育人才队伍建设等各个方面都取得了明显的进步，促进了体育和文化、教育、卫生等社会事业协调发展，为浙江经济社会的发展和文化大省建设，为中国体育事业的发展做出了积极的贡献。

二、浙江体育事业 60 年发展历程和取得的成绩

（一）浙江体育新中国成立初期奠定发展基础（1949—1957 年）

新中国成立初期，浙江省的体育工作是由政府文教部门和共青团组织负责的，1952 年 9 月 27—30 日在杭州召开了中华全国体育总会浙江省分会成立大会，正式成立中华全国体育总会浙江省分会。随即召开了第一次全体委员会会议，认真贯彻中央人民政府毛泽东主席和朱德副主席在中华全国体育总会成立大会上为大会作的"发展体育运动、增强人民体质"、

"普及人民体育运动、为生产和国防服务"题词精神，研究并部署了全省的体育工作。1953 年经浙江省委同意，成立浙江省人民政府体育运动委员会。随后，各市（地）、县级政府陆续建立了体育运动委员会。1954 年开始举行每年一次的全省体育工作会议，传达全国体育会议精神，总结交流工作经验，研究部署全省体育工作。

政治上翻身做了主人的人民群众，尤其是青少年，热烈响应中共中央和毛泽东主席的号召，积极参加体育活动，为建设祖国，保卫祖国而锻炼身体。1949 年 12 月，杭州市公安机关举行了第一次篮球锦标赛，这是全省行业系统最早举行的体育赛事之一。全省群众性的体育活动如火如荼地开展起来，各工厂企业、机关、学校和部队普遍开展了广播操、"准备劳动与卫国体育制度"活动，旧中国食不果腹、衣不蔽体的劳动人民，尤其是厂矿企业的工人大众，在人民政权下第一次有了自主参与体育活动的权利，做广播体操蔚然成风，成为浙江社会乃至全国的新时尚，凡来访问的外国朋友，见到这种壮观动人的景象，无不称羡赞赏。浙江省田径协会、浙江省篮球协会、浙江省体操协会以及各系统行业体育协会逐步建立，培训体育干部，举办各种类型的运动会。体育活动很快由学校推向社会，由城市推向农村，当时，全省约有 600 余万人参加了各种体育活动。

省体委在积极开展群众体育的同时，十分重视并加强了竞技体育，业余训练工作逐步开展，运动技术水平逐渐提高。1951 年举行了浙江省第一届运动会，1954 年举行了浙江省第二届运动会。1956 年下半年，杭州、宁波、温州、嘉兴四所少年业余体育学校建立。

（二）浙江体育 20 世纪 60 年代进行全面整合（1958—1965 年）

1958—1960 年，由于"大跃进"、"反右倾"，加上自然灾害的影响，工农业生产连续下降，人民生活十分困难，主观上由于受到"左"的思想的影响，盲目追求高指标，急于求成，反而挫伤了群众参加体育活动的积极性，群众体育活动被迫减少，甚至停顿。1962 年，省委、省政府采取了一系列措施，贯彻"调整、巩固、充实、提高"的方针，浙江的经济逐步好转，群众体育运动随之复苏。1962年2月的省体工会议，强调贯彻"八字"方针，确立群众体育的重点是学校和城镇，逐步恢复农村体育的发展战略。根据需要与可能，坚持业余、自愿原则，因人、因时、因地制宜，开展群众喜闻乐见的各种体育活动。各地的体育协会、俱乐部、青年之家、文化站、文化中心等组织，把开展群众体育活动列为中心工作之一，商店开门操、职工工间操较普遍实施。并注意在体育工作中发扬勤劳节俭精神，提倡少花钱、多办事，陆续出现了一些先进单位、热闹场面。黄岩、萧山、建德、新昌、义乌、天台、临海、温岭、嘉善等县的篮球、武术、射击、游泳、自行车等活动都有声有色。城镇的公园里，做操、舞剑、打拳的场面也很活跃，节假日的小型竞赛活动屡见不鲜。1964年3月召开了全省体育工作会议，对农村体育和职工体育进行了研究和部署。此后，全省呈现出面更广、内容更丰富、讲求实效、普及和提高相结合，并把开展体育活动与移风易俗，占领业余文化阵地，抵制不良社会风气结合起来的群体活动新热潮。浙江利用江河湖海的游泳活动更有特色，不少地方已形成传统。各地都开辟天然游泳场，动员群众下水游泳。1964、1965年的《体育报》3次分别报道了杭州数千人横渡钱塘江、兰溪300多人横渡兰江的壮观场面。

1958年和1959年，客观上由于政治运动频繁和竞技体育基础薄弱，致使在1959年的第一届全国运动会上，浙江代表团成绩不佳，虽有姜玉民在田径比赛中获得3枚金牌，但其他项目得分甚少，总成绩处于全国下游。60年代初，省委、省政府加强了对体育工作的领导，从部队、教育、共青团系统选调一批干部充实体委和体育工作队伍，并将省优秀运动队扩建到十几个项目；加强了青少年体育训练工作，杭州、宁波、温州、金华、湖州等五所少体校由省政府命名为省重点少体校，各地也纷纷成立业余体校、体育班、运动代表队等，配备教练，重视科学训练，并多次举行省级少年、儿童体育比赛，促进了业余训练工作的提高，全省基本形成了业余运动队—重点少体校—优秀运动队一条龙的网络模式，为提高运动技术水平打下了基础。这一时期我省加强了对竞技体育工作的领导，规范了体制，投入了力量，加强了对运动员的思想教育，反对"骄"、"娇"二气，坚持"三从一大"训练原则，取得了一定的成绩。1958 年举行了浙江省第三届运动会，1963 年举行了浙江省第四届运动会。1965 年 9 月，我省 181 名选手赴京参加第二届全国运动会获得 2 金 8 银 3 铜，50 人 67 次破 56 项省纪录，获得奖牌数与 1959 年第一届全运会相比有了明显提高。

（三）浙江体育"文化大革命"10 年遭受严重破坏（1966— 1976 年）

正当浙江体育事业再次向上发展的时候，遭遇了长达 10 年之久的"文化大革命"，体育事业受到严重破坏。特别在 1966 年到 1970 年的四五年时间里，全省体育战线人心涣散，大批干部遭受批斗，体育行政陷于瘫痪，群众体育处于放任自流的状态，部分运动队被解散、撤销，训练工作几乎停顿，许多运动员转业流散，运动技术水平直线下降，损失十分严重。1970 年，周恩来总理代表中共中央指出"文化大革命"前 17 年体育战线的工作成绩是主要的。林彪反革命集团垮台以后，中共中央又重申了体育工作的方针政策。这大大激励了浙江的体育工作者重新团结起来，振奋精神，恢复和发展体育工作。

群众体育以点带面，学校恢复体育课和课外锻炼。1973 年 10 月省体委与省总工会在宁波召开了职工体育工作座谈会。此后，以民兵训练等形式，开展了当时形势需要的群体活动。一些民间体育和国防体育也开始活跃。随着经济好转，改善和新建了一些体育场馆。在毛主席 1966 年 7 月 16 日畅游长江的推动下，每年"7·16"前后，全省各地都要掀起声势浩大的游泳活动。1976 年，为了庆祝毛主席畅游长江十周年，全省有 500 余万人下水游泳。

在训练工作中，总结以往经验，注意从儿童抓起，选好苗子，在办好原有少体校和运动队的基础上，全省新建了一批少年业余体校，体育工作在普及和提高方面都有了新进展。1974 年举行了浙江省第五届运动会。

在 1975 年举行的第三届全国运动会上，浙江代表团的团体成绩有所提高。由于浙江在人力、物力（如浙江体育馆建成后 1968 年投入使用等）和地理环境等方面具有的优势，举办或承办的体育赛事逐步增加，从 1951 年到 1978 年我省共举办省级大型赛事 43 次，承办全国大型比赛 36 次（其中 1970—1978 年 24 次），平均每年近 3 次。

（四）浙江体育在改革创新中不断前进（1977 年至今）

进入 70 年代，特别是党的十一届三中全会以后，浙江的体育事业进入了一个新的发展时期。省体委全面贯彻普及与提高相结合的方针，群众体育和竞技体育协调发展。群众体育工作坚持以学校体育为重点，大力推动全社会办体育，认真实施全民健身计划，取得了显著成绩。竞技体育突出重点项目和浙江的优势项目，以提高带动普及。同时，狠抓各优秀运动队的日常训练工作，贯彻落实科学训练和从难、从严、从实战出发，大运动量训练的原则，充分发挥教练员的主导作用。体育产业探索以政府投入为主体，社会、个人多层次、多渠道投资的机制，走社会化、市场化道路，迈出了可喜的步伐。尤其是党的十六大以来，全省体育部门高举邓小平理论和"三个代表"重要思想伟大旗帜，认真贯彻落实党的十六大及十六大以来的中央全会精神，全面贯彻落实科学发展观，深入实施"八八战略"*，积极建设"平安浙江"、文化大省和体育强省，扎实推进社会主义经济、政治、文化、社会建设和党的建设，各项事业蓬勃发展，并不断走向开放、繁荣、多元，全省体育事业出现了持续向上和蓬勃发展的良好势头，成为浙江体育事业自新中国成立以来发展速度最快、成就最辉煌的时期。

1. 群众体育进入全国先进行列

我省群众性体育运动发展由学校推向社会，由城镇推向农村，规模由小到大，水平由低到高，尤其在党的十一届三中全会以后，发展速度之快，超过了以往任何一个时期。80 年代中期开展的争创全国体育先进县活动，有效地促进了全省群众体育活动的开展。从 1985 年到 1999 年，我省有 7 批 40 个县（市、区）先后被命名为"全国体育先进县"，占所参加评选县（市、区）总数的 45%，超过全国平均数 11.6 个百分点。从 1988 年起，我省开展了争创体育先进乡镇（社区）活动，经过 6 批评选，到 1998 年，有 412 个乡镇被评为省级体育先进乡镇，54 个街道被评为省级体育先进社区，有效地促进了全省基层群众性体育活动的活跃。1995 年 6 月 20 日国务院颁布《全民健身计划纲要》后，我省群众健身热潮一浪高过一浪，学生、职工、农民、老年、妇女、残疾人体育和学校、部队、社区、民间、民族体育活动轰轰烈烈地开展起来。从 2004 年起，分别在浙江、上海、江苏举行"长三角体育圈"全民健身大联动，群众体育区域合作取得了实质性进展。在省内，分浙中、浙北、浙东、浙西等多个片区组织全民健身月活动，全省 90 个县（市、区）的参与面达到了 100%，展示和竞赛项目达到 300 个，累计参与人数近 80 万人次，观摩人数更达数百万人次。荣获"1993—1997 年全国群众体育先进奖"，连续 6 年荣获"全国全民健身宣传周活动优秀奖"。目前，全省经常参加体育活动的人数占到总人口的 31.1%。2005 年开始启动的体育强县、体育强镇创建工作，取得了新的突破，进一步推动了全省体育事业尤其是农村体育事业的发展。经过四年创评，全省已有 25 个县（市、区）被省政府命名为体育强县，423 个镇（乡）被省体育局命名为体育强镇。同时，加强了体育社团的建设，省、市、县三级全部建立了体育总会。目前，全省共有各级体育社团（包括单项运动协会和行业体协）2978 个、国家级青少年体育俱乐部 110 个、省级青少年体育俱乐部 110 个、社区体育俱乐部 57 个（其中 18 个国家级）、村级体育俱乐部达 6000 多个。社会体育指导员数量为 92904 人，达到每千名经常参加体育锻炼人口有 5.8 名社会体育指导员。全民健身工程建设稳步推进，体育场馆设施建设速度明显加快，人民群众的健身环境有了很大改善。全省建有国家级全民健身活动中心 3 个、国家级全民健身活动基地 2 个、全国职工体育示范基地 2 个、国家级青少年户外体育活动营地 2 个、省级全民健身活动中心 4 个、健身广场和体育主题公园 6 个，各级各类健身活动点达 24600 多个。我省群众体育工作得到了国家体育总局及兄弟省市的肯定，特别是农村体育工作走在了全国的前列。

2. 竞技体育"冲出亚洲，走向世界"

浙江的竞技体育在 50 年代至 70 年代前期，体育尖子寥若晨星。70 年代后期开始，情况逐渐发生了很大变化。1978 年，省体委根据国家体委对业余训练工作的要求，对全省各种形式的业余训练点和少体校作了调整和布局，形成了基础业余训练与优秀运动队相衔接的全省性业余训练网络。改革开放 30 年来，我省运动队的运动技术水平有了大幅度的提高。从 1978 年到 2006 年，成功举办了第六至第十三届浙江省运动会，发现培养了大批体育后备人才，展示了全省体育事业发展的丰硕成果。我省竞技体育始终坚持"以奥运带全运、全运促奥运"的战略思想，把备战奥运和全运有机地结合起来，取得了明显成效。在 2008 年第 29 届北京奥运会上，我省运动员获得 2 块金牌、4 块银牌和 1 块铜牌，所获奖牌数又创新高，同时，使我省的奥运金牌总数达到 12 枚，保持了自我国参加 1984 年洛杉矶奥运会以来届届有金牌的殊荣。自 1974 年我国第一次参加亚运会以来，我省每届都有运动员参赛，人数一届比一届多，成绩一届比一届好。1974 年第七届亚运会，我省 2 人参赛，获一枚银牌。2006 年多哈第 15 届亚运会，我省运动员共获得 15 金 9 银 12 铜。我省参加全国运动会的成绩逐步提升，第五届全运会获得 11 金 16 银 9 铜，金牌和奖牌数列全国第七位；第六届全运会获得 17.5 金 13 银 8 铜，金牌数列全国第四位，总分 442.5 分列全国第九位；第十届全运会我省代表团以 29 金 20 银 12 铜、总分 1291 分的成绩，位居金牌榜第六、奖牌榜第七和总分榜第八位，创我省全运会历史金牌和总分新高。截至 2008 年底，我省运动员累计获得 170 个世界冠军、274 个亚洲冠军和 1409.5 个全国冠军。从 1984 年到 2008 年，浙江省体育局 15 次荣获国家体育总局颁发的"为国家体育事业作出突出贡献的先进单位"奖，7 次荣获"为中国参加奥运会作出突出贡献"奖，多次荣获"亚运会突出贡献奖"。我省坚持精品战略与适度扩大规模相结合，在提高训练质量，加强运动队伍管理等方面下了很大工夫，竞技体育发展的软实力不断提升。以建设浙江体育职业技术学院为标志的浙江竞技体育训练管理体制全面改革，是我省近几年的一项重要工作，得到了省委、省政府和国家体育总局领导的充分肯定。

3. 体育产业发展日益兴旺

改革开放以后，探索以政府投入为主体，社会、个人多层次、多渠道投资体育的机制，走社会化、市场化道路，是体育事业适应社会主义市场经济发展规律和要求，缓解体育事业发展经费不足的必由之路。三十年来，我省体育向社会化、市场化方向迈出了可喜的步伐，逐步形成了"以体为本"、社会效益和经济效益并举的发展新势头。体育产业作为新的经济增长点，培育了一大批具有一定规模的体育用品制造企业和体育健身服务企业，全省体育产业已初具规模。体育竞赛表演业快速发展，体育竞赛表演市场越来越红火，在足球、篮球、排球、乒乓球、围棋等项目上进行社会化、市场化运作，先后成立了多家职业俱乐部。除篮球、足球、排球等全国联赛和世界大奖赛等赛事外，我省还成功举办了首届世界杯羽毛球赛暨第二届世界羽毛球锦标赛、中国国际武术节、世界青年举重锦标赛、世界女子金属地掷球锦标赛、杭州国际马拉松赛、世界女排大奖赛总决赛、女足世界杯及浙江国际传统武术比赛等重大赛事。据不完全统计，1979—2008 年，全省共举办国际性赛事 105 个、全国性赛事 546 个。体育用品业发展迅猛，初步形成富阳地区赛艇制造、球拍加工区域，江山羽毛球加工区域，金华、宁波等地的鱼具用品生产加工区域，宁波、嘉兴等地的运动服装生产加工区域和温州、台州、宁波等地的运动鞋生产加工区域等特色体育产业区域；体育服务业快速增长，2004 年全省有各类体育经营场所 6000 多家，从业人员达 3 万多人，年经营收入超过 15 亿元，总产出为 6.79 亿元，增加值达 3.41 亿元。全省体育彩票发行工作安全有序，2008 年体彩销量达到 40.24 亿元，创历史最好成绩，销量列全国各省（区、市）第二位。我省体育彩票累计总销量已突破 220 多亿元，为社会事业筹集公益金近 77 亿元。

4. 体育法制建设得到加强

我省逐步重视并加强了体育法规和制度建设。1990年省政府办公厅下发了《关于退役运动员安置工作的通知》，进一步规范运动员安置工作；1994年省政府办公厅转发了《关于浙江省体育改革与发展的若干意见》，省体委同时出台了与此相配套的改革方案，强化宏观管理和服务职能，逐步从"办"体育为主向"管"体育为主转变。1995年国家颁布《体育法》和《全民健身计划纲要》后，我省先后制定了《关于深化改革，加快发展我省县级体育事业的实施意见》和《关于贯彻实施全民健身计划纲要的意见》等。1995年8月省政府签署第63号令，颁布了《浙江省游泳场所管理办法》，1998年初又颁布了《浙江省经营性体育场所管理办法》。2002年6月28日《浙江省实施〈中华人民共和国体育法〉办法》经省九届人大常委会第三十五次会议通过，于当年9月1日起施行，并于2004年5月28日省十届人大常委会第十一次会议进行了修订。2004年4月下发了《中共浙江省委、浙江省人民政府关于进一步加强体育工作加快体育事业发展的决定》。2004年12月省体育局制定下发了《浙江省23项危险性大体育经营活动指导标准》，明确了汽车、登山、探险等3个危险性大体育经营活动的地方标准。2006年省政府下发了《浙江省体育强省建设与"十一五"体育发展规划纲要》。2007年，《浙江省体育竞赛管理办法》、《浙江省全民健身条例》正式通过，并分别于2007年12月1日、2008年1月1日起正式施行。所有这些，都极大地完善了我省体育法规体系，为我省体育部门依法行政、依法治体创造了条件。

5. 体育场馆建设方兴未艾

改革开放以后，我省的体育场馆建设蓬勃发展。1978年前，全省体育场馆只有3382个。30年来出现了三次场馆建设热潮。在80年代的第一次热潮中，全省体育场馆由1980年的4181个增至1990年的10713个。10年间增长了1.56倍。90年代掀起第二次热潮，1995年第四次全国普查，全省体育场馆已达16385个，面积1923.18万平方米，人均体育场地面积为0.44平方米，投入资金14.87亿元。2004年第五次体育场地普查，体育场地总数达到35869个，面积6854.11万平方米，人均体育场地面积为0.98平方米，投入资金97.98亿元。到2008年底，我省已有标准体育场地21281个，比改革开放前增加57.79倍；全省体育场地占地面积达到7632.52万平方米，是改革开放前的69.40倍；体育设施建设总投入为108.91亿元，比改革开放前增加134.15倍。省本级已建成黄龙体育中心主体育场、体育馆、网球馆暨省老年人体育活动中心及改建一新的包玉刚游泳场等设施；占地486亩的萧山训练基地已建成室内田径馆、室外田径训练场、游泳跳水馆、球类馆、运动员公寓和教学行政楼等。我省积极主动争取国家体育总局共同出资建成千岛湖国家级水上运动训练基地。占地约486亩的省长兴体育训练基地（国际射击中心）建设也已初具规模。全省建成宁波体育中心、温州体育中心、台州体育中心、义乌体育中心、等一批标志性竞赛体育场馆以及北仑艺体馆、湖州极限运动场、绍兴游泳馆、海宁轮滑馆等一批特色竞赛体育场馆。目前全省已建成的可以承担全国性以上大型比赛的体育场馆有130个，还有50个左右的在建或待建场馆。体育场馆设施建设的力度不断加大，为今后全省体育事业的发展奠定了坚实的物质基础。

6. 体育科教宣传事业不断发展

新中国成立后，我省的体育科教宣传事业逐步得到开展，但有组织、有领导并把科教宣传事业放在发展体育运动的重要位置上，则是在80年代以后。1982年，浙江省体育科学学会成立，并创办了会刊《浙江体育科学》，1985年起在国内公开发行，1995年起向国外公开发行，1996年被评为国内体育类中文核心期刊。1983年建立了浙江省体育科学研究所，为发展我省体育运动，实施科学训练和科学监测，研制运动器材，建立计算机信息网络，建立浙江省成年人体质监测中心，确立运动员科学选材标准以及科研体制改革等方面做了大量的探索和实践，有效地实施了对全民健身活动的科学指导，促进了运动队伍的科学训练和运动技术水平的提高。1973年浙江省青少年业余体校成立，1980年改为浙江省体育运动学校。建校35年来，省体校以培养输送高水平体育后备人才为办学的首要任务，先后向省优秀运动队输送了 900 多名体育后备人才，其中有楼云、吕林等 21 人 56 次获得奥运会冠军和世界冠军。1986 年创办浙江职工体育运动技术学院（成人高校），为我省培养出大批掌握大专文化理论知识和先进运动技术水平的教练员、运动员。2006 年 7 月，全日制的浙江体育职业技术学院正式建校，我省体育教育进入了新的发展时期。1984 年 11 月，省体委机关报《体坛报》创刊。在经历了停刊、复刊的磨砺后，《体坛报》不断发展壮大，从周报到目前的周五报。1999 年 1 月 28 日，浙江省体育记者协会成立。2003 年 6 月，浙江省体育局官方网站建立。充分发挥《体坛报》和浙江省体育局官方网站的作用，以浙江省体育记者协会为桥梁和纽带，团结全省各新闻媒体的记者，调动了他们宣传体育的积极性。现在全省和各市的主要报刊、电视台、广播电台及网站等都设有体育专栏，我省体育报道的数量不断增加、质量进一步提高。

7. 体育系统人才队伍建设取得成效

新中国成立 60 年来，全省体育系统始终坚持以马列主义、毛泽东思想、邓小平理论、"三个代表"重要思想和科学发展观为指导，贯彻上级党组织的各项工作部署，全面推进局系统党的思想、组织、作风建设。建立专题学习制度，开展学习型党团组织、学习型机关建设，深入基层，大兴调查研究之风，健全为人民办实事的制度和机制。在领导干部选拔、年轻干部培养、加强干部交流、专业人才引进等方面取得了较好的成绩，对推动体育事业发展发挥了积极的作用。经过多年努力，形成注重选拔在基层和一线工作的优秀干部的用人机制，选拔善于做群众工作、能妥善应对复杂局面、有处理实际问题能力的干部。通过处级干部读书会、机关处长蹲点联系制度、业余党校的规范化建设、各类人员的培训和完善干部评价考核体系等多种形式，不断提高局系统领导干部和专业人员的综合素质，体育队伍建设得到进一步加强。教练员从 1984 年的 4 名高级职称教练员到 2007 年中级、高级、国家级教练 346 人。局系统各级党组织十分重视优秀运动队思想政治工作，针对运动队出现的新情况、新问题，加强调查研究，了解运动队的思想政治工作现状，不断探索和实践我省优秀运动队思想政治工作，制定下发了《浙江省优秀运动队思想政治工作条例》，使加强运动队思想政治工作成为我省优秀运动队管理的重要内容，取得了可喜成效。2006年适时提出了在浙江体育职业技术学院建设中打造校园"金牌文化"的要求和"育人创佳绩"的办学宗旨，进一步阐述了金牌文化的本质和内涵。坚持在教育过程中提高运动员的人文素质、坚持在训练过程中培养运动员的意志品质、坚持在管理过程中体现对运动员的人文关怀，取得了一定的成效。

8. 体育对外交往日益扩大

改革开放以来，我省体育界与国际体育界的交往频繁，从每年仅参与总局组织的相关交流活动，到利用友好城市关系、通过举办国际性赛事等，自主组织对外交流，加强与各国、各地区体育界的交流与合作。国际马拉松、国际武术大会等国际重大赛事每年举办，已成知名品牌。特别是1979年首届世界杯羽毛球暨第二届世界羽毛球锦标赛、1989年首届"应氏杯"世界职业围棋锦标赛、1995年一级方程式摩托艇世界锦标赛和2007年女足世界杯、2006年世界青年举重锦标赛、世界男排联赛、世界女排大奖赛、斯坦科维奇杯男篮联赛等多项有影响的大型国际体育竞赛活动，增进了我省和各国运动员、体育工作者之间的了解和友谊，丰富了我省运动员国际比赛的经验，促进了浙江的对外开放，推动了我省体育事业的发展。

三、浙江体育事业60年发展的重要成果

（一）以体育创强争先活动为抓手，不断推动体育事业的整体发展

创强争先活动是促进体育事业全面发展，尤其是促进农村、社区体育发展的抓手和动力。自2005年开展体育强县、强镇创评活动以来，省体

育局抓住制定标准、不断完善，注重过程、齐抓共管，因地制宜、量力而行这三个环节，在各地党委、政府的领导下，充分调动各部门的积极性，注重真抓实干，充分挖掘当地的体育文化，体育强县、强镇创评活动有序推进。同时，城市体育争先创评工作也得到了新的推进。体育创强争先工作使体育职能部门在建设惠及全省人民的体育事业以及人人享有基本体育健身服务中的作用、社会认知度明显提升。城乡体育逐步形成了网络健全、活动多样、全民参与的格局，广大社区、乡镇居民的体育意识得到了明显增强，体育健身的场地设施得到有效改善，营造了团结、和谐的良好社会氛围。浙江的体育创强工作引起了"长三角"及周边省、市的关注，江苏、山东等省也相继开展了体育创评工作。

（二）以体育惠民为目标，努力构建全民健身服务体系

近几年来，省体育局进一步树立城乡体育事业均衡发展和"体育就是生活"、"体育就是民生"等现代体育理念，以落实省政府"基本公共服务均等化行动计划"为重点，以体育惠民为目标，坚持以城促乡，促进体育公共服务向广大农村、社区、基层倾斜，不断加强对群众体育的组织领导、物质保障、活动开展、法规制度、评估检查、科学指导、舆论宣传，努力构建我省全民健身服务体系。

在浙江省实施全民健身计划领导小组的领导下，我省各级各类群众体育组织建设不断完善，对群众体育的投入不断增加，建成了各级各类的全民健身中心、广场、基地等，其中全民健身路径工程共 23194 条、各级各类健身活动点达 24600 多个。全省由省体育局资助创建的小康体育村达 1.5 万个，国家级农民体育健身工程 1040 个，有效改善了农村的健身环境。"长三角体育圈"全民健身大联动、全省的全民健身片区大联动，有效促进了各地富有特色的健身或展示活动的开展。全省职工运动会、妇女运动会、少数民族运动会、残疾人运动会、民营企业运动会、上市公司运动会、公务员体能大赛以及社区、沙滩、广场休闲体育等活动红红火火。《浙江省实施〈中华人民共和国体育法〉办法》、《浙江省全民健身条例》

的颁布，使我省全民健身法制体系进一步完善。体育创强争先活动有效带动了体育事业的整体发展，群众体育表彰奖励形成制度。目前我省已建立了 6 个省级国民体质监测与健身指导中心，263 个镇（乡）国民体质健康监测站，共有 18 万余人参加了国民体质监测和评定。群众体育宣传进一步加强，人民群众的健身意识进一步提高。

（三）着力于世界眼光和战略思维，创造中国参加奥运会届届有金牌的光荣历史

我省竞技体育着力于世界眼光和战略思维的强化和运用，跳出体育看体育，始终坚持"奥运带全运，全运促奥运"的发展战略和举国体制，把奥运战略作为竞技体育工作的重中之重，在人、财、物等各方面给予充分的保证。在竞技体育的指导思想、训练理念、训练计划安排和改革措施制定方面，充分体现有利于奥运战略的实施。我们坚持精品战略与适度扩大规模相结合，在确保田径、游泳、体操和划船等基础项目投入的前提下，巩固和加强了射击、帆船、艺术体操、蹦床、跆拳道、羽毛球和排球等传统优势项目，新建了网球、跳水、自行车（山地、小轮车）、女子足球、女子摔跤、女子散打、马术、射箭等项目，进一步扩大了我省运动队伍的规模。同时，在建设金牌文化，提高训练质量，加强运动队伍管理等方面下了很大工夫，竞技体育发展的软实力不断提升。

正是几代体育人的不懈努力和薪火相传，在现代奥运史的冠军名录上，镌刻了一个个光辉灿烂的浙江籍运动员的名字，他们是：吴小旋、楼云、吕林、占旭刚、朱启南、孟关良、罗雪娟、周苏红、江钰源。从1984 年我国参加第 23 届洛杉矶奥运会到 2008 年北京奥运会，我省运动员共获得奥运金牌 12 枚，创造了自我国恢复参加奥运会以来届届有奥运金牌的殊荣。其中，吴小旋是新中国第一个夺得奥运会金牌的女运动员，楼云、占旭刚、孟关良都是"双冠王"。这些辉煌与荣誉，是浙江竞技体育水平与能力的最高体现。

（四）创新和转换体制机制，竞技体育体制改革取得重大突破

对浙江竞技体育的训练管理体制实行全面改革，是我省近几年的一项重要工作，得到了省委、省政府和国家体育总局领导的充分肯定。2004年开始筹建浙江体育职业技术学院，将原有的六个单位进行合并，改革原体工队体制，实行院校化管理。2006 年 7 月 14 日，经省政府批准，浙江体育职业技术学院正式建校，探索并逐步建立起了集训练、教学、科研三位一体，竞技体育系、项目管理中心、单项运动协会秘书处三位一体和对全省竞技体育人才培养实行一条龙管理的优秀运动队院校化管理的新路子、新模式。学院这种"三位一体"的管理运行模式，实现了教练员身份教师化、运动员身份学生化、管理体系高校化的转变，并且通过运动项目管理中心建设规划与浙江体育职业技术学院系科的设置相对应，最终实现浙江竞技体育管理体制的根本性改变。我省这种训、学、研一体化的学院化建设，是顺应竞技体育可持续发展要求，加快体育强省建设步伐，符合世界潮流的竞技体育体制机制创新转换的重大举措。

（五）繁荣体育竞赛市场，职业联赛主场数量全国领先

随着竞技体育体制改革和体育职业化的稳步推进，我省的体育竞赛表演业快速发展，体育竞赛表演市场越来越红火。截至 2009 年，全国五大职业联赛中，我省所辖的职业俱乐部总数达到 10 家，其中足球 1 家（中超：绿城足球俱乐部）、篮球 3 家（万马男篮俱乐部、广厦男篮俱乐部、远东太平洋百货女篮俱乐部）、排球 2 家（利群男排俱乐部、开元女排俱乐部）、乒乓球 3 家（海天乒乓球俱乐部、鸿翔乒乓球俱乐部、浙商银行乒乓球俱乐部）、围棋 1 家（苏泊尔杭州围棋俱乐部）。同时，随着职业俱乐部数量的增加，我省职业联赛的主场数量也有了快速增长。除了我省俱乐部之外，八一队也把自己的篮球、排球主场放到了浙江，使得我省联赛主场达 13 个。此外，我省还拥有义乌的中国女足主场、宁波北仑的中国女排主场等，这在国内其他省、区、市都是不多见的。除国内各类联赛

外，北仑中国女排国际赛事、湖州的全国极限运动会、舟山的环岛自行车赛和海钓比赛、龙游的全国汽车拉力赛和国际龙舟邀请赛、武义的摩托车汽车场地赛、海宁的轮滑赛和西湖国际武术大会、黄龙健身节等各类体育赛事极大地丰富了我省群众的体育文化生活。

（六）体育彩票助推体育事业发展成绩斐然

全省体育彩票销售克服了许多不利因素，积极打造诚信品牌，重视规范管理和安全运行，销量连年上升，2008 年突破 40 亿大关，累计总销量已突破 220 亿元，筹集公益金近 77 亿元，并在 2006—2008 年连续三年位居全国销量第二位。从 2003—2008 年，仅省本级用于全民健身各项工程专项资金就达 1.64658 亿元。浙江省黄龙体育中心部分配套工程、浙江体育职业技术学院、千岛湖水上运动训练基地，以及正在热火朝天兴建的浙江长兴国际射击中心等体育设施，都是浙江省体育彩票公益金部分支持或投资建设的重要项目。体育彩票公益金还大量用于青少年学生校外活动场所的建设和维护、红十字会人道主义救助事业、残疾人事业、地方农村医疗救助基金、城镇医疗救助基金等多项社会发展事业。

四、浙江体育事业 60 年发展的主要经验

（一）经济社会快速发展、党委政府的重视支持，为体育事业
　　发展奠定了良好的基础

新中国成立 60 年来，特别是改革开放以来，浙江在发展社会主义市场经济的过程中走出了一条具有浙江特色、符合浙江实际的发展路子。全省经济发展迅速，主要经济指标在全国保持领先地位，全省已进入一个加快推进经济社会转型、全面建设小康社会和率先基本实现现代化的重要时期，成为全国经济增长速度最快和最具活力的省份之一，2008 年全省人

均 GDP 超过 6000 美元，达到了中等收入国家或地区的平均水平。各级党委政府对体育工作高度重视，体育发展的环境越来越好，所有这些，都为我省体育事业的发展奠定了坚实的基础。全省体育事业经费由 1952 年的 7 万元增加到 2008 年的 17.97957 亿元，体育发展的物质保障得到了充分体现。我省体育彩票发行的领先，体育设施的大幅度改善、民生体育的不断丰富与活跃等，都与我省经济的快速发展和人民群众的富裕程度分不开的，与省委、省政府全面启动文化大省和体育强省建设，不断推动科学发展，促进社会和谐，全面建设小康社会的目标要求分不开。

（二）举国体制、举省体制的实施为体育事业发展带来了综合保障

我们坚持以国家利益为核心，省体育局和全省各地体育部门集中有限资源，统筹社会力量，不断改革创新，完善训练和竞赛管理体系，形成了符合国情省情、独具特色、富有实效的发展模式和管理体制，表现出强大的凝聚力、动员力、协调力和贡献力。自我国恢复参加奥运会以来，我省运动员创造的届届奥运会有金牌的历史，就是得益于全省体育界上下同心，和衷共济，体现出举国体制、举省体制的巨大优越性。历届全省运动会的举办、体育强省建设、体育强县创评体现了我省举省体制、集中力量办大事的特点和优势；国家千岛湖水上训练基地、北仑中国女排训练基地、萧山训练基地等现有国家队训练基地的建设和发展也体现了我省举省体制、集中力量办大事的特点和优势；通过"联合办队"形式，使一些竞技体育项目的优秀二线队伍向地方、高校、企业等延伸同样是举省体制、集中力量办大事的特点和优势的体现。

（三）体育体制改革、机制转换，体育法制不断完善为体育事业发展注入了新的活力

加快体育体制改革，体育部门从进一步转变政府职能入手，促进服务平台创新，建立调控适度、运行有序、促进发展的体育管理体制。群众体

育体制改革坚持国家办、社会办和个人消费相结合。作为体育行政部门其职能更多地体现在宏观指导和服务管理上，立足于建立全民健身服务体系，建立新颖的全民运动会制度，立足于推进各类体育俱乐部建设。活动组织的主体则更多地依靠社会团体，形式上注重块状、区域的特色体育的发展。竞技体育通过近 20 年的体制创新和机制完善，已经从封闭走向开放，从一家办走向大家办，从一元化走向多元化。竞技体育的投入已经从单纯依靠政府投入的局面逐步转变为以政府投入为主导、社会各界积极参与的新格局，调动了社会各界的积极性。鼓励社会影响大、有市场潜力的运动队走职业化道路，鼓励和支持各种职业体育俱乐部、半职业体育俱乐部、专业运动队等基层竞技运动组织的发展。借助于浙江民营经济发达的优势，体育产业积极走社会化、市场化道路，以优质的体育产品和服务，去开拓市场，引导人民群众增加体育消费，满足其日益增长的体育消费需求。同时，着力于体育法规建设的积极开拓，不论是 2002 年 9 月《浙江省实施〈中华人民共和国体育法〉办法》的颁布，还是 2007 年《浙江省全民健身条例》、《浙江省体育竞赛管理办法》的颁布，以及各级体育行政部门根据体育工作的实际陆续制定出台的一系列规范性文件，都为我省体育行政管理步入了有法可依、依法行政的新阶段创造了条件，有力地推动了我省依法行政、依法治体的进程。

（四）以浙江精神为核心的金牌文化的培育，为体育事业发展注入了深厚的文化积淀

改革开放以来，我省体育事业健康发展的深层原因，就在于体育事业发展所依赖的社会软环境的不断改善和浙江精神的不断熏陶，就在于浙江深厚的文化底蕴和文化传统与中华体育精神的有机结合，就在于我们在推进体育事业发展的同时大力加强体育文化建设。随着经济社会的发展，各级党委、政府对体育工作的高度重视，相关的政策措施的逐步完善，对体育事业投入的逐年增加，以及群众体育意识的进一步增强，社会参与体育的积极性进一步提高等，都为体育事业的发展创造了良好的环境。同时，

我们在探索浙江体育特色，用"自强不息、坚韧不拔、勇于创新、讲求实效"的浙江精神和"遵纪守法、为国争光、无私奉献、科学求实、团结协作、顽强拼搏"的中华体育精神解读浙江体育方面作了不懈努力：我们以共同的理念和价值观来协调内部关系，增强全系统的凝聚力；2006年，我省适时提出了在浙江体育职业技术学院建设中打造校园"金牌文化"的要求和"育人创佳绩"的宗旨，并进一步阐述了金牌文化的本质和内涵，明确金牌文化就是在培养人才、夺取金牌、创造一流业绩过程中所形成的价值理念和精神气质；我们着力于全面推进全省体育工作者的思想道德教育、科学文化教育，提升体育工作者的整体素质；着力于体育系统政治优势的充分发挥，进一步加强和改进优秀运动队的思想政治工作，打造浙江竞技体育的威武之师、文明之师。体育文化建设的推进，带来了我们体制、机制创新和转换的更加有效，带来了我们资源的整合和优势的集聚，带来了我们思维、观念、知识、方法和手段的更新，使我省体育事业的发展更具活力。

新中国成立 60 年带给浙江体育的变化是全面而深刻的，60 年努力奋斗创造的辉煌成就为浙江体育今后的发展奠定了良好的基础。作为构成浙江综合竞争力"软实力"之一的浙江体育事业，必将在省委、省政府的正确领导和国家体育总局的指导下，进一步解放思想、改革创新，不断提高广大人民群众的身体素质，在推动浙江全面建设小康社会、加快社会主义现代化建设进程中实现又好又快发展，为我国体育事业发展做出更大贡献。

---

*"八八战略"具体为：（1）进一步发挥浙江的体制机制优势，大力推动以公有制为主体的多种所有制经济共同发展，不断完善社会主义市场经济体制；（2）进一步发挥浙江的区位优势，主动接轨上海、积极参与长江三角洲地区交流与合作，不断提高对内对外开放水平；（3）进一步发挥浙江的块状特色产业优势，加快先进制造业基地建设，走新型工业化道路；（4）进一步发挥浙江的城乡协调发展优势，统筹城乡经济社会发展，加快推进城乡一体化；（5）进一步发挥浙江的生态优势，

创建生态省，打造"绿色浙江"；（6）进一步发挥浙江的山海资源优势，大力发展海洋经济，推动欠发达地区跨越式发展，努力使海洋经济和欠发达地区的发展成为我省经济新的增长点；（7）进一步发挥浙江的环境优势，积极推进基础设施建设，切实加强法治建设、信用建设和机关效能建设；（8）进一步发挥浙江的人文优势，积极推进科教兴省、人才强省，加快建设文化大省。

突　破

——安徽体育事业发展60年

安徽省体育局局长　冯潮

　　新中国成立以来，安徽体育事业从无到有、从弱到强，取得了蓬勃发展，不断实现突破，创造了辉煌的成就。在一串串闪烁的灿烂星光之中，有一颗尤为耀眼，那就是1984年7月29日，我省运动员许海峰代表中国队，在第23届洛杉矶奥运会男子手枪60发慢射决赛中，以566环的成绩获得冠军，成为中国奥运会历史上的首位奥运冠军，打破了中国奥运史上金牌"零"的纪录。在那一刻，无数中国人激动得热泪盈眶。从那一刻起，人们永远记住了"零的突破"四个字和创造了这四个字的许海峰。许海峰从此成为了中国奥运历史上的英雄。

　　许海峰是安徽和县人，出身军人家庭，跟随父亲在部队里长大，和其他在军营里长大的孩子一样，他从小就喜欢军人的威武，喜欢上了枪，与枪结下了不解之缘。许海峰曾经说过，射击运动好像就是为他而设的。

　　1979年1月，许海峰代表安徽省和县西埠中学参加了安徽省巢湖地区射击集训，几个月后，在第四届安徽省运动会上一鸣惊人，拿到男子气步枪40发立射项目以387环（大靶纸），获得个人第1名一个冠军、两个亚军。但当时他已经20多岁了，根据专业理论，已错过了专业训练最好的年龄。几经权衡，省射击队最终忍痛割爱，放他回到原籍。然而，许海峰没有信这个邪，他对射击运动充满热爱，对自己的实力充满信心。回到家乡之后，他坚持锻炼，等待时机，梦想着成功到来的那一天。

1982 年，许海峰由安徽省巢湖地区体委安排参加射击集训，并兼射击队队长、教练、运动员。根据教练的建议，许海峰改练手枪。这一改，让他惊人的射击天赋充分显露出来：他在第一次手枪试射时，成绩就超过了省男子气手枪纪录 9 环。不久，25 岁的许海峰在安徽省第五届运动会上，以 370 环的成绩夺得了男子气手枪 40 发立射项目冠军，并超过当时省纪录 26 环之多。这一次，他以自己的优异成绩，打破了传统的年龄禁区，终于用实力撞开了省射击队的大门。于当年 12 月份调入安徽省射击队。

在省射击队，许海峰得到了更加系统的训练，也得到了国家射击队教练的关注。1983 年 3 月，他参加华东协作区射击邀请赛（上海），以 587 环成绩获得气手枪比赛个人第 1 名，并超 583 环的全国纪录。随后，为备战洛杉矶奥运会，国家体委从全国调集精兵强将进行集训，许海峰幸运地被选入国家射击集训队，世界的大门自此为他打开，他的人生开始走向辉煌的顶点。

在手枪慢射项目国家集训队中，有众多著名的射击好手，如大名鼎鼎、经验丰富的 1976 年亚运会冠军得主苏之勃；如日中天，在第五届全国运动会上一人独得男子手枪慢射和男子气手枪两枚金牌的王义夫。与他们相比，来自安徽的许海峰只能算是一个无名之辈。在集训中，许海峰一直刻苦训练，成绩也不错，在队内的选拔赛中列在第二位，但他毕竟只是一位后起之秀，成绩是否稳定，能否代表中国队参加奥运会比赛，难免还是让大家多少有点信心不足。

于是，队里决定根据各位运动员在奥运会热身赛的表现再做最终选择。1984 年 4 月，许海峰在洛杉矶奥运会射击热身赛全力以赴，获得了这场射击赛男子手枪慢射的第一名，成功拿到了奥运会的入场券。

射击比赛较量的不仅仅是技艺，还有心理。对其他笃定可以参加奥运会的名将们来说，这场比赛也许只是一次熟悉场地的机会，有经验的人们通常都不太喜欢在热身赛上过于突出，因为他们觉得一旦夺冠，那么将来在真正较劲的奥运会决赛场上时，这次的王冠会给自己增加无形的压力，很可能会严重影响技术水平的发挥，造成表现失常。事实上也是这样，很多颇具实力的老将，往往在热身赛中一路领先，最后一枪却有意打偏，把这枚烫手的金牌拱手送给别人。

然而，这一切对许海峰来说恰恰相反。初生牛犊不怕虎，狭路相逢勇者胜。许海峰在这场比赛中的胜利，不仅为他赢得奥运会的入场券，反而也为他赢得了傲视群雄的信心。

1984年7月29日，这是一个历史性的时刻。根据洛杉矶奥运会比赛日程，这届奥运会上第一个决出金牌的项目，就是当天在洛杉矶普拉多射击场举行的男子自选手枪慢射。

万众瞩目。那一天，将永远载入史册。许海峰，在这一天成为一个响亮的名字。

总共60发子弹，分成六组进行比赛，在前面的五组里，许海峰和瑞典的斯坎纳克尔、中国的王义夫成绩咬得非常紧，领先落后只在一环之内。比赛到了最关键的时刻——决定胜负的第六组十发子弹。然而，麻烦这时来了。许海峰在第六组的前三枪里，竟然只打出6环、7环、8环的成绩。眼看就要到手的胜利，转眼间却就要飞跑了。形势急转直下，许海峰的处境突然变得极为不利。他稳住情绪，又接着打出了第54发、第55发、第56发、第57发，然而还是感觉不对，平时那种眼到心到手到弹到的感觉突然没有了。

就剩最后三发子弹了，现场的中国人都在为他着急。

许海峰静静地站在靶位上，一动不动。时间一点一点地溜走，距离比赛结束越来越近，但就是不见他举枪击发。人们悄悄聚集到了他的身后，不敢大声说一句话，手心里却都暗暗替他捏出了一把汗。

许海峰还是像一尊石像一样站在靶位上，低头沉思，一动不动。

足足过去了14分钟。许海峰终于慢慢抬起头，再次调整了一下呼吸，举起了手里的枪。那一刻，所有人的心都为他悬着。

第58枪响了，9环。许海峰又开始找回了感觉，那种枪人合一的感觉。

　　第59枪，10环！总成绩变成了556环。这时瑞典的斯坎纳克尔已经打完了全部子弹，以565环的成绩暂时排在第一位，许海峰的队友王义夫以564环排在第二位。中国能否夺得这枚金牌，实现"零"的突破，现在全靠许海峰一个人了，也全看他的最后一枪了。此时，对许海峰来说，这最后一枪只能是十环，没有其他选择。

　　这时，射击靶位上只剩下许海峰一个人站在那里，人们全都聚集到他的身后，记者们高举着像机，工作人员和队友们屏住呼吸，等待着一个历史性时刻的到来。

　　许海峰举起枪。

　　第60枪，最后一枪。

　　10环！

　　多么完美的10环！多少宝贵的10环！安徽小伙许海峰为祖国、为人民夺得了无比珍贵的第一枚奥运会金牌。那一瞬间，全世界的中国人都在欢呼；那一瞬间，永远记录在我们的心中。代表团副团长黄中激动地跑上前去，紧紧地拥抱住他。

　　颁奖仪式上，时任国际奥委会主席萨马兰奇亲手为许海峰挂上金牌，祝贺他夺得了那届奥运会的第一枚金牌，中国的第一枚金牌。这也是萨马兰奇主席上任以来颁发的第一块奥运会金牌。

　　现在，这块金牌珍藏在中国历史博物馆。许海峰说这枚金牌属于祖国，属于人民。

　　许海峰创造了安徽竞技体育运动的一个高峰，他的事迹激励着家乡运动员、教练员刻苦训练、不懈奋斗。从那以后，安徽几代体育工作者前赴后继，顽强拼搏，始终牢记光荣使命，时刻想着要像许海峰那样在奥运会上为国争光，然而却总是与冠军擦肩，一直没能再圆奥运金牌梦，这也成为了安徽体育人心中的一个沉重的遗憾和情结。

　　但是努力终有回报，在2008年北京奥运会上，我省实现了参加奥运会参赛项目和总成绩等四项突破，尤其体操小将邓琳琳关键时候顶住压力，完美表现，获得 1 枚奥运会金牌，实现了我省备战奥运会 24 年来金牌的历史性突破，武术运动员马灵娟还荣获了"北京 2008 武术比赛"女子枪剑全能的金牌，使中国国旗两次升起，国歌两次唱响，安徽几代体育工作者的夙愿终于实现！

来自阜阳的邓琳琳，近年来刚刚在国际国内大赛上崭露头角，但是她训练刻苦，表现非常出色。在备战本届奥运会的最后时刻，她是以第六人身份入选参赛大名单，并引来很多争议。但是，在奥运会体操资格赛特别是女子团体决赛中，她以出色的发挥展现了雄厚的实力，有力地回击了这些争议。女子团体总共四项比赛，她一人就参加了三项，和体操的领军人物程菲持平。在平衡木比赛中，她顶住程菲掉木的压力，以稳定的心理和良好的表现，取得 15.925 的高分，帮助女子体操队稳住了军心，巩固了优势。在女子团体夺冠后，她的名字是排在第二位，仅次于程菲。赛后，国家体操队对邓琳琳充分肯定，认为是她的稳定表现帮助全队鼓舞了士气。国内外多家新闻媒体也纷纷评论，叹服她的精彩表现，赞扬她是体操女子团体夺冠的"最大功臣"。

许海峰、邓琳琳是安徽运动员的优秀代表。从许海峰到邓琳琳，几十年来，安徽竞技体育战胜了无数困难，开拓进取，一步一个脚印，在不断突破中取得了长足的发展。这一切得益于国家体育总局、省委省政府和全省人民长期以来的关心厚爱与大力支持，得益于省体育局始终坚持解放思想、实事求是，以科学发展观来统领备战奥运会和全运会的工作实践，得益于广大运动员、教练员和管理人员刻苦的训练、扎实的工作和辛勤的付出。

多年来，安徽省委、省政府十分关心和重视我省体育事业的发展，不断加强对我省竞技体育工作的领导，体育战线每取得一点成绩，省委、省政府都给予充分的肯定和鼓励。1998 年，安徽省委、省政府召开了全省体育工作会议，确定了安徽竞技体育"三步走"的发展战略。2003 年，省委、省政府联合下发了《中共安徽省委、安徽省人民政府关于加快新时期体育发展的意见》（皖发［2003］8 号），对全省进一步抓好竞技体育工作提出了明确的要求，指明了方向。几年来，省委、省政府以及省直有关部门和单位帮助省体育局解决了备战工作中的许多问题，加大了经费投入，出台了有关奖励政策，为备战工作提供了重要的物质支持、政策支持和精神鼓励。省领导多次来省体育局调查研究，了解情况，并指出"体育是社会主义先进文化的重要组成部分，是全面建设小康社会的重要内容，也是构建社会主义和谐社会的有效手段"，勉励大家"坚持以邓小平理论和'三个代表'重要思想为指导，认真贯彻落实科学发展观，紧密结合安徽实际，抓住机遇，掀起全面健身新热潮，再创安徽体育新辉煌，努力把安徽的体育事业搞上去，把安徽人民的精气神提起来，为加快实现崛起、构建和谐安徽做出新的贡献"。省委、省政府领导给予我们体育工作者以充分的理解、支持和信任，为我们营造了宽松的工作氛围。在重大比赛过程中，省委、省政府的领导经常了解我省运动健儿的比赛情况，有的还亲临赛场为我省健儿加油助威，密切关注所取得的成绩。对运动员获得的优异成绩，省委和省政府都发来贺电以示鼓励和慰问。这些都极大地振奋了运动健儿的英勇拼搏、勇创佳绩的信心和决心。

安徽省体育局党组在省委、省政府关心支持下，大胆进行竞技体育管理体制和运行机制的改革，积极构建"体院＋基地＋中心"的"118"格局，努力探索"高、中、初"一条龙的项目发展体系；科学调整运动项目结构，努力与国家优势项目接轨；积极向国家队、解放军队输送优秀后备人才；创新备战工作机制，以金牌课题为抓手，提高运动项目的竞争实力。竞技体育后备人才培养体系逐步完善，共建成国家级体育传统项目学校6所，省级体育传统项目学校106所，省级体育专项特色学校20所。7所高校被教育部批准设立8支高水平运动队。建立国家级高水平后备人才基地3个，省级单项后备人才基地24个。省第十一届运动会周期全省青少年运动员注册人数达12000多人。教练员队伍建设不断加强，竞技体育科技含量不断提高。

2006年，在深刻总结备战十运会周期工作的基础上，省体育局旗帜鲜明地提出了2006—2009年备战周期"奥运夺金，全运突破"的战略目标。从"双争"战略到"奥运夺金，全运突破"，正是这一脉相承的战略目标，引导我们不断提升思想境界，不断提高工作水平，切实加强各项备战工作，促进运动训练科学化水平进一步提高，使竞技体育的整体竞争实力不断得到增强。

改革开放以来，在国内外重大比赛中，我省运动员共获得 880.5 金牌、757 银牌、803 块铜牌。其中，"十五"期间，我省运动员在国内外重大比赛中共获得金牌 137.5 枚、银牌 121 枚、铜牌 159 枚；2006 年至 2007 年共获得金牌 108.5 枚、银牌 82.5 枚、铜牌 91 枚。在奥运会赛场上，从许海峰在奥运会上实现零的突破以来到 2008 年底，共有 53 人次代表中国参加了第 23 届至 29 届奥运会，取得了 2 枚金牌、3 枚银牌、5 枚铜牌。彭萍作为中国女子篮球队主力队员获得第 25 届奥运会银牌；陈珍、刘玉梅、王明星、李兰作为中国女子手球队主力队员获得第 23 届奥运会铜牌；盛泽田蝉联第 25、26、27 三届奥运会古典式摔跤铜牌。邓琳琳获得体操女子团体金牌；许莉获得女子自由式摔跤 55 公斤级银牌；周吕鑫获得男子跳水 10 米跳台银牌。省体育局（省体委）被国家体育总局（国家体委）授予奥运会"突出贡献奖"。

伴随着国家改革开放的脚步，安徽省社会、经济、文化事业得以快速发展，综合省力逐步提高，为我省体育事业的发展提供了原动力，特别是安徽省社会经济的快速发展，为我省竞技体育的发展提供了必要的保障和强大的支持。在竞技体育取得突破的同时，安徽体育事业其他方面也得到了全面、快速发展。

（一）群众体育工作蓬勃开展

全民健身活动形成传统。自 1995 年国务院《全民健身计划纲要》颁布实施以来，各界联手，省市联动，一年一度的全民健身主题系列活动已形成传统，并在江淮大地上掀起了阵阵新高潮。今年的主题是"全民健身、健康安徽"。全省每四年一届的农民运动会、妇女健身大会、少数民族传统体育运动会、残疾人运动会等已形成制度。2008 年，我省圆满完成北京残奥会参赛任务，取得 2 金、1 银、1 铜和 1 个第五名的好成绩；参加第六届全国农民运动会，取得 6 金、5 银、11 铜的好成绩，金牌与奖牌总数均创历史新纪录。

全民健身组织逐步健全。全省 17 个省辖市和 72 个县（市、区）的人民政府成立了全民健身工作委员会，在全省范围内建立了"政府主导、体育部门牵头、相关部门合作、各行业系统协同、社会各界参与"的全民健身组织网络。体育社团工作向规范化、社会化、实体化方向迈进。截止到 2008 年底，全省成立了具备法人资格的体育社团 668 个、省级体育协会 44 个、体育俱乐部 10 个；省辖市成立体育总会 17 个、体育协会 194 个、体育俱乐部 40 个；县（市、区）成立体育总会 35 个、体育协会 300 个；行业系统成立体育协会 28 个。全省共有等级社会体育指导员 23438 名；创建国家级青少年体育俱乐部 119 所、省级全民健身示范晨晚练点 1000 个；建设健身气功站点 550 个。

全民健身设施明显改善。截止到 2009 年 7 月，在全省，用体育彩票公益金共捐建全民健身路径 1693 条，建设国家级"雪炭工程"9 个（其中，建成 5 个，在建 4 个），建成农民体育健身工程 2512 个，建成 6 个国家级、17 个市级、60 个县级的全民健身中心，创建国家级青少年户外活动营地 1 个、省全民健身示范乡镇 62 个。我省合肥市庐阳区和铜陵市区共 20 所学校开展了体育场馆向社会开放试点工作。我省各类全民健身工程受到了广大群众的普遍欢迎，被誉为"德政工程"、"造福工程"、"民心工程"。

全民健身典型不断涌现。"十五"期间，我省 103 个单位被评为"全国群众体育先进单位"，81 名个人被评为"全国群众体育先进个人"，75 个单位被评为"全国全民健身周活动先进单位"，32 个单位被授予"全国全民健身周活动优秀组织奖"。截止到 2008 年底，我省创建全国城市体育先进社区和全省城市体育先进社区共 131 个，34 个县被授予"全国体育先进县"荣誉称号，69 个乡镇和 383 个乡镇分别被命名为国家级和省级"亿万农民健身活动先进乡镇"。

全民健身走上法治轨道。2008年8月22日，省十一届人大常委会第四次会议审议通过《安徽省全民健身条例》（以下简称《条例》），2008年10月1日正式颁布实施。《条例》是继《安徽省实施〈中华人民共和国体育法〉办法》之后，安徽省制订的第二部关于体育事业的地方性法规，在我省体育法制建设史上具有重大意义。为抓好宣传，省体育局还与"中安在线"网站联合创办了"安徽体育频道"，并于今年6月10日安徽省第一个"全民健身日"当天正式开通，这是在全国范围内省级体育行政部门与省级重点新闻门户网站合作的典范。

国民体质监测形成制度。1999年底，省体育局首次发布了《安徽省成年人体质监测公报》。2007年5月，省体育局发布了《安徽省第二次国民体质监测公报》。今年6月17日，省体育局与省直机关工委、省立医院联合开展了省直机关"送健康行动"。

（二）体育经济健康发展

积极培育和规范体育市场。认真贯彻《安徽省文化产业发展纲要》，坚持"体育产业多元化"发展思路，"以体为本"，积极拓展体育竞赛表演、健身娱乐、体育旅游、技术培训等市场。举办体育经纪人培训班，培养了一大批体育经纪人，引导全社会参与体育市场投资、开发与经营。先后颁布实施了《安徽省体育市场管理办法》、《安徽省体育经营监督管理办法》，为进一步规范我省体育市场的经营管理，促进我省体育市场健康发展，使体育在社会化、产业化道路上迈出了可喜的步伐。

认真稳妥做好体育彩票销售。以体育彩票为例，"十五"以来，安徽体彩网点数量由上市时的400多个发展到近4000家，覆盖延伸至全省各市、县以及乡镇，店面形象焕然一新。2001年到2007年，我省共销售体育彩票42.65亿元，为安徽省筹得体育彩票公益金7.09亿元，为全民健身计划和奥运争光计划提供了有力支持与重要保障。

不断加大体育场馆开发力度。加强对公共体育场馆使用管理和经营开发的探索，成立了全省体育场馆协会，召开了全省体育场馆经营管理工作会议。全省公共体育场馆全部向社会开放，场馆使用、经营呈现良好局面。

（三）体育设施明显改善

改革开放以来，尤其是"十五"以来，在各级政府高度重视下，在体育彩票公益金的大力支持下，各地体育场馆建设方兴未艾，取得了显著成果。2004 年，我省第五次全国体育场地普查数据显示，截至 2003 年 12 月，全省共有各类体育场地 23443 个，其中标准体育场地 14485 个、非标准体育场地 8958 个。体育场地总面积 3705 万平方米，其中标准场地 3162 万平方米，非标准场地 543 万平方米。

省级体育训练竞赛和全民健身设施明显改善。1999 年省政府筹资 1 亿元新建了省综合训练馆、省射击馆，改建了省体育馆、省人民体育场、省跳水游泳馆。省体育局自筹资金完成了省体育馆 5000 平方米附馆、运动员公寓楼、体育科技楼、体育康复楼和 15000 平方米的省全民健身活动中心等工程。省"861"重点项目省水上运动训练基地一期工程建设完工并投入使用。安徽体育运动职业技术学院新校区一期工程建设即将完成。石关训练基地训练和生活设施得到全面改造和完善，2008 年 5 月 23 日被国家体育总局批准为"安徽石关国家体育训练基地"。

全省各地体育设施建设普遍得到稳步推进。省会合肥市建成了新的体育中心（包括 6 万人体育场、8 千座体育馆和 3 千座游泳馆及配套健身训练设施）和一座建筑面积近 2 万平方米的健身训练馆。芜湖市投资 4 亿多元建成了现代化体育场、体育馆与射击馆，并于 2002 年成功承办了第十届省运会；淮北市建设了体育馆、体育场、射击训练馆、田径场等设施，体育中心已初具规模；淮南市为承办第十二届省运动会，新建的文化体育中心已基本完工投入使用，并对原体育中心进行了改造和完善。马鞍山市体育馆和体育场、安庆市体育馆、黄山市体育馆、滁州市体育训练馆以及南陵、霍山、祁门、金寨、休宁、怀宁、潜山等一批县级体育馆相继投入使用。另外，六安市、巢湖市、阜阳市、池州市、桐城市体育中心规划已经确定，宣城市、宿州市、蚌埠市以及含山县、和县、阜南县、太和县等都正在进行新的体育中心选址和规划，一批大中型体育设施即将动工兴建。

（四）人才素质不断提高

确立"人才强体"战略。坚持把"以人为本"作为体育人才工作的出发点和落脚点，紧紧围绕体育事业发展的大局，加强体育人才队伍建设。制定了体育人才发展规划，确立了人才队伍建设目标，人才素质不断提高。全省体育系统各类人员达 3632 人（截至 2005 年 6 月底，不含运动员），各类专业人才结构和等级层次有较大变化，83％为体育管理人才和专业技术人才，74.7％达到大学专科以上文化程度。

深化人事制度改革。在干部和人才选拔使用上，拓宽视野，量才使用，扩大民主，规范程序；加强骨干人才队伍的建设，配齐配强竞技体育一线领导班子；加强事业单位分类管理，积极探索有利于调动体育人才积极性、创造性的收入分配和奖励制度；事业单位实行竞争上岗、岗位聘用、考核管理、奖励约束等管理方式，建立和逐步完善目标管理、考核评价和激励机制；深化教练员专业技术职称评审改革，促进优秀人才脱颖而出；加大体育管理干部和各类专业技术人才的培训教育力度，建立了教练员选拔使用、岗位培训、体育管理干部培训制度，提高人才队伍的整体素质；引进聘用国内外高水平教练员，改善教练员队伍结构；成立了安徽体育运动职业技术学院，培育高水平竞技体育后备人才，培养高精尖竞技体育人才，培训高质量各类体育技能人才，探索初中高一条龙的训练体制和科教训一体化的管理模式；改革优秀运动队管理体制，实行优秀运动员聘用制和退役货币化安置，建立和逐步健全优秀运动员保障体系，促进竞技体育队伍健康、可持续发展。

（五）体育法制逐步完善

体育立法取得突破。由两部地方性法规、三部政府规章、两份省委省政府纲领性文件和一系列体育类规范性文件构成的我省体育法规体系框架初步建立。1984年3月、1998年11月和2003年3月，省政府三次召开全省体育工作会议。会后，省委、省政府印发了《关于进一步加快体育改革和发展的决定》和《关于加快新时期体育发展的意见》2份纲领性文件。省人大常委会颁布了《安徽省实施〈中华人民共和国体育法〉办法》、《安徽省全民健身条例》（2008年10月1日起实施）。省人民政府颁布了《安徽省体育市场管理办法》、《安徽省体育设施管理办法》和《安徽省运动员选招、培养、退役安置管理工作办法》3部体育类政府规章。行政许可法施行后，针对《安徽省体育市场管理办法》实施中遇到一些新情况、新问题，省政府及时废止了该办法，2005年颁布施行了《安徽省体育经营监督管理办法》。省人大批准实施了合肥市人大制定的《合肥市体育市场管理条例》。

制度建设方面成果丰硕。出台了《安徽省群众体育发展规划（2001—2010）》、《安徽省全民健身工程管理办法》、《安徽省青少年体育俱乐部管理办法和安徽省青少年体育俱乐部考核评估细则》、《安徽省社会武术管理办法》、《安徽省健身气功管理办法》、《安徽省有突出贡献的运动员教练员奖励暂行办法》、《安徽省优秀运动队教练员成绩津贴发放办法》、《安徽省青少年竞赛管理办法（试行）》、《安徽省体育竞赛裁判员管理办法（试行）》、《安徽省单项后备人才基地管理办法》、《安徽省输送运动员奖励办法》等。

安徽省体育局被国家体育总局授予"全国体育法制工作先进单位"称号。

（六）管理效能日益提高

体育管理工作连上台阶。管理制度从零散到规范形成体系，管理方式从粗放到集约，管理手段从落后到先进，管理方法从经验到科学，管理目标从效果到效能。改革开放以来，特别是"十五"以来，安徽省体育局及各地体育行政部门坚持以效能建设为核心，坚持不懈开展"学习型、服务型、阳光型、效能型、节约型"机关创建活动，建立健全并认真贯彻落实办文办事限时制、首问负责制、责任追究制、超时默认制、否定报备制、失职追究制、政务工作通报制、政风评议制和工作例会制度，以岗位责任制明确工作职责，以服务承诺制明确服务要求，以公示制推行政务公开，以公开评议制强化民主监督，以失职追究制严肃工作纪律。政务公开途径不断扩大，监督检查制度得到落实，效能建设长效机制基本形成。建成了联结全省体育系统的自动化办公平台和面向世界的安徽体育网，办公方式手段逐步实现现代化，工作成本有效降低，工作效率不断提高。

党风廉政建设成效显著。省体育局党风廉政建设的主体明确、目标明确、责任明确，反腐倡廉制度建设不断完善，建立了领导班子民主生活会制度、中心组学习制度、年度目标考核制度、领导干部述职述廉制度、重大事项报告等制度；每年坚持"党风廉政警示教育月"活动，反腐倡廉专题学习研讨活动，不断筑牢思想道德和党纪国法防线。不断加大赛风赛纪的监管和反兴奋剂工作的力度。体育外事围绕中心，重点突出，交流合作广度和深度不断加大。体育教育、科研、宣传等各项工作都有长足发展。

回顾新中国成立60年来尤其是改革开放30年来安徽体育事业的发展历程，我们深刻地感受到，国家的兴旺发展才是体育事业发展的不竭源泉。改革开放30年是中国经历历史性变革、取得历史性成就的30年，也是中国体育实现大发展、大跨越的30年。在党和政府的亲切关怀和坚强领导下，沐浴着中国改革开放政策的春风，依托于经济发展和综合国力增强的巨大推动，中国体育事业突飞猛进，取得了举世瞩目的成就。

党的十七大全面描绘了中国特色社会主义事业发展的宏伟蓝图，也为体育事业下一步的发展指明了奋斗方向。当今时代，体育扮演着越来越重要的角色。体育不仅是一个国家和地区综合实力的展示，是国民素质的集中体现；它更是民族凝聚力的重要源泉，为发展民族创造力奠定健康体魄这一重要物质基础。随着国家发展、人民生活水平日益提高，体育服务业发展能量将持续不断释放，体育消费热点不断扩散，丰富多彩、科学文明、健康积极的体育需求正逐渐成为人民群众基本的民生需求之一。可以说，面对全面建设小康社会新目标、新任务这一新的历史起点，体育已经不再仅仅是"强身健体、愉悦身心"的身体运动，正如国家体育总局刘鹏局长所说，体育已经"成为一种教育手段、一种生活方式、一种精神载体、一种财富源泉"，从而在新时期建设中国特色社会主义的历史舞台上，在全面建设小康社会、构建社会主义和谐社会进程中，具有越来越重要的地位，发挥更加活跃、更加积极、更加全面的综合作用。

回顾60年发展历程，安徽体育事业承受过挫折的痛苦，享受过辉煌的喜悦，体验过从事体育工作的艰辛和光荣；展望未来，安徽体育人豪情满怀，充满了必胜的信心和取得突破的力量。

体育事业发展任重而道远。安徽体育战线将紧密团结在以胡锦涛同志为总书记的党中央周围，高举邓小平理论伟大旗帜，认真实践"三个代表"重要思想，贯彻落实科学发展观，大力弘扬中华体育精神和黄山松精神，在新的历史时期里，进一步解放思想，实事求是，与时俱进，落实创新，努力开创我省体育事业新局面，不断取得新突破，为中国体育事业发展，为和谐社会建设做出新的努力！

沧桑巨变 60 年
福建体育 10 亮点

福建省体育局局长　徐正国

60 年，在历史的长河中只是短暂的一瞬间，但对福建体育而言，则是沧桑巨变，任何时代与之都无可比拟。

60 年，福建体育的飞跃发展与全国其他省份一样，都沐浴着新中国灿烂的阳光和改革开放和煦的春风，都与党和政府关心重视体育，把体育纳入社会发展的大格局息息相关。

60 年，福建体育的发展有其独特之处，呈现出鲜明的历史特性、区位特点、时代特色，亮点频现。

一、沧桑巨变 60 年

近 60 年的福建体育，经历过蓬勃的发展，也遭遇过事业的低谷；既有"文化大革命"时期体坛衰败一片荒芜，又有体坛名将不时涌现享誉中外。

福建地处祖国东南部，东海之滨，与台湾省隔海相望，福建与台湾源远流长，关系密切，台湾同胞中 80% 祖籍福建。福建居于中国东海与南海的交通要冲，是中国距东南亚、西亚、东非和大洋洲最近的省份之一。

与此独特的地域特色相关联，鸦片战争后，全国共五个通商口岸福建就有两个。另一方面，教会学校兴办，时兴现代教育，这使福建较早的与现代体育结缘。近 60 年福建体育事业的兴盛发达，与此有着一定的传承关系。

（一）欣欣向荣的群众体育

群众体育的蓬勃发展是福建体育近 60 年发展的重要内容，也是体育事业服务于民的主要体现，群众体育的发展让福建体育事业发展拥有了更加坚实、广泛的群众基础。下面几组数字形象地说明了福建群众体育的发展情况：

1. 体育场馆建设

新中国成立之初，整个福建省仅有 48 个残破不堪的体育场馆，而在 2007 年体育场馆普查时，全省体育场馆达 4 万多个，还不包括遍布城乡近万个（条）全民健身路径和农民健身工程点。

2. 人均体育场地面积和体育人口

新中国成立之初，人均体育场地面积粗略统计不足 0.05 平方米，1997 年全国体育第一次场地普查人均达到 0.59 平方米，2004 年再次全国体育场地普查时，福建人均占有体育场地面积为 1.18 平方米。7 年间增长了一倍。

体育人口，建国之初主要集中在学校和个别部门，人数甚微，目前全省三分之一以上的人口参加经常性体育活动，全省体育人口数达到 1300 万。

3. 建立了全民健身管理体系和运行机制

目前福建省有超过一半的县、市（区）达到"全国体育先进县"标准。

体育活动中心以及健身点遍布全省社区和乡村，现有 4300 多名社会体育指导员活跃在全省 11879 个活动点上。同时，全省还兴建了 387 个国民体质监测站（点）。

全省有 673 所体育传统学校，业余体校在校生达到 10409 人。全省有 559 万学生达到《国家体育锻炼标准》，占学生总数 93%。

1995 年以来，每年一次的全民健身周，定期举办的老年人运动会、农民运动会、少数民族运动会、残疾人运动会、职工运动会、海峡妇女健身大赛等赛事，使群众体育活动丰富多彩，形式多样。

看现在，大众体育生机勃勃，回望新中国成立前，福建体育活动只是富人的游戏和部分教会学校之间开展的活动。即便在新中国成立之初，体育活动也少有人问津，据《福建地方志》和当时的报纸记载，1951 年，当时省会城市福州，城乡共有 3000 人学做广播体操，就成为当时的新闻。

（二）跨越发展的竞技体育

福建竞技体育发展 60 年间，从无到有，从弱到强，在队伍建设、项目设置、人才培养、运动成绩和训练基地建设等方面都有着巨大的飞跃。

福建现代竞技体育，尤其是田径在中国近现代史上扮演着先锋的角色。鸦片战争洞开国门后，在 19 世纪中叶，美国公理会、归正教会和英国长老会等，相继在福建沿海兴办教会学校，开始现代体育教育。至 18 世纪末，在福建沿海现代体育如体操、田径、球类等都有所开展。

尽管有此特殊历史因素和区位特点，能够较早与现代体育接触，出现个别体育明星，也有运动员参加远东运动会和奥运会，但没有一项世界大赛冠军，也没有一枚真正意义上的国际比赛金牌。应当说，近代史上，福建体育基本是在民族、传统的框架里缓慢地运行。食不果腹，愁煞生计的民众无暇顾及体育，现代体育某种程度上还是少数人的专利。

新中国成立后，党和政府把体育作为促进社会发展、提高民众健康的新层次加以认识。体育传统的深厚、现代体育的早期影响、群众体育的普及，使得福建竞技体育焕发异彩。

塔基深厚塔尖高。据不完全统计，至 2008 年，福建共获 122 项世界冠军，其中七枚奥运会金牌，145 项亚洲冠军，创造和超过 41 项世界纪录、亚洲纪录。

福建竞技体育在新中国成立初期，就有优秀运动员不仅在国内比赛中取得优异成绩，在国际比赛某些项目中也占有一席之地。泳坛名将吴传玉，1952 年 7 月，在芬兰第 15 届奥运会百米仰泳比赛中，以 1 分 11 秒的成绩，为新中国运动员第 1 个在奥运会上写下纪录；1953 年 8 月在罗马尼亚布加勒斯特国际青年友谊运动会上，吴传玉以 1 分 8 秒 4 的成绩获100 米仰泳冠军，这是新中国运动员在国际比赛中获得的第 1 个冠军，五星红旗第一次在国际体坛升起。

在 1959 年和 1965 年的第一届、第二届全运会上，福建代表团成绩名列全国第 7 位和第 8 位。福建沿海，内陆多山，居民祖籍多为中原移民，华侨众多，受饮食、地理因素影响，交融并汇中形成特色，弹跳力较好，因此福建重点在小、巧、灵及跨跳项目发展。1963 年在印度尼西亚举行的第一届新兴力量运动会，福建有 12 名运动员参加羽毛球、游泳、田径、排球等项目的比赛，共获 7 枚金牌，居各省前茅。福建羽毛球队首先倡导"快、狠、准、活"的技术风格，率先冲出亚洲，走向世界。汤仙虎等羽坛名将，在单、双打中多次打败世界冠军，成为无冕之王。田径名将倪志钦，1960 年突破 2 米大关后，13 次刷新全国纪录，最后以 2.29 米打破世界纪录。福建男子篮球队以"小个打大个"的快速、灵活的战术闻名国内篮坛，受到国务院贺龙副总理表扬。

10 年"文化大革命"，福建体育遭受浩劫。改革开放之后，国家兴，体坛旺。当时，羽毛球、乒乓球、排球、田径项目名将辈出。至 21 世纪，福建竞技体育更是走上快车道。

2004 年福建 12 名运动员参加雅典奥运会，获得 1 金 2 银 1 铜，参赛人数和成绩都创历史之最。

在 2005 年举办的 10 届全运会，又取得 17 金 12 银 14 铜，总分1063.5 的优异成绩，是福建参加历届全运会的最好成绩。在 2006 年多哈亚运会上，18 名运动员上阵，又取得 15 金 3 银的历史最好成绩。

举世瞩目的北京奥运会上，福建运动员又取得 3 金 2 铜和一枚武术金

牌的历史最好成绩。福建省委、省政府给予嘉奖,表彰福建体育实现了
"历史性的跨越"。

一步一脚印,一步一前行。福建体育曾是福建的品牌,也为中华民族
屹立于世界民族之林增光添彩。

二、蓬勃兴旺的体育产业

60 年前,福建体育产业几乎为零。改革开放前,福建体育产业发展
也停滞在小规模、小作坊,全省寥寥无几的体育商家卖的都是外来品。以
致在记载 1950 至 1978 年的《福建省志·体育志》中,没有关于体育产业
的记载。

福建体育产业是沐浴着改革开放的春风,如雨后春笋般蓬勃成长。福
建体育产业主要有体育用品业、体育健身娱乐业、体育彩票业等。其中体
育用品业、体育彩票业在全国处于领先地位。就体育用品业而言,仅在晋
江、石狮两个县级区域中就有各类体育用品业 1000 多家,占全国总产量
的 25%。在每年召开的全国体育用品博览会上,有四分之一的参展企业
为闽字号。晋江市也是全国唯一的县级"国家体育产业基地"。

福建体育彩票发行走"优质服务、公平诚信、科技创新"之路。全
国首家在全省引进电子化联网管理,发行量人均列在全国前列。近 5 年平
均发行额超过 20 亿元,其中 2008 年超过 30 亿元。

与此同时,竞赛表演业、健身娱乐业、休闲旅游业、场馆建筑业等也
有较快的发展。厦门马拉松、邵武全国汽车拉力赛、海峡龙舟赛、石狮全
国龙狮邀请赛等影响力和规模都在不断扩大。全国注册的体育休闲俱乐部
达 390 多个,体现地域特色的闽台体育夏令营、海钓、山海游等蓬勃兴
起,促进体育产业向纵深发展。

三、福建体育的特性、特色、特点

60 年一甲子，福建体育天翻地覆、沧海巨变，这 60 年巨大变化中，呈现出独特的历史特性、典型的区域特点和鲜明的时代特色。

（一）兼收并蓄的历史特性

福建居民绝大多数是中原迁徙而来，以至中原大地不同地域的传统体育随着迁徙而融汇在东海之滨；唐、宋、明时期，福建泉州和长乐又是海上丝绸之路起点和郑和七下西洋的聚集地，对外交流使福建体育在历史上就有异域的影子。

鸦片战争后，中国五个通商口岸，福建就有两个。19 世纪中叶，美国、英国等在福建沿海举办教会学校，这些学校现代教育体育课中，有田径、体操、球类等，使福建在中国近代史上较早与现代体育结缘。《中国近代体育史》有这样叙述："我国最早的近代田径运动，出现在福建省莆田的培元书院"。事实如此，1907 年，中国的绝大多数学校按清朝学部要求开始设立体育课时，福建沿海学校现代体育课已经普遍开设。也就在这一年，莆田培元书院（现莆田二中）已举办学校田径运动会了。这种独特的历史特性，说明福建体育的传承关系和今天腾飞所包含的历史积淀。

（二）滨海、侨乡等区域特点

福建体育另一个是侨乡特色。新中国成立以后，归国侨胞怀着对振兴中华的满腔激情，把在异国他乡所学的体育技艺奉献给祖国。福建羽毛球运动蓬勃开展就是典型的例子。

福建地处沿海，饮食中多为海产品，摄取蛋白质含量高，造就了一批能跑擅跳的福建人。因此，福建运动员在田径中跨跳项目上特别出色。这一点在下文"亮点"中可以见证。

（三）苏区和国防体育的时代特色

福建体育还带有历史烙印的苏区体育和前线体育的时代特色。

第二次国内革命战争时期，中国共产党和工农红军充分利用闽粤赣、闽浙赣边区结合部山高林密，地势险要，资源丰富，人民觉悟高的条件，创建了大批革命根据地。体育作为实现军事化的一种重要手段，受到党和政府的高度重视，成为军民日常生活不可缺少的一部分；体育也是苏区各级各类学校的一门必修课。初级列宁小学规定每周要有 8 个小时的游艺课。红军中体育运动开展的更是普遍，经常举行各类体育竞赛。从 1930 年 3 月至 1934 年 9 月，见诸《闽西苏区体育竞赛序列表》就达 31 次。苏区的体育组织更是完善，1929 年闽西特委要求每乡要设俱乐部，开展体育活动。

这种苏区的体育传统应当说至今仍有影响。北京奥运会上龙岩苏区包揽了福建 3 枚金牌，与此不无关联。

福建地处海防前线，从 20 世纪 50 年代至 80 年代的 30 年间，国防体育运动在军区和体委的双重领导下得到广泛开展。据 1956 年至 1965 年的不完全统计，全省参加各项国防体育活动的人数累计达到 605 万人次。

国防体育开展的项目有：军事野营、射击、摩托车、无线电、航海多项、航空模型等，全省各行各业都有人参与，尤其在战备期间，福建的国防体育更是开展得广泛和深入，影响着现代竞技体育的发展。这种鲜明的富有时代特征的福建苏区和国防体育，在其他省份是无法看到的。

四、福建体育十亮点

福建体育，中国体育大舞台上一颗闪亮的明珠，走出了新中国第一个国际大赛的冠军，奠定了新中国羽毛球事业发展的基础；福建田径，曾经扮演了中国现代体育的先锋，福建男篮，创造了小个打大个的神话，福建举重，仍在闪耀举重台上的五环之光；福建儿女，在中国排坛、乒坛跳跃，在水上、空中舞动，充分展现着拼搏的勇气和娟秀的灵气。福建是国家级体育训练基地最多的省份，富有特色的全国农运会在文化古城泉州成功举办，厦门马拉松赛更让世界的眼光聚焦福建。这点点滴滴，是福建体育事业发展的亮点，展示了福建体育的风采，汇聚了福建体育人的汗水，也为中国体育事业增光添彩。

（一）吴传玉——新中国成立后的第一个世界冠军

吴传玉，中国男子游泳运动员。1928年出生于印度尼西亚沙拉笛加，原籍福建漳州龙海市。吴传玉自幼喜爱游泳，立志要为祖国争光。青少年时期，他就在印度尼西亚泳坛夺得全国冠军，威名远震，被选为印度尼西亚国家游泳队队员参加国际性游泳比赛。身在异国他乡的吴传玉时刻牢牢记着自己的祖国在北方，自己的血管里流动着中国人的血。1949年10月1日，中华人民共和国宣告成立，中国人民从此站起来了。思念之心，望乡之情在吴传玉的心中激荡。1951年，23岁的吴传玉毅然决定回到祖国，为新中国的体育事业而奋斗。1952年，他作为中国体育代表团成员参加第15届奥运会游泳比赛，成为新中国第一个出现在奥运会赛场上的中国运动员，也是新中国在奥运历史上留下比赛成绩记录的第一人。

1953年8月9日，首届国际青年友谊运动会在罗马尼亚首都布加勒斯特隆重举行，这是仅次于奥运会的最大规模的综合性国际运动会，吴传玉参加了这次运动会的游泳比赛。下午四点，男子100米仰泳比赛的枪声打响，吴传玉凭借高速的划频、转身的技巧、旺盛的体力以及坚强的意志，以1分8秒4的优异成绩夺得冠军，五星红旗第一次在国际体坛的赛场上冉冉升起，国歌第一次在外国人的惊叹和赞誉中雄壮奏响。这是新中国在国际性大赛上赢得的第一枚金牌，这是一枚对新中国体育史、对大业初创的新中国都有着深刻意义的金牌，它刻写着新中国体育健儿的骄傲和不屈，每一个炎黄子孙无不为这一历史性的突破而深感自豪。

1954年7月间在参加国际学联组织的第12届世界大学生夏季运动会游泳比赛中，分别获得100米仰泳（1分6秒4）和100米蝶泳（1分7秒1）两枚银牌。同年当选为第一届全国人民代表大会代表。正当这颗泳坛明星将为人们放射出更耀眼的光芒时，1954年10月在赴匈牙利比赛的途中，因飞机失事遇难，年仅26岁。

1955年，周恩来去印度尼西亚参加万隆会议，一下飞机，对随从人员说的第一句话是："我要去看吴传玉的父母！感谢他们为祖国培养出这样好的儿子！"吴传玉为祖国赢得了荣誉、理解与尊重，吴传玉也赢得了祖国人民的信任、爱戴和尊重。他精湛的技艺和杰出的成绩让世界真实地感受到"中国"这两个字的分量和光彩！

（二）福建——新中国羽毛球事业的发祥地

福建是全国开展羽毛球运动最早的省份，早在20世纪30年代末，福建省沿海城市就开始普及羽毛球活动。同时，侨区优势也是推动福建羽毛球运动蓬勃发展的重要因素。1953年后，在印度尼西亚、马来西亚等地归国华侨学生的带动下，全省羽毛球比赛频频举行。1955年12月，全省羽毛球比赛在福州举行，国家体委派出王文教、陈福寿、黄世明、施宁安4位福建籍归侨运动员回省表演，极大推动了福建羽毛球运动的开展。1956年12月，福建省羽毛球队正式成立，杨人燧、黄彰隆、林小玉、黄彬、郑翠琼、林秀亮2男4女成为第一批运动员。1957年，林丰玉、王文教、陈福寿、陈家琰等优秀教练员和运动员由国家体委派回福建羽毛球队，使福建省羽毛球队真正成为一支具有较强实力的优秀运动队。

从50年代中期到60年代初，福建羽毛球运动水平在全国都占有绝对领先的地位。1957年3月，由王文教、陈福寿等4名福建籍运动员组成中国羽毛球队访问印度尼西亚，取得30胜、15负的成绩，首次战胜世界羽坛强国印度尼西亚。1957年王文教、陈福寿获国家羽毛球运动健将称号，这是福建省的第一批体育运动健将。60年代初，又有汤仙虎、张铸成、吴俊盛、颜存彩、薛从良等一批侨生回国加入省队，带回国际羽坛新颖技术，增强了全队的实力，并运用一套新的适合羽毛球专项特点的训练方法，形成快、狠、准、活的技术风格，运动技术水平迅速提高到世界先进行列。1963 年，福建队以 3∶2 战胜印度尼西亚队，同年 11 月在雅加达举行的新兴力量运动会上，汤仙虎获男子单打冠军。在 1963 年至 1975 年的 12 年间，汤仙虎在国际羽坛上保持了一场不败的最佳战绩，成为羽坛无冕之王。

1966 年开始的"文化大革命"，冲击了福建羽毛球运动，省队被解散。随后，杨人燧等在上杭开办羽毛球班，培养青少年选手，为全省青少年业余体校办羽毛球班开创了一条新路，培养了众多的优秀体育后备人才。1972 年 1 月，在周恩来总理的关怀和批示下，国家体委成立羽毛球队，在 14 名教练员、运动员中，有 8 名是福建输送的。与此同时，福建省羽毛球队也重新组建，并派出林丰玉等多位教练员帮助外省建队。1976年，林丰玉获选亚洲羽毛球联合会教练委员会主席，1986 年和 1987 年，国际羽联先后向福建省体委主任李威及优秀教练员林丰玉、陈福寿、杨人燧、林建成、汤仙虎等颁发了贡献奖和"卓越贡献奖"奖章和证书。

80—90 年代，福建羽毛球队在国内外羽坛激烈竞争中发展壮大，培养了栾劲、林义雄、林江利、陈天龙、陈跃、陈瑞珍、林瑛、吴迪西、郑昱鲤、周金灿、张强、张青武、陈红勇、郑昱闽、施文、吴宇红、林立文等世界冠军。林瑛还是福建省获得羽毛球世界冠军最多的优秀选手，先后12 次勇夺世界冠军。从 1990 年至 1996 年，福建羽毛球队继续保持国内强队的水平，男队共夺男子团体"七连冠"，培养了余立志、胡芝兰、陈宏、吉新鹏等优秀选手。

2004 年悉尼奥运会，吉新鹏摘取羽毛球男单冠军奖牌，2008 年北京奥运会，林丹也不负众望，获得了羽毛球男单冠军。福建运动员用自己的智慧和汗水，让五星红旗在奥运会羽毛球赛场上高高飘扬。

作为中国第一支羽毛球队，福建羽毛球队经历了半个世纪的艰辛历程，度过了千辛万苦的征战岁月，全力为中国羽毛球事业抗争、奋斗、追求，实现了光荣的梦想，为新中国羽毛球事业的发展奠定了雄厚的基础，取得了值得中国体育界和中国人民为之自豪的光辉成绩，先后为国家培养了20名世界冠军和两位奥运单项冠军，目前这一成绩还占全国之首，被誉为"冠军的摇篮"。先后培养了一大批驰名国际羽坛的优秀教练员、运动员，其中5名国家级教练员、8位优秀教练员、17名运动员荣获国家"体育运动荣誉奖章"、20人达到国际运动健将标准、69名达到国家运动健将标准。在全国比赛中，福建运动员共有63人获得217次冠军，在28次全国团体赛中，男女队共夺得22次冠军23次亚军。

光辉的历史是一种骄傲，更是一种鞭策，带着这份骄傲，福建羽毛球队不断探索新的发展模式。全运会后，福建省羽毛球队与厦门羽毛球队实现了强强合作，营造了一种互利互惠、合作共赢，共同发展的道路，双方在队员选拔、合并训练、共享资源等方面都进行了有益的尝试，整合了一支集全省之力的优秀队伍。我们有理由相信，福建羽毛球运动的水平将会不断提高，福建羽毛球将为中国羽毛球事业书写更加辉煌的篇章。

（三）福建乒羽——乒坛、排坛上的龙飞凤舞

乒乓球运动是福建人民喜闻乐见的群众性体育活动。20世纪初，乒乓球运动首先在福州、厦门两地的基督教青年会和一些中、小学校中开展，然后推广到社会各界。30年代，厦门的乒乓球运动由于受港、澳和广东的影响，特别是当乒乓球选手周自西从日本学成归国，带回了远台两面攻技术及胶皮球拍，乒乓球运动便被推向新的高潮。1958年为迎接第一届全国运动会，福建省成立乒乓球集训队，由谢寿华担任教练，男女队员共14人。1959年全运会后，福建省乒乓球队正式成立，男女队员共21人。

福建乒乓球队从建队到1987年，男队一直保持在全国甲级队之列，女队于1983年获乙级联赛冠军，晋升甲级队，1987年获第6届全运会女子团体第4名。30年来，共向国家队输送了廖文挺、林希孟（女）、郑怀颖（女）、林维（女）、郑纪益、吴季辉，柯铮云、李光祖、郭跃华、陈新华、苏千滨、许增才、涂剑凌、朱娟（女）、陈子荷（女）、林秀珍（女）等16名优秀运动员。他（她）们在国际重大比赛中，共取得金牌

32 枚、银牌 13 枚、铜牌 9 枚。90 年代后期，福建省乒乓球队培养出了王熹、林菱等优秀运动员。

随着乒乓球比赛交往的增多，各种打法互相取长补短，乒乓球技术得到迅速地发展。这一时期，福建省乒坛好手辈出，打法多样，技术全面，达到世界先进水平，如郑怀颖的直拍近台快攻打法，郭跃华的直拍快攻结合弧圈球打法，陈新华的横拍削球打法，许增才的两面拉弧圈球打法，陈子荷的直拍长胶打法，他们均在国内外重大比赛取得优异成绩。1980—1982 年，以郭跃华、陈新华、许增才为主力队员的福建男队，两度获得全国乒乓球甲级联赛男子团体冠军。男队还荣获"省新长征突击队集体标兵"称号。

从女运动员郑怀颖第一个夺得世界冠军，到郭跃华获得 8 次世界冠军，陈新华获得 3 个世界冠军，陈子荷获得奥运会女双亚军和 5 个世界冠军，福建乒乓球项目进入最辉煌的时期。他们为福建争得了许许多多的荣誉，郑怀颖、郭跃华、陈新华共 8 次荣获国家体委颁发的体育运动荣誉奖章，在此期间，还涌现出了许多国际级运动健将和国家级裁判员。

福建，也是著名的中国排球之乡。福建男、女排球队于 1957 年先后成立，至今度过了 52 个年头。从男女排球队诞生的那一刻开始，福建排球便在中国排球运动的诞生、崛起、称霸的历程中起到举足轻重的作用。1961 年和 1964 年，福建省男女排球队先后跨进全国甲级行列。在这期间，福建队向国家队输送了戴廷斌、林亚鸣、洪志敏、苏彩霞等优秀选手。

"文化大革命"十年浩劫，福建排球也遭重创。直至 1971 年，沉寂多年的排球运动得以复苏，福建省排球队的训练工作才恢复正常。1978 年，全国排球比赛恢复等级制，福建省排球运动技术水平均居于全国排球甲级队行列，男排首获全国冠军。男排汪嘉伟、郑宗源、郭明、徐真、张建新和女排许秀梅、陈亚琼等都是这个时期福建输送的优秀选手。特别是 20 世纪 80 年代，阵容整齐的福建排球队迎来了第一个黄金期。1983 年和 1987 年，福建省男、女排球队首次分别获第 5 届全运会男排比赛冠军和第 6 届全运会女排比赛冠军。以"快速、灵活、多变"蜚声排坛的福建男排，在五运会冠军的同时，两次夺得全国联赛冠军、三次全国亚军、四次全国季军……这些都已经被载入了福建体育的荣誉簿。这一时期，福建排球队向国家输送了郑美珠、侯玉珠，被国人亲切的称为"双珠"。以"双珠"为代表，福建排球水平也达到一个新高峰。从福建漳州女排训练基地走出来的中国女排，创造了"五连冠"的辉煌，铸就了曾经影响一代人的如雷贯耳的光荣称号。在"双珠"之后，福建女排还输送了李艳、王子凌、林汉英等一大批优秀国手。

跨入新世纪，福建排球孕育新希望。2004 年雅典奥运会上，陈忠和率领英雄之师中国女排夺回了阔别已久的奥运冠军，为家乡人民赢得了弥足珍贵的荣誉，当晚整个中国都沸腾了。2006 年 2 月，身高 1 米 96 的福清女孩徐云丽入选国家队，人们期待着这位高妹能再现八闽女排的明星辉煌。

作为福建竞技体育近年来最大亮点之一，新兴的福建沙滩排球值得浓墨重彩。福建沙滩排球队于 1997 年成立，随后便取得飞跃性发展。在建队当年，福建男沙便在全国比赛上获得一次第三、一次第八的佳绩。近年来，福建沙排水平跃升，滕茂民和庄重勇夺 2001 年九运会男子冠军，洪丽娜、林石羡玲获得 2002 年亚洲锦标赛女子冠军，2005 年洪丽娜、张莹获得第 10 届全运会女子第四名。2006 年，薛晨、李健均收获了多哈亚运会沉甸甸的金牌。2007 年，薛晨获得女子世界锦标赛的第四名，李健获得男子世界锦标赛的第七名的喜人战绩。2008 年，薛晨与队友张希在北京奥运会上夺得女子沙排比赛季军。

除了耀眼的球星，福建排球还培养了一大批征战沙场、指挥若定的名教练：戴廷斌、陈忠和、汪嘉伟、陈玉霖、许文新……

福建健儿在世界乒坛、排坛上龙飞凤舞，演绎出了乒乓球、排球运动精彩的魅力，他们的辉煌，让历史铭记。

（四）福建田径——扮演中国现代体育先锋

福建近代田径运动是随着国外资本主义军事、商业的入侵而传入中国，引进福建。自传入到初步发展，福建田径运动经历了晚清、民国半个世纪，是福建体育开展较早的运动项目。据《中国近代体育史》记载，莆田培元书院是我国近代田径运动出现最早的学校。到 20 世纪 30 年代，福建城市中的学校及沿海一些县级学校基本上都开展了田径运动。1910年，我国现代体育先驱，厦门鼓浪屿人氏马约翰，代表就读学校（上海圣约翰大学）参加旧中国第一届运动会，获得男子 880 码赛跑冠军。新中国成立之前的半个世纪内，福建也涌现出了不少优秀选手，在男子短跑、跨栏、跳远、三级跳远、全能、男女铁饼等运动项目上破创过全国纪录，但福建田径运动总体水平很低。

新中国成立后，田径运动得到了党和政府的极大重视，在各级体委部门的统一领导下，群众性的田径运动广泛开展。1951 年，福州、厦门、龙溪地区就开展了规模巨大、民众广泛参加的以田径竞赛为中心的地市运动会；1952 年，福建省举办了新中国成立后首届全省人民体育运动大会，掀起了田径运动的热潮。1957 年 7 月，福建省田径队成立，一大批优秀田径运动员从这里走出，走向世界田径赛场，倪志钦就是其中的杰出代表。从 1961 年 8 月 29 日在北京以 2.10 米创男子跳高全国新纪录开始，到 1966 年 11 月 30 日在金边"亚洲新运会"上越过 2.27 米，倪志钦共 13 次创全国男子跳高新水平，并列当年世界男子跳高之首。同期破全国纪录的还有余建华、苏振国的男子十项全能，郭春波、张武纪的撑竿跳高。同时，郭春波、张武纪、许加达、庄志波、陈慧军、肖光弟、蔡长希等人入选国家田径集训队。福建田径运动崭露头角。

正当福建田径技术水平和运动成绩自第二届全运会后持续向前发展，一批年轻选手茁壮成长，新老交替顺利时，十年动乱开始了，福建体育事业受到重创，尽管 1970 年 11 月 8 日，倪志钦在湖南长沙跳出了世界纪录，但福建田径运动水平依然迅速倒退。

进入 70 年代，福建田径运动开始复苏。1971 年，福建省组织了一次全省田径运动员集训，1972 年，各级业余体校重建，田径运动中断几年后重新启动。从 1971 年开始，福建省以田径为主的省级比赛不断举办，还组队参加了第三届、第四届全运会，年年参加华东田径分区赛和全国田径运动会，福建田径事业得到了新生，一批 50、60 年代的优秀教练员、运动员重返福建田径队和各级体校担任教练员，使田径训练又走入了正轨，运动成绩得到较快的提高。倪志钦、蔡长希在第 7 届亚运会上分获男子跳高、男子撑竿跳高银牌；郑达真、陈光辉在第 8 届亚运会上分获女子跳高、男子撑竿跳高的金、银牌；刘玉煌、郑达真、蔡长希、陈光辉、翁康强分别多次创全国新纪录，他们为福建田径走向国际、冲出亚洲作出了成绩，也为福建田径运动的飞跃吹响了进军号。

党的十一届三中全会后，改革开放的年代，福建田径运动人才辈出。继倪志钦之后，又涌现了一批活跃在国际田坛的优秀选手，郑达真、刘玉煌、翁康强、陈泽斌、刘华金、梁学仁、陈尊荣、陈燕平等，他们在奥运会上争名次，亚运会上夺锦标，为国争光、为闽争誉。先后破创女子跳高、男子跳远、男子撑竿跳高、男子三级跳远、女子 100 米栏、男子十项全能的亚洲纪录（或室内纪录和亚运会纪录），取得了出色的运动成绩，从而使福建田径运动，列入全国田径重点项目的人才基地。福建"四跳"10 年成就在国内举足轻重、在国际屡有影响。刘玉煌、郑达真在 1984 年美国洛杉矶第 23 届奥运会上分别以 7.99 米、1.91 米分获男子跳远第 5 名、女子跳高第 7 名，这是福建田径史上进入奥运会田径决赛录取名次的最先二人。同届奥运会福建省男子十项全能选手翁康强、女子 100 米栏刘华金在比赛中分别创全国新成绩。刘玉煌 1981 年在第 11 届世界大学生运动会上以 8.11 米创亚洲男子跳远纪录并获银牌，被列为中国 1981 年"体育十大新闻"之一；郑达真在 1981 年 1 月被美国《妇女田径世界》杂志评选为"亚洲田径女明星"之首。刘玉煌、刘华金、陈尊荣、陈燕平还代表亚洲队分别参加第三、四、五届世界杯田径赛，并分别进入各赛项的第四、五、六名，为中国、亚洲田径运动作出贡献。而在第七、八、九、十、十一届亚运会上，福建省田径选手共为国家夺得金牌 8 枚、银牌 6 枚、铜牌 1 枚，为中国田径总分冠亚洲作出成绩。因此，刘玉煌、刘华金、郑达真、翁康强、陈尊荣、梁学仁、陈燕平曾被评选为全国田径年度十佳运动员。刘华金在 1987 年第六届全运会上以 12″89 的成绩打破台湾同胞纪政保持17年之久的亚洲女子百米跨栏纪录，荣获"六运会"6名"最受欢迎的运动员"之一，1990年以12″73再创亚洲女子百米跨栏新纪录并夺标，当年被评为"全国十佳运动员"。

福建田径的辉煌历史在中国体育史上留下了精彩的一页，但过去的毕竟已经过去，进入21世纪，在中国田径的综合实力已经明显提高的时代，福建田径的发展依然任重道远。谢荔梅、郑幸娟、王静等一批80后优秀田径运动员的出现，以及她们在2006年多哈亚运会上两金一银的表现，终结了福建田径16年来亚运会无金的历史，使福建田径有了一个新的飞跃，为福建田径再铸辉煌带来希望。

（五）福建举重——闪耀着举重台上的五环之光

50年代末福建省举重队正式成立，在60年代中期的两届华东区举重邀请赛上，福建省举重队共夺得5项冠军。70年代，福建省举重队涌现出杨桂霖、陈华生等一批优秀举重队员。80年代，又培养出林祥魁等一批优秀运动员。90年代初，福建举重队再次涌现出一批良好的、有潜力的新秀，如林桂福等人。然而1993年7七运会上，因伤病困扰主力队员纷纷落马，导致福建举重队颗粒无收。

1993年底陈文斌临危受命担任福建省举重队主教练，为了彻底改变福建省举重队落后局面，使福建举重队有一个崭新的面貌，1995年夏天，陈文斌主教练率领福建举重队来到偏远的川石岛安营扎寨，当时岛上的生活和训练条件极其艰苦，举重队员拉起帆布，用几根支架撑住搭起一个简陋的棚子进行艰苦的训练。白天顶着炎炎烈日，夜晚忍着蚊虫叮咬。台风季节，岛上狂风暴雨，雷电交加，就是在这种艰苦恶劣的环境下，队员们克服种种困难，排除杂念，卧薪尝胆，坚持十年如一日艰苦超常规的训练。教练员、运动员就是这样凭着坚定的信念，顽强的毅力，以超人的训练，实践着他们的誓言——流血流汗不流泪，掉皮掉肉不掉队，吃苦苦中有乐，流汗汗里藏金。就是他们铸造了八闽举重铁军特有的"川石"精神。十多年过去了，正是这种"川石"精神时刻激励着他们百折不挠，奋勇拼搏。自 1997 年到 2001 年，五年间福建举重男队 6 次夺得全国锦标赛、全运会团体冠军。

近年来，随着教练员和运动员参加比赛累积丰富的经验，福建男子举重队比赛成绩呈现出强劲的上升势头：2000 年悉尼奥运会，年仅 17 岁的福建籍选手张湘祥勇夺男子 56 公斤级铜牌；2004 年雅典奥运会上，"土生土长"的石智勇获得男子举重 62 公斤级别的金牌、吴美锦获得男子 56 公斤级别的银牌，创下了福建省男子举重历史上最好的成绩。此外 1996 年至 2008 年还涌现出王国华、万建辉等一批优秀运动员共获得：世锦赛金牌 13 枚，银牌 6 枚，铜牌 6 枚；世青赛金牌 22 枚，银牌 6 枚；亚锦赛金牌 32 枚，银牌 1 枚；全运会金牌 3 枚，银牌 6 枚，铜牌 7 枚。在 2008 年举世瞩目的北京奥运会上，福建籍选手张湘祥凭着顽强的毅力，出色的表现，再一次为国家和福建获得男子举重 62 公斤级别的金牌。举重台上五环之光在福建人手中再一次点亮。雄伟嘹亮的国歌再次响起，鲜艳的五星红旗再次飘扬。奥运会两金一银一铜的成绩是一个见证，见证了福建举重的崛起，见证了福建体育人的顽强。举重已成为福建优势体育项目中的重要代表；福建，也成为国家举重运动员成长的摇篮。

（六）福建男篮——创造"小个打大个"的神话

篮球运动是一项深受群众喜爱的强身健体的体育运动，福建地处东南沿海，闽南侨乡更是被誉为"中国篮球之乡"，篮球运动有着深厚的群众基础。

福建省篮球队始建于 1957 年，期间，三百多位福建篮球精英，汇聚于福建篮球队的麾下，与之结缘、锲而不舍。福建省篮球队 50 多年的风雨兼程、50 多年的执著奋斗，集聚福建省篮球运动的精英，人才辈出，成绩斐然，尤其是 20 世纪 60 年代，男篮独特的"以小个打大个"的南派快速风格享誉国内篮坛，震动了中国篮球界，也涌现了众多优秀的篮球"国手"，得到了上级领导的赞誉。

1965 年《福建日报》头版有一则醒目的标题："福建男篮，誉满京都"！引起了福建人的轰动。1966 年 2 月 23 日《体育报》上，发表了记者王闻韬的一篇通讯，说福建队"在北京邀请赛打四川的一次快攻中，从发动到结束，人与球均未落地……尤其难得的是，他们可以在快速中接'困难球'，并迅速地接上下一个动作。这就使他们不仅在人数占优势的情况下能打快攻，即使在人数相等的情况下也能打快攻"。据二届全运会大会统计，这时期福建队每次进攻时间平均为 8—10 秒，有时只有 7 秒。最快的一次进攻，人们誉之为"三秒球"。就在二运会上，福建男篮被誉为"思想、技术、风格三过硬的运动队"。誉从何来？来自于贺龙副总理为我们指明了努力方向。1960 年，李梦华同志传达了贺老总的指示：篮球队要努力学习毛泽东思想，要敢于"小个打大个"，积极创造"快速、灵活"的风格。这时，福建男篮正身陷低谷，落到全国丙级队的行列。学习领会贺老总指示后，大家共识必须这样做，尽管很难做到。

福建队的特点是个子小，这是弱点，所以只能走小个打大个的路。但是，对贺老总的指示精神必须全面领会，不能单从大小形式上去理解，更要联系"快速、灵活"的风格去全面把握。要以快速、灵活的战斗风格，发扬小个的优势，在速度与弹跳上做文章，以弥补自己的身高不足，在竞赛中夺取地面与空中优势。要跑得快、跳得高，变小个"望空兴叹"为夺取制空权，变被动的防守状态为主动进攻的紧逼型防守。明确了方向，福建篮球队逐渐形成了快速、灵活的战斗风格，并在第二届全运会的第五、第六轮的比赛中，连胜实力雄厚的球坛劲旅全运会预赛太原赛区第一名的上海队和全国甲级队第三名江苏队。"在全运会中，出现了一些思想、技术、风格过硬的运动队。如刚从乙级队晋入甲级队不久的福建篮球队，几年来，坚持走自己的路，积极贯彻'快速、灵活'的风格，发扬了小个打大个的特点，在这届比赛中，连胜上海、河北、江苏等强队，取得较好成绩。"这是当年中发［65］697 号中央文件中对福建男子篮球队的赞誉。

福建省篮球队建队 50 多年来，为中国篮球运动的发展做出了很大的贡献，向国家篮球队输送了许多优秀教练员、运动员。其中，来自福建省的篮球健儿刘玉栋还曾荣获中国 CBA 甲 A 联赛"最有价值球员"、"中国战神"的称号。

（七）新兴项目——在水上、空中舞动的精灵

相对于福建传统的体育项目而言，水上项目、蹦床在福建开展的时间相对较短，但是取得的成绩却不小，这两项新兴项目已经成为福建体育发展中的新亮点。

福建水上项目的发源地位于爱国华侨陈嘉庚的故乡——厦门集美，前身为福建省航海俱乐部、福建省航海军事体育运动学校，1988 年更名为福建省水上运动中心。二十年过去了，从原来只拥有帆船、帆板两个海上项目发展到拥有赛艇、皮划艇、皮划艇激流回旋 5 个全运会大项和航海模型、摩托艇、滑水 3 个非全运会项目，从简陋的一幢办公楼和租地训练发展成为拥有较完善管理体系的训练中心，并拥有了包括东山国家级帆船帆板训练基地（2007 年挂牌成立）、长泰国家级皮划艇激流训练基地（2003 年授牌）、集美皮划艇训练基地和武汉体院福建划船管理中心在内的整体训练基地集群，福建省水上中心得到快速发展，同时，也伴随着水上项目水平的迅速提高。福建水上项目拥有国家级教练员 1 名，中高级教练员 9 名，优秀运动员 300 多名，共培养了 11 名世界冠军、35 名亚洲冠军、几百个全国冠军。从第一次参加第五届全运会开始至 2009 年 6 月 10 日，福建省水上项目成绩斐然，具体见下表：

比赛类型	金牌数	银牌数	铜牌数
世界比赛	11	18	12
亚洲比赛	35	15	16
全国比赛	430	388	357
全运会比赛	20	13	15

从 1984 年男子帆板队员唐庆财闯入洛杉矶奥运会，奥运会水上项目

赛场开始频现福建运动员的身影，2004 年雅典奥运会上，来自福建的赛艇队员高艳华获得女子八人单桨第四名，皮划艇女队员获得女子四人皮艇第七名，女子单人皮艇队员第九名，改写了福建水上项目奥运无名的历史；2008 年北京奥运会水上项目，福建运动员获得四张入场券，包括男子双人皮艇、男子八人赛艇、皮划艇激流回旋女子皮艇和帆船星级，并最终获得男子双人皮艇第八名，男子八人赛艇第七名的成绩。特别是在激流回旋项目中，长乐姑娘李晶晶的出现，让福建、让中国在这个项目具备了大赛冲金的实力，她也是中国皮划艇激流回旋队中唯一参加过雅典奥运会的选手。2005 年，李晶晶在十运会上夺冠，让她确立了国内女子单人皮艇"一姐"的地位。2007 年世锦赛，李晶晶第一时间拿到北京奥运会入场券。2007 年 8 月的好运北京系列赛上，她摘得一枚铜牌，实现女子项目奖牌零的突破。2008 年，李晶晶的成绩进一步提高，先是在澳大利亚公开赛上夺铜，随后又在皮划艇激流回旋世界杯第二站比赛中取得银牌。虽然在北京奥运会上，李晶晶失利了，但是她仍在努力，而福建水上项目也一直在前进。

福建蹦床运动开展的时间比水上项目更晚。福建蹦床队于 1998 年成立。十一年来，福建蹦床队狠抓训练作风，坚持从难、从严、从实战出发，坚持科学大运动量训练，数十年如一日，坚持每天刻苦训练，培养了黄珊汕、阙志城、何雯娜、叶帅等一批优秀的年轻运动员，共取得了包括团体和个人在内的全国冠军三十余次。2000 年雅典奥运会，黄珊汕获得蹦床女子个人铜牌，这是我国在该项目上获得的首枚奥运会奖牌，这一枚奖牌，极大地促进了我国蹦床事业的发展；2005 年第十届全国运动会，福建省蹦床女队一举包揽了女子蹦床项目的女子团体、女子网上个人两块金牌；2005 年蹦床世界锦标赛，黄珊汕勇夺一枚世锦赛金牌；2006 年多哈举行的亚运会上，阙志城、黄珊汕分获蹦床项目男、女个人金牌；2007 年蹦床世界锦标赛，黄珊汕、何雯娜和叶帅共夺得了两块金牌，其中叶帅的个人网上金牌更是使他成为我国蹦床历史上第一个真正意义上的世界冠军；2008 年蹦床世界杯总决赛，黄珊汕获得女子网上个人冠军；2008 年北京奥运会，何雯娜不畏强敌，战胜了俄罗斯蹦床界的神话人物伊莲娜·卡拉瓦耶娃，勇夺我国蹦床史上第一枚女子奥运会冠军，为中国、福建争取到了巨大的荣誉。福建蹦床运动起步晚，提高快，水平高，相信，今后会有更多的"空中精灵"从福建飞出，在世界赛场上轻舞飞扬！

（八）福建——国家级体育训练基地最多的省份

福建是个福地，不仅走出了无数的体育世界冠军，也吸引了许多国家级训练基地纷纷落户。目前，福建拥有漳州体育训练基地、中国举重福建马江基地、长泰国家激流回旋训练基地、中国帆船帆板福建东山基地、石狮国家柔道、拳击训练基地、晋江国家羽毛球训练基地，厦门国家乒乓球训练基地、福州蹦床国家训练基地等，并有南安国家篮球训练基地，晋江的国家沙滩排球训练基地、帆船帆板训练基地、极限运动训练基地等正在积极建设中。每年来福建国家训练基地的国家举重队、羽毛球队、乒乓球队等都成为北京奥运会夺取金牌的主力军。特别是福建省漳州体育训练基地和中国举重马江基地，更是对中国的排球和举重事业的发展起到了举足轻重的作用。

漳州体育训练基地始建于1972年，地处漳州市区黄金地段，总占地面积81亩。分为南北两个区，总建筑面积3.67万平方米。拥有包括中国女排腾飞馆、中国女排训练基地、中国女排公寓等在内的八个训练比赛场馆以及相配套的餐饮、住宿、交通、医疗、保健康复等设施。漳州基地成立30多年来，已先后接待国家男、女排球队及各省市优秀运动队计1万多支，10万多人次的训练比赛。自1976年中国女排在漳州基地重新组建以来，已有36次在这里屯兵苦练，备战国际各大赛，并取得举世瞩目的成绩。这里孕育出荣获世界"五连冠"的中国女排英雄群体，女排"拼搏"精神已成为中华民族宝贵的精神财富。漳州基地也因之被女排姑娘昵称为"娘家"、被世界体坛誉为"冠军摇篮"。

中国举重马江基地位于马尾经济技术开发区翔龙山，基地占地26亩，建筑6386平方米，绿化率50%，现有1600平方米国际标准训练、比赛馆，共有46个举重台，器材配备齐全，馆内设有男、女桑拿房、健身房、阅览室、图书室、棋牌室、影视厅、网吧、康乐球、乒乓球、篮球场、游泳池、60米高级塑胶跑道等，设施较为完善，是目前全国第一、亚洲一流的举重训练基地。基地已多次接待了国家举重队、韩国举重队、美国大学生举重队等的集训，并承办了全国女子举重比赛等。基地第二期工程征地40亩左右，将设国家队高水平运动员及高级专家楼、科研教学楼、综合训练馆，200米塑胶跑道及教练员、干部生活区域。二期竣工后，该基地将成为世界一流，最先进的举重训练基地。

（九）城市名片——厦门国际马拉松赛

厦门国际马拉松赛暨全国马拉松锦标赛是由中国田径协会与厦门市人民政府共同主办的中国最高水平的马拉松比赛之一，在2008年和2009年，连续被国际田联评为国际路跑金牌赛事，成功跻身国际品牌赛事。比赛时间为每年元月份的第一个星期六，每年有来自全球40多个国家和地区的3万多人参加。比赛由中央电视台和厦门电视台全程现场直播，并使用直升机航拍。比赛线路大部分路段位于环岛路和大型绿化广场范围内，风景如画，道路平坦，被誉为世界上最美丽的马拉松赛道。

厦门国际马拉松赛自2003年首次举办以来，一直采用政府倡导，市场化运作的办赛模式。除正式比赛外，还先后举办"厦、台、港、澳"市民马拉松赛、马拉松接力赛、大学生马拉松赛等多个配套赛项，比赛最好成绩男子为2小时8分51秒，女子为2小时23分28秒。结合比赛，配套举行体育用品博览会、国际马拉松高峰论坛、第16届国际马拉松和公路跑协会世界大会、马拉松市长论坛等活动和会议。象征厦门国际马拉松赛，名为"永不止步"的99尊人物纪念群雕坐落于环岛路上，其中两尊被国际奥林匹克博物馆收藏。

每届赛事期间，厦门市云集了众多的参赛者、旅游者，带来了巨大的消费潜力，与各类体育赛事、贸易展会相配套的酒店业、餐饮业、旅游业、娱乐业、交通运输业和商品零售业等都得到了巨大的商机，发展迅速。每年厦门国际马拉松赛举办期间，都为厦门带来 1 亿多元的社会经济收入。

厦门国际马拉松赛以其众多的参赛人群、优美的赛道、良好的竞赛组织、周到细致的赛事接待和丰富的赛事文化得到国际田联和国际路跑协会的高度评价，已经成为中国最具影响力和国际知名度的马拉松赛事之一。厦门国际马拉松赛的举办，推动了城市全民健身及体育事业发展，拉动了城市经济，丰富了城市精神，成为了厦门城市一张烫金的名片。

（十）文化古城泉州——上演富有特色的全国农运会

2008 年 10 月 26 日至 11 月 1 日，第六届全国农运会在海西历史名城泉州成功举行，来自全国各省（自治区、直辖市）的近 3000 名运动员参与角逐，参与 15 个大项目、180 多个小项目的比赛，决出金牌总数 290 枚。本届农运会成为农运史上规模最大、参赛范围最广、比赛项目最多的农民体育盛会，共接待 1 万多名海内外嘉宾，开幕式到场总人数达 5 万余人，参会规模创造了福建省大型赛事的纪录。

福建与台湾地缘近、血缘亲、文缘深、商缘广、法缘久，有着十分密切的特殊关系。早在筹办之初，泉州就将"海峡两岸、同胞亲情"作为第六届全国农运会的一个突出特色，邀请台湾组织代表团参赛，得到了台湾方面的积极响应。台湾省首次正式组团参加农运会，也是首次正式参加全国大型综合性运动会。台湾省还专门组织少数民族在开幕式上表演了精彩舞蹈，成为开幕式一大亮点。

借助第六届全国农运会这一平台，泉台农产品展销会暨泉州龙眼展示会成功举办，进一步促进了两岸经济文化的交流与合作。50 家泉州和台湾企业与各地的农产品批发商、销售商进行投资、购销项目的签约，总金额达 1.53 亿元，展示了泉台在农产品贸易的成果和两岸农业合作的前景。台湾省代表团团长王世铭专函致谢组委会，提出"将在成功参加本届农运会的良好基础上，加大加深全方位、多元化耕耘脚步，与广大大陆同胞一起，同心、同德，推动两岸交流合作再创新辉煌"。通过"体育搭台，经贸唱戏"，促进了两岸交流。举办全国农运会，泉州没有以"一切以运动会为中心"，而是科学地提出"管理逐步升级、组织和人员逐步到位、宣传逐步升温，做到办好农运会与全市经济社会统筹协调发展，三个文明一并抓，三块金牌一起夺"的战略决策，既保证了农运会的筹备工作紧张有序，以合适的人力确保农运会始终在科学办赛的轨道上运行，又确保了全市经济社会重点工作有序推进。这一经验被全国体育赛事运作专家们誉为"中国体育赛事的泉州经验"。据统计，全市 2008 年国内生产总值达到了 2705.29 亿元，与上年同比增长 14.1%，夺得了"精彩圆满农运会，经济发展保增长，科学发展促和谐"的三块金牌。

激流兼程 60 年

——江西体育辉煌成就

江西省体育局局长　刘鹰

新中国豪迈奔腾的 60 年，是江西体育奋发向上，搏击奋进的 60 年，是全省体育工作者不辱使命，锐意创新，顽强拼搏、硕果累累的 60 年。1954 年，江西省政府体育运动委员会成立，全省体育工作迈上了创建社会主义新体育的伟大征途，特别是 1979 年，全国工作重点开始转移到经济建设上，江西省委果断结束了十年"文化大革命"造成的停滞状态，对全省体育机构进行调整，撤销省体委领导小组，恢复省体育运动委员会，从组织机构上保障全省体育工作重点的转移。随着 1983 年，省体育代表团在第五届全国运动会上获得 9 枚金牌、5 枚银牌、8 枚铜牌的优异成绩和一大批优秀运动员的涌现，形成了江西体育事业第一个发展高潮。

1985 年全国体育系统"以革命化为灵魂，以社会化、科学化为两翼"对训练体制和竞赛体制进行改革。为适应体育改革的需要，1988 年，省委、省政府本着精干效能的原则，对省体委机构进行调整，撤销训练处、竞赛处，组建综合处和训练竞赛处。同时省人民政府印发《关于加快体育事业发展的通知》（赣府发［1988］126 号），确定江西体育以"小、巧、水"项目为发展战略。江西体育开始沿着富有特色的发展路子稳步前进。并在 1988 年的汉城奥运会和 1997 年的全国运动会上得到检验，形成了江西体育事业第二个发展高潮。

2000 年，国家体育总局下发《2001—2010 年体育改革与发展纲要》，明确新世纪全国体育发展的目标和方针，即：大众体育普及程度明显提高，竞技体育总体实力稳中有升，体育产业初具规模，体育管理体制逐步完善。同时，要求全国各级体育行政部门全面实现全民健身计划，进一步加强国民身体素质；大力实施奥运争光计划，提高竞技体育在国际体坛的竞争力；加快发展体育产业，引导全民体育消费；深化体育体制改革，加速体育机制转换等。全省体育部门及时调整工作方针，按照新世纪对体育工作的要求和国家对体育行政机构的调整，于 7 月 18 日，将省体育运动委员会更名为江西省体育局，作为省人民政府的直属机构。2003 年，省委、省政府印发《关于进一步加快体育事业发展的决定》（赣发［2003］16 号），省体育局适时对训练体制进行改革，撤销省体工大队、省体育场和省足球运动管理中心，相应成立多个专业化的运动管理中心，将后备人才培养纳入专业化的管理。体制机制的创新，有力地激发出全省体育工作者的潜能。2004 年的雅典奥运会，江西籍运动员创造出江西在历届奥运会中的最好成绩。同时首次成功承办了国家级大型赛事第五届全国农民运动会。2005 年的第十届全国运动会，省体育代表团创造出历史上最好的全运会成绩，金牌数和奖牌数位居中部地区前列，从而形成了江西体育的第三个发展高潮。江西体育取得的辉煌成绩，成为江西省"十五"期间十件最有影响的大事之一，随着江西在北京奥运会上再创佳绩，江西体育率先实现在中部地区崛起的夙愿。

一、风起云涌的群众体育

随着国民经济的发展，人民生活水平的不断提高，群众体育活动最初由政府有计划的组织逐步发展到由政府与社会共同组织。特别是国家推出《全民健身计划纲要》以来，实施全民健身战略，构建全民健身体系，群众体育活动进入多层面、多元化蓬勃发展时期。

20世纪50年代初，群众体育主要是由各级人民政府或有关单位对体育活动按计划、有组织地在学校、厂矿企业、农村和社会团体中进行。最典型的是20世纪50年代开展的广播体操、工间操，"准备劳动与卫国"达标制及20世纪60年代在职工中开展的军事体育活动，尤其是广泛开展的游泳活动，有力地促进了群众体育的开展。

改革开放之初，群众体育活动仍延续过去主要由体育部门举办的传统方法。随着改革开放的不断深入，社会办体育的积极性不高，群众体育经费来源单一，投入不足的问题开始显现。1985年，为改变上述问题，全省群众体育活动的举办尝试采取体育部门与社会相结合的方式开展，鼓励社会、集体、个人办体育。1988年11月26日，省人民政府颁布《关于加快体育事业发展的通知》（赣府发〔1988〕126号），正式确定群众体育活动由各行各业开展为主的改革思路。即：学校体育以教育部门为主；职工体育以工会为主；残疾人体育以民政部门为主；农民体育由农民体育协会负责。以此推进体育社会化，拓宽社会办体育的路子。同时，积极开展争创体育先进县、乡，体育先进厂矿企业，体育先进学校活动。1993年，为了更好落实省人民政府126号文件，省体委正式出台《江西省群众体育改革方案》，对全省群众体育改革提出五条意见。（1）广泛开展全民健身活动，实行社会体育指导员等级制度；（2）重点抓好学校体育工作；（3）加快体育社会化进程。群众体育实行国家与社会办相结合，以社会办为主。各行业、系统部门的体育工作由其主管部门负责。建立省、地、县三级社会体育指导中心。基层单位建立各类项目、多种形式、不同规模的社会体育指导站、点和俱乐部。打破隶属关系，积极开展以街道办事处牵头和以大型企业为龙头，就地就近组织的社区体育为主要形式的体育活动，建立群众自我投资、自我消费、自我受益的运行机制；（4）深入开展争创体育先进县活动；（5）建立和健全群众体育的各项法规制度，加快群众体育协会实体化步伐。1994年3月，省体委又出台《关于开展城市社区体育工作的通知》。1995年12月，省人民政府颁布《江西省全民健身规划》，明确群众体育的目标、任务，要求群众体育一要围绕"四个重点"，即：青少年体育以学校为重点、农村体育以乡镇为重点、城市体育以社区为重点、军队体育以连队为重点开展工作，由此带动其他各类人群体育活动的普遍开展。二要着力抓好"三个环节"，即建好群众身边的健身场地环节、健全群众身边的体育活动组织环节、举办好群众身边的经常性体育活动环节，由此形成多层面多渠道多元化的群众体育活动，推动群众体育事业的全面、协调、可持续的发展。此后，群众体育全面实施全民健身战略。

进入新世纪后，为适应新时期对体育的新要求，2003 年，省委、省政府印发《关于进一步加快体育事业发展的决定》。要求全省群众体育认真实施《江西省全民健身规划》，重视城市社区、老年人、农民的体育活动；切实抓好学校体育工作，认真实施《学校体育工作条例》和《国家体育锻炼标准》；根据社会主义市场经济的发展，构建群众体育服务体系，建立群众体育工作政府与社会相结合的机制，健全社会化群众体育组织，加大体育彩票公益金对社区体育设施建设的投入，举办经常性，小型、多样的体育活动。此后，全省群众体育活动呈现出一浪高过一浪的蓬勃发展趋势。

（一）学校体育

1980 年 1 月，全省实行《中、小学体育工作暂行规定（试行草案)》，要求在上好体育课的同时，积极开展《国家体育锻炼标准》达标活动。1982 年开始，全省每隔两年，举行一次全省大学生运动会，有力地促进学校体育运动水平的提高。1987 年，在南斯拉夫萨格勒布举行的第十四届世界大学生运动会上，江西省跳水选手涂军辉与队友合作获得男子跳水团体第一名。赛艇选手易端香、邱曙丽、江任娇、王萍梅获得女子 2000 米轻量级 4 人单桨无舵手项目第三名。1988 年 11 月，省人民政府发出通知，将全省群众体育发展战略确定为"以青少年为重点的全民健身战略"，提出要把学校体育活动作为战略重点来抓，要求各地积极开展争创体育先进学校的活动。1989 年，在西德举行的第十五届世界大学生运动会上，江西运动员谢一凡与队友合作，获男子赛艇轻量级 4 人双桨第一名。1990 年，全省各级各类学校开始实施《学校体育工作条例》，学校体育全面走向正规化。1993 年，全省实施国家体育锻炼标准的学校达到 15205 所，参加锻炼的学生达 372 万人，达标者 300 万人。1999 年，青少年体育进一步得到重视，政府用体育彩票公益金扶持创建青少年体育俱乐部。当年创建青少年体育俱乐部 21 所，至 2008 年，全省共创建青少年体育俱乐部 93 个。为拓宽体育后备人才培养渠道，坚持"体教结合"，创建国家级体育传统学校 9 所，省级体育传统学校 127 所。2007 年，体育、教育部门联合在全省开展学校体育场馆向公众开放试点工作，贵溪市 6 所学校成为我省首批试点单位。同年，开展以"达标争优、强健体魄"为目标的阳光体育运动，在上好体育课的基础上，有 800 多万青少年学生参加了阳光体育运动。与此同时，学校体育竞赛取得优异成绩。2007 年，在广东省举行的全国第八届大学生运动会上，江西省体育代表团派出 185 名大学生参加了田径、游泳、篮球、足球、羽毛球、毽球、健美操、武术共 8 个大项 89 个小项的比赛，共获得 6 枚金牌、2 枚银牌、3 枚铜牌，金牌列全国第 7 位，团体总分列全国第 13 位，是江西省参加历届全国大学生运动会人数、项目最多，规模最大，成绩最好的一次比赛。在第十届世界攀岩锦标赛中，中国队获金牌榜首，所获的 6 枚金牌、破 4 项纪录均出自江西应用技术职业学院选送的学生。江西师范大学健美操队，培养各级运动员 600 余名，其中，国际级运动健将 9 名，国家级运动健将 32 名；参加国际、国内大赛获多项冠军。

（二）农村体育

80 年代，全省农民体育除举行节假日的体育比赛外，各县还举行农民运动会。1986 年，全省有 80% 以上的乡镇建立文体活动中心、体育俱乐部、体育运动队和体育之家。90 年代，随着农村体育的日趋活跃，全省农村体育活动形成规模。1991 年，全省约 85% 的乡（镇）建立主管体育工作的部门或体育工作领导小组，全省各地有组织的农民体育活动达1500 次，直接参加活动者达 420 万人，投入活动经费 300 万元。1994 年全省 78 个县、1343 个乡镇成立体育协会，参加各类体育活动的农民达700 万人。进入新世纪，尤其是在党的十六大和十六届三中全会召开，党和国家制定关于农村、农业、农民的工作方针以来，各地农业和体育部门把工作重点转向农村。结合新农村城市化建设，先后开展以体育场地设施、体育健身指导和体育科普知识为内容的"体育三下乡"活动；深入开展"亿万农民健身活动"；"亿万农民健身活动"体育先进乡镇单位评选活动；加大农村体育设施建设的投入；全省各地绝大多数乡镇坚持每年举办 1 次农民运动会或举办农民喜爱的健身活动等等。一系列的活动，进一步加强了农村体育场地建设和管理，改善了广大农民开展体育活动的物质条件，促进了科学、文明、有效的体育健身方法的推广，农民生活质量和身体素质得到提高。1991—2007 年，全省共有全国"亿万农民健身活动"先进乡镇 71 个；全省"亿万农民健身活动"先进乡镇 357 个。截止到 2007 年年底，全省 11 个设区市共有农民体育协会 1140 个。2004 年，宜春市承办第五届全国农民运动会。江西省农民体育代表团共获得金牌21 枚、银牌 19 枚、铜牌 11 枚，奖牌共计 51 枚，团体总分 477 分，金牌、奖牌总数、团体总分均列全国首位。

（三）社区体育

以开展评选城市体育先进社区活动为主，充分发挥典型示范带头作用，有力推动了全省社区体育的发展。据统计，自 1997—2006 年，江西省获"全国城市体育先进社区"的单位共有 23 个；自 1998—2008 年，获"全省城市体育先进社区"的单位共有 40 个。2006 年，全省开始用体育彩票公益金创建国家级社区体育健身俱乐部，截止到 2008 年，江西有国家级社区体育俱乐部 8 个。

推行两项制度和推广四种健身气功，实施社会体育指导员和国民体质监测两项制度，引导群众科学健身。据统计，自 1995 年施行《社会体育

指导员等级制度》以来至 2007 年，全省拥有各级社会体育指导员 17147
人，其中国家级 61 人、一级 827 人、二级 6594 人、三级 9665 人。国民
体质监测工作，自 2000 年省体育局成立省国民体质监测中心至 2003 年以
来，全省 11 个设区市全部配备国民体质测试器材，完善全省国民体质监
测网络。据统计，2000—2007 年，全省约有 6.1 万人接受过体质测试。
2003 年，江西是全国首批试行推广四种健身气功的省份之一。全省各地
以健身气功站点为依托，逐步试行推广四种健身气功，引导群众开展健康
文明的健身气功活动，满足群众日益增长的体育健身需求。截止到 2008
年年底，全省在册的健身气功站点发展到 1054 个，站点覆盖面达全省各
县、区、市，在全国名列前茅。

（四）老年人体育

1982 年以后，随着大批老干部、老职工离休、退休，老年人体育活
动开始从其他群众体育活动中分离出来。1983 年，成立江西省老年人体
育协会。从此，老年人体育开始有组织、有计划的开展。据不完全统计，
全省有各级各类老年体协组织 1.6 万余个，其中行政村老年体协组织
8300 余个，有老年体育科学学会组织 2185 个。随着老年体协组织的发展
和老年体育骨干队伍的壮大，特别是开展万里健步行活动以来，全省老年
体育人口不断增长，现有老年体育人口 170 余万人，占老年人口总数的
41.5%。全省坚持参加健步行活动的老年人已达 119.7 万人，占老年人口
数的 27.9%；有老年门球队 2880 余个，队员 5.2 万余人；有太极拳
（剑）队 1900 个，3.5 万余人；有健身操（舞）队 1990 余个，5 万余人；
有木兰拳队 1580 余个，7.3 万余人；有腰鼓队 1600 余个，3.5 万余人；
参加钓鱼活动的有 4.8 万余人，参加棋牌活动的有 22 万余人等。

（五）残疾人体育

1979 年后，残疾人体育进入一个快速发展时期。1984 年，全省首届
残疾人运动会召开，同时成立省残疾人体育协会。随后全省各主要城市相

继成立残疾人体育协会，并组织开展活动和各类运动项目的比赛。随着国际残奥会、远南残运会和全国残运会的定期举办，以及国内外各单项体育赛事的不断举行，残疾人的体育已由单一的群众性健身活动，发展为群众性体育与竞技体育相结合的新型体育运动。全省残疾人体育运动水平不断提高。不仅在国内比赛中取得优异成绩，还在国际比赛中夺得金牌。2004年9月，江西有5名残疾人运动员参加雅典举行的第十二届残疾人奥运会，夺得银牌1枚、铜牌3枚，1人1次破世界纪录，实现江西残疾人运动员在残奥会上奖牌零的突破。据统计：2002—2006年江西代表团在两届全国特奥会上，共获得金牌55枚、银牌15枚、铜牌22枚。1984—2007年，在国内比赛中共获得金牌157枚、银牌102枚、铜牌109枚；在国际比赛中共获得金牌15枚、银牌4枚、铜牌2枚。

（六）全民健身工程

自1998年实施全民健身路径工程以来，截止到2007年年底，全省利用国家和省体育彩票公益金及部分地方或社会配套资金，已建成以室外路径等体育设施为标准的全民健身工程1300个，总面积达41.172平方米。从2006年开始实施农民体育健身工程，至2008年，全省共建成以篮球场、乒乓球台为主要标志的农民体育健身工程1398个，总投资4194万元。建设全民健身活动中心6个、全民健身户外活动基地2个和以老区和贫困地区体育设施建设为主要内容的"雪炭工程"12个。

组织大型活动，掀起全民健身热潮，以满足广大群众的需求为出发点，积极实施《全民健身计划纲要》，大力开展全民健身活动。全省广泛开展五个"亿万人群健身活动"（亿万青少年、亿万老年人、亿万妇女、亿万职工、亿万农民），先后举办三届全省全民健身运动会、二届省四套班子机关运动会、八届省老年人运动会、八届全省少数民族运动会、八届全省领导干部射击比赛和一系列适合不同人群、不同年龄、科学文明的全民健身竞赛、表演活动。坚持开展每年一次的全民健身周、送体育下乡和体育进社区活动，广大群众的健身意识明显增强，经常参加体育锻炼的人数逐年增加，国民体质状况不断改善，全省体育人口达到总人口的35.7%。同时，组队参加了六届全国少数民族运动会。

在开展全民健身活动的基础上，全省群众体育水平不断提高。在全国第一、二、三届全国体育大会（非奥运项目），江西省体育代表团共获金牌 15 枚、银牌 20 枚、铜牌 11 枚。其中，第二、三届总分列全国第十位。

改革开放以后，体育社团逐步恢复。1983 年，省老年人体育协会恢复最早，全省现有 40 个省级单项体育运动协会和 9 个单项运动俱乐部；各设区市建立单项体育协会 281 个；各县（市、区）成立体育总会 90 多个，覆盖率达 97%。发展到 2007 年，江西有省级社会体育团体、行业体育协会和单项体育协会共 41 个。

1988—2008 年，我省共有 401 个单位被授予"全国群众体育先进单位"荣誉称号，276 位同志被授予"全国群众体育先进个人"荣誉称号。

二、跨越前行的竞技体育

竞技体育是体育工作的中心环节。60 年来，我省的竞技体育有了长足进步，业余训练工作有新突破，竞技体育不断取得进步，我省体育健儿在国际国内重大赛事中取得了不少好成绩。改革开放以后，在省委、省政府的重视和正确领导下，坚持改革创新，大力实施奥运战略、金牌战略和可持续发展战略，使江西的竞技体育有较大的进步和发展。特别是进入新世纪以来，省委、省政府对体育工作高度重视，制定《关于进一步加快体育事业发展的决定》，为江西体育事业的发展指明了正确方向。省体育局围绕"加快江西崛起，促进富民兴赣"这个大局，全面实施《奥运争光计划纲要》，坚定不移地实施突出重点、强化优势、效益优先的竞技体育发展战略，大力推进体制和机制创新，在国际国内的大赛中取得了辉煌的成绩。参加全运会共获金牌 42 枚、银牌 36.5 枚、铜牌 34.5 枚；参加亚运会，共获金牌 30 枚、银牌 24 枚、铜牌 8 枚；参加奥运会，共获金牌 6 枚、银牌 2 枚、铜牌 1 枚。"十五"期间，我省运动员在世界大赛上共获得 45 枚金牌、25 枚银牌、12 枚铜牌；在全国重大体育赛事上共获得 115 枚金牌、77 枚银牌、65 枚铜牌的显著成绩。

（一）运动训练

竞技体育由运动训练和体育竞赛两个部分组成。中华人民共和国成立以后，随着社会的进步，经济的发展，国际体育交往的增多，在江西开展的竞技体育项目发展到 40 多个。过去那种主要从学校在校学生中选拔选手参加体育竞赛的模式已不适应时代的要求，而组织专业运动队伍参加体育竞赛的模式应运而生。经过不断的实践、探索和总结，逐步建立起了从选材——训练——比赛完整的竞技体育运动系统。

全省最早的培养优秀运动员的机构是 1953 年成立的体训班，设有球类、田径等项目。1955 年，江西省体育工作队成立，专门培养竞技体育人才，既负有训练、比赛和辅导基层开展体育活动的责任，又负有提高运动员文化知识和体育理论知识的职责，是我省优秀运动员的主要培训基地。建立了男、女篮球、男子排球等多个项目的运动队，运动员 30 人、教练员 7 人。同时，省体委为加强对竞技体育的管理，增设了运动科，把提高运动技术水平列为工作重点。由于大部分运动员技术水平低，运动训练主要以身体素质训练为主，同时注重运动员的意志品质的培养。1958 年，省国防体育运动协会建立射击、航空模型、航海模型、无线电等军事体育项目专业队，为参加第一届全国运动会做准备。20 世纪 60 年代末，全省建立了三个主要的竞技体育训练基地，即省体工大队：主要设有篮球、排球、足球、乒乓球、田径、游泳、体操等 9 个在群众中普及程度较高项目的运动队；省陆上运动俱乐部：设有射击、摩托车、无线电等项目的运动队；省航空运动俱乐部：设有航空模型、航海模型、滑翔、跳伞、航海多项、船用机电、摩托艇、军事航海等项目的运动队。运动员人数达 800 余人，教练员有 40 余人。此时，全省的竞技体育运动队伍初具规模，把提高运动技术水平作为主要目的，春季训练一般以专项技术训练为主，配合身体素质训练、同时注重技战术的训练；冬季以身体素质训练为主，并结合技术训练，改进技术动作。训练进入正规化、系统化。全省竞技体育运动水平有较大提高。1959 年参加首届全国运动会，江西派出 331 名运动员，参加田径、游泳、体操、技巧、举重、篮球、排球、足球、乒乓球、网球、羽毛球、武术、中国式摔跤、公路摩托车、越野摩托车、射击、无线电、航空模型、航海模型、滑翔、飞机跳伞、赛艇、航海多项、公路自行车、棒球、垒球共 26 个项目的决赛和击剑、水上摩托艇、古典式摔跤 3 个项目的表演，在比赛中，10 人 10 次破 8 项全国纪录，81 人154 次破全省纪录，11 个项目 65 人次获得名次，取得名次的项目占参赛项目（含表演项目）的 37.9%。

1960—1962 年，国民经济处于暂时困难时期，各运动队开始精简人员，减少训练时间，部分运动队以休整为主。省游泳队、省女子排球队解散，省航海多项队下放到南昌市，赣南航空俱乐部、航海俱乐部、波阳航海俱乐部撤销。

1963 年，为迎接第二届全国运动会，省体委要求省体工队在保持原有的 7 个项目的同时，恢复省游泳队，新建立省举重队、省速度滑冰队、省游泳队，对篮、排、足、乒乓球等球类项目的运动队加强后备人才培养，配备二线队伍；对田径、体操等单项配备二组队员，以便新老交替；军事项目新建了省汽车队、省潜水队、省航海机电队、省军事航海队。这一时期的训练，强调技术训练与身体素质训练并举，注重科学安排训练量，做到大、中、小相结合，循序渐进，并要求加强运动员文化学习，提高运动员综合素质，全省竞技体育水平有了新的提高。1963 年，在印度尼西亚的雅加达参加第一届新兴力量运动会，肖洁萍以 5.74 米的成绩获得跳远冠军，为江西人民赢得了荣誉。

1964 年，省体委根据国家体委的规定，结合江西的实际情况，将国家体委规定的 10 个重点项目中的田径、足球、乒乓球、排球、体操 5 个项目确定为全省 10 个重点项目中的重点优先发展项目。并分别在南昌市、赣州市、上饶市、萍乡市建立田径训练基地；在南昌市、赣州市、九江市建立足球训练基地；在南昌市、吉安市建立乒乓球训练基地；在景德镇市建立排球训练基地。此时，全省各运动队开始全面贯彻从难、从严、从实际出发，坚持大运动量训练的"三从一大"训练原则，并派出大批有经验的教练员，在全省范围内选拔运动员，促进了竞技体育的发展。

1968 年，体委受到"文化大革命"的干扰，运动队解散，国防体协被撤销，大部分教练员、运动员下放农村劳动，运动训练停止。

1975 年，按照第三届全国运动会项目设置和参赛年龄规定，省体工大队对各运动队进行全面调整，在原有的一、二队的运动员中，根据技术和年龄，进行调整，并相对固定。调整后，整个队伍年龄比较年轻。同时，增建省羽毛球队、省跳水队、省武术队、省举重队。同年，国防体育改称军事体育，省体委设立军体处，吉安航空运动学校、九江航空运动学校、省摩托车运动学校、省射击队隶属军体处。

中共十一届三中全会后，以训练、竞赛体制改革为重点的体育改革取得较大的进展。首先是竞争机制给体育队伍带来勃勃生机；其次是优秀运动队试行各种形式的训练责任制，在全运会、省运会上受到检验，提高了运动成绩；第三是教练遴选招聘制，主教练负责制，在试行中取得了经验；第四是奖励措施进一步完善，调动了运动员、教练员的积极性。

20 世纪 90 年代，人员的流动增多，横向联系紧密，新训练方法和训练手段的采用使各项目运动技术水平迅速提高，竞争更为激烈。为加强竞争实力，本着"缩短战线、突出重点，调整结构、提高效益"的原则，省优秀运动队在项目设置上与奥运会和全运会的项目设置相衔接，分成一、二、三类项目，此后一类重点项目实力得到加强，二类项目在继续保持较好成绩的同时，利用现有技术、场地设施，积极组织创收，增强了自身发展活力。

1995 年，省体委全面实行以完成"八运会"任务为目的的风险责任金抵押制，同时根据当时国家体委关于体育人才流动管理规定要求，与安徽、辽宁、解放军、北京体育大学、武汉体院等省市和单位，开展了多种形式的协作，弥补了我省部分缺项和弱项，利用外省技术、科研、资金为提高我省的运动技术水平服务，使全省的竞技体育运动水平稳步提高。90年代末，全省竞技体育曾在体操、技巧、羽毛球、跳水、航海模型、举重等项目上达到世界领先水平；田径、射击、游泳、赛艇、皮划艇等项目达到亚洲领先水平；一大批运动项目达到全国领先水平；2 人 3 次获全国"十佳"运动员称号；有国家级教练 6 人，高级教练 29 人；国际级运动健将 14 人，运动健将 247 人；国际级裁判 10 人；37 人次获中华人民共和国体育运动一级奖章；在第八届全运会上，以 8 枚金牌、4 枚银牌、3 枚铜牌的好成绩，列全国第十七位。

随着新世纪的到来，为加速我省竞技体育的发展，省体育局制定了《江西省竞技体育 2000—2010 年发展规划》，提出"以奥运带全运，以全运促奥运"指导思想，按照"整合资源，提高效益，突出重点，合理布局；人才培养一条龙，训练竞赛一体化，责权利相统一"的原则，举省一致、全省一盘棋，加强对 2004 全运会、2008 年奥运会训练竞赛组织工作的领导，确立竞技体育和训练工作的中心位置，成立备战奥运工作领导小组和全运会办公室，下拨专项经费，全方位保证重点运动员的器材、科研、恢复、信息和情报工作。坚持"突出重点、强化优势、充分整合社会资源、走集约化"之路，为我省竞技体育发展和备战奥运、全运工作提供制度上的保证。

2002 年，省体育局对竞技体育运动项目确定了"突出重点，提高效益"的战略指导思想，坚持实施我省"小、巧、水、新"的竞技体育优先发展方针，从江西实际出发，重点发展小型单项项目，突出确有实力部分优势小项；发展适合江西人才特点的灵巧性传统项目和水上项目，注意发展奥运新项目和水平提高快的潜优项目。同时在侧重于重点项目时也兼顾一般项目，促进一般项目向重点转化，以增强我省所设置竞技项目整体竞争实力，提高投入产出比。

2003 年后，省体育局从体制机制入手，大胆进行改革。完成训练体制改革，实行管办分离，撤销省体工大队、相应成立八个对应奥运项目的管理中心，实行一、二、三线管理一条龙，训练竞赛一体化的纵向竞技体育管理体制，有效地克服了原有体制性障碍，促使优秀运动队由精放型转向集约型，为竞技体育的发展增添了活力和动力，使有限的体育资源得到了有效的配置，实现了我省竞技体育低投入高产出的目标。训练体制的改革更为深远的意义是促进了省体育局职能处室的管办分离，职能转换。职能处室主要精力转向全省竞技体育战略研究，目标规划制定，规章制度建设；运动项目管理中心集中精力抓运动训练、抓项目管理，抓队伍建设，形成了"人才培养一条龙，训练竞赛一体化"的管理格局，并为推进项目协会实体化，项目发展社会化创造了条件，为进一步深化我省竞技体育体制改革打下了基础。近年来，我省在一些重点优势项目上已形成集团优势，并在部分项目上开始在全国领先。所获奥运会金牌数为跳水 2 枚、划船 1 枚；四至十届全运会比赛中各项金牌数依次分布在：田径 11 枚（含中长跑、链球、短跑、十项全能、跳远），射击 5 枚，游泳 5.5 枚，赛艇 4.5 枚，体操 2 枚，皮划艇、跳水、拳击各获 3 枚，举重 2 枚，古典式摔跤、自由式摔跤、海模各获 1 枚。2007 年，江西省一二三线运动员共 10544 人，其中，一线在队人数 351 人、二线在队人数 505 人、三线在队人数 9688 人。

实践证明，江西体育战略调整和实施，有效地整合了现有资源，竞技体育总体实力明显增强，竞技体育水平跃上新台阶。特别是通过实施缩短战线、突出重点、优化项目结构的奥运、全运战略，使我省竞技体育与其他省相比，取得了低投入高产出的成效，走出了一条适合我省竞技体育发展的新路子，使我省体育健儿成为一支不可忽视的体育新军。2007 年，全省晋级等级运动员人数为 406 人，其中国际运动健将 6 人，国家运动健将 32 人，一级运动员 43 人，二级运动员 325 人。在第 24 届汉城奥运会上，我省跳水运动员许艳梅获得女子跳台跳水冠军，实现了江西省在奥运会上金牌零的突破。在第 28 届雅典奥运会上，跳水运动员彭勃、划艇运动员杨文军成功摘得跳水、划艇两枚奥运金牌，再圆江西人民翘首期盼十六年的奥运金牌梦。在第 29 届北京奥运会上，划艇运动员杨文军、赛艇运动员金紫薇、跆拳道运动员吴静钰勇夺三枚金牌，创我省参加奥运会最好成绩，并实现了我国竞技体育三个突破。一是杨文军蝉联两届奥运会双人划艇金牌，打破了奥运会水上运动同一项目没有蝉联金牌的历史；二是金紫薇获得的女子四人双桨赛艇金牌是我国赛艇在奥运会上的第一枚金牌；三是吴静钰获得的49公斤级跆拳道金牌实现了我国在该项目轻量级上第一枚金牌。2005年南京第十届全国运动会上江西军团取得12金6银2铜，全国排名第十五位的好成绩，位居中部地区前列，实现了江西全运史上历史性突破，谱写了江西竞技体育新辉煌。两次受到省政府的通令嘉奖。

（二）后备人才培养

为保障优秀运动队后备人才，1956年，参照原苏联的办法，在借鉴北京、上海、天津办青少年业余体校的成功经验基础上，省体委在南昌、上饶、赣州先后试办设在学校的业余体校，并向全省推广。1958年，省体委、省教育厅、省总工会发出《关于迅速建立青少年业余体校的联合通知》，提出青少年业余体校是为国家培养大批优秀运动员，加强提高运动技术水平的重要措施之一，要求全省各地高小以上学校，千人以上工厂和矿山均单独或联合创办一所青少年业余体校，每个乡或公社办一所青少年业余体校。之后，全省青少年业余体校数量激增，达4300所，共有学生78616人，设篮球、排球、足球、乒乓球、羽毛球、垒球、手球、网球、棒球、田径、体操、自行车、举重、游泳、无线电、水球、摔跤、武术、棋类、技巧、射击、航空模型等项目，全省业余体校迅速普及。

1959年，由于青少年业余体校普及太快，许多体校尚不具备办学条件，多数只是挂块牌子，有名无实。因此，全省开始整顿。根据各业余体校情况，分为三类：第一类为市级青少年业余体校，要求在原有的基础上继续提高，并总结经验加以推广。第二类为办校条件较差的业余体校，只要求做到有简单的工作计划，并逐步建立正常的教学秩序；第三类为挂空牌子的，原则上全部撤销。整顿后的业余体校有4256所。

1960—1962 年，由于国民经济遇到暂时困难，全省多数业余体校停止训练。

1962 年，根据"调整、巩固、充实、提高"的八字方针，全省增设了 6 所重点业余体校，由当地体育行政部门直接管理，并要求遵循从小培养、多年训练、打好基础，以基本技术训练为中心，做到学生、教练员、场地和器材四固定。

1965 年，省体委开办一所省中心业余体校，设在省体育馆内。

1966 年，"文化大革命"开始，全省业余体校被撤销，教练员大部分下放，学生解散，场地和器材被挪用，业余训练停止。

1972 年，根据国家体委在西安召开的全国青少年业余体校工作座谈会精神，针对优秀运动队后备人才不足的情况，开始着手恢复业余体校的训练。至 1978 年，恢复、调整后的少儿体校达 75 所，有学生 4386 人，教练员 179 人，设田径等 16 个项目。

1979 年，国家体委提出大力加强少年儿童的业余训练。江西业训工作认真贯彻国家体委"思想一盘棋，组织一条龙，训练一贯制"的指导思想，实行全省业余训练一条龙体制，明确以培养竞技体育后备人才为主要任务，注重科学选材和科学训练。

1983 年，基层自办少儿业余体校，拓宽了业余训练路子。1988 年，省少儿体校实行分级管理，形成地市级三集中（集中在少儿体校训练、食宿、文化学习）、县级二集中、区级一集中的办校形式。

1989 年，全省已形成三级办校、分级管理和多层次、多渠道、多形式的训练网络。并总结出一套少儿体育学校的办校经验，即从国家需要出发，考虑少儿体育学校特点，发挥教育和体育两个部门的优势，注重文化教师和教练员两支队伍的建设，并在体育训练、文化教学、思想教育方面制定比较规范化的要求和做法。尤其是省体委在南昌市少儿体育学校走省体委和省教委联合办校道路，受到国家体委、国家教委的肯定。为此，国家体委、国家教委联合向各省、自治区、直辖市体委、教委下发《关于转发南昌市体校办校的四点体会和条例的通知》，供研究和指导工作时参考。

90 年代，为加速后备人才培养，业余训练管理引进激励和约束相结合的竞争机制，将经费拨款制度改为奖励办法；对业余训练项目布局管理体制进行改革，由过去省体委直接布局改为各地市根据全省总体布局规划，结合本地实际情况进行布局；地市业余训练实行目标管理，并与地市体委签订目标责任状。这些新机制有利于形成各地优势和强项，充分调动了地市办少儿体校的积极性。90 年代末，后备人才培养工作受到各级人民政府的高度重视，各级体委除对少儿体校的训练经费予以倾斜外，还把创收经费主要用于训练场馆建设。我省少儿体校确立"夯实初级，发展中级，加强高级，提高质量"的指导方针，全省青少年体育训练基础得到夯实、适应社会主义市场经济体制的青少年体育训练网络已初具雏形，管理工作日益规范。全省 12 所市级体校得到进一步巩固和发展，成为当地训练的龙头。县级体校得到进一步恢复和建立。至 1997 年年底，全省少儿训练人数达 7000 人，各少儿体校向省优秀运动队输送运动员 38 人，31 人达一级运动员。全省已形成一个层层衔接、年龄结构合理的人才梯队。

新世纪初，随着体育、教育改革不断深化，江西转变体育部门独家办少儿训练的思路，提出"资源共享，优势互补，成果共用"的原则，走"体教结合"之路。2000 年 7 月，省政府办公厅转发了省体委、省教委共同制订的《关于大力推进体教结合，加强学校体育工作，提高学生身体素质，培养体育后备人才的意见》和《江西省贯彻国家体育总局、教育部〈少年儿童体育学校管理办法〉实施意见》，明确提出"少儿体校、传统校和培养体育后备人才试点校是开展少儿业余训练的主要组织形式，教育和体育部门要形成合力，积极抓好'三校'建设"。传统校在大力推进素质教育的新形式下，体育场地设施得到极大改善，树立了通过培养体育人才创名牌、树形象的观念，成为"体教结合"的突破口，成为体育部门利用教育资源共同培养后备人才的有力"抓手"和工作平台，凸显出培养后备人才的优势，至 2007 年，全省有传统校 651 所，其中省布局 130

所、市布局196所、县布局325所，少儿体校438所、在训学生9688人。

省委、省政府出台的16号文件成为推进县区业余训练的重要保证，省体育局确立"选好苗子、着眼未来、打好基础、系统训练、积极提高"的少儿训练方针，积极实施的"600""3500""0809""111213"后备人才培养工程带动了县级业余训练。而各设区市充分利用市运会、省运会的引导作用，在政策上激励调动基层教练员的训练积极性，促进了当地的业余训练。全省平均每年注册运动员3744人，平均每年参赛人数2802人，参赛率达66.2%—85%，向省优秀运动队输送率为27%。建立完善的后备人才培养体系，把青少年体育工作和体育后备人才培养作为系统工程、战略重点等等，这一系列政策措施，使我省青少年体育取得了巨大成就。一是从过去由县级体育部门一家办，独立承担体育后备人培养的局面，改变为由体育、教育部门和各类体育俱乐部等社会力量共同承担的格局。二是县区以少儿体校为龙头，与有关中、小学建成训练网点，发挥青少年体育俱乐部的联系作用，利用社会和个人办的各种训练组织，形成本地青少年体育训练的网络。三是"体教结合"真正成为后备人才培养的必由之路。在全省93所体校中，依托普通中、小学开展训练的就有66所，加上体校与学校共办的22所，几乎占到95%左右。四是全省建立了5个国家级、11个省级单项人才训练基地，进一步提高了后备人才培养质量和效益。五是普通高校试办高水平运动队成为我省多形式，多渠道，多层次社会办体育的一项重要战略举措。自1985年江西师大首次被国家教委批准试办高水平运动队的院校以来，至2007年，我省先后有10所普通高校试办高水平运动队，而且在全省与之配套的培养体育后备人才中学已达到56所。随着"体教结合"和社会办体育工作的深入开展，我省115所省级体育传统项目学校和社会办的各类俱乐部和训练网点都为我省体育后备人才培养工作添砖加瓦。

（三）体育竞赛

竞赛是体育活动中一种重要、最具魅力的形式。新中国成立后，体育竞赛十分活跃，对体育工作的开展起到推动作用。1954 年，省体委成立竞赛科，负责全省体育竞赛工作。江西参加的主要赛事有四年一届的全国运动会、全国城市运动会、全国大学生运动会、全国少数民族运动会、各类邀请赛及全国年度各类单项比赛等，江西优秀运动员还代表国家参加奥运会、亚运会、世界锦标（杯）赛等。全省举办的主要比赛有工人、大学生、中学生、农民运动会、全省运动会和各单项青少年比赛等。

新中国成立后，全省建立起每四年举办一届全省运动会和每年举办 20 多次青少年单项竞赛，承办 20 多次国际及全国单项竞赛及其他各项竞赛的竞赛制度。1984 年 10 月，中共中央发出《关于进一步发展体育运动的通知》，要求创造体育工作的新局面。江西对现有竞赛制度进行调整，建立全省性竞赛的申办制度、招投标制度，通过形式多样的系列赛、集训赛等，增加运动员比赛机会和实战经验，利用竞赛政策，引导技、战术创新，为运动训练服务，积极开发市场，将国内比赛、世界大赛与开拓市场紧密结合起来，引导各类竞赛健康发展。1995 年，体育竞赛体制实行改革，第九届省运会开始采用申办制，择优确定省运会举办地。这一措施，推动了各地体育场地设施建设。自省运会实行申办制以来，上饶市和宜春市先后通过承办省运会，有力地推动了城市建设速度。各项体育赛事都实行招标举办和社会赞助的形式，一大批企业通过举办和赞助体育赛事，有效宣传了企业和产品形象，提升了竞争能力。

进入新世纪后，为充分发挥竞赛杠杆作用和奥运战略导向作用，大胆改革和完善省运会赛制，加大省运会参赛办法、计分办法和项目设置的改革力度，建立科学合理的竞争，充分调动设区市为省优秀运动队输送后备人才的积极性，使省运会更好地为奥运、全运战略服务。2002 年，省体育局认真贯彻实施国务院《全面推进依法行政实施纲要》，加强了体育赛风赛纪的管理和监督，认真查处违反体育法纪、弄虚作假、徇私舞弊、扰乱体育运动正常秩序的违法行为。实行"公平、公正、公开"竞赛原则，坚决禁止使用违禁药物，并将运动员的照片、指纹和基本数据制成 IC 卡，实行凭卡参赛，切实维护体育竞赛的公正性和纯洁性。十五期间，全省承办全国体育竞赛 95 次，举办全省少儿体育竞赛 69 次。培养国际级裁判员 5 人，国家级裁判员 169 人、一级裁判员 1114 人。

三、突飞猛进的体育产业

体育产业是新中国体育事业中一个新兴行业。改革开放之前，体育在高度计划经济时期，经费投入全部由国家包下，虽然一些场馆有部分经营活动，但并不是作为一个产业来看待。可以说体育产业是一块空白地。1978 年 12 月，党的十一届三中全会确立以经济建设为工作重点，经济、社会等各方面开始进行全面改革。随着改革的不断深入，1993 年，省体委适时出台《培育体育市场，加快我省体育产业发展的意见》，体育产业开始登上历史舞台。从 20 世纪 90 年代起，全省体育产业正式成为与群众体育、竞技体育并驾齐驱的重要工作。经过几十年的发展和壮大，如今体育产业已是推动全省体育事业可持续发展的重要力量。

一是经营机构规模可观。新中国成立之初，全省体育产业没有形成专一的产业，1978 年之后，经营机构主要依附于各级体育部门的场馆，没有专门的经营机构。随着改革开放的不断深入发展，全省专门从事体育产业经营的机构从无到有。全省各级体育行政主管部门都成立了主管体育产业的相关机构。从 20 世纪 80 年代成立的体育劳动服务公司开始，到 1993 年 6 月省体育彩票管理中心成立，全省体育产业经营机构逐步形成了一个以体育本体产业为主，相关产业为辅，结构趋于合理，规模趋于可观的体育产业经营格局。至 2007 年，省体育局已拥有省体育产业管理中心、省体育竞赛管理中心 3 个体育产业专职管理部门和省体育馆、省体育宾馆、省少儿体育培训中心、省体育设施建设服务中心、省体育电子设备研究所、省体育旅行社、省体育广告公司、省体育服装器材装备中心 8 个面向市场、自主经营的经济实体。全省各设区市也成立了相应的体育产业经营机构。

二是产业效益成绩斐然。体育作为一个产业，首先是从场地租赁和接待服务开始。20 世纪 80 年代，体育竞赛表演、体育项目培训和体育彩票等本体产业逐步占领了体育产业主阵地。尤其是 1996 年我省成功承办的全国体育用品博览会，取得 18 亿元成交额和参展企业、外资企业、展位数、参展人数、成交额均超往届的辉煌成绩，省体委净收入 400 万元，提升了全省体育产业工作地位，培养了一批体育产业经营人才，为全省体育产业发展奠定了良好基础。全省体育产业年度收入从 1990 年的 171.4 万元，发展到 1999 年的 1839.8 万元。

进入 21 世纪，全省体育产业加速发展。体育彩票业由当初人工销售的即开型彩票一种玩法，逐步发展到以电脑销售为主要手段的电脑体育彩票。玩法也从 36 选 7 一种，发展到足球彩票、篮球彩票，20 选 5、30 选 7、6＋1、28 选 7、七星彩、22 选 5、29 选 7 和排列三等丰富多彩的玩法。电脑销售点由当初的 400 个，发展到 3000 多个，年度销量从几百万发展到 9 亿多元，从而成为体育产业的龙头。此外，武术、游泳、乒乓球、足球、篮球、羽毛球培训的兴起，促进了体育项目培训产业的形成。高水平的体育竞赛和大型综合性的体育赛会，提升了体育无形资产的开发。"十五"期间，全省体育产业资源配置得到优化，产业结构得到调整，体育无形资产得到进一步开发，体育市场初具规模，体育产业门类增多，产业收入不断增加。体育彩票销售达 16 亿元，用于全省体育系统的公益金达到 2.28 亿元；其他产业收入达 1.5 亿元。至 2008 年年底，累计销售体育彩票 40.20 亿元。为增强体育活力和自我造血功能，推动体育事业可持续发展发挥了重要作用。

三是体育设施增长迅速。体育场地设施是体育产业发展的基础，新中国成立 60 年来，我省的体育场地设施建设有很大的发展，体育场地数量从少到多，种类从无到有，规模从小到大，功能从简到全，质量从低到高，工艺从粗到细，发生了极大变化。

至 1978 年年底，全省各类体育场地仅有 6872 个。改革开放之后，随着创体育先进县活动的深入开展，全省体育场地建设明显增速。1988 年江西省人民政府印发《关于加快体育事业发展的通知》，明确提出"体育经费和体育基建投资应纳入国民经济和社会发展计划"，2003 年省人民政府再次印发《关于进一步加快体育事业发展的决定》，规定"各级政府要将公共体育设施列入城乡规划和土地利用总体规划，合理布局，统一安排……"至此，全省体育设施建设进入黄金发展期。全省体育设施建设数量呈现总体加快趋势，深受群众喜爱方便的健身路径，遍布城市住宅小区、公园、街道广场；2002、2003 两年我省各种体育场地净增 4519 个；据 2003 年全国第五次场地普查显示，全省体育场地共有 41 类，22743 个。

2005 年，投资大、功能全的大型综合性体育设施建设开始在全省铺开。12 月 26 日总投资 7.52 亿元，建筑面积 12.6 万平方米的省奥林匹克体育中心开工建设。为迎接 2011 年全国第七届城运会在南昌召开，南昌市正在规划建设总投资 14.13 亿元、建筑面积 20 万平方米的国际体育中心。全省 11 个设区市均拥有或在建市级体育中心。2008 年，省政府出台60 项公共惠民政策，把支持基层群众体育健身场所建设列入其中，从省财政和体育彩票公益金中安排 4000 万元，扶持基层体育设施建设，投资额度是前 20 年的近 3 倍，充分体现了党和政府，关注民生，把一流便民的体育设施搬到群众家门口，积极为广大群众参加全民健身活动创造有利条件，也体现了体育职能部门在新时期将体育工作服务于全省中心工作，服务于社会这一职能，为我省全面进入小康社会，做出体育工作者应有的贡献。

四、丰富健康的文化建设

体育是精神文明建设的重要组成部门。更高、更快、更强的奥林匹克精神和激励全国人民自强自立的中华体育精神是人类宝贵的文化遗产。全省体育工作者在大力发展群众体育、竞技体育和体育产业的同时，不忘体育文化的建设。尤其是在体育教育、宣传出版、体育科技和法规建设等方面取得了新的突破。

一是体育教育为体育事业提供了强大的人才支持。改革开放之前，江西省体育运动学校是省内唯一的省级中等体育专业学校，只有 30 余名教职员工和田径、女子篮球、男子排球 3 个项目。经过几十年的发展，学校坚持"以训练为中心，以培养高水平体育后备人才为主要目标"的办学宗旨，教职员工队伍与质量不断扩大与提高，至 2007 年，在职员工有 146 人；全省各设区市均设有分校，教学内容、教学进度均与省体育运动学校同步；开设的专项达 9 项。2000 年 10 月经省人民政府批准，省体育局与江西师范大学联合办学的江西师范大学体育运动技术学院成立，省体育运动学校在学制建设中，也由过去的中专提升至大专。随着学生宿舍、教学楼、办公楼、图书馆、塑胶跑道相继建设，教学设施和办学条件有很大的改善。学校在抓体育后备人才培养工作的同时，围拢全省体育中心工作，注重教学质量的提高，努力构建国家级、省级、校级科研三级网，完成了国家级"十五"规划重点课题《全脑型体育教育模式的理论与实践研究》、《青少年运动员成功人生奠基教育》、《关于江西退役运动员就业培训问题探究》等多项省或局级课题；两个教学课件参加全国中学生课件比赛获三等奖。在多年的教学中，教职员工根据教学经验，先后出版《移动软件技术工程实训教程》、《英语应用能力考试全真试题详解 B 级》等专著，并应用于文化教学中。新中国成立六十年的体育教育，为江西竞技体育输送了许艳梅、熊国宝、钱萍、杨文军……等一批优秀运动员，后来直至成长为奥运冠军或世界冠军的优秀运动人才。由于成绩显著，2005 年 12 月获国家高水平体育后备人才基地和奥林匹克示范学校。在抓好学校体育教育的同时，以科学发展观的思维，注重系统教育工作的质量与规模的提升，走出去，请进来，请全国相关领域的专家来赣讲学，派教练员参加全国高级教练培训班学习，每年组织全省中级教练员进行专业培训；并从基层抓起，举办专题讲座，注重领导干部驾驭本职工作专业素质的提高。这种做法已形成每年体育教育工作内容，有力推动了全省体育教育工作全方位开展。

二是体育科技成为竞技体育科研攻关、群众体育科学指导和体育腾飞的强力助推器。新中国成立后，随着江西体委的成立，改变了全省体育科研活动主要在教育系统开展的单一局面，但全省体育科技工作没有形成专门的科研机构，有些与体育有关的科研活动，多为单兵作战，并未形成解决问题的科研能力。1978 年党的十一届三中全会之后，随着体育事业的发展需求，当时的省体委决定筹备成立全省第一个综合性体育科研专门机构，并行使部分科技管理职能。1981 年，江西体育科学研究所正式成立，各地市体委和各训练单位也相继设立专人分管体育科技工作，全省体育科技工作网络初显端倪，体育科技事业开始进入一个有计划、有组织的发展时期。与此同时，为吸引社会力量投身体育科技工作，成立了江西省体育科学学会这一群众性社团。通过成立专业分会吸引社会科技力量关注和参与体育科技工作，科研活动逐步在全省展开。最初的研究方向主要涉足为运动训练服务的声像、信息资料等；科研设备主要配置了电影放映机、投影幻灯机和摄影仪。1988 年江西省人民政府关于《加快体育事业发展的通知》（赣府发［1988］126 号）中，明确提出"把振兴体育逐步转移到依靠科技进步和提高体育队伍素质的轨道上来。体育科研要与体育运动紧密结合，指导体育的普及与提高。重点围绕科学选材、科学训练和加强创成绩的项目的研究，对运动训练中的薄弱环节和难点，面向社会、公开招标，组织力量攻关，实行体育科研有偿服务，促进运动技术水平提高……各级科委要将体育科研列入计划，从经费、设备和技术力量等方面给予支持……"这一文件的出台，促进体育科技工作逐步深入，科研设备仪器也日臻完善。相继成立了微机房、放免室、生理生化室和运动选材室，逐年添置的设备有生理生化方面的血红蛋白仪、尿液分析仪、血乳酸分析仪、生化分析仪、乳酸分析仪、遥测心率测试系统；医学方面的 r 免疫计数器、心电图机、心功能自动检测仪；选材方面的功率自行车、选材专用设备、X 光机；生物力学方面的图像分析系统等；还开展心理咨询、情报信息等项体育科研工作。

新世纪初省委、省人民政府为加大支持体育工作的力度，出台了《关于进一步加快体育事业发展的决定》（赣发［2003］16 号），在文件中明确提出"重视体育科技工作，提高科学训练水平"。为此，体育科技工作本着"立足现有，着眼未来，开拓创新，有所突破"的工作方针，加大对体育科技工作的投入力度，添置了一批先进的科研设备；突出工作重点，探索科训结合的有效途径。经过几年的努力，在运动选材、运动监控、营养恢复等领域取得了进展，先后完成了诸如《中国人骨成熟度评定管理与预测身高系统》、《江西省运动员档案管理系统》的软件研制；国家级课题《复方白蚁制剂在竞技体育中的应用研究》；"谷氨酰胺"、"复方白蚁"和"D—核糖"3 种营养补剂等一批科研成果。在探索科训结合途径方面，加强运动队科研设施建设，在重点运动基地建立科训监测室，使运动训练的科技工作更加及时、有效。医疗工作也与体育科研工作并驾齐驱，成立医疗小组，深入运动一线，通过"首诊"、"会诊"制度的建立，保障了运动员伤病的及时医治。经过多年的发展，已逐步建立了科、训、医一体化的体育科技工作发展模式，并且按照社会的发展需求，向科、训、医、教一体化的模式发展。

三是宣传出版、法规工作有力地保障了体育工作沿着健康的方向发展。新中国成立后，体育宣传工作成为各级体育部门的工作之一。当时的江西体委不定期的出版《江西体育》；1978 年创刊《江西体育工作简报》。尤其是近十年的江西体育的辉煌成绩，营造了健康向上的文化氛围，提供了良好的精神食粮。全省体育工作者着重以先进的文化加以引导，以厚重的发展史加以激励，努力注重先进文化导向的建设。至 2007年年底，省体育局获得全省文明单位、全省综合治理先进单位称号和全省生产安全单位，并顺利实现综治安全十周年。同时还编纂了《江西体育志》、设立了体育网站、创编了《体育年鉴》、发行了《体育博览》、出刊了《江西省体育局领导干部论文集》，开辟宣传专栏并在各新闻媒体刊发稿件数百篇。为新时期体育工作创造了良好的发展空间和平台。在法规和制度建设中，不断完善体育法规体系建设和党风廉政制度建设，形成依法管事，以制度管人的良好环境。在体育法规方面，先后颁布了《江西省体育局受理行政许可项目申请有关事宜的公告》、《江西省大型体育赛事及群体活动突发性公共事件应急预案》等体育法规，以及使法规工作适应社会发展的需要；在党风廉政方面，先后印发了《省体育局直属单位党的工作目标管理考评办法（试行）》和《省体育局党风廉政建设责任制评估办法（试行）》等项制度，为体育工作的发展提供了良好的法规政策环境和风清气正工作环境。

山东体育辉煌 60 年

山东省体育局局长　张洪涛

一、发展历程概述

（一）改革开放以前阶段（1949—1978 年）

1949 年新中国成立后，山东省人民政府于 1953 年 10 月设立了山东省人民政府体育运动委员会，山东体育事业随着国民经济的恢复和振兴逐步发展。群众体育蓬勃兴起。学校体育工作认真贯彻毛泽东同志"健康第一、学习第二"的指示精神和政务院《关于改善各级学校学生健康状况的决定》，进一步加强组织管理，加强师资队伍建设，建设体育场地，配备体育器材。职工体育广泛普及广播体操，发展特色传统体育项目。1978 年，全省专职体育教师达 11200 多人；全省群众性体育组织达到 1772 个，各类体育锻炼队伍 3 万多个，工厂企业职工体育代表队达 3.6 万个。竞技体育稳步发展。山东运动员郑凤荣 1957 年以 1.77 米的成绩打破女子跳高世界纪录，极大地振奋了全国人民的精神。毛泽东主席曾亲切接见郑凤荣同志，周恩来总理 1965 年向郑凤荣亲授体育运动荣誉奖章。同时我省运动员参加洲际比赛获得 8 项冠军、6 项亚军、2 个第三名。在全运会上，一运会以 21 枚金牌列第五位，二运会以 17 枚金牌列第五位，三运会以 7 枚金牌列第十六位。1950—1978 年共举办了十一届山东省运动会。1958 年，经国务院批准，创建了山东体育学院。

在这个阶段，山东体育虽然取得了一定成绩，但基础差、底子薄，总体发展水平较低。特别是十年动乱期间，使得山东的体育事业遭到了极大的破坏，体育战线思想动乱，体育工作基本停顿，体育设施荒废或受到严重破坏，体育队伍受到严重冲击，运动水平直线下降，大量优秀运动员和体育后备人才被贻误。

（二）恢复重建阶段（1979—1993 年）

1979 年，党的十一届三中全会后，山东省体育工作解放思想、开动机器、实事求是，按照体育运动的规律和特点办体育，在集中整顿中前进，在普及与提高相结合的前提下，侧重抓提高，加强训练工作，努力提高体育运动水平，创造优异成绩，为以后的大发展、大提高做好充分准备。各级各类体育组织机构逐步恢复建立。山东省委、省政府健全了省体委机构设置，恢复建立了济南、青岛、淄博、枣庄、烟台、威海、潍坊、德州等地市的体育分会，积极建立基层厂矿、企业、事业、机关体育协会。各项体育工作开始步入正常发展轨道。群众体育工作坚持一切从实际出发、因地制宜的方针，贯彻业余、自愿、小型、多样的原则，在全省形成了群众参加体育锻炼的热潮。1982 年，山东省委、省政府确定 9 月份为"体育活动月"，全省各地层层举办了包括少数民族、残疾人、老年人、幼儿等各类人员、多种形式的体育竞赛，有效地促进了群众体育活动的开展。学校体育认真开展"两课、两操、两活动"，积极推行《国家体育锻炼标准》，1983 年全省达标学生达到 176 万人，比 1979 年增加了 139 万人。积极抓好业余训练工作，对重点项目布局进行了调整。1980 年在全省设置了重点项目的 100 处基层训练点，地市设置了 154 处，区县设置了 799 处，将 11 所地市重点业余体校改为体育中学，纳入当地中学序列。山东省优秀运动队调整队伍、强化训练，整体运动技术水平有了不同程度的提高。在五年的时间里，山东省运动员在国内外大赛中获得 3 个世界冠军，18 个亚洲冠军，3 次破超世界纪录，25 次破超亚洲纪录，56 次破超全国纪录。在 1979 年的第四届全运会上，山东代表队取得了 21 枚金牌的好成绩。

这一阶段，山东省的其他体育工作也有了一定发展，但总体而言发展还比较缓慢，特别是竞技体育水平还比较落后，项目偏少、基础薄弱、尖子不尖的矛盾十分突出。

（三）快速发展阶段（1984—1993 年）

1984 年，山东省委、省政府召开了山东体育史上具有转折意义的一次会议，即全省体育工作座谈会。会议总结了十一届三中全会以来山东体育工作的经验教训，重点查找了与其他体育强省的差距，提出了山东体育"一年初开局面，四年卓有成效，十年全面振兴"的奋斗目标，为开创山东体育工作新局面做了战略性部署。这次会议的召开，推动了山东体育进入快速发展阶段。政府对体育事业的投入逐年加大，仅 1984 年到 1991 年全省投入体育事业的经费就达 4.2 亿元，基建投资达 9800 万元，是前 33 年总和的 2.5 倍。全省集资 6089 万元，其中 3000 万元建设了山东省体育中心，并于 1988 年成功承办了第一届全国城市运动会；其余用于山东省各地市的体育设施建设，全省部分地区体育设施落后的状况有了较大改观。群众体育步入了全国先进行列。各级体育总会、行业体协、单项运动协会，充分发挥了体育社团的积极作用。教育、工会、共青团、妇联、文化、民政、民委、农业等部门定期举办不同人群运动会。积极开展争创全国体育先进县活动，到 1993 年我省全国群众体育先进县达到 51 个，居全国之首；1990 年、1993 年连续被评为全国群众体育先进省。竞技体育管理体制改革不断加强，全省在原来学校训练点的基础上建立起了 100 所体育传统项目学校，大部分县办起了业余体校、体育中学，各地市逐步办起了体育中专，1991 年省优秀运动队编制增加到 1100 人，1984 年省体工大队改为省体育运动技术学院，并新建了省水上运动学校和省竞技体校，形成了由体育传统项目学校、青少年业余体校、体育运动学校、优秀运动队等组成的层层衔接的训练体系，在这一阶段，山东运动员在各类国内外大赛上共获得 17 个世界冠军、50 个亚洲冠军，19 次破超世界纪录，53 次破超亚洲纪录。

（四）突破提高阶段（1994 年至今）

1994 年，山东省委、省政府召开了全省体育工作会议，分析了山东体育事业面临的新形势，确定了这一时期山东体育工作的指导思想：坚持以改革纵览全局，以发展竞技体育为重点，以科技进步为先导，以群众体育为基础，适应市场经济新形势，抓住机遇、积极探索，为在 20 世纪末把山东省建设成体育先进省而努力奋斗。省体委坚决贯彻省委、省政府的重大部署，解放思想，锐意改革，推动我省体育事业实现了新的发展。竞技体育积极调整运动项目设置，撤销了非全运项目，压缩了竞争力不强的项目；在省优秀运动队推行了“多课次、高强度、大运动量”的训练模式；实行效益投资，把经费投入与承担的全运会任务和当年的运动成绩挂钩；改革了省运会的赛制，由全运会前一年举办调整为全运会后一年举办；改革教练员选拔任用机制，普遍实行了主（总）教练负责制和教练员聘任制，增强了竞技体育发展的活力，提升了竞技体育的竞争力。群众体育以实施《全民健身计划纲要》为抓手，精心实施全民健身工程，成立了山东省全民健身监测指导中心，在全省开展了以长跑、登山和做广播体操等为主要内容的多种健身活动，掀起了全面健身的热潮。体育产业迈出新的步伐，特别是对体企联姻进行了大胆的探索和实践，通过以企业名称为运动队冠名、共建优秀运动队等形式，先后在足球、篮球、乒乓球、举重、游泳、射击等项目上建立起十多个俱乐部。

2002 年，山东省委、省政府再次召开全省体育工作会议，出台了《关于贯彻中发〔2002〕8 号文件精神、进一步加强和改进新时期体育工作的意见》（鲁发〔2002〕21 号），明确了山东省新时期发展体育事业的指导思想和总体要求是：以满足广大人民群众日益增长的体育文化需求和增强人民体质、提高人民群众整体素质为根本目标，坚持体育为人民服务、为社会主义现代化建设服务的方针，深化体育改革，完善群众体育服务体系，创新竞技体育训练管理，推动体育科技进步，提高依法行政水平，加强体育队伍建设，尽快使我省人民体质有大的增强、竞技水平有大的提高、体育产业有大的发展、体育基础设施有大的改观、体育教育有大的进步、全社会关心参与支持体育的氛围有大的变化，体育事业与经济、社会协调发展，群众体育与竞技体育协调发展，全面实现由体育大省向体育强省的跨越。《意见》还明确提出要积极申办 2009 年第十一届全运会。全省体育系统认真落实全省体育工作会议精神，解放思想，干事创业，加快发展。竞技体育进一步优化项目布局、强化科学训练、深化体制机制改革、积极开展训练创新，整体实力有了明显提升，在 2002 年亚运会、2004 年雅典奥运会、2005 年十运会上均创历史最好成绩。全民健身紧紧围绕健身场地、健身组织、健身活动"三个环节"，大力加强全民健身体系建设。全省体育场地总量 2004 年达到 47362 个，居全国第二位；在十运会期间举行的全国群先表彰大会上，我省有 149 个先进集体、111 名先进个人受到表彰，数量居全国第一位。山东体育学院规划建设了日照校区，占地由 100 余亩扩大到 1800 余亩，专业由 3 个增加到 12 个，在校生由 1700 余人增加到 10000 余人，2003 年被批准为硕士学位授权单位，并与武汉理工大学、上海体院联合培养博士研究生。

2005 年 2 月，经过不懈努力，山东省成功申办了第十一届全运会，成为继江苏之后第二个以申办方式获得承办权的省份，为加快山东体育事业发展带来了新的历史机遇。山东省委、省政府进一步加强了对体育工作的领导，为省优秀运动队增加了 400 名运动员编制和 100 名教练员编制，运动队编制达到 1800 名；增设了部分运动项目管理中心，省体育局训练单位达到 15 个；2008 年把所有训练单位定为公益一类事业单位；确定了举省承办十一运的办赛体制，在全省制定实施了新建、改造 129 座体育场馆的计划，有力地促进了全省体育基础设施建设。全省体育系统以承办十一运为抓手，认真贯彻落实科学发展观，推动我省体育事业在新起点上实现了又好又快发展。

全民健身体系建设取得显著成效。坚持全民健身与全运同行，把加快全民健身事业的发展纳入十一运会办赛宗旨，全面加快群众体育发展。在全省实施了"一点三线"全民健身工程和"农民体育健身工程"。以济南为中心点，以 17 市为支点划分东部沿海、南部历史文化名城、西北黄河沿线三条线，在主要城市和部分城镇乡村，结合城乡规划建设和城市改造，建设一批室内外相结合的全民健身场地设施；在广大行政村建设适合农民特点的村级健身设施。"两大工程"实施 3 年来，带动全省各级财政和社会各界投入超过 20 亿元。在全省组织开展了"全民健身、共享全运"主题活动。对迎接北京奥运会、十一运会的大型活动和"全民健身月"等进行精心编排，由各市轮流作为主会场，每月至少举办一次全省联动的大型活动，做到月月有活动，阶段有高潮，常年不断线。2006 年至 2009 年，全省每年仅由省、市体育系统组织的大型健身活动就超过 600 多项，参与人群超过 2000 万人次。

竞技体育水平进一步提升。坚持以结构调整为主线，进一步优化运动项目布局。制定实施了"强化优势项目、突破潜优项目、补齐短缺项目"的工作思路，增设了曲棍球、垒球、水球、激流回旋、艺术体操、现代五项和冰上、马术等项目，参加十一运会的大项达 30 个、小项达 272 个。坚持以科技为先导，着力强化科学训练。进一步加强了省体育科研中心建设，新成立了运动员康复中心，对省优秀运动队科研和医务工作进行统筹管理。遵循竞技备战规律，制定了基础年、积累年、强化年、突破年的周期训练计划。运动队普遍实行科研人员靠队服务制度和专家巡诊制度。坚持以教练员为主体，突出加强复合型教练员团队建设。把打造复合型教练员团队作为提升核心竞争力的关键因素来抓，制定实施了教练员中长期培训计划；为所有运动队配齐了科研、医务和管理人员，形成了以教练员为核心，科研、医务、管理人员紧密配合、协同攻关的复合型教练员团队，执教水平有了明显提高。

体育产业发展步伐进一步加快。全省进一步加快健身服务、竞赛表演、体育用品、体育休闲、体育旅游等产业的发展，积极构建体育产业体系。体育彩票工作不断优化市场布局，提升网点质量，强化政策激励，销售终端达到6300个。积极推进体企联姻，足球、乒乓球、篮球、排球等项目都创建了俱乐部。大力发展竞赛表演业，省、市申办高水平国际、国内单项赛事和综合性赛事明显增多，对促进体育事业发展、促进城市建设和经济社会发展起到了明显的推动作用。

业余训练得到新的发展。随着社会主义市场经济的发展，承担竞技后备人才队伍的市县体校发展遇到很大困难，2007年我省的县级"三集中"体校已由90年代的100余所减少到50多所。省体育局从2007年开始，每年从省级体育彩票公益金中提取不少于1000万元扶持市、县体校发展。2008年，全省共落实扶持市、县体校的经费1700万元，有力地激发了各市县加强体校建设的积极性。同时，省体育局还设立专项经费，专门用于基层教练员、工作人员的培训，并制定实施了从优秀退役运动员中选拔培养年轻教练员输送到重点体校任教的计划。经过积极努力，山东省2008年的"国家高水平后备人才基地"达到33所，"省优秀运动队后备人才基地"达到59所，业余训练下滑趋势得到遏制。

这一阶段是山东省体育改革力度最大，发展步伐最快，成绩最为显著的阶段。全民健身体系建设不断加快，健身场地设施面貌显著改观，人民群众的健身条件得到了极大改善。竞技体育不断实现历史性突破，在2002年、2006年亚运会上，我省分别获得20枚和21枚金牌；在2004年雅典奥运会上，我省运动员勇夺4枚金牌、3枚银牌，创5项世界纪录；在2008年北京奥运会上，我省运动员勇夺5枚金牌、3枚银牌、3枚铜牌；在2005年十运会上，我省获得42枚金牌、总分2102.2分，分列全国第三、第四位，均创历史最好水平。体育彩票2008年首次突破20亿元，跻向全国前六位。其他各项工作也取得了显著成就，为建设体育强省计划奠定了坚实的基础。

二、辉煌成绩

在 60 年的发展历程中，山东体育事业取得了辉煌的成绩，极大地鼓舞和振奋了全省人民的精神。

竞技体育在一系列国内外大赛中取得了优异成绩。截至 2009 年 7 月，山东运动员在各类国内外大赛上共获得 122 个世界冠军（其中奥运冠军 11 个），174 个亚洲及其他洲际比赛冠军（亚运会冠军 77 个），全运会冠军 183 个，76 次破超世界纪录，118 次破超亚洲纪录，为国家体育事业的发展和竞技体育水平的提高做出了突出贡献。先后涌现了马文广、高建敏、关平、李素杰、辛敏、崔爱红、马湘君、杨文琴、黄绪申、刘伟、乔云萍、毕文静、沈剑、巩晓彬、宿茂臻、邢傲伟、林伟宁、杜丽、刘春红、唐功红、邢慧娜、王峰、张娟娟、奚爱华等著名运动员。山东省体育局自 1997 年以来多次荣获国家体育总局表彰和山东省委、省政府的通令嘉奖。特别是在 2008 年北京奥运会上，山东省体育局被中共中央、国务院授予"先进集体"荣誉称号。

群众体育处于全国先进行列。健身设施建设显著加强，截至 2009 年，全省 17 市都建成了市级全民健身中心，140 个县（市、区）中有 97 个建成了县级特色工程，所有乡镇、街道办事处建成了健身路径，7 万多行政村中有 3.28 万个村建成了农民体育健身设施。其中，国家级全民健身中心 57 个，省级全民健身中心 157 个，市县级全民健身中心 4312 个，健身路径 1.52 万条。健身组织日益健全，全省各级各类体育社团组织超过 3000 个，行业体协发展到 42 个，各类体育俱乐部已发展到 760 个，社会体育指导员总量超过了 10 万人，省、市和 80 多个县建成了国民体质监测中心。健身活动蓬勃发展，学校体育、职工体育等各类人群体育活动更加深入普及，泰山登山节、潍坊风筝节、鲁西南武术、胶东海滨运动方兴未艾，全省人民群众的体质得到了明显增强。

体育产业稳步健康发展。山东体育彩票累计销售超过 122 亿元，筹集公益金 40 亿元。山东鲁能泰山足球、鲁能乒乓球、黄金男篮、济钢排球等俱乐部健康发展，取得了优异成绩。积极培育、开发体育用品业，涌现出了青岛英派斯、泰山体育集团、青岛双星等一批知名企业、知名品牌。泰山体育产业集团为北京奥运会提供了六大项目的几万件比赛器材，成为奥运历史上最大的体育器材供应商。申办高水平体育赛事取得丰硕成果，山东省于 2004 年举办了亚洲杯足球赛，2005 年和 2006 年举办了国际欧洲级和 470 级帆船世锦赛，2007 年举办了中国水上运动会，2008 年成功举办了青岛奥帆赛，2009 年将举办第十一届全运会，烟台海阳市成功申办了 2012 年第三届亚洲沙滩运动会。

体育基础设施建设取得新突破。山东省借助承办高水平国际国内体育赛事特别是十一运会的重大历史机遇，极大地促进了体育场馆建设。其中，为承办十一运，全省共投资 70 多亿元，新建 44 个场馆，改造 85 个场馆，新建改造面积达 220 多万平方米，坐席总数近 53 万个。目前，济南市已建有省体育中心、山东省体育局训练中心、济南奥体中心 3 处高水平体育设施，其中，济南奥体中心占地约 1215 亩，建筑面积约 35 万平方米，包括 6 万人的体育场，1 万人的体育馆，各 4 千人的游泳馆、网球馆；山东省体育局训练中心总占地 1334.5 亩，总建筑面积 32.3 万平方米，总投资 14.2 亿元，包括 7 个十一运比赛场馆、17 个省优秀运动队训练场馆。青岛建有颐中体育中心和奥帆赛基地，烟台市建成了体育公园，日照建有世帆赛基地，枣庄建设了滕州奥林匹克中心，滨州建设了奥林匹克公园，泰安、威海修订完善了体育中心建设规划，淄博、东营、潍坊、济宁、莱芜、临沂、德州、聊城、菏泽 9 市制定了新建体育中心的计划，优先建成了十一运比赛场馆，其中莱芜、菏泽建设成了当地历史上的第一座标准体育场馆。体育教育发展成效显著。山东体育学院教学质量和办学水平得到新提升，全日制在校生规模稳定在 1 万名左右，本科专业增加到 18 个，并创建了 3 个省级特色专业，获得了硕士授权单位、博士联合培养单位资格，毕业生就业率一直保持在 85% 以上；在济南建成了包括教学楼、图书馆、综合训练馆、学生公寓、餐厅等组成的山东体育学院济南校本部，2009 年 9 月将正式启用；师资队伍明显加强，学院有第四届国务院学位委员会体育学科评议组成员 1 名、博士生导师 2 名、硕士生导师 48 名，选聘美国佐治亚州州立大学终身教授王永泰博士担任"泰山学者"；《山东体育学院学报》被评为全国中文核心期刊。全省有 15 所高校设有体育院系，有体育传统校 521 所，市体校 16 所，县级"三集中"体校 55 所，100 名在校生规模以上的民营武校 9 所，业余训练在训人数超过 3 万人。

体育法制建设取得积极成效。1995 年《中华人民共和国体育法》颁行后，山东省各级体育行政部门和体育工作者认真学习、贯彻和宣传《体育法》，依法治体、依法兴体、依法行政的观念不断深入人心。与此同时，山东省还加强了地方体育立法。1994 年，山东省颁布了《山东省体育场地设施保护办法》；1996 年，山东省政府以省长令的形式颁布了《山东省体育条例》；2000 年，山东省人大颁行了《山东省体育市场管理条例》；2004 年，山东省人大颁行了《山东省全民体育健身条例》，形成了较完善的山东省地方体育法规体系。

三、基本经验

总结山东体育 60 年发展历程，可以得出以下基本经验。

（一）必须坚持以党的先进理论为指导

体育是中国特色社会主义事业的重要组成部分，伴随着经济社会发展的步伐不断前进。发展体育事业，必须始终坚持党的思想路线，解放思想、实事求是、与时俱进；必须坚持用毛泽东思想、邓小平理论、"三个代表"重要思想和科学发展观武装头脑，运用党的理论、观点和方法去解决体育改革和发展中的实际问题；必须从建设有中国特色社会主义的大局出发，正确认识体育工作的地位，准确把握体育工作的方向，明确体育工作的任务，充分发挥体育在两个文明建设中的重要作用；必须深入贯彻落实科学发展观，坚持统筹兼顾，以人为本，推动体育事业全面协调可持续发展。

（二）必须紧紧依靠党和政府的正确领导和全省人民的大力支持

党和政府的正确领导和全省人民的关心支持，是体育事业发展的前提和保证。新中国成立60年来，山东省委、省政府对体育事业一直高度重视，摆到了全省国民经济和社会发展的全局中统筹规划，加强领导，积极扶持。1984年、1994年、2002年召开的三次全省体育工作会议，都对山东省体育事业的发展产生了巨大的推动作用。特别是2005年成功申办十一运会后，山东省委、省政府更是在机构、编制、经费等方面出台了一系列重大政策，对山东体育事业的当前乃至长远发展都产生了深远影响。在山东省委、省政府的领导下，全省人民心系体育，积极为体育事业的发展建言献策，山东体育的发展面貌不断改观。正是省委、省政府的正确领导和全省人民的关心支持，为体育事业的发展创造了良好的环境和条件，推动着山东体育不断从胜利走向胜利。

（三）必须坚持全面协调可持续发展的方针

群众体育、竞技体育、体育产业、业余训练等各项工作相互联系、相辅相成。必须坚持提高竞技体育水平，用更多更好的国际国内大赛成绩，振奋人民精神，增强体育意识，促进群众体育、体育产业发展。必须坚持加快全民健身体系建设，广泛开展全民健身活动，为竞技体育夯实人才基础，为体育产业培育买方市场。必须坚持发展体育产业，培育活跃体育市场，才能更好地运用市场经济的手段、调动社会各界的力量，促进体育事业和体育产业协调发展。必须坚持强化业余训练，建设好竞技人才梯队，使竞技体育事业后继有人，实现可持续发展。

（四）必须坚持不断深化体育改革

改革是事业发展的动力。山东体育事业60年发展历程中，每次重大突破的动力就是改革。在体育管理方面，稳步推进机构改革和职能转变。在体制机制方面，调整了项目设置和项目布局，对体育资源进行了合理配置；强化了业余训练，对县级体校的管理体制进行了重大改革。在竞赛机制方面，改革了省运会赛制。在经费管理方面，实行了效益投资。训练手段和方法、体育科技等方面也进行了多次深入的改革。正是在不断深化体育改革的过程中，山东体育逐步理顺了各方面关系，拓宽了体育发展的路子，调动了各方面的积极性，推动了山东省体育事业的发展。

（五）必须坚持实施"科技兴体"战略

科学技术是第一生产力，是现代生产力和社会经济发展越来越重要的促进因素。山东体育特别是竞技体育坚持以科技为先导，不断探索项目制胜规律，开展训练理论创新，如突出教练员主体地位、深入贯彻"三从一大"训练原则、推动科训医一体化、建设复合型教练员团队等尝试，都对提升竞技水平产生了重大影响。同时，山东省还不断增加体育科技投入，建成了省体育科研中心，调动一切体育科技力量对重点运动项目进行立项攻关，推行了科技人员跟队服务制度。这些措施，逐步改变了山东省体育科技相对落后的面貌，对促进山东体育事业的发展起到了十分重要的作用。

（六）必须坚持实施"人才强体"战略

事业发展，人才为本。多年来，山东体育系统在体育队伍的建设方面坚持"两手抓，两手都要硬"的方针，始终把党的建设和精神文明建设摆到突出位置来抓，努力提高体育队伍的整体素质。不断深化干部人事制度改革，建立健全有效竞争机制和激励机制，注意选拔那些德才兼备、富有开拓创新意识和奉献精神的干部充实到重要领导岗位。高度重视教练员主体作用，突出加强复合型教练员团队建设，配齐配强教练员、科研人员、医务人员和管理人员，建立优势互补、团结协作、协同攻关的工作机制，不断推动"科训医管"一体化建设再上新台阶。高度重视运动队思想政治工作，在运动员中积极进行爱国主义、集体主义和社会主义教育，大力弘扬中华体育精神，注意引导运动员树立正确的世界观、人生观和价值观，强化祖国意识，引导运动员把自己从事的事业同山东的荣誉、祖国的荣誉紧密联系起来。并对运动员进行积极有效地思想政治工作和严格的管理，造就出了一支思想好、作风硬、水平高、素质强、勇于拼搏、善于进取的体育人才队伍。

四、前景展望

当前，山东体育的发展正处于一个发展战略机遇期。2008年9月，胡锦涛总书记在北京奥运会、残奥会总结表彰大会上发表重要讲话，深刻阐述了体育在当代社会中的地位和作用，发出了进一步推动我国由体育大国向体育强国迈进的号召，为全国体育事业发展指明了方向。2009年4月，山东省委、省政府做出了《关于办好第十一届全国运动会、加快体育强省建设的决定》，要求全省上下抓住举办十一运会的重大机遇，加大力度，推动全省体育事业持续健康发展，加快推进体育强省建设步伐。

根据新的形式和任务的要求，针对山东省的实际，今后一个时期山东省体育工作的总体要求是：全面贯彻党的十七大精神，坚持以邓小平理论和"三个代表"重要思想为指导，深入贯彻落实科学发展观，紧紧围绕增强人民体质、提高全民身体素质和生活质量的目标，广泛开展全民健身运动，着力提升体育公共服务能力，不断提高竞技体育水平，促进竞技体育与群众体育、体育事业与体育产业以及地区之间、城乡之间协调发展，加快推进我省向体育强省迈进。

山东省体育事业的发展目标是：通过今后五年的努力，使全省体育综合水平与实力实现跨越式发展。

——群众体育工作再上新台阶。建立起比较完善的亲民、便民、利民的健身服务体系，基层体育服务能力进一步增强，人民群众的健康素质位居全国前列。

——竞技体育工作再创新辉煌。培养和造就一批新的世界冠军和优秀体育后备人才，奥运会金牌总数排位、年度对国家体育的贡献和全运会位次居全国前列。

——体育产业发展实现新突破。逐步建立起以健身服务业、竞赛表演业、体育彩票业和体育用品业为支柱的体育产业体系。

——体育设施建设提升新层次。省、市、县（市、区）建成与经济社会发展水平相适应的体育公共基础设施，城市社区、乡镇、行政村建有健身场所。人均体育场地面积位居全国前列。

——体育科技教育再上新水平。形成布局合理、学科配套、特色鲜明的体育教育体系，取得一批在国内外有一定影响的科研成果，体育科研教育对体育事业发展的支撑作用显著增强。进一步优化山东体育学院专业结构，提高教学、训练、科研和管理水平，积极创造条件成立山东体育大学。

——体育国际交流开创新局面。体育对外交流与合作进一步活跃，不断开拓新领域，力争承办更多有影响的国际体育赛事。

新中国成立 60 年来，山东体育事业实现了长足发展。展望未来，我们对山东体育事业的明天充满信心。我们坚信，在山东省委、省政府和国家体育总局的领导下，在全省人民和社会各界的大力支持下，山东省体育系统广大干部职工一定能够深入贯彻落实科学发展观，推动体育事业在现有良好基础上实现又好又快发展，早日实现建设体育强省的目标，为推动我国由体育大国向体育强国迈进做出应有的贡献。

艰难的历程　辉煌的成就

——河南体育 60 年发展概览

河南省体育局局长　韩时英

河南地处华夏中原，是中华民族灿烂文明的重要发祥地之一。河南人民自古以来就有"崇文尚武"的优良传统，在众多民间传统体育项目中，极具盛誉的"少林"、"太极"两大拳种均发源于中州大地，武术名家迭世辈出，震古烁今。黄河儿女在健身养生、疗疾治伤、御敌卫国的不同领域都为中华民族的文明发展做出过杰出贡献，也标志着民间传统体育在河南这块土地上有着悠久深厚的根基。

1949 年中华人民共和国成立后，河南的体育事业在中共河南省委、省人民政府的领导下，走过了 60 年艰难曲折、探索思考、改革创新、成绩辉煌的发展道路。河南体育 60 年的发展历程大致可以划分为三个阶段，即：创建与奠基时期（1949—1966 年）；文化大革命时期（1966—1976 年）；创造辉煌时期（1976—2009 年）。

回顾河南体育 60 年发展历程，有诸多经验可以总结亦有不少缺失应当记取；在迎接又一个甲子轮回开始的时候，河南的体育事业必将谱写更加灿烂辉煌的篇章。

一、创建与奠基时期（1949—1966 年）

中华人民共和国刚刚成立，中央人民政府就把体育事业摆上了议事日程，提出了建设"新体育"的要求。1949 年 10 月，中华全国体育总会筹备委员会在北京成立。为了适应体育事业发展的需要并与中央机构对口，1950 年 9 月 28 日，中华全国体育总会河南省分会筹备委员会（以下简称"分筹委"）在开封市召开成立大会。刘冰当选为"分筹委"主任，并选出副主任、常委 13 人组成领导机构。会议明确提出了体育工作的任务是：为人民的健康，为新民主主义建设和人民国防服务。

"分筹委"成立后为启动和初创全省的体育事业做了一定的工作，但是"分筹委"只是一个群众性组织，不具备政府的行政职能，其局限性逐步显示出来。为了更加有效地领导全省的体育工作，1954 年 1 月 24 日，河南省人民政府体育运动委员会（以下简称"省体委"）正式成立。副省长嵇文甫兼任主任、省委宣传部副部长张柏园兼任副主任。省体委机关设办公室和宣传、竞赛、群体 3 个组，办公地址在开封市山货店街。1955年 1 月，河南省人民政府体育运动委员会更名为河南省体育运动委员会，并随着政府一道迁到郑州办公。省体委成立后，郑州、开封、洛阳等 11个市相继成立了体委。至 1956 年年底，全省有 34 个县成立了体委，与此同时，全省还建立了 11 个省级体育协会，30 个市级体育协会和 1305 个基层体育协会，各级体育协会会员达 87306 人。

省、市、县三级体育管理机构的建立使河南体育进入到一个有领导、有计划、全方位发展的新阶段。

1952 年 6 月 20 日，毛泽东发表"发展体育运动，增强人民体质"的题词，指明了新中国体育事业的根本任务和发展方向。在这一方针指引下，河南全省出现了建国初期普遍开展群众性体育活动的热潮。在大、中、小学校，依据高教部和教育部颁布的《体育教学大纲》，统一了教学和考试内容，保证每周两节体育课；多数学校实行早操、课间操和下午的课外活动制度，以充足的锻炼时间增强学生体质；绝大多数学校注重选拔那些具有运动才能的学生组建了体操、田径、球类为主要项目的学校代表队，参加全国、全省和市级校际比赛。20 世纪 50、60 年代，我省水平较高的学校运动队有：许昌高中的田径队，焦作中学的篮球队，郑州铁中的足球、田径、体操代表队，郑州五中、十六中的男子足球代表队，郑州大学的男女自行车代表队，河南医学院的男子排球队等一大批学校运动队。他们当中的部分运动员此后被选拔进入国家队、省代表队等各级、各类专业运动队，创造出优秀的运动成绩。截至 1966 年"文化大革命"前夕，我省各级学校成立校代表队多达 11359 个，队员有 12.3 万人。这一时期，我省部分地、市、县还相继建立了培养优秀运动人才的业余体校，到 1966 年 6 月，全省共有市、地、县业余体校 26 所、教练员 154 人，在校学生 5100 多人。

新中国成立后，河南省的职工体育活动主要在开封、郑州、洛阳、新乡、许昌等重点城市的机关、工矿中开展，以推广广播体操和开展球类运动为主。"文化大革命"以前，活跃在郑州篮坛的郑州铁路局、黄河水利委员会、郑州纺织机械厂、省邮电局等几支职工篮球队都具有较高水准；洛阳市、郑州市、新乡市、南阳市、焦作市等城市成立了许多职工业余足球队，其中洛阳拖拉机厂、洛阳矿山机器厂、郑州铁路局、郑州纺织机械厂、省建五公司、郑州砂轮厂等单位具有较高水平。

1956 年以后，在我省农村以农业社为单位，依靠青年团组织相继建立起部分基层体育组织，其骨干力量是当地学校的体育教师、回乡知识青年和复员退伍军人，一般都是结合民兵训练开展多种多样的体育活动。1958 年夏季，临近黄河的郑州、开封、新乡、济源等市县组织民兵武装泅渡黄河。民兵们迎着滚滚波涛在黄河中开展射击活动，成为轰动一时的新闻。20 世纪 50 年代中期以后，禹县、汲县、镇平、邓县、博爱、灵宝、巩县、济源、获嘉等县的农村以农业社和自然村为单位的篮球、乒乓球比赛十分频繁。当时，济源县 209 个农业社成立篮球、乒乓球队 163 个，全县建篮球场 98 个。

1950 年，刚刚组建的河南军区（1955 年改称为河南省军区）举行军区第一届运动会，比赛项目有篮球、排球、田径、自行车、射击等。1955 年，省军区从开封迁到郑州后，省军区篮球队以其雄厚的实力著称一时，曾 3 次获得河南省男子篮球甲级队比赛冠军。1958 年，在参加武汉军区运动会上，河南省军区获得十面锦旗，包揽篮球、排球、足球、棒球和手球冠军。参加 1959 年第一届全军运动会的武汉军区代表团，其成员大部分来自河南省军区。

在河南的 41 个少数民族中，回族人口占全部少数民族人口的 90% 以上。回族的聚集地比较集中，从历史上形成了以武术、摔跤、篮球（近代）为主要项目的体育活动。

新中国成立后，回族的摔跤活动主要在开封、周口、商丘、南阳等地开展，其中以开封最为突出。北京籍回族跤手沈友三及其子沈少三为开封、郑州乃至全省摔跤运动的普及与提高做出了突出的贡献。1953 年，我省回族选手马春喜（女）、沈少三、聂增勇及汉族选手卜文德被选入国家武术集训队，于同年 12 月到北京中南海怀仁堂为毛泽东、刘少奇、周恩来、朱德等党和国家领导人表演，成为河南少数民族体育史上一件值得自豪的大事。

回族人民钟爱篮球运动，从这块场地上相继培养出诸多精英人才。开封的刘贵乙 1953 年入选国家男子篮球队，后曾任国家男篮教练、湖北省体委主任；开封的马基铭曾任河南省体委副主任、省民盟副主委；开封的铁广俊 1950 年入选中国火车头篮球队；郑州回族"穆光"队篮球选手马宪章曾任河南省体委办公室主任、中共河南省委组织部部长、河南省人大常委会副主任。此外还有多名回族篮球运动员入选全国公安篮球队或担任省市级篮球教练。

新中国成立后，河南省各级体育管理部门在大力开展群众体育活动的同时也十分重视体育运动的提高工作，力争创造出优秀的竞赛成绩，发现和培养高水平运动员。从 1953 年起，河南运动员吕常德、陈凯、尚鹤田、白文发、方佐定曾先后打破 5 项田径全国纪录；1958 年，河南省女子自行车运动员黄桂英在 5000 米跑道自行车比赛中以 9 分 16 秒 05 的成绩达到运动健将标准，这是新中国成立后河南省第一个运动健将。

1959 年 4 月 26 日—5 月 15 日，河南省第一届运动会在郑州举行。运动会设 28 个比赛项目，有 3000 多名运动员参加比赛。在这届运动会上，航空模型项目有 5 人达到运动健将标准。

1959 年 9 月 13 日—10 月 3 日，中华人民共和国第一届运动会在北京举行。河南省派出以苏鳌为团长，殷义盛、王方明为副团长的 306 人的代表团参赛。在参赛的 25 个项目中有 11 人打破 10 项全国纪录，长跑名将霍天顺 1 人连破男子 3000 米、5000 米、1 万米 3 项全国纪录。河南代表团获 3 枚金牌、3 枚银牌、3 枚铜牌，总分 79 分，列全国第 19 位。

1963 年 10 月，河南省女子篮球队首次进入全国甲级队行列，这是河南省三大球项目第一个甲级队。

1964 年 9 月，河南省航空模型运动员南雍、张全胜以 18.5 公里的成绩打破无线电遥控模型飞机直线距离全国纪录。1965 年，他们两人再次以 38.5 公里的成绩打破该项目全国纪录。

1964 年 10 月 7 日—13 日，河南省第二届运动会在郑州举行。有 1608 名运动员参赛。开封市运动员刘怀友以 126 公斤的成绩打破举重轻量级推举 125.5 公斤的全国纪录。

1965 年 9 月 13 日—29 日，河南体育代表团参加了在北京举行的第二届全国运动会，代表团共 242 人，张柏园为团长，于大申、殷义盛为副团长。有 3 人打破 3 项全国纪录，9 人达运动健将标准。马法成蝉联男子标枪冠军，贾文德获男子 60 公里公路自行车第一名。河南代表团共获 2 枚金牌、3 枚银牌、4 枚铜牌，以总分 73 分列全国第 24 位。

1956 年，河南省体委组建了男、女篮球队，这是河南省第一支专业运动队。到 1966 年文化大革命前，河南省又先后组建了射击（1958 年）、摩托车（1958 年）、跳伞（1958 年）、航空模型（1958 年）、田径（1959

年）、体操（1959 年）、自行车（1959 年）、男女排球（1959 年）、航海模型（1959 年）、足球（1960 年）、乒乓球（1960 年）、举重（1964 年）、网球（1964 年）、围棋（1964 年）共 15 支专业运动员。

1958 年，在各行各业全面"大跃进"的浪潮冲击下，我省的体育工作也受到影响，出现过不切实际的高指标、浮夸风现象。1960 年至 1962 年是国民经济"3 年困难时期"，我省群众体育和专业运动队训练比赛基本陷于停顿状态，直到 1962 年下半年才开始有所好转。

二、"文化大革命"时期（1966—1976 年）

1966 年 6 月全国"文化大革命"开始后，河南省的体育事业遭到严重的挫折和损害。1968 年，林彪、江青反革命集团炮制的"五·一二命令"出台，该命令对新中国成立后 17 年体育事业的成绩全面否定，命令决定对全国体育系统实行全面军管。7 月 29 日，河南省军区奉上级命令派出 24 名军人组成军事接管委员会，对河南省体委实行军事接管。此后，省体委领导被逐个打倒、隔离审查。广大干部和运动员、教练员被分开隔离举办学习班，揭发省体委所谓的"黑党委"、"黑班底"、"独立王国"等"罪行"。在"体育取消论"荒谬思想指导下，绝大部分干部、职工、运动员、教练员被陆续下放到农村、工厂接受教育改造，体育场地和设施也受到不同程度的侵占和毁坏，河南体育事业遭受到前所未有的严重破坏。

1970 年 6 月，党中央和国务院排除林彪、江青反革命集团对体育工作的诬蔑和干扰，明确指示："体育工作和体育运动不能砍掉和取消"。至此，在"文化大革命"当中中断 4 年的体育比赛又重新回归运动场。1973 年，河南省女子乒乓球运动员张立代表中国参加第 32 届世界乒乓球锦标赛与队友合作获女子团体冠军和女子双打亚军，1975 年，河南乒乓球运动员张立、葛新爱在第33届"世乒赛"上荣获女子团体冠军。1974年9月，河南射击运动员苏之勃在第7届亚运会上以552环的成绩获得男子手枪慢射个人冠军，1975年苏之勃在第三届亚洲射击锦标赛中与队友一道夺取两项团体冠军。1975年9月，河南体育代表团325人参加第三届全国运动会，以总分79分的成绩仅列全国第24位。

"文化大革命"期间，河南全省的群众体育运动处于停顿、半停顿状态，只有少数单位和个人出于对体育运动的爱好自发地开展一些小型的、局部的体育活动，如篮球、乒乓球、武术、羽毛球等。但是游泳这项体育活动因为被笼罩上了"跟随毛主席在大风大浪中前进"的浓重的政治光环而被推向了空前的（也可能是绝后的）峰顶。1966年7月16日，毛泽东在武汉畅游长江，此后十余年间，河南省多次组织包括横渡黄河在内的大型群众性游泳活动，成为"文化大革命"期间"一花独放"的一大亮点。据统计，1976年7月16日当天，河南全省参加各类游泳活动的人数就达352万人。

1971年10月25日，中国恢复联合国合法席位。坚冰已被打破，具有独特交际功能、肩负友谊使命的各国体育航船纷纷驶入中国国门。自1972年5月起阿尔巴尼亚国家田径队、索马里国家足球队、阿尔巴尼亚青年排球队，柬埔寨、墨西哥、日本、尼泊尔、也门等国家乒乓球队，索马里男子篮球队、越南国家乒乓球队、菲律宾国家足球队先后到河南访问比赛。

从1949年新中国成立到"文化大革命"结束，这28年间河南省仅在1956年建成了一座大型体育场——河南省体育场，1967年建成了一座大型体育馆——河南省体育馆。

三、改革开放、创造辉煌时期

1976年10月，中共中央一举粉碎"四人帮"反革命集团，"文化大革命"造成的十年动乱宣告结束。在此后的两年时间里，河南省体育系统的工作重点是揭批"四人帮"犯下的罪行；清算河南体育界帮派人物给河南体育事业造成的危害；进行思想整顿和组织清理；组建和调整体委各级领导班子；为"文化大革命"中受诬陷和打击迫害的同志平反昭雪。通过拨乱反正、正本清源的工作，伸张了正义，打击了邪恶，分清了是非，教育了广大干部群众，为河南体育事业的发展奠定了思想基础和组织基础。

1978 年 12 月，具有划时代意义的中共十一届三中全会在北京召开，全会摒弃了"以阶级斗争为纲"的极"左"口号，决定全党把工作重心转移到"以经济建设为中心"的轨道上来，从而揭开了新时期解放思想、改革开放的历史序幕。

改革开放之前，由于历史和经济发展等因素的制约，河南体育的综合水平始终处于全国中游偏下的地位。改革开放最初几年，河南体育尽管在乒乓球、射击等少数几个运动项目上涌现出葛新爱、张立、黄亮、巫兰英、冯梅梅、邵伟萍等几个世界级体育明星，但整体实力在全国的排位依然处于落后状态。这一现象引起了全省人民的不满，也受到省委、省政府领导的关注与重视。1983 年，河南省体委向河南省委、省政府呈报了《关于尽快改变河南体育落后面貌的规划》，概言之，即："三年初见成效，五年改变落后面貌，八年（后改为十年）进入全国先进行列"的"三五十"规划。省委常委会一致通过了这个规划，并向全省下发了《关于加强我省体育工作的通知》，省人大也做出了《关于加强体育工作的决议》，省政府在财政困难的情况下，千方百计增加了省体委的经费。全省体育工作者憋足一口气，决心以"知耻后勇、卧薪尝胆"的精神献身体育事业，矢志打好河南体育的翻身仗，在嗣后的 20 多年间，河南体育事业经历了低谷徘徊、埋头苦干、奋发崛起，终于取得一连串辉煌成绩的艰难历程，进而跃入全国体育中上游水平的行列。

1985 年，河南省承办并参加了全国第一届青少年运动会。这届青运会在河南体育发展的历史上具有里程碑式的意义。河南运动员在这届运动会上取得了 21 枚金牌、18 枚银牌、18 枚铜牌。金牌数与辽宁省并列第四位，奖牌数列第五位，河南体育代表团荣获"精神文明代表团"的称号。以这一届运动会为标志，河南体育胜利实现了"三五十"战略目标的第一步——3 年初见成效。

从 1979 年到 2005 年，河南体育代表团先后参加了第 4—10 届全运会，共获得 69 枚金牌，是 1978 年以前参加前三届全运会冠军总数的 16.5 倍。1978 年之后，河南运动员代表中国先后参加了第 8—15 届亚洲运动会，取得了 54 个亚运会冠军；运动员参加亚洲杯和亚洲锦标赛，共取得 132 枚金牌。

改革开放之后，随着中国重新走进奥林匹克大家庭，河南运动员代表国家参加包括奥运会在内的各类世界性比赛日益增多，并取得了骄人的成绩。

从 1984 年参加第 23 届奥运会开始到 2008 年参加在北京举办的第 29 届奥运会，这 7 届奥运会中，每一届都有河南运动员入选中国体育代表团。以女子乒乓球运动员邓亚萍和女子跆拳道运动员陈中为优秀代表的河南运动员共取得了 9 枚奥运会金牌、4 枚银牌、3 枚铜牌，另有 3 个第 5 名和 2 个第 8 名。邓亚萍以其出色的运动成绩于 1997 年和 2000 年两度入选国际奥委会运动员委员会委员。

改革开放以来，全省运动员共获得世界冠军 154 个，亚洲冠军 191 个，全国冠军 989 个。

1978 年之后，河南省体委把工作重心逐步转移到发展体育事业上来，专业运动队逐年发展扩大。目前我省有专业队的竞技体育运动项目共 27 个，其中奥运会项目 22 个，非奥项目 5 个，成立了 10 个运动项目管理中心。

从 1978 年以来，河南省优秀运动队经过专业训练，培养出一大批知名运动员，如邓亚萍、刘国梁、陈中、贾占波、孙甜甜、郑海霞、杨晓、张香花、范斌、范运杰、张志磊、巫兰英、冯梅梅、邵伟萍、葛新爱、张立、李莉、李金豹、于海泉、苏之渤、金跃康、黄亮、谢国臣、张华杰、张冰、张锐敏、李华华、马歌、丁红萍、刘淼、王楠、黄庚、张秀嫩、王朔、贺璐敏、李雪久、冯永、王勇、吕济发、李志明、梁勇、王郑、刘小光、丰芸、汪见虹、南雍、牛安林、王杰、宋艳薇、牛晓斌、王世英、王二平、刘海波、陈静、赵阳阳、张帅可、刘爱存、马慧珍、马亚军、肖业谌、侯菊花等，为国家和河南争得了巨大的荣誉。

河南省业余训练也得到了较快发展。改革开放以前，全省的青少年体育业余训练主要依靠20世纪70年代中期以后建立起来的全省3级训练网络体系，即：小学体育代表队和业余训练点；普通业余体校；重点业余体校。但是当时的业余训练基本处于低水平状态，依靠三级训练网络培养的优秀运动员亦如凤毛麟角。改革开放初期，省体委重点抓了扩大业余训练面，建立多渠道的训练体系，夯实基础，尽快提高训练水平的工作。1979年，河南省重点业余体校已发展到13所，专职教练员169人，在校学生1580人；普通业余体校95所，专职教练员491人，受训学生8470人。当年，全省各级业余体校共向优秀运动队输送了190多名运动员，向北京体院体育运动学校输送了13名学生，重点体校（班）50%以上的学生考上了体育院校。1980年4月，河南省体委设立了训练处，使管理业余训练工作系统正规起来。

1989年，为加快业余训练工作，强化网络建设，省体委提出了"扩大初级、调整中级、加强高级"的业余训练指导思想，重点解决全省高、中、初级业余训练人才梯队比例失调的现象。当年，全省参加业余训练人数达到8600多人，人才断层现象有所缓解。从1991年开始，河南省开始实施"体育人才储备库"工程，分别从各级各类体育运动学校、业余体校、传统项目学校中选定600—700名体育苗子进行重点储备、培养，减少了以往在业余训练中造成的资金和资源浪费。1999年，河南省体委依照《全省重点项目布局办法》，对全省业余训练的重点布局项目进行调整，促进省重点布局项目在场地、器材、经费、教练员训练水平、苗子队员成绩指标以及管理、输送方面都有明显进步。2000年，河南省"体育人才储备库"选定的苗子队员已达数千人。

1978 年前，受经济和社会条件限制，全省经常参加体育锻炼人数不足千万。1978 年以后，河南省的群众体育活动从"文化大革命"动乱年代的停滞状态中开始复苏发展，到 1983 年改革开放仅仅 5 年，据调查统计，河南全省经常参加体育活动的人口已达 2400 万人，广泛参加的运动项目近 40 项。到 2008 年，全省经常参加体育锻炼活动人数达 3600 多万人次，占全省总人口的 38%。1995 年，国务院颁布《全民健身计划纲要》之后，河南省的群众体育工作跃升到一个更加普及、深入科学的高度。截至 2008 年年底，河南全省各级各类社会体育指导员已达 38728 人，遍布全省市县乡村的全民健身活动站点有 13000 多个。

1975 年 5 月，国家体委公布了经国务院批准的《国家体育锻炼标准》并在全国各级各类学校中推行实施。但在"文化大革命"尚未结束的混乱形势下，这项活动只能流于形式。改革开放后，河南省大、中、小学校的体育"达标"活动走上日益普及化、规范化的轨道，"达标"率逐年上升。到 1987 年全省城乡学校参加"达标"活动的学生人数增长到占全省适龄学生的 50% 左右，其中达到及格以上标准的共有 582 万余人，有 124 所学校被评为"达标"活动先进单位。1994 年年底，全省参加"达标"活动的学校有 48423 所，占全省学校总数的 96.3%，学生"达标"合格率占参加"达标"活动总数的 88%。到 2008 年，全省学生"达标"合格率基本巩固在 94% 以上。

1979 年，河南省体委、省教育厅、团省委联合发出《关于在中小学重点开展体育传统项目的通知》，至 1987 年全省共建立体育传统项目学校 1069 所，参加训练的学生达 80699 人。截至 2008 年年底，全省共有 322 所中小学被确定为省级以上体育传统项目学校，其中国家级体育传统学校 13 所。

1998 年 8 月，河南省体委与省教委联合下发《河南省中学生"晨光"体育活动实施办法》。自 2000 年开始，根据国家体育总局《关于进行青少年体育俱乐部试点工作的通知》精神，河南省使用体育彩票公益金在全省创办了 100 多个青少年体育俱乐部。

从 1979 年开始，河南省优秀中学生运动员在参加世界中学生运动会上共取得 7 枚金牌、11 枚银牌、9 枚铜牌。

从 1986 年开始，河南省中学生体育代表团先后参加了第 3—7 届全国中学生运动会，共取得 18 枚金牌、29 枚银牌、27 枚铜牌。

改革开放后，河南的大学生运动员多次迈出国门，走向世界赛场。从 1983 年开始到 2008 年，河南大学生运动员参加世界大学生运动会共获得 2 枚金牌、2 枚银牌和 1 个第四名。

在全国大学生运动会上，从 1982 年到 2008 年，我省大学生运动员共获得 23 枚金牌、21 枚银牌、33 枚铜牌。

改革开放后，全省职工参加体育活动的人数和项目逐年增加，全省各级职工体育协会相继成立，到 1993 年，全省行业体育协会已发展到 35 个，千人以上企业有 94% 建立了体协，省体育先进企业达 203 个，常年坚持体育锻炼的职工已达 100 多万人。到 2008 年全省职工中的"体育人口"有 400 多万人。从 1995 年 9 月到 2008 年 4 月，共举办了 4 届河南省省直机关职工运动会，参加运动会的省直机关职工总数达 2 万人次以上。

河南是农业大省，农村人口占全省总人口的 70% 左右。1984 年 2 月，富裕起来的灵宝农民举办了全国农村史无前例的"农民百辆轻骑摩托车比赛"，15 个乡的 100 多名农民车手参加了个人和团体 5000 米越野比赛。国家体委将此项赛事列为 1984 年全国体育战线新事百例之一。1987 年元宵节，灵宝县再次举办有 1600 辆摩托车骑手参赛的全县农民摩托车大赛。1990 年 9 月，灵宝县举办首例"农民百辆吉普车大赛"，有 115 辆吉普车参赛，成为省内外轰动一时的农村热点。

为了推动新时期农村体育工作的开展，从 1985 年开始，国家体委颁发文件，决定在全国开展创建"体育先进县"活动。1987 年 4 月，我省的新野县、灵宝县、荥阳县荣获全国首批体育先进县称号，到 2000 年这项活动终止，河南省共有 31 个县（市、区）被评为全国体育先进县。自 1988 年开始，国家开始举办全国农民运动会，河南农民体育代表团先后参加了 6 届比赛。

　　河南省的老年体育热潮兴起于 20 世纪 80 年代初期。1982 年 4 月，河南省体委在洛阳召开河南省老年人体育协会成立大会。1983 年 4 月，中国老年人体育协会在洛阳召开成立大会，河南是发起单位之一。到 1985 年年底，河南省 17 个市地全部成立了老年人体育协会。从 1982 年到 2008 年，河南省共举办了 10 届全省老年人运动会。

　　1982 年以后，河南省民委和体委联合举办了 5 届全省少数民族运动会，参赛的少数民族运动员总数超过千人。仅 2006 年第五届省民运会，全省就有 19 个参赛代表团，700 多名运动员、教练员、裁判员及工作人员参加，是河南省历届民运会中规模最大的一次体育盛会。与此同时，河南省少数民族运动员还参加了 7 届全国少数民族运动会，在武术、摔跤、石锁等项目上取得了优秀成绩。

　　改革开放以前，我省的伤残人体育只在少数城市的聋哑学校和残疾人福利工厂开展。1978 年以后，伤残人事业受到党和政府的高度关心重视，1983 年 7 月，中国伤残人体育协会成立，1984 年 7 月，河南省伤残人体育协会在洛阳召开成立大会。从此，伤残人体育开始纳入群众体育工作系列，在全省各地逐步发展起来。近 30 年来，我省有将近 20 万的伤残人经常参加体育活动。河南伤残人运动员在参加全国和世界性伤残人比赛中也取得了骄人的成绩。特别是 2008 年 9 月 6 日至 12 日，第 13 届残奥会在北京举行，我省的许庆、任桂香、张岩、范蕾、李满洲、茹德成等残疾运动员取得了 7 金、2 银、1 铜、2 个第四、2 个第五的优异成绩，并 4 次打破 3 项世界纪录，奖牌数占总奖牌数的近十二分之一，总成绩在全国排名第六，向全世界展示了河南残疾人自尊、自信、自强、自立的良好形象，为祖国取得了荣誉，为河南增添了光彩。

　　为了推动全省群众体育的普遍开展，选拔和培养优秀青少年运动员，河南省已举办了 10 届全省运动会，为实现"全民健身与奥运同行"计划的实施，打造了一个全民参与、规模宏大的舞台。

　　河南省群众体育所取得的成就多次受到国家体委和有关部门的表彰。在 1990 年、1993 年和 1997 年国家体委的 3 次群众体育综合评比中，河南省都在全国前 10 名之列。

改革开放之后，体育科学研究开始走进体育事业的各个领域。1980年 11 月，河南省体育科学研究所正式成立。体育科研所成立后坚持走科研与运动实践相结合的道路，为提高全省运动技术水平和全民健身服务。20 世纪 80 年代初，该所组建了我国最早一批科研训练一体化的科研训练点，并承担了该所第一个部委级课题《中长跑青少年多年训练的研究》，取得了明显效果。训练点运动员侯菊花 4 次打破亚洲女子中长跑纪录，王红霞破 1 项亚洲女子中长跑纪录。其课题总结《依靠社会力量，联合建立科研训练点》被评为国家体委 1985 年科技进步奖。

省体科所成立后，先后承担了河南运动员参加的历次国内外重大比赛的科研任务，组建了十几个科研课题攻关组，覆盖 15 个运动项目，对运动员训练过程进行监测、机能评定、医务监督和心理训练，协助教练员科学地安排、评价和控制训练，取得了显著成效。

1984 年，省体委下发了各级业余体校选材标准，此后又在郑州举办了河南省运动员选材训练班，特邀从事科学选材研究的专家分别对"运动发育程度的鉴别、形态机能素质的测试、遗传、神经类型、心理"等方面选材内容进行宣讲培训。1985 年 5 月，省体委组织各地、市体委训练科长、重点业余体校校长参加国家体委在上海举办的运动员选材讲习班，通过学习提高了科学选材的能力和水平。此后，省体委指导全省各市、地建立起运动员选材领导小组，在省体委运动员选材领导小组领导下开展工作。全省各重点业余体校、普通业余体校、传统项目学校都建立起运动员技术档案。各地、市体委基本配齐了几种主要形态机能测试的仪器。利用科学手段选拔优秀运动员，已经得到普遍的认同和应用。

省体育科研所始终把基础研究放在重要位置，该所制订的 12 个大项目的河南运动员选材标准以及建立的 6 个大项目的微机选材数据库，为提高河南体育人才质量做出了无可替代的贡献。到 2008 年，省体科所共有 24 名科研人员，其中正高级研究员 2 名、副高级研究员 4 名、2 名博士、7 名硕士。

30 年来，河南省在体育科学理论研究领域也同样取得了丰硕的成果。邵紫婉、刘健生等研究撰写的《运动员皮纹选材模式的研究》，刘健生、王路德、邵紫婉等撰写的《动作神经过程测试评价标准的研究》，姚亚升、李泱等撰写的《八运会优秀运动员科学训练的研究》，张惠钦撰写的《乒乓球的旋转》和《乒乓球快攻》，王洪潮、高凤山撰写的《河南省科技兴体战略对策研究》等体育科技专著和论文都获得了省、部级各种奖励，并对体育实践发挥了积极的指导作用。

2000 年，省体育科研所根据国家体育总局的要求成立了河南省全民体质监测中心，对全省各个年龄段人群进行科学的形态机能、身体素质等指标的监测，并进行人体素质发展全面跟踪研究，为制订"全民健身"方案提供科学依据。截至 2008 年，全省被测试人数达到 20 多万人。

1978 年以前，河南省的体育教育主要由大、中、小学的体育课和各级业余体校承担，十分缺乏培养体育专门人才的高中级体育院校。1978 年 8 月，河南省体育学校成立，隶属河南省体委，是纳入国家计划的三年制中专。1981 年 8 月改为四年制，1983 年 11 月更名为河南省体育运动学校，1992 年，学制又改为三年。至 2008 年，河南省体育运动学校已开办 30 年整，见证了河南体育教育事业改革开放、蓬勃发展的全过程，30 年间共培养出 8747 名毕业生。

改革开放之前，河南省仅在当时的开封师范学院（现河南大学）设有体育系培养高等体育人才，毕业生极为有限。

1984 年，经河南省人民政府批准，建立了河南省体育技术专科学校，大专性质，学制 2 年。1992 年经原国家教委、河南省人民政府批准，该校并入郑州大学，更名为郑州大学体育学院。该院是河南省唯一的一所体育专业高等院校，机构相当于副厅级，行政上由省体育局领导，业务上归省教育厅指导。2000 年以后，该院体育教育和运动训练专业专科学制改为 3 年，1999 年招收体育教育专业本科生，2000 年招收运动训练专业本科生。1997 年 8 月，郑大体院在登封市设立教学部，教学和生活设施较为完备。截至 2008 年，郑州大学体育学院共培养 7728 名毕业生。

武术作为中华民族传统文化的瑰宝在河南省有着源远流长的悠久历史和深厚的群众基础。国内外极负盛名的"太极拳"和"少林拳"两大拳种均发源于河南，成为河南人引为自豪的两大名片。

改革开放前，由于多种因素的制约，武术运动只能在民间自发开展，其规模和影响极为有限，部分拳种濒临失传。改革开放后，随着国家对武术政策的调整，武术运动这株老树勃然焕发新姿，开满明丽灿烂的花朵。1980年，河南省武术馆（后更名为河南省武术管理中心）成立，这是全国第一家成立的统管全省武术工作的专门机构。

太极拳发源于河南温县陈家沟，距今已有300多年的历史。1978年，邓小平同志为太极拳运动欣然题词"太极拳好"，充分肯定了这项运动在全民健身中的独特作用。自20世纪80年代起，欧洲、美洲、东南亚、日本、韩国等国家和地区的太极拳爱好者络绎不绝地到陈家沟访问学拳，促进了中外文化交流。

少林拳相传为禅宗始祖达摩初创，得名于少林寺，距今已有一千多年的历史。1981年，电影《少林寺》的上映为少林武术的推广和普及起了巨大的宣传推动作用，一时少林寺和少林武术风靡全球，成为近30年来，久盛不衰的一大热点。

从1991年开始，到1999年止，郑州市连续举办了6届"中国郑州国际少林武术节"。有30多个国家和地区的200多个武术团队的近3000名运动员参加比赛和表演。1999年以后，郑州国际少林武术节升格为世界传统武术大会，焦作太极拳年会升格为焦作国际太极拳交流大赛。目前，郑州已经于2004年和2006年连续举办前两届世界传统武术大会，焦作从2001年开始已经连续举办4届（每两年一届）国际太极拳交流大赛，这两个大赛的规模和影响都是空前的。

以登封少林武术和焦作陈家沟太极拳为载体的赛事推广和对外文化交流活动，已成为享誉国内外的知名品牌，不仅扩大了举办地和河南省在国际上的知名度，也为全省经济社会起到了积极的推动作用。

改革开放之前，河南全省的大型体育场、馆，仅有河南省体育场和省体育馆两座，远远满足不了接待各类大型比赛和人民群众健身活动的需要。

改革开放之后，河南体育场地设施数量增长较快，投资增加，质量大幅提升。据统计，1996年到2003年场地投资总额相当于1949年到1995年46年投资总额的2.4倍。2004年第五次体育场地普查我省共有各类体育场地37204个，是改革开放初期全省体育场地的6.7倍，年均增长1000多个。从1985年开始，河南全省的各种体育设施进入一个迅猛发展的时期，先后在郑州、洛阳、开封、新乡、焦作、平顶山、濮阳、漯河、安阳、南阳、鹤壁等地兴建和扩建了一大批具有多功能先进设备的体育场、馆。20世纪90年代以后，一大批民营投资的健身娱乐场所如雨后春笋般遍布全省城镇，主要有各类健身房、保龄球馆、台球厅、水上中心、卡丁车场、棋牌俱乐部等，为广大人民群众提供了更多的健身休闲娱乐场所。

河南省体育中心是新中国成立后，河南省投资兴建的规模最大的体育设施。该中心是河南省委、省政府批准建设的"九五"、"十五"期间我省的一项重点建设工程。2000年7月20日，河南省体育中心举行奠基仪式，2002年10月省体育中心主体建筑——5万人体育场正式交付使用。河南省体育中心分为南北两区，南区有综合训练馆、河南省球类运动管理中心、郑州大学体育学院、河南省体育运动学校生活区、教学区和训练场地。北区有体育场、田径场附场、足球场、棒垒球场及配套设施。目前，二期工程之一的游泳跳水馆已于2008年6月30日奠基开工，游泳跳水馆工程总用地面积43531平方米，总建筑面积28910平方米，观众席规模3000座，为甲级体育建筑，项目概算总投资28700万元，计划2010年6月竣工投入使用。拟建综合体育馆位于省体育中心北区西南侧（原规划预留位置），总用地面积：44113平方米，总建筑面积50690平方米，其中地上建筑面积42890平方米，地下建筑面积7800平方米，观众坐席12500个，其中固定坐席10000个，活动坐席2500个；项目总投资估算：49385万元。二期工程建成后，河南体育中心将具备承办世界单项比赛和全国二级综合性运动会的能力，同时还将是一个集大型文艺演出、重大集会活动、举办展览展销、健身休闲娱乐和游览观光为一体的多功能体育场所。

改革开放之前，河南体育的行政和事业经费全部由政府拨款，体育产业一片空白。

20世纪80年代中期以后，以零星的企业赞助运动队和体育部门出租房屋、开店经商为主要特征，这是体育界涉足商海的最初尝试。90年代以后，随着经济改革大潮的涌起，全省各地以体育场馆为主要依托的一批体育产业开始走向市场并取得了可观的经济效益。这一时期，非体育系统的社会和个人对健身娱乐型体育项目的投资急剧增加，全省大中城市乃至乡镇雨后春笋般地建起一大批保龄球馆、台球馆、乒乓球馆、健身房、旱冰场等。这些体育设施满足了广大群众日益增长的健身娱乐需求，也解决了体育系统财力不足的困难，其发展主流是健康有益的。

1994年，中国足球开始走职业化道路，实行俱乐部参赛体制。当年8月28日，河南建业足球俱乐部在郑州成立。该俱乐部由河南省足球协会与河南建业房地产开发有限公司共同投资组建，具有独立法人资格。1999年，建业集团收购了河南省体工大队持有的建业足球俱乐部的40%的股权，使得建业足球俱乐部成为建业集团全资拥有的子公司，这是我省优秀运动队走产业化发展道路的一个成功范例。除河南建业足球俱乐部外，其他5个俱乐部的职业化程度尚不完备，正朝着正规的职业体育俱乐部方向发展。

河南体委1994年成立体育彩票办公室（1995年改为河南省体育彩票管理中心）。1996年开始发售即开型体育彩票，返奖方式为实物型。到2000年10月，发售额度达1.3亿元人民币，收入公益金0.34亿元，其中用于奥运争光计划的奖金为640万元，用于全民健身计划的奖金为2700万元。2000年10月，电脑体育彩票在河南18个省辖市相继上市，省体彩中心先后在全省18个市建立了体育彩票管理站。体育彩票自在我省发行以来，截至2008年12月底，共销售106.35亿元，为国家筹集公益金34.3亿元，代扣代缴个人所得税3.58亿元，解决了9000个就业岗位，成为推动我省体育事业发展的重大支柱。8年来，共投入体育彩票公益金7000多万元，在全省兴建58个体彩健身园和700余条健身路径，安装1200余个小篮板，配备1800余付室外乒乓球台，全省万村"农民体育健身工程"已实施过半，新增体育场地面积300多万平方米，创建青少年体育俱乐部100多个。这一切被广大人民群众赞誉为"民心工程"、"德政工程"。

近几年，随着社会经济的长足发展，我省体育产业呈现出良好的发展态势。规模不断扩大，领域不断拓展，结构不断优化，效益不断提高，进一步满足了人民群众日益增长的多元化体育需求，也为我省经济、社会发展做出了应有的贡献。

四、成功经验与存在的问题

新中国成立60周年，河南体育事业的发展历程与所取得的巨大成就，充分证明了"国运兴、体育兴"这一历史规律。民族的解放，国家的强盛和人民物质文化水平的提高，是体育发展的先决条件。走过的道路，可以总结以下基本经验：

（一）体育发展必须依靠党和政府的正确领导和全省人民的大力支持

体育事业是社会主义物质文明和精神文明建设的重要组成部分，是全民族的事业，体育的发展与社会政治经济形势密切相关。60年来，党和政府把体育事业放在全省国民经济和社会发展的全局中统筹规划，加强领导，制订了一系列方针政策，给以大力支持。当体育事业发展顺利，取得成绩时，党和政府给予表彰和鼓励；当体育事业发展遇到困难，处于低潮时，党和政府及时帮助分析原因、查找问题、指明方向、坚定信心。党和政府的正确领导，各行各业的积极配合，全省人民的大力支持，为我省体育事业的发展创造了良好的环境和条件，这是河南体育事业健康发展的重要保证。

（二）不断深化改革是体育发展的动力

改革开放是事业发展的动力，也是体育事业发展的动力。党的十一届三中全会以来，河南体育由整顿恢复到快速发展，实现突破，是不断深化体育改革的过程。管理体制的改革增强了体育发展的活力。训练竞赛制度的改革，促进了人才的培养，提高了运动技术水平。体育科技、干部人事制度的改革，调动了广大体育工作者和科技人员的积极性。经费管理方面的改革提高了投资效益，保证了工作重点。实践证明，体育发展的根本出路在改革，改革出效益，改革出人才，改革出金牌。

（三）坚持协调发展方针

群众体育和竞技体育是体育工作的重要组成部分。群众体育的广泛开展可以促进竞技体育水平的提高，竞技体育的发展，也可为群众体育起到引导和示范推动作用，二者必须协调发展。河南体育工作者经过长期探索和实践比较清醒地认识到普及与提高的辩证关系：普及工作开展得不好，提高工作就会成为无源之水、无本之木。但是普及工作又不能代替提高，只有在搞好群众体育的同时，把发展竞技体育作为工作重点，加大工作力度，才能实现群众体育和竞技体育比翼双飞，才能把河南建设成基础稳固、成绩稳定、可持续发展的体育强省。

（四）以人为本，建设高素质的体育队伍

在体育队伍建设方面，河南省体育系统始终坚持以人为本的思想，把提高体育队伍的整体素质作为工作的根本点，要求广大体育工作者做到思想过硬、技术过硬、作风过硬。在干部队伍的建设中，通过健全有效的竞争机制和激励机制，选拔德才兼备、富有开拓意识和奉献精神的干部充实

到重要领导岗位。在运动队伍中，加强对运动员进行爱国主义、集体主义和社会主义教育，大力弘扬中华体育精神；实行教练员聘任制和主（总）教练负责制，平等竞争，择优上岗，促进教练员提高思想水平和业务能力。在整个体育系统，实行积极有效的思想政治工作和严格的管理，不断提高体育工作者爱岗敬业、顽强拼搏、勇于进取的思想，牢固树立大局观念、科教兴体观念、改革创新观念。只有调动体育系统方方面面人的积极性、创造性，才可能创造出体育事业的兴旺发达，这是坚持以人为本的核心思想。

（五）存在问题

影响河南体育科学发展的突出问题，概括起来体现在以下几个方面：

1. 竞技体育方面

（1）运动技术水平不高，运动成绩不稳定。

（2）项目结构不合理，与国家体育总局项目设置衔接不紧密。

（3）竞技人才队伍厚度不厚、尖子不尖，训练方法手段、科研水平相对落后，训科医一体化程度不高。

2. 群众体育方面

（1）管办分离不清，协会作用不能充分发挥，办赛的积极性不能充分调动，办赛不规范。

（2）体育场地设施建设滞后，活动场所少，不能满足群众健身需求。

（3）群众开展体育活动的权利得不到有效保障。

3. 体育产业方面

（1）缺乏必要的政策引导和扶持，我省体育产业起步晚、规模小、效益低，目前仍处于市场孕育阶段。

（2）没有明确的行政主管部门，体育经营市场管理有待规范。

（3）经营许可审批不规范，市场监管不到位，危险性经营活动存在安全隐患。

4. 其他方面

（1）各级党委、政府对体育的重视程度与体育发展的新形势新任务不相适应。

（2）政府对体育事业经费投入与我省经济发展的速度、规模和水平还不相适应。

（3）社会力量办体育的积极性不高。

五、未来展望

展望未来，河南体育事业将以中国特色社会主义理论体系为指导，全面贯彻落实科学发展观，以增强人民体质、提高人民整体素质为出发点，以体制机制创新为动力，以发展群众体育、竞技体育、体育产业为重点，大力实施"全民战略"、"金牌战略"、"品牌战略"，使体育成为大众的体育、开放的体育、科学的体育、振奋的体育、快乐的体育，积极开创体育工作新局面，不断满足广大人民群众日益增长的体育文化需求，为全面建设小康社会、实现河南"两个跨越"做出应有的贡献。

到 2020 年，我省体育工作的总体目标是：群众体育、竞技体育、体育产业协调前进，体育发展走在全国前列。建立充满生机与活力的体育工作体制机制，建设高素质的体育队伍；推进全民健身活动，体育人口达到全省人口的 50% 以上，社会体育指导员数量达到 10 万人以上；建立和完善青少年业余训练体系，积极探索在新形势下优秀体育后备人才培养的新体制、新途径，努力培养和输送更好、更多的体育后备人才；提高运动技术水平，竞技体育跨入全国先进行列；做大做强体育产业，体育产业增加值达到全省生产总值的 1.8%；建设与体育强省地位相称的体育场地设施，具备举办全国综合性运动会的条件。

——全社会体育意识普遍增强，全民健身活动普遍开展，国民体质明显改善。广大群众参加体育健身活动的时间、体育健身消费额等逐步增加，城乡体育健身设施、人均体育场地面积达到中西部前列，国民体质显著增强，群众体育健身条件和环境有较大改善，初步实现体育园林化、园林体育化，形成完善的群众体育和全民健身体系。所有省辖市都建有全民健身活动中心，部分县（市）、区也建有全民健身活动中心，部分城市社区、农村乡镇及富裕的行政村建有小型全民健身活动中心；以行政村为主的"农民体育健身工程"全部（全省 4.8 万个）建成；全省建成 1—3 个国家级"体育主体公园"和青少年户外活动基地；至少创建 1 处国家级全民健身活动基地。所有国家级贫困县都建有以"雪炭工程"为主的体育场馆设施。城市社区及乡镇以上都建有群众体育管理组织，部分行政村成立体育指导站（中心）。创建青少年体育俱乐部 200 个以上；省级以上"体育先进社区"达到 350 个以上，"社区体育健身俱乐部"达到 80 个以上；县以上都建有国民体质监测指导站。

——竞技体育水平显著提高，涌现出一批新的世界冠军和优秀体育后备人才，竞争实力明显增强。以奥运会为最高目标，对国家体育的贡献和参加奥运会、全运会的成绩位居全国前列。

——围绕奥运、全运战略，正确认识青少年业余训练在竞技体育中的基础地位，为我省竞技体育的可持续发展多做贡献，努力培养和输送更好、更多的体育后备人才。

——培育出成熟的体育竞赛市场和结构合理的体育健身娱乐市场；建立起体育人才合理流动、技术信息开发咨询活跃、体育用品种类繁多的体育服务市场；建设一批布局合理、特色鲜明，集运动休闲为一体的现代化体育设施；形成一批符合现代企业制度，产权明晰、效益显著、规模发展的体育经营股份制企业或企业集团；大力开发体育的无形资产和体育彩票，不断增加体育产业开发的收入总量。缩小与发达地区体育产业发展水平的差距，跨入全国先进行列。

——体育设施建设纳入国民经济和社会发展计划。逐步缩小与体育先进省市体育设施建设的差距，建成以省会郑州为中心的能承办全运会的场馆群，省辖市建有突出本地竞技体育项目特色或主题鲜明的场馆，县（市、区）的体育设施达到国家体育总局提出的"四个一"（即一个标准田径场、一个标准游泳池、一个灯光篮球场、一个训练房）的要求。达到每万人拥有体育场地8个；人均体育场地面积1.5平方米。力争我省人均占有公共体育场地面积达到或超过国家标准，公共场地设施开放率达到90%以上。完善省属训练基地的设施条件，满足专业训练的需要。

——坚持改革，促进发展，强化体育制度创新，努力推进体育体制改革和运行机制转变。

今后，河南省体育事业将继续深入贯彻落实科学发展观，大力开展以人为本、新颖多样的全民健身活动，提高全民健身科学化水平，加快竞技体育水平提高，深化体育体制机制改革，加快体育产业发展步伐，切实发挥体育在经济社会发展中的积极作用和政府向社会提供体育公共服务的职能，统筹兼顾，上下互动，共同努力，促进体育事业全面协调可持续发展，呈现出良好的发展态势，全力以赴为加快和谐中原建设和推动我国由体育大国向体育强国迈进做出积极贡献。

锐意进取　谱写湖北体育新篇章

湖北省体育局局长　李建明

新中国成立 60 年来，湖北体育工作者解放思想、实事求是、努力实践、锐意进取。遵循体育规律，科学认识把握群众体育的普及规律、竞技体育的制胜规律和体育产业的运作规律，牢牢把握工作的主动权。湖北体育事业从无到有，从弱到强，从单一向多元化发展，实现了群众体育、竞技体育、体育产业和各项工作的协调发展，谱写了湖北体育新篇章。

一、60 年来湖北体育事业发展的主要成就

（一）群众体育蓬勃发展

湖北是全国群众体育工作先进省，有 38 个被国家体育总局命名的全国体育先进县、17 个全国体育先进社区、6 个全国"武术之乡"、3 个全国"田径之乡"和 1 个全国"体操之乡"。先后有近百人被评为全国群众体育先进工作者。

一是体育场地建设不断加快，群众健身环境日益改善。我省认真贯彻落实中共中央、国务院关于推进体育事业发展的若干意见和湖北省委、省

政府关于建设体育强省等一系列文件精神，以实施"农民体育健身工程"和"全民健身朝阳工程"为重点，全民健身设施建设进一步完善，建设项目更齐全，覆盖面更广，惠及人群更多。仅 2000 年以来，全省用于全民健身朝阳工程的体育彩票公益金就达 9 亿多元，共兴建"雪炭工程"18 个、国家体育总局命名资助的全民健身活动中心 5 个、省级全民健身活动中心 21 个、全民健身俱乐部 28 个（国家级社区体育健身俱乐部 8 个），修建全民健身路径 1966 个，"两打两赛（晒）"工程 69 个，"农民体育健身工程" 2800 多个，其中武汉、黄冈两地公路沿线的 100 多个行政村修建了综合运动场，为全国首创。向 300 多个乡镇赠送了健身器材，有效地改善了农村乡镇和居民体育健身环境。并通过切实加强"全民健身路径工程"、"农民体育健身工程"的维护、保养、管理和安全质量检查，有效缓解了群众体育健身需求与体育场地不足之间的矛盾，促进了社会和谐。

二是具有荆楚特色的群众体育活动丰富多彩，国民体质不断增强。新中国成立以来，我省大型群众体育活动不断上规模、上档次、上水平。全民健身周、"五个百万"人群健身等活动已成为全省全民健身活动的主流。以"山、水、江、湖"为主题的富有浓郁的湖北地方特色和时代气息的大型群体健身活动，如武汉抢渡长江挑战赛、三峡国际龙舟拉力赛、清江闯滩节、神农架滑雪、长阳巴山舞等，已形成品牌，深受广大人民群众的喜爱。组织开展了一系列有创意、有规模、有特色、影响大、群众参与面广的群众体育健身活动，如全民健身与奥运同行、健身大拜年、健身大讲堂社区行、全省健身气功交流选拔赛、全省老年人健步走、中国城市健身长跑黄金大赛等系列活动精彩纷呈。在开展具有湖北特色的传统体育健身活动的同时，各地区、各行业因地制宜，积极开展群众喜闻乐见的体育活动。如武汉市"与城运同行"系列活动、黄石市举办的全国部分城市老年篮球赛、十堰市举办的渝鄂陕三省十一县篮球赛、宜昌秭归的中国秭归脐橙节暨湖北省秭归百万农民健身展示活动以及全省各地各单项体协和行业体协组织的系列群众活动等，形式各具特色，内容丰富多彩。

　　同时，我省深入开展国民体质监测工作，投入 500 万元购置了国民体质监测车，全省设有国民体质监测中心 18 个，组建了一支国民体质监测队，配有合格体质监测员千余人。配置成年人体质测试器材 134 套、国民体质测定器材 45 套，采集成年人体质测试和国民体质测试有效样本 10 万个。2008 年，我省群众国民体质的综合指数为 101.34，体质达标率为 90.3%，比 2000 年增加了 1.35 个百分点，提高幅度居全国第七位。

　　三是全民健身意识增强，健身组织网络不断健全。随着我省经济社会的持续发展和人民群众物质文化生活水平的提高，人们的健康意识日益增强，"崇尚健康"已成为一种时尚。全省参与体育锻炼的人数不断增加，经常参加体育活动的人数占总人口的三分之一以上，98% 以上的中小学推行了《国家体育锻炼标准》，适龄学生的达标率为 95% 以上。与此同时，全省健身组织不断完善，全省 90% 以上的街道办事处、乡镇建有 3000 多个文体站和各类健身辅导站，进一步建立健全各级各类行业体协，基本形成了农民体育农口抓、学校体育教委抓、职工体育工会抓、妇女体育妇联抓、老年体育老龄口抓的一种齐抓共管的良好局面。社区、乡镇体育也呈现出良好的发展势头，目前我省已经有省体育先进社区 40 多家，全国体育先进社区 10 多家，社区体育发展步步推进。在深入基层调研的基础上形成了《湖北省社区体育发展调查报告》，并举办了社区体育工作和农村体育发展战略研讨会及全省社区体育干部培训班、社区体育指导员培训班。先后培训社会体育指导员 1000 多人，培训先进乡镇文体站站长和农村村一级体育活动骨干 400 多人。湖北创造了全国首次以农民为对象举办培训，首次以农村基层骨干为对象举办培训，以及编撰首部农村一级社会体育指导员培训教材三个第一。

　　四是社会体育全面推进，群众性体育赛事成绩突出。我省省运动会已连续举办 12 届，从第一届的几个项目，13 个代表队、几百人参与到十二届的 1489 个项目，29 个代表团、12000 多名运动员参与，实现了参赛人数及运动成绩的跨越。我省共组团参加了 8 届全国大学生运动会、8 届全国少数民族运动会、7 届全国残疾人运动会、5 届全国农民运动会、3 届全国体育大会，3届全国亿万妇女健身活动展示大赛和3届"体育先进社区"活动，都获得了优异成绩。成功举办了第二届全国农民运动会和第二届全国亿万妇女健身活动展示大赛；进行了两次国民体质监测和三次群众体育现状调查。

（二）竞技体育成绩显著

我省竞技体育结合湖北特点，走"水、巧、小、重"的发展道路，坚持以奥运促全运，实施"立足现实，适度发展，突出奥运，突出金牌"的竞技体育发展战略，在国际国内大赛中，为国为省争光添彩。先后18次荣获"国家体育事业突出贡献奖"。

一是调整项目结构，竞技体育亮点纷呈。60年来，我省体育健儿在国内外大赛中获世界冠军187个、获亚洲冠军328个、获全国冠军1000多个，先后有60多人次打破世界纪录，30多人次打破亚洲纪录，80多人次打破全国纪录。培养了周继红、伏明霞、肖海亮、李小双、杨威、郑李辉、程菲、乔红、陈静、高崚、李婷、廖辉等奥运冠军和陈玉娘、韩爱平、田秉义、刘黎敏、童辉、黄立平、李大双、何翠玲、黄俊群、胡小新、彭丽萍、关虹、张秀云等一批世界级优秀运动员。自第二十三届奥运会起，我省运动员在连续7届奥运会上夺得金牌，共获得金牌20枚，全国只有湖北和浙江两个省连续七届奥运上夺金，特别是在北京奥运会上，我省运动员创造了4金1银4铜的战绩，续写了湖北奥运辉煌。

在发展竞技体育的过程中，我省着力调整项目结构，坚持走"竞技体育集约化"道路，围绕"奥运夺金，全运突破"战略，本着"有所为，有所不为"、"量力而行、尽力而为"和与总局优势项目对接的原则，调整项目结构布局，突出重点，提高效益，注重与我国奥运优势项目接轨，集中力量把现有的奥运优势项目和潜在优势项目做强，形成一批具有明显优势的项目群。巩固和加强体操、跳水、网球等具有湖北特色的传统优势项目，挖掘潜力，扩大优势，着眼长远、精心布局、科学规划、加大投入，以培养尖子选手为重点，带动整个项目的发展。根据奥运会、全运会设项的趋势，合理布局，加强基础项目，发展优势项目，形成自己的特色。同时积极推进武术等非奥运项目的发展。

二是不断完善竞技体育管理体制。为适应竞技体育发展新形势，我省及时调整项目布局，2003 年成立了 15 个运动项目管理中心，加强运动队的管理以及二、三线优秀后备人才的队伍建设，不断改进运动训练管理体制。在划分职能、核定岗位、理顺关系等方面，逐步推进运动队管理科学化、现代化。同时，推进竞技体育目标管理，明确各项目管理中心的目标任务，将总体目标任务分解到具体单位、具体项目和具体责任人。根据各运动项目管理中心的具体情况，下达年度竞技体育目标任务，年终进行奖惩兑现。

在加大对优秀运动队投入，改善运动队训练条件和生活环境的同时，我省不断深化和完善竞争激励机制，实施优秀运动队特殊人才保护政策，将运动成绩与奖励挂钩；加强冬、夏训管理，强化训练的系统性、实战性及创新意识，采取冬训体能大比武等措施，促进训练质量的提高；加强教练员训练教学工作的计划性与目的性，采取请专家集中授课的形式，不断提高教练员科学制定训练计划的能力；加强思想政治工作和文化学习，努力把政治思想工作渗透到训练、比赛、生活、学习、管理等各个方面，帮助运动员、教练员树立正确的人生观、世界观，激励他们的拼搏精神；建立了省体育局驻北京工作站，及时了解湖北运动员在国家队训练生活情况，收集、整理、反馈各类信息动态；强化训练过程管理，实行了督训制度，成立督训小组对各中心训练工作实行分片督导，对各中心备战工作情况进行考核，并将考核结果作为政策倾斜的重要依据；在推进复合型运动队的建设中，实行了队委会制度，建立了由中心负责人、教练员、领队组成的队委会，负责队内重大事项决策；运用竞技体育管理应用系统软件，推进竞技体育管理的系统化和科学化进程；加强了信息工作，建立了训练备战信息搜集、分析网络，增强了信息搜集工作的准确性和时效性。

此外，我省还先后出台了《湖北省体育局竞技体育专项经费管理办法》、《湖北省体育竞赛裁判员管理办法》、《湖北省体育局联办优秀运动队管理办法》等，形成了项目中心目标考核制度、督训制度、信息周报制度等。制定了《湖北省优秀教练员特殊津贴实施方案》、《优秀运动队运动员成绩津贴实施办法》和《优秀运动员退役就业安置管理办法》等，建立和完善了运动员保障激励机制。建立健全了运动员医疗、伤残保险制度，制定了系列优惠政策，推进了我省竞技体育管理体制改革。

三是坚持开展科技服务，推进体育训练科学化。在不断壮大科研队伍、完善科研设施的基础上，我省克服了项目分散等困难，科学调配科研人员、合理配置科研资源和科研设备，保证了重点项目、重点运动员的医疗服务。首先保证了科研监测工作，针对运动队的需要，结合不同项目的训练特点，制定了个性化的科技服务计划，加强了训练常规监控密度。其次，加强了对重点运动员突出问题的专项研究，有效解决了训练中困扰运动员、教练员的一些重要问题。再次，不断扩展医疗服务范围，加速了训科医一体化进程。通过成立局队医管理办公室，制定相应的管理制度，组织各方面的专家到相关项目中心进行分散式和集中式的医疗巡诊和会诊，现场解决运动训练中出现的伤病问题，并结合运动员伤病史建立起重点运动员的伤病档案，把运动员伤病预防和及时诊治落到了实处，为运动员提高竞技体育成绩提供了重要保障。设立了局管竞技体育科研课题，借助社会科研和资源帮助运动队解决训练中的难点问题。

四是承办了一系列国际国内大型赛事。60年来，我省先后承办国际、国内赛事500多项，赛场观众超过1000万人次，先后有近100家国内外媒体数千次报道了我省举办的体育赛事，为我省对外宣传做出了贡献。近年来，我省先后承办了2007年女足世界杯、第六届全国城市运动会、"08之星"国际足球对抗赛以及相关竞技项目锦标赛、冠军赛等一系列国际、国内大型赛事。2007年我省以武汉市为主承办了第六届全国城市运动会，共有74个代表团、1万余名运动员和教练员及2000余名裁判员参加比赛。作为2008年北京奥运会前全国最后一次大型综合性运动会，本届城运会规模最大、规格最高、要求最严、竞争激烈、影响深远。我省积极协调，克服了参赛备战、竞赛组织、场馆建设、接待服务等工作中遇到的一系列问题，实现了承办理念先进、组织管理严谨、竞赛秩序井然、场馆设施一流、接待服务优质、大型活动精彩、宣传别开生面、参赛成绩最好等各项目标，取得了承办组织和运动成绩的双丰收。通过承办大赛，锻炼了体育工作队伍、完善了体育场馆设施、收获了大赛组织经验、优化了体育发展环境、促进了我省经济社会发展。

（三）青少年后备人才基础不断夯实

遵循"选好苗子，着眼未来，打好基础，系统训练，积极提高"的原则，我省以选拔优秀苗子、培养高质量人才为重点，夯实基础建设，完善政策法规，创新体制机制。60 年来，各级各类少儿体校向省优秀运动队输送了近 2000 名优秀运动员。

一是突出科学选才，保证人才输送质量。充分发挥省体校、省直少儿体校在竞技体育优秀后备人才培养中的示范和带动作用，实现科学合理层层衔接的"一条龙"人才培养链，从项目布局与管理、输送计分与目标任务、经费保障、教练员岗位设置、上岗、绩效考核以及奖惩等方面明确目标、强化责任、完善措施和保障。目前在省直（含省体校）少儿体校布局了乒乓球、羽毛球等 19 个项目，布局的项目分重点、普通、启蒙三个层次，采取竞聘方式，其中重点突出了体操、跳水、乒乓球、羽毛球、网球、划船、游泳、田径等 8 个项目，已有 58 名教练员竞聘上岗，9145 名运动员在省体育局进行了资格注册。

针对竞技体育具有排他性的鲜明特点，我省有目的、有计划地制定了"新苗工程"计划，建立了新苗人才库，根据适度的比例将一批优秀苗子按照入选标准和条件选拔进来，既规范了输送制度，又为我省竞技体育储备了一批高水平后备人才。"新苗工程"自 2003 年实施以来，在 18 个项目中有 1565 名入选新苗人才库，其中 185 名新苗人员充实到竞技体育队伍中。对输送高质量运动员的单位和教练员，根据运动员在奥运会、亚运会、全运会取得的成绩，给予启蒙教练高质量后备人才追踪奖；对输送到省优秀运动队的单位和教练员发放输送奖励。近年来，我省各级各类少儿体校向省优秀运动队输送约 741 名后备人才。

二是强化了各项保障政策。我省将体育运动学校由过去体育部门办学逐步纳入九年义务教育序列，按照教育系统管理的相关要求，完善和规范了体校的招收、教学等；各地以基地为重点，加大了对后备人才培养经费的投入；从 2007 年起，省体育局决定在各地上缴的体育彩票公益金中划拨 1% 给各市（州）体育局用于发展体育事业，其中 0.5% 用于后备人才培养专款。国家体育总局对我省"新苗工程"投入专项资金 829 万；省级配套投入 1245 万。针对我省体育后备人才培养的现状，经过广泛的调查研究、反复的修改论证，2007 年省政府印发了《湖北省人民政府关于加强体育后备人才培养的意见》，为加速我省体育后备人才的培养，推进我省竞技体育的可持续发展提供了坚实的组织、政策和制度保障。

三是加强了体制机制创新。在坚持政府主导、主管部门实施、社会参与的原则下，加强了体制机制的创新。其一，加大探索"体教结合"共同培养后备人才的路子；其二，强化竞赛改革，重点突出省运会各项改革，在省运会中增设了国家高水平后备人才基地金牌总数奖，把篮球、田径作为参赛代表团必报项目，突出基础性项目；其三，逐步建立健全了以省、市（州）、县（市）三级训练网络的人才培养体系。建立了以学校体育为基础，以体育传统项目学校、青少年体育俱乐部为骨干，以国家级和省级高水平体育后备人才基地及各级各类体育运动学校、少儿体校为重点的多层次体育后备人才培养体系。

（四）体育产业快速增长

随着改革开放的深入和市场经济体制的建立，我省体育产业坚持"以体为本，全面发展"的方针，逐步形成了体育场馆开发开放网络、体育彩票销售网络、体育用品销售网络。体育产业成为我省经济增长的新亮点。

一是体育场馆开发开放成效显著。在场馆建设上，我省坚持合理规划、科学布局。50 年代兴建的武汉体育馆、新华路体育场等一批体育设施为我省体育事业的发展发挥了重要作用。60 年来，全省兴建各类体育场地 37000 多个，其中标准场地近 400 多个，居全国第五位。近年来，全省各市、州、县和大专院校，先后有 100 多个场馆竣工，有投资近 10 亿元新建的标志性体育建筑武汉沌口体育中心，投资近 1 亿元的咸宁体育中心等。抓住武汉市承办"六城会"及首义文化园区建设的机遇，我省完成了洪山体育馆、省射击馆的改扩建工程。投资近 10 亿元兴建湖北省奥林匹克体育中心和湖北省国际水上运动训练竞赛基地工程已经完成，目前正按规划抓紧实施二期工程以及省体校改扩建工程建设。形成了以"三大基地"为主体、以原有体育场馆为依托的体育场馆分布格局，进一步优化和提升了我省竞技体育科研、训练、后勤保障条件和全民健身的硬件设施水平。

在大力兴建体育场馆，改善运动设施的同时，我省体育场馆（含高校）坚持面向社会开放，形成了"突出社会效益、保证人才效益、兼顾经济利益"的场馆开放、开发格局，取得了较好的社会效益和经济效益。洪山体育馆全年场馆使用率达 90%，实现年经营收入近 300 万元；英东游泳跳水馆适时调整，开发新的服务项目，年经营收入 320 多万元。同时我们还积极组织全省市、州、县体育部门所属场馆加入中国体育场馆协会，为加强我省体育场馆与省内外体育场馆横向交流提供了平台。

二是体育彩票销售不断攀升。日前，全省电脑体育彩票销售点已达 4000 多个，为社会提供再就业岗位 10000 多个，成为地方财政的一大税源。体育彩票所获公益金全部用于"全民健身工程"、竞技体育、体育场馆建设和体育扶贫。全省 14 个市州彩票销售实行垂直管理模式，通过进一步加强体育彩票的安全运行管理、技术防范管理、销售终端管理和廉政监督管理，实行销售员持证上岗，优化服务；积极探索拓展新的玩法；继续实施战略性终端扩容，把销售终端扩展到乡镇、城乡结合部；举办"湖北体育彩票诚信论坛"、创办"体彩家园"网站和内部刊物，实行内部数据共享，运用 ISO 质量标准体系，进一步加大市、州、县的领导和管理力度。截至 2008 年年底，我省电脑体育彩票年累计销售突破 1250 亿。

筹集体育事业发展公益金 30 多亿元，上缴国家税收 4.5 亿元。体育彩票成为我省税收新的增长点。

三是体育用品，体育健身、旅游快速发展。改革开放以来，我省大众体育消费日益增长，体育用品、体育健身娱乐市场蓬勃发展。据统计，2008 年我省城市居民人均文教体育用品及服务消费达 1850 元，其中用于文体活动费用的支出增长最快，人均支出 220 元。至 2008 年年底，国内 70 余家知名体育品牌企业在我省设立了销售公司，建立了 6000 多个专卖店，年销售 100 多亿元。武汉市具有一定规模的体育用品专卖店达 400 多家，全省约有近 3000 个体育用品零售点，体育用品专业市场销售网络正向市县延伸，年销售额 60 多亿元。随着居民健康意识的增强，居民体育投入逐年增大，体育健身器材逐渐步入家庭，体育用品销售额占商场商品销售总额的比例也逐年提高，2008 年占商场商品销售总额的 4%。同时体育健身企业经营规模逐渐扩大，全省健身中心、武术馆、网球场、高尔夫球场、水上乐园、垂钓园等各种健身休闲娱乐设施呈现强劲发展的势头。全省宾馆、饭店等经营单位也都附设了台球、乒乓球厅、游泳馆、棋牌室、网球场（馆）等体育健身场馆和设施。到 2008 年年底，我省独立核算的体育健身企业达 3000 多家，从业人员近 10 万人。形成了一批经营规模较大，具有一定社会影响和经济效益的体育健身企业。

此外，我省体育旅游也日渐升温。十堰武当山、清江漂流、宜昌龙舟节等以体育为特色的旅游景点和旅游项目客源持续扩大，旅游收入稳定增长，其中宜昌龙舟节已成为中国体育旅游 20 个著名活动之一，为我省创建体育旅游品牌起到了示范作用。

四是体育经营内容拓宽，主体开发能力增强。近年来，我省各运动协会和部分有影响的运动项目积极与企事业联姻，联合办队，不仅改变了过去由体育部门独家办运动队的格局，而且增强了体育自我发展的能力。体育俱乐部走市场化道路，逐渐与国际接轨，形成竞争机制，推动了竞技水平的提高。目前，我省足球、篮球、排球、网球等运动项目都建立了职业体育俱乐部组织。体育竞赛（表演）市场粗具规模，2008 年全省体育场馆门票收入达6100多万元，广告、门票收入成为体育竞赛（表演）资金来源的主要渠道。全省大型体育场馆上座率达65%，大学体育馆的上座率达87%。全省100多所各级各类体校均不同程度地实施了有偿训练，有偿训练经费1000多万元，弥补了国家投入经费的不足。

（五）综合保障建设进一步增强

一是体育法制建设迈入规范化轨道。新中国成立以来特别是改革开放以来，我省依法治体，坚持普法与依法治体相结合，法制教育与社会主义精神文明建设相结合，法制宣传和法治实践相结合，体育工作的法制化管理水平逐步提高，为我省体育事业快速、协调发展提供了坚实有力的保障。

自1995年《中华人民共和国体育法》颁布实施以来，我省体育事业逐步走上法制化轨道。13年来，我省共颁布1部地方性法规（1996年11月，我省第八届人民代表大会常委会通过了《湖北省体育市场管理条例》），3部政府规章和几十份规范性文件。各市州的体育立法工作也取得了一定的进展，同时普法宣传教育不断深入普及，通过抓好普法骨干培训，以点带面，大力开展法制宣传活动。全省体育系统每年定时、定点开展"主题式、专题式"普法宣传活动，坚持普法宣传教育"二个纳入，六个有，两个100%"，即：普法宣传教育纳入党委议事日程，纳入单位年度工作计划；有组织、有制度、有计划、有记录、有检查、有保障；普法学习教育到课率和基本法律法规知识的普及率均达到100%。

二是思想政治工作和理论建设得到加强。全省体育工作者坚持以邓小平理论和"三个代表"重要思想为指导，努力实践科学发展观，在思想、组织、作风、制度和反腐倡廉建设等方面得到了全面加强，各项工作取得了新的成效，为推进我省体育事业又好又快发展发挥了重要的保障作用。通过文明单位创建和理论学习，进一步增强体育工作的工作活力。全省体育系统重理论、重学习、重调研、用理论武装头脑、用理论指导实践取得了系列成果。理论学习、调查研究蔚然成风。各级干部、教练员的政策水平、理论思维和战略思维能力、发现问题、分析问题和解决问题的能力都得到了很大提高，一批理论成果在国家、省级报刊发表并获奖，为实现体育事业又好又快发展提供了理论支持。

三是建设平安体育，积极推进电子政务建设。通过健全机制，强化教育、标本兼治，努力为我省体育事业发展营造良好的治安环境、训练环境、竞赛环境、生活环境。建立健全信访工作制度，推进了信访工作的制度化、规范化建设。全局干部职工没有人参与集体上访和非法集会，没有发生一起群体性事件，没有发生一起重大治安灾害事件。同时，按照省委、省政府和全省电子政务工作会议的统一部署和要求，积极推进电子政务工作。基本适应了体育管理信息化建设的需求，确保信息的广度、精度和准确度，实现信息的及时更新，进一步拓展网站的功能和作用，成立了省体育局网站技术保障小组、信息报送小组、信息准入审核小组、办公信箱回复小组等组织保障机构，努力建设和谐体育。

二、新中国成立 60 年来湖北体育
事业发展的主要经验

（一）深刻认识群众体育的普及规律，推进全民健身运动深入开展

体育对于综合国力的贡献体现在许多方面，全民的体质水平是国家硬实力，直接反映国民素质的基础水平和军队的战斗能力。体育作为文化现象，其普及和繁荣则是国家的软实力；体育在很大程度上是一种公益性事业，让众多的国民能够享受体育发展带来的好处，本身就是国力增强和社会进步的象征。为此，我们认真研究制定城乡统筹兼顾的体育发展政策和规划，合理调整与完善与之相适应的体制、机制。把发展城市农村体育纳入国民经济和社会发展总体规划。因地制宜开发利用各种资源，增加城市

农村人群体育消费；同时利用资源，以城市社区和农村体育的开展促进体育的健康发展。加强城市社区和农村体育人才的培养、培训和继续教育。形成"以个人带群体"、"以点带面"的发展模式。

群众体育以全民健身为目标，其中"全民参与"是基础，"健身"是核心，"提高人们的健康水平"是目的。人民群众日益增长的体育文化需求与有限的体育资源之间的矛盾，是体育工作面临的主要问题。构建群众性体育服务体系包含了政府功能充分发挥、健身场地设施充足、健身组织网络健全、健身活动内容丰富、健身指导服务科学、法律政策保障有力等多方面的内容。60 年来，我省努力拓宽政府和社会两个渠道，走政府支持与社会兴办相结合的路子。通过政府提供公共产品，非营利机构提供准公共产品，市场主体提供私人产品，在保障人民群众享有基本健身权益的同时，不断满足广大人民群众多样化、个性化和多层次的体育服务需求，真正将人民的健康和社会的进步放在重要地位。政府重点支持公益性体育设施建设，努力健全群众身边的组织，加强对群众体育活动的组织和指导，丰富群众文化生活。鼓励、支持企事业单位和个人兴办面向大众的体育服务经营实体，积极引导群众的体育消费，鼓励各地区、各民族因地制宜、因兴趣爱好开展体育活动，促进全民健身真正热起来。着眼全局、着眼普及、着眼平衡，实行正确的引导和科学的布局。从而在全局上缩小差距，在动态中接近平衡，在实践中实现可持续发展。

（二）科学把握竞技体育的制胜规律，推动竞技运动上水平

竞技体育的本质就是不断创新、挑战极限的过程，就是对原有知识再认识的过程，就是不断分析新情况、解决新问题、总结新经验、实现新突破的过程。对运动项目规律和特点的深刻把握是实现运动项目科学化训练及上水平的前提。

一是在项目结构调整和项目布局上创新思路。结合我省实际，体育局密切跟踪国内外竞技体育新动向，不断完善"以奥运促全运，以金牌带总分"的竞技体育发展战略，以在奥运会、重大国际比赛和全运会上取

得优异成绩为目标，坚持将优势项目与国家优势项目接轨，突出"水、小、巧、重"，合理调整项目结构，"强化奥运夺金项目、巩固全运优势项目、提高潜优势项目、突破奖牌多、影响大的基础项目和集体项目"，重点突出，力保我省奥运会上届届有金牌。

二是坚持在"三从一大"的科学训练上实现新突破。"三从一大"原则是上世纪60年代从部队总结得来。实践表明，这是我国竞技体育不断攀登高峰的法宝，是竞技体育的制胜规律。我省在继承的基础上不断实现新的突破，"三从一大"原则的核心是从实战出发，现代竞技场上，不仅需要运动员有过硬的体能、技术和战术等硬实力，还需要有良好的精神状态、心理素质和项目意识等软实力，训练从难、从严、从实战出发，让运动员在各种大赛中不断积累实战经验，强化硬实力，提升软实力。同时不断完善项目一条龙管理体制，充分发挥科技在项目训练中的作用，实行以训练为中心、以科技为先导、以比赛为核心、以医疗为保障、以教育为基础、以管理为关键的"训科赛、医教管"一体化训练模式，形成高水平复合型运动队，努力提高运动项目成绩和成功率。

三是在体育后备人才培养上建立新机制。根据国内外竞技体育发展趋势和我国社会主义市场经济发展的新形势，我们努力探索体教结合和经济、行政手段并用的有效途径，培养了一大批"一技突出、全面发展"的体育后备人才，加大实施"新苗工程"的力度，不断充实"新苗工程"人才库，在充分发挥各级各类体校、业余训练学校、体育后备人才培养基地作用的基础上，适当集中全省适龄的优秀体育后备人才进行重点扶持、系统培养、科学训练、逐渐提高，逐步形成抓一线、带二线、挂三线的体育人才培养梯队和格局。与此同时通过大力选拔、引进优秀教练人才、管理人才、运动人才和科研人才，实现人才强体。

四是在思想政治工作和人才培养上强化新力度。我们坚持把提高运动技术水平与培养有理想、有道德、有文化、有纪律的新一代体育队伍相结合，深入开展爱国主义、集体主义和革命英雄主义教育，反对极端个人主义、享乐主义、拜金主义和体育行业的各种腐败现象。坚决贯彻"严厉禁止，严格检查，严肃处理"的方针，积极开展反兴奋剂和"黑哨"、"假球"、赌球等违法违纪的斗争，维护运动员的身心健康，维护竞技体育的公正性和纯洁性。同时加大人力资源开发和培养力度，着力抓好体育管理人才，运动员、教练员及科研人员三支队伍建设。在适度扩大运动员、教练员规模的同时，不断提高质量，解决好"人才济济、尖子不尖"，以及"老人太老、新人太新"等优秀人才不足、人才断档等问题。进一步完善保障激励机制，真正做到感情留人、事业留人、待遇留人，尽量缩小与其他省市待遇及保障水平的差距，为运动员、教练员争创好成绩营造一个激励人心的政策环境、温暖人心的生活环境、和谐有利的外部环境。在巩固完善运动项目管理中心体制的同时，更加注重发挥教练员在项目训练中的积极性、主动性和创造性。

（三）有效运营体育产业的市场规律，推动体育经济的持续发展

一是盘活体育有形资产。将体育中能够走向市场或产业化运作的部分全面推向市场，构建体育场馆开发、体育彩票销售、体育用品生产经销、体育健身旅游四大网络，打造湖北体育产业品牌，建立体育人才、技术、资金、劳务、信息、中介等要素市场，使潜在的资源优势变为现实的经济优势。

二是开发体育无形资产。不断学习借鉴国际上现代体育运作方式，进一步推进部分群众基础好、受众面大的运动项目职业化、商业化、社会化，充分利用湖北传统体育品牌赛事和体育明星及相关无形资产，实现体育有形资源与无形资源的良性互动。

三是完善体育产业经济政策。认真研究制定有利于体育产业发展的经济政策，积极引导体育产业投资和大众体育消费，培育和繁荣体育市场。鼓励社会力量兴办面向大众的体育健身俱乐部、体育休闲中心等多种形式的体育服务经营实体，推进体育竞赛的商业化运作。鼓励和支持企业、组织、个人以融资、合资、联营等多种形式进入体育市场，为体育经营者创

造更加宽松的政策环境。

四是加强体育市场监管。依照《体育法》、《湖北省体育市场管理条例》等相关法律法规的要求，依法行政，依法加强对体育市场的监管；进一步完善各级各类体育协会等群众团体组织，建章立制，明确职责，推进行业自律；要通过体育场地设施标准化和体育认证认可工作，推进体育服务不断走向规范化、标准化和国际化，依法维护体育经营者和消费者的合法权益。

（四）依法治体，推进体育事业的和谐发展

全省体育系统严格执行国务院、国家体育总局和省委、省政府有关文件精神，从坚持执政为民的高度，切实加强对依法行政和行政许可的领导，从而形成了依法治体的有效工作机制，推进了体育事业的和谐发展。

一是改革和完善行政许可法实施制度。根据有关法律、法规、规章，省体育局逐步建立健全了首问责任制、服务承诺制、限时办结制、行政执法责任制和过错追究制、行政效能投诉制、测评考核制；健全和完善了政务公开制和听证制度，实行由局办公室统一受理、送达制度，即："一个窗口对外"服务。通过积极推进行政审批公开，增加透明度，促进机关作风的转变，提高服务水平。在公开内容方面，包括项目审批事项、内容、依据、条件、程序、需提交的材料、申请书范本、程序、办理时限、咨询电话、投诉电话、经办处室、办理结果等。在公开形式方面，利用现代电子网络技术，逐步推行行政审批网上办理，方便群众办事，实行网上申请、网上办理；在省体育局网站上设置政策法规、办事指南、行政审批办理结果、申请书下载等专栏。

二是认真做好规范性文件清理工作。遵照国家体育总局和省政府关于对体育市场多层执法、工商注册前置审批项目及其他体育规范性文件进行清理的要求，及时清理并上报了相关规范性文件，明确了体育市场执法属地管理的规定，同时对省直有关部门涉及体育方面的省级法规提出了修改意见，加强对行政执法责任制的评议考核工作。按照"谁许可，谁监督，

谁负责"的原则，在全系统中认真开展行政执法责任制的评议考核工作，先后参与例行执法检查 100 余次，形成了依法治体有效的工作机制。

过去的 60 年，我省体育事业发展成绩显著。展望未来，任重道远。我们将进一步抢抓机遇，深化改革，再铸湖北体育新辉煌。

弘扬湖湘文化　打造体育"湘军"

——湖南体育60年

湖南省体育局局长　李舜

伴随着新中国成长和发展的历史进程，湖南体育从小到大，从弱到强，经历了百废待举、艰难起步的50年代，跌宕起伏、曲折前进的60年代，逐步恢复、奠定基础的70年代，艰辛探索、寻求突破的80年代，拼搏振兴、快速发展的90年代，迎来了攀登高峰、创造辉煌的21世纪。一代又一代湖南体育人，始终坚持体育为人民服务、为经济建设服务的方向，把增强人民体质、提高国民素质作为体育工作的根本任务，深入贯彻落实以人为本、健康第一的科学发展观，坚持群众体育与竞技体育协调发展，体育事业与体育产业齐头并进，艰苦奋斗，顽强拼搏，奋发图强，科学决策，突出了湖湘特色，打造了"体育湘军"品牌，创造了骄人业绩，为国家和湖南做出了突出贡献，谱写了湖南体育的新篇章。

一、跌宕起伏、曲折前进的30年

新中国成立后，中共湖南省委、省人民政府加强了对体育事业的领导。解放之初，对旧中国体育进行了根本改造，使之成为崭新的社会主义事业的重要组成部分。1953年7月，湖南省体委成立后，按照毛泽东同志"发展体育运动，增强人民体质"的体育工作方针，统一领导、组织和监督全省体育运动的开展，克服了20世纪50年代末的经济困难和60年代中后期"文化大革命"带来的巨大影响，先后掀起了三次体育运动的高潮。一是为迎接1959年首届全运会掀起第一个高潮；二是为迎战1965年第二届全运会再度掀起的高潮；三是20世纪70年代为参加第三、四届全运会和选拔参加亚运会的选手，形成第三次高潮，逐步奠定了湖南当代体育运动的基础，推动了全省体育运动的发展。

（一）群众体育活动普遍开展

20世纪50年代初，各级体育工作部门把群众体育作为一项重要任务来抓，大力进行宣传发动，运用体育比赛和表演以及各种宣传形式，宣传体育运动对于增进人民健康，增强人民体质，减少疾病，提高生产、工作和学习效率的重要意义。在机关、厂矿、企业则推广广播体操、工间操，利用劳动节、国庆节组织群众性的体育竞赛活动，每年的6月24日则组织全省群众性的游泳活动。在群众中推广冬季长跑，夏季游泳，"重九"登山，打太极拳等体育活动。人民群众对体育的认识大大提高。到60年代中，广播体操、乒乓球、军事野营以及游泳、射击、登山等项体育活动，已经在一些厂矿、企业和机关的职工中经常开展。

20世纪70年代初期，湖南群众体育按照"以农村和工矿为重点，以民兵为骨干，抓点带面，培养典型，总结经验，指导全面"的方针，因地制宜、因陋就简开展活动，用体育活动占领业余阵地，培养骨干力量，先后总结推广了桑植县洪家关公社、湘江机器厂等12个单位开展群众性体育活动的经验，促进了全省职工体育和农村体育的发展。到70年代中期，湖南的农村体育和职工体育均达到全国先进水平。

（二）竞技体育奠定了基础

1954年，湖南省体委代中南区体委组建并代训中南区女子排球队，这是湖南初次组训运动队。1956—1957 年先后组建男子篮球、女子体操和女子排球队,共 28 名运动员。为迎接 1959 年举行的第一届全国运动会,1958—1959 年,先后组建了 28 个项目 300 多名运动员的运动队伍。组建专项运动队之初,运动员均是由学校、工厂、企事业单位推荐的体育爱好者,少数人有一定的锻炼基础,运动技术水平很低。运动队效仿苏联的训练模式,教练员靠直观组织训练,因运动训练中注意科学性不够,造成一些运动创伤,虽然热情很高,但收效甚微。在第一届全国运动会上总分列全国第 19 位。首届全运会后和三年经济困难时期,相继撤销了 13 个项目,有的项目仅保留骨干或种子队员。1963 年起,运动队伍的建设随着国民经济的好转和迎接第二届全运会的举行得到加强,队伍扩展到 500 多人,项目设置也比较齐全。经过几年的实践,积累了一定的经验,运动队普遍开展向解放军学习,向日本女排学习,贯彻"三从一大"的原则,运动队每天平均训练时间由 3 小时增至 5 小时,运动量加大近一倍,促进了竞技水平提高。1963 年,湖南运动员姚佑和、金以玲参加在雅加达举行的首届世界新兴力量运动会,各获得一项接力第一名和一个单项第二名,首次为湖南在国际比赛中夺得金牌。但 60 年代,湖南总体竞技水平仍然居于全国下游水平,第二届全运会上总分仍排全国第 21 位。到 20 世纪 70 年代初,遭受"文化大革命"冲击,被迫停训数年的各运动队,以保留下来的部分教练和运动员为骨干,相继建队和恢复训练。湖南由于起步早、恢复快,女子体操、举重、射击、羽毛球等项目相继跻身全国先进行列。在训练中,各运动队对"三从一大"训练原则提出了更具体的要求,对训练计划的制定和实施,不仅靠感官和经验,而且开始使用生理、生化测试手段,运动队开始探索符合各自项目特点的训练道路,出现了一批尖子运动员,先后有 16 人达运动健将标准,52 人破、创、超、平省纪录,11 人破、超全国纪录,2 人破、超世界纪录。

(三)学校体育在困难挫折中前行

20 世纪 50 年代,学校体育工作在组织学生上好体育课和开展早操、课间操的同时，推行《准备劳动和卫国体育制度》锻炼标准，开展以达标为中心的体育活动。因受到"大跃进"的冲击，在实施过程中出现了不切实际的浮夸。50年代末又受经济困难的影响，不少运动场地被辟为菜地，不少学校的体育处于停顿状态。60年代初期，全省大多数学校开展"两课、两操、两活动"（即每周两节体育课、每天一次课间操和眼保健操、每周两次课外活动）的体育活动。而自1966年起，"文化大革命"更使学校体育遭到巨大破坏，大批体育教师遭批斗，学校场地器材亦不同程度遭到损毁。1970年前后，学校虽先后复课，但强调贯彻学"工、农、军"，体育课成了军训课或劳动课。学生体质明显下降，运动技术水平大为降低。

严重落后的学校体育状况引起了教育和体育部门的重视。1978年，湖南省教育局、省体委、省卫生局转发了国家三部委联合发出的《关于加强学校体育、卫生工作的通知》。1979年10月，在对学校体育卫生工作进行调查的基础上，召开了"全省学校体育卫生工作经验交流会"，对全省学校体育工作提出了保证质量，上好体育课；抓好每天1小时的体育锻炼；根据各校具体条件，选择一两个学生喜爱的体育项目作为重点，建立代表队，坚持业余训练，逐步形成传统的要求，扭转了学校体育的落后局面。

（四）业余训练逐步发展完善

1954年省体育场对外开放，开展了体操、足球、排球等业余训练，1955年开始试办青少年业余体校。1956年国家体委颁布了青年业余体校和少年业余体校的办校章程（草案），湖南确定在长沙、衡阳两市各办一所青少年业余体校。1958年3月根据国家体委"开办青少年业余体校是发现和培养运动员后备力量有效方法"的精神，成立了长沙市第一青少年业余体校——省体育场体校。

20世纪60年代初，根据国家体委要求，省体委决定在衡阳、湘潭两市，长沙城北区各建一所重点业余体校，为优秀运动队培养和输送体育人才。随后湖南各级业余体校迅速发展，初步形成了省体育运动学校——省属重点业余体校——地（市）、县属普通业余体校——各中、小学业余训练网点的业余训练体系。训练形式主要是依托学校进行。

1969年，受"文化大革命"冲击的业余训练逐步恢复。1972年有所发展，某些大型工矿企业开始办业余体校，体育传统项目学校开始形成，并试办"半读半训"的重点业余体校。1972年依据《全国青少年业余体校座谈会纪要》精神，业余体校由学校转为由体委自己办，学校成为训练网点，业余训练体系逐步完善。

二、锐意改革、拼搏振兴的30年

改革开放以来，湖南群众体育方兴未艾，竞技体育实现历史性突破，体育产业得到迅速发展，体育法制建设及各项保障性工作不断加强。全省体育部门认真贯彻落实"依法行政"、"依法治体"的指导方针，坚持群众体育、竞技体育协调发展，大力培育优势项目，培养优秀人才，走出了一条具有湖南特色的体育工作新路子。

（一）全民健身运动在三湘大地蓬勃开展

20世纪80年代，全省体育部门坚持群众体育与竞技体育协调发展的方针，围绕湖南体育振兴的总体战略，按照群众体育社会化的方向和群众体育群众办的原则，辩证地处理了普及与提高的关系，使群众体育得以与竞技体育同步发展。20世纪90年代初，省体育部门在业务指导思想上将战略重点向全民健身转移，先后提出了"全民健身，县为重点"与"全民健身，增强体质"的指导思想，并取得了明显成效。国家体委于1991—1997年三次组织对全国群众体育进行评估，湖南2次排名第六，1次排名第七，均被评为全国群众体育工作先进单位。

1995 年，国务院《全民健身计划纲要》正式颁布实行，随后，省政府发布了《湖南省全民健身计划实施方案》，成立了"湖南省实施全民健身计划指导委员会"，全省 14 个市州和 124 个县市区也成立了相应的机构。各级政府及体育行政部门根据"政府管体育，社会办体育"和"联系实际，分类指导，突出重点，形成特色"的指导思想，坚持活动与建设并举，重在建设的原则，大力实施了"三边工程"，即建设好群众身边的健身场地，健全群众身边的组织网络，开展群众身边经常性的体育活动；突出了"三个重点"，即青少年体育以学校为重点，农村体育以乡镇为重点，城市体育以社区为重点；狠抓了"国家体育锻炼标准制度"、"国民体质监测制度"、"社会体育指导员制度"的落实，初步形成了面向群众的多元化的体育服务体系，基本构建了具有湖南特色的全民健身框架。这个框架由宏观管理网络、社会组织网络、基础培训网络、评比激励网络、科技指导网络、物质保障网络等组成。全省群众体育工作呈现出前所未有的大好局面。

湖南实施全民健身计划以来，全社会体育意识普遍增强，群众体育社会化格局基本形成，农村体育、职工体育、社区体育、学校体育、老年人体育、残疾人体育得到长足发展，群众体育越来越受到各级政府和社会各界的高度重视与大力支持。不论是体育行政部门还是社会各界，投资兴建群众体育健身活动场地设施均有较大幅度增加，尤其是近年来，省里每年投入群体事业经费上千万元（含器材经费），各级体育行政部门还利用本级体育彩票公益金，积极支持健身路径工程建设，使群众体育场地设施条件得到逐步改善，为开展全民健身活动发挥了十分重要的作用。

以青少年和儿童为重点的全民健身计划在各级各类学校得到贯彻落实。学校全面实施《国家体育锻炼标准》，保证体育课时间，积极开展课外体育活动与业余训练等方面的工作。以 14 所培养体育人才的全国体育试点学校为龙头，83 所省传统项目学校为骨干，中小学生参加的"0714"工程、"希望之星"等形式的学校课余训练体系已初步形成。学生的身体形态、速度和力量等素质均有了明显改善和提高，学校体育踏上了新台阶。

1980 年 3 月，中华全国体育总会湖南省分会在长沙成立，1989 年 12 月更名为湖南省体育总会。目前，省体育总会已拥有 56 个团体会员，基层各类体育协会达 5000 多个。各市州、县市区均成立了体育总会，全省还建立了电信、前卫、电力、地质、林业等 11 个行业体协。群众体育组织的迅速发展，有力地调动了各方面的积极性，使地方和基层的群众性体育活动更加活跃和普及。以争创体育先进县为中心，以武术、龙舟、舞龙舞狮为主要内容的农民体育和多姿多彩的少数民族体育活动广泛开展，33 个县被授予全国体育先进县称号，湖南的武术、龙舟和舞龙舞狮等民族民间传统体育项目均在国际国内大赛中夺得金牌。

全省社会体育指导员队伍不断壮大，体育社会化程度不断提高。截至 2008 年年底，全省共有等级社会指导员 35458 名，其中，国家级 184 名，一级 3580 名，二、三级 31694 名。认真推行国民体质监测制度，不断提高全民体质健康水平。已在全省组织实施了两次国民体质监测工作，共检测 20 余万人，撰写了国民体质监测分析报告。作为"民心工程"、"德政工程"的全民健身工程建设得到不断加强。全省已实施了 12 批全民健身工程，建有 861 条健身路径，国家和省配套资金共 1.47 亿元。同时，通过国家资助，全省兴建了 6 个全民健身中心和 5 个"雪炭工程"，另有 4 个"雪炭工程"正在建设。此外，已在全省 2876 个行政村实施了农民体育健身工程。其中，2006 年在 14 个市州 230 个村开始试行农民体育健身工程，每个村一副篮球架，两副室外乒乓球台。2007 年，在 14 个市州 23 个县 882 个村实施农民体育健身工程，国家补助资金 1323 万元，省配套资金 1323 万元。2008 年，在全省 14 个市州 34 个县 1764 个村实施农民体育健身工程，每个村配置 2 万元场地建设费，1 万元器材费和 1 副室外篮球架，2 副室外乒乓球桌。

广泛开展群众体育健身活动，打造特色品牌，努力增加体育人口。自 1995 年以来，全省每年一届的"全民健身月（周）"活动已历经 14 年，成为湖南群众体育活动的知名品牌。全省各地结合本地实际，广泛深入地开展了形式多样、丰富多彩，具有浓郁的地方特色和民族特色的全民健身活动，湖南独具特色的千艘龙舟闹三湘，五十万人健身大展示，百万群众接力跑，十万人体质大检测，"全民健身展示大会"、"大众体育运动会"、"机关运动会"、"社区运动会"及四年一届的残疾人运动会、少数民族传统体育运动会、农民运动会等，有力地推动了群众体育运动的大发展。体育进社区，体育进家庭；花钱买健康，健康奔小康；"请人吃饭，不如请人出汗"等已成为社会的新时尚。据统计，目前全省经常参加体育锻炼的人数占总人口的29.6%，人民体质普遍增强，人均寿命已达到73.6岁，比解放前提高1倍多。2007年，为迎接北京奥运会的召开，湖南开展了以"全民健身与奥运同行"为主题的"迎奥五环潇湘行"系列活动，在全省上下掀起了全民健身热潮。2008年，圆满完成了湖南省实施北京奥运会火炬传递任务，传递全程群众参与热情高，气氛热烈，秩序井然，实现了"安全、有序、热烈、文明"的预定目标，得到了北京奥组委有关领导的高度评价。

（二）竞技体育围绕奥运战略，为国家和湖南争光添彩

湖南是内陆农业大省，人口多，经济实力较弱，各级政府对体育事业的投入相对不足，这是湖南体育发展的基本省情。改革开放前，湖南的竞技体育在全国一直处于后进地位，前五届全运会上成绩都较差，尤其是1983年的第五届全运会，湖南仅获3枚金牌，名列全国第26位。面对这一成绩，湖南体育部门知耻后勇，励精图治，确定了"一手抓金牌、一手抓建设"的指导思想，决心从抓金牌入手，全面带动湖南体育事业的发展。

在进行反复调查研究论证的基础上，认识到训练体制不完善、科学理论水平低、重点项目不突出是主要原因。要在创新战略上有所作为，必须扬长避短，选准符合湖南人特点的项目进行重点突破。湖南运动员在技巧型、轻级别项目和单项中有一定的基础，符合湖南人的生理和心理特征，因而提出了"女、小、轻、巧、水"的五字方针。之后，在不断的工作

实践中，根据竞技体育的发展规律，进一步确定了"确保重点项目，发挥重点优势，实现重点突破"的"精品工程"战略，明确了"强基拓优"发展竞技体育的指导思想，制定了以四年一届的全运会为战略周期，周期内的奥运会、亚运会和国内大赛为重点战役，形成系统工程，精心设计，认真备战，务求最佳成绩的策略，优先发展适合湖南人性格、体能的项目，把有限的人力、财力、物力用在刀刃上。同时，根据与奥运项目接轨，尽快走向世界的原则，力求形成单项和局部优势，参与国际国内竞争。

根据这一思路，将体操、举重、射击、摔跤、柔道、羽毛球、网球、赛艇、皮划艇、田径、跳水、游泳等项目列为重点发展项目，调整资源配置，在人员编制、场地设施、服装器材、科研攻关、训练经费、后备人才培养等方面向重点项目倾斜。一是通过对项目布局进行调整，使奥运项目与非奥运项目的比例由原来的 6：4 调整为 8.5：1.5，人员编制的比例由原来的 8：2 调整为 9.3：0.7，逐步形成了以奥运会为最高层次的竞技体育发展格局。二是充分发挥竞赛杠杆作用，以竞赛指导高水平体育人才的培养。为了使全运会、省运会服从和服务于奥运战略，通过在竞赛项目、竞赛经费上突出奥运战略，着眼于发现、培养和输送奥运项目优秀人才。重点与非重点项目，在年龄、组别上进行更细致的考虑和安排。三是始终强调科技的作用。每个奥运周期开始，都制订了详细的科技攻关计划，分别在 13 个重点项目成立科技攻关组，并向重点项目运动队派出科研副教练。科学的训练方法、科学的营养和恢复手段，确保了重点项目、重点运动员保持良好的训练状态和质量。

20 世纪 80 年代末期，全省的业余训练基本形成初级、中级、高级三个层次的训练格局，建立了层层衔接的业余训练网。进入 20 世纪 90 年代，贯彻"增强后劲，县为重点"的工作方针，实行省地县分级管理，实施定机构、定编制、定经费的"三定"措施，推动了业余训练的发展。90 年代后期，针对业余训练出现的滑坡现象，在贯彻实施"大力改革高级，重点提高中级，巩固完善初级"的基础上，进一步明确了"坚持精品工程战略，加速人才基地建设，努力培养高质量体育后备人才"的业余训练指导思想，提出了努力打造精品，大力推进业余训练规模化、正规化、集约化"三化"建设的基本方针，并将这一工作作为"一把手"工程狠抓落实，取得了突出成效。全省县级业余训练网点由 1991 年的 280 多个增加到 500 多个，受训人数由 5600 多人增加到 2 万余人。一些县市初步形成了强县、强校的业余训练格局，如安化县的羽毛球，培养输送了奥运冠军龚智超，世界冠军唐九红、龚睿娜、黄穗等；湘西自治州的举重，培养输送了包括奥运冠军、亚洲冠军和全国冠军在内的杨霞、龙清泉、龙玉玲、罗红卫等。在全省建立了举重、体操、羽毛球、皮划艇、摔跤、柔道等 13 个重点项目 35 所后备人才训练基地，并有 10 个单位成为国家高水平体育后备人才基地；举重、羽毛球、体操、跳水已成为国家级人才训练基地或单项运动学校。通过"一校两制"、"体教结合"，形成以省级重点项目管理中心为龙头，后备人才基地及市州体校为骨干，县级体校、体育传统项目学校为基础，中小学校、青少年体育俱乐部为网点的业余训练格局。

通过这些措施，全省的竞技体育水平发生了根本变化。目前开设的 23 个项目中，有半数以上的运动项目成绩达到全国先进水平。1987 年在广州举行的第六届全运会上，我省总分排名跃居全国第 12 位。1992 年在第 25 届奥运会上，体操小将陆莉以满分 10 分夺得女子高低杠金牌，取得湖南奥运金牌零的突破。1993 年参加第七届全运会，以 15 枚金牌列全国第 9 名，湖南竞技体育首次进入全国前十。1996 年在第 26 届奥运会上，湖南跳水名将熊倪不负众望，为湖南再次夺得金牌。1997 年第八届全运会，湖南金牌数达到 17.5 枚，全国排名由第 9 位上升到第 8 位。湖南 8 名体育健儿在 2000 年悉尼奥运会上，再次取得优异成绩，夺得 7 金 1 银 3 铜，5 次破三项世界纪录，金牌、奖牌和总分数均列全国第一。2001 年第九届全运会，湖南获得 19.5 枚金牌，上升为全国第 7 位。2003 年，湖南成功举办了第五届全国城市运动会，推动了湖南经济社会的持续发展，并以 19 枚金牌的成绩排名全国第五位；在 2004 年雅典奥运会上，我省运动员夺得 2 银 1 铜,被国家体育总局授予奥运会贡献奖;在 2005 年全国十运会上,以 13 枚金牌名列赛会奖牌榜第十位。2008 年北京第 29 届奥运会获得 3 枚金牌,显示出湖南竞技体育的勃勃生机。经过多年的探索和实践,体操、举重、羽毛球、跳水、游泳、射击、皮划艇、赛艇等逐步成为湖南竞技体育的优势项目,涌现出了陆莉、熊倪、李小鹏、刘璇、龚智超、杨霞、龙清泉七位奥运会冠军,以及李方、彭园春、王晓艳、唐九红、李敬、尹卫萍、曾星玲、伍湘梅、廖素萍、彭颂、邹飞娥、黎锋英、傅祖斌、欧阳向阳、曾湖滨、李燕、周艳辉、杨金强、廖海燕、李运利、凌洁、乐茂盛、龚睿那、黄穗、王明娟、陈初富、史海文、鲍春来、郑波、杨炼、朱美、李萍、杨帆、李丽滢、黎立志、毛角、罗丹、刘英姿、黄文娟、何红梅、罗洗河等 41 位世界冠军。

至 2008 年底,我省竞技体育取得显著成绩,湖南运动员在国际国内正式比赛中共夺得奥运冠军 12 个,世界冠军 163 个,亚洲冠军 251 个,全国冠军 932 个;先后涌现出 48 名世界冠军(其中 7 名奥运会冠军)、97 名亚洲冠军和 405 名全国冠军;有国际级运动健将 72 名,运动健将 623 名;国家级教练员 32 名,高级教练员 301 名;国际级裁判员 38 名,国家级裁判员 297 名。先后 13 次荣获国家体委(体育总局)颁发的体育贡献奖。

(三)体育产业开拓进取,创新发展

湖南体育产业起步于 20 世纪 80 年代初期。随着体育产业的兴起和体育市场的初步形成,一些具有体育文化特征的生产经营活动和项目浮出水面,如体育用品生产经营、冠名赞助体育活动,娱乐健身性体育经营活动,体育场馆出租,体育培训、体育广告、体育博彩以及体育服务业等经营活动逐步兴起。根据中共中央、国务院 1992 年发布的《关于发展第三产业的决定》,1993 年和 1995 年全省体委主任会议,分别以"发展体育产业"和"加快体育产业化的进程",对体育产业开发进行了专题研究。2000 年又召开了全省体育产业现场经验交流会,并下发了《关于加快全

省体育产业发展的决定》。1997 年 1 月，省人大审议通过的《湖南省体育
经营活动管理条例》，从法律上为体育产业的开发和经营提供了保障。与
此同时，省体育局对体育产业开发进行了积极探索：开发体育竞赛市场；
积极推进体育协会活动的实体化；围绕全民健身，开发健身、健美、娱乐
市场；开发收费训练市场；开发体育人才、技术市场。据统计，全省从事
体育产业经营活动的实体 7000 余个，年创税费 1 亿多元，形成了一定的
产业规模。

一是体育报刊出版成效显著。湖南省体育局（体委）先后主办了
《湖南体育科学》、《湖南体育史料》、《体坛周报》等三个刊物，除前两
个已停刊外，《体坛周报》已发展成为国内外有较大影响的综合性体育
报。《体坛周报》于 1988 年 7 月 1 日创刊，其前身是《体育周报》，为四
开报。20 世纪 90 年代末以来，省体育局（体委）为促进《体坛周报》的
发展，采取了三条大的改革措施：一是在用人制度上，省体育局只任命社
长、总编，其他人员由社长按工作需要选能择优自行聘用；二是在办报方
向和报刊内容设置上，以符合党的社会主义体育事业发展方针、政策和社
会、市场需要为准则；三是在分配制度上，报社整体实行自收自支和三个
"三分之一"划分原则，即上缴国家税费约三分之一、支持湖南体育事业
发展近三分之一、投入自身发展计三分之一。工作人员个人收入按多劳多
得的原则进行分配。这些改革措施的施行，大大调动了《体坛周报》全
体人员的积极性，不仅报纸的期发行量保持在 150 万份上下，而且不断扩
展规模，已发展到三报七刊，向报业集团发展。目前，《体坛周报》已从
单一的平面媒体向广播电视、网络等跨媒体经营发展；并与境外媒体积极
进行战略合作，与世界有关国家最优秀的体育专业媒体联姻，做到资源共
享；同时从单靠发行赢利，到实现广告和发行双赢过渡。

二是体育博彩迅速发展。1994 年，为筹集体育事业发展资金，按国
家有关政策，湖南开始有组织有计划地发行体育彩票。彩票发行前期，以
销售即开型体育彩票为主，在彩票集中发行地兼有各种文体表演，以扩大
彩票经营活动的影响，推进彩票销售。从 1998 年开始发行电脑体育彩票，

并将电脑彩票销售网点伸展到各市州县及大的集镇,截至 2008 年,全省电脑销售网点已达 4000 余个,销售体育彩票 40 多亿元,为国家筹集公益金 13.65 亿元,为全省数千个居民小区捐建了"健身路径",并提供直接就业岗位近 5000 个,取得了较好的社会效益和经济效益。

三是体育竞赛表演全面进入市场化运作。湖南的体育竞赛表演在 20 世纪 80 年代以前,是由政府部门和群众团体主办,经费大多由国家批拨。20 世纪 80 年代末,根据市场经济的发展需求,将体育活动作为一种传媒推向市场,形成"体育搭台,经贸唱戏"。如当时湖南的"三节两会",即龙舟节、森林节、烟花节和桃花源会、南岳庙会,都不同程度地安排了大量体育活动或体育节目,使这些节、会显得多彩多姿,生动活泼。20 世纪 90 年代中,商业性、赞助性体育竞赛活动大幅增加,如 1996 年湖南长沙举行的首届亚洲体操、艺术体操锦标赛,全部由社会集资,除整个比赛开支外,还增添了价值 100 万元的体操和艺术体操器材设备各 2 套。进入 21 世纪初以来,对举办大型运动会提出新的办会方针。如 2003 年湖南省承办的第五届全国城市运动会和 2006 年湖南省第十届运动会,均提出了"政府主导、市场运作"的办会方针,通过冠名、赞助、广告等方式,第五届全国城运会筹集办会资金 1.4 亿多元、第十届省运动会筹集办会经费 6000 多万元,除保证运动会举行外,均略有结余。为加强体育竞赛表演活动的组织管理工作,推动体育竞赛表演活动的开展,我省通过市场运作,积极引进国内外高水平竞赛表演项目。如先后有湘潭引进八一男足主场比赛,贺龙体育馆引进八一女篮主场比赛,益阳引进八一女排主场比赛等,均取得良好的社会效益和经济效益。全省各地也先后引进了一系列国际体育比赛和表演活动:岳阳举行了首届世界龙舟锦标赛,长沙举行了中美滑水对抗赛、中韩足球赛等国际赛事,株洲举行了国际乒乓球对抗赛,益阳举行了世界杯羽毛球赛,常德举行了亚洲皮划艇比赛。国际国内各项重大体育赛事的举行,极大地满足了人民群众对文化体育活动的需求。2002 年湖南省体育竞赛管理中心成立,进一步加强了对全省体育竞赛表演市场的管理和体育竞赛表演活动的组织工作,全省体育竞赛表演市场朝着规范化的方向发展，其中商业性的体育竞赛表演活动在国内外引起了巨大反响。如张家界飞行大奖赛、凤凰南长城中韩围棋赛、南岳衡山走钢索等，从不同的时空宣传了湖南，为湖南的政治、经济和文化发展作出了贡献。

四是积极开发体育无形资产，增强体育发展后劲。2000年11月，第八届中国体育用品博览会在长沙举行。此次博览会真正达到了会前提出的"一流的展馆、一流的环境、一流的服务、一流的效益"的工作目标，实现了厂商参展数、外商参展数、港澳台参展数、展位总数超过以往各届博览会的规模，受到各方好评。2001年，湖南省体育产业开发中心成立。为做好全国第五届城市运动会市场开发工作，组建了湖南湘体产业发展有限责任公司，积极开发体育无形资产和场馆经营效益。同时，加快体育经纪人、体育中介机构的培育；大力开发体育旅游、体育广告、体育装备和体育健身休闲市场；对部分体育运动基地逐步摸索转职改体、优化资产；积极拓展具有体育特色的房地产业，与专业房地产公司合作开发"奥沙体育新城"。省内一批知名企业如中烟公司、三一重工、长丰集团、湖南电信等纷纷冠名赞助全国五城会、湖南体育代表团、湖南举重队、湖南电子竞技队、湖南羽毛球队和湖南体操队等，促进了湖南体育事业的发展。2007年12月成立的湖南省体育发展基金会，共为湖南体育事业发展筹措资金和物资近4000万元。目前，湖南体育产业逐步形成以体育本体产业为基础，多业并举的发展格局。

（四）成功承办全国"五城会"，促进湖南经济社会大发展

由国家体育总局主办，湖南省人民政府承办、长沙市人民政府协办的中华人民共和国第五届城市运动会于2003年10月18日至27日在湖南举行。

本届城运会设田径、体操、篮球、沙滩排球、游泳、跳水、网球、击剑、足球、射击、蹦床、射箭、乒乓球、赛艇、皮划艇、举重、武术、羽毛球、摔跤、跆拳道、柔道、排球、棒球、垒球、手球、曲棍球、帆板、

自行车、激流回旋共 29 个大项，289 个小项，是以往各届城运会中规模最大的一次。按照全面参与 2008 年奥运会竞争的要求，本届城运会比第四届城运会增设了 13 个竞赛项目。湖南承办了除自行车、垒球、棒球、手球、曲棍球、帆板以外的 23 个项目的竞赛，分别在以长沙为中心的湘潭、株洲、益阳、常德、岳阳、郴州、娄底、张家界九个城市举行。

全国省会城市、计划单列城市、经济特区城市、具备一定条件的地级城市、直辖市的部分区以及香港、澳门和台湾的台北、台南共 78 个城市（区）6648 名运动员参加了第五届全国城运会的比赛。有 4 人 8 次超 5 项世界纪录，11 人 13 队 34 次超 16 项世界青年纪录，8 人 12 次超 6 项亚洲纪录，2 人 2 次创 2 项全国纪录。

第五届全国城市运动会是湖南历史上首次举办的全国综合性体育运动会，是展示壮美湖南的大舞台。数万名城运健儿、新闻记者和海内外宾朋云集芙蓉国里，亲眼目睹湖南经济社会发展取得的成就，亲身感受湖南良好的投资环境，全方位展现了三湘四水的秀美画卷和湖南改革开放以来各行各业、各条战线取得的伟大成就，以及湖南人民良好的精神风貌。省委、省政府以"展示湖南形象、促进湖南发展"为宗旨，以"城运之星——奔向 2008"为理念，提出了"举全省之力，办好城运会"的总目标，实现了以"一流的组织、一流的场馆、一流的服务、一流的成绩"，将第五届城市运动会办成一届让全国人民满意，使湖湘儿女自豪的运动会，实现了对国家的庄严承诺。

（五）体育场馆设施建设迈上新台阶

从 70 年代中期开始，全省各地将体育场馆建设纳入建设规划，积极投入场馆的兴建工作，有的还采取政府和社会集资相结合的方式，筹措资金，修建体育场馆。至 1980 年，全省新增体育馆 10 座，使全省体育馆的数量增至 13 座。1982 年，全国第一次体育场地普查时，全省建成 16 座体育馆，居全国各省市之首。

1981 年 10 月，湖南省人民政府批转了省建委、省体委《关于搞好城镇体育场地规划建设和管理的报告》（湘政发［1981］113 号），批文指出："体育场地在城市规划中占有重要地位，各地在制订市镇总体规划时，应当根据体育事业发展的需要，将体育场地预留出来，以免将来临时规划建设陷入被动。"并规定："城镇体育场应列入城镇建设总体规划。"这是中华人民共和国建立以来第一个以省政府名义进行城镇体育场地规划建设和管理的文件。国家体委转发了湖南省人民政府的 113 号文件，要求各省、市、自治区照此办理。1985 年省体委提出了"一手抓金牌，一手抓建设"的体育工作指导思想，把建设，特别是体育场地建设，摆在体育工作的重要位置，作为体育事业发展的一个突出问题来抓，使 80 年代成为我省体育场地设施建设快速发展的时期。据统计，该时期修建体育场 17 座、体育馆 25 座、游泳池 77 座，兴建了长沙树木岭训练基地、常德水上训练基地及湘潭、冷水滩、常德、衡阳体育中心，扩建了郴州体育训练基地。

90 年代，湖南经济和体育事业的迅速发展，体育运动水平的不断提高，对体育场地设施建设提出了更高的要求，同时也为加速体育场地建设创造了良好的条件，因此，全省出现了兴建体育场馆的高潮，一批现代化的体育场馆呈现在城镇、厂矿企业与学校。如 90 年代初，国家投资和全省群众捐款共 8000 多万元，修建了规模达 6000 个座位的贺龙体育馆。长沙市投资兴建了贺龙体育场，使湖南场馆建设登上了一个新台阶。

进入 21 世纪以来，湖南省为承办 2003 年全国第五届城市运动会，省政府要求建设、改建、扩建一批一流的体育场馆，供全国第五届城市运动会使用。全省总共投入近 25 亿元人民币，新建、改建、扩建了一批高质量、高水准的体育场馆，包括原有长沙树木岭体育训练基地、郴州体育训练基地、湖南水上运动训练基地、贺龙体育馆、湖南省人民体育场、长沙贺龙体育中心、湖南游泳跳水中心、湖南网球中心、湖南射击中心、湖南举重中心、湘乡洋潭水上基地等。其中长沙市投入 12 亿元新建新世纪体育文化中心；为承办 2002 年的全省九运会和 2003 年全国五城会部分项目，益阳市投资 2 亿元，新建了奥林匹克体育中心；为承办 2006 年的全省十运会，株洲投资 6.18 亿元，建设了株洲市体育中心。场馆设施的建设，不仅改善了我省运动员的训练条件，也为人民群众强身健体提供了舒适的健身环境。据 2004 年 10 月第五次全国体育场地普查显示，全省有体育运动场地 29338 个，其中标准场地 21294 个、非标准场地 8044 个，有体育场 38 个，体育馆 57 座，运动场 1860 个，游泳池 112 个，场馆面积为 4603.72 万平方米，全省人均体育场地面积 0.687 平方米。现在，全省有长沙、株洲、湘潭、永州、常德、湘西自治州、益阳建有体育中心；衡阳、娄底、怀化、岳阳、张家界、郴州、邵阳市也在规划建设体育中心，初步形成了以长沙为中心辐射周边城市的现代体育设施环链。耒阳、祁东、新田、花垣、保靖、嘉禾、桃江等不少县市区建设了体育中心、体育场或体育馆，极大地改善了全民健身条件。特别是长、株、潭地区的体育场馆设施已具备承办全国乃至亚洲水平的大型综合性运动会的硬件条件，这必将对我省长株潭地区"两型社会"建设起到极大的推动作用。

（六）加强体育法制建设，为事业发展提供法律保障

一直以来，湖南体育法制建设得到了省委、省人大、省政府、省政协以及有关部门的高度重视和大力支持。从 1984 年到 2002 年，省委、省政府先后四次专门对体育工作发出通知或做出决定。1997 年以来，通过省人大常委会和省政府，先后制定出台了四部地方性体育法规，形成了较为系统、健全的体育法规体系。其中，《湖南省体育经营活动管理条例》出台于 1997 年 1 月，2004 年 7 月重新修订。这是湖南省第一部地方性体育法规，也是我国第一部关于体育经营活动管理的地方性法规。它的颁布实施，推动了湖南体育事业走上法制化轨道。2003 年 9 月，出台了《湖南省全民体育健身条例》。该《条例》对全民体育健身的活动开展、设施建设、服务与管理以及法律责任等方面作出了具体规定。2007 年 1 月，出台了《湖南省体育后备人才培养条例》。这是全国第一部关于体育后备人才培养方面的地方性法规，规范了体育后备人才培养秩序，推动了体育管理体制改革和职能转变，促进了体育社会化和依法治体进程，为体育后备人才培养提供了法律保障。2008 年 7 月，出台了《湖南省公共游泳场所

管理办法》。对公共游泳场所规划建设、开发条件、监督管理等作出了具体规定。此外，省政府办公厅于 2009 年 6 月印发了《关于加强公共体育设施建设与管理的通知》（湘政办发〔2009〕42 号），对公共体育设施建设和管理等问题提出了更高要求。

湖南在加强体育立法建设的同时，不断加强体育执法检查，巩固法制成果。1999 年，配合省人大教科文卫委员会，对全省贯彻执行体育法规情况进行了执法大检查，从而有力地促进了湖南体育法制建设。2001 年以来，省体育局又多次配合全国人大、省人大科教文卫委员会和省政协视察团，对部分地市的体育执法工作进行了调查，并写出了专题报告。2008 年，省人大常委会牵头组成体育法执法检查组，在全省开展了"一法一条例"（《中华人民共和国体育法》、《湖南省全民体育健身条例》）贯彻实施情况执法检查。召开了全省执法检查动员大会；听取了省体育局、省财政厅、省发改委、省教育厅等 4 个部门关于贯彻实施"一法一条例"情况专题汇报。在省人大常委会领导的率领下，组成三个检查组，分别赴湘潭、衡阳、郴州、永州、怀化、湘西自治州 6 个市州及其所属的 10 个县（市区）、4 个乡镇（街道）、3 个村民居委会、8 个社区和 16 所中小学校进行了实地检查，听取了意见和建议。这次检查，从动员部署到组织实施，各项工作主动跟进，省市县三级上下联动，各部门协调配合，效果明显。各地检查结束后，各级人大常委会就检查中发现的问题均向同级政府进行了交办，并边整边改。通过执法检查，各地依法行政、依法治体的观念进一步加强，侵占体育场地设施的现象得到明显遏制，贯彻实施"一法一条例"的意识普遍提高。

（七）体育科技成为湖南体育腾飞的翅膀

湖南的体育科研活动始于 20 世纪 60 年代。1979 年 2 月，在省体委所属体育工作大队科研科的基础上，成立了湖南省体育科学研究所。至 80 年代末，已发展成为有较强队伍和设备的全国 4 家重点体育科研所之一。湖南体育科研所结合湖南体育运动实际，积极开展体育科研活动，全力为运动训练和全民健身服务，全所科技人员常年下队担任科技副教练，对重点运动员进行机能跟踪测试，建立完整系统的测试档案，为运动队科学训练提供了可靠的参考依据。体科所先后承担各类科研课题 122 项，有 21 项科研成果获省部级科技进步奖，16 项获厅局级科技进步奖，发表各类论文 397 篇，其中 41 篇选入奥运会和亚运会科学论文报告会及其他国际性学术会议。该所的"运动机能评定与恢复重点实验室"于 1996 年 1 月通过验收，成为当时全国第一家同学科中处于领先水平的实验室，在承担国家体育总局重点项目的科技攻关、运动疲劳恢复手段的研究、禁止使用违禁药物的查验等方面作出了贡献。全省 5 个市、州建立了体育科研机构，14 个市、州成立了科学选才领导小组。体育科研在为运动队科学选才、科学训练、科学测试、科学恢复等方面发挥了显著作用。同时，体育科研积极为群众体育服务，已为全省 20 万人进行了体质检测，并公布了湖南老年人、成年人和幼儿体质监测报告。体育软科学研究，特别是体育发展战略和体育情报等方面的研究也取得了可喜成果，对推动湖南体育的改革发展起到了积极作用。

（八）进一步加大运动员安置与管理工作力度

改革开放以来，运动员的管理与安置由纯粹的政府安置就业转变为一次性经济补偿为主、少量人员单位留用或高校读书的安置办法。运动员的管理也由纯政策手段、纯包办形式向社会化需求方向发展。

2005 年 1 月，省体育局、省编办、省教育厅、省财政厅、省人事厅、省劳动和社会保障厅联合出台了《关于印发〈湖南省退役运动员安置暂行办法〉的通知》（湘体字〔2005〕3 号），随后，省体育局、省财政厅、省人事厅印发了《关于〈湖南省退役运动员安置暂行办法〉执行过程中有关问题的通知》（湘体字〔2005〕64 号），明确了运动员的身份由刚开始的全民固定工变为全民合同工到现在的国家事业单位工勤岗位工作人员。运动员的所有开支也全部由过去的国家财政负担变为社会化保障，所有运动队都为运动员购买了养老保险、医疗保险、失业保险、工伤保险和生育保险，并可在国家体育总局申请伤残互助保险、奖学金、助学金、老运动员老教练员关怀基金以及运动员保障专项资金。新的安置政策实施以来，充分调动了运动员献身体育事业的积极性，解决了运动员后顾之忧，加强了运动员队伍建设，保持了运动队伍的稳定。近 5 年来，湖南平均每年安置退役运动员 70 余人，30 年共安置退役运动员 2550 多人。

（九）大力发展体育教育事业

湖南体育职业学院前身是湖南职工体育运动技术学院，成立于 1985 年 9 月，2002 年 5 月 23 日，经省人民政府批准，在湖南职工体育运动技术学院和湖南省体育运动学校实质性合并的基础上，正式组建了湖南体育职业学院。湖南体育职业学院是我省唯一一所体育教育与运动训练兼容的全日制普通高等院校，担负着体育教育和竞技体育的双重任务，以培养社会需要的应用型体育人才和优秀运动人才为己任，是名副其实的培养体育明星的摇篮，打造"体育湘军"的基地。

20 多年来，学院始终以"育合格人才，创金牌效益，办特色学校"为办学目标，坚持"以教学训练为中心，体育教育与竞技体育协调发展，两轮驱动，比翼齐飞"的发展思路，紧紧抓住国家大力发展高等职业教育的大好机遇，多措并举，办学实力不断增强，人才培养工作力度不断加大，教学质量不断提高，已形成了多层次、多专业、多项目的办学格局，教学科研成果显著，培养了大批德技俱佳的体育专门人才和社会需要的各类体育人才。2003 年，学院成功承办了全国第五届城市运动会游泳、跳水、网球、举重、射击、羽毛球等项目的比赛。2007 年，学院作为全国 10 所体育高职院校中第一个接受教育部和省教育厅人才培养工作水平评估的学校，达到了优秀目标，进入了全省 24 所优秀高职学院之列，为学院又快又好发展插上了腾飞的翅膀。2008 年，为巩固评估成果，学院加大体育专业群教学团队、社会体育精品专业和网球精品课程的建设力度，并成功入围湖南省职业教育"十一五"省级重点建设项目；经国家体育总局批准，学院成立了省内唯一的体育职业职能鉴定站和国家级体育行业技能培训基地，积极实施"学历证书"和"职业资格证书"双证制。2009 年，学院又与特步中国有限责任公司合作办学，正式开办了"特步班"，走出了校企合作的新模式。

目前，学院下辖举重、羽毛球、网球、游泳、射击和摔跤柔道跆拳道等六个运动管理中心。开设有体育教育、体育服务与管理、社会体育、体育保健、运动训练、武术、表演艺术（体育舞蹈方向）等七个专业。在校学生达 2000 余人，近三年毕业生就业率在 90% 以上。体育教育和社会体育作为主干专业，为社会培养了大批的基层体育教师、社会体育指导员和健身健美教练，深受社会和用人单位欢迎。

学院成立以来，先后培养了熊倪、杨霞、龚智超、龙清泉等 4 名奥运冠军，唐九红、龚睿娜、黄穗、鲍春来、郑波、杨炼、王明娟等 34 名世界冠军、56 名亚洲冠军和近 200 名全国冠军。在第 26、27、29 届奥运会和第 7、8、9、10 届全运会上连创佳绩，为湖南竞技体育跻身全国十强地位做出了重大贡献。

（十）加强党的建设，保障体育事业健康发展

60 年来，省体育部门大力加强党的建设、领导班子和干部队伍建设以及人才工作，组织机构逐步健全，工作机制不断完善，党的领导核心作用不断加强，为各项事业的发展提供了坚强的组织保证。

党的十一届三中全会后，各级党组织认真开展了"实践是检验真理的唯一标准"的大讨论，在解放思想、实事求是思想路线的指引下，从拨乱反正、清理"左"的影响入手，大胆改革，锐意进取，使广大党员和干部群众冲破了"左"的思想的束缚，逐步树立了实事求是的思想路线。通过落实党的干部政策、知识分子政策，平反和纠正冤、假、错案等，一大批受到错误对待的教练员、管理人员重新走上工作岗位。

20 世纪 80 年代，省体委按照上级的工作部署，先后有组织地开展了机构改革、干部队伍"四化"建设、整党和党的基层组织建设等工作，一批有理想、懂业务、会管理和富于改革精神的干部进入各级领导班子。

20 世纪 90 年代，省体委各级党组织深入学习和贯彻党的十四大精神，对广大党员特别是党员领导干部，普遍进行了一次建设有中国特色的社会主义理论教育、形势政策教育，同时坚持党管干部的原则，切实加强各级领导班子建设，注重在实践中培养和选拔干部，健全了领导干部民意测评、公开述职、诫勉和考评等制度，处以上领导干部的年龄结构、文化结构、梯次结构等趋于合理，整体素质得到提高。特别是在 1999 年，以贯彻党的十五大精神，深入学习邓小平理论的"三讲"教育及巩固"三讲"教育成果的活动在全局范围内展开。通过"三讲"教育，广大党员干部在思想上有了明显提高，作风上有了明显改善，领导干部解决自身问题的能力普遍增强。

2001 年至 2007 年，我局各级党组织坚持以十六大精神和"三个代表"重要思想为指导，把"围绕发展抓党建，抓好党建促发展，在发展中推进、检验和巩固党建"作为工作指导思想，把"党的先进性有效地落实到体育发展中"作为工作主题，组织广大党员干部深刻领会"三个代表"重要思想产生的时代背景、实践基础、科学内涵和精神实质，把握贯彻"三个代表"重要思想的根本要求，紧密联系本系统、本单位的工作实际，深入研究并解决事关全局的重大问题。2008 年以来，我们根据中央和省委的统一部署，围绕"推动我省体育事业又好又快发展"主题，深入开展了学习实践科学发展观活动。通过学习调研、征求意见、分析检查、专题民主生活会、制定整改措施等，较好地实现了"干部受教育、发展上水平、群众得实惠"的预期目标，为保民生、促工作、促训练、促发展、保稳定做出了积极贡献。

三、湖南体育事业发展的经验与体会

回顾湖南体育事业 60 年来的不平凡发展历程，我们总结了以下几条基本经验和体会。

第一，坚持党的体育工作基本方针不动摇，群众体育和竞技体育两手都要抓，两手都要硬。党的体育工作基本方针是"发展体育运动，增强人民体质"。因此，增强人民体质是体育工作的根本任务。我省坚持以群众体育为基础，以竞技体育为突破口来带动全省体育工作的全面发展，这些年的收效是显著的，群众体育和竞技体育双双进入全国前十的先进行列就是一个很好的说明。竞技体育的发展能够凝聚人心，展示国力，振奋精神，同时对群众体育起到带动和示范作用。没有群众体育的普及、业余训练的提高，就没有竞技体育的大发展；没有竞技体育的成就，我省体育事业的地位就没有现在这么高，群众的健身意识就没有现在这么强，群众体育的开展也不可能有现在这么顺利。群众体育和竞技体育的协调发展是我们坚持党的体育工作方针的具体体现，也是建设体育强省的必然选择。

第二，坚持竞技体育发展战略，形成湖南体育特色。根据我省财力有限的实际和湖南人的体质条件，我们从实际出发，扬长避短，大胆提出"精品工程"战略，强基拓优，实施"确保重点项目，发挥重点优势，实现重点突破"和科技兴体的方针，决定从培养后备人才和拔尖人才抓起，优先发展"女、小、轻、巧、水"特色项目，把有限的人力、物力和财力用在刀刃上，努力培育精品项目和优秀人才。这一竞技体育发展战略的实施，投资少、见效快、效益高，符合湖南体育发展实际，也是湖南对国家竞技体育发展的理论贡献。我省各级体育部门统一思想，统一部署，统一行动，整合资源，调整结构，形成了"精品工程"优势和重点项目群，为湖南竞技体育的可持续发展奠定了坚实基础。

第三，坚持以人为本，求实创新，大胆改革，探索项目集约化管理模式。我省始终坚持以人为本、全面协调的科学发展观，开拓创新，求真务实，努力开创体育工作新局面。一是理论创新，总结"精品工程"战略，科学指导竞技体育发展。二是体制创新，改革训练体制，成立运动项目管理中心，形成"一条龙"训练管理模式，不断改善发展环境，增强发展后劲，充分利用了资源，解放和发展了生产力。三是机制创新，改革完善工作机制，服务全运会。如：项目责任制、蹲点领导责任制、挂钩单位责任制和优秀体育人才引进制度，以及金牌教练年薪制、老运动员训练补贴制等，为全运会取得成功提供了强大的制度保障，促进了竞技体育的协调发展。

第四，坚持可持续发展战略，加强体育后备人才培养。没有人才，竞技体育就是无源之水，无本之木。加强和重视体育后备人才的培养，坚持走可持续发展的路子，竞技体育才有源头活水。我省持续实施业余训练工作方针，建立优秀体育后备人才培训基地，通过"一校两制"、"体教结合"，完成了业余训练与省重点项目运动队相衔接的合理布局，改善了办学条件，加强了教练员队伍建设，形成了传统项目优势，出现了强县、强校的可喜局面。

第五，坚持举国体制，形成全省体育发展一盘棋。以奥运争光为最高目标的举国体制是具有中国特色的社会主义体育事业模式，是社会主义制度优越性的具体体现。其核心内容有三点：一是实施奥运争光计划，努力为国争光；二是统一意志，统一行动，资源共享，优势互补，集中力量办大事；三是国内练兵，一致对外。近年来，我省各级体育部门紧紧围绕奥运争光计划，围绕省委、省政府制定的体育发展指导方针，结合各自实际，着力实施奥运战略和全运战略，为国家培养、输送了大批优秀竞技人才。从1992年陆莉实现奥运会金牌"零"的突破开始，到现在共为国家赢得了12枚奥运会金牌，在中国进军世界体育强国的进程中发挥了积极的作用。这是忠实实践举国体制，大力提高竞技水平的结果。

第六，坚持科教兴体方针，加快湖南体育事业发展速度。群众体育科研以国民体质监测为重点，正确指导各类人群科学健身，增强体质，为构建和谐社会服务。竞技体育科研以跟踪优秀运动员训练机能检测为重点，认真分析生理生化指标，正确指导运动训练，促进运动成绩提高。同时，建立训练、教学、科研、医疗于一体的科教体系，为提高国民身体素质和科学训练水平，提升我省竞技体育实力，发挥了重要的保障作用。

第七，坚持思想政治工作，调动一切积极因素。我们根据体育事业发展和运动队实际，经常组织开展爱国主义教育、集体主义教育、革命英雄主义教育和法纪教育，提高运动员的思想素质，增强他们不畏强手、顽强拼搏、为国争光的自觉性。同时，通过召开各类座谈会、采取交心通气的形式，建立健全了思想政治工作体系，形成了多渠道、多层次、多形式的思想政治工作格局。

第八，坚持社会化、产业化发展体育事业的方针，引导和满足人民群众的体育消费。我们坚持依法行政、依法治体，建立健全社会化的群众体育组织网络，探索和推广适合市场经济体制的新型群众体育活动方式；将体育产业推向市场，鼓励大家办体育产业，引导体育彩票健康发展，培育出了社会效益和经济效益一流的强势媒体——《体坛周报》。不仅如此，我们还通过举办五城会等重大体育活动，营造体育工作的兴奋点，调动全社会各方面力量来参与和支持体育事业，并且都获得了巨大成功。

在新的历史时期，面对新形势、新任务，湖南体育前途光明，但任重道远。我们将在国家体育总局的指导和湖南省委、省政府的坚强领导下，贯彻落实科学发展观，树立以人为本、健康第一的思想和"大体育"意识，充分发挥体育在实现"富民强省"进程中的作用，坚持走有湖南特色的体育发展路子，以群众体育为立足点，竞技体育为闪光点，体育产业为增长点，在群众体育工作中"强基固本"，在竞技体育工作中"强基拓优"，在体育产业工作中"强基增效"，形成大体育，大效益，大影响，全面提升我省体育的综合实力，开创湖南体育事业更加美好的明天，为建设体育强国做出更大的贡献。

广东体育 60 年

广东省体育局局长 杨廼军

新中国成立 60 年来，在广东省委、省政府的正确领导下，广东体育人发扬敢为人先、博大兼容、拼搏奉献、为国争光的精神，团结奋斗，走过了艰辛的历程，取得了辉煌的成就。

一、改革开放前三十年（1949—1978 年）

1949—1978 年，是广东体育事业开基创业的重要阶段。在党和政府的重视下，广东体育事业在建国初期极其困难的条件下掀起了第一次高潮，在体育机构的组建、体育设施的兴建、体育骨干的培养和体育活动的开展等方面都取得了较大的成就，开创了崭新的局面。

（一）步履维艰 开基创业

1. 成立机构，组建队伍

新中国成立初，正处于国民经济恢复和发展时期，广东省委发出了《关于加速开展全省群众性体育运动，提高运动技术水平》的指示，要求全省"体育事业与社会主义各项建设的发展规模和速度相适应，并在运动技术上迅速提高"。

1950 年，广东省人民政府举行了全省首届体育工作者代表大会，成立了中华全国体育总会广东分会筹委会，中共中央华南分局第一书记、广东省人民政府主席叶剑英同志担任名誉主席。

1951 年 4 月，举行了广东省第二届体育工作者代表大会，正式成立中华全国体育总会广东分会（简称"体总广东分会"）。

1953 年 7 月 15 日，广东省人民政府体育运动委员会（后改称广东省体育运动委员会，简称"省体委"）成立。同年 8 月 21 日，广州市体育运动委员会也成立。随后的两年内，全省各市县的体育机构如雨后春笋般涌现，佛山、潮州、海口、湛江、韶关、江门、石岐、汕头等 8 个地区和中山、新会、台山、梅县、澄海等 5 个重点县相继成立了体委和体育科。

1955 年开始建立全省行业系统体育协会和基层体育协会。各级体委、体总分会和多层次、多种类体育协会的成立，为有领导、有计划、有步骤地开展全省各地体育运动提供了必要的组织保证。

50 年代起，在中、小学校中建立业余运动队，开展业余训练，逐渐形成业余训练网点学校。1953 年 11 月，受中南体委委托，广州市体委组建了省内第一支专业运动队——游泳队。同年底，省体委组建广东省男子排球集训队。

2. 兴建场地，建章立制

新中国成立前，广东仅在一些主要城镇的学校、教会中修建一些小型的、不规范的体育场、游泳池。新中国成立后，全省掀起了群众性修建体育设施的高潮。1950 年，越秀山人民体育场建成。1953 年，分别修建了广州体育馆、越秀游泳场。1954 年底，二沙头体育俱乐部也开始动工。同时，省内一些主要城镇也开始修建一些简易体育场和灯光球场，揭开了全省群众性兴建体育设施的新篇章。

根据 1951 年 7 月中央人民政府政务院关于"加强学生体格锻炼"的指示，广东省制定了《1952 年广东省中等学校学生冬季体育锻炼实施办法（草案）》，在省辖市和重点县的中学中推行。1955 年开始，在全省中等以上学校推行"劳卫制"预备级标准。1957 年推行《青少年体育锻炼标准》。

1956 年元旦，在广州举办第一届全省体育运动会。按行政区参加比赛，有粤东、粤中、粤北、海南、钦州、广州、华侨 8 个代表团共 400 多名选手参加田径、自行车、体操 3 项比赛。同年 5 月，首届全省工人运动会开幕，有 16 个产业体协组团参赛，共有 1040 名选手进行田径、自行车、举重、球类共 45 个单项的角逐。7 月又举行全省青少年运动会。一年之内，连续 3 次举办全省大规模群众性赛事，充分显现了广东人民对开展体育运动的热情，为发展体育事业创造了良好开端。

（二）岁月峥嵘，成就辉煌

广东体育事业乘祖国全面建设的春风，加快发展，取得历史性突破，为新中国的体育事业添彩增耀，共创辉煌。尤其是在竞技体育方面，广东体育健儿以"十个第一"实现了"零"的突破，开创了历史的新纪元。

新中国第一支乒乓球集训队的总教练是广东的乒乓球教练梁焯辉。1952 年 10 月，中华全国体育总会主办的全国乒乓球冠军赛在北京举行。赛后从参赛选手中遴选出 19 名运动员在京集训，组成第一支中国乒乓球集训队，以备战第 20 届罗马尼亚世乒赛，集训队的总教练是广东的梁焯辉。

新中国的第一个大型综合性体育训练基地是广东的二沙头体育训练基地。1954 年 12 月，国家体委拨款 1 亿多元（旧人民币，折合新人民币 100 多万元），在广州二沙岛建立起全国第一个准备迎接各社会主义国家运动员为参加在墨尔本举办的第 16 届奥运会进行适应性训练的训练基地。二沙岛训练基地是广东体育精英的摇篮，经过 50 多年的发展，成为今天的广东体育运动技术学院。

新中国第一个打破游泳世界纪录的运动员是广东运动员戚烈云。1957 年 5 月 1 日，他在广州以 1 分 11 秒 6 的成绩，打破男子 100 米蛙泳世界纪录。

新中国第一个打破举重世界纪录的运动员是广东运动员陈镜开。1956年6月7日，他在上海举行的中苏举重友谊赛中，以 133 公斤的成绩，打破了美国运动员温奇保持的 56 公斤级挺举世界纪录。陈镜开总共 9 次打破世界纪录。1987 年 11 月 21 日，国际奥委会主席萨马兰奇在广州举行授勋仪式，向国家体委主任李梦华和著名举重运动员陈镜开颁发了奥林匹克银质勋章。这是我国第一位运动员获此项殊荣。

新中国运动员夺得的第一个世界冠军是广东乒乓球运动员容国团。1959 年 4 月 5 日，他在联邦德国多特蒙德市举行的第 25 届世界乒乓球锦标赛上，获得男子单打世界冠军，这是新中国体育史上前所未有的荣誉。

新中国第一次获得乒乓球男子团体世界冠军，广东运动员容国团是中国男团的主力队员之一。1961 年 4 月 9 日，在第 26 届世界乒乓球锦标赛上，容国团战胜了日本星野后，中国队终于以 5：3 击败世界乒坛劲旅日本队夺得男子团体冠军，从此开创了中国乒乓球 50 多年的辉煌。

新中国成立以来，中美两国第一次正式的体育交往在广东。1975 年在广东省人民体育场举办了中美田径邀请赛。

新中国第一次夺得世界乒乓球锦标赛女子团体世界冠军，广东运动员梁丽珍是团体队员。1965 年 4 月第 28 届世乒赛在南斯拉夫开幕，容国团时任中国女队教练，梁丽珍与队友合作，战胜了蝉联四届冠军的日本队夺冠。

新中国第一次夺得第一届世界羽毛球锦标赛男子单打冠军、双打冠军的是广东运动员庾耀东、侯加昌。1978 年 11 月 4—7 日，中国代表团参加在泰国曼谷举行、由世界羽联主办的第一届世界羽毛球锦标赛，庾耀东夺得男子单打冠军，他和侯加昌合作夺得双打冠军。

新中国第一个地方性的涉外体育竞赛制度（简称"省港杯"）正式签订以来，"省港杯"足球赛一直延续至今。1978 年 12 月 7 日广东足球协会与香港足球总会在广州东方宾馆举行省港杯足球赛制创立会议，正式签订了《广东足球协会、香港足球总会足球赛（简称"省港杯"足球赛）协议书》。这是由邓小平等中央领导批准创立的，是中国历史上第一个地方性的涉外体育竞赛制度，是一个有战略意义的创新，影响深远，在各方面产生了一连串的效应：培育足球市场，扩大体育交往，增添体育设施，促进文化交流，对加强香港同胞的归属感，作出了有益贡献。

在竞技体育取得辉煌成绩的同时，为了迎接第一届全国运动会，省委、省政府发出"发动百万健儿参加选拔，创造优异成绩争光"的号召，在全省的范围内掀起了体育运动热潮。全省有 1000 万人经常参加体育锻炼，有 403 万人通过各级"劳卫制"标准。1964 年全省体育战线又投入了以第二届全运会为中心的各种活动中，掀起了第二届群众体育活动的热潮。通过第二届省运会的选拔，有 100 万人参加各级选拔赛，有力地推动全省体育的普及与提高。"排球之乡"台山、"足球之乡"梅县、"游泳之乡"东莞等一批"体育之乡"在广东崛起并誉满全国。它们的形成，不但对体育战线出成绩、出经验、出人才起到很大的示范作用，而且对增强本地区人民体质、促进经济社会的发展，以及丰富文化生活都起到了积极的作用。

二、改革开放后（1978—2008 年）

改革开放以来，我省体育事业飞速发展，硕果累累，全民健身计划的实施成效显著，竞技体育取得历史性突破和连续性跨越，体育产业从无到有，发展迅速；体育政策法规体系逐步形成为体育事业的健康有序发展奠定了坚实的基础；体育科研在竞技体育的攻关、群众体育的科学指导发挥了积极的作用；体育宣传不断壮大，体育外事工作积极开展，为国家和广东的现代化建设、为社会主义精神文明建设、为国家体育事业和我省社会主义现代化建设做出了重要的贡献。

（一）广东体育敢为天下先，勇于探索，为全国体育的改革与发展提供了成功的经验

进入 80 年代，随着国门的逐步打开，广东参与的国际性体育赛事和活动越来越多，广东体育事业乘改革开放之风，敢为人先，大胆探索、试验，创造了许许多多全国第一，发展模式的不断丰富创新，创造了许许多多的"第一次"，这些宝贵精神财富、独特思路和具体做法，广东率先，辐射全国，为全国体育的改革与发展提供了成功的经验，促进了我国体育的大发展，同时也为全国各行业的改革开放提供了有益的启示，为国家体育事业和我省社会主义现代化建设做出了应有的贡献。

1. 首创由地方市、镇承办了世界级的体育赛事

80 年代初，中国在"文化大革命"后首次向世界打开体育大门，在广东省人民体育场承办了世界网球顶级赛事——万宝路网球公开赛。这次比赛后，我国、我省开始陆续承办了许多在国内外有重大影响的体育赛事和活动。1985 年佛山举办了世界杯乒乓球锦标赛；1988 年东莞石龙镇举办了第二十届亚洲举重锦标赛；1992 年汕头举行国际拳击邀请赛；1994 年东莞举行了第七届世界蹼泳锦标赛；1994 年肇庆举办了首届亚洲龙舟赛；1995 年广州举办了世界举重锦标赛，汕尾也承办了世界帆板锦标赛等。

2. 首次由广东运动员在奥运会举重、跳水比赛获得的第一金

1984 年，第 23 届奥林匹克运动会在美国洛杉矶举行。广东运动员曾国强、陈伟强获得金牌。曾国强的金牌既是广东在奥运的第一金，又是中国举重运动员在奥运会举重比赛的第一金；1992 年，16 岁的广东运动员孙淑伟在第 25 届奥运会上为中国赢得了第一枚男子奥运跳水金牌。1979 年，在墨西哥城举行世界大学生运动会上，广东跳水运动员陈肖霞获女子跳水跳台冠军，成为中国在世界大学生运动会上的第一位冠军。

3. 首创全运会赛制新模式

一是 1987 年的第六届全运会第一个由单独广东承办；二是打破了全

部由政府包办的做法；三是实行了全运会实行赛事分主赛区、分赛区模式。主赛区在广州，分赛区在省内多个市县进行。这个模式使全省体育设施布局更为合理，业余训练网点的训练环境条件更加完善，为我省体育事业的发展打下了良好的基础，后来国内其他省、市在承办全运会的时候纷纷借鉴；四是建成了当时中国最大、设备最先进的体育中心——广州天河体育中心。

4. 首次发行了我国的第一张体育彩票

1985年广东为第六届全国运动会筹集资金，广东省体育服务总公司发行了中国历史上第一张体育彩票，第一次突破了历届全运会主要靠政府行为和行政手段为主的筹资模式，走出一条利用市场机制筹资的新路子。1994年，广东在全国第一次利用计算机辅助销售了第一期中国电脑体育彩票。2008年，广东的体育彩票年销售量名列全国第一。

5. 首创体育产业开发

一是1982年广州专门成立了广州体育服务公司，对体育的有形、无形资产进行开发；二是"广东省体育奖励基金会"在1984年成立，这是国内最先成立的体育奖励基金会。三是从80年代开始，通过集资来承办全运会和重大体育赛事。

6. 首创以企业命名的足球俱乐部

1984年，国内第一个以企业名称命名的运动队、全国第一个体育俱乐部第一次出现在中国体坛——广州白云山足球俱乐部成立，接着广东足球队与万宝公司成立俱乐部，开创了我国优秀运动队与企业联合办队的先河。

7. 首创第一条多功能全民健身路径

1996年国内第一条多功能全民健身路径在广州市天河体育中心诞生。这条全民健身路径是用体育彩票公益金建成的，免费向市民开放，充分体现了体育彩票取之于民，用之于民，引领了全国各省市修建全民健身路径的热潮。

8. 首次创下全运会参赛的最好成绩

2001 年第九届全运会，广东代表团夺得 69.5 枚金牌、169 枚奖牌，3346.75 分，创历届全运会参赛最好成绩，再次在全运会上实现了金牌数、奖牌数、总分"三个第一"，这是全运会设项与奥运会接轨以来，单个代表团在全运会上获取金牌数的最高纪录。在新中国已经举办过的十届的全运会中，广东夺得第三届、第五届、第六届和第九届的金牌第一，第七届和第十届名列金牌第二，还有两届获得金牌第三。

9. 首创连续三届全国体育大会蝉联"三个第一"

体现了广东全民健身运动与竞技体育运动协调发展，展示了广东全民健身运动开展的深度和广度以及整体实力和水平。此外，在大运会、民运会、农运会等全国非奥项目的运动会上，广东也是连续夺取第一。

10. 首创连续成功申办"三大盛会"

2004 年 7 月 1 日，广州获得 2010 年亚运会主办权；2007 年 1 月 16 日，深圳成功申办 2011 年第二十六届世界大学生夏季运动会；2007 年广东成功申办 2008 年奥林匹克科学大会。2008 年奥林匹克科学大会于 2008 年 8 月 1 日至 4 日在广州召开，大会安全、隆重、成功，奏响了北京奥运会的前奏曲。

在这个阶段中，广东同时涌现了容志行（足球）、陈肖霞、李宏平、孙淑伟、胡佳、杨景辉、劳丽诗、何冲（跳水）、姚喜明、杨维、张洁雯（羽毛球）、陈伟强、曾国强、何灼强、陈小敏（举重）、江嘉良、马琳（乒乓球）、张小冬（帆板）、冼东妹（柔道）、杨伊琳、李珊珊（体操）等众多的奥运明星、体坛明星。

（二）广东改革开放 30 年取得的丰硕成果，促进了广东体育事业的飞速发展

经过 30 年的发展，广东体育逐步改革以往高度集中、单一管理的传统模式，转变为以政府主管，社会、企业、集体、个人共同参与的多形式、多渠道、多层次的管理体制，并借鉴国外先进的管理经验和科研成果

发展体育事业，取得了丰硕的成果。特别是近年来，我省坚持以科学发展观为指导，认真贯彻落实党中央和省委省政府对我省体育工作的新要求，围绕建设体育强省目标，努力推动体育事业科学发展，两次受到党中央、国务院的隆重表彰，连年荣获国家体育总局授予的"体育突出贡献奖"，以及群众体育、竞技体育和体育彩票等方面的各种奖项，开创了广东体育工作的崭新局面。

1. 群众体育蓬勃发展

围绕建设群众身边体育场地、健全群众身边体育组织、开展群众身边体育活动的"三边工程"，新时期我省全民健身计划的实施成效显著，全民健身体系初步形成。以建设五级行政区域为主，行业（单位）、社会各类体育场地设施为辅的全民健身场地设施网络为突破口，加大经费投入、争取政策支持，开放社会场馆三管齐下，推进场地建设。至 2003 年年底，我省建成的各类体育场地 77596 个，总投入 296.68 亿元。在总量、投入、人均面积及人均拥有量上居全国第一位。在此基础上，2004—2008 年全省各地加大了建设力度，仅公共体育设施建设，投入 79.3 亿元，新建全民健身广场（园、中心）106 个和各类公共体育设施共 15645 个。珠三角全部建成了配套完善的体育中心和全民健身广场；全省县（市、区）、街道（镇）、行政村基本建有公共体育设施。东西两翼和粤北山区基本建成体育馆、体育场、游泳池和全民健身广场等大型体育设施；绝大部分县（市、区）、行政村的体育设施达到基本建设标准。全省各行业（单位）和民营企业也兴建了一大批遍布城乡的体育设施。目前，全省各类体育场地设施的个数已超过十万个。无论是人均拥有场地数，还是投资都位居全国前列。体育场地建设，有力地推动了全民健身活动的发展，呈现"一浓两高三多"的现象。

"一浓"：群众体育活动气氛浓。据 2007 年全省群体现状调查数据显示，我省有 55.6% 的人口参加体育锻炼。

"两高"：一是群众体质水平高。据 2005 年全国国民体质监测数据显示，我省国民体质高于全国平均水平。二是群众体育水平高。在代表群众体育最高水平的全国体育大会，我省连续三届取得金牌、奖牌、总分"三个第一"；此外在其他非奥运会项目的运动会上也取得优异成绩。

"三多"：一是组织网络较多。除省、市、县具有完整的体育行政管理机构之外，还相应建立了三级体育总会。县级各类体育协会 1131 个，乡镇（街道）级各类人群项目体育组织 1500 个，国民体质监测中心、站 222 个，全省社会体育指导员人数总计为 65088 人。另外，还建立了村级体育组织 21770 个，以及遍布城乡各处的体育活动站点。二是体育活动多。从 2000 年开始，每年全省举办一届"体育节"，到 2008 年止，共举行了 9 届体育节。全省及各地以体育节、体育大会和各种赛事为主题的活动长年不断，高潮迭起。另外，近几年承担国家的群体及社体活动数量为全国第一。三是群体精品多。到目前为止，有 53 个单位荣获全国体育先进县称号，有 78 个单位荣获全国体育先进社区称号，156 个单位被评为国家级青少年体育俱乐部，另外，22 个单位获得了国家的田径、游泳、举重、篮球、风筝、龙舟、龙狮、武术、漂流"体育之乡"称号；10 个单位获得了省的足球、篮球、排球、象棋、龙舟、龙狮、保龄球、举重"体育之乡"命名。国家和省级"体育之乡"单位不断涌现，给广东全民健身运动带来了强烈的示范作用。

2. 竞技体育成绩喜人

一是国内外大赛成绩位居前列。1979—2008 年期间，广东运动员在国内外大赛中，屡次获得世界、亚洲、全国冠军，并打破世界纪录。其中夺得世界冠军 565 人次（其中 12 枚奥运会金牌）；破世界纪录 235 人次，名列全国第一。在前 10 届全运会上，广东代表团共获得奖牌 1057 枚，其中金牌 395 枚，银牌 346 枚，铜牌 316 枚。在第八届（1978 年）至第十五届（2006 年）亚运会上，广东籍运动员获得的奖牌数位居全国之首。广东健儿在 2004 年雅典奥运会、2008 年北京奥运会取得历史性突破，为中国代表团创造新辉煌做出了积极贡献。从 1985 年至今，广东连续 24 年荣获"全国体育突出贡献奖"，其中 15 年获第一名，4 年获第二名，3 年获第三名，1 年获第四名，1 年获第五名。

二是后备人才建设位居前列。如今，广东省优秀运动队已开展 38 个项目的训练（未含航海模型），在训运动员 2091 人，高级教练员 97 个，中级教练员 62 人，各队与企业共建了不同形式的俱乐部。此外，部分市、县、院校、企业也举办了优秀运动队。全省拥有各级业余体校 169 所、各级传统校 1426 所，在训总人数达约 9 万人。28 所运动学校、体校被认定为国家高水平体育后备人才基地，名列全国前茅。各市教练员人数共有 1794 人，大专及其以上的比例为 84.6%；中级职称及以上比例为 43%。

三是承办国内外大赛水平位居前列。2003—2008 年承办全国、国际性奥运项目比赛 173 项次。

3. 体育产业发展迅速

一是省级体育用品博览会名列前茅。自 2000 年起，成功举办八届体育用品博览会和中国（广东）国际体育产业论坛、三届泛珠三角汽车集结赛。特别是中国广东（国际）体育用品博览会，经过历年的努力，体博会已办成国内第二、亚洲第三的体育用品博览会。每届体博会期间，都成功组织了一年一度的"中国（广东）国际体育产业论坛"。

二是体育产业总量名列前茅。经过 30 年的发展，广东体育产业由过去零星单一、主次不清、市场规模偏少，向以本体为主、层次分明、全面推进、集约发展的方向转变。目前，广东各类体育企业有 8000 多家，特别是体育用品企业集中了全国近三分之一。体育产业增加值占全省 GDP 比例高于全国平均水平。以体育健身服务、体育竞赛表演、体育用品市场等为主要内容的体育产业体系已初步形成。

三是体育经营企业数量名列前茅。广东体育产业投资主体不仅出现国家、社会共同投资的模式，而且还构建了内资、外资共同投入的多元投资体系。目前，各类体育企业 8000 多家，特别是体育用品企业集中了全国近三分之一。

四是体育彩票发行总量名列前茅。广东省是第一批国务院批准发行中国体育彩票的省份之一。1994 年，广东省在全国第一次利用计算机辅助销售了第一期中国电脑体育彩票。经过 10 多年的艰苦努力，网点规模从成立之初的 200 多个网点，迅猛发展到了 5000 多个，广东体育彩票已成为中国体育彩票队伍中的重要组成部分。到 2008 年，广东省累计销售体育彩票 237 亿元，总销量占全国销量的 9.9%，共筹集公益金 74.14 亿元，为我国体育事业及社会公益事业作出了重要贡献，多次被国家体彩中心授予"突出贡献奖"。

4. 体育法制建设取得进展

为了规范体育市场管理，1996 年 10 月省政府颁布了《广东省体育市场管理暂行条例》，省、市、县（区）体育行政部门相继成立了体育市场管理机构，建立了体育市场管理执法队伍。2006 年 12 月 1 日，经广东省人大通过并颁布《广东省高危险性体育项目经营活动管理规定》，它是广东省出台的第一部体育市场管理法规，是广东省体育行政部门进行体育市场规范化管理，履行体育市场管理职能的重要依据，这标志着本省体育市场管理开始走向法制化、规范化的轨道。此外，《关于进一步加强体育强省建设的意见》、《广东省学校体育场馆向社会开放实施办法》等多项体育政策法规已制定，体育政策法规体系已逐步形成。

5. 体育科研初见成效

广东体育科研所于 1978 年建立，在科学训练、运动营养产品开发等方面作出了成绩。体育科研进一步与训练相结合，为训练服务，在科学训练、运动医疗康复等领域进行研究并初见成效，取得多项科研成果，全省承担国家级、省部级和厅局级科研课题也明显增多。2008 年 8 月 1—4 日，2008 年奥林匹克科学大会在广州举行，对弘扬奥林匹克精神，宣传北京奥运会人文奥运和科技奥运，促进世界体育科技的交流与发展起到了非常重要的作用。

6. 体育对外交往空前活跃

1978 年 12 月，建立了全国第一个地方性涉外体育竞赛制度——省港杯足球赛制。省港杯足球赛赛制，是由邓小平同志亲自批准创设的足球赛事，是新中国历史上由中央政府批准举办的第一个地方与境外的体育竞赛。省港杯对推动改革开放，起到了巨大的先锋作用，中国封闭多年的大门随着对外体育交流的日益增多被打开了，1982年广州专门成立了广州体育服务公司，接待港澳及国外体育团队、体育爱好者来广州进行比赛、训练、表演等。仅1983年一年，广州市各有关单位就接待了100多批港澳体育运动队和运动员。经过30年的发展，"省港杯"已成为粤港两地体育发展交流的传统比赛，并发展成为粤港两地经济、社会、体育和文化交流的桥梁。

从1979年至今，我省极力拓展体育外交领域，加强国际间以及粤港澳台之间的体育交流与交往，仅2007年一年办理出访的就有293批1373人次，接待国内外体育界人士近400人。

7. 体育宣传有声有色

广东省报纸、电视、电台等宣传媒体对体育的宣传和报道，不管是数量还是质量，在全国位居前列。从1978年至今，编写了多种体育刊物。

（三）努力开创广东体育事业科学发展的新局面

当前和今后一段时期，广东体育发展的主要工作就是全力以赴推进《关于进一步加快体育强省建设的意见》的实施，以《意见》作为落实《珠江三角洲地区改革发展规划纲要》的抓手，作为推动全省体育事业科学发展的行动指南。

1. 广东体育事业科学发展的新目标

到2012年，珠三角地区率先实现全面小康社会的体育，东西北地区全面进入体育发展的快车道，到2020年，全省全面实现小康社会的体育，珠三角地区率先基本实现现代化社会的体育。

所谓小康社会的体育，就是以中上等发达国家为参照，全面实现群众体育锻炼有场地、活动有组织、健身有指导、体质有保障；竞技体育国内竞争力明显增强，比赛成绩全国领先，办赛能力全面提高，业训体系基本完善，人才输送稳步增长；体育产业粗具规模，产业格局初步形成，体育产业增加值快速增长。各项业务位居全国前列。所谓现代化社会的体育，就是以发达国家为参照，全面实现群众体育场地现代化、组织网络化、活动体系化、健身科学化、体质优良化;竞技体育国际竞争力显著增强,更多优势项目达到世界顶尖水平,办大赛水平快速提升,业训上规模、出效益,涌现出一批新的优秀后备人才;体育产业结构优化升级,体育市场健康有序,体育产业成为经济新的增长点。各项业务在全国当上排头兵。

2. 广东体育事业科学发展的新任务

一是着力推动区域、城乡协调发展;二是着力推进县级体育全面发展;三是着力健全全省体育宏观管理体系;四是着力完善体育政策法规体系;五是着力完善全民健身四大网络;六是着力提升竞技体育国际竞争力;七是着力扩大体育产业发展规模;八是着力促进学校体育加快发展;九是着力提高干部队伍整体水平;十是着力促进"两大盛会"精彩圆满。

忆往昔,峥嵘岁月。展未来,任重道远。在新一轮的发展中,广东体育将继续坚持以科学发展观为指导,加快体育强省建设,全力备战 2009 年全运会、2010 年亚运会和 2011 年世界大学生运动会三大盛会,争当全国体育排头兵,以优异的成绩向国庆 60 周年献礼!

绘织壮乡全民健身的盛世画卷

——广西群众体育 60 年发展纪实

广西壮族自治区体育局局长　容小宁

作为一个少数民族人口最多的自治区，广西群众体育伴随着共和国体育事业走过了 60 年。60 年来，广西群众体育发展经历了 50、60 年代的恢复时期，70、80 年代的稳定时期，90 年代的全面发展时期，世纪之交的全面繁荣时期。60 年来，广西认真落实国家发展体育事业的相关意见和要求，充分发挥"边"（边境）、"海"（海洋）、"民"（民族）的独特优势，全面实施《全民健身计划纲要》，最大程度地满足了全民健身的需求，提高全民身体素质。60 年来，广西体育人积极拼搏，不断超越，绘织了一幅民族地区全民健身的盛世画卷，一幕幕群众体育的"好戏"在八桂大地上演。

一、民族体育篇：共和国体坛的一朵奇葩

镜头一：在 2009 年 8 月 8 日首届广西体育节开幕式上，300 位男女身着壮族服装手持扁担对打，在众人面前，伴随着扁担击打出的韵律，翩翩起舞，博得了在场观众的阵阵掌声。打扁担，在广西民间深受广大壮族群

众喜爱。现在，每年农历正月初一到十五，在广西壮族自治区马山县境内的壮家村寨，常常可以听到打扁担发出的悦耳声音，常常可以看到壮家男女老少成群结伴，聚集村头表演。

在这片"山清水秀地干净"八桂大地上，生活着壮、汉、苗、侗、瑶等 12 个世居民族和 25 个其他少数民族。他们在长期的生产生活过程中，形成的独具特色的少数民族传统体育文化，与风俗习惯紧密相连，与歌舞音乐融为一体，已经成为我国少数民族体坛百花园中一支光彩夺目的瑰丽奇葩。

1982 年，广西成功举办了首届全区少数民族传统体育运动会。第一次通过运动会的形式，向全国展示少数民族体育文化的深厚底蕴和艺术美感，增强民族地区人民群众的凝聚力和向心力。在自治区党委、自治区人民政府的重视和支持下，定期举办少数民族传统体育运动会已经成为一种制度固定了下来。从 1982 年至 2006 年，广西一共成功举办了十一届少数民族传统体育运动会，是目前全国举办少数民族传统体育运动会最多的省（区、市）。

改革开放 30 年来，广西先后参加了第二届至第八届全国少数民族传统体育运动会，其中 1991 年承办了第四届全国少数民族传统体育运动会。由于充分的赛前准备，民运会期间，各项工作井然有序，开闭幕式气势恢宏，彰显了广西地方民族特色，给各代表团留下了深刻的印象，也就是在这届民运会上，一首向全国征集而来的《爱我中华》成为此后历届全国少数民族传统体育运动会的会歌。

60 年来，广西注重少数民族地区体育项目的挖掘整理，培育了一批民族体育品牌。第一届全区少数民族运动会上只有表演项目，而到 2006 年第十一届少数民族运动会，竞赛项目已经发展到 10 个，表演项目也达 11 个。从 1982 年开始，广西共挖掘整理竞技、游戏、表演、舞蹈、节会、养生等 6 大类共 305 项民族传统体育项目。这些项目在广西有着广泛的群众基础，而且反映着民族的个性和特点、民族思想和感情，具有较高的开发推广价值。有些项目，如抢花炮、板鞋竞速等已经推向全国，成为全国少数民族传统体育运动会（简称"民运会"）的正式竞赛项目。

各市也形成了自己的民族品牌项目。如南宁市，就确定将龙舟活动作为自己开展群众性民族体育活动的品牌和龙头项目，并且已成为每年的大型活动之一，从2004年开始连续举办国际龙舟邀请赛，吸引了东南亚各国、港澳台及非洲、美洲、大洋洲的龙舟队参加；百色市少数民族地区以自己独特的壮乡狮技为品牌，田阳壮族舞狮团曾经出访法国和德国，参加国际文化艺术节演出，震撼了欧洲乃至世界；柳州苗族的芦笙踩堂、来宾市的金秀坳瑶黄泥鼓，都成为了各少数民族体育传统项目的主要代表项目，并在重大的节庆及观光旅游上发挥了积极的作用。1996年12月，广西少数民族传统体育项目演出团应邀赴香港会演，受到香港市民的热烈欢迎和好评。

60年来，广西注重少数民族地区体育人才的培养。全区少数民族运动会和一系列的少数民族传统体育竞赛逐步走向科学化、规范化的同时，也为少数民族地区培养了一批又一批的民族体育项目的优秀人才。从九十年代末期起，为探索少数民族传统体育的可持续发展之路，广西开始筹建少数民族体育项目基地，经常性地培训运动员。经过几十年的发展，属自治区级的少数民族传统体育项目训练基地有11个，全区大部分市、县也相继建立了少数民族体育基地，民族体育人才的培养工作进入了正常轨道，一些经过基地培训的少数民族运动员已陆续在各种赛事中大显身手。

少数民族体育项目在推动群众性体育活动开展方面，也发挥了重要作用。近年来，一些少数民族体育项目成为全民健身项目，不但在本民族中流行，也被各民族采用，并进入了城市社区，如踢毽子、板鞋竞速、投绣球等已成为了一些城市、社区和学校的体育健身项目。在最近几年全区的中考体育中，部分少数民族体育项目也被纳入少数民族体育考生自选的体育测试项目。

现在，在广西的少数民族地区，一年四季，活动不断，而且月月有亮点，季季都精彩。尤其是逢年过节期间，各族群众都会把本民族最优秀的传统体育节目拿出来表演。这些民族传统体育活动对丰富人民群众的业余文化生活，提高健康水平，增进民族团结，营造和谐社会起到了积极的促进作用。

二、群体活动篇：万人健身品牌赛事此起彼伏

镜头二："再来一盘！"广西第二届广西万村农民篮球大赛小平阳镇赛区决赛颁奖结束后，观赛的1万多名群众里三层外三层，迟迟不愿散去。为此次比赛捐助了5千元的牛辽村村民潘济星被现场热烈的气氛所感染，再次掏出3千元，作为冠、亚军队伍继续比赛的出场费。2009年春节期间，在广西有农民NBA之称的万村篮球赛上演了一场篮球打八节的精彩场面。

"在全民上做文章，在健身上下工夫。"这是近几年来，广西群众体育事业发展的新思路。在这一基本思路的指导下，广西体育人抢抓机遇、发挥优势、注重特色、整合资源，不断推出品牌赛事、品牌活动，推动全民健身广泛深入开展。

在广西，全民健身活动不断深入人心，加入健身活动行列的人群不断增加，健身热潮遍及全区城乡。全区以行业、系统、地域为单位组织各具规模特色的综合性或单项大型群众性体育活动层出不穷。既有1983年开始至今已举办25届、每届4000余人参加的"南宁市解放日长跑活动"以及1994年开始至今举行14届、每届约3900人参加的"桂林市解放日长跑活动"，也有2003年至今已举办5次、近600名副厅级以上干部参加全程约5300米的"广西领导干部健身走活动"，又有1991年至今已举办17届、每届约30支男子足球队参加的"北海市沙滩足球赛"等。

全区万人健身品牌赛事活动不断涌现，如万村农民篮球大赛、城乡万人气排球大赛……

十多年来，广西人对篮球的热情超出许多人的想象，有人说，篮球是

广西人尤其是广西农民最敏感的兴奋点，此话一点都不言过其实。如果你现在与广西农民群众聊健身，立即有许多人会告诉你，广西万村农民篮球大赛正在全区如火如荼地开展，并向全区乃至全国征集了"广西万村农民篮球大赛"的主题歌和 LOGO，还要举办首届广西农民篮球论坛。

2006 年广西举办了首届"万村农民篮球大赛"，比赛遍布全区 14 个地级市、109 个县、1126 个乡镇，11112 个行政村，覆盖了全区行政村一级的农村达 77.32%，历时 114 天，共进行了 70153 场比赛，参赛农民达到 12 万人，可谓盛况空前。第二届广西万村农民篮球赛于 2008 年 12 月 26 日打响，有 1.3 万个行政村组队参赛，覆盖全区 90% 的行政村。球赛之时，人们从分散的村庄山寨汇聚到中心赛场，能打球的打球，不上场的则当啦啦队、家庭队、父子军，整个场面构成了一道道亮丽的风景线，带活了全区的农村体育活动。

"万村农民篮球大赛"牵动着广西城乡人民的神经，同时也吸引了媒体极大的关注。新华社、人民日报、中央电视台、中央人民广播电台、光明日报、中国青年报、中国体育报等媒体对首届广西万村农民篮球大赛进行了大量的报道。据不完全统计，赛事前后媒体共编发稿件达 1700 多篇（次）。刚刚启动的第二届广西万村农民篮球大赛，各大媒体也进行了深度跟踪报道。

与篮球一样拥有绝对魅力的另一种球，是广西民众喜爱的气排球。气排球运动是广西的首创，起源于十多年前的桂林市灵川县，起初在一群老年人中兴起，运动用球就是给孩子玩的塑料气球。由于对场地要求不高，很快发展成为男女老少全民参与的运动，从 2001 年开始在广西的城镇流行。

广西体育局在调研中发现这一现象后，立刻认识到它的普及价值，随即组织专家制定了气排球比赛的统一规则，并改善了比赛用球。随后，广西体育局又在全区范围内先后组织了多个分范围、分年龄、分行业的气排球比赛，气排球运动很快就发展成为风靡当地的、人人都喜爱的群众体育运动项目。资料显示，2007 年，广西的城镇人口为 1728 万，同年，首届广西城乡万人气排球大赛有超过 10 万人次参加，观众人次达 500 万。

此外，在广西，游泳热、龙舟热、羽毛球热等也此起彼伏，参与人之多，受众之广，在全国全民健身活动中实属罕见。

三、工程建设篇：民族体育和 边境体育长廊崛起南疆

镜头三：2008 年 12 月 22 日上午，在中国（广西）红水河流域民族体育工程和中越边境全民健身工程（简称"两项工程"）新闻发布会上，广西体育人向全社会庄严承诺，将用 8 年时间，斥资 27 亿元，建成惠及 2000 万人口的民族体育和边境健身两大工程，打造南疆独具特色的体育健身长廊，在全国唱响"美丽广西，运动广西，活力广西"。

随着广西经济社会的发展，全区群众体育基础设施的数量和质量不断得到提高。不断尤其是进入新世纪以来，随着人们体育健身需求的日益增强，广西通过各种渠道，筹集大量资金，先后在各地建立了 5000 多个标准篮球场，300 多条健身路径工程，1436 个村级体育进村示范点，为广西的全民健身提供了良好的硬件环境。

尤其是进入后奥运时期，面对群众体育发展的新形势和新任务，围绕我国从体育大国迈向体育强国这一新时期国家体育事业的战略目标，广西体育人拓宽发展思路，创新发展举措，遵循体育发展成果惠及于民的理念，结合"边、民"区情，提出了建设中国（广西）红水河流域民族体育工程和中越边境全民健身工程（简称"两项工程"）的战略规划。

中国（广西）红水河流域民族体育工程。该工程覆盖了 6 个地级市（即南宁、柳州、贵港、百色、河池、来宾）、22 个县（市、区）、278 个乡镇、3443 个行政村（社区），范围内有壮、汉、瑶、苗、侗等 12 个世居民族，惠及人口 1690 万。根据红水河流域县市的行政区划和所属关系，

结合流域内的行政中心和铁路、国道和高等级公路等交通情况，把红水河流域民族体育工程的布局划分为"三线三中心"。

一线为百色线：此线沿南昆铁路、南百高速公路和国道324线，有平果、百色、田林、隆林、乐业等县市，中心是百色市。这一线不仅有丰富的民族传统体育，而且现代体育篮球、乒乓球、排球、山地户外体育竞赛等相当普及。根据这一线开展体育活动的特点和优势，把百色市建设成壮民族体育之城。

一线为河池线：此线沿水南高速路和210国道线，有马山、都安、大化、河池市、南丹、天峨、宜州市、巴马等县市，中心是河池市。这一线的民族体育活动丰富多彩，民族体育文化蕴含丰厚，各种民族体育项目富有地方色彩和民族特色。根据这一线的体育文化特点，把河池市建设成民族体育传承保护基地。

一线为柳州线：此线沿国道322和柳南高速路线，有来宾市、合山市、贵港市、桂平市、象州、武宣、忻城等市县，中心为柳州市。这个地带开展群众体育活动有较好的基础，特别是这一线的河道较多，龙舟竞渡等群众水上民族体育活动历史悠久。以此为基础，以柳州市为中心，建设百里柳江水上体育长廊。

中国（广西）红水河流域民族体育工程内容包括体育设施建设工程、民族体育进校园示范工程、民族竞技体育传承人培训工程、体育后备人才工程、社会体育指导员培训工程、全民健身知识普及工程等6大主体工程以及中国—东盟体育发展论坛、中国西部民族体育文化节、广西民族体育研发中心和中国—东盟体育人力资源培训中心等4大配套工程，包含红水河流域民族体育运动会、百色国际山地户外运动邀请赛、"健身长寿之旅"巴马体育健身度假游、"红水河杯"秀排球赛、中国—东盟狮王争霸赛、中国—东盟篮球邀请赛、民族竞技场、柳州百里柳江水上体育长廊、南丹民族趣味体育度假游、红水河流域"垂钓天堂"等10个重点项目。红水河流域民族体育工程将建设成为民族体育的新亮点、民族体育旅游的新体验、民族经济发展的新动力、民族体育研究的新基地、民族体育文化的新名片以及中国—东盟体育交流的新平台。

中越边境全民健身工程。该工程涉及 3 个地级市（即崇左、防城港、百色）、8 个县（市、区）、84 个乡镇、1092 个行政村（社区），人口 240 万。在中越边境地区形成以口岸小城镇发展为龙头带动邻近市县、农村发展的辐射新态势，重点构建若干条具有一定规模、各具特色和优势的全民健身活动长廊，形成"一个服务中心、三个区、九个辐射中心、多示范段"的新格局。

"一个服务中心"即中越边境全民健身服务中心。以南宁市作为中越边境全民健身服务中心，对中越边境市、县区、乡镇、村的全民健身提供全方位的服务支持，加大对"辐射中心（小城镇）"的扶持力度，使小城镇体育形成增长极的集聚和辐射效应。

"三个区"即三个健身资源集聚区，指百色市山地与民族体育健身集聚区、防城港市滨海体育健身集聚区、崇左市体育健身旅游集聚区。

"九个辐射中心"即九个城镇体育中心，指凭祥市、东兴市、龙州县水口镇和武德乡、宁明县爱店镇、大新县硕龙镇、靖西县岳圩镇、那坡县平孟镇、防城区峒中镇等九个城镇体育中心。这九个城镇体育中心是国门形象塑造的最前沿阵地，也是边贸互市点的中心。在中越城镇化进程中，大力发展城镇体育，推进中越边境全民健身工程建设，对邻近的市县、农村全民健身工作能起到较强的辐射与推动作用。

"多示范段"即多条全民健身示范段，指以城镇体育为辐射中心，以沿边、沿海地区的人文地理为线索，以边境交通干线为依托，整合邻近全民健身资源，分段建设，创建多条全民健身示范路段，从而以典型引路，带动一般，扩大典型的覆盖面。

中越边境全民健身工程内容包括体育设施建设工程、全民健身进军营工程、全民健身进社区工程、全民健身进学校工程、全民健身进口岸工程、全民健身进乡村工程、体育后备人才工程、全民健身知识普及工程、体育文化旅游节庆工程、广西中越边境全民健身与体质监测研发工程等10 大项目，重点开展广西境内边境地区家庭趣味运动会，民间体育竞技大赛、篮球赛、足球联赛，边境地区的乒乓球赛、排球赛、棋牌邀请赛、大力士选拔赛，中越双边举行中越龙舟赛、武术散打赛、篮球赛、气排球赛、东兴—芒街元宵节足球友谊赛、电子竞技邀请赛，中国（崇左）—东盟女子足球赛，中国—东盟台球邀请赛，中越民族体育邀请赛等赛事活动。中越边境全民健身工程将建设成为全国全民健身的新亮点，全国边境体育工作的示范面，边境文化旅游的创新点，中越边境地区经济发展的新动力，民族自信心和自豪感的新支点，国门形象的塑造点，中越边境交流的新平台，把中越边境地区建设成为千里体育长廊、千里和谐边境。

"两项工程"测算总投资为 27 亿元，工程建设期为 8 年，到 2015 年基本建成惠及红水河流域民族地区和中越边境地区近 2000 万人口多元化的全民健身服务体系，形成广西全民健身事业新格局。

"两项工程"已于 2009 年全面启动，一系列相关活动已经拉开大幕：50 个全国乡镇农民体育健身工程试点、1728 个村级篮球场项目掀起了新一轮体育基础设施进农村的高潮；万村农民篮球赛、中国东兴—越南芒街元宵足球友谊赛、中国—东盟篮球赛、广西田阳歌圩运动会、秀排球大赛等赛事在全区接连上演；社会体育指导员工作站、各级国民体质监测中心等工作也开展得如火如荼、有声有色。中国—东盟体育人力资源培训中心，中国—东盟体育发展论坛，中国民族体育研发中心，中国边境地区全民健身论坛正在积极筹备之中。

四、对外交流篇：奏响与东盟
体育合作的时代强音

镜头四：2006 年，首届中国—东盟国际汽车拉力赛一行 105 名国内外车手、25 辆汽车，历时 19 天，行程 11000 公里，穿越了越南、老挝、泰国、马来西亚、新加坡、柬埔寨等东盟 6 国。在本次汽车拉力赛进行过程中，包括中央电视台体育频道、人民日报、新华社、中新社、中国体育报、中国国际广播电台等中央及地方共 18 家媒体组成 29 人的报道团，随同车队一起参加报道赛事。拉力赛车队每到一个国家，当地的媒体都积极参与宣传报道，新加坡传媒专门派出一名电视记者随队采访赛事。目前，这一跨区域、国际性的赛事被誉为开启了中国与东盟国家经贸、文化、体育等方面往来的"丝绸之路"。

近年来，在中国与东盟双边睦邻友好关系顺利发展的基础上，广西与东盟的经贸合作取得了全新的进展。广西是中国唯一与东盟国家既有陆地接壤又有海上通道的省（区、市），环北部湾的北海、钦州、防城港等海上良港，既是中国西部地区的出海口，也是距离东南亚最近的港口，东盟国家的商品可以从这里走向"泛珠三角"九省区。中国—东盟博览会会址永久落户南宁，使广西作为中国—东盟自由贸易区物流枢纽的地位日益显现。

体育是世界语言，运动没有国别之分。广西紧紧抓住中国—东盟自由贸易区的建设和中国—东盟博览会永久落户南宁的机遇，组织开展了系列体育交流活动。如，中国—东盟国际汽车拉力赛、中国东兴—越南芒街元宵节足球友谊赛、中国—东盟篮球赛、中国—东盟龙舟邀请赛等。从 2004 年起，每年举办的中国南宁国际龙舟邀请赛，有越南、新加坡、菲律宾、老挝、柬埔寨等 10 多个国家参赛，比赛规模有 1000 人之众。

尤其是中国—东盟国际汽车拉力赛，已经成为广西体育对外交流的一张闪亮名片，在国内外产生了积极的影响。

2006 年首届中国—东盟国际汽车拉力赛共有 105 名国内外车手参赛，历经 19 天，穿越越南、老挝、泰国等东盟 6 国，行程 11000 公里。2007 年第二届中国—东盟国际汽车拉力赛参赛车手达 146 人，境外行程时间多达 24 天。这一赛事由国家体育总局与广西壮族自治区人民政府共同主办，以"和谐之旅"为主题，以实现中国—东盟各国"共融、共创、共享"为目的，充分发挥体育的独特优势，拉近中国与东盟的"距离"，拓展和深化双方在体育文化、民间交流和经济交往方面的合作，增进中国与东盟各国人民的感情，增强边境地区群众爱国意识和民族凝聚力。同时充分利用媒体优势，让东盟各国进一步了解中国、认识广西，致力打造各国共同拥有的跨区域、国际性汽车品牌赛事。

现在，随着中国与东盟贸易往来日益频繁，边境地区的各项体育交流活动也日益蓬勃开展起来。每年元宵节举行的中国东兴—越南芒街足球友谊赛，每次都吸引中越两地 5 万多边民观看。靖西县龙邦镇、安宁镇与越南的茶岭县每年举办篮球对抗赛、抛绣球比赛，那坡县与越南河广县开展龙舟、武术、抢花炮、藤球、板鞋等赛事活动目前已成为中越体育交流重点项目。随着各类体育交流的开展，不仅使传统体育优势项目在边境地区得到传承，而且在越南等东盟国家产生了广泛影响。

五、综合篇：群众体育事业全面勃兴

镜头五：民族体育从弱到强，体育活动从简到繁，健身工程从少到多，体育对外交流从无到有。60 年，广西群众体育事业历经沧桑巨变，走过漫长曲折的道路，最终实现了大突破、大发展、大繁荣。

60 年，特别是改革开放 30 年来，在党的十一届三中全会以来的路线、方针、政策指引下，广西群众体育事业进入了一个快速发展的时期，全区群众体育活动的条件有了明显改善，各族人民的身体素质有了显著提高，全民健身体系日臻健全和完善。据统计，截至 2007 年，全区经常参加体育活动的民众达 1945 万多人，占总人口的 38.9%，群众体育普及与提高工作同步推进，全民健身活动精彩纷呈，亮点频出。

职工体育成效显著。职工体育一直以来就是城市体育的主体。从企业到社区、从厂区到街道，从个人锻炼到集体组织开展，职工体育十分活跃。教育、公安、税务、财政、农业、林业、银行、水电等行业、系统都多次举办职工运动会，有力地推动行业系统群众体育活动的深入开展。在参与全国体育各类先进评比中，广西先后获232个"全国群众体育先进单位"、11个"全国城市体育先进社区"，17个"全国职工体育示范单位"，10个"全国全民健身好家庭"，15个"全国优秀健身站（点）"。自1959年起已举办3届全区工人运动会，每届有14个市和自治区12个系统约5000名职工运动员参加。在广西工人代表团参加3届全国工人运动会上，有285名工人运动员先后参赛共获11枚金牌、10枚银牌、11枚铜牌，其中32人37次打破30项全国工人运动会纪录。

农村体育广泛开展。全区各地农村都有在节假日开展当地群众喜闻乐见体育活动的传统。党的十一届三中全会以来，随着农村经济飞速发展和农民生活水平大幅提高，各地农村有组织地开展群众体育活动越来越频繁，项目越来越多，规模越来越大。2008年第二届广西万村农民篮球大赛历时10个月，有1.3万支球队参赛，球员15万多人次，成为广西有史以来一项参与人数最多、赛程密度最大、影响力最强的体育赛事。广西体育局适时组织开展争先创优活动，从1986年开始至今，广西共有7批24个县（市）获"全国体育先进县"、8批62个乡镇获"全国亿万农民健身活动先进乡镇"称号，543个乡镇入选全区体育先进乡镇行列。百色市右江区连续7次和5次被评为"全国游泳队之乡"及"全国田径之乡"，合浦县连续5次被评为"全国田径之乡"。自1988年，广西已举办6届全区农民运动会。广西组队参加6届全国农民运动会，共获第一名10个、第二名11个、第三名17个，第四至第八名90个，有8人4次打破3项全国农运会纪录。

学校体育进一步加强。在全区各级各类学校中施行《国家体育锻炼标准》，是学校体育的一项重要工作。早在1998年，广西就有19个县、402所大中小学校被评为全区"推标"先进县和先进单位，4个市县和39所大中小学校被授予全国"推标"先进县和先进单位。广西体育局先后以市、县和部分普通学校为依托创建71所青少年体育俱乐部，2个国家级青少年户外体育营地，6所国家级体育传统项目学校。在94所自治区级体育传统项目学校中有38所被授予全国先进单位。广西中学生代表队近 400 人先后参加 6 届全国中学生运动会，共获 4 个第一名、7 个第二名、9 个第三名，有 1 人 1 次打破 1 项世界中学生纪录，5 人 5 次打破 4 项全国少年纪录，6 人 7 次打破全国中学生纪录；广西大学生代表队 210 多人先后参加 4 届全国大学生运动会，共获 6 个第一名、5 个第二名、8 个第三名，打破 72 项全国大学生纪录。全区中学生运动会自 1973 年起已举办 7 届，全区大学生运动会自 1960 年起举办了 6 届。这些都充分检验和反映了广西学校体育教育的成效，向全国展示了广西青少年学生健康向上的良好形象。

老年和残疾人体育成亮点。老年人体育活动成为城镇群众体育中一道亮丽的风景线。截至 2008 年，全区老年体育协会共有 842 个，11 万会员，全年比赛活动达 817 次；建立老年人体育辅导站点 4772 个，辅导员 9166 人，全区经常参加体育活动的老年人年均约 163 万人。残疾人体育受到广西各级政府和体育部门的重视。全区残疾人运动会自 1983 年起至今已 6 届，14 个市和南宁铁路局 1661 名残疾人运动员先后参赛，有 11 人达三级运动员标准，136 人 156 次破自治区残疾人纪录。广西先后有 255 名残疾人运动员组队参加 6 届全国残疾人运动会，共获金牌 168 枚，银牌 103 枚，铜牌 82 枚，14 人 30 次打破 23 项世界残疾人纪录，69 人 147 次打破 119 项全国残疾人纪录。广西先后有 19 人入选国家代表团参加残疾人奥运会，共获金牌 18 枚、银牌 12 枚、铜牌 8 枚，第四至第七名 7 个。参加夏季国际特殊奥运会和世界弱智人残疾奥运会等都取得了较好成绩。

社会体育指导员和体育协会组织队伍不断壮大。目前，全区各级社会体育指导员有 25842 人，其中国家级社会指导员 68 人，一级社会指导员 5921 人，二级社会指导员 5951 人，三级社会指导员 13902 人。全区城市和乡镇共有体育指导站（活动点）9269 个，活动人数近 200 万。此外，成立各级体育社会团体 1042 个，中国体育彩票公益金捐助创建的青少年体育俱乐部 71 个，共吸纳团体会员 20203 个，个人会员 491210 人。建立国民体质监测中心 1 个，建立各级监测站：自治区级 6 个，市级 39 个，县（市、区）级 51 个。

60 年拼搏奋进，60 年春华秋实。回望过去，广西群众体育伴随着共和国体育事业历经 60 载辉煌。如今站在新的起点上，勤劳勇敢的壮乡儿女已经做好了续写辉煌的准备……

琼崖体育60年
继往开来谱新章

——海南体育事业60年回顾与展望

海南省文化广电出版体育厅副厅长　陈亚俊

　　海南岛位于祖国南端，是中国第二大岛。陆地面积3.39万平方公里，海域面积近200万平方公里，总人口约840万，其中以黎族为主的少数民族人口约140万。历史上，海南交通闭塞，与岛外的交往只能靠木制帆船横渡琼州海峡，自古以来，曾被视为蛮夷之地，人烟稀少，经济落后，是封建皇朝惩罚官员，将其流放的地方。唐宋以来，由于大量移民的进入，体育活动也逐步开展起来，如游泳、拔河、武术、举石担、举石锁、放风筝、跳绳以及春节、元宵放孔明灯和端午节期间的赛龙舟活动等，都给海南的古代体育活动增添了丰富的内容。尤其是唐代以后的武举制度，更是推动了海南武术活动的发展。明清以来，海南大部分县城及乡镇开设武馆，收徒授艺，文昌、琼山等地陆续有人参加武举科考。20世纪初期，教育部门规定小学中高年级每周设2节体育课，项目有童子军操、跳远、跳高等。抗日战争胜利后，各学校陆续复办。学校除继续军训外，普遍设立体育课，有时还举办校际比赛。不过，解放以前海南的体育活动，特别是近代体育，总体来说，范围小、项目少，尚未形成规模。

一、建省之前，海南体育的初步发展

近代体育传入海南的大多数体育项目都是先在各地学校开展，而后传向社会的。由于学校的推动，海南的农民体育、职工体育逐步开展。其中，排球和篮球运动传播最为迅速，成为海南城乡普及率最高的体育项目，其他体育项目也在逐步推广和发展。海南解放后，随着农村社会生活的深刻变化和农民生活的逐步改善，体育活动日益成为农民日常生活中的一部分。在传统节日、重大节假日，海南乡村经常举行各种形式的体育活动和比赛。1953 年，广东省人民政府体育运动委员会成立，海南区也在当年成立相应机构，随后，各市县体委相继成立。从海南解放到中共十一届三中全会这段时间，体育活动的开展方式主要由各级政府的有关单位按计划、有组织地进行。最典型的是 50 年代开展的广播操、工间操、"准备劳动与卫国"达标制及 60 年代在职工中开展的军事体育活动，特别是广泛开展的游泳活动。1956 年 8 月，海南区举行第一届职工运动会，比赛项目为田径、篮球、排球和自行车等，参赛运动员有 500 多人。从 60 年代末到 70 年代中期，全国各地知识青年累计近 10 万人"上山下乡"来到海南。大批知青的到来，活跃了农场的职工体育，也带动了当地体育活动的进一步发展。十一届三中全会后，体育活动开展方式从过去由政府和有关部门直接参与组织具体活动，向引导、培育社会力量方面转移。1983 年，群众性的体育协会开始成立。此外，海南还开风气之先，成立了澄迈县体育俱乐部。体育协会和体育俱乐部，在促进社会力量办体育，推动职工体育活动多元化发展起到了重要作用。自 80 年代中后期，海南的职工体育非常活跃，赛事频繁。1985 年年底，海南农垦系统举行篮球比赛，就有 29 个农场和十几个直属单位共 46 支球队、552 名运动员参加，规模空前；海南商业系统和自治州商业系统分别举行了第一届职工篮球赛，共有600余名选手参加；海南电力系统几乎每年都举办两次体育运动会。

1982年6月，海南黎族苗族自治州举行第一届少数民族运动会，选拔跳竹竿、钱铃双刀，春米操三个项目参加第二届全国少数民族运动会，跳竹竿获优秀表演奖，被誉为五指山上的花朵，从此开启了海南民族传统体育的新纪元。1983年10月和1985年10月又举行自治州第二届、第三届民族运动会，人数越来越多，内容丰富多彩。

从1958年起，海南区经广东省体委批准，陆续在各市县办起了11所业余体校。1968年，受"文化大革命"干扰，业余体校停办。1972年后，业余体校逐步恢复训练。培养、选送的运动员在省级、国家级，乃至世界运动赛场上都取得了令人瞩目的成绩。特别是由海南培养和选送的一批优秀体操运动员在国内外的比赛中获得了73枚金牌、58枚银牌、62枚铜牌。其中，世界金牌14枚，全国金牌28枚。1984年，海南中学学生王一兵参加在意大利举行的世界中学生体操比赛，获得金牌1枚，银牌2枚，铜牌1枚。这是海南区体操运动发展史上第一次有运动员出国比赛，第一次获得世界金牌。

海南体育健儿在比赛中取得的优异成绩，一方面向人们展示了海南运动员在体能方面的独特能力和体育技艺水平；另一方面也有力地说明了海南在新中国成立后，特别是改革开放后，重视体育活动，在广泛开展体育运动过程中所付出的劳动及取得的成就。

1990年8月，第十一届亚运会"亚运之光"南端火炬传递活动在海南省三亚市举行。火炬所到之处，人山人海，海南各族人民载歌载舞，一片欢腾，在整个火炬传递过程中，参与观众多达140多万人。海南人民关心体育盛事，参与体育活动的热情可见一斑。这不仅为海南开展体育活动奠定了良好的基础，并且昭示了海南在今后的体育发展历程中将不断创造辉煌，硕果累累！

二、建省初期，协调发展，锐意进取

海南自 1988 年建省后，经济发展迅速，在省委、省政府的高度重视和正确领导下，群众体育和竞技体育事业也取得了长足的进步。但由于历史原因造成体育基础十分薄弱，与其他省市相比仍然存在较大的差距。1989 年组建的省高级体育运动技术学校是本省竞技体育的人才培养基地，海南省从 1991 年开始组队参加全国性的比赛，1993 年开始参加第七届全国运动会，1995 年开始参加洲际和国际性的比赛，参加的人数和项目逐渐增加，比赛成绩稳步增长，并于第九届全运会中实现了金牌零的突破，获得 1 金、2.5 银、2 铜的成绩。其中，王丽芳在帆船比赛中战胜了香港的奥运会冠军李丽珊获得金牌，陈约琴获得九运会田径 100 米、200 米第 3 和第 4 名的好成绩；王海兰参加 7 项全能比赛以 5909 分获第 2 名的好成绩，三位女选手均是海南籍运动员。

海南省于 1991 年独立组队参加全国性的重大比赛，在全国性比赛中共获得奖牌 64 枚，其中金牌 14 枚，项目有帆板、田径、跳水、帆船、女子举重、男子举重、羽毛球混双、沙滩排球等，从获奖项目来看，以海上项目、重竞技项目和沙滩项目占优势。

建省后，海南的群众体育呈现出几大特点：

（一）民间体育遍地开花

海南民间体育项目有：九人排球、武术、太极拳（剑）、舞狮、舞龙、游泳、划龙舟、拔河、象棋等，特别是九人制排球，是海南传统的体育品牌项目，深受群众的喜爱，每逢过年过节城市农村普遍举行比赛。文昌市、定安县是知名的排球之乡，人们对排球有着深厚的热爱之情，这里曾培养出全国中学生排球赛冠军和亚洲中学生排球锦标赛冠军。海南省体育主管部门连续十一年举办"力加杯"省九人制排球联赛，赛区半数以上设在市县，观众达五百多万人次。

舞狮、舞龙、龙舟等运动项目，也已深深地融入民俗之中，成为海南人民欢庆丰收、歌舞喜庆的主要方式。凡遇端午节，沿海市县都举行龙舟比赛。

全省各地还广泛举办武术训练班，组织武术表演、比赛，每天清晨，乡村、公园、体育场、林荫道，到处都有一群群打拳习武、锻炼身体的人们。

（二）学校体育生机勃勃

学生是祖国的未来和希望，学校体育是教育事业的重要组成部分和体育事业的重点，是培养一代新人的课堂。

海南建省后，省教育厅建立体育卫生艺术教育处、省文体厅群体处配有专职副处长分管学校体育工作。海南省现有大中专院校 38 所、中学 487 所、小学 4249 所，在校学生 140 多万人。

海南学校体育工作在省、市县教育、体育部门的协作下，建立健全了学校体育竞赛机制，每年都举办学生体育竞赛活动。此外，还举办中学生篮球、足球、排球等单项比赛。建省以后，文昌中学男子排球队曾连续四次获全国中学生"振兴中华杯"排球赛冠军；琼山中学队获两届亚军；海南省中学生男子排球队曾获全国排球锦标赛冠军。有 7 位海南学生代表中国中学生田径队参加世界中学生男子田径赛，获得 8 枚金牌、2 枚银牌、7 枚铜牌。

各中小学校积极推行《国家体育锻炼标准》，据 1990 年统计，在大学和中学施行面达 100%，合格率达 94%；小学施行面 75%，合格率为 85%；文昌中学还被评为全国体育传统项目先进单位。

全省学校有 400 米标准田径场 24 个，篮球场 2669 个，排球场 3726 个，足球场 985 个，基本满足了学校体育教学和开展课外体育活动的需要。

（三）职工体育蓬勃发展

海南建省后，职工体育蓬勃发展。1988 年，成千上万的职工参加"百万职工冬季长跑活动"；1990 年，发动组织职工参加"百日锻炼迎亚运"活动。据 1990 年统计，全省经常参加体育锻炼的职工有 28 万多人，占职工总数的 35%。

1990 年第 11 届亚运会南端点火暨火炬传递活动于 8 月 23 日在三亚南端点火台举行，分东、中、西三条路线传递，沿途观众人山人海，载歌载舞迎接火炬。

全省设晨晚练点 260 个，体育指导站 198 个，拥有社会体育指导员500 多人，经常参加活动人群的达 21 万多人。

（四）农村体育气象万新

据统计，建省后，全省乡镇成立文体活动中心 76 个，文化站 210 多间、文化室 3900 多间，坚持业余、自愿的原则，开展群众喜闻乐见、简单易行的体育活动。如九人排球，城乡普遍开展，成为具有海南特色的传统体育项目，被誉为"排球之乡"。篮球、乒乓球、中国象棋也较为普及，1990 年以来认真贯彻落实"全国亿万农民健身活动"，取得较好的效果，有 20 个乡镇被评为"全国亿万农民健身活动"先进乡镇。琼海市还被评为 1998 年"全国体育先进县（市）"。从 1988 年开始，海南省组团参加全国农民运动会，1992 年获第二届全国农运会 100 米跑银牌；1996年夺第三届全国农运会女子游泳模拟救生铜牌、女子 50 米蛙泳第七名，女团第八名。男子田径三项全能第四名、一项第七名。

（五）民族体育焕发青春

海南的黎、苗族同胞在日常生活中创造了一批具有浓郁民族风情特色的传统体育。如黎族跳竹竿深受人们的喜爱，曾在全国民族运动会表演中连续五届获优秀项目奖。1991 年首次组团参加第四届全国民运会，夺得男子龙舟赛冠军，女子秋千第七名，钱铃双刀三等奖。1995年获第五届全国民运会龙舟600米第六名，800米第八名。1999年参加第六届全国民运会获打陀螺女子团体第六名，男子团体第八名；赶狗归巢获二等奖。保亭县答乡、加茂镇、琼海市会山苗族乡、昌江县叉河镇、通什市获全国民族体育先进集体称号。

至1990年，少数民族体育项目经过发掘，从原来的27项增加到67项，已整理成文的有28项。比较普遍进行比赛的有攀藤摘花、打陀螺、串藤圈、打狗归坡、拉乌龟、顶牛、打花棍、钱铃双刀、打木节、射箭、射弩、粉枪射击、竹钩飞荡、荡秋千等。

1994年在通什市举行庆祝"三月三"节活动暨首届海南省民族体育运动会，有13个市县180名运动员参加了五个项目的比赛。1993年海南省民族龙舟队出访马来西亚、新加坡参加国际龙舟赛，分别获第四、五名。

（六）老年人体育更加活跃

1984年海南省成立了老年人体育协会，经常开展老年人体育活动，如打门球、太极拳（剑）、健身操、健身舞蹈等。建省以来共举办四届省老年人运动会，每届都有1000余人参加。

（七）体育产业化方兴未艾

建省以来，海南企业界参与体育的意识不断增强，赞助体育赛事的日益增多，由社会团体、企业赞助的体育竞赛有多项，赞助金额上千万元，且规模大、档次高、影响深。如1989年由日本丸红公司赞助举办的"丸红海口国际马拉松赛"、由海南亚洲太平洋酿酒有限公司赞助举办的"力加杯"海南省九人排球联赛、由琼山桂林洋开发区赞助举办的国际沙滩排球联谊赛，以及全国五羊自行车公开赛、围棋名人赛、桥牌赛。吸引了近千万体育爱好者观看，既活跃人们的文体生活，又增长了体育运动知识。

三、新的世纪，发挥优势，成效显著

近 3 年来，海南省以"春节体育大拜年"活动为开端，在城乡广泛开展了"体育活动周"、"体育活动月"、"10 万人健身长跑"等"全民健身与奥运同行"系列主题活动，极大地激发了广大群众参与健身的热情，全省经常参加体育锻炼的人数占到总人口的 38%。为了使群众体育活动普及到全省各市县，在文昌、三亚、琼海等地持续开展了群众喜爱的爬椰子树、赛龙舟、水上漂流等群众体育项目，同时将这些项目和海南的旅游结合起来，发展成为广大游客喜爱参加的体育旅游、休闲健身项目；在白沙、保亭、五指山、乐东、东方等少数民族地区开展"跳竹竿"、陀螺、射箭、登山、荡秋千等民族传统体育活动。此外，海南培育促成了承办横渡琼州海峡马拉松游泳大赛、第一及第二届世界太极拳健康大会、全国轮滑马拉松公开赛、全国首届健身锦标赛等赛事，进一步推动了海南省全民健身活动的蓬勃开展。

（一）竞技体育

根据海南体育事业发展的实际和体育产业的现状，海南省提出了"一地两牌三准"（即体育冬训基地和品牌、金牌，选准项目、找准特色、瞄准目标）的战略目标，扬长避短，突出重点，充分利用海南得天独厚的气候环境、自然资源及区位优势，在三大体育产业的发展上取得了成效。

1. 方兴未艾的冬训产业

海南年平均气温在 23℃—25℃，冬季平均气温为 20℃—22℃，水温 18℃—20℃，阳光明媚、沙滩细软，海产品和热带水果应有尽有，是运动队冬训和调整的理想之地。围绕开发海南独特的天然资源，我们因势利导，充分调动社会办体育的积极性，加速构建中国海南体育冬训大本营，服务奥运。近年来，冬训接待项目有足球、沙滩排球、举重、帆船帆板、田径、铁人三项、垒球等，接待队伍主要有国家男子举重队、帆船帆板队、男子足球队、男女沙排队等国家队和各省、市队伍，巴西、喀麦隆、新加坡国外俱乐部足球队和朝鲜国家男女足球队等。其特点是自2000年起，来琼冬训队伍逐年递增，国字号队伍也在增多。2004年，海南接待的甲A、甲B冬训足球队数量第一次在全国冬训基地中跃升为第一位，当年足球冬训直接收益为1284万元。2008年，34支队伍7个项目（帆船、帆板、沙滩排球、举重、足球、田径、自行车）上千人，其中1支来自国外的队伍是朝鲜队。平均训练时间4个月，在海南直接消费3千万元。冬训取得了良好的社会效益和经济效益。下一步，我们将用5到8年的时间，打造设施齐全、功能完备、项目繁多、管理一流、品牌突出、效益明显、影响较大的海南体育冬训基地群，拉动海南体育产业、体育事业发展，为中国竞技体育各项目队伍备战训练做贡献。

按照海南省总体发展规划，从海南的自然、人文、基础设施、发展潜力、现实可能性考虑，对全省东西南北中进行整体规划，综合布局，突出特色和重点，有所为有所不为，在"十二五"期间形成冬训基地布局格局：以海口、三亚为重点，沿文昌、万宁、琼海、陵水、保亭等东海岸线城市进行设置，打造海口至三亚的东海岸线冬训基地群，并适当向中线五指山等县市延伸拓展，向西线澄迈、儋州延伸。具体布局如下。

东部，文昌充分利用排球之乡的基础优势和铜鼓岭国家石头岭公园的独特景观，设沙排基地和山地自行车基地；琼海，设博鳌足球训练基地；万宁，设兴隆月亮湾跆拳道训练基地；陵水，则依其新落成的体育中心体育场和新整修的陵水河，设田径和皮划艇、赛艇、龙舟等。西部，则充分利用澄迈金鑫基地的良好的基础设施，设足球训练基地。南部，三亚，将其打造成大帆船、摩托艇、赛艇、跳水、跳伞等水上项目大本营。北部：海口，充分利用即将启动的省体育中心多功能设施和桂林洋高校区场地资源，定位为重竞技项目和球类项目综合性训练基地，重竞技项目包括举重、拳击、柔道、摔跤等，球类包括足篮排三大球和网球、羽毛球、乒乓球等。中部：根据各市县情况，因地制宜，利用五指山和保亭良好的多山公路特点开展公路自行车冬训，琼中建登山基地，文昌建乒乓球基地等。并开发利用荒坡地，不占用农田，在全省各市县新建各类型高尔夫球场，到"十二五"时，全省高尔夫球场数达到50个，海南成为名副其实的高尔夫岛和高尔夫冬训理想之地。

2. 逐步成长的品牌赛事

海南的体育基础设施还比较落后，举办大型体育赛事受到许多条件的制约，但海南充分利用独特的海岛自然优势，选准具有发展潜力、找准具有本地特色、瞄准可持续发展的体育项目，充分利用海南独特的自然优势、区位优势、气候优势，突出人无我有的特殊优势，在特色上下工夫，在品牌上做文章，打造特色国际体育赛事的品牌，促进体育产业发展。现在，海南已经开发和正在培育的品牌赛事有：横渡琼州海峡、环岛汽车拉力赛和集结赛、环岛自行车赛、环岛摩托车越野赛、挑战赛、三亚国际铁人三项赛、香港—三亚帆船拉力赛、环岛帆船拉力赛、沙滩体育节及登山、探险、漂流等体育旅游项目，以横渡琼州海峡大赛为例，从2000年的海南省内比赛、2001年全国性比赛到2002年升格为国际性赛事，三年三大步的跨越发展，使亲近自然、挑战极限、挥洒激情、张扬个性、凸显自我的横渡项目成为继博鳌亚洲论坛后海南的又一知名品牌。在各项赛事中，目前影响最大的当数环海南岛国际公路自行车赛。从2006年起，环海南岛国际公路自行车赛于每年冬季举行，环岛赛由国际自行车联盟、国家体育总局、中央电视台、海南省人民政府主办。承办单位为中国自行车运动协会、海南省文化广电出版体育厅、三亚人民政府。环海南岛国际公路自行车赛是目前国内最具影响力的自行车赛之一，已经成功举办3届，赛事级别也从2006年第一届的洲际2.2级，到2007年提升为洲际2.1级，再到2009年成功晋升为洲际2.HC，即洲际顶级。赛事等级目前在亚洲与马来西亚的环蓝可威和环青海湖同处于最高等级。环岛赛以"亚洲顶级，国际一流，每年一届"为办赛目标，以"重塑特区意识，重振特区精神"和促进海南经济社会，尤其是体育、旅游等相关产业又好又快发展为目的，并借鉴国外和青海省举办自行车赛的成功经验，努力打造具有海南特色的高质量、高水平的品牌赛事。环岛赛奖金从第一届的 15 万美元已提高到第四届的 25 万美元，面向国外高水平车队为主，从第三届起，每年邀请 20 支队伍 140 名选手参赛，2009 年环岛赛已成功升级为亚洲顶级。2008 年瑞士队有环法赛选手参加环岛赛。2009 年 11 月 11 日至 19 日，行经海南全部 18 个市县所在地的第四届环岛赛将举行，总里程 1429 公里。红塔集团冠名赛事。中央电视台、凤凰卫视、新华社等国内外主流媒体报道宣传赛事。海南将有计划、有步骤地推介、培育这些赛事，使之规模更大、档次更高、影响更广、知名度更高、品牌更响、效益更显著。

3. 迅猛发展的高尔夫产业

海南目前开业的高尔夫球场约有 20 家。从球场数量来看，海南与广东、北京、上海同属于发达地区，若按人口和土地比例计算，海南已在全国高尔夫球大省中名列前茅，且球场质量高，从已经建成的球场来看，海滨型、湖畔型、田园型和山地型等设计各具特色、美不胜收，而博鳌、亚龙湾、台达、东山球场更是被美国权威《高尔夫文摘》评为世界顶尖级球场之一，位居中国十大最佳球场，入选世界 100 个国家球员最喜爱的球场。这表明海南的高尔夫球场已跻身世界水准，具有吸引高档球客的条件，因而冬季备受国内球客和日本、韩国、港澳台、东欧、北欧等国家和地区球客青睐。近几年来，海南因势利导，大力发展竞赛高尔夫，每年都组织许多业余和职业高尔夫赛事，反响热烈，唱响了"冬季到海南打高尔夫"这一品牌，带动了高尔夫关联产业的发展，进一步改善了海南的投资环境，提高了海南的知名度，促进海南向旅游强省目标迈进。高尔夫球产业在海南发展仅有 10 多年历史，但发展速度较快。自 20 世纪 90 年代初期，第一个高尔夫球场在海南建成开杆，已经有几十万国际商界、政界人士和游客光临海南，"高尔夫岛"声誉鹊起。到目前为止，海南已举行了三次亚洲职业高尔夫球巡回赛、TCL 王牌高尔夫球精英赛（欧巡赛系列之一）、中国高尔夫球业余男女公开赛等一系列赛事。大批岛外，特别是毗邻国家和地区的球客前来打球消费。据 2002 年统计，海南接待了近 40 万人次球客，外来的球手还有食、住、游、玩、购物等消费，每日不低于 1000 多元。各球场还给地方上缴税收和安排人员就业等，高尔夫球不仅是健康高雅的运动，而且也是一项产值丰厚的绿色产业。

随着海南航权开放进程的加快，海口美兰机场、三亚凤凰机场将开辟更多的国际直通航线，为更多的国外球客来琼打球提供更为便利的条件，海南的高尔夫球产业发展有了新的助力和机遇，海南高尔夫产业将放眼岛外、面向国际谋划更快的发展。

（二）群众体育

海南省在抓群众体育工作时注重了 4 个结合：

1. 群众体育活动与日常生活相结合

为了使群众体育活动普及到全省各市县，海南把"有优良传统、有群众基础、场地要求不高"作为开展活动的前提条件，在文昌、琼海、三亚等地持续开展人们喜闻乐见的群众体育活动，收到了非常积极的效果。以"排球之乡"文昌市为例，其排球运动迄今已有近百年的历史，有着根深蒂固的传统。民间广大群众热衷九人制排球活动，与正式的排球比赛相比，九人制排球规则简单，上场人多，大大调动了群众参与的热情和积极性。当地农民用木柱拉网画出简陋的球场，经常利用下午时间边打球边交流种养业技术，排球运动得到广泛的推广，并成为农民休闲的一种习惯。文昌市几乎所有的村庄、中小学、企事业单位都有排球场，工余农闲，尤其是节假日、喜庆日，人们都争先恐后上场比拼一番，排球普及率之高，全国少有比肩。目前文昌城乡以九人制为主组建的排球队约650 支。

为了使排球运动在全省城乡更加普及，1997 年海南省组织举办了第一届海南九人制排球联赛，反映强烈，影响广泛。之后海南每年举办一届，至今已举办了十一届。参赛队伍来自机关、企业、学校和乡镇、农村、各场赛事的现场观众总计达到数百万人次。九人制排球联赛已成为海南省开展全民健身的主要活动项目和群众喜闻乐见的海南特色品牌赛事之一。通过十一届联赛的举办，也带动了全省各地群众体育活动的热潮。

2. 群众体育活动与当地的风俗习惯相结合

海南有黎、苗、回等少数民族，其中黎族是海南独有的民族，约有114 万人，海南在白沙、保亭、五指山、乐东、东方等少数民族地区结合民族特点开展"跳竹竿"、打陀螺、射箭、登山、荡秋千等民族传统体育活动，也收到很好的效果。如竹竿舞，这也是一项健身运动，外国的游客又称为"世界罕见的健美操"。这个运动项目盛行于海南岛五指山区的黎族聚居地区，据考证已有数百年的历史。每逢节日、盛典，人们都欢聚在广场上，进行竹竿舞比赛，既增添了节日气氛，又达到了健身目的，充分体现民族性、传统性和趣味性。

3. 群众体育活动与旅游休闲活动相结合

海南岛优异的生态环境越来越受到中外游客的青睐。每年都有许多水上项目的运动队来海南进行冬训。早在十多年前海南就有了两个国家级的训练基地，分别是位于海口西秀海滩的秀英帆船帆板训练基地和位于三亚的国家跳水训练基地。2003 年 2 月，经国家体育总局批准，国家沙滩排球训练基地选定海南文昌高隆湾，海南的特有气候和高隆湾细软的沙滩是该基地能晋升国家级基地的一个重要原因。这些基地的建立，也带动了海南本地体育爱好者参与相关活动。

海南是户外运动者的天堂，目前，有几十家开展户外运动的公司在大力推广户外活动，户外探险旅游和拓展运动方兴未艾，几乎每个周末，各式各样的探险队、运动协会都要组织活动，他们或去登山攀岩，或去野营露宿，在海南登山，没有登华山的险峻，没有登雪山的严酷，很适合开展群众性的登山活动。海南有 150 多条河流放射性地流向大海，山里面有无数的峡谷、溪流、瀑布，可以开展漂流、溪降等旅游探险活动。通过这些活动，为海南特色体育旅游增添一道亮丽的风景线！

4. 群众体育活动与建设生态岛、健康岛相结合

海南拥有得天独厚的天然地理条件，独特的区位和自然优势，不仅是我国热带海岛风光的重要旅游区，同时也是开展高品位体育赛事的天堂。海南省委、省政府把海南的长远规划确定为"阳光岛、生态岛、健康岛"，积极推动轮滑、帆船、自行车、沙滩排球、攀岩、潜水等具有热带气候特点的运动项目，把城市建设和人民群众的健身需求结合在一起，让人一看到这些运动场景就和海南联系起来，打造城市名片，树立起体育品牌。近年来，海南三亚举办的世界大力士比赛，海口举办的"城市之间"趣味体育比赛，全国速度轮滑场地公开赛等赛事活动，经过中央电视台等媒体传播，在国内外产生了多方面的积极影响。

此外，自 2008 年年初，海南省以"春节体育大拜年"活动为开端，在城乡广泛开展了"全民健身活动周（月）"、"万人太极拳演练"、"10万人健身长跑"等"全民健身与奥运同行"系列主题活动，极大地激发了广大群众参与健身的热情。通过举办群众性的游泳、太极拳、武术、健身等比赛活动，培育促成了海南承办世界杯横渡琼州海峡马拉松游泳大赛，第一、第二届世界太极拳健康大会、全国轮滑马拉松公开赛、全国首届健身锦标赛等赛事，进一步推动了海南省全民健身活动的蓬勃开展。

在大力开展全民健身活动的同时，海南还下工夫抓好非奥项目，努力探索非奥项目管理和运作的新路子，取得了可喜的成效。近几年来，海南省保龄球、健美、国际象棋、围棋等项目的一批优秀运动员先后在国内外重大赛事上崭露头角，取得了优异成绩。2008 年全国保龄球锦标赛上，海南省运动员顽强拼搏，夺得男女混双第一名、男子三人赛第三名的好成绩。同一时间，在江苏昆山举行的全国健美锦标赛暨全国健身俱乐部健身健美公开赛上，海南省黎族选手高亚和发挥出色，获得了男子 60 公斤级冠军。这是海南省继全国冠军、世界冠军钱吉成后，展现的第二位全国健美冠军。

按照建设社会主义新农村、推进农村公共事业发展和社会全面进步的要求，海南省还突出抓好农村体育工作，把体育理念、知识、活动送到农

村去，抓好配建工程，构建全民健身服务体系。开展农民健身活动，满足农民日益增长的精神需求。围绕解决"如何让农民与城市居民一样能就近、便捷地享受体育资源，怎样不断完善农村体育组织建设"等问题，海南以科学发展观为指导，顺应人民群众对体育健身的需求，抓住城乡一体化建设重要战略机遇期，推动群体工作向纵深发展，使体育融入群众的日常生活，使农村老百姓享受与城市居民一样的体育权益，让更多的群众在体育事业发展过程中得实惠。一是自1998年以来，海南利用中国体育彩票公益金1300多万元，先后分十一批在全省18个市县以及西沙配建了230多套"全民健身路径"，并无偿捐赠城乡居民，受到广大人民群众的欢迎，树立了中国体育彩票公益金"取之于民，用之于民"的良好形象。二是利用体彩公益金在全省120个行政村和生态文明村新建和配建80个"农民体育健身工程"。三是利用国家体彩公益金和当地配套资金，今年在陵水、保亭、乐东、琼中等9个市县完成建设9个带看台的灯光球场。

　　此外，在"十一五"规划期间，海南省还将继续利用体育彩票公益金配建"全民健身路径工程"、"农民体育健身工程"及"雪炭工程"在海口、三亚等发达市县实现50%的社区和全省1/6的行政村建有公共体育设施。实现立项兴建海南省体育公园，把海南省全民健身活动中心办成广大人民群众健身的好去处，并发挥其示范和辐射作用。在海口、三亚、儋州等部分经济较发达市县兴建一批全民健身活动场所和具有海南特色的全民健身活动基地。被国家体育总局评选为全国20个群众体育健身景观之一的海口休闲健身海湾就是其代表之一。

四、展望未来，抓住机遇，领先潮流

　　可以预见，海南的体育事业发展前景广阔，体育主管部门将继续实施"一地二牌三准"发展战略，不断提升海南体育综合水平。竞技体育突出抓好"水、灵、小"项目（即水上优势项目、灵小项目和小级别项目），力争在国际比赛夺取金牌。群众体育重点抓民间、民族、民俗群众体育项目，如九人制排球、自行车、登山、漂流、打竹竿、划龙舟等民间体育，并和海南的旅游结合起来，发展成为广大游客喜爱的体育旅游和休闲健身项目。同时，抓好乡镇农村身边场地、身边组织、身边活动的"三边"工程，大力发展农民体育健身运动。体育产业要做大做强品牌赛事，如环岛国际公路自行车赛、横渡琼州海峡、铁人三项和大帆船赛等；加快冬训基地建设，使海南成为全国体育冬训大本营，吸引国内外更多的体育队伍来琼冬训；构建环海南岛高尔夫球场旅游链，形成风格各异、布局均衡、发展协调的"高尔夫岛"，举办各类赛事和活动，带动相关产业发展。

近年来，海南一直致力于把体育运动资源和热带海岛度假休闲旅游资源有效整合起来，随着国际旅游岛的建设，海南的体育事业也迎来了新的春天。海南省将贯彻以人为本理念，把群众体育的发展放到体育事业发展规划的突出地位，牢固树立增强人民体质是体育工作的第一要务观念。进一步确立群众体育在体育事业发展中的基础性地位，优质发展群众体育，快速发展群众体育，使体育工作的重心切实转移到增强人民体质的轨道上来。同时，建设一支高素质的教练员、运动员及体育工作者队伍，在大力发展群众体育的同时，力争在国际性和全国性比赛中多出成绩，多拿奖牌，为海南体育事业在新世纪的更大发展做出新的贡献！

60年党旗指引　60年拼搏奋进

——重庆体育发展60年

重庆市体育局局长　吴建华

60载，说长不长，说短也不短。共和国风雨兼程走过了60年的光辉历程，体育事业也在不断的开拓进取中迎来一个又一个春天。忆往昔，峥嵘岁月犹在心中，看今朝，盛世篇章还待我们书写。站在60年的节点上，重庆的体育事业如一部长篇历史画卷徐徐展开，带我们进入到一个丰富多彩的体育世界。

一、开创基业，起步发展阶段

解放初期，百业待兴，体育工作受到党和政府的高度重视。在西南大区邓小平、刘伯承、贺龙等同志的倡导下，重庆市的体育工作以贯彻毛泽东同志"发展体育运动，增强人民体质"的题词为主线，于1952年召开了西南区第一届体育运动大会，随后成立了市体训班，在全国率先开展了对优秀运动员的训练；相继建成了容纳4500人的市体育馆和容纳40000人的大田湾体育场，当时在全国处于领先水平；1956年开办了青少年业余体校，对体育后备人才进行了系统、常年的培训。这期间，遵循邓小平同志"要把体育活动普及到广大群众中去"的号召，群众体育非常活跃，课间操、工间操、田间操在学校、厂矿、农村广泛开展，"劳卫制"在大、中学校普遍施行。群众体育的广泛开展促进了竞技水平的提高，女篮、排球、足球均进入全国甲级队行列，涌现了像陈家全、邓若曾、贺祖芬、马金豹等一批著名运动员，在国内外引起强烈反响，他们为重庆和国家争得了荣誉。

二、锐意改革，全面发展阶段

党的十一届三中全会后，行政区划经历了与永川市地合并和代管万县、涪陵、黔江两市一地等重大体制变化。

改革开放、全面发展是这一时期的主题。改革开放给重庆市注入了新的活力，体育工作重新走入正轨。各级党政从以经济建设为中心，经济社会协调发展的高度更加重视体育工作。体育工作自觉服从和服务于党在新时期的基本路线、改革开放和经济建设的大局，体育事业在改革中进入全面发展阶段。主要体现在以下八个方面：

第一，体育改革不断深化。重点抓了四件事：一是以足球体制改革为突破口，将部分项目推向市场，北欧雪男篮、东方女篮、竞走、必扬女排等俱乐部相继建立，保龄球、台球、棋牌等已基本实现社会化。俱乐部体制调动了社会办体育的积极性，经费多方面投入，一定程度上缓解了体育经费的紧缺，促进一些运动项目在市场中求生存、求发展；二是转换训竞机制，对业余训练重新进行了布局，改革投入方式：先投入，评估后再投入或减少投入；先部分投入，评估后根据成绩再投入或不投入；先不投入，出了成绩再投入。保证了重点，把有限的经费用在刀刃上；三是每年对区县（市）体育工作进行一次综合检查评比，把定量考核定性考核结合起来，按领导重视、学校体育、社会体育、业余训练、体育竞赛和加分六个部分进行评分；四是改革人事制度，推进优胜劣汰的用人机制，通过对直属单位领导聘任上岗，实行任期目标责任制，待遇与成绩挂钩，使各级干部有了危机感和责任心。

第二，群众体育蓬勃开展。一是全民健身抓普及。1995 年，国务院印发了《全民健身计划纲要》，全市全民健身"一二一"工程全面启动，在各区县的中心街道，已形成若干个全民健身晨练晚练点，建立了全民健身指导站 100 多个。开展了成年人体质测定工作，已测试 12 万人，全市人均寿命达到 71.2 岁。二是学校体育抓基础。全市乡以上学校全部施行《国家体育锻炼标准》，达标率为 92%，重庆有七所中学被原国家教委、国家体委选定为全国培养高水平运动员试点学校。三是群体组织抓发展。所有区县市都建立了全民健身指导委员会。有 1193 个乡镇、街道成立了体育组织。市级行业体协发展到 12 个，单向协会 42 个，各级体育专校527 个。重庆市连续三届被评为全国田径之乡，共有全国亿万农民健身先进乡镇 5 个，全国老年人体育先进集体 6 个，全国群众体育先进单位85 个。

第三，竞技体育不断发展。制订了竞技体育以出席城运会为目标，以培养体育后备人才为重点的城运战略。重庆市连续参加 3 届城运会共获金牌 16 枚、银牌 25 枚、铜牌 27 枚，特别是三城会由于成绩优异，市政府为市体委记集体三等功。李亚光、朱玲、周建安等一批运动员茁壮成长，有的成了世界冠军或亚洲冠军。1986 年李涛在亚洲青年锦标赛以 10 秒 26的优异成绩打破了亚洲纪录，成为新的亚洲"飞人"，成为重庆直辖前竞技体育的一次具有轰动性的成果。全市举办了 8 届市运会和 3 届青运会，基本具备了承办全国和世界单项比赛的能力，等级裁判员队伍已超过10000 人。

第四，设施建设步伐加快。1990 年市政府出台 63 号文件，有力地推进了全市体育设施建设。1993 年，市政府批准成立重庆奥林匹克（集团）公司，专门负责袁家岗体育中心的开发建设工作。市体育场、市体育馆也不断得到改造，功能逐步改善。广阳坝被定为全国曲棍球训练基地，有曲棍球场 8 块、足球场 2 块、网球场 2 块、田径场 1 块、羽毛球馆、综合训练馆以及附属设施等,占地面积 31.3 万平方米。各区县(市)也加快了体育场馆的建设步伐,为人民群众得实惠健身提供了条件。

第五,体育产业初见成效。重庆体育产业 80 年代末开始起步,经过不断探索,体育产业逐步向体育本体项目转变,同时注重体育无形资产的开发;部分项目推向市场,一些企业积极参与联办重大比赛,市场效益看好;体育竞赛、健身、娱乐市场开始形成,广大群众参加锻炼的热情高涨,花钱买健康的意识开始树立并增强,体育产业作为第三产业中新的经济增长点,有着很大的市场潜力;1994 年 11 月,袁家岗体育中心被国家体育总局列为全国唯一体育产业试验区。

第六,体育法制逐步推进。体育法的颁布施行并在我市得到广泛宣传贯彻使全市的体育执法水平得到显著提高。市政府出台了《重庆市体育市场管理暂行规定》,市体委适时建立了体育市场管理机构,对经营性体育活动实行了许可证制度。市人大对体育法的执行情况进行检查,市体委在贯彻体育法和法制建设中成绩显著,被评为全国法制工作先进集体,主要领导被评为先进个人。在市人大、市政府法制办的大力支持下,起草了《重庆市体育场馆管理条例(草案)》和《重庆市体育市场管理条例(草案)》。

第七,各级政府重视体育。改革开放以来,全市各级政府越来越重视体育工作,十分注重体育的特殊功能,宣传经济成就,宣传城市发展。1991 年 5 月,市体委提出申办第四届全国城运会。申办工作得到市委、市政府高度重视及全市人民的普遍关注和热情支持,市政府正式行文,申办四城会,各行业积极响应,不仅增强了体育意识,促进了自身发展,而且扩大了重庆的影响,整个城市面貌有了很大改观。这期间,我们还积极争取市政府出台政策,解决体育工作中的实际问题,市政府几乎每年都要下发一个促进体育事业发展方面的文件。如争取市政府先后出台了两个重要文件,由市里每年从土地留成费用中安排 400 万元补体育设施"欠账",其中 60 万元补助区县(市)修建体育场馆;还有运动员退役安置、体校建设、袁家岗体育中心建设等方面的政策，以及各区县（市）政府出台的各项体育配套政策等，都极大地促进了体育事业的发展。

三、抓住机遇，快速发展阶段

1997 年 6 月，重庆直辖市的设立，给重庆经济社会发展带来了新的机遇，也是重庆体育快速发展的里程碑。全市体育工作确立了"解放思想，勇于实践，扎实工作，加快发展"的指导思想，改革进一步深化。升为直辖市后的重庆体育可以概括为以下几个方面。

（一）群众体育出现新气象

重庆升为直辖市后，大城市、大农村的格局使全市群众体育的范畴拓宽；百年奥运梦圆，将群众体育的发展推向更高的层次。现已实施的全民健身计划已向纵深发展，各种健身点遍布城乡街头，市民健身意识和体质不断增强。每逢节假日各地都要结合实际举行丰富多彩、群众喜闻乐见的体育活动。全市群众体育活动蓬勃开展，全民健身向更广阔的领域发展，覆盖面不断扩大，国民体质得到增强，市民素质得到提高，按照"促进城市，发展农村，重在基层，面向全体"的工作方针，完善基层健身群体组织，打造精品健身工程，建设全民健身场馆、场所，积极开展各类健身及赛事活动，截至 2008 年年底，体育人口达到 1200 万人，占总人口的 38.5%。

1. 圆满完成奥运火炬在我市的传递工作

奥运会火炬接力传递是我局 2008 年的中心工作，在市委、市政府的统一领导下，局党组高度重视，局领导以身作则，全局上下积极行动，从制定和实施奥运火炬传递总体工作方案、火炬手、护跑手选拔和培训、奥运火炬传递路线和圣火转场路线勘察、传递路线信息采集、路标设置、后勤保障及组织协调等工作，认真研究，严密组织，做了大量卓有成效的工作，为保证奥运火炬平安传递做出了突出的贡献。

6 月 15 日、16 日，2008 年北京奥运会火炬在我市万州区和主城区进行了两天的接力传递，共有 416 名来自各行各业的火炬手参与了传递。圆满实现了市委、市政府提出的"安全有序、欢乐祥和、形象美好"的总体目标，得到了北京奥组委火炬接力中心领导的充分肯定和高度赞扬，北京奥组委对我市火炬传递活动的评价是："传递活动热烈祥和，安全有序，秩序井然，是火炬接力境内特大城市传递最成功的一次。"在北京 2008 年奥运会火炬接力传递总结大会上，我市被北京奥组委授予"突出贡献奖"。

2. 大力唱响"全民健身与奥运同行"主旋律，广泛开展全民健身活动

北京奥运会的召开，极大地激发了广大群众参加体育活动的热情，我们紧紧抓住北京举办奥运会的重大历史机遇，重点突出"全民健身与奥运同行"主题，利用奥运会"倒计时 100 天"等重要节点，开展了纪念奥运会倒计时 100 天暨重庆市百万老年人健步走活动，市第二届社区运动会，万人长跑活动，市第四届芙蓉江龙舟锦标赛，武隆国际山地户外运动公开赛，重庆时尚嘉年华第二届"鑫源杯"全国摩托车越野大奖赛，2008 年"健康重庆"乡村篮球比赛等一系列丰富多彩、科学文明的群众体育活动。

3. 打造"健康重庆"全民健身活动

2008 年 7 月，"五个重庆"建设作为重庆发展的新目标、新追求，首次在市委三届三次全委会上被浓墨重彩地提出，成为重庆的战略决策，随后"健康重庆"建设动员大会胜利召开。9 月我们组织了市级机关广播操骨干培训并在全市推广工间操活动，10 月我们成功组织了由 79 个单位参加的"健康重庆体彩添彩"广播操比赛，广播操比赛获得了市委市政府充分肯定和一致好评。2009 年元月，举办首届南滨路准马拉松比赛，"健康重庆"元旦横渡长江冬泳活动，二月举办了"健康重庆"春节登山联

动活动，把以"健康重庆"为主题的全民健身活动推向了高潮。

4. 打造"两江四岸健身长廊工程"，为全市全民健身打造了新平台

2005年，该工程入选为中国二十大全民健身活动基地之一。其中沙坪坝区工程——歌乐山森林体育公园被国家体育总局授予全国优秀体育公园称号。到2008年年底，全市开展冠名"两江四岸健身长廊工程"群体活动1000余次，参加活动的各界群众累计达200多万人次；有35个区县先后启动了活动场地建设，安装健身路径421套（条），完成建筑面积103万平方米；打造黔江区万米河滨民族健身中心、万州区"三峡之星"健身长廊、渝中区长滨路健身长廊等系列精品工程。

5. 推进"农民体育健身工程"

"农民体育健身工程"是市委、市政府的"民心工程"。我们坚持把实施"农民体育健身工程"放在突出位置，按照"因地制宜、综合利用、就近方便"的要求，制定了《全市"农民体育健身工程"建设规划方案》，印发了《关于做好当前"农民体育健身工程"有关工作的通知》，把"农民体育健身工程"纳入新农村建设规划范畴，逐步完善建设和管理体制，实现建设的有序化、配置的合理化、管理的责任化，使"农民体育健身工程"的建设取得了新进展。该工程是指以中央财政和地方财政投入相结合，在每个有条件的村修建一块篮球场，配置一副篮球架和两张室外乒乓球台，以改善农村基层体育设施条件，促进农村体育事业的发展。2006年我市首批成为国家体育总局试点的8个省市之一（西南地区唯一），至2008年，共完成2400个行政村的建设，占全市行政村的25%，为农村新增体育场地100多万平方米。同时将比赛放在村里、办到农民身边，让农民成为体育比赛的主体，真正惠及广大农民群众。

6. 全民健身登山步道和全民健身路径工程建设

为加快我市全民健身场地建设步伐，开辟群众体育新的亮点，结合我市山多坡陡的地形特点，抓住建设山水园林城市的大好契机，在继两江四岸健身长廊后，试点建设全民健身登山步道工程。在全市进行10条登山

步道工程试点建设，拟定了《全民健身登山步道工程实施办法》；2008年，利用体彩公益金在社区、乡镇建设路径工程 48 个，全市路径工程累计达到 568 个。新建了大渡口区全民健身活动中心，全市累计全民健身活动中心 6 个。

7. 开展"五个百万人群"健身活动

全市"五个百万人群"健身活动针对青少年、老年人、妇女、职工、农民五类不同人群进行分类指导健身活动。

青少年体育。主要依托于学校和青少年俱乐部、定期举办研讨会、传统学校比赛、夏令营、体质健康达标等活动。目前已经建成 56 个由国家命名的青少年俱乐部，6 所国家级体育传统项目学校，100 所市级体育传统项目学校。武隆仙女山被国家体育总局批准为青少年户外活动营地。与市教委联合召开了全市学校体育工作会议，贯彻落实中共中央、国务院下发的《关于加强青少年体育，增强青少年体质的意见》精神，提出了切实做好学校体育工作的要求。在全市开展了"亿万青少年阳光体育活动"，举办了各级各类青少年体育比赛，培养了青少年参加体育锻炼的兴趣，让体育逐步走进了广大青少年之中，成为了青少年健康的生活方式，促进了青少年身体素质的提高。

老年人体育。通过举办老年人运动会，"百万老年人健身活动"、"百万老人健步行迎奥运活动启动仪式"、"老少同乐迎奥运趣味活动通讯赛"等促进老年人健康生活。全市建立各级老年人体协 7026 个，会员达 658991 人，经常性参加体育活动的老年人达到 209.7 万人。市老年体育协会被国家体育总局授予"全国群众体育先进单位"称号。

妇女体育。通过社区体育辅导站和单位组织开展，并在 2004 年全国第二届亿万妇女健身活动展示中获得木兰拳的第一名和体育舞蹈的第二名。

职工体育。按照机关事业单位、国有企业和外资投资企业三大类分类指导，分步推动。

全市 92% 的乡镇和 30% 行政村成立了各种农民体育组织。举办了市第一、第二届农民运动会；全市全国农村体育先进乡镇运动会；各区县也纷纷举办登山旅游节、乡镇运动会等活动，以喜闻乐见的体育运动吸引了广大农民群众广泛参与。同时，组织参加了全国第四、五届、六届农民运动会，总计获得了 30 块金牌，31 块银牌，24 块铜牌和两个总分第一。2004 年，启动了以体育场地设施建设、体育健身指导和传授体育科普知识为内容的"体育三下乡"活动。全市已经争创全国"亿万农民健身活动"先进乡镇 57 个，"全国群众体育先进集体" 19 个。

8. 开展少数民族体育

保护和开发少数民族体育运动，挖掘整理出了"土家族摆手舞"，并创编出摆手操运动，在各民族自治县学校进行推广。与市民宗委共建少数民族体育训练基地，大力培养优秀少数民族运动员。

9. 组织参加赛事

参加了全国第六、七届少数民族运动会，总计获得 7 金、3 银、3 铜，以及 1 枚表演金奖；参加全国第一、第二、第三届体育大会取得好成绩，共获得 6 金、8 银、7 铜；组团参加了全国第五、六届残疾人运动会，总计获得了 9 金、10 银、16 铜的好成绩；组团参加了第三、四届特殊奥林匹克运动会，总计获得 21 金、37 银、25 铜的出色成绩。李斌获得了 2004 年雅典残奥会和 2008 年北京残奥会男子 100 公斤级举重两枚铜牌。2006 年，市体育局被中国残联和国家体育总局评为"2001——2005 年全国特奥工作先进单位"。

从 1998 年开始，举办了全市一、二、三届残疾人运动会。

10. 建设社区体育俱乐部和体育先进社区

2004 年启动了社区体育俱乐部创建活动，2006 年北碚区朝阳街道办事处被国家体育总局命名为国家级社区体育俱乐部。从 2000 年开始，全市开展了体育先进社区评选活动，共有 16 个单位被评为全国体育先进社区，60 个单位被评为市级体育先进社区。2008 年成功举办了重庆市第二届社区运动会，来自全市 23 个区县的 1000 多名运动员参加了总决赛，社区运动会在全市社区掀起了"全民健身迎奥运"的热潮。同年 10 月份，按照体育总局要求在市体育先进社区的基础上推荐了 4 个争创全国体育先进社区。

11. 建立健全全民健身监测系统

1997 年，成立了市国民体质监测中心，并在每年开展全市各类人群体质监测工作。现已建立国民体质监测点 18 个，共监测 32 万人次。

12. 培养社会体育指导员

建立了社会体育指导员培训、审批制度，把社会体育指导员纳入到有效的管理之中。到 2008 年年底，全市已培养各级体育社会指导员 9310 人，并推荐 12 人参加"全国群众喜爱的社会体育指导员"的评选活动。

（二）竞技体育取得新成就

竞技体育走向全国最高竞技舞台，运动项目得到了长足发展，在国际和全国性赛事取得了较好的成绩，成功承办了一系列国际和全国性赛事，主办了全市运动会等各类市级比赛，竞技体育迈上了新台阶。

1. 适时调整体育发展战略

1997 年重庆设立直辖市，竞技体育登上了全国最高水平竞技舞台。我市及时进行战略调整，提出"重庆竞技体育发展应迅速从城运战略转向全运战略，并与国家奥运争光计划接轨，实施体育发展战略的转移，使训练结构和层次衔接更适应竞技体育发展的需要"。随着北京奥运会的临近，我市提出了以"奥运"带"全运"的备战体制，科学设置竞技体育项目，突出重点，切实增强优势项目在全国乃至世界的竞争力。同时，进行了一系列的改革：调整训练项目和改革训练体制，成立市运动技术学院及足球、篮球、武术、举重、棋牌运动管理中心。2001 年，重新布局了全市竞技体育项目，即立足于重庆传统优势，突出地方特色，构建起以羽毛球、跳水、举重、田径、武术、拳击、射击为重点的竞技体育项目体系，在突出重点项目的基础上构建起人才培养体系，在适当扩大优秀运动员、教练员队伍的同时，优化一、二、三线运动员人才结构，全市竞技体育获得了新的发展，优秀运动队由 1978 年的 10 个项目发展到 2008 年的

17 个项目，运动员由 150 人发展到 524 人。

2. 完成参加全国运动会任务

1997 年以前，重庆作为省辖市和计划单列市，主要任务是参加四川省的青少年运动会和全国城市运动会，所参加的历届省青少年运动会和城市运动会都取得了较好的成绩，圆满完成了比赛的任务。1997 年，首次单独组团参加全国第八届运动会，共派出 171 名运动员参加 15 个项目的比赛，取得 3 银 3 铜、总分 270.5 分的较好成绩，名列 46 个参赛代表团的第 24 位，圆满完成了参赛任务。

2001 年组团参加第九届全国运动会，共派出 322 名运动员参加 24 个项目的比赛，经过全体体育健儿和代表团的共同努力，夺得了 1.5 枚金牌、2.5 枚银牌、3 枚铜牌，总分 389.75 分，总分排名第 23 位，在西部十省区排位第三，圆满完成市委、市政府下达的"夺金升位"的任务。

2005 年，参加第十届全国运动会，共派出 385 名运动员参加 25 个项目的比赛，获得 2 金、5 银、2.5 铜，总分 448 分的成绩，并获得体育道德风尚奖，奖牌总数名列第 23 位。

2009 年 10 月第十一届全国运动会即将拉开大幕，全体体育工作者将和体育健儿一道全力准备，精心运作，为完成"310"目标任务夯实基础。

3. 参加国际国内大赛取得好成绩

2005 年张亚雯在世界杯羽毛球比赛上夺得混双冠军，标志着全市奥运会项目开始在世界三大赛上夺得冠军；胡凯在世界大学生运动会上夺得田径项目男子 100 米金牌，是我国在世界大赛上获得的首枚男子 100 米金牌；张勇在第 29 届亚洲举重锦标赛上获得 83 公斤级总成绩冠军，并打破挺举世界纪录，成为中国举重史上在该级别第一个打破世界纪录的人；刘静和张亚雯在第 15 届亚运会上分别获得女子 100 米栏和羽毛球女子团体金牌；刘瑛慧夺得两届世界大学生运动会链球金牌及十运会链球冠军；杨素君夺得 21 届世界大学生运动会柔道两枚金牌；陈丽莎接连获得 22 届世界大学生运动会女子 4×100 米金牌，15 届亚洲田径锦标赛 4×400 米金牌，第 5 届东亚运动会 200 米金牌，成为第一个从大田湾体育场跑出来的世界大赛冠军。重庆隆鑫足球队 2000 年获得中国足球杯赛冠军；武术散打运动员何光荣在第九届世界武术锦标赛和第四届武术散打世界杯中分别获得金牌，在第十七届亚洲武术锦标赛中获金牌；田径竞走运动员杨亚伟、石阳在国际田联挑战赛中分别获银牌、铜牌；田径运动员胡凯在东南亚田径公开赛中获 100 米金牌。重庆围棋队从 1999 年起，连续五年获得全国甲级联赛冠军，并在 2006 年再次获得联赛冠军，古力个人获得第 10 届世界围棋棋王赛冠军，并在第二十一届富士通世界围棋锦标赛中获金牌；黄茜在第五届亚洲国际象棋团体赛中获金牌。成为直辖市以来，全市共获得世界冠军 27 个，获得国内最高水平比赛奖牌 117 枚。在第 13 届曼谷亚运会上共有 9 名重庆籍运动员代表国家参赛，获得 6 金、2 银、1 铜；第 14 届釜山亚运会共有 4 名重庆籍运动员参赛，获得 2 金、2 银；第 15 届多哈亚运会，共有 5 名重庆籍运动员参赛，获得 2 金、1 银、1 铜。到 2008 年计有多名重庆籍运动员和教练员参加了奥运会，其中田亮获得 2000 年悉尼奥运会跳水金牌，张亚雯获得 2008 年北京奥运会羽毛球女双铜牌，这也是重庆体育史上的首枚奥运奖牌。

4. 圆满承办和举办大型体育赛事

先后成功承办了第八届世界杯拳击赛、世界女排大奖赛、亚洲足球杯、东亚足球锦标赛、东亚女足锦标赛、武隆国际山地户外运动公开赛等国际赛事 13 次、全国跳水锦标赛、全国拳击冠军赛等国内赛事 30 余场，第十一届全国运动会女子举重及拳击预赛，以及举办了两届市运动会、青少年运动会及各单项锦标赛等。

5. 加强体育后备人才梯队建设

直辖以来，后备人才基地和训练点先后向市优秀运动队和四川省、国家队输送了一大批优秀后备人才。2000 年，国家体育总局命名市体育运动学校为"全国田径高水平后备人才培训基地"。2005 年国家体育总局命名市运动学校和市第二体育运动学校为"国家高水平体育后备人才基地"，2009 年国家体育总局命名市运动学校、市第三体育运动学校、沙坪坝区体育学校、万盛区体育学校为"国家高水平体育后备人才培训基地"。同时，市体育局与 12 个区县共建了市体校分校及单项训练点；并与上海等先进省市进行合作交流，加强后备人才培养。现在全市有 33 个区县建立了业余体校，市级体校在训人数达到 575 人。

（三）体育产业得到初步发展

直辖以来，全市紧紧抓住体育彩票销售、场馆经营、赛事开发、市场管理四大重点，狠抓彩票业、全民健身服务业、体育竞赛表演业、体育无形资产经营业四个门类，通过积极挖掘体育自身的商业价值和经济功能，大力拓展产业发展空间，延伸产业发展链，使体育产业走上有规划、有措施、有目标、有重点的发展轨道。

1. 体育彩票从无到有，销量稳步增长

1997 年成立了市体育彩票管理中心，开始销售体育彩票，经过十多年的发展，全市体育彩票销售终端已达到 1600 个，到 2008 年年底，累计销量总额达到 21.49 亿元，为国家筹集体育发展资金和改善全市全民健身设施建设做出了贡献。

2. 开发体育赛事经营

1998 年，全市承办了世界杯拳击比赛，运用市场经营筹集办赛资金，成功出售了比赛冠名权。随后，女排大奖赛、亚洲杯足球赛等各种以市场化方式进行运作的体育竞赛、表演逐渐增多，使得赛会筹集资金的方式越来越多样化。

3. 发展体育用品、健身娱乐、信息传播和中介业

各类企业、个人投资经营性项目逐渐增多，为进一步整合社会力量抓好体育产业，组织成立了重庆市体育用品联合会。命名朝天门港渝广场为"重庆体育用品专业市场"，举办了"2001 年重庆体育用品展示会"、"中国·重庆 2002 西部体育用品博览会"、2008 中国（重庆）国际体育用品博览会、2008 国际体育休闲产业博览会、户外用品及器材推广展示会等。截止 2008 年年底，全市体育产业机构到达了 3000 余家，从业人员突破了

20000 人，注册资金约 4 亿元，产值约 12.5 亿元。2001 年和 2006 年先后举办了体育经纪人培训班，为推动重庆体育事业的发展奠定了基础。

（四）体育场馆设施建设步伐加快

根据 2003 年全国第五次体育场地普查显示，我市共有各类体育场地 17351 个（含学校、企事业单位场地），人均体育场地面积 0.51 平方米，场地总数比 1995 年第四次全国体育场地普查时的 9962 个增加了 7389 个，人均面积比当时的 0.38 平方米增加了 0.13 平方米，到 2008 年年底，我市共有各类体育场地 23721 个，人均体育场地面积达到 0.68 平方米。

1. 新建和改造完善市级公共场馆设施

1997 年后，市政府先后投资对市体育场、体育馆进行改造，以完善市级场馆功能，提高承办大型赛事的能力，新安装了灯光、电子显示屏、看台座板、空调、比赛用房等，使其完全符合日夜间比赛的要求；2002 年，启动了袁家岗奥林匹克体育中心建设，现已完成了体育场、游泳跳水馆、奥网中心、高尔夫练习场的修建，并已投入使用。在市委、市政府的高度重视下，在市级相关部门的积极配合下，经过不懈努力，市竞训中心于 2007 年 12 月 28 日如期开工建设。位于大学城的市竞训中心，占地 530 亩，建筑面积将达 12 万平方米，总投资将突破 3 亿元，是继市奥体中心、体育场之后全市体育事业的又一重大建设项目。随着市竞训中心的建成，将更加完善我市竞技体育硬件设施，为我市竞技体育的发展奠定了坚实的物质基础。

2. 实施"雪炭工程"，加快区县体育场馆设施建设

2001 年国家体育总局决定举全国体育系统之力，对口支援三峡库区，并从体育彩票公益金中拿出 3600 万元实施"雪炭工程"，支援全市三峡库区 16 个受淹区县修建全民健身场地。以后该工程延伸到为库区、"老、少、边、穷"等经济欠发达地区和矿产资源枯竭及遭受自然灾害严重的地区援建经济实用的公共体育设施，全市共有 21 个区县实施"雪炭工程"，受援资金近 5000 万元。

（五）体育科研水平逐步提高

在竞技体育科研方面，遵循现代运动训练的特点，根据运动训练实际需要研究课题，2005 年圆满完成了国家级课题《重庆市田径短跑群体优势》的研究。在群众体育科研方面，坚持把建立体育科技服务体系、普及科学健身理念、引导科学健身活动放在重要位置。为缩小城乡人群体质差距，2006 年与市十三个部委局联合启动了"送体育科技下乡"活动，积极到乡村传播体育健身文化，倡导文明生活，提高农民体质与健康水平。

（六）体育法制建设取得新进展

1999 年 3 月 26 日，经重庆市第一届人大常委会第十五次会议通过，出台了《重庆市体育市场管理条例》和《重庆市公共体育场馆条例》，以及《关于贯彻〈学校体育工作条例〉的实施办法》、《关于贯彻〈全民健身计划纲要〉实施意见》等规范性文件，积极开展法制宣传教育工作，扩大体育工作者依法行政的意识得到加强、依法治体的能力和水平不断提高。2005 年和 2006 年市体育局分别被国家体育总局授予"全国体育法制工作先进单位"和"全国体育系统'四五'普法先进单位"称号。2008 年年底，报送了《全民健身条例实施意见》立项申请，并开展前期准备工作。

四、回顾 60 年来重庆体育事业的光辉历程，我们认为有以下五个方面的体会：

第一，认真贯彻落实邓小平理论和"三个代表"重要思想、科学发展观是体育事业得以较好发展的重要前提。全市体育紧紧围绕市委、市政府的发展目标，坚持体育为经济建设服务和为人民服务的方针，以增强人民体质、提高全民素质、推进重庆社会进步为根本任务，从实际出发，科学制订了发展战略和远景规划，明确全市体育事业的发展方向，积极引进科学训练和管理，使全市体育事业一直沿着科学有序的道路健康发展，并取得了一定的成绩。

第二，领导重视和社会各界的支持是体育事业快速发展的关键。胡锦涛总书记为重庆发展做出的"314"总体部署、中央确定重庆建设全国统筹城乡综合配套改革实验区、国家体育总局和重庆市人民政府推进"健康重庆"建设体育合作协议的签订，重庆市委三届三次全委会做出的建设宜居重庆、畅通重庆、森林重庆、平安重庆、健康重庆的决定，开启了重庆经济建设和社会事业发展的新境界。特别是建设"健康重庆"，将体育事业发展提升到了一个新的高度，使重庆体育事业的发展迎来了大好的"春天"。同时，市级各部门和企业大力支持，广泛参与，举全市之力参加全国运动会，为全市运动员取得好成绩提供了强有力的保障。在各类体育活动中，各级领导率先垂范，很好的促进了各项体育运动的蓬勃开展，更促进了全市的精神文明建设。

第三，坚持发展才是硬道理，开拓创新，艰苦奋斗是体育事业持续发展的根本。在发展过程中面临诸多困难，但体育工作者们积极发扬艰苦奋斗、拼搏进取的顽强作风，使重庆体育事业逐步由小到大，优秀运动队从青年队发展成为成年队，向国家队输送了一批优秀运动员；体育运动项目也日益发展，逐渐显现出自身特色，涌现出一批重点项目，推动了全市竞技体育的发展进程；训练管理工作与全国接轨，逐步适应了高水平竞技体育发展需要；群众体育蓬勃开展，体育产业也从无到有，内容不断充实完善，极大地促进了全市体育事业的发展。

第四，一切从实际出发，一切从群众的需要出发，夯实体育工作基础。体育与百姓的生活息息相关，这一行业性质决定体育事业要面向民生，着眼于提高人民群众的生活质量，以更加开阔的视野、更加有效的方法，切实做好"两篇文章"，拓宽体育的领域，提供多元化的体育供给，满足广大人民群众的多元化需求。一是要做好体育内涵这篇文章。在群众体育上，要创造更加多样的全民健身活动内容和形式，满足广大人民群众强身健体、愉悦身心、交流感情、丰富生活的需要。在竞技体育上，要做好普及工作，让广大人民群众更多地了解竞技体育、参与竞技体育、欣赏竞技体育、关注竞技体育，从中获得精神的享受、意志的锻炼、品格的培养，焕发出昂扬的斗志，拼搏的精神。在体育产业上，要培育体育市场，扶持本地体育用品生产企业，做大做强体育旅游和户外体育休闲业，增强体育消费的供给能力，满足广大人民群众的体育消费。二是要做好体育外延这篇文章。要分析不同阶段的体育走向，深入开发体育有形和无形资源，切实做好体育与其他行业的嫁接工作，将体育的元素融入到更多的领域，打造更加多元的产品，满足更加广泛的社会需求。

第五，依法行政，依法治体是体育事业发展的重要保障。体育事业的发展离不开法制的保障，在发展过程中我们坚持依法行政，依法治体，积极探索并建立适合全市体育发展的长效机制，坚持抓好法制宣传教育工作，使广大干部职工牢固树立依法行政意识，依法治体的能力不断得到提高，体育事业沿着法制轨道稳步前进。

"要把重庆加快建成西部地区的重要增长极、长江上游的经济中心、城乡统筹发展的直辖市，在西部地区率先实现全面建设小康社会的目标"。这是胡锦涛总书记代表党中央、国务院对我市各级领导干部的寄语，也是对我市体育工作者的寄语。在祖国六十华诞即将到来之际，全市体育人一定高举邓小平理论伟大旗帜，深入贯彻党的十七大精神，更加紧密的团结在以胡锦涛同志为核心的党中央周围，务实求真，开拓创新，力求重庆体育事业的大发展、大繁荣，为国家的体育事业做出重庆应有的贡献。

四川体育60年发展与探索

四川省体育局局长　朱玲

一、发展与成果

新中国成立60年来，我们国家发生了翻天覆地的变化，经济发展、社会进步、人民富裕、国力增强。四川体育随着共和国前进的步伐，呈现出欣欣向荣的发展景象。在发展目标不断提升的引领下，群众体育、竞技体育、体育设施、业余训练、体育产业、体育法制和体育文化等多方面持续发展，实现了一个又一个跨越，成就斐然。在建设小康社会，构建和谐社会的进程中，体育越来越明显地发挥着独特的作用。

（一）从"重要基地"到"体育强省"，体育发展战略目标不断提升

战略目标定位既明确奋斗方向，又确定发展思路。我省体育事业发展战略目标是改革开放后正式提出来的。随着改革的进程，经济的发展，我省体育事业发展战略目标定位逐步升华。改革之初，党中央1984年发出《关于进一步发展体育运动的通知》，省委在贯彻实施意见中将体育发展

目标确定为"在本世纪内把四川建设成发展我国体育事业的重要基地"。省体委提出了"统筹兼顾、突出重点、分类指导、择优扶持"的体育工作指导思想和"体育社会化"的发展思路。

世纪之交,省委省政府关于贯彻实施中央 8 号文件的意见,将体育发展目标确定为"西部文化强省建设的重要组成部分",省体育局提出四川体育工作总框架为:"一个纲领(体育法)、两大系统工程(全民健身计划和奥运争光计划)、三项战略任务(体育产业、科教兴体和人才培养)"。

2005 年,省委省政府召开了"四川省体育发展大会",作出了《关于加快建设体育强省的决定》。确定我省体育发展战略目标是"体育强省",强调要着力实施"全民战略"、"金牌战略"和"品牌战略"。《决定》还提出了体育发展思路,即围绕建设体育强省这一目标;实施"全民健身计划"与"奥运争光计划"两大系统工程;抓住"体制机制创新"、"优秀人才培养"、"体育设施建设"三个关键;解决"战略调整"、"产业发展"、"运动员进出"、"体教科结合"四方面存在的突出问题,实现我省体育的跨越式发展。

(二)从"学校体育"到"全民健身",群众体育不断拓展丰富多彩

新中国成立后一段时期,青少年体育一直是体育工作的重点。我省各级各类学校从 50 年代推行"准备劳动与保卫祖国"(简称劳卫制)到 60 年代全面施行"青少年体育锻炼标准",极大地激发了青少年体育锻炼的热情。尔后,群众体育逐步推向厂矿、机关。大跃进时代,省体委和省总工会倡议在全省职工体育活动中叫响"全民体育"的口号;1965 年,全省 547 万职工踊跃参加"百日职工体育锻炼活动"。群众体育在我省城镇开展得十分活跃。

改革开放以来,我省群众体育发展迅猛。80 年代,以"条块结合"为抓手,推动群众体育开展。一方面,省体委出台了《四川省各县体育工作

暂行规定》，牢牢地抓住县级体育这个基础，把群众体育推向了广阔的农村大地；另一方面，充分发挥体育组织的桥梁、纽带作用，争取各部门行业、各群众团体的配合支持，使全省群众体育开展得有声有色、丰富多彩。

90 年代，随着"全民健身计划"的实施进程、按照"宏观上定格局，过程中抓关键，实施中突重点，层次上抓基础"的工作思路，扎实抓好从宣传发动，组织领导，试点启动到督导监测，评估激励各个环节，使我省全民健身活动声势渐大、蓬勃开展。

进入新世纪，群众体育从形式到内涵，发生了深刻的变化。从活动形式上看，更加规范有序，近几年基本形成了全民健身"年年有主题、月月有活动、个个有特色"。从组织引导上看，立足构建全民健身服务体系，努力在健身组织、健身设施、健身指导、健身活动、体质监测、宣传推广等方面搞好服务。从发展态势上看，各地着力打造各自的"特色体育"，乐山的"假日体育"、成都的"体育四进社区"、达州的"元九登高"、广安的"观光体育"、内江的"周末快乐体育"、三州的民族体育等，称得上百花齐放、交相辉映。大众健身掀起热潮，体育消费成为时尚，更多的社会成员共享体育健身实惠，共享改革开放成果。我省先后涌现出"全国体育先进县"20 个、"四川体育先进县"76 个、"全国亿万农民健身活动先进乡镇"73 个、"全国城市体育先进社区"45 个、"四川省城市体育先进社区"99 个。60 年来，全省参加体育健身的人数不断增加，截至 2008 年，我省参加体育活动的人口达到 38%。

（三）从"总分战略"到"金牌战略"，竞技体育实力增强硕果累累

自 1951 年四川组建专业训练的篮球、排球、田径等竞技体育代表队开始，经过 60 年的不懈探索，四川竞技体育体系基本形成。根据四川人口大省的基本省情和着眼于整体实力，我省从 1979 年起实施四川竞技体育发展的"总分战略"。这一时期，通过项目布局、基地建设、充实人员、壮大队伍，使我省竞技运动整体实力大增，在第二十四届、第二十五

届奥运会和第六届、第七届全运会上取得了骄人战绩。90年代中后期，我们提出了"依靠国家保重点项目、依托社会办热点项目、依据市场攻难点项目"的竞技体育项目发展思路，我省三大球等项目一度活跃在竞赛市场，滑水、跳伞、空海模等非奥项目走向了表演和工艺制作市场，竞技体育整体实力不断提升。2005年"四川省体育发展大会"明确提出"竞技体育要坚定地走精兵之路"，实施"奥运带全运、全运促奥运"的"金牌战略"。指导我们整合资源、突出重点、调整结构、提高效益，使我省体育健儿在2006年多哈亚运会和08年北京奥运会上披金戴银，均实现历史性突破。我省参加了第一届到第十届全国运动会，均取得优异成绩，总分、奖牌、金牌成绩均列西部地区第一。四川竞技运动水平跻身于全国先进行列。

运动技术水平的不断创新推动了我省一批优势项目（群）的形成。四川田径的短跑自1965年陈家全平男子100米世界纪录后一直保持全国领先水平；四川女排"高飘发球，顽强防守，打吊结合"的技战术风格是创造全运会"四连冠"战绩的"传家宝"；四川跳水队1971年率先试用金属跳板，探索出了全国推广的"高、稳、美"三字经；体操、花样游泳、艺术体操、射击、射箭、乒乓球、网球、垒球、曲棍球等一批重点布局项目开花结果，显示出"小、灵、轻、巧"的四川特色。

自1984年第23届奥运会到2008年第29届奥运会，四川省共有109名运动员代表祖国参赛，张蓉芳、梁艳、朱玲、高敏、陈龙灿、张山、唐琳、陈静、邹凯、殷剑等10人获得奥运会冠军。其中，高敏蝉联两届奥运会跳水冠军，邹凯独得北京奥运会三枚体操金牌。

据统计，建国60年来，四川共获世界冠军123个，亚洲冠军291个，全国冠军1292.5个，（其中全运会冠军109.5个）；26人33次破33项世界纪录，29人41次破31项亚洲纪录，打破全国纪录500多次。

（四）从"场馆无几"到"星罗棋布"，体育场馆加速建设成倍增长

新中国成立时，四川仅有体育场469个，且无一标准公共体育场馆。

新中国成立初期修建的重庆体育馆、大田湾体育场和成都市人民体育场是四川最早修建的大型公共体育场馆。1965 年，全省体育场地发展到 7511 个。改革开放以来，随着经济增长社会发展，我省体育场馆建设发展势头更加迅猛，2004 年第四次全国体育场地普查结果显示：四川省（重庆直辖后）各类体育场地 44633 个；其中标准体育场地 65 种 26385 个，建筑面积 433 万平方米，场地面积为 340 多万平方米。四川省体育馆、成都体育中心、新津水上运动场、四川省青少年体育活动中心等一批标志性体育场馆相继投入使用。近几年，四川米易国家级激流回旋竞训基地、省专用足球场、双流国际网球赛事中心、犀浦田径基地室内田径馆等一批大中型公共和专业体育设施建成。绵阳、南充、阿坝、泸州、资阳、自贡等十多个市州新建了标准体育场、馆。全省已有 75% 以上的市州具备承办省级以上综合性运动会的场馆条件。此外，国家、省级体育彩票公益金资助新建国家级全民健身中心 7 个、"雪炭工程" 15 个、"民康工程" 3 个、"全民健身路径" 2000 余条、农民体育健身工程 2000 余个，为全民健身提供了活动空间。

体育设施建设成果不俗，得益于三个因素：一是社会多元投入，我省以财政性资金为主导，社会各方面乃至个体投资兴建体育设施的局面已基本形成；二是重大赛事拉动，我省协办第七届全运会，承办第六届大运会、第二届全国体育大会、第四届全国农运会，举办历届省运会，兴建了一批高质量体育场馆；三是体育彩票助力，体彩公益金资助了一大批全民健身工程、民康工程、农民健身工程和公共体育设施的建设。

（五）从"三集中体校"到"七个一工程"，业余训练创新格局质量提高

青少年业余体育训练是体育事业可持续发展的基础性工程。早在1956 年 10 月，我省在成都、重庆、自贡、南充等地各试办了一所青少年业余体校。80 年代，省体委建立"一条龙"专业业余训练体系，推动了全省"三集中"（集中食宿、集中学习、集中训练）体校的建设，培养出

大批后备人才。改革开放后，我省业余训练实现了单一体制到多元化格局的跨越。随着社会各层面对人才全面发展的需求，单一的体育系统办体校的路子越来越窄。经过体育人的不断探索，1984年我省田径学校诞生，闯出了"体教结合"的新路子。尔后，以体校、传统校和青少年体育俱乐部，后备人才基地等形式，更拓宽了"体教结合"抓业余训练的空间，辐射和带动了社会各方面乃至个体兴办业余训练，形成了今天"体育主导、体教结合、社会参与"办业余训练的崭新格局。

业余训练层次布局上，80年代提出的"扩大初级、调整中级、加强高级"到今天的"初级做规模、中级抓质量、高级出人才"的布局，有了新的发展。2006年，省体育局在调查研究，总结提炼的基础上，提出实施包括宗旨、模式、阵地、渠道、机制、队伍、环境等内容的我省业余训练"七个一工程"，并配套了一系列政策措施，把业余训练推上一个新的台阶，为我省体育事业可持续发展奠定了良好基础。

实施"七个一工程"以来，我省每年投入上千万元资金，推进了业余训练规模不断拓展，在训人数不断增加。目前，全省共有国家级高水平后备人才基地15个，省级19个；市县级体校191所；国家级青少年体育俱乐部168个；国家、省、市三级传统项目学校1005所；在训人数近4万人；形成了覆盖广、形式多、项目全、人数众的业余训练的可喜局面。

（六）从"靠吃皇粮"到"为国创利"，体育产业方兴未艾亮点突出

计划体制时期，体育系统人员"靠吃皇粮"，事业发展靠财政支撑。上世纪90年代，体育产业伴随着改革开放的潮流应运而生。"计划经济"到"市场经济"的根本转变，带来了体育人从观念到行为的巨大变化。从小打小闹的"业余创收"到理直气壮的"产业开发"，最终体育人以市场主体的姿态，昂首进入社会主义市场经济。为国家产业结构调整，国民经济发展作出了直接贡献。体育人不但能"为国争光"，而且能够"为国创利"。

体育产业，以体为本。体育竞赛市场是体育本体产业发展的一块"重地"。自 1993 年四川成功协办全运会后，又成功地举办了一系列国际国内重大赛事。造就了名噪一时的成都"金牌球市"，产生了颇有影响的绵阳"赛会经济"，引来了举世闻名的 NBA 品牌的市场开发，连续 25 年获得"全国最佳赛区"的殊荣。

体育用品业市场广阔，商机无限。四川多次成功承办"中国国际体育用品博览会"，推动了体育用品的生产，拓展了体育用品市场。"体博会"的巨大影响，引来不少"金凤凰"，几十家知名企业纷纷来川，共同启动成都温江"国家体育产业基地"建设。

在四川，体育表演、体育旅游、登山漂流、健身休闲以及体育无形资产开发，从无到有，不断拓展。

体育彩票是我省体育产业的最大亮点。四川，诞生了全国统一发行的第一张中国体育彩票；四川，作为第一梯队迈进了电脑型体彩市场。从 1994 年到 2008 年，四川体育彩票累计销量已经突破 117 亿元，获得公益金 38 亿元，上缴国家税收 5 亿多元。公益金除上缴中央用于资助公共福利事业外，可观的财力已成为体育事业又好又快发展的有力支撑。

（七）从"行政主导"到"依法治体"，体育法制从无到有逐步加强

新中国的竞技体育，可以说是源于革命军队。新中国成立初期，各级体委主任都是由部队首长兼任。因此，体育运动队伍尤其是军事体育队伍在较长一个时期实行"半军事化"管理。在事业发展上，则主要靠"政策指导"和"行政作为"来推进工作。改革开放后，我们国家确立了依法治国的基本方略，体育战线也步入了"依法治体"的轨道。我省体育法制建设三方面工作颇有成效。

一是普法。通过五个五年普法，全省广大体育工作者经历了从具备基本法律知识到树立法律意识，再到提高法律素质的过程。法制宣传教育的开展，有力地推进了依法行政、依法治体的进程。省体育局荣获中宣部、

司法部表彰的2001—2005年全国法制宣传教育先进单位。

二是立法。1995年，新中国第一部体育法律《中华人民共和国体育法》颁布实施，填补了我国体育立法的空白。我省迅速跟进，省人大常委会先后颁布了《四川省体育条例》、《四川省全民健身条例》；省政府制定了《四川省登山管理办法》；省体育局先后出台了一系列规范性文件。我省与体育法配套的地方法规和规范性文件制定工作取得了明显进展，标志着我省体育法制建设进入到一个新的发展阶段。

三是执法。近些年来，全省各地体育部门认真贯彻实施体育法律法规，依法行政、依法治体，规范体育行政执法行为，推进体育行政审批制度改革，推行体育行政执法责任制，成效明显。省体育局两次被评为"四川省行政执法责任制先进集体"。省体育局每年与省人大教科文卫委员会和省政府法制办共同组成体育行政执法检查组，先后对15个市州贯彻实施体育法律法规的情况进行了检查。2001年全国人大《体育法》执法检查组来川检查，对我省贯彻实施《体育法》的情况给予了较高评价。

（八）从"健身功能"到"文化现象"，体育文化立足建设功能凸显

60年来，体育经历了由单一的健身功能向多元功能扩展的过程。随着经济发展、社会进步，尤其是改革的深入、观念的更新，"体育文化"逐渐被认同，体育的多元功能日益凸显。体育文化，立足建设。我省率先着手体育文化的组织建设，从省体育文史委的组建到省体育博物馆的挂牌；从设置省体育文化交流中心到成立体育文化发展促进会。形成了体育文化专门组织机构。改革开放以来，由这些组织机构牵头，编写体育文史资料、收集整理体育文物、举办体育成果展览、组织体育文化活动、出版体育理论专著、创作体育艺术精品。使体育文化不断传播，扩大了四川体育的社会影响。

四川体育文化领域的大型展览活动始于1959年八一建军节，四川省第一次国防体育展览活动历时20天，观展群众4万多人次。四川体育影

视于上世纪 60 年代起步，主要代表作品有故事片《剑魂》、《自古英雄出少年》和电视剧《长江第一漂》。体育艺术创作屡出精品，刘先修的《激战》入围英国 1979 年国际摄影展；王瑞林的《神兵天降》获第 4 届中国摄影艺术最高奖《金像奖》；朱成的《千钧一箭》荣获全国首届体育美术作品展特等奖；叶宗明的《高台跳水》在北京奥运会景观雕塑全球征集大赛上中榜金奖。迄今，四川保持了参加全国体育美术作品数、获奖作品数以及国际奥林匹克博物馆永久收藏作品数（四川有 5 件）3 项全国第一的荣誉。在体育科学文化普及方面，省体育局先后编印数十万册《体育健身知识手册》，组织"科学健身"巡回演讲 200 多场。为珍藏 2008 非常之年的重大事件，省体育局组织力量编辑出版了《5·12·汶川·体育人》、《运动风采·奥运特刊》、《这特殊的一棒　我们精彩传过》大型画册专辑，并在全国率先创办了体育文化刊物《四川体育文化》。同年，以四川学者为主体推出的《体育新视角丛书》首批 12 本专著向北京奥运会献礼。

体育文化逐渐渗透于人们的生活。熬更守夜观赛，包机包船助威，是四川球迷的最大快乐；打太极拳，跳健身舞，是许多巴蜀老人的每日必修课；着运动装，挎运动包，一度成为都市青年的时尚；打网球，玩桥牌，是不少脑力劳动者调节生活节奏的手段；观赏大型比赛的开闭幕式，人们感受到体育表演力与美的完美结合；置身奥运火炬传递洪流，大家共同分享激情澎湃的奥运欢乐。体育提供给人们的，不仅仅是身体运动，更是一种文化享受，一种精神载体。体育，正悄然融入人们新的生活方式。

二、实践与探索

60 年的发展历程，特别是 30 年的改革实践，使四川体育人感悟深刻，体会颇丰。在坚决贯彻党的方针政策，坚持四项基本原则，坚定践行科学发展观的大前提下，我们在不断实践、不断探索中得出以下共识。

（一）"围绕中心、服务大局"是四川体育事业发展的基本定位

体育属于"大文化"范畴，是社会事业的重要组成部分之一。同时，体育又是全局中一个单元、一个局部，应当且必须服从和服务于社会主义建设事业的大局，服从和服务于党的中心任务。从中，体育自身也得到不断的发展，体育功能也日益显现。

新中国成立之后，体育运动的发展，增强了人民体质，丰富了群众生活，提振了民众信心，对掀起社会主义建设高潮，起到了推波助澜的积极作用。

改革开放以来，围绕经济建设中心，"体育搭台，经济唱戏"。体育部门组织举办国内外大型赛事和重大体育活动，对于推动经济发展，扩大对外开放，促进城市建设，树立四川形象起到了独特而重要的作用。

在建设社会主义新农村进程中，体育部门健全农村体育组织，兴建农民健身工程，举办科学健身演讲，提供各类体育服务，为社会主义新农村建设添砖加瓦。

"5·12"大地震后，各地体育场馆成为了紧急避难场所、救灾指挥部和救灾物资周转中心，为抗震救灾做出了巨大贡献。

总之，我们坚持围绕中心，服务大局，使体育在四川经济社会发展中发挥了自身的作用。

（二）"以人为本、打造队伍"是四川体育事业发展的关键因素

体育工作，就是做人的工作。就竞技体育而言，激励优秀运动队刻苦训练，争创佳绩，为国争光；就群众体育而言，引导各类人群参加锻炼，愉悦身心，提高素质。总之，体育能使人强健体质、磨练意志、陶冶情操、和谐发展。做人的工作靠人来做，这就必然要求打造一支精神佳、素

质高、能力强的体育队伍。

竞技体育人才队伍是体育队伍的中坚力量。我们通过加强思想教育、强化专业训练、注重文化学习，打造出一支累计拥有国际级运动健将 139 名，国家级运动健将 1532 名，70% 以上具有大专学历的优秀运动员队伍；通过"走出去、请进来"、培训学习、轮岗锻炼等手段，形成了一支中、高级专业技术职称分别为 53.9% 和 20.95% 的教练员队伍；通过引导、培养和提供条件等方式，组织起一支拥有国际级裁判 36 人、国家级裁判 272 人的专兼职裁判员队伍。

社会体育社会办，我们充分挖掘、利用社会体育人才资源，培养出一支拥有一级 1898 人、二级 9088 人、三级 38166 人的社会体育指导员队伍，这支队伍已成为全民健身活动中的一支重要力量。

我省体育干部队伍有 2000 多人，这支队伍从学历结构看，具有硕士、博士学历者 63 人，本科学历者 1107 人；从专业结构看，体育类专业占据绝对优势，行政管理类、法律类、经济类专业比例有所增加。特别是一批批地方党政、其他行业和军队干部交流充实到体育战线，体育管理队伍整体素质不断提升，已成为推进四川体育事业又好又快发展的主要因素之一。

随着体育事业的内涵和外延的丰富和拓展，我们正着手打造体育经营、体育科研、体育文化等人才队伍，以进一步健全我省体育队伍，推进四川体育又好又快发展。

（三）"坚持改革、扩大开放"是四川体育事业发展的根本出路

党的十一届三中全会以来，四川体育人解放思想、更新观念、坚持改革、扩大开放，不断探索建立符合国情省情、符合现代体育发展规律的体育体制和运行机制。

随着改革的进程、形势的发展，我省训练管理体制，从单一的体工队到"向学校化过渡"，形成了省运动技术学院、综合性运动学校、项目管

理中心和训练基地的多元格局，现正向与国家体育总局接轨的运动项目管理中心体制发展。在优秀运动队建设方面始终突出了竞争与创新，1985年以来，省运动队普遍推行了主（总）教练负责制和教练员聘任制，实施动态管理。进入新世纪以来，运动队管理逐步向队委会领导下的分工负责制转变，组成管理者、主（总）教练、领队、科研人员和医生为一体的复合型训练管理团队。省体育发展大会提出实施金牌战略，我们进一步探索完善我省竞技体育新的运行机制。制定了一系列管理运行规范，形成了三大机制，一是以目标任务责任制为核心的"管理机制"，二是与任务成绩直接挂钩的"激励机制"，三是局巡视组、训练单位督导组（均为经验丰富的老领导、老专家组成）与纪检监察部门协同督阵的"监督机制"，促使我省竞技体育在亚运会、奥运会上圆满完成了实施金牌战略的阶段目标。

改革开放以来，经过对推行体育社会化的不懈探索，我省已基本形成"政府领导、社会支持、全民参与"的全民健身体系；形成"体育主导、体教结合、社会参与"的业余训练格局；形成以"以财政性资金主导，社会各方面乃至个体投入兴建体育设施"的多元投入局面。此外，我们进行了以省运会为主体的赛制改革，充分发挥竞赛杠杆作用，推进体育运动的不断发展。

体育是地域的形象使者、是城市的名片。改革开放以来，四川体育在扩大开放、对外交往中十分活跃。一是承办第二十二届世界跳伞锦标赛、第六届亚洲皮划艇锦标赛、第十三届亚洲杯足球赛、国际女排精英赛、国际羽毛球大师赛等重大国际赛事；二是省优秀运动队与许多友好国家互访；三是采取"走出去、请进来"的方式，与国际优秀教练、体育专家互聘交流；四是与日本、俄罗斯、德国、英国、法国和中国香港、澳门等国家和地区体育界建立友好合作关系。通过对外体育交往，吸纳了国际先进的体育理念和训练方式，促进了对外友好关系，扩大了四川的国际知名度，对四川的经济社会发展起到了积极作用。

（四）"团结拼搏、勇攀高峰"是四川体育事业发展的精神动力

在多年的体育运动实践中，四川体育健儿铸就了一种"团结拼搏"的作风，一种"勇攀高峰"的气质。"团结拼搏、勇攀高峰"既融进了中华体育精神，又有着鲜明的地方特色，成为推进四川体育事业不断向前发展的精神动力。

凭着"团结拼搏、勇攀高峰"的精神，四川体育健儿在竞技赛场上创造了一个又一个佳绩。从拥有"五虎上将"的四川男篮首届全运会夺金，到以"三国手"领衔的四川女排全运会"四连冠"，再到四川垒球队十运会折桂，是"团结拼搏"的最好诠释；从蝉联两届奥运会冠军的"跳水女皇"高敏，到巾帼不让须眉的奥运飞碟冠军张山，再到北京奥运会独得三金的体操小将邹凯，是"勇攀高峰"的充分展现。

凭着"团结拼搏、勇攀高峰"的精神，四川体育管理团队在四川体育发展进程中，取得一个又一个成果。在省委省政府的领导和各方面的支持下，从协办第七届全运会的"团结、顺利、成功"，到北京奥运会火炬接力四川传递展示活动的"平安、光荣、精彩、热烈"，显示了四川体育人"勇攀高峰、争创一流"的风采；从组织体育设施"四级网络"建设到连续三年实施"体育十项惠民行动"，四川体育界获得广大人民群众的好评。

凭着"团结拼搏、勇攀高峰"的精神，四川体育彩票队伍艰苦创业、不断壮大。从街头摆摊、城乡设点的原始发行方式到拥有成套设备、规模宏大的现代化发行网络，四川体彩人留下了从"抱成团、求生存"到"抱成团、求发展"的运行轨迹。用"团结拼搏"赢得了西部第一个发行量超百亿元省份的不俗战果。

凭着"团结拼搏、勇攀高峰"的精神，在"5·12"特大地震的紧急时刻，四川体育人同灾区人民一道，众志成城、抗震救灾。从启动应急预案、迅速了解灾情，到捐钱捐物献血、深入灾区慰问，再到编制重建规

划、实施重建工程。全省体育人在抗震救灾、重建家园中展示了团结一致的强大力量和无所畏惧的英雄气概。

突出特色　发挥优势
促进贵州体育事业全面发展

贵州省体育局局长　蔡国祥

2008年8月24日13点30分，在北京奥运会48公斤级拳击决赛中，代表中国参赛的贵州运动员邹市明不负众望，勇夺中国拳击运动在奥运会上的第一枚金牌，实现了中国拳击运动同时也是贵州竞技体育的历史性突破；2008年10月，以"亲近自然、健康人生"为主题的首次全国山地运动会在贵州黔西南州举行，这是山地运动自2005年被列为我国正式开展的体育项目以来首次举办的全国性山地综合赛事，是我省群众体育工作立足省情抓特色而打造的山地户外运动品牌赛事；2009年5月，"多彩贵州"首届贵州民族体育旅游节在黔东南州举办，是我省体育产业工作借助大众户外休闲体育发展趋势，充分发挥贵州自然山水资源和民族文化优势，探索宣传、文化、旅游、体育"四位一体"相结合，发展体育旅游的一次新尝试……

新中国成立的60年，是中国经历历史性变革、取得伟大历史性成就的60年，也是贵州体育实现大发展、大跨越的60年。在新中国成立60年的历史进程中，随着经济发展和社会进步，在国家体育总局的指导下，在贵州省委、省人民政府的正确领导和社会各界的关心支持下，贵州体育事业得到了有领导，有计划，有步骤的发展，全省体育工作解放思想、实事求是，与时俱进，认真贯彻实施全民健身计划，扎实推进奥运争光计划，千方百计发展体育产业，立足省情，突出特色，转变观念，发挥优势，使体育事业呈现出全面、协调、持续的发展之势。

一、贵州体育 60 年发展历程回顾

　　贵州体育事业的发展进步，是随着新中国的发展进步同行的。建国前，贵州省的经济、文化非常落后，体育发展缓慢，体育基础十分薄弱。体育活动开展的项目少，范围小；竞技体育水平极低，在旧中国举行的共 7 次全国运动会上，贵州获得的唯一名次是 1948 年第 7 届运动会的女子 60 米跑第 6 名；体育场地稀少、设施简陋，1949 年全省各类体育场地设施总数仅 44 个。建国后的贵州体育事业，就是在这样基础差、起点低的状况下艰难起步发展起来的。全省体育事业的发展大致分为三个阶段：体育事业的初步发展时期（1949 年 11 月—1966 年 5 月），中华人民共和国的成立，体育成为社会主义建设的一项崭新的事业，根据中央人民政府提出的建设"新体育"的要求和毛泽东同志提出的"发展体育运动，增强人民体质"的号召，全省第一个群众性体育组织——第一届贵州体育会（即中华全国总会贵州省分会）于 1952 年 4 月在贵阳成立。1954 年 11 月，贵州省体育运动委员会成立，1963 年，各市、州、地成立了体育运动委员会。贵州省体育事业在人民政府的关心、重视和社会各界的支持下，从小到大，从单一到综合，得到有计划、有步骤的发展。体育管理机构得到建立，群众体育开始兴起，竞技体育得到较大发展；体育事业曲折发展时期（1966 年 5 月—1983 年 12 月），"文化大革命"使贵州体育事业受到严重冲击，发展遭遇严重阻碍，受到严重挫折，全省历来匮乏的体育场地设施遭到程度不同的破坏和荒弃，一些场地被侵占，体育工作受到削弱。1976 年 10 月粉碎"四人帮"以后，贵州体育战线从政治上、路线上、进行了正本清源、拨乱反正，并在中共中央十一届三中全会之后将工作重心转移到体育事业的建设上，全省 86 个县（区、市）均成立了体育运动委员会，群众体育活动和竞技体育得以恢复，虽总体水平一直处于全国落后水平，但为贵州体育事业的健康发展打下一定基础；体育事业振兴发展时期（1983年12月至今），党的十一届三中全会以来，我国进入了社会主义现代化建设的新时期，体育事业不仅成为社会主义精神文明建设的重要组成部分，而且体育事业的发展，人民体质的增强，又积极促进了社会主义物质文明的建设，体育的作用和影响远远超出了体育的范畴。在此背景下，贵州省体育事业进入振兴发展时期。随着全省政治、经济的逐渐好转，改变贵州体育落后的面貌，迅速成为全省各族人民的强烈心愿和迫切要求。"实践是检验真理的唯一标准"的大讨论，解开了禁锢在体育界的精神枷锁，激励了广大体育工作者攀登高峰的雄心，为贵州体育事业的振兴提供了思想动力。改革开放以来经济的繁荣、社会的安定、人民生活水平的提高，为贵州体育的振兴创造了条件。1984年中共中央发出了《关于进一步发展体育运动的通知》，贵州省委、省人民政府于年底召开了全省体育工作会议，制定了具体的奋斗目标，将"从贵州实际出发，扬长避短、突出重点，首先争取在个别项目上突破，然后带动其他项目发展"确定为全省体育发展规划的指导思想，对全党全社会办体育，加强学校体育、执行重点突破方针以及增加体育投资，加速体育场馆建设等重大问题均作出了明确规定；并将《贵州省体育工作会议纪要》作为省发〔1985〕1号文件下发。1989年省人民政府召开了全省体育工作会议，以黔府〔1989〕54号文件印发了《全省体育工作会议纪要》，提出了进一步动员社会力量办体育，加速体育社会化，全面加强学校体育，抓好高水平体育后备力量的培养，改革竞赛体制等。1995年省人民政府召开了全省体育工作会议，研究制定了贵州体育事业发展的指导思想、奋斗目标及其政策措施，提出全面推行《全民健身计划》，在未来两届奥运会上有贵州运动员参加，体育场地建设要在各市（州、地）政府（行署）所在地建成"一馆、一场、一房、一池"的基础上，新建1至2项体育场地设施和20个左右的县建成"一馆、一场、一房、一池"的目标，并以黔府发〔1995〕6号文件印发《贵州省体育工作会议纪要》。2004年为贯彻中共中央、国务院《关于进一步加强和改进新时期体育工作的意见》的精神，中共贵州省委、贵州省人民政府制定了《关于进一步加强和改进体育工作的意见》（黔党发〔2004〕9号）对贵州体育事业发展的指导思想、奋斗目标及其政策措施进行了细化，提出贵州运动员参加2008年第29届北京奥运会争取金牌等目标。1984年以来的20多年间，省委、省人民政府先后下发的这四份文件（纪要），有力地指导了改革开放以来贵州体育工作的发展方向，记录了几代贵州体育工作者探索贵州体育工作发展之路的轨迹。全省广大体育工作者认真学习贯彻文件精神，顺应改革开放的潮流，努力转变思想、更新观念、增强竞争意识，以邓小平理论和"三个代表"重要思想为指导，在工作中，按照"党建工作要旗帜鲜明地抓，群众体育要轰轰烈烈地抓，竞技体育要扎扎实实地抓，体育产业要千方百计地抓，人才培养要聚精会神地抓"的工作思路，坚持体育为人民服务，为社会主义现代化建设服务的方针。以满足广大人民群众体育文化需求为出发点，把增强人民体质，提高各民族整体素质作为根本目标，促进体育事业与经济社会协调发展；坚持群众体育与竞技体育协调发展。唱响"全民健身与奥运同行"主题，全力抓好"29—1"奥运工程（在北京29届奥运会上贵州运动员夺取一枚金牌），加大体育场地设施建设力度；坚持体育与文化、旅游相结合。以发展体育旅游业为平台，打造户外运动品牌赛事，积极发展体育产业；坚持以改革促发展。努力推进体育体制改革和运行机制转变，加强体育法制建设，保持体育事业持续、健康、稳定发展。北京奥运会后，面对我国由体育大国向体育强国迈进的奋斗目标，贵州体育事业继续以科学发展观为统领，围绕目标抓体系、立足省情抓特色、服务大局抓创新、面对机遇抓改革、保障发展抓党建，积极为贵州经济社会发展做出新贡献。

二、群众体育健身活动广泛开展

体育事业的发展，首先是从解放初期蓬勃兴起的群众性体育热潮开始的。据 1955 年统计，全省参加"劳卫制"锻炼的学生有 2 万多人。60 年代，根据国家有关指示精神，全省各地大规模开展了游泳、射击、军事野营等群众体育活动，涌现出东风寨"苗寨女篮"等全国体育先进集体。改革开放以来，通过实施推行体育锻炼标准制度、广播操制度等一系列发展群众体育的措施，在"文化大革命"中冷落下去的群众性体育热潮又蓬勃兴起，并逐渐深入到社会各个领域，深入到家庭，出现了社会办体育，体育社会化的趋势。各级体育机构、许多大中型企业、学校纷纷修建标准体育场地设施，通过业余体校培训体育后备人才及活动骨干，积极开展职工体育、学校体育、农村体育。1988 年，全省经常参加体育活动的人数已达 600 多万，占总人口的 20% 左右，有 59.6 万名学生达到"国家青少年体育锻炼标准"，参加体育锻炼的职工占职工总人数的 50% 左右，少数民族传统体育项目发展到 80 多个。

各种群众性体育组织也有较大发展，1980 年 10 月改选产生了第二届贵州省体育分会（1989 年更名为贵州省体育总会）的同时，恢复和建立篮球、排球、足球、乒乓球、田径、游泳、体操、棋类、武术、桥牌、信鸽、射击等 12 个单项运动协会，后又先后成立了网球、羽毛球、钓鱼、体育舞蹈、门球、台球、高尔夫球、保龄球、皮划艇、赛艇等单项运动协会。为推行全民健身计划，1995 年 4 月，以分管副省长为主任，省直有关部门负责同志和市（州、地）分管领导为成员的贵州省全民健身指导委员会成立并召开第一次工作会议后，各市（州、地）及各县的全民健身指导委员会也全部建立。随着机构改革的进一步深入，全民健身指导委员会更名为全民健身联系会议制度。截至 2008 年成立省级行业体协 7 个，单项体协 31 个，民办非企业单位（体育俱乐部）18 个。省级以下各级体育项目社团组织发展到 1022 个，全省各级老年体协组织 5540 个。各群众性体育组织协助配合体育行政部门，在联系社会、培训骨干、组织体育竞赛和推行全民健身活动等方面发挥了积极作用。

自 1995 年实施《全民健身计划纲要》以来，我省群众体育工作把构建全民健身体系，提高人民健康意识和健康水平作为体育工作的重要任务贯彻落实。围绕着"三个环节"（建群众身边体育场地，抓群众身边体育组织，开展群众身边体育活动）、抓好"三个重点"（青少年体育以学校为重点，农村体育以乡镇为重点，城市体育以社区为重点）、实施"三个工程"（青少年阳光体育工程、农民体育健身工程、全民健身路径工程），广泛动员全社会力量开展群众性体育活动，形成政府领导、依托社会、群众参与的格局。充分发挥各级工会、共青团、妇联、各行业部门和社会各界办体育的积极性，通过各行业体育协会、人群体协、单项体协和各类群众体育团体开展形式多样、丰富多彩、科学文明的全民健身活动，唱响"全民健身与奥运同行"的主旋律，增强人民群众的体育意识，普及群众体育的参与面，使参加体育锻炼逐渐深入人心，成为人们新的生活方式。全省每年组织千人以上的大型群众性体育活动 500 余次，各种体育比赛、表演活动 6000 多次，直接参加活动的各族群众年均超过 500 万人次。各地在开展有声有色的群众性体育活动中也创建了自身的品牌赛事或活动，贵阳的白云国际风筝会、六盘水凉都系列活动、遵义的篮球竞赛表演、铜仁梵净山登山赛、黔南斗牛节、黔东南民族龙舟节、毕节杜鹃花围棋邀请赛、黔西南万峰湖野钓大赛、安顺万人奔向黄果树半程马拉松跑等活动进一步做大做强，活动更具有民族性、传统性、趣味性和健身性。2008 年10 月首次全国山地运动会在黔西南州成功举行。全国 31 个省、自治区、直辖市和解放军、中国少数民族体协的 33 个代表团共 39 支运动队近 2000多名登山户外运动专业队员和爱好者参加赛事活动，40 多家境内外媒体200 多名记者参加报道，在全国产生了广泛影响，获得国家体育总局和各省、区、市的一致好评。

通过不懈的努力，现全省经常参加体育锻炼的人数城镇已达到49.4％，农村达到32％，国民体质检测合格率达65％；群众性体育骨干队伍不断发展，各级各类社会体育指导员已突破13476人，群众体育组织网络覆盖城乡，体育健身指导站（活动点）7547处，体育传统项目学校220所，青少年体育俱乐部70个，少数民族体育基地34个、残疾人体育训练基地4个，全民健身路径达684条，农民体育健身工程1383个；国民体质监测系统初步建成，监测网点覆盖9个市（州、地）和34个县（区、市）；全省共有400多个集体和200多个人受到国家表彰。

此外，在相关部门的大力配合支持下，我省少数民族体育、老年人体育、残疾人体育坚持因人、因时、因地制宜和业余自愿、小型多样、文明的原则，广泛开展活动，水平不断提高。特别是少数民族体育工作，通过与民族、教育等部门的合作，明确划龙舟、打陀螺、射弩为重点发展项目，采取在民族学校开设民族体育课，建立省级民族传统体育训练基地、举办全省比赛等措施，从中发现苗子、培养人才。同时，挖掘整理并广泛开展贵州省独特的民族民间传统体育项目，如抢花炮、独竹漂、舞狮、舞龙、赛马、斗牛等。从1982年起，每4年举办一届的省民运会已举办了6届，组团参加了8届全国民运会，共获得金牌16枚、表演项目8个金奖，特别是在2007年广州举行的第八届民运会上，我省夺得14枚金牌和7个表演项目金奖，在前七届全国民运会上，我省只获得2枚金牌，本届夺取14枚金牌，创造了我省参加民运会的历史最好成绩。现贵州已获得2011年第九届全国民运会的承办权，这将更进一步促进我省少数民族传统体育运动乃至贵州体育事业的发展。贵州残疾人运动员自1984年以来，多次参加国内国际残疾人运动会，共获得国内比赛金牌32枚、银牌20枚、铜牌28枚，获得国际比赛金牌15枚（其中残奥会2枚）、银牌20枚（其中残奥会3枚）、铜牌6枚，并3次打破残疾人游泳奥运会纪录。

1983年12月7日，经省人民政府批准，贵州省老年人体育协会正式成立，核准了专门的人员编制、修建了专门的办公地点和场地，从此，贵州省老年人体育活动从松散、无序、活动单一向有组织、正规化、规范化发展。协会成立以来共举办 5 届全省老年人体育运动会，目前全省老年人体育协会会员达到 95 万人。

三、竞技体育扎实发展　成绩显著

解放后，竞技体育队伍发展迅速。1954 年省体委成立不久，就创建了男、女篮球与排球项目的优秀运动队，1958 年发展到包括篮球、排球、足球、田径、游泳、体操、乒乓球、射击、马术、无线电、自行车、航空与航海模型等 20 多个项目。竞技水平有了很大提高，在 1953 年举行的第二届全省运动会，首次打破两项全国纪录；同年 8 月，贵州代表团参加西南地区运动会，又打破 1 项全国纪录、6 项西南地区纪录并获田径团体总分第二名、6 个单项第一名和 1 个第二名。1959 年贵州代表团参加第一届全国运动会，共获 6 枚金质奖章、2 枚银质奖章、3 枚铜质奖章、15 个优胜团体奖杯及 122 个录取名次。60 年代至 80 年代初，由于国民经济困难尤其是"文化大革命"的严重影响，贵州体育事业尤其是竞技体育的发展呈现停滞状态，运动水平急剧下降，长时间处于全国落后位置。1984 年后，贵州省委、省政府采取措施，切实加强对体育工作的领导，深化体育改革，确定了"缩短战线、突出重点、强化优势、提高效益"的指导思想，坚持扬长避短、发挥优势、确保重点的原则，对重点项目在人力、财力、物力上实行优先的政策，使从整体上在全国处于相对劣势的贵州竞技体育，能在射击、航空模型、航海模型、体操等少数项目上保持一定的竞争力。随着体育改革的深入，为贯彻落实奥运争光计划，从本省实际出发，对专业运动队的项目设置进行了几次结构调整，将篮球、足球、排球、乒乓球、无线电航空与航海模型等运动项目调整为社会办项目，又根据发展需要，增设了一些新的运动项目，现省优秀运动队的运动项目从 20 多个调整为射击、射箭、体操、艺术体操、蹦床、田径、拳击、羽毛球、击剑、举重、摔跤、游泳、跆拳道、赛艇、皮划艇等 10 多个项目。在项目结构调整的基础上，贵州竞技体育确立了不能盲目攀比，有所为有所不为的指导思想，紧紧围绕为国家选拔培养人才，实现新一轮世界大赛、奥运会夺取金牌，为国家作贡献的战略目标，采取"突出特色，联强做优，精选优育，提高效益"的项目发展方针，继续坚持重点发展"精、小、巧"优势特色项目和"走出去、请进来、送上去"的项目提高形式。着力优秀运动队的建设，抓好运动队思想政治工作，努力提高训练水平和竞争能力；着力夯实我省竞技体育的基础，研究建立健全新形势下以省运会为核心的竞赛体系，加强优秀体育后备人才基地和青少年体育活动中心的建设；着力构建我省优秀运动队的保障服务体系，完善训练基地建设，健全基地配套设施；着力创建"体、教、科"结合的发展新机制，走优秀运动队向院校化发展的道路。

在省委、省人民政府的正确领导下，在社会各界关心支持下，广大体育工作者不甘落后，奋起直追，经过努力拼搏，竞技体育水平又呈现上升之势，参加国内、外比赛取得重大突破。1986 年贵州 1 名运动员入选中国代表团参加第十届亚洲运动会，获得 2 枚金牌；1987 年，贵州代表团参加第六届全国运动会，获 1 枚金牌（该枚金牌是自 1963 年第二届全运会之后贵州在全运会上取得的首枚金牌）、3 枚银牌、3 枚铜牌及 15 个录取名次，团体总分 70 分，奖牌数与总分均排列全国第 27 位；1988 年，贵州省 1 名运动员入选中国代表团参加第二十四届奥林匹克运动会，获飞碟双向第五名，为亚洲运动员在该项目上取得的唯一名次；1990 年，贵州 1 名运动员入中国代表队参加第十一届亚洲运动会，获得 1 枚金牌；1992 年，贵州 1 名运动员入选中国代表团参加第二十五届奥林匹克运动会获得 1 个第七名；1993 年，贵州代表团参加第七届全国运动会，共获 4 枚金牌、3 枚银牌、1 枚铜牌及 21 个录取名次，团体总分 114 分，奖牌数排列全国第 24 位，总分排列第 27 位；1994 年，贵州省 1 名运动员入选中国代表团参加第十二届亚洲运动会，获得 1 枚银牌；1996 年，贵州省 2 名运动员入选中国代表团，参加第二十六届奥林匹克运动会获得银牌、铜牌各

1 枚，实现了贵州省几代运动员和体育工作者在奥运会上"升国旗"的夙愿；1997 年，贵州代表团参加第八届全国运动会，共获 3 枚金牌，3 枚银牌、4 枚铜牌及 25 个录取名次，团体总分 259 分，奖牌数与总分在参赛的 46 个代表团中均排列于第 24 位；1998 年，贵州 2 名运动员入选中国代表团，参加第十三届亚洲运动会，获得金牌、银牌各 1 枚；2001 年，贵州代表团参加第九届全国运动会获得 3 枚金牌、4 枚银牌、7 枚铜牌及 15 个录取名次；2002 年贵州 3 名运动员入选中国代表团参加第十四届亚洲运动会，获得金牌 1 枚；2004 年，贵州 2 名运动员入选中国代表团参加第二十八届奥林匹克运动会，获得铜牌 1 枚；2005 年贵州体育代表团参加第十届全国运动会获得 1 金 1 银 5 铜和 19 个录取名次；2008 年贵州运动员在北京第二十九届奥运会上获得 1 枚金牌，终于实现了贵州体育人在奥运会上"奏国歌"的夙愿。

新中国成立 60 年来，涌现出一批为国为省争得荣誉，做出贡献的著名运动员：如在 1963 年第二十七届世界乒乓球锦标赛上荣获男子团体冠军，为贵州第一个世界冠军的王家声；在 1988 年、1990 年、1994 年三次荣获世界航空模型锦标赛操纵特技团体冠军的王建忠；1993 年世界杯射击总决赛男子 10 米移动靶冠军，并为贵州省第一个在奥运会上荣获银牌的运动员肖俊；1994 年世界体操锦标赛上荣获高低杠单项冠军的女运动员罗丽；1998 年世界羽毛球（尤伯杯）团体决赛冠军和第十三届亚运会羽毛球团体冠军，为贵州在奥运会上第一个获得铜牌的女运动员唐鹤恬（原名唐永淑）；1998 年荣获第四十七届世界射击锦标赛男子气手枪团体冠军、第十三届亚运会男子气手枪团体亚军的吴辉；1999 年荣获世界飞碟射击锦标赛女子飞碟多项团体冠军的女运动员韩芳；蝉联 2005、2007 年世界拳击锦标赛 48 公斤级冠军，并在 2004 年第二十八届奥运会上夺取铜牌和 2008 年北京第二十九届奥运会上夺取男子拳击 48 公斤级金牌，实现贵州运动员奥运会金牌零的突破的运动员邹市明。1986 年亚洲飞碟射击锦标赛个人冠军，第十届亚运会飞碟双向团体和个人冠军，贵州第一个参加亚运会并获名次运动员张卫刚；1990 年第十一届亚运会男子佩剑团体冠军的蒋叶菲以及 1979 年在第四届全国运动会上分别以 188 中、196 中的成绩打破射击飞碟双向全国纪录和亚洲纪录，1981 年获第一届亚洲飞碟锦标赛冠军，贵州第一个打破亚洲纪录夺得亚洲冠军的运动员李克胜；2002 年在第十四届亚运会上荣获赛艇女子 4 人单桨团体金牌的女运动员俞静，以及荣获 2007 年世界体操锦标赛女子团体亚军的女运动员肖莎，荣获 2007 年世界杯体操德国站、英国站男子跳马金牌运动员杜伟等。六十年来共有 16 名运动员成为国际级运动健将，有 11 名裁判员成为国际裁判。据不完全统计，截止 2009 年，贵州省同世界上近 50 个国家和地区进行体育交流，其中出访共 310 次，350 多人次，接待来访 25 次 736 人，派出 27 名教练员援外执教。

四、体育场地设施改善明显

解放前，贵州体育场地设施稀少，设施简陋。解放后，全省各地逐年兴建了一批体育场地设施。包括 50 年代在贵阳动工修建了占地面积 4 万平方米、容纳观众 2 万人的省体育场、占地面积 3 万平方米的省射击场，60 年代修建了六广门训练馆和占地 2654 平方米的贵阳市东山游泳池以及游泳池、田径场、足球场和露天篮球场等。1950 年至 1983 年，全省共兴建了 27 个种类共 5393 个体育场地实施，但体育场地缺乏、设施简陋一直是贵州体育事业长期存在的突出问题。十一届三中全会后，随着经济的发展，全省加快体育场地设施建设，在体育场地设施经费投入上有了极大的增长。20 世纪 80 年代起在省体育场旁修建了建筑面积为 2574 平方米的双层综合训练馆及田径、足球训练场地等，在贵阳又先后修建了总投资 3000 万的设施比较齐备、拥有 6000 观众席的贵州体育馆和体操馆、艺术体操馆、2300 平方米的省体育运动学校教学楼、省军事体育运动学校 50 米游泳池等体育设施；在清镇训练基地修建了总建筑面积近万平方米的羽毛球馆、拳击馆、摔跤馆、击剑馆、举重馆、田径场、越野跑道和 3500平方米的射击馆、射击场、5300 平方米的射箭靶场以及 6000 平方米的运动员食堂、教学等设施。兴建了可使用水域面积 1.68 平方公里，占地面积 320 亩的红枫湖水上运动训练基地，使专业运动队训练、比赛条件得到明显改善。1994 年后，省体育局投入 12600 万元（利用政府贴息贷款 9710 万元，自筹 2890 万元）兴建了省游泳馆综合楼、玉田体育运动村网球中心、红枫湖水上基地运动员公寓、清镇体育训练基地综合楼、省体运校综合训练馆、足球管理中心综合楼、国民体质监测中心等一批体育设施，使清镇训练运动基地、红枫湖水上运动基地和麻江下司激流回旋基地基本建成，先后被国家体育总局射击、拳击、田径、体操、水上等五个运动管理中心授予训练基地称号，成为亚高原综合训练的理想基地。同时，对新体育场进行了改造，新建了运动员、裁判员休息室、新闻发布厅、电子记分牌，改造了主席台，安装了观众坐椅，铺设塑胶跑道，使建于 50年代的体育场面貌焕然一新。在抓好省级专业运动队场地设施建设的同时，从"亲民、便民、利民"的原则出发，争取国家对西部的支持，实施 4 批 15 个"雪炭工程"建设项目，兴建体育场馆 16 件，增加场地面积近 10 万平方米。在三个自治州实施"民康工程"，修建体育设施。全省兴建"全民健身工程"，实施"农民体育健身工程"，修建老年人体育设施，为全民健身活动的开展和广大人民群众健身娱乐创造了必要的条件。

为了加快全省体育场地设施建设，省里出台政策措施，支持和促进各市（州、地）、县修建体育场地设施，取得了明显的成效：贵阳市政府投资 4262 万改建了贵阳市人民体育场，增建了游泳馆、训练馆，投资 19 亿元的金阳市级体育中心已正式动工。遵义市政府采取土地置换方式投资 1亿多元，在开发区新建了能承接国际国内体育竞赛和文艺演出的汇川体育中心。黔东南州将处于凯里市中心的田径足球场及周围陈旧的体育馆置换，新建了具有民族特色的体育场和体育馆。黔南州新建体育场已投入使用，六盘水凉都体育中心已动工兴建，黔西南、毕节、铜仁的体育场、体育馆都处于建设之中；另外，各学校、企事业单位的体育场地设施也得到改善。截止到 2009 年，全省共有各类体育场地 21513 个，其中体育场 44 个，游泳池 87 个，有固定看台的灯光球场 17 个。

五、体育产业迈上新台阶

贵州发展体育产业较全国为迟。1986 年，贵州省体委利用有飞机、飞行员、飞机场等条件，开展了航空旅游活动和航空拍摄活动，收入数十万元，标志着贵州体育产业的起步。1988 年，贵州省体育馆建成，省体委提出全系统以体育馆为龙头，利用场地条件，开展体育表演、文艺表演、食宿接待、广告、体育器材销售等，同时开办舞厅、旱冰场，开展有偿教学训练等经营活动。省体育馆从 1988—1990 年创收从 100 万元逐步增加到 300 万元。少数条件较好的市（州、地）县（区、市）体育部门也开展了台球、旱冰、餐饮等经营。1991 年在贵阳召开了全省体育系统经营创收经验交流会后，全省体育系统经营创收有了很大的进步。1994 年，省体委抓住贵阳市大规模城市改造的机遇，实施"退二进三"战略（把位于城内车站闹市的训练单位迁往郊区基地，而把这部分商业黄金地段用于体育产业开发，将体育产业开发的收益，又投入到基地的建设中），将位于繁华地段的体育训练场地开发为健身娱乐场所和商业网点，并开展了师资培训、运动技能培训、体育广告等经营活动，当年收入就达 700 万元。各市、县体育部门充分利用地处市区黄金地段的优势，面向群众、面向市场，开展了体育馆和房屋出租，有偿训练服务，停车服务等经营项目。1995 年全省体工会议出台《贵州省体育产业发展意见》，将"体育产业工作要本体推进，全面发展"作为发展体育产业的指导思想，并且将发行体育彩票，建立和培育体育彩票市场等在基本政策和措施上予以明确，提出力争省体委年创收超千万，市（州、地）体委年创收超百万，县（市、区）体委年创收超十万的奋斗目标。各地县体育部门主动发展体育产业的意识逐渐增强，根据当地实际，利用现有的体育设施，积极开展竞赛表演、健身娱乐、服装销售等各类产业经营活动，开拓产业的路子也越来越宽。贵阳市以健身、娱乐、休闲为主的体育服务业初步建立，遵义市利用场馆引进球队竞赛表演，既获得了良好的社会效益，也取得了可观的经济效益。其余各地县也都采取了措施，作了许多有益的尝试。省体育局系统在稳定发展的基础上，又抓住政府贴息贷款发展事业的机会，投入近亿元修建了一批体育设施，增强了体育产业发展的后劲和活力。从1995 年起省体委体育产业收入超过 1000 万元并逐年上升。全省体育系统还认真抓好体育彩票的发行，截至 2008 年年底全省共发行体育彩票 22.29亿元，提取公益金 7.74 亿元，布局体育彩票销售网点 1800 多个。

2004 年以来，全省体育系统围绕将我省建成自然风光与民族风情相结合的旅游大省的目标，充分利用我省丰富的自然资源和民族特色资源，依托政府和动员社会各方面的力量，开展各种以户外体育为特色的体育赛事，通过赛事带动特色体育旅游的开展。这些活动以体育为载体，体育、文化、旅游、传媒有机结合，相互促进，共同繁荣，成为宣传"多彩贵州"的有效形式和手段。贵阳白云风筝节，分别在遵义、黔东南、黔西南、铜仁举办的龙舟系列赛，晴隆 24 道拐汽车爬坡集结赛、六盘水和开阳举办的全国汽车拉力赛分站赛，安顺紫云格凸河全国攀岩赛、毕节百里杜鹃全国山地车赛、龙里全国滑翔伞优秀选手赛、黔西南万峰湖野钓大赛、遵义娄山关国际山地户外运动挑战赛、荔波全国户外运动锦标赛、安顺万人奔向黄果树全国长跑赛、铜仁梵净山太极拳表演大会以及全国山地运动会、贵州首届（黔东南）体育旅游节等赛事的举办，赛事活动场地都设在风景名胜区，有中国最美的峰林国家级地质公园兴义万峰林，国家级风景名胜区兴义马岭河峡谷、万峰湖、国家级历史人文地娄山关、"史迪威公路二十四道拐"、民族风情最浓郁之地黔东南、省级风景名胜区贞丰三岔河、双乳峰等，充分展现贵州自然山水和历史文化资源优势，强调人与自然的和谐，赛事与文化、旅游的融合，使来自全国各地的宾客充分领略了贵州悠久灿烂的历史和浓郁古朴的民族历史文化，极大地提高了贵州各地的知名度和美誉度。赛事的成功举办，既起到了发展体育本体产业，培育体育市场，打造品牌赛事的作用，又达到宣传当地旅游资源和扩大其知名度的效果。

在抓好全省体育系统体育产业工作的同时，积极鼓励社会力量兴办体育产业，逐步培养社会、个人多层次、多渠道投资体育的市场机制。省内已先后有多家企业涉足体育俱乐部、体育健身、体育娱乐、体育服装器材、体育旅游和出资办体育比赛等体育市场的经营和开发，智诚足球俱乐部、咳速停汽车队、围棋队、贵视围棋队享誉国内。我省体育产业呈现出向社会化、多样化方向发展的良好势头。

贵州体育产业的发展，不仅增强了体育部门自身发展的生机和活力，有力地促进了全省体育事业的发展，并且增加了就业岗位和就业机会。为贵州经济发展和社会稳定作出贡献；省体育局自 1995 年以来，将数千万的体育产业创收资金投入体育基础建设，修建和改造了大批体育场馆设施，改善了运动队的训练教学和生活条件，促进竞技水平的提高；全省将体育产业创收用于落实全民健身计划的投入逐年增加，推进了全民健身计划的实施。各级体育部门在城区繁华地段开发的群众性健身娱乐场所和商业网点，已形成较有影响的、规范的商业市场，为社会提供了大量就业岗位，仅省体育局新体育场片区的商业经营网点每年的贸易额就超过数亿元，向国家纳税 1000 多万元，提供就业岗位 4800 多个，其中安排下岗职工再就业 1500 多人，吸纳退役军人 100 多人。

六、体育法制建设、宣传、科研、
人才培养等取得成效

随着依法治国、建设社会主义法治国家方略的普遍实施，贵州体育事业发展逐步纳入法制轨道，体育法治建设步伐不断加快，体育法治局面日趋形成。1995年《中华人民共和国体育法》颁布实施，促使贵州省加强地方体育法规的研制，1996年就启动《贵州省体育条例》的立法工作。经过1年多的调研、广泛征求意见和反复论证，《贵州省体育条例》15次易其稿，于1997年3月27日经贵州省人大常委会第二十七次会议审议通过。《贵州省体育条例》作为全省第一个体育法规和全国第一个地方性体育条例，既是体育法的延伸和补充，又有所创新和突破。条例的颁布实施，对促进贵州体育事业持续、稳定、健康发展具有重要的现实意义和深远的历史意义。《贵州省体育条例》颁布实施后，1998年2月28日，该条例的配套法规《贵州省体育经营活动管理办法》经省人民政府常务会议通过，以（贵州省人民政府令第39号）发布于5月1日起施行。该办法是继《贵州省体育条例》之后贵州体育法制建设取得的又一重大成果。在加强体育立法的同时，制定了大量符合贵州实际的规范性文件，对群众体育、竞技体育、体育经济与产业、体育综合性组织管理等方面的工作进行规范，使体育工作的法制化、科学化、系统化得以加强，体育行政执法行为日趋规范，促进和保障新时期贵州体育事业的改革与发展。

体育宣传、体育科研和体育人才培养等工作在60年来也不断得到加强和发展。体育宣传成效显著，先后创办了《贵州体育报》和《运动员天地》等报刊，其中《运动员天地》是新中国第一本，也是唯一专门为运动员服务的刊报；体育科研意识明显增强，面向体育运动实践加强了体育科技，成立了国家级亚高原重点科研实验室，启动了全省多梯度训练基地研究；体育人才队伍整体实力不断增强，规模结构更为合理，现有二级以上教练员393人、裁判员482人、社会体育指导员6959人。这些都有力地促进贵州体育现代化、科学化、社会化和大众化进程，为贵州体育事业全面、协调、可持续发展奠定了坚实的基础……

新中国成立60年来，贵州体育事业伴随着新中国的伟大历史进程获得了前所未有的历史性发展和进步，取得了显著的成就，为我省经济社会的发展作出了积极的贡献。回顾总结 60 年的贵州体育工作，我们深切体会到：必须探索一条符合贵州实际的跨越之路。要从贵州"欠发达、欠开发"的基本省情出发，有所为有所不为，把握阶段性特征，发挥比较优势，积极探索一条有贵州特色的体育事业发展道路；要把提高人民群众的身体素质作为实现历史性跨越的根本目标。体育工作的根本出发点和归宿是满足人民群众不断增长的体育需求，以人为本，面向大众是体育发展的根本方针。无论是发展群众体育、竞技体育还是体育产业，都要面向民生，着眼于提高人民群众的生活质量，满足最广大人民群众增强体质、愉悦身心、交流情感、激励精神、丰富生活、全面发展等各方面的需求；必须坚持以解放思想，改革创新作为实现历史性跨越的根本动力。要适应社会主义市场经济条件下体育改革发展的要求，不断深化对新形势下体育规律的认识和把握，在正确把握发展趋势的基础上，实事求是、与时俱进、大胆破除制约发展的体制机制障碍。在看到成绩和进步的同时，我们也清醒地认识到，由于贵州体育基础差、底子薄、水平低，并且经济的发展滞后于全国，受其制约，体育事业发展需求与投入不足的矛盾十分突出，无论其发展规模还是发展速度，与全国大多数省、区、市相比，均存在较大的差距，尤其在体育事业经费与体育场地设施方面存在明显差距。据国家体育总局统计：2008 年，全国省级体育事业经费人均占有数为 36.23 元，西南、西北 9 省区人均占有数为 17.5 元，贵州省人均占有数只有 6.78 元，低于全国人均占有数 30 元，低于西面、西北 9 省区人均占有数 11 元。据 2003 年全国第五次体育场地普查统计：全国人均占有体育场地面积 1.03 平方米，贵州省人均占有体育场地面积仅 0.41 平方米，还不及 1996 年全国人均占有体育场设施面积 0.65 平方米的水平。而且现有的体育场地设施还存在布局不合理，发展不平衡等突出问题，这与推行全民健身计划，培养竞技体育后备人才，满足人民群众体育消费的需求不相适应。因此，加快发展贵州体育事业，努力缩小与全国的差距，需要加大对体育事业的经费投入，需要全社会的继续关心和支持，更需要全省各级体育部门和广大体育工作者认真总结经验，牢固树立忧患意识、公仆意识、大局意识、务实意识和效率意识，增强抢抓机遇、加快发展的责任感和使命感，同心同德、团结协作，做好各项工作，为构建和谐贵州，实现全省总体小康社会做出积极贡献。

云岭体育之花

——云南体育60年

云南省体育局局长 查大林

解放前，云南体育设施稀少，体育人才奇缺，竞技体育一片空白。伴随着新中国成长、壮大的历程，云南体育事业经历了从无到有、不断发展进步的过程。特别是在30年波澜壮阔的改革开放实践中，云南体育事业蓬勃发展，竞技体育实现了奥运金牌"零的突破"，群众体育走上了公共体育服务法制化的轨道，体育产业的云南特色日益凸现，呈现出一派欣欣向荣的景象。

云南体育发展的丰硕成果，为中华体育大国建设做出了贡献。这里，在中华体育百花园中撷取几朵云岭体育之花，以此见证云南体育走过的60年风雨历程。

一、多姿多彩民族体育的沃土

云南民族众多，少数民族人口占到全省人口的33.96%，是全国世居民族最多的省份，25个少数民族中有普米、白、哈尼、傣、傈僳、拉祜、佤、纳西、景颇、布朗、怒、阿昌、德昂、基诺、独龙等15个民族为云南所特有，有 16 个少数民族跨境而居，各民族在长期的历史发展过程中形成的独特的民族文化和特有的体育健身传统，是中华优秀传统文化的有机组成部分。据初步统计，云南各少数民族可推广的民族体育项目达 320 余种，享有"民族体育大省"和"民族体育王国"的美誉，丰富的民族文化资源为发展云南体育事业的民族特色提供了条件。以贴近生活、贴近群众为导向的民族民间传统体育在云南的发展历程，成为彩云之南体育事业最具特色的一抹亮色。

（一）确立民族体育的重要地位

对云南多民族省情的深刻认识，使云南将大力发展民族民间体育项目作为云南体育事业的重点、弘扬民族文化的载体、增强民族体质的手段，常抓不懈，抓出了成效：

云南和平解放后，1950 年 10 月在昆明拓东体育场举办的云南省暨昆明市建国后首次大型综合运动会上，云南提出了弘扬民族的、科学的、大众的、为人民健康服务，为生产建设和国防服务的新民主主义体育方针，并以大型民族团体操"阿细跳月"作为开幕式表演，奠定了少数民族体育在云南体育工作中的位置。从此，云南少数民族体育登上了新中国社会主义体育的舞台。

1953 年 8 月，云南的傣、纳西、苗等少数民族运动员代表西南区参加了全国民族形式体育表演及竞赛大会，即全国第一届少数民族传统体育运动会，是西南地区第一个参加全国民运会的省份。

1955 年大理三月街期间，在大理举办的滇西民族体育比赛大会，设赛马、民族武术、打火药枪、射弩、秋千及表演项目共十多项，是云南第一次举办全省综合性民族体育表演和比赛，受到各民族群众的热烈欢迎。

1956 年，在昆明举办的云南省各族青年文化体育表演大会上，表演了赛马、马术、各种类型的秋千等民族民间体育项目。

1960 年，云南省第一届少数民族传统运动会在大理三月街期间举行，为云南和全国同步举办少数民族运动会打下了基础。

其后，虽然民族民间体育运动的开展受到"文化大革命"的影响，一度处于停滞状态，但根植于各族民众之间、与生产生活息息相关的民族民间体育仍像火种一样在群众中生生不息。随着各项体育工作从"文革"后回到正轨，云南的民族民间体育运动迅速恢复并蓬勃发展起来。1982年4月，大理三月街期间举办了第二届云南省少数民族传统体育表演比赛大会，即云南省第二届少数民族传统体育运动会，选拔优秀运动员参加了同年在内蒙古呼和浩特举办的全国第二届民运会，并形成了在全国民运会前举办云南省少数民族传统体育运动会的传统。其后，云南分别于1985年、1989年、1994年、1998年、2004年、2006年举办了云南省第三届至第八届云南省少数民族传统体育运动会。并从第四届云南省少数民族传统体育运动会开始，在省少数民族传统体育运动会上对民族体育先进集体和个人进行表彰。

在举办全省民族体育运动会的基础上，云南积极组团参加全国少数民族传统体育运动会，并取得优异成绩：1999年全国第六届少数民族体育运动会获6金4银5铜，表演项目获金奖、银奖各5个。2003年组成了350人，仅次于东道主的民族代表团参加全国第七届少数民族传统体育运动会，获7金5银4铜，表演项目共获8个一等奖。2007年，组成了26个少数民族的436人的代表团，参加全国第八届少数民族传统体育运动会的11个竞赛项目、15个表演项目的比赛，获8金6银8铜，表演项目获9金6银，取得了突破性的优异成绩。

云南民族体育工作的突出成绩使云南省获得了中华人民共和国第五届少数民族传统体育运动会的承办权。经过认真筹备，1995年，云南省承办的全国第五届少数民族传统体育运动会在昆明市举行。全国各省、市、自治区及中国人民解放军，新疆生产建设兵团和首次报名参加的台湾原住民龙舟队等共33个代表团，53个民族代表共7000人参加了11个竞赛项目和129个表演项目的比赛，成为前五届全国少数民族传统体育运动会参赛代表团最多，参加运动员最多，项目设置最多（表演项目达129项），金牌设置最多，民族成分最多的一届少数民族传统体育运动会。

在以少数民族传统体育运动会为抓手促进民族体育运动快速发展的同时，云南把完善民族体育组织、建立各级少数民族体育协会作为抓好民族体育的基础性工作。据统计，云南省现已完成州（市）级少数民族体育协会的建立工作、少数民族传统体育训练网点覆盖全省。各地根据民族传统和体育特长等优势，建立了摔跤、赛马、射箭、射弩、荡秋千、打陀螺、抢花炮、赛龙舟等项目的训练体系。

2004 年 3 月 26 日，云南省第十届人民代表大会常委会第八次会议审议通过了《云南省全民健身条例》。《条例》第八条明确规定："鼓励发展民族体育，支持民族、民间传统体育项目的发掘、整理和提高，鼓励社会力量举办以民间传统体育项目为主的体育健身活动。"《云南省全民健身条例》的出台，从法律法规的高度对人民群众健身权益提供了法律保障，以法律法规的形式明确了民族民间体育的地位，各级民族和体育部门深入贯彻落实促进民族民间体育的法律法规，有力推动了云南全省少数民族传统体育活动的开展。在 2007 年云南省第十届人大常委会对全省贯彻执行《中华人民共和国体育法》和《云南省全民健身条例》的情况进行的执法检查中，各地党委和政府高度重视民族体育工作，取得了良好成效。

（二）挖掘、整理、普及民族体育项目

云南民族体育内容丰富，项目众多，个性鲜明，民族特点浓厚。面对丰富的民族体育资源，一直以来，云南把民族民间传统体育项目的挖掘整理作为民族文化建设的重要内容，以面向世界、面向未来、面向现代化为原则，不断提高云南少数民族传统体育科学化、规范化、社会化程度。新中国成立后，民族和体育部门通力协作，多次举办了云南省少数民族体育论文报告会，取得了大量的科研成果，出版发行了大批的成果专著，如：少数民族体育史志，少数民族体育教材，发行少数民族传统体育影像制品、制作宣传画册。1990 年介绍云南少数民族体育的新闻影片《古原走来的脚步》获得了南斯拉夫国际电影节大奖，1991 年，反映云南少数民族老年人体育健身活动的新闻影片《金莲绝唱》又获得意大利国际电影

节大奖。

经过多年努力，现在已发掘整理出来的云南少数民族传统体育活动涉及25个少数民族，达300多项，占《中华民族传统体育志》所列项目的40%以上，已建成了一个庞大、全面的云南少数民族传统体育资料的数据库，并逐步构建起云南特色的群众性少数民族体育的健身项目体系。建国六十年来，在挖掘整理的基础上，对云南少数民族体育项目进行精选，出版发行了陀螺、射弩、过溜索、吹枪、堆沙、霸王鞭等23集少数民族传统体育音像资料，受到国家民委和国家体育总局的充分肯定。

在民族民间体育项目中，民族健身操（舞）因承接民族传统文化、不受场地和器材的制约而深受城乡各族群众喜爱。在新时期，为在继承与创新中体现民族性与包容性，在保留民族特色的同时增强健身性，从2006年开始，云南开展了全省少数民族健身操征集、展演、整理和创编工作。仅2007年全省各地共选送民族健身操（舞）项目40个，来自全省14个州市13个少数民族的近300名运动员组成的20支队伍参加了展演比赛。在此基础上，优选项目并完成了彝、白、傣、佤、景颇、哈尼、藏等民族的10套健身操的二次创编，整理、规范出一系列民族健身标准操，实现了民族性、健身性、大众性和观赏性兼备，成为具有云南体育工作的一个亮点。

近年来，云南省多次参与全国少数民族传统体育运动会部分竞赛项目和表演项目规则的修改和补充，在民族体育项目竞技化、规范化方面做了大量细致的工作，为我国少数民族民间体育的推广普及、走向世界做出了贡献。云南省少数民族体育中的射弩、陀螺、堆沙等项目的代表队多次参加国际、国内的重大比赛和表演；云南白族的霸王鞭、彝族的跳月、哈尼族的铓鼓等代表队也多次到国内外进行表演，受到热烈欢迎，成为对外体育交流的有效载体。

（三）全民健身活动中蓬勃发展的少数民族传统体育

受到经济发展和自然地理条件的制约，云南全省标准体育设施少，标准体育器材缺乏。云南体育人深切地感到,群众体育就是要贴近群众生活,全民健身就是要便于民众参与,只要找准突破口,就能在弱势中发现机遇,将劣势转化为发展的动力。来源于各民族生产生活环境的少数民族传统体育活动,淳朴自然,贴近生活,较少受到场地和器材的限制,简单易行、群众喜闻乐见,极有利于在各民族群众中普及、开展。云南群众体育工作必须要以民族特色取胜、以特色促发展。多年来,在挖掘整理的基础上,积极推进民族民间体育项目的推广、普及,各地民族民间体育活动开展得有声有色。

1995年国家体委颁布了《全民健身计划纲要》,提出:"积极发展少数民族体育,在民族地区广泛开展以少数民族传统体育项目为主的体育健身活动"。云南紧紧抓住民族体育特色,充分发挥民族民间体育在实施全民健身计划中的作用,在全民健身活动中打好"民族牌"。

每年的全民健身日、全民健身周和各民族节假日,各地因地制宜组织一系列具有民族风格、地方特点的群众性健身活动,舞龙精英赛、大理州三月街赛马大会等活动,贴近生活,特色突出,群众喜爱,场面热烈。

各地还因地制宜使民族民间体育活动经常化。少数民族传统体育项目,以其独具的文化特征及价值作用,方便群众就近就便参与体育锻炼,已经超越民族地域和文化的限制,逐步被各民族认同和接受,不但在民族地区而且遍布全省城乡。现在,民族民间体育项目已经成为云南各地群众晨、晚练的重要内容,全民健身人群中闪动着各族群众"藏族健身舞"、"烟盒舞"、"跳乐"、"跳歌"、"霸王鞭"、"民族健身操"、"舞龙"、"舞狮"、"打陀螺"等健身活动的身影,民族民间体育活动的开展既丰富了群众体育健身活动的内容,又壮大了全民健身锻炼队伍,有效增加了云南省经常参加体育锻炼的人口,对促进各族人民身体素质的提高起到了推动作用。

云南还将鼓励、扶持民族民间体育运动通过评先评优的政策固定下来。在"云南省体育特色乡(镇)"、"云南省体育特色社区"和"云南省小康体育特色县"的创建条件中"结合本地特点,以特色体育项目为载体，利用农闲和节假日、民族节日开展特色体育活动的人数达到辖区总人口的40%以上的社区、乡镇"和"辖区内获得命名的体育特色社区和乡镇分别达到辖区总数的30%的县"作为申报资格条件，推动了各地民族民间体育活动的开展。截至2008年底，全省达到条件并获得命名的体育特色社区有190个，体育特色乡镇301个，小康体育特色县12个。恐龙之乡禄丰县除了每天广场和其他晨、晚练点彝族左脚舞吸引群众积极参与外，还在"龙"字上做文章，大力普及和提高舞龙水平；旅游胜地丽江古城和迪庆香格里拉每天晚练时间当地群众自发打跳活动已成为当地旅游一项重要观赏和参与项目，吸引着众多游客的参与。

云南的民族民间体育运动还体现在作为基础的青少年体育中。在云南省少数民族地区学校的办学条件有限的情况下，教育和体育部门大力推进民族体育进校园，促进学校体育与民族体育有机结合。云南根据各民族生存的自然环境条件，依据人体生长发育和体质健康发展的规律要求，挖掘、整理出一批民族体育活动项目，把民族体育活动纳入校园体育锻炼内容，编成民族地区学校的体育教材或乡土教材，在民族地区学校中大力推广、使用，有效地克服学校体育资金短缺、体育场地匮乏、体育教师不足的困难，又使民族传统体育的发展后继有人，使民族体育与现代体育在云南的学校体育中比翼齐飞。2000年，云南民族大学编纂的《少数民族传统体育运动教学与训练》一书由云南民族出版社正式出版发行，书中将民族民间体育与学校体育有机结合起来，将民族民间体育与竞技体育有机结合起来，既展示了少数民族体育，又使民族体育从民间走上大雅之堂，走进了课堂，建立起培养民族体育人才的理论教育体系。为民族体育的科学化、系统化、世界化发展起到了积极的推动作用。

在中小学推进素质教育、改革大课间操中，民族体育活动进校园活动已经全面展开。云南省教育厅、云南省体育局、团省委、省总工会、省妇联联合发出了《关于做好"云南省少数民族健身操"推广工作的通知》，全省中小学开展的大课间操少数民族体育活动精彩纷呈，各主体民族自己创编的民族健身操，打陀螺、跳竹竿、踩高跷、跳月、跳大三弦、跳锅庄、晃摇板、抖空竹等项目深受喜爱，为提高学生的素质教育，培养乐观向上，塑造健全人格起到积极作用。如文山县中小学校在大课间推广民族操（舞），既使孩子们接受了民族文化的熏陶，又避免了广播体操的相对单调，调动了学生健身积极性，促进了校园体育文化活动的开展。

云南在实施《全民健身计划纲要》中，将全面推广和实施少数民族健身操作为贯彻落实以人为本理念、满足各族人民群众健身要求的重要举措，打造云南特色的全民健身活动品牌。云南省体育局、省民委、省教育厅、省妇联、省总工会、团省委联合发文要求做好云南省少数民族健身操推广工作，在全国全面推广，并开展了全省各州、市的骨干培训。2009年 10 月举行的昆明市第九届少数民族传统体育运动会，将民族健身操列入正式比赛项目。现在，民族风格迥异的健身操、标准舞等在各级体育部门的积极推动下，形成了云南全民健身异彩纷呈的靓丽风景：从北部的高原藏区，到南部的红河河谷，从东部的壮乡，到西部的独龙江边，都有各民族群众体育健身的身影。在澜沧江边的云县、彝族聚居的禄丰、三江并流的福贡等少数民族地区，每到傍晚，广场上遍布参加民族健身项目的人群，县城 1/4 以上的人口都集中在广场上晚练，形成了民族和谐的一景；在傣乡德宏，每逢节日，被誉为"东方民族迪斯科"的目脑纵歌有数万人参加，气氛极为热烈，场面蔚为壮观。10 套民族健身操在全省城市、农村、乡镇、社区、广场、公园、晨晚练点、大、中小学全面推进，已成为云南全民健身活动的新亮点。

二、长盛不衰的田径项目基地

回顾 60 年，竞技体育赛场上始终活跃着云南选手的身影：从我国第一个突破两米大关的男子跳高运动员马翔龙到中国第一位女子乒乓球世界冠军邱钟惠，滇军先锋们用辉煌的姿态开启了中国体育史的新篇章；从

20 世纪 50 年代，中国女子体操队的领军人物戚玉芳、"体操姊妹花"蒋绍敏和蒋绍毅到云南女子游泳队的杨占昆、胡华联袂多次创造全国纪录，从独步全国网坛多年的钟妮、段丽兰组成的云南女子网球队到独领风骚近十载的田径名将张国伟、钟焕娣，滇中俊杰们用坚韧的意志延续了不朽的神话；从"没有他就没有体操王子李宁"的传奇教练张健到已担任中国乒乓球副领队、领队 15 年的北京奥运会中国兵团的乒乓球领队黄彪，从中国篮球的代表人物、曾任国家体委竞训二司司长的杨伯镛到中国足球的元老、曾任国家男子足球队教练、领队的马克坚，云南体育园丁们用辛勤的耕耘创造着丰收的喜悦；从亚洲女子标枪冠军李宝莲到云南第一位奥运会冠军张国政，他们用常年的坚持不懈奠定了云南竞技体育的坚实之基……几代人的努力、几代人的奋斗、几代人的付出、几代人的追求，共同书写了云南竞技体育的辉煌篇章。在群星璀璨之中，云南田径的长距离项目像一颗恒星一般闪耀，至今依旧保持优势，成为 60 年云南竞技体育发展回溯的标杆。

1955 年，通过举办全省运动会选拔运动员，云南省体育训练班开展的项目从篮球、排球两个增加到了 4 个，云南省田径队在三位苏联专家的帮助下正式成立。

为改变教练人才缺乏、训练方法缺失、一个教练兼带多个项目的问题，1956 年云南派杨必育往上海参加苏联专家任教的全国田径教练训练班，1958 年再次接受了捷克专家的培训，从此，云南田径有了自己的教练，走上了持续发展的道路。其后，云南田径逐步确立了"以马拉松、竞走等优势项目为重点，同时抓铁饼、标枪、跳高等田径项目"的方针，依靠吃苦耐劳的精神和顽强的毅力，克服初创一穷二白的困难和"文革十年"浩劫的干扰，在改革开放 30 年中，抓住机遇，不断取得突破，培养了一大批优秀运动员，成为提高云南竞技体育水平的顶梁柱、排头兵。

（一）中国男子长跑的两个时代

作为高原省份，云南运动员在中长跑项目上有着得天独厚的优势。翻开中国田径史，我们可以发现几乎每一个时期都可以找到云南人的名字。20世纪50、60年代有苏文仁、罗为信；20世纪70年代有彭祥生、许亮；20世纪80年代有钟焕娣、张国伟等。其中，在男子项目上最具影响力的无异是一对师徒，他们之间的传承构建了我国男子中长跑的两个重要时代——苏文仁时代和张国伟时代。前者将万米纪录由31分推进到了30分、5000米纪录从15分推进到了14分；而后者更是将万米纪录推进到了28分24秒，5000米纪录也过渡到了13分。

1959年5月28日，波茨坦10000米的比赛场上，一个中国运动员首次跑进31分，以30分6秒8创新全国纪录。第二年7月3日，他又在莫斯科将10000米纪录提高到30分4秒6。这个人就是我国的长跑名将苏文仁，也正是由此开始，我国中长跑迎来了第一个辉煌的时代。

穿着比现在重3倍的钉子鞋，他用让人惊愕的速度和耐力成为了历史的缔造者。优异的成绩甚至遭到队友的怀疑："苏文仁是不是少跑了一圈？"然而，这仅仅是开始，1958年至1960年三年间他连续20次突破极限，创造了14次国内纪录及6次国外纪录。这一奇迹的迸发让人们不得不相信，他天生就是逐日的夸父，20世纪50、60年代必将是苏文仁的长跑时代。

1965年，刚从国家队回来的苏文仁开始担任云南省长跑队的教练，并在备战第二届全运会的训练拉练中，逐步完善形成了"十周训练法"，成为全国高级教练培训班的教材，培养出许亮、张国伟等一批田径国手，并由张国伟开启了中国长跑的第二个时代。

来自大理州鹤庆县的张国伟，1977年入选州田径班、1978年入选省田径队，直到1993年11月担任省田径队教练，在运动场上奔跑了16年中，先后参加过全国和国际比赛50多次，刷新并保持我国3000米、5000米、10000米纪录18次，夺得亚洲冠军10次，亚运会冠军2次，全国冠军41次，创造了国内长跑十年不败的佳绩。累计夺得的金银铜质奖牌达50余枚，成为迄今为止云南省得奖最多的运动员。张国伟是我国第一个在亚洲获得10000米和5000米冠军的人，也是我国突破10000米29分钟大关、5000 米 14 分钟和 3000 米 8 分钟大关的第一人。而他在 1987 年 6 月 23 日在捷克国际田径大奖赛上创造的 3000 米成绩至今国内仍无人超越，获得了"亚洲长跑王子"的美誉。

1993 年底，从伤病中走出来的张国伟担负起了云南省长跑、马拉松主教练的担子，培养了一批获得全国男子马拉松赛冠军、全国男子万米冠军的运动员，使云南省长跑、马拉松水平跃居全国前列。

（二）巾帼不让须眉

1977 年，云南女子中长跑队重建，最好成绩在全国排名仅第十八位，罗为信担任女子中长跑队教练。依靠着中长距离田径项目必需的拼搏吃苦精神，1979 年，云南中长跑女队成绩进入了全国第四；1980 年，全国田径运动会上获得了第二，1981、1982 年都保持着全国前六名的地位。1983 年女子马拉松首次被列入全运会，在第五届全运会上，云南选手吴金美和陈文柱包揽了马拉松的冠亚军；1984 年进队仅一年的王华碧摘取全国 10 公里公路越野赛的冠军，且和钟焕娣共同获得了第七届 15 公里世界越野锦标赛团体冠军；1989 年，里约热内卢第七届女子十五公里世界锦标赛上，由云南选手钟焕娣、王华碧参加的中国女子田径队在与对手斗智斗勇后获得了团体和个人两项冠军……罗为信成为"策划冠军的人"，云南女子中长跑队伍成为一支新的"金牌运动队"。

其中，来自普洱市翠云乡的钟焕娣，1985 年入选云南省体工队，在训时间长达十三年，成为名副其实的"体坛常青树"，创造了云南女子中长跑一个又一个辉煌：十三年运动员生涯中，钟焕娣总训练量超过十二万公里，相当于绕地球整整三圈；共获得了 49 个重大国际长跑比赛的名次，其中冠军 27 个；在重大国内长跑比赛中取得名次 50 个，其中冠军 31 个。1990 年北京亚运会上，钟焕娣超越日本名将松野明美获得冠军，打破了日本在亚洲女子马拉松项目上的垄断，被日本报刊誉为"亚洲长跑女皇"。1993 年第七届全国运动会上，29 岁"高龄"的钟焕娣仍然以 30 分 13 秒 37 打破了女子 10000 米当时的世界纪录 30 分 13 秒 74，与"东方神鹿"王军霞一起创造了中国女子中长跑的历史。1994 年的日本广岛亚运会上，30 岁的钟焕娣，在马拉松项目中摘取金牌，圆满完成了她的"挂靴之战"。

（三）竞走在红土高原上

1958 年，在苏联专家的指导下，从事短跑项目的杨必育"赶鸭子上架"，在短时期内掌握竞走的基本精要后回省担任临时的竞走教练，云南省竞走队正式组建，从此，一支战绩辉煌的队伍在高原阳光的沐浴下成长，涌现出一大批优秀竞走运动员。

20 世纪 80 年代开始，以云南竞走教练沙应正带领的"沙家军"在国际、国内比赛上不断创造佳绩，夺得世界冠军 5 个、亚洲冠军 7 个、全国冠军 29 个，成为中国田径项目的一支希望之旅：这里有全国屈指可数的、连续四届培养了全运会冠军的优秀教练员沙应正、获得 2004 年雅典奥运会第四名的虞朝鸿、中国男子田径项目第一个世界杯冠军黎则文以及"亚洲竞走王子"陈绍果、世锦赛男子 50 公里竞走第五名赵成良等一大批冠军选手。

分析"沙家军"竞走团队经久不衰、后继有人、战功卓著的原因，结合实际、善于学习、大胆创新、敢为人先是关键因素。通过不断的训练实战，形成了中国竞走界独具一格的高原训练"沙氏训练法"。从 2003 年迄今，"沙家军"已成功在被认为是世界高原训练禁区的香格里拉进行过 12 次高原训练，并且取得了良好的效果。2008 年，国家体育总局和相关部门的领导曾亲赴香格里拉进行过实地考察，对"沙家军"在备战北京奥运会的训练中敢于挑战传统的训练理念、运用高原训练手段进行赛前训练的做法给予了高度评价。在针对性训练中，云南竞走队严格按照大运动量、大强度、高标准要求队员，探索出从大理的低海拔再过渡到香格里拉的高海拔的梯次递进法，总结出高原训练平原化、平常训练竞赛化和亚健康状态下的大运动量的训练手段和方法，以增加训练难度，强调训练质量，并从比赛实战出发，增强个人体能和在气候条件、身体疲劳、意志消退等状态下的心理承受能力训练，为我国田径长距离项目的进一步突破积累了宝贵的经验。

三、研究实践高原训练的摇篮

在国内、甚至在亚洲，说到高原训练，云南是一个不可被忽略的地方。20世纪60年代以来，体育科技工作者和耐力项目的教练们依托云南独特的地理气候条件，开展了一系列高原训练的探索、研究与实践活动，逐步形成了一套比较完整的高原训练理论体系，积累了较为丰富的训练实践经验，为推动新中国竞技体育水平的提升，形成有中国特色的科学训练体系做出了积极的贡献，在新中国60年体育历史中留下一道闪光的轨迹。

（一）创建中国高原训练理论体系

1968年，第19届奥林匹克运动会在海拔2240米的墨西哥城举行，从此以后，高原训练开始受到世界上诸多国家的关注。

在国内，早在20世纪60年代初，就有一些教练员带队到高原城市昆明，对高原训练进行尝试。

1973年12月，国家体委首次组织国家中长跑、马拉松队的运动员到昆明进行为期100天的集训。为了保证这次集训，专门配备了国家体委科研所的一批科研人员对运动员进行高原训练期间的多项生理指标的监测。这次集训的运动员下到平原后，运动成绩普遍提高。只是由于当时对高原训练还缺乏经验，科学的监测手段也相对较少，运动员出现了血尿。教练员们既感到只要训练掌握得好，高原训练是能提高成绩的，又对今后是否还进行高原训练有顾虑，高原训练也因此被蒙上了一层神秘的面纱。其后，只有北京长跑队和自行车队依然在每年的冬季不远千里来昆明进行高原训练。

1978 年，云南省体育科学研究所成立。翌年，开始对到昆明冬训的 6 个省市的青年女篮运动员进行医学观察。结果证实，运动员从平原到昆明的确有高原反应，在生理上也的确有一个"习服"的过程，并因此得出结论，昆明的海拔高度具有高原训练的价值，并将高原训练确定为云南体科所的主要研究方向，将中长跑、马拉松、自行车列为主要研究项目。

1986 年初，为了迎接当年在日本广岛举行的第 10 届亚洲运动会，国家体委竞训司再次将国家中长跑集训队在昆明集中，进行了为期 6 周的高原训练。这次集训，由云南、北京、辽宁、江苏、山东、甘肃等省市的教练员组成教练组，由云南、甘肃体科所的科研人员组成机能评定组，对这次高原训练作了比较系统的观察。当时在昆明高原训练的还有由国家体委竞训司聘请的前民主德国游泳教练克劳斯率领的中国游泳队。中国中长跑运动员和游泳运动员经过这次在昆明的高原训练都提高了成绩，并在广岛亚运会上取得了很好的成绩。随着高原训练经验的积累，高原训练方法逐渐受到国内教练员和科研人员的关注，体育科研工作者开始了高原训练更加深入的研究。

国内外的运动队也纷纷到昆明进行高原训练。为了总结国内高原训练的经验和教训，1989 年国家体委科教司在昆明召开了"中国首届高原训练研讨会"。同年，日本组织了东京大学等多所高等院校的教授和科研单位的专家随同日本马拉松队来昆明海埂进行高原训练，他们也借此对昆明作了多方面的考察，此后，日本陆上竞技联盟所属的各田径队开始定期、成批次地到昆明进行高原训练。

1993 年，为了准备第七届全国运动会，辽宁女子中长跑队到昆明呈贡训练基地训练后，在第七届全国运动会上大放异彩，很多未曾进行高原训练的运动队纷纷到昆明进行考察和高原训练。

1995 年 10 月，中国体育科学学会在昆明召开"首届中国国际高原训练研究会"。来自美国、日本、韩国、泰国的体育运动专家和来自中国台北、香港、澳门的专家学者，与国内从事高原训练的教练员、科研人员济济一堂，就近 20 年来高原训练的理论与实践这一专题进行了研讨和交流。

2006 年 1 月 22—23 日，国家体育总局在昆明体育训练基地召开了"备战 2008 年奥运会高原训练工作会议"。国家体育总局局长刘鹏、副局长段世杰、肖天，总局局长助理崔大林、蔡振华，"119 项目"和有关运动项目中心的领导、部分省市体育局的领导，云南、青海、甘肃、贵州四大高原训练基地的所在省的体育局领导、全国从事高原训练研究的专家、学者等 100 余人参加会议，对高原训练从理论到训练实践等多个层面进行了研讨，会议明确了高原训练作为我国备战北京奥运会的重要措施，需要全国体育系统进一步统一思想，交流经验，明确措施，整合资源。在这次建国以来最大规模、最高规格的高原训练专题会议上，云南省副省长高锋出席会议并发言，云南省呈贡体育训练基地主任、国家级教练沙应正、云南省体育科学研究所所长范云生、云南省体育局对外交流中心主任李伟分别就高原训练的实践、高原训练的研究和高原训练服务在大会上作了专题发言。

云南省体育科研所自成立以来，一直将高原训练理论研究和科技服务作为重要工作内容，多年来，牵头、参与了多项高原训练的科学研究，与云南省田径队男女长跑组、马拉松组和云南自行车队长期合作，对高原训练的中长跑运动员机能评定、世居高原的马拉松运动员参赛前"高高交叉"训练、自行车运动员低压氧舱生理机能变化等课题进行了专项、追踪研究，在指导训练实践中取得了成效，获得了一系列高原训练科研成果：

（1）阶梯式间断缺氧复合训练适应过程及其效果的研究（云南省科技进步三等奖）。

（2）反复性高海拔地区训练对马拉松运动员机能和运动成绩的影响（云南省科技进步三等奖）。

（3）世居不同海拔高度对人体机能的影响（国家体委科技进步二等奖）。

（4）高原训练的生理学及分子生物学适应规律与机理研究（中国体育科学学会科技进步二等奖）。

（5）高原训练（中国体育科学学会科技进步一等奖）。

经过二十余年的探索研究，在总结国际、国内研究成果的基础上，与国内外学者一道，编纂出版了《高原训练指南》、《高原训练的理论与实践》、《高原训练》等学术专著，初步形成了高原训练的基本理论体系，即：高原训练对人体生理机能的影响、高原训练的基本理论与方法、高原训练的机能监控、高原训练的伤病防控、高原训练的体能恢复及营养补充等方面。云南体科所的学术期刊《云南体育科技》成为国内最早宣传、介绍、研讨高原训练的学术理论刊物，为我国多个运动项目多年来的高原训练实践提供了较好的科学理论指导和科技服务。

（二）建设云南高原训练基地网络

随着高原训练理论研究的深入和运动训练的发展，20世纪80年代，高原训练已经成为世界许多国家多个运动项目综合训练的组成部分之一，受到国内外运动队的高度重视。

从20世纪70年代开始，依托高原训练的科学研究，云南逐步开始进行高原训练基地建设。

首先，对云南建设高原训练服务体系进行可行性研究，确定云南省海拔从76.4米到6740米呈阶梯式分布的特点，具有建立多种海拔高度训练基地网络的基础，同时具有多种海拔高度的高原湖泊，为建设水上项目高原训练基地提供了良好条件。而且气候温和，常年物资供应丰富，是不可多得的高原训练基地建设的区域。因此，云南确立了建设以昆明为中心的体育训练基地群的长期发展目标，提出要逐步投入、持续建设，让昆明跻身世界级高原体育训练基地的行列。

其后，确定了建设以昆明为中心的、多功能、国际化高原训练基地的发展规划，云南体育事业"十一五"发展规划和云南体育产业发展规划（2006—2020年）都将"大力完善昆明高原训练基地功能，形成高低海拔训练服务设施网络"作为重要内容。2004年，为备战北京奥运会，国家体育总局支持建设完善集训练、科研、服务为一体的备战2008年北京奥运会昆明高原训练基地，进一步加快了云南高原训练基地建设的步伐。

经过30多年的努力，在科学论证基础上，采取有力措施，以完善昆明海埂、呈贡两个片区高原训练基地基础设施为重点，加快迪庆、丽江、会泽、元江等训练基地建设为基础，不断提高全省高海拔地区体育设施服务水平，云南高原训练基地建设成果斐然，集超高海拔、高海拔和低海拔训练及多种气候条件为一体的综合训练网络初步建成。

1. 昆明（海埂）体育训练基地

海拔1888米，占地面积612亩，始建于1973年，由原国家体委和云南省人民政府共同开发，1975年投入使用。经过多年不断的扩建、完善，现有16块标准化草坪足球训练场，400米碳渣跑道田径场和400米塑胶田径场各一块，2块国际标准棒、垒球场和4块棒、垒球训练场，6块室内沙地标准网球场和6块标准塑胶网球场，8块沙滩排球场。有游泳馆、跳水馆、健身训练房和综合馆各1个，球类训练馆2个，已成为初具规模的综合性体育训练中心和高原训练基地。与海埂体育训练基地相邻的云南省体育科学研究所可以为高原训练的运动队提供全方位的训练监测服务。

2. 昆明呈贡体育训练基地

海拔1908米，占地800亩，20世纪80年代中期成为云南省体委中长跑、竞走、自行车、摔跤训练基地，开始接纳国家队和省外田径、自行车队的高原训练，现为中国田径协会挂牌的训练基地，有国际标准自行车场1个，400米田径场两块（其中1块有遮雨棚、围墙，1块有塑胶跑道），草坪足球场6块，沙地网球场两块，1000米越野跑道1条，1000米沥青跑道1个，二层楼的摔跤馆1个，小轮车训练场1块，摩托车训练场1块。

3. 昆明松茂水上体育训练基地

占地500亩，水面海拔1991米，建于1995年，云南省皮划艇队训练地。环水库四周修了一条长7.6公里的路面，可供运动员作越野跑之用。中国皮划艇队多次进行高原封闭式训练，日本、韩国及天津市田径队、火车头田径队、辽宁省中长跑队、山东省竞走队及上海体育学院竞走队也曾来此进行高原训练。

4. 昆明拓东体育中心

位于昆明市中心，海拔 1891 米，占地 366.6 亩，1999 年改建，有国内一流的塑胶跑道田径场、拓东游泳馆、室外有遮雨棚的田径训练场、体操馆、柔道馆、乒乓球馆、武术馆、击剑馆、技巧馆各 1 个、网球场 8 块、室内羽毛球场 6 块。是 2002 年、2010 年足球世界杯的中国队小组预赛和热身赛赛场、20 世纪 80—90 年代中国游泳队昆明高原训练地点，多次接待国内外柔道、体操等项目运动队的高原训练。

5. 会泽高原训练基地

距昆明市 208 公里，处于乌蒙山主峰地段，具有高原训练"高高交叉"和"高低交叉"的最佳条件。现有四个高原训练点：

海拔 2118 米的会泽县城体育中心。投资 1 亿元，包括 2.5 万个座位、400 米塑胶跑道的标准田径场一个，穿县城边而过的会（泽）——曲（靖）公路有 20 公里长的路段，可作为中长跑、竞走运动员在公路上的训练路线。

海拔 818 米至 2110 米的高低梯次海拔训练点。其间公路 53 公里，驱车 80 分钟。其中有会泽县城与娜姑镇之间的路段，路面平缓，平均海拔 2110 米，可供越野训练；从娜姑镇至金沙江谷底，途中有 3.5 千米的路段，路面平缓，海拔在 1376 米与 1422 米之间，可供越野训练；金沙江边以礼河四级电站，海拔 828 米，有 25 米长露天温水游泳池、灯光球场等设施，可进行力量和低海拔训练。

海拔 3070 米大海乡的高海拔训练点。距会泽县城 28.3 公里，会泽县城与大海乡之间，海拔在 2800 米左右的公路，路面平缓，可供高海拔训练用。

水面海拔 2210 米的毛家村水库水上训练点。会泽县城城南 12 公里，湖面长 24.7 公里，宽 200—460 米，水库水面 21.5 平方公里，平均水深 53.5 米，国家赛艇队高原训练基地。

6. 昆明红塔体育中心

占地 33.43 万平方米，有 11 块草坪足球场；6 块室外网球场和 5 块网球场的网球馆 1 个；综合球类馆 1 个，内设篮球、排球、体操、壁球、台球馆；有乒乓球馆、羽毛球馆各 1 个；游泳馆 1 个；人造冰场 1 个。接待设施完备，是集休闲娱乐和运动训练为一体的体育训练基地。曾先后接待中国男子足球队、中国青年足球队和国内多支甲 A、甲 B 足球俱乐部球队的训练，是中国国家足球队备战 2002 年世界杯赛的训练基地。2003 年 7 月，西班牙皇家马德里足球俱乐部来华访问曾在此训练。

7. 遍布云南的高海拔体育训练基地

随着云南省各地体育设施的不断完善，为不同海拔高度的高原训练提供了多元化选择，云南进一步整合各训练基地资源，通过互相协作、优势互补，统一对外合作与宣传，打造云南高原训练服务品牌，逐步形成了一个国际化、高标准、立体型高原训练体系：

楚雄市体育中心，海拔 1773 米，距昆明 180 公里；

大理市体育中心，海拔 1974 米，距昆明 380 公里；

丽江市体育中心，海拔 2400 米，距昆明 600 公里；

国家香格里拉田径高海拔训练基地，海拔 3300 米，距昆明 800 公里；

安宁市体育中心，海拔 1840 米，距昆明 30 公里；

蒙自体育中心，海拔 1650 米，距昆明 260 公里；

潞西市体育中心，海拔 920 米，距昆明 660 公里；

玉溪市体育中心，海拔 1637 米，距昆明 89 公里；

普洱市全民健身中心，海拔 1500 米，距昆明 480 公里；

保山市体育中心，海拔 1670 米，距昆明 540 公里。

20 世纪 70 年代以来，云南吸引了众多优秀运动队伍前来进行高原训练：国内田径、游泳、足球、篮球、沙滩排球、垒球、摔跤、柔道、自行车、赛艇、皮划艇、铁人三项、现代五项、速滑等多个项目运动队，周期性耐力项目高原训练的成效尤为显著。与此同时，日本、韩国、德国、俄罗斯、罗马尼亚、泰国、马来西亚、新加坡、越南等国外运动队也纷纷到云南进行高原训练，并使成绩得到较大提高。如，2004年雅典第28届奥运会前，日本女子马拉松选手野口赛前到昆明进行高原训练，后参加女子马拉松比赛获得冠军。德国赛艇队为备战第29届北京奥运会，于2007年4月到云南大理进行为期3周的赛艇高原训练，在北京奥运会上取得了优异成绩。云南集训练、科研、运动康复、运动创伤治疗等服务为一体的国际高原体育综合训练基地群初步建成，并已经成为亚洲知名的高原训练基地。

　　弹指一挥间，在迎来新中国60华诞之际，让我们记录几代云南体育人一步步坚实的足迹，铭记这些曾经为云南体育做出贡献，为新中国体育大厦添砖加瓦的人们，让我们传承拼搏奋发的体育精神，创造中国体育更加美好的未来。

西藏登山事业取得的辉煌成就

西藏自治区体育局局长 德吉卓嘎

首先，对旧西藏的体育运动作简要回顾。1951 年西藏和平解放之前，除赛马、射箭、举石、抱石、跳远、赛跑、摔跤等民族传统体育运动，在拉萨传召大法会闭幕期间举行三天的比赛，以及在藏历新年、望果节、江孜达玛节等民族传统节日进行比赛和表演外，现代体育项目仅在 1935 年10 月 10 日至 20 日，首次组成 17 人的男子篮球和排球两个项目比赛代表团，报名参加在上海举行的民国政府第六届全国体育运动会，后因到达上海时运动会已结束未能参加比赛。再就是在 1938 年成立的国立拉萨小学开展过。但是到 1946 年才在该校修建了简易的操场、篮球场、排球场，唯有的一个 180 平方米的礼堂兼体育馆，也是由旧房改建的。其他竞赛运动项目和登山等极限运动项目完全是空白。

西藏和平解放后的次年，即 1952 年 10 月 2 日至 7 日，在驻藏解放军的带动和影响下，拉萨地区举办了首届运动会。以后，随着群众体育活动的发展，西藏竞技体育也迅速发展，开始组队参加国内体育比赛。民主改革后，1959 年 9 月 13 日至 10 月 3 日，西藏组成 200 余人的体育代表团，参加在北京举行的中华人民共和国第一届运动会（简称全国运动会），5名运动员被授予国家体育运动荣誉奖章。1960 年 1 月 20 日，西藏自治区筹备委员会体育运动委员会（简称自治区筹委会体委）成立，组建了体育训练班。之后，陆续组建了西藏田径队、篮球队、足球队、射击队、射箭队，当年 10 月 1 日成立了西藏登山营（西藏登山队的前身）。同年，为进一步推动群众体育活动的开展，西藏体委（西藏体育局的前身）与共青团西藏工委、西藏总工会联合发出《关于大力开展全区群众性体育活动的通知》，倡导职工群众积极参加体育活动。特别是改革开放 30 多年来，西藏体育特别是登山运动有了长足发展，取得了辉煌成就。

1978 年，一个值得我们永远铭记的伟大时刻，如同忽如一夜吹来的春风，将我们的国家带入了历史新时期。从那一年起，在中国特色社会主义理论体系指导下，神州大地发生了天翻地覆的变化。西藏登山队正是在改革开放的阳光雨露哺育下从弱到强，逐步发展成为世界著名的登山团队。以 2007 年 7 月 12 日成功攀登世界上全部 14 座海拔 8000 米以上高峰为标志，将中国这个新兴的登山大国送进国际公认的"十四座俱乐部"。回忆 30 年的辉煌历程，所有场景都让人激动，都让人难以忘怀。

一、坚持发挥举国体制作用，保证了登山
　运动辉煌成就的取得

胡锦涛总书记在《北京奥运会残奥会总结大会上的讲话》中指出："坚持发挥举国体制作用，举国上下同心同德、同舟共济，这是北京奥运会、残奥会成功举办的强大力量，也是我国改革开放和社会主义现代化事业不断前进的强大力量。"回顾西藏登山运动辉煌成就的取得，也充分证明了体育事业坚持举国体制的无比优越性。

成立于 1960 年 10 月 1 日的西藏登山队，是我国目前唯一齐装满员的专业登山运动队。下辖登山综合培训中心（登山学校）、男子登山分队、女子登山分队和办公室、财务科等后勤机构，共编制 57 人。在近 50 年的登山历程中，在自治区党委、政府和国家体育总局亲切关怀和帮助下，在社会各界的大力支持下，在自治区体育局的正确领导下，通过几代登山运

动员艰苦奋斗，奋发图强，向高峰挑战，向极限挑战，一次次创造世界登山史的新纪录，一次次把五星红旗插上雪山之巅，用生命和热血谱写了新中国登山事业的辉煌篇章，为祖国争了光。自从 1960 年藏族登山运动员贡布和两名汉族运动员首次从北坡登上珠穆朗玛峰开始，雪峰峻岭再也没有挡住西藏登山队员坚韧的脚步，他们在攀登的道路上留下了闪光的足迹。先后有藏、汉族登山运动员 163 人（次）登上世界第一高峰——珠穆朗玛峰，428 人（次）登上海拔 8000 米以上高峰。特别是改革开放 30 多年来，从上世纪 80 年代，中国对外开放山峰，多次和日本、美国、原苏联、韩国、意大利等国家进行联合登山，促进了国际间交流，进一步推动了西藏登山事业发展，使中国登山运动进入了崭新的阶段。

西藏登山队的突出成绩得到上级高度评价和充分肯定：从 1991 年以来，队党支部曾先后 16 次被中央组织部、西藏自治区党委、区直工委分别评为"全国先进基层党组织"、"全区先进基层党组织"、"区直机关先进基层党组织"并授予奖状或牌匾。登山队于 1990 年分别被国家民委、自治区党委政府评为"全国民族团结进步先进集体"；1998 年被国家人事部、国家体育总局评为"全国体育系统先进集体"；2000 年，在庆祝西藏登山队成立 40 周年时，被中国登山协会授予"勇攀高峰先进集体"荣誉称号、被自治区人民政府授予"高原英雄登山队"荣誉称号、被自治区团委授予"西藏青年五四红旗集体"荣誉称号；2003 年再次被自治区党委、政府评为"民族团结进步先进集体"；2004 年被自治区人民政府评为"民族团结进步先进单位"；2005 年，再次被国家人事部、国家体育总局评为"全国体育系统先进单位"。女子登山分队分别被全国妇联和自治区妇联评为"全国三八红旗集体"、"全区三八红旗集体"；2007 年，"中国攀登世界 14 座 8000 米以上高峰探险队"，被国家体育总局授予"不畏艰险、勇攀高峰先进集体"荣誉称号，做出了《关于授予次仁多吉等 3 名运动员体育运动荣誉奖章的决定》。自治区人民政府做出了《关于表彰西藏攀登世界 14 座海拔 8000 米以上高峰探险队的决定》，对在参加攀登世界 14 座海拔 8000 米以上高峰探险活动中做出突出贡献的同志，颁发了荣誉证书。2008 年 3 月 29 日，西藏登山队（集体）获得由 12 家中国内地、中国香港、东南亚、美国、加拿大及欧洲地区的中文媒体和机构共同主办的"世界因你而美丽——2007 影响世界华人大奖"，国家体育总局局长刘鹏出席盛典并为西藏登山队颁奖时说："登山运动是对人类的生理极限和身体极限最严峻挑战的一项运动，它所面对的是最恶劣的自然环境，千难万险，是任何极限运动项目都不可比的。正因为如此，登山运动最集中地代表了人类不畏艰险的精神。他们为中华民族争了光，是中华民族的英雄。"

优秀运动员中，自从藏族登山老英雄贡布，在 1964 年中国共产主义青年团第九次全国代表大会上受到毛主席亲切接见，到现任登山运动员中的次仁多吉和边巴扎西都被评为"全国先进工作者"（全国劳动模范）。其中次仁多吉分别于 1995 年、2000 年两次被评为"全国先进工作者"，2005 年又被国家人事部、国家体育总局评为全国体育系统先进工作者。仁那同志登山中牺牲后，被推选为"2005CCTV 中国体坛十大风云人物"之一；2006 年被区直工委报请中央组织部批准，追授"优秀共产党员"称号。女队员桂桑于 1992 年、2005 年两次被全国妇联和自治区妇联评为"全国三八红旗手"、"全区三八红旗手"；1995 年被全国妇联和自治区妇联评为"全国十大女杰"、"全区十大女杰"；1996 年被自治区团委评选为"西藏十大优秀青年"；2001 年 6 月被全国妇联评为"全国十行百佳妇女"。女队员吉吉于 2000 年被自治区妇联评为"全区三八红旗手"；2005 年被全国妇联和自治区妇联评为"全国三八红旗手"、"全区三八红旗手"。同年，被共青团中央提名为"全国十大杰出青年"候选人，当选第十届全国青联委员；去年初，被评为"2008 感动中国年度人物"；2009 年被提名为"一百位为新中国成立作出突出贡献的英雄模范人物和一百位新中国成立以来感动中国人物"候选人。桂桑和次仁多吉从 1992 年起当选为中国政协西藏自治区委员会第七、八届委员。2007 年，女队员拉吉和男队员小其米当选中国政协西藏自治区委员会第九届委员。还有多名运动员多次被授予"国家体育运动荣誉奖章"。

自治区党委张庆黎书记高度重视登山队的建设，专门抽出时间到登山队调研。2006年6月1日，专程去牺牲的仁那同志家中看望他的女儿等亲属，2007年4月29日，又在"五一"国际劳动节前，到即将出征迦舒布鲁姆Ⅰ峰的全国先进工作者次仁多吉家中看望，使大家深受鼓舞。

在上级组织的大力表彰奖励下，广大队员获得了崇高的荣誉和优厚的物质待遇，都为自己是国家登山队员感到无比自豪和光荣，从而激发了为国争光的使命感，激发了无高不可攀，无坚不可摧的激情和干劲。

二、以团队形式完成14座高峰探险，是世界登山史上的创举，也是中国登山运动发展中的重要里程碑

成立于1993年的"中国西藏攀登世界14座海拔8000米以上高峰探险队"的3名主力队员，于2007年7月12日12时20分，成功登顶最后一座高峰——海拔8068米的迦舒布鲁姆Ⅰ峰，让五星红旗在所有世界高峰上高高飘扬。至此，经过14年的艰苦征战，创造了以一个团队集体形式攀登世界14座8000米以上高峰的世界登山新纪录，实现了世界体育史上的一项壮举，被誉为创造了世界登山史上的奇迹，在国际上引起热烈反响。

乘着改革开放的春风，从1979年下半年开始，西藏开始接待来华的国外登山旅游团队。到1981年底，共有36支534人（次）来藏登山探险旅游。在国内外"山友"来藏登山日趋增多的形势下，西藏登山队单独组队完成了一系列登山任务。指挥员和运动员在登山实践中积累了比较丰富的经验，具备了遍登世界高峰的实力。改革开放以来，西藏经济迅猛发展，也为加快发展登山事业奠定了坚实的基础。

"不能只是关门登山，要大胆地走出去，拓展登山运动的外延"，这

是西藏几代登山家的共识。1992 年 2 月，西藏自治区体委审时度势，提出了组队攀登世界 14 座高峰的宏伟计划，经自治区政府 4 月 16 日批复同意，以西藏登山队为基础组建了"中国西藏攀登世界 14 座海拔 8000 米以上高峰探险队"。

攀登世界 14 座海拔 8000 米以上高峰，是目前世界登山水平的最高标杆。当时，世界上只有两个人完成了攀登 14 座高峰的目标（意大利登山家梅斯纳尔、波兰登山家库克奇卡），尚没有亚洲人的身影。最初计划用 7 年左右的时间，实现三至四人集体登顶 14 座高峰的目标，创造一个新的世界登山纪录，为国家和民族争光，为亚洲人争光。所需经费由区体育局从登山协会接待国外登山团队的收入中支出，以业养业。最终累计支出达 2000 多万元。登山装备由"北京奥索卡贸易有限公司"等赞助商提供。

自 1993 年至 2007 年，为了走出国门，同世界登山强国展开竞争，西藏登山队长兼探险队长桑珠，副队长旺加，男子分队长兼攀登队长次仁多吉，队员边巴扎西、仁那、洛则、大其米、达琼、加布、队员兼摄影师阿克布，队医兼后勤总管洛桑云登、翻译张明兴（后由穆萨、普布次仁接替），在区体育局和登山协会正确指挥及全力支持下，实施了攀登世界 14 座海拔 8000 米以上高峰的宏伟计划。为了完成登顶 14 座世界高峰的艰巨任务，为了在世人面前展现中国登山人的风采，这支英雄的队伍先后在西藏、新疆和国外的尼泊尔、巴基斯坦整整奋战了 14 年。他们连年征战，克服难以想象的困难和险阻，以非常高的成功率先后登上 14 座高峰，创造了仁那登顶 13 座，次仁多吉、边巴扎西、洛则 3 人登顶 14 座高峰的世界登山新纪录（此前全世界仅有 13 人）。

这项集体登顶世界 14 座海拔 8000 米以上高峰的壮举，实现了中国人突破以往国际上全部为单个人登顶 14 座高峰纪录，让五星红旗插遍世界之巅的梦想，以此开创中国登山新纪元，创造世界登峰之极。

人们不禁赞叹探险队的壮举：

海拔 8000 米以上，高哉！危哉！那是一个鸟飞绝，人踪灭，浮出云海，傲视四方的高度，是一处面向寰宇，直吻苍穹的圣地。而在人类居住的这个星球上，人们能够徒步到达这一高度的所在只有 14 处地方，那便是雄踞在世界屋脊之上的喜马拉雅山脉和喀喇昆仑山脉的、以珠穆朗玛峰为首的 14 座 8000 米以上的高山雪峰。

悠悠岁月，多少登山家魂牵梦绕于地球之巅，理想于踏遍所有的 14 座雪峰，成就超越人类极限的空前伟业。然而，超出想象的艰险，瞬息万变的气候，无法预知的困难，使许多英雄空怀壮志，望山兴叹，甚至永久安息在山峦之中。

凌绝之顶全部位于亚洲，其中 9 座（珠峰、洛子峰、马卡鲁、卓奥友、希夏帮玛、乔戈里、布洛阿特、迦舒布鲁姆 I 峰和 II 峰）位于中国的边境线上和境内，而我国却无人成就全部登顶的壮举。在中国人心中，这是一个遗憾。

这个中国人的理想和历史性的任务，终于落在西藏登山队的身上。对于"山的故乡"的西藏登山队员来说，似乎代表祖国完成这一壮举，是雪山娇子义不容辞的责任。

1993 年 4 月，探险队登上了海拔 8091 米的世界第十高峰——安娜普尔那峰；一个月后，他们连续作战又登上了海拔 8172 米的世界第七高峰——道拉吉里峰；1994 年 5 月，登上了海拔 8012 米的世界第十四高峰——希夏邦玛峰；1995 年 7 月，登上海拔 8034 米的世界第十三高峰——迦舒布鲁姆 II 峰；同年 9 月，登上海拔 8201 米的世界第六高峰——卓奥友峰；1996 年登上海拔 8156 米的世界第八高峰——玛纳斯鲁峰；1997 年 6 月，登上海拔 8125 米的世界第九高峰——南迦帕尔巴特峰（喜马拉雅山脉最西端主峰、东端是南迦巴瓦峰）；1998 年 5 月，登上海拔 8586 米的世界第三高峰——干城章嘉峰；同年 10 月，登上了海拔 8516 米的世界第四高峰——洛子峰（珠峰的南峰）；1999 年 5 月登顶世界第一高峰——珠穆朗玛峰；2001 年 6 月，登上海拔 8047 米的世界第十二高峰——布洛阿特峰；2003 年 5 月，登上海拔 8463 米的世界第五高峰——马卡鲁峰；2004 年 7 月，登上了海拔 8611 米的世界第二高峰——乔戈里

峰。2007 年 7 月 12 日，次仁多吉、边巴扎西、洛则和替仁那实现遗愿的
其妻子共产党员吉吉，4 名登山运动健将和 3 名登山培训中心的学员，成
功登上了海拔 8068 米的世界第十一高峰——迦舒布鲁姆 I 峰的峰顶。至
此，历时 14 个春秋，攀登世界 14 座海拔 8000 米以上高峰的任务圆满
完成。

至此，几代中国登山人多年的梦想在这一刻变为现实。历史会铭记这
个时刻，记住这些创造了新的奇迹的中国人。14 年来，这支由十几位藏
族登山队员组成的特殊队伍，远离城市的繁华与舒适，在荒凉寂寥的喜马
拉雅和喀喇昆仑的崇山峻岭间纵横驰骋，以超强的凝聚力和宽容度，紧密
地团结在一起，历经千难万险，付出了生命的代价，只为实现这样一个目
标——把五星红旗插上 14 座世界高峰，为祖国争光！几代中国登山人用
鲜血和生命凝结成的登山精神，在他们身上得到了弘扬和升华。每次登
顶成功，队员们要做的最重要的一件事就是掏出珍藏在怀中的五星红
旗，让她在蓝天雪峰之间交相辉映，展示中华民族坚忍不拔、奋发创新
的丰采英姿。面对记者的采访，他们最想说的一句话就是感谢国家的精心
培养。

14 年中，他们历经挫折和生死的考验。1998 年攀登洛子峰时，4 名
队员被夜间突发的大雪崩掩埋，3 名队员被压在帐篷里动弹不得，睡在帐
篷门口的仁那被气浪抛出帐篷。虽然经过仁那拼命挖雪救大家脱险，但因
帐篷已被摧毁，他们只能以身体相偎取暖，挨过了寒冷刺骨和不断有小雪
崩发生的危险夜晚，天亮后才下撤到安全地带，与死神擦肩而过。15 天
后他们勇敢地冲向顶峰。探险队曾分别于 2000 年和 2002 年两次组织攀登
难度极大、死亡率高的乔戈里峰（攀登珠峰的死亡率为 10% 以下，攀登
乔戈里峰的死亡率为 39%），终因天气状况不佳未果。其中第二次攀登
时，突击队员已接近顶峰，只剩下 200 多米时却因天气突变，指挥部果断
命令下撤，突击队员们才逃过了暴风雪对他们生命的吞噬（但是一名巴
基斯坦联络官，却因经验不足把安全带铁锁错挂在旧路绳上被狂风吹落山
崖遇难）。不屈不挠的队员们，终于在 2004 年的第三次攀登中登上了乔戈

里峰顶峰，实现了中国人登顶该峰的夙愿。2005 年 5 月 27 日，西藏登山史上沉痛而悲壮的时刻，著名登山家仁那同志，在攀登最后一座高峰时，突遭滚石袭击不幸遇难，一名登山人用生命谱写了自己最后的辉煌。事后仁那被推选为"2005CCTV 中国体坛十大风云人物"之一，2006 年被区直工委报请中央组织部批准，追授"优秀共产党员"称号，并在区直机关庆祝中国共产党成立八十四周年，暨"两优一先"表彰大会上介绍了他的先进事迹，号召向他学习。2007 年 5 月 16 日，探险队再次出征。与仁那同时受伤的边巴扎西，他在一只眼睛失明、一只耳朵失聪、一侧面瘫、身体平衡能力严重受损，已是重度残疾人的情况下，为最终实现 3 人以上集体登顶世界 14 座高峰的壮举，仍不顾个人安危再次请战。之前，经过区体育局领导精心安排治疗，他个人顽强锻炼恢复，并通过攀登海拔6206 米的启孜峰测试可行，被上级批准赴巴基斯坦攀登海拔 8068 米的迦舒布鲁姆Ⅰ峰，最终成功登顶。还有洛则，他当时已登顶 12 座高峰，为了在仁那牺牲后，确保创造 3 人以上集体登顶所有高峰的世界新纪录，于2006 年，不顾山峰所在国社会局势动荡和攀登安娜普尔那峰难度大、死亡率最高（达到51%）的危险，毅然申请前往攀登。在克服恶劣天气和遭遇雪盲等各种艰难险阻后，经过两次顽强攀登，最终于 6 月 4 日 13 时 20 分成功登顶。

在此前后西藏登山队还组织实施了一系列重大登山行动。

1985 年 4 月，西藏登山队首次单独组队向海拔 8201 米的世界第六高峰——卓奥友峰发起挑战，9 名队员登顶成功；

1988 年，西藏登山队代表我国参加中国、日本、尼泊尔三国联合双跨珠穆朗玛峰行动，4 名队员与日本、尼泊尔两国的登山队员一起登顶成功，实现了人类从南北两侧跨越珠峰的伟大梦想。

1990 年，中、美、苏三国登山队联合攀登珠穆朗玛峰，西藏队员的高山活动能力之强，攀登速度之快，令美国和苏联登山队员瞠目，惊叹道：中国登山队员每人都长着两个心三个肺。而我们的队员则说："我们是多长了一颗心，那就是为祖国为人民争得荣誉的心。"

1991—1992 年，为纪念中日建交 20 周年，西藏登山队参加中日联合攀登号称世界第十五高峰的、海拔 7782 米的南迦巴瓦峰行动，6 名队员成功登顶，并为日本队员登顶成功立下汗马功劳。

1993 年西藏登山队参与了海峡两岸联合攀登珠峰行动，获得圆满成功，增进了两岸登山界的联系和友谊。

1999 年，在珠峰上为第六届全国少数民族传统体育运动会采集"圣火"，10 名队员集体登顶。边巴扎西仅用 4 小时 47 分钟，便从 8300 米的突击营地直冲 8848.13 米的顶峰，成为当时世界上速度最快的专业攀登者。而仁那和同是登山运动员的妻子吉吉，夫妻双双登顶，留下了一段世界登山史上的佳话。

2003 年代表国家队参加中韩联合攀登珠峰行动，4 名（其中 2 名女性）西藏登山队员全部成功登顶，并为韩国队员成功登顶提供了巨大帮助。

2004 年，代表国家队参加中、意联合攀登珠峰行动的 4 名（一名女性）队员，在气候异常、攀登难度大，韩、日、保加利亚等国队员已有 6 人遇难的情况下，与意大利的 6 名队员成功登顶并安全下撤。

2005 年，西藏登山队承担协助国家测绘局复测珠峰高程的任务，登顶队员用测冰雷达等高科技手段，测得珠峰准确高程为海拔 8844.43 米。

2007 年 5 月 9 日，西藏登山队的 8 名队员与其他协作人员，顺利完成了北京奥运会火炬送上珠峰传递的测试任务，为 2008 年成功举办中国特色奥运会，顺利进行火炬珠峰展示奠定了坚实的基础。

2008 年，西藏登山队的吉吉、洛则、达琼、开村、小其米、拉巴等队员和其他队友，在国家体育总局的指挥下，以中国登山队的名义再次登顶珠峰，成功进行了火炬传递，兑现了我国向世界的庄严承诺。

三、充分发挥西藏山峰资源和登山人才优势作用，大力发展登山旅游业

众所周知青藏高原是千山之宗，万水之源。而西藏是青藏高原的主体，是登山家的乐园，到西藏攀登雪山是世界上所有登山爱好者的终极目标。而且随着经济社会的发展，到西藏进行户外运动和登山旅游的人员越来越多。因此，2005 年 4 月，由登山运动派生出的山地户外运动，被国家体育总局正式列为第 100 项体育运动项目。据统计，目前我国户外运动爱好者已达 5000 万人，而且人数仍在迅速扩大。方兴未艾的户外运动，也带动了一个大有可为的产业。西藏作为国家生态环境和安全屏障，为保护生态环境，最适合利用独特的地理条件，大规模发展旅游业，所以自治区把旅游列为主导产业。而开发登山旅游等户外运动产业，正是旅游业的关联项目。西藏自治区党委、政府对登山产业的发展高度重视，在《中共西藏自治区委员会 西藏自治区人民政府关于进一步加强和改进新时期西藏体育工作的意见》（藏党发［2003］8 号文件）中，就开发登山产业提出了具体要求："坚持可持续发展战略，开发利用我区山峰资源。按照国家和自治区关于登山和山峰管理的有关规定，科学开发和利用山峰资源，逐步开发新的山峰，巩固和扩大登山市场"。"2010 年前力争完成我区已对外开放的 46 座山峰普查工作。建立登山救援机制，提高处置登山事故的能力，为科学、安全、顺利开展各类登山活动奠定基础"。"加强与国内外登山组织的交流与合作，学习借鉴先进的登山技术、登山管理经验，培养造就一批登山后备人才，建立一支具有综合水平的登山运动队伍，提高登山运动水平"。"要大力发展登山旅游。自治区体育、旅游部门要以发展精品特色旅游为目标，尽快制订我区登山探险旅游规划，把我区高原山峰优势的开发与发展区域经济结合起来，依托资源和服务搞好旅

游促销。要正确处理好国内外登山团队与当地政府和群众的利益关系，使山峰开发与利用真正成为新的经济增长点……"。这些指示明确具体，为我们开发登山产业指明了前进方向。

西藏自治区体育局新一届领导班子，认真落实上级指示，在深入开展学习实践科学发展观活动中，着力转变不适应、不符合科学发展要求的思想观念，着力解决影响和制约科学发展的突出问题，整合了登山人才资源，把原来的登山综合培训中心（登山学校）整编到登山队，形成了合力，增强了发展后劲。登山队根据《西藏自治区登山管理条例》，在区体育局和登山协会领导下，积极内引外联登山爱好者，在区内外广泛开展登山户外活动。

一是为促进群众性业余登山运动发展，积极争取国家投资，在羊八井镇修建了高山训练基地，现已投入使用。二是为促进群众性登山运动发展，培训业余登山运动骨干，从 2001 年开始，每年在"十一"国庆节长假期间举办"中国西藏登山大会"，已先后在 8 座海拔 6000 多米至 7000 多米的山峰成功举办了 8 届登山大会。今年，在"五一"和"十一"期间举办春、秋两季登山大会，扩大培训规模，打造著名品牌。经过培训的山友们又在全国各地成立许多登山户外俱乐部，每年都组织团队来藏登山旅游。为发展登山运动，促进全民健身、增加山区群众的现金收入做出了贡献。三是应内地山友的邀请，派队员担任登山教练、高山向导和协作人员，攀登区内外著名山峰，使登山与旅游相结合，把登山从单纯的优势运动项目转变为与优势产业相结合，把资源优势转变为经济优势，形成了新的经济增长点，为促进西藏走中国特色西藏特点的经济发展道路，全面建设平安西藏、小康西藏、和谐西藏、生态西藏发挥了积极作用。

近年来，队员们还多次参加环保行动。为保护好西藏这片净土，从 2004 年开始，通过与企业合作，在全国招募青年志愿者，每年都对珠峰地区和去珠峰的沿途拣垃圾、搞宣传等环保活动，使珠峰地区海拔 6500 米以下的垃圾大为减少。队员们还把环保理念和行动带到所去的地方。他们在国外登山也处处注意环保，从不乱丢垃圾，最后把垃圾清理装袋带下山去妥善处理。在国内登山时更是不留任何垃圾，在举办登山大会等活动时，都把清理垃圾列为一项重要内容。在他们的感召和带动下，参加户外运动和到珠峰旅游的人们更加重视环保。他们的行动也受到各级政府的肯定和称赞，组织动员了更多的企事业单位和个人投入到了环保工作中来。

多年来，西藏登山队的队员还多次担当紧急救援任务，用自己的行动弘扬着无私无畏的伟大精神。同时发扬人道主义精神，冒着生命危险为遇险的外国友人提供帮助，在世界登山界树立了良好声誉。

1991 年，著名的梅里雪山山难发生后，我队派出 7 人组成的救援队，从拉萨乘汽车两天两夜赶到云南德钦。队员们在雪深齐腰、雪崩不断的情况下奋力前行，搜索到了发生山难的、位于海拔 5300 米的二号营地。同年，队员次仁多吉成为应聘欧洲国家登山俱乐部技术顾问的第一个中国人。他协助比利时的运动员登上海拔 8012 米的希夏邦玛峰。就在他们登顶后下撤时，同一结组的队员滑倒急速向大裂缝滑坠。在这千钧一发之际，走在后面的次仁多吉迅速把冰镐插进冰里，用强健的身躯死死压住，用机智和勇敢保护了外国友人的生命。

1996 年，14 座探险队攀登玛纳斯鲁峰时，正在上行的队员在海拔6500 米处，发现两名登顶失败且体力耗尽的墨西哥队员，他们放弃了自己的攀登，把处于危险中的墨西哥队员救到自己的帐篷。当时得知这事的德国登山队员感慨地说："中国登山队员这种举动，远远超出了登山探险本身，他们是在传播和平与友谊"。

1999 年春季，正在攀登珠峰的西藏登山队在海拔 7000 米处发现了严重冻伤的乌克兰队员后，5 名主力队员紧急救援，忙碌了一整天，终于把两名伤员安全送到海拔 6500 米处的前进营地。同年，一支韩国登山队在珠峰东坡被大雪所困发出求救信号，队员们在连牦牛都不愿前行的大雪中及时赶到，送去救援物资并把韩国队接下山来。

2002 年，北京大学山鹰社登山队在攀登希夏邦玛峰西峰时遭遇山难，我队队员和登山综合培训中心的学员赶赴现场，最终在海拔 6800 米处找到遇难者的遗体。

多次出国的 14 座探险队队员，在尼泊尔、巴基斯坦境内登山时，经常向需要帮助的外国友人伸出援手，有一次因帮助被流雪带走的外国队员而耽误攀登行动，在营地遭遇雪崩。这样的事例不胜枚举。

西藏登山队还协助科研单位进行高山峡谷科学考察，为科研事业做出了贡献。

1975 年、2005 年，西藏登山队在两次配合国家测绘局测量珠峰高程，并协助中国科学院进行了一系列科考试验。

2004 年配合国家外交部，与美国方面在林芝丹娘地区寻找二战时驼峰航线坠机残骸，出色完成了任务，受到上级奖励。

2006 年，配合国家发改委成都水电设计院，对雅鲁藏布江流域的水电资源进行科学考察，出色完成了任务，受到表彰。

四、加强党的建设，为推动登山事业
发展提供了可靠保证

改革开放以来，面对各种诱惑，西藏登山队的运动员们耐得住寂寞，特别是广大党员们在队党支部的坚强领导下，思想觉悟高、政治过硬、模范作用好，带领登山队员们常年远离现代都市、远离人群、远离温馨的家庭，在寒冷荒漠的雪山冰峰上攀登。尽管征程上没有狂热的观众，没有雷鸣般的掌声，得不到闪亮的金牌，然而为了不辜负祖国和人民的期望，他们在无法预料的灾难、险象环生的雪峰、瞬息万变的气候面前，忍着严重缺氧环境的折磨，迎着肆虐的狂风，顶着横飞的大雪，冒着天塌地陷般雪崩轰鸣的危险，艰难地向顶峰挺进。每一名党员就是一面鲜红的旗帜，带领大家在被世人称为"生命禁区"的雪山高峰上顽强拼搏，创造了一个又一个可歌可泣的光辉业绩和人间奇迹，谱写了一曲又一曲与大自然抗争的英雄赞歌。以艰苦卓越的努力和顽强拼搏的毅力，一次又一次地把五星

红旗插上世界高峰。几代登山运动员用热血和生命谱写了新中国登山事业的辉煌篇章。他们身上所体现出来的"祖国至上、奋发进取、团结协作、无私奉献、求实探索"的登山精神，是一曲爱国主义、集体主义和革命英雄主义的赞歌，展现了中华儿女无高不可攀、无坚不可摧的英雄气概。

近 50 年来，在艰苦卓绝的登山运动中，历届登山队党支部班子，都高举中国特色社会主义伟大旗帜，坚持用中国特色社会主义理论体系武装党员、教育群众。特别是近年来，在保持共产党员先进性教育和深入开展学习实践科学发展观活动中，真心实意地接受群众对党支部和队领导班子的批评监督，切实整改存在问题，进一步修订完善了《西藏登山队规章制度》，初步形成了保持共产党员先进性和学习实践科学发展观的长效机制。登山队党支部班子成员，不断加强组织建设、思想建设、作风建设、制度建设和廉政建设，始终起着推动发展、促进和谐、服务群众、凝聚人心、教育群众、组织群众、带领群众的核心作用，任何时候都坚持不放松党的领导。在登山行动中，更是始终坚持对党员的教育管理，不断增强队员的责任心和集体荣誉感。在各个分队党员中成立临时党支部或党小组，坚持过组织生活，及时了解党员的思想，解决登山中的重要问题，鼓舞队员的斗志，增强取胜的信心。

每次登山前，都要在大本营举行简朴而庄严的升国旗仪式和宣誓仪式。党员们牢记使命，主动担负最艰巨的任务，在艰苦的环境和危险面前经受考验，率先垂范，从而保证了登山任务顺利完成。

在日常工作中，登山队党支部认真落实《中国共产党章程》中基层组织八项基本任务、《中国共产党党和国家机关基层组织工作条例》明确的基本职责等各项规章，严格规范党员的行为，经常进行形势任务教育、法制宣传教育和思想道德教育，把建设社会主义核心价值体系的基本要求融入到精神文明建设的全过程，努力营造政治坚定、规范有序、团结向上、诚信廉洁、关系融洽、充满活力的良好氛围，以党内和谐促进单位和谐。不断提高广大党员的思想素质，增强党员意识、形象意识、旗帜意识，使广大党员牢记宗旨、心系群众，处处发挥模范带头作用。还不失时机地引导广大群众深刻领会和执行党的各项方针政策、国家的法律法规，使党员、群众在重大政治是非面前立场坚定、态度鲜明，能够站在党和人民的立场上，旗帜鲜明地批判达赖集团的反动行径，自觉维护祖国统一和民族团结。在声讨达赖集团策划制造拉萨"3·14"打砸抢烧严重暴力犯罪事件和维护社会稳定中，大家同仇敌忾，把对达赖集团制造暴力犯罪事件、杀害无辜群众、毁坏财物的极大愤怒化作进一步做好工作的动力，使其分裂破坏的图谋永远不能得逞。14座高峰探险队的同志，在多次到尼泊尔、巴基斯坦登山期间，都严守外事纪律和政治纪律，表现出良好的整体素质，受到我国驻外大使馆和区外事部门的好评。

回顾登山队的光辉历程，我们可以看到几代藏汉族共产党员在发展登山事业中的突出贡献。今天我们可以自豪地说，他们就是雪山上的一面旗帜，这面旗帜永远鲜红，永远挺立在雪山之巅，受人敬仰。例如女队员吉吉就是其中的突出代表：

著名女登山运动员吉吉是国际级运动健将、共产党员，曾5次登顶海拔8000米以上高峰。其中，于1999年、2005年、2008年三次登顶世界最高峰——珠穆朗玛峰。在其丈夫——著名登山家仁那同志牺牲后，她妻承夫志，于2007年7月12日12时20分，从巴基斯坦一侧，与14座高峰探险队的3名男队员成功登顶世界第十一高峰——海拔8068米的迦舒布鲁姆I峰，替丈夫仁那实现了遗愿，并创造了我国首位女性出国攀登8000米以上高峰、首位中国女性登顶该峰的两项中国登山新纪录。2008年，她作为北京奥运会圣火珠峰传递的第一棒火炬手和以其为实现丈夫遗愿，不怕牺牲勇攀高峰，催人泪下的感人事迹，被评为"2008感动中国年度人物"。

仁那牺牲后，吉吉悲痛得几次昏厥，但她很快擦干眼泪，面对组织上的照顾，她只提了一点要求："我要与登山探险队一起攀登迦舒布鲁姆I峰，为仁那弥补上这个遗憾，告慰亲人的在天之灵！"其实，仁那牺牲后，家人劝她不要再从事登山这项危险的运动。组织上也考虑到他们年幼的独生女儿拉姆央金已失去了父亲，吉吉不能再去冒险。但在她的坚持下，组织最终同意了她的请求。之后的两年中，她时时刻刻告诫自己要加紧训练，提高体能和技术，一定要完成丈夫的心愿。在训练中遇到困难时，吉吉眼前就会浮现出丈夫的面容，仁那脸上的微笑似乎在鼓励她："别放弃，向前走！"正如他们当初一起攀登珠峰时一样。每当这时，吉吉就会擦干脸上的汗水和泪水，继续坚持训练——只有完成丈夫未竟的事业，才能让他的灵魂安息在山峦之间。当吉吉历尽艰辛和其他队员们站在迦舒布鲁姆Ⅰ峰和珠穆朗玛峰峰顶时，她在心中默念：仁那，走好，我替你完成了心愿！那一刻他们分明感觉到仁那就在身边，和他生死与共的兄弟、和他深爱的妻子，还有他眷恋的这些高峰，一同挥舞着手中鲜红的五星红旗和火炬。

在这里，让我们感谢崛起的伟大祖国和这个伟大的时代，给西藏登山运动插上了腾飞的翅膀，赋予了我们发展壮大、创造世界奇迹的条件和机遇！也让我们向为西藏登山事业作出巨大贡献甚至献出了宝贵生命的登山英雄们，特别是向处处起模范带头作用的优秀共产党员们表示崇高的敬意！

继承和发扬延安精神
把体育事业发展与广大
人民群众利益紧密联系起来

——陕西体育60年回顾

陕西省体育局局长　李明华

一、概　　述

陕西是中华民族及华夏文化的重要发祥地之一。早在80万年前，蓝田猿人就生活在这里。1953年在西安城东发现的半坡村遗址，展示出6000年前母系氏族社会的进步和文明。坐落在陕北黄陵县的中华民族始祖轩辕黄帝陵，是凝聚中华民族的精神象征。

先后有西周、秦、西汉、新、东汉、西晋、前赵、前秦、后秦、西魏、北周、大夏、隋、唐等十三个政权在陕西建都，时间长达1000余年，是我国历史上建都朝代最多、时间最长的省份，长期成为中国政治、经济、文化中心，留下了极为丰富的历史文化遗产。省会西安是全国六大古都之一。两千多年前，以古长安为起点的"丝绸之路"开通，使陕西成为全国对外开放的发源地，都城长安成为闻名中外的中西商贸集散地。唐代，陕西成为中国与日本、东南亚、朝鲜等国家和地区的文化交流胜地。

迄今，周语、秦装、唐礼的遗风在这些国家和地区犹存。近现代以来，陕西是响应孙中山领导的辛亥革命宣布独立的首批省份之一，特别是1935年到1948年，中共中央在陕北领导了抗日战争和解放战争，奠定了新中国的基石，培育了光照千秋的延安精神。

陕西体育源远流长，周、秦、汉、唐时期，陕西体育活动内容颇为丰富，有田猎、角抵、驾车、骑射、剑术、射箭、角力、跳跃、舞蹈和养生体育等。

随着西方近代体育的传入，除固有的传统体育项目在陕西城乡广泛普及外，西方近代体育项目中的球类项目继体操、田径后相继传入，得到了较快发展。参加体育活动的不仅有军人、学生，还有工人、农民、商人和机关职员。流行地区不仅是西安、宝鸡、渭南、汉中等大城市，而且遍及一些较小的城镇和乡村。抗日战争爆发后，北京、天津等城市的一些大中学校迁入陕西，使陕西体育得到较快发展。

1935年10月，红军长征到达陕北，革命根据地发生了翻天覆地的变化，延安成为中国革命的大后方，给陕西体育乃至全国解放区体育工作烙上了红色印记。红色延安时期的体育不同于历史上任何一个时期，以服从大局，为抗战总目标服务，实事求是，从边区实际出发，倡导艰苦朴素、勤俭节约为方针，无论是群众体育、竞技体育，还是组织领导、人才培养等方面，都谱写了陕西乃至中国体育的新篇章。

革命根据地的红色体育，在中国体育史上第一次以劳动人民为对象，并以其根本利益作为体育方针、政策及具体实践的出发点，在一定范围内使劳动者享受到体育权利，结束了剥削阶级垄断体育的历史。对造就一支攻无不克，战无不胜的革命军队，捍卫民族独立，推翻帝国主义和官僚资本主义在中国的统治作出了贡献。其在抗日战争和解放战争中的作用和影响不可低估。在旧中国，工人及其子女被剥夺了受教育和体育的权利，一般学校的体育设备很差，贫穷落后的农村则更为甚之。在这种情况下，广大人民群众的健康状况是极为恶劣的。为改变这种状况，争取保障人民大众健康的体育权利，以毛泽东为首的中国共产党对广大人民的健康给予了极大的关怀，把争取保障广大人民群众及其子女健康的体育权利，视为党领导的革命运动的任务之一。五四时期，毛泽东在致力于革命活动的同时，对保障人民的健康和开展群众性体育活动，发表了许多见解，对体育方面的一些具体问题进行探讨，如小学教师的知识结构，健康及薪金，公共体育场和娱乐设施的建设，劳工住宅及娱乐活动，女子放脚问题等。1927年大革命失败后，中国共产党的工作重点由城市转移到农村。在农村革命根据地，毛泽东除了注重工农红军的体育外，还十分重视苏区的体育事业，积极支持群众体育运动，以适应根据地建设的需要。在延安时期，随着革命实践的不断深入和发展，毛泽东进一步明确了发展群众体育运动、增强人民体质的思想。在论述抗日战争时期中国共产党的文化教育方针时，毛泽东明确提出，要广泛发展群众的体育运动，根本改变过去的教育方针和教育制度，使一切人民都逐渐地离开愚昧和不健康的状况。在毛泽东这一思想的指导下，群众性的体育活动得到极大发展。陕甘宁边区各部队、工厂、机关、学校的体育活动掀起一个又一个高潮。宝塔山下，延水河边，每天黎明，四面八方的哨声、号声、钟声、锣鼓声响成一片，人们纷纷起来活动筋骨，早操锻炼。延安地区不但各学校、机关成立有若干球队，兵工厂、纺织厂、肥皂厂、印刷厂和纸厂等也都成立了球队。滔滔延河水，是红色体育蓬勃开展的历史见证，它岸边宽阔的河滩，是天然的田径场。夏天，延河成了天然游泳池，突出的石崖成了理想的跳水台。每年举行的水上运动会都要表演骑兵武装渡河、步兵武装泅渡、潜水、跳水、水球等丰富多彩的项目。冬季，延河又成了天然溜冰场，每逢周末的夜晚，雪亮的汽灯高挂，滑冰能手们穿着延安兵工厂用炸弹皮做成的冰鞋往来穿梭。当时，在延安城内，县城的居民经常在群众运动场参加篮球、排球、乒乓球、象棋、军棋等娱乐活动。在农村，体育娱乐活动也呈现出蓬勃发展的局面。据1937年3月16日《新中华报》载，在群众体育广泛、深入开展的基础上，涌现出了像延安西区一乡这样的全县闻名的体育模范乡。全乡23个村，村村有体育场。在乡所在地的体育场，每隔5天，全乡少年儿童便来此进行军事性质的体育训练。在根据地，大、中、小各级学校中都设有体育课。有些学校，在一学期20周内，12周安排了与体育和学生身体有关的各种活动。陕北公学、女子大学、医科学、青年干校等学校都设有俱乐部，负责组织体育活动。在艰苦的条件下，延安大学还设立了体育系，开设有十多门课程，为解放区培训了一批体育专门人才。随着群众体育广泛深入的开展，边区的竞技活动也越来越盛行。从1937年起，五一运动会（1937年5月）、陕甘宁各机关的"五卅"运动会（1937年5月）、"八一"运动会（1937年8月）、鄜甘警备区司令部"九一八"运动会（1937年）、后方直属机关"九一八"运动会（1939年）、"九一"扩大运动会（1942年）等相继举办。其中规模最大、影响最深远的是延安的"九一"扩大运动会。在毛泽东的关怀下，1942年9月运动会在延安青年运动场开幕。大会通过了定9月9日为体育节，成立边区体育总会等决议。参加比赛的健儿，除延安地区外，还有三边、绥德、米脂和晋西北等地的代表，一千多名男女运动员中，有工人、有农民，也有少数民族的运动健儿，不仅有八路军战士，还有日本反战同盟的志士，可谓人才济济。在历时6天的比赛中，进行了100米、1500米、1万米跑、跳高、跳远、铅球、篮球、排球、游泳、射击、投弹、爬山、超越障碍、网球、足球、棒球、武装泅渡、跳水、举重、单杠、双杠、团体操、集体舞、武术、骑术等项目的比赛和表演，各项运动均获得了很好的成绩。这次热火朝天的群众体育盛会，在中国体育史上是空前的，在中国体育史上留下了光辉的一页。延安时期的红色体育，是中国有史以来最具有广泛群众性的体育。它因地制宜，因陋就简，不分高低贵贱，不分男女老幼，大家都来参加锻炼。它为革命斗争服务，目的在于加强整个中华民族的体质，这是体育宗旨的真正体现，也正是毛泽东所提倡的开展群众性体育活动，增强人民体质这一体育思想的体现。

延安时期的体育从理论和实践两方面都获得了较大的发展。不仅使体育在抗日战争和解放战争中发挥了应有的作用，而且为中华人民共和国成立后，进一步明确"体育为国防服务"、"发展体育运动，增强人民体质"的思想奠定了基础。

新中国成立 60 年来，特别是改革开放 30 年来，陕西体育工作全面贯彻党的体育事业发展方针，继承和发扬延安精神，各项体育工作都取得了巨大的进步。体育设施从 60 年前的 33 个公共体育场所，已达到 19227个，平均每万人拥有体育场地 5.211 个，人均体育用地达到 0.9 平方米，遍布城乡的体育场地设施为群众参加体育健身活动提供了有力的支持。各类基层群众体育组织广泛建立。全民健身活动蓬勃开展，体育公共服务水平逐年改善。竞技体育整体实力大幅提高，从新中国成立之初的短短几年内迅速改变从未获得全国比赛冠亚军的局面起步，到 2008 年在北京奥运会上夺得 2 金 1 铜，陕西竞技体育的历史纪录不断被刷新。同时，全省体育产业的快速发展为体育事业注入了新的强大动力，极大丰富了社会体育资源，为满足群众多元化体育需求提供了新的有效途径。随着全省经济社会的快速发展和人民群众生活水平的提高，体育的多元化功能与重要作用日益彰显。

2008 年，陕西体育各项工作都取得了历史最好成绩。陕西省体育局荣获中共中央、国务院颁发的"北京奥运会残奥会先进集体"光荣称号，荣获国家体育总局颁发的"2008 年奥运会重大贡献奖"、"2008 年奥运会成绩突破奖"、"全民健身与奥运同行活动优秀组织奖"、"2008 年度体育彩票工作贡献奖"；荣获陕西省委、省政府授予的"2008 北京奥运会、残奥会火炬接力陕西段传递工作先进集体"荣誉称号、荣获陕西省委、省政府授予的 2008 年度目标责任考核优秀单位和精神文明建设"创佳评差"竞赛活动"最佳厅局"，共八重要奖项。

在新中国成立 60 周年之际，陕西又一次迎来了全省经济社会发展的重大历史机遇。《关中—天水经济区发展规划》经国务院批准出台，使陕西在全国大局中的地位得到极大提升，标志着经济区的发展一跃成为国家战略的重要组成部分。围绕着要把陕西建设成为"全国内陆型经济开发开放战略高地"的战略定位，袁纯清省长明确指出，体育工作要以满足群众日益增长的健康生活新要求为目标，做好体育产业加快发展的论证和规划工作，强化群众性体育事业和竞技体育发展的平台建设，使体育产业的规模和效益有较大提升。

把体育事业的发展与广大人民群众的切身利益紧密联系起来，陕西体育走过了不平凡的 60 年，并且还将迎来更加辉煌灿烂的明天。

二、以推广"劳卫制"为特征，群众体育活动遍布城乡，竞技体育队伍逐步建立并成长，各项体育基础工作全面得到加强

1949—1979 年，陕西体育经历了恢复创伤、全面普及和崛起阶段，给陕西体育发展奠定了雄厚的基础。

体育机构普遍建立。新中国成立之初，陕西体育工作归团省委以及教育、工会等部门领导。1954 年陕西省体育运动委员会成立后，全省体育工作交由省体委负责。随后，各地区，以及县区相继成立了体育机构。此间，中华全国体育总会陕西省分会（后改为陕西省体育总会），以及基层体育协会也先后建立。

群众体育广泛开展。全省群众体育活动收效最显著的是广播体操的推广，"体育锻炼标准"和"准备劳动与卫国体育制度"的实施。据统计，到 1952 年，全省有 30 多万名中小学和机关干部经常坚持广播体操活动。1957 年全省中小学已有 26814 人通过"劳卫制"各级标准。至 1959 年，通过"劳卫制"的人数达到 572859 人。与此同时，1956 年全省企事业参加早操、工间操的职工，占总职工人数的 60%，经常参加的体育项目有田径、体操、篮球、排球、足球、游泳、武术、军事体育等，仅各类球队就有 1260 个。社队、乡村在以往开展民间传统体育项目的基础上，经常组织长跑、广播体操、篮球等项目的比赛，活跃了城乡业余文化体育生活，并涌现出数以百计的体育先进团体和先进个人。

运动竞赛成绩显著。新中国成立后，陕西体育用很短的时间就改变了

在全国比赛未获得冠亚军的局面，而且有不少项目还跨入了全国先进行列。据 1952 年不完全统计，全省 9 个专区共举行各种运动竞赛 40 多次，参赛运动员 2257 人次，观众达 6 万多人次。至 1956 年，陕西省田径纪录全部被刷新，并在 1959 年的第一届全国运动会上和 1965 年的第二届全国运动会上，有 5 人破 2 项世界纪录，23 人破 11 项全国纪录，获 5 个第 1 名、9 个第 2 名、7 个第 3 名。到 1965 年，共参加全国运动会 2 届，举办全省运动会 4 届，举办了全省职工、学生运动会和单项比赛，多次参加全国单项比赛。

积极加大体育人才培养力度。新中国成立初期，全省普遍创办了体育培训班，到 1954 年建立第一所高等体育学院（今西安体育学院），为陕西体育发展培养了一批专业体育人才。随后，西安师范、安康师范等校也相继开办了体育班。1956 年起，西安、宝鸡、咸阳、汉中、延安、榆林、三原、临潼等地相继建立了业余体育学校，为陕西体育人才培训开拓了新的领域。全省建立青少年业余体育学校有 10525 所，在校学生达 37 万余人。到 1964 年，全省仅巩固了 7 所重点业余体育学校，91 个县建立了重点项目业余训练点，县办青少年业余体育学校仅保留 46 所。

运动场地修建和扩建，陕西体育设施建设步伐不断加快。新中国成立之初，随着群众体育活动的广泛开展，以及各种类型运动会的频繁举行，国民时期留下来的运动场已经很难满足实际需要。因此，陕西各地市在修整原体育场地的基础上，相继修建和扩建了一批规模不等的运动场地。其中规模宏大，设备齐全的体育场为 1954 年修建的西北人民体育场（今陕西省人民体育场），占地面积 36298 平米。此外，各地市所在地也相继修建了一些规模较大的体育活动场地，如西安市人民体育场（原革命公园公共体育场）、西安市跳伞塔、咸阳市体育场、宝鸡市体育场、延安市体育场、汉中市体育场，为推动体育事业的发展创造了较好的物质基础。

"文化大革命"使陕西体育事业遭到严重破坏。各项目运动队被迫停止训练，各级学校体育被军事训练代替，各地体育场、器材受到严重破坏，体育工作陷入瘫痪。1970年2月，陕西省体育运动委员会革命委员会成立（1980年恢复为陕西省体育运动委员会）。1971年，国务院总理周恩来明确肯定"文化大革命"前体育工作成绩之后，陕西体育事业开始恢复。陕西女子篮球队首先进行了充实，并逐步开始进行正规训练。随后，其他一些运动队也相继恢复。至11月，300余人组成的陕西省体育工作大队开始建立，共设置7个项目，按军事编制进行管理。接着，召开了全省体育工作会议和青少年业余体育学校座谈会，西安、咸阳、宝鸡、延安、榆林、定边、汉中、商县、凤翔等地先后举办了田径、体操、篮球、排球、足球、乒乓球、武术等项目的业余培训班60个。1971年，全省各地、市、县体育竞赛普遍恢复。期间，举办2届全省运动会，1届全省中学生运动会。并参加1届全国运动会，有6人9次破6项全国纪录，获得4个第1名、6个第2名、11个第3名。此外，地市县举办的运动会中也取得了较好的成绩，如1972年，全省县区以上运动会共举办341次，有17万运动员参加比赛。其中少年运动员占50%，儿童运动员占30%，4人5次破3项全国少年田径纪录，有17个项目进入全国前6名，游泳破26项省纪录，16个项目进入全国前8名。

1978年，中共十一届三中全会后，陕西体育事业经过拨乱反正，实行改革开放政策，呈现出一个欣欣向荣的崭新局面。在改革开放政策实施下，陕西学校体育面貌出现了新的变化。各级学校重视学生身体素质的提高，重视体育活动的开展，并将体育考核成绩列为学生升学考试内容。随着1977年高考制度的恢复，体育专业不断扩大招生名额，加上全省各地先后也举办了规模不尽相同的中小学和幼儿体育师资培训班，从而使全省各类学校体育师资力量得到了进一步加强，学校体育的教学质量也普遍有了提高。这为陕西体育事业打下了坚实的基础。

三、改革开放给陕西体育带来了新的活力，围绕
　　"全民健身计划纲要"和"奥运争光计划"，
　　各项体育工作都取得了新的突破

　　改革开放之初到20纪80代末，在党和政府的亲切关怀和坚强领导下，陕西体育事业突飞猛进，取得了历史新突破。为适应新时期体育工作的需要，陕西在体育机构、体育法制、体育宣传、体育科研和体育国际交往等方面进行了几次调整和改革，以适应实施全民健身与奥运争光两个战略的需要。

　　通过不懈努力，陕西的群众体育在以前的基础上出现了新的起色，竞技体育形成了"强化金牌意识，力争竞技运动大翻身，发挥竞赛的杠杆作用，促进运动技术水平提高"的陕西竞技体育新思路。

　　20世纪70年代末到80年代，陕西的群众体育活动广泛开展。全省各地市、各行业普遍完善了体育协会，职工体育以"三操、一拳、一跑"（广播操、工间操、生产操、太极拳、长跑）为主要内容，普遍受到广大职工的喜爱。1984年，全省基层职工体育协会9000多个。1978—1989年，全省各地、市、县、乡共举办职工运动会1030次，共有18万人参加。全省农村体育管理体制不断完善，多数农村建立了农村文化活动中心、文化站和"青年之家"，到1989年，全省有文化站3000多个。成立省农民体育协会，全省农村体育活动更加丰富多彩。1986年，全省共举办县级综合运动会11次，单项运动会52次。1989年，全省各地市共举办农民运动会417次。改革开放以来，随着老龄人口的增多，老年人受到社会各方面重视，老年人体育活动勃然兴起。1983年，陕西省老年人体育协会成立，至1988年，全省10个地市，104个县均成立了老年人体育协会，会员人数达到4万多人。80年代以来，陕西残疾人体育引起社会各

界关注。1989 年 7 月，陕西省残疾人体育协会成立，全省举办了多届省、市残疾人运动会，陕西组队参加了全国残疾人运动会，部分队员还随国家队参加了国际残疾人运动会，杨少民、张难等一批优秀运动员在国际残疾人体育比赛中夺得金牌。1985 年，西安市莲湖区举办首届少数民族运动会，翌年，西安市莲湖区作为全国少数民族地区体育先进单位之一，受到国家体委、国家民委表彰。陕西也组队参加了全国少数民族传统体育运动会并取得了好成绩。

在改革开放政策的实施下，陕西的学校体育进一步加强，各级学校高度重视体育活动的开展和学生身体素质的提高，学生的体育考核成绩列入升学考试内容。1977 年，高考制度恢复，体育专业的招生名额不断扩大，全省体育师资培训力度加大，体育师资力量不断加强，体育教学质量不断提高。1979 年，陕西开始建立体育传统学校，到 1989 年，全省体育传统学校已经发展到 1112 所，达到国家"体育锻炼标准"的人数达到 112 万名。

70 年代到 80 年代，陕西体育场地设施建设不断加快，新型体育场馆和设施不断增加。修整后的西安市人民体育场可容纳 2 万名观众。1984 年西北地区规模最大、设备最先进的陕西体育馆建成，可容纳 8000 名观众。宝鸡、咸阳、汉中、延安、临潼等地也相继建成颇具规模的体育场、馆。1982 年，陕西体育场总数达到 13156 个，其中体委系统 511 个，工矿企业系统 1140 个、农村 427 个、学校系统 10536 个、其他系统 542 个。

从 70 年代后期开始，陕西参加了一系列全国体育比赛。1979 年到 1989 年，陕西省有 18 名运动员在国际大赛中获得冠、亚军，并平、创了一批亚洲和世界纪录；3 次组队参加了全国运动会，共获得金牌 20 枚、银牌 15 枚、铜牌 19 枚；2 次参加全国青少年运动会，共获得金牌 13 枚、银牌 3 枚、铜牌 16 枚；组队参加了全国工人、农民、中学生和残疾人运动会。举办了两次全国综合性运动会、3 次省级青少年运动会；举办了全省工人、农民、中学生和大学生运动会。陕西男子篮球、女子篮球、女子足球、女子排球等取得了令人瞩目的成绩，涌现出了篮球运动员王立彬、邱晨，武术选手赵长军，射击运动员林波等在国内外体坛有一定影响的一批高水平运动员。

1987年，在全国六运会上，陕西共有315名运动员参加了24个大项的预赛，最后有202人进入了20个大项的决赛，共获金牌8枚、银牌5枚、铜牌3枚，列全国金牌榜18位、总分榜22位。陕西体育打了一个漂亮的翻身仗。

这一时期，陕西在各运动队和各级训练单位强化金牌意识，把提高竞技体育运动水平作为主攻方向，主要抓了几个方面的工作，收到了良好的效果。一是优秀集训队的重建与调整。1979年，国家体委提出"省级以上体委侧重抓提高"，陕西省体委在原重点的7个训练队的基础上扩编队伍，至1983年全省设立专业集训队数达到17个，运动员421人。针对陕西参加第五届全国运动会成绩不佳的情况，1984年，对运动项目进行了大幅度调整，调整后的项目建制共25个，运动员686人。二是竞技体育后备人才的培养。自1979年陕西省体育运动学校成立后，相继成立了西安、宝鸡、咸阳、汉中、延安、榆林等6所体育运动学校，这些体育运动学校，为陕西体育培养了大量后备人才。与此同时，陕西的业余体育学校也有了新的发展，到1986年，全省各类业余体校达110所，在校学生3385人。全省体育传统项目学校发展到1140所，其中省级120所，开展的体育项目主要是田径、篮球、足球。到1989年，全省业余体校在校学生9902人。三是发挥竞赛的杠杆作用。以举办全省综合性运动会、全省青少年运动会，承办全国单项和综合性运动会及国际体育赛事为依托，积极锻炼队伍，提高运动水平。这一时期，陕西共举办了三届省运会（第六、第七、第八届）、三届全省青少年运动会，承办全国单项和综合性运动会及国际体育赛事20多次。1979—1987年，陕西参加三届全国运动会，成绩有升有降，呈马鞍形起伏发展，但竞技体育整体实力较以往有较大的提高。

这一时期，陕西的航模、跳伞、射击、赛艇、武术、跳水等项目在世界三大赛中屡次夺冠。足篮排三大球在国内比赛中也有不俗表现，继陕西女排 1977 年夺得全国冠军后，女足 1983 年获全国冠军，男篮 1986 年获全国第 3 名，男足也几次闯入全运会决赛。

特别值得一提的是，1985 年，陕西省委、省政府针对全省体育事业发展步伐缓慢，竞技体育水平大幅下降，全省体育运动落后的现状，适时制定下发了《关于加强体育工作的决定》，要求"全省各级党政领导部门及工会、共青团、妇联、体育协会等群众团体和社会各界都必须动员起来重视体育工作，大力发展各类群众性的体育活动，增强人民体质，迅速提高运动水平，打好陕西体育翻身仗，要以第六届全国运动会为期，奋战三年，力争全省的运动成绩恢复并超过历史最好水平，在若干项目为中国体育运动走向世界做出贡献"。

四、理清思路，夯实基础，90 年代的陕西体育迈上了快速发展的轨道

进入上个世纪 90 年代，陕西体育以承办第四届全国城市运动会为契机，奋发进取，开拓创新，全省体育事业走上了良性发展的轨道。

1995 年，国务院批准陕西暨西安市承办第四届全国城市运动会，党中央、国务院给予高度重视和极大关怀。中共中央总书记江泽民为四城会亲笔题词："办好城运盛会，促进全民健身"。在陕西省委、省政府的领导和国家体育总局的参与指导帮助下，中华人民共和国第四届全国城市运动会于 1999 年 9 月 11 日至 20 日在西安市隆重举行。这是建国以来陕西省首次承办全国综合性运动会。开幕式上，国务院副总理李岚清宣布第四届全国城市运动会开幕，近万人参与了《跨越世纪》大型文体表演。开幕式隆重热烈，体现了陕西悠久的地方文化特色，反映了陕西人民锐意进取的精神风貌。来自全国 57 个城市的 3878 名运动员参加了 16 个大项、220 个小项的比赛，其中中国香港代表团首次参赛。运动会上有 22 人 55

次超世界纪录，33 人 77 次超 23 项世界青年纪录，23 人 57 次超 20 项亚洲纪录，2 人 4 次创全国纪录。有 277 名运动员获"最佳技术人才奖"，35 个代表团获"后备人才输送奖"。东道主西安市代表团获金牌 26 枚，奖牌 65 枚，创历史最好水平。在筹备四城会期间，陕西省委、省政府调动各方面的力量，省、赛区市、院校、企业共投资 16 亿元，征用土地 5500 亩，新建 13 个体育场馆，改建 14 个体育场馆。这些场馆有 21 个集中在西安市，6 个建在宝鸡、咸阳、渭南、延安和杨凌示范区。其中陕西省体育场、陕西省游泳跳水馆、宝鸡体育馆、杨凌水上运动中心、陕西省射击场的建设规模、设施设备都达到了国内一流水平。第四届全国城市运动会的成功举办，展示了陕西的风貌，扩大了陕西在全国的影响，赛区城市面貌发生了巨大变化，增强了全省人民的体育意识，促进了体育产业化、社会化发展，使陕西有体育场馆建设跻身全国先进行列。

90 年代，陕西的群众体育、竞技体育有了一定的发展，呈现出生机勃勃的新局面。群众体育在深入贯彻《体育法》、《全民健身计划纲要》、《学校体育工作条例》的基础上，不断加强"场地、组织、活动"建设，群众体育蓬勃发展。全省学校体育管理体制不断完善，体育师资队伍建设不断加强，体育教学改革不断深化。全省体育传统项目学校发展迅速，1990 年初，全省体育传统项目学校发展到 1250 所，有 41768 名学生参加训练，全省有 380 万人达到国家体育锻炼标准。全省职工体育活动广泛开展，农村体育活动日趋活跃，老年人、残疾人和少数民族体育活动丰富多彩。竞技体育以"奥运争光计划"为目标，大力实施金牌战略，但由于科学训练水平不高，全省的竞技体育水平仍呈"马鞍形"发展。在第七届、第八届全国运动会上，陕西的竞技体育水平不断下滑，分别只获得 1 枚金牌和 1.5 枚金牌，处于全国后进位置。

1998 年，是陕西体育浓墨重彩的一页。针对陕西体育在七、八两届全运会严重滑坡的被动局面，省政府做出了《关于进一步加快体育事业发展的决定》，制定了一系列加快体育事业发展的政策措施，提出了"三至五年小翻身，五至八年大翻身"的目标，极大地鼓舞了全省体育战线的广大干部职工，为陕西体育的发展奠定了坚实的基础。同年，陕西省人民政府制定下发了《关于大力开展创建体育先进县活动的通知》。《通知》的下发为进一步加强县级体育工作，活跃和丰富县级体育文化，多层次培养体育人才，增强人民体质，促进县域经济和社会全面发展起到了积极的作用。

这一时期，陕西的体育法制建设取得了新进展。1995年，国务院颁布《中华人民共和国体育法》后，陕西将依法治体摆上了重要议事日程。在贯彻执行《体育法》制定地方体育法规的同时，为了加快体育改革的速度，从1990年开始，陕西逐步建立健全了一些规章制度。诸如《陕西省全民健身计划"一二三"工程实施方案》、《陕西省业余训练各层次年龄衔接的规定》、《陕西省竞赛管理办法》等。到1996年，陕西已制定了50多个规章制度。1997年1月，经陕西省人大常委会通过，正式颁布了《陕西省体育场馆管理条例》，填补了陕西省体育地方立法的空白。这些法规对陕西深化体育改革起到了重要的保证作用。

这一时期，陕西积极探索体育产业化的新途径，体育产业开发迈出了新的步伐。1994年，陕西制定了体育产业开发十年规划，提出了"以体为本、全面发展"的产业开发指导思想，确定了"开发体育经济功能、培育体育市场、调整体育产业结构"的发展思路，实现了"体育办产业"向"办体育产业"的方向转变。一是以开发和利用各种冠名权、体育产品专利权、广告制作权及大众体育有偿服务等为主要形式的体育无形资产的开发取得一定成效。在第四届全国城市运动会上，体育无形资产开发筹集到3100万元的资金和实物，弥补了办会所需经费。二是体育彩票发行迅速增长。从1996年开始，陕西充分利用国家举办大型体育比赛发行体育彩票的契机，在全省范围内发行体育彩票。1996—1999年，全省体育彩票累计发行1.6亿元，积累收益金4000多元。三是体育健身娱乐业发展较快。随着人民文化生活水平的提高和休闲时间的增多，健康消费迅猛增长。陕西的高尔夫球、保龄球等各种体育健身活动开展得生机勃勃，有声有色，吸引了成千上万的健身群众，取得了可观的经济效益。四是体育用品业发展迅速。人们体育消费意识的增强，带动了体育用品业的飞速发展，体育服装、器材销售网点，全省城乡随处可见，国家集体个人经营并举。陕西不少企业实施名牌战略，成为知名体育品牌的西北地区总代理。陕西省航空运动学校也自筹资金，利用动力伞、热气球、牵引伞、飞艇等开展空中广告业务，收到了很好的效益。

五、跨入新世纪，陕西体育紧紧围绕"迎接和备战北京奥运会"这条主线，全力唱响"全民健身与奥运同行"，不断加大群众健身场地设施建设力度，在北京奥运会上取得奥运参赛成绩的重大历史突破

进入21世纪以来，特别是中共中央、国务院《关于进一步加强和改进新时期体育工作的意见》（中发〔2002〕8号）和陕西省委、省政府《关于进一步加强体育工作努力建设西部体育的意见》（陕发〔2003〕6号）实施以来，陕西体育实现了跨越式发展，取得了辉煌的成就，呈现出持续健康快速的发展势头。

21世纪之初，陕西体育抓住西部大开发和北京承办第29届奥运会的历史机遇，确立了今后5—10年体育改革与发展的总体目标，即：基本建立与社会主义市场经济相适应，符合体育发展规律的体育体制与运动机制；群众体育与竞技体育、体育产业形成相互促进、协调发展的新局面，全民参与率达到90%以上，国民体质主要指标、竞技体育总体实力、体育产业发展规模达到全国中等水平；城乡体育设施进一步完善；体育社会化、产业化、科学化、法制化明显提高；体育队伍建设进一步加强，动员和组织全省体育战线励精图治，开拓创新，努力把陕西建成西部体育强

省，为在 21 世纪中叶基本实现体育现代化奠定坚实的基础。

围绕"迎接和备战北京奥运会"这条主线，陕西体育战线全力唱响"全民健身与奥运同行"，以满足人民群众日益增长的体育文化需求为出发点，以实现体育与国民经济和社会事业协调发展、提高群众健康素质为己任，努力构建亲民、便为、利民的体育服务体系，掀起了全民健身运动的新高潮。到 2008 年底，全省各类体育协会已达到 281 个，建立了各类体育健身辅导站，社会体育指导员队伍已达到 20000 人；建成了 900 多条全民健身路径和 600 余个全民健身广场；完成了 20 万人的成年人体质测定；全省经常参加体育锻炼的人数达到 1420 万人，占总人口的 38%。总投资 2100 万元，由综合健身馆、水上乐园、室外健身设施三部分组成的陕西省全民健身中心，于 2003 年 6 月在陕西奥林匹克体育中心动工建设，2004 年 9 月建成并投入使用。利用 200 万元中国体育彩票公益金购置的国民体质监测车于 2003 年 6 月投入使用。

以实施"农民体育健身工程"和"城市社区健身器材配送工程"为重点，大力推进全省体育场地设施建设，努力改善全省城乡群众的健身设施和条件。从 2006 年开始，陕西在全省范围内大力实施"农民体育健身工程"，产生了很好的社会反响。截至 2008 年底，已经投资 6600 万元在全省 2100 个行政村建设农民体育健身工程，约占全省行政村的 8%。同时，陕西在全省 234 个城市社区实施了"城市社区健身器材配送工程"，占全省城市社区的 15%。到 2010 年，力争在全省四分之一约 6565 个行政村实施"农民体育健身工程"，为全省 70% 约 1166 个城镇社区配置体育器材，以满足全省城乡居民不断增长的体育健身需求。

北京奥运火炬传递圆满成功。2008 年 7 月 2 日至 4 日，北京奥运火炬先后在我省延安、杨凌、咸阳、西安四个城市传递。共有 624 名火炬手参加了传递活动，传递距离 28.94 公里，现场 260 多万名群众观看了火炬传递盛况，整个传递活动隆重、热烈、庄严、简朴、安全、顺畅，取得了圆满成功。2008 年 8 月 29 日，北京残奥会火炬接力境内传递"中华文明线"首站在我省西安市传递，70 位残奥会火炬手参加了传递活动。通过奥运会、残奥会火炬在陕传递，弘扬了奥林匹克精神，向国内外展示了陕西改革开放和社会主义现代化建设的巨大成就，展示了陕西作为中华民族发祥地独有的文化底蕴，展示了正在努力建设西部强省的三千七百万三秦人民昂扬向上，朝气蓬勃，自强不息，热爱生活的精神风貌。

进入新世纪以来，陕西的全民健身社会气团日趋浓厚，群众性体育活动已成为体育工作的经常亮点，每年以"全民健身与奥运同行"和"迎奥运、讲文明、树新风"为主题，组织举办了一系列大型群体体育活动，产生了良好的社会反响。陕西的群众体育竞技水平不断提高，取得了辉煌的成就，在残奥会、特奥会、全国体育大会、民运会、大学生运动会等国际国内比赛中取得了较好成绩，实现了新跨越。

新世纪的陕西竞技体育实现了历史性突破，创造了辉煌的佳绩。

2000 年，在悉尼奥运会上，陕西跳水运动员田亮勇夺 10 米跳台金牌，实现了陕西奥运金牌"零"的突破，陕西运动员所获金牌数列全国第 10 位、西部第 1 位。2004 年，在雅典奥运会上，共有 8 名运动员、3 名教练员参加了 6 个大项、9 个小项的比赛，取得了 1 枚金牌、1 枚银牌、1 枚铜牌和 1 个第四名，所取得成绩是我省运动员参加前五届奥运会总成绩之和，获得了国家体育总局"突出贡献奖"和省政府通报表彰。在第 29 届北京奥运会上，陕西有 11 名运动员、2 名教练员入选中国代表团，共获得奥运金牌 2 枚、铜牌 1 枚、第五名 1 个、第八名 1 个。这是陕西运动员参加历届奥运会取得的最好成绩，圆满完成了省委、省政府下达的"力争在 2008 年奥运会上取得更好成绩"的光荣任务，为祖国和人民争得了荣誉，以两枚金牌三枚奖牌的优异成绩回报了 3700 万陕西人民的殷切期望。2008 年 9 月 29 日，中共中央、国务院在人民大会堂隆重举行北京奥运会残奥会总结表彰大会，陕西省体育局荣获中共中央、国务院颁发的"北京奥运会残奥会先进集体"称号，我省运动员郭文珺、秦凯荣获"先进个人"称号。2008 年 10 月 6 日，国家体育总局、中国奥委会在人民大会堂隆重举行北京奥运会表彰大会，陕西省体育局荣获国家体育总局、中国奥委会颁发的"2008 年奥运会重大贡献奖"和"2008 年奥运会成绩突破奖"两个荣誉称号。省射击射箭运动管理中心和省游泳运动管理中心荣获"2008年北京奥运会突出贡献集体";省体育局局长李明华同志荣获国家体育总局、中国奥委会颁发的"中国奥林匹克铜质奖章";李明华、张挺、李天立、董利、吴雅楠、张根学、徐毓茹、冯燕超等8名同志荣获"2008年北京奥运会突出贡献个人"称号;郭文珺、秦凯荣获中华全国总工会颁发的"全国五一劳动奖章"和共青团中央、全国青联颁发的"中国青年五四奖章";郭文珺荣获全国妇联颁发的"全国三八红旗手"。

2001年,在广东举行的第9届全国运动会上,陕西代表团共有154名运动员参加了14个大项、154个小项的比赛,获得8.5枚金牌、4.5枚银牌、4枚铜牌,创造了陕西参加全运会历史最好成绩,提前4年完成了中共陕西省委、陕西省人民政府提出的"陕西体育大翻身"的目标,荣获省政府通报嘉奖。2005年,在南京举行的第10届全国运动会上,陕西代表团共有180名运动员参加了14个大项、113个小项的比赛,共获得22枚奖牌,其中3枚金牌、8枚银牌、11枚铜牌,61个前八名,团体总分526.5分。十运会奖牌总数和团体总分超过历届全运会,展示了陕西竞技体育在"十五"期间整体实力稳步增长的良好势头。

体育产业化、社会化发展步伐加快。2001年6月,电脑型中国体育彩票在陕西成功上市。截至2008年底,陕西共发行中国体育彩票44.5亿元,筹集公益金14.5亿元。陕西体育竞赛表演、健身娱乐、体育培训、体育旅游等体育市场不断发展壮大,探索体育产业多元化发展取得了一定突破。以朱雀广场为代表,形成了以场馆经营为主体、带动本体产业和相关产业联动发展的模式。以足球、篮球、乒乓球职业联赛为主,其他各种竞赛为辅的体育竞赛市场异常活跃,中国足球超级联赛、全国篮球CBA联赛西安主场吸引观众20多万人次,带动了各级各类竞赛表演市场,丰富和满足了广大群众的文体生活和体育消费需求,有力地推动了体育市场的进一步发育壮大。

体育场馆建设力度进一步加强。进入新世纪后,陕西借举办第四届全国城市运动会之机，全省兴建了一大批比较先进的体育场馆。2004 年，投资 4 亿元建设的奥林匹克体育中心建成并投入使用。建成各类体育场馆 27 个及配套的教学、科研、生活设施 11 处，总建筑面积 12 万多平方米。省奥林匹克体育中心的建成，标志着陕西体育设施建设进入了一个新时期。近年来，陕西体育的基础设施建设进一步加强，朱雀广场、奥体中心、射击射箭中心、杨凌水运中心、航空运动管理中心等五个园区的综合管理迈上了一个新台阶。2008 年，陕西奥体中心体育馆项目、陕西体育彩票全民健身活动中心项目，已经批准立项；陕西省老年体育健身活动中心（体育博物馆）施工进展顺利。

　　陕西体育法制、宣传、科技、教育、对外交流、精神文明建设等方面取得了优异的成绩，为陕西体育的全面协调可持续发展作出了贡献。2003 年初，中共陕西省委、陕西省人民政府制定下发了《关于进一步加强体育工作　努力建设西部体育强省》的意见，明确提出要把陕西建成西部体育强省。《决定》对陕西新时期的群众体育、竞技、体育产业等方面作出全面规划的部署，要求全省体育要为全面建设小康社会服务，努力建设西部体育强省。随后，省政府主持召开了全省体育工作会议，对建设西部体育强省的奋斗目标和主要任务进行了周密安排，配套下发了《关于进一步推进体教结合　大力加强少年儿童体育学校建设的意见》、《关于进一步加强运动员文化教育工作的意见》、《关于进一步做好退役运动员就业安置工作的实施意见》、《陕西省体育场馆维修专项经费管理办法》等文件。2007 年，陕西省人民政府制定下发了《关于进一步加强县级体育工作的意见》。2007 年 9 月，陕西省人大第 33 次常委会通过了《陕西省全民健身条例》。

六、坚持以人为本，深入学习实践科学发展观，在新的起点上推进陕西体育事业全面协调持续发展、在体育大国向体育强国迈进的进程中把陕西建设成为西部体育强省

成功举办北京奥运会之后，党中央发出了由体育大国向体育强国迈进的号召，这是向全国体育工作者发出的动员令，是新时期体育工作者的历史使命和奋斗目标。

北京奥运会后，陕西省体育局党组深入开展学习实践科学发展观活动，广泛征询各方面对陕西体育工作的意见，深刻反思陕西体育发展中的矛盾和问题，目前，全世界省经常参加体育锻炼的人数较少，群众的体育锻炼意识有待提高；竞技体育项目发展不平衡，优势项目不多，高水平教练员、运动员、科研人员队伍建设还很单薄，体育后备力量严重不足，体育产业化进程缓慢，市场体系不够健全，挖掘和引导社会力量与体育事业发展和产业开发不够，体育产业规模化、集约化的氛围还没有形成；基层、基础体育工作比较薄弱。

针对存在的问题，陕西省体育局党组积极研究改进措施，提出了新的发展思路。一是进一步强化体育主管部门向人民群众提供体育公共服务的宗旨观念。要通过加快群众体育场地、设施建设，动员社会力量创新群众体育活动载体，健全全民健身组织等途径，向全省群众提供更多更好的体育公共服务产品。二是进一步强化"打基础、重基层、重建设"的发展理念。实施"五个向下"工程。（1）群众体育设施投资向下。集中资金加大对市县两级全民健身广场、体育训练馆等体育设施建设项目的投入力度，实施项目带动战略。（2）调整体彩公益金分配比例，大头向下，支持鼓励基层体育设施建设和体育事业发展。（3）业务培训向下。由省体

育局出资，加大对基层教练员、体育科研人员、社会体育指导员、体育管理人员、场地技术人员的培训力度。（4）竞技体育工作重心向下。先行解决市级体校发展中遇到的困难，并逐步解决县区少儿体校发展中的问题。（5）调研课题向下。设立体教结合、体育后备人才单项基地建设，搞好基层体校建设，加大体育后备人才培养力度，加快农民体育健身工程建设，普及农村基础体育设施，新设省级"雪炭工程"、县级国民体质监测站等调研课题，由局领导牵头，组织力量深入基层调研，切实解决基层体育工作薄弱的问题，增强陕西体育事业持续发展的后劲。

《关中—天水经济区发展规划》在2009年6月经国务院批准推出后，陕西省省长袁纯清专题视察了全省体育工作。在听取了陕西省体育局工作汇报后，袁纯清指出，体育是社会发展和人类文明进步的重要标志，是一个地区综合实力和社会文明的重要体现。近年来陕西的群众性体育活动日益丰富，竞技体育取得了显著成绩，体育事业得到了蓬勃发展。在新时期，要充分认识到，随着人民群众物质生活的进一步提高，健康已经成为人们追求幸福生活的一项重要指标，体育发展和市场消费有着巨大空间，要大力发展陕西体育事业和产业，推动陕西群众体育和竞技体育更好更快发展。袁纯清要求，要以满足人民群众不断提升的健康生活新要求为目标，做好加快体育产业发展的论证和规划工作，尽快把体育产业发展成为陕西重要的新兴服务业。

陕西省副省长郑小明要求，要夯实基础，面向未来，积极运用市场化理念和项目化手段，对现有场馆和设施进行资源整合和升级，新建一批能够承接重大体育赛事的体育场馆，搭建起陕西体育事业和产业发展的基础平台。

"跳出体育看体育，围绕大局抓体育"，面向新的经济社会发展蓝图，陕西体育将又一次实现新的跨越。

大力弘扬甘肃精神
推动体育快速发展

甘肃省体育局局长　杨卫

甘肃地处我国西北内陆，属国内欠发达的省区之一。解放60年来，特别是改革开放30年来，在党中央、国务院的高度重视和关怀下，采取了一系列有利于甘肃社会经济发展的重大决策，依靠全国人民的大力支援，甘肃社会经济发展取得了有史以来翻天覆地的伟大成就。但受地域和自然条件等因素的制约，甘肃仍为我国欠发达的省区，在反映国民经济发展的几个重要指标中，都处于落后地位。甘肃的体育事业，新中国成立前，没有专业训练和比赛条件，群众身体素质水平低下。中华人民共和国成立后，尤其是近三十年，在省委、省政府的正确领导和支持下，省体育局（前省体委）认真贯彻中共中央、国务院一系列加强体育工作，加快发展体育事业的方针、政策、措施，大力弘扬"人一之，我十之，人十之，我百之"的甘肃精神，以改革、求实、创新、发展的科学态度，探索出了一套适合省情的体育事业发展的路子，使甘肃的体育事业走向了可持续的快速发展轨道。

一、集中有限财力，发扬创业精神，
使体育基础设施建设快速发展

　　体育基础设施是体育事业发展的基本条件，是衡量事业发展与否的重要标志。旧中国的甘肃体育一穷二白，基础设施十分落后，到解放初全省仅有 109 块体育场地，散布于重点城市学校之中，全省无一个标准化体育场馆。解放后，全省体育基础设施虽有发展，但远远不能满足和适应体育发展和群众体育活动的需要。1984 年，省委、省政府为了落实中共中央《关于进一步发展体育运动的通知》，下发了《关于加强体育工作的通知》，明确提出把加快体育基础设施建设作为各级政府重要任务来抓，在省上财力十分困难的情况下，毅然决定集中财力，当年投资立项修建兰州体育馆。1995 年甘肃省人大常委会颁布《甘肃省实施〈体育法〉办法》，2003 年甘肃省委、省政府下发《关于进一步加快发展体育事业的决定》，进一步提出全省体育基础设施建设的目标任务，要求各级政府把体育基础设施建设纳入经济社会发展整体规划，加快体育场馆建设步伐。党的十六大以来，省委、省政府出台一系列文件和政策，各级政府加大对体育设施建设投入，全省体育场馆呈现出快速发展的好局面。

　　省级体育场馆建设得到有力推进。改革开放前，省级仅有还未完全建成的七里河体育场等 4 个体育场馆。从 1984 年开始，省级累计投入近 3 亿元先后改建了七里河体育场，新建起兰州体育馆、省自行车训练场、省射击馆、省全民健身中心、省网球馆、七里河曲棍球场、七里河网球馆、省彩票中心楼、省体校教学楼及综合训练馆、清水训练基地、刘家峡国家亚高原水上训练基地、七里河全民健身综合楼等体育场馆 14 个，专业优秀运动队训练条件和综合性体育场馆设施有了根本性改善。

　　市、县体育设施建设全面展开。改革开放以来特别是实施西部大开发战略以来，各地发挥地区优势，把体育场馆设施建设作为"抓项目、促发展"的重要举措来抓，形成加快发展的良好局面。嘉峪关市投入1.3亿元修建起一批具有全国先进水平的体育场馆设施，成功举办了三届国际铁人三项锦标赛、一届亚洲铁人三项锦标赛和全省第十一届运动会。以先进的体育设施、良好的体育环境、活跃的体育竞赛被誉为"西部体育之都"。庆阳市投资2.1亿元，修建大型体育馆、体育场和全民健身中心。金昌市、张掖市、定西市、武威市、临夏州分别投资千万余元修建体育场和全民健身综合中心；白银市投资8000万元修建综合体育中心。全省14个市、州有10个已实现了"一市一馆"，其他市州均在积极筹建之中。县级体育场地建设步伐加快，一批体育广场、体育中心、体育公园相继建成。近10年来，各级利用体育彩票公益金完成国家体育总局援建我省"老少边贫"地区的"雪炭工程"17个、民族地区的"民康工程"2个，分别在华池、高台、会宁、陇南、甘南、临夏、天祝等14个市、县修建了造价500万元以上的综合体育馆。甘南州玛曲县、酒泉市阿克塞自治县、张掖市肃南裕固族自治县、临夏州东乡族自治县分别投入千万元以上修建了大型赛马场等具有民族特色的体育场所。秦安、清水、环县、临泽、陇西等县也分别投入千万元以上修建了大型综合体育场馆，改写了我省县一级没有大型体育场馆的历史。

群众身边体育场地不断增多。2006年，省体育局提出构建丝绸之路体育健身长廊，在基础设施上提出"四个一"工程建设目标。即一市（州）一馆（综合体育馆）、一县（区）一中心（体育活动中心）、一乡（镇）一站（体育工作站）、一村一场（硬化篮球场）。2007年以来，重点推进"一乡一站"即"千乡镇农民体育健身工程"。省级累计投入体育彩票公益金8000万元，市、县累计配套资金3000多万元，目前已在全省1115个乡镇建起有1块硬化篮球场、配置1副标准篮球架、2副乒乓球台、1条健身路径的乡（镇）文体活动站（体育活动中心），占全省乡镇总数的91％。积极推进国家发改委、国家体育总局在全国实施的村级农民体育健身工程，在全省1200个行政村建起了硬化篮球场，安装了乒乓球台和健身路径。坚持开展以体育器材为主的"体育四进社区"工程，在城乡社区新建乒乓球室 3000 多个，新安装乒乓球台 3980 张。全省累计建成体育彩票健身路径 1620 条，安装健身器材 10000 余件。顺应群众健身新需求，大力推进户外体育设施建设。建成国家级青少年俱乐部 63 个，国家级青少年户外营地 1 个，国家级户外攀岩基地 1 个，国家级铁人三项训练基地 1 个。全省累计建成文化体育活动广场 40 多个，体育公园 5 个，登山步道 11 条。其中兰州市投入 3000 多万元在黄河风情线修建的体育公园，以健全的设施，优雅的环境，成为省城兰州一道靓丽的风景，2004年被评为"全国最佳体育公园"。

体育彩票成为推动体育基础设施建设的生力军。体育彩票是改革开放为中国体育事业发展带来的强有力政策，1995 年至 2008 年，全省累计发行体育彩票 23.48 亿元，累计筹措公益金 7.38 亿元，弥补了体育经费不足，加快了体育基础设施建设步伐，为广大群众带来了切实的健身实惠。

据全国第五次体育场地普查：至 2004 年底，全省厂矿、企业、学校、机关、社区和体育系统体育场地累计发展到 21900 个，其中改革开放以来修建了 18617 个，是解放初的 200 倍和改革开放前的 4 倍之多；其中标准体育场地达到 14094 个，90% 以上为改革开放以来修建。改革开放为体育场馆建设创造了良好的发展机遇和物质基础，不断完善的体育基础设施使甘肃体育事业发展插上腾飞崛起的翅膀。

二、加强科学引导，实行滚动发展，群众体育取得前所未有的成效

党的十一届三中全会以来，事关群众健身利益的群众体育工作得到各级党委和政府的高度重视。1985 年国务院正式颁布了《全民健身计划纲要》，按照《纲要》的规划和要求，我省制定下发了《甘肃省实施"全民

健身计划"发展规划》，提出了 1995 至 2010 年分两期工程实施的发展目标和工作任务。根据上述指导思想，省体育局狠抓了组织网络建设、场地设施建设、科学体系建设、骨干队伍建设、法规制度建设五个方面。经过不懈努力，至 2008 年底，全省全面完成了第一期工程和第二期工程第一阶段的工作任务，逐步建立了全民建设服务和组织活动体系，全省群众体育步入了空前活跃、快速发展的历史新阶段。

群众体育组织不断完善，形成了齐抓共管的工作格局。省上成立了全民健身领导小组，各市、州和行业成立了相应的领导机构和工作组织，把全民健身工作纳入各级政府管理目标和考核指标。2008 年成立了甘肃省社会体育管理中心，有的市、县还成立体育活动竞赛中心和体质监测中心等管理机构，加强对群众体育工作和全民健身活动的管理、指导。社会兴办体育的积极性日益高涨，体育社团组织得到进一步加强，各市、州和部分县（市区）成立了体育总会或单项运动协会。到 2008 年底，全省各类体育社团组织发展到 419 个，晨晚练点（站）发展到 5000 多个，各级各类社会体育指导员发展到 18000 余人。

社会体育意识日益增强，全民健身活动不断深入。每年坚持在全省范围内组织开展元旦春节百万农民奔小康体育健身系列活动，百万青少年、百万职工、百万妇女、百万老年人健身系列活动和新春体育大拜年、领导干部健身运动会等各种类型的活动，极大地调动了全社会参与体育健身的积极性。每年 6 月 10 日至 7 月 10 日在全省开展的全民健身宣传月活动已形成制度，成为全省各族人民参与健身的盛大节日。据统计，全省 90% 以上的县区每年要举行 2 次以上大型体育活动或单项体育比赛。各市州充分利用重大节庆活动，积极组织群众开展各类体育活动，承办全国、全省大型体育赛事，促进了当地经济社会发展，带动了全民健身活动的深入开展。改革开放以来，全省累计创建全国体育先进县 9 个，全国体育先进社区 140 个，涌现出国家、省级群众体育先进个人和先进集体累计 524 个，有 40 个群众体育先进代表先后受到江泽民、胡锦涛等党和国家领导人的亲切接见。据统计，至 2008 年底，全省经常参加体育锻炼的人口由改革开放初期的400多万人增加到980万人，达到全省总人口的38.4%。

学校体育得到切实重视，"健身第一"的思想进一步树立。省教育厅、省体育局联合制定工作方案，培训师资队伍，在全省960所大中小学中全面启动实施《学生体质健康标准》，"每天锻炼不能少于一小时"的要求得到进一步落实。全省14个市州有近4万名学生参加篮球、足球、田径、武术、乒乓球、健美操、围棋等8个体育项目活动。各地、各学校每年举办以田径或传统项目为主的运动会已形成制度，全省大学生足球联谊赛、"高校杯"乒乓球联赛已发展成为校园品牌赛事。2007年5月16日，省教育厅、省体育局联合召开了全省学校体育工作会议，制定下发了《关于进一步加强学校体育工作，切实提高学生健康素质的意见》，省教育厅、省体育局、团省委启动了百万青少年"阳光体育活动"，学校体育工作得到有力推动。2008年成功举办了全省首届大学生运动会，来自全省39所高校的3530名大学生参加了比赛。

农村体育快速发展，农民健身活动空前活跃。改革开放以来，随着国家对农业、农村、农民问题的日益重视，农民体育工作也随之得到普遍加强。2006年8月，省政府召开了全省农村体育工作会议，全省各市（州）、县（市、区）分管领导和县以上体育部门负责同志参加了会议，制定下发了《关于进一步加强社会主义新农村体育工作的意见》。近年来，坚持开展"体育三下乡"、"篮球进乡镇"活动，积极实施国家发改委、国家体育总局推进的农民体育健身工程，省体育局投入大量人力财力，推进建设"丝绸之路体育健身长廊"的重大项目，实施"千乡镇农民健身工程"，加大公共财政对农村体育的投入，使农村体育设施不断完善，体育活动组织不断加强。全省所有乡（镇）都有1名副乡（镇）长分管农民体育工作，并单列了体育活动经费。乡、村两级体育场地发展到2900多个，还有一些农村乡镇企业和民营企业积极投资兴建农村体育设施。全省5000个晨晚练点中有542个在乡镇，一批农村体育的带头人、"热心肠"，自发组织农民开展丰富多彩的体育活动。至2008年底，平均每年开展2次以上大型体育活动的乡镇占到全省乡镇总数的84%。农村民间传统体育活动十分踊跃，涌现出"全国武术之乡"1个，"全国田径之乡"2个。全省累计有26个乡（镇）被农业部和国家体育总局命名为"全国亿万农民健身活动"先进乡镇，有8个乡镇获得全国农村体育工作先进集体称号，有210个乡镇荣获省级先进称号。改革开放以来，先后举办了5届全省农民运动会，组织参加了4届全国农民运动会，共获得金牌5枚，银牌7枚，铜牌19枚。

社区体育、职工体育、老年人体育蓬勃发展。坚持城市体育以社区为重点，积极开展体育器材、体育组织、体育活动、体育健身指导"四进社区"活动，城乡社区体育组织服务体系进一步完善。坚持学校、企业、单位体育场馆向社区开放，社区体育健身条件得到不断改善。晨、晚练和户外体育活动成为城市体育生活的主要形式，数千名社会体育指导员形成了城市体育活动的"志愿者大军"，民族、民间体育项目成为群众乐于参与和展示的内容。藏族"锅庄舞"舞上街头，飘进校园。健身秧歌、太极拳、太平鼓花样翻新，各种健身展示活动精彩纷呈。兰州大学女子健身队创编的"裕固欢歌"，被国家体育总局评为一等奖，并作为全国优秀全民健身推广项目之一在中央电视台进行了展播。2008年3月组织参加全国亿万妇女健身项目展示大会，我省有三个项目获得第一名。抓好健身气功站（点）的建设和管理，全省健身气功站（点）发展到320个，甘肃气功管理办公室被评为全国健身气功管理先进单位。老年人体育成为城乡社区体育活动的主力军。至2008年底，全省经常参加体育锻炼的老年人达到60余万人，平均每年开展省级比赛和表演72项（次），有6个单位被评为全国老年人先进集体，60人获全国老年人体育先进个人。评选出全省健康老人45名，全国健康老人30多名。职工体育与城市社区体育形成融合发展、相互推动之势。至2008年底，全省职工参加各项体育活动达400万人（次），先后举办了4届全省职工体育运动会，培养了一大批体育人才和职工体育骨干队伍。

民族体育形成亮点，发挥了宣传带动作用。甘肃是一个多民族省份，其中裕固族、保安族、东乡族是甘肃独有民族，有着十分悠久多彩的民族体育传统文化。改革开放 30 年来，甘肃民族体育得到进一步重视和发展，先后举办了 5 届全省少数民族运动会，组团参加了 5 次全国民运会，获得金牌 9 枚，银牌 11 枚，铜牌 12 枚。民族、民间传统体育得到了很好的保护和传承，其中东乡族的"拔棍"、保安族的"夺腰刀"、裕固族的"顶杠子"、藏族的"大象拔河"等项目列入全省向国家重点申遗的体育文化项目，被中央电视台《动感中国》摄制组拍成专题向海内外推介。构建甘肃丝绸之路体育健身长廊，提出打造甘肃民族传统体育品牌，近年来涌现出甘南玛曲格萨尔赛马大会，漳县贵清山全国攀岩精英赛，临潭万人拔河等精品赛事，在全国产生了广泛影响。

　　残疾人体育快速发展，整体水平不断提高。全省残疾人参加体育活动的人数，由改革开放前不到 2000 人发展到 20 万人以上，甘肃省被中国特奥会列为全国 8 个特奥示范省之一。残疾人竞技体育项目由 6 个发展到 13 个，累计完成了 7 个国家级、省级残疾人体育训练基地的创建和挂牌，为国家输送残疾人运动员 20 名。先后派出 860 人（次）运动员 110 余次组团参加各类国际大赛，共获得奖牌 663 枚，其中 7 人 11 次超 7 项世界纪录，18 人 26 次破 182 项全国纪录。在 2008 年北京残奥会上获得 2 枚金牌。成功举办了五届全省残疾人运动会，培养了一批残疾人体育人才，带动了广大残疾人体育健身活动的深入开展。先后组团 5 次参赛全国残疾人运动会，共获得金牌 49 枚、银牌 41 枚、铜牌 53 枚，其中在第七届全国残运会上，共夺奖牌 44 枚，金牌位列全国第 16 位，总分名列全国第 17 位，创造了甘肃参加全国残运会历史最好成绩。

　　举世瞩目的北京奥运会，进一步推动了群众体育活动的深入开展。紧紧抓住北京奥运会的历史机遇，唱响全民健身与奥运同行的主题。在北京举行了"甘肃全民健身与奥运同行"新闻发布会，全面介绍了甘肃全民健身活动所取得的成果和未来发展措施，现场进行了甘肃少数民族体育项目表演，起到了很好的宣传效果。广泛开展了全民健身与奥运同行系列活动，直接参与人数达到 1000 万人（次）。在我省敦煌、嘉峪关、兰州三城市成功举行了北京奥运会火炬传递活动，全省有 624 名火炬手参与了火炬传递，有数百万观众参加了相关庆祝活动，进一步激发了全省各族人民爱国热情、奥运激情，群众体育意识空前高涨，"我参与，我奉献、我快乐"的理念深入人心。看今日陇原，从城市到农村，处处涌动健身热潮，万千群众闻鸡起舞，踏歌晚练，尽享健身快乐，共绘和谐图景，生动地体现了改革开放为各族人民带来的新生活、新变化。

三、调整战略布局，发挥优势项目，
竞技体育实现了超前发展的态势

甘肃竞技体育从小到大，从弱到强，伴随着改革开放的鼓点不断发展，阔步前进。至目前，甘肃省专业运动队从改革开放前的 1 个发展到 4 个，分别是省体工一大队、省体工二大队、省自行车管理中心、兰州市体工队。在训运动员从改革开放初期的 100 多名发展到现在的 500 多名。开展的项目有田径、自行车、摔跤、柔道、跆拳道、武术、曲棍球、射击、皮划艇、赛艇、现代五项、铁人三项等 13 个大项 122 个小项。其中自行车、中长跑、摔跤、曲棍球、铁人三项等项目为甘肃优势项目，在全国保持较高水平，形成了我省竞技体育的拳头项目。

改革开放以来，我省体育健儿先后参加了 5 届城市运动会、7 届全国运动会、8 届亚洲运动会、5 届奥运会和残奥会。在国际、国内各类重大比赛中共获得金牌 411.5 枚，银牌 391.5 枚，铜牌 428.5 枚。累计获得 19 个世界冠军，67 个亚洲冠军。有 23 人 25 次打破全国纪录，13 人 12 次破亚洲纪录，2 人 2 次超世界纪录，为祖国和甘肃人民赢得了荣誉。

（一）深化改革，不断探索甘肃竞技体育发展的新路子

规模偏小，投入不足，是甘肃竞技体育的基本现状，也是制约发展的根本瓶颈。针对这一基本省情和体情，坚持改革创新，不断探索符合甘肃

实际的竞技体育发展的新方式、新途径。每届全运会后，都召开规模很大的竞技体育发展战略研讨会，不断调整战略思路，深入研究项目发展规律，形成了"发挥优势，突出重点，注重人才，科技领先，深化改革，加快发展"的基本思路。一是根据甘肃省人才遗传优势和省情特点，发挥甘肃运动员吃苦耐劳的品质优势，大力开展力量型、耐力型和投入小、见效快的项目，走提高效能、内涵发展的路子。二是突出重点，保障重点，使有限的投入发挥最大效益；同时兼顾发展一般项目，推进潜优项目，培养新的发展增长点；三是坚持"走出去，请进来"开放发展的路子，加大运动员交流力度，聘请外省、外籍高水平教练来甘执教，充分利用先进省份的资源优势、技术力量和国际先进的训练理念，着力提高我省竞技训练水平。改革开放以来，我省累计向解放军输送双计分运动员 20 人（次），向先进省份交流运动员 50 人（次）。聘请外籍教练 11 人（14 次）。从 2000 年开始，多次聘请俄罗斯功勋教练尤里培训我省摔跤运动员斯日古楞，取得显著效果。在第九届、第十届全国运动会上，斯日古楞连续两届获得男子自由跤 74 公斤级冠军；四是不断推进运动队训练体制和机制改革。全面推行主教练负责制、教练聘任制和训练单位目标管理责任制，制定下发了《甘肃省优秀运动员招收和退役管理办法》和运动员"四险一金"制度，优化了训练环境，加强了运动员的保障，形成了良好的竞争激励机制。

（二）实施奥运战略，努力提高训练水平

实现奥运争光，是竞技体育的最高目标。改革开放以来，甘肃竞技体育坚持奥运（奥运会目标）带动全运（全运会目标），全运促进奥运，实现了奥运、全运两个目标的全面突破。针对文化大革命对竞技体育造成大面积滑坡的局面，1984 年提出了"三年打基础，六年见成效，苦战十二年，改变甘肃体育落后面貌"的远期目标和打好全国第六、第七届全运会和第一、第二届全国青运会四个战役和实现甘肃无人参加奥运的历史突破的近期奋斗目标。经过艰苦努力，在第一、第二届全国青少年运动会上

分别获得金牌 5 枚，名次分别名列全国 19 位和 18 位。在第六届、第七届、第八届全国运动会上均获得金牌 4 枚，名次都在全国第 22 位。甘肃省自行车队在第六届全国运动会上独揽 3 枚金牌，得到时任国务院副总理的万里同志的赞扬。省委、省政府隆重召开庆功大会，通令嘉奖甘肃省自行车队，并授予"陇原铁骑"荣誉称号。1988 年汉城第 24 届奥运会上，我省有两名运动员入选中国代表团参加比赛，并获得女子手球第 6 名，从而打破了甘肃无人参加奥运会、无人在奥运会获得名次的历史。1996 年亚特兰大奥运会，我省 3 名垒球运动员获得银牌，实现了甘肃奥运奖牌零的突破。进入新的世纪，面对日益激烈竞争的体坛形势，甘肃竞技体育进一步加强发展战略研讨，理清发展思路，分别制定了"十五"和"十一五"甘肃竞技体育发展战略和目标任务，竞技体育有了新的推进。一些项目在全国一直保持领先水平，在历届全国运动会上金牌保持在 3 至 4 枚，在全国 40 多个体育代表团中排位保持在第 22 至 24 名之间。在 2001 年第十四届亚洲运动会上，我省运动员获得了 3 枚金牌，创造了甘肃选手参加亚运会的历史最好成绩，被国家体育总局授予"突出贡献奖"。在举世瞩目的 2008 年北京奥运会上，我省有 9 名运动员入选中国代表团，分别参加了 5 个大项 7 个小项的比赛，成为历届奥运会我省参赛人数和项目最多的一届，取得了女子曲棍球银牌、垒球第 6 名、棒球第 8 名的较好成绩。中国女子曲棍球实现了奥运历史新的突破，男子曲棍球创造了奥运会历史上最好成绩。其中我省运动员那玉波担任男子曲棍球队主力前锋表现十分出色，面对世界强队敢打敢拼，首场比赛首开纪录，在随后的比赛中，一人独进 4 球，打出了甘肃健儿的精、气、神。我省残疾人体育健儿在雅典残奥会和北京残奥会上，连续两届获得女子坐式排球冠军。充分展示了甘肃残疾人体育健儿自强不息、不屈不挠的精神风采。

（三）注重后备人才培养，坚持走可持续发展的道路

抓好优秀后备人才培养和储备，是保持竞技体育长盛不衰的关键所在。党的十一届三中全会以来，各级认识明确，优秀后备人才培养的步伐

加快。全省体育运动学校发展到 10 所，重点业余体校发展到 5 所，县级少儿体育学校发展到 60 所，逐步形成了省、市、县三级后备人才训练网络。在训学生平均每年达 200 人，向省级优秀运动队、高等体育院校和社会各界，平均每年输送各类体育人才 700 余人。积极推进体育教学改革，坚持面向社会，拓展教学内容，大力培养复合型体育后备人才；坚持走与大专院校联合办学的路子，提高优秀后备人才学历教育和文化素质；积极创建后备人才基地，提高业余训练水平。至 2008 年底，省体校、平凉市体校、天水市体校、酒泉市体校被评为"国家级体育后备人才培养基地"，有 26 所市体校、重点业余体校和县级少儿业余体校被评为"省级体育后备人才基地"。近年来，省体校累计投入 3000 多万元，修建了教学楼、综合训练馆、塑胶跑道田径场，并与省体工二大队、省体育科研所在场馆、设施、科研方面进行资源整合，办学规模、教学水平有了较快提高。申办甘肃省体育职业学院的工作，取得阶段性成果。

积极推进"体教结合"，不断探索新形势下后备人才培养的新方式、新途径。省体育局、省教育厅联合下发了《关于积极开展"体教结合"，加速体育后备人才培养的意见》，推动了"体教结合"在全省的广泛开展。我省先后在兰州大学等 9 所高校和兰州六中开展了高水平运动队试点工作并取得了显著成绩。目前，经教育部备案招收高水平运动队的普通高校 5 所，省级备案的 4 所；国家级体育传统项目学校 2 所，省级体育传统项目学校 107 所；全省培养优秀后备体育人才中等学校 17 所。初步形成了大、中、小学相衔接的体育后备人才培养体系。

大力推进全省运动会赛制改革，加大后备人才输送奖励力度。制定下发了《甘肃省体育运动训练项目和少年运动员注册管理办法》，严格运动员资格审查，优化体育比赛环境。改革开放 30 年来，先后举办了 7 届全省青少年运动会，有 141 人（次）打破了 97 项全省青少年纪录，有 21 人达到体育健将标准。有力推动了人才培养和全省体育事业的整体发展。

国运昌则体育兴，体育兴则民族健。新中国成立 60 年来，是甘肃体育的一部振兴史、奋进史。特别是改革开放 30 年的实践告诉我们：只有坚持党的领导，坚持政府主导，才能形成强有力的组织保障；只有始终坚持增强人民体质这一根本任务，才能形成广大群众广泛参与的发展基础；只有始终扭住发展第一要务不放松、不动摇，用发展破解前进道路上的困难与难题，才能不断赢得良好的发展机遇；只有始终坚持为全省经济、社会发展服务，充分发挥体育在构建和谐社会中的巨大作用，才能形成被广泛重视的发展环境；只有坚定不移地走改革开放之路，解放思想，实事求是，勇于创新，才能不断焕发新的发展动力；只有牢牢树立科学发展的重要思想，才能推动群众体育、竞技体育、体育产业全面、协调、可持续发展，开创甘肃体育新的更加灿烂的明天！

青海体育：走特色发展之路

青海省体育局局长　冯建平

中华人民共和国成立后，青海体育事业开始以崭新的姿态出现在青海高原，成为社会主义建设事业的有机组成部分。60年来，青海体育经历初步发展，调整充实，同时也遭到严重的挫折和困难，实现了持续发展。各级各类体育机构和组织相继成立，群众体育、学校体育等广泛开展，竞技体育成绩显著，体育队伍建设取得巨大成就，体育健身场馆广布城乡。

改革开放以来，尤其是进入新世纪，青海体育工作以党的方针政策为指导，深入贯彻《体育法》、《全民健身计划纲要》和《奥运争光计划纲要》，主动转变观念，充分发挥体育工作作为先进文化的重要组成部分在经济社会建设中的特殊作用，把体育工作融入社会发展的各个领域，发挥体育的各方面功能。坚持"跳出体育看体育，跳出体育干体育"，创造性地开展工作，确立"以发展体育产业为核心；以三大品牌赛事为突破口；以大力发展群众体育，全面提高人民群众的身体素质，促进人的全面发展为根本；立足省情，坚持有所为有所不为、少而精的原则，发展符合青海实际，具有一定优势的竞技体育项目。为青海经济社会建设做贡献"的总体思路，走出一条符合青海实际、具有浓郁地域特色的发展之路，为青海省的四个文明建设做出了应有的贡献。

本文将从三大国际体育品牌赛事入手，从环湖赛、抢渡黄河极限挑战赛、世界攀岩锦标赛，青海民族民间体育发展现状以及青海优势项目、青海高原体育训练、环湖赛体育彩票等六大方面介绍青海是如何走出一条符合青海实际、具有浓郁地域特色的体育事业发展新路的。

一、三大国际体育品牌赛事凸显特色内涵

依托青海秀美的山山水水和独特的世界第三级的自然环境和地域特点，青海开创了三大国际体育品牌赛事。自 2002 年至今举办了八届环青海湖国际公路自行车赛、五届中国青海国际抢渡黄河极限挑战赛、三届青海高原世界杯攀岩赛并在 2009 年成功承办第十届世界攀岩锦标赛等三项国际体育赛事。中国青海黄河极限挑战赛和环湖赛荣获全国最佳赛事营销奖和优秀赛事运作奖。青海是我国唯一连续三届成功举办世界杯攀岩赛的地区。中国青海国际抢渡黄河极限挑战赛是目前黄河流域唯一的公开水域挑战赛。这三大赛事极富地域特色，无一不体现了"更快、更高、更强"的奥运精神和顽强拼搏、挑战极限的青海体育精神，同时还是青海体育勇于探索、开拓创新，闯出一条符合青海实际、具有浓郁地方特色的发展之路的典范。

通过三大国际品牌赛事这一平台，吸引了更多的国内外朋友关注青海、走进青海、了解青海，进一步提升了青海在国内外的知名度和影响力。

（一）环湖赛：青海驶向大海的旗舰

青海山川壮美，具有多样性、原生态的特色，旅游资源十分丰富。但长期以来，由于历史、地理、经济等方面的原因，许多外地人对青海知之甚少。因此，青海人民一直在探索一条让青海走出青藏高原，走向世界的道路。而环湖赛就是青海人民在摸着石头过河中创造的一部杰作。2002 年 7 月 27 日，在被誉为中国最美的五大湖泊之首的青海湖畔，随着一声

枪响，由国家体育总局、国家广电总局和青海省政府联合打造的环青海湖国际公路自行车赛诞生了。飞驰的车轮汇聚起世界语言，使青海这艘旗舰驶向新的海洋。

环湖赛的初衷，就是要把这项赛事作为推介、宣传青海的一个手段，充分挖掘青海高原体育、文化、旅游、环保等资源优势，使之成为展示青海的平台和窗口。

环青海湖国际公路自行车赛以"立足青海高原体育文化旅游资源优势，以发展与和谐为主题，以促进人与自然的和谐为主线，以进一步打造国际体育品牌赛事为目标，坚持政府主导、企业参与、市场化运作的原则，探索体育与经济社会发展相结合的路子，继续推进赛事市场化进程，求得新发展，树立新形象，进一步扩大赛事在国内外的影响，宣传青海，增进交流，带动相关产业的发展，丰富各族群众文化体育活动，促进青海对外开放和经济社会又好又快发展"为指导思想。以"绿色、人文、和谐"为主题：绿色：充分展示青海湖及青海高原自然风光和生态环境保护。人文：充分反映青海历史、民族、资源特色和各族人民勤劳、坚毅、自信自强，勇于进取的精神风貌。和谐：深化"人民节日"的内涵，营造欢乐和谐的氛围，优化投资环境，构建和谐青海。

环湖赛以其地域的独特性、风俗的神秘性和运动的挑战性，经过八年的苦心经营，发展成为亚洲顶级赛事，是亚洲级别最高、规模最大的国际公路自行车赛，也是世界上海拔最高的国际公路自行车赛，成为我国具有高原特色的重要体育赛事品牌，并成为国际自行车运动的重要组成部分，已经确立了在国际赛事中的地位。从 2002 年第一届环湖赛到第三届环湖赛，级别从 2.5 级升为 2.3 级，2005 年，国际自行车运动联盟批准为亚洲顶级赛事，仅次于环法赛、环西班牙赛、环意大利赛等三大赛事。级别提高之快，在世界体育史上也是少见的。得到了世界各国运动员、国内外新闻媒体以及社会各界的广泛认可和高度关注，它所产生的影响和作用已经远远超出了体育的范畴。

国际自行车运动联盟主席帕特·麦奎德盛赞："环湖赛对亚洲自行车

运动的发展所做的贡献非常重大"。国际奥委会委员、国际自行车运动联盟名誉主席、2008 年（北京）奥运会协调委员会主席海·维尔布鲁根说："环湖赛的声誉已经走向世界"。

环湖赛特色鲜明，举世瞩目。独特的高原环境造就了这项挑战人类运动极限的赛事。比赛路段平均海拔 3000 米以上，骑行距离 1300 多公里，沿途穿过落差达 1800 米的山区，对运动员的体能和毅力都是巨大的挑战，使环湖赛秉承了"更快、更高、更强"的奥运精神，不断超越人类的生理与运动极限。

环湖赛是一部视觉艺术的杰作。比赛路线以青海湖为中心并向四周辐射，美丽的青海湖、壮丽的高原、浩瀚的草原、奇特的丹霞地貌、淳朴的民风、神秘的宗教、古老的文化，丰富的自然与人文资源构成青海的大美景观，使环湖赛更具有艺术观赏价值。环湖赛举办期间，伴随着运动员精彩的角逐过程，青海高原壮美的自然景色、独特的民族风情和民族文化，得以一一向世人展示。

青海因环湖赛而引起国内外广泛关注。作为青海对外宣传的一个重要抓手、特殊平台和宣传报道的兴奋点，通过众多媒体对赛事的报道和对我省经济、文化、社会等多方位、多角度的宣传，不但向国内外展示了青海高原丰富的自然、历史和人文资源，更多地展示了青海改革开放和经济社会发展的成就，展示青海各族人民团结、和谐、奋发有为的精神，让世界各地了解青海，让青海更快地走向世界，愈发显示出其重要的意义和作用，是青海对外联系的重要桥梁和纽带。

环湖赛是一次民族文化的盛会，对于构建和谐青海具有十分重要的作用。作为青海各族人民的盛大节日，环湖赛的成功举办，极大地增强了全省各族人民群众的自信心和建设美好家园的决心，发挥了对内鼓舞斗志的积极作用。环湖赛所经地区，万人空巷，广大人民群众身着盛装共聚道路两旁，群众还自发组织了锣鼓表演、扭秧歌，为运动员呐喊助威，比赛沿途成为瞩目的焦点、欢乐的海洋。环湖赛既能够凝聚人心，鼓舞斗志，激发全省各族人民群众迎接北京奥运会的热情，又能够充分展示我省政治稳定、经济发展、社会进步、文化繁荣、人民安居乐业的时代风貌，营造和谐、欢乐、喜庆的社会环境。环湖赛把青海直观而形象地展示给世界。通过这一赛事，人们既可以观看高水平的体育竞技，又能目睹青海发生的巨大变化。青海因环湖赛而骄傲，环湖赛因青海而自豪。

环湖赛的品牌效应更加突出，有效地促进了青海的体育、旅游、文化等相关产业的发展。环湖赛举办 8 年来，青海省体育、旅游、文化等产业以环湖赛为平台、为契机、为动力，取得了长足进步，迎来了较大的发展。目前，以环湖赛为平台，各行各业共同唱戏的局面已经形成，充分显示了环湖赛的无限前景。一是通过环湖赛的有力拉动，将体育产业与旅游、文化相结合，相互促进，共同发展，初步形成了具有青海高原特色的体育产业品牌和体育、旅游产业市场。环湖赛的发展又促进了体育市场开发、体育广告、技术培训、科技服务等方面的发展。在环湖赛的带动下，中国青海抢渡黄河极限挑战赛、中国青海高原世界杯攀岩赛、激情穿越柴达木汽车摩托车集结赛、西宁山地自行车赛、全民健身周、沙滩摩托车赛、玉珠峰登山节等一系列体育活动全面展开，显示了青海体育产业的美好前景。二是国家体育总局批准建设的全国 20 个"体育圈"项目中，"环青海湖民族体育圈"名列前茅。"环青海湖民族体育圈"就是凭借独特的高原体育资源，依托多巴国家高原体育基地的特殊地理环境，以环青海湖国际公路自行车赛为龙头，积极开展具有高原民族特色的全民健身活动，创出的具有青海特色的民族文化、体育、旅游品牌，达到了促进环湖地区体育、旅游、文化等相关产业的发展。三是改善了交通通信条件，为更多喜爱自行车运动，并热心支持环湖赛的人们提供了到现场观看、参与比赛和通过广播电视收听收看环湖赛现场直播的便利条件，也把青海与内地和世界的距离拉近了。环湖赛举办期间，全省旅馆酒店爆满，各旅游景点客流不断，旅游、餐饮、交通等行业的收入明显增加。四是促进了群众体育、文化、经贸活动的开展。环湖赛的举办，吸引了更多外地客商到青海寻找商机，投资文化、旅游、体育事业开发，达到了以赛事为媒介促进招商引资的目的。五是促进了农牧民增收。环湖赛的举办使农牧民通过参与各项建设，开展劳务输出有了收入，沿线农牧民在路好、通讯灵便的情况下，农畜产品外销便利，生产积极性高，收入逐年增长。六是推动了环湖地区基础设施建设进程。为迎接环湖赛，比赛各地城镇建设步伐加快，城市环境卫生、市容市貌有了明显改善，县乡公路建设加快，公路等级逐年提高，宾馆、饭店等服务行业服务能力和服务水平也普遍得到了提高，城乡面貌发生了较大改观，城乡群众在欢乐和喜庆中接受着精神文明教育，沿途群众的精神面貌充满活力和朝气。

环湖赛，是青海人播种在高原热土上的一颗种子，而收获的是一片森林。

八届环湖赛瞬间而过，青海各族人民收获的是自信心和求新思变、敢为人先的勇气，以及主动融入、包容四海的胸怀和融入世界谋发展的高原姿态。

（二）黄河极限挑战赛：成功进行市场化运作的国际赛事

中国青海国际抢渡黄河极限挑战赛自 2005 年开始，每年举办一届，至今已举办五届。是青海省利用独特的高原自然资源，以"爱我黄河、挑战极限"为主题，成功开展市场化运作的国际性体育赛事。赛事以其"高、低、急、稀"（海拔高、水温低、水流急、氧气稀薄）和迄今为止黄河流域唯一的独具特色和最具挑战性的公开水域赛，被国家体育总局列入全国迎接 2008 北京奥运会群众游泳系列活动之一。

2004 年，青海省在成功举办了首届中国青海抢渡黄河极限挑战赛的基础上，2005 年，经国家体育总局批准，升级为国际性赛事，正式定名为"中国青海国际抢渡黄河极限挑战赛"，由国家体育总局游泳运动管理中心、中国游泳协会和青海省体育局等联合举办。成为中国第一个在海拔2000 米高度、世界第三极举办的公开水域大型国际赛事，每年七月或八月在循化撒拉族自治县举行。2009 年，第五届赛事时再次升级，由国家体育总局与青海省政府联合主办。

举办该赛事的目的在于向世界展示青藏高原壮美的自然风光、悠久的历史人文和鲜明的民族特色，特别是要向全世界宣传中国政府保护环境，促进生态文明，构建和谐社会的积极态度和信心，展示青海各族人民间的团结友爱、人与自然的和谐相处，社会的发展进步以及环境的有效保护。同时借此推动我国公开水域游泳活动的开展，倡导人类热爱自然、回归自然，吸引更多的群众参加健康、科学、文明、环保的全民健身活动。同时，唤起人们保护母亲河、保护生态环境的意识。

赛事期间，循化县紧紧抓住承办中国青海循化国际抢渡黄河极限挑战赛的有利时机，进一步加强旅游宣传，全力打造黄河旅游文化品牌，开展丰富多彩的民族歌舞表演和黄河皮筏子、黄河奇石、撒拉族婚俗服饰等民族风情表演，从而提升了循化知名度，有力地拉动了旅游业等相关产业的发展。

赛事举办以来，以唤起大众保护生态环境、保护母亲河为主旨，以赛事"说媒""做嫁衣"来宣传、开发青海省得天独厚的旅游资源为主要目的，上升到以体育赛事为平台，开"体育旅游"之先河。赛事也第一次"借鸡生蛋"，通过采取尝试市场化运作、自负盈亏的操作模式，一改往年政府操作形式，通过这种积极的尝试，不仅拓展了资源合作领域，建立了一个市场化运作互动平台，实现了单纯性赛事向多元化经营的成功过渡，让体育赛事迅速与国际接轨，为今后举办大型国际赛事奠定了基础，并为市场开创了一个良好的局面。与此同时，举办者也逐步提高了对大型国际赛事的商业运作能力，充分发挥出了大型国际赛事的商业功能，以更好地推动体育产业、旅游产业的发展。是青海省举办大型体育赛事以来真正意义上的市场化运作的比赛，使青海体育迈出了市场化运作的一大步。

经过几年的倾心打造，这一水上赛事已成为青海省的民族体育品牌，产生了积极的社会影响，并取得了良好的经济效应。2005年，国家体育总局局长刘鹏在青海调研体育工作时认为，抢渡黄河极限挑战赛是全国体育工作发展值得推广的一种新模式，创出了工作新思路，是西部体育工作的典范。

（三） 攀岩世锦赛：三届攀岩世界杯带来的惊喜

有着"岩壁芭蕾"美誉的攀岩运动，自进入我国后得到快速发展，赛事活动频繁，运动水平不断提高，中国正逐渐成为推动国际攀岩运动发展的一支重要力量，青海在其中发挥了重要的作用。由国际攀岩联合会主办、中国登山协会、青海省体育局、中央电视台体育频道、青海电视台等共同承办的中国青海高原世界杯攀岩赛，自 2006 年以来，已在青海省成功举办了三届。为这一赛事而修建的攀岩场地，整体造型充分体现了当今世界攀岩运动的风格与潮流，是亚洲最具特色、最规范的攀岩场地之一。每届都有包括世界排名前 10 名在内的近百名运动员参加比赛。

连续三届成功举办世界杯攀岩赛，出色的组织工作和高标准的场地条件受到了国际攀联和各国攀岩运动员的高度评价和广泛认可。青海省也通过这三年积累了丰富的承办大型高级别国际攀岩赛事的经验，办赛的组织能力达国际一流水平。2008 年 6 月，在奥地利举行的国际攀联全会上，青海省因此以高票获得了 2009 年第十届世界攀岩锦标赛的承办权。

今年 6 月 30 日至 7 月 5 日，由国际攀岩联合会（IFSC）、国家体育总局和青海省人民政府联合举办，国家体育总局登山运动管理中心、青海省体育局和西宁市人民政府共同承办的第十届世界攀岩锦标赛在青海省西宁市举行。

第十届世界攀岩锦标赛是继 2008 北京奥运会之后，在我国境内举办的最大规模、最高级别的世界单项体育赛事，也是青海省迄今为止举办的最高级别、最大规模的国际体育赛事。45 个国际攀联成员国和地区的 300 多名国际攀坛高手参加本届国际攀岩界的盛会。这是该赛事在欧洲国家举办九届后首次走出欧洲。作为世界顶级的攀岩大赛，第一次走出欧洲即来到青海西宁，是青海省体育发展史上具有里程碑意义的一件大事，标志着青海省体育事业发展进入到一个新的层面。通过本届赛事，必将在国际攀岩运动史上留下中国青海的名字。

国际攀联在充分肯定青海举办世界杯攀岩赛的基础上，确定第十届世界攀岩锦标赛在西宁市举行，这是国际攀联寄予青海的厚望，是对我省举办的世界杯攀岩赛事品牌的认可。拥有独特的地理海拔概念、比较丰富的组织工作经验和良好的场地条件，固然是我省能够争取到这次难得的承办机会的先决条件，更重要的是体现了青海各族人民不畏艰险、勇于攀登的精神风貌，很好地诠释了"更快、更高、更强"的奥运精神。承办本次赛事，对于提升我省打造国际品牌体育赛事的规模和水平，活跃人民群众文化体育生活，推动全民健身运动，展示大美青海无限风光，更好的宣传青海，扩大我省在世界的知名度起到非常重要的作用。特别是带动了我省旅游业和第三产业的发展。同时，展示我省政治稳定、经济发展、社会进步、文化繁荣、人民安居乐业的风貌，营造和谐、欢乐、喜庆的社会环境，都具有十分重要的意义。可以说，攀岩赛作为我省每年举办的重要体育活动之一，已经成为青海向世界展示形象的又一个平台和窗口。青海人民善良朴实、热情好客，经济快速发展、社会繁荣和谐给各国运动员和教练员留下了良好的印象。

二、民族民间特色健身活动迎奥运

进入新世纪以来，青海紧紧围绕建设富裕文明和谐新青海的总体目标，以提高人民群众的体育意识，培养群众的健身习惯，增强人民群众的身体素质为发展目标，大力开展全民健身活动，群众体育活动呈现出规模越来越大、方式越来越多、内容越来越广的特点。

（一）政府主导，群众健身有了组织、有了健身设施

根据《青海省贯彻全民健身计划纲要第二期工程（2001—2010 年）规划》中提出的发展目标，全省办事处（乡镇）、社区、辅导站三级体育管理工作网络机构初步形成，全省单项体育协会和体育俱乐部已达 49 个。

全省各地参加体育锻炼人数达30%左右。每年组织开展各类体育比赛30余项（次），有4万余人参加比赛。

青海省群众体育场地设施建设从极为薄弱到目前初具规模，群众体育场地设施建设得到了较大改善。到2008年年底，青海省争取国家体育总局项目833个，全省有861个单位直接受益。项目资金投入总数达1.5779亿元，其中：总局投入6795万元，占总投资的43.1%；本省自筹7204万元，占总投资的45.6%；地方配套1789万元，占总投资的11.3%。具体项目有："雪炭工程"11个；"民康工程"6个；健身路径268套；青少年体育俱乐部36所；青少年户外体育活动营地1个；农民健身工程376个；社区体育健身俱乐部4所；国家级传统项目学校6所，学校体育场馆开放10所。2008年，青海省体育局还投资170余万元，向省市学校、单位赠送山地自行车2200辆以及头盔800个。

（二）政府重视，民族民间传统体育项目得到发掘、推广

素有全国"篮球之乡"美誉的循化县撒拉族自治县举办的"全省农牧民篮球锦标赛"，每场有三四千观众观看比赛，已成为当地民族团结的盛会。

民族射箭竞赛活动已成为深受广大群众钟爱的体育健身、团结交流的重要活动。我省各自治州民族射箭活动如火如荼，并与香港特区、韩国民间射箭队进行了互邀互访，乐都县南山射箭还被列入第二批国家非物质文化遗产名录。

赛马活动是高原游牧民族历史悠久的体育活动。每年河南蒙古族自治县，玉树、海北州藏族自治州的赛马、赛牦牛以及海西蒙古族藏族自治州的那达慕大会，吸引了众多国内外游客，为促进当地的社会发展做出了积极贡献。

近年来，无论是在城市广场、社区，还是在农村、牧区，许多晨练点上每天少则百余人，多则上千人在跳"锅庄舞"，全省各中小学已将锅庄舞作为学生健身操进行推广普及。

2004 年，根据国家体育总局和国家民委的要求，青海省体育局会同青海省民委、青海电视台对循化撒拉族的打蚂蚱、海东农村的打梢、互助土族的轮子秋、黄南藏族的骑马点火枪进行了专题拍摄，已作为国家永久保存的音像档案。

（三）老年人：老有所乐、老有所依

进入新世纪后，青海省老年人参加体育健身活动的队伍不断壮大，活动项目也在不断增多，形式和内容不断出新，既有小型多样的健身活动，也有规模较大的老年人运动会，体育在丰富老年人的精神文化生活中的作用愈发重要。主要表现在：一是老年人锻炼项目发展较快。我省老年人锻炼项目由较少的几个项目逐步发展为：快走、慢跑、健身路径器械、健身气功、太极拳（剑）、棋类、锅庄舞、门球、乒乓球、羽毛球等 10 多项；二是依托各体育单项运动协会组织开展多项比赛活动。如我省开展活动比较好的门球协会，每年组织 10 次以上比赛，有 50 多个代表队参赛，年龄最大的 82 岁。象棋、太极拳、健身气功、台球、乒乓球、羽毛球等各单项协会，都经常组织活动和比赛；三是在省老龄委、省体育局、省老干局的共同努力下，省政府拨专款举办青海省老年人运动会已成惯例。2008 年共有 28 个代表团的近两千名老年人参加了乒乓球、羽毛球、象棋、门球、太极拳（剑）、台球、健身气功等 7 个项目的比赛；四是根据青海实际，每年都举办各类培训班，仅 2008 年就举办了 4 期老年人科学健身培训班，有 58 人获得了国家一级社会体育指导员资格证书。共有 6 个项目 80 多人赴省外参加了比赛和交流，并取得了较好的成绩；五是在全国举办的"全民健身与奥运同行，全国亿万老年人健步走向北京奥运会"活动中，我省有 2 个地区，13 个单位，15 名个人荣获先进单位和个人称号。在第七届全国健康老人评比中我省有 8 名老年人被评为全国健康老年人。

（四）残疾人：身残志不残

进入新世纪，青海省成功举办了两届全省残疾人运动会，参与人数达

2000 人。同时还举办了一些全省残疾人单项体育赛事，参赛项目由首届省运会的田径、举重 2 个发展到 12 个项目。参加全省性比赛的残疾人运动员累计超过 4000 多人次。

自 1987 年以来，青海省残疾人运动员在残奥会、"远南"残运会、全国特奥会、全国残运会上取得好成绩，先后获得 50 余枚金牌、40 多枚银牌、50 多枚铜牌，破（超）4 项世界纪录，充分展示了我省残疾人竞技体育的发展成就。

（五）特色体育丰富多彩

在"三大国际品牌赛事"的带动下，全省各地凭借独特的高原体育资源，大力发展特色体育项目，先后开展了青海国际热气球邀请赛、"三江源"热气球试飞活动，激情穿越柴达木汽车摩托车集结赛，沙滩摩托车狂欢节，玉珠峰登山节，徒步穿越柴达木盆地、业余网球公开赛、马术表演等项目，极大地丰富了体育文化和内涵，促进体育事业向更高层次发展。

总之，青海群众体育、民族体育由于具有深厚的民族文化底蕴和广泛社会基础，因此，在新世纪的发展速度异常蓬勃迅速。全省各地参与体育活动的总人数每年达 110.5 万人，占总人口的 21.58%；全省共建成全国体育先进县 4 个、体育先进社区 10 个，省体育先进乡镇 58 个；建立行业体育协会 24 个；单项运动协会 34 个；全省学生体育达标率为 69%；平均每年举办各种群众体育竞赛 570 项次，参加活动的人数 80.3 万人；各种健身活动、演示 410 项次，人数达 41.1 万人。改革开放 30 年来，青海省举办了第七届至十四届共 8 届全省运动会，参赛人数由 3000 人发展到 7000 人。

三、基础建设如火如荼

以建设"环青海湖民族体育圈"为核心，以体育训练基地为重点，以全民健身为根本的体育基础设施建设如火如荼。目前已建成多巴国家高原体育训练基地、尖扎国家水上训练基地、玉珠峰国家登山训练基地，金银滩青少年射击俱乐部、青海省全民健身中心、宁湖国家水上训练基地等体育基地。

认真组织实施了"雪炭工程"、"民康工程"和"农民体育健身工程"。先后在青海六州实施了 1200 万元的"民康工程"，在全省 80 个行政村组织实施了"农民体育健身工程"。2004 年，青海省体育局通过贷款、体育彩票公益金等形式筹集资金 300 万元，为全省农牧区所有的乡镇和 495 个行政村赠送了篮球架等体育器材，一次性实现了乡乡都有篮球架，这在青海体育史上是空前的。30 年来，青海省群众体育设施建设投资达 2 亿多元，是改革开放前二十年总和的 10 倍。为我省体育事业跨越式发展和开展全民健身活动创造了良好的物质基础。

（一）环青海湖民族体育圈建成

"环青海湖民族体育圈"是国家体育总局建设的全国二十个全民健身著名景观之一。也是青海构建体育、旅游、文化相结合的青海大文化的一个重要环节。其意义在于凭借独特的高原体育资源，依托多巴国家体育训练基地的良好地理环境，积极开展具有高原特色的全民健身活动，创出具有青海特色的民族文化、体育、旅游品牌。自从国家体育总局批准构建"环青海湖民族体育圈"以来，青海省体育局建设了以西宁东出口宁湖为起点，以多巴国家高原体育训练基地为中心、以尖扎黄河国家水上训练基地，格尔木玉珠峰登山基地为两翼的"环青海湖民族体育圈"。

1. 多巴国家高原体育训练基地

2003 年国家体育总局将青海多巴高原体育训练基地命名为国家级高原体育训练基地，成为国家体育总局在全国唯一冠名国家级的基地。由国家发展改革委和青海省发展改革委投资 8872 万元建设的青海多巴国家高原训练基地的田径馆、射击馆、游泳馆、综合训练馆等 4 个体育场馆，已于 2006 年全部建成并投入使用，极大地改善了基地高原训练的环境和条件。这些场馆的建设满足了竞走、中长跑、马拉松、射击、游泳、摔跤、柔道、跆拳道等项目高原训练和训练康复、训练科研的需要。2004年至2008年，多巴国家高原体育训练基地共接待备战2008年北京奥运会的国家男、女马拉松，男、女竞走队，游泳队、铁人三项、国家水球队以及国家残疾人中长跑队、网球队、轮椅竞速队等项运动队21次480多人。多巴基地精心组织、周密安排，圆满完成了各项目运动队高原训练的服务保障任务，并为各项目国家队近万人次开展了训练监控、机能评定、疲劳恢复、伤病预防及治疗等各类科研服务与测试，为国家各项目运动队备战奥运发挥了积极的科研保障作用。多巴基地和体育科研所的优质服务和保障工作，得到了驻训运动队的赞誉，也受到了国家体育总局以及各项目管理中心的好评。

2. 尖扎水上训练基地

经国家体育总局水上运动管理中心批准，在青海省黄南州尖扎县境内的公伯峡水库建立了"青海尖扎中国皮划艇协会国家高原水上训练基地"，建成"青海尖扎国家水上高原训练基地宾馆"，以保证我国赛艇和皮划艇队伍的训练需求。2007年租赁65亩土地开始了训练场所的码头建设。目前，基地已从单一的体育训练向训练、度假、旅游综合方向发展，形成了集住宿、饮食、训练、度假等功能为一体的综合基地，绿化面积已占基地面积的91%，设有可接待200人用餐的休闲茶园，购置了沙滩摩托车、水上摩托车、观光游艇、快艇、皮划艇，建成了无公害、无污染绿色蔬菜大棚，已具备了接待国家运动队开展高原水上训练的基本条件。

3. 玉珠峰国家登山训练基地

为了更快地发展青海的登山、探险、户外健身运动，带动青海旅游的发展。国家体育总局登山运动管理中心、青海省体育局和格尔木市人民政府于2007年联合开发、共同建设"中国青海玉珠峰国家登山训练基地"。项目建成后，每年可供1200多人在玉珠峰南北坡开展登山活动，这对促进我省登山旅游业的发展，培育户外运动市场有着重要的意义。

4. 青海省全民健身中心

内设游泳、篮球、排球、羽毛球、乒乓球、攀岩、瑜伽、模拟高尔夫、斯诺克、沙狐球、健身器械等内容，为满足广大群众健身健康需求提供了良好的条件，2006年被国家体育总局评为"全国十大优秀健身中心"之一，并排名首位。该中心的建设国家和省上没有投入一分钱。现年纯利润100余万元，解决就业人员50余名。

5. 金银滩基地

这是在国家体育总局和青海省委、省人民政府的关怀支持下，由青海省体育局和海北藏族自治州人民政府共同在原中国第一个核武器研制、实验、生产基地"221"厂旧址的基础上建设的，是国家体育总局于2004年首批命名的十个"国家级青少年户外活动营地"之一。基地位于省会西宁以西108公里的青海省著名旅游景点——金银滩草原，海拔3100米左右。金银滩是个极富传奇色彩的地方，"西部歌王"王洛宾先生曾在此地写下了著名情歌《在那遥远的地方》，同时也是中国第一个核武器研制基地，我国的第一颗原子弹、氢弹在此诞生。今天，人们用"原子城"来称呼这片已经完全解禁，充满神秘色彩的土地。现为国家级爱国主义教育基地。金银滩基地建有50米室内射击馆，室外飞碟靶场、100米靶场、射箭靶场和攀岩墙各一处。在原有废旧房屋的基础上改建公寓一处，可供临时住宿（60人）50平方米彩板房2间。公寓房间15间，设标准床位30张，房间配有卫星电视。并设有会议室、餐厅、公用浴室等辅助设施。还有2万多平米的原始草场，可供搭建200顶以上的户外野营帐篷。为丰富活动项目，还购置了休闲自行车50辆，沙滩摩托车6辆，游览车2辆。现已成为我省集旅游休闲和青少年户外体育活动的基地。

6. 宁湖基地

坐落在西宁市八一路东头（西兰高速公路峡口收费站十字处）宁湖湖湖畔。占地35亩，地理环境优美，交通便利。园内设有垂钓、沙滩摩托、皮划艇、快艇、蹦极、热气球和儿童游乐园等项目，是一处集健身、旅游、休闲娱乐和餐饮于一体的多功能综合性旅游基地，也是具有高原民族特色的全民健身场所。它的建成不仅为西宁市的城市建设增添了一道亮丽的风景线，也为群众提供了一个娱乐休闲的好去处。

（二）体育产业初具规模

青海体育产业凭借独特的高原体育资源，从无到有，迅速发展壮大，并初具规模。形成了以"环青海湖民族体育圈"为核心的，以环湖赛—国际抢渡黄河极限挑战赛—青海高原国际攀岩赛为主的；以青海多巴国家高原体育训练基地——青海省全民健身中心—云南昆明训练基地—海南三亚体育训练点为主的；以尖扎国家水上训练基地、中国青海玉珠峰国家登山训练基地、金银滩青少年体育训练营地、西宁宁湖国家水上训练基地等为主的；以体育彩票、体育建筑业为主的四条体育产业发展链，本体产业和相关产业齐头并进，促进了体育、旅游、文化等相关产业的协调发展，初步形成了具有青海高原特色的体育产业品牌和体育旅游产业市场，社会效益和经济效益日益显现，为青海省体育事业发展打下坚实基础。同时，青海加大对体育事业的支持力度，将体育事业列入省政府工作的重要日程，特设发展文体产业专项基金，仅 2004 年到 2006 年，体育基础建设投入 2 亿多元，是 2003 年前五十多年总和的十倍。

四、竞技体育立足实际 突出重点 亮点频现

自 1979 年第四届至 2005 年第十届共 7 届全运会上，青海省运动员共获金牌 6.5 枚，银牌 14.5 枚，铜牌 19 枚。在 1983 年的第五届全运会上青海省运动成绩达到最高峰，获 4 金、6 银、3 铜，金牌数列全国第 21 位、平 2 项世界纪录、破 4 项全国纪录，男子足球队以 2 胜 4 平的成绩进入全国 12 强，参加决赛；1992 年，青海省运动员王红、李春秀入选国家队参加了第 25 届奥运会，并分别夺得射箭团体银牌和竞走铜牌，给祖国

赢得了荣誉，为青海各族人民争了光。

进入新世纪后，青海体育立足实际，在资金少、人员少的情况下，突出抓好自行车、射击、马拉松等重点项目，取得了可喜的成绩。2000 年，青海省跆拳道运动员孔繁桃在法国里昂举行的世界杯跆拳道比赛中获 47 公斤级冠军，成为青海历史上的第一个世界冠军。2007 年，青海省运动员任龙云在北京国际马拉松男子比赛中以 2 小时 08 分 15 秒的个人最好成绩，获得银牌。这一成绩，创我国男子选手在该赛事上的最好成绩，从而标志着青海省乃至我国马拉松水平跃入世界先进行列。在第六届全国城运会中，任龙云获得男子 5000 米决赛的亚军和 10000 米的金牌，连续打破两项保持了 10 多年的全国纪录。2007 年，林云在射击世界杯比赛中，以 104.6 环的成绩勇夺该项目冠军，是我省射击史上在世界三大赛事中获得的首位世界冠军。

2008 年北京奥运会上，青海省优秀运动员任龙云入选奥运会中国代表团，林云、苏伟为奥运会中国代表团替补队员，成为我省继 1992 年李春秀、王红入选巴塞罗那奥运会后再次入选奥运会的运动员。

在自行车项目上，随着环湖赛的诞生，青海自行车队再次成立，马海军经过几届环湖赛的洗礼，在南非开普敦举行的世界杯上获得青海自行车运动项目的首个世界冠军，在随后举行的第六届环湖赛上获得亚洲最佳，创造了青海选手在环湖赛上的历史最好成绩。此外，刘彪、吴生君等一批年轻运动员在国际国内赛事中也显示出较强的实力，成为我省运动项目新的生力军。在第八届环湖赛第一赛段中，年轻选手吴生君历史性地打破纪录，获得青海选手在环湖赛中的首个赛段冠军。

2008 年，青海省共有 223 人次参加了田径、摔跤、射击、自行车、拳击、跆拳道、赛艇等项目的国际、国内比赛，共获得第一名 25 项、第二名 15 项、第三名 13 项、第四至第八名 36 项，其中，获得国际比赛第一名 3 项、国内比赛第一名 22 项。截至目前，我省有 50 多人获得第十一届全运会决赛席位。

五、高原体育训练研究国际领先

高原训练作为一种提高运动员运动能力的训练方法，早在20世纪50年代就引起了国际上的重视，世界各国都在积极开展有关方面的研究，中国在60年代开展了相关研究与应用。多年来，高原训练在开展的运动项目、参与的人数和科学研究与应用等多方面取得了很大进展，高原训练的科学化水平有了一定提高，特别是体能类运动项目在高原训练理论指导下，并通过实践，运动成绩有了较大提升。

（一）青海高原体育训练研究服务国家队

青海省体育科研所自20世纪80年代成立以来，以高原训练理论及方法，以及为各级各类运动队高原训练提供科技保障和服务为主要研究方向，积极开展实验室建设和科学研究和科技服务工作，共承担和完成国家体育总局、国家自然科学基金、国家科技部、青海省科技厅等下达的20项科研课题，对中日合作高原训练、高练低住、高平原交替训练以及青藏高原自行车拉力赛等重大课题进行了研究，为指导高原训练和在高海拔地区参加比赛提供了科学的量化指标和依据，部分研究成果在相关领域内达到国际先进水平，有多项课题获得省部级科技进步奖。拥有国际先进水平的生理生化仪、体质分析仪以及康复理疗设备。

2008年3月，被国家体育总局确定为高原训练研究重点实验室，是目前我国乃至亚洲唯一的高原训练研究重点实验室，为更好地开展高原体育研究搭建了良好的平台。2008年完成了所承担的国家体育总局《青海省备战2008年奥运后备人才培养》、《青海高原训练的系统研究》课题，《高原训练期间的伤病防治和恢复》、《高原训练科技服务》两项课题正在进行之中。有4名科研人员赴广州参加了由国际奥委会、国际体育科学与教育理事会、国际运动医学联合会、国际残奥会联合主办的第 29 届奥林匹克科学大会，有 6 篇论文进行了交流，展示了我省多年来高原训练的研究成果，引起了国内外学者的广泛关注，宣传了我省体育科技的发展水平。《青海高原训练的理论与实践》由人民体育出版社出版发行，对开展高原训练研究和实践具有重要的参考价值。体科所研究员、副所长马福海被评选为青海省优秀专家。

2009 年 8 月 9 日，从罗马游泳世锦赛凯旋的国家游泳队在青海多巴国家高原体育训练基地召开总结会议。这是国家级队伍参加完世界大赛后首次在多巴基地召开总结大会，凸显了青海高原体育训练以及多巴基地对国家游泳项目的积极贡献。

国家体育总局游泳运动管理中心主任李桦介绍，在意大利罗马游泳世锦赛上，国家游泳队夺得 4 金 2 银 4 铜的优异成绩。张琳夺得男子 800 米自由泳金牌，并打破世界纪录；在女子 4×200 米自由泳决赛中，"中国金花"杨雨、朱倩蔚、刘京、庞佳颖获得冠军，并打破世界纪录；赵菁打破女子 50 米仰泳世界纪录并夺冠、高畅获铜牌；奥运冠军刘子歌获得女子 200 米蝶泳亚军并打破世界纪录。国家游泳队来多巴训练的人员有八个人，他们在多巴的赛前训练取得了很好的效果。因此，对国家游泳队来说，高原训练是一个非常重要的手段，希望在备战伦敦奥运会的周期以及今后长远的过程中，充分利用多巴基地得天独厚的优势来进行高原训练。

（二）国际高原训练与健康论坛奠定多巴国际地位

2009 年 8 月 6 日，由中国体育科学学会和青海省体育局联合主办的 2009 中国多巴国际高原训练与健康论坛在多巴国家高原体育训练基地开幕。本次论坛是一次高水平的国际性高原训练与健康领域的会议，也是青海首次举办的大型国际性体育学术会议。来自省内外以及德国、法国、澳大利亚、日本、韩国等国家和地区的百余名专家、学者齐聚一堂，围绕"高原训练与健康：国际视角下的理论与实践"主题，通过主题报告、专题报告、墙报交流、培训学习等 4 种学术交流形式，展示"高原训练与健康"的最新研究成果，就优秀运动员的高原训练和低氧训练的理论与实践进行深入探讨和交流。

此次论坛的举办，将有助于进一步加强国内外高原训练与健康的理论、方法的研究和应用，充分展示"高原训练与健康"的最新研究成果和发展趋势，形成系统的高原训练理论与实践的体系，提供全面的学术交流平台，促进高原训练与健康研究成果和科学技术的应用推广，提高高原体育训练的科学化水平，进一步加强和国际间的交流与合作，推进高原训练在竞技体育训练中的实践应用，进而促进我国竞技体育发展。

国家体育总局副局长段世杰说，青海多巴国家高原训练基地在中国和世界上都是一个著名的高原训练基地，它的海拔高度非常适宜进行耐力型项目训练，国家游泳队已先后多次来多巴基地进行高原训练，国家游泳队在北京奥运会、罗马游泳世锦赛获得好成绩，多巴基地功不可没，同时也提升了多巴基地在国际上的威信，本次论坛的举办，是为青海高原体育训练、青海省高原健康旅游提供更多的理论依据和科研成果，推动多巴基地不仅在高原体育训练方面取得更大成绩，而且能够在高原体育训练理论研究方面多出成果，成为我国甚至世界高原体育训练理论研究的一个重要基地。同时，对于基地的长远发展，有很大的促进作用。

六、环湖赛彩票：品牌赛事与
体育彩票的完美结合

今年3月，环湖赛彩票在全国范围内开始发行，标志着青海以一张彩票"打响"了一场独特的、别开生面的宣传、推介大美青海的全国"宣传战"。

环湖赛彩票是我国首套以单项品牌赛事为主题的系列即开型体育彩票，是我国单项品牌赛事和国家公益体育彩票有机结合的典范，是推介环湖赛、宣传青海、展示青海大美风光和人文风情的新平台，也是省委、省政府为宣传青海，扩大青海影响力，推动环湖赛发展而采取的一项重要措施。在 2009 年的青海省"两会"上，做好体育彩票的宣传发行工作首次被纳入《政府工作报告》。

首发的"青海风光"系列是首个与彩民见面的环湖赛彩票，全套共19 张，票面内容为青海的各标志性自然及人文景观，如青海湖、昆仑山、青藏铁路等，极具欣赏和收藏价值。"青海风光"彩票延续了"顶呱刮"系列彩票返奖率高、中奖机会多、中奖面广的特点，单票面值 5 元，有 8 次中奖机会，最高奖金达 10 万元。环湖赛彩票融合了丰富的环湖赛元素、青海风情和青海旅游风光特色，全系列共分 4 套 42 枚，除"青海风光"外，还有环湖赛、亚洲顶级赛事和青海风情等 3 套，这些彩票将连续上市销售。

由于环湖赛彩票分四个系列，分阶段发行，因此，这次全国"宣传战"是一次声势浩大的、连续性的、阶段性的宣传、推介活动，收到了意想不到的效果。

如今，走在青海每个"顶呱刮"销售站点，都能看到现场销售十分火爆，许多市民都以炽热的爱心为青海加油、同时也为通过小小的一张彩票宣传青海而感到自豪。不少市民说，去彩票点买彩票，环湖赛彩票是自己的首选。

除了青海人民对环湖赛彩票情有独钟之外，全国各地的市民也对环湖赛彩票十分青睐。当一张张印有青海标志性风景名胜的环湖赛彩票铺天盖地的出现在全国各地时，人们不禁被票面上美丽的画面所吸引，在吸引他们的还有接连不断的大奖。有许多的彩民听说"青海风光"共有 19 张，便开始收集，准备收藏这套"青海风光"彩票，说通过这套彩票才了解到青海原来如此美丽，有机会一定要到青海去看看。今后，随着环湖赛系列彩票其他品种的即将发行，一个个传奇故事还将在全国各地延续。

环湖赛彩票在全国的发行，产生的效应具有多重意义。第一，随着一张张彩票被全国各地的人们购买时所产生的宣传、推介青海的普及面、影响力以及持续性远远超过了任何一个电视宣传片、旅游推介会；第二，由于环湖赛彩票10%的专项资金将捐献给汶川地震灾区，用于灾区人民的家园建设。因此，环湖赛彩票不仅体现了公益性，也更加体现了全国的彩民对地震灾区的关爱；第三，在青海销售的环湖赛彩票所产生的收入将直接用于环湖赛，减轻省财政负担，支持环湖赛的长足发展；第四，环湖赛彩票的发行丰富了赛事的文化内涵，成为传播环湖赛文化的有效途径；第五，环湖赛彩票这个创意，给青海如何开创出一条欠发达地区的大文化创意经济带来更深刻的启示。

在全国范围内发行环湖赛彩票，是省委、省政府推动环湖赛长足发展的一项重要措施；更是青海省宣传环湖赛，丰富环湖赛文化内涵，传播环湖赛文化的有效途径。同时，这对于打造青海高原特色体育产业品牌和强大的体育旅游市场，带动众多行业和产业联动发展，拉动青海经济发展意义深远。

由于历史和现实的原因，随着我国从计划经济向市场经济的转变，我国地区间发展的不平衡在体育方面表现得尤为明显，青海体育与东部省份及其经济发达省份相比，无论从体育基础设施建设、体育产业发展、体育运动普及以及在竞技体育等方面相比较仍然非常落后，地区间体育发展水平相距甚远，且地区差距仍在扩大。

现实决定了青海体育必须走自己特色的发展道路，才能获得生存，推动体育工作。体育作为先进文化的重要组成部分，应该在政治经济社会文化建设中发挥不可替代的作用。这是新时期体育工作的时代需要，也是青海加快发展的必然要求。青海省的实践证明，正确认识体育对促进社会经济发展中的积极作用，充分发挥地区优势，体育不仅不会完全受到经济发展水平的制约，而且还会成为推动社会经济发展的重要力量。以环湖赛为例，作为世界第三极的青藏高原，风光优美。恶劣的自然环境被长期看做劣势，但从体育"更快、更高、更强"的体育精神的角度而言，从人类追求挑战极限的精神境界而言，恶劣的自然环境却变成了发展青海高原特色体育的优势。正是基于这个认识的转变，诞生了"环青海湖国际公路自行车赛"这个青海和我国的品牌赛事。通过八年的发展,它已成为青海省对外开放的"金名片"。

为此,青海体育在多年实践的基础上,大胆解放思想、转变观念,以"敢为人先"的精神状态,冲破了"以金牌论英雄"的思路禁锢,提出"跳出体育看体育,跳出体育干体育",把体育放在大文化的范畴中重新认识、重新定位,将体育融入构建社会主义和谐社会之中,充分挖掘特色体育资源,不断发挥独特的世界第三极的地理优势和体育潜力,创造性地开展工作,在全国独树一帜,走上了一条符合青海实际、具有鲜明青海特色的体育发展新路,使我省体育事业呈现良好的发展态势,为我省社会建设发挥了积极作用。

宁夏群众体育：60 年发展与创新

宁夏回族自治区体育局局长　马汉文

　　60 年干支轮回。60 年在岁月长河中虽然只是弹指一挥间，但也是翻天覆地和沧海桑田。即使从宁夏这个西部少数民族自治区体育发展的角度检视，也是发展迅猛、硕果累累，绝非一篇短文所能全部涵盖的。于是我们选取了最具代表性、与大众关系最为密切的群众体育视角，来回眸"塞上江南"60 年的春华秋实，见证党的民族政策的阳光雨露，讴歌改革开放的风雨彩虹。

　　在新中国 60 华诞之际，我们欣喜地看到，在中国共产党的正确领导下，在党的民族政策光辉照耀下，宁夏经济发展、社会稳定、民族团结、人民安居乐业。体育作为健康文明的生活方式正日益走进千家万户。全民健身蔚然成风，民族传统体育得到传承和发展。在全面建设小康社会、构建社会主义和谐社会的新时代，宁夏体育正以前所未有的发展速度，进入整体推进、全面上台阶的新的发展阶段。

一、回族传统体育的继承和发展

　　宁夏是一个多民族聚居地区，境内有汉、回、满、蒙古等 33 个民族，其中回族人口约占全区总人口的 1/3。各族群众在生产、生活实践中创造了许多民间传统体育项目，其中尤以回族武术最具特色，涌现出银川的马鸿、海原的马振武、西吉的于子祥、固原的居奎等一批回族民间武术高手。现代回族武术家中，王新武（1934—2006 年）曾达到业界最高水平。他于 1958 年宁夏回族自治区成立初期即入选宁夏武术队，此后在全国武术比赛中屡有收获。20 世纪 70 年代达到个人运动生涯的顶峰。1975 年王新武参加全国第三届运动会武术比赛获太极拳第一名，这也是宁夏运动员参加全国运动会收获的首枚金牌。1980 年国家体委授予王新武武术八段称号。此后他潜心武术著述。所编写的《十路弹腿》、《单刀对枪》等 4 部专著分别由人民体育出版社、宁夏人民出版社出版，《四十八式太极拳》于 1980 年在日本出版，《勇战拳》译成英文发行国外。王新武在全国武术界享有盛名，一度执太极拳领域牛耳。1984 年以国家体委太极拳专家组组长身份赴日本讲学，1987 年任中国宁夏武术代表团副团长赴朝鲜访问。1986 年中华全国体育总会授予王新武国际武术贡献奖。

宁夏回族武术虽然流派众多，但多年来限于师徒传承、口口相授，使得普及与推广受到很大限制。而且经过"文化大革命"的十年动乱，个别稀有拳种只剩下"星星之火"。一些独门绝活的传人散见于民间，多数已达古稀耄耋之年，若不及时挖掘抢救，随时都有湮没失传之虞。

1984 至 1985 年，宁夏体育系统落实国家体委《关于挖掘、整理武术遗产的通知》，在全区范围内开展了武术普查和挖掘整理工作。两年时间里共挖掘出 16 个拳种、569 个套路、20 个练功方法，并为 149 名拳师进行了登记，给 22 位 70 岁以上老拳师的套路、功法录了像，挖掘抢救了 80 岁以上老拳师掌握的珍稀拳种，内部印发了《宁夏拳械录》。这是一次抢救回族文化遗产的大行动。在这次武术挖掘整理中，90 岁高龄的于子祥大阿訇和 89 岁的回族老拳师居奎把珍藏的穆斯林八卦太极拳、鱼尾剑、回回十八肘和穆圣拳、穆林拳都贡献出来了。这些拳械都有"都瓦依式"、"汤瓶式"、"伊玛尼式"等穆斯林生活习俗特点的动作，与汉族拳法明显不同。

"回回十八肘"是 20 世纪 80 年代宁夏挖掘的最具回族特点和风格、在全国武术界十分罕见的拳种。现存的"中国功夫"各种流派套路中，肘部动作比例极低，而"回回十八肘"的 18 个单练套路则几乎完全靠肘部和接近肘尖的臂完成各种攻防动作，模拟了近距离、小空间贴身遭遇战中的徒手对抗，其技击特色十分突出。整套拳法讲究"远使手，近使肘，贴身靠打情不留"，并有"肘打四方人难防，手肘齐发人难挡"，以及"宁挨十手，不挨一肘"的说法。据传承人居奎介绍，"回回十八肘"由伊斯兰教先知穆罕默德所创，经其女法蒂曼和勇将尔利巴巴·欧迈勒传习，元代传入中国后每代只选择一名品德高尚、信仰虔诚的穆斯林传承人。至居奎为第 54 代传人。

居奎传习的"鱼尾剑"不同寻常之处在于器械本身：常见的剑为韭叶形，以刺劈为主要进攻手段。我国考古出土的青铜剑、铁剑，包括著名的秦兵马俑铁剑和"越王勾践自作用剑"在内，无一不是双刃单尖；而鱼尾剑形似鱼尾，为双刃双尖，十分罕见。据传其器型及套路动作为伊斯兰教开山骁将穆罕默德·阿里所创，故又称"阿里之剑"。

同期挖掘的"汤瓶七式拳"，同样具有鲜明的回族民间武术特色。汤瓶是回族最常见的日常生活用品，外形似一把大茶壶，是穆斯林盥洁净沐的盛水器具。在陕西出土的"唐拳击俑汤瓶式"佐证了此种拳法历史悠久。以汤瓶作为武术器具，说明了回族武术和生产生活密切联系，深深植根于回族群众的日常生活中。

此外，流传在宁夏吴忠市的"何家棍"（单头模子棍）、灵武市的张家枪（小径枪），同样是具有鲜明的回族特色的稀有拳种。

20 世纪 80 年代的武术挖掘整理活动，使散见于民间濒临失传的珍稀回族拳种、功法得以面世和传承，为保护回族非物质文化遗产做了重要的基础性工作。在挖掘整理的同时，宁夏多次派出民间老拳师参加全国武术赛事。其中年逾七旬的回族老拳师马振武以其看家功夫罗汉拳 3 次参加全国武术观摩交流大会，分别获得优秀奖、一等奖和优秀项目奖。

除了对回族武术的挖掘抢救以外，回族传统项目木球、方棋、踏脚也是这一时期挖掘整理出来的。

木球是宁夏青少年喜爱的一项体育活动，它是由青少年放牧时"打篮子"、"赶毛球"演变而来的，亦可称为"牧球"。木球是一种集体对抗项目，其活动方法有点类似现代体育中的曲棍球。双方运动员人数相等（正式比赛各 5 人），其中 1 人为守门员。活动中每人单手持一 70 厘米长的击球板，将木制的圆柱形球体（长 6 厘米、直径 4 厘米）通过攻防战术配合，尽力攻入对方的"涝坑"（正式比赛为球门）。最后以入球多的一方为胜。

1981 年宁夏体委对木球项目开展挖掘整理，对器材和比赛方法进行了规范，在第二届（1982）、第三届（1986）全国少数民族传统体育运动会上进行了表演。1986 年宁夏举办第一届少数民族传统体育运动会，木球列为正式比赛项目，开始向全国推广，部分省、市、自治区陆续派人来宁夏学习交流。受国家民委、国家体委委托，1990 年在银川举办了全国木球邀请赛，安徽、天津、内蒙古、山西等 7 个省、市、自治区派队参赛。从 1991 年第四届全国少数民族传统体育运动会开始将木球列为正式比赛项目。2003 年第七届全国少数民族运动会上，宁夏木球队登上冠军宝座，显示了项目发源地的雄厚实力。木球项目的挖掘、整理、规范是宁夏体育界对全国少数民族传统体育事业的贡献。

方棋是宁夏回族聚居区尤其是广大农村中广为流传的棋类项目，具有浓郁的乡土气息和民族特色，宁夏民歌"花儿"中就有"漫上首花儿下盘方，解一解阿哥的心慌"的唱词。方棋棋盘为长方形，横 7 行竖 8 行共有 56 个交叉点，棋子黑白各 28 粒（在农村田间地头，棋子通常由石子、土块、树棍、羊粪蛋等替代）。交战时双方轮流布子，布局完成后即行棋对弈。行棋中一方棋手只要把自己的 4 枚棋子走成彼此相连的一个小正方形（俗称"成方"），即可吃掉任意一枚对方未"成方"的棋子。其基本战术是尽可能多"成方"，并尽可能地阻止对方"成方"。双方轮流走子，直至分出胜负。方棋的流传范围不仅限于宁夏，在西北的陕西、甘肃、青海和新疆的回族聚居区也很流行，活动方法大同小异。1984 年宁夏固原地区体委和民族宗教事务处对当地回族群众中流行的方棋活动方法进行挖掘整理，统一了竞赛规则。同年 6 月，固原地区在国内首开方棋正式比赛之先河。1986 年宁夏第一届少数民族传统体育运动会将方棋列为比赛项目，延续至今。2001 年，宁夏体育局对方棋竞赛规则进行了修订。2002年，宁夏曾向国家民委、国家体育总局申请将方棋列为第七届少数民族传统体育运动会比赛项目。

踏脚属于搏击类对练项目，可以 1 人对 1 人，1 人对数人，或数人对数人。踏脚主要动作类似于跆拳道，但不允许抱腿或使用摔绊动作。其进攻、防守技术全部依靠腿部动作来完成。活动时只能用脚内、外侧扫、打，严禁用脚尖踢人。两手主要用于维持身体平衡，可以自由摆动，遮拦或化解对方攻击。据传，踏脚是唐代中期由西亚到中国传教、经商的穆斯林传入的，后经长安、渭南等地流传至宁夏泾源县，至今在回族农村广为流传。1989 年，宁夏体育部门对踏脚进行了挖掘整理，完善套路，制订规则。从 1991 年开始，踏脚先后在全国第四至第八届少数民族传统体育运动会上表演，3 次获金奖，两次获银奖。2007 年，文化部将踏脚正式列入申报世界非物质文化遗产备选目录。在项目主要传承地泾源县，踏脚已被列入中小学体育辅助教材。2008 年，在宁夏回族自治区成立 50 周年庆祝活动中，该县派出 300 名中学生组成的表演队伍，向首府银川的各族群众展示了回族传统体育项目踏脚的风采和魅力。

宁夏在发展现代奥林匹克运动的同时不忘继承少数民族传统体育，在挖掘整理的同时不断进行规范和提高，通过举办专项运动会的形式使之得到传承和拓展。自 1986 年以来，宁夏先后举办了 6 届少数民族传统体育运动会（每 4 年一届形成制度），比赛项目从前 3 届的 4 项逐渐增加到 7项，表演项目逐届增加了数量、提高了质量，而且又陆续挖掘出打瓦、羊响板、西夏王刀等民族民间项目。运动会的规模和影响也在不断扩大。每届民族传统体育运动会上，同时对全区民族体育先进集体和先进个人进行表彰。可以说，举办专项运动会是发展宁夏少数民族传统体育的重要推动力。

2003年9月，宁夏成功举办了第七届全国少数民族传统体育运动会。运动会共设花炮、珍珠球、木球、蹴球、毽球、马术、秋千、武术、龙舟、民族式摔跤、射弩、高脚竞速、陀螺、押加等14个比赛项目和120多个表演项目。来自全国31个省、自治区、直辖市和中国人民解放军、新疆生产建设兵团、台湾省等34个代表团的55个少数民族5281名运动员参加了这一民族团结的盛会。宁夏作为东道主参加了全部14个项目的比赛，以4金15银12铜的优异成绩列奖牌榜第1名（并列）、金牌榜第8名。通过举办全国第七届民族运动会，不但向全国乃至世界展示了宁夏秀丽的山川风貌、淳朴的民族风情、经济和各项社会事业的发展成就，同时也与兄弟民族进行了文化体育交流，促进了中华民族大团结。

二、农村体育的普及和建设社会主义新农村

我国是一个农业大国，9亿农民的体质和健康水平是国民体质和健康水平的直接反映和重要标志。全面建设小康社会，难点和重点都在农村，这是我们的基本国情决定的。农业、农村、农民问题历来受到党和国家的高度重视，农村体育是我国体育工作的重要基础。

宁夏是西部回族聚居的农业省区，农村人口占总人口的80%以上。发展农村体育始终是宁夏群众体育工作的首要课题。在中华人民共和国成立以来的60年中，宁夏的农村体育经历了从无到有、从小到大、从自发到有组织、从单一的健身娱乐到民族民间体育形式与现代体育项目有机结合的发展历程，涌现出不同历史阶段数量众多的农村体育活动积极分子、模范体育家庭、先进乡镇（公社）等典型，直至获得了建成4个全国体育先进县的整体性成果。

20世纪50年代是宁夏农村体育的初创时期，普遍建立农村体育组织和开展示范性竞赛活动是这一时期的主要特征。1951年8月，中共中央

决定在青年团组织中建立军事体育机构。宁夏团委按照中央"发挥青年爱好活动，团结互助和创造精神，组织青年的文化娱乐活动，加强体格锻炼，并建立各种文化的、艺术的、娱乐体育等团体"的精神，根据共青团中央的决定，成立了军事体育部，在各县团委设军体部，县以下团组织设军体委员，管理农村体育工作，以青年为主体的农村体育工作开始有组织地开展。青年团组织发动广大农村青年自己动手开辟体育场地，自制简易器材，并结合民兵训练开展活动，形成了自己的特色。其间有一个农民体育家庭在宁夏格外引人注目：惠农县王存林、王存志、王存孝 3 兄弟与其他回族青年组成的回族青年篮球队，经常活跃在平罗、惠农两县的城镇和农村，普及篮球运动，开展技术交流，在地方报纸上经常见到他们的照片和信息。1956 年，宁夏以农业社为单位，普遍建立农民体育协会。较早的如银川市郊区的民乐、北塔、新水桥、罗家庄等地都成立了农民体育协会。惠农县 13 个乡镇中也有 9 个乡镇成立了农村体育分会，经常开展的体育项目有篮球、排球、乒乓球、田径、举重、拔河等。结合民兵训练，各地还开展了射击、投弹、登山、游泳等军事体育活动。1956 年宁夏农业喜获丰收，喜气洋洋的农民群众兴致勃勃地投身到体育活动之中。当年 10 月，银川专区举办了第一届农民运动会，比赛项目有男子篮球、100 米、200 米、800 米赛跑、4×100 米接力、跳高、跳远、铁饼、铅球、手榴弹掷远、挑担竞走和足球表演赛，女子项目有 60 米、100 米、400 米赛跑和拔河等。同年，平罗、宁朔等县也举办了农民体育运动大会，为其他县（市）农民体育活动起到了带头作用。

在全区农村体育活动越来越普及的基础上，涌现出了一批领导重视、活动频繁、群众积极参与的农村体育先进单位。回族聚居的吴忠市古城公社便是其中的突出典型。在建国 10 周年的 1959 年，古城公社成立了由 1 名党委副书记挂帅的体育领导小组，各大队相继成立了农民体育协会，生产队普遍建有体育锻炼小组。全公社组建了 18 支农民篮球队，篮球成了农民群众最喜爱的锻炼项目，青少年爱打，老年人爱看，几乎每个村头都能看到体育爱好者自制的篮球架。古城公社第一届农民运动会上共有两大看点：一是篮球场上的车轮大战，观众场场爆满；二是拔河比赛规模空前，不少农民群众没什么体育特长，但有一身好力气，又有一股不服输的劲，拔河便成了运动会的热门项目，共有 96 支男队、65 支女队和 17 支"老黄忠"队参加角逐，欢声笑语和助威加油的呐喊声从赛场一直传到田间地头。在 1959 年银南地区第一届运动会上，古城公社以绝对优势获得农民团体总分第一名，同时获得男子篮球、拔河、4×400 米接力等 9 个项目的冠军，有 25 人达三级运动员标准，131 人通过"准备劳动与卫国"锻炼制度第一级、17 人通过第二级。

古城公社是 20 世纪 50 年代宁夏农村体育的一面旗帜。1960 年 2 月，自治区体委在古城公社召开了农村体育工作现场会，在全区范围内推广普及农村体育活动的"古城经验"。5 月，古城公社农民体育协会马玉莲出席了在北京召开的全国教育、文化、卫生、体育社会主义建设先进单位、先进个人代表大会。1962 年，马玉莲又出席了全国文教群英会。

20 世纪 60 年代连续 3 年严重的自然灾害和随后的"文化大革命"，使粗具规模的宁夏农村体育受到严重冲击。进入 70 年代以后，社会秩序趋于稳定，"抓革命，促生产"使工农业生产得以逐渐恢复，人民生活状况较之混乱时期有了改善和提高，但意识形态领域的禁锢坚冰仍未被彻底打破。在极度贫乏的业余生活中，群众要求参加体育活动的愿望日益强烈，从而造就了宁夏农村体育另一个快速发展的时期，其杰出代表"南有硝河，北有马莲渠"。

硝河公社位于宁夏南部的西吉县，回族占总人口的 86.5%。1974 年全公社成立了 13 个体育领导小组（每个生产大队都有自己的体育组织），在农村中广泛开展篮球、排球、乒乓球、羽毛球、广播体操、武术、爬山、拔河、赛跑和结合民兵军事训练的射击、投弹等项体育活动，尤以篮球运动最为普及，一度达到 76 个生产队个个都有自己的男子篮球队，利用业余、农闲时间举办的小型篮球赛常年不断。过去宁夏南部山区在旧的观念习俗束缚下，回族妇女不但不能参加体育锻炼，连在大庭广众之下抛头露面也被严格禁止。这些封建樊篱被农村体育的热潮完全冲决了。硝河公社的回族女子篮球队多年坚持锻炼，活跃在山野乡村、田间地头，对于移风易俗、传播先进文化、带动妇女思想解放运动起到了积极作用。硝河公社女篮曾两次获县篮球运动会的冠军，1977 年参加固原地区民兵篮球赛获第一名，同年参加自治区民兵篮球赛获第二名。1976 年公社组织了300 人的爬山比赛，翌年春节又组织了 1000 多人参加的广播体操比赛。1978 年中央新闻纪录电影制片厂拍摄了硝河公社女子篮球队健身锻炼移风易俗的专题纪录片，《民族画报》刊登了公社广泛开展农村体育活动的一组图片。硝河公社作为群众体育先进单位代表参加了 1979 年第四届全国运动会。

另一个农村先进典型——吴忠市马莲渠公社回族占总人口的 70% 以上。公社领导一贯重视群众体育工作，坚持业余、自愿、小型、多样的原则，经常组织农民开展丰富多彩的体育活动。自 1973 年开始，公社连续举办了 5 届农民体育运动会。每年 7 月 16 日为纪念毛主席畅游长江，都要举办全公社游泳（泅渡）比赛。1978 年冬季集中上千人的队伍在黄沙窝平田整地进行农民基本建设，利用休息时间公社在工地组织了篮球、自行车、拔河、摔跤等项目的比赛。这个公社多次被评为自治区农村体育先进单位。

中国共产党第十一届三中全会召开后，随着生产责任制的建立，农村经济发生了深刻的变化，给发展农村体育带来了新的活力。不少公社建立了配备专人管理的"文化站"、"文化活动室"、"青年之家"、"民兵之家"，农民有了自己的体育活动阵地。在大好形势的推动下，马莲渠公社的农民体育活动进入了持续发展的阶段。1981 年元旦公社举办青年民兵运动会，比赛项目有篮球、自行车、摔跤、拔河和军事体育项目投手榴弹、负重竞走等，6 个大队民兵营的 400 多名男女青年参加了比赛。当时正在宁夏检查指导工作的国家体委主任王猛应邀出席运动会开幕式并观看了比赛。随后各大队在春节之际纷纷举办篮球、乒乓球等小型赛事。距当年统计数据，马莲渠公社共有 3500 多名群众经常参加篮球等项目的体育活动，一部分回族青少年热衷木球（赶毛球）游戏，为日后宁夏挖掘整理这一少数民族传统体育项目并推向全国打下了基础。这一时期马莲渠公社出现了一个以家庭为单位的农民体育活动典型，回族农民王学文全家热衷于篮球活动，在自家院子里立起了简易篮球架，小小的院落里天天有人打球。组建的家庭篮球队实力不俗，在附近的乡镇颇有影响。在乡政府和市体委的支持下，由王学文出面先后举办了"幸福杯"农民家庭篮球邀请赛、"文明杯"篮球邀请赛、"军民共建杯"篮球邀请赛，直至"吴忠市、青铜峡市、同心县、灵武县农民篮球邀请赛"等。农民家庭篮球队这一新生事物迅即引起媒体关注，《人民日报》、《光明日报》、《瞭望》、《宁夏日报》等 10 多家全国和地方报刊采访报道了王学文家庭篮球队的事迹。1983 年王学文荣获全国模范体育家庭和自治区精神文明先进个人称号。

党的十一届三中全会后的农村经济体制改革带来了农业生产的大发展，农村面貌的大改变，摆脱了贫困、逐渐走向富裕的农民，利用农闲时间积极投身体育活动，造就了宁夏农村体育一个快速发展时期。自治区体委因势利导，通过开展评比和交流经验，进一步推动农村体育的普及。1987 年自治区体委制定了《宁夏回族自治区体育先进乡镇标准和评选办法》。1988—1994 年自治区体委、农业厅、农民体育协会分 4 次命名表彰了 25 个体育先进乡镇，1992 年表彰了王学文等 8 名农民体育工作积极分子。1990、1993 和 1996 年，经自治区体委、农业厅、农民体育协会推荐，宁夏有 10 个乡镇被中国农民体育协会命名表彰为全国亿万农民健身活动先进乡镇。

1985 年，国家体委在全国农村体育活动逐渐普及，农民健身热潮方兴未艾的基础上，决定开展争创体育先进县的活动。全国体育先进县的标准 8 条 31 款，内容包括党政领导重视、体育机构健全、群体活动普及、业训成绩显著、竞赛形成制度、注重技术推广、建好场地设施、推广体育社会化等方面。其中的"刚性指标"有县级公共体育设施必须建成"两场（400 米跑道田径场，灯光球场）一池（游泳池，北方地区可用轮滑场替代）一房（室内训练房）"、全县年人均体育事业费（不含人员工资和基建费、专项经费）必须达到 1 角钱以上等。

　　贺兰县于 1988 年通过了国家体委的检查验收，成为全区第一个全国体育先进县。贺兰县多年来一直是宁夏县级体育工作的先进单位，青少年业余训练和农村体育在全区独树一帜，为自治区优秀运动队输送后备人才最多，曾 3 次被评为全国"田径之乡"。历任县委、县政府领导始终坚持把体育工作作为精神文明建设的重要工作来抓，列入重要议事日程，经常召开专题会议研究体育工作。县财政虽然不富裕，但全县人均体育事业经费很早就超过了 1 角钱，申报全区体育县的 1986 年已达到人均 0.75 元。1982 年县财政安排专项经费，在县城中心地带征用一块 5 万多平米的土地用于建设县体育中心，1983 年拨款建成 400 米跑道标准田径场，1985 年建成 3000 座看台灯光球场，1986 年建成室内训练房。短短的 5 年时间内，使全县体育基础设施达到一个新水平。贺兰县群众体育组织十分健全，80 年代就成立了农民体协、老年人体协和田径、篮球、自行车、棋类、钓鱼等单项运动协会，各乡镇和较大的厂矿、企事业单位都成立了体育领导小组或基层体育协会。县体委和有关部门密切配合，齐抓共管，形成了教育部门抓学校教育，民族宗教部门抓少数民族传统教育，老龄委老干部局抓老年体育，共青团、妇联抓青少年、妇女、幼儿体育的社会办体育局面。贺兰县青少年业余体育训练成绩显著。县体校成立于 1973 年，先后设有田径、自行车、篮球、射击、举重、柔道等项目，尤以田径、自行车、篮球、举重等项目训练成绩最为突出。自 1977 年起，贺兰县连续多年包揽全区青少年田径运动会团体总分第一名。从 1982 年起，获得 7 届全区运动会中的 6 届青少年团体总分第一名、1 届第二名。贺兰县于 1988 年被国家体委命名为"全国体育先进县"，1992 年经国家体委复查评定为"全国体育先进县复查合格单位"。

　　1990 年建成"全国体育先进县"的西吉县属于另一种典型。西吉县位于宁夏南部的六盘山区，经济基础薄弱，自然条件差，是国家"八七"扶贫工程确定重点改变贫困面貌的"西海固"地区之一。西吉是回族聚居县，回族占总人口 57%。西吉又是具有光荣传统的老区，境内将台堡是中国工农红军第一、二方面军三大主力会师地，1935年10月红军长征途经六盘山时毛泽东主席率部曾在西吉回族聚居的兴隆镇单家集宿营。能在西吉建成"全国体育县"，其重大意义不言而喻。西吉县党政领导重视体育工作，自1988年4月决定开展争创活动，到1989年正式向国家体委申报，县委、政府先后11次专题研究体育工作，成立了县长挂帅的"争创全国体育先进县"领导小组。县委、政府专门发文要求所有乡镇成立体育工作领导小组，采取措施加快争创工作步伐。在实施争创计划的过程中，县领导经常深入基层检查指导，帮助解决各种困难，在全县范围内逐渐形成争创的舆论氛围和活动热潮。西吉县体育事业经费从确定争创开始每年都在9万元以上，人均达到0.25元。1988年县政府划拨50亩体育用地，建成了400米跑道田径场、室内训练房、20个靶位的射击场和业余体校教学训练楼，形成了业余训练和群众健身一体的体育运动中心。西吉县的青少年业余训练很早就开始探索体教结合模式，县业余体校有田径、射击、篮球、武术、举重5个项目，基层业余训练点则分布在16所体育师资较强、办学条件较好的中小学，设有田径、篮球、武术3个项目。全县有自治区级体育传统项目学校1所，市级3所，县级13所。群众性的篮球活动在西吉县非常普及，球迷数以万计。每当承办自治区或市级篮球比赛时，县城内万人空巷，能容纳5000人的灯光球场座无虚席、观众场场爆满。在西吉县，乡镇一级的篮球赛事常年不断，农民群众自掏腰包办篮球赛的事并不鲜见。1987年，西吉县什字乡山庄村回族宗教上层人士马家福出资邀请了毗邻14个乡镇的农民篮球队，在本村举办了为期4天的比赛。当时四邻八乡的球迷像赶集一样，来往于山间小道上。在争创工作的推动下，西吉县的体育工作在20世纪80年代末期达到巅峰状态，给经济欠发达地区的体育工作提供了借鉴，树立了典型。

继西吉县之后，平罗县和青铜峡市先后被命名为"全国体育先进县"。创建体育先进县是《全民健身计划纲要》颁布之前国家发展农村体育的综合工程和重要抓手，对推动宁夏农村体育工作全面上台阶起到了重要作用。

三、新世纪的宁夏群众体育：
创新发展，关注民生

最近的 10 年是宁夏经济和各项社会事业快速发展的 10 年，同时也是体育事业得到长足发展的 10 年。发展的动力一是《中华人民共和国体育法》经过数年的宣传贯彻，体育观念日渐深入人心；二是《全民健身计划纲要》第一、二期工程取得阶段性成果，群众参与健身锻炼的环境、条件得到明显改善；三是国家实施西部大开发战略，宁夏得到了党中央、国务院更多的政策性扶持；四是全面建设小康社会、构建和谐社会，体育的价值得到公众认同，健康生活成为人们的普遍追求；五是政府加大了对体育事业的投入，再加上体育彩票筹集的公益金，使得体育基础建设步伐加快，为群众提供更多更好的体育服务成为可能。

宁夏群众体育在最近 10 年的快速发展其实也和体育的内在规律有关，即：群众体育是大众自发参与的健身锻炼活动，人们可以因时、因地、因人制宜选择适合自身特点、简便易行的强身健体手段，不拘泥于项目，不受制于场地器材，不需要过多的投入。居于首位的是与经济社会发展程度相适应的"体育价值观"的提升、健身意识增强，不像竞技体育的发展过程较为漫长，受到经济基础、人才底蕴、项目传统等诸多因素的制约极其显著，也不像体育场馆设施建设直接与总体经济实力相关联。

正是基于以上认识，宁夏在体育发展战略上扬长避短，选择群众体育作为新时期体育事业的突破口和切入点，确立了立足创新、培育特色品牌的发展道路，致力于实施面向社会弱势群体的体育"民生工程"。经过多年的发展，宁夏的农村体育已经有了一定的基础，无论银川平原、引黄灌区还是南部山区，都培育出了不同的农村体育典型，积累了较为丰富的工作经验。

在社会转型时期，农村经济结构和农业管理体制发生了深刻的变化。进一步发展农村体育，首先必须解决有人组织、有活动场地和有项目推动三大问题。

2003年，宁夏体育局与文化厅联手整合人力资源，将全区所有乡镇的文化站统一挂牌命名为文化体育工作站。"文体不分家"，事实上过去乡镇文化站的工作内容很大一部分就是体育活动，而农村中广泛开展的社火秧歌、舞龙舞狮，实际上就是民间传统体育。资源整合的结果，文化部门出人，体育部门补助经费、添置活动器材，文体工作站投入运营之后，多年来乡镇一级没有专职体育工作者的问题得到了初步解决。

至于农村体育场地短缺的问题，空白点相对集中在行政村一级，难点主要是缺少经费。在宁夏广大农村地区，腾出一块集体土地用以开展体育活动并没有多大困难。建设村级体育场地的经费问题在世纪之初以"三方联动"的方式得到解决，即：国家体育总局专项资金投入一点，地方财政配套一点，体育彩票公益金安排一点。这里特别要提及宁夏销售中国体育彩票，自1996年开始间断销售即开型彩票，2002年3月起电脑体育彩票开始营销，最近8年中宁夏累计销售中国体育彩票13.56亿元，彩票公益金本级安排使用1.86亿元。这些公益金60%以上用于发展群众体育、全民健身，其中相当一部分投入到农村体育场地建设。宁夏近年来一直致力于"村村建有一个篮球场地"。从2008年开始实施体育"民生工程"，重点消灭农村体育场地"盲区"，提升场地质量标准，从六盘山区的固原市开始全面推进，为每一个行政村建成一片硬化篮球场。

国家体育总局确定2004年为"农村体育年"。要求各地围绕"农村体育年"，积极开展以体育设施设备、体育健身指导和体育科普知识为内容的"体育三下乡"活动。宁夏按照总局的统一部署制定了"体育三下乡"活动实施方案，各市、县（区）、农村乡镇相继举办了农民体育节和各类竞赛、表演、展示活动，因地制宜地开展适合农村特点、符合农民要求的健身锻炼活动。通过实施"体育三下乡"工程，进一步加强了农村体育场地建设和管理，推广了科学、文明、健康的体育理念，传授了体育科普知识。从 2004 年起，宁夏每年举办一届农民体育节，开展篮球、乒乓球、拔河、自行车负重、田径、社火等项目的比赛。

农村体育的发展离不开项目推动，必须要打造特色品牌，找准"抓手"。宁夏城乡群众最喜爱、普及面最广的体育项目就是篮球，自治区体育局因势利导，连续 4 年举办"千村篮球赛"。2009 年的"宁夏千村篮球赛"历时 6 个月，全区 180 多个乡镇、2600 多个行政村的逾 2 万名农民参加了 3800 多场比赛。农村篮球运动的普及同时也推动了社会主义新农村建设，位于南部山区西吉县兴隆镇就是这方面的典型例证。兴隆镇位于宁夏西吉、隆德、海原县和甘肃省静宁县的交界处，西（安）兰（州）公路从这里经过。独特的区位优势和当地回族群众的经商传统，使得该镇集市贸易繁荣，成为远近闻名的清真牛羊肉、皮张和农副产品加工集散地。兴隆镇的农民热爱篮球运动，每年春节前后，镇上的商户都要捐资举办农民篮球邀请赛，毗邻的隆德县、海原县、甘肃静宁县都有球队前来参战，规模较大时达到 30 多支篮球队，一打就是 10 天半个月。同时，还配套举办乒乓球、拔河、象棋、方棋等项赛事。

兴隆镇的农民篮球赛成为地方特色体育品牌的同时，也带动了当地特色产业的发展。不但周边的球迷前来"捧场"，成群的牛羊、四面八方的皮毛商贩和各种市场信息也随之而来。"以球会友"、"以球招商"成为山区"体育搭台、经济唱戏"的真实写照。中央电视台新闻联播节目以"小篮球带动大产业"为题，介绍了兴隆镇发展群众体育、活跃地方经济、促进农村特色产业发展的经验。

经过数年时间的培育，"千村篮球赛"、"农民体育节"、"进城务工农民体育节"成了宁夏农村体育的重要"抓手"和特色品牌。

探索大漠体育运动，是宁夏群众体育因地制宜的又一品牌创新。宁夏中部地区为腾格里沙漠与毛乌素沙漠相交汇，多年来当地群众在与沙漠化做斗争的过程中创造了一些适合在沙上开展的运动项目，其中有代表性的如沙丘速降、沙海冲浪等已经发展成为沙坡头、沙湖旅游景区的特色旅游产品。

　　进入新世纪以来，国家重视西部地区环境保护，启动了一系列造福子孙后代的生态建设工程。在与沙化和荒漠化作斗争的同时，开发利用沙漠资源成为西部经济建设和社会发展的一个重要课题。在国家号召创建循环型经济和环境友好型社会的历史背景下，宁夏体育局致力于开发沙漠的健身娱乐功能，自 2003 年以来先后举办了 3 届全区大漠体育运动会，出版发行了《沙漠体育运动指导手册》，对 10 项竞技类、12 项娱乐类和 14 项游戏类沙漠体育运动规则进行了规范。2007 年 9 月，国家体育总局和宁夏回族自治区人民政府联合在国家 5A 级旅游景区中卫市沙坡头举办了全国大漠健身运动会。来自 18 个省市区及行业体育协会、大型体育产业集团的 31 个代表团，559 名运动员参加了比赛。此次运动会被国家体育总局列为"全民健身与奥运同行"的 10 个品牌赛事之一，中央电视台还将其列为北京奥运会摄制的 10 集电视专题片《我们的奥林匹克》中的一集。全国大漠健身运动会组委会主任、国家体育总局副局长冯建中在开幕词中说："办好本届赛会，对于开发全民健身新项目、拓展全民健身新领域、深化全民健身新内涵具有十分重要的意义。"香港《文汇报》报道说："宁夏通过举办大漠健身运动会，把体育旅游与环保紧密结合，充分利用自然人文环境，拓展了体育健身活动。"

　　全面建设小康社会呼唤健康文明的生活方式，宁夏体育局因势利导，在全国率先推出"体育大拜年"贺岁健身活动。2005 年农历大年初一，来自 5 大市，以城镇居民为主的体育爱好者 2500 多人喜气洋洋地汇聚在宁夏体育馆，参加跳绳、踢毽子、乒乓球、气排球、飞镖等 19 项比赛和娱乐性健身活动。吴忠市代表队在 8 人集体跳绳中创出连续跳绳 395 次的全民健身新纪录。2007 年 2 月 15 日，"宁夏体育下乡春节健身大拜年"活动给吴忠市金积镇农民带来极大喜悦。适合农村特点的搬粮食、滚轮胎、掰手腕和篮球、拔河等项目吸引了回族聚居的金积镇及周边乡镇数千名农民投入到健身热潮中。同时还现场进行了体质监测和健康咨询，向农民朋友发放了健身科普小册子。2008 年春节，"宁夏体育进厂矿全民健身大拜年"活动在神华宁煤集团磁窑堡煤矿隆重举行，刚刚冒着严寒从生产第一线看望了采掘工人的自治区党委书记陈建国、政府主席王正伟专程来到活动现场向厂矿职工拜年。拔河、跳绳、踢毽子、掰手腕等项目吸引许多人参加，新奇的航空模型、动感单车表演激起大家的浓厚兴趣，精彩激烈的篮球比赛更是赢得观众的阵阵掌声。自治区体育局还向矿区捐赠30 万元健身器材。连续 4 年追踪报道宁夏"体育大拜年"活动的新华社记者报道说："该活动把健身和民俗有机地结合在一起，不仅有效地利用假期向广大群众推广健身理念，更让古老的民俗焕发出健康、青春的气息。"

四、宁夏体育进入跨越式发展的新阶段

历经 60 年拼搏奋进、60 年风雨彩虹，宁夏群众体育以百折不回的前进步伐折射出经济的发展和社会的进步，在新世纪奏出全民健身的最强音。据 2006 年全国第二次国民体质监测结果显示，宁夏国民体质合格及以上等级为 89.3%，比 2000 年首次国民体质监测提高 16.4 个百分点；所有年龄段人群体质优秀率、良好率提高，不合格率降低；宁夏人体质综合指数为 99.69，列全国第 21 位。在群众体育获得长足发展的同时，宁夏坚持不懈地谋求体育事业整体推进和跨越式发展。

近年来，宁夏体育工作坚持走改革创新之路，进一步转变观念、开阔思路，精心谋划、爬坡上行，短期内实现了大转折、大突破、大跨越，体育事业进入一个全面发展的新阶段。

（一）强化争先意识，在竞技体育上找突破

竞技体育是衡量一个地区体育发展水平的重要标志。长期以来，由于经济实力不强、专业人才不足、项目起点不高，宁夏竞技体育在全国始终处于"说不起话、抬不起头、挺不起腰"的尴尬局面。为了改变这种状

况，宁夏以备战奥运会、全运会为动力，确定硬指标、硬任务、硬要求，思想一盘棋、保障一条龙，直面挑战、严格管理，突出高强度、高对抗的技战术特点，有针对性地抓好武术、射击、自行车、摔跤、跆拳道等重点项目、重点队员的训练和比赛。

辛勤耕耘初见成效。北京奥运会上，宁夏在自行车、水球两个项目上有运动员代表国家参加比赛，打破了连续 4 届 16 年没有运动员参加奥运会的纪录。借此东风，宁夏选手再接再厉，勇夺第 11 届全运会首金，改写了自 1987 年第六届全运会以来，连续 4 届 22 年与金牌无缘的历史。目前，宁夏体育健儿正全力以赴备战，力争实现全运会"奖牌和团体总分超历届"、"成绩和体育道德双丰收"的目标。

（二）强化民生意识，在群众体育上出实招

体育运动走近寻常百姓、全民共享体育发展成果是体育工作的重中之重。宁夏通过实施体育"民生工程"，动真情、出实招，突出重点、突破难点，自觉为群众提供与经济、社会发展水平相适应的体育服务，促进城乡、区域之间体育工作均衡发展，形成了政府主导、全民参与、内容丰富、覆盖广泛的全民健身格局。一是增加活动密度。2008 年以来，每年向社会公开承诺举办 100 次以上大型群众体育活动，并在媒体上公布，确保"周周有活动、月月有赛事"，带动群众参加运动锻炼，体验健身快乐。二是创新工作载体。直接针对农民工、"上班族"等缺少基本条件或没有养成锻炼习惯的特定人群，创办了"进城务工人员体育节"、"的哥的姐体育节"、"护士体育节"、"百乡千村农民体育月"、体育"进农村、进厂矿、进社区、进学校、进工地"等活动，开通全国首家体育服务热线 110，实施体育场节假日"零门槛"免费开放计划、向清真寺赠送体育健身器材等，有效提高了群众参与的积极性。三是加强阵地建设。克服经费困难，坚持"整市推进"，筹集经费 2500 万元，在固原市 700 个行政村实施农民健身工程，为贫困山区农民群众长期参与体育锻炼创造了条件。四是创建少数民族传统体育训练基地。经过综合评估，对吴忠回民中学等

10 个单位命名挂牌，投入专项经费，挖掘整理并组织开展木球、方棋、踏脚、穆林扇等 11 个少数民族传统体育项目。

（三）强化品牌意识，在赛事体育上做文章

体育大赛对于提升体育地位、扩大地区影响具有非常重要的作用。为此，宁夏连续承办了一系列规模较大、品牌响亮的国际、国内体育赛事，搭建赛事平台，为经济建设和城市发展服务。1998 年以来连续举办 7 届国际摩托车旅游节，展现首府银川 50 里长街宽阔平直的八车道。开发利用"碧水蓝天"资源，利用艾伊河人工水系和"七十二连湖"景观，开展龙舟邀请赛、全国钓鱼大赛、中美滑水对抗赛、全国摩托艇锦标赛和国际风筝邀请赛。利用新建的大型体育场馆资源承办全运会篮球预赛、武术套路预赛、射击（手枪）预赛、摔跤预赛、全国少儿乒乓球、少儿游泳锦标赛等。打造运动休闲城市品牌，为加快城市化进程服务，银川"城市之间"代表队参加法国昂内维尔总决赛，力挫美国、俄罗斯等国高手，在全球 40 个参赛城市中总排名第一，向全国和世界展示了一张靓丽的"塞上江南"城市名片。

这些体育大赛内容精彩、群众喜爱，富于特色、影响广泛，吸引了数万人参观，丰富了群众的文化体育生活。高水平赛事也展示了宁夏的风采，极大地提高了宁夏的知名度和美誉度，让宁夏成为"适宜于常有赛事、适宜于健身运动、适宜于休闲娱乐"的体育乐园。

（四）强化经济意识，在创收增效上下功夫

体育产业是当今最具活力、最具发展潜力的行业之一，奥运效应和后奥运时代又带动了群众健身意识的不断增强。宁夏紧紧抓住这一机遇，完善思路，突破创新，加快体育产业发展步伐，在大型场馆经营、赛事活动承办等方面基本实现了"以体养体"的良性循环。一是发挥体育彩票龙头作用。全区体育彩票销售健康、持续、快速增长，2008 年销售总额 3.8 亿元，人均销量居西部 12 省市区第一，创造了宁夏体育彩票发行 7 年来

的最高纪录。2009 年面对全球金融危机逆势而上，截至 6 月底，全区销售体育彩票 2.02 亿元，比去年同期增长 11.7%。二是充分提升体育场馆功能。有宁夏"鸟巢"之称、建筑面积 4.2 万平米的宁夏亲水体育中心等大型综合体育场馆竣工使用，组建宁夏体育场馆协会，为开发运动项目、改善经营模式提供了新的平台。三是赛事商业运作初现活力。2009 年 8 月 1 日举办的中澳男篮对抗赛是宁夏承办的最高水平国际体育赛事，通过市场运作，4000 张门票 13 天销售一空，冠名、赞助、门票、广告收入达 430 万元，摆脱了以往完全依靠财政投入的状况，也为今后大型商业比赛的筹办及市场化运作提供了一个成功范例。四是筹建宁夏体育产业集团。针对体育旅游休闲、体育赛事表演等基本处于空白的市场现状，以及群众日益增长的体育消费潜力，筹建宁夏体育产业集团，进一步激活市场主体，促进群众体育、竞技体育与体育产业协调发展。

面对新时代新的发展机遇和挑战，宁夏体育人将全面贯彻党的十七大精神，学习和实践科学发展观，发扬"不到长城非好汉"的精神，创新思维、科学求实、负重拼搏、迎难而上，努力实现全区体育事业的跨越式发展，为全面建设小康社会、构建社会主义和谐社会贡献力量。

新疆体育辉煌 60 年

新疆维吾尔自治区体育局党委书记　李光明

1949 到 2009，历史的长镜头聚焦中华人民共和国，历经风风雨雨，共和国走过了不平凡的 60 年，60 年自强不息，60 年奋发图强，中国的声音响彻寰宇，中国人的身姿闪耀在世界体育舞台！

60 年来，得沐党恩，在自治区党委、自治区人民政府的坚强领导和亲切关怀下，在全疆各族人民的大力支持下，新疆体育事业不断开拓创新，体育事业发展的整体水平有了明显的突破和提高。全民健身事业惠及天山南北各族人民，人民群众的自我保健、健身意识得到加强；竞技体育事业不断取得新的辉煌，在国内、国际大赛上声名远播，得到了极大的荣誉；群众体育工作力度不断加大，农村体育、学校体育、社区体育建设充分保证各族群众享受到经济社会飞速发展带来的巨大成果。

一、少数民族传统体育不断进步

新疆地处中国西北部，是一个在地域特征、民族成分方面都具有鲜明特色的地区，占全国土地六分之一的广袤疆域上，地形地貌丰富，有奇有险，极富魅力。2005 年末，新疆总人口为 2010.35 万人。其中少数民族人口 1214.69 万人，占总人口的 60.42%。新疆现有 53 个民族，其中世居民族有汉族、维吾尔族、哈萨克族、回族、柯尔克孜族、蒙古族、塔吉克族、锡伯族、满族、乌孜别克族、俄罗斯族、达斡尔族、塔塔尔族 13 个民族。山川湖泊、沙漠绿洲养育了特点各异的多民族儿女，也孕育了丰富多彩的民族文化，少数民族传统体育就是这文化集群中耀眼的一朵奇葩。

1949 年以前，少数民族传统体育活动大多是民间的、自发的，没有举行过大型民族传统体育运动会，更没有统一的竞赛规则。1949 年以后，在各级党委政府的关怀、重视下，新疆的各项少数民族传统体育得到了长足的发展。

1953 年，维吾尔族运动员司地克，在西北区民族形式体育表演大会上，表演了"达瓦孜"，获得最精彩节目奖，被选进西北区代表队，参加全国比赛。在同年的全国比赛中，他的表演又轰动全国，获表演节目最高分。在此激励下，少数民族传统体育活动在新疆开始升温。

1955 年，随着摔跤、赛马、射箭、叼羊等传统体育活动普遍开展，各种形式的农牧民运动会和单项比赛也在新疆各地开始举行，参加业余训练和比赛的人越来越多，传统体育竞技水平大大提高。在之后的第一、二届全运会上，新疆运动员在摔跤、射箭、赛马、马球等项目上，共获得了 29 枚奖牌（包括表演项目）。

1978 年，党的十一届三中全会后，少数民族传统体育得到了迅速的发展。

1981 年 4 月，自治区体委、民委对新疆少数民族传统体育进行普查，至 1989 年底，挖掘整理少数民族传统体育项目 125 个。

1982 年，新疆参加了在内蒙古自治区呼和浩特举行的第二届少数民族体育运动会，在射箭邀请赛中获 11 金 5 银。

1985 年，为使民族传统体育项目得到进一步规范发展，自治区体委制定出一系列竞赛规则，使许多少数民族传统体育项目走上了正规的竞技赛场。同时，通过新疆少数民族传统体育运动会的举行，新疆少数民族传统体育得到了进一步的发展。同年 9 月，第一届新疆少数民族传统体育运动会在乌鲁木齐市举行，来自全疆 14 个地州市的 553 名运动员，参加了 5 个竞赛项目和 10 个表演项目的比赛。

1989 年 9 月，第二届新疆少数民族传统体育运动会在阿图什市举行，来自全疆 15 个地州市的 486 名运动员，参加了 6 个竞赛项目和 5 个表演项目的比赛。

从此，四年一届的新疆少数民族传统体育运动会作为新疆的一个固定大赛开展起来。现在，新疆少数民族传统体育运动会已举行了九届。新疆少数民族传统体育运动会的举行，极大地促进了各地州少数民族传统体育活动开展的深度和广度。

二、群众体育蓬勃发展

群众体育是我国经济社会发展进步、人民群众生活质量显著提高的明证。

（一）学校体育

由于新疆地处西北边陲，1949 年以前，交通闭塞，文化教育十分落后。1950 年，毛泽东提出"健康第一，学习第二"，学校体育教育得到重视和发展。

1951 年，新疆省教育厅对中、小学体育卫生工作提出着重以行政区为单位，组织学校卫生保健指导委员会，负责指导各级学校卫生、保健和体育工作。

1952 年，新疆省教育厅为改变中学体育课无教材、无计划、无要求的状况，结合新疆实际，制定并颁布《中学体育课暂行教学大纲》，中学体育教学指导思想得以确定。

1954 年，国家教育部颁发《中、小学体育工作暂行规定》，新疆各地学校体育教研室（组）相继建立，研究教材、教法等教研活动也开展起来。同时，在小学推行少年广播体操，仅乌鲁木齐市就有94.3%的学生参加。当年5月4日，中央人民政府体育运动委员会公布"准备劳动与卫国"体育制度（简称"劳卫制"）。

1956年，实行"劳卫制"体育锻炼计划任务分配制。据1959年的不完全统计，全疆参加"劳卫制"锻炼人数不下40万人，及格人数达30120人。这时期，各级各类学校都广泛开展了田径、篮球、排球、乒乓球、羽毛球等活动，涌现了一大批优秀选手，其中有很多的选手被选进了新疆各专业运动队。

1964年，为解决少数民族中学体育教材不足问题，编写了维吾尔文中学体育教学大纲和教材。

1972年7月，新疆少年田径运动会在乌鲁木齐市举行，全疆各地、州、市的几百名少年运动员参加了比赛。同时，还举行了新疆少年游泳选拔赛，有来自乌鲁木齐、和田、伊犁、喀什等地的少年游泳选手参赛。全疆各中、小学都举办了运动会，建立了运动队和体育锻炼小组，开展了"三大球"（篮球、排球、足球）和"三小球"（乒乓球、羽毛球、网球）活动。体育课、课外活动、课间操的质量有了显著的提高。同年，在全疆开始试行《青少年体育锻炼标准条例》（以下简称《锻炼标准》）。全疆有61所学校试行《锻炼标准》。

中共十一届三中全会后，国家教育部、国家体委联合颁布《中、小学体育工作暂行规定》和《高等学校体育工作暂行规定》。全疆对有条件的学校实行男、女分班，按体能分组教学，体育课教学日趋规范化、系统化、科学化。

1983年，自治区党委第一书记王恩茂提出，体育人才要从小培养，从小加强体育教育，从小注意选拔，从千万个人中去发现、培养，新疆除了搞好学校体育外，还要办好体育学校，努力提高运动技术水平，这样就可以更好地带动群众体育的发展。根据这一指示，全疆大多数中、小学根据不同条件，建立了各种项目的体育锻炼小组。有条件的地、州、市属中、小学开办了业余体育训练班和体育专业班，逐渐形成了许多地区、许多学校都有自己的体育传统项目。全疆各级各类学校在广泛开展"两课、两操、两活动"的同时，还规定"身体不好，不讲卫生，不能评三好学生"。同年，全疆各类学校的"达标"人数比 1982 年增长了一倍。

1988 年，新疆体育研究会成立。

1988 年 11 月至 1989 年 4 月，全疆首次开展中学体育课的理论知识评选活动，这种教学活动克服了单纯实践教学带有的盲目性，提高了体育教师的评论水平，使体育教学走向了更高层次，更具科学性。

1989 年，自治区教委开始执行国家教委的规定：体育不合格的学生不得报考高等学校。

1990 年，国家体委下发《学校体育工作条例》。自治区体委根据《学校体育工作条例》，制定了《加强学校体育工作的意见》，要求各地从教育经费中抽出 1% 做为专项体育经费，并按"分级办学、分级管理"的原则，把中、小学体育器材纳入教学仪器供应计划。

（二）职工体育

1949 年以前，新疆职工体育活动落后，1949 年以后，新疆职工体育活动发展得很快。1950 年"五四"青年节，新疆首次举行了篮球、排球比赛，其中工矿等各企业也组织球队参加比赛。1952 年 8 月，新疆开始在各工厂、机关、学校推行广播体操。

1955 年 1 月 8 日，中华全国总工会颁布《关于开展职工体育运动暂行办法纲要》。4 月，乌鲁木齐市举行了首届职工运动会。

1956 年为促进职工体育运动迅速开展，全疆建立起自治区级体育协会和筹备机构 6 个（市级 1 个），基层体育协会 203 个，其中包括厂矿、企业、机关建立起来的各级职工体育协会，共有会员 28078 人。乌鲁木齐市建立"劳卫制"检测站 11 个，全疆参加"劳卫制"锻炼的基层单位发展到 141 个，人数达 16760 人。

1965 年，自治区体委、教育厅联合通知，要求在全疆开展游泳、射击、通讯、登山 4 项活动。在厂矿、机关还要开展广播体操、太极拳、长跑、滑冰、滑雪、足球等活动。乌鲁木齐市举行了有数千人参加的攀登西山活动。乌苏拖拉机厂 90% 的职工参加了自己喜爱的体育项目。阿瓦提县千余名各族群众横渡千米宽的东湖。兵团举行了运动会和民兵比武活动。1977 年，据不完全统计，全疆拥有各类职工业余体育代表队 952 个，参加人数共 13144 人。

1978 年，全疆的职工体育领导机构已发展到 230 个，配备专职、兼职干部 202 人。

80 年代，全疆的职工体育活动更加活跃，人数日渐增多。各级工会和行业体协、体育单项协会，组织举办了各种各样的赛事。

1989 年 1 月，新疆体育职工体协召开理事（扩大）会议，要求基层单位更主动、更广泛地支持和动员各族职工参加体育锻炼。会后，职工体育活动更加活跃起来。

1987—1990 年，全疆常年坚持各种体育活动的人有 420 万，约占全疆总人口的 35% 。

（三）农牧区体育

新疆的农牧区体育历史悠久，内容丰富。随着社会变迁和发展，农牧区体育活动不断演变、发展，流传至今。

1949 年以后，人民当家作主。随着人民物质生活的不断改善，广大农村、牧区在喜庆节日、假期和工余时间，常常举行各种形式的体育活动。项目有传统的民族体育，也有新兴的体操、田径、球类等活动。

1960 年，体育活动已成为广大农村、牧区日常生活中不可缺少的重要组成部分，到处可见参加体育锻炼的人群，特别是冬季迎春长跑活动，全疆就有 30 余万人参加。6 月 16 日，新疆赛马运动大会在昭苏县举行，来自昭苏、特克斯、新源、巩留县和察布查尔锡伯自治县的运动员参加比赛。运动员司兰波以 14′33″7 的成绩，打破男子 10000 米全国纪录。

随着农牧区体育活动的广泛普及，进一步促进了新疆竞技体育的发展。许多来自农牧区的优秀运动员，在全国大型体育比赛中创造出了好成绩。如摔跤运动员赛力克·霍加拜生、阿合买提·哈力、也买西等。

1972 年，自治区体委要求各地遵照毛泽东"凡能做到的，都要提倡。做体操，打球类，跑跑步，爬山，游泳，打太极拳及各种各色的体育活动"的指示，结合爱国卫生运动，结合战备，因时因地、因人制宜，坚持业余、自愿、小型、多样的原则，贯彻自力更生，勤俭节约的原则，以民兵和青少年为骨干，积极开展农村体育活动。

1973 年，自治区体委在《关于发展体育事业（1975—1985 年）规划》（草案）中又提出"农牧民体育活动和发展要和农牧区经济发展水平相适应，要立足基层，面向广大农牧民，增强人民体质，为提高生产率服务。根据农村、牧区的特点，农忙时少搞，农闲适当搞，以劳动作业组、民兵班、排或生产队为单位，利用工间、工前、工后，开展群众喜爱、简便易行的体育活动"。

1978 年，中共十一届三中全会以后，随着正确路线、方针、政策的贯彻执行和全党工作着重点的转移，体育战线出现了新的面貌，农牧区体育得到了迅速的发展，富有民族特色的传统体育活动更广泛地开展起来。自治区体委委托中国唱片厂灌制了维吾尔语广播体操音乐唱片 5 万张，下发农村、牧区，受到了广大农牧民的欢迎。

1980 年，自治区体委提出"进一步加强农牧区群众体育工作，农牧区要积极开展各族人民喜爱的摔跤、赛马、射击、拔河等活动"。开展活动"应从本地区特点出发，直接抓好一两个单位的先进典型"。

1984 年，由于加强了体育工作的领导，农牧区体育活动向新的广度和深度发展。体育活动丰富多彩。

群众自办体育的事例越来越多。乌恰县个人集资举办了 30 多次牧民赛马会。哈巴河县老牧民卡帕尔自己拿出 2500 元举办赛马会，有 44 名运动员参加。麦盖提县阿孜奎人民公社全年举行的 21 次比赛中，个人出资举办的占了半数。

1985 年农牧区体育继续发展，全疆 45 个区、县农牧区，举办各种运动会 1070 次，其中乡级 948 次，参赛人数多达 20 万人次。1984—1985年，喀什地区县、乡镇文化站、村文化室、专业户、个体户，共举办各种农牧民体育比赛 3716 次，参赛人数达 30 万人次。即使在偏远的若羌县、墨玉县玻恰克奇乡、阿瓦担县别喀野犁克乡、伊吾县愉群翁回族乡、沙湾县西戈壁乡等都先后举办了农牧民喜爱的民族传统体育活动，参赛人数之多为历年少有。

1987 年 4 月，为加强对农牧区体育的领导，新疆农牧民体育协会正式成立，农牧区范围所包括的 86 个县市，建立健全了乡镇体育机构的已占 1/3。

1988 年，全疆农牧民体育活动方兴未艾。5 月，自治区体委、民委联合举办了首届新疆农牧民运动会。全疆 14 个地、州、市的 369 名运动员参加比赛。

体育先进县：

1985 年 10 月 15 日，国家体委发出关于《全国体育先进县标准细则》（试行）的通知，自治区体委于 1986 年 2 月 15 日结合新疆实际情况制定颁发了《自治区体育先进县标准细则》（试行）。

1986 年，全疆已有 50 多个县（市）举办了全县农牧民或少数民族传统体育运动会。有的县参加体育活动人数占至全县总人口的 57%。经过批准，巴楚、温宿、疏勒、焉耆、霍城、温泉 6 个县成为自治区第一批体育先进县。

1987 年，国家体委决定，批准巴楚、霍城、温泉 3 县为全国体育先进县称号。

1990 年，伽师县被批准为全国体育先进县，新源、福海两县进入自治区体育先进县行列。

（四）伤残人体育

1949 年以后，各级人民政府非常重视伤残人的健康问题。50 年代，荣军休养站、社会福利生产单位就组织伤残人员参加田径、球类、棋类、拔河、游泳等力所能及的体育锻炼。

1980 年 9 月，举办了乌鲁木齐第一届盲聋哑人体育运动会。维吾尔、哈萨克、回、朝鲜、壮、汉 6 个民族的 166 名男、女运动员，参加了田径、篮球、拔河、中国象棋等项目比赛。

1981 年是"国际残疾人年"，3 月，乌鲁木齐伤残人体育协会成立。

近年来，随着体育事业的不断发展，新疆残疾人体育运动水平也有了很大的进步，在 2004 年雅典残奥会上，新疆运动员王燕红获得女子射箭金牌，2008 年北京残奥会上，新疆运动员素青萍获得一枚奥运金牌。

其他体育：

为了吸引更多的人参加体育锻炼，70—80 年代，新疆各地广泛地开展了钓鱼、轮滑、棋类、桥牌、信鸽、游泳、羽毛球、健美等项运动，满足了广大人民群众对体育文化的需要，丰富了人们的精神文化生活，同时使人们的体质有了很大的提高。

改革开放以后，新疆群众体育事业不断跨上新的阶段，人们在物质生活不断丰富的条件下，个人健康意识也不断提高。为了进一步推动群众体育活动的发展，近年来，自治区体育局在全疆开展和举办了一系列影响大、各族群众喜闻乐见并深受欢迎的活动，如"体育三下乡"、"体育进社区"、"全民健身体育节"、"大众体育运动会"、"体育大会"、"少数民族传统体育运动会"、"公仆杯乒乓球比赛"、"登山徒步户外运动"等内容丰富的全民健身活动。不论城市社区、田间地头，全民健身现在已经成为天山南北各族群众体育生活当中一道亮丽的风景线。体育健身已经成为普遍的社会观念，体育生活成为人们重要的生活内容和生活方式，"每天锻炼一小时，健康工作五十年，幸福生活一辈子"成为社会时尚，体育健身也成为人们提高生活品质和健康水平的重要手段。全区经常参加体育活动锻炼的人数不断增多，已经达到全区总人口的 37%，各地荣获全国体育先进县、先进乡镇、先进社区的数量逐年增加，自治区体育局也连续多年被国家体育总局评为全国全民健身活动优秀组织单位。

三、竞技体育成效显著

体育水平是一个国家、地区综合实力的重要反映和社会文明程度的集中体现，虽然体育水平是一个综合概念，但竞技体育水平就是这一水平的直接和重要体现，因为只有在竞技场上夺得的金牌才能够证明你的实力和水平。新疆的竞技体育事业在 1949 年新中国成立以后，逐渐发展壮大，随着新疆政治经济社会的不断进步，在不同的历史阶段，也创造了辉煌成就，写下不朽的篇章。

（一）田径、体操运动

50 年代初，新疆田径运动的开展仍然是以群众性的体育活动为主要形式。

1953 年 7 月 10—16 日，第一届新疆省人民体育运动大会在迪化市（现乌鲁木齐市）召开。10 月，西北区田径队参加了全国田径、体操、自行车运动大会。新疆运动员李斌正在手榴弹投掷比赛中，以 68.14 米的成绩，打破 67.27 米的全国纪录，并获 1 枚银牌。这是新疆运动员首次在全国大赛上打破全国纪录并获奖牌。

1959 年，新疆田径队正式成立，当年 9 月，新疆就有 47 名运动员（男 30，女 17）参加了第一届全国运动会。由于训练时间短，水平低，没有取得名次。1976 年，在全国女子田径运动会上，按规程规定不计名次。新疆运动员池建英以 14.96 米的成绩排在女子铅球第一名。戴建华以 13″8 和 27″6 的成绩，分列 100 米栏和 200 米栏第一名。同年，戴建华在"北京地区第五次田径测验比赛"中，以 13″7 创 100 米栏全国纪录。

1978 年，在全国田径运动会上，戴建华又夺 100 米栏冠军。12 月戴建华获第八届亚运会 100 米栏冠军。被誉为"亚洲女飞人"，成为中国获

100 米栏奖项的第一人。

足球和体操是新疆最早开展的现代体育运动。

1959 年初，为迎接第一届全运会，新疆体操队正式成立。9 月，新疆体操队的 16 名运动员参加了第一届全运会。

1972 年，在全国体操比赛中，新疆运动员刘民海获少年男子跳马冠军，这是新疆的第一个体操冠军。

为推动体操运动的发展，培养后备人才，自治区体委每年组织举行一次全疆业余体操比赛。在此基础上，新疆体操运动的业余训练蓬勃开展起来。

1974 年，新疆体操队的维吾尔族女运动员帕提古丽·艾山，在全国体操个人赛中，一举夺得女子乙组跳马冠军，全能、自由体操亚军，高低杠第三名。她是中国第一个在女子体操跳马项目上做团身"冢原"空翻动作的运动员。

1985 年，在全国体操个人冠军赛上，新疆运动员马文华在男子跳马项目中完成的"前手翻转体 360°接前空翻"动作，被评为一级创新奖。

（二）球类运动

1. 篮球

1949 年以后，新疆篮球运动也和其他运动项目一样获得了新的生机。

50 年代，篮球活动就受到了广大群众喜爱，在全疆各地开展十分活跃。

1958 年 6 月 2 日，为迎接第一届全运会，新疆男、女篮球专业队成立，同年 11 月，乌鲁木齐市也成立了男、女篮球专业队。次年，喀什地区、自治区地质局、军区生产建设兵团及兵团农六师等也相继成立了篮球专业队。这在新疆篮球运动史上，是专业篮球队最多的时期。

新疆男、女篮球队建队后，赴上海等地训练、比赛，技战术水平和身体素质都有很大提高，并逐步确立了"快、狠、猛、准"，"以小打大"的打法和风格。

1963 年，在全国篮球联赛分区赛中，新疆女篮获得第二名，闯入决赛。9 月，全国篮球联赛决赛在北京市举行，女篮以 6 胜 2 负的成绩获冠军，赢得了新疆史上的第一个全国冠军。国家体委主任贺龙、北京市市长彭真在北京市中苏友谊展览馆宴会厅，亲切接见了新疆女篮全体人员。陈毅副总理也在北京饭店接见了她们。自治区人民政府为新疆女篮记集体一等功。新疆女篮建队短短五年，从一支队员身材比较差、技术水平较低的队，一跃夺得全国冠军，在新疆引起轰动，在全国体育界也产生了很大反响。

1999 年，新疆体育局与广汇集团合作，走市场化运作道路，成立新疆广汇男子篮球俱乐部。经过十年的顽强拼搏和努力奋斗，2008—2009 赛季，新疆广汇男篮夺得全国男子篮球甲 A 联赛亚军。

2. 排球

50 年代初期，排球运动在机关、部队、学校、厂矿及农牧区迅速普及开来。成为新疆各族群众喜爱的体育项目之一。

1951 年，迪化市（现在的乌鲁木齐市）经选拔组织代表队参加了西北区篮球、排球比赛大会。男排获冠军，女排获亚军。同年参加了全国篮、排球比赛大会。赛力木江当选为全国排球选手。

1958 年 6 月 2 日，新疆男、女排球专业队正式成立。

1973 年，新疆女排获得全国排球联赛第十一名，取得了新疆排球史上的最好成绩。男排列第二十六名。

3. 足球

1949 年，迪化市民教馆和迪化市政府，先后举办了较大规模的"峙岳杯"足球赛等赛事。

50 年代初期，足球运动是以群众组织活动为主。1951 年，迪化市举办了首届足球赛，通过比赛选拔优秀选手，并组队前往陕西省西安市参加西北区足球比赛大会，获冠军，并有 6 人入选西北足球队。

1958 年，新疆足球队成立。

1982 年初，哈密成立新疆第一支女子足球队。1983 年 7 月，哈密女子足球队第一次代表新疆参加了全国女子足球邀请赛。

1986 年，新疆女子足球队正式成立。

2005 年，新疆男子足球队 46 年来首次进入全运会决赛。

4. 乒乓球

1949 年以后，新疆的乒乓球运动日益普及。

1980 年，女队被国家体委确定为重点队。1981 年，新疆运动员俞丽莉、高虹娟在全国乒乓球锦标赛中，取得双打第 6 名，跻身全国 6 强行列。

（三）重竞技运动

1. 摔跤

1949 年以前，新疆摔跤活动仅限于自发流行民间，多在"古尔邦节"、"肉孜节"等节日及在婚礼、割礼时举行，亦常在农闲时以及巴扎等场合举行，以之助兴。没有任何摔跤组织，也没有正式成为竞技体育项目。

1949 年以后，在各级政府的关怀下，摔跤运动得以迅速发展。50 年代以后，在各地陆续组织业余摔跤训练，并逐渐开展正式比赛活动。

1958 年初，为迎接第一届全运会，自治区体委先后调入金寿、李瑞璞 2 名教练，开始筹备组建新疆摔跤队。7—8 月，新疆摔跤队集训队正式成立。

1959 年 4 月，哈萨克族摔跤运动员赛力克·霍加拜生在全国古典式、自由式摔跤锦标赛中，获自由式重量级冠军，成为新疆历史上第一个全国冠军。9 月，在第一届全运会中，新疆摔跤队共有 19 名运动员进入前 8 名（包括表演项目古典式摔跤和自由式摔跤）。

1979 年，新疆摔跤队有 30 名运动员闯入第四届全运会的决赛。共获 6 金 6 银 1 铜，这是新疆摔跤队在全运会比赛中获得成绩最好的一次。

1981—1985 年，新疆摔跤队连续 4 次荣获国家体委授予的"体育运动三级奖章"。1982 年，新疆摔跤队的拉孜·买买提被评为新疆第一个国家级教练。

截至 1990 年，新疆各地区都有业余摔跤队，巴楚县被确定为摔跤重点县。

2. 举重

1949 年以后，举重运动在新疆逐渐开展起来。

1959 年 3 月，为迎接第一届全运会，新疆举重队正式成立。

1965 年，新疆运动员钱玉凯以 455 公斤的总成绩获轻重量级冠军，并打破全国纪录。

1974 年，新疆运动员钱玉凯在第七届亚运会上，夺得 1 金 2 银，并打破两项亚运会纪录。

（四）冰上、雪上运动

1. 速滑

1949 年以后，滑冰运动在新疆各地学校广泛开展起来。

1958 年 10 月，为参加第一届全国冬季运动会，建立了新疆速滑队。

1959 年，新疆速滑队参加了第一届全国冬季运动会。

1976 年，在第三届全运会上的速滑比赛中，新疆运动员于学斌以 1′27″2 的成绩获短距离 1000 米冠军，这是新疆第一个速滑全国冠军，他一人包揽了新疆代表团的所有奖牌。

1984 年，为落实国家体委"两翼齐飞"战略部署，经有关部门批准，乌鲁木齐市、昌吉州、哈密地区、阿勒泰地区先后成立速滑专业队。

1986—1990 年，新疆速滑队进入了一个新的发展时期，运动成绩不断达到新的高峰，涌现出了刘龚飞、敬永平、戴军、付勇、赵志华、黄洁等一批优秀运动员，他们在国内的正式比赛中共获得 37 枚奖牌。在国际比赛中，4 人 11 次打破 5 项全国纪录。

2. 滑雪

2006 年 12 月 15 日下午，新疆维吾尔自治区博物馆、西北大学、阿勒泰市人民政府、中国滑雪协会四家单位在北京人民大会堂举行新闻发布会，发布会的主题是：中国新疆阿勒泰是人类滑雪最早起源地。近年来，随着新疆冬季旅游的开发，带动新疆冰雪运动快速发展，大批年轻运动员参与到冰雪运动项目中来，新疆各地州普遍开始重视速滑项目的发展，纷纷加大投入力度。

（五）射击、射箭运动

1. 射击

1958 年 8 月，新疆射击队成立。

2. 射箭

新疆射箭活动有着悠久的历史。1949 年以后，在各级人民政府的关怀下，锡伯族的射箭活动普遍开展起来，县、乡（镇）学校都有业余射箭队。

1972 年，自治区体委把射箭项目交给察布查尔锡伯族自治县体委承办。1975 年，为迎接第三届全运会，自治区体委给察布查尔锡伯族自治县业余射箭队划拨了部分训练经费、器材。1979 年，在第四届全运会射箭项目的决赛中，共夺得 12 个项目中的 7 枚金牌，2 枚银牌，1 枚铜牌，1 个第 5 名，2 个第六名。

新疆射箭队刷新了全部自治区纪录。因此，国家体委授予察布查尔锡伯族自治县业余射箭队以"勇攀高峰运动队"称号。

1980 年，新疆射箭队正式成立。1982 年，在全国比赛中，新疆射箭队共获 10 个冠军，3 个亚军，5 个季军。特别是在全国射箭锦标赛上，新疆运动员汝光、郭梅珍包揽了男、女所设单项的全部冠军。11 月，新疆运动员汝光、郭梅珍参加了第九届亚运会射箭比赛，与各自队友合作，获得男、女团体赛铜牌。汝光以 3702 环、316 环的成绩分别打破男子单轮团体和 70 米亚运会纪录；郭梅珍以 3731 环、293 环的成绩，分别打破女子单轮团体和 70 米亚运会纪录。

2005 年全国十运会上，新疆男子射箭队赢得团体金牌。

2008 年北京奥运会上，以新疆运动员薛海峰为核心的中国男子射箭队赢得团体铜牌，这是中国奥运历史上男子射箭项目取得的最好成绩。

（六）自行车、马术运动

1. 自行车

1955 年 7 月，乌鲁木齐市举办了新疆最早的自行车比赛。1984 年 5 月，新疆自行车队正式成立。1987 年，新疆自行车队有 6 名运动员闯入第六届全运会的决赛。新疆自行车队男队，获公路 100 公里计时赛团体赛亚军。

2. 马术

马术运动，是新疆各族民众喜爱的民族传统体育项目。1949 年以后，随着农牧业的不断发展和人民生活水平的逐步改善，马术运动得到了迅速的发展。1959 年，新疆马术队成立，8 月 27 日—9 月 10 日，第一届全运会的马术比赛上，哈萨克族女运动员加米拉获障碍赛马冠军，成为新疆历史上第一个全运会冠军。

1984 年 10 月，全国 10 单位马术锦标赛在乌鲁木齐市举行。为筹备这次比赛，自治区体委在乌鲁木齐市三屯碑修建了赛马场，这是新疆第一个较正规的赛马场。

1986 年，为迎接第六届全运会马术比赛，新疆马术队正式成立。

1993 年对新疆马术运动来说是一个应该被铭记的年份。在这一年举行的第七届全运会上，新疆马术队出人意料地一跃而起，史无前例地包揽了全运会马术项目的全部 4 枚金牌，在全国马术界刮起了一股强劲的黑马旋风。新疆马术从那时起成为全国人民眼中的骄傲。之后，新疆马术运动不断为新疆各族人民争得荣誉。

2005 年，在江苏省南京市举行的第十届全国运动会马术项目盛装舞步团体比赛中，新疆马术队获银牌；盛装舞步个人赛，刘丽娜以 133.23 分的总成绩夺得第三名，为十运会新疆代表团再添一枚铜牌。

2008 年北京奥运会，新疆马术运动员刘丽娜的参赛填补了我国未能全部参加 28 个大项的空白，成为这一项目中国奥运史上第一人。

马术是新疆体育的重点项目之一，新疆马术队在国内赛场上策马扬鞭屡屡摘金夺银，在国内各项比赛中都取得过好成绩，为新疆竞技体育的发展立下了汗马功劳。

（七）拳击运动

新疆拳击队 1994 年正式成立，通过十多年坚持不懈的努力，从无到有，从弱到强，逐步成长为一支技战术打法独特、作风顽强的优秀运动队。建队至今，新疆拳击队为中国拳击队培养和输送优秀运动员 15 名，国际运动健将 4 名，运动健将 12 名，先后在国际、国内各类比赛中获得金牌 60 多枚，是我区重点发展的竞技体育项目。近年来，新疆拳击队更是打出新疆、打出国门，优秀后备人才不断涌现。在 2008 年奥运会上，参赛的 6 名新疆运动员中，拳击项目就占 3 人，占全国这一项目参赛运动员的十分之三。新疆运动员哈那提赢得 69 公斤级奥运铜牌。

新疆拳击队培养的阿不都西库尔·米吉提、阿克热木·依沙克、阿不都热合曼、哈那提·斯拉木等运动员叱咤国内外拳坛，取得了令国内外同行瞩目的辉煌战绩。曾获得世界杯拳击比赛银牌和铜牌各一枚；亚洲拳击锦标赛金牌和铜牌各一枚；亚运会拳击比赛铜牌一枚；2006 年世界杯拳击比赛团体第五名；连续在第八届、第九届、第十届三届全国运动会上夺取金牌，成为我区在全国运动会上夺金三连冠的优秀运动队；新疆拳击队运动员哈那提·斯拉木、阿布都热合曼先后代表国家参加了第 27 届（悉尼）、第 28 届（雅典）奥运会，为祖国和新疆人民争得了荣誉，为国家拳击项目的发展做出了巨大的贡献，因而受到国家体育总局项目管理中心和新疆体育局的高度重视。新疆体育局把拳击项目列为我区竞技体育项目发展的重中之重。国家体育总局把新疆拳击队列为国家级重点人才培养基地，在新疆长年设立国家队地方组，设立教练员编制 2 人，队医和科研人员编制 2 人，国家队正式运动员编制 4 人，陪练运动员编制 5 人，在国家队中新疆队就占据 13 人，是各省在国家拳击队中占有的人数比例最大的一个省份。这些良好的政策保障和政策倾斜，对新疆拳击项目的发展起到了极大的促进作用。

（八）沙滩排球运动

沙排是由欧美国家传入中国的体育项目。1997年1月，新疆女子沙排队在冰天雪地的乌鲁木齐正式成立。4名队员都是从新疆室内女排挑选出来的。新疆室内女排教练张振希被任命为沙排主教练。几个月后，新疆女子沙排队出现在1997年的八运会上，以初生牛犊的勇气拿下了第8名，并因而声名远播。随后，在1998年的全国沙排锦标赛上，她们冲到了第二；1999年，她们已站在了全国冠军的领奖台上。2000年，在亚洲沙排锦标赛上，首次参赛的中国新疆女子沙排气势如虹，在人们惊诧的目光中将金牌收入囊中。这也是新疆女子沙滩排球队获得的第一个亚洲冠军。

近年来，新疆女子沙滩排球队在国际、国内大赛上顽强拼搏，不畏强手，不断创造佳绩：2002年、2003年全国沙滩排球锦标赛冠军；2005年全国第十届运动会第三名，2006年、2007年连续两年世界排名第二；2007年世界沙滩排球锦标赛亚军（该成绩为中国女子沙滩排球项目最好成绩，获得历史性突破）。女子沙滩排球队队员王洁与八一队田佳配对在2008年奥运会上获得了一枚宝贵的银牌。

2000年悉尼奥运会上中国女沙组合获得了第16名，2004年雅典奥运会为第9名，而在北京奥运会上，中国沙滩排球的女将们更是站在了领奖台上。

这些年来，新疆运动员在国际及洲际比赛中取得了获17枚金牌、11枚银牌、16枚铜牌、49项前8名的优异成绩，在全国正式比赛中，新疆运动员共获得87枚金牌、93枚银牌、88枚铜牌。在举世瞩目的第29届北京奥运会上，来自新疆5个民族的6名体育健儿和5名教练员，在中国体育代表团的统一带领下，在比赛中发扬艰苦奋斗、顽强拼搏、不惜一切拼到底的精神，在参赛的沙滩排球、射箭、马术、拳击4个项目上都取得了我国历史上最好成绩，夺得1枚银牌、2枚铜牌，实现了新疆运动员在奥运会上奖牌零的历史性突破，实现了前所未有的历史性跨越，新疆竞技体育从此迈上了一个崭新的历史高度，为新疆争得了荣誉，为国家做出了贡献。

为进一步提升新疆竞技体育的综合竞争实力，自治区体育局结合实际提出了"发挥优势，突出重点，立足全运，着眼奥运"竞技体育发展战略，积极加强科研、后勤保障，制定了一系列促进运动成绩提高的管理措施和办法，坚持"三从一大"的训练原则，教育各族运动员刻苦训练、顽强拼搏、为国争光，以"掉皮掉肉不掉队，流血流汗不流泪"的精神，为国家作出贡献，为新疆争光彩，使我区竞技体育在发展中不断进步，优势项目得到很大提高，重点项目达到国内和国际先进水平，潜优势项目也有了很大的进步，新疆竞技体育事业快速发展。2007 年底，根据国家体育总局的统计，新疆竞技体育综合名次位列全国第二十位，西北地区第二位，较 2006 年上升了 5 个位次，竞争实力得到了进一步增强和巩固。

四、体育基础设施不断加强

伴随着新疆体育中心的建成使用、三屯碑训练基地的大规模改造和建设，以及全区以健身路径为主的全民健身工程网络、全民健身路径城市中心广场精品工程和农民健身工程的广泛建立，产生了巨大的辐射带动作用。这些年来，随着环天山万里体育长廊工程的建设，全疆各地相继建成了一大批具有文化、体育、健身等综合功能的体育场馆设施，我区公共体育设施建设得到了极大的增强。截至 2008 年底，已经建设完成了全区所有地、州、市全民健身中心广场，完善全民健身广场 40 个，安装健身路径 180 条，价值 900 万元；为 400 个乡镇文体活动中心配置价值 800 万元的器材；行政村的农民健身工程也已经完成了 1728 个。

五、体育产业体系初步形成

（一）全疆综合性运动会、体育单项比赛

1. 全疆综合性运动会

1953 年 7 月 10—16 日，第一届新疆运动会在迪化市举行。运动会设田径、篮球、排球、足球、拔河、摔跤、体操 7 个比赛项目和达瓦孜、武术 2 个表演项目。来自阿克苏、莎车、和田、喀什、伊犁、塔城、阿山、焉耆、哈密、迪化、新疆石油公司、新疆军区 12 个代表队的 447 名运动员参加比赛，运动员由汉、维吾尔、哈萨克、蒙古、回、锡伯等 11 个民族组成。

1978 年 8 月 6—10 日，第二届新疆运动会在乌鲁木齐市举行。运动会设乒乓球、田径、篮球、排球、足球、射击、中国式摔跤、体操 7 个比赛项目，来自全疆各地的 3000 名运动员参加比赛。

2. 体育单项比赛

1949 年以后，为推动体育事业的发展，新疆的体育单项竞赛开始有组织、有计划地进行。除三年国民经济困难时期略有减少，"文化大革命"时期完全停止比赛外，其他时期均先后举行过乒乓球、田径、篮球、排球、足球、速滑、射击、中国式摔跤、国际式摔跤、自行车、武术、航模、棋类、马术、桥牌、射箭等项目的全疆比赛。特别是党的十一届三中全会后，比赛活动频繁，不仅参赛人数多，规模大，并逐步有领导、有计划地走向制度化。竞赛体制几经改革，各项规章制度日趋完善。

1974 年，自治区体委制定了《青少年儿童体育运动竞赛暂行制度》。

1976 年，体育竞赛制度又进行了改革。学生体育竞赛由教育部门主办，职工体育竞赛由工会主办。农牧民体育竞赛，一般在县城或县以下单位举行，由当地体委与有关部门联合主办，其他竞赛由当地体委主办。

1987 年，新疆实行体育竞赛招标。

（二）承办区域性、全国性单项比赛

1. 承办区域性体育单项比赛

1960 年，西北 5 省区篮球友谊赛在乌鲁木齐市举行，是新疆最早承办的区域性比赛。

2. 承办全国性体育单项比赛

1960 年 7 月，在新疆乌鲁木齐举行的全国排球乙级联赛，是新疆最早承办的全国性体育单项比赛。十一届三中全会后，随着新疆体育运动技术水平不断提高，承办全国性体育单项比赛也越来越多。

近年来，新疆体育竞赛市场初具规模，这些年来，连续承办了世界杯女子乒乓球比赛、亚洲青年男篮锦标赛、中国新疆国际拳击公开赛、全国田径大奖赛总决赛、中国足球乙级联赛、中国乒乓球超级联赛，连续十年举办中国男子篮球甲 A 联赛等。产生了很好的经济效益和社会效益，极大地丰富了边疆各族人民的精神文化生活。

（三）体育彩票事业

体育彩票在为国家各项公益事业做出重要贡献的同时，已经成为体育事业发展的强大经济支柱。体育彩票"取之于民，用之于民"，老百姓称赞这是"德政工程"、"民心工程"。近些年，体育彩票销售一年一个新台阶，一年一个新突破。随着销售规模的不断扩大，体育彩票公益金对新体育事业的保障和支撑作用越来越突出，有力促进了新疆体育事业的可持续发展。实现了从 2002 年年销售 5000 多万元到 2008 年年销售 7. 91 亿元的骄人成绩，累计销售 38. 44 亿元，筹集公益金 11. 1 亿元，为社会增加就业岗位近 4000 个，体育彩票在激烈的市场竞争中得到了长足的发展。

（四）体育用品博览会

1998 年，新疆举办了第一届体育用品博览会。

六、向建设体育大区迈进

胡锦涛总书记在"9·29"讲话中，从坚持社会主义先进文化前进方向、加强社会主义核心价值体系建设的高度阐述了体育发展的重要价值，充分肯定了体育在提高全社会文明素质、激发全民族文化创造力、提高国家文化软实力、丰富社会文化生活、改善群众精神风貌方面的重要作用；提出了促进中国从体育大国向体育强国迈进的奋斗目标。

面对这样的宏伟目标，新疆提出了加快新疆体育事业发展的五个转变：一是由传统民族体育大省区向体育人口大省区转变。就是要推动群众体育全民健身运动的深入发展，健全服务体系，扩大服务范围，不断增加体育人口，不断提高各族人民的健身水平。二是由体育自然资源大省区向体育优势资源大省区转变。就是要加快体育人才培养、开发和利用，不断提高运动技术水平，为国家和自治区培养出更多的优秀的体育专业人才。三是由体育设施短缺省区向体育设施完善省区转变。就是要加快体育设施建设，扩大覆盖面，满足人民群众不断增长的体育健身需求。四是由体育产业欠发达省区向体育产业较发达省区转变。就是要积极发展体育产业，拉动体育消费，培育体育市场，为体育事业发展增强后劲。五是由体育发展相对滞后省区向体育发展较快省区转变。就是要坚持体育与经济、社会协调可持续发展，和谐、科学发展，全面推动体育事业又好又快发展。加快新疆体育事业发展，实现五个转变，后来居上，就是要紧紧抓住国家实施体育强国发展战略的历史机遇，推动我区向体育大区、体育强区迈进，为国家的体育事业发展战略做出贡献。

新疆体育健儿在北京奥运会上的出色表现，极大地提升了我区体育的社会地位、社会形象，社会对体育事业的关注度空前地高涨，参与体育锻炼的各族群众不断增多，我区经济社会的快速发展，为大力发展体育事业提供了良好的条件。改革开放以来，特别是近几年来，我区的现代化建设取得了令人瞩目的成就，国民经济实力明显增强，社会稳定，人民生活水平显著提高，各项社会事业快速发展。体育健身消费需求越来越大，为我区体育事业的快速发展提供了非常好的条件和环境。

改革开放以来，特别是党的十六大以来，自治区体育局党组坚持以邓小平理论和"三个代表"重要思想为指导，认真贯彻落实科学发展观，以高度的政治责任感、强烈的使命感和事业心，改革创新、开拓进取，团结和带领全区体育工作者，坚定不移实施高起点、超常规、跨越式发展新疆体育事业战略，出色地完成了自治区党委、自治区人民政府和全疆各族人民赋予的各项工作任务，群众体育、竞技体育、体育产业和体育基础设施建设等工作都取得了优异成绩，呈现出年年都有新突破，年年都有新贡献，体育事业蓬勃发展的大好局面，实现了我区体育事业一年一个新台阶的发展目标。这个时期，是我区体育事业面貌变化最大、体育设施改善最显著、体育训练成绩提高最快，老百姓得到体育实惠最多的时期，体育事业获得了前所未有的历史性发展，其速度、质量和效益都是最好的，已经进入了又好又快发展的新阶段。

光辉的历程　辉煌的成就

——大连体育 60 年

大连市体育局局长　张运东

在举国上下深入开展学习实践科学发展观活动的热潮中，我们迎来了共和国 60 华诞。60 年沧桑，山河巨变，万象更新，伟大祖国把一个主权沦丧、民不聊生的旧中国建设成为扬眉吐气地屹立于世界民族之林的新中国。中国发生翻天覆地变化的 60 年，也是中国体育发生翻天覆地变化的 60 年。大连体育也由新中国成立之初的名不见经传发展成为蜚声国内外的体育名城。值此喜迎 60 年国庆之际，回顾大连体育的光辉历程，展示大连体育的辉煌成就，总结大连体育的基本经验，对于大连体育继往开来、谋求发展、开拓创新、再铸辉煌，具有十分重要的意义。

一、大连体育的光辉历程

"人们自己创造自己的历史，但他们并不是随心所欲地创造，并不是在他们选定的条件下创造，而是在直接碰到的、既定的、从过去承继下来的条件下创造。"大连地区有记载的人类活动历史已有千余年，千余年的社会发展为大连体育铸就了深厚的根基。大连地区出现具有现代意义的体

578

育活动当在清朝时期，1874 年，清政府将旅顺口作为北洋水师基地，聘请德、英籍教官任教，就此将西方具有现代意义的体育活动作为军事训练的辅助手段引入大连。1895 年，沙俄侵占大连，1905 年后，日本取代沙俄，对大连实行了长达 40 年的殖民统治，使大连体育的发展极其缓慢。1920 年，在"五四"运动影响下，爱国知识分子傅立鱼组建了大连中华青年会，通过组织开展现代体育活动，大力宣扬民族主义、爱国主义思想，激发大连人民不屈不挠、奋勇抗日、为中华民族争光的精神，使大连体育在帝国主义殖民统治的夹缝中得以生存和发展。1932 年，刘长春作为中国唯一的运动员代表参加了在美国洛杉矶举行的第十届奥运会，成为中国参加奥运会第一人，为大连体育史谱写了不朽篇章。

新中国成立以后，大连人民继承前辈胸怀祖国、奋力拼搏的爱国精神，在市委、市政府的领导下，充分利用大连得天独厚的地域优势和人才优势，全面建设大连新的体育，使大连体育发生了翻天覆地的变化。60 年来，大连体育的发展大致经历了 4 个阶段：

第一阶段：建立体育组织、普及群众体育阶段（1949 年 10 月至 1959 年 10 月）。这一阶段，主要是建立体育组织，开展群众性体育活动，在普及群众体育的基础上提高运动技术水平。先后建立了大连市体育运动委员会、体育总会、各项运动协会；市教育委员会体育卫生处、市工会体育部、团市委军事体育部及各产业系统基层体育协会等体育组织，为大连体育的发展提供了组织保证。1950 年，大连市在全国率先推行大众广播体操，这是新中国最早的广播体操。1951 年，大连第 1 中学、第 1 高中、师范学校 3 所中等学校模仿苏联"劳卫制"，推行"冬季体育锻炼标准"，成为全国第一批试行"体育锻炼标准"的学校。1954 年，大连开始在全市推行"劳卫制"，这项工作在全国一直处于领先地位。群众体育的普及，带动了竞技体育的提高。这一时期，大连涌现出名扬全国的大连造船厂足球队和刘玉英、石宝珠、王毅、郭鸿滨、王寿先、王政文、王礼宾、陈家亮、王克斌、孙福成、马绍华、丛安庆、孙连璋、丛者余、夏德君、商玉兰、叶青、赵家洪、顾仁贤、孙显墀等一大批优秀运动员。

　　第二阶段：大连体育曲折发展阶段（1959 年 10 月至 1966 年 5 月）。这一阶段，大连体育受到"左"的思想干扰和连续三年自然灾害的影响，呈现曲折发展的局面。1962 年前，大连体育发展缓慢。1962 年，市体委按照"以田径为基础、以足球为重点"的指导方针，对全市基层单位重点开展的体育项目进行全面整合、重新部署，将市区业余体校与基层运动队组成基础大、尖子尖的业余训练网，推动了大连体育的全面发展。这种通过组建训练网推进体育事业的举措，在全国属于首创。1964 年，国家体委确定大连为全国发展足球运动的 10 个重点地区之一。

　　第三阶段：大连体育遭受重挫阶段（1966 年 5 月至 1976 年 10 月）。正当大连体育乘着调整整顿的东风迅猛发展之时，"文化大革命"爆发，全市体育组织瘫痪，体育运动陷入无政府状态，体育事业受到重创。1972 年市体委重新组建后，围绕业余体育训练做了大量工作，为国家培养了一批田径、足球等项目的优秀运动员，在一定程度上挽回了"文化大革命"对大连体育的影响，并为"文化大革命"后大连体育的腾飞积蓄了条件。

　　第四阶段：大连体育腾飞发展阶段（党的十一届三中全会至今）。这一阶段，百业待举，百废待兴。大连体育沐浴着改革开放的春风，在探索中前进，在改革中发展，走出了一条具有大连特色的发展道路，实现了大连体育的跨越式发展。1979 年，按照普及与提高相结合，侧重抓提高的体育工作指导方针，一边调整、一边前进，把竞技体育作为重点，迅速实现了工作重点转移。1980 年，大连市把每年 6 月定为"足球月"，开展全民性足球活动，出现千队万人足球比赛的壮观景象。1984 年，又将每年 4 月定为"田径月"，开展全民性田径活动，每年有 150 万人参加田径活动。从 1980 年开始，按照国家体委"思想一盘棋、组织一条龙、训练一贯制"的要求，对优秀运动队、业余体校和学校运动队进行了调整，逐步建立健全按比例发展，层层衔接的训练网，完善了后备力量培训体系。1985 年，市委、市政府召开体育工作会议，贯彻中共中央《关于进一步发展体育运动的通知》精神，制定了《大连市体育事业"七五"发展规划（草案）》。1986 年，市人大通过了市体委《关于以足球、田径、游泳为重点的体育发展规划措施的报告》。进入90年代后，大连市按照国家体委关于体育改革的基本思路，努力实现由计划经济体制下单纯依赖国家和主要依靠行政手段办体育向与社会主义市场经济体制相适应的体育体制转变，逐步建立符合现代体育运动发展规律的国家调控、依托社会、自我发展的体育体制，形成国家与社会相结合、集中与分散相结合繁荣体育事业的新格局。1992年，大连创立了全国第一个足球特区，成立了中国第一个职业足球俱乐部，并建立了体操、网球、垒球、摩托车、女子自行车、徒步健身运动、体育记者、足球裁判等俱乐部，使大连体育改革迈上了新台阶。1995年，大连体育彩票管理中心成立，至2009年，共发行销售彩票33亿元，销售额位居全省第一，在全国也名列前茅。1997年，市人大通过了《关于进一步发展足球运动事业的决定》，这是建国以来中国第一个关于足球运动的法规性文件。1998年，为贯彻《全民健身计划纲要》，制定了《1998—2002年工作计划实施方案》。2000年，大连市体育产业发展协会成立，这是全国首家体育产业协会。该协会的成立在政府和企业、政府和社会之间架起一道沟通合作的桥梁，标志着体育产业步入全新的发展轨道。进入21世纪后，大连市围绕"十五"期间努力创建社会主义现代化文化体育名城的发展目标，全面贯彻实施《奥运争光计划纲要》和《全民健身计划纲要》，使大连体育出现跳跃式发展的大好局面。2003年，为更有成效地拓展"足球城"优势，制定了大连足球事业第三个十年（2003—2012年）可持续发展战略规划。2006年，市委、市政府《关于进一步加快体育事业发展的意见》出台。这是今后一个时期发展大连体育的纲领性文件，对大连体育的长远发展具有重要指导意义。2007年，市体育局全面贯彻落实市委、市政府《关于进一步加快体育事业发展的意见》，以"全民健身与奥运同行"为主题，全面推进体育事业发展。竞技体育突出人才意识，强化金牌战略；群众体育坚持以人为本，直接惠及人民群众；体育产业强调服务体育，为体育所用。为推动大连市青少年足球运动的开展，加强体育后备人才的培养，制定了竞赛体制、管理体制和运行机制改革的措施和政策。为实施以足球为龙头，带动其他项目共同发展的战略，制定了《关于加快推进大连市"青少年绿茵工程"的实施方案》，以足协为龙头，建立完善"绿茵工程"三级管理体系，以"校长杯"、校园足球赛为依托，建立完善三级竞赛体系，以组织"绿茵工程"系列训练营为抓手，建立完善三级训练体系，全面推进大连体育的发展。2008 年，市体育局命名大连市足球管理中心为大连市"百万青少年阳光体育运动基地"，通过命名推动青少年体育活动的开展。为实现体育产业新发展，全面启动市体育中心"一场、两馆、一基地"建设工作，市体育局制定了《大连市体育市场管理暂行办法》，以加强对体育市场的有效监管。2009 年，市体育局提出按照科学发展观的要求，坚持"一个重点、两条主线"，推动"三个协调发展"，破解"三大疑难问题"，做好"五项工作"的体育工作思路。市政府办公厅转发市体育局等部门《关于加快推进大连市"青少年绿茵工程"实施方案的通知》，为了推动全市认真贯彻实施"绿茵工程"，绿茵工程在全市中小学中普遍开展起来，而且在"市长杯"、"区长杯"、"校长杯"足球赛的启动仪式上，市体育局局长、主管副市长、市委书记亲自到场并为比赛开球。到目前为止，共举行了 4074 场比赛，有 163 所中小学，13588 名学生参赛。

　　经过 60 年的顽强拼搏，大连已经成为全国乃至世界的体育名城。"足球城"、"田径之乡"、"游泳之乡"、"世界徒步城市"等桂冠成为大连体育的光荣和骄傲。大连市现已拥有 6 所国家高水平体育后备人才训练基地，6 所辽宁省体育后备人才训练基地，3 所辽宁省体育后备人才输送基地，6 所市级体育后备人才训练基地，1 所国家级体育传统项目学校，15 所省级体育传统项目学校，126 所市级体育传统项目学校。体育已成为彰显大连精神风貌和地方综合实力的一个窗口，体育事业已经成为大连社会主义精神文明建设的一个重要组成部分。大连体育用自己的不懈努力，铸就了具有大连特色的体育精神，即艰苦创业的拼搏精神，全局观念的奉献精神，科技先导的创新精神，核心价值是为大连、为辽宁、为国家争光的爱国主义精神。拼搏、奉献、创新和"永不言败"的大连体育精神已成为社会主义精神文明建设的宝贵财富，在政治文明、物质文明、精神文明和社会主义经济发展中发挥了独特作用。

二、大连体育的辉煌成就

大连体育在 60 年的光辉历程中历练出的具有大连特色的体育精神，推动了大连体育的蓬勃发展，铸就了大连体育 60 年的辉煌。

（一）竞技体育走向世界

60 年来，大连竞技体育取得大面积丰收。有 102 名运动员和 14 名教练员参加了 7 届奥运会，共获得 3 枚金牌、8 枚银牌、8 枚铜牌和 1 个羽毛球双打表演赛冠军；涌现出 4 位奥运冠军，即："东方神鹿"王军霞，1996 年美国亚特兰大第二十六届奥运会获 5000 米金牌，实现了中国奥运会田径金牌零的突破；巾帼大力士丁美媛，2000 年悉尼第二十七届奥运会获 75 公斤以上级举重金牌，并打破 3 项世界纪录；杨昊、刘亚男，2004 年雅典第二十八届奥运会获女排金牌。大连籍运动员有 2500 余次在全国和世界大赛中获得前 8 名。其中获得 10 个残奥会冠军、43 个世界锦标赛冠军、64 个亚运会冠军、92 个亚锦赛冠军、127 个全运会冠军、179 个全国锦标赛冠军，21 人 69 次打破世界纪录，43 人 51 次获国家体育运动荣誉奖章。38 人被授予国际级运动健将，300 余人被授予国家级运动健将，65 人荣获"新中国体育开拓者"称号。大连运动员和大连体育代表团在历届全运会、城运会和省运会上都有不俗战绩，成为辽宁省代表团的半壁江山和城运会、省运会的排头兵。60 年来，大连的体育竞赛得到蓬勃发展，重要赛事接连不断。至 2009 年，共举办了 11 届市级综合性运动会、23 届大连国际马拉松赛，承办了第五届辽宁省运动会、第四届全国残疾人运动会、第二届全国大学生运动会、第五届全国城运会大连赛区、四国女排精英赛、首届国际足联 16 岁以下"柯达杯"世界足球锦标赛、中国羽毛球公开赛、中国乒乓球大奖赛、中国海帆船拉力赛、世界杯足球赛亚洲区决赛（A 组中国队主场）、路易威登·老爷车拉力赛中国之旅、世界女子沙滩排球公开赛、第十二届亚洲老将田径锦标赛暨中国第五届老将田径锦标赛等全国和国际性赛事 50 余项、300 余次。

1. 艰苦奋斗的拼搏精神，为大连体育争得累累硕果

新中国成立以后，大连有了自己的体育天地，在中国共产党的领导下，在这片得天独厚的体育沃土上，书写着大连体育艰苦奋斗的拼搏精神。

从 50 年代起，大连运动员就开始在国内外各类比赛中屡屡夺冠、频频打破全国及世界纪录。其中，刘玉英以 13 秒 1 的成绩打破由焦玉莲保持 19 年之久的女子百米跑全国纪录，以 27 秒 1 的成绩打破李森保持 18 年之久的女子 200 米跑全国纪录。张希苓以 31 分 57 秒 9 的成绩写下了新中国万米跑纪录。刘殿武以 149 公斤的成绩打破重量级推举世界纪录，开创了大连运动员创造世界纪录的先河。姜秀芝是新中国体操运动员第一个全国跳马冠军。张福江是新中国第一个国际象棋冠军。郑仁强以 13.38 米的成绩创造了新中国铅球纪录。傅湘苓以 10 分 48 秒的成绩获女子自行车 5000 米冠军，创造了新中国自行车项目第一个全国纪录。石宝珠以 50.9 米的铁饼全国纪录，首次突破我国女子铁饼 50 米大关，在当年世界女子铁饼优秀成绩中名列第七，这是我国田径史上第一个达到世界 8 强先进水平的项目，她曾 17 次打破全国女子铁饼纪录，是我国田径史上打破全国纪录次数最多的选手。赵慧华 13 次打破跳伞全国纪录，3 次打破世界纪录。刘大义登上从未有人登上的被称为"冰山之父"的慕士塔格山，创造了中国登山纪录。叶新佑以 578 分的成绩获得全国首届无线电操纵（遥控）模型飞机比赛冠军。邹振先在田径亚锦赛上以 17 米 02 的成绩获三级跳远冠军，成为亚洲第 1 位闯过 17 米大关的人，被誉为"亚洲飞人"，被亚洲田联授予"最佳运动员奖"，是新中国获亚洲最佳运动员称号的第一人。他在 1981 年世界杯田径赛上创造的 17.34 米世界纪录至今未被打破。"神行太保"徐永久在世界杯竞走冠军赛上取得 10 公里竞走冠军，成为

中国第一位在世界大赛中取得竞走项目世界冠军的田径选手。王军霞、曲云霞、刘东在第四届世界田径锦标赛上获得 10000 米、3000 米、1500 米田径金牌，并打破世界纪录，刮起威震世界田坛的"中国旋风"，结束了世界最高级别田径大赛没有中国人登上金牌领奖台的历史。陈妍在第三届全国城运会上夺得 3 枚金牌、1 枚银牌，实现了大连人要在泳池夺金的多年愿望。于文娱、刘玲、丁美媛、高仕红获举重冠军，并先后 8 次破世界纪录。姜翠华在悉尼第二十七届奥运会上获女子自行车 500 米计时赛铜牌，实现了中国在奥运会上该项目奖牌零的突破，也是亚洲第一个登上该项目奥运领奖台的人。还有陈昌杰、李永波、冷春慧、王辉、高力、赵永胜、顾晓黎、黄梅双、邢淑文、赖亚文、王一梅、卢东华、王艳、于淑梅、张文秀、胡亚东、郭梅、金玲、李致新、毕忠、刘大平、周萍、姜波、董艳梅、王世杰、关英楠、田靓、王丹、高军、谷燕等世界冠军和世界纪录的创造者。他们用自己的智慧、气魄和力量弘扬了中华民族的体育精神，把在世界赛场上升国旗、奏国歌、夺金牌，当作自己最大的幸福。

足球运动是大连体育的品牌，在全国占有举足轻重的地位，被誉为"中国足球的摇篮"和"国家队的摇篮"。新中国成立后，大连足球运动得到长足发展。1951 年，旅大足球队获东北区职工体育大会足球赛冠军。其后以旅大工人足球队名义访问天津、北京，在与京津足球劲旅比赛中，6 战 5 胜 1 平，被称为"小东北风"。1952 年，大连足球队以 4∶0 的战绩大胜中央体训班足球队，名扬全国足坛。1954 年，大连造船厂足球队出访山东、上海、北京，获得 16 战 14 胜 2 平的优异成绩，在全国产生很大影响。1955 年，又代表全国第一机械体协参加全国第一届工人体育大会足球赛，以 5 战全胜的战绩夺冠。会后与中央体院队联合迎战来访的缅甸国家队和苏联泽尼特足球队，以 9∶1 大胜缅甸队，以 2∶2 与泽尼特队踢成平局，受到毛泽东、周恩来、朱德、邓小平、贺龙等党和国家领导人亲切接见。毛泽东主席与足球运动员大连造船厂工人李长平握手的照片刊登在全国各大报纸显著位置上，给全国足球界以极大的鼓舞。1956 年，大连市少年足球队获得全国少年足球锦标赛冠军。1959 年，大连化工厂足球队在全国足球乙级联赛中夺冠，打入全国甲级队行列。1964 年，大连市第 12 中学获全国中学生足球联赛冠军。大连足球运动的整体实力，在五六十年代一直位居全国先列。1964 年，大连市被确定为全国发展足球运动的 10 个重点地区之一，成为闻名全国的"足球城"。1974 年，大连第 21 中学足球队参加世界中学生足球赛，以 5 胜 1 平的战绩夺得冠军。1977 年，大连电机厂足球队参加首届全国 8 城市工人足球赛，以 4 胜 3 平积 15 分夺得冠军，成为名扬一时的大连工人足球劲旅。1979 年，大连市再次被列为全国 16 个开展足球运动的重点地区之一，进一步促进了大连足球运动的发展。在全国农民和青少年足球比赛中，大连前关村农民足球队，连获 1986、1987 年"储蓄杯"足球赛冠军。80 年代，大连市儿童、少年足球队，几乎连年囊括"希望杯"、"幼苗杯"、"萌芽杯"、"娃娃杯"足球赛冠军。

进入 90 年代后，足球改革推动了大连足球的快速发展。自 1992 年大连成立了中国第一个足球特区后，大连男子足球队在 1994—2005 年的全国足球甲 A、中超联赛中 8 次夺得冠军，并 2 次夺得中国足球协会杯赛冠军、3 次夺得中国足球"超霸杯"赛冠军、3 次夺得亚洲俱乐部杯赛亚军。2001 年，大连实德足球队获全国甲 A 联赛、足协杯赛、全国九运会赛冠军，成为中国足球赛事"三冠王"。2005 年，又夺得中超联赛、足协杯赛冠军，再次实现"双冠王"。大连女子足球队 1994 年获全国女足联赛、女足四强对抗赛冠军，1995 年获中国首届超霸杯赛冠军，2003 年获全国城运会女足赛冠军，2005 年获全国女足锦标赛冠军，2007 年获全国女足锦标赛、女足超霸杯赛冠军，2008 年获全国女足超霸杯赛、女超联赛冠军。

60 年来，大连入选国家队的足球运动员超过百人次，有 30 余人在中国足球的各级国家队中担任过教练员，大连为国家、各省、市及部队和产业体协输送了数以千计的足球运动员和教练员。2005 年，在德国世界青年锦标赛中获得佳绩的国青队中有 11 名大连籍运动员，占全队的 37%。在中超、中甲踢球的大连籍运动员近 200 余人，占 21%。执法全国足球中超、中甲、女超比赛的大连籍裁判员数量，在全国裁判协会会员中名列前茅。大连足球对中国足球事业做出巨大贡献有口皆碑。同时，国家也给予大连足球运动员崇高的荣誉，著名足球运动员赵世杰、迟尚斌、李应发当选为第四届、五届、八届全国人大代表，迟尚斌还荣获体育运动荣誉奖章。

2. 全局观念的奉献精神，为大连体育谱写了可歌可泣的园丁之歌

在大连这座群星璀璨的体育名城里，在人才辈出的光环下面，有一批批无私奉献、默默无闻的耕耘者。他们用自己的智慧和对祖国对体育事业挚爱的感情，励精图治，浇灌着一颗颗幼苗，培育着一个个体育名将，托起着一个个世界冠军。他们就是长年无怨无悔、无私奉献，默默奋战在第一线的体育教师和教练员。大连目前有专职教练员95名，其中国家级3名、高级21名、中级22名、初级23名、无职称26名。这些教练员培育出了王军霞、曲云霞、丁美媛、杨昊、刘亚男、邹振先、徐永久、姜翠华、陈妍、顾晓黎等无数蜚声世界体坛、称雄国内体坛的体育骄子，为祖国、为家乡争光夺彩。

世界著名田径教练马俊仁，在1986年任鞍山中学生田径教练时，率运动员在世界中学生田径运动会上夺得3000米越野赛的前三名，这是人们第一次在世界田径赛场上，看到三面五星红旗同时升起。1988年，马俊仁调入辽宁省体委，任女子中长跑教练，其弟子在世界田径赛场上不断摘金夺银，引起世人瞩目，人们开始将其所带的女子中长跑队称为"马家军"。1993年，"马家军"的威名达到高峰，在那一年里，"马家军"把中国、亚洲和世界纪录刷新66次，使中国女子中长跑运动走在世界前列。1994年，"马家军"培训中心、训练基地落户大连经济技术开发区。至1998年，在国际赛场上，"马家军"共获金牌50枚，有7人17次创4项世界纪录、8人19次创5项世界青年纪录、9人32次创6项亚洲纪录；在国内赛场上，"马家军"共获冠军52人次，16人65次创10项全国纪录。国家级教练毛德镇曾培育出孙日鹏、丁维峰、张福奎等优秀中长跑运

动员。1995 年他接任王军霞等女子中长跑运动员的教练工作，经他悉心调教，科学训练、严格管理，使王军霞等竞技水平逐渐得以恢复和提高。1996 年，王军霞在第二十六届奥运会上，获得 5000 米金牌和 10000 米银牌。金州区第 7 中学高级体育教师孙殿英是中国在世界田径大赛上第一块金牌获得者徐永久的启蒙教练。国家级教练李红心培养的姜翠华、王艳、于春光、倪凤涵、张娟等女子自行车运动员，数次在全国、世界自行车大赛上夺金摘银。国家级教练潘义鼎先后为省和国家选拔、培养、输送了 26 名优秀举重人才，其中有 11 人成为全国冠军、4 人成为亚洲冠军、3 人成为世界冠军。1997 年，经他培养训练过的女弟子于文娱、高仕红、刘玲、丁美媛在世界举坛上狂揽金牌，刮起了一股强劲的大连风。大连赛艇队高级教练张明先后向国家队输送了顾晓黎、韩晶、闫晓霞、黄梅双、王长平、孙晶、吕丽萍 7 名优秀运动员，向省队输送了 30 余名优秀运动员。顾晓黎、韩晶、闫晓霞、黄梅双多次在全运会和世界大赛中获得冠军。国家级教练周丽先后向国家队输送了 5 名队员，向省队输送了 11 名队员，有 5 人次获得世界冠军、10 人次获得世界杯系列赛冠军、11 人次获得全国冠军、60 余人次获得全国少儿冠军。世界冠军陈妍、卢东华、胡宁等都是她亲自选材、培养出来的。国家级教练陈淑芝培养的孙丹、翁陶获北京第 29 届奥运会女子艺术体操团体银牌。我国第一位足球女子教练刘英曾先后向国家、省、市、部队输送了 30 多名优秀足球运动员。还有中国女足大帅马元安、国家蹼泳队教练张远谋、国家游泳队主教练鲁永明、国家羽毛球队主教练李永波、国家射击队主教练孙盛伟、国家田径队教练梁松利、省足球队教练李应发、省帆板队主教练贾学武、省自行车队主教练李纯昌、大连万达队教练迟尚斌等几十年如一日，孜孜不倦地奋战在自己的岗位上，用心血和汗水培养出一批批优秀运动员，他们为中国的体育事业做出了巨大的贡献。他们以默默无闻、兢兢业业的态度和敬业精神诠释着无私奉献的大连体育精神，他们是真正的世界冠军，是祖国和人民永远不会忘记的无名英雄。

3. 科技先导的创新精神，为大连体育注入科技兴体的创新力

大连体育的发展除了教练员、运动员的无私奉献与奋发努力外，体育科研的推陈出新，为大连体育注入科技兴体的创新力。新中国成立以后，大连的体育科学研究长期在基层体育组织中结合实际工作进行，80 年代后，随着改革开放的深入发展，体育科研工作得到了较为迅速的发展。

1980 年，大连市成立了运动医学会。从 1982—1988 年，先后组织了 5 次学术年会，共宣读论文 182 篇，其中市级优秀论文 92 篇、省级优秀论文 4 篇。举办运动解剖、运动生理、医疗体育、气功等学习班 22 个，培养学员 1200 余人。举办学术报告会、讨论会 22 次，累计参加人数 2 万人次。1985—1987 年连续举办全国性运动医学学习班，各省市参加学习的共 140 人。学会理事程志儒、徐绍庭，会员刘发祥分别于 1986 年、1988 年赴日本讲学，学会先后接待日本、美国、苏联等 11 个国家和地区参观访问学者 1000 余人。学会还参加市"科技之光"等科技宣传活动 14 次，展出图版 200 张次，吸引观众近万人。

1986 年，大连理工大学建立了全国普通高校第 1 个体育科研所。该所下设运动生物力学、体育仪器器材、高校体育科学理论 3 个研究室，有专、兼职研究人员 40 余人。该所以学校体育部为基础，以多学科高科技为依托，实行体育科研与机械、电子、化工研究结合，专职研究人员与兼职研究人员结合，在应用研究与基础研究中取得一定成果。1982 年，大连理工大学成功地研制出"YDT—1 型和 11 型压电式拉力仪"，填补了我国压电式拉力仪的空白，为体育领域人体肢体环节动静态拉力测定提供了理想手段。1984 年，又成功研制"YDT—6461 型多分量压电晶体生物力学测力平台"，为我国运动生物力学提供了基本手段。1992 年，在市科委大力支持下，研制成功"XT—1 型遥控瞬时心率仪"等产品。由于上述体育仪器器材的广泛应用和开发，大连理工大学走出一条教学与科研相结合、科工贸一体化的成功之路，开创了我国普通高校体育科研发展的先河。

1988 年，大连市体委成立体育科研所，研究所配有 YS123 乳酸分析

仪、722 分光度计等仪器及选材测试器材。研究人员结合训练工作实际，对市内 10 个训练单位、9 个层次年龄组、1021 名运动员的形态、机能、性征、素质等进行了 22 项、35 个指标的测定及数据的统计处理，并建立了上述运动员的科学技术档案。研究所把科技作为竞技体育水平向上突破的重要力量，以科技先导的手段进行科学选材、科学训练、科技保障。科学选材采取裁定式选材、训练式选材、跟踪式选材。科学训练是教练员先定方案，科研人员提供科学依据，二者结合成一套创新的训练模式，科技保障是为了加快提高竞技运动水平所做的科研保障工作。2003 年，市体育科研所承接了国家体育总局课题研究《中国人骨发育特征的研究》，这项研究成果获得了国家体育总局科教二等奖，并成为全国体育系统骨龄判定标准，已在全国推广使用。2004 年，市体育科研所与大连第 57 中学联合成立科技主导运动专项，针对中学生速成才运动训练实验的研究，取得突破。该校学生陈信龙通过这项训练后，在 2006 年省运会铁饼比赛中获得冠军，他的成绩达到了国家成人水平。2008 年，市体育科研所研究的课题《力竭运动对胫神经传导速度及皮肤交感反应变化的影响》在 2008 国际奥林匹克科教大会进行交流，这是体育科学最高级别的国际交流。

多年来，大连体育科研坚持以科研指导工作，为运动员的伤病防治、竞技水平提高做出了突出贡献；坚持以科研创新人才培育，培养出数名国家级、世界级竞技体育人才。大连体育科研的成果多次在国家、省、市和奥林匹克科教大会上交流，并多次获得国家、省、市级科技成果奖。

（二）群众体育誉满全国

60 年来，大连群众体育全面贯彻《全民健身计划纲要》，以全面协调、可持续的科学发展观为统领，以构建全民健身服务体系为目标，以提高全民体育意识和健身意识、满足不同人群的健身需求为出发点和落脚点，不断扩大群众体育覆盖面。职工体育、农民体育、学校体育、老年人体育、残疾人体育、民族体育百花齐放、百家争艳。全市经常参加体育活动人口达 302 万人，占全市人口的 50%。大连的群众体育在全国始终保持一流水平，曾多次获全国"田径之乡"荣誉称号，先后获得"全国群众体育先进市"、"全国全民健身先进市"、"全国实施国家体育锻炼标准先进市"、"全国推行广播体操先进市"、"全民健身周先进单位"、"全国全民健身与奥运同行活动优秀组织奖"、"全国试行推广四种健身气功工作先进单位"、"全国推广健身气功突出贡献奖"、"全国百城市健身气功交流展示活动最佳展示奖"等多项荣誉。大连 11 个区市县有 7 个全国群众体育先进县，甘井子区、金州区、瓦房店市获全国"田径之乡"光荣称号。沙河口区侯家沟街道、西岗区香炉礁街道被评为全国体育先进社区，中山区明泽街道体育活动受到胡锦涛同志的称赞。2001 年，大连市市民健身中心被评为国家级先进单位，有 5 个社会体育指导站被评为省先进指导站，1000 个家庭被命名为辽宁省体育家庭。截至 2009 年，全市拥有"全国亿万农民健身活动先进乡镇"15 个、"国家先进体育社区"9 个、"辽宁省千万农民健身活动先进乡镇"20 个。国家体育总局曾 2 次在大连召开全国群众体育工作现场会，推广"大连模式"。

1. 积极创造条件，为全民健身活动提供优良环境。

大连市各级政府和体育组织，把开展全民健身活动作为发展群众体育的基础，每年投入大量资金，兴建和完善各项体育设施。截至 2009 年，全市有市民健身中心 7 个、全民健身组织 3000 余个、体育场馆 2000 余个、健身路径 1 万余条、四种健身气功站点 50 个、社会体育指导站 2000 余个、三级以上社会体育指导员 1 万余名、国家级社区体育健身俱乐部 1 个、国家级青少年俱乐部 11 个、市级专项体育协会 40 个。全市为 2000 多个晨晚练点配备 2000 余台健身用录音机，为 11 个区市县购置了检测器材和国民体质监测专用车，形成了覆盖全市的国民体质监测网络。全市建有 1 个国民体质监测中心和 12 个国民体质监测站。自 2006 年起，市体育局实施体育进机关、企业、社区工程，每年投资建设 100 个体育健身活动室和百套千余件健身路径，以方便机关、企业、社区的人就地就近进行健身；实施"三边工程"（群众身边的场地、群众身边的组织、群众身边的活动）和"五个一百万"活动（百万职工、百万妇女、百万农民、百万老年人、百万青少年），有力地推动了全民健身活动的开展；启动"农民体育健身工程"，市县两级财政共投入1300万元，为农村乡镇修建302个农村标准篮球场，配备302副标准篮球架、604副乒乓球台。截至2008年，大连市提前完成"十一五"时期"农民体育健身工程"建设任务，使全市近三分之一行政村建有标准的公共体育场地。2007年，大连市开展以"体育下乡、服务农民"为主题的"体育三下乡"活动。即体育场地设施下乡、体育健身指导下乡、体育科普知识下乡，为农村贫困地区的中小学校和乡村捐赠万余件体育健身器材，帮助贫困地区开展体育工作。

2. 组织开展大型群众体育活动，努力营造群众体育的良好氛围

大连市政府和市体育局通过举办大型群众体育活动，做"品牌"、树"精品"，形成对群众体育活动的带动力、辐射力和影响力，借以推动群众体育活动上规模、上档次、上水平。全市组织的大型群众体育活动每年超过300项。自80年代以来，大连市先后举办了23届国际马拉松赛、7届国际徒步大会、6届登山大会、5届登楼梯大赛、7届国际冬泳节、2届国际沙滩文化节、12届国际钓鱼节、23届区市县领导干部运动会、7届市直机关体育运动会、11届万人太极拳展演、万人职工广播体操展演等大型群众体育活动。吸引了世界各国、国内各省、市和大连市各界群众的广泛参与，形成了浓烈的群众体育氛围。2006年，大连市成功当选中国大陆唯一的"国际徒步城市"。除大型群众体育活动外，大连市还不断提高足球赛的档次与规模，形成职工足球业余联赛、农民足球赛、广场足球赛、"六一"儿童足球赛、绿茵工程套赛、市长杯中小学生足球赛等系列大赛，仅五年时间，共有13000队次、16万人次参加全市各级各类足球赛，通过比赛推动了足球活动的普及。

3. 活跃各界群众体育活动，充分展示大连群众体育的魅力

职工体育气势恢宏。大连职工体育以组织健全、形式多样、长期坚持、企业联办等特点而著称。70年代，连续4年举办"新长征"接力赛，参加此项活动的职工最高达20万人。80年代，全市职工开展"冬季长跑"活动，坚持冬季长跑活动的职工达54万余人。在每年的夏季游泳、

秋季登山和各项球类、棋类、迪斯科舞等传统性、趣味性体育活动中，职工参与率达到全市职工总数的 40%。进入 90 年代后，企业联办体育比赛给职工体育注入新的活力。1994 年，全市职工 20 余项体育比赛全部实行联办，同时还承办了"长城杯"全国职工乒乓球比赛、"华龙杯"全国大企业篮球赛、全国职工健美操比赛、全国职工国标舞比赛、全国产业系统羽毛球比赛和全国第三届工人运动会田径比赛。大连职工体育既坚持普及性，又突出竞技性，许多企业建立了高水平体育运动队。以造船厂足球队为主力的大连工人足球队在 70 年代前一直位居全国先列。

农民体育丰富多彩。大连农民长年坚持冬季开展足球、长跑活动，夏季组织游泳，春秋季开展篮球、排球活动，使农民体育活动非常活跃。全市组成 3500 多个田径、足球、篮球、排球、乒乓球运动队，有 31 万农民经常参加体育活动。1986、1987 年，大连湾乡前关村农民足球队连获全国农民"储蓄杯"足球赛冠军。1990 年，甘井子区红旗镇成立了全国第一支农民专业田径队，并在辽宁省第二届农民运动会上夺得男女团体冠军。1998 年，大连市农民体育代表团在辽宁省第三届农民运动会上获 11 项冠军，金牌总数列全省第一，还获得体育道德风尚奖和最佳组织奖。

学校体育是一朵奇葩。1987 年，国家教委决定在全国高等学校试办高水平运动队，在首批 51 所重点院校中，东北财经大学、大连理工大学被列为重点单位。东北财经大学 4 次获得全国大学生足球锦标赛冠军，并获首届中国大学生足球联赛冠军。中小学课外体育活动及业余运动队训练、竞赛活动十分活跃。市体委以抓青少年重点培训、建重点项目学校为切入点，选定 200 所中小学，开展田径、足球、篮球、排球、乒乓球等重点体育项目，选定 126 所中小学为体育后备人才重点项目学校。有力地促进全市优秀青少年体育人才的培养。1980 年，按照足球、体操必须从小培养的规律，大连机车车辆厂幼儿园、李家街幼儿园等 8 所幼儿园被确定为开展足球活动重点幼儿园，另有 10 所幼儿园被确定为体操重点幼儿园。1986 年，中国第一所足球幼儿园——大连市李家街第一足球幼儿园成立。此后，各区又有一批足球幼儿园相继成立。

老年人体育小型多样。为吸引广大老年人参加体育活动，大连市每年都举办适合老年人参加的体育赛事，仅市级举办的竞赛就有门球赛、乒乓球赛、中国象棋赛、台球赛、健身操表演赛、柔力球表演赛等。另外，还有各行业协会举办的各种赛事。经常参加体育锻炼的老年人达 25 万人，占老年人口的 46.3%。大连老年人运动员在参加省内外各项比赛中屡创佳绩。晚晴艺术团参加辽宁省举办的健身操比赛，荣获一等奖，取得三连冠的好成绩。老年网球队获全国部分省市老年网球邀请赛团体第一名。老年人体育代表队在第十二届亚洲老将田径锦标赛暨中国第五届老将田径锦标赛上获得 48 枚奖牌，居各参赛队之首。

残疾人体育成绩斐然。大连市经常举办盲人门球、轮椅竞速、轮椅篮球、举重、乒乓球、坐式排球、羽毛球、象棋等活动，组织残疾人开展经常性的体育活动，推动残疾人体育的发展。宋美杰在第八届残奥会上获 2 枚银牌，李强、张海原、张立新、张丽君在第十一、十二、十三届残奥会上夺得 10 枚金牌。2002 年，在第三届全国特殊奥林匹克运动会中，大连市 15 名残疾人运动员共获 7 枚金牌、4 枚银牌、3 枚铜牌，所获奖牌数占全省 50%。

少数民族体育活泼多样。大连市有 35 个少数民族，其体育运动多为传统体育项目。1981 年举办了大连市首届朝鲜族运动会。1985 年举办了大连市首届少数民族运动会。大连市少数民族体育代表团在 1986 年辽宁省首届少数民族运动会上，获 2 枚金牌、3 枚银牌，在 1998 年辽宁省第四届少数民族运动会上获 2 枚金牌、2 枚银牌、5 枚铜牌；在 2002 年辽宁省第五届少数民族运动会上获 10 枚金牌、7 枚银牌，同时获体育道德风尚奖。

三、大连体育的基本经验

60 年的光辉历程，60 年的辉煌成就，积累了大连体育的宝贵经验，认真总结大连体育的经验，对于推动大连体育进一步发展具有重要意义。

（一）领导重视推动着大连体育快速发展

大连体育 60 年取得的辉煌成绩，归功于几代人的辛勤耕耘，更归功于党和国家领导人的亲切关怀，省、市政府的高度重视。1955 年，毛主席亲切接见大连造船厂足球队员并与李长平亲切握手的照片在全国各大报纸头版显著位置刊登，给足球城大连以极大的鼓舞。周恩来、邓小平、江泽民、温家宝等党和国家领导人都亲切接见过大连运动员。辽宁省委、省政府及省体育局领导也多次视察大连体育工作。他们对大连体育倾注了深情厚爱和亲切关怀。大连市委、市政府始终把体育工作放在重要议事日程，在体育管理体制改革、体育后备人才培养、体育设施建设等方面给予了全面支持，是大连体育发展的坚强后盾。大连财政每年都拿出一定的资金，支持青少年体育的开展，扶持男、女足球队和其他项目的体育运动，资助体育科研工作和体育场馆设施建设。2007 年，大连市投资 88 亿元建设了全市最大的体育设施——大连市体育中心。短期内还要建设一座现代化的专用足球场和市民健身中心，这些国际化、现代化的体育场馆，对进一步完善体育设施功能，提升"足球城"、"田径之乡"、"游泳之乡"品位，推动大连体育事业发展具有重要意义。

（二）雄厚的群众体育基础是大连体育长盛不衰的力量源泉

群众体育与竞技体育相辅相成，竞技体育的辉煌成就，根植于群众体育的雄厚基础；群众体育的丰硕成果，推动着竞技体育的辉煌。以"全民健身与奥运同行"为主题的群众体育活动，体现了以人为本、以体为用、身心愉悦、邻里和睦、政府主导、社会参与的特点，丰富了广大群众"我参与、我奉献、我快乐"的生活理念，是热烈祥和的市民体育盛会，为引导市民科学健身、构建和谐社会发挥了积极作用。大连每年开展的大型群体活动超过 300 项，国际徒步大会、国际马拉松赛、万人太极拳展演、国际冬泳节、大众系列足球赛等大型群众体育活动，形成了具有大连特色的群众体育项目群，成为"体育的舞台、城市的盛会、人民的节日"。开展丰富多彩、形式多样的群众体育活动，可以提高市民的综合素质，提升城市的文明程度。一个文明的城市，必然具备先进的体育理念，其核心是把体育健身当作生存之必需。这种理念带来的是广泛的参与意识和自觉的体育行为。健康的体魄、广泛的参与意识、自觉的体育行为是体育出人才、出成绩的重要因素。改革开放以来，大连体育的腾飞、体育精英的涌现与群众体育的丰硕成果是紧密相连的。大连的足球、游泳、自行车、举重等优秀运动员都是在群众体育活动中涌现出来的。实践证明，雄厚的群众体育基础是大连体育长盛不衰的力量源泉。

（三）加强体育后备人才培养，是实现体育可持续发展的重要保障

运动员要出成绩，必须抓住最佳机遇期，而最佳机遇期对于运动员来说，是十分短暂的。因此，体育要实现可持续发展，必须靠几代人前赴后继的奋斗。改革开放以来，大连体育一直保持强劲的发展势头，一个重要原因是，大连十分重视体育后备人才的培养。大连市拥有各级各类高水平体育后备人才基地 18 所，各级各类体育传统项目学校 142 所。王军霞、丁美媛、赖亚文、杨昊、刘亚男、邹振先、徐永久等著名世界冠军都出自这些高水平体育后备人才基地。大连还非常注重运动员的梯队建设，多年来，先后开展了田径、游泳、自行车、足球、举重等 24 个项目的运动员培训工作，全市在训运动员 1000 多人，其中"三集中"训练的有 600 多人。许多优秀运动员都是在这些训练中得到锻炼和提高的。实践证明，加

强体育后备人才培养和运动员梯队建设，是大连体育可持续发展的重要保障。

（四）加强教练员队伍建设，是体育事业人才辈出的重要前提

各级教练员是发现体育人才的伯乐，是运动员摘金夺银的扶梯。只有建设一支高素质的教练员队伍，才能使体育运动成绩不断创新。大连拥有一支过硬的教练员队伍，共有专职教练员 95 人，各类学校体育教师千余人。这些教练员和体育教员，长年奋战在第一线，用无私奉献精神发现优秀苗子、培育体育精英。世界著名长跑运动员王军霞，在中小学读书时被体育教师庞厚东看中，在他的培养下，王军霞在中小学运动会上崭露头角。后来，庞厚东将王军霞推荐给辽宁省中长跑队，经马俊仁教练的精心指导，王军霞登上了世界冠军领奖台。其后，毛德镇教练又接手了王军霞的训练指导工作，使王军霞再攀高峰。没有庞厚东王军霞可能被埋没，没有马俊仁、毛德镇，王军霞可能跨不出国门。正是教练员的无私奉献精神铸就了一代又一代体育骄子。实践证明，加强教练员队伍建设，是体育人才辈出的重要前提。

（五）改革创新是发展体育事业的助推剂

体育的发展水平与社会生产的发展水平相适应，竞技体育的发展速度，取决于国民经济的综合实力，群众体育的发展速度，取决于国民经济的人均水平。改革开放，解放了生产力，提高了国民经济的综合实力，使中国社会发生了巨大变革，为体育事业的发展提供了广阔的天地。在改革开放的热潮中，大连体育坚持以竞技体育为先导，带动体育事业全面发展的战略思想，全面加强对体育管理体制、训练体制、竞赛体制的改革，努力建立一个适应新形势要求的体育发展新模式，取得了显著成效。90 年代初，大连实行了足球改革，建立了中国第一个足球特区，成立了中国第一个足球俱乐部，发行了中国第一批足球彩票。足球改革带来了大连足球的腾飞，大连男足在 12 年的全国足球职业联赛中获得 8 个冠军，实现两

个"三连冠"，夺得两个"双冠王"。大连体育在管理体制、训练体制、竞赛体制方面的改革带动了各项体育事业的发展，使大连体育呈现出"四箭齐发"的局面。事实证明，改革对体育事业发展具有强劲的助推作用，大连要实现体育的可持续发展，必须坚持与时俱进、改革创新，才能永远立于不败之地。

大连体育 60 年，创造了辉煌成就，积累了丰富经验，为大连体育进一步发展提供了宝贵的精神财富。我们可以自豪地告慰为大连体育事业前赴后继的前辈们，大连已成为国内外体坛一支耀眼的劲旅。大连体育 60 年发展史，记录着大连体育发展的灵魂和历史启示，60 年的光辉历程留下许多可歌可泣的故事，60 年的辉煌成就留下许多令人振奋的自豪，60 年的基本经验留下许多继往开来的思索。面对未来，大连体育将在党、国家和省、市领导的关怀下，按照科学发展观的要求，以更加朝气蓬勃的姿态活跃在国内外体坛上，为建设让世人瞩目、国人赞叹、大连人骄傲的体育名城而努力奋斗。

聚全市之力　集全市之智
成功举办奥帆赛和残奥帆赛

青岛市体育局局长　周鹏举

2008 年 8 月 9 日—23 日、9 月 8 日—13 日，北京 2008 年奥运会帆船比赛和残奥会帆船比赛先后在青岛举行，分别产生了 11 枚金牌和 3 枚金牌。62 个国家和地区的 400 名运动员参加了奥帆赛，25 个国家和地区的 80 名运动员参加了残奥帆赛，中国帆船队在奥帆赛上喜获一金一铜，实现了奥运史上我国帆板项目金牌和帆船项目奖牌零的突破。

在北京奥组委、国家体育总局和国际奥委会、国际残奥委会的精心指导下，在各有关方面的鼎力支持和全市人民的共同努力下，本届奥帆赛和残奥帆赛赛事组织高效有序，服务保障周密到位，安全保卫防控严密，城市运行平稳有序，礼宾接待热情周到，城市氛围热烈祥和，取得了圆满成功，得到了各方面的广泛赞誉。中共中央总书记、国家主席、中央军委主席胡锦涛，中共中央政治局常委、国家副主席习近平赛前亲临青岛视察，对奥帆赛、残奥帆赛筹备工作给予充分肯定和有力指导。2008 年 9 月 14 日，胡锦涛总书记在青岛市委书记阎启俊、市长夏耕同志关于举办北京奥运会、残奥会帆船比赛情况的报告上批示："青岛市成功地举办了奥帆赛和残奥帆赛，为举办一届有特色、高水平的奥运会和残奥会做出了重要贡献。谨向所有参与此项工作的同志们、向广大青岛市民表示亲切问候和崇高敬意。"奥帆赛安保工作开创了新形势下军地协同开展安保工作的新模式、新机制，受到习近平同志以及奥运会安保协调小组组长刘京、副总参谋长葛振峰、海军司令员吴胜利、空军司令员许其亮等部队首长的高度评价。北京奥组委主席刘淇、国务委员刘延东、国务委员孟建柱、全国人大常委会副委员长路甬祥、全国政协副主席邓朴方等都对赛事组织工作给予高度评价。国际奥委会主席雅克·罗格表示："青岛奥帆赛的组织获得了巨大成功。"国际奥委会北京奥运会协调委员会主席海因·维尔布鲁根表示："奥帆赛比赛设施非常完善，志愿服务非常到位，组织工作非常出色，奥帆赛很成功"，并表示这是他见到的最完美的安保工作。国际帆联主席约仑·彼得森表示："青岛奥帆赛是历史上最成功的一届奥帆赛。"国际残帆联主席瑟治·约根森表示："青岛残奥帆赛是迄今为止所见过的最好的一届残奥帆赛"，所有的准备和运行都"非常出色，令人难忘"。"青岛奥帆中心是所见到的最好的残奥帆赛场馆和残奥村，青岛残奥帆赛的组织工作尽善尽美。"国际奥委会执行总干事乌尔斯·拉克特、国际帆联副主席大卫·凯利特、前主席保尔·亨得森、比利时首相伊芙·莱特姆、荷兰王储威廉·亚历山大、新西兰总督阿诺德·萨特亚南德等国外贵宾，以及来青岛的国际技术官员、运动员、裁判员、随队官员、中外主流媒体等，都对奥帆赛、残奥帆赛的场馆建设和赛事组织工作表示由衷赞赏，北京奥组委向奥帆委发来贺电。可以自豪地说，经过7年的精心筹备，800万青岛市民成功演绎了一曲"同一个世界、同一个梦想"的精彩华章，交出了一份让"国际社会满意、运动员满意、人民群众满意"的合格答卷，兑现了举办一届"有特色、高水平"奥帆赛和"两个奥运，同样精彩"的郑重承诺，无愧于世界的信任，无愧于历史的选择。

一、聚全市之力、集全市之智，努力举办一届 "有特色、高水平"的奥帆赛、残奥帆赛

1998年11月，党中央、国务院做出了由北京申办2008年奥运会的决

定。作为我国现代帆船运动的发祥地，青岛抓住机遇，迅速行动，积极加入 2008 年奥帆赛申办城市行列。1999 年 5 月，青岛市政府向国家体育总局、北京市政府递交了申办报告。2000 年 7 月，北京奥申委正式批准青岛为 2008 年奥帆赛候选城市；同年 11 月，北京奥申委收到了国际帆联签发的 28 个奥运项目中的第一份认证书。2001 年 7 月 13 日，国际奥委会第 112 次全会确定北京为第 29 届奥运会举办地，青岛同时成为 2008 年奥帆赛举办城市。2003 年 6 月 11 日，第 29 届奥林匹克运动会组织委员会帆船委员会（青岛）（以下简称青岛奥帆委）正式成立，市委副书记、市长夏耕兼任主席，奥帆赛筹备工作全面展开。

五年来，全市人民团结一心、众志成城，扎扎实实、深入细致地做好各项筹办工作，围绕举办一届"有特色、高水平"奥运会的目标，实施了"塑造一大特色（海上奥运）、突出两大主题（新青岛、新奥运）、秉承三大理念（绿色奥运、科技奥运、人文奥运）、遵循五大方针（开放、创新、节俭、廉洁、全民办奥运）、实现三大目标（赛事组织出色、奥运效应充分、市民参与广泛）"的总体方略，建成了一流的奥帆中心，培养了一流的工作团队，打造了一流的服务环境，经历了 2006、2007 两届国际帆船赛和 2008 残疾人国际帆船赛的测试检验，成功举办了一届堪称完美的奥帆赛和残奥帆赛。

（一）高起点规划、高水平设计、高标准建设，建成了世界一流的比赛场馆

场馆建设是体现奥运会水平的重要标志，也是筹办奥帆赛的重中之重。在规划设计上，坚持"可持续发展、赛后充分利用、留下奥运遗产"的原则。一是将奥帆场馆建设与城市长远发展和产业布局调整结合起来，将具有百年历史的北海船厂迁至海西湾，建成了中国最大的修造船基地；在船厂旧址建成了占地 30 公顷、总建筑面积 13.8 万平方米的青岛奥林匹克帆船中心，开创了在城市核心区域建设奥帆场馆的先河。二是工程规划全部实行国际招标，引进了先进的规划理念、规划团队和科技手段，从概

念性规划到修建性详规都力求完美,既严格遵照国际帆联对比赛场地的要求,又充分考虑了城市总体规划的要求。三是各个环节、各个细节贯穿了"绿色、科技、人文"理念,既注重保护自然环境,又注重延续历史文脉。如:燕儿岛过山隧道,保护了原有植被和自然风貌;海水源、太阳能、风能、中水回用,提供了循环经济示范;高新技术材料、计算机智能集成管理系统,实现了科技与奥运的结合;新颖的观众大坝、海上颁奖平台,拉近了人与自然的距离;无处不在的无障碍设施,体现了对残疾人的尊重和关爱,等等。奥帆中心已经成为集先进建筑技术、绿色环保理念和人文关怀精神于一体的现代化场馆。四是注重场馆的综合利用。奥帆中心既是世界一流的帆船比赛场馆,又是新的城市标志性景观。赛时,它是功能齐全、设施先进的比赛场馆;赛后,它将是面向公众开放的旅游、休闲、健身、娱乐空间和国家 5A 级旅游景区,将成为全国普及推广帆船、帆板运动的海上运动中心和青少年帆船运动训练基地。

在施工建设上,坚持"节俭、阳光、廉洁"的原则。2004 年 5 月开工建设,2006 年 6 月帆船比赛必备项目提前交付验收,2008 年 3 月全部工程竣工。一是选择了技术领先、设备先进、经验丰富的施工团队,采用了一流的施工工艺、优质的工程材料、科学的施工监理,奥运分村、运动员中心、行政管理中心、场馆媒体中心、后勤供给与保障中心五个建筑单体全部荣获"泰山杯",并入选全国建筑工程质量最高奖——"鲁班奖"。国际帆联主席约仑·彼得森表示:"青岛的奥运场馆,是我所见到的最棒的奥林匹克水上运动场馆。"二是充分利用北海船厂的原有设施,节省了大量投资。如:将原防波堤加以改造,成为奥帆中心主防波堤;预先保留了 5 个变电站,不仅保证了施工用电,而且节省资金近千万元;利用两个干船坞进行沉箱和浮码头预制,节约资金 1200 万元。三是实行工程设计、施工和材料的公开招投标制度,严把招标立项、公告发布、资质审查、开标评标、合同管理五个关口,共完成工程招标 172 项,招标金额 17 亿元,没有发现一例违法违纪现象。四是成立了奥帆赛监督委员会,对奥帆中心工程实施了全过程跟踪审计,确保了建设资金安全、高效使用。

在投资方式上，坚持"财政不投入、市场化运作"的原则。奥帆中心总投资32.8亿元（其中北海船厂搬迁费用17.8亿元，工程建设投资15亿元），全部通过开发地块出让和场馆设施赛后利用等市场化手段融资。

（二）周密部署、科学调度，提供了高效有序的赛事组织

学习借鉴历届奥运会的成功经验，深入研究奥运模式和奥运标准，扎实推进赛事组织工作。

一是明确了奥筹工作的总体框架。将奥筹工作划分为前期准备（2001年7月—2003年12月）、全面建设（2004年1月—2006年6月）、完善运行（2006年7月—2008年7月）、运作实施（2008年7月以后）四个阶段，制定实施了《青岛奥运行动规划》及10个专项规划，每个阶段都明确目标任务；编制了24项城市运行纲要、26项城市运行计划，并与67个城市应急预案进行了充分对接和演练；将重点工程和工作任务划分为15大类88项，逐一分解落实，实行倒排工期表制度，保障了奥筹工作顺利推进。

二是建立健全了组织体制。按照"优中选优"的原则，从海内外招聘各类人才，组成了奥帆委核心团队，并成立了工程建设、新闻宣传、安全保卫、志愿者四个协调小组和推进人文奥运工作办公室。根据两次国际帆船赛的要求，进一步转换工作体制，成立了城市运行、赛事运行、安全保卫三个中心。奥帆赛前，根据北京奥组委的统一部署，全面转向赛时体制，组建了奥帆赛残奥帆赛总指挥部，由省委常委、市委书记阎启俊同志任总指挥，市委副书记、市长夏耕同志任执行总指挥，下设总指挥部办公室和赛事运行、安全保卫、城市运行、新闻宣传、礼宾接待、食品安全与医疗卫生、志愿服务七个指挥部，形成了广泛参与、统筹协调、衔接紧密、运行顺畅的组织体制。奥帆赛结束后，迅速完成了向残奥帆赛的体制转换。

三是形成了科学高效的运行机制。把赛事运行作为举办奥帆赛、残奥帆赛的核心，及时与北京奥组委、国际帆联（残帆联）、竞赛团队等各方

沟通衔接，开展竞赛组织工作演练，磨合优化工作流程，建立了"全过程控制"的现代管理模式。通过 2006、2007 国际帆船赛和 2008 残疾人帆船赛的测试，全面检验了存在的问题和不足，丰富了大型赛事组织经验，锻炼了赛事组织核心团队，健全了工作机制。确保对赛事运行出现的各类问题快速沟通、及时解决。

四是提供了周到细致的赛事服务。编制实施竞赛组织战略计划、运行计划和总体工作计划，确定了竞赛技术规则和有关政策，对各个工作团队进行了岗前培训。为提高帆船比赛的现场观赏性，首次设立了观众大坝、海上颁奖平台和奖牌轮，创造性地增设了胜利者返航线、帆板障碍滑航线，被国际帆联称为"青岛模式"。根据各类客户群的不同需求，从餐饮、交通、住宿、抵离、注册、医疗卫生、观众服务、物流、技术保障等方面提供细致入微的服务。如：奥帆赛期间提供了休闲、文化展演等 25 大类、93 项服务和 17 个语种的语言服务；奥帆赛 201 条工作船艇、10 万多件体育器材和残奥帆赛 82 条工作船艇、4 万件体育器材全部及时到位、运转良好；无线通信和指挥调度系统、计时计分和成绩处理系统、网络和信息安全系统、固定以及移动通讯系统和视频监控系统高效运行。定点医院等医疗卫生机构服务热线均实行 24 小时双语服务。奥帆赛进行了 9 个级别 11 个项目的 117 轮比赛，完成率达 93%，超过了 70% 的国际标准。

五是提供了高水平的礼宾接待服务。青岛是奥运期间京外赛区接待国际贵宾人数最多的城市，接待奥帆赛来宾团组 260 个 1571 人、残奥帆赛来宾团组 17 个 70 余人。牢固树立"安全、细节、责任"三种意识，组建了由 42 个单位、8 支专业接待队伍、3000 余专兼职人员参与的礼宾接待指挥部，精心编制了礼宾接待指挥部工作规则、奥帆赛礼宾接待工作手册等；分类编制了要人警卫、医疗保健、交通疏导、住宿保障、食品安全等 14 项工作预案；将国内外来宾分为 4 大类 27 小类，制定了总体接待方案和 36 个单体接待方案，实行了一对一"管家式"服务，既与国际惯例接轨，又能体现青岛特色。为保证各环节有序运行、无缝衔接，先后组织桌面推演 5 次，实战演练 7 次，逐个环节对接、磨合，圆满完成挪威国王与王后、英国公主、比利时首相、新西兰总督等 11 个高规格国际贵宾团组和国际奥委会、国际残奥委会、北京奥组委等贵宾团组的接待任务。为奥林匹克大家庭成员、重要内外宾客精心组织欢迎晚宴和答谢宴会，组织省市领导会见、宴请、出席签字仪式等政务活动 100 多次，推动了全方位、多角度、宽领域的对外交流。

（三）统筹兼顾、综合协调，保障了完善可靠的城市运行

坚持"以奥运促发展、以发展助奥运"，加强城市功能设施建设，在保障赛事运行的同时，努力改善市民生活条件，全面提升城市现代化水平。

第一，注重公共基础设施建设。初步测算，2001—2007 年，全市完成城建固定资产投资 430 亿元，占城乡规模以上固定资产投资总额的 6%，城市综合承载力显著增强。一是着力提高水电气热油等保障能力。二是着力打造城市综合交通框架。实施迎奥客运工程，完成了流亭国际机场、铁路青岛客站、胶济铁路电气化、青岛港客运站、青岛长途汽车站等改扩建工程；6 条高速公路建成通车，市郊区市全部实现高速公路互通；完善"三纵四横"城市快速路网，完成了 30 余条城市干道建设改造；规划建设了滨海公路、海湾大桥、海底隧道、铁路新客站、轨道交通等重大项目；2007 年被国家规划为全国综合交通枢纽。连续 5 年被公安部、建设部评为"实施畅通工程模范管理城市"荣誉称号。三是着力实施市容环境综合整治。以"五化"（绿化、美化、亮化、硬化、净化）为重点，对前海一线及奥帆中心周边、火车站站前广场、机场周边和铁路、高速公路、市区干道沿线等重点区域进行综合整治。四是着力完善水文气象服务系统。引进了先进的多参数海洋水文、水质监测浮标，首次将地波雷达运用于奥帆赛场观测；建成了地表水、地下水、水质、饮水安全四大监测站网；建设了气象立体综合探测系统，满足了赛事对高时空分辨率的探测数据的需求。

第二，注重生态环境保护。全面启动生态市建设，组织实施《青岛

奥运生态环境保护专项规划》和"蓝天碧海"行动计划，建成了国家环保模范城市群。一是坚持把节能减排放在政府工作的优先位置，特别把既能让老百姓得到实惠、又能节约能源改善环境的事项，优先列入财政投入安排的对象。二是加强重点大气污染源的监管。脱硫改造燃煤锅炉，淘汰燃煤锅炉，关停小型发电机组，做好机动车尾气排放和建筑工地扬尘治理。三是成功破解铬渣、钢渣、白泥资源化利用难题，建成小涧西生活垃圾处理发电厂等项目；积极开发利用风能、太阳能、海水能等清洁能源和中水回用、海水淡化等项目，推进中日循环型城市合作，成为国家循环经济示范城市。

第三，注重提高城市运行能力。一是健全城市管理体制，实施了相对集中行政处罚权，深入开展"城市管理年"活动，对影响市容环境的各类违法行为加大执法力度。加强城市管理信息化建设，实现了奥帆中心等重点区域数字化监管，全面启用旅游触摸屏、咨询服务中心等项目。在重点公共场所和主干道增设了无障碍设施，对市区公园、公厕全部免费开放。二是全力保障"城市生命线"。加强设施、管网巡查维护，落实应急抢修队伍、物资和设备，反复组织应急预案演练，使奥帆中心实现三路供电，确保了"城市生命线"安全可靠。三是深入推进"迎奥运、保畅通"活动。落实奥帆赛综合交通安保规划，将赛场周边区域划分为封闭区、管制区、控制区和疏导区，合理设计赛时交通流线；开辟高速公路奥运绿色通道，启动出租车电话预约服务。四是确保赛场环境质量达标。新建5个大气环境自动监测子站，在奥帆中心附近设立了大气、噪声监测站点，提供精准的赛场空气、噪声监测资料；对沿海一线37个入海排水口进行定期巡查和采样监测，对奥帆赛场及邻近海域水质每天进行1次监测评价；奥帆赛、残奥帆赛期间，市区环境空气质量保持全优，海水水质始终保持国家一类标准，完全符合赛事要求。五是提供精确的水文气象服务。赛时，及时定期发布当日、三天和一周的海流、潮汐、海浪、水温等内容的水文预报；对海上风速、风向等情况每10分钟预报一次。根据风力、海况等变化态势，科学调整赛程，合理安排项目，确保赛事顺利完成。

第四，注重赛场海域保洁。2008年6月以来，面对突如其来、历史罕见的浒苔自然灾害，胡锦涛总书记、习近平副主席等中央领导同志多次做出重要批示，胡锦涛总书记7月20日亲临青岛视察；省委书记姜异康、省长姜大明同志多次来青指挥作战。在国家有关部委和驻鲁部队的大力支援下，全市认真贯彻总书记"加强领导、明确责任、依靠科学、有效治理、扎实工作、务见成效"的重要指示，把处置浒苔作为重中之重、特中之特、急中之急的头等大事，迅速启动应急预案，成立应急指挥部，动员一切力量、采取一切手段，全力以赴、争分夺秒打好攻坚战。按照围捞并举、海陆结合的办法，在奥帆赛场50平方公里海域周边设置了4.7万米围油栏和4.9万米流网两条拦截防线，阻止浒苔继续漂入赛场；加强针对浒苔的科技攻关，坚持科学治理浒苔，研制成功了攻兜网、浮拖网、围网、吸泵船等高效打捞工具，共调集船舶1500余艘，出动机械32679台次，清理浒苔76万吨，胜利实现了"7月15日前完成奥帆赛场海域浒苔清理工作"的目标。

赛时，根据7月20日胡锦涛总书记视察青岛时的重要讲话精神，毫不放松、毫不懈怠地抓好浒苔的观测、清理和围栏设施的维护，确保赛场海域清洁；同时，建立了完备的赤潮监测预警体系和动态、静态、远程、国际四级溢油应急防备体系，多次组织应急演练，对赛事期间发现的小范围赤潮和油污带及时有效地进行处置，确保了各国参赛队的赛前训练，确保了奥帆赛、残奥帆赛的顺利举行。

第五，注重食品安全和医疗保障。提早实施"奥运食品工程"，建立了"全封闭生产、点对点供应；全过程监控、无缝隙对接；全批次检测、可追溯控制"的奥运食品供应安全保障体系。奥帆赛、残奥帆赛期间，实施"封闭管理、驻点监控、批批检验、严格准出"的特殊监管措施，组织30家定点基地、企业累计向奥帆中心供应食品及原料20大类、948个品种、772.58吨，为参赛运动员、随队官员等7类重点客户群提供了23.5万人次的餐饮服务，确保了食品供应及时、丰足、安全。医疗保障方面，先后制定了16个保障计划和工作规范、19个医疗卫生应急专项和单项预案；创建了奥运场馆服务点和定点医院统一指挥、内外联动、海陆服务并重的医疗保障模式，完善了分区域、分级别的网格化卫生监督管理制度，总结出的水上餐饮卫生监督保障经验填补了国内重大活动卫生保障空白，健全了跨部门、跨省市的传染病防治和突发公共卫生事件应急处置联防联控机制；确定市立医院和青医附院作为定点医院，投资近 5 亿元建设了市立医院东院综合服务大楼，对 120 调度指挥中心通讯系统进行了升级改造，救护车安装了车载信息终端、GPS 定位系统；在奥帆中心、海上赛区和机场、火车站、签约酒店分别设立了急救点；从全市选拔优秀医护人员，组建了 400 人的医疗卫生保障团队、133 人的医疗卫生应急专家库和 775 人的医疗卫生应急梯队。赛时各医疗点共接诊 339 人次，各项医疗服务及时到位。

（四）整体防控、点面结合，实现了平安奥帆的安保目标

安全保卫工作大致分为三个阶段：2003—2005 年为超前准备、全力筹划阶段，主要是建立健全工作机构，编制《安全保卫专项规划》，制定安保工作总体方案；2006—2007 年为测验测试、整改提升阶段，主要是做好 2006、2007 两届国际帆船赛安保工作；2008 年 3—9 月为全面冲刺、实战运行阶段，全面启动场馆化运作。

5 年来，奥运安保坚持提前介入，安保配套设施与奥帆中心实现了"五个同步"（同步规划、同步设计、同步施工、同步验收、同步使用），形成了点线面相衔接、打防控相结合、军警地相协调的安保工作格局。

一是构筑了坚强有力、协同到位的组织指挥体系。按照北京奥运安保"国家→赛区→场馆"三级指挥的总体原则，成立了奥帆赛残奥帆赛安保指挥部，构建了包括现场指挥部、公安指挥部、区市和部门指挥分部在内的组织领导体系，确立了"点面结合、防控并举、多方协作、军警民联动"的工作原则，形成多方面、多部门、多警种、多军种联合作战的工作体系。赛事期间，部署各类安保力量 24.8 万人（部队 1.17 万人，公安1.7 万人，群防群治力量 12 万人，安保志愿者 10 余万人），建立了决策

→执行→督查→反馈的闭环式工作运行机制，实现了军地指挥机制、应急处置、装备资源"三个对接"，形成了环环相扣、无缝对接的安保督查机制。

二是构筑了全方位、立体化的赛事安保体系。以场馆和赛场为中心，分别设立了全封闭、全安检的陆地安保体系，多层次、立体化的海域安保体系，布防严密、全天候监控的空中安保体系和人防、物防、技防一体化的水下安保体系，实现了陆地、海域、水下、空中"四位一体"的立体化防范。同时，把签约酒店和场馆外活动场所作为安保的重要组成部分，对国外参赛人员活动集中的 31 个酒店酒吧、12 个商场超市以及沿海一线的 3 个广场和 5 个浴场，部署警力驻点防控、着装执勤、跟踪管理，确保不出问题。先后完成要人警卫任务 14 批，其中一级警卫任务 7 批。

三是构筑了专群结合、重点突出的社会面防控体系。在全市开展拉网式摸排，排查出六大类 6.2 万重点人员，对其中的高危人群落实 24 小时稳控、管护措施；加大社会面巡逻盘查力度，深入开展严打整治，各类治安、刑事案件发案率明显下降。奥运会、残奥会火炬接力传递以及赛事期间 5 大类 150 余项大型活动安全无事故。

另外，突出加强重点领域、重点行业生产安全专项整治，赛事期间未发生重特大安全事故。组织 6.3 万名观众乘船出海观看比赛，陆域观众区和主题公园共接待观众 22.3 万人次，未发生一起安全事故。

（五）精心策划、突出特色，营造了开放和谐的社会氛围

坚持开放办奥运、全民办奥运，确立了"国外宣传重吸引、国内宣传重造势、市内宣传重动员"的思路，广大市民支持奥运、参与奥运、奉献奥运的热情不断高涨，城市影响力、知名度和美誉度不断提升。

第一，围绕重大活动、重要节点，掀起奥运宣传新高潮。制定了不同阶段的迎奥宣传规划，抓住申奥成功、奥帆委成立、奥林匹克文化节、奥运歌曲及主题口号征集、吉祥物发布、奥运倒计时、国际帆船赛、奥运火

炬传递等关键环节，组织开展全方位的奥运主题宣传，吸引国内外目光关注青岛、关注奥帆赛。在全市组织开展丰富多彩的学习实践活动，出版了《奥运知识读本》、《奥运英语会话》等系列丛书，开展了百万人签名迎奥运、文明礼仪宣讲演示等系列活动，动员各方面力量广泛参与到奥筹工作中来。开展了城市外语环境整治活动，制订并组织实施了青岛市公共标识英文翻译标准及其细则。

第二，打造"帆船之都"品牌，树立奥运城市新形象。在制定《青岛奥运行动规划》过程中，提出了打造"帆船之都"的理念，并对"帆船之都" 13 大类图案、9 大类文字进行了商标注册。坚持奥运推介与城市宣传、旅游促销、招商引资"四位一体"，在五大洲的 23 个国家和地区举办了 39 场"相约奥运、扬帆青岛"城市品牌环球推介活动。开展"帆船运动进校园、进企业、进社区"活动，广泛宣传普及帆船运动知识；与德国基尔市合作，组织了两届"青岛—基尔帆船营"；开展了以城市命名的"青岛号"大帆船系列活动，与美洲杯、克利伯、沃尔沃三大环球帆船赛事成功牵手合作；实施青少年帆船运动"双千计划"，发动社会各界捐赠 1000 条帆船，设立了 42 所帆船运动特色学校，建立了 80 个中小学生帆船俱乐部，培育了 2000 多名青少年帆船运动爱好者，被国家体育总局水上运动管理中心授予"青少年帆船运动推广普及示范城市"称号。

第三，突出青岛地域特色，展示奥运文化新魅力。围绕"中国风格、青岛特色"，制定实施文化纲要和行动规划，深入开展以奥运、奥帆为主题的城市文化活动，使广大群众在参与中感受奥运文化带来的激情与欢乐。组织开展各类奥运文化活动和展览 4000 余项，组织创作了奥运历史上首部奥帆交响组曲，赴北京、上海、香港等地巡演引起强烈反响，为我国留下了宝贵的奥运交响乐文化遗产。精心策划奥运会火炬、残奥会火炬传递方案，充分体现"海上奥运"特色，火炬传递取得圆满成功，实现了"安全有序、欢乐祥和"的目标，北京奥组委有关官员给予青岛火炬传递"安全保卫和服务组织双满分"的高度评价。推出了祥云火炬灯杆包装、激情奥帆雕塑景观、主要街道楼体巨幅宣传等八大亮点工程，营造了"热烈、欢快、祥和"的奥运氛围。按照"隆重、热烈、简洁"的要求，精心组织举行了奥帆赛、残奥帆赛启动仪式与闭赛联欢晚会，得到了海内外的普遍好评。国际帆联主席约伦·彼得森评价说："体现了青岛帆船赛的特色，创造了历史之最。"

第四，履行"善待媒体"承诺，牢牢把握舆论宣传导向。建立完善新闻发布制度，根据奥筹工作进展情况，及时安排新闻发布会和媒体采访活动，对境内外媒体关注的焦点问题主动答疑。贯彻实施《北京奥运会及其筹备期间外国记者在华采访规定》和《服务指南》，建立境外媒体记者接待制度，主动为来自世界各地的媒体提供全方位、高水平的专业服务。积极邀请主流媒体来青岛采访，与包括30余家海外华人媒体在内的近140家媒体建立了合作平台，加强本地及外来报刊的审读和记者站、记者的管理，牢牢把握了正确的舆论导向。奥帆赛期间共接待34个国家和地区的183家注册媒体、292名记者，残奥帆赛期间共有3个国家和地区的19家媒体、39名记者在青岛报道残奥帆赛，2008北京国际新闻中心青岛分中心共接待境内外媒体记者747人次，举办了15场新闻发布会、11场媒体通气会和6次城市采风活动，组织了150人次的个性化采访活动，境外媒体共发表赛事报道1780条次，98.4%是积极的正面报道，其余报道客观中性；网上检索到有关"2008青岛奥帆赛"信息60多万条。

（六）全民参与、共建和谐，展示了人文奥运的新内涵

人文奥运是北京奥运会"三大理念"的核心与灵魂，也是青岛奥帆赛的重要特色。

一是以"新青岛、新奥运"为主线，将推进人文奥运与城市文明建设紧密结合起来。以提高市民文明素质、提升城市文明程度为目标，先后制定了《城市文明建设奥运专项规划》和《推进人文奥运总体运行纲要》，明确责任单位和时间进度，使人文奥运元素充分融入城市文明建设进程之中，让广大市民深切感受到筹办奥帆赛给城市文明带来的巨大

变化。

二是以"同迎奥帆赛、共建文明城"为主题，广泛开展群众性迎奥活动。围绕"同迎奥帆赛、共建文明城"这一主题，实施优雅行动、普及行动、微笑行动、志愿行动、清洁行动"五大行动"，开展"迎奥运、讲文明、树新风"、"我参与、我奉献、我快乐"、"当好东道主、文明迎奥运"、"向一切不文明行为说不"、"迎奥运文明示范窗口"等文明创建活动，引导人们从自身做起、从小事做起、从具体问题做起，培育社会文明风尚、规范社会公共秩序、提高社会服务水平、改善居住生活环境，把迎办奥帆赛的巨大热情转化为提升城市文明、促进社会和谐的实际行动，在全社会形成"文明赢得尊重"的浓厚氛围，为青岛留下了宝贵的奥运文化遗产。

三是以"奥帆志愿者——微笑的城市名片"为理念，组织开展奥运志愿服务。制定了《青岛奥运志愿服务规划》、《青岛奥运志愿服务计划》和《全市迎奥志愿服务计划纲要》，出台了《青岛市志愿服务条例》，为志愿服务提供了法制化保障。从赛会服务、城市服务、群众性活动三个层面，全面启动四大板块十六项主题志愿服务活动，全市注册志愿者超过40万人，各类志愿者队伍11758支。2007年底开始，公开招募奥帆赛、残奥帆赛赛会志愿者，收到来自全球41个国家和地区的4万余份报名申请，最终确定了1800名奥帆赛赛会志愿者、960名残奥帆赛赛会志愿者；另外，招募了1000名城市运行志愿者、10000名社会志愿者；残奥帆赛期间，在每个城市运行志愿服务站点和部分社会志愿者服务点，增配了手语志愿者，为残疾人士提供了个性化服务。这些志愿者在竞赛组织、NOC服务等29个职能领域恪尽职守，通过真诚的微笑和服务，让世界感受到青岛的盛情友好，展示了文明中国、礼仪之邦、和谐城市的魅力与风采。

二、奥帆赛残奥帆赛取得巨大成功，创造的成功做法和经验给青岛留下了宝贵遗产

奥帆赛残奥帆赛取得巨大成功，总结起来，主要有以下几条经验启示：

一是紧紧依靠党的领导，充分发挥党统揽全局、协调各方的作用，不断提高领导艺术和执政能力。青岛面对人类最盛大体育赛事的承办任务，特别是在筹办中遇到历史罕见的浒苔自然灾害等重大突发事件的考验，紧紧依靠党的领导，不断加强和改善党的领导，以党的坚强领导有力推动筹办工作的顺利开展，经受住了重大考验，不辱使命、不负重托，圆满完成了任务。

二是紧紧依靠人民群众，充分调动各级各方面的积极性，形成齐心协力办奥帆赛的强大合力。申办成功之后，我们就采取有效措施，大力宣传承办奥帆赛残奥帆赛的重大意义，大力宣传北京奥运理念和奥林匹克精神，持续组织到国外宣传推介青岛，充分调动了包括海外志愿者在内的各方面的积极性，营造了举全市之力、集各方之智举办一届有特色、高水平奥帆赛残奥帆赛的良好氛围。人民群众踊跃参加火炬传递、安全保卫、城市保障、志愿服务等活动，为奥帆赛残奥帆赛圆满成功付出了辛勤劳动、做出了重要贡献。

三是紧紧围绕与时俱进、开拓创新，创造性地开展工作，打造奥帆赛残奥帆赛的青岛风格。我们从青岛实际出发，勇于开拓、锐意创新，善于把中央和省委、国际奥委会和北京奥组委、国际帆联的要求与青岛的实际紧密结合，涌现出许多工作亮点，特别是创造性地增设了观众大坝、胜利者返航线和帆板项目的障碍滑航线，丰富和发展了世界帆船运动，被国际帆联誉为"青岛模式"，得到了上级和国际社会的广泛认可，充分体现了

筹办工作的创新性、独特性，充分展现了奥帆赛残奥帆赛的中国特色、青岛特点。

三、筹办奥帆赛残奥帆赛深刻影响了人们的思维方式和行为方式，强力推动青岛经济社会发生了巨大变化

承办奥帆赛残奥帆赛是促进青岛发展的一个重大历史性机遇。2001年以来，青岛市借助筹办奥帆赛残奥帆赛，举全市之力，深入落实科学发展观，积极推进发展方式转变，全面发展社会事业，努力提升市民文明素质和城市文明程度，城市综合实力和国际知名度不断提升。

（一）推动城市经济综合实力与核心竞争力不断提升

奥帆赛残奥帆赛对青岛经济具有重大而持续的推动效应，促进了青岛经济的全面繁荣和持续较快发展。2001—2008 年，是青岛经济始终处于历史高位并平稳运行、又好又快发展的时期，市第九次党代会提出的全市生产总值以 2000 年为基数到 2012 年实现翻两番、全面建设小康社会的奋斗目标，已提前 4 年基本实现。7 年间完成奥帆赛残奥帆赛直接和间接投资 500 亿元，对全市生产总值的贡献达到 760 亿元，占这一时期全市生产总值总量的 4.5%，年均拉动经济增长 0.8 个百分点。推动了先进制造业和现代服务业的迅速成长，促进了全市产业结构的优化升级，劳动力向第二、三产业的转移趋势较为明显，社会投资信心不断增强，全市企业景气指数持续上升。刺激社会消费进一步扩大，城市零售业、港口运输业、金融业、旅游业蓬勃发展。围绕办好"科技奥运"，共投入专项资金 2.17亿元，在赛场环境、场馆建设、装备保障、信息服务等方面的技术保障中创造了 2 项世界第一、9 项国内之首，大大提高了自主创新能力和科研实

力，加快了创新型城市建设步伐。

（二）推动城市综合服务功能不断完善

举办奥帆赛残奥帆赛使青岛的城市建设步入快车道，城市面貌发生巨变，城市承载力和辐射力不断增强。促进现代化城市交通体系基本形成，市政公用设施进一步完善。市区公共汽车和出租车大规模更新，生态环境持续优化，被建设部授予中国人居环境奖。经过奥帆赛残奥帆赛的检验，城市的综合应急保障能力，防范和治理浒苔、赤潮等自然灾害的能力，气象及水文监测预报能力均大幅提高。

（三）带动体育事业迅猛发展

青岛市竞技体育人才辈出，在国内外赛场屡创佳绩。在北京奥运会上，我市 22 名运动员、4 名教练员入选中国体育代表团，创造了我市奥运会参赛人数、参赛项目和比赛成绩的新纪录，取得了 1 枚金牌、1 枚银牌、2 枚铜牌的佳绩。青岛市优秀运动员张娟娟勇夺北京奥运会女子射箭金牌，打破了世界射箭强国在这个项目上的多年垄断地位，谱写了中国射箭运动史上最辉煌的一页。中国选手殷剑、徐莉佳在青岛奥帆赛上夺金摘铜，实现了中国帆船帆板运动历史性的突破。体育健儿的佳绩促进了青岛市射箭运动和帆船帆板运动的空前普及和发展，成功打造了中国"射箭之乡"和"帆船之都"的城市品牌。同时，全民健身运动蓬勃开展，全市各类体育俱乐部由 2001 年的 96 个发展到 2007 年的 226 个，各类体育场馆由 256 处发展至 296 处，健身路径由 160 余条发展到 1420 条，社会体育指导员由 800 余名发展到 10235 名，全民健身辅导站点由 500 余个发展到 3456 个。

无与伦比的奥帆赛和残奥帆赛已圆满结束，但对于青岛体育事业来说，这仅仅是一个新的起点。全市体育工作者在总结成功办赛、有效参赛经验的基础上，以全新的面貌不断开拓进取，深化体制机构改革，优化机制结构，积极探索体育发展之路，努力为全国体育发展做出应有的贡献。

中国非奥运项目第一次大检阅

——宁波市承办第一届全国体育大会历程回眸

宁波市体育局局长 金三叙

2000 年在国务院颁布《全民健身计划纲要》五周年之际，国家体育总局、中华全国体育总会为了进一步贯彻《全民健身计划纲要》、推动社会体育社会办的体育体制改革，探索非奥运项目的办赛模式，决定举办第一届全国体育大会，考虑到本次大会是在千年更替、世纪之交举办的大型赛事，是广大人民群众参加的重大活动，是全国人民关注的热点。国家体育总局、中华全国体育总会结合国内各城市经济发展和群众体育、全民健身开展的特点，根据宁波市人民政府的申办报告，决定由宁波市承办第一届全国体育大会。

宁波市简称"甬"，位于浙江省东北部的东海之滨，居全国大陆海岸线的中段，长江三角洲的东南隅。宁绍平原的东段。地理坐标，东经 120 度 55 分至 122 度 16 分，北纬 28 度 51 分至 30 度 33 分。全市总面积 9365 平方公里，其中市区面积 2413 平方公里。总人口 550 万，其中市区人口 206 万。宁波是全国重点港口之一，1984 年经国务院批准，列为全国沿海 14 个进一步对外开放城市之一。1986 年宁波市列为全国文化名城。1987 年国务院批准宁波市在国家计划中实行全面单列，赋予相当于省一级的经济管理权限。1988 年宁波列入全国较大的市，有了制定地方法规和行政规章的权力。1994 年 4 月，中央机构编制委员会决定，宁波市为副省级城市。2002年被命名为全国文明城市。

体育大会是我国首次举办的非奥运项目的综合性运动会，是与全国运动会相对应的大型体育赛事，也是与世界运动会设项相一致的体育比赛。以省、市、区协会、俱乐部等各种名义报名参赛。本届体育大会共设技巧、台球、棋类（围棋、中国象棋、国际象棋）、健美与健美操、保龄球、桥牌、中国式摔跤、蹼泳、门球、高尔夫球、模型运动、摩托艇、体育舞蹈等17大项，184个小项。设金牌184枚。并要求各项目参赛选手必须是2000年度内竞技水平最高的一次全国比赛。承办全国体育大会，是宁波市也是浙江省承办的第一个全国综合性运动会。在主办方和承办方共同合作下，2000年5月28日—6月6日第一届全国体育大会在宁波成功举行。参加单位有：北京、天津、河北、山西、内蒙古、辽宁、吉林、黑龙江、上海、江苏、浙江、安徽、福建、江西、山东、河南、湖北、湖南、广东、广西、海南、重庆、四川、贵州、云南、陕西、甘肃、青海、新疆、厦门、深圳的代表团及火车头体协、电力体协、邮电体协、北京体育大学、武汉体育学院、西安体育学院、宁波和香港航空模型队、台湾航空模型队、大连航空模型队、金融体协桥牌队、煤矿体协围棋队、石化体协门球队、航天体协航天模型和体育舞蹈队、电子体协门球和体育舞蹈队、轻工体协桥牌队共38个代表团和8个代表队3046人参加，其中运动员2136名。运动员中有47人曾获得过119个世界冠军，29次超创世界纪录。教练员、运动员、裁判员、新闻记者、工作人员等总人数达5000人。代表团中有17位副省级干部，28位省、市、区体育局长。中央、省、市、区和各地新闻记者220多名，涉及34个省级和150多个地（市）级新闻媒体，大会期间他们报道了4000余条新闻，中央电视台直播了开、闭幕式实况和60余场比赛。

第一届全国体育大会会徽以"1"字、"花瓣"和"火焰"的造型巧妙组合成"中国"的"中"字，突出全国性体育盛会的主题。

让全国竞技体育和群众体育火起来，让全民健身活动遍地开花！这就是会徽要表达的深刻意念。"1"字表示首届，红色的花瓣和火焰象征隆

会徽突出盛会主题

重、热烈、精彩、圆满，也代表团结拼搏、奋发向上的中华体育精神；"1"字如生命的主线，顶天立地的脊梁，催人奋发，激励人们积极参加全民健身活动；也寓意以这次全国体育大会为起点和动力，促进全国健身活动遍地开花。"1"字蓝、绿两色由一只海鸥间开，象征港口城市——宁波。红色的花瓣和火焰又似飞舞的火凤凰，象征吉祥、健康、活力。整体寓意：首届全国体育大会在安宁美丽而充满生机活力的港口城市——宁波隆重举行，全国竞技体育和群众体育健康发展，全民健身活动开展得红红火火、百花齐放、丰富多彩！

首届全国体育大会吉祥物水精灵是一滴欢快奔跃的水珠，高举火炬，

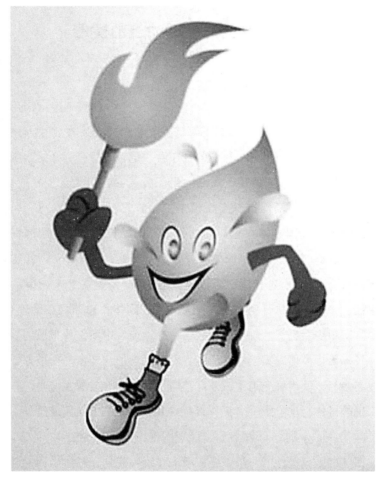

吉祥物凸显宁波港域特色

象征着体育运动的竞争精神；吉祥物水精灵以"晶晶"冠名，显得亲切、朗朗上口，又富有宁波特色，更可以让来自五湖四海的运动员更快的融入到宁波这块运动环境中；宁波是一个现代化的港口城市，地处亚热带环境，水资源储藏丰富，以水精灵做吉祥物，其健康形象代表了宁波市民的精神面貌，同时亦体现了我国全民健身的体育宗旨。

一、总体运作、社会办赛的模式

　　1999 年 11 月国家体育总局、中华全国体育总会正式确定宁波市承办 2000 年全国体育大会。12 月成立了筹备委员会，并先后在北京人民大会堂、深圳、杭州、宁波等地举行新闻发布会、记者招待会，介绍全国体育大会情况。2000 年 3 月 28 日正式成立组织委员会，组委会主要成员有：名誉主任：柴松岳（浙江省省长），主任：袁伟民（国家体育总局局长）；副主任：李志坚（国家体育总局党组书记、副局长、中华全国体育总会主席）、张发强、段世杰（国家体育总局副局长）、黄国兴（浙江省委常委、宁波市委书记）、鲁松庭（浙江省副省长）、张蔚文（宁波市市长），执行主任：张蔚文，执行副主任：何慧娴（国家体育总局局长助理）。并举行第一次组委会会议。确定体育大会举办地前、中期宣传报道的基调与主题，目标是提高体育大会在社会各界和市民中的认知度，促进方方面面的关注与参与，使当好东道主，办好首届全国体育大会深入人心，并成为宁波人民的具体行动。组委会工作部门运用系统科学的理论与管理方法，制定了《第一届全国体育大会工作计划网络图》，统一指挥，各方实施，充分发挥各赛区积极性。对组委会各项工作统筹规划、总体协调、避免疏漏、有序运作。2000 年 3 月 3 日上午 7 时在宁波市市中心阳光广场举行了全国体育大会倒计时牌揭幕仪式。国家体育总局竞技体育司司长吴寿章、宁波市委副书记徐福宁、省体委主任陈培德、市政府副市长盛昌黎出席了揭幕仪式。从此按组委会统一的网络工作计划图、流程图，倒计时检查工作进度、质量，协调工作。体育大会开幕式文体表演在艺术构思上追求通俗性、现代感，将体育与艺术表演巧妙糅合，将不同类型的艺术形式有机组合，力争产生新的视觉冲击力；针对体育馆演出特定的俯视效果，在舞台美术灯光设计上营造独特的观赏空间；发挥宁波现有的演出人才、节目资源优势,适当外请体育明星和甬籍名运动员及文艺团队;风格定位:轻松、活力、红火。节目全长 60 分钟,一气呵成。

组委会对 17 个大项目比赛,采用了社会各方办赛的模式,即由宁波市有关县市区部门、有关市级体育协会、宁波社会体育俱乐部,有关学校、有关企业分别承办、协办,并组建项目赛区的方法。其中,技巧在宁波中学体育馆举办,比赛走进学校;象棋由宁波奉化全国文明农业生态村——滕头村村委会承办,比赛走进农村;健美由市体育中心承办,发挥场馆办赛作用;摩托艇、健美操、保龄球由郊区体育部门与体育俱乐部承办;桥牌、中国式摔跤、游泳、门球、台球、围棋都由市级、区级单项运动协会承办,发挥社团办赛的作用;高尔夫球由宁波启新高尔夫俱乐部承办,发挥民营企业家的作用;人数最多的体育舞蹈由余姚市体育部门与工青妇部门承办,最大限度的发挥了基层体育工作者的作用。

经比赛,航海模型动力艇模型 3 人 3 次创 3 项世界纪录,1 人刷新 1 项世界纪录。世界航海模型动力艇项目委员会主席史密斯先生亲临宁波,见证了这一新世界纪录的诞生。共有 33 个代表团、4 个代表队获得奖牌,其中 31 个代表团,1 个代表队获得金牌;38 个代表队获得体育道德风尚奖;148 名运动员、56 名裁判员分别被评为精神文明运动员、裁判员;17 个赛区获得最佳赛区。

全国体育大会仅有半年的筹备时间,在国家体育总局、省、市领导的重视和帮助指导下立足改革创新、全市总动员,在各部门的紧密配合和全体工作人员的热情、周到服务下,获得了一致好评。国家体育总局竞技司司长、组委会执行副主任吴寿章总结了本届体育大会的七项成功举措。即:第一,在主办方式上,首次由国家体育总局和中华体育总会联名主办,这种方式首次实现了管办分离;第二,承办方式上,首次由首都、省会之外的其他城市独立承办;第三,参赛方式上采用各省市区自愿报名,协会、俱乐部等也可自由组队参加,不再使用行政命令硬性规定;第四,在运作上完成全国性运动会从行政管理型向社团型的转变;第五,比赛中,群众性体育活动和竞赛相结合;第六,改变国家政府部门拨款举办的惯例，通过发行彩票、企业赞助等社会集资形式，完全依靠市场机制运作；第七，奖励方式也有大的改变，不排总分和团体金牌榜，只设道德风尚奖。

国家体育总局党组书记、副局长、中华全国体育总会主席李志坚在最后一次组委会暨各代表团团长会议上说："这次大会大胆改革、开拓创新、积极探索人民体育为人民、社会体育社会办的新路子，促进高水平竞赛与广大群众参与体育活动的紧密结合，发挥了大型综合性运动会的多元功能和综合效益。本次大会达到了预期效果，开得隆重、热烈、精彩、圆满。是一次全新的大会，改革的大会，文明、欢乐、祥和的大会，简朴节约的大会。大会组织严密，运作有序，服务热情周到，给各个代表团、新闻媒体留下了深刻的印象。"组委会收到了 10 余个代表团写来的感谢信，如内蒙古代表团写来的《宁波，给我们留下了美好回忆》的感谢信。信中说："我们代表团一致感到，来到宁波，开了眼界，学到了许多新鲜事物，通过接待我团的市工商局同志们的悉心关照，我们深深感到祖国大家庭的温暖。我们得了三金二银二铜的好成绩，有内蒙古人民的一半，也有宁波人民的一半。"天津代表团在感谢信中说："驻地工作人员对我们无微不至的照顾，尤其是对口接待的城乡建委领导和有关同志，他们牺牲个人休息时间，全方位、全天候的服务，甚至夜以继日，不辞辛苦、不嫌麻烦，可称得上是：诚心、热心、精心、细心，令我们深受感动，值得我们学习和钦佩。我们一定要赛出风格，赛出水平，用实际行动，回报宁波人民对我们的关心和照顾，回报宁波人民的一片真情。"

宁波市在承办全国体育大会的同时也组成了以副市长盛昌黎为团长，市政府副秘书长陆勇、市体委主任顾松辉等为副团长的代表团，共 134 人组成，其中运动员 99 人。参加技巧、台球、围棋、国际象棋、象棋、健美、保龄球、中国式摔跤、桥牌、门球、高尔夫球、航空模型、航海模型、体育舞蹈等项目的比赛。获得 5 枚金牌、4 枚银牌、8 枚铜牌，4 个第四名、4 个第五名、7 个第六名，总分 115 分。其中健美、海模、保龄球、空模、门球、桥牌、中国式摔跤、台球、体育舞蹈、国际象棋等 10 个运动队被评为精神文明运动队，宁波市代表团同时还获得体育道德风尚奖。

二、火炬传递恰逢"世纪之光"的机遇

组委会于4月8日在浙江温岭石塘"千年曙光"碑观景台采集全国体育大会"世纪之光"圣光火种（据中国天文台宣布，2000年1月1日凌晨6时46分，新千年射向我国大陆的第一缕阳光首先照到我省台州市温岭石塘镇。为体现世纪之交之年举办全国体育大会的重大意义，本次取石塘镇"世纪之光"之火种），并在浙江省范围内举行火炬传递活动。4月13日火种送至宁波市市中心阳光广场，由国家体育总局副局长李富荣从火炬盒中点燃火炬，并将火炬传递给组委会副主任、执行主任、宁波市市长张蔚文同志，张蔚文将火炬传递给优秀运动员代表叶佩素，她以此主火炬点燃了陪同运动员黄瑞芬、严建光的火炬，由他们三人领跑2000余名运动员跑遍宁波市的"三江六岸"。然后将"世纪之光"的圣火火种传遍宁波辖区的县（市）区和所属地域的人文景观点。火炬传递活动一直持续到大会开幕。5月28日在大会开幕式现场的火炬台上燃起了熊熊的"世纪之光"圣火。

三、开、闭幕式显示城市风格

2000年5月28日，全国首届全国体育大会开幕式在宁波市体育中心雅戈尔体育馆举行。体育大会是新世纪中国体育界的首届运动大会，通过开幕式大型文体表演，向世界展示宁波这座古老而又充满活力的城市新形象和宁波人奋发向上、争创一流的精神风貌，与体育大会的性质相对应，其开幕式文体表演节目也是老百姓所喜闻乐见的，以此体现体育大会全民

健身、娱乐、参与的指导思想。

文体表演命名为《世纪约会》，主要节目有：（序曲歌舞）《晶晶迎宾》；（健美与技巧）《海之磐石》；（杂技与武术）《东方雄风》；（歌舞与杂耍）《小巷记忆》；（秧歌恰恰恰）《快乐你我》；特邀桑兰、李玲蔚等体育明星歌曲联唱；（芭蕾与少儿艺术体操）《七彩蓓蕾》；（魔术与情景表演）《神牌》；（乐器与时装表演）《球韵》；（运动员代表表演）《祝愿》；（尾声歌舞）《健康快车》。

运动带来健康，健康你会快乐

驾驶健康快车，创造美好生活……

在由歌手演唱的主题歌《健康快车》中，国际舞表演者裙裾飞旋，全体演员上台载歌载舞。大谢幕中，轮椅上的桑兰和运动员们在中间挥舞着吉祥物。纸花炮、冷焰火飞溅，整个舞台呈现五光十色的缤纷色彩，气氛达到高潮！

出席开幕式的有全国政协副主席赵南起，原国家体育总局局长、中央直属机关工委副书记伍绍祖，全国人大常委朱育理、国家体育总局局长袁伟民、副局长李富荣、段世杰，浙江省领导柴松岳、黄兴国、鲁松庭、龙安定，宁波市领导张蔚文、陈勇、叶承恒、盛昌黎，驻甬部队周春山少将等。

闭幕式于6月6日晚8时在宁波启新高尔夫球场的绿地上露天举行。在颁奖后举行了露天自助餐，各代表团和运动员茶话友别，体现了回归自然与体育运动的浪漫，也是有别于运动会闭幕式一般惯例。

大会期间还举办了"桑兰之歌"大型图片展览。桑兰出席了展览的开幕式，各代表团、队和中小学生5000余人参观了展览。

四、改革与创新的启示

第一届全国体育大会从筹办到赛事结束都贯穿了体育的改革与创新。

国家体育总局 2006 年 6 月的简报，对全国第一届体育大会的特点进行了简述，宁波市人民政府也做了承办总结，现将有关的内容综合归纳，以求体育工作者继续探索。

（一）全国体育大会群众广泛参与，贯彻了全民健身纲要

大会在保证体育竞赛的严肃性、规范性、公正性的同时，大力开展贴近群众的活动。在比赛间隙或结束后，除 1 个项目因特殊情况外，其他 16 个项目组织了联谊赛、擂台赛、表演赛或技术辅导、现场观摩等 52 项次的活动，吸引了广大群众。中国象棋特级大师柳大华与棋迷进行 1 对 13 的闭目棋比赛，吸引了上千名观众；技巧运动员深入两个镇进行高水平表演，数千名群众欢腾雀跃；健美运动员在宁波大学的上乘表演使宁波大学的学生群情激奋；国际象棋冠军谢军等著名运动员与棋迷进行车轮战，使棋迷为能与名手同场竞技而倍感自豪。据不完全统计，本次大会宁波市民直接参与此项活动人数达数万之多，活动场面壮观感人，高潮迭起，整个大会充满着明畅、欢快的气氛。高水平比赛与群众参与的活动相结合，是本次大会的创举，体现了大型体育赛事的群众性，使广大群众能够更好地了解体育，喜欢体育，欣赏体育，参与体育活动，增强了体育意识，推动了全民健身活动的开展，把体育为增强人民体质服务的宗旨落到了实处。同时也树立了运动员的社会形象，密切了同人民群众的关系，对于加强运动员的思想教育，增强人民培养意识起到了积极作用。

（二）赛风赛纪良好，并发挥了体育的多元功能和整体效益

这次大会集中了具有竞技性、健身性、娱乐性、观赏型的 17 个项目，具有全国最高水平的竞争，又有比智能、比健美的浓厚文化氛围；既有体现华夏民族传统的精神与体能的角逐，又有展示现代生活的体育项目，这些特点具有很强的吸引力和社会影响力。这次大会 3 人 3 次创造了 3 项世界纪录，刷新 1 项世界纪录，33 个代表团、4 个代表队获得奖牌，获奖面达到 80.5%。在代表团中，有 13 名副省长、28 名省区市体育局长亲临大

会调研指导，非奥运项目的发展引起各地政府的重视。根据大会评选条件，38 个代表团获得体育道德风尚奖，148 名运动员、56 名裁判分别被评为精神文明运动员、裁判员。裁判员执法公正，赛风良好，整个大会无1 例投诉。在比赛中，运动员、教练员、裁判员大力弘扬体育道德风尚。涌现出一些可歌可泣的动人事迹。如江西女子摩托艇选手罗秋云在前面队员翻船，一边是人，一边是船的情况下，毅然避开落水选手向帆船冲去，造成脚趾骨裂，表现了把危险留给自己，舍己为人的好品质。蹼泳比赛中，武汉体院代表队将自带的气瓶提供给其他队使用，表现了在场上是对手，在场下是朋友的体育风范。许多代表团认为，这是一次顺民意、得民心的盛会，体现了运动成绩和精神文明双丰收。大会给宁波市带来很大的经济和社会效益，为宁波提供了向世人展示自己的契机，提高了城市品位和知名度。客流量的增加给原本处于低潮的消费市场注入了新的活力，据统计，5 月 25 日到 31 日短短 6 天时间里，宁波机场客运量比去年同期增长 22.3％，车站、码头的客流量有了大幅提高。宁波名胜景点参观人数比去年同期增长 10％左右，餐饮业营业额增长 5％左右，商业增长 10％。宁波市借此机会整治了市容环境，进一步加强了城市建设，市容市貌焕然一新，社会治安得到了有效控制，市民得到了实惠，改善了生活环境，提高了生活质量。

（三）改革了办赛思路，推动了体育改革

这次大会按照社会体育社会办的思路进行了尝试性改革：在主办方式上，首次由国家体育总局和中华全国体育总会联名主办，作为一种过渡形式，向着政府管体育，社团（总会、协会）办体育的方向迈了一大步；在承办方式上，首次由省会之外的城市独立承办，为今后承办综合性运动会开辟一种形式。根据需要与可能，把体育事业发展需要与承办城市的需要结合起来，因地制宜，量力而行，充分发挥大型体育赛事的多元功能和整体效应，促进承办城市的经济和社会发展；在参赛方式上，改变了按行政区域参赛的统一规定，采取了自愿报名的方式，可以以单项体育协会或

俱乐部的名义参赛；在运作方式上，改变了以往体育行政部门直接管理的方式，充分发挥社团作用，减轻了政府负担，彻底地改变了以行政区划组队容易出现的地方锦标主义、低层次竞争、"打内战"、冲击全国一盘棋的奥运战略；在经费投入上，改变了过去主要依靠国家投入的做法，国家财政不补贴，承办城市少补贴，不建新的场馆，通过开发大型赛事的无形资产进行市场运作，筹集资金。本次大会总预算 2100 万元，是改革开放以来全国性综合性运动会投入最少的一次。社会集资约 1300 万，利用原有体育设施，不建新的场馆，一切从简，加上节约，宁波市人民政府财政投入甚微。开幕式取消了兴师动众的大型团体操表演，文艺演出没有请著名歌星，突出了体育与文化相融合的特色，花费不足 100 万，却得到了社会各界的赞誉。

（四）宣传了全民健身，引导了舆论方向

这次大会的成功还取决于正确的舆论导向。全国 150 余家新闻媒体 200 多名记者以饱满的热情参与进行宣传报道，据不完全统计，国内新闻媒体刊播了 4000 多条新闻、专题、专访、评论等，对大会的改革措施、贴近群众的活动、开闭幕式的举办形式都给予肯定，形成了积极、向上、热情、健康的舆论氛围，未出现一篇负面报道。

（五）赛事运作必须与承办城市经济、文化活动相结合

主办方与承办方党政领导结合体育战线的任务提出需要注意把握的三个要点：第一，要始终坚持体育为体育事业的根本宗旨和根本任务，也是一切体育工作的基本出发点和最终归宿；第二，要正确处理体育与经济的关系，坚持为经济建设这个中心服务的指导思想，通过增强体质和提高素质，开发人的潜能，发挥体育的多元功能和整体效应，促进社会主义生产力的发展；第三，正确处理体育与文化建设的关系，坚持社会效应第一的原则，通过弘扬中华体育精神，以体育的特殊功能和魅力鼓舞人、教育人、塑造人，为社会的全面进步提供精神动力和智力支持，为社会主义精

神文明建设做出贡献。用"三个代表"的思想武装头脑，使我们从理论上得到升华，举办体育大会的指导思想更加明确。这次大会就是认真贯彻这些精神，以体育活动服务于党和国家人民根本利益为前提。本次大会在搞好比赛同时，尽量使赛事和经贸活动结合起来，与广泛的社会活动结合起来，与创造浓厚的文化氛围结合起来，与贴近群众的活动，促进全民健身结合起来，把"小赛场"变成推动经济的"大阵地"，社会活动的"大舞台"。

（六）改革大会接待工作，搭建部门与行业之间的合作平台

宁波市人民政府在负责代表团接待方面，创新了一种由市各部委办局分工与对口接待各代表团的模式。由各部委办局成立专门接待小组，从报到到离会全程接待一个代表团。既交了朋友，又促进了经贸活动，减轻了大会接待工作的压力。

体育大会为重大体育赛事提供了一个可资借鉴的模式，今后我们要继续坚持以"人民体育为人民，社会体育社会办"为主题的体育改革，在实践中不断探索与创新，把"三个代表"的思想深入贯彻落实到一切工作之中，促进体育事业持续、兴旺的发展。

深圳体育事业的创新与发展

深圳市体育局局长　蔡明远

2008 年，是改革开放 30 周年。30 年来，中国大地发生了天翻地覆的伟大历史变革。

深圳正是这部激越史诗中最辉煌、最生动的篇章。30 年来，从一个小渔村发展成为一个现代化、国际化的大都市，经济和社会建设取得了举世瞩目的成就。

作为深圳 30 年发展成果的一个缩影，深圳体育事业也取得了跨越式发展。30 年的风雨历程，许多辉煌的瞬间值得这座城市永远铭记——

1982 年，田径运动员余泰慧获得第六届广东省运会铁饼冠军，为深圳夺得建市以来首枚体育比赛金牌；1990 年，航模运动员韩星元在第八届广东省运动会比赛中代表深圳首次打破两项航模世界纪录；1995 至 1996 年，女子撑竿跳高运动员孙彩云先后 11 次打破世界纪录；1996 年，深圳射箭运动员唐华第一次代表中国参加奥运会；2000 年，体操运动员肖俊峰获得深圳第一个奥运会冠军；2007 年，深圳土生土长的篮球运动员易建联进军 NBA……

同样，我们也要记住这些动人的片断——

在世界屋脊珠穆朗玛峰的绝顶上，留下了深圳人王石、梁群、张梁、饶剑峰、李向平、李伟文的足迹；宝安中学教师林伟明万里走单骑环游世界；深圳"骑士号"帆船纵横四海演绎了郑和精神……他们证明深圳不只有经济英雄，同样也有体育英雄，更是文化意义上的英雄。他们的行为，为这座年轻城市增加了坚实的质感。

体育正成为深圳市民不可或缺的一种生活方式。深圳参加体育健身的人口已达 48%，人均公共体育设施使用面积达 1.2 平方米，远高于全国平均水平。

2002 年，深圳成功承办了第十一届省运会。2007 年 1 月 17 日凌晨，国际大体联主席基里安宣布，2011 年世界大学生夏季运动会在深圳举行！

深圳敞开胸襟拥抱世界！深圳与世界没有距离！

回首深圳体育走过艰辛而光荣的发展道路，是一段改革创新的探路征程！深圳体育工作者筚路蓝缕，风雨兼程，攀登一个个高峰，开创了深圳崭新的城市形象。

一、群众体育：锻造和谐社会基石

体育是推动人与人和谐的"润滑剂"，是熔炼城市人文精神的"催化剂"，也是推动城市发展的"再生源"。只有最广泛的群众性体育、全民参与的体育才是真正意义的体育，也才是完整意义的冲刺世界。

群众体育是体育事业发展的基础，也是体育工作第一要务。这是深圳体育工作长期坚持的方向。

30 年前的深圳，群体活动项目单薄，运动场地几乎一片空白。

然而，深圳人热爱运动。深圳特区成立以来，各种体育协会雨后春笋般涌现，推动了深圳体育事业的全面发展。到 20 世纪 80 年代中期，各类体育协会已经达到 20 多个。

1980 年 11 月，在市领导的支持下，深圳举行了第一届长跑比赛。一下子来了 3000 多人报名，体育馆为之爆满。28 年来，这项活动一直坚持了下来，成为这个年轻城市的一道运动风景。历届市领导不仅十分支持，而且积极参与。1999 年，经市人大通过，将每年 11 月 1 日定为"市民长跑日"，同时将 11 月定为"全民健身月"。2007 年，全市举办的全民健身赛事及各项活动达 1600 多场次，2008 年"市民长跑日"全市参加人数高达 82 万人！

多年来，市体育局大力组织和推动市民群体活动，除每年一次的"市民长跑日"外，全民健身月组织多种健身活动，每年重阳节组织老年人开展健步走，每逢元旦等节假日都会组织登山活动和各项体育赛事等。

进入新世纪，市民健身意识普遍提高。体育设施已经明显不能满足需求。市政府为此专门成立了工作小组，调研社区群众体育设施建设问题。经过几年的努力，体育设施得到了明显改善。据 2006 年不完全统计，市、区两级共有大型综合性公共体育场馆 22 个，全市有体育场地 6760 个，场地面积 2964.32 万平方米，人均体育场地面积 3.35 平方米。2001 年起，深圳开始在社区建设体育设施，随着大运会的临近，市、区两级体育部门更是把兴建群众身边的体育设施提上议事日程。近几年，全市加大社区体育设施的建设量，每年市、区两级"体彩"公益金投入超过一千万元。目前全市健身路径已从 1999 年的不足 20 条增加到 2775 条，有 1400 多个露天乒乓球台，有 65 个健身园，650 多个篮球场等。

发展群众体育，既要政府办，更要举全社会之力，由社会办，协会办，各行各业办，一句话就是群众体育大家办。政府投入与民间力量相结合，是深圳群众体育蓬勃发展的重要举措。

今天，深圳市民身边的体育组织、体育设施、体育活动"三边工程"日趋完善。各级、各类、各行业群众性体育组织遍地开花，深圳市体育总会下属的专项运动协会目前已有 38 个之多，三分之一以上的协会具有组织和举办各种较高水平比赛和活动的能力。深圳市登山户外运动协会，创造了自行编订教材等多项全国第一的纪录；自行车协会在我国南方及港澳台地区举足轻重；航空航海车辆模型协会成立短短两三年，已可以承办全国比赛……

在构筑以人为本，建设和谐社会的今天，各级党委政府都高度关注民生，注重人的健康。高度重视并大力推进群众体育运动，已成为深圳这座年轻城市发展的良好态势。

然而，面对深圳这座日新月异的城市，人口急剧膨胀，城市可用空间不断缩小，现代化对生态环境造成的影响，我们必须保持清醒的头脑。公共体育设施不足，开放和利用率低，竞技体育后备人才短缺等问题，都向我们提出了新的挑战。

随着深圳对体育的投入逐年增加，群众体育如何出精品，成为体育部门的努力方向。而如何围绕大运会展开，为市民提供更多、更好、更适用的体育健身场地和设施，开展更广泛、更生动的体育赛事活动，更成为一项重要任务。要满足广大市民群众日益增长的体育需求，深圳体育还有相当长的路要走！

二、竞技体育：从艰难中起飞

深圳竞技体育几乎是在一片空白上起步的，可谓"基础差，底子薄"。

特区建立之初，全市没有一支专业运动队伍，在省一级的竞赛项目中根本排不上号。1980年，第一次组织学生业余队伍参加省中学生田径赛，居然拿了个零分回来。1982年首次参加广东省运动会，团体总分位列倒数第二。这与朝气蓬勃，充满希望的特区形象极不相称。

来自全国各地的深圳体育人不服输，发誓要把深圳体育赶上去。

1984年，深圳市体工大队成立，专门负责运动员、教练员的挑选、训练、组织赛事、后勤等工作，深圳竞技体育开始步上正轨。此后，陆续有了田径、足球、男篮、武术、艺术体操等八个专业的运动员队伍。

然而，这些运动队却一直没有宿舍。深圳体育馆建筑施工队留下的草棚成了运动员的临时住所。平时一下雨就漏水，一刮台风人人紧张。但是在这种艰苦的条件下，运动员们都非常刻苦。在那个时期，深圳的武术水平在整体上已经超过了省内体育老牌强市，将省内大小比赛70%的武术项目的金牌收入囊中。

深圳市委、市政府对体育事业十分重视。一方面给政策大力引进人才，一方面在当时财政还十分困难的情况下加大经费投入，改善体育设施，为体育事业营造良好环境。

1985年底，作为深圳"八大文化设施"之一的深圳体育馆落成。这座无论是外观设计还是内部设施都堪称全国一流的体育馆，成为深圳体育的一个标志，深圳体育事业从此驶入发展快车道。1988年，市政府又投资208万元、市体委自筹资金80万元，建成了笔架山运动员训练基地。其中包括当时国内条件一流的运动员宿舍、餐厅和训练馆。此后几年，又修建了教学办公室、风雨跑道、足球练习场、射箭练习场等，使训练条件明显改善。

1995年，深圳市体育运动学校的成立，成为深圳竞技体育发展的又一个重要里程碑。

学校建成后，从全国各地招募了一批精兵强将担任教练，并引进优秀运动人才。有了较好的训练条件，经过教练员、运动员的不断努力，迅速改变了深圳竞技体育的落后局面。深圳运动员不但开始在省内、国内赛场崭露头角，并且开始走进奥运赛场。体校成立一年后，射箭运动员唐华就代表国家队参加了1996年亚特兰大奥运会。

春华秋实。今天，深圳已拥有20多支专业项目队。近年来，深圳入选省队、国家队、解放军队的运动员一直保持在300人左右，其中入选国家队的选手近30人。深圳籍的运动员在国内国际的各种大赛中，涌现出一批顶尖级的优秀选手和世界级的体育明星，至今已有64人（次）破（超）各项纪录，其中破（超）世界纪录10人（次），破（超）亚洲纪录2人（次），破（超）全国纪录9人次，破（超）省纪录43人（次）。在2006年的省运会上，深圳体育代表团的总成绩已连续三届稳居广东省的第二位。更可喜的是运动成绩进一步缩小了与"标兵"的差距、逐渐地拉大与"追兵"的距离。在 2007 年第六届全国城市运动会上，深圳代表团在全国有 90 个城市参加的比赛中，金牌总数和团体总分连上两个台阶，双双跃居第八名。

2008 年 5 月 8 日，第 29 届奥运会圣火传递到深圳。300 万市民倾城而出，凝聚了深圳人对北京奥运会的期盼与祝福，展示了这座动感之都市民的热情。

首棒火炬手肖俊峰和末棒火炬手王绮红，就是深圳体育人的杰出代表。2000 年悉尼奥运会，肖俊峰代表中国男子体操队，与队友一起获得了团体冠军。从竞技体育一片空白，到奥运会上勇夺金牌，深圳仅仅用了 20 来年时间。深圳体育同样是"深圳速度"的生动体现。

如果说肖俊峰的成绩，反映了深圳体育交流的成果，是深圳体育发展道路的缩影。那么王绮红则是深圳人自强不息，勇于进取的生动写照。

王绮红 8 岁开始练习艺术体操，获得过全国冠军，入选过国家队。后来，因为病魔被锯掉了一条腿。但她直面人生的不幸，不断超越自我，成为深圳体工队一名优秀的艺术体操教练，并将她的队员也培养成了世界冠军。这位"身残志更坚"的年轻女性，被评为 2005 年"全国先进工作者"和深圳市十大杰出青年，当选为党的十七大代表！

在世人瞩目的 2008 年北京奥运会和残奥会上，深圳共有 12 名运动员入选中国代表团，参加了 9 个大项 12 个小项的比赛，共夺得 1 金 2 铜，1 个第 4、1 个第 6、2 个第 8 名的好成绩，其中田径女子 20 公里竞走运动员刘虹、射箭运动员萧彦红，分别在奥运会和残奥会上打破了两项奥运纪录，无论是参赛人数或运动成绩上都实现了历史性的突破。

如果说深圳体育 30 年的发展，是起步于人才交流，那么土生土长的易建联，则形象地反映了这个年轻城市的发展与变迁。这颗被美国 NBA 成功选秀的希望之星，最初的选秀却是从深圳街头篮球运动中开始的，这也标志着深圳群众运动体育运动为竞技体育夯实了雄厚基础。

三、改革创新：深圳体育的基因工程

深圳的发展史，是一部改革与创新交相辉映的壮丽史诗。

深圳体育也正是在锐意改革、勇于创新中不断前行，迈向一个又一个新的高峰。作为我国改革开放的窗口，深圳为体育创新提供了强劲动力。

创新，是深圳体育腾飞的基因。在这片"试验田"上，催生了全国第一个全民健身地方法规，开始了中国体育产业的萌芽，体育科研也茁壮成长，结出了一串串丰硕的果实。

（一）体育立法——颁行第一部全民健身地方法规

深圳市场经济体制和体育社会化，为体育立法提供了机会和空间。

1995 年，国家全民健身计划纲要公布以后，深圳出现了全民健身热。为了进一步促进和引导全民健身运动，深圳市政府也相继出台了与全民健身有关的规定。但在实施中也发现了一些问题，如单位不支持，活动场地少或已有场地被侵占，开展工作的经费严重不足等。

1996 年，深圳进行了首次市民体质测定，结果发现深圳成年人体质低于全国平均水平，且心功能指数不及格的占 30% 以上！这也再一次表明了建立健全全民健身制度的必要性和紧迫性。

敢为人先的深圳人要通过立法来强化推动全民健身！这在当时是一件新鲜事物，是建设以民为本的和谐社会的一大创举！

深圳市体育部门于 1997 年下半年向市人大提交了《深圳市全民健身条例》草案。市人大教科文卫体委员会立即组织调研和修改，先后七易其稿。1999 年，深圳市人大常委会通过了《深圳经济特区促进全民健身若干规定》，成为全国第一个全民健身的地方法规。

法规公布后，在全市范围内广为宣传，全民健身月各单位热情空前高涨，各行各业召开运动会一时间形成热潮。此后，深圳市先后出台了《加强和改进新时期我市体育工作的意见》、《深圳市事业单位艺术、体育职员公开招聘工作细则》、《深圳市运动员退役就业安置办法》等政策法规，为深圳体育人才的引进和成长铺就了"绿色通道"。

（二）体育科研——体育运动发展的助推剂

在市委市政府的高度重视和正确领导下，深圳市体育局认真践行科学发展观，积极倡导组织群众体育活动，改善运动场馆和设施，不断提升竞技体育水平，努力创造条件开展各项体育科研，以科治体推动体育事业的全面、健康、协调、持续发展。

早在1997年，深圳体育局就成立了"体育科研助教组"。至今已拥有了专职、兼职竞技科研的团队，专注于运动员检查、运动员的生理生化指标及相关科学研究。这个团队的功能，一是服务于运动员的选才，发现和掌握优秀运动员的选拔指标和标准，输送到省队及国家队的运动员越来越多；二是为运动员把脉，量身定做营养与训练等针对性方案。这些科学方法弥补了过去竞技体育完全依靠经验的不足。

体质检测是群众体育和竞技体育的重要手段。全民健身是从体质检测开始的，竞技体育是从为运动员检查生理生化指标开始的。在发达国家，体质检测是一项常规性的工作。而我国由于经济条件的限制和体检意识的淡薄，国民体质测定基本处于空白。

作为一个经济发达的新兴城市，深圳成为了国民体测的先行者。从1996年起开展市民体质测定，12年来坚持不懈，已为超过30万人次的市民进行了严格测试和科学评价。1999年至今，每年均向社会发布"深圳市市民体质状况公报"，已被列入市政府国民经济和社会发展计划的一项指标，为市政府有关部门决策提供了科学依据。

体育科研还体现在理论探讨上。市体育局每两年举行"体育科学论文报告会"，重点研究深圳和全省、全国乃至世界体育的热点难点课题。2007年，报告会提供有价值的论文上百篇。

（三）体育经营——开国内商业体育先河

今天，体育与商业可谓唇齿相依，若没有商业的介入，体育发展将缺少一种推动力。

然而，20多年前，商业模式的社会办体育，在中国几乎还是一片空白。深圳，又一次充当了国内体育经营的先行者。

1986年，第八届亚洲乒乓球锦标赛在深圳举办。比乒乓球先开赛的是另一场特殊比赛——"第八届亚乒赛支持厂家"评比。主办单位从广东省内请来十五六家矿泉水和饮料厂家，从中评比出6家优秀产品，每个入选厂家为活动提供赞助费6万元。这届亚乒赛足足挣了50万！这在当时体育比赛还由国家大包大揽的背景下，无疑是一个奇迹。

因此，20世纪80年代中后期，在全国体育赛事中还排不上名次的深圳，却频频举办各种体育比赛。在国家体委、省体委和深圳市委市政府的支持下，深圳又相继承办了"四国女排赛"、"太平洋体操比赛"、"首届国际武术节"、"第四届全国健美比赛"等一系列重大赛事。

由于经营有方，健美比赛盈利70万，武术节盈利151万。这在当时都是很大的数字。这些钱后来都用来给运动员建宿舍和训练馆了。

除了尝到"商业体育"的甜头，这些比赛还诞生了多项创举。

第四届全国健美比赛，女运动员第一次按照国际惯例，全都穿"比基尼"上场。这在当年可谓石破天惊！自此，比基尼从深圳走向了全国赛场。

名人助兴，文体联姻，是现在体育活动中司空见惯的做法。而在国内，也是从深圳起步的。有一年，"全国十佳运动员"颁奖在深圳举行，香港明星汪明荃、相声大师侯宝林等作为嘉宾被请到了现场，曾经轰动一时……

创新是一个民族进步的灵魂。创新也使深圳体育不断前进，取得一个又一个突破的基石。站在新的起点上，深圳体育的明天仍然需要创新的勇气，创新的机制和创新的智慧，才能不断创造新的辉煌，书写这座城市的光荣与梦想。

四、展望　明天：深圳与世界没有距离

30 年前，这里是一个连标准田径场地都没有的边陲小镇，今天，深圳正在准备举办世界性运动会。这本身就是一个奇迹。

一项重大体育赛事的举办，对一个城市，甚至一个国家的经济、文化、政治有着巨大的推动作用。韩国首尔凭借连续主办亚运会和奥运会开始了经济起飞；西班牙巴塞罗那通过奥运会一举进入欧洲一流城市行列；北京奥运会为全球瞩目，极大地提升了城市形象。甚至青岛作为北京奥运会水上项目的承办城市，正全力打造"中国帆船运动之都"。

近年来，深圳举行了世界跳水锦标赛、环南中国海国际自行车大赛、国际竞走锦标赛、高尔夫世界杯等重大赛事。而"申大"的成功，则证明深圳有能力参与竞争的本身，就是向世界展示深圳的经济、文化、文明程度和自然风貌，自然会吸引众多投资者和旅游者形成"峰聚效应"，无疑有利于城市品牌的塑造。

大运会，是深圳人的又一次梦想之旅，让深圳与世界没有距离。

举大运之旗，走大运之路，造大运之势，结大运之果。深圳肩负着1000 多万市民的重托。

目前，深圳已经形成了以市属体育场馆为龙头，承办大型国际赛事为主，以各区体育场馆承办特色专项体育赛事为辅的合理布局。未来几年，深圳将借助成功申办 2011 年的世界大学生运动会的东风，集中力量再次加大对市体育场馆的建设。使体育场馆建设全面提速；至 2011 年，市政府将加大投入使全市体育场馆建设再上一个高新档次。大运会计划使用69 个体育场馆，其中比赛、训练场馆 63 个，非训练、比赛场馆 6 个。在这些场馆中需要改造维修升级的有 36 个，需新投入建设的有 22 个。在这些项目当中，位于龙岗区内的大运体育中心无疑是大运会的旗帜工程，该工程占地面积 52 万平方米，体育建筑占地 7.3 万平方米，预计总投资额为 50 亿元。可容纳 6 万人的主体育场将承担起大运会的开幕式、闭幕式和田径比赛；可容纳 1.8 万名观众的主体育馆将承担篮球、排球等赛事；还将建设一个可容纳 3000 名观众的现代化游泳馆。未来深圳规划占地面积 13.8 平方公里的体育新城就在这片热土上耸起。这些大手笔的宏伟规划与建设，迎来了深圳体育场馆建设的最黄金时段，充分展现了深圳向国际化城市迈进的综合实力和决心。借举办世界大运之强劲东风，不仅深圳体育会实现跨越式的发展，而且深圳的整个市政建设（轻轨地铁、航空海运、公交道路、通信网络）实际上已经提速。可以预见，到 2011 年，美丽的深圳将发生翻天覆地的变化，深圳的国际影响力必将随之大幅提升，深圳从一个经济强市进一步成为体育强市的梦想并不遥远。

借助大运会的东风和 30 年改革开放积聚的雄厚物质基础与良好的人才环境，以及深圳极为丰富的海洋资源为海上运动创造的良好自然条件，发展海上特色体育将成为深圳今后竞技体育的主攻方向。我们姑且称之为"蓝色体育"。近年来，深圳的海上或环海运动项目发展迅速，赛事频繁——中国杯帆船赛、F1 摩托艇锦标赛、国内外帆板赛等在深圳成功举行。深圳蓝色体育可谓"笑踏风轮，遨游南海"。2008 年 11 月 15 日，在深圳迎接 26 届大运会 1000 天倒计时的这一天，深圳市海上运动基地暨航海运动学校和深圳市体育运动学校已同时奠基开工，它将作为分赛场和浪骑游艇会共同承担 2011 年世界大学生夏季运动会帆船、帆板等海上运动项目的训练和比赛任务。大运中心、信息学院新校区（大运村）、大学城体育中心、宝安体育中心、深圳湾体育中心、大运会国际广播电视新闻中心、大运酒店、大运路、鼓岭路、如意路等大运会场馆及配套设施建设工作正在按照既定的目标快速、稳步地推进。

深圳体育正在书写着新的传奇。

回顾深圳体育走过的光荣之旅，得益于特区良好的体制，得益于上级体育部门和各级政府的重视和投入，得益于全国各省、全省各地的高度关注和支持，得益于特区全体市民的积极参与和厚爱。在寸土寸金的市中心区，市政府很早就划了一大块地给体育部门，为深圳体育超常规发展奠定了坚实基础。深圳市"全民长跑日"也是当年市政府主要领导提议下举行的。

我们不能忘记那些抛洒智慧和汗水的教练员、运动员和老一辈体育工作者。许多人当年放弃了内地相对优越的条件，来到体育基础十分薄弱、条件十分艰苦的深圳，甘当深圳体育的铺路石。还有那些"拓荒牛"，他们不是明星，没有在比赛场上一显身手，更没有在领奖台上万众瞩目，却为深圳体育的事业奠定了坚实的基础。

深圳市体委成立之初，连工资都发不出，直至1994年，所有领导和全体工作人员者只能挤在一座简陋田径场看台上的小楼里办公，温度比室外还高。但当时的领导班子，把有限的资金投入到为运动员建住宿，把群众运动场馆建起来，并向市里提出建议：早日建设体育场馆。深圳体育馆建成后，他们又满怀豪情地提出："要利用体育馆大做文章，争取举办大型国际性体育赛事和活动，将深圳体育的名声打响！让体育赛事和活动成为一个窗口，让外面的世界都了解特区，走进特区！"

他们的梦想即将变成现实。每一个为深圳的体育事业倾注了心血的前行者，都会为此而自豪。

然而，面对这个城市一日千里的前进步伐，深圳体育事业要主动适应社会经济的快速发展，仍然任重而道远，仍然需要闯与创的精神，仍然需要不断改革与创新，仍然需要不断拼搏与超越。

深圳的体育改革正处于攻坚阶段，要强化科学发展观，加快体育项目、科研、机构、机制的整合，为体育全面、协调、可持续发展提供体制保障。深圳体育则不负使命，在全市范围营造浓厚的体育氛围，打造一流的体育环境、一流的体育设施、一流的体育产业、一流的体育竞技、一流的体育人才、一流的体育科研、一流的体育赛事。只有这"七个一流"实现了，与国际化城市相适应的体育强市才算实现。我们坚信这一天一定会很快到来！

传承北京奥运成功经验，办好深圳 2011 年第 26 届世界大学生运动会，"从奥运会结束那一刻开始，正是深圳人最真切的期待"。我们面前还有许许多多工作要做，所有一切"从这里开始"！

60年沧桑巨变　60年春华秋实

——新疆生产建设兵团体育事业发展60年

新疆生产建设兵团体育局局长　高继宏

　　新疆生产建设兵团是新疆维吾尔自治区的重要组成部分，是国家计划单列的特殊社会组织，受中央政府和新疆维吾尔自治区人民政府双重领导。在半个多世纪艰苦卓绝的创业历程中，百万军垦战士忠实地履行着中央赋予的屯垦戍边的历史使命，发扬"热爱祖国、无私奉献、艰苦创业、开拓进取"的兵团精神，为新疆经济社会发展，促进民族团结，巩固祖国边防，维护祖国统一做出了不可磨灭的历史贡献。

　　国运昌，体育兴。60年来，兵团的体育事业伴随着祖国强盛与发展的脚步、伴随着兵团各项事业不断蒸蒸日上的步伐，扎实推进，蓬勃发展。今天，兵团各级各类体育组织机构的建立、群众性体育运动的兴盛、竞技体育水平的提高与发展、体育规章制度的健全、体育场馆设施的完善等充分标志着兵团体育事业已走上了正规发展的良性轨道。兵团体育的发展为促进兵团社会主义精神文明和物质文明建设、为提高兵团人口素质发挥了积极的作用，为兵团国民经济和社会发展做出了积极的努力。

一、兵团体育事业 60 年发展历程

（一）兵团体育事业的奠基时期（1949—1957 年）

1. 军体文化奠定了兵团体育发展的基础

1954 年，根据党中央的命令，进疆中国人民解放军大部分就地集体转业组建了生产建设兵团，也正是基于这样的历史背景，从 1949 年 10 月 20 日中国人民解放军挺进新疆开始，部队体育就奠定了兵团体育发展的基础。

1951 年 2 月 1 日新疆军区政治部发出《1951 年部队文化艺术工作的指示》，要求"文工团（队）应进行基本的形体训练及基本的技术训练"，并"在连以上部队中设立俱乐部，专项负责文体活动"，其中开展体育运动首先以连为单位并设专职主任一名，每连配备一副篮球和若干副棒球与克拉克球、波拉克球以及其他锻炼身体的体育器材。1953 年中央军委又将体育列为部队正规化训练的一个重要科目，并为此采取了一系列有力措施。1953 年 6 月新疆军区生产建设部队建立了连队（车间）俱乐部委员会，负责组织领导基层群众文化工作。部队、连队、机关俱乐部及委员会的成立改变了过去文体活动无组织无领导的状况，也成为了当时最为有效的体育组织机构，至此，体育活动作为部队的军事体育项目，正式载入了兵团体育的创业史册。

这时期，体育活动主要以基层为重点，以小型多样竞赛活动为主要形式，活动内容大都为简便易行的军事体育项目，如单杠、双杠、木马、投弹、拔河、跳高、跳远、推铅球等等。1953 年 6 月二十二兵团（陶峙岳率领的起义部队）组织的兵团体育代表队及师为单位的战士演出队，出席了新疆军区首届体育文艺检阅大会，获得了不低于其他单位的奖励，包括体育团体奖 4 个、个人奖 16 个，文艺团体奖 9 个、个人奖 10 个。特别是在体育竞赛项目上受到普遍好评。

1950年3月二十二兵团九军（现农七师）二十五师在迪化市（现乌鲁木齐市）创办了生产部队第一所小学，之后分驻南北疆的二、六军及所属各师也相继建立子弟小学。早期学校体育内容以体育游戏为主、劳作为辅。

2. 兵团的成立使体育事业健康、有序发展

1954年10月7日，经中央军委批准，新疆军区生产部队成立"新疆军区生产建设兵团"，由"中国人民解放军一兵团二、六两军大部分官兵为骨干，包括二十二兵团全部、五军（三区革命民族军）大部，共17.54万官兵，整建制集体转业组成"，至此，兵团不再隶属人民解放军序列，而成为一支军垦部队，起着生产队、工作队、战斗队作用。1954年10月30日兵团政治部文化部撤销，业务并入兵团政治部宣传部。1955年3月制定了《生产建设兵团俱乐部工作纲则》（草案）及《生产建设兵团连队及相当于连队俱乐部暂行条例》，对体育活动提出了组织发动、器材购置和场地建设的具体要求。1955年10月兵团组队参加了在北京举行的全国农业水利工会首届运动会，男子篮球队获得了第3名。

1957年3月兵团工会的筹建为兵团体育建设起到了里程碑式的作用，由各级各类工会组织负责群众文化、体育、教育工作，使得兵团体育工作的组织机构更加健全，组织保障更加有力。早期部队体育工作的开展和兵团工会的管理体系，为兵团未来体育事业的形成及发展奠定了基础，更为兵团体育工作的专业化、规范化发展带来了契机。而在同一时期，从全国各省市志愿来到兵团参加边疆建设的大批青年知识分子也为当时兵团体育运动的蓬勃发展注入了生机。

期间，学校体育主要开展篮球、排球、乒乓球、田径等项目，以"两课、两操、两活动"为中心的学校体育模式初步形成。可以说，兵团体育事业在成立初期便遵循了体育服务于队伍建设、服务于人民群众、追求群众参与的方针，这不仅增强体质，鼓舞士气，还活跃了兵团的文化生活。

（二）兵团体育事业发展与挫折时期（1958—1981 年）

1. 群众性文体活动更加普及竞技水平进一步提升

1958 年至 1966 年，是兵团文化体育事业大发展的时期，不论是在兵团刚具雏形的城镇，还是在方兴未艾的团场连队，每位兵团人都满怀着激情投入火热的工作和生活之中，而以文艺与体育活动为载体的文化生活在全兵团得以轰轰烈烈地展开。同时，随着兵团生产事业的发展，文化体育事业日益繁荣，各种专业文艺体育团体、机构纷纷建立，群众文体生活进一步丰富和完善。

1961 年在全兵团范围开展把体育比赛和文艺汇演相结合、专业与普及相结合、趣味性和竞技性相结合的"五好运动"，使群众性体育活动达到了高潮。这时期在兵团基层连队（车间）建立的俱乐部就多达 2106 个。群众性文体活动的展开无疑增强了职工的素质、加速了兵团专业体育队伍的发展、提升了兵团体育竞技水平。仅以兵团新城石河子为例，1960 年，石河子男、女篮球队参加自治区比赛，女篮获第 1 名，男篮获第 3 名。1963 年和 1964 年，石河子乒乓球队参加自治区比赛，分别获得男、女团体冠军。1964 年，兵团在石河子举行文艺体育会演比赛大会，参加会演有 16 个业余文艺代表队，演员 585 人，演出各类节目 218 个，评出节目奖 43 个，创作奖 39 个，优秀演员奖 68 个，这些节目从各个方面反映了兵团生产生活。此外，为了更好地在团场中开展宣传文化工作，在团以下各地先后建立了有线广播站 259 个。各师、团还经常组织开展群众性的体育比赛和各种文化活动，成为基层政治工作的有力助手，极大地活跃了兵团的文化生活。

2. "文化大革命"时期导致兵团体育工作停滞不前

自 1966 年 5 月至 1975 年 3 月，"文化大革命"扰乱了兵团各项事业全面发展的步伐，使兵团事业遭受到严重的破坏，直接导致了新疆兵团被撤销。可以说，"文化大革命"使得兵团体育错过了十年的发展时期。

（三）兵团体育事业的振兴时期（1981—1999年）

1. 群众文化体育工作管理网络逐步建立和完善

1981年12月3日，党中央、国务院、中央军委做出了《关于恢复新疆生产建设兵团的决定》，1990年国务院做出了新疆兵团国民经济和社会发展在国家实行计划单列的决定，给兵团的各项事业的发展带来了新的历史契机。1983年6月4日兵团工会成立，同年底，基层工会委员会成立，兵团的群众文化体育工作又恢复工会管理。随着工作的正常开展，兵团师（局）、团（场）、连队（车间）工会4级群众文化体育工作管理网络逐步得以建立和完善。1984年，兵团工会颁布了《工会文化宫、俱乐部性质、方针、任务和工作方法》的通知，要求各级工会在建设"职工之家活动中，把加强群众文化体育工作列入合格职工之家的基本标准"。

1991年6月10日原国家副主席、农垦事业的奠基人王震向新疆生产建设兵团赠送了一只有国家体委主任、副主任签名的排球，并赠言：希望新疆的同志遵照毛主席"发展体育运动、增强人民体质"的指示精神，广泛开展群众性体育活动，亦可组织适量的排球队，打出农垦的声望来。为认真贯彻王震同志的指示精神，10月兵团党委下发了《关于加强兵团体育工作的决定》（兵党发〔1991〕35号），并于11月6日正式成立了兵团体育运动委员会，挂靠在兵团工会，编制5人。主要任务是贯彻党和国家有关体育工作的方针政策，统一管理，协调兵、师两级的体育工作，指导兵团各类群众性体育团体的活动。

随着工作的正常开展，兵团师（局）、团（场）、连队（车间）工会四级群众文化体育工作管理网络逐步得以建立和完善，并结合各自单位实际，常年在基层职工群众中开展寓教于乐、寓教于言语的群众文化体育活动。

2. 各类体育赛事开始恢复带动兵团体育工作取得长足发展

兵团工会成立后，各类体育赛事开始恢复，如每4年定期举办兵团青少年单项运动会、各师团组织的职工运动会、各级学校组织的学生运动会等，各类赛事的开展积极的推动了兵团群众性体育活动和竞技体育活动的发展，提高了兵团体育管理水平，壮大了专业体育队伍。这期间，兵团参加全国、自治区主要竞赛活动有：1983年8月全国农垦职工篮球赛，男子篮球队获第3名，女子篮球队获第4名；1984年8月全国农垦职工篮球邀请赛，男子篮球队获冠军，女子篮球队获亚军；1986年5月全国武术表演赛，获金牌10枚，银牌、铜牌各1枚；1986年7月全国航模通讯赛暨新疆第4届航模比赛，获9枚奖牌并获团体总分第3名。

3. 专业化的教练员、裁判员、运动员队伍建设和现代体育学校为兵团竞技体育发展提供良好的发展空间

1985年兵团教育学院开设体育教育专业大专班，开始了对体育人才的科学化、现代化的专业培养模式。

1991年国家体育总局授予兵团国家一级裁判员、一级运动员、一级社会体育指导员的审批权和单独组团参加全国运动会、全国城市运动会、全国少数民族传统体育运动会、全国残疾人运动会、全国体育大会和各类单项赛事资格。

1991年成立的兵团武医馆（现兵团武术馆），先后培养了武术（武类级）健将、国家一级运动员、二级运动员数百名。

专业化队伍的建设和现代体育教育的发展使兵团体育真正意义上地跨上了一个崭新的历史高度，也为兵团竞技体育及群众性体育活动的发展提供良好的发展空间。

4. 兵团体委成立，全民健身运动全面展开

1991年，兵团体委的成立标志着兵团体育工作步入专业化、规范化管理阶段，也说明兵团对体育工作的高度重视并已将之纳入重要的议事日程。兵团体委继续发扬光大兵团体育运动优势的同时，把普及群众体育活动作为提高兵团人整体素质的一项重要基础性工作，并以《全民健身计划纲要》为指导，广泛持久地开展全民健身运动，兵团涌现出了一大批先进集体和个人。如今，全兵团经常参加体育活动的人数达到总人口的80%，工厂、学校、机关等单位常年坚持做工间操和课间操，各单位利用节假日及独特的地理条件积极开展各种群众喜闻乐见的体育活动。

（四）新世纪兵团体育事业的大发展时期

进入 21 世纪，兵团经济发展进入快速发展的时期，兵团体育事业也进入了大发展的阶段。2003 年 10 月，兵团体育运动委员会更名为兵团体育局，下设办公室、人事处、发展规划处（外事处）、群众体育处、竞技体育处。目前，兵团拥有师级体育委员会 18 个、团（厂）基层体育管理组织 655 个、各类体育协会 191 个，还有太极拳（剑）、门球、无极健身球、健身秧歌、登山等专项文体分会或运动队、健身气功辅导站 1000 多个，有 736 人被兵团批准为一至三级裁判员和社会体育指导员。截至 2009 年 7 月，兵团共有国家一级裁判员 87 人，有 10 人次参加了全国性运动会的组织和裁判工作，有 3 人次参加国际赛事裁判工作。

大中小学坚持"国家体育锻炼标准"和阳光体育活动，学生体质得到明显增强。兵团现有 1 所体育学院、1 所竞技体育运动学校，1 所依托社会力量办学的重竞技体育运动学校，6 所国家级传统体育项目学校，12 个国家级青少年体育俱乐部、14 所师级业余体校，13 座室内综合训练馆、1 座室内田径训练馆和 8 个标准塑胶田径比赛场。初步"建立了以石河子大学体育学院—兵团竞技体育运动学校—业余体校—兵团传统体育项目学校为主的兵团四级体育训练网络"。有各类体育场地 3731 个，排球场 267 个，人均体育场地面积为 0.3 平方米。各运动体校充分利用学校体育设施的优势，坚持走"教体结合"的发展道路，培养后备人才，发展自己的优势项目，使得兵团体育在新世纪焕发了新的生命力。

二、兵团体育事业 60 年辉煌成就

（一）群众体育蓬勃发展

几十年来，兵团积极组织动员广大职工群众开展全民健身活动，广大

体育工作者继承和发扬了兵团人吃苦耐劳、艰苦奋斗的光荣传统，以国务院颁布的《全民健身计划纲要》为指导，广泛持久地开展群众体育运动，群众体育由学校推向社会，由城镇推向团场连队，规模由小到大，水平由低到高，群众体育活动精彩纷呈。2007 年开展以"全民健身与奥运同行"为主题的群众体育活动，充分利用奥运会倒计时 100 天、全民健身周、奥林匹克文化活动月、奥运会举办期间等有利时机，广泛组织开展具有本地特色的全民健身活动，各师、团、院（校）、企业等都因地制宜地开展了丰富多彩、群众喜闻乐见的体育活动，为 2008 年北京奥运会营造浓郁的全民健身氛围，活跃了兵团广大职工群众的文化生活，提高了身体素质、健康水平和健身意识，不断掀起全民健身、喜迎奥运的新高潮。在全民健身活动月，举办了 2007 年"全民健身与奥运同行"系列活动启动仪式，联合兵团妇联举办了兵团妇女健身展示大赛并组团参加了"全国亿万妇女健身展示大赛"。截至 2003 年，兵团有 189 个单位获"兵团实施全民健身计划先进集体"称号，450 人获"兵团实施全民健身计划先进个人"称号，有 48 个单位、30 人荣获国家级表彰奖励，3 人荣获自治区级表彰奖励。

在总局的关怀下，全民健身路径工程、青少年俱乐部工程全面启动，几年来共建设了 25 个路径工程、6 个青少年俱乐部。

2004 年为了迎接全国中学生 10 届锦标赛，5 月 25 日成功举办了兵团首届中学生田径锦标赛，选拔出 25 名优秀队员进行了初期一个月的集训，并于 8 月 13 日参加了在长春市举办的全国中学生田径锦标赛，并取得了 1 金、3 银、8 铜，团体总分位居全国第 5 名的好成绩，由于兵团代表队表现优秀，还被大会组委会授予了体育道德风尚奖。2005 年兵团首次组队参加第九届中学生运动会，田径跳高项目获得第六名，代表团获大会组委会颁发的"体育道德风尚奖"。

兵团大力发展少数民族体育运动和残疾人运动的发展。先后组团参加了 1995 年第五届、1999 年第六届、2003 年第七届全国少数民族传统体育运动会，共获金牌 3 枚、银牌 3 枚、铜牌 4 枚，获 1 次"体育道德风尚奖"。2007 年参加第八届全国少数民族传统体育运动会，获得 5 个第 4 名、1 个第 5 名、2 个第 6 名。在 2000 年第五届、2003 年第六届全国残疾人体育运动会上，共获金牌 2 枚、银牌 4 枚、铜牌 4 枚。

兵团老年体育运动队多次参加全国大赛取得好成绩。一批单位和个人受到国家体育总局表彰，农三师老年体育协会被评为全国民族体育先进集体，兵团老年体协被评为全国推广健身气功突出贡献奖，农一师体育局等 18 个单位被评为全国全民健身活动先进单位，农六师体育局等 8 个单位被评为全国全民健身与奥运同行活动优秀组织奖。

几年来，兵团共举办了四期社会体育指导员培训班并派人员参加国家体育总局组织的培训，共培养社会体育指导员 736 名，其中国家级 4 人，国家一级 332 人，二、三级 400 人。

（二）竞技体育运动水平不断提高

1998 年，根据兵团实际，成立了兵团第一所竞技体育运动学校，在校生 400 余名。竞技体育运动学校在培养后备体育人才特别是在竞技体育人才方面发挥着越来越重要的作用。兵团先后单独组团参加全运会、城运会、体育大会、残疾人运动会、少数民族传统体育运动会、中学生运动会、大学生运动会、农民运动会等全国性的重大赛事，兵团参赛运动员在比赛中敢于拼搏，奋勇争先，取得了令人满意的成绩。从 1999 年，在国家体育总局的关怀下，兵团先后组队参加了第四届、第五届、第六届全国城市运动会，兵团代表团共获得 2 银、3 铜、2 个第 5 名、1 个第 6 名、1 个第 7 名和三次"体育道德风尚奖"；2001 年兵团首次参加了第九届全国运动会，代表团荣获"体育道德风尚奖"；在第十届冬运会冬季项目上，兵团有 16 名运动员进入决赛，获得一枚银牌、一个第 5 名和接力项目第八名的好成绩，实现了兵团参赛全运会奖牌数零的突破。1998 年至今在参加的全国跆拳道、拳击、柔道、武术、射击、射箭等一系列单项赛事中，兵团运动员获得 4 枚金牌、2 枚银牌、5 枚铜牌、3 个第 4 名、2 个第 5 名、2 个第 6 名的好成绩。

兵团运动员还先后参加了雅典第十二届残奥会、上海第十二届世界特奥会、北京第十三届残奥会上，共获得 3 金、1 铜、1 个第 6 名、1 个第 8 名、1 个第 9 名，为兵团和祖国争得了荣誉；在全国中学生田径锦标赛、全国第九届中学生运动会上，共获得 1 金、3 银、9 铜；第十届全国运动会上，兵团代表团获得 1 银、1 铜、1 个第 5 名、3 个第 8 名，位列 46 个代表团奖牌总数第 33 名，团体总分第 37 名，实现了兵团参加全运会成绩零的突破；第三届全国体育大会上，获得 2 铜；全国体育传统项目学校运动会上，获得 1 金、2 银、1 铜；全国拳击比赛暨世界女子拳击锦标赛选拔赛和全国青少年拳击锦标赛上，共获得 1 金、3 铜。通过参加国内高水平的体育赛事，既锻炼了兵团运动员队伍，展示和宣传了兵团，同时又找准了兵团体育存在的差距，明确了兵团体育工作努力的方向。

自 1991 年以来，兵团先后承办过全国大企业男子篮球联赛和全国青年男子柔道锦标赛，被国家体育总局评为"最佳赛区"。

（三）以举办兵团运动会为契机，推动全民健身运动的开展

从 1996 年成功举办兵团首届体育运动会以来，兵团已经先后组织了两届运动会。从最初设有的田径、篮球、乒乓球、武术、棋类、军事三项共 6 个大项目的比赛，发展到现在包括田径、篮球、军事五项、武术、跆拳道、拔河、棋牌、老年门球等 9 个大项 74 个小项的比赛，兵团体育运动又上了一个新的台阶。两届运动会共决出金牌 291 枚，银牌 291 枚，铜牌 363 枚。田径有 166 人次打破运动会的纪录。通过十几年来持续举办兵团中学生篮球比赛、青少年田径锦标赛、青少年运动会等赛事，使青少年身体素质水平逐年提高，有 11 人达到国家一级运动员标准，231 人达到国家二级运动员标准，497 人达到国家三级运动员标准，竞赛机制的形成，有力地促进兵团竞技体育的持续发展。

（四）体育训练基地初步建立

在国家和兵团党委的高度重视和关怀下，兵团体育训练基地建设从无

到有并较快地发展。兵团体育训练基地是一个以兵团竞技体育运动学校、兵团石河子大学体育学院、兵团农八师石河子市业余体校共同组成的由低级到高级的训练系统，担负着发展兵团竞技体育事业的历史重任，为兵团参加全国各类体育竞赛打下了基础。在基础设施建设方面，1998年兵团投资2000万元建设了兵团第一座建筑面积7000平方米、可容纳3000多名观众、供10多个运动项目训练的综合体育馆；2000年又投入1000多万元建成了一个标准的塑胶跑道田径场；2002又利用国家体育总局的"雪炭"工程，建设一座建筑面积5000平方米的室内田径训练馆。兵团体育训练基地基础设施建设目前正在逐步完善，它必将为兵团体育事业的发展，为兵团竞技体育运动水平的提高和承办全国赛事发挥巨大的作用。

（五）加强对外交流，扩大兵团影响

2000年10月开展了"奥运健儿祖国西部行"活动，通过此次活动，使兵团人受到一次很好的爱国主义教育，为兵团人积极参与西部大开发，奋起二次创业，注入了强大的精神动力。2001年3月，为配合北京申办2008年奥运会，兵团发行了40万份"支持北京申奥十佳运动员"选票和开展"支持北京申奥万人长跑活动"。2002年7月接待国家体育总局局长袁伟民一行考察兵团体育工作。2003年8月接待国家体育总局"雪炭工程"、"健身路径工程"检查团一行。2004年7月国家体育总局国民体质监测车来兵团机关为干部测试身体素质，为科学、文明健身，提供了科学的依据和方法。自2002年以来，国家体育总局向兵团提供的经费和器材累积已达人民币1200万元，极大地推动了兵团体育事业的发展。

（六）回顾60年兵团体育发展的辉煌成就，兵团体育人深刻认识到：

第一，加快体育事业发展，必须始终坚持举国体制的优势。兵团体育事业加快发展的根本经验，是坚持并发挥了举国体制优势，这种体制优势包括党政高度重视，提供强大的财力支持，建立行政主导的各级各类体育赛事运作机制，建立从城镇到团场到学校的优秀体育人才培养选拔机制。数十年来，兵团历届党政领导高度重视体育工作，把体育事业纳入国民经济和社会发展规划，为体育工作提供了强有力的政策和资金支持。特别是在工作任务繁重、财力十分紧张的情况下，兵团能够圆满完成两届省级运动会，取得历史性的竞赛成绩，正是坚持举国体制，动员方方面面的社会力量，集中力量发展体育事业的结果。

第二，加快体育事业发展，必须始终坚持体育工作服务人民群众的宗旨。体育事业发展的根基和血脉在人民群众。满足广大人民群众日益增长的体育文化需要，增强人民体质，促进人的全面发展，是体育工作的出发点和归宿。多年来，兵团体育工作紧紧围绕这个目标，坚持以人为本、面向大众，紧贴垦区体育文化需求，在"建设好群众身边健身场地，健全群众身边体育组织，举办群众身边经常性体育活动"三个关键处求发展，极大地发挥了其自身独特功能，得到了人民群众对体育工作的充分认可。

第三，加快体育事业发展，必须始终坚持解放思想，开拓创新，克难攻坚。数十年来，兵团体育发展的实践证明，不解放思想、开拓创新，就不能克难攻坚，就不可能有体育事业的新发展、大跨越。60年来，兵团体育人不断解放思想，与时俱进，强化思路创新，克难攻坚，以开拓创新，迎难而上的精神状态，推动了兵团体育事业的不断发展。

第四，加快体育事业发展，必须始终坚持群众体育与竞技体育、体育产业协调发展。群众体育、竞技体育和体育产业是体育工作的主要方面，它们相互促进，相辅相成，共同推动体育事业的发展和进步。60年来，兵团体育工作多举并进，协调发展。群众体育重在普及，在增强人民体质的同时，为竞技体育发展提供了丰厚的群众基础和人才储备；竞技体育立足提高，为兵团人民赢得荣耀，带动了群众体育发展；体育产业也在发展中为群众体育、竞技体育提供有力的经济支持，进一步丰富了体育运动内容。

三、展望未来　科学发展兵团体育事业

（一）进一步增强做好兵团体育工作的自觉性和主动性

在改革开放和现代化建设的伟大事业中，体育发挥着独特而重要的作用。体育是社会发展和人类文明进步的重要标志，是综合国力和社会文明程度的重要体现，是我国社会主义现代化建设事业的重要组成部分，是全面建设小康社会、构建社会主义和谐社会的重要内容。新时期经济社会的发展为体育事业的发展进步奠定了更加强大的物质基础，同时也提出了新的挑战。我们要全面认识新时期中国体育的社会价值和综合作用，结合兵团体育发展实际，着力转变体育工作中不适应科学发展要求的思想观念，着力解决影响和制约体育事业科学发展的突出问题，构建有利于体育事业科学发展的机制，使体育工作更加符合科学发展观的要求，要"跳出体育看体育，立足全局抓体育，围绕中心干体育"，承担起重要的政治使命和社会责任，要让体育不仅仅是一种身体运动，更成为一种教育手段、一种生活方式、一种精神载体、一种财富源泉，成为促进小康社会建设与和谐社会构建的推动力，把职工群众的体育需求作为体育工作的出发点和落脚点，抓紧抓好。

（二）兵团体育工作要为履行屯垦戍边历史使命发挥积极作用

职工是兵团执行屯垦戍边任务的主体，是兵团更好地发挥"三大作用"的主力军。建设一支高素质的职工队伍，是兵团全部工作中最具基础性、长远性和战略性的重要任务。健康素质是职工素质的重要组成部分和基础要素。只有坚持体育锻炼，身心健康、精力充沛，才能全身心地投入工作，才会有创造的激情和活力，才能保证职工全身心投入到兵团屯垦戍边伟大事业建设中去，更好地发挥兵团"三大作用"。

改革开放取得的伟大成就，特别是北京奥运会的成功举办，极大地激发了人们的爱国热情和投身体育锻炼的积极性。同时，也对体育工作提出了新的更高的要求，这就迫切需要我们进一步加强兵团体育工作，健全和完善群众体育场馆和全民健身设施，加强群众体育队伍建设，不断满足职工群众的体育文化需求，努力提高职工群众的生活质量。

（三）坚持把青少年体育作为战略突破口

青少年是兵团的未来和希望。切实加强青少年体育工作，是深入学习实践科学发展观、贯彻党的教育方针的重要举措，是履行好屯垦戍边历史使命的迫切需要。为了贯彻落实《中共中央、国务院关于加强青少年体育增强青少年体质的意见》，2008 年，兵团党委常委会审议通过了《关于加强青少年体育增强青少年体质的实施意见》，进一步明确了兵团青少年体育工作的总体要求、目标任务和各项具体措施。落实兵团党委《实施意见》的要求，加强对青少年体育工作的领导和规划，要以"学生阳光体育运动"为载体，制订学生每天锻炼 1 小时的具体要求并采取切实措施，大力推进青少年体育工作，不断提高兵团广大青少年的健康素质。

（四）群众体育和竞技体育协调发展

要坚持以人为本，继续保持北京奥运会激发的群众体育热情，增强职工群众特别是青少年体育健身意识，培养职工群众良好的健身习惯，开展丰富多彩的群众体育活动和全民健身意识，要着眼于满足职工群众日益增长的体育需求，按照"亲民、利民、便民"的原则，加强团场、连队、社区、学校体育健身场地和设施建设，推动学校体育设施开放，健全群众体育组织，完善全民健身体系，为职工群众提供更多更好的体育公共服务，让职工群众普遍感受到体育给生活带来的快乐，形成健康文明的生活方式。努力提高竞技体育水平，要着力做好打基础的工作，充分利用兵团体教结合的管理优势，抓好青少年后备人才队伍建设。

（五）要加大体育专业人才的培养力度

一是要立足于专业人才队伍建设，加快形成高效的专业人才学习培训体系。要加大对各运动项目领军人物、重点高水平教练人才和领队的培养；二是通过"走出去、请进来"等方法和进修、交流、继续教育等形式，提高综合素质。

（六）正确处理好体育行政部门和体育群团组织的关系，增强　　　工作的联动性

体育行政部门和体育群团组织是围绕体育事业发展，遵循管与办、指导与被指导的原则，相互联系、相互补充的两个组织体系。体育行政部门履行政府发展体育事业的职责，体育群团组织发挥社会力量对体育发展的作用。正确处理二者的关系，必须把体育行政部门的职能转变到宏观管理、组织协调、运行监督和提供公共服务上来，充分依靠和发挥群团组织在发展体育事业中的桥梁纽带作用、组织发动、行业监管和社会服务等作用。一方面，要通过健全体制、优化机制，逐步把体育群团组织能管、能办，通过社会机制、市场机制能运行的职能划归体育群团组织，通过法律法规和制度进行宏观管理，通过行政监督来规范群团组织的行为；另一方面，要优化环境不断壮大体育群团组织，着力推进群团组织网络化，逐步形成由各类体育群团拓展、纵横交错的组织框架，形成以体育俱乐部为点，体育协会为线，覆盖全兵团的体育群团组织网络。

兵团体育事业的发展，经历了从无到有，从小到大，从弱到强，从以部队文化体育生活为基础，发展到今天蓬勃发展的大好局面。今天，我们依然可以切实地感受到兵团体育在每一个特殊时期为兵团事业的发展和两个文明的建设工作所做出的积极贡献。兵团体育发展的实践证明，解放思想、锐意创新、永争一流的精神状态始终是兵团体育工作得以发展的极大动力。

在新的历史时期，兵团体育事业将紧紧抓住新的历史机遇，继续保持

奋发有为、开拓创新的精神状态，以增强兵团人的体质、提高兵团人的生活质量为目标，充分发挥体育在促进人的全面发展、推进社会发展的独特功能；以"和谐中国全民健身"为主题，广泛开展群众体育活动；以努力办好高水平的赛事为载体，努力提升兵团的影响力和竞技体育水平。同时，要进一步解放思想，更新观念，根据兵团体育工作的实际，加快兵团体育产业化和社会化的进程，为兵团事业的腾飞再立新功。

后　记

　　2009 年是中华人民共和国成立 60 周年。60 年来，中国体育伴随着共和国的成长壮大走过了不平凡的历程，在群众体育、竞技体育、体育产业等各个领域都取得了辉煌成就，积累了宝贵经验，初步探索出一条中国特色的体育发展道路。北京奥运会后，中国体育面临着建设体育强国的重任，正处于一个回顾过去、展望未来的重要历史节点。为了深入总结 60 年来中国体育发展取得的成就和经验，全面认识中国体育发展面临的新形势、新任务，总局组织各直属单位、各地方体育部门撰写了系列文章，并汇编成本书出版。

　　需要说明的是，有些单位（项目）由于工作任务繁重没有提供相关稿件，有些单位提供上来的稿件在内容等方面不符合主题要求而未能收入本书。因此，本书没有能涵盖所有的项目和单位。最后，我们对各单位、各地方体育部门对这项工作的大力支持表示衷心的感谢！书中难免不足之处，欢迎大家批评指正。

国家体育总局政策法规司

2009 年 8 月 20 日